THE OLD TESTAMENT
IN GREEK

THE OLD TESTAMENT
IN GREEK

ACCORDING TO THE TEXT OF CODEX VATICANUS,
SUPPLEMENTED FROM OTHER UNCIAL MANUSCRIPTS,
WITH A CRITICAL APPARATUS CONTAINING THE
VARIANTS OF THE CHIEF ANCIENT AUTHORITIES FOR
THE TEXT OF THE SEPTUAGINT

EDITED BY

ALAN ENGLAND BROOKE, D.D.

FELLOW AND DEAN OF KING'S COLLEGE, ELY PROFESSOR OF DIVINITY

AND

NORMAN McLEAN, M.A.

FELLOW AND TUTOR OF CHRIST'S COLLEGE, UNIVERSITY LECTURER IN ARAMAIC

VOLUME I. THE OCTATEUCH

WIPF & STOCK · Eugene, Oregon

Wipf and Stock Publishers
199 W 8th Ave, Suite 3
Eugene, OR 97401

The Old Testament in Greek, Volume I The Octateuch, Part I Genesis
According to the Text of Codex Vaticanus, Supplemented from
Other Uncial Manuscripts, With a Critical Apparatus Containing
the Variants of the Chief Ancient Authorities for the Text of the Septuagint
By Brooke, Alan England and McLean, Norman
Softcover ISBN-13: 978-1-6667-3320-4
Hardcover ISBN-13: 978-1-6667-2762-3
eBook ISBN-13: 978-1-6667-2763-0
Publication date 7/29/2021
Previously published by Cambridge University Press, 1906

This edition is a scanned facsimile of the original edition published in 1906.

PREFACE TO THE OCTATEUCH.

IN the *Cambridge University Reporter* for March 13, 1883, the announcement was made that the Syndics of the University Press had undertaken an edition of the Septuagint and Apocrypha with an ample *apparatus criticus*, intended to provide materials for the critical determination of the text. It was proposed to give the variations of all the Greek uncial MSS., of select Greek cursives, of the more important Ancient Versions, and of the quotations made by Philo and the earlier and more important ecclesiastical writers. As a preliminary step a portable text of the Septuagint and Apocrypha was published under the editorship of Dr Swete. The text was taken from the Vatican MS., supplemented from the Alexandrine or other MSS. where the Vatican MS is defective. The variations of three or four other early MSS were given. This edition, of which the first volume, containing Genesis—iv Kingdoms, appeared in 1887, and the third and last in 1894, has gained recognition in all countries as the standard edition of the Old Testament in Greek. The first volume has reached its fourth, the second its third, and the third its third edition.

When this was finished Dr Swete unfortunately felt himself obliged to relinquish the completion of the larger task. The Syndics of the Press had never abandoned the idea of carrying out their original plan, and at their request Dr Hort in November 1891 drew up a scheme for the larger work, giving fuller details for the Octateuch (Genesis—Ruth), which, he proposed, should form the first volume, and which he estimated would be about a quarter of the complete work. Subsequently Dr Rendel Harris in 1892 made a journey to the East to examine and report upon the MSS of the Septuagint contained in Eastern Libraries.

The uncial MSS. of the Octateuch known to Dr Hort were twelve, BℵADEFGHKLMN, besides a few uncial fragments published by Dr Rendel Harris, and some palimpsest leaves of one of the Burdett-Coutts MSS. mentioned by Scrivener. It was also known that besides the 70 cursive MSS of the Octateuch described or used by Holmes and Parsons a considerable number of others were extant, especially in Eastern Libraries. But he anticipated that with the economy of using the more trustworthy of the collations made, at the end of the eighteenth or beginning of the nineteenth century, for Holmes and Parsons, and preserved in the Bodleian Library, and perhaps those made by Lagarde and preserved at Gottingen, it would not be necessary to make fresh collations of more than ten or twelve representative cursives in order to present satisfactorily the textual evidence of the extant minuscules.

With regard to the Ancient Versions he suggested the use of the Old Latin, Egyptian, and Hexaplar Syriac as essential, emphasizing the necessity of supplementing published and unpublished fragments of the Old Latin texts by collecting the pre-Hieronymian quotations of the Octateuch "scattered through Latin ecclesiastical writers of the first five centuries," and leaving open the question of the necessity of quoting the Ethiopic, Arabic and Armenian Versions.

He thought it would be well to limit Patristic quotations "with few exceptions" to the first three centuries and a half, warning those who should carry out the work that "the conditions of the text will in some cases interpose serious difficulties which must be dealt with as they arise."

Our edition of the Octateuch is based on this memorandum. It has afforded us invaluable guidance, and materially lessened the difficulties of our task. But we have naturally been obliged to make several modifications of the original plan, mostly of the nature of enlargement, which have considerably increased its scope, and delayed its accomplishment

The list of uncials has only been increased by the addition of the Washington MS. (Θ) of Deuteronomy and Joshua, the fragments of Codex Zuqninensis, published by M Tisserant, and several papyrus and uncial fragments, which have been quoted under the series of symbols $\Delta_2 \ldots \Delta_{10}$ and $U_2 \ldots U_6$.

The work however of representing adequately the minuscule MSS of the Octateuch has proved far greater than Dr Hort expected. Ten specimen pages in the Octateuch, chosen by him and by Dr Swete, were collated in all the extant MSS. known to us. The number of cursives exceeds 120, including those used by Holmes and Parsons. The result of the examination of the evidence supplied by these collations of specimen pages shewed that a much larger selection of cursives would be necessary if the edition was to represent adequately the variants contained in cursive MSS. We found ourselves obliged to include in our list of select cursives for the Octateuch 32 MSS., of all of which new collations were made and revised Further examination shewed the desirability of including the evidence of the Ethiopic and Armenian Versions The quotations contained in the writings of Chrysostom and Theodoret were also included, in view of their important evidence for the text of the Lucianic recension.

The general editorship of the work was entrusted to us by the Syndics of the Press in 1895, under the supervision of a Committee of the Syndicate, of which Dr Kirkpatrick, now Dean of Ely, was Chairman. It was hoped that the work of preparation for the first volume (Octateuch) might be completed in about five years. This hope was based on Dr Hort's calculation of the work to be done, as estimated in his memorandum of Nov. 19, 1891, and on the belief that for the main part of the work of collating MSS. and collecting the evidence of Ancient Versions and Patristic quotations the co-operation of voluntary helpers might be secured, which would leave to the editors only the redaction of the evidence thus collected into critical notes and the preparation of introductory matter, in addition to such preliminary investigations as were found to be necessary This expectation has been largely fulfilled in the matter of Patristic quotations, where most of the work of collection, as distinct from redaction and co-ordination, has been done by the help of volunteers. But the whole of the work connected with the Versions has fallen on the Editors, and though we have received much help from the kindness of many friends in the preliminary inspection and collation of MSS, it has been only a small fraction of the whole work of collating and revising the collations of the MSS. which are quoted. In consequence of this, and of the large increase in the number of authorities quoted, the publication of the volume has been very much delayed.

The general plan of our notes was explained in the Prefatory Note to Genesis, and any modifications which have been found necessary in later parts have been stated in subsequent notes. It may however be well to draw attention once more to the fact that no attempt has been made to provide a reconstructed or "true" Septuagint text. As Dr Deissmann said at the Oriental Congress at Hamburg in 1902 when the plan of our edition was discussed, "In the present state of LXX. studies an edition of the LXX. in the strict sense of the word is not yet possible What however is possible and absolutely

PREFACE TO THE OCTATEUCH

necessary is a trustworthy collection of the textual material." The work originally undertaken by the Syndics of the Press in 1883 was based on the same view. In preparing the present volume we have come across no evidence of any sort which has led us to modify our belief in its absolute truth.

LIST OF OCTATEUCH MSS.

In preparing our list of the Septuagint MSS. (apart from Lectionaries) which contain any portion of the Octateuch we have used the valuable work of Alfred Rahlfs, *Verzeichnis der griechischen Handschriften des alten Testaments* (Berlin, 1914), to check and supplement our own results. In view of the completeness and the convenient arrangement of Dr Rahlfs's list, we have thought it well in the main to follow his order, in which the MSS. are arranged according to the alphabetical series of the towns or districts where they are preserved. Any facts derived from his list which we have not been able to verify for ourselves have been placed within inverted commas. And in the more important of the comparatively few instances where our information as to the age, size, or contents of a MS. differs from his, we have cited his statement within brackets and in inverted commas after our own.

Under each MS. we give first its number or classmark in the Library, next if it is a MS. quoted in our edition the letter by which we have denoted it, and if it was used by Holmes and Parsons its number in their list. We then state the age of the MS., its material—parchment or paper—the number of leaves, the size in millimetres or centimetres, and its contents. For information as to the origin, scribe, and former owners of the MSS., we would refer throughout to the full details given by Dr Rahlfs.

ADRIANOPLE, Ἑλληνικὸν Γυμνάσιον

1270 (Στεφ No 33). Paper. 33 × 21 cm. O T books, defective

ATHENS, National Library.

43. Saec XI Parch 254 ff 45 × 35 cm Gen -IV K with Catena
44 = w Saec. XIII. Parch 325 ff 31 × 21 cm Oct, I–IV K., I, II Chr, I, II Esdr, Esth, Jud, Tob In Oct various passages omitted, the longest being Gn. **10** 2–32, **25** 1–5, 12–18, **36** 9–43, Jos. **13** 2–6, 8–32, **15**–**17** and nearly the whole of **18**, **19**, **20** 9–40; Ru **3** 16–**4** 12 Two leaves wanting, which contained Nu **20** 6–**21** 13 and Dt **34** 9–Jos **2** 10.

ATHOS, (1) Λαύρα Ἀθανασίου

"352" (Γ 112) Saec X/XI Parch 307 ff. 32 × 23 cm Oct A few marginal hexap. readings
"603 (E 141) Saec. XIII/XIV. Paper 124 ff 27 × 22 cm Lev **18** 7–Jos"

(2) Μονὴ Βατοπαιδίου

511 Saec X/XI Parch. (with paper supplies) 445 ff Oct ("Gn. **1** 1–**3** 2 wanting"), Esth , Jud., Tob , 1–4 K (end wanting)
513. A D 1021 Parch (some paper supplies) 261 ff 32 × 24 cm. Oct , Esth , Tob., Jud
515 Saec. XI/XII ("XIII med "). Parch 471 ff "34 × 24 cm" Pictures Lev -Ru with Catena
516 Saec XIV Paper 25 × 18 cm Ex –Ru , I, II Chr Hexap Notes (First page of Joshua wanting)

(3) Μονὴ Ἰβηρῶν

15 Saec XII (" XI "). Parch. 519 ff. 30 × 21 cm Jos -IV K with Catena
"382. A D 1514 Paper. 996 ff 8°. On ff 45–69 Ruth and I–IV K "

(4) Μονὴ Κουτλουμουσίου

"82 Saec XII. Parch. 33 × 24 cm. 2 ff inserted at end contain Frag of Gen"

(vii)

PREFACE TO THE OCTATEUCH

(5) Μονὴ Παντοκράτορος

24 = v. Saec X Parch 373 ff. 33 × 23 cm Oct with marginal hexap. notes. Judges and Ruth are in one or more somewhat later, probably XI century, hands Lacunae, Lv 7. 5-11 40, Dt. 13 3-19. 6 One photograph was wanting from our collection, containing Dt 1. 22-41.

(6) Μονὴ τοῦ Πρωτάτου

53   A D 1326   Paper.   "2°."   "Gen.-II Chr"

BASEL, Universitäts-Bibliothek.

AN III 13 (Omont 1) = c_2 = H & P. 135 Saec XI ("x"). Parch 269 ff. 248 × 184 mm Gn 1 1-Ex. 15 1 with Catena (a few short omissions) The last 5 leaves (Ex. 13 1-15. 1) in a later hand

O II 17 (Omont 85) Saec XI Parch 8 ff. 362 × 254 mm. Fragments of Commentary on Gn. (4, 5) and Ex (12-28)

BERLIN, (1) Königliche Bibliothek

"Gr Fol. 66 I II. Saec III (end). Papyrus book 30 ff. Originally about 25 × 18 cm Gen. 1 16-35. 8 (with lacunae)."

"Phillips 1405. About A D. 1540. Paper 321 ff 34 × 24 cm. Catena on Oct, K and Chr."

(2) Königliche Museen, Agyptische Abteilung, Papyrus-Sammlung

"P 6770. Saec V/VI Papyrus 1 f (imperfect) 6 × 14 cm Gn 5. 10-13, 28-30"

"P 9778. Saec III/IV? Parch 2 ff (almost complete). 53 × 67 mm Gn 27. 29, 30, 38, 39, 28 1-5"

BRISTOL, Baptist College

4 fragments of Gen. See under London, Brit Mus Cotton (Otho B VI).

CAMBRIDGE, (1) University Library.

Add 1879. 7 1 leaf of Gen (42. 18-43 13) See under Oxford, Bodl, Auct T inf. 2 1.

(2) Private (Mrs Lewis)

Δ_5 underwriting of a palimpsest leaf Saec VI Parch. 19 × 12 cm Gn. 40 3, 4, 7 with marginal hexaplaric notes.

CONSTANTINOPLE, (1) Μετόχιον of the Holy Sepulchre

224 Saec XI Parch. 73 ff 35 × 27 cm Gn 2 8-49 16 with Catena.

(2) Library of the Seraglio

"8 Saec XII Parch. 568 ff 42 × 30 cm Pictures Catena on Oct"

DIDLINGTON HALL, private (Lord Amherst of Hackney).

Amherst 3 = U_2. Saec. IV. Papyrus 1 piece 209 × 235 mm On verso Gn. 1. 1-5 in LXX and in Aquila's version

Amherst 191 = U_5. Saec. VI Papyrus Upper part of leaf out of a book. 104 × 92 mm Fragments of Ex 19 1, 2, 5, 6

Amherst 192 = U_6 Saec VI (apparently same hand as U_5) Papyrus. Part of a leaf out of a book. 80 × 82 mm Fragments of Dt. 32 3-6, 8-10

ESCORIAL, Real Biblioteca.

Σ I. 6   A D. 1586   Paper. 417 ff.   35 × 25 cm Aristeas, Gn and Ex with Catena Lacunae Gn 1. 18-25, 14 4-20, 50 1-23.

Υ II 5 = c   Not = H & P 38, although so identified by their description. Saec. XV. Paper 105 ff 28 × 21 cm. Oct., 1 K. 1 1-II K 20. 18. Lacunae in Oct, Gn 1 1-4 2, 14 13-16. 15.

Ω I. 13 Saec XI Parch. 317 ff 36 × 25 cm Oct (lacunae Gn 1 1-19 14, 41 2-57, Ex 2 18-4. 20) I-IV K., I, II Chr., I, II Esdr, Esth, Tob, Jud, I-III Macc (incomplete)

FERRARA, Biblioteca Comunale (now transferred to Museo Schifanoia)

187 I II and 188 I = p = H & P 106 Saec XIV Paper. 211 + 214 + 114 ff 40 × 31 cm Oct, I-IV K, I, II Chr, I, II Esdr, Tob, Jud, Esth, Job, Prov, Eccl, Cant, Wisd, Sir, Isa, Jer, Ez, Dan, XII Proph, I, II Macc, Ps, N T

188 II = H & P. 107   A D. 1334   Paper. 242 ff 40 × 31 cm. Oct, I-IV K, I, II Chr., I, II Esdr, I-IV Macc., Esth, Jud, Tob

FLORENCE, Biblioteca Mediceo-Laurenziana

Acquisti 44 = e = H & P 52. Saec X ("X/XI"), with later additions Parch 384 ff 413 × 298 mm Aristeas, Pent. with Catena, Jos -Ruth, I-IV K., I, II Chr, I, II Esdr, Esth, Jud., I-IV Macc., Tob. 1 1-3 15. Ff 311-384, containing Jos -Tob., are in later hand.

S Marco 700 = H. & P. 74. Saec XIII/XIV. Paper. 450 ff. 336 × 276 mm. ("31 × 22 cm"). Oct, I-IV K., I, II Chr, I, II Esdr, I-IV Macc, Esth, Jud, Tob.

Med Pal 242 = H. & P. 18   Saec. XI/XII Parch (ff 1-33 paper) 330 ff   330 × 230 mm Oct with Catena, except in Gn, which is a later supply and wants 1 1-2 5

Plut. V. 1 = t = H. & P 134 Saec XI Parch 434 ff 454 × 308 mm. Oct (lacuna Lv 15 13-16 6), I-IV K, I, II Chr., I, II Esdr, I Macc. 11 33 to end

Plut v 38 = H. & P 16 Saec XI Parch. 342 ff. "33 × 24 cm" Oct

PREFACE TO THE OCTATEUCH

GENEVA, Bibliothèque publique et universitaire

Collection papyrologique, 99 = Δ_4. v/vi. Parch. Part of a leaf. $4 \times 4\frac{1}{2}$ cm. Fragments of Gn **37** 3, 4, 9.

GIESSEN, Universitäts-Bibliothek

"P. 13. 19. 22. 26. Saec v/vi. Parch. Fragments of 4 leaves, orig. size about 26×17 cm. Dt **24.** 15–21, **25** 3–8, **27.** 4–8, 11–12, 21–26, **28.** 20, 24, 29, 32, **29** 22–24 (mostly imperfect), according to the Samaritan-Greek version."

GLASGOW, University Library

BE. 7^b. 10 = l = H. & P. 59. Saec xv. Paper. 324 ff. 26×17 cm. Oct (lacuna Jdg **21** 8–Ru. **1.** 15).

GROTTAFERRATA, Biblioteca della Badia.

A. γ. I. Saec x. Parch. 211 ff. 265×197 mm. Pent, Jos **1** 1–**19** 11, Esth, Tob, Jud (expl **16** 13). At close a leaf containing Jdg **21** 23–Ru. **1** 20.

A. δ. XXIII. Saec xi/xii. Parch. Palimpsest. 4 ff. 239×138 mm. Upper-writing "Lv. **13** 23–46 (imperfect), **14** 12–16. **16, 17.** 11–14, **18** 9–14."

HEIDELBERG, Universitäts-Bibliothek.

1362. Saec. vii. Parch. Part of a leaf. 14×9 cm. On recto fragments of Ex. **15** and (perhaps) **1** K. **2**. Apparently part of a MS of the Odes.

JERUSALEM, Patriarchal Library

S. Sepulcri 2 (formerly 1) = u. Saec ix. Parch. 401 ff. "39×28 cm". Oct. Prophets. Lacunae in Oct Gn **1** 1–**3.** 10, **8** 20–**11.** 13, Ex **9** 18–**17** 13, Nu. **27.** 11–**28** 24, Dt **19** 11–**20** 18. One photograph was wanting, which contained Jos **15** 18–**16.** 9. One leaf containing Jos **18** 7–**19** 14 is bound in after the leaf which should follow it.

S. Sepulcri 3. Saec xii/xiii. Parch. 170 ff. "38×27 cm". Gn with Catena.

LEIDEN, Bibliotheek der Rijks-Universiteit

Voss, fol. 13. Saec. xiv. Paper. 367 ff. 35×26 cm. Oct with Catena.

Voss, qu. 8 = G = H & P. IV, v. 130 ff. Also Paris, Bibl. Nat. Gr 17, 22 ff. Also Petrograd, Imp. Libr. Gr 3, 1 f. Saec iv/v. Parch. 248×232 mm. Gn **31** 53–**36** 18 (Leiden), Ex **36** 35–**37** 21, **38.** 24–**39** 21, **39** 37–Lv **4** 26 (Paris), Lv **4** 27–**13** 17 (Leiden), Lv **13** 49–14, 6, **14** 33–49, **15.** 24–17. 10, **18** 28–**19.** 36 (Paris), Lv **24** 9–27. 16, Nu **1** 1–**7** 85, **11** 18–**12, 18** 30–20 22 (Leiden); Nu **25.** 2–**26** 3, **29** 12–33 (Paris), Nu **29** 34–36 12, Dt. **4** 11–26, **7.** 13–17 **14, 18** 8–**19** 4, **28.** 12–**31** 11, Jos **9.** 33–**19.** 23 (Leiden); Jdg. **9** 48–**10** 6 (Petrograd), Jdg. **15** 3–**18.** 16, **19.** 25–**21** 12 (Leiden).

LEIPZIG, Universitäts-Bibliothek

Gr 2 = K. Saec. vii/viii (Gardthausen). Parch. 22 ff. (+6 at Petrograd). 30×23 cm. Nu **5** 17, 18, 24, 25, **7** 18, 19, 30, 31, 35–40, 42, 43, 46, 47, **15** 11–17, 19–24, **27** 1–**29** 2, **35.** 19–22, 28–31, Dt. **2** 8–10, 15–19, **9.** 1–10, **18** 21–19 1, 6–9, **21.** 8–12, 17–19, Jos **10.** 39–**11** 16, **12** 2–16, **22.** 7–23, Jdg **11** 24–34, **18** 2–20. All these are at Leipzig. At Petrograd there are 6 leaves (Imp. Public Libr. Gr 26) containing "Nu **14** 43–**15** 10, **20** 17, Dt **12** 30–**13** 5, Jos **11.** 17–**12** 2, Jdg **10.** 6–17".

Gr 16 (formerly 361), ff. 150–247. Saec x. Parch. 33×24 cm. Ex **32** 17–Dt **1** 13 with hexaplaric notes. Ff 322–325 contain 1 Esdr.

LISBON, Archivo da Torre do Tombo

540. 669. 668. 671. 670 = H & P 83. Formerly at Evora. Saec xvi. Paper. 530+338+193+236+254 ff. 30×20 cm. Pent with Catena.

LONDON, (I) Archbishop's Library (Lambeth)

1214. A.D 1104. Parch. 414 ff. "33×27 cm". Lev – Ruth with Catena.

(2) British Museum

Add 20002 = a$_2$. 16 ff, containing Jos **24.** 27–Ruth. See under Oxford, Bodl., Auct T. inf 2. 1.

Add 35123. Saec xii/xiii. Parch. 472 ff. 32×23 cm. Oct with Cat. Change of hand at Dt **22.** 11.

Burney 34. Saec xv. Paper. "645 pp 2°". Cat. on Oct.

Cotton, Otho B vi = D = H & P 1. Saec v/vi. Parch. Originally 165 or 166 leaves. after the Ashburnham fire there remained 150 mutilated fragments and also 4 at Baptist College, Bristol. "Original size about 27×22 cm." Pictures. Fragments of Gn. See Swete's Introduction, pp 132–134, and cf our Prefatory Note to Genesis, p v.

Curzon 66 = x. Saec x ("early xi"). Parch. 239 ff. 28×25 cm. Octateuch. Lacunae Gn **1.** 1–31, **20** 17–**22** 1, **34** 14–**35.** 11. Omits Ex. **36** 6–34. In Lv some leaves wrongly bound in.

Papyri 212 = U$_3$. Saec iii. Papyrus. Fragment quoted in a literary work on *verso* of a leaf. 23×6 cm. Gn **14.** 17.

Royal 1 D. ii = e$_2$ = H & P. 93. Saec xiii. Parch. 216 ff. 32×23 cm. Ru, I–IV K., I, II Chr, Esdr, Esth (a), I–III Macc., Esth. (β), Isa.

Royal 1 D. v–viii (Codex Alexandrinus) = A = H & P III. Saec v med. Parch. 279+238+118+144 ff. 325×254 mm. Complete Bible. (Lacunae in O T Gn **14** 14–17, **15.** 1–5, 16–19, **16** 6–9, 1 K **12** 19–14 9, Ps **49** 19–**79** 10).

MADRID, (1) Biblioteca Nacional

"4673 (O 10). Saec xvi. Paper. 542 ff. 35×24 cm. Cat. in Gen"

(2) Biblioteca de la Universidad Central.

"E 1, no 10. Saec xv/xvi. Parch. 315 ff. 40×26 cm. Copy of Venice, Bibl. Marc Gr 5. Jdg, Ru, I–IV K., I, II Chr, Prov., Eccl., Cant, I, II Esdr, Esth, Wisd, Jud., Tob, I–III Macc."

PREFACE TO THE OCTATEUCH

MANCHESTER, John Rylands Library

Gr pap. 1 Saec. IV Papyrus Part of a leaf. 103 × 115 mm. Fragments of Dt **2** 37–**3** 1, 3–5, 8–10, 12, 13 See Prefatory Note to Joshua, &c, p vi

MEGA SPELAION (GREECE)

"Βέης 68. Saec. XIV. Paper. 199 ff 25 × 18 cm Oct (begins Gn. **3**. 17)"

MESSINA, Biblioteca Universitaria

"62 (ξε´) Saec. XII. Parch. 206 ff. 33 × 23 cm. Oct"

METEORA (THESSALY).

"216. Saec. XVI. Paper. 435 ff. 27 × 21 cm. Oct I–IV K., Minor Prophets, Isa, Jer, Ez."

MILAN, Biblioteca Ambrosiana

A 147 inf = F = H. & P. VII. Saec. V Parch "215 ff" (some a later supply). "33 × 27 cm." Gn **31**. 15–37, **42** 14–21, **42**. 28–**46** 6, **47**. 16–**48** 3, **48**. 21–**50** 14, Ex. **1** 10–**8** 19, **12**. 31–**30**. 29, **31**. 18–**32** 6, **32**. 13–**36** 3, **37** 10–Lv. **9**. 18, **10**. 14–Dt. **28** 63, **29**. 14–Josh. **2** 9; **2** 15–**4** 5, **4**. 10–**5**. 1, **5**. 7–**6** 23, **7**. 1–**9** 27, **10**. 37–**12** 12. The last two leaves (which belong to a MS of XIth cent) contain Is **5** 20–**6** 10, Mal. **1** 10–**2** 15

"Q. 6 sup Saec. XI (rescr 1426) Parch. 93 ff 21 × 14 cm. Underwriting of 2 leaves Gn **33** 4–12, **33**. 18–**34**. 5, **45** 13–19, **45**. 27–**46** 6 with marginal scholia."

MOSCOW, Synodal Library.

19 (Vlad. 38) = H. & P. 126 A D 1475. Paper 208 ff. "28 × 20 cm." Gn. and Ex with Cat, Lv.–Jdg. (lac. after Jdg. **20**. 31), Jud., Tob, Patristic and other fragments.

30 (Vlad. 3) = H. & P. 125. Saec. XV ("XIV") Paper. 277 ff. (265–277 in another hand) "40 × 28 cm" Oct, I–IV K., I, II Chr, I, II Esdr, I–IV Macc, Esth, Jud., Tob., Prov (incomplete), Eccl (an incomplete and a complete copy, the second in the later hand), Cant., Wisd.

31 (Matt. 31a, Vlad. 1) = H. & P. 127. Saec. X. Parch. 440 ff. (1–59, 435–440 paper, 15th century). "36 × 24 cm." Oct (lacuna Josh. **4** 20–**21**. 5), I–IV K, I, II Chr. (expl **36**. 5). Marginal hexaplaric readings

385 ("Matt. Typogr Synod 5 in fol", Vlad. 28) = H & P. 17 Saec. X. Parch 410 ff. "31 × 24 cm" Gn with Cat

MUNICH, K. Hof- und Staatsbibliothek

Gr 9 = H. & P. 25. Saec. XI. Parch. 227 ff. 36 × 28 cm. Aristeas, Gn. and Ex with Cat

Gr 82. Saec. XVI. Paper 485 ff 34 × 23 cm Gn and Ex. with Cat (expl Ex **40** 22), Aristeas

Gr 372 = H & P. 70 (in Ruth). Saec. XI. Parch. 228 ff. (bound out of order). 32 × 25 cm. Josh., Jdg, Ru, I–IV K, Tob

Gr. 454 = H & P. 70 (in K) Saec X Parch 232 ff 27 × 23 cm. Josh, Judg, Ru (Ru **1** 13–**4** 3 wanting), I–IV K.

Gr. 610 (1) Saec IV Parch Part of a leaf 38 × 90 mm. Fragments of Gn **37** 35, **38** 1, 5, 9

Gr 610 (2) Saec V Parch Part of a leaf 70 × 35 mm Fragments of Lv **1**. 14, 15, **2** 10–12

Gr 610 (3) Saec VII Parch 1 f (partly blank) 9 × 15 cm. Jdg **5**. 8–12 On Munich, Gr 610, see Prefatory Note to Joshua, &c, p vi

NIKOLSBURG, Furstlich Dietrichsteinsche Schlossbibliothek

"II 221 Saec. XI/XII Parch 297 ff. (1–5, 294–297 paper). 38 × 27 cm. Cat. (marg) in Oct."

OXFORD, (1) Bodleian Library.

Auct T. inf. 2 1 part of a MS to which belong also Cambridge, Univ Libr Add 1879. 7, Petrograd, Imp. Libr 62, and London, Brit Mus Add 20,002 The uncial part—the 29 leaves at Oxford, and the *recto* of the Cambridge leaf—= E the rest = a_2
Saec. IX/X. Parch. 29 (Oxford) + 1 (Cambridge) + 146 (Petrograd) + 16 (London) Oxford has Gn **1** 1–**42** 18 (lacunae **14** 7–18 **24**, **20** 14–**24** 54) Cambridge has Gn **42** 18–**43** 14 Petrograd has Gn **43** 14–Josh **24** 26 (lacuna Gn **46** 12–**47**. 23), I–III K (expl III K **16**. 28d, lacuna III K. **13** 17–**15** 19) London has Josh **24** 26–end of Ru

Canon gr. 35 = m = H & P 72 Saec XII ("XIII"). Parch 133 ff 25 × 22 cm Oct The last chapters in Ex are arranged in order of the Hebrew Omissions Ex. **25** 9–16, (**37** 10)–(**38** 18); Lv **9** 11–20, **23** 9–22, Nu. **4**. 33–49, **23**. 6–17, **29** 16–22; Dt. **16** 15–17. 1, **28**. 36–59 MS ends Ru **4** 6.

Laud gr 36 = d_2 = H & P 61 See under Lectionaries

(2) University College

52 = n = H & P 75 A.D 1125 Parch 245 ff 24 × 18 cm Oct.

OXYRHYNCHUS PAPYRI

656 = U_4 ("now Oxford, Bodl, Gr bibl d. 5 (P)") Saec II/III Papyrus Parts of 4 leaves, height 244 mm Gn **14** 21–23, **15** 5–9, **19** 32–20. 11, **24** 28–47, **27**. 32 f, 40 f

1007 ("presently London, B M.") Saec III, 2nd half Parch Part of a leaf, orig 165 mm high. See our Prefatory Note to Numbers and Deuteronomy, p vi

1074 ("now Urbana, Univ of Illinois") Saec III. Papyrus. Part of a leaf 27 × 51 mm. See Prefatory Note to Numbers and Deuteronomy, p vii

1075 ("presently London, B M"). Saec III Papyrus Part of a roll 151 × 98 mm. See Prefatory Note to Numbers and Deuteronomy, p. vii

PREFACE TO THE OCTATEUCH

1166 ("presently London, B. M.") Saec III Papyrus Part of a roll 135 × 47 mm Fragments of Gn 16. 8–12 Prefatory Note to Joshua, &c, p vi.

1167 ("presently Brussels, Musées Royaux") Saec. IV. Papyrus. Part of a leaf 100 × 114 mm Fragments of Gn 31 42–54. *ib.*

1168 ("presently U S.A") Saec IV Parch Part of a leaf. 73 × 65 mm Fragments of Jos 4 23–5 1 *ib*

1225 ("presently Cairo, Musée des antiq égypt") Saec. IV, 1st half Papyrus Part of a roll 102 × 55 mm Fragments of Lv. 16 33, 34 *ib*

1351 Saec IV Parch Part of a leaf 26 × 59 mm Small fragments of Lv 27. 12, 15, 16, 19, 20, 24 *ib*

PARIS, (1) Bibliothèque de l'Arsenal

8415. Saec XIV Paper 339 ff (some later supplies) 300 × 230 mm Oct, I–IV K, I, II Chr Parts of the Oct. are much shortened, thus the following passages are omitted Nu 1 17–43, 2 10–3 39, most of 4–8; parts of other chapters, Dt 16 16–17 15, 17 20–18 8, 24 22–25 3, 25 13–27 10, 32 2–43; Josh 12. 11–24, 13 3–21 42

(2) Bibliothèque Nationale.

Coislin 1 = M = H. & P X Saec. VII. Parch. 227 ff 35 × 24 cm. Oct (Lacunae Gn 34 2–38 24, Nu 29 23–31 4, Josh 10 6–22 34) I K 1. 1–III K. 8 40 (lacunae I K. 4 19–10. 19, 14 26–25. 33) Marginal scholia and hexaplaric notes

Coislin 2 = a = H & P. 15 Saec X Parch 356 ff 340 × 250 mm. Oct (Gn. 1. 1–2 3, 41 42–47 20, Nu 21 34–22. 19 a later supply)

Coislin 3 = o = H & P 82 Saec. XII. Parch. 242 ff. 35 × 25 cm. Oct, I–IV K

Coislin 4 = H & P. 46 Saec XIII/XIV (with later supplies) Paper 489 ff 38 × 27 cm Oct, I–IV K, I, II Chr, I, II Esdr, Esth, Jud, I–IV Macc, Tob, Isa., Jer, Bar, Lam & Ep, Ez., Dan, Minor Prophets, Prov, Eccl, Cant, Job, Wisd, Sir

Coislin 5 A D 1264 Parch 185 ff 37 × 28 cm Lv.–Ru with Cat

Coislin 6 Saec. XIII Parch 276 ff. 38 × 26 cm Lv.–Ru with Cat

Coislin 7. Saec. XII. Parch 127 ff 33 × 27 cm Josh.–IV K with Cat

Coislin 184. Saec XIII Paper 136 ff 28 × 22 cm Gn. 19 5–Jdg 21. 1

Gr. 1 = H. & P. 71 Saec XIII Paper 326 ff 29 × 19 cm Oct (inc Gn 3 21, lacuna Gn 10 7–13 11), I–IV K., I, II Chr, I, II Esdr, I–IV Macc, Esth, Jud, Tob

Gr. 2 = H & P 64 Saec. X Parch. 512 ff 32 × 22 cm. Oct (lacunae Gn 1 1–3 15, 10 9–34 10), I–IV K, I, II Chr, I, II Esdr, Esth, Tob, Jud, I Macc.–III Macc. 6. 13 Some marginal hexaplaric readings Some leaves wrongly bound up

Gr. 3 = 1 = H & P 56. A D 1093 Parch 360 ff 29 × 22 cm. Oct. (lacunae Gn 11 8–15 18, 20 15–21 31), I–IV K., I, II Chr., I Macc. 1. 1–10 16, II Macc 5 10–6. 7.

Gr 4 = H & P. 76 Saec XIII. Parch 228 ff 31 × 24 cm Oct, Esth, Jud, Tob

Gr. 5 = g = H. & P. 54 Saec. XIII/XIV (4 different hands) Paper 402 ff. 321 × 227 mm Aristeas, Synopsis, Oct (lacuna Ex. 19 9–21. 22). Thdt quaest in Oct. (incomplete).

Gr 6 = H. & P. 118. Saec XIII. Parch. 208 ff. (many bound out of order). Gn. 28. 9–Jdg 9. 35 (lacunae Ex 23 17–24 8, 29 27–30 10)

Gr 17 See Leiden, Voss, qu 8.

Gr. 17 A = f = H & P 53 A.D 1439 Paper 299 ff 22 × 14 cm Oct (The following passages are omitted Nu 6 14–18 11, Josh. 12. 2–13. 4, Jdg. 20 7–26. Three leaves have been almost entirely torn away which contained Jdg. 11 15–14 13.)

Gr 128 Saec XII Parch 610 pp. 37 × 28 cm Aristeas, Oct with Cat

Gr 129 Saec XIII. Paper. 539 ff 34 × 25 cm. Aristeas (incomplete), Oct. with Cat, incomplete at end

Gr 130 & 132 Saec XV Paper 288 + 421 ff 35 × 24 cm. Aristeas, Oct with Cat Copy of Gr. 128

Gr. 131 Saec XVI. Paper. 156 ff 32 × 21 cm. Ex with Cat (inc. 3 6)

Gr. 161. Saec. XIII Parch 127 ff 21 × 17 cm Gn. with Cat (expl 34 27)

Gr. 1397 = Δ₂ Saec VIII. Parch Portions of leaves used to mend edges of certain leaves in a 13th century MS of Strabo Fragments of Gn 21 32–22 5, 24 15–44

Gr 2511. "Saec XV Paper. 379 ff, small Dt, Lv fragm, Prov, Cant, Eccl"

Suppl. Gr 609 Saec XIV 270 ff 35 × 25 cm Oct (inc Gn 18. 7), I–IV K, I, II Chr., I, II Esdr, I–IV Macc., Esth, Jud, Tob (expl 10 7).

PATMOS, Μονὴ Ἰωάννου τοῦ Θεολόγου

216 Saec XI Parch. 308 ff. 38 × 29 Pent with Cat

217 Saec XI Parch 136 ff. "2°." Num 2 16–Ruth with Cat

410 Saec XIII Paper 196 ff "2°" Hept (inc Gn 18 27), expl. Jdg 20 37.

411 Saec XV Paper 206 ff. "Large 4°." Pent. (inc. Gn 8. 13) Test of 12 Patriarchs (later hand)

PETROGRAD, (1) Imperial Library

Gr. 2 = S = ℵ See Gr 259

Gr 3 = G = H & P. IV, v. See Leiden, Voss, qu 8

Gr. 5 = H Saec. V/VI. Parch 44 leaves (under writing of palimpsest) 38 × 25 cm Nu 1. 1–30, 40–2 14, 30–3 26; 5. 13–23, 6. 6–7. 7, 41–78, 8. 2–16,

PREFACE TO THE OCTATEUCH

11 3-13. 11, 28-**14.** 34; **15** 3-20, 32-**16.** 31, 44-**18** 4, 15-26; **21.** 15-28, **22** 30-41; **23.** 12-27, **26.** 54-**27** 15, **28** 7-**29** 36, **30.** 9-**31.** 48; **32** 7-**33** 5, **35** 3-17, **36** 6-13

Gr 26=K   See Leipzig, Univ. Bibl, Gr 2
Gr 62=a₂   See Oxford, Bodl Auct T inf 2 1
Gr. 124   Saec XIII/XIV   Folio   327 ff   Cat. on Oct
Gr 259=S=ℵ=Codex Sinaiticus   Saec IV   Parch "3 fragments (detached from bindings, and 347 ff, (the last incomplete)"   375×335 mm   There are also 43 leaves at Leipzig (Univ. Bibl Gr. 1). Contained the whole Bible, but is now incomplete. Of Oct. only 2 leaves survive, containing portions of Gn 23 19-24 46 and Nu 5 26-7 20.
Gr 260   See Sinai, St Catharine, Gr. 1.

(2) Papadopulos-Kerameus

8   "Saec. X   Parch   370 ff (43 ff paper. Saec XII) 4°.   Oct (? wanting Ruth)"

ROME, (1) R Biblioteca Angelica

"114 (B 1 1)   Saec XVI   Paper   178 ff.   33×22 cm   Cat. in Gen"

(2) R. Biblioteca Casanatense

1444=H. & P 30   Saec. XI/XII   Parch   317 ff   14×11 cm   Gn 24 13-Ru. 4 7

(3) R Biblioteca Vallicellana.

"10 (B 34).   Saec XII   Parch.   163 ff   29×22 cm   On f 123 b Lv 16 1-16."

"30 (C 4)   Saec XIII/XIV   Paper   494 ff   30×22 cm   2 a-28 b   Excerpta e cat in Oct"

(4) Biblioteca Vaticana

(a) Barberini graeci

474 (IV 56)   Saec XII   Parch   232 ff (some later)   250×178 mm   Synopsis of Athanasius   Fragm of Aristeas   Oct with Cat (many leaves wanting) Portion of Apoc. with Cat.

569 (VI 8)   Saec XVI   Paper.   269 ff   348×252 mm.   Gn with Cat

(b) Palatini graeci

203=H & P 14   Saec XI   Parch   304 ff.   38×27 cm   Aristeas, Gn and Ex with Cat. (expl Ex 40 20)

431=Δ₈. Pictures and a few legends   Saec VII/VIII   Most of text Saec. X.   Parch   15 ff.   31×43 to 31×90 cm   Portions of Joshua, viz **2.** 15, 16, 22; **3** 5, 6, 17, **4.** 1-3, 11-13, 20-22, **5.** 2, 3, 13-15, **6** 20, 21, **7.** 2-5, 6, 10, 11, 19, 20, 24-26, **8.** 1, 3, 18-22, **9.** 12, 15, 16, 17-19; **10.** 9-17, 22-27.

(c) Pii II graeci

15.   Saec IX ("rescr. XIII").   Parch.   "2°."   Underwriting fragments of Pentateuch, with marginal hexaplaric notes, on ff. 187, 195, 197, 199, 201, 205, 207, 211, 213, 215, 217

20   Saec XIV   Paper   152 ff   253×195 mm   Pent

(d) Reginenses graeci.

1=h=H. & P 55   Saec. X.   Parch.   565 ff   415×283 mm   Pictures. Oct, I-IV K., I, II Chr., I, II Esdr., Jud., Esth, Tob., I-IV Macc, Job, Ps.   In Oct the following longer passages are omitted—Lv 15 8-33; Nu 29 12-30 1, 33 8-36, 35 17-25; Dt. 11 22-32, 14 23-15. 4, 15 19-17 1, 17 8-19 15, 20 12-21. 4, 21 10-21, 24. 1-26. 14, 28 20-48, 29. 7-17; Jos 8 14-23, 13 23-14 5, 15. 7-12, 21. 23-42; Jdg 8 8-15, 20 17-48

7   Saec. XV.   Paper.   183 ff   327×220 mm   Gn 1. 1-3. 7 with Cat   Cant with Cat

10=k=H & P 58   Saec XI   Parch   318 ff   272×200 mm   Oct (lacunae Gn. 1 1-5 31, 11. 11-27 15, 34 2-36 26, 43 5-44 3, Ex (39 40)-40 17, I-IV Macc, I, II Esdr, Esth, Jud, Tob, Life of Secundus, Dan   The MS follows the Hebrew order in the last chapters of Ex.

(e) Vaticani graeci.

330=b=H & P 108   Saec XIII   Paper.   511 ff (1-20 and 507-511 later)   330×232 mm.   Oct, I-IV K, I, II Chr., I, II Esdr, Jud, Esth (α'), Esth (β'), Tob 2 2-10 7   Marginal hexaplaric notes and Arabic glosses

331=H & P. 236   Saec XI   Parch   224 ff   394×310 mm   Josh -II Chr with Cat (Cat ends about middle of II Chr), I, II Esdr, Esth, Jud, Tob, I-IV Macc (with lacunae)

332.   Saec XIV   Paper.   259 ff   225×150 mm.   Nu - Ru, Tob, Dt 31 23-32 6

383=H. & P. 78   Saec XIII ("XII").   Parch.   319 ff   330×248 mm   Aristeas, Gn. and Ex with Cat

746=H. & P 73 (Pent) and 237 (Josh.-Ru.)   2 vols.   "Saec. XI/XII" (with later supplies)   508 ff   390×295 mm.   Pictures. Aristeas, Oct with Cat (lacunae. expl Ru 4 15).

747=J=H. & P 57   Saec XI   Parch   260 ff.   357×278 mm   Pictures. Aristeas, Oct with Cat (lacunae Ex. 37. 6-38 20, Lv 4 34-6. 2, 23 27-Nu 3 13; Jdg 1 1-24) The passages Nu. 35. 1-Dt 1 2, Dt 9. 2-12. 3 are wanting.   The leaves containing Dt 4 41-9 1 are wrongly bound in before Nu. 3. 13

748=H. & P. 77. "Saec XIII/XIV"   Paper.   301 ff (some later supply)   345×260 mm   Oct with Cat.

1209=B=H. & P. II=Codex Vaticanus.   Saec. IV.   Parch   759 ff   "272×268 mm"   Old and New Testaments   In Oct Gn. 1. 1-46. 28 are a XV century supply.

1238=H. & P. 246.   3 vols   Saec. XIII?   Paper and parch. Largely palimpsest (upper writing).   381 ff   309×210 mm.   Oct, I-IV K, II Chr. 1 1-13. 15   Testament of Job.   Testament of 12 patriarchs   First two leaves contain fragments of a Lectionary, which are underwriting and of XI cent

(XII)

PREFACE TO THE OCTATEUCH

1252 = r = H. & P. 129 (Pent.) and 63 (Josh.-Ru.) 3 vols. Saec XI/XII. Parch. 373 ff. 21 × 15 cm. Fragment of Gospels. Oct. (lacunae Nu 25 4–26 9, Jdg. 21 3–20)

1657 = H. & P. 128. Saec. XIII (some pages older). Parch. 245 ff. 313 × 240 mm. Oct. (inc Gn 1 11), with Cat as far as Gn 15 16

1668 = H. & P. 79. Saec XIII. Parch. 358 ff. 310 × 212 mm. Aristeas, Gn with Cat

"1684. Saec. XVI. Paper 206 ff. 30 × 20 cm. Cat in Gen"

1901 = H. & P. 84. Saec X/XI. Parch. 165 ff. 30 × 24 cm. Oct (lacunae Gn 1 1–28 2, "Ex 13 17–15 21"; Lv 6 2–14. 10, 19 37–20 25, 26 37–27 20, all Dt., Jdg 20 3–end of Ruth)

2058 = z = H. & P. 85. Saec XI ("X") Parch 239 ff. 322 × 235 mm. Oct (inc Gn 48 3, expl Jdg 19 26). Marginal hexaplaric notes

2106 = N = H. & P. XI. First part of the same MS as Venice, Marc., gr. 1. Saec IX ("VIII") Parch. 132 ff. 398 × 270 mm. Oct. (inc Lv 13 59, the 1st leaf being bound after fol 125. Lacunae Dt. 28 40–30. 16, Jdg 14. 17–18 1), I–IV K, I, II Chr, Esth. Parts of I, II Esdr. The Venice part contains the rest of O.T, except Ps

2122 = H & P. 28. Saec XI Parch. 84 ff 294 × 218 mm Nu 3. 11–Josh. 1 10 with lacunae.

"2131. Saec. XVI. Paper 372 pages 35 × 23 cm. Cat in Ex.-Nu. (incomplete at end)"

(f) Vaticani syriaci.

162 = Z = Codex Zuqninensis. Underwriting of palimpsest. Portions of 6 MSS. Saec v/vii. Z¹ contains Jdg 16 29–19. 12, 19 18–29, 20 4–18, 20 30–21 5 Parch 18 ff. Originally 33 × 24 cm, now 25 × 16

(5) Prince Chigi's Library

R. VI 38 = (b) b' = H & P 19 Saec XI/XII Parch 376 ff 303 × 210 mm Oct (lacuna Jdg 11 30–13 11; Gn 10. 2–32, 25 12–18 are omitted), I–IV K, I, II Chr., I, II Esdr, Jud, Esth., I–III Macc.

ROUMANIA

"Τόμ. I, σελ. 371 Cat. in Pent"

SERRES, μονὴ Ἰωάννου τοῦ Προδρόμου

"60. A.D. 1380. Parch. Books of the OT"

SINAI, St Catharine

Gr. 1. Saec X/XI. Parch. 241 ff 28 × 19 cm. Oct. (inc. Gn. 40. 20), I–IV K. (incomplete at end) One leaf is at Imperial Library, Petrograd (Gr 260), containing Gn. 47. 13–48 17

Gr 2 Saec X ("XII") Parch 209 ff 29 × 22 cm. Gn–Lv with Cat. (inc. Gn 16 5)

Fragm. 1 = Δ₆. Saec. IV Parch 2 ff. 22 × 17 cm. Fragments of Lv 22. 3–23 22.

Fragm 2 Saec. IV. Parch. Portion of a leaf 26 × 7 cm Fragments of Jdg. 20 22–28 See Prefatory Note to Joshua, &c, p vi

Fragm. 3 = Δ₁₀ Saec IV Parch Two pieces of a leaf 24 × 14 cm Writing resembles that of Fragm 2 Fragments of Ru 2 19–3. 7

Fragm 21 = Δ₇ Saec. VII Parch Portion of a leaf Underwriting of palimpsest Nu 32 29, 30

SMYRNA, Evangelical School

A-1. Saec XII. Parch 262 ff 37 × 29 cm Pictures Oct with Cat.

STRASSBURG.

Pap Gr 748 = Δ₃ Saec. V Parch. Portion of a leaf 10 × 4½ cm. Fragments of Gn. 25 19–22, 26 3, 4.

TOLEDO.

"9 20 Saec XVI Paper 177 ff 31 × 20 cm. ff 1–26 Cat in Gn. 1–3. 15."

TURIN, Biblioteca Nazionale.

"B III 15. Saec XVI. Paper 638 ff 2°. Quaestiones in V T Cat in Oct Procopii comm in Gen"

VENICE, Biblioteca Naz. Marciana

Gr. 2 (334) = b₂ = H. & P. 29. Saec. X (ff. 1–199) and XIV (ff. 200–227) Parch and paper. 227 ff. 34 × 26 cm. Oct. (inc. Gn 43. 15), I, II K., I, II Macc., and 3 lines of III Macc.

Gr 3 (335) = y = H. & P. 121 Saec X Parch. 335 ff 349 × 273 mm Oct. (lacunae Gn 25 33–35 4, Ex 21 29–27 16, Lv 3. 1–4 27, 15 12–16 34, 20 10–22 4, 26 10–34, Nu 4 43–6 7; Ru. 1 20–3 15 (in one or two of these cases the apparent lacuna may be due to the absence of a photograph) I–IV K, I, II Chr, I, II Esdr (end wanting) Two leaves now bound as ff 1, 2 of Venice Gr 16 (338) belong to this MS. they contain part of the κεφάλαια of Gn, Dt, and Josh.

Gr 4 (419) = q = H & P 120 Saec XI Parch 402 ff 39 × 31 cm Oct (lacunae Ex. 23. 26–25. 23, 33. 7–34. 26, Lv. 16 12–26. 20 Lv 6. 31–7 17 is omitted) I–IV K, I, II Chr, I, II Esdr., I–IV Macc, Esth (expl 9 12)

Gr 5 (420) = H & P 68 Saec "XV" Parch 441 ff 40 × 27 cm Old and New Testaments

Gr 6 = H & P 122 Saec "XV" Parch and paper 431 ff 380 × 255 mm. Old and New Testaments (Of Macc. only I Macc 1. 1–18.)

Gr 15 (337) Saec XII ("X"). Parch 400 ff 336 × 254 mm Oct with Cat.

Gr 534 (785). Saec XI ("X") with later supplies Parch. 297 ff 315 × 245 mm. Aristeas, Oct. with Cat.

PREFACE TO THE OCTATEUCH

VIENNA, k. k. Hofbibliothek

(a) *Sammlung Erzherzog Rainer*

Litt theol 1–3. Portions of 2 leaves containing small fragments of Gn. **38, 39, 40**. See Prefatory Note to Joshua, &c, p vi.

(b) *Theologici graeci*

7 (Lamb 4) = H. & P. 31   Saec. xv. Paper. 132 ff. 38 × 26 cm. Gen with Cat.

23 (Lamb. 1) = s = H & P. 130 (Pent), 131 (Praef ad Pent.), 144 (Josh.–Ru). Saec xii/xiii Parch 623 ff. 32 × 23 cm Old and New Testaments (except iv Macc) Begins Gn **2** 21. Marginal hexaplaric notes up to Dt. **5** 28, where the hand changes

31 (Lamb 2) = L = H. & P vi. Saec. v/vi Purple parch. with silver letters 24 ff. (+2 N T). 350 × 256 mm. Portions of Genesis. Pictures. Contents Gn **3**. 4–24, **7**. 19–**8** 1; **8**. 4, 13–17, 19, 20; **9** 8–10, 12–15, 20–27, **14** 17–20, **15**. 1–5; **19**. 12–17, 24, 26, 29–35; **22**. 15–19, **24** 1–4, 9–11, 15–20, 22–25, 28, 29, 31, **25**. 27–34; **26**. 6–9, 11; **30**. 30–37; **31** 25–34, **32**. 6–8, 13–18, 22–32, **35**. 1–4, 8, 16–20, 28, 29; **37** 1–19, **39** 9–18; **40** 14–41 2, **41**. 21–32, **42** 21–25, **42** 27–**43** 22; **48** 16–**49** 3; **49** 28–**50** 4

57 (Lamb 3) = H. & P. 130 (Praef ad Pent), 131 Saec. xi? Parch 143 ff 30 × 22 cm. Oct with marginal notes

WASHINGTON, Smithsonian Institution, Freer Library.

I = Θ = W   Saec. v. Parch. 102 ff 31 × 26 cm. Dt, Josh (lacunae Dt. **5**. 16–**6** 18, Josh **3** 3–**4** 10).

ZITTAU, Stadtbibliothek

A 1 = d = H & P. 44   Saec. xv. Paper 775 ff 310 × 200 mm Oct, i–iv K., i, ii Chr, i, ii Esdr, i–iv Macc, Esth., Jud, Tob., N.T.

ZURICH, Stadtbibliothek

C 11 (Omont 169)   Saec. xiii. Paper. 736 ff. 34 × 23 cm. Aristeas, Oct. with Cat.

LECTIONARIES.

Until the year 1915 the subject of O.T. Lectionaries had received comparatively little attention in published works. The appearance of the 5th part of the *Mitteilungen des Septuaginta-Unternehmens* (Berlin, Weidmann, 1915), in which Dr Rahlfs deals with the question, is of special importance. The lists which it contains of O.T. Lessons which were in use in the Greek Church, and of the days on which they were used, will prove of great value to students of the subject. Some years ago we prepared a similar list for our own use from the MSS of Lectionaries at London, Oxford, Paris, and in Italian Libraries. This list, we find, is in close agreement with that published by Dr Rahlfs, the few differences of detail being due either to mistakes or to the use of different MSS.

In the Greek system provision is made for the reading of the O.T. on the week-days (Monday to Friday) in the first five weeks of Lent, for all week-days in the week before Palm Sunday and in Holy Week, and on the vigils (παραμοναί) of certain Festivals As a rule three Lessons are provided for each day, πρωί 1, ἑσπέρας 2, a longer list being given for the vigils of Christmas and Epiphany, and the last three days of Holy Week. During Lent the Lessons were taken from the books of Genesis, Isaiah and Proverbs. It is therefore only of these books that anything like a continuous text is preserved in Greek Lectionaries, and even here there are large gaps.

The normal arrangement of Lectionaries gives the Lessons for the Vigils of Christmas, Circumcision (occasionally), and Epiphany. These are followed by the Lessons for Lent, beginning with τῇ τετράδι τοῦ τυροφάγου (Thursday), and τῇ παρασκευῇ (Friday), followed by those for Monday to Friday for five weeks (τῇ β', γ', δ', ε', παρασκευῇ τῆς α', β', γ', δ' (μέσης), ε' ἑβδομάδος), and for every week-day in the 6th week (τῶν βαίων), and Holy Week (τῇ ἁγίᾳ καὶ μεγάλῃ α', β', γ', δ', παρασκευῇ, τῷ ἁγ. καὶ μεγ. σαββάτῳ). After this come the Lessons for certain movable Feasts, Mid-Pentecost, Ascension, Nicene Fathers, Pentecost,

PREFACE TO THE OCTATEUCH

All Saints (= our Trinity Sunday), the dates of which are dependent on Easter. These are followed by a Calendar, September to August, for the vigils of fixed Festivals, which generally begin with the New Year (Sept 1, τῆς ἰνδικτιῶνος) and end with S John Baptist (Aug 28). Sometimes the Christmas and Epiphany Lessons are placed in their natural position in the Calendar.

Dr Rahlfs's Catalogue of LXX. MSS., which forms Vol 2 of the same *Mitteilungen* (Berlin, 1914), includes by far the most complete list of O T Lectionaries hitherto published. We have therefore given his list in full, with the addition of a very few MSS known to us but not to him, and fuller information about some of the MSS. in his list which we have ourselves examined. These additions are made in double brackets ⟦ ⟧.

The type of text contained in Lectionaries is not of special importance, so far as we have been able to examine it for the Octateuch. We have attempted to represent it in our edition by quoting the readings of *one* Lectionary (Oxford, Laud, Gr. 36 = d_2) for the Octateuch. Dr Rahlfs is mistaken in supposing that its inclusion among our select cursives was due to misapprehension of its character (*Verzeichnis*, p XIII).

ATHENS
National Library
20 A D 1072. Parch 224 ff 25 × 20 cm Beginning wanting

24 A D 1575 Paper 346 ff. 25 × 18 cm

36 Saec XVI Paper 137 ff 23 × 16 cm

37 Saec. XVI. Paper 227 ff. 21 × 15 cm Lessons for Lent.

107 Saec XV (?). Parch. 145 ff. 9 × 7 cm Apoc. and some O T Lessons

ATHOS.
Μονὴ Διονυσίου
82 Saec. XII Parch. 8°. End wanting.

432 A D 1593 Paper.

Μονὴ Δοχειαρίου
28 Saec. XII. Parch. 4°.

Μονὴ Ἐσφιγμένου
5 Saec XII Parch. 2°. 3 ff at beginning and end contain Lect. Frag

46 Saec XII Parch. 197 ff 4°

Μονὴ Ἰβηρῶν.
165 Saec XV Paper ff 232, 233 contain Lect Frag.

264 Saec XIV Parch 4°. Beginning and end wanting.

771 Saec XVI. Paper. 4°.

882 A D 1520 Paper. 8°.

Μονὴ Καρακάλλου
26 Saec XIV Parch 8°.

119 Saec. XIV Paper 4°. Beginning and end wanting.

Μονὴ Κουτλουμουσίου.
303 A D 1553 Paper. 200 ff. 4°.

337 A D 1555 Paper 256 ff 8° Lent.

Λαύρα Ἀθανασίου
190 A D 1078. Parch 252 ff. 23 × 17 cm

195 Saec XII (?). Parch 111 ff 26 × 20 cm Beginning and end wanting

196 Saec. XII (?). Parch 106 ff. 25 × 19 cm. Beginning and end wanting

207 A.D 1299. Parch. 202 ff 27 × 19 cm

Μονὴ Παντελεήμονος.
48 ff. 46–61. Saec. XIV. Parch. 29 × 21 cm. End wanting.

67 ff 236–244 Saec. VIII (rescr XIII) Parch. 19 × 16 cm. Palimpsest Underwriting Lect. Frag

95 Saec. IX. Parch 3 ff contain Lect Frag

454 Saec XVI Paper 164 ff. 25 × 18 cm Beginning and end wanting

Μονὴ Παντοκράτορος.
179 Saec XVI. Paper 4°.

234 Saec. IX. Parch 8°. 4 ff at beginning and end contain Lect. Frag.

Βιβλιοθήκη τοῦ Πρωτάτου
27 Saec XIV Parch 4°

Μονὴ Σταυρονικήτα.
126 Saec XVI Paper. 8°.

Μονὴ Φιλοθέου.
6 Saec XI. Parch. 31 × 24 cm N T. and O T Lect

34 Saec XIII Parch. 4°. Beginning and end wanting

170 Saec. XV. Paper. 8°.

BERAT (Albania).
Archiepiscopal Library.
7 Saec XIII Parch. 4°. Incomplete

PREFACE TO THE OCTATEUCH

BERLIN.
Konigliche Bibliothek.

30 Saec. X–XI Parch. 6 ff 28 × 20 cm. Part of Sinai Cod Gr 8

48 (ii) Saec XIII. 22 ff. (iii) Saec. XIII 56 ff Parch. Lect Frag

BUCHAREST.
Biblioteca Academiei Române

Gr 262 ff 415 b–419 Saec XVI. Paper 20 × 13 cm.

CAMBRIDGE
Clare College

31 Saec. XV Paper 206 ff 21 × 16 cm End wanting. ⟦This MS. is really a New Testament Lectionary (Evangelistarium).⟧

Emmanuel College.

III 3. 3 (iii) Saec. XI(?) Parch. 2 ff 27 × 18 cm ⟦Contains part of Lesson (2) for Friday in 5th week (Lent) τον τοπον ον ειπεν αυτω ο θ̄ς̄ Gn. 22 9–εμης φωνης ver. 18 and (3) αδελφοι Prov. 17 17–κρισει 18 5 The rest consists of hymns and service notes⟧

(vii) Saec IX–X Parch. 1 f. 29 × 22 cm ⟦Is 59. 4 (κρισις αλη)θηνη-60 11 αι πυλαι σ(ου). Apparently part of a continuous text and not of a Lectionary A note in Hort's handwriting points out its textual affinity with H. & P. 62.⟧

⟦*University Library*

Add 1879, 1. Saec. XII. Parch. 4 ff 287 × 211 mm Fragment of Lectionary containing (a) τῇ ε′ τῆς μέσης (2) εως του ουνου Gen. 11 4–end of (3) φρονιμοις ευχερης Prov 14 6, (b) τῇ παρασκευῇ τῆς μέσης (3) ελπις ισχυος Prov. 14 26–end of τῇ β′ τῆς ε′ (1) πολεως ταυτης Is. 38. 6⟧

ESCORIAL
Real Biblioteca

Y III 2 = H & P. 45 Saec XII–XIII Parch 4°

FLORENCE
Biblioteca Mediceo-Laurenziana

Conventi Soppressi 152 Uncial Parch 184 ff 18 × 12 cm Palimpsest. Underwriting Lect Frag

Plutei ⟦IX 15. A.D 964 Parch. 174 ff. 12° Lectionary Lent and Holy Week Festivals to All Saints. Calendar Aug–Mar 24 (Prov. 8. 30), including Xmas and Epiphany Lessons in the months to which they belong. Inc. τῇ β′ τῆς ε′ (1) πορευθητε Is. 38 5. Gaps from τῇ δ′ τῆς ε′ (3) τηρων ε Prov. 16 3–τῇ παρασκευῇ τῆς ε′ (3) αυτω ατιμια Prov. 18. 3 and from τῷ ἁγ. και μεγ σαβ (4) φοβον μεγαν (?) Jonah 1. 10–τῷ ἁγ. και μεγ. σαβ (6) ιπποις αυτου και γνωτω Ex. 14 18⟧

X. 27 Saec. XIII Parch 168 ff 8°. ff. 1–164 Lectionary. ⟦Calendar. September (inc. Sep 1 (5) δικαιοι εις τον αιωνα Sap. Sol 5. 15—August Lent and Holy Week Festivals to All Saints John Baptist (June 24).⟧

GROTTA FERRATA.
Biblioteca della Badia

A. γ 3 Saec VIII–X (rescr 1225) Parch. 214 ff 23 × 17 cm Palimpsest Underwriting Lect. Frag

A. δ 1 Saec XII. Parch. 141 ff 17 × 15 cm. Beginning and end wanting

A δ 2 Saec X Parch. 155 ff 15 × 11 cm. ⟦Begins with Lent Ends now with June 28th, S. Peter and S Paul⟧

A δ 3 Saec. XII Parch 107 ff 24 × 19 cm. Lent. On ff 1–3 Lessons for Epiphany (Saec. XIII).

A. δ. 4 Saec. XIII Parch Palimpsest. 257 ff. 25 × 18 cm. Festivals

A. δ 5 A D. 1072. Parch. 162 ff. 24 × 16 cm

A. δ 6 Saec. XIII Parch. 37 ff 28 × 20 cm. Sep 1–Jan 6.

A δ. 8 Saec XIII Parch 65 ff 19 × 14 cm. Friday in 5th Week–Easter Eve

A δ 9 Saec. XII Parch. 117 ff 22 × 18 cm. Lent. Beginning wanting

A δ 10. Saec. XI. Parch 83 ff 17 × 14 cm Lent. Beginning and end wanting

A δ. 11 No 7. Saec. XII–XIII. Parch 6 ff. 22 × 15 cm Lect Frag. Lent.

A δ 11 No 10 Saec XV–XVI. Paper. 14 ff. Lect Frag. Lent

A δ 13 Saec XIV–XV Parch Palimpsest 142 ff. 20 × 15 cm Lect Incomplete Lent.

JERUSALEM
S Sepulchri

(a) Saba 98 Saec XI Parch 182 ff. 25 × 20 cm

99 Saec. XI Parch 225 ff. 26 × 20 cm

143, 147 Saec. XI Parch. 45 + 172 ff 31 × 22 cm Lect Frag

240 Saec XIV Paper 272 ff 28 × 21 cm

247 Saec. XI Parch 188 ff. 28 × 22 cm Beginning wanting

300 ff 216–311 Saec XVI. Paper. 22 × 16 cm Lect. Frag

704 No 12 Saec XI ? part of 143

(b) ἁγίου σταυροῦ 42 ff 1–5 and 201–205 Saec. XI. Parch 27 × 20 cm Lect. Frag.

48 A D. 1202 Parch. 174 ff 27 × 18 cm. Cf. Petrograd, Imp Lib 325.

(c) ἁγίου τάφου. 510 δ. Saec. IX–X. Parch. 6 ff. 24 × 18 cm Lect Frag Aug. 7

(XVI)

PREFACE TO THE OCTATEUCH

London
British Museum

Add. 11841. Saec. XII. Parch 86 ff 20×15 cm 〚Lent and Holy Week. Festivals to All Saints Calendar Sep.–Aug. Incomplete Gaps from τῇ ἁγ καὶ μεγ. παρασκευῇ (1) ἡμερα εκεινη Zech. 14. 21—τῷ ἁγ καὶ μεγ σαβ (4) τω θῶ και εκηρυξαν Jonah 3 5, from τῇ παραμονῇ τῶν ἁγίων πάντων (3) σκεπασει αυ Sap Sol 5 16–end, and from Aug. 5 (2) και αι Ex 34 1–(3) [ο]τι πολλη 3 K 19 7 Expl. Aug 28 (3) και ε[δωκεν] Gn 18. 7, its 3 Lessons for Joh. Bap. being (1) Mal. 3 1–4 5, (2) Sap. Sol 4. 7 as list, and (3) Gn 18. 1–(?).〛

29715 Saec XII Parch 4º 175 b–202 b and 249 a–end 〚ff 175 b–190 a Calendar, Sep.–Aug ff 190 b–202 b Festivals to All Saints 249 a–end. Xmas. Epiphany. Sat. before Palm Sunday Thurs.–Sat in Holy Week〛

36660 Saec. XII Parch. 192 ff 〚32×24 cm. Xmas Epiphany. Lent and Holy Week Festivals to All Saints Calendar, Sep.–Aug Expl Aug. 28 + extra Lesson εστη σαλομων–ουῦος του ουῦου 3 K. 8 22–27〛

36822 f. 142 Saec XII–XIII. Parch. 26×19 cm Lect Frag 〚Fragment of Service Book containing parts of services for Thurs in Holy Week and Good Friday, including O T Lessons for Thursday (3) ειπεν κ̄ς τω ιωβ δια λαιλαπος–εωρακεν σε Job 38 and 42, and (4) κ̄ς διδωσιν–παλαιωθη-σεσθε Is. 50. 4–9, but no O.T Lessons for Good Friday.〛

Burdett-Coutts.

III. 46 ff 206–220. Saec. XI–XII (rescr XIII–XIV) Parch 23×18 cm Underwriting Lect. Frag, including τῇ β′ τῆς γ′ part of (2) and (3), τῇ γ′ τῆς γ′ (1), τῇ β′ τῶν βαΐων (2) and (3), τῇ γ′ τῶν βαΐων (1) and part of (2), τῇ ε′ τῶν βαΐων part of (3)

Sion College

Arc. I 1 ff. 241–242 Saec VI–VII (rescr XIII) Parch 27×21 cm. Underwriting Lect. Frag. τῇ παραμονῇ τῶν βαΐων parts of (2) and (3)

Madrid
Biblioteca Nacional

4729. ff 1, 2 and 363, 364 Saec. X–XI. Parch. 32×25 cm Lect Frag

Milan.
Biblioteca Ambrosiana

C. 16 inf. Saec. XII Parch 29 ff 23×18 cm. Lect. Frag.

E 2 inf ff. 1, 2 and 267, 268 Saec. XII Parch 32×25 cm. Lect Frag

S 23 sup. ff 1, 2. Saec. XII 22×17 cm. Lect. Frag

Messina
Biblioteca Universitaria

102 Saec XII Parch 254 ff 28×20 cm

122 Saec. XII–XIII. Parch 237 ff. 21×17 cm Begins with Xmas

131 Saec. XII–XIII Parch. 198 ff 23×18 cm Began with Xmas. Beginning and end wanting

136 f. 59 Saec VIII (rescr. XIII). Parch. 23×15 (?) cm. Underwriting Lect Frag (Gn).

140 ff 177–180 Saec VI–VII (rescr XII). Parch 26×21 cm Underwriting Lect Frag. (Gn).

149 A.D. 1301 Parch 16×12 cm Palimpsest. Underwriting of f 23 Lect Frag. (? O T).

164 Saec. XIII. Parch Palimpsest 187 ff 19×16 cm Begins with Xmas.

165 Saec. XI (rescr XIII–XIV) Parch 20×16 cm Underwriting of ff 45–102 Lect Frag

Moscow.
Synodal Library.

485 = H. & P. 37. A D. 1116 Parch 200 ff 29×21 cm Begins with Xmas.

Munich
Staatsbibliothek.

262 Saec. VIII–IX (rescr XIII) Parch. 152 ff. Underwriting of part Lect Frag.

Oxford.
Bodleian Library.

(a) Auctarium T. inf 2 12 ff 12 and 13 = H. & P. 105. Saec XII Parch 〚27×22–3 cm. Contains parts of Lessons for Sat in Holy Week, viz (6) και τα αρματα Ex 14 9–θαλασσαν και απο ver 26. (13) σαι εαυτω ονομα αιωνιον Is. 63. 12—των οδων σου 64. 5 (14) ταδε λεγει κ̄ς ιδου ημεραι ερχονται Jer. 38. 31—μνησθω ετι ver. 34 (15) ετους οκτω-καιδεκατου Dan. 3. 1—και παντες οι αρ ver 3〛

(b) Barocciani. 〚99 Lent and Holy Week. Festivals to All Saints Calendar Sep.–Aug in which Xmas and Epiphany are included Expl Aug 29 (3) ερημους αβα Sap Sol. 5 7〛

201 Leaf at end Lect. Frag. = H & P 47. 〚Good Friday (1) εξεγερθητη Zech. 13 7—εκεινη 14. 21 (2) ελαλησε κ̄ς ενωπιος Ex 33 11—σεαυτον γνωστως ιδ ver 13 As now bound up verso precedes recto〛

(h) Laudiani 36 = d₂ = H & P 61. Saec XI. Parch 275 ff. 2º 〚Xmas Circumcision Epiphany. Lent and Holy Week Festivals to All Saints Calendar Sep –Aug〛

(l) Seldeniani Arch Selden sup 9 (Coxe 8) Saec. XI–XII (rescr XIV–XV). Parch 23×14 cm Underwriting of ff. 44–113 Lect Frag

PREFACE TO THE OCTATEUCH

Arch Selden B 32 (Coxe 30) ff 31–90 = H & P. 50 〚Saec XI–XII 25 × 17 cm Lent and Holy Week Festivals to All Saints. Leaves now bound in wrong order ff 31–36 should follow f 68 (as counted, the ff are not numbered) Inc τῇ ἁγ τετράδι τῆς τυροφάγου (2) (πη)γη εξ οικου κυ̅ Joel **3** 18. Gap from τῇ γ′ τῆς γ′ (1) ουκ απεστραφη Is. **9.** 12(?)—τῇ ε′ τῆς μέσης (1) κουειν στενοχωρουμενοι Is. **28.** 20 Ends with All Saints (3) οπλοποιησει Sap. Sol. **5** 17.〛

Christ Church.

14 ff. 1 and 246 Saec. XI. 26 × 20 cm Lect Frag. Contains part of Lessons for Saturday in Holy Week, viz part of (4), (5), part of (6), part of (8), (9)

63 ff 1–3 and 357–360 Saec. XIII–XIV Paper. 29 × 22 cm. Part of Lessons for Saturday in Holy Week, 1–9

PARIS
Bibliothèque Nationale

Coislin 211 ff. 1, 351, 352. Saec. X (?) (rescr. XII). Parch 24 × 18 cm Underwriting Lect. Frag.

Gr. 243. A D 1133 Parch. 219 ff 25 × 20 cm

Gr. 272 Saec. XII 434 pp. 27 × 20 cm. 〚Xmas Epiphany. Lent and Holy Week. Gap from τῇ ε′ τῆς ε′ λαμπτηρα δολου Prov **16.** 28—τῇ παρασκευῇ τῆς ε′ (λα)ου μου επιστρεψει Is. **45** 13 Expl. τῷ ἁγ. καὶ μεγ σαβ. λεγοντες Dan **3** 51 〛

Gr 273 Saec. XII. Parch 203 ff 26 × 20 cm 〚Xmas Epiphany. Lent and Holy Week Festivals to All Saints. Calendar Sep.–Aug.〛

Gr. 274 Saec XII 98 ff 25 × 20 cm 〚Lent and Holy Week Festivals to All Saints A few additional days from Calendar. Gap from γ′ τῆς α′ (2) στερεωματι του ουνου Gen. **1**. 15—beginning of δ′ τῆς α′ Is **2.** 3, and from β′ τῆς μέσης (3) διωγμος δε ασε Prov. **11.** 19—γ′ τῆς μέσης (1) φειλεν ο θς̅ παν δακρυον Is **25** 8 〛

Gr. 275 Saec. XII–XIII Parch. 198 ff. 〚Xmas. Circumcision Epiphany. Calendar Jan.–Aug (probably Calendar in which Xmas, etc., are included, incomplete at beginning Cf. Rahlfs, p 206) Lent and Holy Week. Festivals to All Saints Inc Xmas. (1) γην και τα συστεματα Gen. **1** 10.〛

Gr 308 Saec. XIII. Parch. 201 ff 25 × 19 cm. Begins with Xmas

Gr. 372 Saec XI Parch. 291 ff. 〚Xmas. Epiphany Lent and Holy Week Festivals to All Saints. Calendar Sep.–Aug 〛

Gr 1035 ff 121–442 Saec XIV Paper

Suppl. Gr 805 Saec XIII Parch Palimpsest 47 ff. 29 × 21 cm ff numbered 17–59. Lect 〚Xmas Epiphany. Lent and Holy Week to τῇ ἁγ. καὶ μεγ β′ (3) αυτη και ηλθεν Job **1** 6, and part of Lessons for eve of Pentecost 〛

PATMOS
Μονὴ Ἰωάννου τοῦ θεολόγου

210 Saec XII 281 ff. Parch. 4°

211 Saec XIV. Parch and after f 176 paper 8° Beginning and end wanting

PETROGRAD
Imperial Library.

46 Saec IX. 1 f 25 × 18 cm Lect. Frag Jer **2** 2–12 〚? Oct. 25. S Demetrius Anniversary of the Earthquake.〛

51 Saec. IX 149 ff 24 × 18 cm

52 Saec. X–XI. Parch. 4 ff 28 × 21 cm Part of Sinai 8.

81 Saec X–XI Parch 1 f 20 × 15 cm Lect Frag (Micah)

217 A D. 1054 Parch 156 ff 24 × 18 cm.

218 Saec XII. Parch 130 ff 4°.

324 Saec X–XI. Parch. 1 f (incomplete). 22 × 21 cm. Part of Sinai 8 Prov. **9** 9–11, **3** 11–16 〚i e. part of Sep 13 (3) and Sep 14 (2)〛

325 A.D. 1202 Parch. 2 ff. 27 × 18 cm Lect Frag Part of Jerusalem ἁγίου σταυροῦ 48.

550 Saec. XIV Paper 251 ff. 4°.

Papadopulos-Kerameus Collection

4 ff 36–65 Saec IX (rescr XII–XIII). Parch 31 × 26 cm Underwriting Lect. Frag

ROME.
Biblioteca Vallicelliana

64 Saec. XIV Parch. 124 ff 21 × 16 cm Begins with Calendar. (Sep)

Biblioteca Vaticana.

Barberini 338 (III 57) Saec XIII. Parch. 86 ff. 19 × 15 cm 〚Lent τῇ δ′ τῆς τυροφάγου—παρασκευὴ τῶν βαΐων, preceded by Epiphany, part of (b) Is **56.** 1–13, and (c) Is **12** 3–6.〛

Barb. 346 (III 65) Saec. XIII Parch 198 ff 19 × 16 cm 〚Xmas Epiphany Lent and Holy Week Festivals to All Saints Calendar Sep.–July 19 (3). Gap from Epiphany (2) αρματα και τους α(ναβατας) Ex. **14** 28—end of (4) Jos. **3.** 7 〛

Barb. 391 (III. 110) Saec XII. Parch. 138 ff 21 × 17 cm. 〚Lent (inc γ′ τῆς α′ (1) σονται λαοι πολλοι Is **2** 3) Holy Week. Festivals to All Saints. Calendar Sep.–Nov 20 (2) σαλομων του 3 K. **8.** 1. f. 138 contains part of Lessons for β′ τῆς α′ (inc (1) θυσιων μου ? Is. **1** 11).〛

Barb. 418 (III. 137). Saec XIII Parch. 61 ff. 20 × 15 cm. 〚Lent and Holy Week Inc δ′ τῆς β′ (3) ανδρα αγρευσουσιν Prov. **5** 22 Expl. τῷ ἁγ και μεγ σαβ πρωί (1) εν τω μαι προφητευσαι και Ez. **37** 7.〛

PREFACE TO THE OCTATEUCH

Barb 446 (iv. 28) Saec XII Parch 205 ff. 22 × 18 cm. [[Calendar, including Xmas. Lent and Holy Week Festivals to All Saints]]

Palat Gr. 423 ff 17–24 Saec IX–X Parch 2°. [[Fragment containing Lessons for Mar 25 Ascension Nicene Fathers. Pentecost All Saints Expl All Saints (2) συνησουσιν αληθειαν Sap. Sol 3 9.]]

Regin. Gr. 75 Saec X Parch 101 ff 19 × 14 cm ff. 9–101 Lect, beginning with Sep. 14

[[Vat Gr 768. Xmas Epiphany Lent and Holy Week. Festivals to All Saints Calendar

Vat. Gr. 769 Saec XVI (?) Synaxarion from the Sunday of the Pharisee and Publican to All Saints Contains O T Lessons for Lent Holy Week and Festivals to All Saints.]]

Vat Gr. 770 A.D 1280 Parch. 106 ff 27 × 19 cm [[Lent and Holy Week, from τῇ δ' τοῦ τυροφάγου— τῷ ἁγ καὶ μεγ σαββάτῳ]]

Vat. Gr. 1151. Saec XIV Paper. 146 ff 21 × 14 cm ff 145, 146 Lect Frag (?) Is. 24 1–20, 58 1–11 [τῇ δ' τῶν βαίων (1)]

Vat Gr 1238 Saec XI. 2 ff bound in Lect Frag part of Sat in Holy Week

Vat. Gr. 1456 Saec IX. Palimpsest Underwriting Lect Frag

Vat. Gr 1842 Saec X–XI Parch 85 ff. 20 × 14 cm. Lent

Vat Gr. 1860 Saec XI Parch 120 ff 20 × 16 cm [[Inc τῇ β' τῆς γ' (2) η γη αδικιας Gen. 6 11 Expl τῇ δ' τῆς ε' (3) εις ημεραν κακην Prov 16 9 (4) Apparently in Prov it follows Heb and not LXX. order]]

Vat Gr 2067. Saec X Parch ff 329–331 Lect Frag. June 24, 29

Vat. Gr. 2298 Saec XI. Parch. 48 ff 17 × 12 cm [[Inc. τῇ β' τῆς ε' Expl. τῇ παραμονῇ τῶν βαίων (3) συναγωγης και αντι Zech. 9 12 For the usual Lesson for τῇ γ' τῆς ε' (Gen 15 1–15) it substitutes Gen 17. 1–7 γενεας αυτων, and before τῇ παρασκευῇ τῶν βαίων (3) Prov. 24 76, 77, 29. 28–49 (Heb 31. 8–31) it inserts an alternative Lesson υιε ανοιγε Prov 24 76 ending των θεραποντων 27. 27, 1 e a Lesson following the LXX. order.]]

SINAI
S. Catharine

7 Saec. X–XI Parch 25 × 19 cm Xmas—Nov 23.

8 Saec X–XI Parch 299 ff 28 × 21 cm Last Lesson Oct. 11. Cf. Petrograd 52 and 324, and Berlin 30.

9 Saec. XIII 31 × 21 cm Begins with Gen. 1. 1.

10 Saec. XII. 20 × 16 cm. Inc Sap Sol 3 1. Last Lesson Oct. 11.

11 Lect

12 Saec XI–XII. Parch 21 × 18 cm Begins with Gen 1 1, ends with Is 63. 1 [? Ascension (2)]

13 Saec XI Parch 182 ff 28 × 22 cm. Begins with Gen 17 7, Jan 1 (1).

14 Saec XII–XIII. Parch. 124 ff 24 × 18 cm. Begins with Gen 1 1, ends Jer 2. 12

15 Saec. XIII. 21 × 16 cm Lent Ends with 3 K 8 23

16 Saec XII–XIII. Parch 28 × 22 cm. Begins with Gen. 1. 1, ends 3 K. 19 16 (Aug 6)

17 Saec. XI–XII. Parch 22 × 19 cm

18 Saec XI–XII (?) Parch 22 × 19 cm. Beginning and end wanting 1st Lection now Gen. 7 2 (τῇ γ' τῆς γ'), last Job 38. 17 τῇ ἁγ καὶ μεγ. ε' (3)

19 A D 1545 Paper. 21 × 16 cm ? copied from Venetian printed text

20 Saec. XV. Paper 21 × 13 cm

550 Saec XIII Parch 489 ff 36 × 25 cm

TRÈVES
Domschatz

143 F Saec. X–XI. Parch 138 ff 26 × 20 cm. Cf Steininger, *Cod S Simeonis.*

UPSALA.
Universitets-Bibliotek

Gr. 20 Saec XII Parch 35 ff Small 2° τῇ παρασκευῇ τῆς α' (2) Gen 3 5—τῇ ε' τῆς μέσης (3) Prov. 13 19, and part of τῇ παρασκευῇ τῶν βαίων (2) Gen. 50 10–24 Gaps in Thurs and Fri of 3rd week

VENICE.
Biblioteca Marciana

13 Saec X 324 ff 4°. Begins with Xmas. End wanting.

ZANTE.

29 A D. 1449 Parch. 285 ff. 8°

PREFACE TO THE OCTATEUCH

We subjoin a list of the many friends and fellow-workers to whom our grateful thanks are due for their help and co-operation in the collation and photographing of MSS. and in the collection of Patristic quotations

In the collation of specimen pages, chosen by Dr Hort and Dr Swete, on the examination of which our selection of cursive MSS was based, we received help from the following— Dr J. Rendel Harris, who made a preliminary examination of MSS. in Eastern Libraries, including those of Athens, Constantinople, Mount Athos, Patmos and Smyrna, the late Rev. Principal Ll. M. Bebb, who examined the MSS at Moscow and Petrograd, P M Barnard, E N. Bennett, Professor F C Burkitt, Rev. H. S. Cronin, S P. Duval, Mrs Lewis, the late Rev. Dr H. A. Redpath, Professor J H Ropes, H. St John Thackeray.

We are indebted to Sir Frederick Kenyon for his valuable examination of all the corrections made by later hands in Codex Alexandrinus. He undertook this task for the purposes of our edition, and his results have been incorporated in our notes Our thanks are also due to M. Seymour de Ricci for a transcript of the uncial fragment Δ_2 (Paris, Bibl. Nat., Gr. 1397). We have ourselves revised the reproduction of the text of B, and the collations of the other uncial MSS., embodied in the Manual Edition.

Of the selected cursives the majority were collated in the libraries to which they belong. In this work we received valuable help from Dr Redpath, who collated the Zittau MS. d at Dresden, and part of q at Venice, and from the Rev G. A. S. Schneider, who collated G from the facsimile edition, and large portions of p at Ferrara and of t at Florence These collations were all revised by us. Very special thanks are due to Mr Thackeray, who accompanied us on many of our earlier journeys and shared the work of collating and revising the collation of several MSS. The rest of the collations and revisions were made by ourselves.

As time went on we found increasingly the advantage of obtaining photographs from which we could make collations at home These remained in our possession, so that we were able to verify all doubtful points as they arose. For a complete set of photographs of the Jerusalem Octateuch (u) we are indebted to Dr Rendel Harris, and for those of the Athens MS. w to the Rev. T. C. Fitzpatrick, President of Queens' College and now Vice-Chancellor of the University Those of the Athos MS v were taken for us by Professor Kirsopp Lake. At Vienna we ourselves photographed s. From professional photographers we obtained photographs of the whole or parts of the following MSS —b at Rome, c at the Escurial (arranged for by the kind help of Cardinal Merry del Val), h at Rome, j at Florence, k at Rome, p at Ferrara, r at Rome, and y at Venice. Our collation of M has been made from sheets of an edition, not yet published, of this MS. by the Rev. H. S Cronin, who also kindly placed at our disposal a complete set of photographs of the MS. which he had obtained from Paris

Our thanks are also due to the authorities of the Bibliothèque Nationale, Paris, for their kindness in depositing the three MSS. f, i and o in the University Library of Cambridge for our use, and to the authorities of the Imperial Library at Petrograd for sending over (by the gracious permission of the Czar) the Petrograd portion which forms much the largest part of the MS. we have called a_2.

We wish to offer our grateful acknowledgment of the kindness and courtesy shewn to us by the heads and staffs of all the libraries where we had to examine, collate, or arrange for photographing manuscripts. The great kindness shewn to us by Father Ehrle, S J., Prefect of the Vatican Library, deserves special mention. We are also under particular obligations to Monsignor Mercati, the late Mr Bliss, and the Rev H M. Bannister for their help during our many visits to Rome

PREFACE TO THE OCTATEUCH

The quotations from the Old Testament in Philo, Josephus, and the early Patristic writers have been mainly collected for us by voluntary helpers, as under·

    Philo. Bishop Ryle, Dean of Westminster.
    Josephus Rev. C. Gordon Wright, with some revision by Mr Thackeray.
    Justin Martyr. Bishop A M. Knight
    Clement of Alexandria Rev. Dr Murray, Master of Selwyn.
    Hippolytus (part) Rev. C. Gordon Wright
    Origen, Comm in Matt. Rev. J. H. Brownrigg.
         „   Hom. in Jerem. P. M. Barnard.
    Eusebius, Praeparatio. H St J. Thackeray.
         „   Demonstratio. Rev. H. W. Fulford.
    Athanasius Rev. Harold Smith.
    Cyril of Jerusalem. P. M. Barnard.
    Chrysostom (part) Rev. C Gordon Wright.
    Theodore of Mopsuestia (part) Rev. R. Holmes.
    Cyril of Alexandria Rev. Harold Smith.
    Theodoret (part) Rev C. Gordon Wright.
    Irenaeus. Rev. H. N. Bate
    Cyprian. Professor F. C. Burkitt and C. H. Turner.
    De Pascha computus. Prof. Burkitt.
    Novatian Rev Dr Feltoe.
    Hilary. Archbishop Bernard.
    Lucifer. Rev. Dr Feltoe.
    Tyconius. Professor Burkitt.

The rest of the quotations contained in the works of Origen, Eusebius, Chrysostom, Theodoret, and other fathers we have ourselves collected with the help of published indices, and of the unpublished indices to the quotations of Origen and Chrysostom made by Lagarde and preserved in the University Library of Gottingen.

For the collation of the Ancient Versions quoted we are ourselves responsible. But we should like to record our obligation to the late Rev. Forbes Robinson, of Christ's College, for his valuable help and advice when we were beginning our work on the Egyptian versions, and to Sir Herbert Thompson whose help has been acknowledged in the Prefatory Note to Joshua etc.

We desire to thank the Septuagint Committee of the University Press Syndicate for their continual kindness and their readiness to help and advise. And especially, there is no one to whom we owe more than to Dr Swete His wide knowledge of the subject, his keen interest in our work and sympathy with the difficulties which it has presented, and his readiness at all times to give us the benefit of his advice, based on his long experience gained in the preparation of the Manual Edition, have been of the greatest service throughout our undertaking.

Lastly, we would renew our thanks expressed at an earlier stage of our work to all those members of the staff of the University Press who have been connected with the printing of our edition. The accuracy and skill that have characterised their work are beyond all praise.

A. E. B.
N. M.

February 1917

CORRECTIONS IN THE TEXT OF THE FIRST VOLUME

Gen. 3. 14, *for* ἐποιήσας *read* ἐποίησας.
10. 2, *for* Θόβὲλ *read* Θοβὲλ.
9, *for* 'Ὠς *read* Ὡς.
12 14, *for* δε *read* δὲ.
15 16, *for* τετάρτη *read* τετάρτῃ.
22 18, *for* σπέρματι *read* σπέρματί.
37 13, *for* Ἰδού *read* Ἰδοὺ.
43 22, *for* ουκ *read* οὐκ.
49. 1, *for* ἡμέρων *read* ἡμερῶν.
Ex 12. 6, *for* τοῦτου *read* τούτου.
27, *for* υἱὼν *read* υἱῶν
14. 29, *for* θαλάσσῃς *read* θαλάσσης.
28. 8, *for* ποιήσιν *read* ποίησιν.
32. 23, *for* τι *read* τί.
Lev. 4 16, *for* ἐστίν *read* ἐστιν.
11. 42, *for* ,, *read* ,, .
21. 19, 21, *for* εστὶν *read* ἐστιν.
Num. 3. 18, *for* Γεδσῶν *read* Γεδσὼν.
Num. 7 8, *for* Ἰθάμαρ *read* Ἰθαμὰρ
11. 18, *for* ἐστὶν *read* ἐστιν
13. 33, *for* ἐστὶν *read* ,, .
14. 9, *for* ,, *read* ,, .
20, *for* εἰμὶ *read* εἰμι.
16. 26, *for* ἐστὶν *read* ἐστιν.
17. 11, *for* Καὶ *read* καὶ.
23. 23, *for* ἐπιτέλεσει *read* ἐπιτελέσει.
26. 4, *for* εἰκοσαετοὺς *read* εἰκοσαετοῦς.
27. 14, *for* τοῦτο ἔστιν *read* τοῦτό ἐστιν.
34. 8, *for* Ἐμάθ *read* Ἑμάθ
35. 2, *for* Συνταξον *read* Σύνταξον
Deut 1. 17, *for* ἐστίν *read* ἐστιν.
4 7, 8 *for* ,, *read* ,,
7. 16, *for* τοῦτο ἔστιν *read* τοῦτό ἐστίν.
p. 724 mg *for* K *read* ¶ K.
p. 825 mg. *for* 𝕮 *read* 𝕮ᵗ.

CORRECTIONS AND ADDITIONS IN THE NOTES

Notes on
Gen. 1. 3, 9, Reference should have been made to the quotation in Long *De Sublim.* ix. 9 εἶπεν ὁ θεός γενέσθω φῶς, καὶ ἐγένετο· γενέσθω γῆ, καὶ ἐγένετο
12, l. 4, *omit* '63'.
2. 13, l. 2, *read* 'γαιων ej On'.
14, l. 4, *omit* '𝔓'.
4 16, l. 4, *read* 'ναιν m On-cod'.
5. 1, l 1, *for* 'Phil-cod-omn $\frac{1}{2}$' *read* 'Phil-codd-omn $\frac{1}{2}$'
11 7, l. 5, *after* 'Or-gr-cod $\frac{1}{5}$' *add* 'Eus'.
l. 6, *after* 'Or-gr $\frac{2}{5}$' *add* 'Eus'.
12 1, ll. 8, 9, *for* 'Eus' (both times) *read* 'Eus $\frac{1}{2}$'.
2, l. 3, *for* 'Eus $\frac{1}{2}$' *read* 'Eus $\frac{1}{3}$'.
15 1, l. 4, *after* '𝕬-ed' *add* 'Eus'.
7, l. 4, *after* 'Phil-arm :' *add* 'κυριος Eus '.
16. 7, l 1, *after* 'Phil' *add* 'Eus'.
10, l. 4, *after* 'rell' *add* 'Eus'.
11, l. 3, *after* 'Chr |' *add* 'εχεις] εξεις Eus |'.
13, l. 1, *after* 'Phil-arm' *add* 'Eus'.
l. 3, *after* 'Phil $\frac{1}{2}$' *add* 'Eus $\frac{2}{3}$'.
17. 1, l. 6, *for* 'Eus-ed' *read* 'Eus $\frac{1}{3}$-ed $\frac{1}{3}$'.
l. 10, *for* 'Eus' *read* 'Eus $\frac{2}{3}$'.
18 1, l. 1, *for* 'Eus $\frac{1}{4}$' *read* 'Eus $\frac{1}{5}$. αυτω κυριος. Eus $\frac{1}{5}$'.
l. 2, *for* 'Eus $\frac{1}{4}$' *read* 'Eus $\frac{1}{5}$'.
l. 3, *for* 'Eus $\frac{2}{4}$' *read* 'Eus $\frac{2}{5}$'.
l. 4, *omit* 'Eus'.
l. 7, *after* 'x' *add* 'Eus $\frac{1}{3}$'.

Notes on
Gen. 18 2, l. 8, *for* 'Eus' *read* 'Eus $\frac{1}{2}$'
3, l 2, *after* 'Phil-codd' *add* 'Eus'
4, l. 3, *after* '𝕭p' *add* 'Eus'
l 4, *after* 'Or-gr' *add* 'Eus'.
16, l 3, *for* '⟨επεβλεψαν 20⟩' *read* 'επεβλεψαν ⟨20⟩ Eus'.
17, l 3, *for* '$\frac{2}{3}$' *read* '$\frac{2}{6}$'.
18, l. 2, *for* '$\frac{1}{4}$' *read* '$\frac{1}{5}$'.
l. 3, *for* 'ευλογηθησονται lm' *read* 'ενευλογηθησονται] ενευλογηθησεται Eus $\frac{1}{6}$: ευλογηθησονται lm'.
19, l. 5, *after* 'djmp' *add* 'Eus $\frac{1}{4}$'.
l. 6, *after* 'Eus' *add* '$\frac{3}{4}$'
20, l. 2, *after* 'Eus' *add* '$\frac{1}{2}$'.
l. 4, *after* 'Eus' *add* '$\frac{1}{2}$'.
24, l. 10, *after* 'Eus' *add* '$\frac{1}{2}$'.
25, l. 2, *after* 'Eus' *add* '$\frac{1}{2}$'
l. 4, *for* '$\frac{1}{2}$' *read* '$\frac{1}{5}$'
19. 1, l. 1, *after* 'ανηλθον E' *add* ' απηλθον Eus $\frac{1}{3}$. εισηλθον Eus $\frac{1}{3}$'.
15, l. 1, *for* 'fhrt' *read* 'fhirt'
19, l. 2, *after* 'x' *add* 'Eus'.
23, l. 2, *after* 'Eus' *add* '$\frac{1}{2}$'
24, l. 1, *for* '$\frac{5}{6}$' *read* '$\frac{7}{10}$'.
l. 2, *for* '$\frac{1}{6}$' *read* '$\frac{1}{10}$'.
l. 4, *for* '$\frac{2}{5}$' *read* '$\frac{2}{7}$'
l. 6, *for* '$\frac{1}{5}$' *read* '$\frac{1}{7}$'.

CORRECTIONS AND ADDITIONS IN THE NOTES

Notes on
Gen 19 24, l 7, *for* '$\frac{1}{6}$' *read* '$\frac{1}{8}$'.
21 17, l. 5, *before* 'Chr' *add* 'Eus'
18, l. 5, *after* 'Cyr ed |' *add* 'om μεγα Eus |'.
l 6, *before* 'Chr-ed' *add* 'Eus'
27. 29, l. 7, *after* 'rell' *add* 'Eus'.
l 8, *before* 'T-A' *add* 'Eus$\frac{1}{2}$'
30, l. 2, *omit* 'q'.
28 10, l. 1, *after* '𝔅' *add* 'Eus(+o)'
17, l. 3, *after* 'clx' *add* 'Eus'.
29 3, l 8, *for* 'εις u' *read* 'εις qu'.
30 22, l 4, *after* 'ανεωξεν]' *add* '+o θ͞ς l.'.
31. 3, l. 2, *after* 'd$_2$ |' *add* 'των πατερων Eus |'
13, l 1, *for* '$\frac{1}{3}$' *read* '$\frac{1}{4}$'
l 4, *for* '$\frac{1}{3}$' '$\frac{2}{3}$' *read* '$\frac{1}{4}$' '$\frac{3}{4}$'.
l. 5, *for* '$\frac{2}{3}$' *read* '$\frac{3}{4}$'.
l. 6, *for* '$\frac{1}{3}$' *read* '$\frac{2}{4}$'.
l. 13, *after* 'Or-gr' *add* 'Eus'.
30, l 5, *omit* 'ı', *and for* 'rell' *read* 'omn'.
32. 6, l. 8, *omit* '𝔖'.
last line, *omit* '𝔖'
36. 2, l. 8, *omit* 'ı*(uid)'.
l. 9, *for* 'dt' *read* 'dı^{a}t', *and for* 'h' *read* 'hı*'.
l 10, *omit* 'ı$^{a?}$(uid)', *and for* 'lprc$_2$' *read* 'ı$^{b?}$lprc$_2$'.
15, l. 2, *omit* 'e'
23, l 11, *for* 'ıjmn' *read* 'ı-n', *and omit* 'γεμηλ l '.
31, l 2, *omit* 'βασιλευσοντες l '
37 2, l. 13, *for* 'Chr-ed$\frac{1}{2}$' *read* 'Chr-ed$\frac{1}{3}$'.
38 1, l 1, *before* 'εως' *add* 'εφικετο l |'
12, l. 9, *add* 'q' *after* 'aemp', *omit* 'οδαλλαμιτης g', *and for* 'j' *read* 'gj'
27, l 1, *for* 'a' *read* 'af', *and omit* 'om ηνικα—αυτης f |'
28, l. 2, *for* 'u' *read* 'qu'.
39 10, l. 3, *omit* 'ı', *and for* 'rell' *read* 'omn'
41. 13, l. 2, *for* 'u' *read* 'qu'.
35, l 1, *for* 'ı$^{a?}$p' *read* 'ı$^{a?}$lp'.
43, upper note, *for* 'Aı$^{†a?}$' *read* 'Aı†'.
45, „ „ *for* 'A^{a†mg}' *read* 'A$^{c mg}$'.
42 5, ll. 4, 5, *for* 'λοιμος n' *read* 'λοιμος και n'.
9, l 5, *for* 'nc$_2$' *read* 'mnc$_2$'
10, l 4, *omit* 'q'.
16, ll 6, 7, *for* 'απαχθηθησεσθαι' *read* 'απαχθη δεθησεσθαι'
21, l 1, *after* 'E' *add* 'k'.
36, l 5, *for* 'cegja$_2$' *read* 'cegjla$_2$'.
43. 9, l 5, *for* 'D' *read* 'D^{sıl}'
44 1, l. 7, *for* 'fmw' *read* 'fmnw'.
12, l. 1, *after* 'ηρευνα δε]' *add* 'ερευνα δε m '.
l. 6, *omit* 'q'.
45. 15, l 3, *for* 'egjlv' *read* 'egjlnv'.
17, l. 2, *for* 'comb$_2$' *read* 'acomb$_2$'.
22, l. 5, *after* '𝔄-codd |' *add* 'χρυσιους m |'.
46 5, l 4, *for* 'acdtxc$_2$' *read* 'acdtxb$_2$c$_2$'.
11, l 1, *after* 'dma$_2$ |' *add* 'λευιν ο |'
20, l. 24, *for* 'ουταλααμ l' *read* 'ουταλααμ lm'
21, l. 1, *after* '𝔈^p |' *add* 'βενιαμην n |'.
47 12, l 2, *omit* 'q'.
26, l 9, *before* '⟨αποπεμπουσων 18⟩' *add* 'αποπεμπτουν] αποπεμπτον m '.
48. 15, l. 7, *for* 'pr-u' *read* 'p-u'.
49 2, l. 8, *for* 'w' *read* 'bw'.
8, l 10, *for* 'pr' *read* 'pqr'.
26, last line but one, *before* 'ηγησατο' *add* 'ων] ω b |'
30, l 4, *omit* 'b', *and before* 'τη' *add* 'τη b·'.

Notes on
Gen. 50 3, l 3, *omit* 'k'.
Ex 3 3, l. 6, *after* 'dt' *add* '(κατακ-)'
22, l 12, *omit* 't'.
4 4, l. 3, *omit* 'e'.
6 12, l. 1, *omit* 'q'.
20, l. 9, *for* 'pr την' *read* 'την μαριαν'.
7 6, l 3, *for* 'o' *read* 'n'.
15, l. 6, *for* 'στησεις' *read* 'στησει'
10. 4, l. 2, *for* 'dfgh' *read* 'd-h'
6, l. 5, *for* 'd' *read* 'e'.
l. 6, *for* 'a$_2$' *read* 'b$_2$'.
16 4, l 12, *for* 't' *read* 'et'.
19, l 2, *for* 'b*k' *read* 'b*ık'.
26, last line, *for* 'ejs' *read* 'egjs'.
17. 5, l. 4, *for* 'pv' *read* 'ptv'.
18. 12, l 9, *for* 'sv' *read* 'stv'.
18, l 14, *omit* 'g'.
l 15, *for* 'dej' *read* 'degj'.
19. 15, l. 1, *for* 'dp' *read* 'dpt'.
21 29, l. 4, *for* 'd*svz' *read* 'd*nsvz'.
l. 5, *for* 'dkpt' *read* 'dknpt'
25 3, l 1, *for* 'η np' *read* 'η p: om n'.
8, l 3, *omit* 'n' *and for* 'rell' *read* 'omn'.
17, l 6, *before* 'ποιησεις' *add* 'εποιησεις n* '
28. 14, l 8, *for* 'ops' *read* 'opqs'.
21. l. 11, *for* 'εστωσαν' *read* 'αυτων', *and for* 'dm' *read* 'd'.
22, l 3, *for* 'ı--mo-r' *read* 'ı-r'.
30 8, l 3, *for* 'lp' *read* 'lnp'.
14, l. 1, *before* 'om εις' *add* 'πορευομενος m |'.
38, l 3, *for* 'k' *read* 'kn'.
31. 6, l. 13, *omit* ' πονησουσιν mx'.
11, l 4, *for* 'ıkn' *read* 'ıkmn'.
32. 14, l 1, *for* 'dna$_2$' *read* 'dmna$_2$'.
15, l. 9, *before* '𝔄' (1°) *add* 'n'.
24, l. 6, *for* 'cx' *read* 'cmx'.
34 1, l. 8, *fo* 'fj' *read* 'fgj'.
2, l 3, *for* 'gj' *read* 'gıj'
13, l 4, *for* 'cn' *read* 'c εγκοψατε n'
18, l 2, *before* 'εντεταλμαι' *add* 'καθα m |'
22, l 3, *omit* 'fm', *and for* 'rell' *read* 'omn'.
24, l. 9, *for* 'eg' *read* 'efg'
34, l 7, *for* 'anr' *read* 'anor'.
35 2, l 12, *for* 'a' *read* 'am'.
35, l. 12, *for* 'jlp' *read* 'jlnp'
36 29, l. 1, *for* 'b'u' *read* 'b'qu'.
40, l. 3, *for* 'Mgl' *read* 'Ml' *and for* 'bj' *read* 'bgj'.
38. 18, l. 1, *for* 'fl' *read* 'fgl'.
39 3, l. 2, *for* 'a$_2$' *read* 'ga$_2$'.
Lev. 1 6, l. 2, *before* 'αυτο' *add* 'μεριουσιν m |'.
2 4, l 12, *after* 'g.' *add* 'πεφυρμενους ο.'.
14, l 5, *for* 'ej' *read* 'egj'
3. 6, last line, *for* 't' *read* 't*'.
4 29, l 9, *for* 'opr' *read* 'o-r'.
6 18, l 3, *before* 'κυριου' *add* 'υμων] αυτων n |'.
25, l 8, *before* 'Cyr' *add* 'l*'.
37, l. 3, *for* 'jp' *read* 'jmp'.
7 24, l 2, *after* 'επιθεματος]' *add* 'επιθυματος m '
8 33, l. 10, *before* '𝔅^w' *add* 'n'.
9 17, l 4, *after* 'θηκεν]' *add* 'επεθικαν n.'
10. 3, l 2, *before* 'μοι' *add* 'om λεγων m |'.
10, l 6, *for* 'j-mo' *read* 'j-o'
18, l. 1, *omit* 'ει συνηχθη q '
11 6, l. 5, *after* 'b$_2$' *add* '· ριτζον ı(mg)'

CORRECTIONS AND ADDITIONS IN THE NOTES

Notes on
Lev 11 11, l 4, *omit* 'g' and 'ln'
  20, l 5, *for* 'j–n' *read* '1–n'.
  23, l. 2, *for* 'j–m' *read* '1–m'
  32, l 16, *for* 'ko' *read* 'klo'
  42, l 19, *for* 'gm' *read* 'gmn'.
    last line, *for* 'εστιν] om bw +υμιν n' *read* 'om εστιν bw'.
  13. 11, l. 1, *omit* 't'
    13, l. 11, *for* 'ınr' *read* 'gınr'.
    29, l 2, *omit* '. ανηρ γυνη'.
    52, l 3, *omit* 'q'.
  14 9, l. 6, *for* 'g𝔄' *read* 'gn𝔄'.
    13, l 11, *for* 'ım' *read* 'ılm'.
    14, l. 2, *for* 'ȷs' *read* 'ȷms'.
    52, l 8, *omit* 'f'.
  15 4, l. 4, *for* 'abk' *read* 'abgk'.
    6, l 5, *for* 'a' *read* 'αυτοϛ'
    11, l. 7, *for* 'lp' *read* 'lnp'.
    26, l 6, *omit* 'f'.
  16 1, l 5, *for* 'Gg' *read* 'Ggn'.
    10, l. 10, *omit* '1'.
  17 4, l 10, *for* 'bfw' *read* 'bfı$^{a?}$w'.
  18 4, l. 4, *after* 'a$_2$' *add* '· om n'.
    26, l 8, *for* 'bn' *read* 'bgn'.
    29, l 2 f, *for* 'pr και f. εξολοθρευθησεται n𝔈' *read* 'εξολοθρευθησεται f(pr και)n𝔈'
  19. 2, l 5, *after* 'a' *add* '(txt)', and *before* 'k(mg)' *add* 'a(mg)'.
    13, l. 4, *omit* 'f' and 'n'.
    37, l 2, *for* 'ır' *read* 'fır', and *omit* 'φυλαττε f'
  20 8, l. 5, *omit* '+εγω n·' and *for* 'gt' *read* 'gnt'.
    27, l 9, *for* 'λιθοβολιθησατε' *read* 'λιθοβολιθησετε'.
  21. 6, l. 7, *for* 'om αυτοι m' *read* 'αυτοι] αυτοις n om m'
    17, l. 4, *for* 'τινα' *read* 'τινι'.
    23, l. 4, *for* 'kmb$_2$' *read* 'klmb$_2$'.
  22. 5, l. 6, *before* 'επ' *add* 'επ—αυτον 2° bis scr n |'
  24. 19, l 4, *after* 'a$_2$' *add* 'b$_2$'
  25. 3, l. 1, *for* 'mo^a?r' *read* 'lmo^a?r'
    16, l. 14, *omit* 'l'
    last line, *for* 'ko' *read* 'klo'
    27, l 3, *before* 'ταυτα' *add* 'pr'.
    33, l 6, *for* 'gn' *read* 'gm*n'.
    49, last line, *for* 'b'eg' *read* 'b'egm'
  26 3, l 3, *for* 'fkn' *read* 'fkln'.
    26, l 9, *after* '𝔅' *add* ' om m'
    45, l. 3, *for* 'ks' *read* 'kls'.
  27 28, l 2, *for* 'kmn' *read* 'k–n'.
Num 1 8, l. 1, *for* 'dgnp' *read* 'dgnpt'.
    9, last line, *for* 'qu' *read* 'oqu'.
    12, l 1, *for* 'dgpt' *read* 'dgnpt'.
    20, l. 3, *for* 'πρωτοτοκοι lm' *read* 'πρωτοτοκοι klm'.
  2 8, last line, *after* 'Gckx' *add* '| om επτα—(9) επεσκεμμενοι f'.
    10, l. 3, *for* 'r' *read* 'ır', and *for* 'aıx' *read* 'ax'.
    17, l. 4, *omit* 'και' (2°).
    l 6, *omit* 'e'.
    l. 7, *for* 'z' *read* 'ez'.
  3. 4, l. 7, *for* 'gn' *read* 'gın'.
    21, l. 5, *for* 'g' *read* 'gn$^{a?}$'.
    25, last line, *for* 'p' *read* 'np'
  4 5, l. 3, *for* 'N' *read* 'Nf'.
    46, l. 5, *omit* 'g'.
  5 13, l 7, *omit* '1'.

Notes on
Num 7 19, l 6, *after* 'αναπεποιημενης]' *add* 'αναπεποιημενη e'.
  8 17, l 2, *for* 'ru' *read* 'qru'
  9. 22, l 7, *before* 'επ αυτη' *add* 'επ αυτην d'
  11 7, l. 1, *for* 'b' *read* 'b'.
    l. 2, *for* 'r' *read* 'ır'.
    27, l. 1, *for* 'cgınp' *read* 'cgıknp'
  12 7, l. 3, *for* 'b' *read* 'b'.
    l. 4, *before* 'ehȷ' *add* 'd'.
    15, l. 4, *for* 'uy' *read* 'quy'.
  13 23, l 6, *omit* '1'
    l. 10, *omit* 'εινακ g ', and *for* 'a*' *read* 'a*g'.
    33, l. 9, *for* 'r' *read* 'nr'
  14 8, l 7, *for* 'gın' *read* 'gıno'
    14, l. 3, *for* 'ptx' *read* 'dptx'.
    l 6, *for* 'ıȷl' *read* '1–l'
    22, l. 9, *after* 's' *add* ': ηκουσαν b$_2$'.
    24, l. 4, *omit* 'q'.
    42, l. 4, *for* 'Mdpt' *read* 'Mdgpt'.
  16 1, ll. 7 f, *for* 'υιοι ρουβην n' *read* 'υιου ρουβην n𝔄', and *omit* ': +filıı (gen) Ruben 𝔄'.
    3, l. 5, *omit* 'q'
    17, l 6, *for* 'kv' *read* 'kov'.
    26, l. 15, *omit* 'M' and *for* 'HN' *read* 'HMN'.
  17 2, l 12, *for* 'egmn' *read* 'egkmn'
    10, l. 4, *omit* 'k'.
  18 1, l. 6, *omit* 'o'
    8, l. 2, *for* 'gn' *read* 'gın'.
    9, l. 12, *for* 'h–km' *read* 'h–m'.
    12, l 5, *omit* 'q'.
    13, l 5, *for* 'anxa$_2$' *read* 'agnxa$_2$'.
    16, l. 5, *for* 'n𝔄' *read* 'gn𝔄'.
    28, l. 12, *omit* 'q'.
  20 24, l 4, *after* 'με' *add* 'n'
  21 5, bottom note, l 2, *for* 'τω ουδαμινω' *read* 'των ουδαμινων'
    9, l 6, *for* 'bc' *read* 'Mbc', and *omit* 'M'
    14, l. 2, *for* 'nopr' *read* 'n–r'
    21, l 5, *for* 'a' *read* 'Ma'
    26, l. 7, *for* 'ckm' *read* 'cdkm'
    32, l. 5, *before* 'κωμας' *add* 'τας] κατα d |'
  22 6, l 3, *for* 'η] εις f' *read* 'η ημεις] εις ημας f'.
    l 5, *before* 'δυνηθωμεν' *add* 'δυνηθωμεθα 1 '.
    9, l. 2, *omit* 'προς] παρα B$^{a\text{l}}$ |'.
    22, l. 15, *for* 'defp' *read* 'deflp'
    24, l 2, *for* 'Ngnpt' *read* 'Ndgnpt'
    27, l 4, *for* 'cfkrx' *read* 'cfkl*(uıd)rx'.
    33, l 7, *omit* 'n', and *for* 'ȷr' *read* 'ȷnr'.
  23 7, l. 1, *for* 'br' *read* 'bfr'
    10, l. 5, *for* 'lx' *read* 'Mlx'
    25, last line, *for* 'ptu' *read* 'pqtu'
  24 1, end, *omit* '| om αυτου B*1'.
    7, l. 2, *after* 'σου g' *add* '. Iuda Prısc'.
    l 3, *after* 'Eus$\frac{2}{4}$' *add* 'Prısc'.
    8, l. 1, *for* 'h–n' *read* 'g–n'.
    l 2, *after* 'd$_2$' *add* '. Domınus enım Deus Prısc'.
    l. 4, *after* '𝔄' *add* 'cornua eıus Prısc '.
    l. 7, *after* '𝔏' *add* 'Prısc'.
    9, l 1, *after* 'Or-gı' *add* 'Prısc'.
    l. 2, *after* 'Or-lat$\frac{1}{4}$' *add* 'Prısc'.
    11, l 4, *omit* 'n'.
    12, l. 4, *for* 'kms' *read* 'kmqs'.
  25 18, end, *add* ' χοβωρ b''.
  26 8, l 1, *omit* 'b'.

(xxiv)

CORRECTIONS AND ADDITIONS IN THE NOTES

Notes on
Num. 26. 34, l. 4, *omit* 'k'.
   36, l. 6, *for* 'kmn' *read* 'k–n', *and omit* 'l'.
   58, l. 9, *omit* 'M'.
   63, l. 4, *for* 'dp' *read* 'dlp'
  27 12, l. 8, *for* 'opr' *read* 'nopr'
   18, l. 2, *for* 'gil' *read* 'gikl'.
  28 14, l. 7, *for* 'om εσται 3° k' *read* 'εσται 3°] εστω d om k'
   15, last line, *for* '⟨om και 2° 18⟩' *read* 'om και 2° l'.
  30 8, l. 4, *for* 'm' *read* 'lm'.
  31 28, l. 2, *for* 'gmt' *read* 'glmt'.
  32. 6, l. 3, *for* 'd' *read* 'd*', *and for* 'ce' *read* 'cd^b(uid)e'
   l. 5, *for* 'abcefg' *read* 'a–g'.
   11, l. 8, *omit* 'l'.
  33 2, l. 3, *for* 'fm' *read* 'flm'
   6, l. 5, *for* 'εις bis scr F' *read* 'εις] bis scr F εν o'.
   24, l. 5, *for* '(εκ Fz)' *read* '(εκ F)'.
   33, l. 6, *omit* 'ιετεβαθαν z '.
   l. 7, *after* 'y' *add* 'z'.
   34, l. 3, *omit* 'εξ ιετεβαθαν z ', *and after* 'y' *add* 'z'.
   56, l. 4, *for* 'jl–p' *read* 'j–p'.
  34. 4, l. 9, *for* 'n' *read* 'no'
   28, l. 7, *omit* 'αβιουδ l:'.
  35 6, l. 13, *for* 'b' *read* 'b'.
   33, l 5, *after* 'αυτης k' *add* '+ επ αυτην d '.
  36 10, last line, *after* 'kx' *add* 'σαλπαλαδ o '
Deut 1 18, l. 3, *for* 'acf' *read* 'acdf', *and omit* 'om τους d |'.
  2 12, l. 12, *for* 'bejsv' *read* 'bejosv'.
   20, l. 2, *for* 'ραφεειν' *read* 'ραφιειν'.
   l. 16, *for* 'ζομζομιν ⟨16 18⟩' *read* 'ζομζομειν k'.
   21, l. 6, *for* 'l–r' *read* 'k–r'.
   31, l. 5, *for* 'gmn' *read* 'gmn𝔅^v'.
  3. 1, l. 6, *for* 'εσδραειμ' *read* 'εσδραειν'.
   10, l. 5, *for* 'ilm' *read* 'filin'.
   l. 8, *for* '⟨εσδραιν 71⟩' *read* 'εσδραειν 1'
   13, l. 5, *omit* 'dmt'
   14, l. 18, *before* 'f' *add* 'e?'
   18, l. 2, *omit* 'a$_2$'
  4 35, l. 5, *for* 'ahi' *read* 'afhi'
   49, l. 2, *after* 'f' *add* '(uid)'.
  5 9, l. 6, *for* 'q' *read* 'fq'
   15, l. 9, *for* 'adeh' *read* 'adefh'.
   22, l. 8, *omit* 'om λιθιναs B*t |'
   25, l. 4, *for* 'hijl–p' *read* 'h–p'.
   27, l. 5, *for* 'λαλη' *read* 'λαληση'.
  6. 1, l. 3, *omit* 'z'.
   7, l. 8, *for* 'cx' *read* 'ckx'.
   9, l. 4, *for* 'gp' *read* 'dgp'.
  7. 1, l. 2, *after* 'e' *add* '(εισαγειν)'.
   l. 9, *for* 'hl' *read* 'hlm'.
   7, l. 6, *omit* 'f'.
   l. 8, *for* '⟨προσειλετο 30⟩' *read* 'προσειλετο f'
   12, last line, *for* 'σοι' *read* 'σου'.
   25, l. 2, *for* 'dfg' *read* 'adfg'
  8. 14, l. 4, *for* 'pqr' *read* 'o–r'.
  9 5, l. 3, *for* 'aclub$_2$' *read* 'acloub$_2$'.
   19, l. 8, *before* 'κυριος' *add* 'ημας n |'.
   21, l. 8, *omit* 'κατηλεσα 1:'.
   l. 9, *for* 'fgh' *read* 'f–1'.
  10. 10, l. 7, *for* 'dop' *read* 'dkop'.
  11. 2, l. 7, *for* 'ack' *read* 'acdk'.
   4, l. 14, *for* '𝔄' *read* '𝔄𝔅^v'

Notes on
Deut 11 12, l. 1, *for* '1*' *read* 'd1*'
   25, l. 1, *for* 'alb$_2$' *read* 'ab$_2$'
   28, l. 3, *for* 'gio' *read* 'giko'
   ll. 5, 6, *for* 'Bcz(mg)]' *read* 'Bc] non liquet z(mg) '.
   l. 13, *omit* 'b'.
   29, l. 6, *for* 'γαριζην' *read* 'γαρριζην'.
  12. 18, l. 4, *omit* 'f'
   21, l. 11, *omit* 'k'.
   l. 12, *for* 'c' *read* 'ck'
  13. 2, l. 10, *for* 'mq' *read* 'moq'.
   6, l. 6, *for* 'c–k' *read* 'c–l'.
   l. 2 from end, *after* 'ειδες k' *add* ': οιδες l'.
   8, l. 9, *for* 'cox' *read* 'ckox'
   l. 12, *omit* 'ουδ ουδε b'.
   16, l. 2, *for* 'dp' *read* 'dpt'.
   l. 8, *omit* '1'.
  14 7, l. 12, *for* 'hijlm' *read* 'h–m'.
   8, l. 6, *for* '1°' *read* '2°'
   l 7, *for* '𝔅' *read* '𝔅^{lw}'
   l. 10, *omit* 'ko'
   23, last line, *for* 'om σε d' *read* 'om σε dl'.
  15 4, l. 6, *after* 'M' *add* 'N'.
   10, l. 15, *omit* 'ιου'.
   11, l. 14, *for* 'efir' *read* 'efilr'
   13, l. 7, *for* 'mr' *read* 'mnr'
  17 7, l. 9, *for* 'bfm' *read* 'bflm'.
   8, l. 12, *omit* 'd', *and for* 'pt' *read* 'dpt'.
   10, l. 4, *for* 'mq' *read* 'moq'
   14, l. 6, *omit* 'k'.
  18. 2, l. 2, *for* 't' *read* 't*', *and before* 'rell' *add* 't^a'
   5, l. 4, *omit* 'παρεστηναι k·'.
   l. 5, *for* 'bl' *read* 'bkl'.
   6, l. 9, *for* 'Θm' *read* 'Θlm'
  19 6, l. 10, *for* 'mopq' *read* 'm–q'.
   l. 13, *for* 'Bk' *read* 'B', *and for* 'rell' *read* 'omn'
   13, l. 2, *for* 'fn*' *read* 'dfn*'.
  20 10, l. 3, *omit* 'g', *and for* 'dk' *read* 'dgk'.
  21 13, l. 6, *for* 'np' *read* 'nop'
   18, l. 11, *for* 'sv' *read* 'stv'
   19, l. 5, *for* 'jp' *read* 'jnp'.
   23, l. 6, *omit* 'ko'.
  22 9, l. 5, *before* 'αρπασθη' *add* 'ηγιασθη l '.
   11, l. 2, *for* 'εριαν' *read* 'ερεαν'.
   17, l. 9, *for* 'kq' *read* 'klmq'.
   18, l. 2, *for* 'om h' *read* 'om hk'
   26, l. 6, *omit* 'g'.
   l. 10, *for* 'mnr' *read* 'lmnr'
   l. 11, *for* 'ad' *read* 'adl'
  24 1, ll. 10, 11, *omit* 'εξαποστελη t '
   l. 11, *for* 'dpz' *read* 'dptz'.
   22, l. 5, *for* 'ajkn' *read* 'aejkn'.
  25. 1, l. 8, *omit* 'nx', *and for* 'rell' *read* 'omn'.
   3, l. 9, *omit* 'g'
   19, l. 9, *omit* '1', *and for* 'gl' *read* 'gil'.
  26. 5, l. 3, *for* 'cklq' *read* 'ckloq'
   l. 6, *after* '𝔅^{lv} |' *add* 'κατεβην d |'
   11, l. 5, *for* 'cx' *read* 'ckx'.
  27 1, l. 3, *for* '𝔄𝔏' *read* '𝔄𝔅^{v}𝔏'.
   l 5, *for* 'dn' *read* 'dgn'.
   22, l. 3, *omit* 'z'.
  28 9, l. 7, *omit* 'ακουση l.', *and for* 'Ffb$_2$' *read* 'Fflb$_2$'.
   11, l. 9, *before* 'της' *add* 'των τεκνων l.'

(xxv)

CORRECTIONS AND ADDITIONS IN THE NOTES

Notes on
Deut. 28 23, l. 3, *for* 'm-q' *read* 'l-q'.
31, l. 5, *after* 'l' *add* 'm'.
35, last line, *for* 'Gcox' *read* 'Gcnox'.
45, l. 12, *omit* '$\phi\upsilon\lambda\alpha\sigma\sigma\epsilon\sigma\theta\alpha\iota$ e.'
l. 14, *before* '$\tau\alpha$' *add* 'om αυτου d |'.
52, l. 5, *omit* 'b', *and for* 'rell' *read* 'omn'.
55, l. 3, *omit* 'l'.
67, last line, *for* 'hu' *read* 'hku'.
68, l. 3, *omit* '1'.

29. 10, l. 5, *omit* 'l'.
16, l. 1, *omit* 'g', *and for* 'rell' *read* 'omn'
l. 2, *omit* 'x'.
18, l. 7, *for* 'co' *read* 'cko'.
25, last line, *for* 'fm' *read* 'fgm'.

30 5, l. 3, *omit* '1'.
8, l. 4, *for* 'co' *read* 'cdo'.
16, l. 2, *for* 'lq' *read* 'loq'
19, l. 7, *for* 'B₁' *read* 'B'.
l 8, *for* 'rell' *read* 'omn'.

31. 19, l. 2, *omit* 'k'.
l 3, *for* 'do' *read* 'dko'
27, l. 4, *for* 'gv' *read* 'gnv'.
29, l. 11, *omit* 'g'.
l. 12, *for* 'rell' *read* 'omn'.

32 12, l. 2, *omit* 'z'.
17, l. 7, *after* 'g' *add* '(-τιαι gᵃ)'.
19, last line, *for* 'j-mo-u' *read* 'j-u'.
24, l. 9, *for* 'Bm' *read* 'B'.
25, l 1, *omit* 'l(ειω ex corr)'.
l 2, *for* 'fp' *read* 'fl*p', *and for* 'n' *read* 'lᵃ⁺n'.
30, last line, *omit* 'n'
35, l 5, *omit* 't', *and for* 'rell' *read* 'omn'
48, l 2, *for* 'hjk' *read* 'h-k'

33 7, l 5, *omit* '1'.
11, l 7, *for* 'a-fh₁j' *read* 'a-j'.
19, l. 12, *for* 'cj' *read* 'cej'.
26, l 2, *before* 'επι' *add* 'επαινων e |'

Josh 1 1, l. 5, *after* 'a₂' *add* '+οικετη κ̅ο̅υ̅ pᵇ'.
6, bottom note, *for* '$\delta\iota\alpha\mu\epsilon\iota\rho\iota\epsilon\iota\varsigma$' *read* '$\delta\iota\alpha\mu\epsilon\rho\iota\epsilon\iota\varsigma$'.
7, l 11, *before* 'οις]' *add* 'εν] επι n |'.
l. 12, *omit* 'z'.
13, l 5, *for* 'p' *read* 'pᵗ'
16, l. 2, *before* 'ιησου' *add* 'μωυση p* ', *and before* 'v' *add* 'pᵃ⁺'.
l 4, *for* 'gmp*' *read* 'glmp*'.
18, l 9, *for* 'dt' *read* 'dpt'

2 5, l. 1, *after* 'και' *add* 'd'.
12, l 5, *for* 'gn' *read* 'gin'.
19, l 3, *omit* 'του οικου'.

3 4, l 3, *omit* 'z'.
10, l 5, *for* 'ls' *read* 'los'
12, l 3, *for* 'g' *read* 'gn'.

4 6, l 7, *for* 'cᵃ⁺ef' *read* 'cᵃ⁺def'

5 7, l. 10, *omit* 't'.
13, l 4, *for* 'oq' *read* 'opq'.

6. 18, l 7, *omit* 'k'.
21, l 3, *before* 'αυτους' *add* 'αυτην] αυτον n '.

7 1, l 10, *for* 'Fᵇr' *read* 'Fᵇlr'.
4, l 1, *for* 'Θh' *read* 'Θah'.
5, l 2, *omit* 'o'.
l 12, *for* 'fgh' *read* 'f-1'.

8 4, l 4, *omit* 't'.
l 5, *for* 'dmp' *read* 'dmpt'.
19, l 8, *omit* 'k'.

Notes on
Josh 9 9, l. 8, *for* '$b^{a\dagger}$lv' *read* '$b^{a\dagger}$klov'
10, l 10, *for* 'gw' *read* 'gnw'.
11, l. 5, *for* 'ej' *read* 'egj'.
12, l. 10, *for* 'gl' *read* 'gil'
15, l. 6, *for* 'F' *read* 'Fk'
23, l 5, *omit* 'l'.
l. 6, *after* 'On-ed.' *add* 'χεφηρα l '
30, l 5, *before* 'pr' *add* 'οτι αγγελια αναγγελη b′ '
32, l. 1, *for* 'pt' *read* 'dpt'.

10 10, l. 7, *for* 'ae' *read* 'ade'.
25, l. 7, *for* 'gp' *read* 'gnp'.
33, l 14, *for* 'mp' *read* 'mnp'.
37, l. 23, *omit* 'n'.

11 1, l. 2, *after* 'qru' *add* '𝔈'.
l. 9, *for* '𝔏' *read* '𝔈𝔏'.
2, l 12, *omit* 'l'.
l. 14, *for* 'kp' *read* 'klp'.
5, l. 8, *for* 'b'm' *read* 'b'lm'
7, l. 4, *for* 'cb₂' *read* 'clb₂'.
9, l. 5, *for* '𝔈ᶜ' *read* '𝔈ᵗ𝔈ᶜ'
12, l. 1, *omit* 'K'.
l. 2, *before* 'b'' *add* 'K(uid)'.
l 11, *for* '𝔈' *read* '𝔈ᵗ𝔈'

12. 3, l 3, *after* '𝔈ᶜ' *add* '(pr et)'.
l 10, *after* 'οδον]' *add* 'οδων l ·'
4, l. 8, *before* 'ασταρωθ' *add* 'εν ασταρωθ] εμασθαρωθ G* |', *and before* 'N' *add* 'Gᵃ⁺'
l. 9, *omit* 'μασθαρωθ G ·'.
7, l. 25, *for* 'ghr' *read* 'ghnr'.

13. 1, l. 1, *omit* 'd'.
20, l 4, *before* 'βεκφογωρ' *add* 'βαιφθογωρ f.'
22, l. 5, *for* 'abyᵃ' *read* 'abhᵇyᵃ', *and omit* 'τυπη hᵇ '

15 3, l. 3 from end, *omit* 'γαλααδιτιν καδης f·'.
l. 2 from end, *for* 'ej' *read* 'efj'.
14, l. 7, *omit* 'f'.
18, l 8, *for* 'dgpt' *read* 'dgnpt'.
29, ll. 9, 10, *omit* 'ασεβ o '.
34, ll. 11, 12, *omit* 'αδιαθειμ l '
38, ll. 2, 3, *omit* 'δαλααν b₂ '.
39, l. 8, *omit* 'δαλεαν g '.
l. 9, *for* 'dnpt' *read* 'dgnpt'.
41, l. 6, *for* 'p' *read* 'dp'
l. 7, *omit* 'βιθιαμιμ d·'.
46, l. 2, *for* 'h' *read* 'h*'.
l. 5, *before* 'rell' *add* 'hᵇ'.

17 4, l. 10, *for* 'g' *read* 'gn'.
5, l. 9, *for* 'dgpt' *read* 'dgnpt', *and omit* 'αμελ n '.
13, l. 5, *omit* 'z(mg)', *and after* 'x' *add* 'z(mg)'
l. 6, *omit* '1'.
16, l. 7, *after* 'v' *add* 'z'.

18. 12, l. 13, *before* 'η' *add* 'εξοδος d |'.
17, l. 2 from end, *for* 'f₁' *read* 'ef₁'.

19 4, l. 2, *for* 'jsz' *read* 'ejsz'.
l. 3, *omit* 'ελθαδα e '.
7, l. 7, *for* 'θααμ f' *read* 'θααβ f(uid)'.
26, l. 5, *omit* '(-ιμ-)'.
34, l. 14, *after* 'συναψει' *add* '2°'.
l. 15, *after* 't' *add* 'z'.
49, l. 5, *omit* 'z'.

21. 24, l 8, *for* 'γεθεραιμων' *read* 'γεθραιμων'
ll. 8, 9, *omit* 'την γεθερεμων n '.
l 10, *for* '⟨71⟩' *read* 'n'.
35, l 2, *for* 'Θ₁' *read* 'Θf₁', *and omit* 'την σηλαθ f '
l. 7, *for* 'g-l' *read* 'f-l'.

(xxvi)

CORRECTIONS AND ADDITIONS IN THE NOTES

Notes on
Josh. 21. 35, l. 12, *for* 'jsvz' *read* 'fjsvz'.
  38, l. 8, *for* 'γααλαλ l' *read* 'γαλααλ l(uid)'
 22. 5, l. 3, *for* 'g-l' *read* 'f-l'.
  8, l 8, *for* 'gn' *read* 'gkn'.
   l. 12, *omit* 'και και χαλκον K'.
   l 13, *for* 'gn' *read* 'Kgn'.
  9, l. 7, *for* 'np' *read* 'nop'.
  14, l. 7, *for* 'fj' *read* 'fij'.
  16, l. 7, *after* 'a_2' *add* '𝔼(uid)'.
   l. 14, *after* 't' *add* '𝔼'.
  18, l. 6, *after* 'εσται' *add* '1°'.
   l. 11, *for* 'efjsv' *read* 'efjsvz'.
  24, l. 6, *omit* 'b'.
  32, l. 1, *for* 'g' *read* 'gn'.
 23 3, l. 1, *for* 'ef' *read* 'def'.
  5, l. 7, *after* 'd |' *add* 'εξολεθρευση] εξωλοθρευσαι l |'.
  15, l. 13, *for* 'k-n' *read* 'k-o'
 24. 10, l. 9, *for* 'gt' *read* 'gpt'
  13, l 9, *for* 'n' *read* 'gn'.
  18, l. 6, *for* 'n' *read* 'in'.
  33 a, l. 11, *for* 'Θ' *read* 'Θp'
  33 b, l. 11, *omit* 'ασηρωθ p.'.
   l. 12, *for* 't' *read* 'pt'

Jdg 1 6, l. 7, *for* 'om m' *read* 'om mp'.
  10, l. 4, *before* 'om' *add* 'χεβρων 2°] χευρων d |'
   l 10, *before* 'το' *add* 'χεβρων 3°] χευρων d |'
  16, l 8, *after* 'On' *add* 'Thdt'.
   l 9, *after* 'v^a' *add* 'a_2*'.
  28, l 3, *for* 'Thdt' *read* 'Thdt-ed', and *after* '𝔼' *add* 'Thdt-cod'.
  35, l. 11, *after* '𝔖' *add* 'Thdt'
 2 1, l. 10, *after* '𝔖' *add* 'Thdt'.
  3, l. 9, *after* '𝔖' *add* 'Thdt'.

Notes on
Jdg. 2. 11, l. 9, *for* 'b' *read* 'b'
  22, l. 1, *for* 'bcx' *read* 'abcx'.
 3 1, l. 5, *for* 'ef' *read* 'def'.
  9, l. 13, *for* 'b' *read* 'b'.
  24, l. 9, *for* 'εσφηνωμεναι' *read* 'εσφηνομεναι'.
 4. 2, l. 9, *for* 'gkl' *read* 'b*(uid)gkl', and *for* 'bmn' *read* '$b'b^a{}^1$mn'.
  13, l. 6, *for* 'gw' *read* 'glw'.
  16, l. 9, *for* 'b' *read* 'b*'
 5. 11, ll. 3, 4, 7, 9, 10, 16, 20, *after* 'N' *add* 'Δ_9' (each time)
  12, l. 14, *omit* 'ενισχυε l.', and *for* 'dgn' *read* 'dgln'
  21, last line, *for* 'ομιλιαι' *read* 'ομιλιει'
  30, l 2 from end, *omit* 'δακτυλοις] δακτυλοι l·'.
 6. 15, l. 7, *after* 'εστιν' *add* 'ed'.
 7. 1, l. 2, *omit* 'x'.
 9 44, l. 2 from end, *for* 'gnow' *read* 'glnow'.
 10 6, l. 16, *for* 'lmn' *read* 'l-o'
 11 2, l 5, *for* 'ηδρωθησαν' *read* 'ηνδρωθησαν'
  9, l. 12, *for* 'kmno' *read* 'k-o'
  17, l. 9, *for* 'dgn' *read* 'dgln'
  36, l. 3, *after* '𝔖' *add* 'Thdt'
 13. 16, l 4, *for* 'hm' *read* 'hlm'.
  l. 5, *omit* 'l'.
 15. 14, l. 10, *omit* 'n'

Ruth 1 9, l 7, *omit* 'n'.
  l. 8, *for* '⟨απηρεν 125⟩' *read* 'απηρεν n'.
  15, l. 8, *for* 'hmu' *read* 'hmnu'.
 2 4, last line, *after* 'dej' *add* '| ευλογησει l'.
  11, l. 12, *for* 'h-k' *read* 'h-l'.
 3. 10, l. 7, *for* 'gopt' *read* 'glopt'.
 4. 17, l. 5, *for* 'glo' *read* 'glno'.

THE OLD TESTAMENT
IN GREEK

THE OLD TESTAMENT
IN GREEK

ACCORDING TO THE TEXT OF CODEX VATICANUS,
SUPPLEMENTED FROM OTHER UNCIAL MANUSCRIPTS,
WITH A CRITICAL APPARATUS CONTAINING THE
VARIANTS OF THE CHIEF ANCIENT AUTHORITIES FOR
THE TEXT OF THE SEPTUAGINT

EDITED BY

ALAN ENGLAND BROOKE, B.D.
FELLOW AND DEAN OF KING'S COLLEGE,

AND

NORMAN McLEAN, M.A.
FELLOW OF CHRIST'S COLLEGE, UNIVERSITY LECTURER IN ARAMAIC.

VOLUME I. THE OCTATEUCH.
PART I. GENESIS.

WIPF & STOCK · Eugene, Oregon

PREFATORY NOTE TO GENESIS.

WHEN the task of preparing the larger Cambridge edition of the Septuagint was entrusted to the present editors by the Syndics of the University Press in 1895, it was settled that the first volume should contain the Octateuch (Genesis to Ruth). As the collection and arrangement of material have occupied a much longer time than was anticipated, it has been decided to publish the first volume in four parts—containing (1) Genesis, (2) Exodus and Leviticus, (3) Numbers and Deuteronomy, and (4) Joshua, Judges and Ruth—in order to place the information we have collected at the disposal of scholars as soon as possible. We are not yet able to present in final form our preface to the Octateuch, and must here confine ourselves to lists of the symbols and abbreviations used, with a short explanation of the methods adopted in our critical notes.

The object of our work is to present as clearly and fully as is possible within reasonable limits of space the evidence available for the reconstruction of the text or texts of the LXX. At an early stage of the undertaking it was decided that it would be premature to attempt to provide a reconstructed or "true" text in this edition; and that the text of the Vatican MS. should be followed wherever extant, its lacunae being supplied from the Alexandrian or another uncial MS. The text of Dr Swete's manual edition has therefore been reprinted with but few alterations. The punctuation has been revised, and a few departures from the text of the principal MS. have been made in cases where its readings are quite indefensible. Daggers († †) have been used to indicate all such departures from the MS which are not merely corrections of itacisms, misspellings, or trivial errors of a similar kind.

The symbol placed at the top of the outer margin on each page is that of the MS which supplies the text. A list of the MSS. and versions quoted in the notes is given in a line between the first and second sets of notes. Where an authority is extant for part of a page only, its symbol is placed in brackets.

1. The notes immediately below the text contain the itacisms and small errors of the principal MS., as well as of the other uncial MSS. quoted in the manual edition, but not of the remaining uncials, nor of any cursive MSS[1]. After the first 20 chapters of Genesis were in type, we decided from this point onwards to include in these notes also all readings of the principal MS. which are not adopted in the text, and notes on corrections in this MS by the first or by later scribes. Its substantial variants are repeated in the main notes only where they are supported by other authorities or are important for the interpretation of the whole evidence.

2. In the main body of notes we have endeavoured to give the substantial variants found in (a) all the extant uncial MSS. and the 30 cursive MSS. selected by us as representative, (b) the chief ancient versions made from the Septuagint, (c) the writings of Philo, Josephus, and the most important of the early Christian writers. With a view to

---

[1] We are anxious to reproduce all the information contained in the notes of the manual edition, but do not think it well, in view of the large number of authorities quoted, to cumber our notes with the minutiae of other MSS. than those used by Dr Swete.

PREFATORY NOTE

completeness, moreover, variants which are quoted by Holmes and Parsons from any of their MSS, but are not found in any of the MSS. selected by us, are given between angular brackets ⟨ ⟩ on the authority of their edition, the MSS. so quoted being denoted by Holmes's numbers.

The number of authorities quoted has made it desirable to exclude impossible forms and constructions, and minutiae devoid of special interest or value but it has not been possible to follow rigid rules with absolute consistency. In recording possible variants, which *may* be only itacistic blunders, we have been to some extent guided by the character of the MS. which contains them. Where a reading is found in only one MS., its spelling is reproduced. Where two or more MSS. have the same reading but shew unimportant differences in spelling, all are credited with the forms of words such as are usually followed in the text. But in the case of proper names we have endeavoured to give all variations of spelling with the exception of such itacisms as the interchange of ι and $\epsilon\iota$, and (in some cases) of ϵ and $\alpha\iota$.

In the arrangement of the notes the order of the text has of course been followed; and variants on longer portions of the text precede those on shorter portions beginning with the same word. In each set of variants words prefixed to those of the text are given first (introduced by "pr"), then alternative words, and then words added after those of the text (introduced by +). Except in the case where words are prefixed or added, we have tried to avoid quoting the same authority twice in the same set of variants—unless one of the points in question is a mere detail of spelling But we have not always been able to carry out this rule consistently. To discover the exact reading of any MS it is important that readers should look through the whole list of variants on the particular word or phrase in question.

When an addition or alternative reading of some length is supported by several authorities, the commonest form of the reading is given first, followed by the symbols of all the authorities which yield it general support: then the detailed variations of each authority from that type are added in double brackets ⟦ ⟧ This method, besides saving a great deal of space, seems to shew clearly at a glance what authorities really support many of the more important variants In the case of these and other readings, where one authority differs in a single detail from the common type shewn by the authorities which otherwise support the same reading, the difference has been recorded in ordinary brackets ( ) immediately after the symbol of that authority. Where several agree in one divergence, it has been recorded in similar brackets after the list of symbols.

When the reading of the text has the support of comparatively few MSS, the positive evidence has been given immediately after the word or phrase quoted from the text and to the left of the square bracket. In such cases the symbols of those cursives which support the commonest variant are not separately enumerated, except where there has been correction by later hands, but are included under "rell" (or "omn" if all the cursives are agreed). But the symbols of all authorities other than Greek cursives are in these cases given in full. If any are omitted it is because their evidence is not decisive for or against the particular variant

Our treatment of the several ancient versions has varied according to the character of each. The evidence of the Old Latin has been given with special fullness, not only because of its intrinsic importance, but also because of its relation to the Scripture citations of the Latin Fathers The Syro-hexaplar is fully quoted for a different reason, viz. its extreme literalness, and the certainty with which it can be retranslated into Greek The Armenian has the same quality though in a less degree: and the character of the

Palestinian Aramaic, where it is extant, is similar. The Ethiopic is too free to be quoted without great caution, and from the middle of Genesis onward the use of its evidence has been confined almost entirely to the cases where it agrees with some other authority or with the Hebrew original: much space has thus been saved without serious detriment[1]. The Egyptian versions are on the whole accurate translations, though they do not follow the Greek so slavishly as the Syro-hexaplar, and the Sahidic sometimes betrays a tendency to paraphrase. The evidence for some unimportant variants in the Coptic versions is very uncertain, e.g. as regards the copula before verbs (particularly in narrative), the article, and pronouns affixed to nouns and verbs. In all these cases the evidence of the version has been neglected unless it is supported by other authority[2]. Where the weak article is used in Coptic, the version has not been cited for or against the presence of the article in Greek[3]

The evidence of the versions has been quoted in Latin wherever their variants are unsupported by Greek authorities. The original languages are quoted only in a few instances where it seems necessary to emphasize some point which is in itself doubtful or which cannot be clearly expressed in Latin. The forms of proper names found in the Latin and Egyptian versions have usually been given in full, and so too the Armenian forms of all but those that frequently occur[4]. The forms of proper names found in the Syro-hexaplar have in the great majority of instances been neglected, as agreeing with those found in the Peshitta and evidently derived from that source· but wherever they deviate from the Peshitta form they have been given in the Syriac character, since there is no sufficiently trustworthy witness to their vocalisation. In the Ethiopic version the proper names are so constantly distorted and corrupt, that it has seemed best to neglect altogether its evidence on this head.

The redaction of patristic evidence has proved in some ways the most difficult and least satisfactory part of our work. To the well-known difficulties due to the unsatisfactory state of the text of most editions of the Fathers, and to the habit shewn by many writers of quoting inexactly from memory, is added that which arises from the reaction of New Testament quotations of certain passages, which were more familiar to the writers in this form than in the actual Greek of the Septuagint. There are many instances too of "conflate" quotations, where elements derived from different passages of the Old Testament have been interwoven. The fractions which indicate the proportion of support that a variant receives from a Father as compared with the total number of his quotations of the passage must be regarded as only roughly approximate. They take account only of those passages which we have decided to treat as definite quotations with respect to the particular variants to which they are attached. It is not always easy to decide whether the repetition of a verse, or part of it, in the near neighbourhood of a quotation should be treated as a separate attestation of the words. The improved texts of the Berlin and Vienna editions have been used wherever available[5]: but in most other cases we have had

---

[1] It is not often possible to quote the Ethiopic for or against the presence of possessive pronouns, and the peculiarities of its idiom prescribe silence in many cases where its apparent evidence might be misleading

[2] The experience of preparing the notes for Genesis has shewn that the attempt to give the Bohairic evidence for the definite article, when a variant involving its presence or absence is supported by Greek authority, is unsatisfactory, and it will not be continued in Exodus.

[3] The above paragraph is in substance identical with one printed in our article on "the forthcoming Cambridge Septuagint" which appeared in the *Journal of Theological Studies* for July 1902.

[4] With few exceptions the Armenian version maintains throughout the same form for each proper name

[5] Where these and other modern texts—such as Cohn and Wendland's Philo—are available, we have given a pretty full representation of manuscript evidence: and we have been supplied with this by fellow-workers in some other cases By "ed" we denote the text as edited: readings of one or more MSS of a Father are indicated by "cod" or "codd"

PREFATORY NOTE

to depend on unsatisfactory texts. This is shewn only too clearly by the frequency with which two or more variants receive about equal support from the same writer And it must be added that even when satisfactory editions of all the Fathers are available, it will still be difficult to estimate the value of their evidence without considering each quotation with special reference to its context in the works of the writer who makes it

Of evidence derived from the writings of Josephus we have been able to make little use : his relation to the text of the LXX — so far as he used it at all — is quite different in kind from that of the other writers whose quotations we have given The questions of the sources from which he derived his own account of facts recorded in the Old Testament, and of his method in dealing with his materials, are such as lie outside the scope of our undertaking.

3 Our third set of notes contains the hexaplaric matter found in the margins of those MSS. which we quote continuously, and of the Syro-hexaplar version. We did not think it our duty to include in our selection all MSS with marginal hexaplaric matter, or to collect such matter from other sources, for the result would only have been the reprinting of the greater part of Field's *Hexapla*. But when a MS was chosen for its own text, it seemed desirable to give the whole of its evidence. We have thus added a certain amount of new matter not given by Field, but none of this is of great importance.

Our task has been greatly lightened by the generous contributions of many friends and fellow-workers, who have helped us with the collation and photographing of MSS., and with the collection of patristic quotations. But we must postpone detailed acknowledgement till the publication of the first volume as a whole

There is however no need to delay the acknowledgement of our debt to those whose work is done. The obvious defects of the great Oxford edition of the LXX. by Holmes and Parsons, when judged by critical standards of a later age, have unfortunately done much to obscure its enormous value, especially in the volume which contains the Pentateuch. The amount and completeness of the information from Greek MSS. which this edition supplies is the more surprising the more the subject is studied. To have collected the readings of practically all the MSS. of the LXX which were then in Europe, during the stormy years at the end of the 18th and beginning of the 19th century, was a very remarkable feat. Without this pioneer work our task would have been almost impossible, and it is only just to recognize the extent of our debt to the Oxford editors

Among the LXX. scholars of the 19th century the name of Lagarde stands first His contributions to the subject are too well known to need special mention here. But it would be impossible to publish our work without declaring our indebtedness to them In April 1868 he wrote "Mea autem Genesis editione conabor uti ad instituendos iuuenes, qui integri ueteris testamenti graeci editionem parantem me possint adiuuare· nam solus tantum laborem sustinere omnino nequeo." He alone, if any one, could have "sustained the labour,"—not only of the preliminary task which has been entrusted to us, but also of its more important sequel—the reconstruction of the pre-hexaplaric text of the LXX., so far as that is now possible. We gladly testify to what we have learned from his edition of Genesis, as well as from his other writings.

Once more, it is always a pleasure to Cambridge men to have an opportunity of recording their obligations to Dr Hort. It is altogether characteristic of him that though his name is nowhere publicly connected with LXX. studies the determination of the scope of this edition was entirely his work In his memorandum on the extent and value of extant authorities for the text of the LXX. the lines are laid down which have been

TO GENESIS

followed, with but few modifications, in this edition. His hints on the best method of describing MSS, and of collecting the evidence of patristic citations, have guided the labours of those who have helped us, as well as our own. And all his pupils would say of him, as Gregory said of Origen, that much as they learned from his words they learned more from his example—παρεκάλει πλέον τοῖς ἔργοις ἢ οἷς ἔλεγεν.

To all those connected with the University Press who have been employed on the printing of our work we would express our sincere thanks for the accuracy and skill with which they have carried out their task.

LIST OF SYMBOLS.

N B.—The index * everywhere denotes the original writing of the scribe; and for MSS other than BADEFS (see below) ^{a} denotes corrections by the same or an approximately contemporary hand, ^{b} corrections by a later hand

In the case of MSS used by Holmes and Parsons, their numbers are here given in brackets after our symbols

UNCIAL MSS

B (II) Codex Vaticanus.   Rome, Vatican, Gr. 1209
    B^1 corrections by the original scribe.
    B^a B^b B^c corrections by three successive later scribes (Dr Swete's preface, p. xix)

A (III) Codex Alexandrinus   London, Brit. Mus, Reg. I. D v–viii.
    A^1 corrections by the original scribe.
    A^a A^b A^c A^d corrections by four successive later scribes

D (I) Codex Cottonianus   London, Brit. Mus, Cotton MSS, Otho B. vi 5–6
    D Grabe's collation, published by Dr H. Owen, London, 1778.
    D^{sil} readings inferred from Grabe's silence.
    D the text of fragments still legible, as published in *Vetusta Monumenta* (London 1747), and by Tischendorf, Gotch, and Omont
    D^1 (D^1) corrections by the original scribe or a contemporary
    D^a D^b (D^a D^b) corrections by later scribes

E Codex Bodleianus   Oxford, Bodl, Auct T. infr ii 1
    E^1 corrections by the original scribe
    E^a E^b later corrections

F (VII) Codex Ambrosianus   Milan, Ambrosian, A. 147 infr
    F^1 corrections by the original scribe.
    F^a corrections in uncial hands
    F^b corrections in cursive hands

G (IV, V) Codex Colberto Sarravianus   Leyden, Univ Libr., Voss Gr Q 8
     "   "   "   Paris, Bibl Nat, Reg Gr 17
     "   "   "   St Petersburg, Imp Libr, v 5

L (VI) Codex Purpureus Vindobonensis   Vienna, Imp Libr, Theol Gr 2 (Lamb)

M (X) Codex Coislinianus   Paris, Bibl. Nat, Coislin Gr. 1   Quoted from the proof-sheets of the Rev H S Cronin's edition

S Codex Sinaiticus (ℵ).   Leipzig and St Petersburg
    On the correctors' hands see Tischendorf, as quoted in Dr Swete's preface, p xxi

U_2 Amherst Papyri, iii c, containing Gn. i 1–5
U_3 London, Brit Mus, *pap*. ccxii, containing Gn. xiv 17
U_4 Oxyrhynchus Papyri 656, containing parts of Gn xiv. xv xix xx xxiv
Δ_2 Paris, Bibl Nat; vellum fragments in the binding of Gr. 1397, containing portions of Gn xxi. xxii. xxiv. These were copied for us by M Seymour de Ricci.
Δ_3 Strassburg, Pap Gr 748, vellum fragments of Gn xxv. xxvi (see *Archiv f Papyrusforschung* II 224 ff.)
Δ_4 Geneva, n° 99; vellum fragments of Gn. xxxvii (see *Revue de Philologie*, 1904, pp 65 ff)
Δ_5 Palimpsest fragment containing Gn xl 3, 4, 7 (*Expos Times*, Nov 1901, pp 56 ff)

SELECTED CURSIVE MSS

a (15) Paris, Bibl Nat., Coislin Gr 2
b (19) Rome, Chigi, R. vi 38.
   b (108) Rome, Vat. Gr. 330—used to supply lacunae in b and some hexaplaric notes. We propose to quote this MS. throughout the later part of the Octateuch.
c (38) Escurial, Y ii 5
d (44) Zittau, A i 1
e (52) Florence, Laur., Acq 44
f (53) Paris, Bibl. Nat., Reg Gr. 17^a
g (54) Paris, Bibl Nat., Reg Gr 5
h (55) Rome, Vat., Regin Gr 1.
i (56) Paris, Bibl. Nat., Reg Gr. 3.
j (57) Rome, Vat., Gr 747
k (58) Rome, Vat., Regin. Gr 10
l (59) Glasgow, Univ Libr., BE 7^b 10.
m (72) Oxford, Bodl., Canon Gr 35
n (75) Oxford, Bodl., Univ Coll 52
o (82) Paris, Bibl Nat., Coislin Gr 3
p (106) Ferrara, Bibl Com., Gr 187.
q (120) Venice, St Mark's, Gr 4
r (129) Rome, Vat., Gr. 1252
s (131) Vienna, Imp Libr., Theol Gr. 1 (Nessel 23)
t (134) Florence, Laur., v. 1.
u   Jerusalem, Holy Sepulchre, 2
v   Athos, Pantocrator, 24
w   Athens, Bibl. Nat. 44
x   London, Brit Mus, Curzon 66.
y (121) Venice, St Mark's, Gr. 3
z (85) Rome, Vat., Gr. 2058.
a_2 St Petersburg, Imp. Libr., 62 } (continuation London, Brit. Mus., Add 20002} of E)
b_2 (29) Venice, St Mark's, Gr. 2.
c_2 (135) Bâle, AN III 13 (Omont 1)
d_2 (61) Oxford, Bodleian, Laud Gr 36.

MSS. WHOSE READINGS ARE OCCASIONALLY QUOTED (SEE ABOVE, P ii) ON THE AUTHORITY OF HOLMES AND PARSONS.

It has occasionally been impossible to reproduce the evidence of H. & P. where it is unusually complicated, obscure, or doubtful.

14 Rome, Vat., Pal Gr. 203
16 Florence, Laur, v 38
18 Florence, Laur, Med Pal. 242 (from the Monastery of S Domenico, Fiesole)
20 Codex Dorothei
25 Munich, Gr. 9
30 Rome, Casanatensis, 1444.
31 Vienna, Imp Libr., Theol Gr 4 (Lamb.).
32 Codex Eugenii
37 Moscow, S Synod., 31
64 Paris, Bibl Nat., Reg Gr. 2
68 Venice, St Mark's, Gr 5
71 Paris, Bibl Nat., Reg. Gr. 1.
73 Rome, Vat., Gr. 746
74 Florence, Laur, Acquisti da S Marco 700 (49)
76 Paris, Bibl Nat., Reg Gr 4
77 Rome, Vat., Gr 748.
78 Rome, Vat., Gr. 383
79 Rome, Vat., Gr 1668.
83 Lisbon, Archivio da Torre do Tombo 540 ff. (formerly at Evora)
84 Rome, Vat., Gr. 1901
107 Ferrara, Gr 188
108 Rome, Vat., Gr 330.
118 Paris, Bibl Nat., Reg. Gr. 6
125 Moscow, S. Synod, Vlad. 3 (Matt 30)
126 Moscow, S Synod, Vlad 38 (Matt 19).
127 Moscow, S Synod, Vlad. 1 (Matt 31 a)
128 Rome, Vat., Gr 1657
130 Vienna, Imp Libr., Theol Gr 3 (Nessel 57)

All citations of 25 and 130 throughout Genesis have been tested by the collations of these MSS. embodied in Lagarde's *Genesis graece*. Those of 31 have been checked by a collation of our own.

ANCIENT VERSIONS.

𝔄 = Armenian (ed Zohrab, Venice, 1805).
    𝔄-ed means Zohrab's text, 𝔄-cod or 𝔄-codd variants recorded in his notes.
𝔅 = Bohairic.
    𝔅^l Lagarde's edition, Leipzig, 1867.
    𝔅^w Wilkins's edition, London, 1731
    𝔅^p Paris Bibl Nat Copt. 1, quoted for Genesis only
ℭ = Sahidic.
    ℭ^c Ciasca's edition, Rome, 1885.
    ℭ^m Maspéro's edition (*Mémoires de la Mission Archéologique Française au Caire*, Tom vi. Paris, 1892) ℭ-cod is a Bodleian MS quoted by Ciasca. A few fragments in Paris (Bibl Nat, Copt 129 b) not published by Maspéro have been quoted under the symbol ℭ^p.
    ℭ^b fragments in the British Museum (Or. 5287) hitherto unpublished.
𝔈 = Ethiopic.
    𝔈^c Dillmann's codex C
    𝔈^f "   "   F.
    𝔈^p Paris, Bibl. Nat., Eth. 3 (Zotenberg), collated throughout Genesis for our edition.
𝔏 = Old Latin.
    𝔏^b Belsheim's edition of the Vienna palimpsest
    𝔏^r Robert's edition of the Lyons Octateuch.
    𝔏^v Extracts given by Vercellone, *Variae Lectiones*
    𝔏^w Ranke's edition of the Wurzburg palimpsest
𝔓 = Palestinian Aramaic, contained in Mrs Lewis's edition of the Lectionary (*Studia Sinaitica*, no. vi).
𝔖 = Syro-hexaplar (ed. Lagarde, *Bibliothecae Syriacae*)
    𝔖-ap-Barh quotations from 𝔖 in the *Ausar Rāzē* of Barhebraeus

Editions of Patristic and other Writers used.

(1) Greek

Philo. Cohn and Wendland, completed from Mangey.
  Phil-arm = Armenian fragments published by Aucher
  Phil-lat = Fragments of a Latin version of the *Quaest. in Gen.* published by Conybeare in *Expositor*, 4th series, vol. iv, in two recensions (1 2)
  [N.B. **Phil-arm** and **Phil-lat** are quoted only where the variant is supported by no quotations of Philo extant in Greek. The symbol **Phil** therefore = Greek evidence from Philo, whether alone or supported by quotations which are extant only in Armenian or Latin.]
Josephus. Niese.
N.T. authors.
  Ev or **Evan** = Gospels.
  Acta = Acts.
  Paul = Pauline epistles.
  Heb = Epistle to the Hebrews.
  Cath = Catholic epistles.
  Apoc = Apocalypse.
  [N.B. The N.T. quotations have been treated in Genesis like all the quotations of other writers. Their evidence is given only where they support definite variants, and quotations too loose or periphrastic to afford such evidence are passed over in silence. We have come to the conclusion that this method results in a somewhat inadequate treatment of such early and important evidence, and from Exodus onwards we propose to give the full text of definite quotations by N.T. writers in our main set of notes.]
Apostolic Fathers. Lightfoot and Harmer.
  Clem-R = Clement of Rome.
  Barn = Barnabas.
Justin Martyr. Otto.
Other apologists. Otto.
  Theoph = Theophilus.
Clement of Alexandria. Potter.
  Paedagogus and *Protrepticus*. Stahlin.

Hippolytus. Bonwetsch and Achelis.
  Philosophumena. Duncker and Schneidewin.
Origen. *C. Celsum.* Koetschau.
  Hom. in Jerem. &c. Klostermann.
  Comm. in Joann. Preuschen.
  Brooke.
  Philocalia. Robinson.
  The remainder from Lommatzsch.
  Use has been made of Lagarde's index of quotations in Origen, which is among the MSS forming Lagarde's "Nachlass" in the University Library at Gottingen.
  Or-gr = works of Origen extant in Greek.
  Or-lat = works of Origen extant only in Latin translations.
  Or is a symbol used only where the variant is found both in Greek works and in Latin translations.
Adamantius. Bakhuyzen.
Eusebius. *Hist. Eccl.*, Bks. i–v. Schwartz.
  Bks. vi–x. Heinichen.
  Vita Constant. &c. Heikel.
  Praepar. Evang., Demonstr. Evang., Eclogae Prophet. Gaisford.
  The remainder from Migne.
  [N.B. We have confined ourselves to those works of Eusebius that are extant in Greek.]
Onomasticon Eusebii. Klostermann.
Athanasius. Padua edition (1777).
Cyr-hier = Cyril of Jerusalem. Touttée.
Chrysostom. Savile.
  We have used Lagarde's index of quotations in Chrysostom preserved at Gottingen.
Thd = Theodore of Mopsuestia. Migne.
  Thd-syr = works of Theodore extant in Syriac (ed. Sachau).
Cyril of Alexandria. Aubert.
Jul-ap-Cyr = the text of Julian as quoted by Cyril.
Thdt = Theodoret. Schulze.
A-Z } = The dialogues of Athanasius and Zacchaeus,
T-A } and of Timothy and Aquila, ed. Conybeare.

(2) Latin.

Irenaeus. Stieren (supplemented by Mr H. N. Bate's collation of the Cheltenham MS.).
Cyprian. The quotations were collected by Prof. F. C. Burkitt from Hartel's edition. They have been supplemented from Mr C. H. Turner's collations of fresh MSS.
de-P-C = De Pascha Computus. Hartel. Quotations collected by Prof. Burkitt, who recollated the text of the MS in the British Museum.
Novatian. Migne.
Hilary. Migne, corrected from Vienna edition where available.
  De Mysteriis. Gamurrini.

Lucifer of Cagliari. Hartel.
Tyconius. Burkitt.
Priscillian. Schepss.
Speculum, i.e. Liber de Divinis Scripturis, quod fertur Augustini. Weihrich.
Anon¹ ² = the anonymous Chronicle, preserved in two recensions at Lucca and Turin, edited by Lagarde in *Septuagintastudien*, 2er Theil.
Tractatus de Sanctis Scripturis. Batiffol.
Vulgate. Quoted occasionally, where some of the Latin writers usually quoted follow its readings, and their evidence is accordingly omitted, as of no value in witnessing to the text of the LXX.

ABBREVIATIONS.

circ = *circiter*.
cod = *codex*, i.e. one manuscript.
cod-unic = *codex unicus*, the only extant manuscript
codd = *codices*, i.e. two or more manuscripts
codd-omn = *codices omnes*, all the extant manuscripts
ed = *in editione*, i.e. according to the text of the edition used.
ex corr = *ex correctura*
ext lin = *extra lineas*, i.e. projecting beyond the beginning or end of a line.
incl = *inclusit* or *incluserunt*.
inscr = *inscripsit* or *inscripserunt*.
int lin = *intra lineas*, i.e. above or below the line
mg = *in margine*
om = *omittit* or *omittunt*
omn = *omnes*, i.e. all the selected cursives
pr = *praemittit* or *praemittunt*
ras = *rasum* or *rasura* Ras (1), ras (2) mean one letter erased, two letters erased, and so on.

rec man = *recenti manu*.
rescr = *rescripsit*.
rell = *reliqui*, i.e. the rest of the selected cursives
s = *siue*
sine nom = *sine nomine* s *nominibus*, i.e. with the omission of the signs a′, σ′ &c.
subscr = *subscripsit* or *subscripserunt*.
sup ras = *supra rasuram*
suprascr = *suprascripsit*.
txt = *in textu*
uid = *ut uidetur*.
α′ = Ἀκύλας, Aquila
εβρ = ὁ ἑβραῖος.
θ′ = Θεοδοτίων.
οι λ = οἱ λοιποί, i.e. the other translators
σ′ = Σύμμαχος.
σαμ = τὸ σαμαρειτικόν.

OTHER SIGNS.

, is used to separate variants on the same word or phrase

| is used to separate variants on one word or phrase from those on another.

] separates the word or phrase in the text from the variants on it. N B The mention of the word or phrase in the text is omitted where there is only one variant, and it is obvious to what word or phrase it belongs Where positive evidence is quoted (see above, p 11) it is given between the word or phrase and the square bracket

[ ] Words or parts of words which cannot be clearly read are enclosed in square brackets

( ) after a symbol contain a peculiarity of spelling or wording found only in that authority. Where however symbols are included within the brackets the peculiarity is found in all the authorities so denoted

(?), which indicates doubt, usually refers only to the letter immediately preceding.

( ) containing a number (1) when prefixed to a word taken from the text indicate the verse to which it belongs, (2) after "ras" indicate the number of letters erased.

⟦ ⟧ See above, p. 11

⟨ ⟩ enclose all information which is given on the authority of Holmes and Parsons.

+ introduces an addition which comes after the words quoted from the text.

— In any list of cursive MSS a–d = abcd, k–n = klmn, and so on

— between two words taken from the text indicates that the intervening words are included

.. between two words taken from the text indicates that the intervening words are not included in those for which the variants form an equivalent.

.. at the end of an incomplete word or phrase indicates that the completion is wanting or cannot be read.

§ = *incipit*

¶ = *explicit*

† † are placed before and after words in the text in respect of which the reading of the principal MS has been departed from.

※ is the hexaplaric asterisk

— is the hexaplaric obelus Varying forms of this (÷ ~) are only noted for 𝔖

⸖ is the hexaplaric metobelus

1°, 2°, &c indicate the first, second, &c time the word or phrase occurs in the verse.

A fraction after the name of an authority shews by the denominator the number of times that the words in question are quoted by that authority, and by the numerator the number of times that it supports the particular variant. Thus e.g. Cyr⅔-ed¼-cod¼ means that out of four quotations of the word in Cyril, two have the particular variant according to all the evidence known to us. in the third quotation the edited text of Cyril has it, but a MS or MSS. differ; while in the fourth case only one MS. is known to have the variant, which is not found in the edited text of the Father

ΓΕΝΕΣΙΣ ΚΟΣΜΟΥ

1,2 §ΕΝ ΑΡΧΗ ἐποίησεν ὁ θεὸς τὸν οὐρανὸν καὶ τὴν γῆν. ²ἡ δὲ γῆ ἦν ἀόρατος καὶ ἀκατα- A §U₂
3 σκεύαστος, καὶ σκότος ἐπάνω τῆς ἀβύσσου· καὶ πνεῦμα θεοῦ ἐπεφέρετο ἐπάνω τοῦ ὕδατος. ³καὶ
4 εἶπεν ὁ θεὸς Γενηθήτω φῶς· καὶ ἐγένετο φῶς. ⁴καὶ ἴδεν ὁ θεὸς τὸ φῶς ὅτι καλόν· καὶ διε-
5 χώρισεν ὁ θεὸς ἀνὰ μέσον τοῦ φωτὸς καὶ ἀνὰ μέσον τοῦ σκότους. ⁵καὶ ἐκάλεσεν ὁ θεὸς
τὸ φῶς ἡμέραν, καὶ τὸ σκότος ἐκάλεσεν νύκτα. καὶ ἐγένετο ἑσπέρα καὶ ἐγένετο πρωί, ἡμέρα
6 μία.¶ ⁶Καὶ εἶπεν ὁ θεὸς Γενηθήτω στερέωμα ἐν μέσῳ τοῦ ὕδατος, καὶ ἔστω διαχωρίζον ¶U₂
7 ἀνὰ μέσον ὕδατος καὶ ὕδατος· καὶ ἐγένετο οὕτως. ⁷καὶ ἐποίησεν ὁ θεὸς τὸ στερέωμα· καὶ διε-
χώρισεν ὁ θεὸς ἀνὰ μέσον τοῦ ὕδατος ὃ ἦν ὑποκάτω τοῦ στερεώματος, καὶ ἀνὰ μέσον τοῦ ὕδατος
8 τοῦ ἐπάνω τοῦ στερεώματος. ⁸καὶ ἐκάλεσεν ὁ θεὸς τὸ στερέωμα οὐρανόν· καὶ ἴδεν ὁ θεὸς ὅτι
9 καλόν. καὶ ἐγένετο ἑσπέρα καὶ ἐγένετο πρωί, ἡμέρα δευτέρα. ⁹Καὶ εἶπεν ὁ θεὸς Συνα-
χθήτω τὸ ὕδωρ τὸ ὑποκάτω τοῦ οὐρανοῦ εἰς συναγωγὴν μίαν, καὶ ὀφθήτω ἡ ξηρά· καὶ ἐγένετο
οὕτως. καὶ συνήχθη τὸ ὕδωρ τὸ ὑποκάτω τοῦ οὐρανοῦ εἰς τὰς συναγωγὰς αὐτῶν, καὶ ὤφθη ἡ
10 ξηρά. ¹⁰καὶ ἐκάλεσεν ὁ θεὸς τὴν ξηρὰν γῆν, καὶ τὰ συστήματα τῶν ὑδάτων ἐκάλεσεν θαλάσσας·
11 καὶ ἴδεν ὁ θεὸς ὅτι καλόν ¹¹καὶ εἶπεν ὁ θεὸς Βλαστησάτω ἡ γῆ βοτάνην χόρτον, σπεῖρον
σπέρμα κατὰ γένος καὶ καθ' ὁμοιότητα, καὶ ξύλον κάρπιμον ποιοῦν καρπόν, οὗ τὸ σπέρμα αὐτοῦ

2 επεφερετω E | υδαστος E   4 ειδεν A¹(rescr Aᵈ)   6 γενηθητο E | εμμεσω A(uid)E
10 συστεματα A   11 σπειρον] σπει E

EM(U₂) abd–jl–rtvwyc₂d₂ 𝔄𝔅𝔈𝔓

Inscr γενεσις κοσμου Ay Theoph] γενεσις EMabdhijln (γενεσεις nᵃ)pqtvw· η γενεσις m. η γενεσις μωσεως o. η βιβλος των γενεσεων r   αρχη των γενεσαιων f   του αγιου προφητου μωσεως συγραφη εις την κοσμογενεσιν e   om gc₂
1–25 multa euanida rescripsit Aᵈ qui etiam accentus addidit
2 om ην Chr ½ | σκοτος]+ην n𝔅𝔓 Or-lat Chr ½ de-P-C Hil ⟨+επεκειτο 68⟩ | θεου] pr του Eus ½ Cyr-hier-ed | om επανω 2° Cyr ¼ | του υδατος] ου υδατος sup ras M   των υδατος 𝔅 Just Clem Or-lat de-P-C-codd Hil
3 φως 1°] pr τo p | om και εγενετο φως q*
4 om ο θεος 1° f | om το φως b Eus | om ο θεος 2° ⟨78⟩ Theoph Hip | φωτος] σκοτους Hip | σκοτους] φωτος Hip
5 om και 1°—νυκτα U₂ | om ο θεος Phil-codd Hip | ⟨om το 2° 31⟩ | μια] πρωτη ⟨20⟩ 𝔅
6 om και εστω—υδατος 3° w | εστω] εσται bp Thdt ½ | υδατος 2°—(7) εποιησεν] in mg sup ras Aᵃ | om και υδατος 𝔈 | υδατος 3°] inter aquam 𝔅¹ | om και εγενετο ουτως 1ᵇ

7 om και 1°—στερεωμα e* | om και 2°—(8) στερεωμα m | om ο θεος 2° d Theoph O₁-lat | ο ην υποκατω] ου ην υποκατω ο του υποκατω n𝔄-ed(uid)   του επανω f Or-lat Thdt ½ | επανω] υπερανω ⟨37.125⟩ Hip   υποκατω f Or-lat Thdt ½ | στερεωματος 2°]+και εγενετο ουτως efhjltvc₂d₂*
8 om και ιδεν—καλον y*𝔄-codd
9 το υδωρ 1°] τα υδατα Eus | το 2°] om Or-gr-codd ½ Eus T-A | ουρανου] στερεωματος T-A | εις συναγωγην μιαν] εις τας συναγωγας αυτων mr   εν ταις συναγωγαις 1ᵃ(uid). om T-A | om και 3°—ξηρα 2° 1 | και 4°—ξηρα 2°] sub ÷ jv   om n | om το υποκ του ουρανου 2° 𝔈𝔓 Theoph | αυτων] αυτου o
10 των υδατων] του υδατος v𝔅¹ʷ
11 βλαστησατω] εξενεγκατω Cyr ½   εξαγαγετω Cyr-hier Chr ⅔ | σπειρον] σπειροντος Or-lat Eus-cod ⅓ | κατα γενος 1°] om Eus ⅓   secundum suum genus Hil | om και καθ ομοιοτητα Eus ⅔ Cyr-hier-codd | ομοιοτητα 1°] ομοιωσιν y | ξυλον] pr παν Eus ⅓ | καρπον]+εις το γενος αυτων j(mg)v(mg) ⟨127 (sub ※)⟩ ⟨+κατα γενος αυτον 78⟩ + secundum genus suum 𝔄 | ου

1—5 (α') εν κεφαλεω εκτισεν θ̄ς̄ συν τον ουρανον και τ[η]ν γην η δε γη ην κενωμα και [ο]υθεν και [ε]ιπεν θ̄ς̄ [γ]ε[ν]ηθητω φω[ς και] εγεν[ετ]ο φως [και ειδε]ν θ̄ς̄ το φω[ς ο]τι αγαθον .. διεχ[ωρισεν] θ̄ς̄ μεταξυ φω[τος] κς μεταξυ του [σκοτο]υς και εγενετο εσ[π]ερα και [... π]ρωι η[μ]ερα πρωτη U₂   1 εν αρχη α' εν κεφαλεω. εβρ βρασιθ c₂
2 αορ. και ακατ.] α' κενωμα και ουθεν j𝔖-ap-Barh. σ' αργον και αδιακριτον jc₂𝔖 ap-Barh   θ' θεν και ουθεν c₂. θ' aliquid et nihil 𝔖-ap-Barh
7 (και εγενετο ουτως)] ενθα κειται ο αστερισκος κειται μεν εν τω εβραικω ου φερεται δε παρα τοις ο' j
9 συναχθητω] α' σ' συστητω jv | και 4°—ξηρα 2°] ενθα κειται ο οβελισκος ου κειται εν τω εβραικω παρα μονοις δε φερεται τοις εβδομηκοντα jv(ο οβελισκος) οβελος)   11 σπειρον (?)] α' σπερματιζοντα j

A ἐν αὐτῷ κατὰ γένος εἰς ὁμοιότητα ἐπὶ τῆς γῆς· καὶ ἐγένετο οὕτως. [12]καὶ ἐξήνεγκεν ἡ γῆ βοτάνην 12
χόρτου, σπεῖρον σπέρμα κατὰ γένος καὶ καθʼ ὁμοιότητα, καὶ ξύλον κάρπιμον ποιοῦν καρπόν, οὗ
τὸ σπέρμα αὐτοῦ ἐν αὐτῷ κατὰ γένος ἐπὶ τῆς γῆς. καὶ ἴδεν ὁ θεὸς ὅτι καλόν. [13]καὶ ἐγένετο 13
§ D §ἑσπέρα καὶ ἐγένετο πρωί, ἡμέρα τρίτη. [14]Καὶ εἶπεν ὁ θεός Γενηθήτωσαν φωστῆρες ἐν 14
τῷ στερεώματι τοῦ οὐρανοῦ εἰς φαῦσιν τῆς γῆς, καὶ ἄρχειν τῆς ἡμέρας καὶ τῆς νυκτός, καὶ δια-
χωρίζειν ἀνὰ μέσον τῆς ἡμέρας καὶ ἀνὰ μέσον τῆς νυκτός· καὶ ἔστωσαν εἰς σημεῖα καὶ εἰς καιροὺς
καὶ εἰς ἡμέρας καὶ εἰς ἐνιαυτούς· [15]καὶ ἔστωσαν εἰς φαῦσιν ἐν τῷ στερεώματι τοῦ οὐρανοῦ, ὥστε 15
φαίνειν ἐπὶ τῆς γῆς. καὶ ἐγένετο οὕτως [16]καὶ ἐποίησεν ὁ θεὸς τοὺς δύο φωστῆρας τοὺς μεγά- 16
λους, τὸν φωστῆρα τὸν μέγαν εἰς ἀρχὰς τῆς ἡμέρας καὶ τὸν φωστῆρα τὸν ἐλάσσω εἰς ἀρχὰς τῆς
νυκτός, καὶ τοὺς ἀστέρας. [17]καὶ ἔθετο αὐτοὺς ὁ θεὸς ἐν τῷ στερεώματι τοῦ οὐρανοῦ, ὥστε φαίνειν 17
ἐπὶ τῆς γῆς, [18]καὶ ἄρχειν τῆς ἡμέρας καὶ τῆς νυκτός, καὶ διαχωρίζειν ἀνὰ μέσον τοῦ φωτὸς καὶ 18
ἀνὰ μέσον τοῦ σκότους· καὶ ἴδεν ὁ θεὸς ὅτι καλόν. [19]καὶ ἐγένετο ἑσπέρα καὶ ἐγένετο πρωί, ἡμέρα 19
¶ D τετάρτη.¶ [20]Καὶ εἶπεν ὁ θεός Ἐξαγαγέτω τὰ ὕδατα ἑρπετὰ ψυχῶν ζωσῶν καὶ πετεινὰ 20
πετόμεν[α] ἐπὶ τῆς γῆς κατὰ τὸ στερέωμ[α τοῦ] οὐρανοῦ· καὶ ἐγένετο οὕτως. [21]καὶ ἐποίησεν 21
ὁ θεὸς τὰ κήτη [τὰ με]γάλα καὶ πᾶσαν ψυχὴν [ζῴων ἑρπε]τῶν, ἃ ἐξήγαγεν [τὰ ὕδατα κατὰ γένη
αὐτῶν], καὶ πᾶν πετεινὸν πτ[ερωτὸν] κατὰ γένος· καὶ ἴδεν ὁ [θεὸς ὅτι καλά]. [22]καὶ ηὐλόγησεν 22
αὐτὰ ὁ θ[εὸς λέγων] Αὐξάνεσθε καὶ πληθ[ύνεσθε, καὶ] πληρώσατε τὰ ὕδατα [ἐν ταῖς θα]λάσσαις,
καὶ τὰ πετε[ινὰ πληθυ]νέσθωσαν ἐπὶ τῆς [γῆς. [23]καὶ ἐγέ]νετο ἑσπέρα καὶ ἐγ[ένετο πρωί], ἡμέρα 23
πέμπτη. [24]Καὶ εἶπεν ὁ θεός Ἐξαγαγ[έτω ἡ γῆ ψυχὴν] ζῶσαν κατὰ γένος, [τετράποδα] 24

21 *κατα* 2° A*(uid)] *καὶ πᾶ* A^d 22 *αυξανεσθαι* A

(*D*)EMabd–jl–rtvwyc_2d_2 𝔄𝔅𝔈𝔓

ουτινος j(mg)v(mg) | ⟨*κατα γενος εν αυτω* 74⟩ | om *εν αυτω* q | *κατα γενος εις ομ* $A^{a?}$𝔄] *εις ομ. κατα γενος* Ehtv Thdt $\frac{2}{3}$ *κατα γενος και καθ ομ.* Mi^br: *καθ ομ. κατα γενος* ⟨20⟩ Chr-codd Thdt $\frac{1}{3}$ om *κατα γενος* A*(hab $A^{a?}$ mg) q Theoph om *εις ομοιοτητα* bdfgi*mnpwyc_2𝔅𝔈 Oi-gr Eus Chr-ed Thd-syr. *καθ ομοιοτητα* aejlod_2 𝔓 Or-lat | om *επι της γης* Theoph | *της γης*] *την γην* o | om *και εγενετο*—(12) *γης* bd

12 *εξηνεγκεν*] *εξηγαγεν* i^ar | om *χορτου* $𝔈^{fp}$ | *σπειρον σπερμα*] *semen seminantis* Or-lat | *κατα* 1°—*ομοιοτητα*] om *και καθ ομοιοτητα* Theoph. *quod est super omnem terram* 𝔄-ed +eadem 𝔄-codd· ⟨+*επι της γης* 37 63⟩ | *ποιουν καρπον*] om i* (hab *ποι* i^a)· ⟨+※*εις το γενος αυτων* 127⟩ | *ου*] *ουτινος* j(mg)v(mg) | om *αυτου* Theoph | *αυτω*]+*faciens fructum* Or-lat | om *καλον* l*

13 om *ημερα* $𝔅^{p(txt)}$𝔓

14 *εις φαυσιν*] *εις φωτισμον* v(mg) *ωστε φαινειν* En𝔈(uid)𝔓 Or-lat Eus Thd-syr de-P-C +*της ημερας του φαινειν* r | *της γης* ADMehjq Ath $\frac{1}{2}$] pr *επι* E rell 𝔄𝔈𝔓 Theoph Or-lat Eus Ath$\frac{1}{2}$ Chr Thd Cyr de-P-C | *και αρχειν*—*νυκτος* 1° Alnr Ath $\frac{1}{2}$] *και αρχετωσαν* (D)—*νυκτος* *D** (rescr D^a) om EM rell 𝔄𝔅𝔈𝔓 Theoph Or-lat Eus Ath$\frac{1}{2}$ Chr Thd-syr de-P-C | om *και διαχ.*—*νυκτος* 2° l Eus Ath $\frac{1}{2}$ | *και* 4° AEMjnr𝔄𝔅𝔈𝔓 Theoph* Or-lat Ath$\frac{1}{2}$ de-P-C] om h. *του* D rell Chr. *ωστε* ⟨78⟩ $Theoph^b$ | *της ημερας* 2°] *του φωτος* n | ⟨om *και ανα μεσον της νυκτος* 71⟩ | *της νυκτος* 2°] *του σκοτους* n | om *και εστωσαν*—*εις ενιαυτους* dp | *εις* 3°—*ημερας*] *in diebus et in mensibus et in temporibus* de-P-C-ed | om *εις* 3° n Or-lat Hil | *και εις ενιαυτ. και εις ημερας* Thdt | om *και εις ημερας* Cyr-hier Hil | om *εις* 5° *D* Eus-cod $\frac{1}{4}$ Hil

15 om *ωστε* Theoph Ath

16 om *δυο* Thd-syr | *τον φωστηρα* 1°] pr *et* Or-lat $\frac{1}{2}$ | om *εις αρχας* 1°—*ελασσω* n* | om *και* 3°—(18) *νυκτος* f

17 om *ο θεος* dp Eus Ath Thdt | *ωστε φαινειν*] *εις φαυσιν* Thdt

18 *φωτος*] *σκοτους* l$𝔈^{cf}$ | om *ανα μεσον* 2° $𝔅^{pw}$ | *σκοτους*] *φωτος* l$𝔈^{cf}$

20—25 quae uncis incl sunt perier in A

20 *τα υδατα*] *terra* $𝔈^{fp}$ | om *ερπετα* b | *ζωσων*]+*κατα γενος* g Eus$\frac{1}{3}$ Chr$\frac{1}{4}$ | *πετεινα*] pr *τα* Thdt$\frac{1}{2}$ | om *επι της γης* g Eus Chr Thdt | *ουρανου*]+*κατα γενος* g | om *και εγενετο ουτως* Chr

21 *ψυχην πασαν* h | *ζωων*] *ζωσων* i^bor𝔄(uid) *ζωσαν* gm𝔅𝔈(uid) | *ερπετων*—*υδατα*] *quae produxerunt reptilia aquarum* $𝔅^{pw}$ | *ερπετων*] *πετεινων* o | om *α* ej | *εξηγαγον* y | *υδατα*]+*εν ταις θαλασσαις* n | *γενη*] *γενος* ei*jld_2^a𝔄𝔅𝔈𝔓 Or-lat Thd-syr | om *αυτων* 𝔅 | *και παν*—*γενος*] om dg(spat relict)p hab post *καλα* $𝔈^{fp}$ | *πετ πτερ*] ⟨*πτερ πετ.* 79⟩ om *πτερ* r𝔅 | *γενος*]+*αυτων* t Or-lat | *καλα*] *καλον* inrd_2𝔓 Thdt

22 om *ο θεος* d Oi-lat | *λεγων*] *και ειπεν* o. ⟨om 126⟩ | om *και πληθυνεσθε* a | *τα* 1°—*θαλασσαις*] *terram* 𝔈 | *υδατα*]+*τα* egjlty 𝔄𝔅𝔓 Or-lat Chr | *εν ταις θαλασσαις*] *της θαλασσης* Theoph | *πληθυνεσθωσαν*] *πληθυνεσθω* degi*jopqtc_2d_2 *πληθυνετω* Theoph | *της γης*] om *της* p

23 om *εγενετο* 2° Or-lat | om *ημερα* f

24 *ο θεος*] pr *Dominus* 𝔅 | *εξαγετω* o | *γη ψυχην*] *ψυχη* n* | *ψυχην*—*γενος* 1°] om Eus Chr $\frac{2}{4}$ om *ψυχην ζωσαν κατα* 𝔈· om *κατα γενος* 𝔅 Thdt ⟨+*και τα κτηνη και παντα τα ερπετα της γης κατα γενος* 76⟩ | *τετραποδα*] pr *και* l | om *και* 2° r$𝔈^p$ Chr$\frac{1}{4}$ Thdt | *και θηρια*] om E Chr$\frac{1}{4}$: om *και* c_2 (uid) 𝔅$𝔈^p$ | *θηρια*] pr *τα* f *κτηνη* Thdt | *της γης*] om g: pr *επι* t Chr$\frac{1}{2}$: *και παν κτηνος* Chr$\frac{1}{2}$. +*και τα κτηνη και παντα τα ερπετα της γης* abdhioptwc_2d_2 Chr $\frac{1}{2}$. ⟨+*και παντα τα ερπετα* 74⟩ | *κατα γενος* 2°] om h: +*και τα κτηνη κατα γενος και παντα τα ερπετα*

12 *σπειρον*] *α' σ' σπερματιζοντα* j(sine nom)v

21 *τα κητη τα μεγ*] *τους δρακοντας τους μεγαλους* c_2

25 καὶ ἑρπετὰ καὶ θηρί[α τῆς γῆς κατὰ] γένος, καὶ ἐγένετο [οὕτως]. [25]καὶ ἐποίησεν ὁ θεὸς τὰ [θηρία A
τῆς γῆς] κατὰ γένος καὶ τὰ κτ[ήνη κατὰ γέ]νος καὶ πάντα τὰ ἑρπ[ετὰ τῆς γῆς] κατὰ γένος αὐτῶν·
26 καὶ ἴδεν ὁ θεὸς ὅτι καλά. §[26]καὶ εἶπεν ὁ θεός Ποιήσωμεν ἄνθρωπον κατ' εἰκόνα ἡμετέραν καὶ § D
καθ' ὁμοίωσιν· καὶ ἀρχέτωσαν τῶν ἰχθύων τῆς θαλάσσης καὶ τῶν πετεινῶν τοῦ οὐρανοῦ καὶ τῶν
27 κτηνῶν καὶ πάσης τῆς γῆς καὶ πάντων τῶν ἑρπετῶν τῶν ἑρπόντων ἐπὶ τῆς γῆς. [27]καὶ ἐποίησεν
28 ὁ θεὸς τὸν ἄνθρωπον, κατ' εἰκόνα θεοῦ ἐποίησεν αὐτόν· ἄρσεν καὶ θῆλυ ἐποίησεν αὐτούς. [28]καὶ
ηὐλόγησεν αὐτοὺς ὁ θεὸς λέγων Αὐξάνεσθε καὶ πληθύνεσθε, καὶ πληρώσατε τὴν γῆν καὶ κατα-
κυριεύσατε αὐτῆς, καὶ ἄρχετε τῶν ἰχθύων τῆς θαλάσσης καὶ τῶν πετεινῶν τοῦ οὐρανοῦ καὶ
πάντων τῶν κτηνῶν καὶ πάσης τῆς γῆς καὶ πάντων τῶν ἑρπετῶν τῶν ἑρπόντων ἐπὶ τῆς γῆς.
29 [29]καὶ εἶπεν ὁ θεός Ἰδοὺ δέδωκα ὑμῖν πᾶν χόρτον σπόριμον σπεῖρον σπέρμα, ὅ ἐστιν ἐπάνω πάσης
τῆς γῆς· καὶ πᾶν ξύλον, ὃ ἔχει ἐν ἑαυτῷ καρπὸν σπέρματος σπορίμου· [ὑ]μῖν ἔσται εἰς βρῶσιν,
30 [30]καὶ πᾶσι [τοῖ]ς θηρίοις τῆς γῆς καὶ πᾶσι [τοῖ]ς πετεινοῖς τοῦ οὐρανοῦ [καὶ π]αντὶ ἑρπετῷ τῷ
ἕρπον[τι ἐπὶ τῆς] γῆς, ὃ ἔχει ἐν ἑαυτῷ [ψυχὴ]ν ζωῆς· καὶ πάντα χόρ[τον χλ]ωρὸν εἰς βρῶσιν.
31 καὶ [ἐγένετ]ο οὕτως. [31][καὶ ἴδεν ὁ] θεὸς τὰ πάντα §ὅσα ἐποίη[σεν, καὶ] ἰδοὺ καλὰ λίαν. καὶ § x
II 1 ἐγέ[νετο ἑσ]πέρα καὶ ἐγένετο πρωί, [ἡμέρα ἕ]κτη.¶ [1][Καὶ συνετε]λέσθησαν [ὁ οὐρανὸς κ]αὶ ¶ D
2 ἡ γῆ καὶ πᾶς ὁ κόσμος [αὐτῶν. [2]κ]αὶ συνετέλεσεν ὁ θεὸς [ἐν τῇ ἡμέρᾳ] τῇ ἕκτῃ τὰ ἔργα αὐτοῦ

27 θυλυ D 28 ευλ[ογησεν] D | πληθυνεσθαι A 29 σπειρων A

(*D*)EMabd–jl–rtvw(x)y$c_2$$d_2$ 𝔄𝔅𝔈𝔓

της γης κατα γενος ejn(ερπετα] τετραποδα) ⟨+ και τα κτηνη κατα γενος 83⟩ + *et omnia reptilia terrae secundum genus* 𝔅 | om και εγεν.—(25) αυτων g(spat relict) | om και εγεν —(25) γενος 2° 𝔓 | om και εγεν.—(25) γενος 1° w | και εγενετο ουτως] και καθ ομοιοτητα Chr $\frac{1}{2}$

25 τα θηρια—αυτων] *pecora secundum genus* 𝔈[fp]. *pecora secundum genus et omnia reptilia terrae secundum genus et bestias terrae secundum genus* 𝔈[c] | om της γης 1° bejy | γενος 1°] + αυτων adfhiotvd_2 Chr ⟨+ αυτων και ειδεν ο θς οτι καλα 74⟩ + και εγενετο ουτως και εποιησεν ο θς τα θηρια της γης κατα γενος l | και 2°—γενος 2°] om Edfil–pd_2 Or-lat om κατα γενος bw + αυτων aehjty Chr | και 3°—αυτων] om defjnopy om της γης r: om κατα γενος αυτων Theoph. om αυτων 𝔅 Or-lat | ⟨γενος 3°] + ειπεν ο θς και εγενετο ουτως και εποιησεν ο θς τα θηρια κατα γενος αυτων και παντα τα ερπετα της γης και τα κτηνη κατα γενος 126⟩ | ⟨om και ιδεν—καλα 74⟩ | καλα] καλον r Theoph Or-gr

26—28 rescr uid D[a]

26 ο θεος] pr κυριος Phil $\frac{1}{2}$ | ποιησομεν n | ημετεραν] ιδιαν Eus $\frac{1}{15}$· om Clem-R Barn Theoph $\frac{2}{3}$ Clem Hip Or-gr $\frac{9}{11}$ Or-lat $\frac{6}{7}$ Adam Eus $\frac{1}{15}$ Ath $\frac{1}{4}$ Chr $\frac{11}{33}$ Cyr $\frac{1}{19}$ Thdt $\frac{1}{9}$ A-Z $\frac{4}{6}$ Iren Cyp Nov Hil Vulg | om καθ Clem $\frac{1}{2}$ Or-gr $\frac{8}{11}$ Or-lat Adam Eus $\frac{3}{15}$ Ath $\frac{1}{4}$ Chr $\frac{4}{30}$ Cyr $\frac{1}{19}$ A-Z $\frac{5}{6}$ Iren Cyp Nov Hil Vulg | ομοιωσιν] + ημετεραν Clem-R Barn $\frac{1}{2}$ Clem $\frac{1}{2}$ Or-gr $\frac{10}{11}$ Adam Eus $\frac{1}{15}$ Ath $\frac{1}{4}$ Chr $\frac{11}{29}$ Cyr $\frac{1}{19}$ Thdt $\frac{2}{8}$ A-Z $\frac{4}{6}$· + την ημετεραν Theoph $\frac{1}{3}$ + ημων Barn $\frac{1}{2}$ Clem $\frac{1}{2}$ + *nostram* 𝔅 Or-lat Iren Cyp Nov Hil Vulg | αρχετωσαν] *principatum gerat* Or-lat $\frac{1}{2}$ *dominetur* Or-lat $\frac{1}{2}$ | των 1°—γης 2°] των θηριων της γης και των πετ του ουρ και των ιχθυων της θαλ Barn | θαλασσης] + και των θηριων της γης r𝔈 | και των πετεινων του ουρα sup ras circ 36 litt A[a] | om και 5°—γης 1° Chr $\frac{1}{2}$ | και των κτηνων] pr και των θηριων f Chr pr και των θηριων της γης m. και παντων των κτηνων l· + και των θηριων ejv | ⟨και πασης] om και 74 και παντων 108⟩ | και παντων—γης 2°] om foc_2 om παντων ⟨25⟩ 𝔈 | των ερπετων] om Or-lat: om των *D* (uid) | γης 2°] + και εγενετο ουτως n

27 θεος] κυριος Eus $\frac{1}{7}$ | ανθρωπον] + εν εικονι αυτου fc_2𝔄 Eus $\frac{1}{6}$ | om εποιησεν αυτον 𝔈 | αυτον] αυτους Theod-ap-Clem | om εποιησεν αυτους 𝔅

28 αυτους] ⟨om 108⟩: post θεος E Just | πληρωσατε] πληθυν[ετε?] *D* | αρχετε] αρχετωσαν rv(mg)c_2 | θαλασσης] + *et bestiarum terrae* 𝔈[c] | ουρανου] + και παντων των θηριων fm𝔓 | om παντων 1° Ev Or-lat | κτηνων [και] πα A[1 mg] | και πασης της γης] om Eq𝔈𝔓. *et omnium quae sunt super terram* Or-lat *et omnium bestiarum terrae* Thd-syr | om παντων 2° Or-lat | om των ερπετων E | γης 2°] + και ειδεν οτι καλον l

29—II 3 quae uncis incl sunt perier in A

29 om και ειπεν ο θεος a | υμιν 1°] ημιν g* | παν 1° AEmqy* Theoph] παντα *D*[sil]My[a]rell Chr Thdt | om σπειρον—σποριμου l* | σπερμα] + *secundum genus et secundum similitudinem* 𝔄-ed | ο εστιν επανω] *super faciem* Thd-syr | om πασης di*py𝔈[p] Or-lat $\frac{1}{2}$ Thdt $\frac{1}{2}$ | εαυτω] αυτω dmop Theoph | om καρπον mo | σποριμου] σποριμον Thdt | εσται] εστω m

30 της γης 1°] *agri* Thd-syr | om και 2°—ουρανου n | post παντι ras (2 uel 3) A | τω AMlm] om *D*[sil]E rell Theoph Chr Thdt | εαυτω] αυτω Mmop Theoph· + γαρ f | ψυχην] πνοην ψυχης f· πνοην n Theoph Thd-syr | ζωης] ζωσαν di*𝔄𝔓 | om και 4° Theoph | ⟨om χορτον 79⟩ | ⟨om και εγενετο ουτως 127⟩

31 rescr omn *D*[a] | om ο θεος b | om τα Eab(spat relict) fmnr𝔅 Phil-codd $\frac{1}{3}$ Theoph Eus-ed $\frac{1}{2}$ Chr $\frac{5}{6}$ Cyr Thdt T-A | om οσα εποιησεν Eus $\frac{1}{2}$ | ιδου] + παντα Cyr $\frac{3}{5}$ | καλα λιαν] αγαθα παντα Phil-codd $\frac{1}{2}$ αγαθα σφοδρα Phil-codd $\frac{1}{2}$

II 1 συνετελεσθησαν] συνετελεσθη bdp𝔈 Chr semel ετελεσθησαν Phil-codd post συνετελ. ras (7) A | ο ουρανος] om ο n*· οι οῦνοι Phil-codd | om και η γη Phil-cod | πας ο κοσμος] πασαι αι στρατιαι Phil-cod· πασαι στρατιαι Phil-codd

2 εν—εκτη] om 𝔈: om εν elmyc_2 Phil-ed Chr Iren om τη 1° Phil-codd | εκτη] εβδομη Barn(uid) Thdt-cod | τα εργα] pr *omnia* 𝔄-ed Thd-syr Iren-lat: εργον Phil-codd | αυτου 1°] αυτα

27 κατ εικονα θεου] σ' εν εικονι διαφορω ορθιον Mv
29 σποριμον] σ' σπερματιζοντα v | σπειρον] σ' σπερματιζον M | σπερματος] σ' σπερματιζοντα c_2
30 θηριοις] α' ζωοις M. α' σ' ζωοις v II 1 ο ουρανος] α' σ' οι οῦνοι Mvc_2 2 τη εκτη] οι λ. τη εβδομη Mvc_2

ΓΕΝΕΣΙΣ

A [ἃ ἐποίησ]εν· καὶ κατέπαυσεν [τῇ ἡμ]έρᾳ τῇ ἑβδόμῃ ἀπὸ πάν[των τῶ]ν ἔργων αὐτοῦ ὧν [ἐποίησ]εν. ³καὶ ηὐλόγησεν [ὁ θεὸς τὴν] ἡμέραν τὴν ἑβδόμην καὶ ἡγίασεν αὐτήν, ὅτι ἐν αὐτῇ κατέπαυσεν ἀπὸ πάντων τῶν ἔργων αὐτοῦ ὧν ἤρξατο ὁ θεὸς ποιῆσαι.

⁴Αὕτη ἡ βίβλος γενέσεως οὐρανοῦ καὶ γῆς, ὅτε ἐγένετο· ᾗ ἡμέρᾳ ἐποίησεν Κύριος ὁ θεὸς τὸν οὐρανὸν καὶ τὴν γῆν, ⁵καὶ πᾶν χλωρὸν ἀγροῦ πρὸ τοῦ γενέσθαι ἐπὶ τῆς γῆς, καὶ πάντα χόρτον ἀγροῦ πρὸ τοῦ ἀνατεῖλαι. οὐ γὰρ ἔβρεξεν ὁ θεὸς ἐπὶ τὴν γῆν, καὶ ἄνθρωπος οὐκ ἦν ἐργάζεσθαι τὴν γῆν· ⁶πηγὴ δὲ ἀνέβαινεν ἐκ τῆς γῆς καὶ ἐπότιζεν πᾶν τὸ πρόσωπον τῆς γῆς. ⁷καὶ ἔπλασεν ὁ θεὸς τὸν ἄνθρωπον χοῦν ἀπὸ τῆς γῆς· καὶ ἐνεφύσησεν εἰς τὸ πρόσωπον αὐτοῦ πνοὴν ζωῆς, καὶ ἐγένετο ὁ ἄνθρωπος εἰς ψυχὴν ζῶσαν. ⁸Καὶ ἐφύτευσεν Κύριος ὁ θεὸς παράδεισον ἐν Ἐδὲμ κατὰ ἀνατολάς, καὶ ἔθετο ἐκεῖ τὸν ἄνθρωπον ὃν ἔπλασεν. ⁹καὶ ἐξανέτειλεν ὁ θεὸς ἔτι ἐκ τῆς γῆς πᾶν ξύλον ὡραῖον εἰς ὅρασιν καὶ καλὸν εἰς βρῶσιν· καὶ τὸ ξύλον τῆς ζωῆς ἐν μέσῳ τῷ παραδείσῳ, καὶ τὸ ξύλον τοῦ εἰδέναι γνωστὸν §καλοῦ καὶ πονηροῦ. ¹⁰ποταμὸς δὲ ἐκπορεύεται ἐξ Ἐδὲμ ποτίζειν τὸν παράδεισον· ἐκεῖθεν ἀφορίζεται εἰς τέσσαρας ἀρχάς. ¹¹ὄνομα τῷ ἑνὶ Φεισών· οὗτος ὁ κυκλῶν πᾶσαν τὴν γῆν Εὐειλάτ, ἐκεῖ οὗ ἐστιν τὸ χρυσίον· ¹²τὸ δὲ χρυσίον τῆς γῆς ἐκείνης καλόν· καὶ ἐκεῖ ἐστιν ὁ ἄνθραξ καὶ ὁ λίθος ὁ πράσινος. ¹³καὶ ὄνομα τῷ ποταμῷ τῷ

ΓΕΝΕΣΙΣ

14 δευτέρῳ Γηών· οὗτος ὁ κυκλῶν πᾶσαν τὴν γῆν Αἰθιοπίας. ¹⁴καὶ ὁ ποταμὸς ὁ τρίτος Τίγρις· A
15 οὗτος ὁ πορευόμενος κατέναντι Ἀσσυρίων. ὁ δὲ ποταμὸς ὁ τέταρτος, οὗτος Εὐφράτης. ¹⁵καὶ
ἔλαβεν Κύριος ὁ θεὸς τὸν ἄνθρωπον ὃν ἔπλασεν καὶ ἔθετο αὐτὸν ἐν τῷ παραδείσῳ, ἐργάζεσθαι
16 αὐτὸν καὶ φυλάσσειν. ¹⁶καὶ ἐνετείλατο Κύριος ὁ θεὸς τῷ Ἀδὰμ λέγων Ἀπὸ παντὸς ξύλου τοῦ
17 ἐν τῷ παραδείσῳ βρώσει φάγῃ· ¹⁷ἀπὸ δὲ τοῦ ξύλου τοῦ γινώσκειν καλὸν καὶ πονηρόν, οὐ
18 φάγεσθε ἀπ' αὐτοῦ· ᾗ δ' ἂν ἡμέρᾳ φάγησθε ἀπ' αὐτοῦ, θανάτῳ ἀποθανεῖσθε. ¹⁸Καὶ εἶπεν
19 Κύριος ὁ θεὸς Οὐ καλὸν εἶναι τὸν ἄνθρωπον μόνον· ποιήσωμεν αὐτῷ βοηθὸν κατ' αὐτόν. ¹⁹καὶ
ἔπλασεν ὁ θεὸς ἔτι ἐκ τῆς γῆς πάντα τὰ θηρία τοῦ ἀγροῦ καὶ πάντα τὰ πετεινὰ τοῦ οὐρανοῦ, καὶ
ἤγαγεν αὐτὰ πρὸς τὸν Ἀδὰμ ἰδεῖν τί καλέσει αὐτά· καὶ πᾶν ὃ ἐὰν ἐκάλεσεν αὐτὸ Ἀδὰμ ψυχὴν
20 ζῶσαν, τοῦτο ὄνομα αὐτοῦ. ²⁰καὶ ἐκάλεσεν Ἀδὰμ ὀνόματα πᾶσιν τοῖς κτήνεσιν καὶ πᾶσι τοῖς
πετεινοῖς τοῦ οὐρανοῦ καὶ πᾶσι τοῖς θηρίοις τοῦ ἀγροῦ· τῷ τε Ἀδὰμ οὐχ εὑρέθη βοηθὸς ὅμοιος
21 αὐτῷ. ²¹καὶ ἐπέβαλεν ὁ θεὸς ἔκστασιν ἐπὶ τὸν Ἀδάμ, καὶ ὕπνωσεν· καὶ ἔλαβεν μίαν τῶν πλευ-
22 ρῶν αὐτοῦ §καὶ ἀνεπλήρωσεν σάρκα ἀντ' αὐτῆς. ²²καὶ ᾠκοδόμησεν Κύριος ὁ θεὸς τὴν πλευράν, § s
23 ἣν ἔλαβεν ἀπὸ τοῦ Ἀδάμ, εἰς γυναῖκα· καὶ ἤγαγεν αὐτὴν πρὸς τὸν Ἀδάμ. ²³καὶ εἶπεν Ἀδὰμ
Τοῦτο νῦν †ὀστοῦν†¶ ἐκ τῶν ὀστέων μου καὶ σὰρξ ἐκ τῆς σαρκός μου· αὕτη κληθήσεται Γυνή, ¶ 𝕮ᵐ

A ὅτι ἐκ τοῦ ἀνδρὸς αὐτῆς ἐλήμφθη αὕτη. ²⁴ἕνεκεν τούτου καταλείψει ἄνθρωπος τὸν πατέρα αὐτοῦ 24
§ *D* καὶ τὴν μητέρα αὐτοῦ, καὶ §προσκολληθήσεται τῇ γυναικὶ αὐτοῦ· καὶ ἔσονται οἱ δύο εἰς σάρκα
μίαν. ¹καὶ ἦσαν οἱ δύο γυμνοί, ὅ τε Ἀδὰμ καὶ ἡ γυνὴ αὐτοῦ, καὶ οὐκ ᾐσχύνοντο. 1 III (II 25)
Ὁ δὲ ὄφις ἦν φρονιμώτατος πάντων τῶν θηρίων τῶν ἐπὶ τῆς γῆς ὧν ἐποίησεν Κύριος ὁ θεός· (III 1)
καὶ εἶπεν ὁ ὄφις τῇ γυναικί Τί ὅτι εἶπεν ὁ θεός Οὐ μὴ φάγητε ἀπὸ παντὸς ξύλου τοῦ παρα-
δείσου; ²καὶ εἶπεν ἡ γυνὴ τῷ ὄφει Ἀπὸ παντὸς ξύλου τοῦ παραδείσου φαγόμεθα· ³ἀπὸ δὲ 2 3
καρποῦ τοῦ ξύλου ὅ ἐστιν ἐν μέσῳ τοῦ παραδείσου, εἶπεν ὁ θεός Οὐ φάγεσθε ἀπ' αὐτοῦ οὐδὲ μὴ
§ L ἅψησθε αὐτοῦ, ἵνα μὴ ἀποθάνητε. §⁴καὶ εἶπεν ὁ ὄφις τῇ γυναικί Οὐ θανάτῳ ἀποθανεῖσθε· ⁵ᾔδει 4 5
γὰρ ὁ θεὸς ὅτι ἐν ᾗ ἂν ἡμέρᾳ φάγησθε ἀπ' αὐτοῦ, διανοιχθήσονται ὑμῶν οἱ ὀφθαλμοί, καὶ ἔσεσθε
¶ *D* ὡς θεοί, γινώσκοντες καλὸν καὶ πονηρόν.¶ ⁶καὶ ἴδεν ἡ γυνὴ ὅτι καλὸν τὸ ξύλον εἰς βρῶσιν, καὶ 6
ὅτι ἀρεστὸν τοῖς ὀφθαλμοῖς ἰδεῖν καὶ ὡραῖόν ἐστιν τοῦ κατανοῆσαι, καὶ λαβοῦσα τοῦ καρποῦ
αὐτοῦ ἔφαγεν· καὶ ἔδωκεν καὶ τῷ ἀνδρὶ αὐτῆς μετ' αὐτῆς, καὶ ἔφαγον. ⁷καὶ διηνοίχθησαν οἱ 7
ὀφθαλμοὶ τῶν δύο, καὶ ἔγνωσαν ὅτι γυμνοὶ ἦσαν· καὶ ἔρραψαν φύλλα συκῆς καὶ ἐποίησαν ἑαυ-
τοῖς περιζώματα. ⁸Καὶ ἤκουσαν τὴν φωνὴν Κυρίου τοῦ θεοῦ περιπατοῦντος ἐν τῷ παραδείσῳ τὸ 8
§ ℭᶜ δειλινόν· καὶ ἐκρύβησαν ὅ τε Ἀδὰμ καὶ ἡ γυνὴ αὐτοῦ §ἀπὸ προσώπου Κυρίου τοῦ θεοῦ ἐν μέσῳ

23 εληφθη E 24 τουτο E | καταλιψει A III 1 εποισεν E 2 φαγουμεθα D^{sil}
3 εμμεσω AE | φαγεσθαι AE | αποθανηται E 5 ηδει] ειδει D | εσεσθαι AE | γεινωσκοντες A
6 αραιστον A 7 εραψαν E 8 δειλινον] διληνον A | εμμεσω AE

(*D*)E(L)Mabd–jl–tv–yc_2d_2 𝔄𝔅(ℭᶜ)𝔈𝔓

1°] ταυτη και Phil-ed $\frac{1}{2}$ | om οτι—αυτη 2° $𝔅^{lw}$ | ανδρος αυτης] ιδιου ανδρος m Chr $\frac{1}{2}$ | om αυτη 2° Ehmnq𝔄 Phil-arm Or-gr Chr Cyr Hil

24 ενεκεν] ενεκα Phil $\frac{1}{2}$ Evan $\frac{1}{2}$ αντι Paul Chr Thdt | om αυτου 1° Phil Evan $\frac{1}{2}$ Paul Theoph Or-gr Or-lat $\frac{1}{2}$ A-Z | om αυτου 2° bhmw Phil $\frac{1}{2}$ Evan Paul Or-lat $\frac{1}{2}$ Chr $\frac{5}{7}$ Thdt $\frac{1}{4}$ A-Z | om και 2°—αυτου 3° Evan $\frac{1}{2}$ Thdt $\frac{1}{4}$ A-Z | προσκολλ] κολληθήσεται Evan | τη γυναικι Av(mg)y Evan Paul-mg Chr $\frac{1}{7}$ Thdt $\frac{1}{3}$] προς την γυναικα *D*EMv(txt) rell Phil Paul-txt Theoph Or-gr Chr $\frac{6}{7}$ Thdt $\frac{2}{3}$ | αυτου 3°] εαυτου r · om adpd_2

III **1** γυμνοι οι δυο e | ⟨οι δυο] + ομου 37⟩ | γυμνοι] post αυτου ⟨128⟩ 𝔈 | ην] φησιν s om v | φρονιμωτερος Di(mg)rv(mg) 𝔄(uid) Theoph Or-lat Eus Chr $\frac{1}{2}$ Luc | om των επι i | ων εποιησεν] *quam fecit* Or-lat | ο θεος 2°] pr κ̅ς̅ Eejv(mg) Luc · ⟨κ̅ς̅ 79⟩ | φαγητε] φαγη E · φαγησθε Chr $\frac{1}{4}$ | om παντος 𝔈 | παραδεισου A^a (sup ras 13–14 litt) D^{sil} Eghjoqsvxy 𝔅 Phil Theoph Or-lat Chr $\frac{1}{4}$ Iren] εν τω παραδεισω M rell 𝔄𝔈𝔓 Eus Chr $\frac{3}{4}$ Thdt Luc

2 om τω οφει ⟨31 83⟩ Chr $\frac{1}{2}$ | παντος] sup ras A^a pr καρπου M · καρπου D^{sil}Eghnqr*xy𝔄𝔅𝔈𝔓 ⟨του καρπου 31⟩: om t + καρπου efjr^bsv | ξυλου] pr του Dfghnqrtxy𝔅(uid) | του παραδεισου] του εν τω παραδεισω dfilmprv(mg) 𝔈𝔓 Luc. ⟨εν τω παραδεισω 107⟩ | φαγομεθα] pr βρωσει a. φαγωμεθα ejlmnsx*d_2

3 καρπου] pr του D^{sil} a–fijopwyc_2d_2 Chr $\frac{1}{2}$ · om $𝔈^{fp}$ | του ξυλου] om 𝔓 · om του E | ο εστιν] ου εστιν p · του v(mg) Chr | του παραδεισου] τω παραδεισω Mlq Iren(uid) Luc(uid) + ου φαγομεθα c_2 | om ου h | φαγεσθε] φαγησθε a* Chr $\frac{1}{2}$ · φαγητε Or-gr Chr $\frac{1}{2}$ · μη φαγεσθε h*q Theoph μη φαγησθε Meh^{b}ijorc$_2$ · μη φαγητε dpd_2 · φαγωμεθα n | om απ αυτου ⟨20⟩ Chr $\frac{1}{2}$ | om ουδε—αυτου 2° di(txt)p | ουδε] ουδ ου Mbfi(mg)lmrd_2 Or-gr Chr $\frac{1}{2}$ | αψεσθαι E | αυτου 2°] pr απ m · om f𝔄 Iren | αποθανητε] pr θανατω e

4 om ο Lf | om θανατω Luc

5 ηδει γαρ] *sed sciebat* Or-lat | om ο θεος n | om οτι s | εν η A*D*Megjlnsvc_2 Theoph Chr $\frac{2}{10}$] η Lqrwy Or-gr Chr $\frac{6}{10}$ Cyr Iren Luc. η δ rell Eus Ath Chr $\frac{2}{10}$. om E | ημεραν dpd_2 | φαγησθε Afsv Chr $\frac{1}{11}$] φαγεσθε m Chr $\frac{2}{11}$ φαγητε D (τε) ELM rell Theoph Or-gr Eus Ath Chr $\frac{8}{11}$ Cyr | om απ αυτου Ath Chr-aliq | διανοιγησονται m | οι οφθ. υμων xc_2𝔄 Or-gr | om και εσεσθε ως θεοι $𝔈^{fp}$ | om γινωσκοντες—πονηρον g | καλον] pr το E

6 το ξυλον οτι καλον Or-lat $\frac{1}{2}$ Chr $\frac{1}{4}$ Thdt | om το ξυλον Chr $\frac{1}{3}$ | om και οτι 𝔅 | om οτι 2° ej𝔄𝔈𝔓 Or-lat Thdt | αρεστον] *optimum* Or-lat $\frac{1}{2}$ | om ιδειν και ωραιον εστιν 𝔓 | om και 3°—κατανοησαι Or-lat $\frac{1}{2}$ | λαβουσα] ελαβεν ⟨20⟩ Chr $\frac{1}{3}$ + η γυνη La–fijopsvwd_2 Chr $\frac{1}{3}$ | του καρπου αυτου] pr απο ejsv𝔅(uid) Chr $\frac{1}{3}$ *de ligno* Or-lat $\frac{1}{2}$ | αυτου] om em Chr $\frac{1}{3}$ *ligni* Or-lat $\frac{1}{2}$ | εφαγεν] pr και ⟨31⟩ Chr $\frac{1}{3}$ | om και 6° h*c_2𝔄𝔈 Phil | ⟨om αυτης 1° 79⟩ | μετ αυτης] μεθ αυτης t. μεθ εαυτης ⟨76⟩ Theoph: om mr Or-lat $\frac{1}{2}$ Chr | και εφαγον] και εφαγεν dpqrt: om $𝔅^p$: + οι δυο Chr $\frac{1}{2}$

7 ηνοιχθησαν r | οι οφθαλμοι] pr αυτων f Chr · + αυτων no𝔈 Or-lat $\frac{2}{3}$ | om των δυο fo𝔈 Or-lat $\frac{2}{3}$ Chr | επεγνωσαν g | ερραψαν φυλλα συκης] αν φυλλα συ sup ras (6) A^a | εαυτοις] αυτοις mnos

8 την φωνην ALM$a^{a?}$gh*i*qstvc_2 Or-gr $\frac{1}{3}$] της φωνης Ea*h^bi$a^?$ rell Theoph Or-gr $\frac{1}{3}$ Chr Thdt: om Or-gr $\frac{1}{3}$ | om κυριου 1° Thdt $\frac{1}{2}$ | om του θεου 1° m Chr $\frac{1}{2}$ | om περιπατουντος—δειλινον L | το δειλινον] τω δειλινω x: + της ημερας fv(mg) | εκρυβησαν] εκρυβη Phil-codd $\frac{1}{2}$ | om ο τε—παραδεισου L | om κυριου 2° En𝔅 Theoph | om του ξυλου Ebi*wxy

ανδρος σ' αυτη κληθησεται εσσα ανδρις οτι απο ανδρος εληφθη αυτη εστιν γυνη v · σ' αυτη κληθησεται εις ανδρος οτι απο εις ανδρος εληφθη αυτη ο εστι γυνη c_2

III 1 φρονιμωτατος] α' πανουργοτερος M: α' θ' πανουργος σ' πανουργοτερος v | των θηριων] α' των ζωων Mv | τι οτι—παραδεισου] α' μη οτι ειπεν ο θ̅ς̅ μη φαγητε απο παντος ξυλου του κηπου c_2 | τι οτι—θεος 2°] σ' προς τι ειπεν ο θ̅ς̅ c_2 | τι οτι] σ' προς τι M 2 παραδεισου] θ' κηπου M

5 διανοιχθ.] θ' συνετισθησαν M: θ' συνετισθησονται v θ' συνετισθητε c_2 7 διηνοιχθ.] θ' συνετισθησαν Mv

9 τοῦ ξύλου τοῦ παραδείσου. ⁹καὶ ἐκάλεσεν Κύριος ὁ θεὸς τὸν Ἀδὰμ καὶ εἶπεν αὐτῷ Ἀδάμ, ποῦ A
10 εἶ; ¹⁰καὶ εἶπεν αὐτῷ §Τὴν φωνήν σου ἤκουσα περιπατοῦντος ἐν τῷ παραδείσῳ, καὶ ἐφοβήθην, ὅτι § u
11 γυμνός εἰμι, καὶ ἐκρύβην. ¹¹καὶ εἶπεν αὐτῷ Τίς ἀνήγγειλέν σοι ὅτι γυμνὸς εἶ, εἰ μὴ ἀπὸ τοῦ
12 ξύλου οὗ ἐνετειλάμην σοι τούτου μόνου μὴ φαγεῖν ἀπ' αὐτοῦ ἔφαγες; ¹²καὶ εἶπεν ὁ Ἀδάμ Ἡ
13 γυνή, ἣν ἔδωκας μετ' ἐμοῦ, αὕτη μοι ἔδωκεν ἀπὸ τοῦ ξύλου, καὶ ἔφαγον. ¹³καὶ εἶπεν Κύριος ὁ
14 θεὸς τῇ γυναικί Τί τοῦτο ἐποίησας; καὶ εἶπεν ἡ γυνή Ὁ ὄφις ἠπάτησέν με, καὶ ἔφαγον. ¹⁴καὶ
εἶπεν Κύριος ὁ θεὸς τῷ ὄφει Ὅτι ἐποιήσας τοῦτο, ἐπικατάρατος σὺ ἀπὸ πάντων τῶν κτηνῶν καὶ
ἀπὸ πάντων τῶν θηρίων τῆς γῆς· ἐπὶ τῷ στήθει σου καὶ τῇ κοιλίᾳ πορεύσῃ, καὶ γῆν φάγῃ πάσας
15 τὰς ἡμέρας τῆς ζωῆς σου. ¹⁵καὶ ἔχθραν θήσω ἀνὰ μέσον σοῦ καὶ ἀνὰ μέσον τῆς γυναικός, καὶ
ἀνὰ μέσον τοῦ σπέρματός σου καὶ ἀνὰ μέσον τοῦ σπέρματος αὐτῆς· αὐτός σου τηρήσει κεφαλήν,
16 καὶ σὺ τηρήσεις αὐτοῦ πτέρναν. ¹⁶καὶ τῇ γυναικὶ εἶπεν §Πληθύνων πληθυνῶ τὰς λύπας σου καὶ § 𝕮^b
τὸν στεναγμόν σου· ἐν λύπαις τέξῃ τέκνα, καὶ πρὸς τὸν ἄνδρα σου ἡ ἀποστροφή σου, καὶ αὐτός
17 σου κυριεύσει. ¹⁷τῷ δὲ Ἀδὰμ εἶπεν Ὅτι ἤκουσας τῆς φωνῆς τῆς γυναικός σου καὶ ἔφαγες ἀπὸ
τοῦ ξύλου οὗ ἐνετειλάμην σοι τούτου μόνου μὴ φαγεῖν ἀπ' αὐτοῦ ἔφαγες, ἐπικατάρατος ἡ γῆ ἐν
18 τοῖς ἔργοις σου· ἐν λύπαις φάγῃ αὐτὴν πάσας τὰς ἡμέρας τῆς ζωῆς σου· ¹⁸ἀκάνθας καὶ τρι-
19 βόλους ἀνατελεῖ σοι, καὶ φάγῃ τὸν χόρτον τοῦ ἀγροῦ. ¹⁹ἐν ἱδρῶτι τοῦ προσώπου σου φάγῃ

10 περιπατουντος] περιπαντος A   14 συ] σοι E | στηθι A   15 τηρησις E

ELMabd-jl-t(u)v-yc_2d_2 𝕬𝕭𝕮$^{(b)c}$𝕰𝕻

9 om κυριος by𝕻 Luc | om ο θεος L | τον] τω f | om αυτω n | που ει αδαμ 𝕭𝕰^{cp} Theoph $\frac{1}{2}$ | αδαμ 2°] om Labdgh*o-rtv(txt) wc_2d_2𝕬𝕰^{f}𝕻 Phil Theoph $\frac{1}{2}$ Iren. + αδαμ mx
10 και 1°] ο δε l | αυτω] αδαμ bmw𝕮𝕰^p ο αδαμ t. om adi*lopd_2𝕬 Luc· + αδαμ 𝕰^{cf} | την φωνην AEMh*qrtu Theoph] της φωνης Lh^b rell Phil Chr | om σου f | ηκουσε t* | om περιπ. εν τω παραδ L Chr $\frac{2}{7}$ | περιπ.] *Domine* Luc om n𝕬 Phil Theoph | ειμι] ειμην o *eram* 𝕬 Or-lat | om και εκρυβην 𝕻
11 αυτω] om m + κς ο θς efjsv𝕮𝕰. + *deus* Luc | τις—σοι] ανηγγιλεν L τις σοι ειπεν Chr $\frac{2}{4}$. *quis tibi indicauit* Luc | ει μη] + οτι Ea + *comedisti* 𝕭𝕮 | σοι 2°] σε g | τουτου] απ αυτου 1*
12 om ο ELabdfimoprwxc_2d_2 Theoph | δεδωκας ehjlns | μετ εμου] μοι fmn𝕭𝕮 Theoph Chr $\frac{4}{5}$ om Luc | om απο του ξυλου 𝕮𝕰 Chr $\frac{2}{4}$ | απο] εκ Chr $\frac{1}{2}$
13 om κυριος Labdgioprwxyd_2𝕭𝕻 Phil Theoph Chr-ed Luc | τι] pr ※𝕬 | om η γυνη L Phil | om ο 2° n | με ηπατησεν mn | με και εφαγον sup ras (3) 1$^{a?}$
14 om κυριος eo Iren Cyp | om τω οφει L | οτι] pr τι b | εποιησας τουτο] *tu hoc fecisti* Cyp *tu fecisti hoc* Luc | επικαταρατος συ] s συ sup ras 1$^{a?}$ | συ] ⟨pr ει 128⟩ ει g | om απο 1°—και 2° m Theoph Or-lat Chr Luc | απο 1°—κτηνων] *ab omni pecore* Cyp | κτηνων] ⟨θηριων 108⟩ + *agri* 𝕮 | om απο παντων 2° 𝕮 | om των 2° L | ⟨θηριων] κτηνων 108⟩ | της γης] pr των επι A^{cmg}EMbehi^{a}jlnqrsuvwy𝕭 Theoph: pr των απο m. + *quae sunt super terram* Luc | ⟨επι] pr και 18⟩ | τω στηθει] το στηθος d | σου 1° AELMhi$^{a?}$mnqrtuw*𝕭𝕰 Cyp] om 1*w^a rell 𝕬 Phil Theoph Chr Thdt Luc | om και τη κοιλια 𝕰 | τη κοιλια] pr επι ⟨76⟩ 𝕮𝕻. + σου Ehi^{a}mnrt𝕬𝕭𝕮 Theoph Luc | πορευση] περιπατηση 1*
15—23 plurima rescr A^d
15 om totum comma L (spat 6 uel 7 relict) | θησω] ποιησω Theoph | om ανα μεσον 1°—γυναικος και w | om και ανα μεσον της γυναικος mn | om ανα μεσον 2° 𝕮 Phil $\frac{1}{3}$ Cyp Luc | και 3°—σου 2°] *inter te et semen tuum* 𝕮 om nx𝕰^p | om ανα μεσον 4° Phil Theoph Iren $\frac{1}{2}$ Cyp | σου 3°—(16) κυριευσει] uersio ualde corrupta in 𝕮^c | τηρησει σου sv 𝕬 | τηρησει] *calcabit* Iren $\frac{1}{2}$ Cyp-ed Luc $\frac{1}{2}$ (uid) | κεφαλην] pr την n Theoph | και συ τηρησεις] σου δε n | αυτου τηρησεις Theoph Luc | αυτου πτερναν] *calcaneum eius* Iren-ed $\frac{1}{2}$ Cyp | πτερναν] pr την n Theoph
16 om πληθυνων Cyp $\frac{1}{2}$ | om και τον στεν σου L | τον στεναγμον] τους στεναγμους d^{a}lm(uid)opc_2𝕬 Cyp | om σου 2° M𝕭^w | εν λυπαις] εν λυπη 𝕬 Theoph *et in tristitia* Cyp | τεκνα] *filios tuos* 𝕮^{bc} | ⟨επιστροφη 18⟩ | ουτος m | σου 5°] σε o
17 τω δε] και τω Labdi*nopwd_2𝕻 | om της φωνης ⟨73⟩ 𝕭𝕻 Adam | om απο L | om ου ενετειλαμην—εφαγες 2° L | om σοι Adam | τουτου μονου] μονου τουτου Theoph. om Phil $\frac{1}{2}$ | τουτου] τουτο E | φαγειν] φαγει n | απ αυτου εφαγες] om Cyp | εφαγες 2°] pr *et* 𝕮^{c}𝕻 om 𝕭 | η γη] συ Phil-codd-omn $\frac{1}{3}$ Chr $\frac{1}{6}$ | εν τοις εργοις σου] *in omnibus operibus tuis* Cyp· *propter te* Phil-arm + *non addet dare tibi uim suam* 𝕮^c | om εν λυπαις—ζωης σου E Cyr-hier | εν λυπαις] *in tristitia et gemitu* Cyp | λυπαις] λυπη 𝕬𝕮^c Phil Theoph Chr $\frac{1}{3}$ | αυτην] *panem tuum* 𝕮^c | om της ζωης L
18 σοι] + η γη nc_2 | και φαγη—(19) απελευση] και τα εξης L | φαγεσαι r | χορτον] αρτον o | του αγρου] + σου Theoph Cyp-codd $\frac{1}{2}$
19 εν] pr και s𝕰 | ιδρωτι] ιδροτητι dfgimnoqsx*d_2*. *sudore*

12 εδωκας μετ εμου] σ' συνωκησας μοι M | ην εδ μετ εμ.] σ' ην συνωκισας μοι v: α' η συνωκησας με c_2
13 ηπατησεν με] α' επηγαγετο με Mvc_2
14 θηριων] α' σ' ζωων M | των θηρ.] α' των ζωων v | γην] α' χουν Mv
15 τηρησει] τριψει M. α' προστριψει σ' θλιψει vc_2
16 τον στεναγμον σου] α' τας συλληψεις σου Mv. σ' θ' τας κυησεις σου Mv (om τας) | αποστροφη] α' σ' συναφεια ορμη M: α' συναφια σ' ορμη v
17 επικαταρατος—αυτην] θ' επικαταρατος η γη αδαμα εν τη παραβασει σου μετα μοχθου φαγη αυτην Mc_2(γη αδαμα] αδαμ)· σ' επικαταρατος η γη εν τη εργασια σου εν κακοπαθεια φαγη αυτην M (κακοπαθει) c_2 | εν τοις εργοις σου] α' ενεκεν σου v | εν λυπαις] σ' εν κακοπαθειαις θ' μετα μοχθου v

A τὸν ἄρτον σου ἕως τοῦ ἀποστρέψαι σε εἰς τὴν γῆν¶ ἐξ ἧς ἐλήμφθης· ὅτι γῆ εἶ καὶ εἰς γῆν ἀπε-
¶ 𝔈^{b} λεύσῃ ²⁰Καὶ ἐκάλεσεν Ἀδὰμ τὸ ὄνομα τῆς γυναικὸς Ζωή, ὅτι αὕτη μήτηρ πάντων τῶν 20
ζώντων. ²¹καὶ ἐποίησεν Κύριος ὁ θεὸς τῷ Ἀδὰμ καὶ τῇ γυναικὶ αὐτοῦ χιτῶνας δερματίνους, καὶ 21
§ 𝔈^{b} ἐνέδυσεν αὐτούς. ²²Καὶ εἶπεν Κύριος ὁ θεός Ἰδοὺ Ἀδὰμ γέγονεν §ὡς εἷς ἐξ ἡμῶν, τοῦ 22
γινώσκειν καλὸν καὶ πονηρόν· καὶ νῦν μή ποτε ἐκτείνῃ τὴν χεῖρα καὶ λάβῃ τοῦ ξύλου τῆς ζωῆς
καὶ φάγῃ, καὶ ζήσεται εἰς τὸν αἰῶνα. ²³καὶ ἐξαπέστειλεν αὐτὸν Κύριος ὁ θεὸς ἐκ τοῦ παρα- 23
δείσου τῆς τρυφῆς, ἐργάζεσθαι τὴν γῆν ἐξ ἧς ἐλήμφθη. ²⁴καὶ ἐξέβαλεν τὸν Ἀδὰμ καὶ κατῴκισεν 24
αὐτὸν ἀπέναντι τοῦ παραδείσου τῆς τρυφῆς, καὶ ἔταξεν τὰ Χερουβὶν καὶ τὴν φλογίνην ῥομφαίαν
¶ Lℭ^{c}𝔓 τὴν στρεφομένην φυλάσσειν τὴν ὁδὸν τοῦ ξύλου τῆς ζωῆς.¶
§ *D* §¹Ἀδὰμ δὲ ἔγνω Εὕαν τὴν γυναῖκα αὐτοῦ, καὶ συνέλαβεν καὶ ἔτεκεν τὸν Κάιν. καὶ εἶπεν 1 IV
Ἐκτησάμην ἄνθρωπον διὰ τοῦ θεοῦ. ²καὶ προσέθηκεν τεκεῖν τὸν ἀδελφὸν αὐτοῦ τὸν Ἅβελ. 2
§ c Καὶ ἐγένετο Ἅβελ ποιμὴν προβάτων· Κάιν δὲ ἦν ἐργαζόμενος τὴν γῆν. §³καὶ ἐγένετο μεθ' 3
ἡμέρας ἤνεγκεν Κάιν ἀπὸ τῶν καρπῶν τῆς γῆς θυσίαν τῷ κυρίῳ· ⁴καὶ Ἅβελ ἤνεγκεν καὶ αὐτὸς 4
¶ 𝔈^{b} ἀπὸ τῶν πρωτοτόκων τῶν προβάτων αὐτοῦ καὶ ἀπὸ τῶν στεάτων αὐτῶν. καὶ ἐπίδεν ὁ θεὸς¶ ἐπὶ
¶ *D* Ἅβελ καὶ ἐπὶ τοῖς δώροις αὐτοῦ· ⁵ἐπὶ δὲ Κάιν καὶ ἐπὶ ταῖς θυσίαις αὐτοῦ¶ οὐ προσέσχεν. καὶ 5
ἐλύπησεν τὸν Κάιν λίαν καὶ συνέπεσεν τῷ προσώπῳ. ⁶καὶ εἶπεν Κύριος ὁ θεὸς τῷ Κάιν Ἵνα τί 6
περίλυπος ἐγένου, καὶ ἵνα τί συνέπεσεν τὸ πρόσωπόν σου; ⁷οὐκ ἐὰν ὀρθῶς προσενέγκῃς, ὀρθῶς 7

24 κατωκεισεν A IV 5 επι 1°] επει E 7 προσενεγκεις E

(*D*)E(L)Mab(c)d–jl–y$c_2$$d_2$𝔄𝔅(ℭ^{bc})𝔈(𝔓)

tuo 𝔅^{w} | om σου 1° j Thdt | του αποστρεψαι σε] ου αποστρεψης Thdt ου αποστρεψω σε Adam ½: ου αποστρεψεις Adam ½ | του 2°] ου Efrc_2 | αποστρεψαι] επιστρεψαι Phil ½ | την γην] om την Edn | ελημφθης] pr *et* Cyp-codd | ει] ην fg *eras* 𝔄 | απελευση] *reuerteris* 𝔄𝔅^{lw}ℭ𝔈 Phil ½

20 om αδαμ E | το ονομα της] ονομα Phil-codd | γυναικος A] +αυτου ELM omn 𝔄𝔅ℭ𝔈𝔓(uid) Phil Chr | ζωη] pr ευα οπερ εστι f Chr · ζωην Phil-codd | om οτι—ζωντων L | αυτη] +ην b | μητηρ αυτη s𝔈^{cf} | om παντων 𝔈

21 om και 1° a | om κυριος 𝔄-codd Adam Cyr | ⟨om ο θεος 18⟩ | ⟨om τω αδαμ 16⟩ | δερματινους χιτωνας m Adam

22 om totum comma L | ⟨ειπεν] +αυτοις 108⟩ | κυριος AEM(mg sub ※)efjstvxc_2𝔄𝔅] om M(txt) rell 𝔓 Phil Just Chr | ⟨om ο θεος 108⟩ | γεγονεν αδαμ ⟨79⟩ Phil Thdt A-Z | om αδαμ Phil-cod | om εξ ℭ Phil | του 1°] τω Phil | om και νυν ℭ^{c} | om εκτεινη την χειρα και m | χειρα] +αυτου defi^{a}jprsvy𝔅ℭ Chr Thdt | λαβη] φαγη Thdt om 𝔅 | του ξυλου—φαγη AEM hlnr] om qu pr εκ m · pr απο rell Chr Thdt Cyr om και φαγη i* Thdt | ζησεται] ζηση Thdt

23 αυτους Mi* | om ο θεος b | ⟨της τρυφης του παραδεισου 73⟩ | om της τρυφης L | om εξ ης ελημφθη L

24 και 1°—αδαμ] *et Adam exiuit* 𝔅 om ℭ^{c} | εξεβαλεν] +κ̅ς̅ ο θ̅ς̅ fi^{a} Chr +ο θ̅ς̅ mr ℭ^{b} | κατωκισεν αυτον] κατωκησεν lnqu𝔅 Phil-cod om αυτον 𝔄 Phil | της τρυφης του παραδεισου dehi*jnpqu | om της τρυφης L | εταξεν] επεταξε Phil-codd | χερουβιν Aℭ] χαιρουβημ n. χερουβιμ ELM rell 𝔅 Phil Or Ath Chr Thdt | την στρεφομενην] μεταστρεφομενην h om gy | om την οδον s (spat 5 relict)

IV **1** om ευαν ms Phil | συνελαβεν και Ar Phil] συλλαβουσα *D*^{sil}EM rell 𝔅 Theoph Chr Cyr | ετεκεν] +υιον w | εκτησ.] εκτισαμην g*nwx · *acquisiuimus* 𝔈

2 προσεθηκεν] προσεθετο bdfgh^{b}ilmoptwxd_2 Phil-codd Chr Cyr-ed · προσεθετο ετι Theoph | τον αβελ τον αδ. αυτου Phil-cod ½ | τον αβελ] om Phil-codd ½ om τον o Phil-cod ½ | ⟨om ην 107⟩

3 ηνεγκεν] pr και sv · ανηνεγκεν Jul ap-Cyr | των καρπων] του καρπου Phil-codd ½ Luc | θυσιαν] δωρον 𝔄(uid) Phil-codd ½ · *hostias* Anon^{1} | τω κυριω] τω θ̅ω̅ Ery𝔄ℭ Phil-codd Clem-R Chr Jul-ap-Cyr Anon^{1} κ̅ω̅ τω θ̅ω̅ m

4 om και αυτος Cyr ⅔ Anon^{1} | om των 2° ⟨76 78⟩ Jul-ap-Cyr | προβατων] αμνων Cyr ¼ | om αυτου 1° Clem-R Or-lat Cyr ¾ Jul-ap-Cyr | και 3°—αυτων] om Eus Luc · om απο c_2 | αυτων] αυτου adi*opc_2 Cyr-cod ¼: om ehm | om και 5° o*

5 επι δε] και επι h | om επι 2° Or-gr Eus Cyr-ed ¼ | ταις θυσιαις] τοις δωροις Elr | om ου w$^{a?}$ | ελυπησεν τον] ελυπηθη r𝔄𝔅^{l} Clem-R Luc | ελυπησεν] +ο θ̅ς̅ m · ⟨+κ̅ς̅ ο θ̅ς̅ 14 77.130⟩ | ⟨τον] τω 130⟩ | συνεπεσεν] *mutatum est* 𝔅 | τω προσωπω AEM clnqruyc_2(txt)𝔈^{fp} Phil-arm Cyr ½ codd ½] +αυτου v(mg)c_2(mg) Clem-R. το προσωπον αυτου v(txt) rell 𝔄𝔅𝔈^{c} Chr Cyr-ed ½ Jul-ap-Cyr Thdt Luc

6 om κυριος Clem-R | τω] προς τον v(mg): προς Clem-R | καιν] και o | om ινα 1° adfiopd$_2$ | εγενου] +σφοδρα g | συνεπεσεν] *mutatum est* 𝔅

7 ουκ—διελης] *quare non recte obtulisti* Luc. om ουκ c_2𝔅 | εαν AEMi^{a}mqruwc_2] αν i* rell | ορθως 1°] +μεν Chr ½ | προσ-

19 αποστρεψαι σε] α' επιστρεψαι σε M | απελευση] α' επιστρεψη v 20 ζωη] α' αυα σ' ζωογονος M · α' ζωογονος v
22 ιδου—χειρα] σ' ιδε ο αδαμ γεγονεν ομου αφ εαυτου γινωσκειν καλον και πονηρον νυν ουν μηδαμως εκτεινας την χειρα αυτου M | γινωσκειν] +σ' αφ εαυτου v | χειρα (αυτου)] +αφ εαυτου s 24 χερουβιν] α' εβρ χερουβ v
IV 1 εγνω] επεγνω συνετισθη s επεγνω και συνετεκεν v | εκτησ.—θεου] ο εβραιος και ο συρος εκτησαμην α̅ν̅ο̅ν̅ εν θ̅ω̅ c_2
2 προσεθηκεν τεκειν] σ' παλιν ετεκεν Ms(sine nom)v
4 επιδεν] θ' επυρισεν σ' ετερφθη α' επεκλιθη Mv. θ' σ' επυριασεν ετερφθη ενεκληθη c_2
5 και ελυπησεν τον] α' και οργιλον τω σ' και ωργισθη v
6 ινα τι περιλ εγενου] α' εις τι οργιλον σου σ' εις τι ωργισθης v
7 ουκ εαν—αυτου 2°] θ' ουκ αν αγαθως ποιεις δεκτον και εαν μη αγαθως επι θυρα αμαρτια εγκαθηται και προς σε η

ΓΕΝΕΣΙΣ

8 δὲ μὴ διέλῃς, ἥμαρτες; ἡσύχασον· πρὸς σὲ ἡ ἀποστροφὴ αὐτοῦ, καὶ σὺ ἄρξεις αὐτοῦ. ⁸καὶ εἶπεν Α
Κάιν πρὸς Ἄβελ τὸν ἀδελφὸν αὐτοῦ Διέλθωμεν εἰς τὸ πεδίον. καὶ ἐγένετο ἐν τῷ εἶναι αὐτοὺς ἐν
9 τῷ πεδίῳ §καὶ ἀνέστη Κάιν ἐπὶ Ἄβελ τὸν ἀδελφὸν αὐτοῦ καὶ ἀπέκτεινεν αὐτόν. ⁹καὶ εἶπεν ὁ § 𝔖
θεὸς πρὸς Κάιν Ποῦ ἐστιν Ἄβελ ὁ ἀδελφός σου; ὁ δὲ εἶπεν Οὐ γινώσκω· μὴ φύλαξ τοῦ ἀδελφοῦ
10 μού εἰμι ἐγώ; ¹⁰καὶ εἶπεν ὁ θεὸς Τί ἐποίησας; φωνὴ αἵματος τοῦ ἀδελφοῦ σου βοᾷ πρὸς μὲ ἐκ
11 τῆς γῆς. ¹¹καὶ νῦν ἐπικατάρατος σὺ ἐπὶ τῆς γῆς, ἣ ἔχανεν τὸ στόμα αὐτῆς δέξασθαι τὸ αἷμα
12 τοῦ ἀδελφοῦ σου ἐκ τῆς χειρός σου. ¹²ὅτι ἐργᾷ τὴν γῆν, καὶ οὐ προσθήσει τὴν ἰσχὺν αὐτῆς
13 δοῦναί σοι· στένων καὶ τρέμων ἔσῃ ἐπὶ τῆς γῆς. ¹³καὶ εἶπεν Κάιν πρὸς τὸν κύριον Μείζων ἡ
14 αἰτία μου τοῦ ἀφεθῆναί με. ¹⁴εἰ ἐκβαλεῖς με σήμερον ἀπὸ προσώπου τῆς γῆς, καὶ ἀπὸ τοῦ
προσώπου σου κρυβήσομαι, καὶ ἔσομαι στένων καὶ τρέμων ἐπὶ τῆς γῆς· καὶ πᾶς ὁ εὑρίσκων με
15 ἀποκτενεῖ με.¶ ¹⁵καὶ εἶπεν αὐτῷ Κύριος ὁ θεὸς Οὐχ οὕτως· πᾶς ὁ ἀποκτείνας Κάιν ἑπτὰ ἐκδι- ¶ 𝔈ᶜ
κούμενα παραλύσει. καὶ ἔθετο Κύριος ὁ θεὸς σημεῖον τῷ Κάιν τοῦ μὴ ἀνελεῖν αὐτὸν πάντα τὸν
16 εὑρίσκοντα αὐτόν. ¹⁶ἐξῆλθεν δὲ Κάιν ἀπὸ προσώπου τοῦ θεοῦ καὶ ᾤκησεν ἐν γῇ Ναιδ κατέναντι
17 Ἐδεμ. ¹⁷Καὶ ἔγνω Κάιν τὴν γυναῖκα αὐτοῦ, καὶ §συλλαβοῦσα ἔτεκεν τὸν Ἐνώχ. καὶ ἦν § D

8 παιδιον A | παιδιω A   9 ειμη E   15 αναιλειν A

(D)EMa–jl–yc₂d₂𝔄𝔅𝔈(𝔖)

ενεγκης] pr μοι 1ᵃ⁺ʳ | om ορθως 2°—διελης 𝔅ᵖ txt | δε] om t Phil-cod . tu Hil | μη διελ] offeras mihi 𝔈 | διελης] διελεις g ελης n: placeas (ܬܬ ܠܐ) 𝔖-ap-Barh | προς σε—αυτου 1°] id (sc peccatum) conuerteretur ad te 𝔖-ap-Barh | αποστρ] επιστροφη Cyr-ed ⅔ | αρξ. αυτου] αυτου αρξεις adefjmopd₂ · αυτου αρξης bginwx
8 και ειπεν] ειπε δε ej | om αβελ 1° m𝔈ᵖ Anonⁱ | διελθωμεν] +δη adefi–mopxd₂ Chr ½ Cyr ¼ ed ¼ | δευρο εξελθωμεν Chr ¾ | εις το πεδιον 1ᵃᵗ] επι Phil | εν τω πεδιω f · εις το πεδιον 1ᵃᵗ ⟨om τω 31⟩ | om και 3° abdei*joptw𝔄𝔅𝔈 Phil Clem-R Chr Luc | επι] προς b
9 om και ειπεν ο* | ο θεος AMabdgi*npwd₂ Chr Luc] pr κ̄ς Eiᵃ rell 𝔄𝔅𝔖 Cyr | προς] τω Cyr-cod | αβελ] post σου qu · om m Hil Luc | om εστιν E Phil ½ Theoph Ath Chr ⁶⁄₁₁ Cyr ¼ Thdt | ο δε] και abd–josv(txt)wyd₂ Chr ½ Luc | ου γινωσκω] ουκ οιδα f1 Chr ½ Cyr ¼ | ου—εγω] εγω ειμι του αδ μου Chr ¹⁄₁₀ · ουκ ειμι του αδ μου 𝔄-ed Theoph Chr ⁴⁄₁₀ (+εγω ¹⁄₁₀) · του αδ μου ειμι Chr ¹⁄₁₀ | του αδ] τω αδελφω l | om μου 1 Cyr ½ | εγω ειμι Cyr ½
10 ο θεος] pr κ̄ς fn 𝔅 | εποιησας] pr του E* : pr τουτο Eᵇadegjp . πεποιηκας y Cyr-codd . +τουτο bcfhimorstvwxc₂d₂ 𝔄𝔖 Theoph Chr Luc | αιματος] pr του e : om c +αβελ Eus Chr ¹⁄₁₁ | om σου Cyr ½ | εκ της γης] om της Phil-codd ½ Cyr ⅓ · εν τη γη n
11 και νυν—γης] om cr : om και νυν dp𝔖*(uid) | συ—γης] η γη 𝔈 Or-lat ⅓ Chr ½ Cyr ⅔ | συ] ει dp om s | επι Αιγ𝔄 Phil ½ codd-omn ¼ Chr ½ Cyr-ed ⅓] εκ f . απο EM rell 𝔅𝔖 Phil-ed ⅓ Theoph Or-lat ⅔ Chr ½ Cyr-codd ⅔ | om το στομα αυτης 𝔈 Theoph Cyr ½ | om της 2° Theoph

12 οτι] οτε nᵃ(uid) : η Phil | εργαση 1ᵃ⁺ Phil-codd | ου] +μη p | προσθησει] προσθειναι x | την 2°—σοι] δουναι σοι την ισχυν αυτης cc₂𝔄𝔅𝔈𝔖 | δουναι] pr ετι r | om εση m
13 τον κυριον A] om τον abdfgiоptwd₂ Phil Chr Cyr-ed . τον θ̄ν c₂ Cyr-codd · κ̄ν τον θ̄ν EM rell 𝔄𝔅𝔖 Or-gr | μειζον Mcdsx | αιτια] αμαρτια mᵇqu𝔅𝔈 Or Chr Thdt | με] μοι gx𝔅(uid) . om Phil ¼ ed ¼ . +και εσομαι στενων και τρεμων επι της γης p
14 ει—κρυβησομαι] pr και abdegijmopstvwxd₂𝔈ᶠᵖ Cyr-ed ¼ ⟨om 107⟩ | εκβαλεις Abmy Cyr ¼ codd ¼] εκβαλης acdjopqu Phil-cod Cyr-ed ¼. εκβαλλης t . εκβαλλεις EM rell Phil-ed Chr Cyr ¼ codd ¼ Thdt | σημερον] νυν Cyr ¼ . om 𝔈 Chr ½ | προσωπου 1°] pr του Phil-codd · om c𝔈 Cyr ¼ cod ¼ Chr ½ | om του doqu | σου] ου Cyr ½ ⟨om 79⟩ | και εσομαι—γης 2° p Chr ½ Cyr ¼ | πας A*𝔈 Cyr ½] pr εσται AᶜᵐᵍEM omn 𝔄𝔅𝔖 Chr Cyr ½ | om με 2° Cyr ½ | ⟨αποκτεινει 71⟩
15 om αυτω m | om ο θεος 1° 𝔅 | πας ο] pr οτι Cyr ¼ . ο πας Cyr ¼ . om πας Phil | αποκτεινας καιν] ευρισκων καιν και αποκτεινας g | om ο θεος 2° 1* | τω καιν σημειον xc₂𝔈ᶜ𝔖 Phil ½ Cyr-codd ½ | om σημειον 2° Phil ⅔
16 εξηλθεν δε] και εξηλθεν bdgpsvw Thd · ⟨απηλθε δε 32⟩ . om δε a | του θεου] pr κ̄υ f ⟨om του 31⟩ : Domini Or-lat(uid) ⅓ Thd-syi | ωκησεν] pr ras (3) x · κατωκησεν Thd | γη] pr τη Mgn τη Thd | ναιδ] αιδ qu · ναηδ Or-gr ½ · ναιν m ναινα l | εδωμ y
17—V 9 multa rescr Aᵈ
17 ενωχ 1° ADˢⁱˡEMh*lmnpᵃrstxyc₂𝔄𝔈 Phil Theoph Cyr-

αποστροφη αυτου και συ αρξεις αυτου α′ εαν αγαθυνης αρεσεις σ′ αλλ εαν αγαθυνης αφησω εαν δε μη αγαθυνης παρα θυραν αμαρτια εγκαθηται και προς σε η ορμη αυτης (cod αυτη σ′) αλλ εξουσιασεις αυτης v | ουκ εαν—ησυχασον] εαν αγαθυνης αρεσης σ′ αλλ εαν αγαθυνης αφησω εαν δε μη αγαθυνης παρα θυραν αμαρτια εγκαθηται c₂
8 διελθωμεν—πεδιον] ταυτα εκ του αποκρυφου δοκει υπο των ο′ ειληφθαι εχειν δε αυτα και το σαμαρειτικον εν γαρ τω εβραικω ου γεγραπται ουδε εν τοις περι ακυλαν v
12 και ου προσθησει] σ′ η δε ουκετι sv | στενων και τρεμων] σ′ αναστατος και ακαταστατος sv : ο εβρ και ο συρος σαλευομενος και ακαταστατων· ακαταστατος και αναστατος εν τη γη c₂
13 η αιτια μου] α′ ανομημα μου s(pr το)v   14 ει εκβαλεις με] α′ ιδου εξεβαλες με sv(εξεβαλλες)c₂(sine nom)
15 επτα—παραλυσει] α′ septempliciter uindicabitur. σ′ septies uindictam dabit. θ′ per hebdomadem uindicabit (siue uindicabitur). Is quem genuit (ܗܿܘ ܕܐܬܝܠܕ) generatio septima uindictam dabit 𝔖 | ανελειν] α′ πληξει σ′ παταξαι svc₂
16 ναιδ] αναστατου σαλον σαλευομενος s · σ′ αναστατος σαλου η σαλευομενος v : σαλος c₂ : σ′ rebellis (?) (ܡܪܘܕܐ) θ′ fluctuantis (ܡܬܢܝܕܢܐ) 𝔖

ΓΕΝΕΣΙΣ

A οἰκοδομῶν πόλιν· καὶ ἐπωνόμασεν τὴν πόλιν ἐπὶ τῷ ὀνόματι τοῦ υἱοῦ αὐτοῦ Ἐνώχ. ¹⁸ἐγενήθη 18
δὲ τῷ Ἐνὼχ Γαιδάδ, καὶ Γαιδὰδ ἐγέννησεν τὸν Μαιήλ, καὶ Μαιὴλ ἐγέννησεν τὸν Μαθουσαλά,
¶ D καὶ Μαθουσαλὰ ἐγέννησεν¶ τὸν Λάμεχ. ¹⁹καὶ ἔλαβεν ἑαυτῷ Λάμεχ δύο γυναῖκας· ὄνομα τῇ μιᾷ 19
Ἀδά, καὶ ὄνομα τῇ δευτέρᾳ Σελλά. ²⁰καὶ ἔτεκεν Ἀδὰ τὸν Ἰωβέλ· οὗτος ἦν ὁ πατὴρ οἰκούντων 20
ἐν σκηναῖς κτηνοτρόφων. ²¹καὶ ὄνομα τῷ ἀδελφῷ αὐτοῦ Ἰουβάλ· οὗτος ἦν ὁ καταδείξας ψαλτή- 21
ριον καὶ κιθάραν. ²²Σελλὰ δὲ ἔτεκεν καὶ αὐτὴ τὸν Θοβέλ· καὶ ἦν σφυροκόπος χαλκεὺς χαλκοῦ 22
καὶ σιδήρου. ἀδελφὴ δὲ Θοβὲλ Νοεμά. ²³εἶπεν δὲ Λάμεχ ταῖς ἑαυτοῦ γυναιξίν 23

Ἀδὰ καὶ Σελλά, ἀκούσατέ μου τῆς φωνῆς·
γυναῖκες Λάμεχ, ἐνωτίσασθέ μου τοὺς λόγους·
ὅτι ἄνδρα ἀπέκτεινα εἰς τραῦμα ἐμοί,
καὶ νεανίσκον εἰς μώλωπα ἐμοί·
²⁴ὅτι ἑπτάκις ἐκδεδίκηται ἐκ Κάιν, 24
ἐκ δὲ Λάμεχ ἑβδομηκοντάκις ἑπτά.

§ D §²⁵Ἔγνω δὲ Ἀδὰμ Εὕαν τὴν γυναῖκα αὐτοῦ, καὶ συλλαβοῦσα ἔτεκεν υἱόν. καὶ ἐπωνόμασεν 25
τὸ ὄνομα αὐτοῦ Σὴθ λέγουσα Ἐξανέστησεν γάρ μοι ὁ θεὸς σπέρμα ἕτερον ἀντὶ Ἄβελ, ὃν ἀπέ-
κτεινεν Κάιν. ²⁶καὶ τῷ Σὴθ ἐγένετο υἱός, ἐπωνόμασεν δὲ τὸ ὄνομα αὐτοῦ Ἐνώς· οὗτος ἤλπισεν 26
ἐπικαλεῖσθαι τὸ ὄνομα Κυρίου τοῦ θεοῦ.

17 επονομασεν E   22 χαλκευς] χαλκεους E

D)EMa–jl–yc₂d₂𝔄𝔅𝔈ᶜᵖ𝔖

codd] ενως hᵇp* rell 𝔅 Chr Cyr-ed Anon | om και 4°—πολιν 2°
d Chr | επι τω] επ o | om του υιον D | ενωχ 2° ADˢⁱˡEMh*lm
nrstxyc₂ᵃ 𝔄-ed𝔈 Phil Theoph Cyr-codd] om 𝔄-codd Chr Cyr-
ed · ενως hᵇc₂* rell 𝔅 Anonⁱ
18 εγενηθη—ενωχ] Enos autem genuit 𝔅 | εγενηθη AM
achj*nprˡw*c₂ Theoph Chr Cyr] και εγεννηθη g · εγεννηθη
DEjᵇrᵃwᵃ rell 𝔈𝔖 | ⟨om τω 16⟩ | ενωχ ADˢⁱˡEMh*lmpᵃrstxyc₂ᵃ
𝔄𝔈 Phil Theoph] ενχω n : ενως hᵇp*c₂* rell Chr Cyⁱ Anon |
γαιδαδ 1°] pr ειραδ ειραδ δε c . γαιραδ xᵃ · Gaierdad 𝔄 Gedam
Anon | και γαιδαδ] γαιδαδ δε c₂ | γαιδαδ 2°] γαιραδ x Gaier-
dad 𝔄 Gedam Anon² | μαιηλ 1° Abh*(uid)jntwy*(uid)c₂ᵃ𝔄
Phil-ed] μεηλ sv Phil-cod Theoph · μαουια D Cyr-codd. μαιουια
l : μαουιαν Cyr-ed   μαουιανα s(mg)   μαουηλ Mcr   μαουιηλ E:
μαουιηλ quv(mg)x : μαλελεη hᵇyᵃ rell 𝔅ᵖ ᵐᵍ Chr. Meua
𝔅ᵖ ᵗˣᵗˡʷ Malelel Anonⁱ Malelech Anon² | μαιηλ 2° Abh*(uid)
jntwy*(uid)c₂ᵃ𝔄] μεηλ sv Theoph · μαουια D Cyr-codd · μαιουια l :
μαουιας Cyr-ed   μαουλ c : μαουηλ Mr : μαουιηλ E: μαουιηλ
qux. μαλληλ f*. μαλελεηλ fᵃhᵇyᵃ rell 𝔅ᵖ ᵐᵍ Chr Meua
𝔅ᵖ⁻ᵗˣᵗˡʷ. Malelel Anonⁱ. Malelech Anon² | om τον μαθουσαλα
—εγεννησεν 3° c | μαθουσαλα bis] μαθουσαηλ sv: μαθουσαηλ
quy* Cyr-codd· Matusalam Anonⁱ Mattusalam Anon²
19 εαυτω] αυτω mn   om 𝔈ᶜ Cyr-cod | δυο] post γυναικας p.
om r* | τη 1°] δε Cyr-ed | αδα] αδδα bcᵃdᵃfmpr𝔄 Cyr-codd
αδαδα w | τη 2°] της 1ᵇ | σελα delopx Theoph
20 αδδα bcᵃdfmprw𝔄 | ιωβελ] ιωβηλ Ma-dfghmoprwyd₂
Phil Chr: ιωβηλ Theoph: ιωαβελ qu   ιωβαλ x. ιωβηδ Eit.
Thobel Anonⁱ. Tobel Anon² | ην] est 𝔄𝔅 | om o–fhᵇʰⁱaᵃm–
pqᵃᵗrwxyᵃᵗd₂ Chr | κτηνοτρ] pr των 1ᵃᵗʳ𝔅

21 του αδελφου aod₂𝔈 | ιουβαλ] ιωβαλ m : ιωβαλ fⁱᵃᵗprs
𝔄𝔅ᵖ ᵗˣᵗ Phil-cod⅔ : ιωβαλ 𝔅ˡʷ. ιοras(1)βαδ n | ην] εστιν 𝔄-ed 𝔅
Phil Theoph: +πηρ x Phil   +o πηρ c · +pater 𝔄𝔈ᵖ𝔖 | o
–κιθαραν] ψαλτηριου και κιθαρας Phil½ | ο καταδειξας] qui
fecit 𝔅
22 σελα delpxc₂ | ετεκεν και αυτη] και αυτη ετεκεν cyc₂𝔖
⟨om ετεκεν 107⟩   om και αυτη 𝔄 | θοβελ 1°] θουβαλ x · ιωβελ
Phil-cod | om χαλκευς l | θοβελ 2°] θουβαλ x : θωβελ l | νοεμα]
+ras (1) h. νοεμαν iqruy Phil Chr   νοεμαμ f   νοεμμα abtwc₂
Anon²   νοεμμαν g . Neema 𝔄-codd
23 ειπεν δε] και ειπε l | λαμεχ 1°] λαμεχ c | αβελ g | om ταις—λαμεχ
2° n | εαυτου γυναιξιν] αυτου γυναιξιν lo   γυναιξιν αυτου bc |
αδδα bcdfmprw Phil-arm Cyⁱ-codd | σελλα] σελα dejlopxc₂
Salla 𝔅ʷ | μου της φωνης] της φωνης μου adfiopiwc₂ Cyr-ed½ ·
μου τους λογους d₂ | ενωτισατε c | om οτι d | εις μωλωπα εμοι]
mihi in plagam Phil½ · in liuore meo Hil Anon | εμοι 2°] μοι
EMh*mquv
24 επτακις—καιν] εκ μεν καιν εκδεδικηται επτακις Chr. om
εκ cn | εκ 2°] εν fn
25 ευαν] post αυτου 1° Phil½   om y𝔈 | επωνομασεν] πω
sup ras circ 16 litt Aᵃ. εκαλεσε x | το ονομα αυτου] αυτον Phil-
cod½ | λεγουσα] sub ⁻𝔖. sub ⁕𝔄   om Phil-codd-omn½ Clem |
om γαρ gmn𝔅𝔈 Phil½ | ο θεος] pr κς ⟨71⟩ 𝔈. θς̄ o*
26 σηθ] +και αυτω x𝔖 | εγενετο] ⟨εγεννηθη 64(mg) 73 130⟩:
εγεννηθη ei(mg)jrt𝔖: ⟨+αυτω 14⟩ εγενετο δε ⟨pr και 31.
128⟩. και επωνομασεν dfpr Chr½ Cyr | ενως s | ουτος ηλπισεν]
ηρξαντο Chr⅓ | ουτος] ουτως f*u* : αυτος m : +primus Or-lat½ |
ηλπισεν] coepit 𝔈ᶜ : +πρωτον Phil⅓ | το ονομα 2°] τω ονοματι

18 γαιδαδ 1°] α´ αραδ s   α´ ιραδ v | μαθουσαλα 1°] ωριγ. παρα τοις ο´ μαθουσαλα εκειτο οπερ διορθωσαμεν γραφικην
ευροντες πλανην ουσαν ο γαρ μαθουσαλα υιος εστιν του ενωχ εκ της συνεστωσης γενεας των απο αδαμ ο δε μαθουσαηλ απογονος
ων του καιν εξωρισται απο των λοιπων των οντων απ εκεινου της προκειμενης γενεας sv(om ουσαν)
20 ο πατηρ—κτηνοτρ] σ´ ο πρωτος υποδειξας σκηνας και κτηνοτροφια s :   σ´ θ´ (?) ο πρωτος υποδειξας σκηνας και κτηνοτροφιαν v
23 νεανισκον] α´ σ´ παιδιον s ·   α´ παιδιον v
24 οτι—επτα] α´ οτι επταπλασιως εκδικηθησεται καιν και λαμεχ ο και ζ   σ´ οτι εβδομαιος εκδικησιν δωσει καιν λαμεχ ο´
και εβδομαιως θ´ οτι εβδομαδας εκδικηθησεται καιν λαμεχ εβδομηκοντα και επτα s (οντα και επτα perier) v [[ο και ζ] εβδομη-
κοντακις επτα | εβδομαιως] εβδομαιος]] | επτακις εκδεδικηται] σ´ εβδομαδος δικην δωσει c₂ : σ´ septies uindictam dabit 𝔖
26 ουτος—θεου] α´ τοτε ηρχθη του καλειν εν ονοματι   σ´ τοτε αρχη εγενετο s (om σ´) v𝔖 · ο εβραιος εχει ουτος ηλπισθη
επικαλεισθαι εν ονοματι κῡ του θῡ ο μεντοι ακυλας ουτος ηρξατο του καλεισθαι εν ονοματι κῡ s

ΓΕΝΕΣΙΣ

V 1 ¹Αὕτη ἡ βίβλος γενέσεως ἀνθρώπων. ᾗ ἡμέρᾳ ἐποίησεν ὁ θεὸς τὸν Ἀδάμ, κατ' εἰκόνα θεοῦ A
2 ἐποίησεν αὐτόν· ²ἄρσεν καὶ θῆλυ ἐποίησεν αὐτούς, καὶ εὐλόγησεν αὐτούς. καὶ ἐπωνόμασεν τὸ
3 ὄνομα αὐτῶν Ἀδάμ, ᾗ ἡμέρᾳ ἐποίησεν αὐτούς. ³ἔζησεν δὲ Ἀδὰμ διακόσια καὶ τριάκοντα ἔτη, καὶ
ἐγέννησεν κατὰ τὴν εἰδέαν αὐτοῦ καὶ κατὰ τὴν εἰκόνα αὐτοῦ· καὶ ἐπωνόμασεν τὸ ὄνομα αὐτοῦ Σήθ.
4 ⁴ἐγένοντο δὲ αἱ ἡμέραι Ἀδὰμ μετὰ τὸ γεννῆσαι αὐτὸν τὸν Σὴθ ἑπτακόσια ἔτη, καὶ ἐγέννησεν
5 υἱοὺς καὶ θυγατέρας. §⁵καὶ ἐγένοντο πᾶσαι αἱ ἡμέραι Ἀδὰμ ἃς ἔζησεν ἐννακόσια καὶ τριάκοντα § 𝔠ᵐ
6 ἔτη, καὶ ἀπέθανεν. ⁶Ἔζησεν δὲ Σὴθ διακόσια καὶ πέντε ἔτη, καὶ ἐγέννησεν τὸν Ἐνώς.
7 ⁷καὶ ἔζησεν Σὴθ μετὰ τὸ γεννῆσαι αὐτὸν τὸν Ἐνὼς ἑπτακόσια καὶ ἑπτὰ ἔτη, καὶ ἐγέννησεν
8 υἱοὺς καὶ θυγατέρας. ⁸καὶ ἐγένοντο πᾶσαι αἱ ἡμέραι Σὴθ ἐννακόσια δώδεκα ἔτη, καὶ ἀπέθανεν.
9/10 ⁹Καὶ ἔζησεν Ἐνὼς ἑκατὸν ἐνενήκοντα ἔτη, καὶ ἐγέννησεν τὸν Καινάν. ¹⁰καὶ ἔζησεν Ἐνὼς μετὰ
τὸ γεννῆσαι αὐτὸν τὸν Καινὰν ἑπτακόσια καὶ δέκα·πέντε ἔτη, καὶ ἐγέννησεν υἱοὺς καὶ θυγατέρας.
11/12 ¹¹καὶ ἐγένοντο πᾶσαι αἱ ἡμέραι Ἐνὼς ἐννακόσια καὶ πέντε ἔτη, καὶ ἀπέθανεν.¶ ¹²Καὶ ¶ D
13 ἔζησεν Καινὰν ἑκατὸν ἑβδομήκοντα ἔτη, καὶ ἐγέννησεν τὸν Μαλελεήλ. ¹³καὶ ἔζησεν Καινὰν
μετὰ τὸ γεννῆσαι αὐτὸν τὸν Μαλελεὴλ ἑπτακόσια καὶ τεσσεράκοντα ἔτη, καὶ ἐγέννησεν υἱοὺς καὶ

V 2 ηυλογησεν E | [επωνομ]ασε D   3 εζησν E | εγεννησε D | ιδεαν E | επονομασεν E
13 τεσσαρακοντα E (ita constanter)

(D)EMa–jl–yc₂d₂𝔄𝔅(𝔠ᵐ)𝔈ᶜᵖ𝔖

⟨32⟩ Chr⅓ Cyr-ed¼ | κυριου του θεου] om κυριου Chr: om του
θεου Clem Or-lat⅔. +αυτου Cyr¾.
V 1 om η 1° Phil-cod-omn½ | γενεσεως ανθρωπων] creationis
hominis 𝔅 | α͞ν͞ω͞ν sup ras (7) A¹ | ημερα]+η r | θεος] Dominus
𝔅ᵖ | αδαμ] ανθρωπον t | εποιησεν 2°] επλασεν 1ᵃ⁺ʳ𝔄 | αυτον—
(2) εποιησεν 1°] om d₂: ⟨om αυτον 31⟩
2 και ευλογησεν—αυτους 3°] om e(txt)mw· om και ευλο-
γησεν αυτους Madiᵃ⁺oprtc₂d₂ Chr | om αυτους 2° g | om το ονομα
M | αυτων αδαμ] ων αδαμ sup ras (8) Aᵃ⁺ αυτου αδαμ Dbd
e(mg)fghiᵃ⁺jlnoᵃ⁺prsyᵃ⁺𝔅𝔈 Chr-codd ⟨αυτω αδαμ 16⟩ ⟨om
αδαμ 64⟩ | αυτους 3°] ουτον dp
3 διακ.—ετη A] τριακοντα και διακοσια ετη DEMceh*jqsuvy
c₂𝔖 Eus Cyr. om και n· τριακοντα ετη και διακοσια l ετη
διακοσια τριακοντα hᵇ rell Chr. ⟨τριακοντα και τριακοσια ετη 31⟩ |
εγεννησεν] +υιον l 𝔄-codd 𝔅 | om αυτου 1° d 𝔄-codd Phil
| om και 3° w | κατα την εικονα] κατ εικονα E Chr om κατα
την d | om αυτου 2° m ⟨om και επωνομασεν—σηθ 25⟩
4 εγενετο t | αι ημεραι] pr πασαι t | αδαμ ADEMehiᵃ⁺jq
ruy𝔄𝔅𝔖] pr ας εζησεν g· +ας εζησεν 1* rell 𝔈 ⟨αυτου 20⟩· ⟨om
83(uid)⟩ | μετα το γεννησαι sup ras circ 25 litt Aᵃ⁺ | om αυτον
b | επτακ. ετη ADEMcehjlqs–vy𝔖] ετη διακοσια r*: ψ' και ε'
ετη c₂ ετη επτακοσια rᵇ rell Chr
5 εγενοντο sup ras A²(uid) | om αι n | ας εζησεν αδαμ m |
om ας εζησεν ⟨73⟩ 𝔈 Chr | εννακ.—ετη AEhc₂] τριακ και εννακ.
ετη DˢⁱˡMejlqsvy: om και nt: τριακ. εννακ. ετη u τριακ. ετη
και τριακ. c εννακ. τριακ. f: ετη εννακ τριακ rell Chr. non-
genti anni et triginta anni 𝔖
6 εζησ. δε] και εζησ. p. om δε j | διακ.—ετη An] πεντε και
διακ. ετη DˢⁱˡEMcehjlqsuvyc₂𝔖 Cyr. om και t ετη διακ. πεντε
rell | εγεννησεν] ετεκε Cyr-ed | om τον f
7 om επτακοσια—(8) σηθ g | επτ·ακ —ετη An] επτα και
επτακ. ετη sv: επτα επτακ. ετη l. επτα και επτακ. DˢⁱˡEM
cehjlquyc₂ ετη επτακ. επτα rell ⟨επτακοσια 31⟩. ⋇ annos ⋎
septem et septingentos annos 𝔖 | om και 3° w | om και 4° f

8 αι ημ σηθ] +ας εζησεν Dsx𝔆 | post εννακοσια ras (2) A |
εννακ.—ετη A] εννακ. δεκαδυο ετη t· δωδεκα και εννακ. ετη
DˢⁱˡEMehjlquy Cyr δεκαδυο και εννακ ετη cc₂· ετη εννακ.
δωδεκα gprx ετη εννακ. δεκα bEᵖ· ετη εννακ δυο s*· ετη
εννακ. δεκαδυο sᵃ⁺ rell: ⋇ anni ⋎ duodecim et nongenti
anni 𝔖
9 και εζησ] εζησ. δε 1ᵇ⁺rx [εκατον] om A* · hab A¹ᵐᵍ
(rescr Aᵈ) | εκατον—ετη AE] εκατον και ενενηκ. ετη ej· ρ' ετη
και ενενηκ. c₂ᵃ ρ' ετη ενενηκ c₂*· ⟨ετη ενενηκ. εκατον 20⟩:
εκατον σαρακοντα ετη n: ετη ενενηκ f ετη εκατον ογδοηκοντα
d₂· ετη εκατον ενενηκ DM rell Chr Cyr: annos centum et
nonaginta 𝔖
10 om τον a | επτακ.—ετη An] πεντε και δεκα και επτακ.
ετη cs om και t· πεντε και δεκα ετη και επτακ DˢⁱˡEMhlquvy·
ετη ε'· ras (20) j: πεντε ετη και επτακ c₂ ετη πεντε και δεκα
f: ετη επτακ. δεκαπεντε rell (ras 3 litt post ετη w): quinque et
decem annos et septingentos ⋇ annos ⋎ 𝔖 septingentos et
decem annos 𝔈ᵖ
11 ενως] +ας εζησεν xEᵖ | εννακ —ετη An] πεντε και
εννακ ετη sv Cyr-ed· om και t πεντε και εννακ Echlquyc₂
Cyr-codd· πεντε ετη και εννακ D· ετη πεντε και εννακ
M ετη εννακ. δεκαπεντε g· ετη εννακ εικοσι πεντε f ετη
οκτακ εικοσι πεντε x ετη εννακ. πεντε rell ⋇ anni ⋎ quinque
et nongenti anni 𝔖
12 και εζησ.] εζησ. δε 1ᵇ⁺rx𝔅ᵖ𝔖 | εκατ.—ετη A] εκατον και
εβδ. ετη ej εκατον και εκατον ετη hsy𝔖 Cyr-codd εβδ. ετη και
εκατον EMejlquv Cyr-ed ετη εβδ και εκατον cc₂· ετη εκατον
ογδοηκοντα dp ετη εβδ. f: ετη εκατον εβδ rell centum et
quinque annos 𝔈ᵖ | Malalael 𝔄 (Malaliel codd) et ita 13, 15,
17
13 και εζησ.] εζησ. δε d₂ | επτακ.—ετη An] τεσσαρακ. και
επτακ. ετη sy τεσσαρακ. ετη και επτακ. EMehjquv. ετη τεσσα-
ρακ και επτακ. cc₂· ετη επτακ. σαρακοντα gp. ετη επτακ. τεσ-
σαρακ. rell: quadraginta annos et septingentos ⋇ annos ⋎ 𝔖

V 1 κατ εικονα] α' εν ομοιωματι svc₂· σ' εν ομοιωσει sv(om εν)· σ' ομοιως c₂   3 διακ. και τριακ.] οι λ ρλ' v𝔖
4 επτακοσια] οι λ ω' v   6 διακ. και πεντε] οι λ ρλε' v οι λ ρε' c₂𝔖
7 επτακ. και επτα] οι λ ωζ' vc₂   9 εκατον ενενηκ.] οι λ ϙε' v: οι λ ϙ' c₂ | τον καιναν] οι λ τον κηναν s
10 επτακοσια] οι λ ω' v   13 επτακοσια] οι λ ω' v

ΓΕΝΕΣΙΣ

A θυγατέρας. ¹⁴καὶ ἐγένοντο πᾶσαι αἱ ἡμέραι Καινὰν ἐννακόσια καὶ δέκα ἔτη, καὶ ἀπέθανεν. 14
¹⁵Καὶ ἔζησεν Μαλελεὴλ ἑκατὸν καὶ ἑξήκοντα πέντε ἔτη, καὶ ἐγέννησεν τὸν Ἰάρεδ. ¹⁶καὶ ἔζησεν 15/16
Μαλελεὴλ μετὰ τὸ γεννῆσαι αὐτὸν τὸν Ἰάρεδ ἑπτακόσια καὶ τριάκοντα ἔτη, καὶ ἐγέννησεν υἱοὺς
καὶ θυγατέρας. ¹⁷καὶ ἐγένοντο πᾶσαι αἱ ἡμέραι Μαλελεὴλ ὀκτακόσια καὶ ἐνενήκοντα πέντε ἔτη, 17
§ D καὶ ἀπέθανεν. §¹⁸Καὶ ἔζησεν †Ἰάρεδ† ἑκατὸν καὶ ἑξήκοντα δύο ἔτη, καὶ ἐγέννησεν τὸν 18
Ἐνώχ. ¹⁹καὶ ἔζησεν Ἰάρεδ μετὰ τὸ γεννῆσαι αὐτὸν τὸν Ἐνώχ ὀκτακόσια ἔτη, καὶ ἐγέννησεν 19
υἱοὺς καὶ θυγατέρας. ²⁰καὶ ἐγένοντο πᾶσαι αἱ ἡμέραι Ἰάρεδ ἐννακόσια καὶ ἑξήκοντα δύο ἔτη, καὶ 20
ἀπέθανεν. ²¹Καὶ ἔζησεν Ἐνὼχ ἑκατὸν καὶ ἑξήκοντα πέντε ἔτη, καὶ ἐγέννησεν τὸν Μαθου- 21
σάλα. ²²εὐηρέστησεν δὲ Ἐνὼχ τῷ θεῷ μετὰ τὸ γεννῆσαι αὐτὸν τὸν Μαθουσάλα διακόσια ἔτη, 22
καὶ ἐγέννησεν υἱοὺς καὶ θυγατέρας. ²³καὶ ἐγένοντο πᾶσαι αἱ ἡμέραι Ἐνὼχ τριακόσια ἑξήκοντα 23
¶ d₂ πέντε ἔτη. ²⁴καὶ εὐηρέστησεν Ἐνὼχ τῷ θεῷ· καὶ οὐχ ηὑρίσκετο, διότι μετέθηκεν αὐτὸν ὁ θεός. ¶ 24
²⁵Καὶ ἔζησεν Μαθουσάλα ἑκατὸν καὶ ὀγδοήκοντα ἑπτὰ ἔτη, καὶ ἐγέννησεν τὸν Λάμεχ. ²⁶καὶ 25/26
ἔζησεν Μαθουσάλα μετὰ τὸ γεννῆσαι αὐτὸν τὸν Λάμεχ ἑπτακόσια καὶ ὀγδοήκοντα δύο ἔτη, καὶ
ἐγέννησεν υἱοὺς καὶ θυγατέρας. ²⁷καὶ ἐγένοντο πᾶσαι αἱ ἡμέραι Μαθουσάλα ἃς ἔζησεν ἐννακόσια 27

18 ιαρετ A   22 γενησαι E* (γενν Eᵃ)   24 μετετεθηκεν E
27 εγενετο E* (εγενοντο Eᵃ) | μαθουσα A* (μαθουσαλα A¹)

(D)EMa–jl–yc₂(d₂)𝔄𝔅ℭᵐ𝔈ᶜᵖ𝔖

14 και 1°—ημεραι] fuerunt igitur omnia tempora 𝔖-txt | om πασαι 𝔅ˡʷ | om ημεραι o (καιναν)] +as εζησεν x | εννακ.—ετη An] δεκα και εννακ. ετη Ms𝔖. om και τ: δεκα ετη και εννακ. Ecehjlvyc₂ Cyr δεκα ετη και επτακ qu. ετη εννακ. δεκα rell | δεκα] δωδεκα Jos-ed ½

15 μαλλεηλ l* | εκατ—ετη Ahn] πεντε και εξηκ. και εκατον ετη EMejqsuvy Cyr· ε΄ ετη και ξ΄ και ρ΄ c₂· ετη εκατον εξηκ και πεντε l· ετη εξηκ πεντε f· ετη εκατον εξηκ. πεντε rell. quinque ※ annos ↙ et sexaginta et centum annos 𝔖 | ιαρεδ] ιαρεθ qrᵃᵗℭ | ιαρεθ E Anon¹

16 ιαρεδ] ιαρεθ r*ℭ: ιαρετ E | επτακ—ετη A] τριακοντα και επτακ. ετη Msv· ετη τριακοντα και επτακ. Eceᵃʰjlquyc₂· ετη τριακοντα και εννακ e*(uid) ετη επτακοσια 1* ετη επτακ. τριακοντα 1ᵇ rell annos triginta et septingentos ※ annos ↙ 𝔖

17 μαλελεηλ] +as εζησεν xℭ | οκτακ—ετη An] πεντε και ενενηκ και οκτακ ετη Msvc₂· ετη πεντε και ενενηκ. και οκτακ. Echquy Cyr· ετη οκτακ. ενενηκ. και πεντε f ετη πεντε οκτακ. ενενηκ. ετη lᵃ? rell anni quinque et nonaginta ※ anni ↙ et octingenti ※ anni ↙ 𝔖

18 om totum comma w | και εζησ.] εζησ δε x | ιαρεδ] ιαρεθ ⟨79⟩ 𝔅ᵖʷ Theoph ιαρετ AEh* | εκατον—ετη A] om και n δυο και εξηκ. και εκατ. ετη D(+D)Mhsc₂ Cyr-codd· δυο και εξηκ ετη και εκατ. Ecejquvy Cyr-ed ετη εκατ εξηκ δυο rell duos et sexaginta ※ annos ↙ et centum ※ annos ↙ 𝔖

19 (om αυτον 14) | οκτακ. ετη] ετη οκτακ. abdgimoprstvw xd₂· ετη επτακ f

20 εγενετο w | ιαρεδ] αρεδ n*s: +as εξησεν x | εννακ.—ετη An] δυο και εξηκ. και εννακ. ετη EMhsyc₂ δυο και εξηκ. ετη και εννακ D(+D)cejquvu· ετη ενακοσια εξηκ πεντε g: ετη εννακ. εξηκ. δυο rell: duo et sexaginta anni et nongenti ※ anni ↙ 𝔖 | δυο] εννεα Jos

21 και εξησ] εζησ. δε x | ενωχ] pr o s(uid) | εκατ—ετη A] om και nt. πεντε και εξηκ. και εκατ. ετη D(+Dˢⁱˡ)Ecefhjqsuvyc₂𝔖.

πεντε και εξηκ. ετη M: ετη εξηκ πεντε g· ετη εκατ εξηκ πεντε rell Chr

22 ευηρεστ—θεω] και εζησεν ενωχ E: εζησεν δε ενωχ t. +και εζησε f +και εζησεν ενωχ abdghᵇlmopwc₂d₂𝔈. +εζησεν δε ενωχ Mℭ +και ουχ ηυρισκετο εζησεν δε ενωχ n | τω θεω ενωχ s Chr | τω θεω)] τον θ̄ν̄ h*: τω κ̄ω̄ c (om 79) | om αυτον Eus | μαθουσαλα] +et uixit Enoch 𝔄-codd | διακ. ετη ADEM ehjlnqtuyc₂𝔖] om c: ετη διακ. rell Or-gr Chr

23 om πασαι Chr | τριακον—ετη A] τριακοντα και D(+Dˢⁱˡ)EMcehjlsuvyc₂. ⟨πεντε και εξηκ και τετρακ. ετη 71⟩· om ετη n: ετη τριακοσ. εξηκ. πεντε rell Chr: quinque et sexaginta anni et trecenti ※ anni ↙ 𝔖

24 και ευηρ.] ευηρ. δε αℭ Phil Cyr. om και n· o θ̄σ̄ τω w* | θεω] κυριω Eus | om και 2°—θεος 𝔈ᵖ | ⟨om ουχ 31⟩ | ηυρισκετο] est inuentus postmodum Cyp | διοτι] οτι DˢⁱˡMcefgi*jlnq s–vyc₂ | μετεθηκεν—θεος] μετετεθη παρα θ̄ῡ f. D̄ς̄ illum transtulit Cyp | αυτον] αυτω d₂

⟨25–30⟩ om 18)

25 και εζησ] εζησ δε x | om εκατον—(26) μαθουσαλα f | εκατον—ετη Aᵃᵗ ⟨ογδο sup ras⟩] εκατον και εξηκ. επτα ετη A* (uid)· επτα ετη και ογδ και εκατον ετη D (..ηκοντα κα D)EMahl qsuvy⟨ογδο sup ras⟩. ⟨επτα ετη και ογδ. και εκατον 68⟩. επτα και εξηκ και εκατον ετη cejc₂· εκατον εξηκ. πεντε ετη ⟨107⟩ 𝔅ℭ. ετη εξηκ πεντε dp. ροξ́ ετη n· ετη εκατον εξηκ. επτα ετη rell Chr Theoph: septem et sexaginta ※ annos ↙ et centum annos 𝔖

26 om και 1°—λαμεχ g | και εζησ.] εζησ δε 𝔅 | (om αυτον 16) | λαμεχ] pr μαθουσαλα m* | επτακ.—ετη A(επτακ και ογδοη sup ras Aᵃ)] om και n δυο και ογδοηκ. και επτακ. ετη D (ογδοηκ rescr Dᵇ)EMehjlqsuvy (ογδο sup ras yᵃ). ετη επτακ ογδοηκ. δυο a. δυο και ω΄ ετη cc₂𝔈ᵖ (ex corr): ετη οκτακοσια δυο rell 𝔄-mg duo et octaginta ※ annos ↙ et septingentos annos 𝔖. octingentos duo annos 𝔅ℭ

27 μαθασαλα g | om ας εξησεν adfghop𝔈𝔖 | εννακ.—ετη

15 εκατον—πεντε] οι λ ξε΄ v   16 επτακ και τριακοντα] οι λ ωλ΄ v   19 οκτακοσια] ψπε΄ v
20 εννακ.—ετη] οι λ ωμζ΄ v   21 εκατ.—πεντε] οι λ ξε΄ v
22 ευηρ—θεω] α΄ και περιεπατει ενωχ συν τω θ̄ω̄ s (om και) v𝔖: και ανεστρεφετο ενωχ s: σ΄ ωδευσεν v· σ΄ conuersabatur 𝔖 | διακοσια] οι λ τ΄ v
24 και 1°—θεω] α΄ και περιεπατει ενωχ συν τω θ̄ω̄ vc₂(om και) 𝔖· σ΄ και ανεστρεφετο ενωχ καταβαινων vc₂(om καταβαινων)· σ΄ conuersabatur 𝔖   25 εκατον—ετη] οι λ septem et octaginta annos et centum annos 𝔖
26 επτακ.—δυο] οι λ ως΄ s | επτακ.—ετη] οι γ΄ similiter : οι ο΄ duo et octingentos annos 𝔖

28 καὶ ἑξήκοντα ἐννέα ἔτη, καὶ ἀπέθανεν. 28 Καὶ ἔζησεν Λάμεχ ἑκατὸν ὀγδοήκοντα ὀκτὼ A
29 ἔτη, καὶ ἐγέννησεν υἱόν. 29 καὶ ἐπωνόμασεν τὸ ὄνομα αὐτοῦ Νῶε λέγων Οὗτος διαναπαύσει ἡμᾶς
ἀπὸ τῶν ἔργων ἡμῶν¶ καὶ ἀπὸ τῶν λυπῶν τῶν χειρῶν ἡμῶν¶ καὶ ἀπὸ τῆς γῆς ἧς κατηράσατο ¶ $𝔆^{m}$
30 Κύριος ὁ θεός. 30 καὶ ἔζησεν Λάμεχ μετὰ τὸ γεννῆσαι αὐτὸν τὸν Νῶε πεντακόσια καὶ ἑξήκοντα ¶ *D*
31 πέντε ἔτη, καὶ ἐγέννησεν υἱοὺς καὶ θυγατέρας. 31 καὶ ἐγένοντο πᾶσαι αἱ ἡμέραι §Λάμεχ ἑπτα- § k
(V 32) VI 1 κόσια καὶ πεντήκοντα τρία ἔτη, καὶ ἀπέθανεν. §1 Καὶ ἦν Νῶε ἐτῶν πεντακοσίων, καὶ ἐγέννησεν § d_2
Νῶε τρεῖς υἱούς, τὸν Σήμ, τὸν †Χάμ†, τὸν Ἰάφεθ
(VI 1) Καὶ ἐγένετο ἡνίκα ἤρξαντο οἱ ἄνθρωποι πολλοὶ γίνεσθαι ἐπὶ τῆς γῆς, καὶ θυγατέρες ἐγενή-
2 θησαν αὐτοῖς· 2 ἰδόντες δὲ οἱ ἄγγελοι τοῦ θεοῦ τὰς θυγατέρας τῶν ἀνθρώπων ὅτι καλαί εἰσιν,
3 ἔλαβον ἑαυτοῖς γυναῖκας ἀπὸ πασῶν ὧν ἐξελέξαντο. 3 καὶ εἶπεν Κύριος ὁ θεός Οὐ μὴ καταμείνῃ
τὸ πνεῦμά μου ἐν τοῖς ἀνθρώποις τούτοις εἰς τὸν αἰῶνα, διὰ τὸ εἶναι αὐτοὺς σάρκας· ἔσονται δὲ
4 αἱ ἡμέραι αὐτῶν ἑκατὸν εἴκοσι ἔτη. 4 οἱ δὲ γίγαντες ἦσαν ἐπὶ τῆς γῆς ἐν §ταῖς ἡμέραις ἐκείναις, § *D*
καὶ μετ᾽ ἐκεῖνο ὡς ἂν εἰσεπορεύοντο οἱ υἱοὶ τοῦ θεοῦ πρὸς τὰς θυγατέρας τῶν ἀνθρώπων, καὶ
5 ἐγεννῶσαν ἑαυτοῖς· ἐκεῖνοι ἦσαν οἱ γίγαντες οἱ ἀπ᾽ αἰῶνος, οἱ ἄνθρωποι οἱ ὀνομαστοί. §5 ἰδὼν δὲ § $𝔆^{c}$
Κύριος ὁ θεὸς ὅτι ἐπληθύνθησαν αἱ κακίαι τῶν ἀνθρώπων ἐπὶ τῆς γῆς, καὶ πᾶς τις διανοεῖται ἐν

29 επονομασεν E VI 1 εγεννησενωε E | τρις A | χαφ A | γεινεσθαι A 3 αυτουσαρκας A 4 γιγαντες 1°] γηγαντες E | εισπορευοντο E

(*D*)EMa–j(k)l–yc_2(d_2)𝔄𝔅($𝔆^{cm}$)$𝔈^{cp}$𝔖

An] εννεα και εξηκ και εννακ ετη D^{sl}EMcehj*(uid)lsvyc_2 εννεα και εξηκ ετη και εννακ qu. ετη εννακ εξηκ πεντε o εννεα και τεσσαρακοντα και εννακ. ετη j^{b} ετη εννακ. εξηκ. εννεα rell *nouem et sexaginta ※ anni ⋎ et nongenti anni* 𝔖

28 και εζησ.] εζησ δε x. + δε $𝔅^{p}$ | εκατον—ετη At] οκτω και ογδοηκ. και εκατον ετη D (. ω και ογδοηκον|..) EMcehjlqsuvyc_2 · ρπ′ ετη n · om οκτω Chr½ · ετη εκατ ογδοηκ. οκτω rell: *octo et octaginta ※ annos ⋖ et centum annos* 𝔖 *centum octaginta et duos annos* $𝔈^{c}$ | ογδοηκοντα] *quadraginta* 𝔆

29 om και 1° ⟨31⟩ $𝔅^{p}$ | ουτος] pr *quoniam* Or-lat½ ⟨om 76⟩ | ημας διαναπαυσει Chr-ed (δη αναπ. codd) | διαναπαυσει] δη αναπαυσει Mcdnpx · αναπαυση 1* | ημας] υμας f: *me* 𝔈 | απο 1°—ημων 1°] *ab opere meo* 𝔈 *a maeroribus nostris* Or-lat½ | om ημων 1° Phil½ | και απο 1°—ημων 2°] *et ab operibus nostris* Or-lat½. om $𝔅^{p}$ Cyr-ed | λυπων] λοιπων l*my λυπηρων df$1^{a?}$ Chr½ | των χειρων ημων] *manus meae* 𝔈. om Phil½ | om και 3°—θεος c_2 | ο θεος] om $𝔅^{p\text{-}txt}$ Or-lat + ημων ej

30 και εζησ.] εζησ δε l και εζη m | om αυτον w | πεντακ.—ετη An] πεντακ. και εξηκ και πεντε ετη $y^{a?}$. om και t πεντε και εξηκ και πεντακ ετη EMehjlquvc_2 · πεντε και εξηκ. ετη και πεντακ c ετη πεντακ. και εξηκ πεντε w. πεντακ. και εξηκ. ετη y*. ετη πεντακ. εξηκ πεντε rell *quinque et sexaginta annos et quingentos annos* 𝔖 | om και εγεννησεν—θυγατερας g

31 λαμεχ] + ας εζησεν x | επτακ—ετη Ay] om και nt τρια και πεντηκ και επτακ ετη EMcehjlqsuvc_2 ετη επτακ πεντηκ τρια afikorw ⟨ετη επτακ πεντηκ τρια ετη 108⟩. ετη επτακ. πεντηκοντα πεντε bdp. ετη πεντακ. πεντηκ τρια gx. ετη ψπ′ m: *tres et quinquaginta anni et septingenti ※ anni ⋖* 𝔖

VI **1** και ην νωε] και νωε ην bw: νωε ην add_2 · νωε δε ην p ⟨ην δε νωε 18⟩ + ην r* | ετων] post πεντακοσιων cc_2 Cyr om d* | om νωε 2° qu Or-lat Cyr | υιους τρεις m | σημ] σηθ r | ιαφεθ] αρ o(uid) | εγενετο] εγενοντο c | πολλοι γινεσθαι] πληθυνεσθαι Phil-cod | γενεσθαι Mn | επι της γης] εν τη γη dp | εγενηθησαν AMai*] om f εγεννηθησαν Ei^{a} rell 𝔄𝔅𝔈𝔖 Phil Chr Cyr | αυτοις] + ωραιαι και καλαι k

2 om οι bcq | αγγελοι $A^{?uid}$(sup ras)Eh*i*mny$𝔅^{p\ txt\ lw}$$𝔈^{p}$ 𝔖-mg Phil Jos Clem(uid) Eus-ed codd-ap-Cyr Spec] υιοι M $h^{b}i^{a}$ rell 𝔄$𝔅^{p\ mg}$$𝔈^{c}$𝔖-txt Oi-gr Eus-codd Ath Chr Thd-lat Cyr Jul-ap-Cyr Thdt Anon | ελαβον] + αυτας Chr½ | εαυτοις] εαυταις m αυτας c · αυτοις εξ αυτων Thdt⅓ εξ αυτων Thdt⅓ | γυναικας] pr εις cej Or-gr⅓ Chr½ Thdt⅓ · om Or-gr⅓ Thd-lat | απο] εκ Eus | om ων w | εξελεξατο d

3 om κυριος ⟨14 73 130⟩ Thdt Hil | μη καταμεινη] καταμενει Phil-ed μη μεινη Chr⅙ Cyr⅛ | εν—τουτοις] επι τους ανθρωπους τουτους Thdt¼. om εν c | τουτοις] sub — 𝔖 om qu𝔈 Phil Eus½ Ath-cod½ | om εις τον αιωνα ny Or-gr½-lat5/7 Adam Eus Ath Cyr-hier Chr Cyr7/8 Thdt¾ Hil | σαρκα k Cyr3/7 | om αι r* | αυτων] αυτου Cyr-ed. + αι πασαι k | εκατον—ετη] εικοσι και εκατον ετη M. ετη εκατον εικοσι dfgirt Phil Clem Chr Thdt

4 γιγαντες 1°] + οι απ αιωνος c | om ησαν 1° x* | μετ εκεινο] μετ εκεινα $g^{a}i^{b}$𝔅 Chr. μετ εκεινους n. μετ εκεινων dk*lp εγενοντο f εγενετο $1^{a?}$r | om ως αν k | om ως n | εισεπορευοντο] ⟨επορευοντο 32⟩ · εισηλθον Thdt | οι υιοι] om οι bln · οι αγγελοι m Phil | om και 2° 𝔖 | εγεννωσαν εαυτοις] *pariebant eis* 𝔅 | εγεννωσαν] εγεννηθησαν m | αυτοις D^{sl}Eh*mnvxy 𝔈𝔖 Phil Cyr | εκεινοι ησαν] *hi sunt* 𝔅 | οι ανθρωποι] om ftd_2* Jul-ap-Cyr · om οι dgp | οι ονομαστοι] om οι fpx*d_2*

5 ⟨om κυριος 76⟩ | om ο θεος Or-lat Chr⅓ | επληθυνθ αι κακιαι] *multiplicata est iniuria* 𝔆 | επληθυνθησαν] επλησθησαν ⟨18⟩ Phil-cod½ | om ανθρωπων Oi-gr | om επι της γης ⟨18⟩ Chr⅓ | διανοειται] διενοειτο Phil codd½. + πονηρα g | om εν

27 εννακ.—εννεα] οι λ̥ ϡε′ s · οι λ̥ θ′ s
29 διαναπαυσει] α′ παρακαλεσει s (πα. .) v | των λυπων] σ′ της κακοπαθειας v𝔖
VI 2 οι αγγελοι του θεου] α′ οι υιοι των θεων σ′ οι υιοι των δυναστευοντων v𝔖 Cyr · θ′ *et filii Dei* 𝔖 | του θεου] α′ των θεων M. α′ των εθνων c_2 · σ′ των δυναστευοντων Mc_2
3 ου μη—αιωνα] σ′ ου κρινει το πνευμα μου τους ανθρωπους αιωνιως Mjsvc_2 ⟦μη κρινη M | αιωνιως] εις αιωνιους c_2⟧
4 οι γιγαντες 1°] α′ οι επιπιπτοντες. σ′ οι βιαιοι j(om σ′)vc_2𝔖 | οι γιγαντες 2°] α′ οι επιπιπτοντες σ′ οι βιαιοι M | γιγαντες 2°] α′ δυσιατοι jv. α′ δυνατοι c_2𝔖: σ′ βιαιοι jvs(sine nom)c_2𝔖

VI 5 ΓΕΝΕΣΙΣ

A τῇ καρδίᾳ αὐτοῦ ἐπιμελῶς ἐπὶ τὰ πονηρὰ πάσας τὰς ἡμέρας· ⁶καὶ ἐνεθυμήθη ὁ θεὸς ὅτι ἐποίησεν 6
τὸν ἄνθρωπον ἐπὶ τῆς γῆς, καὶ διενοήθη. ⁷καὶ εἶπεν ὁ θεὸς Ἀπαλείψω τὸν ἄνθρωπον ὃν ἐποίησα 7
ἀπὸ προσώπου τῆς γῆς, ἀπὸ ἀνθρώπου ἕως κτήνους καὶ ἀπὸ ἑρπετῶν ἕως τῶν πετεινῶν τοῦ οὐ-
ρανοῦ· ὅτι ἐθυμώθην ὅτι ἐποίησα αὐτούς. ⁸Νῶε δὲ εὗρεν χάριν ἐναντίον Κυρίου τοῦ θεοῦ. 8

§𝔓 §⁹Αὗται δὲ αἱ γενέσεις Νῶε. Νῶε ἄνθρωπος δίκαιος, τέλειος ὢν ἐν τῇ γενέσει αὐτοῦ· τῷ θεῷ 9
εὐηρέστησεν Νῶε. ¹⁰ἐγέννησεν δὲ Νῶε τρεῖς υἱούς, τὸν Σήμ, τὸν †Χάμ†, τὸν Ἰάφεθ. ¹¹ἐφθάρη 10 11
§𝔈ᶠ δὲ ἡ γῆ ἐναντίον τοῦ θεοῦ, καὶ ἐπλήσθη ἡ γῆ ἀδικίας. §¹²καὶ ἴδεν Κύριος ὁ θεὸς τὴν γῆν, καὶ ἦν 12
κατεφθαρμένη, ὅτι κατέφθειρεν πᾶσα σὰρξ τὴν ὁδὸν αὐτοῦ ἐπὶ τῆς γῆς. ¹³Καὶ εἶπεν ὁ 13
θεὸς πρὸς Νῶε Καιρὸς παντὸς ἀνθρώπου ἥκει ἐναντίον μου, ὅτι ἐπλήσθη ἡ γῆ ἀδικίας ἀπ᾽ αὐτῶν·
καὶ ἰδοὺ ἐγὼ καταφθείρω αὐτοὺς καὶ τὴν γῆν. ¹⁴ποίησον οὖν σεαυτῷ κιβωτὸν ἐκ ξύλων τετρα- 14
γώνων· νοσσιὰς ποιήσεις τὴν κιβωτόν, καὶ ἀσφαλτώσεις αὐτὴν ἔσωθεν καὶ ἔξωθεν τῇ ἀσφάλτῳ.
¹⁵καὶ οὕτως ποιήσεις τὴν κιβωτόν· τριακοσίων πήχεων τὸ μῆκος τῆς κιβωτοῦ, καὶ πεντήκοντα 15
πήχεων τὸ πλάτος, καὶ τριάκοντα πήχεων τὸ ὕψος αὐτῆς. ¹⁶ἐπισυνάγων ποιήσεις τὴν κιβωτόν, 16

ΓΕΝΕΣΙΣ   VII 3

καὶ εἰς πῆχυν συντελέσεις αὐτὴν ἄνωθεν· τὴν δὲ θύραν τῆς κιβωτοῦ ποιήσεις ἐκ πλαγίων· κατά- A
17 γαια διώροφα καὶ τριώροφα ποιήσεις αὐτήν.¶ ¹⁷ἐγὼ δὲ ἰδοὺ ἐπάγω τὸν κατακλυσμὸν ὕδωρ ἐπὶ ¶ D
τὴν γῆν, καταφθεῖραι πᾶσαν σάρκα ἐν ᾗ ἐστιν ἐν αὐτῇ πνεῦμα ζωῆς ὑποκάτω τοῦ οὐρανοῦ· καὶ
18 ὅσα ἐὰν ᾖ ἐπὶ τῆς γῆς τελευτήσει. ¹⁸καὶ στήσω τὴν διαθήκην μου πρὸς σέ· εἰσελεύσῃ δὲ εἰς τὴν
19 κιβωτόν, σὺ καὶ οἱ υἱοί σου καὶ ἡ γυνή σου καὶ αἱ γυναῖκες τῶν υἱῶν σου μετὰ σοῦ. ¹⁹καὶ ἀπὸ
πάντων τῶν κτηνῶν καὶ ἀπὸ πάντων τῶν ἑρπετῶν καὶ ἀπὸ πάντων τῶν θηρίων καὶ ἀπὸ πάσης
σαρκός, δύο δύο ἀπὸ πάντων εἰσάξεις εἰς τὴν κιβωτόν, ἵνα τρέφῃς μετὰ σεαυτοῦ· ἄρσεν καὶ θῆλυ
20 ἔσονται. ²⁰ἀπὸ πάντων τῶν ὀρνέων τῶν πετεινῶν κατὰ γένος καὶ ἀπὸ πάντων τῶν κτηνῶν κατὰ
γένος καὶ ἀπὸ πάντων τῶν ἑρπετῶν τῶν ἑρπόντων ἐπὶ τῆς γῆς κατὰ γένος αὐτῶν, δύο δύο ἀπὸ
21 πάντων εἰσελεύσονται πρὸς σὲ τρέφεσθαι μετὰ σοῦ, ἄρσεν καὶ θῆλυ. ²¹σὺ δὲ λήμψῃ σεαυτῷ
ἀπὸ πάντων τῶν βρωμάτων ἃ ἔδεσθε, καὶ συνάξεις πρὸς σεαυτόν, καὶ ἔσται σοὶ καὶ ἐκείνοις
22 φαγεῖν. ²²καὶ ἐποίησεν Νῶε πάντα ὅσα ἐνετείλατο αὐτῷ Κύριος ὁ θεός, οὕτως ἐποίησεν.
VII 1 §¹Καὶ εἶπεν Κύριος ὁ θεὸς πρὸς Νῶε Εἴσελθε σὺ καὶ πᾶς ὁ οἶκός σου εἰς τὴν κιβωτόν, ὅτι § D
2 σὲ ἴδον δίκαιον ἐναντίον μου ἐν τῇ γενεᾷ ταύτῃ. ²ἀπὸ δὲ τῶν κτηνῶν τῶν καθαρῶν εἰσάγαγε
πρὸς σὲ ἑπτὰ ἑπτὰ ἄρσεν καὶ θῆλυ, ἀπὸ δὲ τῶν κτηνῶν τῶν μὴ καθαρῶν δύο δύο ἄρσεν καὶ θῆλυ·
3 ³καὶ ἀπὸ τῶν πετεινῶν τοῦ οὐρανοῦ τῶν καθαρῶν ἑπτὰ ἑπτὰ ἄρσεν καὶ θῆλυ, καὶ ἀπὸ πάντων

---

16 πηχην D | διωροφα A διωρυφα DE | τριοροφα D τριωρυφα E   20 πετινων A
21 βρωματων E | εδεσθαι E | κακεινοις E   VII 1 γενα E   2 εισαγαγενρος A* (εισαγαγε προς Aᵃ)

(D)EMa-yc₂d₂𝕬𝕭𝕮ᶜ𝕰𝕻𝕾

fenestram fac arcae 𝕰ᶜ: induces eam ℭ | επισυναγων] επισυνα-   των y + παντων Cyr-ed + του ουνου d-gι*j-mopsvwd₂ ℭ |
γαγων f. επισυναγωγην l(mg)rx επισυναγωγον mp | την κιβω-   om κατα γενος 1°—γης df | om και 1°—γενος 2° muℭ𝕻 Cyr-
τον] pι κατα kᵇqᵇ αυτην f | συντελεσεις συντελεις E | om   cod | παντων 2°] om achjlqsvc₂ᶜ Cyr ras (6) x | om παντων
αυτην 1° 𝕬-cod | om ανωθεν—αυτην 2° g | της κιβωτου] de ⸽   3° ahwx | om των ερπετων p | om ερποντων επι της γης] terrae
M(mg): eius ℭ: om abdk*opwxd₂𝕰𝕻 Chr | ποιησεις εκ πλα-   Chr | om απο παντων 4° k* | ελευσονται t* | προς σε] + in
γιων] εκ πλαγιων ποιησεις c₂𝕬𝕾 εκ πλευρων ποιησης c. pones   arcam ℭ | om μετα—θηλυ E | σου] σεαυτου mn Chr | θηλυ]
ad latus eius ℭ | κατωγαια defίaʔl-prx Chr-codd | διωροφα]   + εσονται f
pr et 𝕬𝕻𝕾 | αυτην 2°] αυτη f𝕰(uid) in ea 𝕬   21 om totum comma ℭ | om δε 𝕭 | σεαυτω] μετα σεαυτου
17 εγω δε ιδου] και ιδου εγω n𝕬𝕰. ιδου εγω m𝕮. ιδε εγω   bdlmnpwd₂ | om παντων n𝕾*(uid) | om των E | α] ων k* Chr
E | επαγω επαξω b𝕬𝕭ℭ: (υπαγω 18) | om τον eℭ | γην]   Thdt. om bqu | εδεσθε] eduntur Or-lat | σεαυτον] εαυτον d-g
+ omnem ℭ | καταφθειραι] καταφθαρηναι m | η 1°] ω h*px   lptxc₂d₂ Thdt | εσται] εστω c· εσονται dmnpc₂d₂𝕻 | φαγειν]
om εστιν m | εν αυτη A] om EM omn Chr | πνευμα   pr εις w
πασα πνοη f | υποκατω του ουρανου] super terram 𝕰 | οσα—   22 om κυριος Eabdfgι-npsv(txt)wxd₂𝕻 | om ο θεος—
τελευτησει] quod est sub caelo et morietur omnis caro 𝕰· terram εποιησεν ℭ | ουτως] + και x
omnem delebo ℭ | εαν η] εαν—η ⸽ 𝕾. εαν ην Ej(mg) αν η   VII 1 και ειπεν] ειπε δε dp | om κυριος cw𝕬-codd | om
acdegkopwxd₂ Chr αν ειη b ην qu om η t* | της γης] την   ο θεος k | προς] τω ⟨25⟩ Cyr | νωε] pr τον Chr. + dicens eι ℭ |
γην f: om της t*: + υποκατω του ουνου x   εισελθε] εισελευσει n | σε ιδον] ⟨ειδον σε 128⟩· σε ευρον 𝕰 Thdt·
18 προς σε] sup ras c₂ᵃ. μετα σου abdegjk*lmoptv(txt)wxd₂   ουκ ιδον r | δικαιον] + et perfectum 𝕰 | εναντιον μου] ενωπιον
𝕬(uid)𝕭(uid)ℭ(uid)𝕰𝕻 Chr om δε 𝕭 | εις την κιβωτον   μου h om Thdt μονον Or-gr | εμου DEMabefι-lnqs-wc₂d₂
𝕰ᶠᵖ | και η γυνη σου και οι υιοι σου Ekℭ𝕰 | om οι f₁*l*d₂ | 2 om απο 1°—θηλυ 1° Ed | των κτηνων 1°] pr παντων cefj
om μετα σου dgj*k*opsd₂ Hιl   mqtu𝕬𝕾 Or-gr | om εισαγαγε—(3) πετεινων 1° bw | εισαγαγε]
19 om και 1° sᵃʔ | κτηνων] ερπετων e· θηριων hlmqu𝕭𝕾   εισελευσονται 1ᵃʳ | προς σε] tecum ℭ(uid)𝕰: om Chr½(uid) |
Cyr | και 2°—ερπετων] om abdhopquwxd₂𝕬𝕭𝕾 Chr Cyr: om   om αρσεν και θηλυ 1° Chr Hιl | om απο 2°—θηλυ 2° D | απο
απο παντων των n. om παντων ℭ ⟨om των 128⟩ | ερπετων]   2°—κτηνων 2°] et ab omnibus pecoribus 𝕬𝕰ᵖ om δε 2°] και
κτηνων em | om παντων 3° ℭ | ερπετων m | και 4°] pr και   απο n𝕮𝕻 Chr½ Hιl ⟨pr και 128⟩ om δε 𝕭 | ⟨κτηνων 2°] του
παντων των πετεινων l | δυο δυο—(20) θηλυ] induces ad te et   ουρανου 73⟩ | καθαρων 2°] pr οντων EMfhιkmnqrsuvy𝕬(uid)𝕾 |
induces tecum marem et feminam 𝕰 (om ad te et induces 𝕰ᶜᵖ) | om αρσεν και θηλυ 2° Chr½ Hιl
εισαξεις απο παντων f | απο παντων 4°] om 1ᵃʔr. ab omnibus   3 om και 1°—θηλυ 2° ℭ𝕰ᵖ | των πετεινων 1°] pr παντων
auibus ℭ | μετα] pr ea 𝕭ℭ𝕻𝕾 αυτα c | om εσονται 𝕭ℭ   Dejk | του ουρανου] post καθαρων 1° m: om 𝕻 | ⟨om των
20 απο 1°] pr και fqu | om παντων 1° cknquc₂𝕭ℭ𝕾 Cyr | καθαρων—πετεινων 2° 64⟩ | των καθαρων] sub ÷ 𝕾: om bw |
των ορνεων] om EMnquℭ𝕾 Cyr: + κατα γενος k(mg): + και   ⟨om επτα 1°—θηλυ 1° 18⟩ | και 3°—θηλυ 2°] sub ÷ 𝕾 (sine ✓) |
g₁*j | των πετεινων] pr και απο k: pr κατα γενος και απο παν-   και απο 2°] απο δε r | παντων Aejky] om DEM rell 𝕬𝕭𝕮ᶜ𝕻𝕾 |

---

16 διωρ. και τριωρ.] σ' διστεγα και τριστεγα Mjs(sine nom)vc₂
18 διαθ. μου προς σε] α' σ' συνθηκην μου μετα σου M | διαθηκην] συνθηκη c₂ α' σ' foedus 𝕾 | προς σε] α' προς σε j:
σ' συν σοι js(sine nom)   19 θηριων] α' σ' ζωων Mjsv. σ' ζωων c₂𝕾(uid)

ΓΕΝΕΣΙΣ

A τῶν πετεινῶν τῶν μὴ καθαρῶν δύο δύο ἄρσεν καὶ θῆλυ, διαθρέψαι σπέρμα ἐπὶ πᾶσαν τὴν γῆν. ⁴ἔτι γὰρ ἡμερῶν ἑπτὰ ἐγὼ ἐπάγω ὑετὸν ἐπὶ τὴν γῆν τεσσεράκοντα ἡμέρας καὶ τεσσεράκοντα νύκτας, καὶ ἐξαλείψω πᾶν τὸ ἀνάστημα ὃ ἐποίησα ἀπὸ προσώπου τῆς γῆς. ⁵καὶ ἐποίησεν Νῶε ¶ D πάντα ὅσα ἐνετείλατο αὐτῷ Κύριος ὁ θεός.¶ ⁶Νῶε δὲ ἦν ἐτῶν ἑξακοσίων καὶ ὁ κατακλυσμὸς ἦν ἐπὶ τῆς γῆς. ⁷εἰσῆλθεν δὲ Νῶε καὶ οἱ υἱοὶ αὐτοῦ καὶ ἡ γυνὴ αὐτοῦ καὶ αἱ γυναῖκες τῶν υἱῶν αὐτοῦ μετ' αὐτοῦ εἰς τὴν κιβωτὸν διὰ τὸ ὕδωρ τοῦ κατακλυσμοῦ. ⁸καὶ ἀπὸ τῶν πετει- § D νῶν καὶ ἀπὸ τῶν § κτηνῶν τῶν καθαρῶν καὶ ἀπὸ τῶν κτηνῶν τῶν μὴ καθαρῶν καὶ ἀπὸ τῶν πετεινῶν καὶ ἀπὸ πάντων τῶν ἑρπετῶν τῶν ἐπὶ τῆς γῆς ⁹δύο δύο εἰσῆλθον πρὸς Νῶε εἰς τὴν κιβωτόν, ἄρσεν καὶ θῆλυ, καθὰ ἐνετείλατο αὐτῷ ὁ θεός. ¹⁰Καὶ ἐγένετο μετὰ τὰς ἑπτὰ ἡμέρας καὶ τὸ ὕδωρ τοῦ κατακλυσμοῦ ἐγένετο ἐπὶ τῆς γῆς. ¹¹ἐν τῷ ἑξακοσιοστῷ ἔτει ἐν τῇ ζωῇ τοῦ Νῶε τοῦ δευτέρου μηνός, ἑβδόμῃ καὶ εἰκάδι τοῦ μηνός, τῇ ἡμέρᾳ ταύτῃ ἐρράγησαν πᾶσαι αἱ πηγαὶ τῆς ἀβύσσου, καὶ οἱ καταρράκται τοῦ οὐρανοῦ ἠνεῴχθησαν· ¹²καὶ ἐγένετο ὁ ὑετὸς ἐπὶ τῆς γῆς τεσσεράκοντα ἡμέρας καὶ τεσσεράκοντα νύκτας. ¹³Ἐν τῇ ἡμέρᾳ ταύτῃ εἰσῆλθεν § 𝕮ᵐ Νῶε, Σήμ, Χάμ, Ἰάφεθ, υἱοὶ Νῶε, καὶ §ἡ γυνὴ Νῶε καὶ αἱ τρεῖς γυναῖκες τῶν υἱῶν αὐτοῦ μετ'

4 αναστεμα A   11 ετη E

(D)EMa-yc₂d₂𝕬𝕭𝕮ᶜ⁽ᵐ⁾𝕰𝕻𝕾

πετεινων 2° AEMh1*lmnquy𝕬𝕭𝕻𝕾] +του ουῡου D1ᵇ rell 𝕰ᶜᶠ | καθαρων 2°] +του ουῡου m | διαθρεψαι] +σε M· *nutries ea tecum* 𝕮 | σπερματα ix | (επι) εις 128) | om πασαν 𝕰

4 ημερων] ημερας nᵇ(uid)· (ημεραι 20) | εγω] (pr και ιδου 20). pr et 𝕬 et 𝕰ᶠᵖ: sub — 𝕾. om 𝕭𝕮(uid) | επαξω (18.108) 𝕬𝕭𝕮 | υετον] (pr τον 37). τον κατακλυσμον υδωρ k. *aquam diluuii* 𝕭: τον κατακλυσμον Ath | την γην] (της γης 108)· + ομπιεs 𝕭 | om τεσσερ. 1°—νυκτας c₂* | om ημερας και τεσσερ. w | νυκτας] ημερας wᵃⁱ(uid) | παν—γης] *omne quod mouetur super terram* 𝕰: om παν 𝕮 | παν το αναστ. ο AMj(mg)ks(mg) v(mg)y] om το n | παν το επαναστημα o f1ᵃʳr. πασαν την αναστασιν ην D(στασιν. D)Eh1*: πασαν την εξαναστασιν ην j(txt)s(txt)v(txt) rell Phil Or-gr Chr: (πασαν την επαναστασιν ην 77) | απο] *super* 𝕮 +αυου εως κτηνους εκ n | της γης] pr πασης DEMejlmnsy: +απο αυου εως κτηνους abdfghklmoptwxd₂ Chr

5 (om νωε 78) | om αυτω l*n | om κυριος g | ο θεος] om 1*𝕮. (+ουτως εποιησε 71)

6 om δε ac𝕬 | εξακοσιων ετων elqu𝕾 | ο κατακλυσμος ην] *uenit aqua diluuii* 𝕭𝕮𝕰ᶜᵖ | *uenit diluuium* 𝕰ᶠ | ην A] εγενετο g. εγενετο του υδατος rtc₂ | *fuit aqua* 𝕻: του υδατος εγενετο EM rell 𝕬𝕾 Or-gr Chr | επι της γης] *super omnem terram* 𝕰

7 εισηλθεν] pr και 78) | νωε] +εις την κιβωτον 𝕮 Cyr | και οι υιοι αυτου] post αυτου 2° 𝕭𝕰ᶜ Cyr-cod. om g𝕰ᶠᵖ· om οι Ebdp*. +μετ αυτου e. +μετ αυτου εις την κιβωτον δια το υδωρ του κατα c* | om και η γυνη αυτου 𝕮 | om μετ αυτου e Chr | om εις την κιβωτον 𝕮 Cyr | post κατακλυσμου ras (12) A

8 και 1°—μη καθαρων sup ras circ 100 litt Aᵃ | και 1°—πετεινων 1°] om Ecflnotc₂𝕮: και απο παντων των πετ. qu𝕾 | των καθαρων d₂] +των μη καθαρων d· +του ουῡου των καθ των απο των πετ. των μη καθ. b. και απο των πετ. των καθ. και απο των πετ. των μη καθ. M(sub —)gιᵃkmprsv-y𝕬𝕰𝕻 Chr: και απο παντων των πετ. των καθ και απο παντων των πετ. των μη καθ. aeh(om παντων 2°)j | om και 2°—πετεινων 2° dp𝕬-ed𝕰ᵖ | και απο 2°] απο δε f. om απο 𝕭 | om και 2°—καθαρων 1° Ebmw | και 2°] +*sumpsit secum* 𝕮 | των κτηνων 1°] pr παντων aej. (των θηριων 83) | των καθαρων] om Chr: +και απο των πετεινων

των μη καθαρων d₂· +και απο των πετ. των καθ εισηλθον προς νωε εις την κιβωτον επτα επτα αρσεν και θηλυ f | om και 3°—μη καθαρων Chr | om απο των κτηνων 2° 𝕮 | των κτηνων 2°] pr παντων Eaejl | των μη καθαρων] om των D(uid) +δυο δυο αρσεν και θηλυ f | και απο των πετεινων 2°] sub ※ 𝕾 om Mab eghⁱʲkmqrsu-xd₂ 𝕬-codd 𝕭𝕮𝕰 Chr. +των καθ. και απο των πετ. των μη καθ clotc₂. και απο παντων των πετ των καθ. και απο παντων. των. μη καθ E: +των μη καθ δυο αρσεν και θηλυ f | πετεινων 2°] θηριων y | om και 5° g | απο παντων] om n· om παντων Dal𝕭𝕮 Chr | ερπετων των] ερπετων t𝕰(uid). (om 71) +ερποντων Eabdfghbʲ-mopr*svwxd₂ 𝕬𝕮𝕻 | om των επι της γης n𝕰ᶜᵖ Chr

9 δυο δυο] απο παντων bgw: (απο παντων δυο 73). +απο παντων adehᵇjpsvd₂ Chr | εισηλθον] εισηλθοσαν cmot. εισηλθεν DEbgιrwc₂ | νωε] +απο παντων x | κιβωτον] +δυο δυο g | αυτω ο θεος] ο θ̅ς̅ αυτω co: αυτω κ̅ς̅ ο θ̅ς̅ Mfkt𝕬𝕭· αυτω κ̅ς̅ E. ο θ̅ς̅ τω νωε abdgpwxd₂𝕰ᶜᶠ κ̅ς̅ ο θ̅ς̅ τω νωε m Chr. (om αυτω 64ᵃⁱ) +τω νωε h*

10 και 1°—γης] εγενετο d₂ | και εγενετο] εγενετο δε cj(mg) mot𝕮 | τας επτα] om b om τας dgmw𝕭 | om και 2° k𝕭𝕮𝕰 om το e | επι της γης] εν τη γη ctc₂: *super terram omnem* 𝕮: om 𝕰ᵖ

11 post τω ras (5 uel 6) A | εξακοσιοστω] pi ενι και Ey𝕰ᶠᵖ· pr πρωτω και 1ᵇr. (post ετει 83) | (om του 1° 73) | του δευτερου μηνος] *in septimo mense* 𝕬-ed Phil(uid) | om εβδομη—μηνος 2° mq | εβδ. και εικαδι] *die uicesimo et septimo* 𝕾 | om του μηνος d | τη ημερα ταυτη ADˢᵘˡMciqrtuyc₂] om E et 𝕬· pr εν rell Chr | ταυτη] εκεινη Chr | καταρρακται Ee*1*k𝕮𝕻 | της αβυσσου] πασης αβυσσου k om g: +της πολλης cj(mg)s(mg)v(mg sub ※)𝕬 (sub ※) 𝕾 (sub ※) | οι] αι g

12 εγενετο] post υετος r *praeualuit* 𝕮 | om ο glnqsu | υετος] *aqua diluuii* 𝕭𝕮 | ημερας τεσσαρακοντα E

13 εισηλθεν] εισηλθον ck*v𝕮𝕰ᶜ: +δε d₂ | νωε 1°] +εις την κιβωτον (20) 𝕻 Chr: +*et filii eius* 𝕮: +*et tres filii eius* 𝕭 | σημ] pr *et cum eo* 𝕻 | ιαφεθ] pr και dlp | υιοι νωε] pr οι Mbcf ghklmpsv-y𝕭. *filii eius* 𝕰ᶜᶠ. om n𝕮𝕰ᵖ Chr | om και η γυνη νωε E | νωε 3°] αυτου l𝕭𝕮ᵐ𝕰: om k | om αι r | om τρεις

VII 4 (πασαν την εξαναστασιν)] οι λ παν το αναστημα c₂
11 εβδομη και εικαδι] οι λ ζ και ι s𝕾 · οι ο′ ζ και ι j | οι καταρρακται] οι λ και σ′ αι θυριδες sv   οι ο′ και σ′ αι θυριδες j. σ′ θυριδες c₂𝕾
12 υετος] α′ ομβρος σ′ χειμων vc₂

ΓΕΝΕΣΙΣ

14 αὐτοῦ εἰς τὴν κιβωτόν. ¹⁴καὶ πάντα τὰ θηρία κατὰ γένος καὶ πάντα τὰ κτήνη κατὰ γένος καὶ A
15 πᾶν ἑρπετὸν κινούμενον ἐπὶ τῆς γῆς κατὰ γένος καὶ πᾶν πετεινὸν κατὰ γένος ¹⁵εἰσῆλθον πρὸς
16 Νῶε εἰς τὴν κιβωτόν, δύο δύο ἄρσεν καὶ θῆλυ ἀπὸ πάσης σαρκὸς ἐν ᾧ ἐστιν πνεῦμα ζωῆς. ¹⁶καὶ
τὰ εἰσπορευόμενα ἄρσεν καὶ θῆλυ ἀπὸ πάσης σαρκὸς εἰσῆλθεν, καθὰ ἐνετείλατο ὁ θεὸς τῷ Νῶε· ¶ ¶ D
17 καὶ ἔκλεισεν Κύριος ὁ θεὸς τὴν κιβωτὸν ἔξωθεν αὐτοῦ.   ¹⁷Καὶ ἐγένετο ὁ κατακλυσμὸς ἐπὶ
τῆς γῆς τεσσεράκοντα ἡμέρας καὶ τεσσεράκοντα νύκτας ἐπὶ τῆς γῆς· καὶ ἐπληθύνθη τὸ ὕδωρ καὶ
18 ἐπῆρεν τὴν κιβωτόν, καὶ ὑψώθη ἀπὸ τῆς γῆς   ¹⁸καὶ ἐπεκράτει τὸ ὕδωρ καὶ ἐπληθύνετο σφόδρα
19 ἐπὶ τῆς γῆς· καὶ ἐπεφέρετο ἡ κιβωτὸς ἐπάνω τοῦ ὕδατος. §¹⁹τὸ δὲ ὕδωρ ἐπεκράτει σφόδρα §L
σφοδρῶς ἐπὶ τῆς γῆς, καὶ ἐπεκάλυψεν πάντα τὰ ὄρη τὰ ὑψηλὰ ἃ ἦν ὑποκάτω τοῦ οὐρανοῦ.
20
21 ²⁰δέκα πέντε πήχεις ἐπάνω ὑψώθη τὸ ὕδωρ, καὶ ἐπεκάλυψεν πάντα τὰ ὄρη τὰ ὑψηλά. ²¹καὶ
ἀπέθανεν πᾶσα σὰρξ κινουμένη ἐπὶ τῆς γῆς τῶν πετεινῶν καὶ τῶν κτηνῶν καὶ τῶν θηρίων, καὶ
22 πᾶν ἑρπετὸν κινούμενον ἐπὶ τῆς γῆς, καὶ πᾶς ἄνθρωπος· ²²καὶ πάντα ὅσα ἔχει πνοὴν ζωῆς καὶ
23 πᾶς ὃς ἦν ἐπὶ τῆς ξηρᾶς ἀπέθανεν. ²³καὶ ἐξήλειψεν πᾶν τὸ ἀνάστημα ὃ ἦν ἐπὶ προσώπου πάσης
τῆς γῆς, ἀπὸ ἀνθρώπου ἕως κτήνους καὶ ἑρπετῶν καὶ τῶν πετεινῶν τοῦ οὐρανοῦ· καὶ ἐξηλείφθη-

14 κεινου[μενον] D   21 κεινουμ. bis A   23 αναστεμα A | εξειληφθησαν E

(D)E(L)Ma-yc₂d₂𝔄𝔅ℭᶜᵐ𝔈𝔍𝔓𝔖

⟨128⟩ 𝔈 | αυτου 1°] νωε x | μετ αυτου] post κιβωτον r: om ℭᵐ
𝔈𝔍 Chr | εις την κιβωτον] pr intrauerunt ℭ om 𝔍 Chr
+δια το υδωρ του κατακλυσμου D (ο υδωρ του κατα . D) j(mg)
s(mg)v(mg). +cum illo ℭᶜ. +illi ℭᵐ
14 om και 1°—(16) νωε ℭᶜ | και 1°] pr αυτοι cmc₂𝔄𝔖(sub
※) | om παντα 1° ℭᵐ𝔈 | θηρια] +της γης a-eghjlmpstvwxd₂ |
γενος 1°] +αυτου ej | και 2°—γενος ot ℭᵐ𝔖(sub ※) | και παν ερπετον
κατα γενος ej | και 2°—γενος] post γενος 3° 𝔅ᵖ om
παντα nℭᵐ: om τα E | κτηνη] +της γης bw | γενος 2°] +αυτου
c𝔖(sub ※) | +αυτων ft𝔄ℭᵐ | +και παν ορνεον πετεινον κατα
γενος bw | και 3°—γενος 3°] om efj | om παν d𝔈ᶜ | om κινουμενον
—γης 𝔅𝔈 | ερπετον] +της γης κατα γενος g | κινουμενον⟩ ⟨om
14⟩. +και παν ορνεον g | κατα γενος 3°] om x𝔈 | +αυτου
c𝔖(sub ※). +και παν 1ᵃmrℭᵐ𝔄(uid) | και 4°—γενος 4°] om
bgnw om παν 𝔈ᶜ | πετεινον] pr ορνεον fh₁ᵃkrsvxc₂𝔄-ed𝔅(uid)
ℭᵐ𝔍 pr πτερωτον l ορνεον πτερωτον acdmpd₂ ⟨ορνεον παν
πτερωτον 14⟩ | κατα γενος 4°] om c𝔍· +αυτου sv𝔄 +eorum
ℭᵐ. +αυτου παν ορνεον παν πτερωτον ej𝔖(sub ※) ⟨+αυτου
παν ορνεον παν πετεινον 18⟩ +παν ορνεον παν πτερωτον κατα
γενος o +και παν ορνεον πτερωτον t
15 εισηλθον] pr και ejmc₂𝔖 Or-gr εισηλθεν EMbdfikpqru
wc₂d₂𝔍 | προς νωε] om ℭᵐ, om προς E | δυο δυο εις την
κιβωτον g | ⟨κιβωτον⟩ +δια το υδωρ του κατακλυσμου 71⟩ | αρσεν
και θηλυ Ay | om D(D uid)EM rell 𝔄𝔅ℭᵐ𝔈𝔍𝔓𝔖 Or-gr | σαρκος]
pr ζωης και c | om εν ω—(16) σαρκος 𝔈 | ω] η f | εστιν] ενι g |
ζωης] ζων g𝔄
16 ⟨πορευομενα 31⟩ | αρσεν και θηλυ] post σαρκας o ⟨δυο
δυο 73⟩ | om σαρκος w | om εισηλθεν—νωε c₂ | εισηλθεν] εισηλ-
θον Daceghj-oqs-vxd₂𝔈𝔍𝔖. +προς νωε abdfghlmopsvwxd₂
⟨+προς νωε εις την κιβωτον 37 108⟩ | om καθα—νωε dp | καθα]
καθ ο v καθαπερ Chr | ο θεος τω νωε] pr κς Eabgkmsvwxd₂
𝔈ᶜᶠ Chr. κς τω νωε D(+D)M𝔅ℭᵐ. τω νωε ο θς co𝔖 αυτω
κς ο θς f: αυτω κς ο θς τω νωε l· om τω νωε 𝔈ᶠᵖ | απε-
κλεισε qu | om κυριος E Phil-arm Just | om ο θεος 2° 𝔅 | την
—αυτου Ay𝔅𝔈𝔍 εξωθεν αυτου την θυραν της κιβωτου ης
εποιησε f₁ᵃr: εξωθεν αυτου την κιβωτον EM1* rell 𝔄 Phil
Chr· ܠܕܘܟܬܗ ܒܝܬ ܠܗ 𝔖 (pro ܒܝܬ ܠܗ hâb
ܘܕܟܪܐ 𝔖-ap-Barh)· de foris ostium arcae Or-lat: ianuam
arcae super Noe ℭᶜ | εξωθεν αυτου] νωε εξωθεν Just

17 om και 1°—γης 2° ℭᶜʳ | επι της γης 1° Ah₁ᵃrt𝔅ℭᵐ𝔈𝔍]
om EM1* rell 𝔄𝔖 Chr | και τεσσερακοντα νυκτας] sub — 𝔖
om qu | om επι της γης 2° bhₐʳᵗʷ𝔅ℭᵐ𝔈𝔍 | om και 3°—γης
3° 1* | επληθυνθη] ⟨υπερεπληθυνθη 32⟩: praeualuit ualde ℭᶜ |
το υδωρ] aqua diluuii ℭᶜ | επι της γης t | επηρεν] +το υδωρ
ej(mg)s(mg)v(mg) +Deus 𝔈ᶠᵖ | και υψωθη] om ℭᶜ +τα
κυματα E | και επι cdfmpd₂ℭᵐ(uid). επανω ej εως 1ᵇ(uid) |
γης 3°] +fluctuauit cum aqua ℭᶜ
18 om και 1°—γης e | ενεκρατει 1* | ⟨επληθυνθη 108⟩ |
σφοδρα] σφοδρως j(mg)s(mg)v(mg) post γης a𝔍 | om επι της
γης ℭᵐ | om και επεφερετο—(19) γης c₂ | και 3°] pr και επε-
κρατη f | εφερετο k | επανω του υδατος] et ibat cum aqua ℭᶜ |
επανω] επανωθεν n | υδατος] +το δε υδωρ επεκρατει σφοδρα επι
της γης και επεφερετο η κιβωτος επανω του υδατος w
19 om το δε—γης ℭᶜ | σφοδρως] σφοδρα adefhᵇʲklnpqs(txt)
uv(txt)yd₂ om Em𝔅ℭᶜ | επι της γης] επι την γην n om ℭᶜ(txt)
επεκαλυψεν] εκαλυψεν dpy +aqua ℭᶜ | om α ην ℭᶜ | του ουρα-
νου] pr παντος ckc₂ +cooperuit super ea ℭᶜ
. 20 δεκα πεντε] πεντε και δεκα EMcehjkloqtuc₂ Chr | επανω]
υπερανω ejqu Chr codd super eos ℭᵐ𝔈 post υψωθη fm
𝔅 om Lcℭᶜ | υδωρ] +παντων των ορεων c +ualde ℭᶜ | om
και—υψηλα ℭᵐ | επεκαλυψεν] εκαλυψεν ⟨20⟩ Chr-ed | παντα
απαντα ⟨20⟩ Chr post ορη h pr – 𝔖 om k 3° n | om
om τα υψηλα ELabdfhklnpqsu-xd₂𝔄𝔅ℭᵐ𝔍𝔖 Chr
21 επι 1°] super faciem ℭᶜ | om των πετεινων—γης 2° de
E | πετεινων] +του ουνου f | om και των κτηνων 𝔍 | om πας
ℭᵐ
22 και 1°—απεθανεν] quaecumque habent spiritum uitae ℭᶜ |
εχει] ειχον o habebat 𝔄 | εν εαυτω m | ζωης] om 𝔍 +εν
ρωθωσιν αυτου cc₂𝔄𝔖 | πας ος] παν ο 1ᵃʳ𝔄𝔅 Phil-arm | επι της
ξηρας] super terram 𝔖 | επι] υπο d | απεθανον co
23 om και 1°—γης 2° L | εξηλειψεν] εξηλειφθη E(εξει-
ληφθη)dj(mg)mpqud₂𝔅𝔈 +ο θς f₁ᵃʳ +Dominus Deus ℭᶜ·
+τις k | το αναστημα ο ην] quod mouetur 𝔈 | ην—γης 1°]
fecerat ℭᶜ | επι] απο m om g | προσωπου] προσωπον f(uid)
om ℭᶜ | πασης] post πασης 1° x om bgkrtw𝔄𝔅𝔈𝔍 Phil | om
της γης 1°] om της m | ⟨ανθρωπου 25⟩ | pr και gk | om
και 2° 𝔄-ed | ερπετων] pr απο a𝔄ℭᵐ(uid)· των ερπετων και
θηριων t +omnium 𝔅ℭᵐ(uid) | και των] εως a𝔄 και εως
j(mg)ℭᶜ: om των bi₁ᵃʳwx Chr | om και 4°—γης 2° ℭᶜ𝔈ᶜ |

VII 23   ΓΕΝΕΣΙΣ

A σαν ἀπὸ τῆς γῆς. καὶ κατελείφθη μόνος Νῶε καὶ οἱ μετ' αὐτοῦ ἐν τῇ κιβωτῷ. §24καὶ ὑψώθη 24
§ D τὸ ὕδωρ ἐπὶ τῆς γῆς ἡμέρας ἑκατὸν πεντήκοντα.

¹Καὶ ἐμνήσθη ὁ θεὸς τοῦ Νῶε, καὶ πάντων τῶν θηρίων καὶ πάντων τῶν κτηνῶν καὶ πάντων 1 VIII
τῶν πετεινῶν καὶ πάντων τῶν ἑρπετῶν ὅσα ἦν μετ' αὐτοῦ ἐν τῇ κιβωτῷ· καὶ ἐπήγαγεν ὁ θεὸς
πνεῦμα ἐπὶ τὴν γῆν, καὶ ἐκόπασεν τὸ ὕδωρ. ²καὶ †ἐπεκαλύφθησαν† αἱ πηγαὶ τῆς ἀβύσσου καὶ οἱ 2
καταράκται τοῦ οὐρανοῦ, καὶ συνεσχέθη ὁ ὑετὸς ἀπὸ τοῦ οὐρανοῦ, ³καὶ ἐνεδίδου τὸ ὕδωρ πορευό- 3
μενον ἀπὸ τῆς γῆς· ἐνεδίδου τὸ ὕδωρ καὶ ἠλαττονοῦτο μετὰ πεντήκοντα καὶ ἑκατὸν ἡμέρας. ⁴καὶ 4
ἐκάθισεν ἡ κιβωτὸς ἐν μηνὶ τῷ ἑβδόμῳ, ἑβδόμῃ καὶ εἰκάδι τοῦ μηνός, ἐπὶ τὰ ὄρη τὰ Ἀραράτ.
⁵τὸ δὲ ὕδωρ πορευόμενον ἠλαττονοῦτο ἕως τοῦ δεκάτου μηνός· ἐν δὲ τῷ ἑνδεκάτῳ μηνί, τῇ πρώτῃ 5
τοῦ μηνός, ὤφθησαν αἱ κεφαλαὶ τῶν ὀρέων.   ⁶Καὶ ἐγένετο μετὰ τεσσεράκοντα ἡμέρας 6
ἠνέῳξεν Νῶε τὴν θυρίδα τῆς κιβωτοῦ ἣν ἐποίησεν, ⁷καὶ ἀπέστειλεν τὸν κόρακα τοῦ ἰδεῖν εἰ 7
κεκόπακεν τὸ ὕδωρ· καὶ ἐξελθὼν οὐχ ὑπέστρεψεν ἕως τοῦ ξηρανθῆναι τὸ ὕδωρ ἀπὸ τῆς γῆς.
⁸καὶ ἀπέστειλεν τὴν περιστερὰν ὀπίσω αὐτοῦ ἰδεῖν εἰ κεκόπακεν τὸ ὕδωρ ἀπὸ τῆς γῆς.   ⁹καὶ οὐχ 8/9
εὑροῦσα ἡ περιστερὰ ἀνάπαυσιν τοῖς ποσὶν αὐτῆς ἀνέστρεψεν πρὸς αὐτὸν εἰς τὴν κιβωτόν, ὅτι

VIII 2 απεκαλυφθησαν A   3 ενεδιδου 2°] ενδιδου E* (ενεδιδου Eᵇ)   4 εκαθεισεν A
      5 ελαττονουτο D   6 ανεωξεν DE

(D)ELMa-yc₂d₂𝔄𝔅ℭᶜᵐ𝔈𝔓𝔖

om και 4° m | απο 2°] επι d₂ | om γης 2° f* | και 5°] donec
ℭᶜ | νωε μονος Lbdmpwd₂𝔈𝔓 | οι—κιβωτω] arca ℭᵐ | οι]
+υιοι αυτου m | εν τη κιβωτω] εις την κιβωτον a
    24 επι απο g₁arty | ημερας εκατον πεντηκοντα] εκ πεντηκ.
ημερας nt: πεντηκ και εκ. ημ. DEMcehjloqsuvc₂𝔖
    VIII 1 om και 1°—κιβωτω L | και 1°] post haec ℭᶜ | ανε-
μνησθη b | ο θεος] κυριος Thdt½ | του] τω fn | om και 2°—
θηριων Thdt(uid) | om θηριων—οσα ην ℭᶜ | παντων 2°nℭᵐ |
και 4°—ερπετων] sub — M · om 1*quℭᵖ | om και 4°—πετεινων
c₂ | om παντων 3° nℭᵐ | om των πετειν—ερπετων 𝔈ᶜᶠ |
πετεινων] ερπετων k | και 5°—ερπετων] om DE𝔄𝔅 | om παντων
nℭᵐ𝔓 | +των ερποντων bw | ερπετων] πετεινων k | οσα] pr et
omnium 𝔓 | εν τη κιβ] εις την κιβωτον clm | ο θεος 2°] Domi-
nus Deus ℭᶜ | ⟨την γην⟩ της γης 108)
    2 om και 1°—(3) ημερας L | απεκαλυφθησαν Aknyc₂𝔈 |
αι πηγαι] pr πασαι k𝔅 | και συνεσχ.—ουρανου 2°] om bemw
cessauit caelum pluens ℭᶜ | ⟨ο υετος⟩ τω υδωρ 31) | om απο
του—(3) πορευομενον f | απο] om Chr. | και—κατω k
    3 πορευομ—υδωρ ℭᶜ] a tota terra aqua autem ibat imminue-
batur ℭᶜ | απο της γης πορευομενον coc₂𝔖 | απο της γης] ⟨om
25⟩ post ενεδιδου 2° 𝔄 | απο] επι fh* | ενεδιδου 2°] pr και
⟨14 64(mg)⟩ 𝔄 | om abdkmnpwxc₂d₂𝔈 Chr | το υδωρ και ηλαττ.
Af (ηλαττονειτο) | και ηλαττ το υδωρ D(+D)EM(το υδ sub—)
1ᵃ rell 𝔄𝔅𝔈𝔓𝔖 Chr om το υδωρ 1*ℭᵐ | +a terra ℭᶜ𝔓 | μετα]
pr et ℭᶜ ⟨om 71⟩ | πεντηκ και εκ | εκ πεντηκ abdfgi—nprsvwxd₂
    4 om και 1° aℭᶜ | om εν μηνι—μηνος L Cyr | μηνι τω εβδ |
pr τω lo𝔅 | τω εβδομω μηνι abd-gijkmprsvwxd₂ Chr. ⟨εβδωμω
μηνι 108⟩ | om τω n | om εβδομη E | και εικαδι] om Jos(uid):
+ημερα cfo | επι τα ορη τα] super caput montis ℭᶜ | τα 2°] του
gkn om Cyr½ | αραρατ] αραραδ 𝔄-codd Hip · Barat ℭᵐ
    5 om το δε—(13) γης 1° L | om πορευομενον abdgh*ko*pr
wxd₂ℭᵐ𝔓 Chr | ηλαττονειτο f | om εως του—μηνος 1° ℭᶜ |
δεκατου μηνος] εκατου του δεκατου coc₂ | εν δε—του μηνος]
om abdjpsvwxd₂ℭᶜ Chr | εν δε τω] και εν τω 𝔓 | om δε 2° f |
ενδεκατω μηνι] μηνι τω ενδ m | ενδεκατω] δεκατω 1*krt𝔓𝔖
Phil | om μηνι k | τη πρωτη] μια o | om τη h | om του μηνος

Phil | ωφθησαν] pr και Chr. +δε abdgjpsvwxd₂ | ⟨κεφαλαι⟩
κορυφαι 32⟩ | ορεων] +εν τω δεκατω μηνι τη πρωτη του μηνος
abdjpsvwxd₂ ⟨om τη ax | ενδεκατω sv⟩ Chr · +εν τω δεκατω
μηνι του πρωτου μηνος g +primo mensis ℭ
    6 και εγενετο] εγεν δε equ𝔅ᵖℭᶜ και εγενοντο t | τεσσερα-
κοντα] pr τας drᵃ Chr | ημερας] +et quadraginta noctes ℭ |
ηνεωξεν] pr και bdghmpwxd₂ Chr · ηνοιξεν r | om νωε gj | θυριδα]
θυραν ac-fmnpc₂ Cyr | om ην εποιησεν ℭᵐ
    7 sub — M · και 1°—κορακα] post υδωρ 1° ℭᶜ | ⟨εξαπε-
στειλε 32⟩ | του ιδειν—υδωρ 1°] sub — 𝔖 · om k𝔄 Phil(uid) |
του ιδειν] rescr Dᵃ · om του Ea—dmptwxc₂d₂ Chr Cyr-ed |
κεκοπακεν] εκοπασε sv | υδωρ 1°] rescr Dᵃ · +απο προσωπου της
γης fj(mg)s(mg uid)v(mg) 𝔈 Cyr-ed ½· +απο της γης Cyr-cod ½ |
εξελθων] απελθων k | εξοδω c: +εξω oᵃ · +coruus ℭᶜ | ουχ
υπεστρ] ουκ ανεστρεψεν abdgkmpwxd₂ Chr ⅔· ουκ επεστρεψεν
Chr-ed ⅓ | ουχ] sub — 𝔖 om Jos-ed | υπεστρεψεν] +intus ad
Noe ℭᶜ +intus ad eum ℭᵐ | εως του ξηρανθηναι] donec cessauit
ℭᶜ | του 2°] ου D. οτου v | απο] επι fℭ | της γης] pr προσωπου bw
    8 εξαπεστειλεν Ebdfmpwd₂ | om οπισω ℭ | οπισω
αυτου] παρ αυτου dprtxd₂𝔓 Phil Chr παρ αυτα · οπισω παρ
αυτου g ⟨om 37⟩: ⟨αντ αυτου 76⟩ | ιδειν] pr του ej | ⟨κεκοπακεν⟩
εκοπασε 14 77 79⟩ | της γης Ay𝔅] pr προσωπου DEM rell
𝔄𝔈𝔓𝔖 Chr · (pr του προσωπου 128)
    9 και ουχ—γης] bis scr d | ⟨και ουχ ευρουσα⟩ μη ευρουσα δε
20⟩ | ουχ] om abw Chr | om η περιστερα ℭᵐ𝔈 | om αυτης
Phil-arm | ανεστρεψεν Ay] υπεστρεψεν DEM rell Chr Cyᵢ |
προς αυτον] post κιβωτον 1° f · ad Noe 𝔄-codd ℭᶜ | om οτι—
κιβωτον 2° c | om οτι—γης ℭᶜ | υδωρ] pr το t | om ην g𝔈ᵖ |
παντι προσωπω] παντι τω προσωπω l | παν το προσωπον abdegj
mnpwyd₂ Chr Cyr-ed om παντι 1*𝔅ℭᵐ𝔈ᵖ · ⟨παντος του προσ-
ωπου 74 · παντος προσωπου 76⟩: προσωπου q | πασης ADEM
hi*oqsuvy𝔅𝔖 om 1ᵃ¹y* rell 𝔄ℭᵐ𝔈𝔓 Chr Cyr: ⟨επι 74.76⟩ |
εκτειναs] +νωε ℭᶜ Cyr-ed | om αυτου kr 𝔄-ed Phil-arm Chr | ελα-
βεν—αυτην 2°] misit eam ℭᶜ | om και εισηγαγεν αυτην x*d₂*𝔈 |
om αυτου 2° E Phil-arm | ⟨om προς εαυτον 83⟩ | εαυτον] αυτον
Dᵃ(rescr)Ebdkpwyd₂ Cyr-cod | κιβωτον 2°] +οτι το υδωρ ην

    24 και υψωθη] α' et apprehenderunt σ' et praeualuerunt 𝔖 | υψωθη] α' ενεδυναμωθη j. εδυναμ[ω]θη s · α' εδυναμωθησαν v:
σ' επεκρατησεν js(sine nom)v
    VIII 1 επηγαγεν] α' παρηγαγεν M(sine nom)jsv α' σ' et transire fecit 𝔖 | εκοπασεν] α' εσταλησαν Mj(sine nom)sv:
α' ελωφσεν j · σ' ελωφωσαν s. σ' εκοπασεν v | α' et coercitae sunt θ' et quieuerunt 𝔖
    2 επεκαλυφθ.] α' ενεφραγησαν Mv: α' επεφραγησαν js. α' et clausi sunt 𝔖   4 εβδ. και εικ.] οι λ septimo decimo 𝔖

18

ΓΕΝΕΣΙΣ VIII 19

ὕδωρ ἦν ἐπὶ παντὶ προσώπῳ πάσης τῆς γῆς· καὶ ἐκτείνας τὴν χεῖρα αὐτοῦ ἔλαβεν αὐτὴν καὶ A
εἰσήγαγεν αὐτὴν πρὸς ἑαυτὸν εἰς τὴν κιβωτόν. ¹⁰καὶ ἐπισχὼν ἔτι ἡμέρας ἑπτὰ ἑτέρας πάλιν
ἐξαπέστειλεν τὴν περιστερὰν ἐκ τῆς κιβωτοῦ ¹¹καὶ ἀνέστρεψεν πρὸς αὐτὸν ἡ περιστερὰ τὸ
πρὸς ἑσπέραν, καὶ εἶχεν φύλλον ἐλαίας κάρφος ἐν τῷ στόματι αὐτῆς· καὶ ἔγνω Νωε ὅτι κεκό-
πακεν τὸ ὕδωρ ἀπὸ τῆς γῆς. ¹²καὶ ἐπισχὼν ἔτι ἡμέρας ἑπτὰ ἑτέρας πάλιν ἐξαπέστειλεν τὴν
περιστεράν, καὶ οὐ προσέθετο τοῦ ἐπιστρέψαι πρὸς αὐτὸν ἔτι. ¹³Καὶ ἐγένετο ἐν τῷ ἑνὶ
καὶ ἑξακοσιοστῷ ἔτει ἐν τῇ ζωῇ τοῦ Νωε, τοῦ μηνὸς τοῦ πρώτου, μιᾷ τοῦ μηνός, ἐξέλειπεν τὸ ὕδωρ
ἀπὸ τῆς γῆς· καὶ ἀπεκάλυψεν Νωε τὴν στέγην τῆς κιβωτοῦ, ¶ καὶ ἴδεν ὅτι ἐξέλειπεν τὸ ὕδωρ ¶ 𝕮ᵐ
ἀπὸ προσώπου τῆς γῆς. ¹⁴ἐν δὲ τῷ μηνὶ τῷ δευτέρῳ, ἑβδόμῃ καὶ εἰκάδι τοῦ μηνός, ἐξηράνθη
ἡ γῆ.
¹⁵Καὶ εἶπεν Κύριος ὁ θεὸς τῷ Νωε λέγων ¹⁶ν Ἔξελθε ἐκ τῆς κιβωτοῦ, σὺ καὶ ἡ γυνή σου καὶ
οἱ υἱοί σου καὶ αἱ γυναῖκες τῶν υἱῶν σου μετὰ σοῦ, ¹⁷καὶ πάντα τὰ θηρία ὅσα ἐστὶν μετὰ σοῦ,
καὶ πᾶσα σὰρξ ἀπὸ πετεινῶν ἕως κτηνῶν, καὶ πᾶν ἑρπετὸν κινούμενον ἐπὶ τῆς γῆς ἐξάγαγε μετὰ
σοῦ· καὶ αὐξάνεσθε καὶ πληθύνεσθε ἐπὶ τῆς γῆς ¹⁸καὶ ἐξῆλθεν Νωε καὶ ἡ γυνὴ αὐτοῦ καὶ οἱ
υἱοὶ αὐτοῦ καὶ αἱ γυναῖκες τῶν υἱῶν αὐτοῦ μετ' αὐτοῦ· ¹⁹καὶ πάντα τὰ θηρία καὶ πάντα τὰ κτήνη
καὶ πᾶν πετεινὸν καὶ πᾶν ἑρπετὸν κινούμενον ἐπὶ τῆς γῆς κατὰ γένος αὐτῶν ἐξῆλθοσαν ἐκ τῆς

10 εξαποστειλεν E   16 υιοι] υι E   17 κεινουμενον A | πληθυνεσθαι A   19 κεινουμενον D

DELMa-yc₂d₂𝕬𝕭𝕮ᶜ⁽ᵐ⁾𝕰𝕵𝕻𝕾

επι προσωπου της γης 1ᵃr[[om το | προσωπου]] · +οτι υδωρ ην επι πασαν την γην f
10 om επι 𝕭 | ημερας] post επτα a–dfgnoprsvwxc₂d₂𝕾 Chr: post ετερας k | ετερας παλιν] om abdtwxd₂𝕰ᵖ Chr. om ετερας ehi*jlmno aʲ𝕬𝕰𝕵𝕻: om παλιν gp | απεστειλεν f | ⟨om την 32⟩ | om εκ της—(12) περιστεραν b | εκ της κιβωτου] om 𝕮. in terram ut uideret 𝕰
11 ανεστρεψεν] απεστρεψεν iwc₂· ειπεστρεψεν n | προς αυτον] pr iterum Phil-arm παλιν f | ⟨η περιστερα προς αυτον 79⟩ | om η περιστερα E𝕮ᶜ | το προς εσπεραν w | om το 1° Dade fjlnpqs–vxc₂d₂𝕾 Chr | εσπεραν] εσπερας dp · +προς αυτον f | ελαιας φυλλον e | καρφος καλφος r. om 𝕮𝕰 | απο] super 𝕮ᵐ | της γης] pr προσωπου Dad–gjlmnpstvwxc₂d₂
12 ετι 1°—παλιν] παλιν ημερας ετι επτα ετερας qu. om ετι 𝕭 | ημερας] post επτα EMac–gjl–prsvwxc₂d₂𝕾 Chr: post ετερας k | ⟨om επτα 77⟩ | om ετερας ejnsx𝕬𝕰 | παλιν εξαπ.] παλιν απεστειλε o*. απεστειλε παλιν r απεστειλε k αποστειλεν adpwxd₂𝕮ᵐ𝕰𝕵 Chr | προσεθετο του επιστρ] ανεστρεψε ⟨37⟩ 𝕮ᶜ om του ekc* | ετι του επιστρ προς αυτον o𝕬 | επιστρεψαι] αποστρεψαι dp. υποστρεψαι eh αναστρεψαι k | om ετι 2° 𝕭𝕮𝕰𝕵
13 εν 1°—ετει] εν τω εξακοσιοστω ετει και ενι ο in anno sexcentorum et unius annorum 𝕻 om ενι και E𝕮 | om εν 2°—νωε 1° qu | του μηνος του πρωτου A] του πρ μηνος DˢⁱˡEMomn Chr | ⟨του μηνος⟩ pr εν qu om DEbdmo*(hab μια oᵃ¹)tw𝕮ᶜ Chr | ⟨μια⟩ πρωτη 32⟩ | εξελειπεν 1°] εξελιπεν Dˢⁱˡbd–gjlptw–d₂𝕬𝕭𝕮𝕰𝕵𝕾 Chr | απο της γης] a terra omn 𝕮ᶜ | της γης 1° ADEMeino*qruy𝕭𝕮ᶜ𝕰𝕵] pr προσωπου oᵃ rell 𝕬𝕰ᵖ𝕾 Chr | ⟨om νωε 2° 16⟩ | την—κιβωτου] ⟨την κιβωτον 25⟩ ⟨το καλυμμα 127⟩ +ην εποιησεν DˢⁱˡEMa–jl–prstv–d₂𝕬 (sub ※) 𝕮ᶜ𝕰𝕵 Chr +ης εποιησεν k | την στεγην] την θυραν n𝕮ᶜ. ⟨το καλυμμα 64 (το post eras)⟩ | και ιδεν οτι εξε sup ras 23 uel 25 litt Aᵃ | ιδεν οτι] uidere si 𝕻 | εξελειπεν 2°] post νεκου 2° E. εξελιπεν Labdegijlptw–d₂𝕬𝕭𝕮𝕰𝕵𝕾 Phil Chr κεκοπακεν D | om προσωπου 𝕮
14 om totum comma c₂ | om δε dmp𝕭 | μηνι τω δευτερω]

δευτερω μηνι Labdfgijkoprsvwd₂ Chr   εβδομω μηνι x𝕬-ed Phil-arm | om εβδομη—γη 𝕮 | εβδομη—μηνος] post γη ajsv Chr: om του μηνος x𝕰 Phil. επτα και δεκατη ημερα Lbdgklpwd₂: ⟨επτα και εικαδι ημερα 108⟩ · +του δευτερου | γη] · +και εβδομη και εικαδι του μηνος ανεωξεν την κιβωτον Lbdgklpw[εβδομη] pr τη]]x (om και 1°) d₂
15 τω νωε] προς νωε d₂: om L | om λεγων et𝕰 Phil-arm Chr
16 εκ της κιβωτου] ⟨pr συ 20⟩. ⟨post συ 32⟩: ⟨post σου 1° 77⟩. om x Phil Or-gr Chr | και οι υιοι σου και η γυνη σου Labgkvw𝕭 Chr | om οι n | μετα σου] μετα σε E: om e𝕰 Phil Or-gr Hil
17 και 1°] pr και παντα τα κτηνη E | τα θηρια] om 𝕰. +et 𝕵 | εστιν] sub — 𝕾. om r | σου 1°] σεαυτου j(mg)s(mg) | απο—κτηνων] a pecoribus usque ad uolatilia caeli 𝕮 | εως] et 𝕭 | σου 2° AEdfpsv(txt)] σεαυτου DˢⁱˡLMv(mg) rell Chr. +και ερπετε επι της γης c(mg)j(mg)s(mg)v(mg)𝕾(sub ※) +et reptabunt super terram 𝕮 | επι της γην] επι την γην f(uid)o* | και πληρωσατε την γην noᵃ𝕰ᶜᵖ. et implete terram et dominamini eam 𝕮
18 om και 1°—(19) αυτων L | νωε] +ex arca ipse 𝕮 | και οι υιοι αυτου και η γυνη αυτου cc₂ | και οι υιοι αυτου] om A* (hab A¹ᵐᵍ)n. om οι d₂ | γυναικες] pr τρεις m | μετ αυτου] μετ αυτων fk. om A* (hab Aᶜᵐᵍ) e
19 θηρια] +μετ αυτου m | και 2°—κτηνη] om 𝕬𝕮. om παντα 𝕰 | κτηνη] ερπετα qu𝕾 · +και παντα τα κινουμενα sv +και παντα τα ερπετα τα κινουμενα επι της γης cc₂ ⟨ερπ. τα κιν κιν ερπ.⟩] | και παν πετεινον] et uolucres 𝕰. om k𝕰𝕵 | πετεινον] ερπετον DEhlnty· reptile mouens 𝕬 | ερπετον] πετεινον DEhlnty𝕬. om o*qu𝕭 | κινουμενον] pr και παν DEhlstv om cc₂𝕬 | επι της γης] e terra 𝕬 | om κατα γενος αυτων bdpwd₂ | γενη gtx𝕭𝕰 | αυτων] eιus   +et uolatilia omnia et uiuum omne mouens super terram omnem 𝕮 | εξηλθοσαν Anoᵃy] pr και r𝕰ᶜᶠ· εξηλθεν bdhlmo*(uid)pquwd₂. και εξηλθαν L εξηλθον DEM rell | εκ της κιβωτου o* | εκ] απο g | κιβωτου]

11 φυλλον] σ' θαλλον Mj(sine nom)v | καρφος] σ' θαλλον sc₂(sine nom)
13 την στεγην] α' σ' το καλυμμα Mj(om σ')vc₂(sine nom)𝕾

A κιβωτοῦ.¶ ²⁰Καὶ ᾠκοδόμησεν Νῶε θυσιαστήριον τῷ θεῷ, καὶ ἔλαβεν ἀπὸ πάντων τῶν 20
¶ D ¶ u κτηνῶν τῶν¶ καθαρῶν καὶ ἀπὸ πάντων τῶν πετεινῶν τῶν καθαρῶν, καὶ ἀνήνεγκεν ὁλοκάρπωσιν
¶ L ἐπὶ τὸ θυσιαστήριον.¶ ²¹καὶ ὠσφράνθη Κύριος ὁ θεὸς ὀσμὴν εὐωδίας, καὶ εἶπεν Κύριος ὁ θεὸς 21
διανοηθείς Οὐ προσθήσω ἔτι τοῦ καταράσασθαι τὴν γῆν διὰ τὰ ἔργα τῶν ἀνθρώπων, ὅτι ἔγκειται
§ *D* ἡ διάνοια τοῦ ἀνθρώπου ἐπιμελῶς ἐπὶ τὰ πονηρὰ ἐκ νεότητος· §οὐ προσθήσω οὖν ἔτι πατάξαι
πᾶσαν σάρκα ζῶσαν καθὼς ἐποίησα. ²²πάσας τὰς ἡμέρας τῆς γῆς σπέρμα καὶ θερισμός, ψῦχος 22
καὶ καῦμα, θέρος καὶ ἔαρ ἡμέραν καὶ νύκτα οὐ καταπαύσουσιν. ¹Καὶ ηὐλόγησεν ὁ θεὸς 1 IX
τὸν Νῶε καὶ τοὺς υἱοὺς αὐτοῦ, καὶ εἶπεν αὐτοῖς Αὐξάνεσθε καὶ πληθύνεσθε, καὶ πληρώσατε τὴν
γῆν καὶ κατακυριεύσατε αὐτῆς. ²καὶ ὁ τρόμος ὑμῶν καὶ ὁ φόβος ἔσται ἐπὶ πᾶσιν τοῖς θηρίοις 2
τῆς γῆς καὶ ἐπὶ πάντα τὰ ὄρνεα τοῦ οὐρανοῦ καὶ ἐπὶ πάντα τὰ κινούμενα ἐπὶ τῆς γῆς καὶ πάντας
τοὺς ἰχθύας τῆς θαλάσσης· ὑπὸ χεῖρας ὑμῖν δέδωκα. ³καὶ πᾶν ἑρπετὸν ὅ ἐστιν ζῶν ὑμῖν ἔσται 3
εἰς βρῶσιν· ὡς λάχανα χόρτου ἔδωκα ὑμῖν τὰ πάντα. ⁴πλὴν κρέας ἐν αἵματι ψυχῆς οὐ φά- 4
γεσθε· ⁵καὶ γὰρ τὸ ὑμέτερον αἷμα τῶν ψυχῶν ὑμῶν ἐκζητήσω· ἐκ χειρὸς πάντων τῶν θηρίων 5

21 *ετη* E   IX 1 *και* 6°] *κα* E   2 *κεινουμενα* A*D*   4 *φαγεσθαι* E

(*D*)E(L)Ma–t(u)v–yc$_2$d$_2$𝕬𝕭𝕮^{c}𝕰𝕻𝕾

+*εν μια του μηνος του τριτου* dgklmo(om *εν* o*)pxd$_2$· +*super terram* 𝕮

20 *τω θεω*] pr *κ̅ω̅* fn𝕮· *τω κ̅ω̅* Labdgimopstvwxd$_2^{a}$ Chr | *απο* 1°—*καθαρων* 1°] *a pecoribus et omnibus mundis* 𝕰 om *παντων* c. om *των* 1° n | om *και* 3°—*καθαρων* 2° m𝕭$^{p\,txt}$𝕰𝕻 | om *παντων* 2° c | *ανηνεγκεν*] *ηνεγκεν* Ef· +*αυτω* ej +*αυτα* n𝕮 | *ολοκαρπωσιν*] *ολοκαρπωσεις* Mejknqstv𝕬-codd𝕭𝕾 Eus Cyr *καρπωσεις* i^{a}r· *ολοκαυτωσιν* bw· *ολοκαυτωσεις* l: *holocausta* Phil-arm om 𝕻 | *επι το θυσιαστηριον*] *επι τω θυσιαστηριω* f. *Domino Deo* 𝕮 | *επι*] *εις* E

21 om *κυριος* 1° Chr$\frac{1}{4}$ Cyr$\frac{1}{2}$-cod$\frac{1}{2}$ | *ο θεος* 1°] sub — 𝕾 om Efgi*pt Phil-arm-codd$\frac{1}{2}$ Or-gr Eus Chr$\frac{3}{4}$ Thdt$\frac{2}{3}$ | *και ειπεν*] *ειπε δε* dp | om *κυριος* 2° 𝕮 | *ο θεος* 2°] sub — 𝕾 | *διανοηθεις*] +*τουτο* q. *cogitavi quod* 𝕰^{cf}𝕻. *iuravi quod* 𝕰^{p} *poenitet me quod destruxi terram* 𝕮 | *ου* 1°] +*μη* bdfgimpswd$_2$ Or-gr Cyr$\frac{1}{3}$ | *προσθησω* 1°] *προσθω* Or-gr· +*autem* 𝕮 | *ετι* 1°—*ανθρωπων*] *percutere carnem omnem inducere diluuium aquae super terram omnem destruere eam* 𝕮 | *ετι* 1°] post *καταρασασθαι* c$_2$𝕾 om 𝕰𝕻 | om *του* 1° Eabcefijkpqrs(txt)vwd$_2$ Or-gr Cyr$\frac{2}{3}$ | *καταρασασθαι*] *καταρασεσθαι* df: *καταρασθαι* blnw | *του ανθρωπου*] *των α̅ν̅ω̅ν̅* d$_2$𝕬-ed Ath$\frac{1}{2}$ *αυτου* l | *του* 2°] *των* r: om Cyr$\frac{3}{12}$ | *επιμελως*] post *πονηρα* c*𝕰 Ath$\frac{1}{2}$ om q𝕭𝕮𝕾 Cyr$\frac{4}{14}$ | *νεοτητος*] +*αυτου* Mbcefj–nwc$_2$𝕬𝕭𝕾 Chr$\frac{1}{2}$ Cyr$\frac{1}{14}$ ed$\frac{1}{14}$· +*πασας τας ημερας* Thdt +*eius omnes dies eius* 𝕮 | om *ουν* Mkn𝕭 | om *ετι* 2° abdgpwxyd$_2$𝕮 Chr | *παταξαι*] pr *του* ky *destruere* 𝕮 | *σαρκα*] sub — 𝕾 | *ζωσαν*] om Eq Cyr-cod. +*quae feci* 𝕮 | *εποιησα*] +*ετι* aghtx𝕬𝕾 Chr

22 *πασας—γης*] *sed erit eis* 𝕮 | *πασας τας ημερας*] pr *και* ej pr *επι* k. ⟨*παντα τον χρονον* 64⟩ | *της γης*] pr *επι* fs(*επι της γ* sup ras s^{a})v *της ζωης* c | *θερισμον* ai$^{a?}$mr𝕰^{fp} | *καυμα*] *καυσον* ni: *θαυμα* d | ⟨*θερος*] pr *και* 16⟩ | *ημεραν και νυκτα*] *και ημερα και νυξ* e· *dies et nox* 𝕰^{c}𝕾 | *ημερα* cn | om *νυκτα ου* x* | *ου*] ⟨pr *και* 16⟩· om 𝕻

IX **1** *ο θεος*] pr *κ̅ς̅* ht𝕮 Cyr | *τον*] *τω* nost. om bw | *και ειπεν αυτοις*] om 𝕰^{f}. om *αυτοις* o* | *και* 5°—*κατακυρ*] sub ÷ M | ⟨*την γην*] *αυτην* 74⟩ | *και κατακυρ αυτης*] sub — 𝕾. om q | *κατακυριευετε* M

2 om *και* 1°—(7) *γης* 𝕮 | om *και* 1° i$^{a?}$r | om *ο* 1° w* | *τρομος—φοβος*] *τρομ και ο φοβ. υμ* hq𝕬(uid) Cyr-cod. *φοβ υμ και ο τρομ* l Chr-codd$\frac{1}{4}$ Cyr-ed$\frac{1}{2}$· *φοβ υμ και ο τρομ. υμ.* emny 𝕰(uid) Chr-ed$\frac{1}{4}$ Cyr-ed$\frac{1}{2}$ Thdt· *φοβ και ο τρομ υμ* Ecoc$_2$𝕾 ⟨*φοβος υμων* 16 18 77 130⟩ om *και ο φοβος* w | *ημων* dg* | om *και* 2° f* | *φοβος*] +*υμων* abdg$^{a?}$ijpstvd$_2$𝕭𝕻 Or-gr Chr$\frac{1}{4}$· +*ημων* g* | *εσται*] *εστι* f | *επι* 1°] *εν* q. om w | *πασιν τοις θηριοις*] *παντα τα θηρια* Chr$\frac{2}{4}$ *τα θηρια* Chr$\frac{1}{4}$· +*και επι πασι τοις κτηνεσι* Cyr$\frac{1}{2}$ | *της γης* 1°] *agri* 𝕭𝕰 +*και επι πασι τοις κτηνεσι της γης* *D*E(*κτηνεσιν*)Me–lqsv Cyr$\frac{1}{2}$ (om *της γης* fhi Cyr$\frac{1}{2}$) +*και επι παντα τα κτηνη της γης* n: +÷*et super omnia pecora terrae* ↙ 𝕾 | om *και* 3° *D*^{sil} | om *επι παντα* 1° 𝕭𝕰 | om *τα* 1° cnr* | *ορνεα*] *ορνε* sup ras (6) r^{a} *πετεινα* bw Thdt | om *επι παντα* 2° 𝕰 | om *τα* 2° *D*i | *και* 5°] sup ras (5) i^{a} | *παντας* A (*παν* sup ras A^{1}) efiklnory] pr *επι* *D*^{sil}EM rell 𝕬𝕭𝕻𝕾 Chr Cyr Thdt om 𝕰 | *υπο χειρας*] *υποχειριους* y | *υπο*] pr *α* 𝕬 Thdt ⟨*επι* 71⟩ | *χειρας*] pr *τας* m *χειρα* i$^{a?}$r Thdt | *υμιν*] *ημιν* i *υμων* gmp𝕬𝕭𝕰(uid)𝕾 Phil-arm Cyr$\frac{1}{2}$ +*παντα* ⟨20⟩ 𝕰^{p}𝕾$^{a?}$ Chr

3 *ερπετον ο*] *πετεινον ο* bw *ει τι* k | *εστιν*] +*επι της γης* k | *ζων*] *ζωον* axc$_2$ | *εσται*] *εστιν* k | *χορτου*] *αγρου* Eus om s | *εδωκα υμιν* Arx] *δεδωται υμιν* g *υμιν δεδωκα* fc$_2$ *δεδωκα υμιν* *D*^{sil}EM rell Chr | *τα παντα*] om d𝕭^{p}𝕻: om *τα* a*flnc$_2$ Clem (uid) Chr$\frac{1}{2}$

4 *κρεας*] *κρεα* b–fi$^{a?}$jno$^{a?}$prwd$_2$ om Or-gr | *εν αιματι*] *et sanguinem* Luc | *ψυχης αιματι* oc$_2$ | *ου φαγεσθε*] *ουκ εδεσθε* Thdt

5 *υμετερον*] *ημετερον* cp om 𝕭𝕰 | om *των ψυχ. υμων* f Thdt$\frac{1}{2}$ | *ψυχων υμων* A$^{a\,mg}$ | *ημων* cgn | om *εκζητησω* 1°—*θηριων* Ej | *εκζητησω* 1°] sup ras A^{a} (om A*uid): om bwy. +*αυτο* i* Chr Iren | om *εκ χειρος* 1°—*και* 2° dp | *εκ χειρος* 1°—*θηριων*]

20 *ολοκαρπωσιν*] *σ' αναφοραν* M· *σ' αναφορας* jsv *ολοκαρπωσεις* js

21 *ειπεν—προσθησω*] *ειπε κ̅ς̅ ο θ̅ς̅ διανοηθεις ου προσθησω ειπε κ̅ς̅ προς καρδιαν αυτου σ' ειπε κ̅ς̅ προς εαυτον θ' ειπε κ̅ς̅ προς την καρδιαν αυτου* j

22 *πασας—γης*] *σ' per omnia tempora terrae* 𝕾 | *ημεραν και νυκτα*] *α' σ' ημερα και νυξ* Ms(sine nom) *α' σ' και ημερα και νυξ* j(sine nom)v   IX **1** *πληρωσατε*] *θερησατε* M

4 *εν αιματι ψυχης*] *α' εν ψυχη αυτου αιμα αυτου* M(*αιματι*)jsvc$_2$𝕾 *σ' ου συν ψυχη αιμα αυτου* jsvc$_2$⟦*ψυχη*] +*αυτου*⟧𝕾(om *ου*)

5 *θηριων*] *α' σ' ζωων* Msv𝕾

ΓΕΝΕΣΙΣ   IX 16

6 ἐκζητήσω αὐτό, καὶ ἐκ χειρὸς ἀνθρώπου ἀδελφοῦ ἐκζητήσω τὴν ψυχὴν τοῦ ἀνθρώπου. ⁶ὁ ἐκχέων A
αἷμα ἀνθρώπου ἀντὶ τοῦ αἵματος αὐτοῦ ἐκχυθήσεται, ὅτι ἐν εἰκόνι θεοῦ ἐποίησα τὸν ἄνθρωπον.
7 ⁷ὑμεῖς δὲ αὐξάνεσθε καὶ πληθύνεσθε, καὶ πληρώσατε τὴν γῆν καὶ πληθύνεσθε ἐπὶ τῆς γῆς.
8
9 §⁸Καὶ εἶπεν ὁ θεὸς τῷ Νῶε καὶ τοῖς υἱοῖς αὐτοῦ μετ' αὐτοῦ λέγων ⁹Ἐγὼ ἰδοὺ ἀνίστημι τὴν δια-   § L
10 θήκην μου ὑμῖν καὶ τῷ σπέρματι ὑμῶν μεθ' ὑμᾶς, ¹⁰καὶ πάσῃ ψυχῇ ζώσῃ μεθ' ὑμῶν, ἀπὸ ὀρνέων
καὶ ἀπὸ κτηνῶν, καὶ πᾶσι τοῖς θηρίοις τῆς γῆς ὅσα μεθ' ὑμῶν ἀπὸ πάντων τῶν ἐξελθόντων ἐκ
11 τῆς κιβωτοῦ. ¹¹καὶ στήσω τὴν διαθήκην μου πρὸς ὑμᾶς, καὶ οὐκ ἀποθανεῖται πᾶσα σὰρξ ἔτι ἀπὸ
τοῦ ὕδατος τοῦ κατακλυσμοῦ, καὶ οὐκ ἔσται ἔτι κατακλυσμὸς ὕδατος τοῦ καταφθεῖραι πᾶσαν
12 τὴν γῆν.¶ ¹²καὶ εἶπεν Κύριος ὁ θεὸς πρὸς Νῶε Τοῦτο τὸ σημεῖον τῆς διαθήκης ὃ ἐγὼ δίδωμι ἀνὰ   ¶ 𝕮ᶜ
μέσον ἐμοῦ καὶ ὑμῶν καὶ ἀνὰ μέσον πάσης ψυχῆς ζώσης ἥ ἐστιν μεθ' ὑμῶν εἰς γενεὰς αἰωνίους·
13 ¹³τὸ τόξον μου τίθημι ἐν τῇ νεφέλῃ, καὶ ἔσται εἰς σημεῖον διαθήκης ἀνὰ μέσον ἐμοῦ καὶ τῆς γῆς.
14 ¹⁴καὶ ἔσται ἐν τῷ συννεφεῖν με νεφέλας ἐπὶ τὴν γῆν ὀφθήσεται τὸ τόξον μου ἐν τῇ νεφέλῃ,
15 ¹⁵καὶ μνησθήσομαι τῆς διαθήκης μου, ἥ ἐστιν ἀνὰ μέσον ἐμοῦ καὶ ὑμῶν καὶ ἀνὰ μέσον πάσης
ψυχῆς ζώσης ἐν πάσῃ σαρκί· καὶ οὐκ ἔσται ἔτι τὸ ὕδωρ εἰς κατακλυσμόν,¶ ὥστε ἐξαλεῖψαι   ¶ L
16 πᾶσαν σάρκα. ¹⁶καὶ ἔσται τὸ τόξον μου ἐν τῇ νεφέλῃ, καὶ ὄψομαι τοῦ μνησθῆναι διαθήκην

IX 16 ΓΕΝΕΣΙΣ

A αἰώνιον ἀνὰ μέσον ἐμοῦ καὶ ἀνὰ μέσον πάσης ψυχῆς ζώσης ἐν πάσῃ σαρκὶ ἥ ἐστιν ἐπὶ τῆς γῆς.
§ 𝒞ᵖ ¹⁷καὶ εἶπεν ὁ θεὸς §τῷ Νῶε Τοῦτο τὸ σημεῖον τῆς διαθήκης ἧς διεθέμην ἀνὰ μέσον ἐμοῦ καὶ ἀνὰ 17
μέσον πάσης σαρκὸς ἥ ἐστιν ἐπὶ τῆς γῆς.
        ¹⁸Ἦσαν δὲ οἱ υἱοὶ Νῶε οἱ ἐξελθόντες ἐκ τῆς κιβωτοῦ Σήμ, Χάμ, Ἰάφεθ· Χὰμ ἦν πατὴρ 18
¶ 𝔓 ¶ 𝒞ᵖ Χανάαν. ¹⁹τρεῖς οὗτοί εἰσιν οἱ υἱοὶ Νῶε· ἀπὸ τούτων¶ διεσπάρησαν ἐπὶ πᾶσαν τὴν γῆν.¶ 19
§ L §²⁰Καὶ ἤρξατο Νῶε ἄνθρωπος γεωργὸς γῆς, καὶ ἐφύτευσεν ἀμπελῶνα. ²¹καὶ ἔπιεν ἐκ τοῦ οἴνου 20
§ 𝒞ᵖ καὶ §ἐμεθύσθη, καὶ ἐγυμνώθη ἐν τῷ οἴκῳ αὐτοῦ. ²²καὶ εἶδεν Χὰμ ὁ πατὴρ Χανάαν τὴν γύμνωσιν 22
τοῦ πατρὸς αὐτοῦ, καὶ ἐξελθὼν ἀνήγγειλεν τοῖς δυσὶν ἀδελφοῖς αὐτοῦ ἔξω ²³καὶ λαβόντες Σὴμ 23
¶ 𝒞ᵖ καὶ Ἰάφεθ τὸ ἱμάτιον ἐπέθηκαν ἐπὶ τὰ δύο νῶτα αὐτῶν, καὶ ἐπορεύθησαν¶ ὀπισθοφανῶς καὶ
συνεκάλυψαν τὴν γύμνωσιν τοῦ πατρὸς αὐτῶν· καὶ τὸ πρόσωπον αὐτῶν ὀπισθοφανές, καὶ τὴν
¶ 𝔖 γύμνωσιν τοῦ πατρὸς αὐτῶν οὐκ ἴδον. ²⁴ἐξένηψεν δὲ Νῶε ἀπὸ τοῦ οἴνου, καὶ ἔγνω¶ ὅσα ἐποίη- 24
§ 𝒞ᵖ σεν αὐτῷ ὁ υἱὸς αὐτοῦ ὁ §νεώτερος. ²⁵καὶ εἶπεν 25

            Ἐπικατάρατος Χανάαν·
            παῖς οἰκέτης ἔσται τοῖς ἀδελφοῖς αὐτοῦ.

²⁶καὶ εἶπεν 26

            Εὐλογητὸς Κύριος ὁ θεὸς τοῦ Σήμ,
¶ 𝒞ᵖ   καὶ ἔσται Χανάαν παῖς αὐτοῦ.¶
        ²⁷πλατύναι ὁ θεὸς τῷ Ἰάφεθ, 27
            καὶ κατοικησάτω ἐν τοῖς οἴκοις τοῦ Σήμ·
¶ L   καὶ γενηθήτω Χανάαν παῖς αὐτῶν.¶

20 αвos (sic) E   22 ιδεν DE   23 οπιστοφανως A | ειδον E
24 εξενειψεν E | εγνωσεν E   25 παις] πας E   27 κατοικησατο E

DE(L)Ma–tv–yc₂d₂𝔄𝔅(𝒞ᵖ)𝔈(𝔓)(𝔖)

ανα μεσον 1°] pr η εστιν k | om t | εμου] του θῡ as(txt)v(txt)xc₂
𝔈ᶠᵖ Chr +και υμων bw· +και σου f +και της γης y | om πασης
bwy | ψυχης—σαρκι] σαρκος g | εν παση σαρκι] post εστιν y |
om E | om η—γης 1 | η εστιν] +μεθ υμων E | της γης] pr
πασης m. post γης ras (1) A +ψυχης ζωης g
   17 om totum comma e*f | ο θεος] pr κ̄σ̄ Dbjrs(mg)v(mg)w𝔄-
codd· κ̄σ̄ m | τω] προς E | το—διαθηκης] testamentum meum 𝔈ᶠᵖ |
ης—γης] quod statuam inter me et inter uos 𝔈ᶜᶠ quod dabo
uobis ego inter me et inter uos quod statuam 𝔈ᵖ | διεθεμην] pr
εγω διδωμι υμιν και g εθεμην dp | εμου] του θῡ s(mg)v(mg) +
και ανα μεσον υμων g𝔄𝔅ᵖ⁻ᵐᵍ (om ανα μεσον) | πασης] pr υμων
και 1ᵃ'r· om eᵃ¹m | ⟨της γης⟩ pr προσωπου 73⟩
   18 ησαν δε] hi autem sunt 𝔅ⁱʷ𝔈· hi sunt 𝔅ᵖ | om οι 1°
ace | νωε] pr του Chr | om οι 2° s | χαμ 2° ADMhjo*qrvy
𝔄𝔓𝔖 Cyr-cod] om E +δε oᵃ rell 𝔅𝔈 Or-gr Chr Cyr-ed |
χανααν] pr του Chr
   19 om οι 1°] om οι abcegipqrvwxc₂d₂𝔅 Chr υιοι εισιν
D· ησαν υιοι k𝔄 om εισιν fhn Phil-arm | τουτων] παντων f
+δε q𝔄𝔅 | om γην m
   20 om γης 𝔅 Phil⅛cod⅛
   21 om εκ Phil-ed | οινου] +αυτου ir | εμεθυσθη] +και υπνω-
σεν k | ⟨om και 3° 71⟩
   22 οιδεν n | om χαμ ο πατηρ Chr½(uid) | αυτου 1°] αυτων
⟨20⟩ 𝔈 Chr | om και 2°—εξω f | εξελθων] pr ⚊ 𝔖 | post ανηγ-
γειλεν c | ανηγγειλεν] απηγγειλεν Eabdiklmprwd₂ Cyr-cod
επηγγειλε Cyr-ed | ανηγγειλεν eijr Cyr-ed | αυτου αδελφοις M |
om αυτου 2° ⟨37(txt)⟩ Phil-arm

   23 λαβοντες] ελαβον y | σημ] +χαμ g | om και 2° E | το
ιματιον] ⟨τα ιματια 79⟩· +αυτων M | επεθηκαν A] pr και y:
om dp επεθεντο DˢⁱˡELM rell Chr Cyr | om επι—και 3° dp |
τα δυο νωτα] τα νωτα τα δυο c₂ ⟨om δυο 31⟩ | επο-
ρευθησαν] επορευθη w* ⟨εισεπορευθησαν 32⟩ | οπισθοφανως]
οπισθοφανες c(uid) | om και 4°—οπισθοφανες ELe* pr ※ 𝔖 |
συνεκαλ.] εκαλυψαν g ⟨επεκαλυψαν 32⟩ | om και 5°—ιδον n |
τα προσωπα c | οπισθοφανες] οπισθοφανως Dᵃeᵃ'ghjmyc₂ | om
αυτων 4° s Cyr-ed
   24 εξενηψεν δε] και εξυπνισθη Or-gr | οινου] +αυτου Doc₂
𝔄𝔈(uid)𝔖(sub ※) Or-lat υπνου M(mg)c υπνου αυτου Or-gr |
om αυτω cfnq | om αυτου Phil-codd
   25 και] pr και εκατηρασατο αυτον f om h* | χανααν παις]
puer Chanaan Or-lat⅓ | παις χαμ f | χανααν] χαμ Ecdglmnpq
rᵃ¹(uid)yd₂ T-A | παις] pr και ej om l | παις οικετης] δουλος
δουλων Or-gr . παις +δουλος δουλων (cod δουλειων) Phil⅓ | οικετης
εσται] et erit seruus 𝔄
   26 ευλογημενος Phil½ | om κυριος Lj Phil-cod⅓ | ο θεος]
om Ec +Deus 𝔄 Phil-arm | om του l Phil Cyr | χανααν]
χαμ n | παις αυτου] δουλος αυτοις Phil½ | παις] +οικετης bw
   27 πλατυνη L | ο θεος] κυριος Just | τω] τον cld₂ | post
κατοικησατω] ras (20) M. ras (3) x | εν τοις οικοις] in domo 𝔄𝔈 |
οικοις] σκηνω[σε]σειν L σκηνωμασιν ac-ghᵇ'ᶦᵇmnpxyd₂ Chr
Cyr-ed T-A· σκηνωμασιν οικοις h*k | om του Lap Just Cyr-
ed⅓ | γενηθητω] γενεσθω Phil . εσται Dblw T-A | χανααν] χαμ
En | παις] δουλος Phil½ | αυτων] αυτου ELacdghᵇ'ᶦlmpxyd₂𝔈
Just Chr Cyr-ed⅓ αυτω et αυτοις Phil½

22 την γυμνωσιν] α' σ' την ασχημοσυνην M(sine σ')jsvc₂𝔖
23 και το—ιδον] οι γ' et anteriora (ܠܗܠ) autem eorum conuersa et dedecus (ܠܘܗܝ) patris eorum non uide-
runt 𝔖 | την γυμνωσιν] α' σ' θ' την ασχημοσυνην v(om θ'𝔖)   25 παις οικετης] δουλος δουλων js

ΓΕΝΕΣΙΣ X 10

²⁸Ἔζησεν δὲ Νῶε μετὰ τὸν κατακλυσμὸν τριακόσια πεντήκοντα ἔτη. ²⁹καὶ ἐγένοντο πᾶσαι A αἱ ἡμέραι Νῶε ἐννακόσια πεντήκοντα ἔτη, καὶ ἀπέθανεν.

X 1 ¹Αὗται δὲ αἱ γενέσεις τῶν υἱῶν Νῶε, Σήμ, Χάμ, Ἰάφεθ· καὶ ἐγενήθησαν αὐτοῖς υἱοὶ μετὰ τὸν κατακλυσμόν. ¶ ²Υἱοὶ Ἰάφεθ· Γάμερ καὶ Μαγώγ καὶ Μαδαὶ καὶ Ἰωυὰν καὶ Ἐλισὰ ¶ wd₂ καὶ Θόβελ καὶ Μόσοχ καὶ Θειράς. ³καὶ υἱοὶ Γάμερ· Ἀσχανὰζ καὶ Ῥιφὰθ καὶ Θεργαμά. ⁴καὶ υἱοὶ Ἰωυάν· Ἐλισὰ καὶ Θαρσίς, Κήτιοι, Ῥόδιοι. ⁵ἐκ τούτων ἀφωρίσθησαν νῆσοι τῶν ἐθνῶν ἐν τῇ γῇ αὐτῶν· ἕκαστος κατὰ γλῶσσαν ἐν ταῖς φυλαῖς αὐτῶν καὶ ἐν τοῖς ἔθνεσιν αὐτῶν. ⁶Υἱοὶ δὲ Χάμ· Χοὺς καὶ Μεσράιν, Φοὺδ καὶ Χανάαν. ⁷υἱοὶ δὲ Χούς· Σαβὰ καὶ Εὐιλὰ καὶ Σαβαθὰ καὶ Ῥεγχμὰ καὶ Σαβακαθά. υἱοὶ δὲ Ῥεγχμά· Σαβὰ καὶ Δαδάν. ⁸Χοὺς δὲ ἐγέννησεν τὸν Νεβρώδ· οὗτος ἤρξατο εἶναι γίγας ἐπὶ τῆς γῆς. ⁹οὗτος ἦν γίγας κυνηγὸς ἐναντίον Κυρίου τοῦ θεοῦ· διὰ τοῦτο ἐροῦσιν Ὡς Νεβρὼδ γίγας κυνηγὸς ἐναντίον Κυρίου. ¹⁰καὶ ἐγένετο ἀρχὴ

X 1 γενεσις E* (-σεις Eª)   5 αφορισθησαν E   9 κυνηγος 2°] γυνηγος D* (κυν. Dª): κυνιγος E

DEMab(+b)c−tv(w)xyc₂(d₂)𝔄𝔅𝔈

28 om δε c | τριακ. πεντηκ ετη ADEehlnoqtyc₂] πεντηκ. και τριακ ετη M   ετη τριακ πεντηκ rell Chr
29 om και 1°—ετη l | νωε] pr του c₂   +quas uixit 𝔅 | εννακ.—ετη πεντηκ και εννακ ετη M   ετη εννακ πεντηκ acdf gijkmprsvxd₂. ⟨τριακοσια πεντηκοντα ετη 71⟩· om ετη D
X 1 om δε bdfpw𝔅 | om των g | ιαφεθ] pr και dp | εγενηθησαν AMb*cy𝔅 | εγεννηθησαν D^sil Eb a^? rell 𝔄𝔈 | ⟨om υιοι 83⟩ | κατακλυσμον] κλυσμον M*
2 om υιοι—(32) αυτων 2° bw (b = Holmes 108) | υιοι] pr οι en 𝔅 | Ιαφεθ] αφεθ b^s | γαμερ] γαβερ 1n(uid)   γομερ csv γομορ f | om και 1° fnp | μαγωγ] μαχων f   Agor 𝔅^lw | om και 2° dfnp | Μαδαι] μαλαι E𝔅^p-mg. μαμαλαι r   μαδαμ f   μαδαιμ ec₂· ⟨μαδαιν 64 77⟩. ⟨μαδαεια 79⟩ μαδαι 1 (δαη sup ras)· μαιδ j ⟨μαιδι 31⟩ ⟨μοιδ 83⟩ αμαδα h𝔅^p· μωδαι c   Mada 𝔄   Amacha 𝔅^l   Macias Anon¹   Magias Anon² | om και 3° dp | ιωυαν] ιωουαμ bo   ιωυιαν jsv. ιωαν l· ιωυαν b   ιωβαν f𝔅^lw p-txt. ιωχαν n· ιουανιο x. ⟨ιωαν 31 71⟩ αυαν e. Iauan 𝔄. Lotham Anon¹: Lotā Anon² | om και ελισα f1 (ras 6 litt)𝔈^c   Jos | om και 4° dp | ελισα] ελησα d   ελεισα m. ελυσα o   ελισσα be: ελισας q. λισα a· ινεσαν c | om και 5° dp | θοβελ] θωβελ ex. θουβελ c· θοβερ f Anon | om και 6° dp | μοσοχ] μοσεχ c μοσωχ ln· μασοχ p   μασωχ dg. μεσοχ f. ⟨μισοχ 74⟩ | θειρας] θηρας bcgklnp*x. θιρας adhjmop^a rstv. θαρας e· θηρας και θαρσης f
3 υιοι] pr οι DMbeflnoq*(uid)c₂𝔅 | γαμερ] γαβερ 1 (+ras 2 uel 3) n(uid)· γομερ cfv   χοβερ s | ασχαναζ] pr και r· ασχανεζ x   ασχαναζα k   χαναζ m   Aschanas 𝔄-codd 𝔅^lw p-txt.   Agganaz Anon¹ | om και 2° dp | ριφαθ] ριφατ ot𝔅 Anon¹   ρειφαθ bmq c₂: ρηφαθ dp   ρηφα θ· εριφαθ D   εριφατ s   om και 3° p | θεργαμα Ag𝔅^p mg] θερμαγα dp. θωργαμα x· θοργαμα D^sil EM rell 𝔅^lw p-txt   Thorgoma 𝔄   Thargam Anon¹
4 om και 1° l | υιοι] pr οι Mefo𝔅   +νωε b | ιωυαν] ιωουαν adg a^? kot   ιωουαμ p   ιωυιαν sv   ιωυαν g* | ιωουαν b𝔅^lw p-txt. ⟨ιωουαν 64⟩. ιωβαν f   ιωγαν n   ιουυαν x   ιωια l. αυαν ej   Iauan 𝔄. Lotan Anon² | ελισα] sup ras 1   ελεισα m   ελισαι l   ελισσα bg   ελισαν k*   ελισαι c.   Esrrfan Anon². om c₂ | om και 2° dpc₂ | θαρσις] θαρσεις D^sil Ma b cefgi-vyc₂. θαρσης d   θαρεις x | κητιοι] κιτιοι DEMabfhilmnoq-v𝔄𝔅(uid) Phil-arm   κιτεοι c. κιττιοι j (ιοι sup ras): ⟨χενοθαλιειμ κητιοι 107⟩ χενοθειμ κοτιοι d· και χενοθιειμ κοτιοι p. και χεθθιειμ κιτιοι g   και χετιειμ κιτιοι (κυπριοι c₂^b) c₂*   και χεθθειμ και κιτιοι k   Citi Anon¹   Citthim Anon² | ροδιοι] pr και Ec₂𝔄𝔈· ρωδιοι x   Rodi Anon¹   om dgp Jos
5 νησοι] pr αι m𝔅 | γλωσσαν] pr την E | om και εν—(6) φουδ m
6 υιοι] pr οι e𝔅 | om και 1° p | μεσραιν Ay𝔅^p-mg] ⟨μεσαραιν 78⟩   μεσραιμ hnqstv Hip Chr   μεσραειμ M   μεσραειμ b· μεσσαραιμ ej   μεσρεμ Thdt   μεστραιμ Ddpc₂. μεστραειμ fgir   μεστρειμ o   μεστρεμ aklx𝔄𝔅¹ Anon¹   ⟨μεσραει 74⟩   Nestrem 𝔅^wp   Mestrau Anon² (½)   Esraim Anon² (½) | φουδ] φουθ Dabdgnoptvc₂   φουλ q Anon² (½)   φουρ x   χουδ j | om και 2° d | χαναμ a*
7 υιοι 1°] pr οι e𝔅 | χους] χουθ E | σαβα 1°] Siba Anon² | om και 1° p | ευιλα] ενειλα bvy   ευιλατ DMdghmptc₂𝔅^lw p-txt   ευειλατ akos   ευηλατ q. λευιλατ e ⟨λευιπατ 71⟩   Euilad Anon¹   Ebilach Anon² | om και 2°—ρεγχμα 1° r* | και σαβαθα] om 𝔈^fp   om και dp | σαβαθα] σαβατα adfgiprx Anon¹   σαβαθαι b   σαβαα t   ⟨σαβακαθα 64⟩   Sebath Anon² | om και 3°—σαβακαθα q | om και 3° dp | ρεγχμα 1°] A   ρεγμα D^sil EMr a rell 𝔄𝔅^lw Cyr Anon· ⟨ρεχμα 20⟩ ρεγχαμα 𝔅^p | σαβακαθα—ρεγχμα 2°] σαβα κ (?) θαυδερ μας m   om t | σαβακαθα] σαβακαθα r   σεβακαθα ac𝔄-codd   σεβεκαθα dgkpsxc₂   σεβαβακαθα b   σαβακαθα f1 a^?   σαβεκαθας 1*   Sabathaca 𝔅¹ | υιοι 2°] pr οι e𝔅 | om δε 2° l | ρεγχμα 2°] A   ρεγμα D^sil EM rell 𝔄𝔅¹   ρεχμα ⟨20⟩ 𝔅^wp p-txt   ρεγχαμα 𝔅^p mg | σαβα 2°] σαβαν EMefgjnqv   σαβαυ c   Sabam Anon¹   om b | δαδαν] δαιδαν Mc1 (sup ras 10 litt)   δαιδαμ f   δαθαν ej   δεθαν m   ιουδαν dp   ιουδα n Anon¹   ιουδας c₂   ⟨ιουδαν 107⟩   ιουδαδαν gkrx𝔄   ⟨ιουδαδα 74⟩   ιουδιαδαν ej
8 νεβρωδ] νεβρωθ mnr*𝔄 Phil-arm Theoph   νεβρων E· εβρωδω c | ουτως d | γιγας ειναι f1r | ⟨om γιγας 77⟩ | om επι —(9) γιγας 1° x | της γης] την γην c₂
9 om ουτος ην γιγας d | ουτος] ουτως c. om 𝔅 | om γιγας 1° 𝔈 | κυνηγος 1°] ⟨om 83⟩   +γιγας q | εναντιον 1°] εναντι a b dekprx. ενωπιον f | κυριου του θεου] του κυ o. om του θεου Dagi*qrc, Phil   om δια—κυριου 2° qx𝔈^p | νεβρωδ] νεβρωθ mnc₂𝔄 Phil-arm. νεβρωτ t*   νεβρων DE | om κυνηγος 2° y𝔄 | εναντιον 2°] εναντι adp Hip | κυριου 2°] AD^sil hlyc₂] του θυ iknr Phil. +του θυ EM rell 𝔄
10 αρχη AEelmny] pr η DM rell Thdt | βαβυλων] βαβιλων

X 4 κητιοι] σ' χετταιη M   σ' κετταν j (sine nom) s: σ' χετταν v   8 γιγας] α' ακυλαθ σ' βιαιος v
9 γιγας 2°] βιαιος j (-ως) s

ΓΕΝΕΣΙΣ

Α τῆς βασιλείας αὐτοῦ Βαβυλὼν καὶ Ὄρεχ καὶ Ἀρχὰδ καὶ Χαλαννὴ ἐν τῇ γῇ Σενναάρ. ¹¹ἐκ τῆς γῆς ἐκείνης ἐξῆλθεν Ἀσσούρ· καὶ ᾠκοδόμησεν τὴν Νινευὴ καὶ τὴν Ῥοωβὼς πόλιν καὶ Χάλαχ, ¶ D ¹²καὶ τὴν Δάσεμ, ἀνὰ μέσον Νινευὴ καὶ ἀνὰ μέσον Χάλαχ· αὕτη ἡ πόλις ἡ μεγάλη.¶ ¹³καὶ Μεσράιν ἐγέννησεν τοὺς Λουδιεὶμ καὶ τοὺς Νεφθαλιεὶμ καὶ τοὺς Αἰνεμετιεὶμ καὶ τοὺς Λαβιεὶμ ¹⁴καὶ τοὺς Πατροσωνιεὶμ καὶ τοὺς Χασμωνιείμ, ὅθεν ἐξῆλθεν ἐκεῖθεν Φυλιστιείμ, καὶ τοὺς Χαφθοριείμ. ¹⁵Χανάαν δὲ ἐγέννησεν τὸν Σιδῶνα πρωτότοκον, καὶ τὸν Χετταῖον ¹⁶καὶ τὸν Ἰεβουσαῖον καὶ τὸν Ἀμορραῖον καὶ τὸν Γεργεσαῖον ¹⁷καὶ τὸν Εὐαῖον καὶ τὸν Ἀρουκαῖον καὶ τὸν Ἀσενναῖον ¹⁸καὶ τὸν Ἀράδιον καὶ τὸν Σαμαραῖον καὶ τὸν Ἀμαθί καὶ μετὰ τοῦτο διεσπάρησαν αἱ φυλαὶ τῶν Χαναναίων. ¹⁹καὶ ἐγένοντο τὰ ὅρια Χαναναίων ἀπὸ Σιδῶνος ἕως ἐλθεῖν εἰς Γέραρα καὶ

19 χαναναιον E* (-ων Eᵇ)

ΓΕΝΕΣΙΣ

X 30

20 Γάζαν, ἕως ἐλθεῖν ἕως Σοδόμων καὶ Γομόρρας, Ἀδαμὰ καὶ Σεβωὶμ ἕως Δασά ²⁰οὗτοι υἱοὶ
Χὰμ ἐν ταῖς φυλαῖς αὐτῶν, κατὰ γλώσσας αὐτῶν, ἐν ταῖς χώραις αὐτῶν καὶ ἐν τοῖς ἔθνεσιν
21 αὐτῶν. ²¹Καὶ τῷ Σὴμ ἐγενήθη καὶ αὐτῷ, πατρὶ πάντων τῶν υἱῶν Ἔβερ, ἀδελφῷ Ἰάφεθ τοῦ
22 μείζονος. ²²υἱοὶ Σήμ· Αἰλὰμ καὶ Ἀσσοὺρ καὶ Ἀρφαξὰδ καὶ Λοὺδ καὶ †Ἀράμ†. ²³καὶ υἱοὶ Ἀράμ·
24 Ὣς καὶ Οὒλ καὶ Γάθερ καὶ Μόσοχ. ²⁴καὶ Ἀρφαξὰδ ἐγέννησεν τὸν Καινάμ, καὶ Καινὰμ ἐγέννη-
25 σεν τὸν Σάλα, Σάλα δὲ ἐγέννησεν τὸν Ἔβερ. ²⁵καὶ τῷ Ἔβερ ἐγεννήθησαν δύο υἱοί· ὄνομα τῷ
ἑνὶ Φάλεκ, ὅτι ἐν ταῖς ἡμέραις αὐτοῦ διεμερίσθη ἡ γῆ, καὶ ὄνομα τῷ ἀδελφῷ αὐτοῦ Ἰεκτάν.
26 ²⁶Ἰεκτὰν δὲ ἐγέννησεν τὸν Ἐλμωδὰδ καὶ τὸν Σάλεφ καὶ τὸν Ἀσαρμὼθ καὶ Ἰάραδ ²⁷καὶ Ὀδορρὰ
28 καὶ Αἰζὴλ καὶ Δεκλὰ ²⁸καὶ Ἀβιμεὴλ καὶ Σαβεῦ ²⁹καὶ Οὐφεὶρ καὶ Εὐειλὰ καὶ Ἰωβάβ πάντες
30 οὗτοι υἱοὶ Ἰεκτάν. ³⁰καὶ ἐγένετο ἡ κατοίκησις αὐτῶν ἀπὸ Μασσηὲ ἕως ἐλθεῖν εἰς Σωφήρα, ὄρος

A ἀνατολῶν. ³¹οὗτοι οἱ υἱοὶ †Σὴμ† ἐν ταῖς φυλαῖς αὐτῶν, κατὰ γλώσσας αὐτῶν, ἐν ταῖς χώραις 31
§ d_2 αὐτῶν καὶ ἐν τοῖς ἔθνεσιν αὐτῶν. §³²Αὗται αἱ φυλαὶ υἱῶν Νῶε κατὰ γενέσεις αὐτῶν, 32
§ w κατὰ τὰ ἔθνη αὐτῶν· §ἀπὸ τούτων διεσπάρησαν νῆσοι τῶν ἐθνῶν ἐπὶ τῆς γῆς μετὰ τὸν κατα-
κλυσμόν.
¹Καὶ ἦν πᾶσα ἡ γῆ χεῖλος ἕν, καὶ φωνὴ μία πᾶσιν. ²καὶ ἐγένετο ἐν τῷ κινῆσαι αὐτοὺς ἀπὸ 1 2 XI
ἀνατολῶν εὗρον πεδίον ἐν γῇ Σενναὰρ καὶ κατῴκησαν ἐκεῖ. ³καὶ εἶπεν ἄνθρωπος τῷ πλησίον 3
Δεῦτε πλινθεύσωμεν πλίνθους καὶ ὀπτήσωμεν αὐτὰς πυρί. καὶ ἐγένετο αὐτοῖς ἡ πλίνθος εἰς
λίθον, καὶ ἄσφαλτος ἦν αὐτοῖς ὁ πηλός. ⁴καὶ εἶπαν Δεῦτε οἰκοδομήσωμεν ἑαυτοῖς πόλιν καὶ 4
§ *D* πύργον, οὗ ἡ κεφαλὴ ἔσται ἕως τοῦ οὐρανοῦ, καὶ ποιήσομεν ἑαυτῶν ὄνομα πρὸ τοῦ §διασπαρῆναι
ἐπὶ προσώπου πάσης τῆς γῆς. ⁵καὶ κατέβη Κύριος ἰδεῖν τὴν πόλιν καὶ τὸν πύργον ὃν ᾠκοδόμη- 5
σαν οἱ υἱοὶ τῶν ἀνθρώπων. ⁶καὶ εἶπεν Κύριος Ἰδοὺ γένος ἓν καὶ χεῖλος ἓν πάντων· καὶ τοῦτο 6
ἤρξαντο ποιῆσαι, καὶ νῦν οὐκ ἐκλείψει ἐξ αὐτῶν πάντα ὅσα ἂν ἐπιθῶνται ποιῆσαι. ⁷δεῦτε καὶ 7
καταβάντες συγχέωμεν ἐκεῖ αὐτῶν τὴν γλῶσσαν, ἵνα μὴ ἀκούσωσιν ἕκαστος τὴν φωνὴν τοῦ
¶ 1 πλησίον ⁸καὶ διέσπειρεν αὐτοὺς Κύριος ἐκεῖθεν ἐπὶ πρόσωπον πάσης τῆς γῆς, καὶ ἐπαύσαντο¶ 8
§ $ℭ^c$ οἰκοδομοῦντες τὴν πόλιν καὶ τὸν πύργον §⁹διὰ τοῦτο ἐκλήθη τὸ ὄνομα αὐτοῦ Σύγχυσις, ὅτι ἐκεῖ 9

31 *σημ*] *σηθ* A   XI 2 *παιδιον* A   6 *εκλιψει* A

(*D*)EMab(*b*)c–h(i)j–tv(w)xyc_2(d_2)𝔄𝔅($ℭ^c$)𝔈

Gophera montē orientis Anon² | *σωφηρα*] *σωφειρα* On. *σωφιρα* a· *σοφηρα* eglpx· *σοφειρα* q· *σοφιρα* n *σορφηρα* k: *σεφαρ* c. ⟨*οφηρα* 79⟩: *Sopher* $𝔅^{lw}$ | *ορους* *b*c | *ανατολων*] *του αρχαιου* c

31 *οι υιοι* Aht] om c_2· om *οι* EM rell | *σεμ* dp | *εν ταις φυλαις*] *κατα συγγενιας* c | *κατα γλωσσας*] *κατα γλω* corr ex *και εν ταις* l^a. *και ταις γλωσσαις* y | *γλωσσας*] pr *τας* m *γλωσσαν* c | *εν ταις* 2°—*αυτων* 4°] om m: om *εν ταις*—*και* $𝔅^{p(txt)}$ | *εν ταις χωραις*] *κατα χθονα* c | *εν τοις εθνεσιν*] *τα εθνη* c

32 *αυται*] pr *περι της πυργοποιιας και της καταστροφης των γλωσσων* n +*δε* ir𝔈 | *υιων*] pr *των* dekmd_2𝔅 *υιοι* q | om *κατα γενεσεις αυτων* 𝔈 | *κατα γενεσεις*] *και τα γενη* c | *γενεσεις*] ⟨pr *τας* 37⟩· *συγγενειας* *b*o *συγγενειαν* c_2 | om *κατα* 2°—*αυτων* 2° Eo | *κατα* 2°] pr *και* ir. *και* acg | om *τα* M*b*ehstvx–d_2 | *τουτων*] +*δη* m | *διεσπαρ*—*κατακλυσμον*] om m. om *νησοι*—*γης* $𝔈^{fp}$ | *νησοι*] pr *αι* n𝔅 | ⟨*εθνων*] +*αυται αι φυλαι υιων νωε* 107⟩ | *τον κατακλυσμον*] *aquam diluuii* 𝔅

XI **1** om *και ην* m | *πασα η γη ην* c_2 | ⟨om *η* 108⟩ | *πασιν*] *παντων* acoc_2 om 𝔅𝔈

2 *εν τω*] *μετα το* ⟨25⟩ 𝔈(uid) ⟨*μετα* 32⟩ | *κινησαι*] *μετοικησαι* w(*ετοι* sup ras uid) | *γη*] pr *τη* c_2 Phil *τη* h | *σενναaρ*] *σεναaρ* dflpsyc_2𝔄𝔅 Phil-ed Jos Ath Cyr-ed *σενναρ* Phil-codd½. *ενναaρ* q *νaaρ* m: *σaaρ* Phil-cod½

3 *ειπεν*] *ειπαν* c_2𝔄𝔈· *ειπας* m | *ανθρωπος*] *εκαστος* ⟨20⟩ Chr | *τω*] *προς τον* c Or-gr | *πλησιον*] +*αυτου* abcfkmoyc_2 𝔄𝔅 Or-gr Chr | *πλινθον* bw | *αυτας*] *αυτα* E *αυτους* pt | *πυρι*] pr *εν* q | om *αυτοις* 1° l | ⟨*εις λιθον η πλινθος* 77⟩ | *η*] *ο* g* | *λιθους* x | *ασφαλτος*] pr *η* Phil½ | *ην αυτοις*] *αυτοις ην* dpd_2: *est* 𝔅 om 𝔄𝔈 | *ο πηλος*] *η πηλος* ce. om *ο* Phil½ *in locum luti* 𝔄· *terra eorum* 𝔅· *lutum eorum* 𝔈· *in caementum* 𝔖-ap-Barh· *pro luto* Anon

4 om *και ειπαν* E | *ειπαν*] *ειπον* abdfgjmptwxc_2· *ειπεν* qd_2 | *δευτε*] +*και* lmy Phil½ Or-gr-ed⅓ Chr. ⟨+*δε και* 20⟩ | *εαυτοις*] *αυτοις* gy om 𝔈 | *πυργον και πολιν* mn | om *πολιν και* Phil-cod⅓ | *η κεφ. εσται*] om *η* n*· *εσται η κεφαλη* abdgjpsvwxd_2 𝔄𝔈 Or-gr⅔ Chr Jul-ap-Cyr. ⟨*εσται η κορυφη* 32⟩ | *εσται* sup ras (8) $y^{a?}$ | *των ουν̄ων* g | *ποιησομεν* Ac*] *ποιησωμεν* EM$c^{a?}$ rell 𝔅𝔈 | *εαυτων* AEij(mg)r^as(mg) Phil] *εαυτους* m(uid): *εαυτοις* Mj(txt)r*(uid)s(txt) rell 𝔄𝔅𝔈 Chr Cyr Jul-ap Cyr | *ονοματα* m | *διασπαρηναι*]. *σπαρηναι* *D*: +*ημας* bdejmpwd_2𝔅 Chr⅓ | *επι προσωπου*] *in omnem faciem* $𝔈^{cf}$ | *επι*] *απο* bw | *προσωπου*—*γης*] *πασαν την γην* Cyr | *προσωπου*] *προσωπον* l Phil· om ⟨20⟩ Chr | om *πασης* bg𝔈 | om *της* w

5 *κυριος*] +*ο θ̄ς* bdmpwd_2 Chr | *ιδειν*] pr *του* d_2 | ⟨*τον πυργον και την πολιν* 78⟩ | *ωκοδομουν* 𝔄-ed Chr | om *οι* cen

6 *κυριος*] +*ο θ̄ς* cejkmr Chr | *χειλος εν*] *φωνη μια* g +*και φωνη μια* Emn | *παντων*] *πασιν* Eagn | *ηρξατο* A*(*ν* suprascr A^1)no | *και νυν*] ⟨pr *δευτε* 73⟩ ⟨*τα νυν* 83⟩· om 𝔄-codd om *και* m | *παντα εξ αυτων* 1 | *εξ*] *απ* a–gj(txt)mnps(txt)vwxd_2 Phil⅓-codd⅓ Or-gr Chr¾ Jul-ap Cyr | *παντα*] *παντων* Jul-ap-Cyr om ⟨73⟩ 𝔈 Chr | *αν*] *εαν* m: ⟨om 25⟩ | *επιθωνται*] *επειθωντο* o | *ποιησαι* 2° Aoy Just] *ποιειν* D^{sil}EM rell Phil Or-gr Chr⅘ Jul-ap-Cyr

7 *και καταβαντες*] om Or-lat om *και* d𝔄(uid)𝔅𝔈(uid) Chr¼ Jul-ap-Cyr Thdt½ Nov | *εκει συγχεωμεν* Jul-ap-Cyr | *εκει*—*γλωσσαν*] *αυτων εκει τας γλωττας* Cyr⅖ *αυτων τας γλωττας εκει* Cyr⅕ | *εκει*] post *αυτων* ac–fjlmpsvx𝔅 Phil-cod⅓ Or-gr⅖ Chr¼. om bgwd₂𝔈 Or-gr-cod⅕ Chr¾ Cyr⅕ Thdt | *αυτων την γλ.*] *την γλ. αυτων* *D*(υτων D)oqc_2 Or-gr⅖ om *την* bw. *αυτων τας γλωσσας* Chr¾ Cyr⅕ Thdt Nov *τας γλωσσας αυτων* y𝔄 Or-lat Chr¼ Cyr⅕ | *ακουσ εκαστος*] *εκαστος ακουωσι* Jul-ap-Cyr | *ακουσ.*] *ακουσωνται* e *ακουση* dp Nov(uid) | *την φωνην*] *της φωνης* bcefgjsvwd_2 Or-gr⅓ Chr Jul-ap-Cyr. ⟨*φωνης* 108⟩ om Ea Or-gr-cod⅓ | *πλησιον*] +*αυτου* *D*Efkmnoc_2𝔄𝔅 Or-gr⅔ Nov

8 ⟨*εσπειρεν* 68 83⟩ | *αυτ. κυρ*] *κ̄ς αυτους* owc_2 Or-gr-codd. *κ̄ς ο θ̄ς αυτους* bdmpd_2· ⟨om *αυτους* 78⟩. +*ο θ̄ς* Eacgstvx 𝔄 Chr Jul-ap-Cyr | *κυριος*] *Deus* Or-lat | om *εκειθεν* cg𝔈 Jul-ap-Cyr | *επι προσ.*] *a facie* Or-lat | *προσωπον*] pr *το* y: *προσωπου* eknsx Phil-cod Chr-ed Jul-ap-Cyr | *γης*] +*και αυται αι γενεσεις σημ* q | *και* 2°—(9) *γης* 2°] om E | *και* 2°—(9) *γης* 1°] bis scr s: om $𝔅^{p(*)}$ | *επαυσαν* d | *οικοδομ.*] pr *οι* k | *τον πυργον και την πολιν* m

9 *το*—*αυτου*] *urbs* $𝔅^{p(mg)}$ | *αυτου* Acg Phil-ed Or-gr½] *αυτης* D^{sil}M rell $𝔅^{lw}$ℭ(uid)𝔈 Phil-codd Or-gr½ Chr | *συγχ*] *Babylon*

XI **2** *κινησαι*] *α' αραι σ' απαραι* Mj(sine nom)sv
6 *οσα αν επιθωνται*] *α' ο εννοηθησονται σ' ο εαν λογισωνται* M *οθεν εννοηθησονται σ' θεαλογισονται* j: *α' οθεν νοησθησονται σ' θεαλογησονται* s **7** *συγχεωμεν*] *α' αναμιξωμεν* Mj(sine nom)s
9 *συγχυσις*] *α' βαβελ* Ms. *α' συγχυσις* v | *συνεχεεν*] *α' ανεμιξεν* Mj(sine nom)sv

ΓΕΝΕΣΙΣ XI 19

συνέχεεν Κύριος τὰ χείλη πάσης τῆς γῆς, καὶ ἐκεῖθεν διέσπειρεν αὐτοὺς Κύριος ὁ θεὸς ἐπὶ A
πρόσωπον πάσης τῆς γῆς.¶ ¶ d₂

10 ¹⁰Καὶ αὗται αἱ γενέσεις Σήμ. Σὴμ υἱὸς ἐτῶν ἑκατὸν ὅτε ἐγέννησεν τὸν Ἀρφαξάδ, δευτέρου
11 ἔτους μετὰ τὸν κατακλυσμόν. ¹¹καὶ ἔζησεν Σὴμ μετὰ τὸ γεννῆσαι αὐτὸν τὸν Ἀρφαξὰδ¶ πεντα- ¶ k
12 κόσια ἔτη, καὶ ἐγέννησεν υἱοὺς καὶ θυγατέρας, §καὶ ἀπέθανεν. ¹²Καὶ ἔζησεν Ἀρφαξὰδ § 𝕮ᵐ
13 ἑκατὸν τριάκοντα πέντε ἔτη, καὶ ἐγέννησεν τὸν Καινάν. ¹³καὶ ἔζησεν Ἀρφαξὰδ μετὰ τὸ γεννῆ-
σαι αὐτὸν τὸν Καινὰν ἔτη τετρακόσια τριάκοντα, καὶ ἐγέννησεν υἱοὺς καὶ θυγατέρας, καὶ ἀπέ-
θανεν. Καὶ ἔζησεν Καινὰν ἑκατὸν τριάκοντα ἔτη, καὶ ἐγέννησεν τὸν Σάλα. καὶ ἔζησεν
Καινὰν μετὰ τὸ γεννῆσαι §αὐτὸν τὸν Σάλα ἔτη τριακόσια τριάκοντα, καὶ ἐγέννησεν υἱοὺς καὶ § u
14 θυγατέρας, καὶ ἀπέθανεν. ¹⁴Καὶ ἔζησεν Σάλα ἑκατὸν τριάκοντα ἔτη, καὶ ἐγέννησεν τὸν
15 Ἔβερ. ¹⁵καὶ ἔζησεν Σάλα μετὰ τὸ γεννῆσαι αὐτὸν τὸν Ἔβερ τριακόσια τριάκοντα ἔτη, καὶ
16 ἐγέννησεν υἱοὺς καὶ θυγατέρας, καὶ ἀπέθανεν. ¹⁶Καὶ ἔζησεν Ἔβερ ἑκατὸν τριάκοντα
17 τέσσερα ἔτη, καὶ ἐγέννησεν τὸν Φάλεκ. ¹⁷καὶ ἔζησεν Ἔβερ μετὰ τὸ γεννῆσαι αὐτὸν τὸν Φάλεκ
18 ἔτη τριακόσια ἑβδομήκοντα, καὶ ἐγέννησεν υἱοὺς καὶ θυγατέρας, καὶ ἀπέθανεν ¶ ¹⁸Καὶ ¶ D
19 ἔζησεν Φάλεκ ἑκατὸν τριάκοντα ἔτη, καὶ ἐγέννησεν τὸν Ῥαγαύ. ¹⁹καὶ ἔζησεν Φάλεκ μετὰ τὸ
γεννῆσαι αὐτὸν τὸν Ῥαγαὺ διακόσια ἐννέα ἔτη, καὶ ἐγέννησεν υἱοὺς καὶ θυγατέρας, καὶ ἀπέθανεν

13 εγεννεισεν Eᵃ⸖

(D)EMa–hj(k)l–t(u)v–yc₂(d₂)𝕬𝕭𝕮ᶜ⁽ᵐ⁾𝕰

𝕭ᵖ⁽ᵐᵍ⁾ 𝕰ᶜ: Babel 𝕬-codd | om εκει ds | κυριος 1°] +ο θ̅σ̅ D-dg
kmopqs–xc₂d₂𝕬𝕮 Or-gr½ Chr o θ̅σ̅ ⟨108⟩ 𝕭ᵖ⁽ᵐᵍ⁾ | τα χειλη
πασης] τας γλωσσας πασας n𝕭ᵖ⁽ᵐᵍ⁾(uid) | om πασης 1°–θεος ο |
om και–γης 2° 𝕭 | κυριος ο θεος]om n om ο θεος bfkrwy Phil
⟨ο κ̅σ̅ 108⟩ | προσωπον] προσωπου f. om q Chr | ⟨om της 2° 73 128⟩

10 om και gc₂𝕭ᵖ⁽*⁾ | σημ και ο ⟨pr ην δε 108⟩
ων m: και ην σημ sup ras yᵃ. ⟨και ην σημ ως 107⟩. +ην ⟨79⟩
𝕭𝕮 +νωε ην frᵇ +νωε γενομενος k | υιος–αρφαξαδ] οτε εγεν-
νησε τον αρφαξαδ υιος ην εκατον ετων x | ετων εκατον A] om n.
εκατον ετων DˢⁱˡEM rell Phil | οτε] pr και e om k | ⟨om τον 1°
73 78⟩ | αρφαξαδ] αρφαξαθ Theoph αρφαξατ Phil αρφαξαμ f
αρφαχσαδ qsv | δευτερου–κατακλ] ⟨δευτερω ετει απο του κατα-
κλυσμου 32⟩ om g | δευτερου ετους] μετα δυο ετη aᵇ

11 om αυτον c | om τον qs | αρφαξαδ qsv | πεντακοσια]
post ετη abdfgmprsvwx πεντε και τριακοντα και τριακοσια qyᵃ⸖ |
om και 2°–θυγατερας 𝕮 | om και απεθανεν f

12 εζησεν] post αρφαξαδ morc₂𝕬 om c | αρφαξαδ] αρφαξαθ
Theoph αρφαχσαδ qv αρφαχδαδ s | εκατον–ετη Anry] πεντε
και τριακ ετη και εκ. ο(και τρια sup ras oᵃ)c₂ ετη εκ τριακ.
πεντε Dabdgmpwx πεντε και τριακ. (+και εκατον Eᵇᵐᵍ) ετη
Ε. ⸖⟨ ex corr fᵃ om rell | εκατον και τριακ και εκ.
ετη M rell | τριακοντα] sexaginta Anonᴵ | om και 2°–⟨13⟩ ετη
2° cfo𝕬 Theoph Jos(uid) Anon | om τον mq | καινᾶν] καιννᾶν
m. Cainam 𝕮ᶜ. σαλα c₂

13 και εξ. 1°] εζησεν δε n | αρφαξαδ] αρφαχσαδ qv αρφαχ-
δαδ s | om αυτον 1° d | καιναν 1°] Cainam 𝕮ᶜ σαλα c₂ | ετη 1°
–τριακοντα 1°] ετη τετρακ και εκατον e ετη τριακοσια τρια-
κοντα DEag–mq–vxyᵃ⸖ τλ΄ ετη nᵃ𝕭 τριακοσια και τριακοντα
ετη c₂ τριακοντα και τριακοσια ετη Μ ρλ΄ ετη n* | om και 5°
–απεθανεν 2° E*(hab Eᵃᵐᵍ) | και εξ. 2°] εζησεν δε x | εκατον
–ετη 2°] εκ και τριακ ετη y τριακ και εκ. ετη Ms ετη εκ.
τριακ. Dbejmvw εκ τριακ εννεα ετη t𝕮ᵐ. ετη εκ τριακ. εννεα
adgprxc₂ | εγεννησεν 2°] +αυτον f | σαλα bis] σ et λ sup ras
oᵃ | καιναν 3°] αρφαξαδ cfo𝕬 Anon | om αυτον 2° d | ετη 3°
–τριακοντα 3°] τριακοσια και τριακοντα ετη s: ετη τριακοσια
τριακοντα dghnpxc₂𝕭𝕮𝕰 Anonᴵ τριακοντα και τετρακ ετη
Μ· ετη υγ΄ f: τρια και τετρακοσια ετη co | και απεθανεν 2°]
pr – M

14–19 nonnulla rescr Aᵈ
14 και εξ] εζησεν δε x | εζη E*(εζησεν Eᵇ) | σαλα] σ et λ
sup ras oᵃ. +και ουτος qu | εκατον–ετη Anr] τριακ ετη και
εκ. ο ετη εκ τριακ. Dabdgmpwx ετη λ΄ και ρ΄ c₂ om ετη y·
ετη λ΄ f τριακ και εκ ετη EM rell. annis centum quinquaginta
VII Anonᴵ | εβερ] sup ras oᵃ

15 om αυτον dw | ⟨om τριακοσια–απεθανεν 83⟩ | τριακοσια
–ετη Any] τριακοσια και τριακοντα ετη c₂ τριακοντα και τρια-
κοσια ετη Μ ετη τριακοντα και τετρακοσια qu𝕰ᶜ Anonᴵ: ετη
τριακοσια πεντηκοντα ejlmsv· ετη τρετακ πεντηκ. Ε ετη νγ΄ f.
τρια και τετρακοσια ετη co ετη τριακοσια τριακοντα D rell
centum triginta annos 𝕰ᶠᵖ | τριακοντα] τρια 𝕮· om 𝕭 | om
και 2°–θυγατερας bw | και απεθανεν] pr – M

16 εζησεν δε ux +δε q | εκατον–ετη Ary] pr
μετα n. τεσσαρα και τριακ εκ ετη Mehjlq⟦τεσσαρα⟧ τεσσα-
ρακοντα⟧s–v τεσσ και τριακ ετη και εκ Εcoc₂ ετη λδ΄ f:
⟨τεσσαρακ. και εκ ετη 25⟩ om τεσσερα 𝕰ᶠᵖ ετη εκ τριακ τεσσ
D rell | τριακοντα] quadraginta Anonᴵ | om και 2° n | φαλεκ]
φαλεγ Ma*cdgh*npqs–vc₂ Theoph Hip φαλεχ m𝕮ᵐ Anon

17 om totum comma 𝕰ᵖ | om και 1°–θυγατερας 𝕰ᶠ | om
αυτον d | φαλεκ] φαλκ A*(ε suprascr Aᴵ rescr Aᵈ) φαλεγ
Macdgh*npqs–vc₂ φαλεχ m | εκατον–εβδομ Abwy] ετη δια-
κοσια εβδομ Dˢⁱˡ(ετη διακο D)mr𝕬𝕮 ετη εβδομ και διακ. l
sο΄ ετη n𝕭 εβδομ και διακ ετη EMehjstv ετη διακοσια εννεα
adgpx θ΄ και σ΄ ετη c₂ ετη τλ΄ f τριακοντα και τετρακοσια ετη
coqu 𝕰ᶜ | om και εγεννησεν 𝕮ᵐ | και απεθανεν] pr – M

18 και εξ] εζησεν δε x | φαλεκ] φαλεγ Macdgh*npqs–vc₂·
φαλεχ m Anon | εκατον–ετη Any] τριακ. και εκ ετη EMchjl
sv ετη τριακ. mrx λδ΄ και ρ΄ ετη c₂ τεσσαρα και τριακ.
και εκ ετη et: ετη εκ τριακ τεσσαρα abdgpw𝕬𝕮(om εκατον
𝕮ᶜ) τριακ πεντε και εκ. ετη qu τριακοντα ετη ο. ετη λ΄ f |
om τον r | ραγαυ] ραγαβ dfp ραχαυ s Racau 𝕮ᶜ

19 om και 1°–θυγατ 𝕰ᵖ | φαλεκ] φαλεγ Macdghnpqs–vc₂·
φαλεχ m | om αυτον d | om τον c | ραγαυ] ραυγα e*(uid). ραγαβ
dp ραχαυ s | δια –ετη Any] ετη εκ και αβδgmprwx.
οκτω και διακ ετη eᵇj· ετη σδ΄ f: ducenta septuaginta annos 𝕭
ducentos triginta nouem annos 𝕰ᶠ om e*(spat 20 relict) εννεα
και διακ. ετη EM rell | και απεθανεν] pr – M

ΓΕΝΕΣΙΣ XI 20

A ²⁰Καὶ ἔζησεν Ῥαγαὺ ἑκατὸν τριάκοντα δύο ἔτη, καὶ ἐγέννησεν τὸν Σερούχ. ²¹καὶ ἔζησεν Ῥαγαὺ μετὰ τὸ γεννῆσαι αὐτὸν τὸν Σερούχ διακόσια ἑπτὰ ἔτη, καὶ ἐγέννησεν υἱοὺς καὶ θυγατέρας, καὶ ἀπέθανεν. ²²Καὶ ἔζησεν Σερούχ ἑκατὸν τριάκοντα ἔτη, καὶ ἐγέννησεν τὸν Ναχώρ. ²³καὶ ἔζησεν Σερούχ μετὰ τὸ γεννῆσαι αὐτὸν τὸν Ναχὼρ ἔτη διακόσια, καὶ ἐγέννησεν υἱοὺς καὶ θυγατέρας, καὶ ἀπέθανεν. ²⁴Καὶ ἔζησεν Ναχὼρ ἔτη ἑβδομήκοντα ἐννέα, καὶ ἐγέννησεν τὸν Θάρα. ²⁵καὶ ἔζησεν Ναχὼρ μετὰ τὸ γεννῆσαι αὐτὸν τὸν Θάρα ἔτη ἑκατὸν εἴκοσι ἐννέα, καὶ ¶ ℭᵐ ἐγέννησεν υἱοὺς καὶ θυγατέρας, καὶ ἀπέθανεν ¶ ²⁶Καὶ ἔζησεν Θάρα ἑβδομήκοντα ἔτη, καὶ ἐγέννησεν τὸν Ἀβρὰμ καὶ τὸν Ναχὼρ καὶ τὸν Ἀρράν.

²⁷Αὗται δὲ αἱ γενέσεις Θάρα· Θάρα δὲ ἐγέννησεν τὸν Ἀβρὰμ καὶ τὸν Ναχὼρ καὶ τὸν Ἀρράν, καὶ Ἀρρὰν ἐγέννησεν τὸν Λώτ. ²⁸καὶ ἀπέθανεν †Ἀρρὰν† ἐνώπιον †Θάρα† τοῦ πατρὸς αὐτοῦ
§ D ἐν τῇ γῇ ᾗ ἐγενήθη, ἐν τῇ χώρᾳ τῶν Χαλδαίων. §²⁹καὶ ἔλαβον Ἀβρὰμ καὶ Ναχὼρ ἑαυτοῖς γυναῖκας· ὄνομα τῇ γυναικὶ Ἀβρὰμ Σάρα, καὶ ὄνομα τῇ γυναικὶ Ναχὼρ Μελχά, θυγάτηρ Ἀρράν, καὶ πατὴρ Μελχὰ καὶ πατὴρ Ἰεσχά. ³⁰καὶ ἦν Σάρα στεῖρα καὶ οὐκ ἐτεκνοποίει. ³¹καὶ ἔλαβεν Θάρα τὸν Ἀβρὰμ τὸν υἱὸν αὐτοῦ καὶ τὸν Λὼτ υἱὸν Ἀρράν, υἱὸν τοῦ υἱοῦ αὐτοῦ, καὶ τὴν Σάραν τὴν νύμφην αὐτοῦ, γυναῖκα τοῦ υἱοῦ αὐτοῦ, καὶ ἐξήγαγεν αὐτοὺς ἐκ τῆς χώρας τῶν Χαλδαίων πορευθῆναι εἰς τὴν γῆν Χανάαν· καὶ ἦλθεν ἕως Χαρράν, καὶ κατῴκησεν ἐκεῖ. ³²καὶ ἐγένοντο αἱ ἡμέραι Θάρα ἐν Χαρρὰν διακόσια πέντε ἔτη· καὶ ἀπέθανεν Θάρα ἐν Χαρράν.

28 αρρα A | θαρρα A   31 γυναικαν D

(D)EMa-hjl-yc₂𝔄𝔅ℭᶜ⁽ᵐ⁾𝔈

20 και εζ] εζησεν δε x | ραγαβ dp | εκατον—ετη Anry] δυο και τριακ και εκ ετη EMehjlqs-v : δυο και λ' ετη και ρ' cc₂ : ετη εκ τριακ. δυο abdgmpwx. om δυο Jos. δυο και τριακ. ετη o ετη λβ' f | σερουγ h*lstv

21 (om και 1°—ετη 18) | ραγαβ dp | om αυτον d | σερουγ h*lstv | διακ.—ετη Any] ετη διακ επτα abdfgmprwx ζ' και σ' c₂ επτα και διακ ετη EM rell | και απεθανεν] pr ÷ M om d

22 om totum comma E | και εζ] εζησεν δε x | σερουγ h*lstv | εκατον—ετη Agy] ετη εκ τριακ abdmnpwx : εκ τριακ. πεντε ετη rEᶠᵖ : τριακ ετη ο· ετη λ' f τριακ. και εκ ετη M rell | τριακοντα] + δυο Jos(ut uid) | αχωρ dp

23 σερουγ h*lstv | om αυτον d | om τον c₂ | αχωρ dnp | διακ ετη Ecehjlnoqtuc₂ | και απεθανεν] pr ÷ M om dp

24 και εζ.] εζησεν δε x | ναχωρ] αχωρ d· +διακοσια ετη και εγεννησεν υιους και θυγατερας l* | om ετη—(25) ναχωρ l | ετη—εννεα] εννεα και εβδ ετη EMehjqs-vc₂ ετη εκατον εβδ εννεα b εννεα και εικοσι ετη co ετη ο' m septuaginta quinque annos 𝔅 Theoph centum uiginti annos Jos(ut uid)· centum triginta annos ℭᵐ centum nouem annos 𝔈 | θαρρα abcejmrt wc₂ᵃ𝔅ˡ

25 (om και 1°—εννεα 18) | ναχωρ] ναχ sup ras yᵃ αχωρ dᵃn | om αυτον d | om τον y | θαρρα abcehᵇjmrtwc₂ᵃ𝔅ˡ | ετη —εννεα Amy] ⟨εννεα και εικ ετη εκ. 77⟩· ρκθ' ετη n εννεα και εικ και εκ ετη EMehjlqsuv ετη εκ. εικ. πεντε bw ετη εκ. εικ δυο agprx𝔄 δυο και εικ και εκ. ετη tc₂ (κ' και ρ' ετη sup ras c₂ᵃ): om εννεα 𝔅: ετη ριθ' f εννεα και δεκα και εκ. ετη co· ετη κβ' d | και απεθανεν] pr ÷ M

26 και εζ] εζησεν δε x | θαρρα abcehᵇjmrtwc₂𝔅ˡʷ | εβδ ετη] ετη εβδ abdfgmpsvwx. ετη ρθ' n· centum annos 𝔈ᶜᶠ | αβραμ] αβρααμ hc₂* : Arran Anon² | om και 3° d | αχωρ dnp ℭ | αρραν] αραν dp : αρραμ j Or-gr: αραμ m. Abram Anon². +και αρραν εγεννησε τον λωτ qs(αραν)u

27 om αυται—αρραν 1° Ecdglpr𝔈 | om δε 1° bwc₂𝔄 | γενεσεις] γενεσεις t | θαρα θαρα] θαρρα θαρρα A*ᵘⁱᵈ(ρ 1° ras bis A¹ᵃ)abejmqstuwc₂𝔅ˡʷ | θαρα 1°] θαρρα hᵇ | om δε 2° Mbefh jmnoqsu-xc₂𝔄𝔅 | αβραμ] αβραμ h* | αχωρ nℭ | ⟨om τον 3° 18⟩ | αρραν 1°] ναρραν n : αρραμ t αραμ jm | και αρραν] αρραν δε eℭ

(Aran). om και bw : ⟨+ δε 79⟩ | αρραν 2°] αραν dp : αρρα x : αρραμ t αραμ jm

28 αρραν] αραν dp : αρρα Ax : αρραμ t αραμ jm | θαρα] θαρρα Aacegjlᵃmoq-uc₂𝔅 · θαρας v(uid) θαρραν bw om E | ⟨om αυτου 31 83⟩ | om εν τη 1°—εγενηθη dp | η] pr εν moc₂ | εγεννηθη A] εγεννηθη EMabce-oq-c₂𝔄𝔅ℭ𝔈 | εν τη 2°] και εν o. om τη r

29 ελαβεν DEchl-oqrux*(uid)c₂ Phil-cod | αβραμ 1°] αβρααμ E | ναχωρ 1°] Achor ℭ | ⟨γυναικας⟩ pr εις 107⟩ | ονομα 1°] pr και l𝔄-codd𝔈 | αβραμ 2°] αβραν n | σαρρα gjn | ναχωρ 2°] Achor ℭ(uid) | μελχα 1°] μελχαν p μελαχαν d | om θυγατηρ—μελχα 2° o | αρραν] αραν dfp : αρρανος r αρρα n αρραμ t | και πατηρ 𝔄 | και 4°] om f | πατηρ 1°] pr o v. μητηρ l𝔈ᶠᵖ | μελχα 2°] ⟨μελγα 107⟩ μελα a | πατηρ 2°] patris 𝔄 | ιεσχα] εσχα n𝔅 · Iescan Anon²

30 om ην m | σαρρα Eefjnp | ετεκτοποιει d

31 και ελ.] ελαβε δε n | θαρρα Dˢⁱˡabcejmoᵃq-twc₂𝔅ˡʷᵖ⁽ᵃ⁾ | om τον 1° dr | αβρ] + και τον ναχωρ Dadeghjop(αχωρ) txc₂𝔅ᵖ Chr · τον υιον] om τον DˢⁱˡEMbcjmnqsuvx τους υιους ⟨20⟩ 𝔅ᵖ Chr. υιους adeghoptxc₂ | αυτου 1°] + et Nachor filium suum 𝔄 | και 2°—αυτου 2°] post αυτου 4° ℭ | τον λωτ] λωτ τον g + τον fx | om υιον 2°—αυτου 2° d | υιον αρραν] τον Chr | αρραν] αραν p αρρα n αρραμ jt αραμ m | om υιον 3° cx*𝔄𝔅ᵖ𝔈ᶜᵖ | του υιου 1°] fratris 𝔈 τον υιου c₂ | om και την—αυτου 4° 𝔅ᵖ | om την 1° dp | σαραν] σαρραν ejntwc₂ · σαρα Emo ⟨+και 18⟩ | om γυν.—αυτου 4° dp | γυναικα A𝔅ᵖ] + γυναικα DˢⁱˡEMbcehjmnqruwy 𝔄𝔅ˡʷℭ𝔈 | + δε αβραμ afgostvxc₂ Chr | αυτου 4°] om n· + αβραμ l | και εξηγ.] pr και παντα τα υπαρχοντα αυτων dgp pr και παντα τα υπαρχοντα αυτων εκ του αμορραιου και ναχωρ υιον αυτου j(mg)s (mg) | αυτους] ovs ex corr jᵃ⁺ | om της d | πορευεσθαι D(.... vεσθαι D) | την γην] om την EMdhloqru · om γην wc₂ | χανααν] pr των fsv των χαναναιων acdgm-prtxc₂ℭ Chr | ηλθον bdw𝔄𝔈 | εως] εις Maflsv | χαραν cdf*gpℭ | κατωκ.] ωκησαν bw𝔄𝔈

32 αι ημεραι] pr πασαι ac-gjmoptvxc₂𝔄ℭ𝔈 Chr. + πασαι r | θαρα 1°] θαρρα Dabcejlmoq-twaᵗc₂𝔅ˡʷᵖ⁽ᵃ⁾ θαρραν w* | χαρραν 1°] pr γη bw · Charan ℭ χαρρα mquc · διακ —ετη Any] ετη διακ. πεντε Dbgmpswx Chr. πεντηκοντα και διακ ετη t : ετη

ΓΕΝΕΣΙΣ

XII 1 §1Καὶ εἶπεν Κύριος τῷ Ἀβράμ Ἔξελθε ἐκ τῆς γῆς σου καὶ ἐκ τῆς συγγενείας σου καὶ ἐκ τοῦ A
2 οἴκου τοῦ πατρός σου, εἰς τὴν γῆν ἣν ἄν σοι δείξω ²καὶ ποιήσω σε εἰς ἔθνος μέγα καὶ εὐλογήσω §d₂
3 σε καὶ μεγαλυνῶ τὸ ὄνομά σου, καὶ ἔσῃ εὐλογητός· ³καὶ εὐλογήσω τοὺς εὐλογοῦντάς σε, καὶ τοὺς
4 καταρωμένους σε καταράσομαι, καὶ εὐλογηθήσονται ἐν σοὶ πᾶσαι αἱ φυλαὶ τῆς γῆς. ⁴καὶ
ἐπορεύθη Ἀβρὰμ καθάπερ ἐλάλησεν αὐτῷ Κύριος, καὶ ᾤχετο μετ᾽ αὐτοῦ Λώτ· Ἀβρὰμ δὲ ἦν
5 ἐτῶν ἑβδομήκοντα πέντε ὅτε ἐξῆλθεν ἐκ Χαρράν. ⁵καὶ ἔλαβεν Ἀβρὰμ τὴν Σαρὰ γυναῖκα αὐτοῦ
καὶ τὸν Λὼτ υἱὸν τοῦ ἀδελφοῦ αὐτοῦ καὶ πάντα τὰ ὑπάρχοντα αὐτῶν ὅσα ἐκτήσαντο καὶ πᾶσαν
ψυχὴν ἣν ἐκτήσαντο ἐκ Χαρράν, καὶ ἐξήλθοσαν πορευθῆναι εἰς γῆν Χανάαν· καὶ ἦλθον εἰς γῆν
6 Χανάαν. ⁶καὶ διώδευσεν Ἀβρὰμ εἰς τὸ μῆκος αὐτῆς ἕως τοῦ τόπου Συχέμ, ἐπὶ τὴν δρῦν τὴν
7 ὑψηλήν· οἱ δὲ Χαναναῖοι τότε κατῴκουν τὴν γῆν. ⁷καὶ ὤφθη Κύριος τῷ Ἀβρὰμ καὶ εἶπεν αὐτῷ
Τῷ σπέρματί σου δώσω τὴν γῆν ταύτην· καὶ ᾠκοδόμησεν ἐκεῖ Ἀβρὰμ θυσιαστήριον Κυρίῳ τῷ
8 ὀφθέντι αὐτῷ.¶ ⁸καὶ ἀπέστη ἐκεῖθεν εἰς τὸ ὄρος κατ᾽ ἀνατολὰς Βαιθήλ, καὶ ἔστησεν ἐκεῖ τὴν ¶d₂
σκηνὴν αὐτοῦ ἐν Βαιθὴλ κατὰ θάλασσαν καὶ Ἀγγαὶ κατ᾽ ἀνατολάς· καὶ ᾠκοδόμησεν ἐκεῖ θυσιασ-
9 τήριον τῷ κυρίῳ καὶ ἐπεκαλέσατο ἐπὶ τῷ ὀνόματι Κυρίου. ⁹καὶ ἀπῆρεν Ἀβρὰμ καὶ πορευθεὶς
ἐστρατοπέδευσεν ἐν τῇ ἐρήμῳ

XII 1 συγγενιας E | διξω A
8 κατα ανατ. (bis) D^sil E

3 καταρουμενος D | αι] α D*
9 πορευθης E*^uid (πορευθεις E^a)

DEMa-hjl-yc₂(d₂)𝕬𝕭ℭ^c𝕰

οε' dr · ετη πεντε c₂ · πεντε και διακ ετη EM rell | om θαρα εν χαρραν 2° dn | θαρα 2°] θαρρα D^sil abcegjlmoqrtuwc₂𝕭^lwp(a) om f Chr | χαρραν 2°] χαραν s ℭ χαρρα Mmr Phil-codd
XII 1 κυριος] +ο θ̅σ̅ Madprd₂ Cyp: Deus 𝕬 | ⟨τω⟩ προς 25⟩ | εξελθε] απελθε Phil-ed ⅔ Clem-R πορευου Phil-codd ⅓ | om εκ 1°—και 2° Cyr⅔ | om εκ 2° Acta-txt | συγγενειας] γενεσεως Phil-cod ⅛ | om και 3°—σου 3° Acta Hip Cyr⅔ | εις την—(2) ευλογητος] mutila in ℭ | εις ADa*h*rt𝕬𝕰^fp Phil½ ed½ Clem-R Or-gr Thdt½] και πορευου cm. pr και υπαγε h^b . pr και ελθε a^b pr αμοτ 𝕭 pr και δευρο EM rell 𝕰^c Acta Hip Or-lat Eus Chr Cyr Thdt½ Cyp Spec προς Phil-codd ⅓ | την γην] om την c-flnpsxyd₂ Hip Eus Chr Cyr⅔ | αν] εαν E om am Phil½ ed½ | δειξω σοι Phil codd½
2 μεγα] +και πολυ dpd₂ | om και 3°—ευλογητος 𝕰^p | μεγαλυνω ονομα-σου] εσται το ονομα σου μεγα m | ευλογητος] ευλογημενος Mbdfghlnpstv-yc₂(mg)d₂ Clem-R Eus ⅓ Chr Cyr-codd Thdt
3 τους ευλογ σε] qui te benedixerit Cyp Spec | τους 2°—καταρασομαι] καταρας τους κατ σε Clem-R maledicam qui te maledixerit Cyp Spec | ευλογηθησονται Alm Clem-R Cyr-ed ½ Thdt] ενευλογηθησονται D(+D^sil)EM rell Phil Eus Chr Cyr½ codd½ | om πασαι x
4 καθαπερ] καθα bnquw Phil½ Chr | ελαλησεν] ενετειλατο ej. pr praecepit et Dominus et 𝕰^p · ενετειλατο ej | κυριος] pr ο jw · Deus 𝕬 +ο θ̅σ̅ dfglopsd₂ Chr | μετ αυτου] μετα του Da*mo Phil-codd | om αβραμ 2°—(5) λωτ x | ετων εβδομηκοντα πεντε] ετων πεντε και εβδ Mc₂ πεντε και εβδ aco πεντε και εβδ ετων Eefhjlqs-v | οτε] ηνικα r | εκ] εις h*l εν td₂ Phil-cod½ | χαρραν] χαραν dp ℭ
5 την σαρα] την σαραν DEMahqu την σαρρα ε την σαρραν jo Cyr-codd · την σαρρα την t . την σαρρα την m . την σαραν την sv σαρα την y σαραν την bcdfgp^a*w Chr σαρραν την np*c₂d₂ Cyr-ed | του λωτ] λωτ τον acdgm-pc₂d₂ Chr ⟨om τον 25 37 108⟩ | υιον] pr τον fsvx* Cyr-ed ο υιος x^a? | αδελφου]

η του αρραν c(mg) | om αυτων 2° c₂ | και παντα—(6) χαναναιοι] mutila in ℭ | αυτων] αυτοις m αυτου p · ⟨αυτων 25⟩: om c | εκτησαντο 1°] +εν χαρραν gh(χαρρα h*)txc₂ | και παντα—εκτησαντο 2°] om dpd₂𝕭𝕰 Chr · om και x | om εκ χαρραν nc₂ | εκ] εν Mabd-gjoprs(txt)tvwd₂𝕬𝕭(uid) Chr Cyr-ed | χαραν dps* | εξηλθοσαν Afnry] εξηλθεν DEbglquwc₂ Chr Cyr-codd εξηλθον M rell | γην 1°] την α· om Chr-ed | om και ηλθ εις γην χαν Ebd flmo*wc₂d₂*𝕰 Cyr-ed | ηλθον] ηλθεν Dx Chr . εισηλθον pqu | γην χαναν 2°] ⟨pr την 68.83 132⟩ · αν 2°
6 αβραμ Any] pr την γην Cyr-codd · την γην x · την γην D^sil EM rell 𝕬𝕭𝕰 Or-gr(uid) Chr Cyr-ed | εις το μηκος αυτης] om Dabcquwc₂𝕰 Phil Or-gr(uid) ⟨om αυτης 37⟩ | ⟨εως επι 77⟩ | του τοπου] om 𝕰 . ⟨του ποταμου 73⟩ | συχεμ] pr του gw Chr ⟨pr της 108⟩ | επι] εις E Cyr codd | ⟨γην⟩ +αυτων 108⟩
7 κυριος] ο θεος 𝕬-codd Phil Or-gr⅔ +ο θ̅σ̅ r Or-gr½(uid) Chr | τω σπερματι σου] pr tibi et 𝕭 | om δωσω x* | την γην] pr πασαν r | αβραμ εκει 𝕰 Cyr | αβραμ 2°] om acdmopqruxc₂d₂ Eus Chr +ras (10) w | κυριω] pr τω abceghlmostwx Eus Chr Cyr. om p | post αυτω 2° ras (1) A
8 ανεστη c₂ ℭ | εις—βαιθηλ 1°] in terram Bētēl quae iuxta orientem 𝕰^f iuxta orientem in terram Bētēl 𝕰^c · in terram Bētēl 𝕰^p | βαιθηλ κατα ανατολας t | καιθηλ s | om και 2°—βαιθηλ 2° mpx𝕰^p | om εκει 1° abcow | om αυτου n𝕰 | om εν DMdfghnoqs-vc₂ | βαιθηλ 2°] καιθηλ s · βαιθμα r | om και αγγαι y𝕰^fp | κατ ανατολας 2°] κατα νοτον h*t𝕭 | εκει 2°] κακει ⟨20⟩ Chr | τω κυριω] κ̅ω̅ τω θ̅ω̅ r ℭ | +το οφθεντι αυτω c | και 5°—κυριου] et inuocauit nomen eius 𝕰^cf(a) · om 𝕰^f(*)p ⟨om και 108⟩ | επι τω ονοματι] το ονομα E · om επι ln | κυριου] του θ̅υ̅ x · +του θ̅υ̅ του οφθεντι αυτω r ℭ(uid) · +τω οφθεντι αυτω y +ras (15) A
9 om και 1°—αβραμ o* | απηρεν] +inde 𝕭 | πορευθ. εστρατ] iuit ℭ | κατεστρατοπαιδευσεν x | τη] γη Chr-ed

XII 6 την δρυν την υψηλην] σ' της δρυος μαμβρη Mjsv(sine nom jv)
8 απεστη] α' μετηρεν M α' μετηγεν jv σ' απηρεν Mj(sine nom)v | κατα θαλ] α' απο θαλασσης σ' απο δυσμων Mj(sine nom)sv | κατ ανατολας 2°] οιον κατα νοτον M
9 αβραμ] pr α' εκειθεν s . +εκειθεν jv | εν τη ερημω] α' νοτονδε σ' εις νοτον Mjv σ' νοτονδε εις νοτον s

29

A 10 Καὶ ἐγένετο λιμὸς ἐπὶ τῆς γῆς· καὶ κατέβη Ἀβρὰμ εἰς Αἴγυπτον παροικῆσαι ἐκεῖ, ὅτι 10
ἐνίσχυσεν ὁ λιμὸς ἐπὶ τῆς γῆς. 11 ἐγένετο δὲ ἡνίκα ἤγγισεν Ἀβρὰμ εἰσελθεῖν εἰς Αἴγυπτον, εἶπεν 11
¶ *D* Ἀβρὰμ Σάρᾳ τῇ γυναικὶ αὐτοῦ¶ Γινώσκω ἐγὼ ὅτι γυνὴ εὐπρόσωπος εἶ· 12 ἔσται οὖν ὡς ἂν ἴδωσίν 12
σε οἱ Αἰγύπτιοι, ἐροῦσιν ὅτι Γυνὴ αὐτοῦ ἐστὶν αὐτή· καὶ ἀποκτενοῦσίν με, σὲ δὲ περιποιήσονται.
13 εἰπὸν οὖν ὅτι Ἀδελφὴ αὐτοῦ εἰμί, ὅπως ἂν εὖ μοι γένηται διὰ σέ, καὶ ζήσεται ἡ ψυχή μου 13
ἕνεκεν σοῦ. 14 ἐγένετο δε ἡνίκα εἰσῆλθεν Ἀβρὰμ εἰς Αἴγυπτον, ἰδόντες οἱ Αἰγύπτιοι τὴν γυναῖκα 14
αὐτοῦ ὅτι καλὴ ἦν σφόδρα, 15 καὶ ἴδον αὐτὴν οἱ ἄρχοντες Φαραὼ καὶ ἐπήνεσαν αὐτὴν πρὸς 15
Φαραὼ καὶ εἰσήγαγον αὐτὴν πρὸς Φαραώ. 16 καὶ τῷ Ἀβρὰμ εὖ ἐχρήσαντο δι' αὐτήν, καὶ ἐγέ- 16
§ 𝔏^b νοντο αὐτῷ πρόβατα καὶ μόσχοι καὶ ὄνοι, παῖδες καὶ παιδίσκαι, ἡμίονοι καὶ κάμηλοι. §17 καὶ 17
ἤτασεν ὁ θεὸς τὸν Φαραὼ ἐτασμοῖς μεγάλοις καὶ πονηροῖς καὶ τὸν οἶκον αὐτοῦ περὶ Σάρας τῆς
γυναικὸς Ἀβράμ. 18 καλέσας δὲ Φαραὼ τὸν Ἀβρὰμ εἶπεν Τί τοῦτο ἐποίησάς μοι, ὅτι οὐκ 18
ἀπήγγειλάς μοι ὅτι γυνή σού ἐστιν; 19 ἵνα τί εἶπας ὅτι Ἀδελφή μού ἐστιν; καὶ ἔλαβον αὐτὴν 19
ἐμαυτῷ εἰς γυναῖκα. καὶ νῦν ἰδοὺ ἡ γυνή σου ἐναντίον σου· λαβὼν ἀπότρεχε. 20 καὶ ἐνετείλατο 20
Φαραὼ ἀνδράσιν περὶ Ἀβράμ, συνπροπέμψαι αὐτὸν καὶ τὴν γυναῖκα αὐτοῦ καὶ πάντα ὅσα ἦν
αὐτῷ, καὶ Λὼτ μετ' αὐτοῦ.
1 Ἀνέβη δὲ Ἀβρὰμ ἐξ Αἰγύπτου αὐτὸς καὶ ἡ γυνὴ αὐτοῦ καὶ πάντα τὰ αὐτοῦ καὶ Λὼτ μετ' 1 XIII
αὐτοῦ εἰς τὴν ἔρημον. 2 Ἀβρὰμ δὲ ἦν πλούσιος σφόδρα κτήνεσιν καὶ ἀργυρίῳ καὶ χρυσίῳ. 2

10 βραμ A* (αβραμ A^1) | 11 ηγγεισεν A | 12 αιγυπτιοι] αι sup ras (1) A^a | αιρουσιν E | γυ|γη E
13 ειμι] ει μη E | 14 αιγυπτιοι] αι sup ras (1) A^a
16 παιδες] αι sup ras (1) A^a | παιδι|και A (παιδισκαι $A^{1?a?mg}$)

(*D*)EMa–hȷl–yc_2𝔄𝔅ℭ^{c}𝔈(𝔏^b)

10 λιμος 1°] λοιμος n: +μεγας dp | εις αιγυπτον αβραμ Chr | om εκει x | ενισχυσεν] ενισχυεν b. ισχυσεν dpx. κατισχυσεν nr ⟨εκεισε ισχυσεν 107⟩ | om ο p | λιμος 2°] λοιμος n | της γης 2°] την γην m

11 om εγενετο—αιγυπτον c_2 | ηγγιζεν fn | αβραμ 1°] αβρααμ n | εις αιγυπτον εισελθειν m | εισελθειν] ⟨ελθειν 107⟩. om n | ⟨αιγυπτον] pr την 132⟩ | ειπεν] pr και oc_2𝔄 | om αβραμ 2° n𝔄 Chr | σαρρα ȷmn*o | γινωσκων d | om εγω 𝔄𝔅^{lw}𝔈 Chr⅓ | γυνη] pr συ l· om 𝔅^p | ει] +συ dgmpc_2𝔄 Chr⅓

12 εσται] εστω gl | ⟨om ουν 132⟩ | ως αν] οταν M Chr½: εαν c_2 | αν] εαν acdgmopx | ειδωσιν Eg*orx | om σε 1° 𝔄 | om εστιν EMacefȷmoqs–vxc_2 Chr | om αυτη nr | αποκτεινουσιν Emv | με] εμε f

13 ειπον] ειπε a^bbcdfgmnpx Chr· ειπεν w | ουν] δε x: om 𝔄: +αυτοις l | αυτου ειμι] μου ει Chr⅓ | οπως αν] ινα Chr⅔. om αν r | om ευ e | γενηται] γενοιτο r | om δια σε Chr⅓ | om και—σου ℭ | ενεκεν σου] δια σε f Chr⅓. om bw

14 εγενετο δε ηνικα] ηνικα δε d om ηνικα En | εισηλθεν] ηλθεν dp ηγγισεν l *descendit* 𝔅 | ιδοντες] pr *et* 𝔄· ⟨post αιγυπτιοι 77⟩ +ουν E | την γυναικα αυτου Ay𝔅ℭ𝔈] om dm: om αυτου EM rell 𝔄 Chr Cyr | ην καλη e | ην] ειη ȷ(mg)s(mg) Cyr-ed | ⟨σφοδρα] +αυτη 76⟩

15 ιδον] ιδοντες aeȷℭ Cyr-codd | om οι n | και 2°—φαραω 2°] om c Chr (repugnante autem contextu) Cyr-codd: om και adeȷ ℭ Cyr-codd | επηνεσαν] *duxerunt* 𝔈 | om αυτην 2° n Cyr-codd | om προς φαραω 1° c_2 | om και 3°—φαραω 3° Er* | om και 3°—αυτην 3° c_2* | ηγαγον Cyr-ed | προς φαραω 2°] *in domum eius* 𝔈 | προς 2° A] προς τον οικον d· εις οικον r^ay: εις τον οικον M rell 𝔄𝔅ℭ Chr Cyr

16 αβρααμ f | om ευ ⟨128⟩ Or-gr-cod | εχρισατο gn | αυτην] αυτης f | εγενετο acefȷnorsvc_2 Chr | αυτω] αυτοις m: αυτων M | προβατα] +τε Cyr-ed | μοσχοι] βοες Cyr-cod | παιδες—ημιονοι] pr και a–gȷoprstvwxc_2𝔅ℭ Or-gr Cyr: pr *et cameli et* 𝔈 om qu | ημιονοι] pr και abdfgmoprstvwxc_2𝔅^{lw}ℭ𝔈𝔖-ap-Barh Or-gr Chr Cyr | om και καμηλοι 𝔈

17 και ητασεν—μεγαλοις και] mutila in ℭ | ο θεος] pr $\overline{κς}$ acms(mg)v(mg)c_2𝔅^p· $\overline{κς}$ Ebehȷloqtuw𝔅^{lw}𝔏(uid) Or-lat Eus Cyr | ετασμοις] pr εν m | και πονηροις] και φοβεροις Cyr-codd½ Thdt. om Eus Cyr½ | τον οικον] pr απαντα 𝔏(uid) Thdt | σαρρας eȷmnoc_2 | αβραμ] αυτου qu

18 καλεσας δε] και καλεσας ⟨108⟩ 𝔏 | ειπεν] +αυτω EMd–lnprstvxc_2𝔄𝔅ℭ𝔈 Chr | τι—οτι 1°] *quare* 𝔏 | ⟨τι] +οτι 20⟩ | μοι 1°] με o ημιν r𝔅^p. om c_2 | οτι 1°] και n𝔅 | απηγγειλας] ανηγγειλας c Chr: *dixisti* 𝔏 | om μοι 2° 𝔄-ed | σου] σοι n μου my𝔅^{lw} | ⟨εστιν] +αυτη 20⟩

19 om ινα τι—εστιν y* Chr | ινα τι] pr και b𝔈^p· τι οτι r *sed* 𝔏 | ειπας] ειπες x: +*mihi* 𝔈𝔏 | om οτι Eceȷr𝔈 Thdt | μου] σου dp | ελαβον] pr *ego* 𝔏 | om εις EMabcfhl–oqs–y Chr | om νυν m𝔏 | om η n | εναντιον] ενωπιον acoc_2 Chr½ | σου 2°] om q +*est* 𝔏

20 φαραω ανδρασιν] post αβραμ acmoc_2 om φαραω 𝔄· +αυτου l | om περι αβραμ ℭ𝔈 | αβραμ] pr του Thdt· αβρααμ ns· αυτου g | συνπροπεμψαι] συμπροπεμψας c_2· του συμπαραπεμψαι f ⟨προπεμψαι 25⟩ | αυτον] αυτω d. *Abram* ℭ𝔈 | αυτου 1°] +και λωτ τον $\overline{υν}$ του αδελφου αυτου n | αυτω] αυτου p· ⟨+μετ αυτου 128⟩ | και 4°—αυτου 2°] om 𝔏(uid) Thdt(uid) | και λωτ] om n και τον λωτ ⟨20.32⟩ 𝔄(uid) Chr | ⟨αυτου 2°] αυτων 20.32⟩

XIII **1** om ανεβη—αυτου 3° 𝔈^{fp} | ανεβη δε] *et ascendit* 𝔏(uid): om δε l | αυτος—αυτου 1°] om n· om αυτος E | om και λωτ μετ αυτου n | ⟨αυτου 3°] αυτων 32⟩ | ερημον] +εως βεθηλ εως του τοπου ου η σκηνη αυτου το προτερον m

2 om και 1° g Chr | αργυριου m | χρυσιου m

10 ενισχυσεν] α' εβαρυνθη Msv· α' εβαρυνεν ȷ | 12 περιποιησονται] α' ζωωσουσιν Mȷ(sine nom)s
17 και ητασεν] α' και ηπτετο αφαις Mȷsv(sine nom sv). (και) εβασανισεν M
18 τι] διατι εις τι ȷ: α' εις τι v | XIII 1 εις την ερημον] σ' εις τον νοτον M· α' εις τον νοτον s(sine nom)v

ΓΕΝΕΣΙΣ XIII 14

3 ³καὶ ἐπορεύθη ὅθεν ἦλθεν εἰς τὴν ἔρημον ἕως Βαιθήλ, ἕως τοῦ τόπου οὗ ἦν ἡ σκηνὴ αὐτοῦ τὸ πρό- A
4 τερον, ἀνὰ μέσον Βαιθὴλ καὶ ἀνὰ μέσον Ἀγγαί, ⁴εἰς τὸν τόπον τοῦ θυσιαστηρίου οὗ ἐποίησεν
5 ἐκεῖ τὴν σκηνήν· καὶ ἐπεκαλέσατο ἐκεῖ Ἀβρὰμ τὸ ὄνομα Κυρίου. ⁵καὶ Λὼτ τῷ συμπορευομένῳ
6 μετὰ Ἀβρὰμ ἦν πρόβατα καὶ βόες καὶ κτήνη. ⁶καὶ οὐκ ἐχώρει αὐτοὺς ἡ γῆ κατοικεῖν ἅμα, ὅτι
7 ἦν τὰ ὑπάρχοντα αὐτῶν πολλά· καὶ οὐκ ἐδύναντο κατοικεῖν ἅμα ⁷καὶ ἐγένετο μάχη ἀνὰ μέσον
  τῶν ποιμένων τῶν κτηνῶν τοῦ Ἀβρὰμ καὶ ἀνὰ μέσον τῶν ποιμένων τῶν κτηνῶν τοῦ Λώτ· §οἱ δὲ § D
8 Χαναναῖοι καὶ οἱ Φερεζαῖοι τότε κατῴκουν τὴν γῆν. ⁸εἶπεν δὲ Ἀβρὰμ τῷ Λὼτ Μὴ ἔστω μάχη
  ἀνὰ μέσον ἐμοῦ καὶ σοῦ, καὶ ἀνὰ μέσον τῶν ποιμένων σου καὶ ἀνὰ μέσον τῶν ποιμένων μου, ὅτι
9 ἄνθρωποι ἀδελφοὶ ἡμεῖς ἐσμέν. ⁹καὶ ἰδοὺ πᾶσα ἡ γῆ ἐναντίον σου· διαχωρίσθητι ἀπ' ἐμοῦ. εἰ
10 σὺ εἰς ἀριστερά, ἐγὼ εἰς δεξιά· εἰ δὲ σὺ εἰς δεξιά, ἐγὼ εἰς ἀριστερά. ¹⁰καὶ ἐπάρας Λὼτ τοὺς
  ὀφθαλμοὺς αὐτοῦ ἴδεν πᾶσαν τὴν περίχωρον τοῦ Ἰορδάνου, ὅτι πᾶσα ἦν ποτιζομένη πρὸ τοῦ
  καταστρέψαι τὸν θεὸν Σόδομα καὶ Γόμορρα ὡς ὁ παράδεισος τοῦ θεοῦ καὶ ὡς ἡ γῆ Αἰγύπτου, ἕως
11 ἐλθεῖν εἰς Ζόγορα. ¹¹καὶ ἐξελέξατο ἑαυτῷ Λὼτ πᾶσαν τὴν περίχωρον τοῦ Ἰορδάνου, καὶ ἀπῆρεν
12 Λὼτ ἀπὸ ἀνατολῶν· καὶ διεχωρίσθησαν ἕκαστος ἀπὸ τοῦ ἀδελφοῦ αὐτοῦ. §¹²Ἀβρὰμ δὲ κατῴ- § d₂
  κησεν ἐν γῇ Χανάαν· Λὼτ δὲ κατῴκησεν ἐν πόλει τῶν περιχώρων καὶ ἐσκήνωσεν ἐν Σοδόμοις.
13/14 ¹³οἱ δὲ ἄνθρωποι οἱ ἐν Σοδόμοις πονηροὶ καὶ ἁμαρτωλοὶ ἐναντίον τοῦ θεοῦ σφόδρα. ¹⁴Ὁ δὲ

XIII 7 ποιμαινων A (bis)   8 ποιμαινων A (bis) · ποιημενων E (1°)   9 ειδου E
10 παραδισος A   12 ενσκηνωσεν A

(D)EMa–hjl–yc₂(d₂)𝔄𝔅ℭ^c𝔈𝔏^b

3 επορ] abierunt 𝔏 | οθεν ηλθ.] inde uenientes 𝔏 | οθεν] οποι Cyr-ed | ηλθεν] εξηλθεν bw𝔈^fp Cyr om a* | om εις—βαιθηλ 1° g | om εις x | om εως βαιθηλ l | εως 2°—αγγαι] om n om εως—βαιθηλ fm | εως τ τοπ] εις τον τοπον j(mg) · ad locum 𝔏 +βεθηλ g(uid) · om ου t | om ην qu | η σκηνη] γυνη w | om το (108) Cyr-ed | προτερον] πρωτον o | ανα μεσον 1°] pr και E | βαιθηλ και ανα μ] ⟨pr της 18⟩ om c₂ om ανα μεσον 𝔏(uid) | om και 2° m | αγγαι] ⟨εγγαι 74⟩ · Aggei 𝔏(uid)

4 εις—εκει 1°] ubi fecerat altare 𝔅^w(uid) | in locum ubi fecerat altare 𝔅^p(uid)𝔈(+ibi 𝔈^cf) | εις τον τοπον εως του τοπου c₂ om τον m | του—σκηνην] ubi initio altare fecerat 𝔏 | σκηνην Any] αρχην EM rell 𝔄𝔅ℭ𝔈 Chr Cyr | επεκαλεσατο 31] επεκαλεσεν Eacloqs(mg)tuc₂ Cyr · επεκαλειτο g επεκαλει dp corr ex επεκαλεσαντο s(txt) | om εκει 2° bw𝔈^p | αβραμ] αβρααμ n* om d | τω ονοματι y | κυριου] Dei ℭ𝔏 · +του θυ Md–gjpstvxc₂𝔄 Chr

5 του συμπορευομενου x* | om τω d | κτηνη] σκηναι M(txt) acehjmoqu𝔅𝔏 +και σκηναι En . +multa 𝔏

6 om και 1° n𝔅^p | αυτους] post γη ⟨η γη⟩ terra illa 𝔅 | om οτι—αμα 2° e*w𝔈 | ην—πολλα] multa habebant 𝔏(uid) om ην m | αυτων] αυτω mo | om και 2°—αμα 2° Eac₂ | εδυναντο] ην δυναντο b | εχωρει αυτους η γη y +οι δυο n | κατοικειν 2°] οικειν m

7 εγενοντο μαχαι dp | ⟨εγενετο⟩ +δε 32 | om των κτηνων 1° no𝔈 | του αβραμ—κτηνων 2°] om bw𝔈 om του d | αβραμ f | om ανα μεσον 2° d𝔏 | om των κτηνων 2° n Chr | om του 2° dnr | λωτ] +et Abram 𝔈 | και οι φερ] post τοτε g · et Feretaei 𝔏 | ⟨γην⟩ +εκεινην 20⟩

8 ανα μεσον 1°—σου 1°] inter te et inter me 𝔈^f | εμου] ημων d | και σου] και ανα μεσον σου ht𝔅ℭ Chr ½ · om Ddqu 𝔈^p | και 2°] et non 𝔏 | om ανα μεσον 2° d | σου 2° AEny𝔈^fp] ημων de^a? . μου D^sil Me* rell 𝔄𝔅ℭ^c𝔏 Chr Cyr | om και 3°—μου de | om ανα μεσον 3° gnpr Chr | μου AEny𝔈^fp] σου D^sil M abcf–mo–xc₂𝔄𝔅ℭ^c𝔈^c𝔏 Chr Cyr | om ανθρωποι ⟨20(txt)⟩ Chr ½ | ημεις] post εσμεν bw𝔄 om fy

9 και ιδου] nonne ℭ | και Adjp𝔈] om ⟨20⟩ 𝔏 Chr ⅔ · ουχ

DMow · ουκ E rell 𝔄𝔅 Chr ¾ | πασα] παντα s om 𝔅 | σου An ℭ] εστιν E +εστιν D^sil M rell 𝔄𝔅𝔈𝔏 Chr | διαχωρισοντι s(txt) | ει 1°] η nrℭ | om εις 1° en | αριστερα 1°] pr τα μ. αριστεραν x*. τα δεξια c𝔈^fp Or-lat | εγω 1°] pr η n. +δε fjs(mg) | om εις 2° n | δεξια 1°] pr τα μ. τα αριστερα c𝔈^fp Or-lat | om ει δε—αριστερα 2° n𝔈^p | ει δε] η r𝔅^pℭ | ει A*(δε suprascr A¹)abcmop𝔄 Or-lat ½ | uel si 𝔏 | aut si Or-lat ½ | εις 3° o | δεξια 2°] pr τα μ. τα αριστερα c𝔈^f Or-lat | εγω 2°] pr και f. +δε E | αριστερα 2°] pr τα μ τα δεξια c𝔈^f Or-lat

10 απαρας l | λωτ] post αυτου bw𝔏 om 𝔅^p(*) | om αυτου Dhmqu | ιδεν] επειδεν bw · περιειδε ⟨20⟩ 𝔏 | om πασαν x Chr ⅔ 𝔈^p | om του ιορδανου | οτι] και Chr ⅔ | om πασα bw𝔅 Chr ⅔ | ποτιζομενη ην Chr ⅔ | om προ—γομορρα Chr ⅔ | om ο qtu Chr ⅔ | θεου] κυ c₂ . +ημων l (om και 3° 83) | η γη] om η En | αιγυπτου] Aegyptiorum 𝔏 | om εως—ζογορα 𝔈 | ελθειν] pr ου qu · pr αν cm · αν ελθη ao | ζογορα] ζωγορα mx ζογαρα e · σογορα dpr𝔅^p γοζορα t · Zoora 𝔄-ed. Segor 𝔄-codd Sogorra ℭ Zogara in Segor 𝔏(uid)

11 εξελεξατο] ⟨επελεξατο 32⟩ ⟨εδεξατο 25⟩ εξελατο g | εαυτω] post λωτ bw αυτω dfmp om 𝔈^p ⟨om πασαν 𝔅^p⟩ απο 1°] ανθ E | διεχωρισθη c | απο του αδελφου] προς τον αδελφον αδελφον E*(om αδ 2° E^a) | αδελφου] πλησιον r

12 αβραμ δε] και αβραμ Mdfghopstvxc₂ Chr om δε D*(suprascr D^a)acqu ℭ𝔈^cf | κατωκησεν 1°] παρωκησεν Mdgptxd₂𝔄 Chr | εν γη] εις γην bw | χανααν] +εναντιον του θυ d(om του) p | λωτ δε] και λωτ ej𝔅^lw𝔏 | κατωκησεν 2°] παρωκησεν dglpx d₂ +ibi 𝔏(uid) | πολει] γη bw | των—σοδομοις] aput Iordanen et ascendit in terram Sodomam 𝔏(uid) | εσκηνωσεν] ενσκηνωσεν Ag ⟨ενεσκηνωσεν 32⟩ ωκησεν Chr-ed | om εν 3° Em

13 οι δε—σοδομοις] οι δε σοδομιται p · εκεισε δε υπηρχον d | οι δε] +οι l | om οι 2° c₂ | πον και αμαρτ.] αμαρτωλοι και πονηροι d · maligni 𝔏 · +ησαν ⟨32⟩ 𝔄(uid)𝔅 | εναντιον του θεου] post σφοδρα ⟨37⟩ 𝔅ℭ𝔈 · in conspectu D^mi erant 𝔏(uid) . om dp · om του c₂ | εναντι tx

14 ο δε θεος ειπεν] ειπεν δε ο θς bnw𝔄𝔈 · et dixit D^ms Ds

3 εις την ερημον] σ' εις τον νοτον M   12 κατωκησεν 1°] α' εκαθισεν σ' εμεινεν M

31

ΓΕΝΕΣΙΣ

XIII 14

A θεὸς εἶπεν τῷ Ἀβρὰμ μετὰ τὸ διαχωρισθῆναι τὸν Λὼτ ἀπ' αὐτοῦ¶ Ἀνάβλεψον τοῖς ὀφθαλμοῖς
¶ 𝕷ᵇ σου καὶ ἴδε ἀπὸ τοῦ τόπου οὗ νῦν σὺ εἶ πρὸς βορρᾶν καὶ λίβα καὶ ἀνατολὰς καὶ θάλασσαν·
¹⁵ὅτι πᾶσαν τὴν γῆν ἣν σὺ ὁρᾷς, σοὶ δώσω αὐτὴν καὶ τῷ σπέρματί σου ἕως τοῦ αἰῶνος. ¹⁶καὶ
ποιήσω τὸ σπέρμα σου ὡς τὴν ἄμμον τῆς γῆς· εἰ δύναταί τις ἐξαριθμῆσαι τὴν ἄμμον τῆς γῆς,
καὶ τὸ σπέρμα σου ἀριθμηθήσεται. ¹⁷ἀναστὰς διόδευσον τὴν γῆν εἴς τε τὸ μῆκος αὐτῆς καὶ εἰς
τὸ πλάτος· ὅτι σοὶ δώσω αὐτὴν καὶ τῷ σπέρματί σου εἰς τὸν αἰῶνα. ¹⁸καὶ ἀποσκηνώσας Ἀβρὰμ
ἐλθὼν κατῴκησεν παρὰ τὴν δρῦν τὴν Μαμβρῆν, ἣ ἦν ἐν Χεβρών· καὶ ᾠκοδόμησεν ἐκεῖ θυσιαστή-
¶ d₂ ριον Κυρίῳ.¶

¹Ἐγένετο δὲ ἐν τῇ βασιλείᾳ τῇ Ἀμαρφὰλ βασιλέως Σενναάρ, Ἀριὼχ βασιλεὺς †Ἑλλασάρ† XIV
καὶ ὁ Χοδολλογόμορ βασιλεὺς Αἰλὰμ καὶ Θαλγὰ βασιλεὺς ἐθνῶν ²ἐποίησαν πόλεμον μετὰ
Βάλλα βασιλέως Σοδόμων καὶ μετὰ Βαρσὰ βασιλέως Γομόρρας καὶ Σενναὰρ βασιλέως Ἀδαμὰ
¶ ℭᶜ καὶ Συμόβορ βασιλέως Σεβωείμ¶ καὶ μετὰ βασιλέως Βάλακ· αὕτη ἐστὶν Σήγωρ. ³πάντες οὗτοι
συνεφώνησαν ἐπὶ τὴν φάραγγα τὴν ἁλυκήν· αὕτη ἡ θάλασσα τῶν ἁλῶν. ⁴δώδεκα ἔτη ἐδούλευον

ΓΕΝΕΣΙΣ XIV 11

5 τῷ Χοδολλογόμορ, τῷ δὲ τρισκαιδεκάτῳ ἔτει ἀπέστησαν. ¶ ⁵ἐν δὲ τῷ τεσσαρεσκαιδεκάτῳ ἔτει A
ἦλθεν Χοδολλογόμορ καὶ οἱ βασιλεῖς οἱ μετ' αὐτοῦ, καὶ κατέκοψαν τοὺς γίγαντας τοὺς ἐν Ἀστα- ¶ D
6 ρὼθ Καρνάιν, καὶ ἔθνη ἰσχυρὰ ἅμα αὐτοῖς, καὶ τοὺς Σομαίους τοὺς ἐν Σαυῇ τῇ πόλει, ⁶καὶ τοὺς
Χορραίους τοὺς ἐν τοῖς ὄρεσιν Σηείρ, ἕως τῆς τερεμίνθου τῆς Φαράν, ἥ ἐστιν ἐν τῇ ἐρήμῳ.¶ ¶ E
7 ⁷καὶ ἀναστρέψαντες ἤλθοσαν ἐπὶ τὴν πηγὴν τῆς κρίσεως, αὕτη ἐστὶν Κάδης, καὶ κατέκοψαν
πάντας τοὺς ἄρχοντας Ἀμαλὴκ καὶ τοὺς Ἀμορραίους τοὺς κατοικοῦντας ἐν Ἀσασὰν Θαμάρ
8 ⁸ἐξῆλθεν δὲ βασιλεὺς Σοδόμων καὶ βασιλεὺς Γομόρρας καὶ βασιλεὺς Ἀδαμὰ καὶ βασιλεὺς
Σεβωείμ καὶ βασιλεὺς Βάλακ, αὕτη ἐστὶν Σήγωρ, καὶ παρετάξαντο αὐτοῖς εἰς πόλεμον ἐν τῇ
9 κοιλάδι τῇ ἁλυκῇ, ⁹πρὸς Χοδολλογόμορ βασιλέα Αἰλὰμ καὶ Θαλγὰλ βασιλέα ἐθνῶν καὶ Ἀμαρφὰλ
βασιλέα Σενναὰρ †καὶ† Ἀριὼχ βασιλέα Ἐλλασάρ, οἱ τέσσαρες οὗτοι βασιλεῖς πρὸς τοὺς πέντε.
10 ¹⁰ἡ δὲ κοιλὰς ἡ ἁλυκὴ φρέατα ἀσφάλτου. ἔφυγεν δὲ βασιλεὺς Σοδόμων καὶ βασιλεὺς Γομόρρας,
11 καὶ ἐνέπεσαν ἐκεῖ· οἱ δὲ καταλειφθέντες εἰς τὴν ὀρινὴν ἔφυγον. ¹¹ἔλαβεν δὲ τὴν ἵππον πᾶσαν

4 τρισκεδεκατω A   5 τους 2°] του A   9 om και 3° A

(DE)Ma-hjl-yc₂𝔄𝔅𝔈

απεστησαν ετη n: om ετει E | om απεστησαν—(5) ετει y | απεστησαν] απεστησεν x. ⟨συναπεστησαν απ αυτου 32⟩ |
5 εν 1°—ετει] et 𝔈 | om ετει Chr | ηλθεν] ηλθον n𝔈 διηλθε l | χοδολλογομορ] χοδολλαγομορ Magnor χοδολογομορ ef⁽ᵃ¹⁾lp𝔅 χοδολαγομορ 𝔄 Chr χωδολαγομορ x ⟨χοδολοχομορ 20⟩. χολοδογομορ d χολλοδογομορ j χολογομορ f* | om οι 2° bw | κατεκοψαν] εκοψαν dp | om τους εν ασταρωθ Theoph | τους 2°] om Eaclmo𝔅ˡᵖ𝔈 | παντας qu | ⟨εν ασταρωθ] εσταρωθ και 31⟩ | ασταρωθ] ασταρωθ E αταραθ m ⟨σταρωθ 79⟩ ασταραθ c | καρναιν] pr et 𝔈 καρναειν gsv On ½ καραναιη Theoph καρναιμ ahᵇtc₂ 𝔄(uid) καρναειμ dfpr On ½ καρναας n· καιναιν Ebw καιναειμ o καρναςιν Chr-codd και αρνασῃ Chr-ed ⟨ισχυρα αμα αυτοις] μαχιμα μετ αυτων 32⟩ | και τους σομαιους] ☧-ap-Barh | σομαιους] σωμαιους n𝔄 σομμαιους EMotc₂* σωμμαιους l σημμαιους a σημαιους c σιμαιους hᵇ ομμαιους degjpqruvw c₂𝔅ⁿ ᵖ ᵗˣᵗ Chr Theoph οιμμαιους f εμμαιους b αμμαιους l | τους 4°—(6) χορραιους n | τους 4°— πολει] et urbem Sēwi 𝔈 | τους 4° AMfhrty ☧-ap-Barh] om E rell 𝔄 Theoph Chr | σαυη] σαυι x σαβα dp σαββη m εαυη a. νεαη hᵇ ⟨νεαβι 71⟩ αυτη l Theoph Chr | πολει] +αυτων ac𝔄
6 χορραιους] χοραιους p χωραιους l χωρραιους hqwx χαραιους d χορδαιους E | ⟨om ορεσιν—(7) θαμαρ 31⟩ | ορεσιν finibus 𝔅 | σηειρ] σηιρ t σιειρ quyᵃ σηπρ dflnx σκειρ ms* | om της 1° bcow | τερεμινθου] τερεμβινθου Eaᵃ¹c₂ τερεβινθου bdglnpstw Theoph | om της 2° d | φαραν] φαρραν s. φαρα o φαραμ Chr ualles 𝔄
7 ⟨αναστρεψαντες] υποστρεψαντες 20⟩ | ηλθοσαν] ηλθον Ma-hj(txt)l-prstvwxc₂ om qu | πηγην] γην dejlmn πυλην o | καδης] καδδης dfgmᵃᵖ Phil-cod καδη c | αμαληκ] pr του amoc₂𝔅ˡᵖ pr τους c | ⟨om και 3° 16⟩ | αμορραιους] αμμορραιους d αμμοραιους h ςομορραιους x | τους κατοικ] pr και bw 𝔄-codd | ασασαν] ασασαρ Mn ασασαθ c₂ ασασον Chr ασαν y ασσα fʳ ασα bf* σα w ακα c Sasan Or-lat Assan 𝔅ᵖ ᵗˣᵗ Nasen 𝔅ʷ | θαμαρ] θαμωρ qu σαμαρ dp θαμ c₂ μαρ g Them Or-lat
8 εξηλθον Mh𝔈 | δε] +παραταξασθαι Chr | βασιλευς 1°] pr o ejp Chr | βασιλευς 2°] pr ej | om cn𝔅ᵖ ᵗˣᵗ𝔈ᶠᵖ Chr | γομορ-

ρας] γομορας l. γομορρων t | και βασ. αδαμα] om Chr om βασιλευς d𝔈ᵖ | αδαμα] αδανα x. σαδαμα m αδαμαβαλ n | om βασιλευς 4° d Chr | σεβωειμ] σεβωιμ t σεβοειμ fˡmqux σεβοιμ n σεβαειμ p σαβαειμ d βοειμ f* | om βασιλευς 5° Chr | βαλακ] βαλαακ b. βαλα ejqsuv ⟨σαλα 25⟩ | σηγωρ] σιγωρ bdflnquw | παρεταξαντο] παραταξαντες f | om αυτοις fr𝔅𝔈 | εις πολεμον] post αλυκη dgpsvx Chr ⟨om 107 εις παραταξιν 32⟩ | εν] επι bw | τη αλυκη] της αλυκης b ⟨τη αλμυρα 32⟩ +Saue 𝔅
9 χοδολλογομορ] χοδολλαγομορ aor χοδολλαγομωρ gn χοδολογομορ def⁽ᵃ⁾jlp𝔅 χοδολαγομορ x𝔄 Chr ⟨χοδολογυμυρ 127⟩ ⟨χολοδοχομορ 20⟩ χολαγομορ m χολογομορ f* | om βασιλεα αιλαμ Chr | βασιλεα 1°] βασιλευς d | αιλαμ] ελαμ bdeflmpr ειλαμ x ιλαμ c₂ αιλειμ s | om και 1°—αμαρφαλ e | θαλγαλ A] θαλγαρ q θαλγα u θαργαμ l θαρσαλ d θοργαλ ao θαργαλ M rell 𝔄 θαρθακ Chr Thargar 𝔅 | om βασιλεα εθνων Chr | βασιλεα 2°] βασιλευς d βασιλεως q | αμαρφαλ] λ sup ras Aᵃ ⟨αμαρφαλ A*uid⟩ αμαρφαα l αμαρφαδ fstvx αμαρφαθ dgp αμαρφαθ Chr μαρφαλ qu Morphal 𝔅ʷ | om βασιλεα σενναρ Chr | βασιλεα 3°] βασιλευς d | om σενναρ—βασιλεα 4° g | σενναρ] σενααρ djlps*𝔄(uid)𝔅ʷ εννααρ m σεννααδ c om και 3° Aqu | αριωχ] αργωχ c αριω c₂ ⟨αριχω 31⟩ | om βασιλεα ελλασαρ Chr | βασιλεα 4°] βασιλευς c₂ βασιλεως q | ελλασαρ] ελλασαρ alw ελασωρ b ⟨αλασαρ 20⟩ σελλασαρ cdegjnr 𝔄𝔅ᵖ σελασαρ p λασαρ x +και θαργαλ βασιλεα εθνων e | οι] pr και b | ουτοι A] om M omn 𝔄𝔅ʷ Chr
10 η αλυκη] ⟨αλμυρα 32⟩ om 𝔅ʷ | φρεατα Adfhwx Chr Jos] pr ην 𝔅 +ην l +φρεατα M rell 𝔄𝔅☧-ap-Barh | εφυγεν] εφυγον d𝔈ᵖ | βασιλευς 1°] pr o ac Chr | σοδομων] +εις την φαραγγα e ⟨+εις το φαραγμα 79⟩ | om βασιλευς 2° lmo 𝔄-cod 𝔈ᵖ Chr | ενεπεσαν Anry] ενεπεσον M rell ⟨ενεπεσεν 79 ανεπεσον 108 επεσον 16⟩ occiderunt eos 𝔈 | εκει] +ενθα τα φρεατα ⟨20⟩ Chr | εις—εφυγον] εφυγον εις την ορεινην bw𝔄𝔅 ⟨+εις αυτην 32⟩
11 ελαβεν Anos] ελαβον M rell 𝔄𝔅𝔈 Or-gr Chr | δε] +και την ορινην και Mdghptx Chr-ed ⟨+την ορεινην και επρονομευσαν 31 83⟩ +και την ορινην r +και fs | την ιππον πασαν]

5 γιγαντας] α' ραφαειν jsv. σ' ζοιζομμει j(sine nom)v | σομαιους] σ' ζοιζομμειν s
6 τερεμινθου] οι λ δρυος Mj(sine nom) σ' δρυος v
9 αιλαμ] σ' σκυθων v | εθνων] σ' σκυθων Mj· σ' παμφυλιας Mj(sine nom)v | σενναρ] ποντου j | ελλασαρ] σ' ποντου v | (ver 9) α' σ' σκυθων παμφυλιας σ' ποντου s

SEPT. 33 5

(A) (D) τὴν Σοδόμων καὶ Γομόρρας καὶ πάντα τὰ βρώματα αὐτῶν, καὶ ἀπῆλθον. [12]ἔλαβον δὲ καὶ τὸν 12
Λὼτ υἱὸν τοῦ ἀδελφοῦ †'Αβρὰμ† καὶ τὴν ἀποσκευὴν αὐτοῦ, καὶ ἀπῴχοντο· ἦν γὰρ κατοικῶν ἐν
§ *D* Σοδόμοις. §[13]παραγενόμενος δὲ τῶν ἀνασωθέντων τις ἀπήγγειλεν 'Αβρὰμ τῷ περάτῃ· αὐτὸς δὲ 13
¶ c κατῴκει ἐν τῇ δρυὶ τῇ Μαμβρῇ ὁ Ἄμορις τοῦ ἀδελφοῦ 'Εσχὼλ καὶ τοῦ ἀδελφοῦ Αὐνάν, οἳ ἦσαν¶
§ d_2 συνωμόται τοῦ 'Αβράμ §[14]ἀκούσας δὲ 'Αβρὰμ ὅτι ᾐχμαλωτεύθη Λὼτ ὁ ἀδελφὸς αὐτοῦ, ἠρίθμη- 14
¶ A σεν τοὺς ἰδίους οἰκογενεῖς αὐτοῦ, τριακοσίους δέκα καὶ ὀκτώ, καὶ κατεδίωξεν¶ ὀπίσω αὐτῶν ἕως
Δάν. [15]καὶ ἐπέπεσεν ἐπ' αὐτοὺς τὴν νύκτα αὐτὸς καὶ οἱ παῖδες αὐτοῦ, καὶ ἐπάταξεν αὐτούς, καὶ 15
ἐδίωξεν αὐτοὺς ἕως Χωβάλ, ἥ ἐστιν ἐν ἀριστερᾷ Δαμασκοῦ. [16]καὶ ἀπέστρεψεν πᾶσαν τὴν ἵππον 16
Σοδόμων· καὶ Λὼτ τὸν ἀδελφὸν αὐτοῦ ἀπέστρεψεν καὶ πάντα τὰ ὑπάρχοντα αὐτοῦ καὶ τὰς
§ $LU_3ℭ^c$ γυναῖκας καὶ τὸν λαόν. §[17]'Εξῆλθεν δὲ βασιλεὺς Σοδόμων εἰς συνάντησιν αὐτῷ, μετὰ τὸ 17
§ A ὑποστρέψαι αὐτὸν ἀπὸ τῆς κοπῆς τοῦ Χοδαλλογόμορ καὶ τῶν §βασιλέων τῶν μετ' αὐτοῦ, εἰς τὴν
¶ U_3 κοιλάδα τὴν Σαύην· τοῦτο ἦν τὸ πεδίον βασιλέως.¶ [18]καὶ Μελχισέδεκ βασιλεὺς Σαλὴμ ἐξήνεγκεν 18

12 αβραν A   13 ανασωθεντις A | συνομοται A   17 σκοπης *D*

(*D*L)M(U_3)ab(c)d–hjl–yc_2(d_2)𝔄𝔅(ℭ^c)𝔈

πασαν την ιππον Macdgmopsvxc_2 Chr ⟨πασαν την οιστρον 107⟩. *omnem praedam* 𝔄 om πασαν 𝔅^{lw}𝔈 | την 2°] om Macdghm–pstvxc_2 Chr των ly | γομορρας] γομορας f*· γομορρων o | βρωματα] βρωτα dgps· σωματα r· αρματα m· ⟨σιτηρεσια 32 υπαρχοντα 31 83⟩

12 om τον c_2* | om υιον—αβραμ mo | υιον AMbtw] pr τον rell Chr | αδελφου] +αυτου l | αυτου] +τον υιον του αδελφου αβραμ mo | απωχοντο] ωχοντο ejqu ⟨+φευγοντες 20⟩ *pecus* 𝔄-codd | κατοικων] κατασκηνων bw

13 παραγενομενος] παραγεναμενος n παραγενομενοι f(uid) | των ανασωθ. τις] τις των ανασωθ. Mbd–gjopsvwx𝔄𝔅(uid) Chr τι ανασωθ n: ⟨των διασωθ. τις 32 τις των διασωθ. 16.20⟩ | ανασωθεντων] αναληφθεντων c | απηγγειλεν] ανηγγειλεν l Thdt· απηγγειλαν fn | αβραμ 1°] pr τω *D*Mbdfgptwx Chr Cyr Thdt | om τω περατη d𝔈 | αυτος] αυτου a | εν Am Cyr-cod] παρα bw Chr ½ προς *D*M rell 𝔄𝔅(uid)𝔈(uid) Chr ½ Cyr-ed | τη δρυι τη] την δρυν την lnx | μαμβρη] μαμβρι e μαμβρην nx· μαβρη p μαυρη cdfo *Mamre* 𝔅^{lp} | ο αμορις] ο αμορρις *D* ομορις y$^{a?}$(uid) c_2^b ομορος dgoprxc_2* Chr-codd ολμορις h* ο αμμωρ b ο αμμορ w. ⟨ο αμωρ 108⟩. ο γαμβρος m του αμορραιου f𝔄-ed 𝔅(uid) αμορραιου Cyr-ed ο αμορραιου n^b. ομορου Chr-ed om ο t +δε c_2 *Amorrhaeorum* 𝔄-codd | ⟨om του 1° 14⟩ | om εσχωλ—αδελφου 2° 𝔈^{fp} | εσχολ dejmpsvx | του αδελφου 2°] om df𝔅^{l}𝔈^c om του abcgmoprwxc_2 Chr | αυναν] ⟨ευναν 68⟩ αυτου M | om οι h𝔅^{wp} | om συνωμοται—(xvi 15) ισμαηλ c (spat 14 circ linearum relicto) | συνωμοται] ⟨συμμαχοι 20 συμψηφοι 32⟩ | του 3°] τω Mdfmnptx Chr Cyr-codd

14 ακουσας δε] και ακουσας c_2 | om αβραμ m𝔈^{fp} | ηχμαλωτευθη Ay] ηχμαλωτισται dejp. ηχμαλωτευται *D*^{sil}M rell Chr Cyr | αδελφος] αδελφιδους dfpv(mg)x$d_2^{b?}$𝔄-codd Chr Cyr-ed. ανεψιος gn υιος του αδελφου m𝔈^{cp} | ιδιους] οικειους l om x𝔄(uid)𝔅(uid) | om αυτου 2° m Chr | τριακ.–οκτω] δεκα και οκτω και τριακ *D* (δε... .σιους D) οκτω και δεκα και τριακ. aehjloqtu τριακ. δεκα οκτω dmrswy ⟨οκτω και δεκα τριακ. 78⟩ | ⟨om και 2°—δαν 83⟩ | κατεδιωξεν] κατε. A | οπισω αυτων] οπισω αυτου x. om bw | om εως δαν—(15) αυτους 1° 𝔄 | δαν] δαμ s. δαθαν g

15 επεπεσεν] επεσεν nxc_2 Cyr-cod | om επ g | την νυκτα] pr ολην y Cyr-codd | ⟨παιδες] οικογενεις 20⟩ | αυτου] pr μετ f· +μετ αυτου Mdgptxd_2 | om και εδιωξεν αυτους dgp𝔄 Chr | εδιωξεν αυτους] κατεδ αυτους και εξεδιωξεν Cyr-cod | εδιωξεν] εξεδιωξεν Mejlqs–vxc_2d_2 Cyr-cod επεδιωξεν Cyr-cod κατεδιωξεν abw Cyr-ed | om αυτους 3° behjlmqs–v Cyr-cod | χωβαλ] χοβαλ bdfmpwc_2d_2 Cyr-cod χωβηλ g χωβα h*nqruy𝔅^{lw} On: χοβα Cyr-ed χωμα l. χωβαρ x ⟨σοβα 83⟩ | om εν dfgj*lnop Chr-ed | ⟨δαμασκου αριστερα 108⟩ | αριστερα] αριστα d

16 απεστρεψεν 1°] επεστρεψεν qu απεστρεψαν y ⟨εφυγαδευσε 20⟩ | πασαν—σοδομων] *mulos eorum* 𝔈 | την ιππον πασαν qu | την ιππον] *praedam* 𝔄 | σοδομων] +*et Gomorrhae* 𝔅 | λωτ—αυτου 1°] τον υν̅ του αδελφου αυτου λωτ n ⟨τον λωτ 76⟩ | λωτ τον] pr τον bw τον λωτ ht | αδελφον] αδελφιδουν dfpv^{b}x $d_2^{b?}$ Chr Cyr-ed υιον αδελφου m𝔈^c | απεστρεψεν 2°] post αυτου 2° amoc_2𝔄 ⟨ανεσωσε 20⟩ om d𝔈^p | om παντα abmorwc_2 𝔈 | om αυτου 2° ej | και τον λαον και τας γυναικας t Chr | τας γυναικας] την γυναικα o

17 εξηλθον p | βασιλευς] pr ο d Chr | σοδομων] +και βασιλευς γομορρας bw | om εις 1°—αυτω Cyr-cod ½ | συναντησιν] ⟨υπαντησιν 20⟩. απαντησιν Cyr-ed ½ | αυτω] αυτου bemnwx Cyr-ed ½: αβραμ fr𝔅ℭ· om dpd_2 | το 1°] του m | υποστρεψαι] αποστρεψαι U_3dp επιστρεψαι bw αναστρεψαι LMaefgj(txt) nors(txt)vx–d_2 Chr. υπαναστρεψαι t | om αυτον bw | κοπης] ⟨τροπης 32⟩ σκοπης *D* Phil-cod | του χοδ και] om L om του Cyr ½ | χοδαλλογομορ] χοδαλλογομωρ b. χοδαλλαγομορ am χοδολλογομορ h*qs–wyc_2 Cyr ½ χοδολογομορ deflpd_2𝔅ℭ Cyr ½ χοδολλαγομορ Mgh$^{b?}$r Phil-ed χοδορλαγομορ U_3 χοδολλαγομωρ Chr χοδολαγομορ o𝔄 χοδολαγομωρ x χολλοδογομορ j. χολοδογομορ Phil-codd χολογομοδορ Phil-cod χολογομωρ n | των μετ αυτου] om L ⟨των μετ αυτων 18 των συν αυτω 20⟩ | την 2°] της Cyr-cod ½ του Cyr ½ ed ½ om gpd_2 | σαυην A] σαυιν n. σαυι x σαβη dpw Cyr ½. ⟨αυη 18⟩: σαυη *D*LM rell 𝔄 Cyr ½ | om τουτο—βασιλεως L | τουτο] τουτω g. +δε Cyr-ed ½ | ην] *est* 𝔄-ed𝔅ℭ | om το 2° Mbd–gnprstvwxd_2 Cyr ½ | πεδιον] ε sup ras A^a | βασιλεως] ς sup ras A^a· pr του agoc_2· βασιλεων *D*lqu𝔄· των βασιλεων y Cyr ½ *regni* 𝔈: +μελχισεδεκ bw +των μετ αυτου t

18 και μελχ] μελχ δε ⟨32⟩ ℭ +δε e | βασ. σαλημ] post

13 παραγενομενος] σ' διαφυγων v | ανασωθ.] σ' διαφυγοντων j: σ' διαφευγοντων s | τω περατη] α' τω περαιτη σ' τω εβραιω jsv | ο αμορις] α' του αμωρι sv του αμορι j: σ' του αμορραιου jsv
17 της κοπης] α' του πληξαι j(sine nom)sv. σ' μετα το παταξαι sv

19 ἄρτους καὶ οἶνον· ἦν δὲ ἱερεὺς τοῦ θεοῦ τοῦ ὑψίστου. [19]καὶ ηὐλόγησεν τὸν Ἀβρὰμ καὶ εἶπεν (A) (D)
20 Εὐλογημένος Ἀβρὰμ τῷ θεῷ τῷ ὑψίστῳ, ὃς ἔκτισεν τὸν οὐρανὸν καὶ τὴν γῆν· [20]καὶ εὐλογητὸς ὁ
θεὸς ὁ ὕψιστος, ὃς παρέδωκεν τοὺς ἐχθρούς σου ὑποχειρίους σοι.¶ καὶ ἔδωκεν αὐτῷ δεκάτην ἀπὸ ¶ d$_2$
21 πάντων.¶ [21]εἶπεν δὲ βασιλεὺς Σοδόμων πρὸς Ἀβράμ Δός §μοι τοὺς ἄνδρας, τὴν δὲ ἵππον λάβε ¶ L
22 σεαυτῷ. [22]εἶπεν δὲ Ἀβρὰμ πρὸς βασιλέα Σοδόμων Ἐκτενῶ τὴν χεῖρά μου πρὸς τὸν θεὸν τὸν § U$_4$
23 ὕψιστον, ὃς ἔκτισεν τὸν οὐρανὸν καὶ τὴν γῆν, [23]εἰ ἀπὸ σπαρτίου ἕως σφαιρωτῆρος ὑποδήματος
24 λήμψομαι¶ ἀπὸ πάντων τῶν σῶν· ἵνα μὴ εἴπῃς ὅτι Ἐγὼ ἐπλούτισα τὸν Ἀβράμ. [24]πλὴν ὧν ¶ U$_4$
ἔφαγον οἱ νεανίσκοι καὶ τῆς μερίδος τῶν ἀνδρῶν τῶν συμπορευθέντων μετ᾽ ἐμοῦ, †Ἐσχώλ†,
Αὐνάν, Μαμβρή· οὗτοι λήμψονται μερίδα.

XV 1 §[1]Μετὰ δὲ τὰ ῥήματα ταῦτα §ἐγενήθη ῥῆμα Κυρίου πρὸς Ἀβρὰμ ἐν ὁράματι λέγων Μὴ § L
2 φοβοῦ, Ἀβράμ· ἐγὼ ὑπερασπίζω σου· ὁ μισθός σου πολὺς¶ ἔσται σφόδρα. [2]λέγει δὲ Ἀβρὰμ § d$_2$ ¶ A
Δέσποτα Κύριε, τί μοι δώσεις; ἐγὼ δὲ ἀπολύομαι ἄτεκνος· ὁ δὲ υἱὸς Μάσεκ τῆς οἰκογενοῦς μου,
3 §οὗτος Δαμασκὸς Ἐλιέζερ. [3]καὶ εἶπεν Ἀβράμ Ἐπειδὴ ἐμοὶ οὐκ ἔδωκας σπέρμα, ὁ δὲ οἰκογενής § 𝔏^{b}
4 μου κληρονομήσει με. [4]καὶ εὐθὺς φωνὴ Κυρίου ἐγένετο πρὸς αὐτὸν λέγων Οὐ κληρονομήσει σε
5 οὗτος· ἀλλ᾽ ὃς ἐξελεύσεται ἐκ σοῦ, οὗτος κληρονομήσει σε. [5]ἐξήγαγεν δὲ αὐτὸν ἔξω καὶ εἶπεν

19 ευλογησεν *D*^{sil} | 23 σφαιρ.] φαιρ A*(σ suprascr A^{1}) σφερ *D*
24 εισχωλ A | XV 1 πολυς] πο...A

D(L)M(U$_4$)abd–hjl–yc$_2$(d$_2$)𝔄𝔅(ℭ^{c})𝔈(𝔏^{b})

υψιστου 𝔈 | σαλειμ nd$_2$ | εξηνεγκεν] +αυτω blw Cyr-ed 1/2 +αυτου n | αρτους] αρτον mnx | ην δε ιερευς] *quia sacerdos erat* 𝔄 | ιερευς] pr ο t* | om του 2° ⟨79⟩ Cyr 1/4 ed 1/4

19 τον αβραμ] τον αβρααμ e. ⟨om τον 18⟩ αυτον amo. αυτον μελχισεδεκ bw | ευλογημενος] ευλογητος ⟨20⟩ Chr 1/3 Thdt | τω θεω] pr παρα ej om g

20 om και 1°—υψιστος 𝔈^{fp} | ευλογητος] ευλογημενος dejp | ο θεος] pr κ̅ς̅ bw | om ο υψιστος Chr 2/3 | παρεδωκεν] εδωκεν *D* Cyr 1/4 | σου—σοι] *eius in manibus eius* Or-lat | υποχειριους] υπο χειρας ej εις χειρας ⟨32⟩ 𝔄(uid) | σοι] σου bdeflpt Cyr 1/4 cod 1/4 | αυτω δεκατην] δεκατην αυτω f𝔅 αβραμ δεκατας αυτω ej | αυτω] +αβραμ bw ⟨om 83⟩ | δεκατην] δεκατας l +μοιραν Cyr 1/2 | απο παντων] *ab omnibus suis* Spec +*quae erant ei* 𝔅𝔈^{p}

21 βασιλευς] pr ο *D*bfrw | ⟨σοδομων] pr των 20⟩ | μοι] εμοι qsuv | ανδρας] παιδας n | την δε ιππον] *et praedam* 𝔄 | σεαυτω] μετα σεαυτου c$_2$

22 om δε l | βασιλεα σοδομων] pr τον bdf Chr Cyr-ed. αυτον p | εκτεινω U$_4$*(uid)o𝔄 | om την χειρα μου Eus 1/3 | om τον θεον Cyr 1/3 | τον 1°] pr κ̅ν̅ qu Cyr-ed 1/3 om m Phil-cod 1/2 | om τον υψιστον Iren-cod | εκτισεν] εποιησε ⟨20⟩ 𝔄(uid)𝔈 Chr | γην] +και ευλογητος ο θ̅ς̅ ο υψιστος quy^{a}

23 ει] εις l. η p | om σπαρτιου εως g | εως] pr και x μεχρι m | om υποδηματος d | om παντων ℭ-ed𝔈 | om οτι Cyr-ed 1/4 | επλουτισα] πεπλουτικα Mdfglptc$_2$ Chr | τον αβραμ] αυτον n

24 ⟨ων] α 32⟩ | νεανισκοι] ⟨παιδες 20⟩ *homines mei* 𝔈 | συμπορευομενων qu | εσχωλ αυναν] αυναν εσχωλ aoxc$_2$𝔄 *Annan et Eschol* 𝔅^{p} | εσχωλ] εσχολ dejp εισχολ m | ⟨αυναν] αυγαν 18⟩ +εισχολ m | μαμβρη] μαμβρι e μαυρη f μαυρι dp μαυρην m *Mamre* 𝔅^{p} *Mabre* ℭ | μεριδα] +αυτων aefjmoxc$_2$𝔄ℭ𝔈(uid)

XV **1** om τα b | εγενηθη] εγενετο efjd$_2$ | ρημα κυριου] κυριου λογος Jul-ap-Cyr | εν οραματι λεγων] λεγων εν οραματι sv om εν οραματι Cyr-cod 1/2· ⟨om λεγων 77⟩ εν οραματι της νυκτος λεγων efhjlt(λεγον jl)𝔄-ed Cyr-ed 1/2 (cod λεγον) ⟨εν οραματι νυκτος λεγων 32⟩ λεγων εν οραματι της νυκτος Mdgnpd$_2$ Chr (λεγον) Jul-ap-Cyr | λεγων] λεγον Cyr-ed 1/2 | om αβραμ 2° L | ⟨εγω] +δη 32⟩ | υπερασπιζω] υπερασπιω Lx𝔄 Chr 1/2 υπερασπισω Cyr-ed 2/3 | εσται σφοδρα] *est* Tyc om εσται Phil-codd

2 λεγει δε] *et dixit ei* 𝔈 | λεγει] ειπε p𝔅ℭ | δε 1°] αυτω f om est 𝔅^{p} | δεσποτα κυριε] om L om δεσποτα a*ℭ om κυριε Mb–hj(txt)lprs(txt)tvwyd$_2$𝔅𝔈 Phil Chr 2/3 Cyr 2/3 codd 1/3 Jul-ap-Cyr | κυριε] post δωσεις Chr 1/4 | om δε 2° e𝔅^{p}ℭ-ed | απολυομαι] απολλυομαι lp απολλυμαι ⟨76⟩ Chr 2/4 απολυθησομαι Phil 1/2 απελευσομαι Phil-codd 1/2 *moriar* ℭ | om δε 3° dp | μασεκ] μασεχ qu Cyr-ed 1/3 μαεσεκ x ⟨μαζεκ 20⟩ μου εκ ⟨61⟩ Cyr-codd 2/3 μου ο εκ l Phil-codd 1/2 εκ Cyr-cod 1/3 om Chr | οικογενους] οικετιδος Phil-codd 1/2 | om μου Phil-cod 1/2 | ουτος] pr κληρονομησει με Phil-codd 𝔈(uid) om Or-lat(uid)

3 και ειπεν αβραμ] ειπεν δε αβραμ ryℭ ειπε δε αβραμ δεσποτα f om dp | επειδη] επει p ⟨επειδαν 68 107⟩ | εμοι ουκ εδωκας] ουκ εδωκας μοι m(εδωκες)pℭ(uid) Or-lat Chr | εδωκας] εδωκες L | σπερμα] τεκνον bgw | ο δε—μου] ουτος p Chr | ο δε] ουδε ο g ⟨και ο 37⟩ *hic* Or-lat om δε dm𝔄𝔅ℭ𝔈 | μου] +ουτος fr | με κληρονομησει fr Chr

4 om και—σε 1° Lo | ευθυς] ευθυ a ευθεως m | κυριου] θ̅υ̅ begjrvw Phil Chr του θεου Jul-ap-Cyr *Dei* 𝔄ℭ om dps(txt) x*yd$_2$𝔏 Cyr-cod 1/2 | om προς αυτον 𝔈 | λεγων] λεγουσα defjl mpquc$_2$d$_2$ Chr Cyr 1/2 ed 1/2 λεγοντος Jul-ap-Cyr τω λεγειν Phil om x*ℭ-ed | ουτος 1°] +και ειπεν αυτω ουχ ουτως o | ουτος κληρον. σε] om ⟨25⟩ 𝔈^{p} om σε f* | σε κληρονομησει f^{a}r

5 ⟨εξηγαγεν] εξεβαλε 77⟩ | δε αυτον] εαυτον l | om εξω

21 τους ανδρας] α′ την ψυχην σ′ τας ψυχας jsv | την δε ιππον] α′ την δε περιουσιαν σ′ την δε υπαρξιν j(sine nom)sv

23 σπαρτιου] α′ ραμματος σ′ νηματος jsvc$_2$ | σφαιρωτηρος] σ′ ιμαντος Mvc$_2$(sine nom). α′ ιμαντος js. σ′ σφαιρωτηρα δε τον ιμαντα του υποδηματος j | ινα μη ειπης] σ′ και ουκ ερεις jsv

XV 1 υπερασπιζω] υπερμαχομαι καθαπερ οπλον j

2 απολ ατεκνος] α′ απερχομαι αγονος σ′ πορευομαι M | ατεκνος] α′ αγονος j(sine nom)sv | ο δε—μου] σ′ ο δε συγγενης του οικου μου Mjsv(sine nom js)

4 λεγων] α′ τω λεγειν οι δε ο′ και σ′ και θ′ ως γεγραπται λεγων sv

ΓΕΝΕΣΙΣ

XV 5

(A) (D) πρὸς αὐτόν Ἀνάβλεψον δὴ εἰς τὸν οὐρανὸν καὶ ἀρίθμησον τοὺς ἀστέρας, εἰ δύνῃ ἐξαριθμῆσαι
¶ U₄ αὐτούς. καὶ εἶπεν Οὕτως ἔσται τὸ §σπέρμα σου.¶ §6καὶ ἐπίστευσεν Ἀβράμ τῷ θεῷ, καὶ ἐλο- 6
¶ L§A γίσθη αὐτῷ εἰς δικαιοσύνην 7εἶπεν δὲ αὐτῷ Ἐγὼ ὁ θεὸς ὁ ἐξαγαγών σε ἐκ χώρας Χαλδαίων, 7
§ 𝕮ᵐ ὥστε δοῦναί σοι τὴν γῆν ταύτην κληρονομῆσαι. §8εἶπεν δὲ Δέσποτα Κύριε, κατὰ τί γνώσομαι 8
¶ U₄𝕮ᵐ ὅτι κληρονομήσω αὐτήν; 9εἶπεν δὲ αὐτῷ Λάβε μοι δάμαλιν τριετίζουσαν καὶ αἶγα¶ τριετίζουσαν 9
καὶ κριὸν τριετίζοντα καὶ τρυγόνα καὶ περιστεράν. 10ἔλαβεν δὲ αὐτῷ πάντα ταῦτα, καὶ διεῖλεν 10
αὐτὰ μέσα, καὶ ἔθηκεν αὐτὰ ἀντιπρόσωπα ἀλλήλοις· τὰ δὲ ὄρνεα οὐ διεῖλεν. 11κατέβη δὲ ὄρνεα 11
ἐπὶ τὰ σώματα, τὰ διχοτομήματα αὐτῶν· καὶ συνεκάθισεν αὐτοῖς Ἀβράμ. 12περὶ δὲ ἡλίου 12
¶ 𝕷ᵇ δυσμὰς ἔκστασις ἐπέπεσεν τῷ Ἀβράμ, καὶ ἰδοὺ φόβος σκοτινὸς μέγας ἐπιπίπτει αὐτῷ·¶ 13καὶ 13
ἐρρέθη πρὸς †Ἀβράμ† Γινώσκων γνώσῃ ὅτι πάροικον ἔσται τὸ σπέρμα σου ἐν γῇ οὐκ ἰδίᾳ, καὶ
κακώσουσιν αὐτὸ καὶ δουλώσουσιν αὐτοὺς καὶ ταπεινώσουσιν αὐτοὺς τετρακόσια ἔτη. 14τὸ δὲ 14
ἔθνος ᾧ ἐὰν δουλεύσωσιν κρινῶ ἐγώ· μετὰ δὲ ταῦτα ἐξελεύσονται ὧδε μετὰ ἀποσκευῆς πολλῆς.
¶ d₂ 15σὺ δὲ ἀπελεύσῃ πρὸς τοὺς πατέρας σου μετ' εἰρήνης, τραφεὶς ἐν γήρει καλῷ.¶ 16τετάρτη δὲ¶ 15
¶ A 16

9 κρειον D   11 συνεκαθεισεν A   12 εκστασεις A   13 αβραν A

D(L)M(U₄)abd–hjl–yc₂(d₂)𝕬𝕭𝕮ᶜ⁽ᵐ⁾𝕰(𝕷ᵇ)

Clem-R Jul-ap-Cyr | προς αυτον D𝕷(uid)] αυτω LM omn Clem-R Or-gr Chr Cyr Jul-ap-Cyr. om Phil | αναβλεψον] αναβλεψαι τοις οφθαλμοις σου f. +τοις οφθαλμοις σου r | om δη Labdfmop rw–d₂𝕬𝕭𝕮𝕰𝕷 Phil Clem-R Or Chr Cyr-cod ½ Jul-ap-Cyr Thdt Spec | αριθμησον] εξαριθμησον sv ιδε Thdt | ει δυνῃ] εαν δυνηθης Phil | ει] ⟨+δη 32⟩ pr uide 𝕭𝕮 | δυνῃ D] δυνασαι c₂ δυνηση LM rell 𝕷 Clem-R Or-gr Chr Cyr Jul-ap-Cyr Thdt | εξαριθμησαι] εξαριθμησασθαι L· ⟨αριθμησαι 108⟩ του αριθμησαι Phil-codd | αυτους] τους αστερας n | και ειπεν 2°] om ejp Phil(uid) Clem-R Or-gr½ Spec. +αυτω Ladflmorxc₂d₂𝕬𝕭𝕭ᶜ𝕮𝕰𝕷 Or-gr½ | +ad eum Or-lat½ | ουτως] pr και d | εσται] εστω L | το σπερμα] τω σπερματι f . ερμα U₄

6—15 nonnulla rescr Aᵈ
6 και επιστ] επιστ δε bw Phil Paul Cath Clem-R Just Or-gr Eus⅔ Cyr½ | αβραμ] αβρααμ fv   post θεω Just | om εις m

7 ειπεν δε] και ειπεν y | αυτω Ay] προς αυτον DˢⁱˡMU₄ rell 𝕷(uid) Phil Cyⁱ Jul-ap-Cyr | εγω—σε] ego sum qui te educo Or-lat | εγω] +ειμι Mdfglprstvc₂d₂𝕭𝕮𝕰 Phil-arm Chr Jul-ap-Cyr | ο θεος] pr κ̄ς̄ x𝕬𝕰 Phil-arm +σου ld₂𝕬𝕰 +sum 𝕷 | εξαγων Jul-ap-Cyr | εκ] απο Phil-cod | χωρας] pr γης s pr της Chr. χειρος c₂ γης Phil-codd | ⟨ωστε⟩ του 32⟩ | κληρονομησαι] +αυτην DMadfgl–pstvxc₂d₂𝕬-codd𝕭𝕮𝕰𝕷(uid) Chr Cyr-ed Jul-ap-Cyr

8 ειπεν δε] et dixit 𝕷 om δε w +αυτω dp𝕭ˡʷ𝕰 +αβραμ fn𝕬 | om δεσποτα—(9) αυτω 𝕰ᶠᵖ | δεσποτα κυριε] κυριε θεε 𝕮 Phil-codd om δεσποτα f· om κυριε U₄* Phil-ed Cyr ½ +θεε bw | κατα τι] πως M(mg)𝕭(uid) | γνωσομαι] +τουτο Mdgnptd₂ Chr Cyr½ ed½ Thdt½ | οτι—αυτην] quia hereditas illa 𝕷

9 δε αυτω] D̄s̄ ad Abram 𝕷 | μοι] tibi 𝕰 | om τριετιζουσαν 1°—κριον w | και αιγα τριετιζουσαν] post τριετιζοντα fr Phil Chr½ om Cyr-ed½ (repugnante contextu) Jul-ap-Cyr Thdt(uid) 𝕰ᵖ ⟨om τριετιζουσαν 20⟩ | om και κριον τριετιζοντα Chr½ Jul-ap-Cyr | om και 3° dpd₂ | και περιστεραν και τρυγονα Chr½

10 ελαβεν—ταυτα] haec accepit 𝕷 και ελαβεν Chr | ελαβεν δε] και ελαβεν bw et sume 𝕰 | αυτω] εαυτω Do Cyr-ed ita 𝕰 om 𝕬 | ταυτα παντα Md–np–suvc₂d₂𝕰 Phil-codd Cyr | διειλεν] diuide 𝕰 | om αυτα 1° 𝕷(uid) | μεσα] μεσον defjm | om και 2°—αλληλοις n𝕰 | αυτα 2°] ⟨αυτω 31⟩ om 𝕷(uid) Cyr-ed |

αντιπροσωπα] αντιπροσωπον df(uid)mp· ⟨αντι προσωπου 79⟩ | αλληλοις] αλληλων fr | ου διειλεν] ne diuiseris 𝕰 | διειλεν 2°] +και εθικεν αυτα αντιπροσωπον αλληλοις n· +et sumpsit sibi ita haec omnia et diuisit inter ea et posuit quae diuiserat contra se altrinsecus aues autem non diuisit 𝕰ᶜ

11 κατεβη δε] et descenderunt 𝕷(uid) | ορνεα] pr τα bᵇ𝕭𝕰ᶠᵖ· pr ετερα Chr ⟨ορνεον 18⟩: +εκ του ουνου fr𝕮 | om τα σωματα f Jul-ap-Cyr | τα διχοτ] pr επι eᵇ(postea ras)hjlqtu Cyr-ed· τα διχοτομημενα n. τα διχοτομηθεντα ⟨20⟩ Phil-codd Chr quae diuisa erant 𝕷 | om αυτων n𝕭𝕷 Chr Jul-ap-Cyr | αβραμ] +et auertit eos 𝕰ᶜ

12 περι δε—αβραμ] om mw: om δε 𝕷(uid) | εκστασις] σκοτοσις h | επεπεσεν] επεσεν ln Phil-cod ½ Cyr-ed T-A. επεστησεν Phil-cod ½ | τω] pr επι Phil-codd· επι τον M(mg) hs(mg)t Phil-cod ½ Cyr T-A επι Phil-codd ½ | om ιδου 𝕬-codd 𝕭ˡʷ | φοβος] γνοφος bnw | σκοτινος μεγας] μεγας σκοτινος Mdgp rsvd₂𝕭𝕮 Phil-arm   μεγας και σκοτεινος f Chr· ⟨σκοτος μεγα 32⟩. om μεγας bhmw𝕬𝕰ᵖ | επιπιπτει] εμπιπτει dmpd₂· επιπτει Ml   επεστησεν n· uenit 𝕭 | αυτω] αυτων 1

13 αβραμ] αυτον dgr* | παροικος x | γη] pr τη ⟨31⟩ Thdt ½ | ουκ ιδια] αλλοτρια m Acta Cyr ½ | κακωσ—αυτους 1° A] δουλωσουσιν αυτους και κακωσουσιν Mb(δουλευσ b*)dgh(δουλευσ h*)ln ptwd₂𝕬 Phil-arm (om αυτους) Chr ½ Tyc-cod δουλωσ αυτους και κακωσ. αυτους Dˢⁱˡaefjmo(uid)qrsruvxyc₂𝕭𝕮𝕰 Cyr Thdt ½ Tyc-ed δουλωσ. αυτο και κακωσ Acta Chr ¾ δουλωσ αυτο και κακωσ αυτο Thdt ½ | αυτο] αυτους Or-gr | om και δουλωσ αυτους Or-gr (repugnante contextu) | και ταπειν αυτους] post ετη 𝕭ˡʷ om ho*qux Acta Chr ⅔ Cyr Thdt ½ Tyc | om αυτους 2° bw Chr ¾ Thdt ½ | ετη τετρακοσια Mbdfghlnprsvwd₂ Acta Or-gr ½ Chr Cyr-ed Thdt Tyc

14 το δε] και το bejnw Acta | ω εαν δουλ] qui affligent eos 𝕰 | ω] ου n | εαν] αν bfrsvwx | εγω κρινω aoc₂𝕰 | +λεγει κ̄ς̄ bw | μετα δε] και μετα g Acta   om δε p | ταυτα δε m | om ωδε y | αποσκευης] σκευης n

15 απελευση] πορευσηabowc₂: ibis et reuertere 𝕰 | ⟨προς —σου⟩ post ειρηνης 37⟩ | μετ ειρηνης τραφεις] εν ειρηνη τραφεις 𝕭 Or-lat ½ Thdt. τραφεις εν ειρηνη Dy Chr-codd. om 𝕰· om μετ ειρηνης gmn Chr-ed Cyr ⅔ | εν] παιδεια αγαθη 1 | γηρει] γηρα apuc₂ | καλω] καλως q ⟨πιονι 32⟩

11 συνεκαθισεν] α΄ απεσοβησεν Mjsvc₂(sine nom)
12 εκστασις] α΄ κορος (κορσος c₂) σ΄ καρος jsvc₂. α΄σ΄ nausea 𝕾-ap-Barh
15 εν γηρει καλω] α΄ εν πολια αγαθη Msv   σ΄ εν πολια αγαθη j

γενεᾷ ἀποστραφήσονται ὧδε· οὔπω γὰρ ἀναπεπλήρωνται αἱ ἁμαρτίαι τῶν Ἀμορραίων ἕως τοῦ (A) (D)
17 νῦν. [17]ἐπεὶ δὲ ἐγίνετο ὁ ἥλιος πρὸς δυσμαῖς, φλὸξ ἐγένετο· καὶ ἰδοὺ κλίβανος καπνιζόμενος καὶ
18 λαμπάδες πυρός, αἳ διῆλθον ἀνὰ μέσον τῶν διχοτομημάτων τούτων [18]ἐκεῖ διέθετο ὁ θεὸς τῷ
Ἀβρὰμ §διαθήκην λέγων Τῷ σπέρματί σου δώσω τὴν γῆν ταύτην, ἀπὸ τοῦ ποταμοῦ Αἰγύπτου § l
19 ἕως τοῦ ποταμοῦ τοῦ μεγάλου Εὐφράτου· [19]τοὺς Κεναίους καὶ τοὺς Κενεζαίους καὶ τοὺς Κελμω-
20 ναίους §[20]καὶ τοὺς Χετταίους καὶ τοὺς Φερεζαίους καὶ τοὺς Ῥαφαεὶν [(21)]καὶ τοὺς Ἀμορραίους § A
καὶ τοὺς Χαναναίους καὶ τοὺς Εὐαίους καὶ τοὺς Γεργεσαίους καὶ τοὺς Ἰεβουσαίους.
XVI 1 [1]Σάρα δὲ ἡ γυνὴ Ἀβρὰμ οὐκ ἔτικτεν αὐτῷ· ἦν δὲ αὐτῇ παιδίσκη Αἰγυπτία ᾗ ὄνομα Ἁγάρ
2 [2]εἶπεν δὲ Σάρα πρὸς Ἀβράμ Ἰδοὺ §συνέκλεισέν με Κύριος τοῦ μὴ τίκτειν· εἴσελθε οὖν πρὸς τὴν § 𝔖
3 παιδίσκην μου, ἵνα τεκνοποιήσεις ἐξ αὐτῆς. ὑπήκουσεν δὲ Ἀβρὰμ τῆς φωνῆς αὐτῆς [3]καὶ
λαβοῦσα Σάρα ἡ γυνὴ Ἀβρὰμ Ἁγὰρ τὴν Αἰγυπτίαν τὴν ἑαυτῆς παιδίσκην, μετὰ δέκα ἔτη τοῦ
4 οἰκῆσαι Ἀβρὰμ ἐν γῇ Χανάαν, καὶ ἔδωκεν αὐτὴν τῷ Ἀβρὰμ ἀνδρὶ αὐτῆς αὐτῷ γυναῖκα. [4]καὶ
εἰσῆλθεν πρὸς Ἁγάρ, καὶ συνέλαβεν· καὶ ἴδεν ὅτι ἐν γαστρὶ ἔχει, καὶ ἠτιμάσθη ἡ κυρία ἐναντίον

17 εγινετο] εγεινετο *D*   XVI 4 εγγαστρι A

*D*Mabd–h(ı)ȷl–yc_2𝔄𝔅ℭ[c]𝔈(𝔖)

16 γενεα δε τεταρτη amoxc_2 | αποστραφησονται] επιστραφησονται r στραφησονται Thdt ½ ⟨επαναστραφησονται 32⟩ αποστραφησεται ⟨18 79⟩ Tyc-codd | ουπω] ουτω dpr | γαρ] δε M | αναπεπληρ] πεπληρωνται T-A αναπληρωσονται d ⟨αν αναπληρωνται 71⟩ | ⟨om αι αμαρτ —(17) τουτων 31⟩ | αμαρτιαι] ανομιαι l Phıl-ed | αμορραιων] αμοραιων h* αμμοραιων h[b] | ⟨om εως του νυν 128⟩

17 επει] επειδη Mdf–joqstvyc_2 Chr Cyr | δε] + ηδη Mbg w · om hqy 𝔅[lw] Chr | ο ηλιος εγινετο y | εγινετο *D*(εγειν.) Ma*or[a]ty Phıl-ed] εγενετο a[a]r* rell Phıl-codd Chr Cyr | om ο ȷ | προς δυσμας ο ηλιος f | δυσμας a–npqr*tuwx Phıl-codd Chr Cyr ⅔ | εγενετο] εγινετο h · om n | om καπνιζομενος e | λαμπαδες] pr ηλθον bw. λαμπαδας m λαμπαδια p(uıd) | αι] και Mdglptc_2𝔄-codd Chr om fhȷnsv𝔄-ed𝔅[lw]ℭ ας m | διηλθεν c_2 | ⟨διχοτομηθεντων 20⟩ | om τουτων ȷnv𝔄𝔅ℭ𝔈(uıd) Phıl Chr

18 εκει *D*] εν τη ημερα εκεινη M omn 𝔄𝔅ℭ𝔈 Phıl Chr (post κ̅ς̅) | διεθετο] συνεθετο Phıl-codd | ο θεος *D*fry] pr κ̅ς̅ Mdglpqs–v𝔅[lw] κ̅ς̅ rell 𝔄𝔅[p] Phıl Chr | διαθηκην τω αβραμ bmw𝔄𝔅 | λεγων διαθικην n | διαθηκην] συνθηκην Phıl-codd | om λεγων c_2 | om σου ı | την γην] pr πασαν h | om αιγυπτου—ποταμου 2° r Phıl-codd ½ | αιγυπτου] του αιγυπτου n*. του αιγυπτιου n[a] | εως] pr και Mdptc_2 | om του ποταμου 2° Phıl-codd 𝔈[p] | του 2°] τουτου y | του μεγ ευφρατου] εφρατου του μεγαλου f om του μεγ d | ευφρατου] pr ποταμου a(part ras)x 𝔈 Phıl ½ εφρατου l om s

19 κεναιους] κειναιους Mh[b]. κιναιους a*dgtc_2𝔄 Chr κυναιους p | om και 1° ȷp | τους κενεζαιους] νεζαιους d N̅ΓΑΙCΕΟC ℭ | om και 2°—(20) φερεζαιους qu | και τους κελμωναιους] om 𝔅[lw] om και τους d om και p | κελμωναιους] κελμοναιους m κεδμωναιους Mbgh*ȷlotvwy𝔄 Phıl-arm Chr ⟨καδμωναιους 32⟩ κεδμοναιους dp ⟨κεδμαναιους 18⟩ κεδαμναιους e κυελμωναιους h[b]

20 om και τους 1°—και τους 4° d | om και τους 1°—και 3° p | φερεζαιους] + και τους κεδμωναιους και τους χετταιους και τους φερεζαιους s | ραφαειν] ραφαιν nt · ραφαειμ Mabeh[b?]ȷmowx Chr ραφαιμ lc_2𝔄(uıd)𝔅 φαραην p | om και 4° p | αμορραιους] αμωρραιους b αμμοραιους h αμμορραιους φαραην d | και τους 5°] om d om και p | χαναναιους] pr ευαιους και τους a[b?] | om και τους ευαιους Ma–fımoprwxc_2𝔄𝔅[lw]𝔈 Phıl Chr Iren(uıd) | γεργεσαιους και τους ευαιους ℭ | ⟨ευαιους] εβραιους 71⟩ | και τους 7°] om d om και ȷp | om και τους ιεβουσαιους Chr | ιεβουσαιους] εβουσαιους d. *Jebusseos* ℭ

XVI 1 σαρρα mn | ουκ] ουκετι w | αυτω] αυτη m | ην—αγαρ] και αυτη δουλη ην αιγυπτια και ονομα αυτη αγαρ Phıl-codd | αυτη] αυτω Cyr. om 𝔄-cod | αιγυπτια] pr η c_2 pr *ıbı* 𝔅 om ⟨71⟩ 𝔈[fp] | η ονομα] ονοματι n

2 σαρρα mn | προς 1°] τω v | αβραμ 1°] + εν γη χανααν *D*(χανααν D)Mdf–ȷnprstv𝔄ℭ𝔈[fp] Chr. + εν τη γη χανααν e | ιδου] *quonıam* 𝔄 + δη *D*(δ D)bhlstvw(uıd)y𝔖 + ηδη eȷ | με] μοι bfgnw Phıl-cod ⅓ *uterum meum* 𝔅 | κυριος] pr ο Md[a]pst Chr ⅓. ο θ̅ς̅ fır + *Deus* 𝔈[fp] | μη τικτειν] μη τεκειν c_2 Chr. τεκειν Phıl-codd ⅓ | ουν προς την sup ras A[a] | ουν] om y𝔅 Phıl ⅓ ed ⅓ Phıl-arm Cyr δη Phıl-codd ⅓ | ⟨προς 2°] εις 107⟩ | μου] σου Cyr. ⟨om 77⟩ | ινα] ει πως Phıl-codd ⅔ | τεκνοποιησεις Adıpr* Phıl-codd ⅓] τεκνοποιησης Mfr[a]t Phıl ⅓ ed ⅓ cod ⅓ Chr Cyr τεκνοποιηση ⟨79⟩ Phıl-ed ⅓ τεκνοποιησω *D*ghlsv : τεκνοποιησωμαι ab[b]ȷnoquwxc_2𝔄𝔅𝔖 τεκνοποιησομαι b*ey · τεκνοποιησωμεν m · οικοδομηθησομαι Phıl-codd ⅓ | υπηκουσεν] επηκουσεν bsvw επηκουε Phıl-cod ½ | αυτης 2° A] σαρρας mnc_2 Phıl Chr σαρας *D*[sil]M rell 𝔄𝔅ℭ𝔈𝔖

3 σαρα—αβραμ 1°] om d om σαρα D om η γυνη αβραμ 𝔈 | σαρρα mnc_2 | εαυτης] post παιδισκην c_2𝔄 αυτης M | om μετα—χανααν και dp | δεκα] post ετη l. *uıgıntı* 𝔖-mg | om του f | συνοικησαι Mfghstvc_2ℭ(uıd) Chr | αβραμ 2°] σαραν τω ανδρι αυτης g + τω ανδρι αυτης Mft Chr ⟨+ σαρα τω ανδρι αυτης 107⟩ | γη] τη eȷ Chr ⅔ | χανααν] χαναναια ⟨20⟩ Chr ⅔ | και 2°—γυναικα] om 𝔈[fp] ⟨om και—αυτης 76⟩ om και mc_2 Phıl Chr | αυτην] αυτη o om Phıl Chı | τω αβραμ Any] ⟨pr σαρα 71⟩. om αβραμ p αβραμ τω *D*M, rell 𝔖 Phıl-codd Chr + τω Phıl-ed | ανδρι αυτης] αυτης ανδρι Phıl-codd om 𝔈 | om αυτω γυναικα d | αυτω] αυτην Phıl-cod Chr · post αυτω 𝔖 om ⟨20 32⟩ 𝔅[lw]ℭ | γυναικα] pr εις enqsu Phıl-codd. γυναικι p

4 και εισηλθεν] εισηλθεν δε f(+ αβραμ)ır | αγαρ] αβραμ t + *Abram* 𝔈 | om και 3°—εχει 𝔅[p]𝔈[p] | η κυρια] om ℭ · + αυτης aeȷox 𝔖(sub ※)𝔄(sub ※)𝔅 Or-gr | εναντιον] εναντι ı(uıd)c_2 om m

19 κελμωναιους] σ′ ανατολικους v
XVI 2 συνεκλεισεν] α′ επεσχεν Msvc_2𝔖 · σ′ συνεσχεν svc_2𝔖 | ινα τεκνοπ.] α′ ει πως οικοδομηθησομαι Mc_2 σ′ ει πως τεκνωθω M. θ′ ει πως τεκνοθω c_2

(A) (D) αὐτῆς. [5]εἶπεν δὲ Σάρα πρὸς Ἀβράμ Ἀδικοῦμαι¶ ἐκ σοῦ· ἐγὼ δέδωκα τὴν παιδίσκην μου εἰς τὸν 5
¶ ℭ^{c} κόλπον σου· ἰδοῦσα δὲ ὅτι ἐν γαστρὶ ἔχει, ἠτιμάσθην ἐναντίον αὐτῆς. κρίναι ὁ θεὸς ἀνὰ μέσον
¶ A ἐμοῦ καὶ σοῦ. [6]εἶπεν δὲ Ἀβρὰμ πρὸς Σάραν Ἰδοὺ ἡ παιδίσκη σου ἐναντίον¶ σου· χρῶ αὐτῇ ὡς δ' 6
ἄν σοι ἀρεστὸν ᾖ. καὶ ἐκάκωσεν αὐτὴν Σάρα, καὶ ἀπέδρα ἀπὸ προσώπου αὐτῆς. [7]εὗρεν δὲ αὐτὴν 7
ἄγγελος Κυρίου τοῦ θεοῦ ἐπὶ τῆς πηγῆς τοῦ ὕδατος ἐν τῇ ἐρήμῳ, ἐπὶ τῆς πηγῆς ἐν τῇ ὁδῷ Σούρ.
[8]καὶ εἶπεν αὐτῇ ὁ ἄγγελος Κυρίου Ἁγὰρ παιδίσκη Σάρας, πόθεν ἔρχῃ; καὶ ποῦ πορεύῃ; καὶ εἶπεν 8
§ 𝔏^{r} Ἀπὸ προσώπου Σάρας τῆς κυρίας μου ἐγὼ ἀποδιδράσκω. §[9]εἶπεν δὲ αὐτῇ ὁ ἄγγελος Κυρίου 9
§ A Ἀποστράφηθι πρὸς τὴν κυρίαν σου καὶ ταπεινώθητι ὑπὸ τὰς χεῖρας αὐτῆς §[10]καὶ εἶπεν αὐτῇ 10
ὁ ἄγγελος Κυρίου Πληθύνων πληθυνῶ τὸ σπέρμα σου, καὶ οὐκ ἀριθμήσεται ἀπὸ τοῦ πλήθους.
[11]καὶ εἶπεν αὐτῇ ὁ ἄγγελος Κυρίου Ἰδοὺ σὺ ἐν γαστρὶ ἔχεις, καὶ τέξῃ υἱόν, καὶ καλέσεις τὸ ὄνομα 11
αὐτοῦ Ἰσμαήλ, ὅτι ἐπήκουσεν Κύριος τῇ ταπεινώσει σου. [12]οὗτος ἔσται ἄγροικος ἄνθρωπος· αἱ 12
¶ 𝔖 χεῖρες αὐτοῦ ἐπὶ πάντας καὶ αἱ χεῖρες πάντων¶ ἐπ' αὐτόν, καὶ κατὰ πρόσωπον πάντων τῶν
ἀδελφῶν αὐτοῦ κατοικήσει. [13]καὶ ἐκάλεσεν Ἁγὰρ τὸ ὄνομα Κυρίου τοῦ λαλοῦντος πρὸς αὐτήν 13
Σὺ ὁ θεὸς ὁ ἐφιδών με· ὅτι εἶπεν Καὶ γὰρ ἐνώπιον ἴδον ὀφθέντα μοι. [14]ἕνεκεν τούτου ἐκάλεσεν 14
τὸ φρέαρ Φρέαρ οὗ ἐνώπιον ἴδον· ἰδοὺ ἀνὰ μέσον Καδὴς καὶ ἀνὰ μέσον Βάραδ [15]καὶ ἔτεκεν 15
Ἁγὰρ τῷ Ἀβρὰμ υἱόν, καὶ ἐκάλεσεν Ἀβρὰμ τὸ ὄνομα τοῦ υἱοῦ αὐτοῦ, ὃν ἔτεκεν αὐτῷ Ἁγάρ,
§ c Ἰσμαήλ. §[16]Ἀβρὰμ δὲ ἦν ὀγδοήκοντα ἓξ ἐτῶν ἡνίκα ἔτεκεν Ἁγὰρ τὸν Ἰσμαὴλ τῷ Ἀβράμ. 16

5 εγγαστρι A* (εν γαστρι A^{a}) 9 αποστραφητι *D* 11 εγγαστρι A

*D*Mab(c)d–jl–yc$_2$𝔄𝔅(ℭ^{c})𝔈(𝔏^{r}𝔖)

5 *σαρρα* mnp*c$_2$ | *εγω*] *ιδου* Chr | *δεδωκα*] *εδωκα* ahmox: +*σοι* e | *τον κολπον*] *τας χειρας* fi*lr | *σου* 2°] *μου* ⟨16⟩ 𝔈^{p} | om *δε* 2° i | *ητιμασθη* mc$_2$ Phil-codd-omn | *ενωπιον* c$_2$ Phil | *σου* 3°] pr *ανα μεσον* j

6 *σαραν*] *σαρραν* mc$_2$: +*uxorem suam* 𝔈 | om *ιδου* 𝔈^{fp} | om *σου* 1° d Phil Clem Chr ½ | *εναντιον* A] *εν ταις χερσιν* *D*^{sil}M omn 𝔄𝔅𝔈𝔖 Phil Clem Chr Thdt ⟨*εν χερσι* 76⟩ | *αυτη*] *αυτην* gps· *αυτης* n | *ως*] *καθως* h | *δ αν* *D*y] *εαν* Me Chr ½ *αν* rell Phil Clem Chr ½ Thdt | om *σοι* 𝔄 | *η*] *ην* o om lx* Phil-codd. +*εν οφθαλμοις σου* amoquxc$_2$𝔄𝔅^{p}𝔖 | *αυτην σαρα*] *σαρα αυτην* fi *Sara Agar* 𝔈 | *αυτην*] *αυτη* bo | ⟨om *σαρα—αυτης* 31⟩ | *σαρρα* mnc$_2$

7 om *κυριου* 𝔅^{lw} | om *του θεου* abdfgim–prsvwxc$_2$𝔄𝔖 Phil Chr Cyr-cod | om *της* 1° f | *πηγης* 1°] *γης* w | *του* 2°—*πηγης* 2°] *της* m· om 𝔅^{p} om *του υδατος* Cyr-cod | *εν* 1°—*σουρ*] om bw om *εν* 1°—*πηγης* d Nov(uid) om *επι της πηγης* npquc$_2$𝔈 Phil-arm Chr Cyr | *πηγης* 2°] *γης* ef^{a}ilrt om f* | *εν τη οδω*] post *σουρ* d𝔈 om 𝔅^{lw}

8 *αυτη—κυριου*] sub ※ 𝔖· om *ο αγγελος κυριου* dp +*πληθυνων πληθυνω το σπερμα σου και ουκ αριθμηθησεται απο του πληθους και ειπεν αυτη ο αγγελος κ̄υ* m | om *αγαρ* a Phil-gr | *σαρας* 1°] *σαρρας* mnc$_2$ | om *και ειπεν* 2° n | *και* 3°] *η δε* fir om h𝔅^{p} | *ειπεν* 2°] +*αγαρ* a +*ει* 𝔈 | *απο*] *προ* a | *σαρας* 2°] *σαρρας* mnc$_2$ om ag | ⟨om *μου* 76⟩ | *εγω αποδιδρασκω*] om m. om *εγω* Chr ⅓

9 om *αυτη* d | *ο αγγελος κυριου*] ⟨om 107⟩. om *κυριου* bw | *αποστραφηθι*] *υποστραφητι* Cyr ¼ *επιστρεφε* Cyr ¼ | *προς*] *εις* bf

10 *και* 1°—*κυριου*] *οτι* p ⟨om *ο* 31⟩ om *κυριου* d | om *πληθυνων* Phil-arm | om *σου* i(uid) | ⟨*ουκ—πληθους*] *απο του πληθους ουκ αριθμηθησεται* 74⟩ | *αριθμησεται* Aglmt] *αριθμηθησεται* *D*^{sil}M rell Chr

11 om *ειπεν—κυριου* dp | *αυτη*] post *κυριου* q | *ο αγγελος κυριου*] *angelus Dī* 𝔏 ⟨om 107: om *ο* 31⟩ | om *ιδου* Phil-codd-omn ½ | om *συ* mor𝔖 Chr | *τεξεις* mp | *υιον*] *παιδιον* Phil ½ | *κυριος*] *ο θ̄ς* bw𝔏. +*ο θ̄ς* fir | *της ταπεινωσεως* ej

12 om *ουτος—ανθρωπος* c$_2$* | *αι* 1°] pr *και* ⟨25⟩ 𝔏𝔈^{fp} | *παντας*] *παντων* q | *παντων* 1°] *απαντων* f | *επ*] *υπ* dp | *αυτον*] *αυτων* g | om *παντων* 2° 𝔈^{cf} | om *των* j | om *αυτου* 2° dgpc$_2$ Phil-gr

13 om *αγαρ* DMabej–oquwc$_2$𝔏 Phil-arm Chr Hil | ⟨om *το* 31.83⟩ | *κυριου*] *Dei* Spec-ed | *αυτην*] *αυτον* n*. +*et dicit* 𝔄𝔈 | *συ*] ⟨om 32⟩ +*ει* *D*bw𝔄 | om *ο* 1° ox Phil ½ | om *ο* 2° fv | *εφιδων* Afh*n*py] *επιδων* *D*^{sil}Mh^{b}n^{a} rell ⟨*επειδε* 32⟩ | *οτι—γαρ*] *et dixi quia* 𝔏 *quia* 𝔈 | *ειπεν*] *ειπον* ⟨31⟩ 𝔅^{lw}

14 *ενεκεν τουτου*] *δια τουτο* Phil | *εκαλεσα* bw𝔏 | *φρεαρ* 1°] *ονομα* n *nomen putei* 𝔅𝔈. ⟨+*εκεινο* 31 83⟩ | *φρεαρ* 2°] om mc$_2$ +*ορκου* l | *ενωπιον ου* dp𝔏 | *ενωπιον*] +*θ̄υ* m | ⟨*ιδον*] *ειδε* 79⟩ | *ιδου*] pr *και* fj𝔄 om 𝔅𝔈 Chr | *καδδης* dfm Phil-cod | *βαραδ*] *βαρακ* bdghpwc$_2$𝔅 *βαραχ* y Chr. ⟨*βαραξ* 83⟩. *αραδ* x*. *Barrad* 𝔏 *Faran* 𝔄-mg Phil-arm

15 *και* 1°] pr *et rediit Agar* 𝔈 | *αγαρ τω αβραμ*] *αβραμ τω αγαρ* t | *αβραμ* 1°] *αβρααμ* w* | om *αβραμ* 2° bgmnw𝔄 Chr | om *του υιου* gnp Chr | *αυτου*] om 𝔅𝔈 +*του γενομενου αυτω* ej(*αυτου*)v(mg) | om *ον—αγαρ* 2° gnpt | om *αυτω* em

16 om totum comma dp | *ογδ. εξ ετων*] *ετων ογδ. εξ* D (+*D*^{sil})bcgn$^{a?}$sv–y𝔏 *ετων ρπϛ'* n*(uid) | *εξ*] *quinque* 𝔈. om l | ⟨*ηνικα*] *οτε* 77⟩ | *ετεκεν*] +*αυτω* g𝔄 | om *αγαρ* s | *τω αβραμ τον ισμαηλ* x*y | *τω αβραμ*] *ει* 𝔅𝔈: om g𝔄

6 *εκακωσεν*] α' *εκακουχησεν* sv | *απεδρα*] α' *μετα φυγης υπανεχωρησεν* M

11 *ισμαηλ*] α' *εισακοη θ̄υ* σ' θ' *ερημου ᾱν̄ος* c$_2$ | *επηκουσεν*] *εφη δε ο θ̄ς* M

12 *αγροικος*] α' *αγριος* My(sine nom)c$_2$𝔖 α' σ' *αγριος* sv: σ' *ερημου ᾱν̄ος* My(sine nom) σ' *κεχωρισμενος ᾱν̄ων* vc$_2$ θ' *κεχωρισμενος ᾱν̄ων* sy(sine nom)𝔖

XVII 1 §1 Ἐγένετο δὲ Ἀβρὰμ ἐτῶν ἐνενήκοντα ἐννέα, καὶ ὤφθη Κύριος τῷ Ἀβρὰμ καὶ εἶπεν αὐτῷ A
2 Ἐγώ εἰμι ὁ θεός σου· εὐαρέστει ἐναντίον ἐμοῦ, καὶ γίνου ἄμεμπτος· 2καὶ θήσομαι τὴν διαθήκην § d_2
3 μου ἀνὰ μέσον ἐμοῦ καὶ ἀνὰ μέσον σοῦ, καὶ πληθυνῶ σε σφόδρα. 3καὶ ἔπεσεν Ἀβρὰμ ἐπὶ
4 πρόσωπον αὐτοῦ, καὶ ἐλάλησεν αὐτῷ ὁ θεὸς λέγων 4Καὶ ἐγώ, ἰδοὺ ἡ διαθήκη μου μετὰ σοῦ· καὶ
5 ἔσῃ πατὴρ πλήθους ἐθνῶν. 5καὶ οὐ κληθήσεται ἔτι τὸ ὄνομά σου Ἀβράμ, ἀλλ᾽ ἔσται Ἀβραὰμ
6 τὸ ὄνομά σου· ὅτι πατέρα πολλῶν ἐθνῶν τέθεικά σε. 6καὶ αὐξανῶ σε σφόδρα, καὶ θήσω σε εἰς
7 ἔθνη, καὶ βασιλεῖς ἐκ σοῦ ἐξελεύσονται. 7καὶ στήσω τὴν διαθήκην μου ἀνὰ μέσον ἐμοῦ καὶ ἀνὰ
μέσον σοῦ καὶ ἀνὰ μέσον τοῦ σπέρματός σου μετὰ σὲ εἰς γενεὰς αὐτῶν εἰς διαθήκην αἰώνιον,
8 εἶναί σου θεὸς καὶ τοῦ σπέρματός σου μετὰ σέ. 8καὶ δώσω σοὶ καὶ τῷ σπέρματί σου μετὰ σὲ
τὴν γῆν ἣν παροικεῖς, πᾶσαν τὴν γῆν Χανάαν, εἰς κατάσχεσιν αἰώνιον· καὶ ἔσομαι αὐτοῖς θεός.
9 9καὶ εἶπεν ὁ θεὸς πρὸς Ἀβραάμ Σὺ δὲ τὴν διαθήκην μου διατηρήσεις, σὺ καὶ τὸ σπέρμα σου μετὰ
10 σὲ εἰς τὰς γενεὰς αὐτῶν. 10καὶ αὕτη ἡ διαθήκη ἣν διατηρήσεις ἀνὰ μέσον ἐμοῦ καὶ ὑμῶν, καὶ ἀνὰ
μέσον τοῦ σπέρματός σου μετὰ σὲ¶ εἰς τὰς γενεὰς αὐτῶν· περιτμηθήσεται ὑμῶν πᾶν ἀρσενικόν. ¶ *D*
11 11καὶ περιτμηθήσεσθε τὴν σάρκα τῆς ἀκροβυστίας ὑμῶν, καὶ ἔσται ἐν σημείῳ διαθήκης ἀνὰ

XVII 11 *περιτμηθησεσθαι* A

(*D*)Ma–jl–yc_2𝔄𝔅𝔈𝔏^{r}

XVII 1 om *εγενετο—αβραμ* 2° m | *ετων—εννεα*] *ενενηκ ενν ετων* hirt𝔏 om *εννεα* Eus $\frac{1}{2}$ *ετων ρϙθ′* n* | *κυριος τω αβρ*] *κ̄ς αυτω* dp𝔅^{lw} Or-lat: *αυτω κυριος* Eus $\frac{1}{2}$ *αυτω ο θεος* Chr | *κυριος*] + *ο θ̄ς* l𝔄 Phil-arm | *αυτω*] om Or-lat. + *κ̄ς* m | ⟨*εγω*] pr *ει* 128⟩ | *ο θεος σου*] pr *κ̄ς* c_2 Phil-arm *ο θεος σος* Phil-ed $\frac{1}{6}$ *θεος σος* Phil $\frac{3}{6}$ cod $\frac{2}{6}$ om *σου* achlmqu𝔅𝔈 Or-lat Eus-ed | *ευαρεστ.—εμου*] *περιπατει εις προσωπον μου* Phil-cod $\frac{1}{3}$ | *ευαρεστει*] ⟨*ευαρεστησεις* 31⟩ *ευαρεστησει* mx*(uid) Phil-codd $\frac{1}{3}$ *prospere age* 𝔏 | *ενωπιον* be*(uid)gj(mg)mns(mg)w Phil $\frac{2}{3}$ Clem Eus Chr $\frac{1}{2}$ | *εμου*] *μου* bgnt | *αμεμπτος*] *τελειος* Phil-cod $\frac{1}{3}$

2 *θησομαι*] *θησω* ad–gijlnoprsvc_2d_2($\frac{1}{2}$) Phil Clem *στησω* c | om *εμου και ανα μεσον* dej | *εμου*] *σου* c(uid) Eus | om *ανα μεσον* 2° n𝔏(uid)𝔄-cod Or-lat | *σου*] *εμου* Eus. + *και του σπερματος σου* Clem | om *και* 3°—*σφοδρα* Or-lat | *σφοδρα*] + *σφοδρα* acej lmosv^{mg}(sub ※)xc_2𝔄𝔅^{p} Phil-arm

3 *αυτου*] *εαυτου* a *κ̄υ* g om dpd_2𝔏 Phil + *et adorauit Deum* Or-lat | *ελαλησεν*] *ειπεν* f

4 *και* 1°—*ιδου*] *ιδου εγω και* f *ecce ego* 𝔅^{lw}𝔏 om *και* 𝔅^{p} | *και εγω*] om dlmpsd_2𝔈 Chr *ego sum* Or-lat | *εγω—μου*] *meum ecce testamentum* 𝔄 | *εγω ιδου*] *ιδου εγω* acn Clem om *εγω* bejq*(uid) om *ιδου* x* + *και* h^{b} | *η διαθ. μου*] *testamentum meum ponam* 𝔏 | *μετα σου*] om m + *και πληθυνω σε σφοδρα* d | om *και* 2° ⟨31⟩ 𝔅^{p} | *πληθους*] *πληθων* s *πολλων* ej𝔏 Cyr | *εθνων*] + *et benedicentur in te omnes gentes* Or-lat

5 *ετι—σου* 1°] *το ονομα σου ουκετι* ac om *ετι* md_2($\frac{1}{2}$)𝔅𝔈^{p} Phil Chr $\frac{2}{4}$ | *αβραμ το ονομα σου* r | om *σου* 1° i | *αλλ᾽ εσται*] *αλλα κληθησεται* c_2 om *εσται* Chr $\frac{2}{3}$ + *iam* 𝔏 | *αβρααμ εσται* Eus | *αβρααμ—σου* 2° A] *το ονομα σου αβρααμ* D (+*D*)M omn 𝔄𝔏 Phil-gr Or Chr | *πατερα*] *π̄η̄ρ* q | *τεθεικα*] *ponam* 𝔄-codd

6 *αυξανω*] *multiplicabo* 𝔅 | *σε* 1°] + *και πληθυνω σε* l Chr $\frac{1}{3}$ | *σφοδρα* Adgyc_2 Phil-arm] om Chr $\frac{1}{3}$ + *σφο* D + *σφοδρως* t Chr $\frac{2}{3}$. + *nimis* 𝔏 + *σφοδρα* *D*^{sil}M rell 𝔅^{p}𝔈 | *εις—εξελευσονται*] *ut exeant de te gentes et reges* 𝔈 | *εθνη*] *εθνος* c_2 Chr $\frac{1}{2}$ codd $\frac{1}{2}$ | om *και* 3°—*εξελευσονται* y | *βασιλεις*] + *εθνων* bw | *εξελευσονται*] *εσονται* bw𝔏 Phil-arm

7 *στησω*] *θησω* cdglpyd_2($\frac{1}{2}$)𝔈 *ponam* 𝔏 | *εμου και αναμεσον*] om bqu Chr om *αναμεσον* d𝔏(uid) Or-lat | om *μετα σε* 1° g | *εις γενεας—μετα σε* 2°] bis scr d | *εις γενεας*] *et progenies* 𝔏 | *γενεας*] pr *τας* befgjntwd_2($\frac{1}{2}$) Chr *γενεαν* x | om *εις* 2° h | *σου* 3°—*σε*] *Deus* 𝔈^{f} *Deus eorum* 𝔈^{p} *Dominus Deus tuus* 𝔈^{c} | *σου θεος*] *Deus tuus* 𝔏 *tibi Deus* 𝔄𝔅 | *θεος*] pr *ο* f | *του σπερματος* 2°] *τω σπερματι* a𝔄𝔅 | ⟨*μετα σε* 2°] *μετα σου* 37 om 16⟩

8 om *και* 1°—*σε* p | *δωσω*] *διδωμι* n | *σοι και*] om 𝔈 om *και* f | *μετα σε*] om cmqu𝔄𝔈 + *εις τας γενεας αυτων* l | *την γην* 1°] om qu *terram hanc* 𝔄𝔈 | *παροικεις*—(9) *θεος*] sup ras 50 circ litt A$^{1?}$ pr *συ* fr pr *σοι* i | ..*s πασαν την γην* D | *εσομαι—θεος*] *θεος εσομαι αυτων* Chr | *αυτοις*] *αυτων* n𝔏 *αυτω* c_2 | *θεος*] *εις θ̄ν* bwx

9 om *και* 1°—*αβρααμ* ⟨25⟩ 𝔄 | *ο θεος*] *κυριος* Cyr | *προς αβρααμ*] *τω αβ* dfipr om *προς* M *Abraham* 𝔏 | *αβραμ* f | om *δε* 𝔅^{p}𝔈 | om *μου* gi | *διατηρησεις*] *τηρησεις* m *διατηρησον* aco· + *αναμεσον εμου και σου* d | om *συ* 2°—(10) *διατηρησεις* y* | *συ και το σπερμα*] *σοι και τω σπερματι* f *συ και τω σπερματι* g om *συ* bw𝔄𝔈 Or-lat Cyr $\frac{1}{3}$ Tract *και τω σπερματι* qu𝔄-codd | *το σπερμα*] *omne semen* Or-lat | *μετα σε*] *μετα σου* n om j | om *τας* Macdmopxc_2d_2($\frac{1}{2}$)

10 om *και* 1°—*αυτων* fs | *διαθηκη*] + *μου* cgm𝔄𝔅𝔈 Cyr $\frac{1}{4}$ Tract | *ην διατηρησεις*] *ην διαθησω* Cyr $\frac{1}{4}$· *quod disposui* Or-lat $\frac{2}{3}$ om d Tract | *υμων και εμου* Cyr $\frac{1}{4}$ | *υμων* 1°] *σου* dgp𝔄𝔈^{c} Or-lat $\frac{2}{3}$ Tract | *ανα μεσον του σπερμ*] *inter me et inter semen* Or-lat $\frac{1}{3}$ | om *ανα μεσον* 2° 𝔏(uid) | om *μετα σε* 𝔈^{fp} Cyr $\frac{2}{4}$ | *εις τας γενεας αυτων*] *transiet* 𝔏 *e terra* 𝔈^{f} *e semine tuo* 𝔈^{p} om bw𝔈^{c} | om *τας* aco | *αυτων*] *υμων* o Cyr $\frac{1}{4}$ | *περιτμηθησεται*] *περιτεμεισθε* Cyr-cod $\frac{1}{3}$ *circumcidetis* 𝔈𝔏 | *υμων—αρσενικον*] *omne masculinum uestrum* Iren *omnem uestrum masculinum* 𝔏 Tract (*omne*) | *υμων* 2°] *υμιν* bcdgpwd_2· om Cyr $\frac{1}{3}$ | *παν αρσενικον*] ⟨om *παν* 107⟩ *των αρσενικων εις τας γενεας αυτων* d. + *εις τας γενεας αυτων* p + *εις τας γενεας υμων* fgstv

11 om *και* 1° m 𝔈 Chr | *περιτμ την σαρκα*] *circumcidetur caro* Tract | *περιτμηθησεσθε*] *περιτεμεισθε* M *περιτμηθησεται* cdgn *circumcidetis* 𝔅𝔏 Iren | *υμων* 1°] *αυτου* g | *και* 2°—*υμων* 2°] om c om *και εσται* Iren | *εν σημ. διαθ*] *εις διαθηκην* Cyr $\frac{1}{4}$ | *εν σημειω*] *εις σημειον* bfilmwd_2 Cyr-ed $\frac{2}{4}$ Thdt | *δια-*

XVII 1 *αμεμπτος*] *α′ τελειος* j(sine nom)s

8 *και δωσω σοι*] *σ′ και θ′ ην διδωμι σοι* j

A μέσον ἐμοῦ καὶ ὑμῶν. 12 καὶ παιδίον ὀκτὼ ἡμερῶν περιτμηθήσεται ὑμῖν πᾶν ἀρσενικὸν εἰς τὰς 12
γενεὰς ὑμῶν· ὁ οἰκογενὴς τῆς οἰκίας σου καὶ ὁ ἀργυρώνητος ἀπὸ παντὸς υἱοῦ ἀλλοτρίου, ὃς οὐκ
ἔστιν ἐκ τοῦ σπέρματός σου, 13 περιτομῇ περιτμηθήσεται, ὁ οἰκογενὴς τῆς οἰκίας σου καὶ ὁ ἀργυ- 13
ρώνητος. καὶ ἔσται ἡ διαθήκη μου ἐπὶ τῆς σαρκὸς ὑμῶν εἰς διαθήκην αἰώνιον. 14 καὶ ἀπερί- 14
τμητος ἄρσην, ὃς οὐ περιτμηθήσεται τὴν σάρκα τῆς ἀκροβυστίας αὐτοῦ τῇ ἡμέρᾳ τῇ ὀγδόῃ,
ἐξολεθρευθήσεται ἡ ψυχὴ ἐκείνη ἐκ τοῦ γένους αὐτῆς· ὅτι τὴν διαθήκην μου διεσκέδασεν. 15 Εἶπεν 15
δὲ ὁ θεὸς τῷ Ἀβραάμ Σάρα ἡ γυνή σου, οὐ κληθήσεται τὸ ὄνομα αὐτῆς Σάρα, ἀλλὰ Σάρρα ἔσται
τὸ ὄνομα αὐτῆς· 16 εὐλογήσω δὲ αὐτήν, καὶ δώσω σοι ἐξ αὐτῆς τέκνον. καὶ εὐλογήσω αὐτόν, καὶ 16
ἔσται εἰς ἔθνη, καὶ βασιλεῖς ἐθνῶν ἐξ αὐτοῦ ἔσονται. 17 καὶ ἔπεσεν Ἀβραὰμ ἐπὶ πρόσωπον καὶ 17
ἐγέλασεν καὶ εἶπεν ἐν τῇ διανοίᾳ αὐτοῦ λέγων Εἰ τῷ ἑκατονταετεῖ γενήσεται υἱός, καὶ εἰ Σάρρα
¶ 𝔏^{r} ἐνενήκοντα ἐτῶν γενήσεται; 18 εἶπεν δὲ Ἀβραὰμ πρὸς¶ τὸν θεόν Ἰσμαὴλ οὗτος ζήτω ἐναντίον 18
σου. 19 εἶπεν δὲ ὁ θεὸς πρὸς Ἀβραάμ Ναί· ἰδοὺ Σάρρα ἡ γυνή σου τέξεταί σοι υἱόν, καὶ καλέσεις 19
¶ d_2 τὸ ὄνομα αὐτοῦ Ἰσαάκ· καὶ στήσω τὴν διαθήκην μου πρὸς αὐτὸν εἰς διαθήκην αἰώνιον,¶ καὶ τῷ
σπέρματι αὐτοῦ μετ᾽ αὐτόν. 20 περὶ δὲ Ἰσμαὴλ ἰδοὺ ἐπήκουσά σου· καὶ εὐλόγησα αὐτόν, καὶ 20
αὐξανῶ αὐτὸν καὶ πληθυνῶ αὐτὸν σφόδρα· δώδεκα ἔθνη γεννήσει, καὶ δώσω αὐτὸν εἰς ἔθνος μέγα.
21 τὴν δὲ διαθήκην μου στήσω πρὸς Ἰσαάκ, ὃν τέξεταί σοι Σάρρα εἰς τὸν καιρὸν τοῦτον ἐν τῷ ἐνι- 21
αυτῷ τῷ ἑτέρῳ. 22 συνετέλεσεν δὲ λαλῶν πρὸς αὐτόν, καὶ ἀνέβη ὁ θεὸς ἀπὸ Ἀβραάμ. 23 Καὶ 22 23
ἔλαβεν Ἀβραὰμ Ἰσμαὴλ τὸν υἱὸν αὐτοῦ καὶ πάντας τοὺς οἰκογενεῖς αὐτοῦ καὶ πάντας τοὺς

(*D*)Ma–jl–yc_2(d_2)𝔄𝔅𝔈(𝔏^{r})

θηκης] om Thdt. +αιωνιου l | om αναμεσον ej | υμων και εμου Chr | υμων 2°] του σπερματος σου gt σου και αναμεσον εμου και του σπερματος σου dhp Cyr ¼· +και αναμεσον του σπερματος σου fc_2 +και αναμεσον του σπερματος 1$^{a?}$ +και του σπερματος σου s· +του σπερματος σου v(sub — uid)

12 και 1°] πλην acoc_2. om d_2 | οκτω ημερων] οκταημερον cl Cyr-ed ⅓ *octauo die* Or-lat | περιτμηθησεται] *circumcides* 𝔅^{p} | υμιν] υμων Mfhirt𝔄𝔏 *in uobis* Or-lat *ex uobis* Tract | αρσενικον] +*uestrum* 𝔅𝔈 | υμων] *eorum* 𝔅^{lw} | om ο οικογ.—(13) αιωνιον d_2 | ο 1°] pr και Chr. και Cyr ½ | της οικιας σου] *domus uestrae* 𝔈 om Macehjlmoqux𝔄𝔅 Or-lat ½ Chr Cyr om της οικιας Or-lat ½ | ο 2°—σου 2°] *omnis quem emistis auro uestro* 𝔈 ⟨om ο 16⟩ | απο—(13) αργυρωνητος] pr *et* 𝔄 om dlp | ⟨παντος υιου] γενεας 128 παντος ανου 32⟩ | εστιν] post σου 2° acmoxc_2

13 περιτομη—αργυρ.] om 𝔈 om περιτομη cirx* om ο οικογ—αργυρ bfw om σου ac | αργυρωνητος] ⟨+απο παντος υιου αλλοτριου 71⟩ +σου acmoxc_2𝔄𝔅^{p} Or-lat | εστω g | μου] +επι της διαθηκης μου m*

14 om και 1° 𝔄 | απεριτμητος] pr ο fir pr πας Thdt om ejnqud_2𝔈 Tract | αρσην] om fl𝔈 *omnis masculus* Tract | την—αυτου] *praeputio suo* 𝔏 om Thdt | ⟨την σαρκα] της σαρκος 108⟩ | τη ημερα] pr εν bw | εξολεθρ.] +και αφανισθησεται bw | εκεινη] αυτου ⟨32⟩ Tract ½ | εκ του γενους αυτης] *a plebe sua* Tract ½ | γενους αυτης] λαου n σπερματος αυτης Cyr ¼ | om μου Tract | διεσκεδασεν] εσκεδασε j. ⟨διεσκεδασαν 32⟩ *transgressus est* 𝔏

15 ειπεν δε Afinry] και ειπεν M rell 𝔅𝔏 Chr | ο θεος] pr $\overline{κς}$ bd_2 *D̄n̄s* 𝔏 | τω] προς l𝔏(uid) | αβραμ dn | σαρα 1°] pr *et* 𝔄· σαρρα mn +δε i | κληθησεται] +ετι Mborw𝔅^{p}𝔈^{cf} | το ονομα αυτης 1°] om c𝔅^{lw}𝔈 Phil: +ετι gp | σαρα 2°] σαρρα m | σαρρα] σαρα m

16 ευλογησω δε] και ευλογησω n𝔏 | τεκνον] *pueros* Phil-arm | om και 2°—εις 𝔈 | αυτον] αυτο b$^{a?}$cefilp Cyr ½ αυτω g. αυτην m | εθνη] εθνος m Chr ⅓ | εθνων] om n𝔈^{p} +και s | om εξ αυτου εσονται 𝔈^{fp} | αυτου] αυτης m𝔈^{c} Phil | εσονται] εξελευσονται c–gijpstvyc_2d_2𝔅𝔈^{c} Chr Cyr

17 ⟨επεσεν] ειπεν 18⟩ | προσωπον] +αυτου abcefhnoqs(mg) uwxd_2𝔄𝔅 +αυτης j(mg) | εγελασεν] εγγισεν d | ειπεν] +*intra se* 𝔏 | om εν berw Phil-gr Cyr | om αυτου bdgpvw Phil Cyr | om λεγων acefjlmoxd_2 Phil | γενησεται 1°] pr γε M: γεννησεται cdlmtwx γενηθησεται j. γεννηθησεται ei(uid)d_2 γεννηθη f εσται Cyr | om υιος achlmoqs(txt)tuvxc_2𝔅^{p}𝔏 Phil | om ει 2° d–gjouc_2𝔄𝔅 Phil Cyr-ed | σαρρα] σαρα r*· pr η bfgouw Phil ½ Cyr-ed η σαρα m | ενενηκ ετων] *post nonaginta annos* 𝔏· pr ουσα stv𝔅 | ετων] pr ουσα d_2 +ουσα Ma–ruw–c_2 Phil Cyr | γενησεται 2° A] τεξεται M omn 𝔄𝔅𝔈𝔏 Phil Cyr

18 om totum comma d_2 | αβρααμ] *Abram* 𝔏 | om προς τον θεον g | ζητω] ζησεται i | ενωπιον bw Phil | σου] +$\overline{κε}$ g +*precor Domine* 𝔈

19 ειπεν—θεος] ο δε $\overline{κς}$ g | προς 1°] τω Macefh–ors(mg)xy d_2 Phil | αβρααμ] αυτον g | ναι] και dmp om blw Hil | σαρα m | σοι] σου h* om Phil-cod ½ Cyr | om και 1°—ισαακ 𝔄-ed | καλεσεις] καλεσεται t | στησω] θησω blw Cyr ½ | μου] +ειναι αυτου $\overline{θς}$ M(mg) | om προς 2°—διαθηκην 2° c | αιωνιον] +ειναι αυτω $\overline{θς}$ eg–jp(αυτον $\overline{θν}$)qrs(mg)tuy^{mg}(αυτου)𝔅 ⟨+ειναι αυτω ο $\overline{θς}$ 16 +ειναι αυτος $\overline{θς}$ 18⟩ | αυτον 2°] αυτου gm. αυτων c_2

20 om δε dp | υπηκουσα f | σου] +της δεησεως Chr | και 1° Adf𝔄𝔈 Hil] +ιδου acmoqux ιδου M rell 𝔅 | ευλογησα Aafhw] ευλογησω b𝔄-ed𝔈 Phil-arm. ευλογηκα M rell Phil-gr Chr. ⟨ενευλογηκα 107⟩ | αυτον 1°] inter αυ et τον ras(14 uel 15) A(και αυξανω αυτον bis scr A*uid) | και αυξανω αυτον] om e Hil om και Chr | αυξανω] αυξησω hlqsuv Phil Chr. om a | δωδεκα] pr *et* 𝔄𝔈^{cf} | γεννησει] γεννησεται f

21 om δε cm𝔅^{p} | τεξεται] τεξει n | σαρα m | om εν t | ετερω] δευτερω efjmnsv Chr

22 δε] ται n: +ο $\overline{θς}$ dgps(mg)𝔈 | ανεβη] απεστη l | ο θεος] κυριος Phil. om 𝔈 | απο] προς qw

23 αβρααμ 1°] αβραμ s | ισμαηλ τον] pr τον f. τον ισμαηλ w | αυτου 1°] εαυτου y | και 2°—αυτου 2°] om o: om αυτου dej | παντας τους 2°] om d om παντας n | αργυρωνητους] αργυρωνητας cf*go· +αυτου acdeghjmopqs(mg)tuxc_2𝔄𝔅𝔈 Cyr | παν—των 2°] *uiros qui* 𝔅^{lw} | παν] πασαν c | αρσεν] αρσενικον

14 εξολεθρ.] αφανισθησεται Mjs

20 εθνη] αρχοντες M

ἀργυρωνήτους καὶ πᾶν ἄρσεν τῶν ἀνδρῶν τῶν ἐν τῷ οἴκῳ Ἀβραάμ, καὶ περιέτεμεν τὰς ἀκρο- A
24 βυστίας αὐτῶν ἐν τῷ καιρῷ τῆς ἡμέρας ἐκείνης, καθὰ ἐλάλησεν αὐτῷ ὁ θεός. ²⁴Ἀβραὰμ δὲ ἦν
25 ἐνενήκοντα ἐννέα ἐτῶν, ἡνίκα περιέτεμεν τὴν σάρκα τῆς ἀκροβυστίας αὐτοῦ· ²⁵Ἰσμαὴλ δὲ ὁ υἱὸς
26 αὐτοῦ ἐτῶν δέκα τριῶν ἦν, ἡνίκα περιετμήθη τὴν σάρκα τῆς ἀκροβυστίας αὐτοῦ. ²⁶ἐν τῷ καιρῷ
27 τῆς ἡμέρας ἐκείνης περιετμήθη Ἀβραὰμ καὶ Ἰσμαὴλ ὁ υἱὸς αὐτοῦ· ²⁷καὶ πάντες οἱ ἄνδρες τοῦ
οἴκου αὐτοῦ καὶ οἱ οἰκογενεῖς καὶ οἱ ἀργυρώνητοι ἐξ ἀλλογενῶν ἐθνῶν, περιέτεμεν αὐτούς.
XVIII 1 §¹Ὤφθη δὲ αὐτῷ ὁ θεὸς πρὸς τῇ δρυὶ τῇ Μαμβρῇ, καθημένου αὐτοῦ ἐπὶ τῆς θύρας τῆς § ℭ^{c}𝔓
2 σκηνῆς αὐτοῦ μεσημβρίας. ²ἀναβλέψας δὲ τοῖς ὀφθαλμοῖς αὐτοῦ ἴδεν, καὶ ἰδοὺ τρεῖς ἄνδρες
ἱστήκεισαν ἐπάνω αὐτοῦ. καὶ ἰδὼν προσέδραμεν εἰς συνάντησιν αὐτοῖς ἀπὸ τῆς θύρας τῆς σκηνῆς
3 αὐτοῦ, καὶ §προσεκύνησεν ἐπὶ τὴν γῆν· ³καὶ εἶπεν Κύριε, εἰ ἄρα εὗρον χάριν ἐναντίον σου, μὴ § D
4 παρέλθῃς τὸν παῖδά σου. ⁴λημφθήτω δὴ ὕδωρ, καὶ νιψάτω τοὺς πόδας ὑμῶν· καὶ καταψύξατε
5 ὑπὸ τὸ δένδρον. ⁵καὶ λήμψομαι ἄρτον, καὶ φάγεσθε, καὶ μετὰ τοῦτο παρελεύσεσθε εἰς τὴν ὁδὸν
ὑμῶν,¶ οὗ εἵνεκεν ἐξεκλίνατε πρὸς τὸν παῖδα ὑμῶν. καὶ εἶπεν Οὕτως ποίησον καθὼς εἴρηκας. ¶ 𝔓
6 ⁶καὶ ἔσπευσεν Ἀβραὰμ ἐπὶ τὴν σκηνὴν πρὸς Σάρραν καὶ εἶπεν αὐτῇ Σπεῦσον καὶ φύρασον τρία
7 μέτρα σεμιδάλεως καὶ ποίησον ἐγκρυφίας. ⁷καὶ εἰς τὰς βόας ἔδραμεν Ἀβραάμ, καὶ ἔλαβον

23 ακροβυστειας A 24 ακροβυστειας A
25 ακροβυστειας A XVIII 2 τρις A 5 εξεκλεινατε A

(*D*)Ma–jl–yc_2𝔄𝔅(ℭ^{c})𝔈(𝔓)

a | αβρααμ 2°] pr του fimprtxc_2 αυτου bdgqu om Cyr-ed | τας ακροβυστιας] την ακροβυστιαν ej𝔅^{lw} την σαρκα της ακροβυστιας Macfhi$^{a?}$lmoqs–vxc_2𝔄𝔅^{p}𝔈^{f} Cyr | αυτων] αυτου o +και y | εν τω 2°—εκεινης] εν τη ημερα εκεινη c om 𝔈 | καιρω] +εκεινω dgpt | ο θεος] pr κ̅ς̅ s *Dominus* 𝔅^{p}

24 ⟨om ην 68⟩ | ενενηκ —ετων] ετων ενενηκ εννεα bdgipis vw ετων ενενηκ. και εννεα l ετων ρϙθ′n* ετων ρ′ n$^{a?}$ | ηνικα] οτε ej | περιετεμεν] περιετεμετο Mabghilqrtuwxy𝔈(uid) Chr ετεμεν ej | αυτου] ⟨αυτων 71 108⟩ +εν τω καιρω εκεινω της ημερας εκεινης p ⟨+εν τω καιρω εκεινω 107⟩

25 om totum comma ejlqu | ⟨ετων—αυτου 2°] περιετμηθη την σαρκα της ακροβυστιας αυτου ετων ων δεκα τριων 74⟩ | ετων—ην] ην ετων δεκα τριων dc_2^{b}. ην ετων τριων c_2* om ην h | ην δεκα τριων Mgpsv | δεκα τριων] τρισκαιδεκα acx | ην—αυτου 2°] om n· om ην o | om ηνικα—(26) εκεινης d | περιετμηθη] περιετεμετο bw ⟨περιετεμνετο 32⟩ *circumcidit* 𝔄

26 om εν—εκεινης p | εν] +δε j(mg)qs(mg)u𝔅𝔈 | τω καιρω] om τω s(txt). +εκεινω gt *tempore hoc* 𝔅^{lw} | της ημερας εκεινης] εκεινω f | περιετμηθη] pr και dp | om ο j

27 και 1°—αυτου] post εθνων d om και παντες οι o | ⟨om οι ανδρες—αυτους 31⟩ | και 2°—αυτους] *circumcisi sunt* 𝔈 | om οι 2° c_2 | οικογενεις] +αυτου bmnw𝔅^{p} | αργυρωνιται dp | εξ] pr οι egjpstvxc_2𝔄𝔅 pr και οι d pr *et* 𝔅$^{p(*)}$ | περιετεμεν αυτους] pr και eghjpqs–vxc_2 om bw

XVIII **1** αυτω ο θεος] ο θεος αυτω Eus¼ *Deus Abraham* 𝔈 𝔓 Tract½ κυριος τω αβρααμ Eus¼ T-A Tract½ κυριος ο θεος τω αβρααμ Eus²⁄₄ A-Z | αυτω] *patri nostro Abraham* ℭ-cod | ο θεος] pr κ̅ς̅ c Phil-arm½ Eus | προς] εν s Phil-arm | μαμβρη] μαβρη p μαυρη cf μαυρι d *Mamre* 𝔅^{p} +*iuxta exitus uiarum* Tract | ⟨καθημενου] +δε 108⟩ | om αυτου 1° dgp | επι της θυρας] προς τη θυρα x Cyr-cod½ T-A(uid) *ad ostium* Spec Tract | της θυρας] τη θυρα oy Just½ ταις θυραις m | om αυτου 2° Just½ ℭ-cod 𝔈 | μεσημβρια y

2 αναβ. δε] και αναβλεψας dgpstv | om αυτου 1° Just Chr | om ιδεν και 𝔅^{p} | και ιδου] om ℭ-cod. om ιδου Phil-arm½ | om τρεις Or-gr | ιστηκεισαν] εστησαν Thdt | om αυτου 2° s | om και 2°—αυτου 3° 𝔈^{fp} | ιδων] +αυτους ⟨31⟩ 𝔅^{lw}ℭ-ed Cyr-ed½ | προσεδραμεν] συνεδραμεν Just | αυτοις] αυτων do αυτου c | om απο—αυτου 3° cd Phil-arm Tract | om της θυρας r*c_2 | ας της σκηνης αυτου in mg et sup ras circ 10 litt A$^{1?}$ | om αυτου 3° y ℭ-cod 𝔈^{c} Or-gr Eus | προσεκυνησεν] . κυνησεν *D* +*facie* ℭ-ed +*illis* ℭ-cod

3 και ειπεν] *dicens* ℭ-cod | κυριε] pr δεομαι Thdt½ *domini mei* ℭ𝔈^{fp} +*mi* 𝔅 | om αρα bfgi*nr𝔄𝔓 Phil-codd Ath Chr½ Cyr⅔ cod⅓ Thdt½ | εναντιον σου] ενωπιον σου Chr½ εν οφθαλμοις σου Cyr⅓ παρα σοι Phil *coram uobis* ℭ-cod𝔈^{fp} | om μη—σου 2° 𝔈 | παιδα] δουλον *D* | σου 2°] *uestrum* ℭ-cod ⟨om 78⟩

4 λημφθητω] *sumam* 𝔄-ed *feram* ℭ-cod *feramus* 𝔈 | δη] δε msv𝔄𝔅 Thdt Spec om ℭ-ed𝔈𝔓 | υδωρ] pr μικρον acmx𝔄𝔅^{p} +μικρον o | νιψατω A] νιψατωσαν *D*^{sil}M omn 𝔄𝔅 ℭ-ed (*lauate* cod) 𝔓 Phil-arm Or-gr Chr Cyr Thdt T-A *lauentur* Or-lat Spec Tract *lauemus* 𝔈 | υπο το δενδρον] *sub arbore densa* Phil-arm½ | το δενδρον] των δενδρων cm om το j

5 λημψομαι] *feramus* 𝔈 | αρτον c | φαγεσθε] φαγομεθα t | τουτο] τουτου d ταυτα ej𝔅^{p}ℭ-cod T-A | εις—υμων 1°] om Da hmo𝔅 Chr Spec om εις d𝔄 | εινεκεν] ενεκεν ejy εινεκα afiorc$_2$ ενεκα m | προς] εις m | ειπεν] ειπαν DMachoquxc_2𝔄-codd𝔅^{p} ℭ-ed Chr Spec ειπον dfgimprt Cyr ειπον αυτω Ath Thdt ℭ-cod𝔈 | ουτως] τουτο dp om ℭ-cod | ποιησον] ποιησομεν o Chr-ed Cyr | καθως Acemy Cyr-ed T-A] καθα *D*M rell Chr Cyr-cod Thdt ⟨καθαπερ 74⟩

6 εσπευσεν] ⟨επεσπευσεν 20⟩ εσπουδασεν dgp | αβραμ o$^{a?}$s | επι—σαρραν] *abiit ad Sarram uxorem suam in tabernaculum* ℭ-cod𝔈(om *abiit*) | επι την σκηνην] ⟨post σαρραν 16 επι της σκηνης 31⟩ +αυτου f | επι] εις t𝔅T-A | σαρραν] pr την fqu σαραν Mm | om αυτη gm | om και 3° acmoc_2𝔅 | φυρασον] post σεμιδαλεως acmoc_2. +μοι f | μετρα] αλευρου m +αλευρου acoc_2𝔄 | εγκρυφιας] *panes azymos* ℭ

7 τας] τους n | αβρααμ] pr o m | ελαβον A] ελαβεν *D*^{sil}M

XVIII **6** μετρα] οι ο′ σατα M α′ σ′ σατα js

A μοσχάριον ἁπαλὸν καὶ καλόν, καὶ ἔδωκεν τῷ παιδί, καὶ ἐτάχυνεν τοῦ ποιῆσαι αὐτό. [8]ἔλαβεν δὲ 8
βούτυρον καὶ γάλα καὶ τὸ μοσχάριον ὃ ἐποίησεν, καὶ παρέθηκεν αὐτοῖς, καὶ ἐφάγοσαν· αὐτὸς δὲ
παριστήκει αὐτοῖς ὑπὸ τὸ δένδρον. [9]εἶπεν δὲ πρὸς αὐτόν Ποῦ Σάρρα ἡ γυνή σου; ὁ δὲ ἀποκρι- 9
θεὶς εἶπεν Ἰδοὺ ἐν τῇ σκηνῇ [10]εἶπεν δέ Ἐπαναστρέφων ἥξω πρὸς σὲ κατὰ τὸν καιρὸν τοῦτον 10
εἰς ὥρας, καὶ ἕξει υἱὸν Σάρρα ἡ γυνή σου. Σάρρα δὲ ἤκουσεν πρὸς τῇ θύρᾳ τῆς σκηνῆς, οὖσα
§ d_2 ὄπισθεν αὐτοῦ. §[11]Ἀβραὰμ δὲ καὶ Σάρρα πρεσβύτεροι προβεβηκότες ἡμερῶν· ἐξέλειπεν δὲ 11
Σάρρᾳ γίνεσθαι τὰ γυναίκια. [12]ἐγέλασεν δὲ Σάρρα ἐν ἑαυτῇ λέγουσα Οὔπω μέν μοι γέγονεν ἕως 12
τοῦ νῦν· ὁ δὲ κύριός μου πρεσβύτερος. [13]καὶ εἶπεν Κύριος πρὸς Ἀβραάμ Ὅτι ἐγέλασεν Σάρρα 13
ἐν ἑαυτῇ λέγουσα Ἆρά γε ἀληθῶς τέξομαι; ἐγὼ δὲ γεγήρακα [14]μὴ ἀδυνατεῖ παρὰ τῷ θεῷ 14
¶ d_2 ῥῆμα;¶ εἰς τὸν καιρὸν τοῦτον ἀναστρέψω πρὸς σὲ εἰς ὥρας, καὶ ἔσται τῇ Σάρρᾳ υἱός. [15]ἠρνή- 15
σατο δὲ Σάρρα λέγουσα Οὐκ ἐγέλασα· ἐφοβήθη γάρ. καὶ εἶπεν Οὐχί, ἀλλὰ ἐγέλασας.
[16]Ἐξαναστάντες δὲ ἐκεῖθεν οἱ ἄνδρες κατέβλεψαν ἐπὶ πρόσωπον Σοδόμων καὶ Γομόρρας· Ἀβραὰμ 16
δὲ συνεπορεύετο μετ' αὐτῶν συνπροπέμπων αὐτούς [17]ὁ δὲ κύριος εἶπεν Μὴ κρύψω ἐγὼ ἀπὸ 17
§ 𝔓 Ἀβραὰμ τοῦ παιδός μου ἃ ἐγὼ ποιῶ; [18]Ἀβραὰμ δὲ §γινόμενος ἔσται εἰς ἔθνος μέγα καὶ πολύ, 18

11 γεινεσθαι A 14 αδυνατι *D* 18 γειvομενος A

*D*Ma–jl–yc_2(d_2)𝔄𝔅ℭ^{c}𝔈(𝔓)

omn 𝔄𝔅ℭ𝔈 Phil-arm Or-lat Chr Thdt T-A | ⟨μοσχαριον] post απαλον 31 μοσχον 76⟩ | και καλον] om Phil-arm om και de*𝔅 | ⟨δεδωκε 78⟩ | τω παιδι] *seruis suis* 𝔅^{p}: +αυτου dfghi^{a} pstv𝔅^{lw}ℭ-cod 𝔈 Ath Thdt | εταχυνεν] *festinauerunt* 𝔅^{p} | om του e | ⟨ποιησαι] θυσαι 32⟩ | αυτο] αυτω dl. om 𝔄 Thdt

8 ελαβεν] pr και e* | βουτυρον] pr και Thdt | γαλα] *mel* 𝔈 +και αζυμους T-A | om και 3° Ath Thdt | και εφαγοσαν Ay*] om acmox και εφαγον *D*^{sil}My$^{a?}$ rell | αυτοις 2°—δενδρον] *sub arbore et ministrabat eis* 𝔈 | αυτοις 2°] +*ministrans eis* ℭ-cod | το δενδρον] του δενδρου και εφαγον m. +και εφαγοσαν acox(εφαγον)

9 ειπεν] ειπον acef$^{a?}$jmo(ειπαν)xc_2𝔄-codd𝔈^{fp} *cum cessassent edere dixerunt* ℭ-cod | om προς αυτον x | σαρα m | om αποκριθεις h𝔅^{lw}𝔈T-A

10 ειπεν δε] ⟨ειπον δε 68⟩. om *D*n om δε m +προς αυτον fℭ-ed𝔈 | επαναστρ.] ⟨pr ιδου 31 83⟩ αναστρεφων ejc_2 επανιων Phil-ed $\frac{1}{2}$· ⟨επαναστρεψαντες 68⟩ | ηξω] ηκω o ⟨ηξομεν 68⟩ om 𝔅^{p} | κατα—τουτον] om y* | εις ωρας] ης ορας f. εις ον ορας mT-A εις νεωτα Phil-ed $\frac{1}{2}$. *anni* ℭ | εξει—σου] εσται τη σαρρα υιος y | εξει] εξης n* τεξει mℭ-ed | σαρρα 1°] σαρα m | om η γυνη σου 𝔈 | σαρρα 2°] σαρα m | om δε 2° ⟨31⟩ 𝔅^{lw} | ηκουε t𝔄 | προς 2°—σκηνης] *intra tabernaculum* ℭ-cod | προς τη θυρα] προς την θυραν abdlmnps(θυρα ns) προ της θυρας ir παρα την θυραν ⟨20⟩ Chr | της σκηνης] post ουσα fir om 𝔈 | ουσα] εστωσα n𝔄 Chr om 𝔅^{lw}𝔈^{p} | κατοπισθεν h | om αυτου Chr

11 σαρρα 1°] σαρα m +*riserunt quia* 𝔈^{p} | πρεσβυτεροι] om bw Chr +*erant* 𝔄𝔅ℭ | προβεβηκοτες] +οι g +ησαν bw | ημερων] εν ταις ημεραις αυτων fir𝔅ℭ(uid) ⟨+ησαν 108⟩ | om εξελειπεν—γυναικια d_2 | εξελειπεν] εξελιπεν abd-gmpstw xy𝔅ℭ𝔈 Phil Chr Thdt. εξελιπον lc_2 | σαρρα γινεσθαι] pr τη qux γινεσθαι τη σαρρα acm(σαρα)oc_2 | σαρρα 2°] σαρρας n Thdt

12 εγελασεν δε] και εγελασε f | σαρα m | εν εαυτη λεγουσα] λεγουσα προς εαυτην ej | εν εαυτη] εν αυτη b*wc_2d_2· ⟨καθ εαυτην 20⟩ | ουπω—νυν] *quod adhuc non factum est mihi nunc fiet* 𝔄 | ουπω] +*hoc* ℭ | μεν] μην t: om dfilpd_2ℭ-cod | μοι] +*hoc* 𝔅 | νυν] +εγω γαρ ειμι προβεβηκυια f | πρεσβυτερος] πρεσβυτης bw Chr $\frac{1}{2}$ *creuit in diebus suis* ℭ-cod

13 και ειπεν] ειπεν δε bdfgiprsvw𝔅ℭ-ed | κυριος] om c +ο $\bar{θς}$ efijrd$_2$ | προς] τω ejnd_2 | αβρααμ] +λεγων bw | οτι A] pr τι DM omn 𝔄𝔅ℭ𝔈 Phil-arm Just Chr Hil | σαρα m | om εν εαυτη Phil-arm Just Hil | αληθως] pr ει e om ℭ-ed Just $\frac{1}{2}$ | εγω δε] *quod ecce ego* 𝔄 om δε bwc_2

14 αδυνατησει blwd_2𝔅ℭ-cod | παρα τω θεω] *a Deo* Hil om παρα n | τω θεω] του $\bar{θυ}$ *D*ov $\bar{θω}$ m Phil-codd $\bar{θυ}$ achx Phil-codd · $\bar{κω}$ bw | ρημα] pr παν efjmn Phil-ed Chr-semel om a | εις 1°—ωρας] pr οτι dp pr *ecce ego* ℭ-cod · κατα τον καιρον τουτον ελευσομαι Paul | αναστρεψω—ωρας] εις ωρας αναστρεψω προς σε bw(επαναστρεψω). εις ωρας ανακαμψω προς σε Just $\frac{1}{3}$ | αναστρεψω] αναστρεφω ⟨107⟩ Just $\frac{1}{3}$ επαναστρεψω tx επαναστρεφω dgmp αποστρεψω ⟨128⟩ Just $\frac{1}{3}$ | om προς σε Just $\frac{1}{3}$ | εις ωρας] *anni* ℭ-ed om f | εσται—υιος] τη σ. υιος εσται Just $\frac{1}{3}$ τη σ. υιος γενησεται Just $\frac{1}{3}$ | σαρα m

15 δε] ⟨pr η 78⟩· om m | σαρρα] pr η ejm(σαρα) | λεγουσα] +οτι fn𝔄(uid) | εφοβηθην *D**e | ειπεν] +αυτη bdgptwc_2ℭ-cod 𝔈 | εγελασας] εγελασα als εγελασε g

16 εξαν—κατεβ.] *et abierunt ab illo suspexit autem* ℭ-cod | om δε 1° m | εκειθεν] post ανδρες bejnwx𝔈 om Chr T-A | ανδρες] pr τρεις dgptc_2· pr *duo* 𝔈^{cf} | ⟨επεβλεψαν 20⟩ | om προσωπον ℭ-ed | αβραμ w | συνεπορευθη g | om μετ αυτων Phil-gr | προπεμπων n | om αυτους *D*

17 ο δε—ειπεν] ειπεν δε ο $\bar{κς}$ x𝔄𝔈 | ο δε] και ο dgps(txt)tv | κυριος] $\bar{θς}$ fir | ειπεν] +*Abraham dicens ei* ℭ-cod | μη] pr ου bcdfgpstvwc_2𝔈(uid) Just Eus $\frac{2}{3}$ Chr Thdt A-Z Hil | κρυψω εγω] *celetur aliquid* 𝔄 | αποκρυψω c_2($\frac{1}{2}$) | om εγω 1° boc_2𝔈 Phil-arm Just $\frac{1}{2}$ Or-lat Chr $\frac{4}{5}$ Thdt | αβρααμ] pr προσωπου ej: post μου nℭ-cod 𝔈 Just $\frac{1}{2}$ Chr $\frac{2}{3}$ | α] pr εγω Just $\frac{1}{2}$ | εγω ποιω] μελλω ποιειν Just $\frac{1}{2}$ Chr $\frac{1}{3}$. μελλω ποιειν εγω Ath Thdt · *facturus sum* 𝔅ℭ Hil

18 γινομενος εσται] *fiens fiet et erit* Tyc | γινομενος] γενομενος afghlqux Eus $\frac{1}{4}$: om ℭ-cod 𝔈 | και πολυ] κατα πολυ o om

12 εαυτη] α' εγκατω αυτης Mj(εγκατα)sv | ουπω—νυν] α' μετα το κατατριβηναι με εγενετο μοι τρυφερια Mj(sine nom)sv. σ' μετα το παλαιωθηναι με εγενετο μοι ακμη jsv

13 εαυτη] α' εγκατω αυτης c_2

18 πολυ] α' οστεινον σ' ισχυρον Mjsv

19 καὶ ἐνευλογηθήσονται ἐν αὐτῷ πάντα τὰ ἔθνη τῆς γῆς. [19]ᾔδειν γὰρ ὅτι συντάξει τοῖς υἱοῖς αὐτοῦ A
καὶ τῷ οἴκῳ αὐτοῦ μεθ' ἑαυτόν, καὶ φυλάξουσιν τὰς ὁδοὺς Κυρίου ποιεῖν δικαιοσύνην καὶ κρίσιν,
20 ὅπως ἂν ἐπαγάγῃ Κύριος ἐπὶ Ἀβραὰμ πάντα ὅσα ἐλάλησεν ἐπ' αὐτόν. § [20]εἶπεν δὲ Κύριος § d_2
21 Κραυγὴ Σοδόμων καὶ Γομόρρας πεπλήθυνται, καὶ αἱ ἁμαρτίαι αὐτῶν μεγάλαι σφόδρα [21]κατα-
βὰς οὖν ὄψομαι εἰ κατὰ τὴν κραυγὴν αὐτῶν τὴν ἐρχομένην πρὸς μὲ συντελοῦνται· εἰ δὲ μή, ἵνα
22 γνῶ. [22]Καὶ ἀποστρέψαντες ἐκεῖθεν οἱ ἄνδρες ἦλθον εἰς Σόδομα· Ἀβραὰμ δὲ ἦν ἑστηκὼς
23 ἐναντίον Κυρίου. [23]καὶ ἐγγίσας Ἀβραὰμ εἶπεν Μὴ συναπολέσῃς δίκαιον μετὰ ἀσεβοῦς, καὶ
24 ἔσται ὁ δίκαιος ὡς ὁ ἀσεβής [24]ἐὰν ὦσιν πεντήκοντα ἐν τῇ πόλει δίκαιοι, ἀπολεῖς αὐτούς; οὐκ
25 ἀνήσεις τὸν τόπον ἕνεκεν τῶν πεντήκοντα § δικαίων, ἐὰν ὦσιν ἐν αὐτῇ; [25]μηδαμῶς σὺ ποιήσεις § E
ὡς τὸ ῥῆμα τοῦτο, τοῦ ἀποκτεῖναι δίκαιον μετὰ ἀσεβοῦς, καὶ ἔσται ὁ δίκαιος ὡς ὁ ἀσεβής· μη-
26 δαμῶς. ὁ κρίνων πᾶσαν τὴν γῆν, οὐ ποιήσεις κρίσιν; [26]εἶπεν δὲ Κύριος Ἐὰν εὕρω ἐν Σοδόμοις
27 πεντήκοντα δικαίους ἐν τῇ πόλει, ἀφήσω πάντα τὸν τόπον δι' αὐτούς. [27]καὶ ἀποκριθεὶς Ἀβραὰμ
28 εἶπεν Νῦν ἠρξάμην λαλῆσαι πρὸς τὸν κύριον, ἐγὼ δέ εἰμι γῆ καὶ σποδός· [28]ἐὰν δὲ ἐλαττονωθῶσιν

24 πολι A

D(E)Ma–jl–yc_2(d_2)𝔄𝔅ℭ^{c}𝔈𝔓

mℭ-cod | ευλογηθησονται lm | ⟨παντα τα εθνη] πασαι αι φυλαι 25⟩

19 ηδειν] ηδει f^{a}irs(ηδη)w𝔈^{fp} A-Z · ειδεν *D* | συνταξει] συντασσει Chr-ed $\frac{1}{3}$ συναξει l +αβρααμ dfgiprℭ𝔈𝔓 Chr $\frac{1}{3}$ | τοις υιοις] τους υιους ej +των υιων f | αυτου 1°] +και τοις υιοις των υιων αυτου ir +αβρααμ t | και 1°—εαυτον] μετ αυτον και τω οικω αυτου *D* | μεθ εαυτον A] μεθ αυτον t μετ αυτων djmp μετ αυτου gn μετ αυτον M rell Eus Chr A-Z om 𝔈 | και φυλαξ] *custodire* 𝔄𝔓 | φυλαξουσιν] φυλαξωσι bg*irtc_2 φυλαξω σοι w | κυριου] +του θυ̅ dfgiprt Chr $\frac{2}{8}$ A-Z +οτι συνταξει τους υιους αυτου ej | ποιειν] pr του bw A-Z pr ποιησαι αυτας του g pr *et* 𝔄 | δικαιοσ και κρισιν] *iudicium et ueritatem* ℭ-cod | δικαιοσ.] ελεημοσυνην A-Z | om και κρισιν m | οπως αν επαγαγη] *et inferet* 𝔄 om αν *D* Eus | επαναγαγη m | κυριος] om Phil-arm +ο θς̅ dgpt𝔄ℭ-cod A-Z | om παντα aclmoqsuvx Phil-arm Or-lat Eus A-Z | οσα] α acmoqux Eus A-Z Chr | ελαλησεν] +κς̅ i(uid)r | επ αυτον Ay*] προς αυτον D^{sil}My$^{a?}$ rell 𝔄𝔅(uid)𝔓 Phil-arm Eus Chr A-Z ⟨αυτω 76⟩ *et* ℭ𝔈

20 ειπεν δε] και ειπε aT-A | κυριος] +ο θς̅ efij(mg)r A-Z +*deus Abraham* ℭ-cod | κραυγη] φωνη Eus T-A | γομορρων *D* | πεπληθυνται] +προς με bdeg–jnprtxc_2d_2𝔓 Chr Thdt A-Z πεπληρωται προς με f ηκει προς με Chr-ed $\frac{1}{3}$ βοα προς με Eus *ascendit ad me* 𝔅^{lw}ℭ | και αι αμαρτιαι] ⟨αι αμαρτιαι ουν 14⟩ *et opera* 𝔅^{lw} | om και 2° ej | ⟨σφοδρα μεγαλαι 16⟩ | μεγαλαι] *abundauerunt* ℭ-cod

21 καταβας] pr *et* 𝔅^{lw}𝔈^{cf} | om ει 1° b | αυτων] αυτης c | την —με] post συντελουνται A-Z om Hil | ⟨συντελουνται προς με 77⟩ | συντελουνται] συντελουντα b. συντελουσιν t* | ⟨om ει δε —γνω 73.78⟩ | μη] μηγε c_2 Thdt $\frac{1}{3}$ | om ινα dp*𝔈𝔓

22 om και—σοδομα dpd_2 | αποστρεψ] αποστραφεντες fgi^{a} Ath Thdt ⟨υποστρεψαντες 78⟩ | εκειθεν] post ανδρες bcejswx ℭ𝔓 Just om m𝔈^{p} | om δε q | ην] pr ετι Maceh^{a}jloqsux𝔅^{p} ℭ-ed𝔓 Phil $\frac{2}{4}$ om b* +ετι gimrc_2𝔈 A-Z | εστηκως] +ινα dp | εναντιον] εναντι *D**(suprasc ον *D*^{a})bdghpwd_2 ενωπιον Phil $\frac{1}{4}$ ed $\frac{1}{4}$ εν τοπω Phil-codd-omn $\frac{1}{4}$ | κυριου] pr του A-Z +του θυ̅ Mejs(mg)v(mg)c_2(mg)ℭ-cod𝔓

23 εγγισας] ευλογησας A-Z | αβρααμ] om t +*ad Dominum* ℭ-cod | ειπεν] +*ei Nequaquam Domine* ℭ cod | συναπολ] συναπολεσεις n𝔄 απολεσης Cyr $\frac{1}{2}$ +*Domine* 𝔈 | ασεβους] ασεβων m𝔄-codd Cyr $\frac{1}{2}$ | και εσται] pr — M *ne sit* ℭ-cod𝔈(pr *et*) | om ο 1° g* | om ως y* | om ο 2° d_2 Or-gr | ασεβης] ασεβεις d_2* : αδικος ir

24 εαν 1°] +δε c_2 | πεντ 1°—δικαιοι A] δικαιοι πεντ εν τη πολη g εν τη πολει πεντ δικαιοι fir om εν τη πολει e πεντ δικαιοι εν τη πολει DM rell 𝔄𝔅ℭ𝔈𝔓 Phil-arm Eus Chr Thdt A-Z | ⟨εν 1°—δικαιοι] δικαιοι εις την πολιν 14 16 18 25 77. 128 130⟩ | απολεσεις Dabdfginprtwx*(uid)yc_2d_2 | ⟨om αυτους —τον 25⟩ | αυτους] αυτην o | ουκ ανησεις] pr και 𝔄𝔈 Thdt ουκ ανοισης d | τον τοπον An𝔓] om dpd_2 pr παντα DM rell 𝔄ℭ𝔈 Eus A-Z T-A pr απαντα Chr Thdt +εκεινον D A-Z +*omnem* 𝔅^{p} *populum omnem* 𝔅^{lw} | ενεκεν] pr δι αυτους g ενεκα Dm | δικαιων] . καιων E | om εαν 2°—αυτη 𝔈 Eus | εαν 2°] +δε m | αυτη] αυτοις Em*

25 συ] ου Chr ⟨ουν 20⟩ om bw𝔓 Hil $\frac{1}{2}$ | ποιησεις 1°] ποιησης Mertwxd_2 | om ως 1° EMbdf–joprstvwxd_2𝔄𝔅𝔈 Eus Ath Chr Thdt A-Z T-A Hil | om του bpx*c_2 A-Z | om και—ασεβης f𝔈 | ως 2°] ος E | μηδαμως 2°] +κυριε Eus $\frac{1}{2}$ T-A | πασαν] post την γην E om m Clem Hil $\frac{2}{3}$ | om την cA-Z | ου ποι κρισιν] ⟨om 76⟩ om ου Hil | ποιησεις 2°] ποιησης bfh ποιησει Cyr-hier-ed Thdt | κρισιν] *hoc iudicium* 𝔄𝔅ℭ𝔈 Hil

26 κυριος] pr ο Dbwd_2 Thdt +ο θς̅ efijrs A-Z | ⟨εαν] pr και 107⟩ | ευρω—δικαιους] ωσιν πεντηκοντα δικαιοι εν σοδομοις ej | ευρω] ωσιν bwT-A ευρεθωσιν ⟨20⟩ Chr | εν 1°—πολει] *quinquaginta iustos in Sodomis ciuitate* 𝔅ℭ | εν σοδομοις] εκει T-A om Chr | δικαιοι bw Chr T-A | om εν τη πολει bgnw T-A | αφησω] pr δι εκεινους Chr ανησω bw ⟨αφησωμεν 16⟩ | παντα τον τοπον] pr ολην την πολιν και bw *populum omnem* 𝔅^{lw} *totam urbem* 𝔈 om τον g | om δι αυτους Chr

27 ειπεν αβρααμ E | νυν] sup ras i^{a} | om τον l Phil-codd | κυριον] θν̅ fir +μου dgmpstxd_2 𝔅ℭ Chr T-A | om γη f* | om και 2° c*

28 εαν—πολιν] εαν δε ελαττους των πεντηκοντα ευρεθωσι και τεσσαρακοντα πεντε ωσιν εν τη πολει δικαιοι ου σωσεις την πολιν v(τους των et ευρεθωσι—πολει sup ras, δικαιοι—πολιν in mg tantum) Chr | om δε c𝔄 | ελαττονωθωσιν] ελαττονηθωσιν imr ελαττωθωσιν d–gjlnptxc_2d_2 ελαττονωσιν s ελαττον ευρε-

20 μεγαλαι] α' εβαρυνθησαν Mc_2 α' εβαρυνθη j(sine nom)sv · σ' βεβαρηται j(sine nom)sv σ' βεβαρηνται c_2
21 συντελουνται] σ' επετελεσαν το εργον Mjs(sine nom)vc_2(συνετελεσαν) **22** ηλθον] επορευθησαν jsv
23 και 2°—ασεβης] εικοτως ωβελισθη οικειοτερον εν τοις εξης εμφερομενον μετα τα του αποκτειναι δικαιον μετα ασεβους M
25 μηδαμως 1°] σ' ουχι σον s | μηδαμως 2°] σ' ουχι σον j | ο κρινων—κρισιν] σ' ο παντα αν̅ο̅ν̅ απαιτων δικαιοπραγειν ακριτως μη ποιησεις τουτο M

ΓΕΝΕΣΙΣ

XVIII 28

A οἱ πεντήκοντα δίκαιοι πέντε, ἀπολεῖς ἕνεκεν τῶν πέντε πᾶσαν τὴν πόλιν; καὶ εἶπεν ὅτι Οὐ μὴ ἀπολέσω ἐὰν εὕρω ἐκεῖ τεσσεράκοντα πέντε. 29καὶ προσέθηκεν ἔτι λαλῆσαι πρὸς αὐτὸν καὶ 29 εἶπεν Ἐὰν δὲ εὑρεθῶσιν ἐκεῖ τεσσεράκοντα; καὶ εἶπεν Οὐ μὴ ἀπολέσω ἕνεκεν τῶν τεσσεράκοντα. 30καὶ εἶπεν Μή τι, κύριε, ἐὰν λαλήσω· ἐὰν δὲ εὑρεθῶσιν ἐκεῖ τριάκοντα; καὶ εἶπεν Οὐ μὴ ἀπο- 30 λέσω ἐὰν εὑρεθῶσιν ἐκεῖ τριάκοντα. 31καὶ εἶπεν Ἐπειδὴ ἔχω λαλῆσαι πρὸς τὸν κύριον, ἐὰν 31
¶ 𝕮ᶜ δὲ εὑρεθῶσιν ἐκεῖ εἴκοσι; καὶ εἶπεν¶ Οὐ μὴ ἀπολέσω ἕνεκεν τῶν εἴκοσι 32καὶ εἶπεν Μή τι, 32 κύριε, ἐὰν λαλήσω ἔτι ἅπαξ· ἐὰν δὲ εὑρεθῶσιν ἐκεῖ δέκα; καὶ εἶπεν Οὐ μὴ ἀπολέσω ἕνεκεν τῶν δέκα 33ἀπῆλθεν δὲ Κύριος ὡς ἐπαύσατο λαλῶν τῷ Ἀβραάμ, καὶ Ἀβραὰμ ἀπέστρεψεν εἰς τὸν 33
¶ d₂ τόπον αὐτοῦ.¶

1 9Ἦλθον δὲ οἱ δύο ἄγγελοι εἰς Σόδομα ἑσπέρας· Λὼτ δὲ ἐκάθητο παρὰ τὴν πύλην Σοδόμων. 1 XIX ἰδὼν δὲ Λὼτ ἀνέστη εἰς συνάντησιν αὐτοῖς, καὶ προσεκύνησεν τῷ προσώπῳ ἐπὶ τὴν γῆν· 2καὶ 2 εἶπεν Ἰδού, κύριοι, ἐκκλίνατε πρὸς τὸν οἶκον τοῦ παιδὸς ὑμῶν καὶ καταλύσατε, καὶ νίψατε τοὺς πόδας ὑμῶν, καὶ ὀρθρίσαντες ἀπελεύσεσθε εἰς τὴν ὁδὸν ὑμῶν. εἶπαν δέ Οὐχί, ἀλλ' ἢ ἐν τῇ πλατείᾳ καταλύσομεν. 3καὶ παρεβιάζετο αὐτούς, καὶ ἐξέκλιναν πρὸς αὐτὸν καὶ εἰσῆλθον εἰς 3 τὴν οἰκίαν αὐτοῦ· καὶ ἐποίησεν αὐτοῖς πότον καὶ ἀζύμους ἔπεψεν αὐτοῖς, καὶ ἔφαγον ⁽⁴⁾πρὸ τοῦ

31 των] τον E   XIX 2 εκκλεινατε A | καλυσατε A*(καταλ. Aᵃ) | ορθισαντες A | απελευσεσθαι AD
                            3 εξεκλειναν AD(εξεκλει[ναν])

DEMa-jl-yc₂(d₂)𝔄𝔅(𝕮ᶜ)𝔈𝔓

θωσιν a | δικαιοι πεντε] και εισι με´ δικαιοι m | om δικαιοι E | πεντε 1°] pr εις τεσσαρακοντα Ea(mg)b-hjnoptwc₂d₂(σαρακοντα Egn) ⟨pr εις τους τεσσαρακοντα 37⟩ om Mᵃ¹l | ⟨απολεις—πεντε 2°⟩ post πολιν 77⟩ | απολεσεις acdejnptd₂ | ενεκεν των πεντε] post πολιν 𝔈𝔓 | ενεκα m | πεντε 2°] pr τεσσαρακοντα E (σαρακοντα)a(mg)b-gıᵃ¹j-ptwc₂d₂T-A | πασαν—ειπεν] ⟨om 78⟩ | om πασαν m | και ειπεν] ειπεν δε c om x* +κ̄ς̄ m𝔈 T-A | οτι ADEMhlnty] om rell 𝔄𝔈𝔓 Chr T-A | om ου μη απολεσω degjmopsvd₂𝔈 Chr | ⟨ου μη⟩ ουκ 78⟩ | εαν ευρω εκει] ενεκεν των n | ευρω] ευρεθωσιν Eovᵇ(ευρωθωσι)𝔓 Chr | om εκει fvᵇ Chr | σαρακοντα] πεντε 3°] + ου μη απολεσω degᵃ¹jmopsvd₂ 𝔈 Chr +πασαν την πολιν και ειπεν ου μη απολεσω g*

29 και 1°—ειπεν 1°] et dixit et Abraham 𝔈 | προσεθετο fımr | om ετι 𝔅 | om προς αυτον Chr | om εαν—(30) ειπεν 1° w | δε] post ευρεθωσιν d om D(aliq deesse ind Dᵃ¹)Eef𝔅 T-A | om εκει ej | τεσσερακοντα 1°] σαρακοντα g | +ıustı 𝔅ˡʷ | om και 3°—τεσσερακοντα 2°] y* | ειπεν 2°] om h | +κ̄ς̄ m𝔈 | ου μη] ουκ EMaceıjoq-tvyᵇc₂ | απολω quvyᵇ | τεσσερακοντα 2°] σαρακοντα g

30 και 1°—λαλησω] et addıdıt etıam dıcere et Abraham et dıxıt et 𝔈ᶜᶠ et etıam addıdıt et dıxıt et Abraham 𝔈ᵖ | και ειπεν 1°] om qu +αβρααμ m T-A | om τι l | κυριε] post λαλησω bw | λαλησω] +ετι f +ετι απαξ l T-A | εαν δε] pr και 1 και εαν f | om δε Ds𝔅 Chr | (ευρεθωσιν 1°] ευρω 127) | om εκει 1° fir | om και 2°—τριακοντα 2° bw | ευρεθωσιν 2° m T-A | ου μη] ουκ ej | om εαν 3°—τριακοντα 2° s(txt) | εαν ευρεθωσιν εκει] ενεκεν των Dˢⁱˡejnos(mg)v(mg)y𝔈 T-A | ευρεθωσιν 2°] ευρω Mdghılmpqrtuvxd₂𝔅𝕮 Chr | om εκει 2° l*

31 και ειπεν 1°] om s· +αβρααμ m𝔈 | ⟨om εχω 31⟩ | λαλησω f | κυριον] +μου efgjmsvc₂d₂*𝔅𝕮 | om δε Enc₂𝔄𝕮 | om εκει E | ενεκεν των] εαν ευρω εκει bw | ενεκα m

32 και ειπεν 1°] ⟨om 25⟩ +αβρααμ m𝔈 | κυριε] κ̄ς̄ q* | ⟨om λαλησω 71⟩ | ⟨om ετι—δεκα 2° 31⟩ | ετι] post απαξ g | om dp | om δε 𝔄𝔅ᵖ Chr-ed | ευρεθωσιν] ınuenıam 𝔅ᵖ | εκει] post δεκα 1° E om e | ειπεν 2°] +κ̄ς̄ m T-A +ο θεος Thdt | ου μη] ουκ EMadehlopqtuxᵃyc₂d₂ Thdt | ενεκα md₂

33 ⟨om δε 73⟩ | κυριος] pr ο befıprtw Phıl-codd Thdt om

c₂ | λαλων] λεγων Just | και αβρ απεστρ] και απεστρεψεν αβρααμ qu και υπεστρεψεν αβρααμ fı υπεστρεψεν δε αβρααμ dmpd₂ και απηλθεν Just et redıt Abraham 𝔓 | αβρααμ 2°] αβρααμ b | απεστρεψεν] υπεστρεψεν ghlr Chr Thdt | acjᵃ¹(uıd)oxc₂ ειπεστρεψεν n | ıuıt 𝔅ᵖ | τοπον] οικον Thdt

XIX 1 ηλθον] ανηλθον E | om οι Cyr-ed | om δυο f𝔈ᵖ | om αγγελοι l* | παρα] περι Thdt | πυλην] πολιν f | σοδομων] pr των ⟨14⟩ 𝔅ʷ | λωτ δε ιδων m𝔓 | ανεστη Abwy] εξανεστησεν E εξανεστη Dˢⁱˡ M rell Chr Cyr Thdt | εις συναντησιν] εναντιον Chr-ed ⅓ | αυτοις] αυτων mnᵃ Cyr-ed | και—γην] et se prostrauıt es 𝔈ᶜ om 𝔈ᶠᵖ | τω προσωπω] pr εν dgp. επι προσωπου ej ın facıem Hıl +αυτου Thdt. super facıem suam 𝔄𝔅𝔓 | την γην] της γης f

2 ειπεν] +αυτοις t𝔈 | ιδου] om 𝔅𝔈 T-A. +ego 𝔄 | κυριοι] κ̄ε̄ y +μου m𝔅𝔈(uıd) T-A | εκκλινατε] εκλινατε M εγκλιναται n +προς με ej | προς—παιδος] ad puerum 𝔅ᵖ. ad seruum 𝔈ᶠᵖ | προς A] εις DEM omn 𝔄 Chr Cyr Thdt T-A | οικον] τοπον l | υμων 1°] ημων g*1 | και 2°—υμων 2°] om E*(κ καταλυσ κ νιψα [τους π [υμων Eᵃᵐᵍ) | καταλυσατε] +ου εινεκεν εξεκλιναται προς τον παιδα υμων n | νιψατε Amquy] νιψασθε Dˢⁱˡ M rell Chr Cyr Thdt lauabo 𝔄 | εις την οδον] mutıla ın w* om εις bn𝔄 | υμων 3°] ημων n | ου εινεκεν εξεκλινατε προς τον παιδα υμων Ebfırs(mg)v(mg)c₂(εινεκα fır)𝔅 | ειπαν δε] ειπον δε dfgımpr etıam s(txt) και ειπαν Dˢⁱˡ EMehlqtu𝔅 Chr και ειπον ı Cyr T-A | αλλ' η] ουκ η Dˢⁱˡ E(αλλα)Ma-prsu-c₂ | καταλυσομεν] καταλυσωμεν Ecdfglnoptx*y +et se prostrauıt eıs facıe sua 𝔈

3 παρεβιαζετο A] παρεβιασατο g T-A· κατεβιασατο Ebw Or-gr κατεβιαζεν d κατεβιαζετο DM rell Chr Cyr. (εξεβιαζετο 20) coegıt 𝔄𝔈𝔓 Phıl-arm | αυτους] +σφοδρα acmoxc₂ 𝔄𝔅ᵖ | om εκει 2°—αυτον y Or-gr | om προς—εισηλθον 𝔓 | εισηλθον] ηλθον c₂ +προς r* | την οικιαν] τον οικον Dˢⁱˡ EM deghjlpqs-v Or-gr Chr Cyr | om και 4° h | αυτοις 1°] αυτους h | ποτον] τοπον b | αζυμους] αζυμου c αζυμοις dgp | επεψεν] επεμψεν EMbdfh*(uıd)lmnqv*(uıd)w και επεμψεν y. παρεθηκεν g | προ του κοιμηθηναι] pr et 𝔈 om n +αυτους ac moxc₂

30 μη τι κυριε] α' μη δη οργιλον τω κ̄ω̄ M(om δη)jsv(sıne nom js)

ΓΕΝΕΣΙΣ   XIX 14

4 κοιμηθῆναι. ⁴καὶ οἱ ἄνδρες τῆς πόλεως οἱ Σοδομεῖται περιεκύκλωσαν τὴν οἰκίαν ἀπὸ νεανίσκου A
5 ἕως πρεσβυτέρου, ἅπας ὁ λαὸς ἅμα. ⁵καὶ ἐξεκαλοῦντο τὸν Λώτ, καὶ ἔλεγον πρὸς αὐτόν Ποῦ
εἰσὶν οἱ ἄνδρες οἱ εἰσελθόντες πρὸς σὲ τὴν νύκτα; §ἐξάγαγε αὐτοὺς πρὸς ἡμᾶς, ἵνα συγγενώμεθα § Lʳ
6 αὐτοῖς. ⁶ἐξῆλθεν δὲ Λὼτ πρὸς αὐτούς, καὶ τὴν θύραν προσέῳξεν ὀπίσω αὐτοῦ ⁷εἶπεν δὲ πρὸς
7
8 αὐτούς Μηδαμῶς, ἀδελφοί, μὴ πονηρεύσησθε. ⁸εἰσὶν δέ μοι δύο θυγατέρες, αἳ οὐκ ἔγνωσαν ἄνδρα·
ἐξάξω αὐτὰς πρὸς ὑμᾶς, καὶ χρήσασθε αὐταῖς καθὰ ἀρέσκῃ ὑμῖν· μόνον εἰς τοὺς ἄνδρας τούτους
9 μὴ ποιήσητε μηδὲν ἄδικον, οὗ εἵνεκεν εἰσῆλθον ὑπὸ τὴν στέγην τῶν δοκῶν μου. ⁹εἶπαν δέ
Ἀπόστα ἐκεῖ· εἰσῆλθες παροικεῖν, μὴ καὶ κρίσιν κρῖναι; νῦν οὖν σὲ κακώσομεν μᾶλλον ἢ ἐκεί-
10 νους. καὶ παρεβιάζοντο τὸν ἄνδρα τὸν Λὼτ σφόδρα, καὶ ἤγγισαν συντρίψαι τὴν θύραν ¹⁰ἐκ-
τείναντες δὲ οἱ ἄνδρες τὰς χεῖρας εἰσεσπάσαντο τὸν Λὼτ πρὸς ἑαυτοὺς εἰς τὸν οἶκον, καὶ τὴν
11 θύραν τοῦ οἴκου ἀπέκλεισαν· ¹¹τοὺς δὲ ἄνδρας τοὺς ὄντας ἐπὶ τῆς θύρας τοῦ οἴκου ἐπάταξαν
12 ἀορασίᾳ, ἀπὸ μικροῦ ἕως μεγάλου· καὶ παρελύθησαν ζητοῦντες τὴν θύραν. §¹²εἶπαν δὲ οἱ ἄνδρες § L
πρὸς Λώτ Ἔστιν τίς σοι ὧδε, γαμβροὶ ἢ υἱοὶ ἢ θυγατέρες, ἢ εἴ τίς σοι ἄλλος ἐστὶν ἐν τῇ πόλει,
13 ἐξάγαγε ἐκ τοῦ τόπου τούτου· ¹³ὅτι ἀπόλλυμεν ἡμεῖς τὸν τόπον τοῦτον, ὅτι ὑψώθη ἡ κραυγὴ
14 αὐτῶν ἐναντίον Κυρίου, καὶ ἀπέστειλεν ἡμᾶς Κύριος ἐκτρίψαι αὐτήν. ¹⁴ἐξῆλθεν δὲ Λὼτ καὶ

---

4 σοδομιται Dˢⁱˡ   6 προσοξεν E   8 χρησασθαι A
9 κακοσωμεν E | ηγγεισαν A | την θυρα E   11 την θυρα E   12 ει] η A

*D*E(L)Ma–jl–yc₂𝔄𝔅(𝕷ʳ)𝔈𝔓

4 om και 𝔈 | οι σοδομ] σοδομων n𝔄   om 𝔈   om οι h | εκυκλωσαν bw T-A | om οικιαν—(5) λωτ c₂* | πρεσβυτερου εως νεανισκου n | πρεσβυτου bfw Chr ⅜ | om απας ο λαος αμα n | απας] πας bwx Chr ½. om Chr ½

5 εξεκαλουντο τον] προσεκαλουντο τω b   προσεκαλουντο wT-A | και ελεγον] και ειπαν bw   λεγοντες g𝔅 T-A | om προς 1° m* | ⟨om οι ανδρες 31⟩ | ελθοντες ejs | προς σε] προς υμας Chr ½   *in domum tuam* 𝔓 | om την q | ημας] υμας l

6 λωτ προς αυτους Ay*] λωτ προς το προθυρον bw: προς αυτους λωτ προς το προθυρον aciª¹orxc₂𝕷. προς αυτους λωτ εξω προς το προθυρον 1ª¹   προς αυτους λωτ εξω προς την θυραν f   +προς το προθυρον gm   +εξω προς το προθυρον l   +προς το προθυρον D(+Dˢⁱˡ)EMyᵇ rell 𝔓(uid) Chr   *ad eos Lot extra portam* 𝔄 *ad eos Lot stetit ad portam quae extra* 𝔅 *ad eos Lot (Lot ad eos* 𝔈ᵖ*) ad portam ante eos* 𝔈 | ⟨om και την θυραν 71⟩ | και την Ay] την δε DEM rell 𝔅   την μεν Chr | προσεῳξεν] προσεαξεν dp   προσεωξαν g   ⟨προσεαξαν 107⟩. *clusit* E𝕷𝔓 *extendit* 𝔄 | οπισω αυτου] *postquam intrauerunt* 𝔈ᶠᵖ | αυτου] αυτων D

7 ειπεν δε] και ειπεν nx𝕷T-A | προς αυτους] αυτοις abcefij orwxc₂𝕷   T-A: om m | μηδαμως—πονηρ.] *nolite fratres nollite malefacere viris* 𝕷 | αδελφοι μη πονηρ] πονηρευσησθε αδελφοι μου m | αδελφοι] pr ανδρες bw +μου l𝔅 | om μη πονηρ n | πονηρευσησθε] πονηρευσηθε sᵃ   πονηρευεσθε a–egjlpquvwc₂T-A   πορευεσθε s* ⟨πορευεσθε 31⟩ +εις τους α̅ν̅ο̅υ̅ς̅ τουτους o𝔅ᵖ T-A   +*super hos* 𝔈

8 εισιν δε] *ecce sunt* 𝔈ᶜᶠ. om δε 𝔄𝔓 | δυο] ⟨post θυγατερες 74⟩ | om sv | ανδρα] ανδρας Macdeh^bjmoptxyc₂ Chr   ανδρες g | εξαξω—υμας] *eduxit eas ad eos et dixit eis Ecce eae* 𝔈ᶠᵖ | εξαξω] pr και T-A   και αξω E   εξαγαγω fir   ⟨εξαγω 74⟩ | υμας] ημας op* | χρησασθε ADdgpc₂ T-A] χρασθε E(-σθαι)M rell Chr | αυταις] αυτας Ebdp T-A | καθα] καθο dp   καθως m   ως l Chr   καθα αν EMcefijqrsuvy T-A   καθο αν Dabghotwxc₂ | αρεσκη] αρεσκει dl–p Chr. αρεση fgi | ανδρας] pr δυο e*(uid) ανθρωπους D +ras (6) i | μη—μηδεν] μηδεν ποιησατε Chr | ⟨μηδε ποιησητε 20⟩ | ποιησητε] ποιησατε d | μηδεν] μηθεν ejrs(mg) om DEbhlqs(txt)u–x𝔅(uid)𝕷 | αδικον] κακον f | στεγην] σκεπην M(mg)bdgnps(txt)tvwxc₂ Chr 𝔈(uid) | των δοκων] *domus* 𝔅𝔈

9 ειπαν δε] και ειπαν acox   και ειπον m   ειπον δε Ed–gijn

prtc₂ +αυτω bw𝔈 +εκεινοι g | om εκει n | εισηλθες] pr και ειπαν acmsvx𝕷𝔈𝔓   pr και ειπον gp · ηλθες Ml𝔅𝔓   εισηλθεν s | και κρισιν κριναι] *ut et iudices* 𝕷   om και be𝔅 | κρισιν κριναι] κρινειν κρισιν c   νομους κρινειν c₂ | κρισιν] κρισεις fir𝔅𝔓 | κριναι] κρινειν Dˢⁱˡ EMabdefh–y Chr T-A   ποιειν g | ⟨η] ηπερ 32⟩ | και παρεβιαζοντο] και γαρ εβιαζοντο m   παρεβιαζοντο δε Chr | om τον ανδρα efjn Chr | om τον λωτ 𝔈 | ηγγισαν] pr οι ανδρες f

10 ⟨om δε 128⟩ | ανδρες] αγγελοι f1*r | ⟨χειρας] θυρας 83⟩ | εισεσπασαντο] επεσπασαντο Ec₂ Thdt(uid)   εισπασαντο c. εσπασαντο ο Or-gr·   εσπασαν n   ⟨εισεπευσαντο 107   απεπασαντο 71 79⟩   επιασαν Just | προς εαυτους] προς αυτους c   εις εαυτους Cyr-codd   post οικον bw   om Chr ½ | om εις τον οικον ej Cyr-cod T-A | ⟨om και—(11) θυραν 31⟩ | om και—απεκλ. 𝔈ᶠᵖ | την θυραν] τας θυρας n   του οικου] του τοιχους E   om Or gr Chr ½ Cyr-cod 𝔈ᶜ | προσεκλεισαν Just

11 om οντας acimorxc₂ Or-gr | της θυρας] τη θυρα amox Or-gr Cyr-codd   την θυραν cg   om της ⟨79⟩ Cyr-cod | του οικου] του τοιχου E   om bw Phil-arm Cyr-cod | επαταξεν Mlxª T-A | αορασια] pr εν w | μικρου] +αυτων e𝔅ᵖ | μεγαλου] +αυτων ⟨20 32⟩ 𝔅ᵖ | παρελυθησαν] παρεληλυθεισαν 1ᵇ¹ Phil-cod   παρεληλυθασιν T-A

12 ειπον acdfgijopr | οι ανδρες] *angeli* 𝔈ᶜ. om 𝔈ᶠᵖ   om οι c | προς] τω m T-A | εστιν 1°] εισιν bfirw𝕷 Or-gr | τις 1°] τι jt   τινες fir Or-gr   post σοι 1° o T-A   om Dbglnwc₂𝕷𝔓   Thdt | om ωδε 𝕷 | γαμβρος Eacdgmopsxc₂𝔄 Chr Thdt | υιοι] υ̅ς̅ am | om η θυγατερες 𝔅ᵖ | om η 3° m* T-A | om ει ELclmª¹n𝔄𝔅   τις 2°] τι o | σοι αλλος εστιν] *est tibi alius* 𝕷   εστιν αλλος bfirw | εν τη πολει] *in urbe hac* 𝔅 | εξαγαγε] +αυτους Ed-gps(mg)𝔄𝔅E𝕷 T-A | om εκ e

13 om οτι 1°—τουτον s*𝔈ᵖ | απολλ ημεις] ημεις απολλυμεν qu𝕷𝔓   *nos delebimus* 𝔅 | απολλυμεν] απολλυομεν n απολυμεν L | ημεις] υμεις g | τον τοπον τουτον] *urbem hanc* 𝔄 eum 𝔅   om τουτον Chr-ed | ⟨η κραυγη] post αυτων 77   η καρδια 79⟩ | αυτων] αυτην d | om εναντιον κυριου] *ante* D̅m̅ 𝔅ʷ𝕷 | εναντιον] εναντι deghpty   ενωπιον bw   ενωπιον Chr | om και—αυτην L | ημας] post εκτριψαι 𝔈. υμας l | κυριος] pr ο t Thdt. +ο θ̅ς̅ dfgipr   om ⟨71⟩ 𝔈𝔓   Phil-arm Chr-ed | ⟨εντριψαι 31.83⟩ | αυτην] αυτους s 𝕷 Chr   *urbem hanc* 𝔅

14 om δε 1° n | om και ελαλησεν 𝔈 | om τους 2°—αυτου

ΓΕΝΕΣΙΣ

Α ἐλάλησεν πρὸς τοὺς γαμβροὺς αὐτοῦ τοὺς εἰληφότας τὰς θυγατέρας αὐτοῦ, καὶ εἶπεν Ἀνάστητε καὶ ἐξέλθατε ἐκ τοῦ τόπου τούτου, ὅτι ἐκτρίβει Κύριος τὴν πόλιν. ἔδοξεν δὲ γελοιάζειν ἐναντίον τῶν γαμβρῶν αὐτοῦ. ¹⁵ἡνίκα δὲ ὄρθρος ἐγίνετο, ἐπεσπούδαζον οἱ ἄγγελοι τὸν Λὼτ λέγοντες 15 Ἀναστὰς λάβε τὴν γυναῖκά σου καὶ τὰς δύο θυγατέρας σου ἃς ἔχεις καὶ ἔξελθε, ἵνα μὴ συναπόλῃ ταῖς ἀνομίαις τῆς πόλεως. ¹⁶καὶ ἐταράχθησαν· καὶ ἐκράτησαν οἱ ἄγγελοι τῆς χειρὸς αὐτῶν καὶ 16 τῆς χειρὸς τῆς γυναικὸς αὐτοῦ καὶ τῶν χειρῶν τῶν δύο θυγατέρων αὐτοῦ, ἐν τῷ φείσασθαι Κύριον αὐτοῦ. ¹⁷καὶ ἐγένετο ἡνίκα ἐξήγαγον αὐτοὺς ἔξω καὶ εἶπαν Σῴζων σῷζε τὴν σεαυτοῦ ψυχήν· μὴ 17 περιβλέψῃς εἰς τὰ ὀπίσω μηδὲ στῇς ἐν πάσῃ τῇ περιχώρῳ· εἰς τὸ ὄρος σῴζου, μή ποτε συνπαραλημφθῇς. ¹⁸εἶπεν δὲ Λὼτ πρὸς αὐτούς Δέομαι, κύριε, ¹⁹ἐπειδὴ εὗρεν ὁ παῖς σου ἔλεος ἐναντίον ¹⁸/¹⁹ σου καὶ ἐμεγάλυνας τὴν δικαιοσύνην σου, ὃ ποιεῖς ἐπ' ἐμέ, τοῦ ζῆν τὴν ψυχήν μου· ἐγὼ δὲ οὐ δυνήσομαι διασωθῆναι εἰς τὸ ὄρος, μὴ καταλάβῃ με τὰ κακὰ καὶ ἀποθάνω· ²⁰ἰδοὺ ἡ πόλις αὕτη 20 ἐγγὺς τοῦ καταφυγεῖν με ἐκεῖ, ἥ ἐστιν μικρά· ἐκεῖ σωθήσομαι· οὐ μικρά ἐστιν; καὶ ζήσεται ἡ ψυχή μου ἕνεκεν σοῦ. ²¹καὶ εἶπεν αὐτῷ Ἰδοὺ ἐθαύμασά σου τὸ πρόσωπον καὶ ἐπὶ τῷ ῥήματι 21 τούτῳ τοῦ μὴ καταστρέψαι τὴν πόλιν περὶ ἧς ἐλάλησας. ²²σπεῦσον οὖν τοῦ σωθῆναι ἐκεῖ· οὐ 22

17 συμπαραλημφθης D   18 δαιομε A   20 πολεις A

DELMa-jl-yc₂𝔄𝔅𝔏'𝔈𝔓

2° L | τας] om r · duas 𝔈 | εξελθατε] εξελθετε Ma-egh^b¹jqs–vc₂ εξελθε w | τουτου του τοπου g | εκτριβει κυριος] Dns conterturus est 𝔏 | εκτριβει] καταστρεφει M(mg) · εκτριψει b𝔅 | κυριος] Deus 𝔅 | πολιν] +ταυτην ⟨108⟩ 𝔅𝔈𝔓 | om εδοξεν—αυτου 3° L | εδοξεν δε γελοι.] putabat autem se deriderı 𝔏 | om δε dpq | γελοιαζειν] αγγελ να μειν m · ⟨παιζειν 20. γελωτοποιειν 32⟩ | εναντιον] ενωπιον bw T-A · με αντι E
15 ηνικα] ως bw | ορθρος] pr ο Mfhrt | εγενετο ELbdeglqsuw-c₂𝔄𝔅𝔈𝔏𝔓 Chr Cyr Thdt | επεσπουδ—λωτ] pr και ε stabant angeli ad Lot 𝔏 | εσπουδαζον Eabfgilors(txt)tvc₂ | γγελοι τον λωτ λεγον sup ras A¹ | αγγελοι] ανδρες Ly | τον] τω m | αναστας] αναστα j(txt)s(txt)v surge et 𝔏 | λαβε] παραλαβε bw | την—σου 2°] duas filias tuas et uxorem tuam 𝔈 | om δυο Dbhsvw | ⟨σου θυγατερας 31⟩ | σου 2° ALlqs(mg)u𝔄𝔅 Cyr-codd] om DEMs(txt) rell 𝔏 Chr Cyr-ed Thdt | ας εχεις] om LE | +ενταυθα c₂ | om ινα—(16) εταραχθησαν L | μη] +και συ D^sıl(D^ud)EMacfh–oq–vx𝔄𝔅^lw𝔈𝔏𝔓 Chr Cyr +και c₂ | συναπολη] συναπολεις n · απολη Ea destruamus te 𝔅^p | της πολεως] αυτων n · cıuıtatıs huius 𝔅𝔈𝔏
16 και εταρ και] om m · om και εταρ 𝔈 | εταραχθησαν] pr π 𝔄. turbatus est 𝔅^p𝔏 · +οι αγγελοι fn | εκρατησαν f] οι αγγελοι] uıri 𝔈^cf duo uıri 𝔈^p · om fn | της χειρος 1°] τας χειρας d manus 𝔏 | αυτων ALacy] αυτου DEM rell 𝔄𝔅𝔈𝔏𝔓 Phıl-arm(uıd) Just Chr Cyr Thdt +και της χειρος αυτου v* | om και 3°—αυτου 2° L | της χειρος 2°] manus 𝔏 om E | των χειρων] της χειρος D(+D^sıl)𝔄𝔅^p om ⟨71⟩ 𝔈 Cyr-ed | om δυο Eej Phıl-arm Just Chr Cyr-codd | κυριον] post αυτου 3° Chr +τον θν ej𝔏 | αυτου 3°] αυτω E αυτων Lm𝔈𝔏 Cyr-ed T-A +και εξηγαγοσαν αυτον και εθηκαν αυτου απεξω της πολεως acoxc₂⟨εξηγαγον cx | εθεντο x | εξω o⟩] +και εξηγαγον αυτους και εθηκαν εξω της πολεως m +και εξηγαγεν αυτους και εθηκεν αυτους εξω της πολεως j(mg) +και εξηγαγεν κς αυτον και εθηκεν αυτον εξω της πολεως v(mg)𝔅⟦εθηκεν⟧ posuerunt 𝔅^lw⟧ +et eduxerunt eum et posuerunt extra urbem 𝔄
17 om εγενετο ηνικα c₂ T-A | ⟨εγενοντο 77⟩ | εξηγαγον] εξηγαγοσαν c₂. εξηγαγεν denstv𝔅^lw εξεβαλον T-A εξεβαλεν g | αυτους] αυτον EMachloqsuv𝔅𝔈𝔏 Cyr T-A | εξω] pr εκ

πολεως f* pr εκ της πολεως f^a εκ της πολεως ır om d𝔅 · +της πολεως D(+D^sıl)gn | om και 2° t* 𝔄𝔅^lw m𝔓 Cyr-ed | ειπον b^a¹ dfgıjmprtc₂ | om σωζων—ψυχην L | σωζων] σωζε Just om a*chmoqtuxc₂𝔄𝔈^c𝔓 Chr½ Cyr Thdt½ T-A | σωζε] σωζου T-A | εαυτου m Thdt½ T-A | μη 1°] pr και 𝔈 Thdt Spec μητε x^a | περιβλεψης] περιβλεψη D^sılMaceghıqrsu–c₂ ⟨βλεψη 31 68 83 επιβλεψης 20⟩ respexeris 𝔏 | om μηδε—⟨23⟩ σηγωρ L | μηδε] μη Chr | om παση 𝔈 | ⟨περιχωρω⟩ χωρα 79⟩ | εις 2°] pr sed 𝔅 | σωζου] ⟨διασωζου 32⟩ uade et ibi saluaberis 𝔏 | συνπαραλημφθης] pr μη d παραληφθης bf. ⟨συναπολιφθης 128⟩
18 om λωτ g | om προς αυτους 𝔓 | αυτους] αυτον ⟨16⟩ Thdt | κυριοι cdm𝔈
19 επειδη] ει Chr-ed | ευρον bqw𝔈 | om ο παις σου 𝔈 | σου 1°] υμων m | ελεον fgp χαριν bw𝔅^p | ενωπιον x | σου 2°] υμων dm | εμεγαλυνας] ⟨εμεγαλυνε 71⟩ εμεγαλυνε κς m | σου 3°] αυτου m om 𝔓 | ο ποιεις] ο ποιει m ο ποιησεις c₂𝔅 ου ποιησεις En ην ποιεις fl𝔏 om 𝔈 | επ εμε] επι Cyr-ed | επ] εις dnp𝔏 Chr · ⟨om 107⟩ | ζην] ζησαι bw | μου] σου h | δυναμαι o𝔄(uıd)𝔅 Just Or-lat | διασωθηναι] σωθηναι bw Thdt του σωθηναι T-A | μη] +ποτε dfgıjlprstvx𝔅(uıd) Thdt | μεταλαβη Thdt | om και 2° e*
20 om η 1° b | εγγυς] pr parua 𝔅^lw μικρα T-A ⟨om 71⟩ | με—εστιν 1°] εστιν εκει Just om με mo𝔄 Phıl-arm | η 2°—σωθησομαι] om T-A om η εστιν μικρα 𝔓 | εστιν μικρα] μικρα εστιν Chr om n | μικρα 1°] μακρα l | εκει 2°—εστιν 2°] et non est parua sed saluabor Phıl-arm om 𝔅^lw | εκει σωθησομαι] σωθησομαι εκει acmox(pr ει)c₂ και σωθησομαι bw𝔈𝔓 και εκει διασωθησομαι—ζησεται Cyr-codd | ου μικρα εστιν] quae est minima 𝔏𝔄(uıd) om fn Chr | ου] ως Just | μικρα 2°] μακρα dlt μακραν p | om ενεκεν σου Dehlmo qs(txt)tuvc₂𝔅𝔈𝔏 Phıl-arm Just Chr Cyr Thdt T-A
21 ειπεν] dıxerunt 𝔈^p | om αυτω l | εθαυμασα] pr εγω Cyı-ed | το προσωπον σου acmoxc₂𝔄𝔏 | om και 2° m𝔓 Or-lat | επι—τουτω] hoc uerbum 𝔏 om επι τω s | ρηματι] +σου c𝔓 του μη καταστρ.] ου μη καταστρεψω Or-gr | πολιν] +ταυτην c𝔅 ελαλησας] ελαλησα ı*r ελαλησε d
22 σπευσον—εκει 1°] illuc saluare 𝔓 | om ουν ej Just |

XIX 16 εταραχθησαν] α' εμελλησεν Mj(εμελησεν)v   σ' ο δε εστραγευετο M   σ' ο δε εστρατευσατο j(sine nom)v
17 εγενετο κ.τ λ.] σ' ※ και εξηγαγεν κς αυτον και εθηκεν αυτον εξω της πολεως M   19 του ζην] του ζωσαι js
21 ιδου—προσωπον] α' ιδου ηρα προσωπον σου · σ' ορασαι εδυσωπηον προσωπον σου c₂

γὰρ δυνήσομαι ποιῆσαι πρᾶγμα ἕως τοῦ σε ἐλθεῖν ἐκεῖ. διὰ τοῦτο ἐπωνόμασεν τὸ ὄνομα τῆς A
23 24 πόλεως ἐκείνης Σήγωρ. 23 ὁ ἥλιος ἐξῆλθεν ἐπὶ τὴν γῆν, καὶ Λὼτ εἰσῆλθεν εἰς Σήγωρ, 24 καὶ
25 Κύριος ἔβρεξεν ἐπὶ Σόδομα καὶ Γόμορρα θεῖον καὶ πῦρ παρὰ Κυρίου ἐκ τοῦ οὐρανοῦ, 25 καὶ κατέ-
στρεψεν τὰς πόλεις ταύτας ἐν αἷς κατῴκει ἐν αὐταῖς Λὼτ καὶ πᾶσαν περίοικον καὶ πάντας τοὺς
26 κατοικοῦντας ἐν ταῖς πόλεσιν καὶ πάντα τὰ ἀνατέλλοντα ἐκ τῆς γῆς. 26 καὶ ἐπέβλεψεν ἡ γυνὴ
27 αὐτοῦ εἰς τὰ ὀπίσω, καὶ ἐγένετο στήλη ἁλός.¶ 27 ὤρθρισεν δὲ Ἀβραὰμ τὸ πρωὶ εἰς τὸν τόπον οὗ ¶ *D*L
28 ἱστήκει ἐναντίον Κυρίου, 28 καὶ ἐπέβλεψεν ἐπὶ πρόσωπον Σοδόμων καὶ Γομόρρας καὶ ἐπὶ πρόσω-
πον τῆς γῆς τῆς περιχώρου, καὶ ἴδεν· καὶ ἰδοὺ ἀνέβαινεν φλὸξ τῆς γῆς ὡσεὶ ἀτμὶς καμίνου.
29 §29 Καὶ ἐγένετο ἐν τῷ¶ ἐκτρίψαι Κύριον πάσας τὰς πόλεις τῆς περιοίκου, ἐμνήσθη ὁ θεὸς τοῦ § L
Ἀβραὰμ καὶ ἐξαπέστειλεν τὸν Λὼτ ἐκ μέσου τῆς καταστροφῆς, ἐν τῷ καταστρέψαι Κύριον τὰς ¶ 𝔏^{r}
πόλεις ἐν αἷς κατῴκει ἐν αὐταῖς Λώτ.
30 §30 Καὶ ἐξῆλθεν Λὼτ ἐκ Σήγωρ, καὶ ἐκάθητο ἐν τῷ ὄρει καὶ αἱ δύο θυγατέρες αὐτοῦ μετ' § *D*
αὐτοῦ· ἐφοβήθη γὰρ κατοικῆσαι ἐν Σήγωρ· καὶ ᾤκησεν ἐν τῷ σπηλαίῳ αὐτὸς καὶ αἱ δύο θυγα-
31 τέρες αὐτοῦ μετ' αὐτοῦ.¶ 31 εἶπεν δὲ ἡ πρεσβυτέρα πρὸς τὴν νεωτέραν Ὁ πατὴρ ἡμῶν πρεσβύ- ¶ 𝔓
32 τερος, καὶ οὐδείς ἐστιν ἐπὶ τῆς γῆς ὃς εἰσελεύσεται πρὸς ἡμᾶς ὡς καθήκει πάσῃ τῇ γῇ· 32 δεῦρο
οὖν ποτίσωμεν τὸν πατέρα ἡμῶν οἶνον καὶ κοιμηθῶμεν §μετ' αὐτοῦ, καὶ ἐξαναστήσωμεν ἐκ τοῦ § U$_4$

27 ορθρισεν E 28 ανεβεννεν E | καμεινου A 29 πολις (1°) E* (πολεις E^{a}) | εμνησμη E* (εμνησθη E^{a}) 30 θυγατεραις (2°) E* (θυγατερες E^{a}) 31 νεωτερα A

(*D*)E(L)M(U$_4$)a–j l–y c$_2$𝔄𝔅(𝔏^{r})𝔈(𝔓)

om του 1° m | σωθηναι] + σε qu | om ου—εκει 2° 𝔈 | δυνησωμεθα n | ποιησαι] pr του Dmy Chr-ed om g | εως—ελθειν] *donec saluaberis* 𝔅^{lw} *donec tu intres* 𝔏𝔓 | του 2°] ου *D* | σε ελθειν Agc$_2$ Cyr-cod] ελθειν σε bfoxy εισελθειν σε ilnqrtuw Just Chr Thdt σε εισελθειν EM rell Cyr-ed εισελθης D | ⟨δια] ου γαρ 18⟩ | επωνομασεν A] εκληθη h𝔅(uid)𝔈T-A εκαλεσεν DEM rell 𝔄𝔓 Just Cyr *uocauit* 𝔏 | της πολεως] του τοπου np om d | εκεινης] εκεινου np om Dachlmoqtux𝔅𝔏 Phil-arm Just | σηγωρ] σιγωρ bdglpquw ζωωρ Jos Phil-arm

23 om totum comma cm𝔈 | εξηλθεν] ⟨εισηλθεν 16⟩ ανετειλεν Eus Cyr $\frac{1}{2}$ | της γης Phil-cod | λωτ εισηλθεν] *intrauit Lot* 𝔏 | om εισηλθεν 1* | σηγωρ] pr την Cyr-ed $\frac{1}{2}$ σιγωρ bdglpquw · *Sygor* 𝔏 σοερ Phil-codd

24 κυριος εβρεξεν] εβρεξεν κυριος 𝔈𝔏𝔓 Just $\frac{1}{6}$ Eus $\frac{5}{6}$ Ath $\frac{2}{3}$ Chr Cyr $\frac{3}{5}$ Thdt T-A $\frac{1}{2}$ Iren Nov Tyc εβρεξεν ο κυριος Eus $\frac{1}{6}$ | κυριος] pr ο Just $\frac{2}{6}$ + ο θς Efr(+ ras 6) codd-ap-A-Z | επι] εις Just $\frac{1}{4}$ | σωδομων n | om και γομορρα Just $\frac{2}{4}$ Eus $\frac{2}{5}$ Cyr $\frac{4}{6}$ | γομορρα] γομορα s *Gomoram* 𝔏 | πυρ και θειον x𝔈𝔓 Just $\frac{1}{4}$ Eus $\frac{1}{5}$ Cyr-hier-ed Cyr $\frac{5}{6}$ Thdt T-A $\frac{1}{3}$ Iren Nov | om θειον και Eus $\frac{1}{6}$ T-A $\frac{2}{3}$ | παρα κυριου] post ουρανου ⟨78⟩ Cyp Spec. om d Phil-arm 𝔈^{p} | εκ του] εξ b απ n

25 om totum comma L | κατεστρεψεν] + κ̅ς̅ ο θ̅ς̅ u^{b} | τας πολεις] pr πασας ejs(mg) Or-gr | ταυτας] αυτας ht αυτων Cyr πασας *D*E om 𝔅^{lw} | εν αις—λωτ A] om *D*^{sil}(D^{uid})EM omn 𝔄𝔅𝔈𝔏𝔓 Just Or-gr Chr A-Z | πασαν περιοικον] *habitationes quae ibi* 𝔅^{lw} *circumiacentia earum* 𝔈 | περιοικον Aly] την περιχωρον a–egjops(mg)w𝔄𝔅^{p}𝔏 Or-gr A-Z pr την DEMs(txt) rell Just Chr | πολεσιν] + *et omnes habitationes illas* 𝔅^{p} | ⟨om και 4° 31 83⟩ | παντα τα ανατελλοντα] παν ανατελλον dgp Chr om παντα abcmowxc$_2$𝔈𝔏𝔓 ⟨om τα ανατελλοντα 83⟩ om τα ir | om εκ της γης E | εκ] επι bn

26 επεβλεψεν] ενεβλεψεν n *conuersa est* 𝔄 | αυτου] του λωτ df(om του)gpt𝔄𝔅𝔈𝔓 om E Chr | οπισω] + αυτου a*(uid) + αυτης a^{b}fmx

27 ωρθρισεν—πρωι] *mane autem uigilauit Abraham* 𝔏 | ωρθρισεν] ορθρισας fir𝔄 | om δε l*m | αβρααμ] post πρωι m | το] τω bcehjmquyc$_2$ | om τον o | ιστηκει] εστηκεν m + εκει Eh | εναντι bdgpw | κυριου] του θ̅υ̅ ⟨20⟩ Chr

28 om και 1° f𝔅^{p} | προσωπον 1°] pr παν qu om n | om σοδομων—προσωπον 2° r* Chr | σωδομα n | γομορρας] γομορρα n γομορρων bw *Gomorum* 𝔏 | προσωπον 2°—περιχ] *omnia circumiacentia eius* 𝔈(om *omnia* 𝔈^{p}) | προσωπον 2°] pr παν acmoxc$_2$𝔄 | της γης 1°] pr πασης EMefijrs(mg) *totius* 𝔏 om blw Chr + εκεινης ej | γης της περιχωρου] περιχωρου γης n om της f + σοδομων Chr + *illius* 𝔅^{p} + *omnis illius* 𝔅^{lw} | om και 5° n𝔈^{cp} | ανεβαινεν] κανεβενεν t om bw | φλοξ της γης] απο της γης φλοξ fir καπνος γης t | της γης 2°] pr εκ Ma–dghnopsv–c$_2$𝔅^{p}𝔈 Just Chr *a terra* 𝔏 om 𝔅^{lw} | ωσει] pr και c ως η En ως bmw | ατμις] + καπνου m | ⟨καμινου] καπνου 31 71⟩

29 εν τω εκτριψαι] *post* .. 𝔏 | κυριον 1°] pr τον o τον θ̅ν̅ abcfimrwc$_2$𝔓 Tyc om E𝔈^{fp} | πασας] post πολεις 1° g om 𝔈^{p} Chr | τας πολεις 1°] *urbes has* 𝔄-ed | της περιοικου] της περιχωρου Mefj *terrae illius* 𝔓 *habitationum* 𝔅 *et omnia circumiacentia eius* 𝔈 | εμνησθη] pr και j𝔅^{lw}𝔈 + δε bw | ο θεος] κ̅ς̅ ej | του] τω n | εξαπεστειλεν] + ο θ̅ς̅ f | om εν τω 2°—λωτ 2° L | καταστρεψαι] εκτριψαι e𝔈(uid) | κυριον 2°] + τον θ̅ν̅ E Tyc om bfw | om τας πολεις 2° dp𝔈^{cf} | om λωτ 2° 𝔈

30 και εξηλθεν ALy] εξηλθε δε bw ανεβη δε D(+*D*)EM rell 𝔅𝔈𝔓 Chr Cyr | εκ] εν Edo εις qu Chr-ed | σηγωρ 1°] σιγωρ bglnquw σεγωρ L | om και 2°—ορει 𝔅^{p} | ορει] + αυτος EMbd–lp–wc$_2$𝔅𝔈^{cf} Cyr | om δυο 1° w | μετ αυτου 1°] εν τω ορει d | om εφοβηθη—αυτου 4° *D*(D^{uid})Le*f | εφοβηθη] εφοβηθησαν ce^{b}jlnqtuv𝔅^{lw} Chr Cyr-ed εφοβειτο m Cyr-cod | κατοικησαι] οικησαι Edgipr Chr. ⟨συνοικησαι 20⟩ | εν 2°] εις c$_2$ om d | σηγωρ 2°] σιγωρ bdglquw | om και 4° c | ωκησεν] ωκησαν l Cyr κατωκησεν bcw ωκοδομησεν E | om δυο 2° e^{b}j | om μετ αυτου 2° mt𝔈

31 η—νεωτεραν] *iunior ad seniorem* 𝔈^{fp} | ο πατηρ] pr *ecce* 𝔈 | ημων] υμων g | ουθεις m | om επι της γης 𝔈 | επι] εκ y | om της e | ελευσεται c | ημας] υμας g | om ως—γη L | καθηκε dp

32 δευρο] pr και c | ουν ALy] και *D*^{sil}EM rell 𝔄-codd Phil-arm Or-lat Chr $\frac{1}{2}$ ⟨δη 79⟩ om 𝔄-ed𝔅𝔈 Chr $\frac{1}{2}$ Iren | ημων 1°] υμων l | και 2°] *ut* Iren-ed | εξαναστησομεν Mg | σπερμα εκ του πατρος ημων 𝔈(om εκ 𝔈^{p}) Chr | εκ] om m · + του σπερματος c

XIX 32

A πατρὸς ἡμῶν σπέρμα. ³³ἐπότισαν δὲ τὸν πατέρα αὐτῶν οἶνον ἐν τῇ νυκτὶ ταύτῃ, καὶ εἰσελθοῦσα 33
ἡ πρεσβυτέρα ἐκοιμήθη μετὰ τοῦ πατρὸς αὐτῆς τὴν νύκτα ἐκείνην· καὶ οὐκ ᾔδει ἐν τῷ κοιμηθῆναι
αὐτὴν καὶ ἀναστῆναι. ³⁴ἐγένετο δὲ τῇ ἐπαύριον καὶ εἶπεν ἡ πρεσβυτέρα πρὸς τὴν νεωτέραν 34
Ἰδοὺ ἐκοιμήθην ἐχθὲς μετὰ τοῦ πατρὸς ἡμῶν· ποτίσωμεν αὐτὸν οἶνον καὶ τὴν νύκτα ταύτην, καὶ
εἰσελθοῦσα κοιμήθητι μετ᾽ αὐτοῦ, καὶ ἐξαναστήσωμεν ἐκ τοῦ πατρὸς ἡμῶν σπέρμα. ³⁵ἐπότισαν 35
δὲ καὶ ἐν τῇ νυκτὶ ἐκείνῃ τὸν πατέρα αὐτῶν οἶνον, καὶ εἰσελθοῦσα ἡ νεωτέρα ἐκοιμήθη μετὰ τοῦ
¶L πατρὸς αὐτῆς·¶ καὶ οὐκ ᾔδει ἐν τῷ κοιμηθῆναι αὐτὴν καὶ ἀναστῆναι. ³⁶καὶ συνέλαβον αἱ δύο 36
θυγατέρες Λὼτ ἐκ τοῦ πατρὸς αὐτῶν. ³⁷καὶ ἔτεκεν ἡ πρεσβυτέρα υἱόν, καὶ ἐκάλεσεν τὸ ὄνομα 37
αὐτοῦ Μωὰβ λέγουσα Ἐκ τοῦ πατρός μου· οὗτος πατὴρ Μωαβιτῶν ἕως τῆς σήμερον ἡμέρας.
³⁸ἔτεκεν δὲ καὶ ἡ νεωτέρα υἱόν, καὶ ἐκάλεσεν τὸ ὄνομα αὐτοῦ Ἀμμάν, ὁ υἱὸς τοῦ γένους μου· 38
οὗτος πατὴρ Ἀμμανιτῶν ἕως τῆς σήμερον ἡμέρας.

¹Καὶ ἐκίνησεν ἐκεῖθεν Ἀβραὰμ εἰς γῆν πρὸς λίβα, καὶ ᾤκησεν ἀνὰ μέσον Κάδης καὶ ἀνὰ 1 XX
§⚙ μέσον Σούρ· καὶ παρῴκησεν §ἐν Γεράροις. ²εἶπεν δὲ Ἀβραὰμ περὶ Σάρρας τῆς γυναικὸς αὐτοῦ ὅτι 2
Ἀδελφή μού ἐστιν· ἐφοβήθη γὰρ εἰπεῖν ὅτι Γυνή μού ἐστιν, μή ποτε ἀποκτείνωσιν αὐτὸν οἱ
ἄνδρες τῆς πόλεως δι᾽ αὐτήν. ἀπέστειλεν δὲ Ἀβιμέλεχ βασιλεὺς Γεράρων καὶ ἔλαβεν τὴν
Σάρραν. ³καὶ εἰσῆλθεν ὁ θεὸς πρὸς Ἀβιμέλεχ ἐν ὕπνῳ τὴν νύκτα, καὶ εἶπεν αὐτῷ Ἰδοὺ σὺ 3
¶D ἀποθνήσκεις περὶ τῆς γυναικὸς ἧς ἔλαβες· αὕτη δέ ἐστιν συνῳκηκυῖα ἀνδρί.¶ ⁴Ἀβιμέλεχ δὲ οὐχ 4
ἥψατο αὐτῆς, καὶ εἶπεν Κύριε, ἔθνος ἀγνοοῦν καὶ δίκαιον ἀπολεῖς; ⁵οὐκ αὐτός μοι εἶπεν Ἀδελφή 5

35 αυτων E^b] αυτον E*   XX 1 εκεινησεν AE

(D)E(L)MU₄a–jl–yc₂𝔄𝔅𝔈(𝔖)

33 επoτισαν δε] και επoτισαν ⟨77⟩ 𝔖-ap-Barh | εαυτων ax | εν 1°—ταυτη] pr et 𝔈 om L | εν 1°] επι w om c₂ | ταυτη] εκεινη U₄([εκει]νη)a–dfgimoprstvwxc₂𝔄𝔅 | και 1°—εκεινην] om w om και 𝔈^{cp} | om αυτης U₄(uid) | την νυκτα εκεινην] τη νυκτι εκεινη b(pr εν)dp om DLlqu Chr 𝔈^c | om και 2°—ανα-στηναι L | ηδει] ιδεν n εγνω D sciuit Lot Iren | εν τω] μετα το n | αυτην] αυτον bmnw . εκεινην 77 | και 3°] η εν τω ej ⟨om 107⟩ | αναστηναι] + αυτην acx
34 εγενετο δε] και δ | τη] pr εν bejw ⟨μετα την 31⟩ | om και 1° d𝔅 | ⟨ειπεν⟩ post πρεσβυτερα 16⟩ | προς την νεωτεραν] τη νεωτερα LU₄efijr | ιδου] +εγω dgp | ⟨εκοιμ εχθες⟩ χθες εκοιμηθην 79⟩ | εχθες] χθες Lb-eg-npqrx εγω χθες f𝔄 εχειν w^b om U₄*(uid) | μετα—ημων 1°] cum patre meo 𝔄𝔅^{lw} | ποτισωμεν—3° L | ποτισωμεν] +ουν Chr | om και 2° n | την νυκτα ταυτην] εν τη νυκτι ταυτη bw𝔄𝔅 ⟨τη νυκτι ταυτη 25*⟩ | om και 3° m𝔅^p ⟨εκοιμηθουσα⟩ om 𝔈 +την νυκτα ταυτην c₂ | αυτου] +και συ L | εξαναστησωμεν gi(uid) | σπερμα εκ του πατρος ημων E𝔄𝔈
35 om επoτισαν—οινον L | και 1°—αυτων] τον π̅ρ̅α̅ αυτων και τη νυκτι εκεινη f | om και 1° bciw | om εν 1° d Chr | εισελ-θουσα] ελθουσα n. om L | η—αυτης] pr και bw εκοιμηθη μετ αυτου η νεωτερα L | μετα—αυτης] μετ αυτου την νυκτα εκεινην f . +την νυκτα εκεινην U₄(τη νυκτα εκ)[ινην])g^{i*}pstvc₂ +τη νυκτι εκεινη d | ηδει] εγνω D | αυτην] αυτον bw. om U₄(uid) | αναστηναι] ⟨pr εν τω 16⟩ +αυτην acx
36 αι—λωτ] post αυτων bw: om Chr | λωτ] post αυτων fir
37 om υιον Chr | και εκαλεσεν] εκαλεσεν δε ir | om το U₄ (uid) | om λεγουσα U₄(uid) | μου] om c +ουτος ejx +ετεκον αυτου g | πατηρ] pr o o | om εως—ημερας Chr | εως] μεχρι Or-gr½
38 om totum comma u | ετεκεν—νεωτερα] και η νεωτερα δε ετεκεν acmn(om δε)oxc₂ om και ⟨14.16.130⟩ 𝔅^p om η e | om υιον n Chr | αυτου] αυτω Chr | αμμαν] αμαν cd αμμων c₂ Amon 𝔄-codd. +λεγουσα Md–gijpry^b𝔄𝔈 Chr | om ο—μου 𝔅^p | ο υιος Af | om ο D^{sil}MU₄ rell Chr. υιον E | om του U₄bw |

μου] ⟨+λεγουσα 83⟩ +hic 𝔅^l | αμανιτων c | om εως—ημερας Chr | σημερον ημερας] ημερας ταυτης U₄
XX 1 και εκιν.] ⟨εκεινη]σεν δε U₄ | αβρααμ εκειθεν bsvw𝔈^p | εις—λιβα] προς λιβα εις γην 1* ⟨εις λιβα 128⟩· et iuit uersus terram septentrionis 𝔈^{cf} et iuit uersus 𝔈^p | εις γην] εις την mc₂ εις την γην f. προς γην c om bw Or-lat(uid) | προς] εις c. εως E | λιβαν dfw | om και ωκησεν ανα μεσον 𝔈^p | ανα μεσον 1°—παρωκ] om f om ανα μεσον καδης και q | καδδης dm | γαραροις dpw
2 αβραμ D | σαρας m | om οτι 1° DEU₄(uid)acehl-oquxy 𝔈𝔖 Chr | εφοβηθη—αυτην] sub – 𝔖 om U₄a*cdgopxc₂𝔄𝔈 | εφοβηθη] εφοβηθην y εφοβειτω v | om οτι 2° DEMa^bhmnstvy | αποκτενουσιν ey | om αυτον s* | της πολεως] του τοπου h | αβιμελεχ] +και ελαβεν αυτην ουτως ην g | βασιλευς] pr o ⟨20⟩ Chr ½ | γεραρων] γα|γαραρων E γεραρων e*(uid) | και ελαβεν ⟨του λαβειν 20⟩ λαβειν Chr ½ | σαρραν] σαρρα U₄*fn. σαραν m
3 εισηλθεν] ηλθεν acmoxc₂𝔄𝔖 Eus | αμιβ[λεχ] U₄ | εν υπνω] ενυπνιω e εν ενυπνιω j in uisione 𝔄(sub ✻)𝔅 om bwc₂ Chr. +αυτου dgp | αυτω] sub ✻ 𝔖 om DEMU₄(uid) abdeij(txt)moprs(txt)vwxc₂𝔄 Phil-arm Eus Chr +in somnio 𝔈^c | συ] post αποθνησκεις bw𝔈^{cf} om Edp𝔄𝔈^p Chr ½ | ης] η c₂ | ⟨ελαβες⟩ εχεις 71⟩ | αυτη—ανδρι] quod mulier nupta est 𝔄
4 αβιμελεχ ο | κυριε] pr Abimelech Phil-arm αβιμελεχ m𝔈 +ο θ̅σ̅ ej | ⟨αγνοουν—απολεις⟩ αγνοων ειμι 71⟩ | δικαιον και αγνοουν jsv Chr ⅔ | αγνοουν και] sub – 𝔖 | αγνοουν] απολεις g* | δικαιος n | απολεις] απολεσεις c₂. ουκ απολεσεις a αποκτενεις Thdt ουκ αποκτενεις bw
5 ουκ αυτος μοι] ⟨om 71⟩ om ουκ 𝔈 | μοι 1°] post ειπεν 1° acmoxc₂𝔄𝔖 om j𝔅^p | αδελφη] pr οτι Eefirt Chr Thdt | om και 1°—εστιν 2° c*c₂ | μοι 2°] post ειπεν 2° c^ax𝔄 | αδελφος μου εστιν] pr οτι Eefgimrt Chr Thdt soror eius ego 𝔈 | εν καθ. καρδ.] pr et ego 𝔄. pr et 𝔈: ⟨εκ καθαρας καρδιας 107⟩ | και 2°—χειρων] om Thdt ½ om εν bcejow𝔅 | δικαιοσυνην c | χειρων] κρινειν c om f | τουτο] pr το ρημα Thdt

XX 2 περι—αυτου] a´ προς σαρραν γυναικα αυτου M

ΓΕΝΕΣΙΣ XX 16

μού ἐστιν; καὶ αὕτη μοι εἶπεν Ἀδελφός μού ἐστιν· ἐν καθαρᾷ καρδίᾳ καὶ ἐν δικαιοσύνῃ χειρῶν A
6 ἐποίησα τοῦτο. ⁶εἶπεν δὲ αὐτῷ ὁ θεὸς καθ' ὕπνον Κἀγὼ ἔγνων ὅτι ἐν καθαρᾷ καρδίᾳ ἐποίησας
τοῦτο, καὶ ἐφεισάμην ἐγώ σου τοῦ μὴ ἁμαρτεῖν σε εἰς ἐμέ· ἕνεκεν τούτου οὐκ ἀφῆκά σε ἅψασθαι
7 αὐτῆς· ⁷νῦν δὲ ἀπόδος τὴν γυναῖκα τῷ ἀνθρώπῳ, ὅτι προφήτης ἐστίν, καὶ προσεύξεται περὶ σοῦ
8 καὶ ζήσῃ· εἰ δὲ μὴ ἀποδίδως, γνῶθι ὅτι ἀποθανῇ σὺ καὶ πάντα τὰ σά. ⁸καὶ ὤρθρισεν Ἀβιμέλεχ
τὸ πρωὶ καὶ ἐκάλεσεν πάντας τοὺς παῖδας αὐτοῦ, καὶ ἐλάλησεν πάντα τὰ ῥήματα ταῦτα εἰς τὰ
9 ὦτα αὐτῶν· ἐφοβήθησαν δὲ πάντες οἱ ἄνθρωποι σφόδρα. ⁹καὶ ἐκάλεσεν Ἀβιμέλεχ τὸν Ἀβραὰμ
καὶ εἶπεν αὐτῷ Τί τοῦτο ἐποίησας ἡμῖν; μή τι ἡμάρτομεν εἰς σέ, ὅτι ἐπήγαγες ἐπ' ἐμὲ καὶ
10 ἐπὶ τὴν βασιλείαν μου ἁμαρτίαν μεγάλην; ἔργον ὃ οὐδεὶς ποιήσει πεποίηκάς μοι. ¹⁰εἶπεν δὲ
11 Ἀβιμέλεχ τῷ Ἀβραάμ Τί ἐνιδὼν ἐποίησας τοῦτο; ¹¹εἶπεν δὲ Ἀβραάμ Εἶπα γάρ Ἄρα οὐκ ἔστιν
12 θεοσέβεια ἐν τῷ τόπῳ τούτῳ, ἐμέ τε ἀποκτενοῦσιν ἕνεκεν τῆς γυναικός¶ μου. ¹²καὶ γὰρ ἀληθῶς ¶ U₄
13 ἀδελφή μού ἐστιν ἐκ πατρός, ἀλλ' οὐκ ἐκ μητρός· ἐγενήθη δέ μοι¶ εἰς γυναῖκα. ¹³ἐγένετο δὲ ¶ 𝔖
ἡνίκα ἐξήγαγέν με ὁ θεὸς ἐκ τοῦ οἴκου τοῦ πατρός μου καὶ εἶπα αὐτῇ Ταύτην τὴν δικαιοσύνην
ποιήσον ἐπ' ἐμέ· εἰς πάντα τόπον οὗ ἐὰν εἰσέλθωμεν ἐκεῖ εἰπὸν ἐμὲ ὅτι Ἀδελφός μού ἐστιν.
14 ¹⁴ἔλαβεν δὲ Ἀβιμέλεχ χίλια δίδραχμα, πρόβατα καὶ μόσχους καὶ παῖδας καὶ παιδίσκας, καὶ
15 ἔδωκεν τῷ †Ἀβραάμ†, καὶ ἀπέδωκεν¶ αὐτῷ Σάρραν τὴν γυναῖκα αὐτοῦ. ¹⁵καὶ εἶπεν Ἀβιμέλεχ ¶ E
16 τῷ Ἀβραάμ Ἰδοὺ ἡ γῆ μου ἐναντίον¶ σου· οὗ ἐάν σοι ἀρέσκῃ κατοίκει. ¹⁶τῇ δὲ Σάρρᾳ εἶπεν ¶ 1

6 εφησαμην E   7 ζησει E | γνωθη E
12 εμητρος A* (εκ μητρος A¹)   13 οτι] οτ E   14 αβραμ A

(E)M(U₄)a–h(₁)jl–yc₂𝔄𝔅𝔈(𝔖)

6 αυτω] post ο θεος fg om d̈w | καθ υπνον] καθ υπνου d
καθ υπνους qu in uisione 𝔄 in somnio 𝔅𝔈^fp𝔖 om eo𝔈^c |
καγω] και εγω afm και γε εγω dgp ego 𝔄 | εγνωκα g | καρδια
καθαρα (κα|ρα E*)E | εποιησα A*(εποιησας A¹)bs | και] propter
hoc 𝔅 | εφεισαμην] εφοβησαμην s | εγω σου] σου εγω egjsvx
σε εγω p | κ[αγω] σου U₄ om Chr ⅖ om e bdw𝔅𝔈 Chr ⅗ |
om του—εμε n | om τω cl | om μη fg* Chr ⅓ | αμαρτειν σε |
αμαρτανειν σε U₄dfgp om σε e Thdt αμαρτανειν c₂ αμαρ-
τησαι bw Chr ⅓ | ενεκα 1 | om σε 2° 𝔄-codd | αψασθαι] pr του
b | αυτης] ταυτης e

7 νυνι ej | δε 1°] ουν n | τω ανθρωπω την γυναικα 𝔈 Phil-
codd-omn | τω ανθρ] του α̅ν̅ου̅ n𝔅(+ει) uiro eius 𝔄 | οτι 1°]
sub ÷ 𝔖 | εστιν] + ο αβρααμ v(mg) | om και ζηση Phil-arm |
ζηση] ⟨ζησεις 108⟩ γνωσιν c | αποδιδως] αποδως bet απο-
δωσης f | γνωθι] γνωση om Chr ⅓ | om οτι αποθανη 𝔈^fp | οτι 2°]
⟨πριν 107⟩ om dp Chr ⅓ | αποθανη] pr mortem 𝔈^c αποθνη-
σκεις n𝔄(uid) | συ] ⟨pr και 16⟩ +τε Chr ⅓ | σα] κατα σε c

8 αβιμελεκ o | το] τω abcfgjmq*uwyc₂ | om παντας Chr |
παντα] pr κατα bw om 𝔈 | om ταυτα Chr ½ | εφοβ δε] και
εφοβηθησαν τε +Dominum 𝔈 | om παντες h | οι ανθρωποι]
οι ανδρες U₄([οι ανδρες)bdpqs(mg)tuw οι ανδρες των κ̅ν̅ efijr
om g +τον θ̅ν̅ c₂ +domus eius 𝔈

9 αβιμελεχ] αβιμελεκ o [αμ]ειβελεκ U₄ | om ημιν—επη-
γαγες 𝔈 | ημιν] μοι bw | om μη l Chr | ημαρτομεν] ημαρταμεν o
ημαρτον bw Chr ⅓ | επηγαγες] εποιησας bw | εμε] + et populum
meum 𝔅^lp | om και 3° w | om επι 𝔅 | ουδεις] ου θελεις bw |
ποιησει] πεποιηκεν bnw | πεποιηκας] εποιησας ir Chr | μοι] ημιν
n𝔅^lp Chr

10 ειπεν—αβρααμ] om dnp om αβιμελεχ τω c* | αβιμελεχ]
αβιμελεκ o. [αμ]ειβελεκ U₄ | om τω αβρααμ g | ενιδων] επιδων
m· ⟨εννοων 32⟩ | εποιησας] ⟨πεποιηκας 25⟩ +μοι f(μ ex corr f^a)ir

| τουτο] pr το ρημα acmox𝔄𝔖(sub ※) Thdt το ρημα c₂ +nobis
𝔅^w

11 om ειπεν δε αβρααμ m | ⟨om ειπα γαρ 74⟩ | ειπα] ειπον
f | αρα] μηποτε acdfgjmo–rs(txt)tuvxyb¹c₂𝔄𝔖 Chr Thdt | θεο-
σεβεια] + ※ Dei 𝔖 | τε] δε Eej𝔅 | αποκτεννουσιν U₄(uid)m |
ενεκα mw | γυναικος] pr τοιαυτης f γ. U₄

12 και γαρ] sed 𝔄 | αληθως] post εστιν h post πατρος f
om cglc₂𝔈^fp Chr | μου] μοι Clem | πατρος] pr του Chr ½ | αλλ]
et 𝔄𝔈 | ουκ] ου και m | ⟨om εκ 2° 31⟩ | εγεννηθη fsu | εις] pr
και f1oru Clem

13 εγενετο δε ηνικα] om s om δε E | om με l | ο θεος] pr
κ̅ς̅ f1 κ̅ς̅ d Chr ⅓ | om του 2° Chr ⅓ | om και p𝔅𝔈 Chr | ειπα]
pr ego 𝔄 ειπον dgpt | ποιησον A] ποιησης g ποιησεις EM
rell 𝔄𝔅 𝔈 | επ | εμε | mecum 𝔄𝔅 | απ f* | εις bejns(mg)w
μετ m | εμε 1°] εμοι f | om εμε—εμε 2° w | τοπον] τρπον v |
⟨om εαν 25⟩ | ειπον] ειπε a^bdgj(mg)ps(mg)t Chr +δε r +ras
(7) 1 | εμε 2°] pr επ fr με x περι εμου ej om ⟨20⟩ 𝔅𝔈 Chr |
αδελφος] ⟨pr ουτος 32⟩ αδελφη f

14 αβιμελεκ o* | διδραχμα] διδραγμα bcghimnqst*uwc₂
+αργυριον fir𝔅𝔈 | ⟨om προβατα—παιδισκας 71⟩ | προβατα
και μοσχους] pr και bdfilnprw𝔅^p𝔈 Chr et boues et oues 𝔄 | om
και 2°—παιδισκας | om και 2° Mdehjpqtuy𝔄𝔅 | om και 4°—
αβρααμ Chr | om τω wx | απεδωκεν] αποδεδωκεν Chr ½ εδωκεν
m𝔄𝔅 ⟨δεδωκεν 32⟩ | αυτω] αυτα c | σαρραν] pr και ⟨71⟩
Chr ½ σαραν m σαρρα v

15 αβιμελεχ] pr o t αβιμελεκ o om d | τω αβρααμ]
αυτω d | η γη μου] sup ras 1^a om μου y𝔅 η γη σου w η
γυνη σου dgjpstvxc₂ ⟨η γυνη 31⟩ | εναντιον] e. . 1 | σου]
+εστιν Mcdfghlnp–v𝔅^p Chr | om—κατοικει] om 𝔈^fp om ου
ct | αν fmoqruyc₂ | αρεσκη] αρεστον η g | κατοικησον 1

16 τη δε] και τη bdw | σαρα m | δεδωκα] δωδεκα f* | χιλια

5 εν καθ καρδ] α' εν αθωοτητι σ' απλοτητι M . α' σ' εν απλοτητι και εν αθωοτητι ν α' συν απλοτητι σ' συν αγαθω c₂.
α' in bonitate σ' in simplicitate 𝔖

10 τι—τουτο] α' τι ειδες οτι εποιησας συν (συ js) το ρημα τουτο σ' τι ιδων εποιησας το πραγμα τουτο ο' τι ενιδων εποιησας
το ρημα τουτο θ' τι εωρακας οτι εποιησας τον λογον τουτον jsv

13 ειπον—εστιν] σ' ερεις περι εμου οτι αδελφος μου εστιν j(sine nom)s γρ ειπον με οτι αδελφος μου εστιν ερεις περι εμου
αδελφος μου εστιν ειπον εμε αδελφος μου εστιν v

A Ἰδοὺ δέδωκα χίλια δίδραχμα τῷ ἀδελφῷ σου· ταῦτα ἔσται σοι εἰς τιμὴν τοῦ προσώπου σου καὶ
πάσαις ταῖς μετὰ σοῦ· καὶ πάντα ἀλήθευσον. 17 προσηύξατο δὲ Ἀβραὰμ πρὸς τὸν θεόν, καὶ 17
¶ x ἰάσατο ὁ θεὸς τὸν Ἀβιμέλεχ καὶ τὴν γυναῖκα αὐτοῦ καὶ τὰς παιδίσκας¶ αὐτοῦ, καὶ ἔτεκον· 18 ὅτι 18
συνέκλεισεν Κύριος ἔξωθεν πᾶσαν μήτραν ἐν τῷ οἴκῳ τοῦ Ἀβιμέλεχ ἕνεκεν Σάρρας τῆς γυναικὸς
Ἀβραάμ.
§ d$_2$ §1 Καὶ Κύριος ἐπεσκέψατο τὴν Σάρραν, καθὰ εἶπεν· καὶ ἐποίησεν Κύριος τῇ Σάρρᾳ καθὰ 1 XXI
ἐλάλησεν. 2 καὶ συλλαβοῦσα ἔτεκεν Σάρρα τῷ Ἀβραὰμ υἱὸν εἰς τὸ γῆρας, εἰς τὸν καιρὸν καθὰ 2
ἐλάλησεν αὐτῷ Κύριος. 3 καὶ ἐκάλεσεν Ἀβραὰμ τὸ ὄνομα τοῦ υἱοῦ αὐτοῦ τοῦ γενομένου αὐτῷ, ὃν 3
§ *D* ἔτεκεν αὐτῷ Σάρρα, Ἰσαάκ· §4 περιέτεμεν δὲ Ἀβραὰμ τὸν Ἰσαὰκ τῇ ὀγδόῃ ἡμέρᾳ, καθὰ ἐνετείλατο 4
αὐτῷ ὁ θεός. 5 Ἀβραὰμ δὲ ἦν ἑκατὸν ἐτῶν, ἡνίκα ἐγένετο αὐτῷ Ἰσαὰκ ὁ υἱὸς αὐτοῦ. 6 εἶπεν δὲ 5 6
Σάρρα Γέλωτά μοι ἐποίησεν Κύριος· ὃς γὰρ ἐὰν ἀκούσῃ συγχαρεῖταί μοι. 7 καὶ εἶπεν Τίς ἀναγ- 7
γελεῖ τῷ Ἀβραὰμ ὅτι θηλάζει παιδίον Σάρρα; ὅτι ἔτεκον υἱὸν ἐν τῷ γήρει μου. 8 Καὶ 8
ηὐξήθη τὸ παιδίον καὶ ἀπεγαλακτίσθη· καὶ ἐποίησεν Ἀβραὰμ δοχὴν μεγάλην ᾗ ἡμέρᾳ ἀπεγα-
¶ d$_2$ λακτίσθη Ἰσαὰκ ὁ υἱὸς αὐτοῦ.¶ 9 ἰδοῦσα δὲ Σάρρα τὸν υἱὸν Ἁγὰρ τῆς Αἰγυπτίας, ὃς ἐγένετο τῷ 9
Ἀβραάμ, παίζοντα μετὰ Ἰσαὰκ τοῦ υἱοῦ ἑαυτῆς, 10 καὶ εἶπεν τῷ Ἀβραάμ Ἔκβαλε τὴν παιδίσκην 10
ταύτην καὶ τὸν υἱὸν αὐτῆς· οὐ γὰρ μὴ κληρονομήσει ὁ υἱὸς τῆς παιδίσκης μετὰ τοῦ υἱοῦ μου

XXI 3 ετεκε A(uid) 6 συγχαρειτε D

(*D*)Ma–hjl–w(x)yc$_2$(d$_2$)𝔄𝔅𝔈

—σου 1°] τω αδ σου χιλια διδραγμα bw𝔈 | διδραχμα] διδραγμα cglmqs*uc$_2$ διδραγματα n *argenti* Phil-arm +*argenti* 𝔅 | αδελφω] ανδρι l | ⟨om ταυτα 25⟩ | εσται] post σοι Mbglw ⟨εστω 14 16⟩ εστωσαν m | om σοι m | om και 1°—σου 3° Chr | πασαις ταις] εις πασας τας n om πασαις 𝔅 | σου 3°] σε f | ⟨και 2°] κατα 32⟩ | παντα] *semper* 𝔅

17 προσηυξ δε] και προσηυξατο m Chr ηυξατο δε s | αβρααμ] pr ο m· αβραμ s | προς τον θεον] τω θω̄ g | και 1°—τον 2°] περι dp | ο θεος] ⟨post αβιμελεχ 14⟩ om n 𝔄𝔅^{p} | αβιμελεκ o | αυτου 1°] +και τους παιδας m | τας παιδισκας] pr πασας bw τας παι . x τους παιδας c | αυτου 2°] *eorum* 𝔈^{fp} om n· +και παντα τα κτηνη αυτου b(αυτων)w +και ολον τον οικον αυτου dghptc$_2$𝔅 | ετικτον fht𝔄 Chr

18 συνεκλεισεν A Or-lat ½(uid) Chr ½] pr συνκλειων M omn 𝔄𝔅𝔈 Phil-arm Or-lat ½ Chr ½ | κυριος] ο θς̄ bejw𝔅 Phil-arm om ⟨128⟩ Chr ½ | εξωθεν] om ejmo Phil-arm +αυτου g | μητραν] pr την qtu | του] τω Mlrv om bdhmpqtu | αβιμελεκ o | om ενεκεν—αβρααμ s* | σαρρας] σαρας m om Phil-arm | ⟨αβρααμ] pr του 76⟩

XXI **1** κυριος 1°] pr ο m· +ο θς̄ efjrd$_2$ | om την c$_2$ | σαρραν] σαρρα l σαρα m | καθα 1°] +και gp | om και 2°—ελαλησεν n | κυριος 2°] ο θς̄ e Hil om Chi: +ο θς̄ ajd$_2$ | τη σαρρα] την σαρρα os την σαρα m την σαρραν b· *ei* 𝔅^{p}𝔈 | om καθα ελαλησεν 𝔈 | ⟨καθα 2°] καθως 25⟩

2 om και 1°—ελαλησεν c$_2$ | ετεκεν σαρρα] σαρρα ετεκεν efjr (pr η)svd$_2$𝔈^{cf} | σαρρα] σαρα m om bw𝔈^{p} | υιον] post γηρας qu | εις το γηρας] εν γηρει c. *in senectute sua et* Hil | om εις τον καιρον dd$_2$ | καθα] καθ ον f | αυτω] αυτη g | κυριος] pr ο mn +ο θς̄ ad–gjprstd$_2$. *Deus* 𝔄. om 𝔅^{lw}

3 om totum comma d$_2$ | om αβρααμ bfw Chr | om το ονομα m | του 1°—σαρρα] αυτου d | om αυτου l𝔅𝔈 | του γενομενου αυτω] om p𝔄𝔅^{p}𝔈 Chr om του mw | γενομενου] γεννομενου cf^{a} γεννωμενου h^{b}l | αυτω 1°] αυτου a*y* | αυτω σαρρα] σαρα αυτω m om αυτω fr𝔅^{lw}

4 περιετεμεν δε] και περιετεμεν d | αβρααμ τον ισαακ] pr αυτον l αυτον αβρααμ f· αυτον dd$_2$ | τον ισαακ] ισαακ τον υιον αυτου e +υιον αυτου *D*Macc$_2$𝔄𝔅𝔈· τον υιον αυτου mo *puerum* Or-lat | τη ογδοη ημερα] τη ημ τη ογδ D(+*D*^{sil})bhtwyd$_2$ Chr· ⟨εν τη ημ τη ογδ 32⟩ | ενετειλατο] ελαλησεν dp ελαλησε κς̄ g | om αυτω t𝔅 Chi | ο θεος] pr κς̄ acefjprs$^{a?}$d$_2$𝔄 κς̄ bds*vw Chr· +*Abraham* 𝔅^{lw}

5 αβρααμ δε ην] pr και m· και αβρααμ ην *D*^{sil}(.αβρααμ D) bhlqtuwd$_2$𝔅^{p}· και ην αβρααμ acoc$_2$ om δε ⟨31 68⟩ 𝔅^{lw}: ην αβρααμ Cyr ½ | ην] η D | εκατον ετων] ετων εκατον D(εκ[ατον]) b–gjnpsvw Chr· ρε′ ετων c$_2$ | ηνικα] οτε Ath Cyr | εγενετο αυτω] pr αν h· αυτω εγενετο ac γεγονεν αυτω bw. εγεννηθη αυτω m𝔅 | om ο υιος αυτου 𝔈 Thd-syr

6 σαρα m | εποιησεν μοι *D*(D^{uid})hl–ovc$_2$𝔄𝔅 Phil ⅓ | κυριος] pr ο Mfst Phil ⅔ Chr +ο θς̄ ejd$_2$ *Deus* 𝔄𝔅^{lw} | om γαρ ej* | εαν At] om dprsy αν DM rell | συγχαρειται] ου χαριειται Phil-cod ¼

7 om τω 1° ej Phil | οτι 1°—σαρρα] post μου dgpstvc$_2$ | θηλαζει] post παιδιον ln | παιδιον] post σαρρα ⟨77⟩ 𝔈^{cf} | σαρα m | ετεκεν c$_2$𝔈 | υιον] παιδιον a: om c$_2$𝔈 | om τω 2° dgpsv Chr | μου] *eius* 𝔈

8 ηυξανθη n | παιδαριον d$_2$ | απεγαλακτισθη 1°] +ο υιος αυτου Chr | om και 3°—απεγαλακτισθη 2° g𝔈^{fp} | om μεγαλην c$_2$ | η ημερα] εν ημερα η c$_2$ pr εν aco | ισαακ—αυτου] ο υς̄ αυτου ισαακ qu υς̄ αυτου ο ισαακ bl(pr ο): om ισαακ Chr om ο υιος αυτου 𝔈

9 σαρα m | αγαρ] +της παιδισκης Just | om ος—αβρααμ gn𝔈 | παιζοντα] post ισαακ h* ⟨οτι παιζει 32⟩ | ισαακ—εαυτης] του υιου αυτης του ισαακ f | ισαακ] +ουτος δε ην ο ισμαηλ ος εγενετο τω αβρααμ g | om του υιου εαυτης g | εαυτης A] αυτου d𝔅$^{p(*)}$: αυτης *D*^{sil}(αυ D)M rell Just Chr Cyr

10 om και 1° Md–gj–qstuc$_2$𝔅𝔈^{cf} Just | ειπεν] +*Sara* 𝔈 | τω] τον g | om ταυτην befjloqruw𝔄 Paul Or-lat Chr ¾ Thdt Tract | τον υιον] τω υιω d | om μη D(contra *D*^{sil})Mdglmnpqu Just Clem | κληρονομηση bcefhjrtwc$_2$ Chr Cyr cod ½ Thdt | της παιδισκης Abwy𝔄𝔈 Paul Clem Or-lat Chr ½ Thdt Vulg] +ταυτης *D*^{sil}(.της D)M rell 𝔅 Just Chr ½ Cyr

16 χιλια διδρ.] α′ χιλιαδα αργυριου M
XXI 6 γελωτα] ευφροσυνην χαραν M 8 δοχην μεγαλην] ποτον μεγαν M

ΓΕΝΕΣΙΣ XXI 21

11 Ἰσαάκ. ¹¹σκληρὸν δὲ ἐφάνη τὸ ῥῆμα σφόδρα ἐναντίον Ἀβραὰμ περὶ τοῦ υἱοῦ αὐτοῦ Ἰσμαήλ. A
12 ¹²εἶπεν δὲ ὁ θεὸς τῷ Ἀβραάμ Μὴ σκληρὸν ἔστω τὸ ῥῆμα ἐναντίον σου περὶ τοῦ παιδίου καὶ περὶ
τῆς παιδίσκης· πάντα ὅσα ἐὰν εἴπῃ σοι Σάρρα, ἄκουε τῆς φωνῆς αὐτῆς· ὅτι ἐν Ἰσαὰκ κληθήσεταί
13 σοι σπέρμα. ¹³καὶ τὸν υἱὸν δὲ τῆς παιδίσκης ταύτης, εἰς ἔθνος μέγα ποιήσω αὐτόν, ὅτι σπέρμα
14 σόν ἐστιν. §¹⁴ἀνέστη δὲ Ἀβραὰμ τὸ πρωί, καὶ ἔλαβεν ἄρτους καὶ ἀσκὸν ὕδατος καὶ ἔδωκεν § 𝕮ᶜ
Ἁγάρ, καὶ ἐπέθηκεν ἐπὶ τὸν ὦμον καὶ τὸ παιδίον, καὶ ἀπέστειλεν αὐτήν. ἀπελθοῦσα δὲ ἐπλανᾶτο
15 τὴν ἔρημον, κατὰ τὸ φρέαρ τοῦ ὅρκου. ¹⁵ἐξέλειπεν δὲ τὸ ὕδωρ ἐκ τοῦ ἀσκοῦ, καὶ ἔρριψεν τὸ
16 παιδίον ὑποκάτω μιᾶς ἐλάτης· ¹⁶ἀπελθοῦσα δὲ ἐκάθητο ἀπέναντι αὐτοῦ μακρότερον, ὡσεὶ τόξου
βολήν· εἶπεν γάρ Οὐ μὴ ἴδω τὸν θάνατον τοῦ παιδίου μου. καὶ ἐκάθητο ἀπέναντι αὐτοῦ μακρόθεν·
17 ἀναβοῆσαν δὲ τὸ παιδίον ἔκλαυσεν. ¹⁷εἰσήκουσεν δὲ ὁ θεὸς τῆς φωνῆς τοῦ παιδίου ἐκ τοῦ τόπου
οὗ ἦν, καὶ ἐκάλεσεν ἄγγελος θεοῦ τὴν Ἁγὰρ ἐκ τοῦ οὐρανοῦ καὶ εἶπεν αὐτῇ Τί ἐστιν, Ἁγάρ; μὴ
18 φοβοῦ· ἐπακήκοεν γὰρ ὁ θεὸς τῆς φωνῆς τοῦ παιδίου σου ἐκ τοῦ τόπου οὗ ἐστίν. ¹⁸ἀνάστηθι καὶ
19 λάβε τὸ παιδίον, καὶ κράτησον τῇ χειρί σου αὐτό· εἰς γὰρ ἔθνος μέγα ποιήσω αὐτόν. ¹⁹καὶ
ἀνέῳξεν ὁ θεὸς τοὺς ὀφθαλμοὺς αὐτῆς, καὶ ἴδεν φρέαρ ὕδατος ζῶντος· καὶ ἐπορεύθη καὶ ἔπλησεν
20 τὸν ἀσκὸν ὕδατος καὶ ἐπότισεν τὸ παιδίον ²⁰καὶ ἦν ὁ θεὸς μετὰ τοῦ παιδίου, καὶ ηὐξήθη· καὶ
21 κατῴκησεν ἐν τῇ ἐρήμῳ· ἐγένετο δὲ τοξότης. ²¹καὶ κατῴκησεν ἐν τῇ ἐρήμῳ τῇ Φαράν· ¶ καὶ ¶ 𝕮ᶜ
ἔλαβεν αὐτῷ ἡ μήτηρ γυναῖκα ἐκ γῆς Αἰγύπτου.

14 αναστη D   17 πεδιου (2°) A

DMa-hjl-wyc₂𝕬𝕭(𝕮ᶜ)𝕰

11 εφανη] factum est 𝕭 | ρημα] +τουτο n𝕰 | om σφοδρα c₂𝕬𝕭ᵖ Chr | 〈om εναντιον αβρααμ 79〉 | αβρααμ] pr του g | om περι—ισμαηλ 𝕭ᵖ | του υιου αυτου] post ισμαηλ r𝕭ˡʷ | Ἰσμαηλ Abrwy] om Dˢⁱˡ(Dᵘⁱᵈ)M rell 𝕬𝕰 Just Chr Cyr
12 om δε 𝕭ˡʷ | τω] προς fr om o*t | ρημα] +εσται dps | το ρημα] post σου Chr om Dˢⁱˡabcmnoquwy𝕬𝕰 Just· +τουτο fr | παιδιου] παιδος dgp | +huius 𝕭ˡʷ | om περι 2° Dcdgmpq uc₂𝕭 Chr | παιδισκης] +huius 𝕭 | οσα—σοι 1°] αν οσα ειποι Phil-codd-omn | εαν] αν bd-hjlm*oprs | 〈σοι ειπη 77〉 | σαρα m | ακουε] ακουσον dgpt Chr ακουσῃ ej | κληθησεται] 〈κληρονομηθησεται 78〉 uocabo 𝕭ᵖ | om σοι 2° c
13 δε] τε r* · om gn +τουτον Chr | ταυτης] αυτης p· om abcmnw𝕬𝕰 Chr | εις—αυτον] faciam in gentem magnam 𝕬 | εθνος] post μεγα n | 〈om αυτον 128〉 | σον εστιν] εστιν σον D σου εστιν Cyr-ed
14 ανεστη] ανεβη f | το 1°] τω abcfgmoq*uvy Chr | 〈αρτους] αρτον 25〉 | 〈om εδωκεν—και 5° 18〉 | αγαρ] pr τῃ bw. et Tract | επεθηκεν] εθηκεν fr dedit 𝕬-codd om Phil-cod | επι—παιδιον] το παιδιον επι των ωμων αυτης bw(τον ωμον) | τον ωμον] των ωμων nr* | +αυτης Macdhᵇopstv𝕬𝕭𝕮. τ. ωμων αυτης efjmc₂ Chr Tract τον ωμον αυτης g | om και 5° 𝕬 Tract | απεστειλεν] 〈εξαπεστειλεν 32〉 απελυσεν hm | επλανατο] επλανηθη p𝕮 Agar errauit Tract | την ερημον] pr εις M pr κατα bwc₂ Chr εν τῃ ερημω f | om κατα—ορκου Chr Tract
15 εξελειπεν] εξελιπεν abd-gjlmpqtwc₂𝕬𝕭𝕮𝕰 Cyr Tract: εξελειψεν y | εκ] απο dgpvy om bmw | υποκ. μιας ελατης] sub arbore Tract om μιας c
16 απελθ. δε] και απελθ Da-dfgmoprstvwc₂𝕭𝕮 | εκαθητο 1°] εκαθισεν dp sedit 𝕬-ed | 〈απεναντι] εναντιον 128〉 | μακροτερον A] μακροθεν DM omn Cyr om 〈71〉 Chi | ωσει] ως o | τοξου] post βολην moc₂ | βολῃ s | om ου c₂ | om μου m Phil om και—μακροθεν Chr | om εκαθητο 2°—παιδιον 𝕰 | εκαθητο 2° Ac₂𝕬] εκαθισεν Dˢⁱˡ(θισεν D)M rell Cyr | om αυτου 2° bw

μακροθεν Ay] om Dˢⁱˡ(Dᵘⁱᵈ)M rell 𝕬𝕭𝕮 Cyr | αναβοησαν δε] και αναβοησαν s(-σαι uid) Chr om δε 〈16〉 𝕬𝕭ʷ𝕮 ανεβοησεν δε D(οησεν) efjm 〈εβοησε δε 25〉 | εκλαυσεν] pr και Defjm
17 εισηκ δε] και εισηκουσεν n. επηκουσε δε bw | ο θεος 1°] pr Dominus Tract om o | της φωνης 1°] post παιδιου 1° m· την φωνην c om bw | παιδιου f] om εκ του τοπου 1° Hil | ην] εστιν n | αγγελος θεου] pr ο l Deus 𝕬-ed | θεου] pr του Dahlnos-vc₂ Chr Cyr pr κ̄ν̄ του q κ̄ν̄ bcfmrw Nov Tract | την αγαρ] post ουρανου m | om μη φοβου s | επακηκοεν—θεος 2°] exaudiuit enim Nov | απακηκοε c | om γαρ 𝕭 | ο θεος 2°] Dominus Tract | της φωνης 2°] την φωνην r | 〈παιδιου 2°] παιδος 79〉 | σου] om bhw𝕭𝕮𝕰ᵖ Cyr-cod Nov Hil Tract + και εκαλεσεν c₂ | εκ του τοπου 2°] εν τω τοπω e | εστιν 2°] ην r*c₂𝕭 Nov +και εκαλεσεν εκ του τοπου ου εστιν g
18 αναστηθι] pr και d 〈+νυν 107〉 | om και 1° DMa-egjl-qsuvwc₂𝕬(uid)𝕭 Chr½ Nov | παιδιον] +σου dglnpt 𝕬 | τῃ—αυτο] αυτο τῃ χειρι σου dgpsv𝕬(om σου)𝕭𝕮 | της χειρος αυτου bcw Chr Hil om Nov | αυτο] αυτον n* αυτον m | om εις—αυτον 𝕰ᶠᵖ Cyr-ed | ποιησω] καταστησω dgp | αυτον] αυτο Dˢⁱˡ Ma-fhjnoq-wc₂ Chi-ed Cyr-cod
19 ηνοιξεν m | ο θεος] Dominus Tract om Chr | αυτης] Agar 𝕰 | 〈om ζωντος 74〉 | και 3°—υδατος 2°] om g om και επορευθη c₂ | επλησεν] επληρωσε ej | υδατος 2°] pr του Dry pr εκ του f. om bw Chr +ζωντος dhpt de puteo Nov | παιδιον] +αυτης bw
20 om και 2°—ερημω e | ηυξανθη n | om και 3°—ερημω 𝕬𝕮 | +φαραν gjt +φαραδ b +χαρραν dp 〈+χαραν 107〉 +τῃ φαραν rc₂ +τῃ φαρραν f +τῃ φαρα o | εγενετο—(21) ερημω] om mw 〈om εγενετο δε τοξοτης 76〉 | εγενετο δε] και εγενετο dfgprc₂
21 om και 1°—φαραν dfgoprc₂ | τῃ ερημω] monte 𝕭 | om τῃ 2° bcejw | φαρραν n𝕭 | αυτω] αυτον g αυτων c₂ | μητηρ] +αυτου a-dfgl-prtwc₂𝕬𝕭 | γης] της abdehlmnptwc₂*

14 το φρεαρ του ορκου] σ' βηρσαβεε Mjs(sine nom js)

51

ΓΕΝΕΣΙΣ

A ²²Ἐγένετο δὲ ἐν τῷ καιρῷ ἐκείνῳ καὶ εἶπεν Ἀβιμέλεχ καὶ Ὀχοζὰθ ὁ νυμφαγωγὸς αὐτοῦ καὶ 22
Φικὸλ ὁ ἀρχιστράτηγος τῆς δυνάμεως αὐτοῦ πρὸς Ἀβραὰμ λέγων Ὁ θεὸς μετὰ σοῦ ἐν πᾶσιν οἷς
ἐὰν ποιῇς. ²³νῦν οὖν ὅμοσόν μοι τὸν θεόν, μὴ ἀδικήσειν με μηδὲ τὸ σπέρμα μου μηδὲ τὸ ὄνομά 23
μου· ἀλλὰ κατὰ τὴν δικαιοσύνην ἣν ἐποίησα μετὰ σοῦ ποιήσεις μετ' ἐμοῦ, καὶ τῇ γῇ ᾗ σὺ
παρῴκησας ἐν αὐτῇ. ²⁴καὶ εἶπεν Ἀβραάμ Ἐγὼ ὀμοῦμαι. ²⁵καὶ ἤλεγξεν Ἀβραὰμ τὸν Ἀβιμέλεχ 24/25
περὶ τῶν φρεάτων τοῦ ὕδατος ὧν ἀφείλαντο οἱ παῖδες τοῦ Ἀβιμέλεχ. ²⁶καὶ εἶπεν αὐτῷ Ἀβιμέλεχ 26
Οὐκ ἔγνων τίς ἐποίησεν τὸ πρᾶγμα τοῦτο· οὐδὲ σύ μοι ἀπήγγειλας, οὐδὲ ἐγὼ ἤκουσα ἀλλὰ
σήμερον. ²⁷καὶ ἔλαβεν Ἀβραὰμ πρόβατα καὶ μόσχους καὶ ἔδωκεν τῷ Ἀβιμέλεχ· καὶ διέθεντο 27
ἀμφότεροι διαθήκην. ²⁸καὶ ἔστησεν Ἀβραὰμ ἑπτὰ ἀμνάδας προβάτων μόνας. ²⁹καὶ εἶπεν 28/29
Ἀβιμέλεχ τῷ Ἀβραάμ Τί εἰσιν αἱ ἑπτὰ ἀμνάδες τῶν προβάτων τούτων ἃς ἔστησας μόνας; ³⁰καὶ 30
εἶπεν Ἀβραὰμ ὅτι Τὰς ἑπτὰ ἀμνάδας ταύτας λήμψῃ παρ' ἐμοῦ, ἵνα ὦσιν εἰς μαρτύριον ὅτι ἐγὼ
ὤρυξα τὸ φρέαρ τοῦτο. ³¹διὰ τοῦτο ἐπωνόμασεν τὸ ὄνομα τοῦ τόπου ἐκείνου Φρέαρ ὁρκισμοῦ, 31
§ ὅτι ἐκεῖ §ὤμοσαν ἀμφότεροι ³²καὶ διέθεντο διαθήκην ἐν τῷ φρέατι τοῦ ὅρκου. ἀνέστη δὲ 32
Ἀβιμέλεχ καὶ Ὀχοζὰθ ὁ νυμφαγωγὸς αὐτοῦ καὶ Φικὸλ ὁ ἀρχιστράτηγος τῆς δυνάμεως αὐτοῦ,
§ $Δ_2$ καὶ ἐπέστρεψαν εἰς τὴν γῆν §τῶν Φυλιστιείμ. ³³καὶ ἐφύτευσεν Ἀβραὰμ ἄρουραν ἐπὶ τῷ φρέατι 33
τοῦ ὅρκου, καὶ ἐπεκαλέσατο ἐκεῖ τὸ ὄνομα Κυρίου, Θεὸς αἰώνιος. ³⁴παρῴκησεν δὲ Ἀβραὰμ ἐν τῇ 34
γῇ τῶν Φυλιστιεὶμ ἡμέρας πολλάς.

§ d_2𝔐𝔓 §¹Καὶ ἐγένετο μετὰ τὰ ῥήματα ταῦτα ὁ θεὸς ἐπείραζεν τὸν Ἀβραάμ· καὶ εἶπεν πρὸς αὐτόν 1 XXII
§ x §Ἀβραὰμ Ἀβραάμ. ὁ δὲ εἶπεν Ἰδοὺ ἐγώ. ²καὶ εἶπεν Λάβε τὸν υἱόν σου τὸν ἀγαπητὸν ὃν 2

23 αδικισιν A   25 ηλλεξεν A (ε 1° sup ras A^1)

$DM(Δ_2)a$-$h(i)jl$-$w(x)yc_2(d_2)$𝔄𝔅(ℭ^c)𝔈(𝔓)

22 εγεν δε] pr και f(uid) και εγεν abcgmopsv(txt)wc_2: om δε D· και | εν τω καιρω εκεινω] εν τη ημερα εκεινη n· *in illis diebus* 𝔈 | om και 1° dgp𝔄-ed𝔅𝔈 | ⟨αβιμελεχ⟩ pr o 18⟩ | και 2°—αυτου 1°] sub — M οχοζαθ] οχοζατ g· οχοζαδ bw χοζατ dp: ⟨χοζαθ 71· οχοαζαθ 14 16.25.130⟩ | φικολ] φιχολ bdgh*mno^{a}¹pq^{a}¹rt-wy*· φιχων c𝔄 φιχον s· φιλοχ Mafh^{b}o* (uid)q*(uid)y^{a}c$_2$ φιλωχ l φιλολ e φιλ j· *Pichol* 𝔅^{lw} | ⟨στρατηγος 14⟩ | om της bg | εαν] αν fj*ory ποιησης n

23 om συ sv𝔄(uid)𝔅^{lw} | μοι] με t | τον θεον] του c (υ ex corr c_2^{a}) | αδικησειν] αδικησαι ο αδικησει w αδικηση l αδικησον e*(uid)· αδικησεις dns | om μηδε 1°—μου 1° t | μηδε 2°—μου 2°] om M *neque quod mecum* 𝔈 om μου d | δικαιοσυνην] +μου lnqtuv | ποιησεις] ποιησειν gc_2 | ⟨η⟩ pr εν 32⟩ | om συ bc*w𝔄𝔈 | παρωκησας] παρωκισα n𝔈^{fp} παροικεις t

25 τον αβιμελεχ] *eum* 𝔈 om τον ej | ων] ον dp | αφειλαντο] αφειλοντο Mdqtu *obturauerunt* 𝔅^{lw} | om του 2° bgly | αβιμελεχ 2°] βιμελεχ w*

26 om και—αβιμελεχ fg | om αυτω Ddn𝔈^p | αβιμελεχ] αβιμελεκ n* om bw | εγνω bow | εποιησεν] +σοι Mcejlqsuv εν r*(pr ποιη r^a) | om το n* | πραγμα] ρημα bw | μοι απηγγ] απηγγειλας μοι acmoc_2𝔄 | μου απ g με απ. t | αλλα Abgwy | ει μη η   αλλ η D^{sil}M rell

27 προβατα και μοσχους] *boues et oues* 𝔄𝔈 | om τω bw | ⟨om και 4° 31⟩ | διεθεντο] εθεντο s· ⟨συνεθεντο 32⟩. διεθετο w | αμφοτερα g

28 αμναδας] αμναδων d· om n | om προβατων g | om μονας ej

29 om totum comma m | αβιμ τω αβρ] αβρ τω αβιμ o τω αβρ αβιμ. s (om τω s*) | τω] προς ej | εισιν] εστιν dgpt | τουτων] om Dbgrw. bis scr s | ⟨om as εστησας μονας 25⟩ | εστησα o | μονας] pr κατα l *coram me* 𝔅^p

30 αβρααμ] om abcmowc_2𝔄 | pr τω f | om ταυτας bfgmw | om παρ εμου 𝔅^{lw} | ινα] οτι r | ωσιν] +μοι D^{sil}Mbd-lnp-y 𝔄𝔅𝔈 | μαρτυριον] ⟨μαρτυριαν 18⟩ | +μου a· +μοι moc_2

31 επωνομασεν] επωνομασθη fr𝔅^p(uid) ωνομασεν c_2· *nominauerunt* 𝔈 | ορκισμου] ορκου d Thdt *Bersabee* 𝔄-codd | οτι —(32) αυτου 1°] sub — M | αμφοτεροι] pr οι s

32 διεθεντο] pr ιδι 𝔄 διεθετο f εθεντο acei^*]moc_2 εθηκαν bw +εκει ej +αμφοτεροι y | επι a-dgi*mopwc_2𝔅 | τω φρεατι] τω φρεα 1* το φρεαρ bg +εκει s(mg) | om του fv ορκου] ορκισμου a-df-lm-prtwyc_2 +εκεινου s | οχοζαθ] οχοζατ g χοζαθ n χοζατ dp | om o 1°—φικολ d | φικολ A] φιχωλ c𝔄 φιλοχ Mfhb^{n}y^a· φιλωχ lc_2 φιλολ e φιλ j φιχοδ s· ⟨ο φιλο 18 79⟩ ο φιχορ b φιχολ $Dh*y*$(uid) rell 𝔅^p *Pichol* 𝔅^{lw} | ⟨ο αρχ ⟩ ο στρατηγος 14 18 om ο 16 79⟩ | της δυναμεως] post αυτου 2° om της e επεστρ] υπεστρεψαν M απεστρεψαν fi^{a}r επεστρεψεν svc_2 | om την sv | των] του f της e την n· om gl | φυλιστιειμ] φιλιστιειμ dglnp φιλυλιστιειμ c

33 εφυτευσεν] επεσον δυο M(mg) | om αβρααμ n | επι] εν Dh ⟨παρα 20⟩ | τω φρεατι] του φρεατος dp το φρεαρ f ⟨20⟩ | ορκου] ορκισμου Dg | επεκαλεσαντο c | om εκει d Phil | το ονομα κυριου] post αιωνιος f επι τω ονοματι $\overline{κυ}$ y | κυριου] κυριος o Phil-codd | θεου αιωνιου A-codd Phil-codd-omn ½ | θεος] ο θ^s o t | αιωνιος] αιωνος f*s

34 om δε d | αβραμ r* | εν τη γη] επι τη γη w· εις την γην bn | των] του n om gl | φιλιστιειμ dfglmnp𝔅^p

XXII 1 om και 1° ⟨128⟩ | ⟨εγενετο⟩ +εκει επι τω ονοματι $\overline{κυ}$ 31⟩ | τα ρηματα ταυτα] *hos dies* 𝔈 | ο θεος] pr και g𝔅 Chr ⅓ post επειραζεν ce𝔄𝔈 Or-lat Chr ⅔ Cyp ⟨om 18⟩ | προς αυτον] αυτω bnwy Cyr ½ | αβρααμ 2°] αμ x | om αβρααμ 3° ℭ𝔈^{cp} Phil-cod | ο δε] και bdfgps(txt)vwyd$_2$ℭ(uid)𝔈𝔓

2 ειπεν] +$\overline{κς}$ m +αυτω 𝔄𝔈 Chr ⅙· +*Dominus et Surge*

31 φρεαρ ορκισμου] σ′ βηρσαβεε Mjs(sine nom js)
32 φυλιστιειμ] αλλοφυλων c_2
33 αρουραν] α′ δενδρωνα σ′ φυτειαν Mjs(δενδρωμα)v(δενδρωμα)   XXII 1 επειραξεν] σ′ εδοξασεν Mjs(sine nom)v
2 τον αγαπητον] α′ τον μονογενη Mjsv(om τον Mv) α′ τον μοναχον c_2· σ′ τον μονον σου Mjsvc_2(om τον Msv)

52

ἠγάπησας, τὸν Ἰσαάκ, καὶ πορεύθητι εἰς τὴν γῆν τὴν ὑψηλήν, καὶ ἀνένεγκον αὐτὸν ἐκεῖ εἰς A
3 ὁλοκάρπωσιν ἐφ' ἓν τῶν ὀρέων ὧν ἄν σοι εἴπω ³ἀναστὰς δὲ Ἀβραὰμ τὸ πρωὶ ἐπέσαξεν τὴν
ὄνον αὐτοῦ· παρέλαβεν δὲ μεθ' ἑαυτοῦ δύο παῖδας καὶ Ἰσαὰκ τὸν υἱὸν αὐτοῦ, καὶ σχίσας ξύλα
εἰς ὁλοκάρπωσιν ἀναστὰς ἐπορεύθη καὶ ἦλθεν ἐπὶ τὸν τόπον ὃν εἶπεν αὐτῷ ὁ θεός ⁽⁴⁾ τῇ ἡμέρᾳ τῇ
4 5 τρίτῃ. ⁴καὶ ἀναβλέψας Ἀβραὰμ τοῖς ὀφθαλμοῖς ἴδεν τὸν τόπον μακρόθεν· ⁵καὶ εἶπεν Ἀβραὰμ
τοῖς παισὶν αὐτοῦ¶ Καθίσατε αὐτοῦ μετὰ τῆς ὄνου, ἐγὼ δὲ καὶ τὸ παιδίον διελευσόμεθα ἕως ὧδε· ¶ Δ_2
6 καὶ προσκυνήσαντες ἀναστρέψωμεν πρὸς ὑμᾶς. ⁶ἔλαβεν δὲ Ἀβραὰμ τὰ ξύλα τῆς ὁλοκαρπώσεως
καὶ ἐπέθηκεν Ἰσαὰκ τῷ υἱῷ αὐτοῦ· ἔλαβεν δὲ καὶ τὸ πῦρ μετὰ χεῖρα καὶ τὴν μάχαιραν, καὶ
7 ἐπορεύθησαν οἱ δύο ἅμα ⁷καὶ εἶπεν Ἰσαὰκ πρὸς Ἀβραὰμ τὸν πατέρα αὐτοῦ εἴπας Πάτερ· ὁ δὲ
εἶπεν Τί ἐστιν, τέκνον; λέγων Ἰδοὺ τὸ πῦρ καὶ τὰ ξύλα· ποῦ ἔστιν τὸ πρόβατον τὸ εἰς ὁλοκάρ-
8 πωσιν; ⁸εἶπεν δὲ Ἀβραάμ Ὁ θεὸς ὄψεται ἑαυτῷ πρόβατον εἰς ὁλοκάρπωσιν, τέκνον πορευθέντες
9 δὲ ἀμφότεροι ἅμα ⁹ἦλθον ἐπὶ τὸν τόπον ὃν εἶπεν αὐτῷ ὁ θεός. καὶ ᾠκοδόμησεν ἐκεῖ Ἀβραὰμ
θυσιαστήριον καὶ ἐπέθηκεν τὰ ξύλα· καὶ συμποδίσας Ἰσαὰκ τὸν υἱὸν αὐτοῦ ἐπέθηκεν αὐτὸν
10 ἐπὶ τὸ θυσιαστήριον ἐπάνω τῶν ξύλων. ¹⁰καὶ ἐξέτεινεν Ἀβραὰμ τὴν χεῖρα αὐτοῦ λαβεῖν τὴν
11 μάχαιραν, σφάξαι τὸν υἱὸν αὐτοῦ. ¹¹καὶ ἐκάλεσεν αὐτὸν ἄγγελος Κυρίου ἐκ τοῦ οὐρανοῦ καὶ
12 εἶπεν αὐτῷ Ἀβραὰμ Ἀβραάμ. †ὁ δὲ εἶπεν† Ἰδοὺ ἐγώ. ¹²καὶ εἶπεν Μὴ ἐπιβάλῃς τὴν χεῖρά σου

XXII 2 ανενεγκαι *D* | εφ εν] επι εν *D* 5 καθεισατε A 11 om ο δε ειπεν A

*D*M(Δ_2)a–jl–y$c_2 d_2$𝔄𝔅ℭ^{c}𝔈𝔓

ℭ | om *υιον σου τον* x* | *τον* 2°—*ηγαπησας*] post *ισαακ* 𝔓 | *τον αγαπητον*] *illum unicum* Cyp (om *illum* codd) | *ηγαπ.*] *diligis* Or-lat: + *δι εμε* f | *πορευθ*] pr *offeres mihi eum* Or-lat · *πορευθεις* ej | ⟨*εις* 1°] *επι* 108⟩ | om *και* 3° ej𝔅^{lw} | *ανενεγκον* AMnrw] *ενεγκε* p *ανενεγκε* *D*(-*γκαι*)Δ_2 rell Chr Cyr *inpones* Cyp | *αυτον*] pr *μοι* nc_2 Chr 2/8 | *εκει*] pr *mihi* 𝔅ℭ *ad me* 𝔈^{fp} om *D*Mbdefjlps(txt)vwd_2 Chr 7/8 Cyr 1/3 ed 1/3 Cyp + *mihi* 𝔓 | om *εις* 2° ⟨108⟩ Or-lat Cyp | *ολοκαρπ*] *ολοκαρπωμα* x Cyr 1/3 *ολοκαυτωσιν* D(+*D*) Jos-uid Chr 2/4 Cyr-cod 1/3 *hostiam* Cyp | *εφ εν*] *in uno* Cyp | *εφ*] *υφ* ejn · ⟨*εις* 78⟩ | *ων*] *de quo* Cyp ⟨om 128⟩ | *αν*] *εαν* D$\Delta_2$ahiot$^{a?}$vw | *ειπω*] *δειξω* bg Chr 1/8 Cyr 1/3

3 om *αβρααμ* D Cyr | *το*] *τω* abfgij*(uid)m*c_2 Chr Cyr 1/2 om Cyr 1/2 | *επεσαξεν*] *εισαξεν* s ⟨*εσαξε* 32⟩ | *αυτου* 1°] *εαυτου* m | *παρελαβεν δε*] pr *και* x *και παρελαβεν* *D*(contra D^{uid})f Cyr 1/2. ⟨om *δε* 77⟩ + *και* m | *μεθ εαυτου*] post *παιδας* acmoxc_2 (*μετ αυτου* mx) 𝔅: *μετ αυτου* e | *σχισας*] post *ξυλα* r *sumpsit* ℭ | *και ηλθεν*] ⟨*και ανηλθεν* 32⟩: om mℭ𝔈^p | *επι*] pr *statim* 𝔈^{fp}. *εις* bdgoptwd_2 Phil 2/4 Clem Cyr 1/2 | *ον*] *ου* *D* | *τη ημερα τη τριτη*] pr *et* 𝔄 *τη τριτη ημερα* Clem *post tres dies uenit in illum locum* ℭ

4 om totum comma 𝔈 | om *και* 𝔄 | ⟨*αναβλεψαμενος* 73⟩ | *τοις—ιδεν*] *ειδε τοις οφθαλμοις αυτου* Cyr 1/2 | *τοις οφθαλμοις*] om Clem Or-lat + *αυτου* a–egjm–pstvwx$c_2 d_2$𝔄(sub ※)𝔅ℭ Phil-codd Chr | *μακροθεν*] pr *απο* bw

5 om *αβρααμ* fℭ Or-lat Chr Cyr 1/2 | *παισιν*] *παιδαριοις* n | om *αυτου* 1° 𝔈^f | *καθισατε—ονου*] *uos sedete* Or-lat 1/2 | om *αυτου* 2° g | *παιδιον* A Chr 1/2 Cyr-ed 1/5] *παιδαριον* D(+*D*^{sil})M omn Or-gr Chr 1/2 Cyr 4/5 cod 1/5 | *διελευσομεθα*] *διοδευσωμεθα* r *διοδευσωμεν* 1^a: *ελευσομεθα* c_2 | om *εως ωδε* ℭ Or-lat 1/2 | *αναστρεψωμεν προς υμας*] *προς υμας αναστρεψομεν* sd_2. *προς υμας αποστρεψομεν* 1 · *προς υμας υποστρεψομεν* f | *αναστρεψωμεν*] post *υμας* dp *αναστρεψομεν* Mae$^{a?}$mou–x𝔅𝔈 Cyr: *αναστρεφομεν* l · ⟨*επαναστρεψομεν* 32⟩ *υποστρεψομεν* Or-gr Chr 1/2 · *ανακαμψομεν* ⟨20⟩ Chr 1/2 | *προς υμας*] *εκειθεν* D. om c_2 Chr 1/2 | *ημας* o*

6 om *αβρααμ* s Cyr 1/2 | *τα ξυλα*] om n · om *τα* c | *ολοκαρπωσεως*] *ολοκαυπωσεως* M *ολοκαυτωσεως* D(+*D*) Chr-ed | *ελαβεν* 2°—*πυρ*] *και το πυρ ελαβε* d | *και* 2°—*μαχαιραν*] *in manum gladium et ignem* 𝔄 (*ignem et gladium* codd) | *μετα χειρα και το πυρ* D(+*D*^{sil}) | om *και* 2° Machi*l–qtuvxc_2𝔅ℭ Chr Cyr 1/2 | *το—χειρα*] *μετα χειρα το πυρ* Mahtvc_2 *μετα χειρας το πυρ* ci*lmoqux Chr Cyr 1/2 | *μετα χειρα*] *in manibus suis* Or-lat | ⟨*μετα*] *παρα* 128(txt)⟩ | *χειρας* bdfnprwd_2 | *αμα*] + *uenerunt ad locum quem Deus dixit ei* ℭ

7 *και ειπεν* Any] *ειπεν δε* DM rell 𝔅 Chr | om *ισαακ προς* s(txt) | om *προς—αυτου* 𝔈^{fp} | *αβρααμ*] *αβραμ* d_2(1/2) om bwℭ | ⟨om *τον πατερα αυτου* 25⟩ | om *ειπας—λεγων* ℭ | *ειπας* AMbi*(uid)v(txt)] *ειπων* a*c *ειπον* a^{b}o om Di$^{a?}$v(mg) rell 𝔄𝔅𝔈 Or-lat Chr | *τεκνον*] post *λεγων* h | *λεγων*] pr *ειπεν δε* ej ⟨pr *ειπε τι* 18⟩ pr *respondit autem Isaac* 𝔅^{lw} · *και ειπεν* fi^{b}lnr𝔓 *ειπεν δε* bdgpwxy$^a d_2$ *λεγει αυτο* q · ⟨*ειδε ειπε* 71⟩ · *et is dicit* 𝔄 *dixit* 𝔅^p om mc_2 | *τα ξυλα και το πυρ* r𝔈 Chr 2/4 | *τα ξυλα*] pr *ecce* 𝔄 + *et culter* ℭ | om *εστιν* 2° Phil | *προβατον*] *προσωπον* s | om *το* 3° 𝔖-ap-Barh Cyr | *ολοκαρπωσιν*] pr *την* Mahioqrt–xc_2𝔅 Chr *ολοκαυτωσιν* *D*dv^{mg} (pr *την*)

8 *ειπεν δε αβρααμ*] *et is dicit* 𝔄 | ⟨*ειπεν δε*] *ειδε ειπεν* 71⟩ | om *αβρααμ* y | *οψεται εαυτω*] *mittet nobis* ℭ | *εαυτω*] *αυτω* nps$^{a?}$ om s* | *προβατον εις ολοκαρπωσιν*] post *τεκνον* q | *ολοκαρπωσιν*] pr *την* w Phil-cod | *αμφοτεροι*] post *αμα* g: om bw𝔈 | om *αμα* ⟨108⟩ Or-lat Chr Cyr

9 *ηλθεν* e | *επι* 1°] *εις* Cyr | *ον—θεος*] om ℭ: om *ον ειπεν* x* · om *ο* d | *εκει*] post *αβρααμ* acejmo Cyr 1/2(*εκεισε*) om bdprswd_2ℭ𝔓 | om *αβρααμ* *D* | *θυσιαστηριον* 1°] pr *το* ilq–vx𝔅^{lw} · + *τω* $\overline{κω}$ bfℭ𝔈^p | om *επεθηκεν αυτον* y | *αυτον*] *ligna* 𝔅^p: om g Chr-ed Cyr 1/2 | *επι το θυσιαστηριον*] post *ξυλων* g

10 *αβρααμ*] post *αυτου* 1° m𝔅𝔈 | *την χειρα αυτου*] om e. om *αυτου* 𝔄 | *λαβειν την μαχαιραν*] pr *του* rw om j om *την* p | *λαβων* Cyr-ed 1/2 | *σφαξαι*] pr *του* n Cyr 1/2 · + *ισαακ* 𝔅ℭ

11 *αυτον—ουρανου*] *Dominus Deus Abraham* 𝔈(om *Deus* 𝔈^c) | om *κυριου* jm | om *εκ του ουρανου* Cyr | *εκ του*] *εξ* m | *και ειπεν*] *λεγων* ejℭ Phil | om *αυτω* *D*^{sil}lmqsuv𝔄𝔅ℭ Phil Or-lat Chr Cyr Spec | om *αβρααμ* 2° ⟨25⟩ 𝔈^p | *ο δε*] *και* ejℭ(uid)𝔈𝔓 Chr | *ειπεν* 2°] + *ei* 𝔄

12 *και ειπεν*] *ειπεν δε* dgpd_2 · om l: *dixit autem angelus Domini ei* ℭ + *illi* 𝔈 Spec | *χειρα*] *μαχαιραν* s | *παιδαριον*]

A ἐπὶ τὸ παιδάριον, μηδὲ ποιήσῃς αὐτῷ μηδέν· νῦν γὰρ ἔγνων ὅτι φοβῇ τὸν θεὸν σύ, καὶ οὐκ ἐφείσω
τοῦ υἱοῦ σου τοῦ ἀγαπητοῦ δι' ἐμέ. 13καὶ ἀναβλέψας Ἀβραὰμ τοῖς ὀφθαλμοῖς αὐτοῦ ἴδεν, καὶ 13
ἰδοὺ κριὸς εἷς κατεχόμενος ἐν φυτῷ σαβὲκ τῶν κεράτων. καὶ ἐπορεύθη Ἀβραὰμ καὶ ἔλαβεν τὸν
κριόν, καὶ ἀνήνεγκεν αὐτὸν εἰς ὁλοκάρπωσιν ἀντὶ Ἰσαὰκ τοῦ υἱοῦ αὐτοῦ. 14καὶ ἐκάλεσεν Ἀβραὰμ 14
§ L τὸ ὄνομα τοῦ τόπου ἐκείνου Κύριος ἴδεν· ἵνα εἴπωσιν σήμερον Ἐν τῷ ὄρει Κύριος ὤφθη. §15καὶ 15
ἐκάλεσεν ἄγγελος Κυρίου τὸν Ἀβραὰμ δεύτερον ἐκ τοῦ οὐρανοῦ (16) λέγων 16Κατ' ἐμαυτοῦ ὤμοσα, 16
λέγει Κύριος, οὗ εἵνεκεν ἐποίησας τὸ ῥῆμα τοῦτο καὶ οὐκ ἐφείσω τοῦ υἱοῦ σου τοῦ ἀγαπητοῦ δι'
ἐμέ, 17εἰ μὴν εὐλογῶν εὐλογήσω σε, καὶ πληθύνων πληθυνῶ τὸ σπέρμα σου ὡς τοὺς ἀστέρας τοῦ 17
οὐρανοῦ καὶ ὡς τὴν ἄμμον τὴν παρὰ τὸ χεῖλος τῆς θαλάσσης· καὶ κληρονομήσει τὸ σπέρμα σου
¶ *D* τὰς πόλεις τῶν ὑπεναντίων. 18καὶ ἐνευλογηθήσονται ἐν τῷ σπέρματι¶ σου πάντα τὰ ἔθνη, ἀνθ' 18
¶ d$_2$ ὧν ὑπήκουσας τῆς ἐμῆς φωνῆς.¶ 19ἀπεστράφη δὲ Ἀβραὰμ πρὸς τοὺς παῖδας αὐτοῦ, καὶ ἀνα- 19
¶ ℭ^c στάντες ἐπορεύθησαν ἐπὶ τὸ φρέαρ τοῦ ὅρκου·¶ καὶ κατῴκησεν Ἀβραὰμ ἐπὶ τῷ φρέατι τοῦ ὅρκου.¶
¶ L𝔓 20Ἐγένετο δὲ μετὰ τὰ ῥήματα ταῦτα καὶ ἀνηγγέλη τῷ Ἀβραὰμ λέγοντες Ἰδοὺ τέτοκεν 20
Μελχὰ καὶ αὐτὴ υἱοὺς Ναχὼρ τῷ ἀδελφῷ σου, 21τὸν Ὦξ πρωτότοκον καὶ τὸν Βαὺξ ἀδελφὸν 21
§ *D* αὐτοῦ καὶ τὸν Καμουὴλ πατέρα Σύρων §22καὶ τὸν Χάσζαδ καὶ τὸν Ἀζαῦ καὶ τὸν Φαλδὰς καὶ 22
τὸν Ἰελδὰφ καὶ τὸν Βαθουήλ. 23καὶ Βαθουὴλ ἐγέννησεν τὴν Ῥεβέκκαν. ὀκτὼ οὗτοι υἱοὶ οὓς 23

16 εφισω D

(*D*L)Ma–jl–yc$_2$(d$_2$)𝔄𝔅(ℭ^c)𝔈(𝔓)

+σου b | μηδε] και μη t: *et ne* Hil | ποιης s | αυτο jnw | μηδεν] μηθεν bdeptd$_2$· *malum* ℭ· +κακον m | om νυν ℭ | φοβη] pr *diligis me et* ℭ | τον θεον] post συ Dbd–gjnpsvwxd$_2$ 𝔄𝔅^{lw} Thdt· pr *Dominum* Hil$\frac{1}{2}$ *Dominum* Spec | συ] sup ras o^a σου h Cyp Hil: om mℭ Chr$\frac{1}{3}$ Spec | om του υιου σου m | om του 2° w

13 αβρααμ 1°—αυτου 1°] ⟨τοις οφθ. αυτου αβρααμ 108⟩ τοις οφθ. αβρααμ dpd$_2$($\frac{1}{2}$) om αβρααμ gy Chr om τοις οφθ. αυτου 𝔈 om αυτου Chr | ⟨om ιδεν 31⟩ | και 2°—κατεχομενος] *arietem apprehensum* ℭ | εις 1°] τις Cyr-ed om Or-lat | εν—κερατων] των κερ εν φυτω σαβεκ dfgjnpc$_2$d$_2$𝔈 Phil-ed Or-lat Chr των κερ αυτου εν φυτω σαβεκ x om σαβεκ των κερατων ℭ | των κερατων] pr εκ el pr απο m· om Phil-cod +αυτου acmo𝔅 | om και επορευθη αβρααμ ℭ | απηνεγκεν dp | om εις 2° agxc$_2$ Or-lat | om αυτου 2° r

14 om αβρααμ ac$_2$ | το—εκεινου] *locum illum* ℭ· om εκεινου d | κυριος ιδεν] *uisio Domini* 𝔈^{cp} *domus Dei, quoniam Deus uidit me in eo* ℭ | om ιδεν—κυριος 2° 𝔅^p | οιδεν dm | ορει] +τουτω fn𝔄𝔅ℭ | κυριος 2°] *Domini* 𝔈^{cf}. *Deus* ℭ | ωφθη] *uidit* 𝔈. +*mihi* 𝔅^p

15 αγγελος κυριου] $\overline{κς}$ dp. +*Dei* 𝔅^{lw} | τον αβρααμ] post δευτερον d· *eum* ℭ | δευτερον] εκ δευτερου fi^{a}r | ⟨om εκ του ουρανου 16⟩

16 εινεκα L | ⟨om και ουκ—εμε 71⟩ | om δι εμε qu

17 ει μην] η μην a^{b}b–ejlmptvwxy^a(η ex υ uid)d$_2$ Phil Chr Cyr Thdt A-Z T-A· *nunc igitur* ℭ *nisi* 𝔓 Hil | om ευλογων Cyr | το σπερμα σου 1°] pr σε και h𝔈^p pr *tibi* 𝔈^{cf}: pr *te ualde et multiplicabo* ℭ σε 𝔅^p Heb T-A | τους αστερας] τα αστρα bnstw Cyr Thdt$\frac{1}{4}$ T-A | ουρανου] +τω πληθει 𝔄 Or-lat$\frac{2}{3}$ Cyr$\frac{4}{6}$ Thdt$\frac{2}{4}$ | om ως 2° b𝔅^p | την 2°—θαλασσης] της γης T-A | το χειλος της θαλ] *mare* ℭ: +*innumerabilis* Or-lat$\frac{1}{3}$ | κληρονομησει] *haereditare faciam* ℭ | των υπεναντιων] +*tuorum* 𝔅. +*suorum* 𝔄

18 ενευλογ.—σου] εν τω σπ. σου ενευλογηθησονται Thdt$\frac{1}{4}$· εν τω σπ. σου ευλογηθησονται Acta Thdt$\frac{1}{4}$ εν τω σπ σου ευλογηθησεται Thdt$\frac{2}{4}$ *in semine tuo benedicentur* de-P-C Tract | ενευλογ] ευλογηθησονται x Chr$\frac{3}{8}$ ⟨ενευλογηθησεται 108⟩ | εν—σου] *in te* 𝔅^p Tyc | σπερματι] σπερ D | παντα τα εθνη Aℭ Or-lat Chr$\frac{5}{8}$ Tract] +της γης LM omn 𝔄𝔅𝔈𝔓 Eus Chr$\frac{1}{8}$ Thdt de-P-C Tyc πασαι αι πατριαι της γης Acta | επηκουσας cdnr*? | post υπηκουσας ras (14) b

19 απεστραφη] επεστραφη xc$_2^a$ επεστρεψεν aco υπεστρεψε m | om αυτου L | επορευθησαν Amy] +αμα LM rell 𝔄𝔅𝔈𝔓· +*simul et uenerunt* ℭ | om και 2°—ορκου 2° ejquw𝔅𝔈 | επι 2°—ορκου 2°] εκεισε p | επι 2°] εν l | τω φρεατι] το φρεαρ abcghioyc$_2$

20 om μετα w | ανηγγειλον fm | λεγοντες] λεγοντων dgp. ⟨λεγοντι 78⟩. λεγον M· *quod* 𝔄 | om ιδου 𝔈 | μελχα] μελχω p ⟨μεχα 18⟩ | om και αυτη 𝔈 | υιους] υιου qu υιον lm | ναχωρ] post σου f. pr τω cdegmtc$_2$ ⟨ενναχωρ 71⟩· μελχωρ qu

21 om τον 1° lnquy* | ωξ] ωζ dp𝔅^l Or-gr ους x· βιξ n *Och* 𝔄 *Obs* Anon^2 | πρωτοτοκον] +αυτου acmoxc$_2$𝔄𝔅^{lw} | om και 1°—αυτου c | om τον 2° sv | βαυξ] βαυζ p𝔅^l Or-gr Anon^2· βαυ ⟨73⟩ 𝔄. βαζ m ζαβ d καυξ e φαυξ ln | καμουηλ] καμαουηλ c(uid) καμουηχ qu. καμοηρ s σαμουηλ p *Gamuel* 𝔅 Anon^2 | συρον f

22 om και 1° p | χασζαδ] χασαδ D(+*D*)h*lqux𝔄-ed𝔅^{lw} χαζαδ cosv𝔄-codd Or-gr χαζαθ agh$^{a?}$imnrtc$_2$𝔅^p. χαζδα M χαζαναθ bw ⟨χασβαδ 18⟩ χαραθ e. χοζατ dp. γαζαθ f(ζ ex corr f^a)· *Canazat* Anon^2 | om και 2° p | ⟨τον αζαυ] του αυτου 79⟩ | αζαυ] αζαβ m: αζαν fc$_2$(txt) αξαυ j αυζαυ t ζαυ M. ναζαυ ah^b χαζαν o *Asau* 𝔄-codd 𝔅^{lw} *Bathuel* Anon^2 | om και 3° p | φαλδας] φαλδαλ D^{*uid}(φαλδας D$^{1?}$). φαλδα pqu ⟨φαλδαμ 71⟩. φαλδακ Or-gr. φαλδες ach$^{b?}$. φαλαας m· δαλφας b | και τον ιελδαφ] om D. om και p | ιελδαφ] ιελδαβ fstvc$_2$(mg) ιελδαθ bw: ιελδαμ i· ιεδλαφ Or-gr. ιεδαφ a ιεδδαφ x· ιελαφ e· ιελαμ dp ⟨ιελλαβ 108⟩ ελδαφ lmqu ελαφ gj *Ietdaf* 𝔄 *Allaph* 𝔅^{lw} *Azan* Anon^2 | om και 5° p | βαθουηλ] βουηλ n *Iudul* Anon^2 ⟨+και τον αξαυ 108⟩

23 και βαθουηλ] βαθουηλ δε acmoxc$_2$𝔅^p· και μαθουηλ d | ρεβεκαν dfgm | om οκτω ⟨71⟩ 𝔈^{fp} | ουτοι] post υιοι d | υιοι] pr οι n | μελχω fp | om τω 1° p | ναωρ Phil-codd

12 νυν γαρ εγνων] ο εβρ νυν εδειξας c$_2$ | αγαπητου] σ' μονογενους M
13 κατεχομενος—κερατων] σ' κρατουμενος εν δικτυω τοις κερασιν αυτου M | εν—κερατων] α' εν συχνεωνι εν κερασιν αυτου M

ΓΕΝΕΣΙΣ

24 ἔτεκεν Μελχὰ τῷ Ναχὼρ τῷ ἀδελφῷ Ἀβραάμ. ²⁴καὶ ἡ παλλακὴ αὐτοῦ ᾗ ὄνομα Ῥεηρά, ἔτεκεν Α καὶ αὐτὴ τὸν Τάβεκ καὶ τὸν Τάαμ καὶ τὸν Τόχος καὶ τὸν Μωχά.

XXIII 1,2 ¹Ἐγένετο δὲ ἡ ζωὴ Σάρρας ἔτη ἑκατὸν εἴκοσι ἑπτά. ²καὶ ἀπέθανεν Σάρρα ἐν πόλει Ἀρβόκ, ἥ ἐστιν ἐν τῷ κοιλώματι· αὕτη ἐστὶν Χεβρὼν ἐν γῇ Χανάαν. ἦλθεν δὲ Ἀβραὰμ κόψασθαι 3 Σάρραν καὶ πενθῆσαι. ³καὶ ἀνέστη Ἀβραὰμ ἀπὸ τοῦ νεκροῦ αὐτοῦ· καὶ εἶπεν Ἀβραὰμ τοῖς 4 υἱοῖς Χὲτ λέγων ⁴Πάροικος καὶ παρεπίδημος ἐγώ εἰμι μεθ᾽ ὑμῶν· δότε οὖν μοι κτῆσιν τάφου μεθ᾽ 5 ὑμῶν, καὶ θάψω τὸν νεκρόν μου ἐκεῖ. ⁵ἀπεκρίθησαν δὲ οἱ υἱοὶ Χὲτ πρὸς Ἀβραὰμ λέγοντες 6 ⁶Μή, κύριε· ἄκουσον δὲ ἡμῶν. βασιλεὺς παρὰ θεοῦ σὺ εἶ ἐν ἡμῖν· ἐν τοῖς ἐκλεκτοῖς μνημείοις ἡμῶν θάψον τὸν νεκρόν σου· οὐδεὶς γὰρ ἡμῶν τὸ μνημεῖον αὐτοῦ κωλύσει ἀπὸ σοῦ, τοῦ θάψαι 7,8 τὸν νεκρόν σου ἐκεῖ. ⁷ἀναστὰς δὲ Ἀβραὰμ προσεκύνησεν τῷ λαῷ τῆς γῆς, τοῖς υἱοῖς Χέτ. ⁸καὶ ἐλάλησεν πρὸς αὐτοὺς Ἀβραὰμ λέγων Εἰ ἔχετε τῇ ψυχῇ ὑμῶν ὥστε θάψαι τὸν νεκρόν μου ἀπὸ 9 προσώπου μου, ἀκούσατέ μου καὶ λαλήσατε περὶ ἐμοῦ Ἐφρὼν τῷ τοῦ Σάαρ· ⁹καὶ δότω μοι τὸ σπήλαιον τὸ διπλοῦν ὅ ἐστιν αὐτῷ, τὸ ὂν ἐν μερίδι τοῦ ἀγροῦ αὐτοῦ· ἀργυρίου τοῦ ἀξίου δότε μοι 10 αὐτὸ ἐν ὑμῖν εἰς κτῆσιν μνημείου ¹⁰Ἐφρὼν δὲ ἐκάθητο ἐν μέσῳ τῶν υἱῶν Χέτ· ἀποκριθεὶς δὲ Ἐφρὼν ὁ Χετταῖος πρὸς Ἀβραὰμ εἶπεν, ἀκουόντων τῶν υἱῶν Χὲτ καὶ πάντων τῶν εἰσπορευομένων

XXIII 9 μεριδει A   10 εμμεσω A

DMa–jl–yc₂𝕬𝕭𝕰

24 om totum comma bw | παλλακις qu | om η ονομα 𝕰 | ρεηρα A] ρημα 1ᵃ𝕬-ed ρεκμα hᵃ· ρευμα n γεημα fr· ρημα DMh*1* rell 𝕬-codd 𝕭ᵖ ⟨ρειμα 71 79⟩ ρεεμα 𝕭ˡʷ Or-gr ρουμα Phil Jos Regma Anon² | ετεκεν] +δε r | om και αυτη 𝕰 | τον τααμ και τον ταβεκ D(+D) | om τον ταβεκ και Or-gr (uid) | ταβε x ταβαεκ 1 βαεκ e βααικ g⟨βαακ 14 16.77.128 130⟩ γαακ f· ταακ 1*· ταδ dop. γααμ 1ᵃ'r Guam Anon² | om και 3° p | ταα μ]τααδ tc₂· γααμ ax𝕬 ταβεκ dfiop ταβαιχ 1 ⟨ταβελ 108⟩ Thaber Anon² ⟨+και τον ταβεκ 16⟩ +και τον ταβεχ egj ⟨+και τον ταμεχ 18 79 128⟩ +και τον γαμααμ o | om και 4° p | τοχος] τοχως egj Or-gr τοχον q· τουχως dp ⟨τυχος 20⟩ χος f ⟨χως 25 71.73⟩ θααs x Thochos Anon² | μωχα] μοχα aclt μωχαν egj Or-gr ⟨μοχαν 73 77 78 79 μωχαμ 128 μωχας 16⟩· μοχας n Anon² μωχαξ o ⟨χωμα 108⟩

XXIII 1 εγενετο δε] bis scr w om δε s. +και n | σαρας m | ετη—επτα] επτα και εικοσι και εκατον ετη s | ετη] post επτα achntc₂𝕭 om lovx | εικοσι] +και 1 | επτα] +ετη ζωης σαρρας Dlo(ετων)vx(ζωη vx)

2 om και 1°—σαρρα 1 | σαρρα] σαρα m om gx* | om εν 1° x* | πολει] pr τη btw𝕭 | αρβοκ] αρβωκ adegjlnp αρβεκ c αρβηκ f· ⟨αρβουκ 31 83⟩ ⟨αρβοη 71⟩ αρβω On ⅔ ⟨αρμωκ 79⟩ αβεκ h Iarbok 𝕭ᵖ. Erbok 𝕭ˡʷ | η—κοιλωματι] sub — M om η εστιν c𝕬 | χεβρων] χεβωρ q | γη] pr τη ac–gjm–pyc₂ | σαρραν] σαραν m· σαρρα q. ⟨post πενθησαι 25⟩ | πενθησαι] +αυτην acfc₂

3 αβρααμ 1°] post νεκρου e | om απο—υιοις g | των νεκρων m om αυτου bemoc₂ Phil-arm | αβρααμ 2° Ay] om DM rell 𝕬𝕭𝕰 | χετ] pr του D(+Dˢⁱˡ)e–lnqrtwxc₂· του χε u | om λεγων bw𝕰

4 παροικος] +εν τη γη Clem | και παρεπ] post εγω Thdt | ειμι εγω Phil | μεθ 1°] μεσον o𝕬 | υμων 1°] ημων e*(uid)l | δοτε—υμων 2°] om fc₂ | ουν] post μοι y om 𝕭ᵖ Thdt | ταφου] ταφης p om b | μεθ υμων 2°] μεθ ημων lo om Phil-arm | εκει A] αφ υμων s(txt)v απ εμου DMs(mg) rell 𝕭 Phil-arm Thdt · om 𝕬𝕰

5 om δε g𝕭ˡʷ | om οι Mbdlquc₂ ⟨χετ⟩ pr του DMbhtw Chr | ⟨om προς αβρααμ 76⟩ | αβρααμ] pr τον mox

6 om μη κυριε acoxc₂𝕬 | δε] δη l | om acmoxc₂𝕬𝕭ˡʷ𝕰 | ημων 1°] υμων 1 +κε acmox𝕬 +κς c₂ | παρα—ει συ παρα θεου Thdt συ ει π. θ r | θεου] κυ qu | συ ει Arxy Chr½] om ει aᵃ*dp ει συ DMaᵃ¹ rell Phil-gr Chr ½· om συ ⟨31⟩ 𝕬 Phil-arm | εν ημιν e Clem | ελεγκτοις l(uid) | μνημειοις ημων] ημων εν μνημειοις b(om εν)w | μνημασιν l | ⟨om εν ημων 2° 76 78⟩ | om σου 1° 𝕬-ed | ουθεις egjsv | om γαρ f*𝕭ᵖ | om ημων 3° 𝕬-cod | το μνημειον—σου 2°] prohibet a te monumentum 𝕬 | το—κωλυσει] κωλυσει το μνημειον αυτου dpr𝕰 ου μη κωληση το μν αυτου D(om ου)be–h1*jlqs–w(κωλυσει fh om μη 1ᵃ¹) Chr | ⟨μνημειον⟩ μνημα 79⟩ | ⟨om απο σου 25 107 128⟩ | om του θαψαι—εκει 𝕬 | του θαψαι] του εγj θαψον D | σου 3°] +απο σου d | εκει] +απο σου 1*t om lx

7 om προσεκυνησεν—(8) αβρααμ w | τω λαω] pr Domino et 𝕰ᵖ | om της γης hm𝕰 | ⟨χετ⟩ pr του Dbfilqsuv

8 om και 1°—λεγων g | αβρααμ dpc₂ | ⟨τη ψυχη⟩ pr εν 32⟩ | υμων] ημων c*gim | ωστε] του n | θαψαι] θαψω g | om μου 1° emqsuvx | om απο—και 2° 𝕰 | προσωπου] pr του x | om και 2° bnw | λαλησατε] ασαται l | om περι εμου 𝕬-cod | ευφρων b | om του cf | σααρ] σκαν p

9 om και 𝕰ᶜ | δοτω] δοτε bcdlp𝕰ᶠᵖ | om ο εστιν αυτω f𝕬𝕭𝕾-ap-Barh(uid) | αυτω το ον] το ον αυτου b | αυτω] pr εν sv αυτου acdilmoprtwxc₂ | το ον⟨pr εν 16 130⟩ om ar om ον jn* | om εν 1°—(10) εκαθητο m | om εν 1° g | μεριδι Ay] μερι D(μερει Dˢⁱˡ) μερει M rell ⟨τω μερει 20⟩ | αργυριου] pr του r αργυριον f | δοτε A𝕰] δοτω DM omn 𝕬𝕭 Phil | υμιν—μνημειου] et emam te a uobis 𝕰 | εν υμιν] post μνημειου e om p | υμιν] ημιν aflo εμοι b | εις κτησιν] εν κτισει bw | μνημειου] pr του Dl

10 om δε 1° c₂𝕰ᵖ | εν μεσω] εις μεσον r | χετ 1°] pr του r αποκριθεις δε] και αποκριθεις p om δε d | om εφρων ο χετταιος p | προς αβρ ειπεν] ειπε προς αβρ p ειπε προς αυτον e προς αυτον ειπε gj | των 2°—πολιν] pr παντων jsvc₂ παντων n | χετ 2°] pr του w | om των 3° b | om εις x | πολιν] ⟨πυλην

XXIII 6 ακουσον δε ημων] α' ακουσον ημων κε sv   9 εν υμιν] α' εν μεσω υμων M

XXIII 10 ΓΕΝΕΣΙΣ

A εἰς τὴν πόλιν, λέγων ¹¹Παρ' ἐμοὶ γενοῦ, κύριε, καὶ ἄκουσόν μου. τὸν ἀγρὸν καὶ τὸ σπήλαιον τὸ ¹¹
ἐν αὐτῷ σοὶ δίδωμι· ἐναντίον τῶν πολιτῶν μου δέδωκά σοι· θάψον τὸν νεκρόν σου. ¹²καὶ ¹²
προσεκύνησεν Ἀβραὰμ ἐναντίον τοῦ λαοῦ τῆς γῆς· ¹³καὶ εἶπεν τῷ Ἐφρὼν εἰς τὰ ὦτα ἐναντίον ¹³
παντὸς τοῦ λαοῦ τῆς γῆς Ἐπειδὴ πρὸς ἐμοῦ εἶ, ἄκουσόν μου· τὸ ἀργύριον τοῦ ἀγροῦ λάβε παρ'
ἐμοῦ, καὶ θάψον τὸν νεκρόν μου ἐκεῖ. ¹⁴ἀπεκρίθη δὲ Ἐφρὼν τῷ Ἀβραὰμ λέγων ¹⁵Οὐχί, κύριε, ¹⁴
ἀκήκοα γάρ· τετρακοσίων διδράχμων ἀργυρίου· ἀνὰ μέσον ἐμοῦ καὶ σοῦ τί ἂν εἴη τοῦτο; σὺ δὲ ¹⁵
τὸν νεκρόν σου θάψον. ¹⁶καὶ ἤκουσεν Ἀβραὰμ τῷ Ἐφρών· καὶ ἀπεκατέστησεν Ἀβραὰμ τῷ ¹⁶
Ἐφρὼν τὸ ἀργύριον ὃ ἐλάλησεν εἰς τὰ ὦτα τῶν υἱῶν Χέτ, τετρακόσια δίδραχμα ἀργυρίου δοκίμου
ἐνπόροις. ¹⁷καὶ ἔστη ὁ ἀγρὸς Ἐφρών, ὃς ἦν ἐν τῷ διπλᾷ σπηλαίῳ, ὅς ἐστιν κατὰ πρόσωπον ¹⁷
Μαμβρή, ὁ ἀγρὸς καὶ τὸ σπήλαιον ὃ ἦν αὐτῷ, καὶ πᾶν δένδρον ὃ ἦν ἐν τῷ ἀγρῷ, ὅ ἐστιν ἐν τοῖς
ὁρίοις αὐτοῦ κύκλῳ, ¹⁸τῷ Ἀβραὰμ εἰς κτῆσιν ἐναντίον τῶν υἱῶν Χὲτ καὶ πάντων τῶν εἰσπορευο- ¹⁸
μένων εἰς τὴν πόλιν. ¹⁹μετὰ ταῦτα ἔθαψεν Ἀβραὰμ Σάρραν τὴν γυναῖκα αὐτοῦ ἐν τῷ σπηλαίῳ ¹⁹
§ S τοῦ ἀγροῦ τῷ διπλῷ, ὅ ἐστιν ἀπέναντι Μαμβρή· §αὕτη ἐστὶν Χεβρὼν ἐν τῇ γῇ Χανάαν. ²⁰καὶ ²⁰
ἐκυρώθη ὁ ἀγρὸς καὶ τὸ σπήλαιον ὃ ἦν αὐτῷ τῷ Ἀβραὰμ εἰς κτῆσιν τάφου παρὰ τῶν υἱῶν Χέτ.

§ L §¹Καὶ Ἀβραὰμ ἦν πρεσβύτερος προβεβηκὼς ἡμερῶν, καὶ Κύριος εὐλόγησεν τὸν Ἀβραὰμ ι XXIV
κατὰ πάντα. ²καὶ εἶπεν Ἀβραὰμ τῷ παιδὶ αὐτοῦ, τῷ πρεσβυτέρῳ τῆς οἰκίας αὐτοῦ, τῷ ἄρχοντι ²

15 om αργυριον A* (hab Aᵃᵐᵍ)   16 εμποροις Dˢⁱˡ   18 και παντων τῶ sup ras (5) Aᶦ

D(L)M(S)a–jl–yc₂𝔄𝔅𝔈

32) πυλην της πολεως αυτου acmoxc₂𝔄 | λεγων] λεγω l. om 𝔈
11 εμοι] εμου dgjnᵃps | γινου b | κυριε] +μου 𝔏𝔅 | και ακουσον] ακουσον δε n | μου 1°] ημων n | τον 1°] +γαρ f | αγρον] +δεδωκα σοι acmos(mg)vxc₂𝔄 | +δεδωκα dp | το εν αυτω] το αυτο c om n | σοι διδωμι] dabo tibi 𝔄 | ενωπιον dps(txt)tv | των Anpry | pr παντων DˢⁱˡM rell 𝔄𝔅𝔈 | μου 2°] μοι b | δεδωκα σοι] pr ecce 𝔈ᶜᶠ. pr et ecce 𝔈ᵖ om n | θαψον] και θαψαι n sepelire 𝔄-ed
12 αβρ] post εναντιον qu | του λαου] pr παντος ⟨76⟩ 𝔄𝔈 | της γης] om 𝔈 +υιοις του χετταιου n +και τοις υιοις του χετ yᵃᶦ
13 και 1°—γης] λεγων f om sw | και ειπεν] ειπεν δε y +Abraham 𝔅 | om τω r* | εις τα—γης] dum audiunt omnes 𝔈 | om εναντιον DMmqux𝔄𝔅 | παντος] post λαου 1* om DˢⁱˡMabc egjaᵃ¹j–oqruxc₂𝔄𝔅 | ⟨της γης του λαου 128⟩ | γης] +λεγων ac moxc₂𝔄 | om επειδη—εκει h | επειδη] επει δε tc₂*(uid) | προς] προ n | μου 1°] +κε f | το αργυριον] pr διδωμι aco pr δεδωκα mx. pr dabo tibi 𝔄 | ⟨το γαρ αργ. 79⟩ | του αγρου] ⟨του λαου 79⟩ terrae 𝔅ᵖ | θαψον Ad𝔈ᵖ] θαψω DˢⁱˡM rell 𝔄𝔅𝔈ᶜᶠ | om μου 2° 𝔄𝔈ᵖ | om εκει n𝔈ᵖ
14 om τω αβρααμ d | λεγων] +αυτω acfmoxc₂𝔄
15 ουχι] ουδα D | κυριε] +μου acmoxc₂𝔄𝔅 | om γαρ f𝔄 | τετρακοσιων] pr γη Mcfgjmxyaᶦ 𝔖-ap-Barh pr οτι a𝔅ᵖ. pr ιδου η γη ο pr quod terra 𝔄𝔅ˡʷ· τετρακοσια 1ᵃ | διδραχμων] διδραχμων bcgj–nw δραχμων dp διδραχμα 1ᵃ διδραγμα r στατηρων M(mg) ⟨δηναριων 16⟩ | αργυριου] om A*𝔈 +αλλα bw | ανα μεσον—σου 1°] pr και e: post τουτο bw ανα μεσον σου και ανα μεσον εμου x | σου 1°] pr ανα μεσον Dacdfιmoptc₂𝔄(uid) | ⟨τι⟩ η 83⟩ | αν ειη] αν ει n αν επι m. εστιν 1*𝔄𝔅 | τουτο] +Domine mi 𝔅ᵖ | om δε m | θαψον τον νεκρον σου ⟨77⟩ 𝔄𝔈
16 ηκουσαν c* | τω 1° Am*] τον g. του DMmaᶦ rell | εφρων 1°] εφρωμ e εφραιμ p | om και 2°—εφρων 2° dgp | απεκατεστ.] απεστειλεν M(mg)acoc₂𝔅 | om αβρααμ 2° 𝔄-ed | εφρων 2°] εφρωρ m | χετ] pr του egjs | τετρακοσια] ν' n XL

Anonᶦ | διδραγμα bcgjmnoqrwc₂ | δοκιμου f | ⟨ενποροις⟩ τραπεζιταις 32⟩
17 εστη] εστι np εστιν quc erat 𝔅 | εφρων] εφραιμ p | om os 1°—αγρος 2° 𝔈 | ην 1°] est 𝔄𝔅 | διπλω σπηλαιω] σπηλαιω τω διπλω bdprsvw | om os εστιν 𝔄 | os 2°] o Dbcdmnpw | ⟨κατα προσωπον⟩ εναντιον 32⟩ | κατα] εις s | μαμβρη o] μαμβρης m | μαμβρη] μαμβρι n· μαβρη c Mamre 𝔅ᵖ | o ην αυτω] ον ην εν αυταις w | ην 2°] est 𝔄𝔅ᵖ | om αυτω—ην 3° dps | αυτω A] pr επ c pr εν pr εν DM rell 𝔄𝔅 | ⟨om παν 31 68 83⟩ | ην 3°] est 𝔄-ed | εν τω αγρω—κυκλω] in eo 𝔈 | τω 2°—εστιν 2°] αυτω και n | ο εστιν] pr και παν fiᵃ¹ os εστιν tw οτι εστιν b: om 𝔄 ⟨om o 128⟩. +παν 1* | τοις οριοις] pr πασιν D(+D) Machlmoqs–vxc₂𝔄𝔅 pr πασαις 1*
18 τω] pr εκυρωθη fir pr facta sunt 𝔅 pr fuit 𝔈 του a–d | εναντιον] εν αυτων n | χετ] pr του bsw | om και—πολιν 𝔈 | om παντων 𝔄 | ⟨om των 2° 18⟩ | πολιν] πυλην της πολεως αυτου acfmoxc₂𝔄
19 μετα] pr και egj pr et 𝔄𝔈 +δε bw | σαραν m | om την γυναικα αυτου 𝔅ᵖ | εν 1°—εστιν 1°] εκεισε p | του—διπλω] τω αγρω του δυπλου n· om του αγρου 𝔈 Anonᶦ | αγρου] αγρω g* | ο εστιν—χανααν] quam emit ab Efron 𝔈 | μαμβρη] μαβρη p Mamre 𝔅ᵖ | om τη DMbdhmsvwy
20 om totum comma 𝔈 | ⟨επεκυρωθη 32⟩ | αγρος] +et posessio Anonᶦ | o ην] το blw. om ην t. quod est 𝔄 | αυτω A] pr εν DˢⁱˡMS omn 𝔄𝔅 Anonᶦ | χετ] pr του bdlnpsvwx

XXIV 1 ην] post πρεσβυτερος Chr ½· om sv | προβεβηκως] pr και t𝔄 Chr ½ | ημερων] ημεραις xy: om Phil | om και 2°—παντα L | κυριος] +ο θς̄ ir | ηυλογηκεν h | ⟨om κατα παντα 79⟩
2 om αβρααμ L Chr | om τω παιδι αυτου n | αυτου 1°] αυτου d om 𝔈 | της οικιας αυτου] om 𝔈· om αυτου bw | om τω 3°—αυτου 3° c | παντων] post αυτου 3° Lbdfιprw Phil-arm Chr om 𝔈ᵖ | αυτου 3°] υπαρχοντων αυτω gj | ⟨θες⟩ υποθες 32⟩ | υπο τον μηρον] super manum 𝔈 | υπο] επι de*(uid)fιprs Chr ½ Cyr ½ Thdt | των μηρων d(τον)fp | μου] +υπο την οσφυν μου L

11 παρ εμοι—κυριε] α' ουχι κυριε μου M . πλην εαν σοι οφελον ακουσης μου c₂
17 εστη] α' εκυρωθη ωρισθη εδοθη κατα τειαν M

ΓΕΝΕΣΙΣ   XXIV 12

3 πάντων τῶν αὐτοῦ Θὲς τὴν χεῖρά σου ὑπὸ τὸν μηρόν μου, ³καὶ ἐξορκίσω σε Κύριον τὸν θεὸν τοῦ A
οὐρανοῦ καὶ τῆς γῆς, ἵνα μὴ λάβῃς γυναῖκα τῷ υἱῷ μου Ἰσαὰκ ἀπὸ τῶν θυγατέρων τῶν Χαναναίων,
4 μεθ' ὧν ἐγὼ οἰκῶ μετ' αὐτῶν· ⁴ἀλλὰ εἰς τὴν γῆν μου οὗ ἐγενόμην πορεύσῃ ¶ καὶ εἰς τὴν φυλήν μου, ¶ S
5 καὶ λήμψῃ γυναῖκα τῷ υἱῷ μου Ἰσαὰκ ἐκεῖθεν   ⁵εἶπεν δὲ πρὸς αὐτὸν ὁ παῖς Μή ποτε οὐ βούλεται
ἡ γυνὴ πορευθῆναι μετ' ἐμοῦ ὀπίσω εἰς τὴν γῆν ταύτην· ἀποστρέψω τὸν υἱόν σου §εἰς τὴν γῆν § S
6 ὅθεν ἐξῆλθες ἐκεῖθεν;   ⁶εἶπεν δὲ πρὸς αὐτὸν Ἀβραάμ Πρόσεχε σεαυτῷ μὴ ἀποστρέψῃς τὸν υἱόν
7 μου ἐκεῖ·   ⁷Κύριος ὁ θεὸς τοῦ οὐρανοῦ καὶ ὁ θεὸς τῆς γῆς, ὃς ἔλαβέν με ἐκ τοῦ οἴκου τοῦ πατρός
μου καὶ ἐκ τῆς γῆς ἧς ἐγενήθην, ὃς ἐλάλησέν μοι καὶ ὤμοσέν ¶ μοι λέγων Σοὶ δώσω τὴν γῆν ¶ D
ταύτην καὶ τῷ σπέρματί σου· αὐτὸς ἀποστελεῖ τὸν ἄγγελον αὐτοῦ ἔμπροσθέν σου, καὶ λήμψῃ
8 γυναῖκα τῷ υἱῷ μου Ἰσαὰκ ἐκεῖθεν.   ⁸ἐὰν δὲ μὴ θέλῃ ἡ γυνὴ πορευθῆναι μετὰ σοῦ εἰς τὴν
γῆν ταύτην, καθαρὸς ἔσῃ ἀπὸ τοῦ ὅρκου τούτου· μόνον τὸν υἱόν μου μὴ ἀποστρέψῃς
9 ἐκεῖ. ¶   ⁹Καὶ ἔθηκεν ὁ παῖς τὴν χεῖρα αὐτοῦ ὑπὸ τὸν μηρὸν Ἀβραὰμ τοῦ κυρίου αὐτοῦ, ¶ S]
10 καὶ ὤμοσεν αὐτῷ περὶ τοῦ §ῥήματος τούτου.   ¹⁰καὶ ἔλαβεν ὁ παῖς δέκα καμήλους ἀπὸ τῶν § S
καμήλων τοῦ κυρίου αὐτοῦ καὶ ἀπὸ πάντων τῶν ἀγαθῶν τοῦ κυρίου αὐτοῦ μεθ' ἑαυτοῦ, καὶ
11 ἀναστὰς ἐπορεύθη εἰς τὴν Μεσοποταμίαν εἰς τὴν πόλιν Ναχώρ.   ¹¹καὶ ἐκοίμησεν τὰς καμήλους
ἔξω τῆς πόλεως παρὰ τὸ φρέαρ τοῦ ὕδατος ¶ τὸ πρὸς ὀψέ, ἡνίκα ἐκπορεύονται αἱ ὑδρευόμεναι. ¶ L
12 ¹²καὶ εἶπεν Κύριε ὁ θεὸς τοῦ κυρίου Ἀβραάμ, εὐόδωσον ἐναντίον ἐμοῦ σήμερον καὶ ποίησον ἔλεος

XXIV 2 post των ras 3—4 litt A   3 εξορκισω A*(uid)] εξορκιω A¹ᵃ²S
9 αβρααμ] om A*(hab Aᵃmg)   11 εκοιμισεν S

(*D*L)M(S)a–jl–yc₂𝔄𝔅𝔈

3 εξορκισω] εξορκιζω my Phil-arm· εξορκωσω aᵃ¹(uid)
εξορκω a*(uid)   ορκιω d Cyr½· ορκιζω Thdt | om σε aᵃ¹ | om
κυριον 𝔈 Cyr½ | της γης Aflc₂𝔈 Chr⅔ Thdt T-A) pr τον θν̄
D^sil LMS rell 𝔄𝔅 Phil-arm Eus Chr⅓ Cyr | λαβῃς o* | τω υιω
μου] post ισαακ bw ⟨om τω 14⟩ | ισαακ] ⟨pr τω 14 16 77⟩   ισακ
L | απο] εκ bw | om των 2° Chr⅔ | χαναναιων] χανααν m𝔈 |
μεθ—αυτων] in quibus ego habito 𝔄𝔅   om L | εγω] post οικω
𝔈   om dm | οικω] κατοικω nt Chr⅔   om b | μετ αυτων A T-A]
μετ αυτοις] εν αυταις h   εν αυτοις D(+D^sil)MSᶜ ᵃmᵍ rell Chr⅔
Cyr Thdt   om S*

4 αλλα] αλλ η D^uid(D^sil)Macdeghjlpqs–vxc₂ | την 1°—εγε-
νομην] ⟨τον οικον του πρς μου 71⟩   om μου Cyr-ed   om ου εγε-
νομην L | ου] ην p | εγενομην] pr εγω bw   εγεννηθην D(+D^sil)
Chr   ⟨+εν αυτη 32⟩ | πορευσῃ] πορε S | και 1°—μου 2°] om
L𝔈   +και εις τον οικον του πρς μου dp | φυλην] φυλακην f |
γυναικα] γυναικα 1 | ισαακ] ισακ L   om Chr⅔

5—8 om L

5 δε] ουν t | προς αυτον] post παις bfiw𝔅 | μηποτε ου
βουλεται] quod si noluerit Or-lat | μη ποτε ου] pr αν δε f | εαν
μη bd Chr   εαν ουν μη ptw | βουλεται] βουληται abehijnoqrtuw-
c₂ Chr½   βουληθη dp Chr½   βουλη g | η γυνη] post πορευθηναι
x   om n | πορευθηναι] ⟨συμπορευθηναι 32⟩   ελθειν D(+D) |
om οπισω—ταυτην 73 | ⟨post ταυτην 73⟩   om bgow
𝔄𝔈 | αποστρεψω] pr και j   ⟨pr και ει 73⟩   pr και αποστρεφων
eg   pr μη αποστρεφων acmoxc₂𝔄 | εις 2°—εξηλθες d | γην
2°] +ταυτην cn   +ras (12)g | ⟨οθεν⟩ pr και 18⟩ | εξηλθεν irs |
om εκειθεν n Chr½

6 om δε m | προς αυτον αβρααμ] Abraham ad puerum
suum 𝔈^fp | προς αυτον] post αβρααμ bw𝔅   om 𝔄 | προσεχε
σεαυτω] προσχες εαυτω v | σεαυτον c | om τον—(7) γης 1° c₂ |
εκειθεν l

7 κυριος] και s   ⟨κε̄ 18⟩ | om ο θεος 2° df𝔈 Chr⅔ | om και
2° bm | om της 2° t* | om ης c₂* | εγενηθην AShr*c₂ Chr½]
εγενομην ny   εγεννηθη ct*   εγεννηθην D^silMrᵃtᵃ¹ rell 𝔄𝔅𝔈 Eus

---

Chr½ | ος 2°] pr και m | om ελαλησεν μοι και 𝔈 | om μοι 1°
dp | και 3°—λεγων⟩ ⟨om 31⟩ | om και ωμοσεν μοι wc₂ Chr½ |
ωμοσεν] pr os acfi–moqruvx   pr os ελαλησεν μοι και οs s | σοι]
τω σπερματι σου Sacmoxc₂𝔄 | και 4°—σου 1°] om Sacmoxc₂𝔄
⟨om και 18⟩   ⟨+μετα σου 32⟩ | om αυτος—(8) ταυτην m | απο-
στελει] αποστελλει f(uid)l   εξαποστελει c | εμπροσθεν] προ προσ-
ωπου Ath Thdt | σου 2°] +και ευοδωσει την οδον σου fir Chr½
(και ευοδωθ) | ⟨λημψῃ⟩ ληψομαι 71⟩ | γυναικα] post μου 2° bn |
⟨τω υιω—εκειθεν⟩ εκειθεν τω υιω μου 16⟩ | τω υιω μου] post
ισαακ Ath½ Thdt½ | om ισαακ MSabcegjlnoqsu–xc₂𝔈 Chr

8 εαν] ει qu | om δε d | om θελῃ η r* | ⟨θελῃ⟩ θελησει 14⟩ |
⟨η γυνη⟩ post πορευθηναι 79⟩ | μετα σου] post ταυτην eg | εσῃ]
ει συ dp   esto tu 𝔄   tu 𝔈 | ορκου] οικου μου b   +μου cw𝔅
om τουτου 𝔅 | om μου g | ⟨εκειθεν 79⟩

9 εθηκεν] επεθηκεν L*   ⟨υπεθηκεν 32⟩ | ο παις—αυτου 1°]
⟨την χειρα ο παις 16⟩   manum suam puer 𝔈 | παις] +Abraam
𝔄 | om αυτου 1° 25⟩ | υπο τον μηρον] super manum 𝔈 | υπο]
επι acdnp | των μηρων cdp | om αβρααμ του κυριου dp | αβρααμ]
⟨post αυτου 2° 73⟩   om A*𝔄-ed | περι] επι l

10 om δεκα x* | αυτου 1°] +και επορευθη ax𝔄 | και 2°—
εαυτου] om L   om και—αυτου f   om των—αυτου c₂ | απο 2°—
εαυτου] omnia bona domini sui secum cepit 𝔈   om απο bnw |
αγαθων] +των p | εαυτου] εαυτου a*(uid) | μεθ εαυτου] μετ
αυτου Mhnsv   +και επορευθη c | εαυτου και αναστας] e, s euan
in S | επορευετο sv | om εις 1° f | om την 1° bw | εις 2°—
ναχωρ] om L   om την b   αχωρ lm

11 και—καμηλους] bis scr s | εκοιμισαν L | τας] τους n |
om της—φρεαρ n | παρα] περι d | το 2°] του l   ⟨και 31⟩ | ηνικα]
+δε dp | εκπορευονται] κ int lin mᵃ·   εκπορευοντο o   επορευοντο
fnc₂   εξεπορευοντο acx𝔄   Phil-arm

12 om και 1° dp | κυριε] κς̄ ln* | του κυριου 1° Ai] om j𝔈
+μου MS rell 𝔄𝔅 Chr Thdt | αβρααμ 1°] pr του jr | εμου] μου
g–nqux | ευοδωσον—αβρααμ 2°] bis scr s·   om 𝔈 | ⟨μετα⟩ εναν-
τιον 71⟩ | ⟨om του 2° 79⟩ | αβρααμ 2°] αβραμ o*

XXIV 4 και 1°—μου 2°] α' και εις τον οικον του πρς μου s   11 εκοιμησεν] α' εγονατισεν Mj(sine nom)s

A μετὰ τοῦ κυρίου μου Ἀβραάμ. [13]ἰδοὺ ἐγὼ ἕστηκα ἐπὶ τῆς πηγῆς τοῦ ὕδατος, αἱ δὲ θυγατέρες 13
τῶν οἰκούντων τὴν πόλιν ἐκπορεύονται ἀντλῆσαι ὕδωρ· [14]καὶ ἔσται ἡ παρθένος ᾗ ἂν ἐγὼ εἴπω 14
¶ S Ἐπίκλινον τὴν ὑδρίαν σου ἵνα πίω, καὶ εἴπῃ μοι Πίε σύ, καὶ τὰς καμήλους¶ σου ποτιῶ ἕως
ἂν παύσωνται πίνουσαι, ταύτην ἡτοίμασας τῷ παιδί σου Ἰσαάκ· καὶ ἐν τούτῳ γνώσομαι ὅτι
§ *D* ἐποίησας ἔλεος τῷ κυρίῳ μου Ἀβραάμ §[15]καὶ ἐγένετο πρὸ τοῦ συντελέσαι αὐτὸν λαλοῦντα ἐν 15
§ L τῇ διανοίᾳ, §καὶ ἰδοὺ Ῥεβέκκα §ἐξεπορεύετο, ἡ τεχθεῖσα Βαθουήλ, υἱῷ Μέλχας τῆς γυναικὸς
§ Δ_2 Ναχώρ, ἀδελφοῦ δὲ Ἀβραάμ, ἔχουσα τὴν ὑδρίαν ἐπὶ τῶν ὤμων αὐτῆς. [16]ἡ δὲ παρθένος 16
ἦν καλὴ τῇ ὄψει σφόδρα· παρθένος ἦν, ἀνὴρ οὐκ ἔγνω αὐτήν. καταβᾶσα δὲ ἐπὶ τὴν πηγὴν
§ S ἔπλησεν τὴν ὑδρίαν αὐτῆς, καὶ ἀνέβη [17]ἐπέδραμεν δὲ ὁ παῖς εἰς συνάντησιν αὐτῆς §καὶ 17
εἶπεν Πότισόν με μικρὸν ὕδωρ ἐκ τῆς ὑδρίας σου. [18]ἡ δὲ εἶπεν Πίε, κύριε· καὶ ἔσπευσεν καὶ 18
καθεῖλεν τὴν ὑδρίαν ἐπὶ τὸν βραχίονα αὐτῆς καὶ ἐπότισεν αὐτὸν (19) ἕως ἐπαύσατο πίνων. [19]καὶ 19
¶ S εἶπεν Καὶ ταῖς καμήλοις σου ὑδρεύσομαι ἕως ἂν¶ πᾶσαι πίωσιν. [20]καὶ ἔσπευσεν καὶ ἐξεκένωσεν 20
τὴν ὑδρίαν ἐπὶ τὸ ποτιστήριον, καὶ ἔδραμεν ἐπὶ τὸ φρέαρ ἀντλῆσαι ὕδωρ, καὶ ὑδρεύσατο πάσαις
¶ L ταῖς καμήλοις.¶ [21]ὁ δὲ ἄνθρωπος κατεμάνθανεν αὐτήν, καὶ παρεσιώπα τοῦ γνῶναι εἰ εὐόδωκεν 21
§ L Κύριος τὴν ὁδὸν αὐτοῦ ἢ οὔ. §[22]ἐγένετο δὲ ἡνίκα ἐπαύσαντο πᾶσαι αἱ κάμηλοι¶ πίνουσαι, 22
¶ *D* ¶ Δ_2 ἔλαβεν ὁ ἄνθρωπος ἐνώτια χρυσᾶ ἀνὰ †δραχμὴν† ὁλκῆς καὶ δύο ψέλια ἐπὶ τὰς χεῖρας¶ αὐτῆς·
§ Δ_2 δέκα χρυσῶν ὁλκὴ αὐτῶν. [23]καὶ ἐπηρώτησεν §αὐτὴν καὶ εἶπεν Θυγάτηρ τίνος εἶ; ἀνάγγειλόν μοι· 23

14 επικλειινον S | πιννουσαι A | τουτω] του A   15 αυτον sup ras A^1 16 πηγην] post π ras (1) A
18 καθιλεν *D*   21 οδωκεν $\overline{κς}$ την sup ras A^1 22 δραχμης A

(*D*L)M(SΔ_2)a–j l–y c$_2$𝔄𝔅𝔈

13 om εγω b𝔈 Chr⅓ | εστηκας l | επι] sup ras (4) a^a | της πηγης] την πηγην ir: της γης pw | om δε ds | θυγατερες] +των $\overline{ανων}$ bw | ενοικουντων dip | την πολιν] της πολεως n om Chr⅓· +ταυτην fi^{a}r | ⟨εκπορευονται] εκπορευσονται 73 εξερχονται 128⟩ | αντλησαι] υδρευσασθαι M(mg)j(mg)c$_2$(txt) υδρευεσθαι l

14 αν 1°] εαν t | ειπω εγω c$_2$𝔈 | ⟨ειπω] +αυτη 20 32⟩ | επικλινον] +μοι Sac–gimoprtc$_2$ Chr⅓ Thdt½ | πιω] pr εγω egj | ειπη] ειπεν h ⟨αποκριθη 71⟩ | om μοι—και 3° 𝔅^p | μοι] om S*(hab S$^{c\,a}$)aceghjlmosvxc$_2$𝔅^{lw} Chr⅐ Cyr +*uirgo* 𝔈 | συ] pr και ⟨25⟩ Chr⅓ κυριε Thdt½ om MSabceghlmoqtuwxc$_2$𝔄𝔅^{lw} Chr⅔ Cyr | om σου 2° r | εως—πινουσαι] sub ÷ M | αν παυσωνται] παυσονται f +πασαι Chr | πινουσαι] πινειν e πιειν Thdt½ | ⟨ητοιμασαν 18⟩ | εποιησας] πεποιηκας eghjt | τω κυριω] μετα του $\overline{κυ}$ bdegpwy Chr⅓ Thdt½ | μου] +παιδι σου ir

15 προ του] πριν η Chr½ ⟨om προ 108⟩ | συντελεσαι] post αυτον *D*acfimorsvyc$_2$ | αυτον] post λαλουντα Chr½ | εν τη διανοια] ⟨εν αυτω 79⟩ om Chr +αυτου lqu𝔄𝔅 Phil-arm | om και 2° f𝔅$^{p'}$ Chr | om ιδου 𝔈^p Phil-arm Chr½ | ρεβ εξεπορευετο] εξεπορευετο ρεβεκα o | ρεβεκα dgm | υιω] pr τω Ldfipt Chr υιος b | μελχας] μελχα st μελχω p | αχωρ l | αδελφου] pr του bw | om δε abclmowc$_2$ | εχουσαν b | επι των ωμων] *super humerum* 𝔈 | των ωμων] τον ωμον dhi$^{a?}$(uid)lr*x$^{a?}$ του ωμου e | om αυτης LMbdinprwy Chr

16 ⟨η δε] και η 73⟩ | παρθενος 2°—αυτην] om L om παρθ. ην l om παρθ. n | ανηρ] pr και m𝔈 | εγνω] εγνωκως m | καταβ—πηγην] sub ÷ M(om δε M^{mg}) | καταβας bw | om επι m | πηγην] +του υδατος fr | επλ] επληρωσεν fi | om αυτης *D*LMΔ_2 bd–lnpqrs(txt)t–w 𝔄-cod Phil Chr | και] pr του υδατος 𝔅^p Chr

17—18 cod S supersunt fragmm tantum leuissima

17 επεδραμεν] εδραμεν bw Chr προσεδραμε Phil | δε] om L*c$_2$ ⟨+αυτην 30⟩ | ο παις] *uir* 𝔈 | om εις συναντησιν αυτης 𝔈 | αυτης] αυτη bwc$_2$ Phil | ειπεν] +αυτη bw𝔅𝔈 | ποτισον] +δη t | με] μοι n· +δη Phil | om υδωρ egjl Chr | ⟨εκ της υδριας] εις την υδριαν 128⟩ | om σου 𝔄

18 η δε] και y | κυριε] +μου acfj(mg)ms(mg)xc$_2$𝔅^p | εσπευσεν και] σπευσασα Phil-gr-arm½ | και καθειλεν] καθελειν acdm opxc$_2$ Phil-arm½ | υδριαν] +αυτης txc$_2$𝔅 +εαυτης amo | αυτης] εαυτης aoc$_2$ om m𝔈^p | om εως—πινων L | εως] +ου *D*b +σου w +αν y

19 om και ειπεν m | ταις καμηλοις] τοις καμηλοις fi: τας καμηλους cmqt(ταις) | ⟨υδρευσομαι] pr ποτιω και 83⟩ | αν] ου L: ⟨om 73⟩ | ⟨πασαι πιωσιν] παυσωνται πινουσαι 32⟩ | πινωσιν x

20 εσπευσεν και] σπευσασα Phil-gr | ⟨εκενωσε 128⟩ | υδριαν] +αυτης fhm*ox𝔅 +εαυτης acm$^{a?}$c$_2$ | επι 1° Abctwy Chr] εις *D*^{sil}LMΔ_2 rell 𝔄𝔈 Phil | ποτηριον dgjpquw Chr⅓ | επι 2°—υδωρ] ετι L om 𝔈 | ⟨επι το φρεαρ] επι το ποτηριον και κατα το φρεαρ εδραμεν 71⟩ | επι 2° Afimnr Chr⅔] pr παλιν bw ετι εις o· pr ετι *D*MΔ_2 rell 𝔄𝔅 Chr⅓ | υδωρ Acegjy] om *D*MΔ_2 rell 𝔄 Chr | om και υδρευσατο 𝔅^{lw} | υδρευσατο] υδρευσαντο c$_2$* υδρευσασα Chr⅓ υδρευσασθαι Chr⅓ | ⟨πασας τας καμηλους 108⟩ | πασαις] post καμηλοις dfip𝔈 | καμηλοις] +αυτου acmoxc$_2$𝔄 Chr⅓

21 ⟨om του γνωναι 25⟩ | η 1° ADn] ει *D*^{sil}MΔ_2 rell 𝔄𝔅𝔈 Or-gr Chr Thdt | ευοδωσεν D(+*D*)Mfgmosy Chr | αυτου] αυτην l | om η ου Chr½

22 εγενετο δε ηνικα] ηνικα δε dn𝔈(uid) | επαυσατο t* | om πασαι Dd𝔈 | καμηλαι d | πινοντες s | ελαβεν] pr *et* 𝔄 | ενωτια] pr δυο bw Phil-uid | ανα—ψελια] om f om ανα—ολκης L | δραχμην] δραγμην bcmw δραχμων dp(-μον): διδραχμην l· διδραγμην inr διδραχμων e(-μον)g. ⟨διδραγμον 14.16.25.128 130⟩ | ολκης] ολκην Phil +και εθηκεν εις τα ωτα αυτης dp | om δυο ⟨71⟩ 𝔈 Phil-uid | ψελια] +χρυσα dptc$_2$ | ⟨επι] περι 30⟩ | της χειρος c$_2$ | δεκα—αυτων] om L +και εδωκεν αυτα επι τας χειρας αυτης h | ολκη] ολκην m

23 ⟨αυτον 18⟩ | και ειπεν] om c$_2$: +αυτη fir𝔈 | τινος θυγατηρ Chr | om ει 1° Chr⅓ | om αναγγειλον μοι Chr⅔ |

14 ητοιμασας] α′ ηλεγξας M σ′ απεδειξας Mj(sine nom)sc$_2$ 17 ποτισον με] α′ βροχθισον με Mjs(sine nom js)

ΓΕΝΕΣΙΣ XXIV 34

24 εἰ ἔστιν παρὰ τῷ πατρί σου τόπος ἡμῖν καταλῦσαι; ²⁴καὶ εἶπεν αὐτῷ Θυγάτηρ Βαθουὴλ εἰμὶ A
25 ἐγὼ τοῦ Μέλχας, ὃν ἔτεκεν †τῷ† Ναχώρ. ²⁵καὶ εἶπεν §αὐτῷ Καὶ ἄχυρα καὶ χόρτασμα πολὺ παρ' §S
26 ἡμῖν, καὶ τόπος τοῦ καταλῦσαι ²⁶καὶ εὐδοκήσας ὁ ἄνθρωπος προσεκύνησεν Κυρίῳ ⁽²⁷⁾ καὶ εἶπεν
27 ²⁷Εὐλογητὸς Κύριος ὁ θεὸς τοῦ κυρίου μου Ἀβραάμ, ὃς οὐκ ἐγκατέλειπεν τὴν¶ δικαιοσύνην καὶ ¶S
τὴν ἀλήθειαν ἀπὸ τοῦ κυρίου μου· ἐμὲ εὐόδωκεν Κύριος εἰς οἶκον τοῦ ἀδελφοῦ τοῦ κυρίου μου.
28 ²⁸καὶ §δραμοῦσα ἡ παῖς ἀπήγγειλεν εἰς τὸν οἶκον τῆς μητρὸς αὐτῆς κατὰ τὰ ῥήματα ταῦτα. § U₄
29 ²⁹τῇ δὲ Ῥεβέκκᾳ ἀδελφὸς ἦν ᾧ ὄνομα Λαβάν· καὶ ἔδραμεν Λαβὰν πρὸς τὸν ἄνθρωπον ἔξω ἐπὶ
30 τὴν πηγήν. ³⁰καὶ ἐγένετο ἡνίκα ἴδεν τὰ ἐνώτια καὶ τὰ ψέλια ἐπὶ τὰς χεῖρας τῆς ἀδελφῆς αὐτοῦ,
καὶ ὅτε ἤκουσεν τὰ ῥήματα Ῥεβέκκας τῆς ἀδελφῆς αὐτοῦ¶ λεγούσης Οὕτως §λελάληκέν μοι ὁ ¶Δ₂
ἄνθρωπος, καὶ ἦλθεν πρὸς τὸν §ἄνθρωπον, ἑστηκότος αὐτοῦ ἐπὶ τῶν καμήλων ἐπὶ τῆς πηγῆς. §S
§D
31 ³¹καὶ εἶπεν αὐτῷ Δεῦρο §εἴσελθε, εὐλογητὸς Κύριος· ἵνα τί ἔστηκας ἔξω; ἐγὼ δὲ ἡτοίμασα τὴν §Δ₂
32 οἰκίαν καὶ τόπον ταῖς καμήλοις¶ ³²εἰσῆλθεν δὲ ὁ ἄνθρωπος εἰς τὴν οἰκίαν, καὶ †ἀπέσαξεν† τὰς ¶L
καμήλους· καὶ ἔδωκεν ἄχυρα καὶ χορτάσματα ταῖς καμήλοις, καὶ ὕδωρ τοῖς ποσὶν αὐτοῦ καὶ τοῖς
33 ποσὶν τῶν ἀνδρῶν τῶν μετ' αὐτοῦ, ³³καὶ παρέθηκεν¶ αὐτοῖς ἄρτους φαγεῖν. καὶ εἶπεν Οὐ μὴ ¶U₄
34 φάγω ἕως τοῦ λαλῆσαί¶ με τὰ ῥήματά μου. καὶ εἶπαν Λάλησον ³⁴καὶ εἶπεν §Παῖς Ἀβραὰμ ¶S
§U₄

24 τω] αυτω A   28 om τα A* (suprascr A¹ʳ)   32 επεσαξεν A

(DL)M(SU₄Δ₂)a–jl–yc₂𝔄𝔅𝔈

απαγγειλον acoqtu | ⟨μοι⟩ ημιν 25⟩ | ει 2°] pr και bdpwx Chr⅔ | και t om h | εσται f | παρα—σου] post τοπος d𝔈 in domo tua 𝔄 | ⟨om τοπος 14⟩ | ημιν] υμιν w   om Chr⅓· +του y

24 και] η δε Δ₂y | om αυτω dlp𝔅ᵖ | om θυγατηρ—(25) αυτω c₂ | ειμι βαθουηλ Chr⅔ | ειμι] post εγω f₁ıx   om m | om εγω Mbmwy Chr⅔ | του—ναχωρ] quae nata sum ego Melchae uxori Nachor 𝔈ᵖ | του μελχας] του μελχα Lstyaʳ | της μελχω p(του p*) υιου μελχας 𝔅(uid) Chr⅓   om 𝔈ᶜᶠ | ον ετεκεν] ων ετεκεν h· ος ετεκεν Chr⅓   ος ετεχθη c𝔈 | τω] αυτω A Chr om fn

25—27 cod S supersunt fragmm tantum leuissima

25 και ειπεν αυτω] om mnt𝔈. om ειπεν dp | om και 2° bdw𝔅 | χορτασμα—ημιν] χορτασματα παρ ημιν πολλα t | χορτασμα πολυ A𝔄(uid)] χορτασματα egj   χορτασματα πολλα LMS(uid)Δ₂ rell Chr   om πολυ 𝔈 | τοπος] +ημιν dp   +camelis tuis 𝔈 | του LMS*(hab Sᶜ ᵃ)acdhm–qs–vc₂ 𝔄𝔅𝔈 | καταλυσεως Lm
26, 27 om L

26 κυριω AMh*ılsv] +τω θ͞ω fr   pr τω Δ₂hᵇ rell Chr Thdt | ειπεν] +αυτη dp

27 ⟨om ευλογητος—μου 2° 77⟩ | om μου 1° c | αβραμ t | ουκ εγκατελειπεν] ουκ εκκατελειπεν oᵃ(εκατ o*) | ουκ εγκατελιπεν aefgıjqtuxyc₂ 𝔄𝔅 Phil-arm Chr Thdt   ουκ εγκατελιπες w   ου κατελειπεν S(uid)   ου κατελιπες b   om ου m | δικαιοσυνην AΔ₂hlquy Chr] +σου bw   +αυτου M rell 𝔄𝔅 Thdt | την αληθειαν] ⟨το ελεος 32⟩ +αυτου acflmoxc₂𝔅 Phil-arm Chr   τον ελεον αυτου Thdt½ | μου 2°] +αβρααμ bd–gıjlpr sᵐᵍ(uid)w | om εμε—μου 3° mc₂ | εμε] pr και adptx𝔄𝔈   καμε h Thdt⅓ ⟨καμε δε 32⟩ +τε bw Thdt½ | +autem 𝔅 | ευοδωκεν] pr εν οδω Δ₂cqs–v. ευοδωκεν Mglo · εν οδω ευοδωκεν a\   εν οδω ηγαγε dp Thdt½ | om κυριος 2° 𝔈 Chr⅓ | οικον] pr τον bfırtw Thdt⅓ | om του 3° jsv | του 4°] σου u | μου 3°] +αβρααμ 𝔈 Chr⅓· +αβρααμ λαβειν γυναικα τω υιω αυτου bew(om αβρααμ ew) ⟨+λαβειν γυναικα του υιου μου 108⟩

28 απηγγειλεν—αυτης] in domum narrauit matri suae Phil-arm | ανηγγειλεν LΔ₂bdfılprtw | εις—μητρος] τη μ͞ρι y εις sup ras (6) dᵃ | om οικον L | της μητρος] pr του π͞ρ͞ς και L του π͞ρ͞ς h𝔄-codd | om τα A*U₄·

29 αδελφος] post ην bmw𝔄· αδελφη n* | om ω L*mqu | om και εδρ λαβ Δ₂ | λαβαν 2°] λαβα w. om Ln. +επι τον τοπον acoc₂ | προς τον ανθρωπον] post εξω acoc₂ Chr½   post πηγην dpsv | om επι—(30) ανθρωπον c₂ | επι] προς p* | την πηγην] της πηγης U₄. την γην Chr½

30 om totum comma L | και εγενετο] om 𝔄𝔈ᶠᵖ   om εγενετο 𝔈ᶜ | επι τας χειρας] εν ταις χερσι egj   om 𝔈 | επι 1°] περι U₄ | τας χειρας] τας δυο χειρας bw· της χειρος n | om της 1°—ρηματα 𝔈 | και 3°—λεγουσης] om b. om και—ρηματα f   om και w | ⟨και 3°] ποτ 107⟩ | οτε] οτι deρq𝔄. ως n | τα ρηματα—αυτου 2°] αυτης d   ⟨ταυτης 107⟩ | τα ρηματα] post ρεβεκκας g   om np | ρεβεκκας] pr της n   post αυτου 2° ır𝔈   om jpsv | της αδελφης αυτου] pr ρηματα g   om fn | λεγουσης] ⟨λεγουσα οτι 30⟩ λαλουσης n | ουτως] ουτος mn | +δε qu | om o mp | και ηλθεν—(32) οικιαν και d | om και 4° n𝔅 | εστηκοτος αυτου] εστηκοτος εστηκοτα c₂ | επι των καμηλων] super camelos suos 𝔄𝔅. om 𝔈 | om επι 2°] μετα n | επι 3°] pr και p | πηγης] γης bfguw ⟨γης της πηγης του υδατος 25⟩

31 κυριος] Domini 𝔄𝔅 Phil-arm   om U₄*(κ . U₄ᵇ) +ο θ͞ς fır | om ινα—εξω L | ινα] pr και bw | εγω δε ητοιμασα] ecce parauimus 𝔈 | ητοιμακα DLMSU₄acᵃefı–no(+ras 1 lit) p–vc₂ Chr⅓ | οικιαν] +μου ⟨108⟩ 𝔅ᵖ | om και 2°—(32) οικιαν g | τοπον] pr τον efpr | ταις] τοις p

32 om εις την οικιαν 𝔈 | απεσαξεν] επεσαξεν Ab ⟨απεταξε 18⟩ | εδωκεν] dederunt 𝔄   attulerunt 𝔈 (+et 𝔈ᶠ +eis 𝔈ᶜ) | om ταις καμηλοις ⟨107⟩ Chr | ταις] τοις n | υδωρ] +νιψασθαι D(+Dˢⁱˡ)MSaceghjlmoqs–vxc₂𝔄𝔅 Chr | om αυτου 1°—ποσιν 2° p | και 5°] +υδωρ M

33 παρεθηκεν] apposuerunt 𝔄𝔈 | αυτοις] αυτους bc· et 𝔈 | αρτους] αρτον dfpc₂ Chr-ed ⟨om 31⟩ | [και ειπεν ο]υ μη [φαγω εως του] λα S | και 2°] ο δε fır𝔄 | ειπεν] +ο α͞ν͞ο͞ς dpt ⟨+α͞ν͞ο͞ς 107⟩ | φαγω] φαγη p ⟨γευσω 108⟩ λαλησαι] post με ht | om με egj | μου] haec 𝔅ᵖ | ειπαν] ειπον cdmpc₂   ειπεν Dˢⁱˡbefgıorw

34 παις—(35) τον] [παις αβρααμ] εγω ει[μι . . . .] U₄ | ante παις ras (8) b | αβρααμ εγω ειμι] αβρ ειμι εγω bfnw 𝔄 Phil-arm ⟨εγω ειμι αβρ 30⟩ ειμι εγω του αβρ. dp

3¹ ευλογητος κυριος] το ευλογητος ει κυριε ου πρ[ος] τον παιδα του αβρααμ ειπεν ο γουν ακ' φ[η]σιν ευλογημενος κυριος συ' δε ευλογημενος κ.. M   ³² απεσαξεν] απεστρωσεν M

XXIV 34 ΓΕΝΕΣΙΣ

A ἐγώ εἰμι. 35Κύριος δὲ εὐλόγησεν τὸν κύριόν μου σφόδρα, καὶ ὑψώθη· καὶ ἔδωκεν αὐτῷ πρόβατα 35
καὶ μόσχους καὶ ἀργύριον καὶ χρυσίον, παῖδας καὶ παιδίσκας, καμήλους καὶ ὄνους. 36καὶ ἔτεκεν 36
§ S Σάρρα ἡ γυνὴ τοῦ κυρίου μου υἱὸν ἕνα τῷ κυρίῳ μου μετὰ τὸ γηρᾶσαι αὐτόν· καὶ ἔδωκεν §αὐτῷ
ὅσα ἦν αὐτῷ. 37καὶ ὥρκισέν με ὁ κύριός μου λέγων Οὐ λήμψῃ γυναῖκα τῷ υἱῷ μου ἀπὸ τῶν 37
¶ U₄ θυγατέρων τῶν Χαναναίων, ἐν οἷς¶ ἐγὼ¶ παροικῶ ἐν τῇ γῇ αὐτῶν· 38ἀλλ' ἢ εἰς τὸν οἶκον τοῦ 38
¶ Δ₂ πατρός μου §πορεύσῃ καὶ εἰς τὴν §φυλήν μου, καὶ λήμψῃ γυναῖκα τῷ υἱῷ μου ἐκεῖθεν. 39εἶπα δὲ 39
§ Δ₂ τῷ κυρίῳ μου Μή ποτε οὐ πορευθῇ ἡ γυνὴ μετ' ἐμοῦ. 40καὶ εἶπέν μοι Κύριος ὁ θεός, ᾧ εὐηρέστησα 40
ἐναντίον αὐτοῦ, αὐτὸς ἐξαποστελεῖ τὸν ἄγγελον αὐτοῦ μετὰ σοῦ καὶ εὐοδώσει τὴν ὁδόν σου· καὶ
λήμψῃ γυναῖκα τῷ υἱῷ μου ἐκ τῆς φυλῆς μου καὶ ἐκ τοῦ οἴκου τοῦ πατρός μου. 41τότε ἀθῷος ἔσῃ 41
¶ S ἐκ τῆς¶ ἀρᾶς μου· ἡνίκα γὰρ ἐὰν ἔλθῃς εἰς τὴν φυλήν μου καὶ μὴ δῶσίν σοι, καὶ ἔσῃ ἀθῷος ἀπὸ
§ S τοῦ §ὁρκισμοῦ μου. 42καὶ ἐλθὼν σήμερον ἐπὶ τὴν πηγὴν εἶπα Κύριε ὁ θεὸς τοῦ κυρίου μου 42
Ἀβραάμ, εἰ σὺ εὐοδοῖς τὴν ὁδόν μου, ἣν νῦν ἐγὼ πορεύομαι ἐπ' αὐτήν· 43ἰδοὺ ἐγὼ ἕστηκα ἐπὶ τὴν 43
πηγὴν τοῦ ὕδατος, καὶ αἱ θυγατέρες τῶν ἀνθρώπων τῆς πόλεως ἐξελεύσονται ὑδρεύσασθαι ὕδωρ,
καὶ ἔσται ἡ παρθένος ᾗ ἂν ἐγὼ εἴπω Πότισόν με μικρὸν ὕδωρ ἐκ τῆς ὑδρίας σου, 44καὶ εἴπῃ μοι 44
¶ Δ₂ Πίε σύ, καὶ ταῖς καμήλοις σου ὑδρεύσομαι, αὕτη ἡ γυνὴ ἣν ἡτοίμασεν¶ Κύριος τῷ ἑαυτοῦ θεράποντι
Ἰσαάκ· καὶ ἐν τούτῳ γνώσομαι ὅτι πεποίηκας ἔλεος τῷ κυρίῳ μου Ἀβραάμ. 45καὶ ἐγένετο πρὸ 45

37 ωρκεισεν S | θυρατερων S   40 μετα σου και sup ras et in mg Aᵃ (om μετα σου A*)
43 εστηκα] pr ras 3 ut uid litt A* | πολεως εξελ.] s εξε sup ras Aᵃ | μεικρον S | υδρειας S

DM(SU₄Δ₂)a–jl–yc₂𝔄𝔅𝔈

35 κυριος δε] και κ̅ς̅ 1 | + ο θεος Chr ⅓ . ⟨+ ευλογητος 25⟩ | om
δε Dg𝔈ᶜᶠ Chr ⅓ | ευλογησεν] ευλογηκε n. [ε]υοδωσεν D | om
και υψωθη Chr ⅔ | εδωκεν] εγενετο dpsv(txt) · εγενοντο t | αυτω
αυτου t | προβατα—καμηλους] προβατα κα[ι μοσχους και] αργυ-
ριον και π[αιδισκας και κ]αμη[λο]υς U₄(uid) | προβατα και καμη-
λους] boues et oues 𝔄𝔈 ⟨om και 3° 18⟩ | μοσχους] μοσχοι dps
tv · boas egj | και 4° AΔ₂fy𝔄𝔈 Phil-arm Chr ½] om DM rell 𝔅
Chr ⅔ | χρυσιον και αργυριον DMbe–lqrtuw𝔅𝔈 Phil-arm Chr |
om παιδας και παιδισκας 𝔈ᶠᵖ | παιδας] pr και Dbmw𝔈ᶜ Phil-
arm Chr ½ παιδες dpt | παιδισκαι dpt | καμηλους και ονους] pr
και ⟨31⟩ 𝔅𝔈 Phil-arm Chr ½ · καμηλοι και ονοι d(om και)pt
36, 37 cod U₄ supersunt fragmm tantum leuissima
36 σαρρα] (pr in 16) σαρα m | η—μου 1°] om 𝔈ᵖ (om η
14) | του κυριου μου] ⟨αυτου 31 128⟩ · +αβρααμ fir𝔈ᶜᶠ | υιον]
post μου 2° x | om ενα DMΔ₂achlmoqsuvx𝔅 Phil-arm | τω κυριω
μου] om dn𝔈ᶜᶠ +Abraham 𝔈ᵖ | αυτον] αυτην Deghjlsvx τον
κ̅ν̅ μου d | οσα] pr παντα DMSᶜaU₄(uid)Δ₂e–lq–vx𝔄𝔅𝔈 Chr
37 ωρκωσεν acoc₂ Chr ⅔ | γυναικα] post μου 2° m𝔈 (post
ισαακ 𝔈ᵖ) | μου 2°] +ισαακ sv(mg)𝔄𝔈ᵖ Chr ¾. +παιδισκην 𝔈ᶜᶠ · +Abraham
f | εν οις] μεθ ων egj | εγω παροικω] ⟨οικω εγω 79⟩ : om εγω
𝔅ᵖ | παροικω] ⟨κατοικω 76⟩ οικω efgjr +εν αυτοις και c | εν
τη γη αυτων] εν αυτοις h om Chr ⟨om τη 108⟩
38 om η bd–gh*¹jmprw Chr ⅓ | τον οικον του πατρος]
terram 𝔅ᵖ | πορευση] [πο]ρευση U₄ post μου 2° h: +μοι n |
γυναικα] post μου 3° qtu | μου 3°] +ισαακ egjls(mg)v(mg) |
om εκειθεν U₄bw Chr
39 ειπα δε] ειπον δε dp και ειπα b. et ego dixi 𝔄 +εγω
efgjr | om τω κυριω μου eg | ου] om n· +μη dps(txt)w ουν
μη v(txt) | πορευθη η γυνη] βουληται η γυνη πορευθηναι y𝔅𝔈 |
πορευθη] πορευθησεται U₄g](txt)s(mg) · πορευσεται D(+Dˢⁱˡ)MS
Δ₂(uid)achloqrtuxc₂ πορευσηται fm | om η U₄(uid)
40 om μοι sv | κυριος] ⟨κ̅ς̅ 30⟩. om U₄ | ο θεος] om DMS
Δ₂hlmostvc₂𝔅ˡʷ. +μου acfirx𝔄 | ω] on | ευηρεστησα] ευηρε-
στησω dp ηρεστησα c₂ | ενωπιον S*(ενατιον Sᶜᵃᵐᵍ)no | αυτος]
+δε b𝔈ᶠᵖ | εξαποστελει Ay] αποστελλει fn · αποστελει DMSU₄

Δ₂ rell Chr | μετα] εμπροσθεν ⟨77⟩ 𝔈 | ενοδωσοι g | γυναικα]
post μου 1° ⟨79⟩ Chr | om τω υιω μου 1 | και 4°] η U₄𝔈
41 εκ A] απο DˢⁱˡMS([a]πο)U₄Δ₂ omn Chr | αρας μου] αμαρ-
τιας c om μου 1 | +απο του ορκισμου μου 32⟩ | γαρ εαν] εαν
egj | δε d𝔈 | om γαρ U₄ | εαν] αν a | om ελθης—και 1° 𝔈 |
εισελθης U₄ | φυλην μου Acdny] εμην φυλην DMU₄Δ₂ rell |
μη δωσιν] ου δωσει p ⟨ου δωσιν 71⟩ | [δωσιν σοι] σοι δωσιν MU₄Δ₂
a–egh*jlmoq–xc₂ σοι δωσωσιν finy ⟨σοι δωσουσι
76⟩ · σοι δωσοι hᵃᵗ σοι δωσωσιν finy ⟨σοι δωσουσι
76⟩ : om σοι 𝔄 | om και 2° Dbmpw𝔄𝔅𝔈 | εση 2°] tu 𝔈 : om
qu | αθωος 2°] +απο της αρας μου και l | ⟨om απο—μου 3° 32⟩ |
ορκισμου] ορισμου s · ορκου U₄m | om 3°] σου bw · om αρ𝔈ᶜᶠ
42 ελθων] +εγω 𝔈 | σημερον] huc 𝔈 | ειπα] pr και Δ₂
ειπον abdflpw | κυριε] κ̅ς̅ Δ₂ · om U₄ | om μου 1° c | συ] post
ευοδοις dp σοι ο· om 𝔄𝔅 | ευοδοις] ευοδοι 1 +σοι v +mihi
𝔄𝔈(+hodie) | om μου 2° Chr | ην] pr εφ h ης 1 | η U₄(uid)Δ₂
np εν bw | om νυν eg–jr Chr | πορευσομαι fgirt | επ αυτην]
εις αυτην d–gjpr. εν αυτη bw· om Chr
43 om εγω 1° bw𝔈 | εστηκα] εφεστηκα U₄beghj(mg)lqs
(mg)tuv(mg)wy ⟨αφεστηκα 71.73(mg)⟩ | την πηγην Ac] της
γης uw της πηγης DˢⁱˡMSU₄Δ₂ rell (πη sup ras q) Chr: ⟨της
γης της πηγης 25⟩ | και αι] αι δε DMU₄(uid)eghjlqs(mg)tuv(mg)
𝔅 Chr | των ανθρωπων] post πολεως t. om l* | εξελευσονται]
εκπορευονται Sabcmowxc₂𝔄𝔅 | υδρευσασθαι] ⟨pr του 128⟩ αν-
τλησαι U₄(uid)bwx | η 2°] ην mny | αν] εαν U₄(uid)t | εγω 2°]
post ειπω nw𝔈ᵖ | εκ] απο bw
44—47 ualde mutila in U₄
44 και ειπη μοι] om c. om μοι h | ειπη] ειπε d | πιε συ
Abw] πιε και συ S. και σοι πιε o: και συ πιε DˢⁱˡMΔ₂ rell Chr
om συ 𝔄 | ταις καμηλοις] τοις καμηλοις d τας καμηλους cg |
σου] σοι q | υδρευσομαι] +εως αν πασαι πιωσιν f1r | ητοιμασας
g𝔈 Chr | κυριος] pr ο 1 · om 𝔈 Chr | τω εαυτου—αβρααμ] sub
÷ M | εαυτου θεραποντι] θεραποντι αυτου SU₄(uid)acdfimopst
vxc₂(εαυτου sv)𝔄 · θεραποντι σου 𝔈 Chr. om εαυτου n | ισαακ]
+Domine 𝔈 | εν τουτω] εκ τουτου o | εποιησας bhw Chr
45 προ του] πριν η D. πριν η και s(mg) | εν τω U₄ | συντε-

36 αυτον] α' σ' αυτην c₂

ΓΕΝΕΣΙΣ   XXIV 55

τοῦ συντελέσαι με λαλοῦντα ἐν τῇ διανοίᾳ μου, εὐθὺς Ῥεβέκκα ἐξεπορεύετο· ἔχουσα τὴν ὑδρίαν A
46 ἐπὶ τῶν ὤμων, καὶ κατέβη ἐπὶ τὴν πηγὴν καὶ ὑδρεύσατο   εἶπα δὲ αὐτῇ Πότισόν με. ⁴⁶καὶ
σπεύσασα καθεῖλεν τὴν ὑδρίαν ἐπὶ τὸν βραχίονα αὐτῆς ἀφ᾽ ¶ ἑαυτῆς καὶ εἶπεν Πίε σύ, καὶ τὰς ¶ S
47 καμήλους σου ποτιῶ· καὶ ἔπιον, καὶ τὰς καμήλους μου ἐπότισεν. ⁴⁷καὶ ἠρώτησα αὐτὴν καὶ ¶ εἶπα ¶ U₄
Τίνος θυγάτηρ εἶ; ἀνάγγειλόν μοι. ἡ δὲ ἔφη Θυγάτηρ Βαθουὴλ εἰμὶ ἐγὼ τοῦ υἱοῦ Ναχώρ, ὃν
48 ἔτεκεν αὐτῷ Μελχά. καὶ περιέθηκα αὐτῇ τὰ ἐνώτια καὶ τὰ ψέλια ἐπὶ τὰς χεῖρας αὐτῆς· ⁴⁸καὶ
εὐδοκήσας προσεκύνησα Κυρίῳ, καὶ εὐλόγησα Κύριον τὸν θεὸν τοῦ κυρίου μου Ἀβραάμ, ὃς
εὐόδωσέν μοι ἐν ὁδῷ ἀληθείας, λαβεῖν τὴν θυγατέρα τοῦ ἀδελφοῦ τοῦ κυρίου μου τῷ υἱῷ αὐτοῦ.
49 ⁴⁹εἰ οὖν ποιεῖτε ὑμεῖς ἔλεος καὶ δικαιοσύνην πρὸς τὸν κύριόν μου, ἀπαγγείλατέ μοι, †εἰ δὲ μή,
50 ἀπαγγείλατέ μοι,† ἵνα ἐπιστρέψω εἰς δεξιὰν ἢ εἰς ἀριστεράν. ⁵⁰ἀποκριθεὶς δὲ Λαβὰν καὶ
Βαθουὴλ εἶπαν Παρὰ Κυρίου ἐξῆλθεν τὸ πρόσταγμα τοῦτο· οὐ δυνησόμεθα οὖν σοι ἀντειπεῖν
51 κακὸν καλῷ. ⁵¹ἰδοὺ Ῥεβέκκα ἐνώπιόν σου, λαβὼν ἀπότρεχε· καὶ ἔστω γυνὴ τῷ υἱῷ τοῦ κυρίου
52 σου, καθὰ ἐλάλησεν Κύριος ⁵²ἐγένετο δὲ ἐν τῷ ἀκοῦσαι τὸν παῖδα τὸν Ἀβραὰμ τῶν ῥημάτων
53 τούτων, προσεκύνησεν ἐπὶ τὴν γῆν Κυρίῳ. ⁵³καὶ ἐξενέγκας ὁ παῖς σκεύη ἀργυρᾶ καὶ χρυσᾶ καὶ
54 ἱματισμὸν ἔδωκεν Ῥεβέκκᾳ, καὶ δῶρα ἔδωκεν τῷ ἀδελφῷ αὐτῆς καὶ τῇ μητρὶ αὐτῆς. ⁵⁴καὶ ἔφαγον
καὶ ἔπιον αὐτὸς καὶ οἱ ἄνδρες οἱ μετ᾽ αὐτοῦ ὄντες, καὶ ἐκοιμήθησαν. καὶ ἀναστὰς πρωὶ εἶπεν
55 §Ἐκπέμψατέ με ἵνα ἀπέλθω πρὸς τὸν κύριόν μου ⁵⁵εἶπαν δὲ οἱ ἀδελφοὶ αὐτῆς καὶ ἡ μήτηρ § E

45 υδρειαν S   46 υδρειαν S | τας 1°] a sup ras A¹   47 περιεθηκα] a sup ras (2) A¹
48 ευωδωσεν D^sil   49 απαγγειλαται (1°) A | om ει δε—μοι 2° A
50 αντιπειν A   54 εκπεμψαται A

D(E)M(SU₄)a–jl–yc₂𝕬𝕭𝕰

λεσαι] post με bd–gijprw | εν τη διανοια μου] om Chr   om εν Mb | αριστερα Mbefgijlrwyaᵗ Chr   om εις mqu   αριστερα Dhn
μου AD^silblquwy𝕬𝕭] om MSU₄(uid) rell | ευθυς] pr και ιδου   50 αποκριθεντες bw𝕬𝕰 | βαθουηλ και λαβαν DE | βαι-
bw: ευθυ ajv   και ιδου D   ιδου Chr ⟨πορευθη 71⟩ +ecce 𝕭 | θουηλ d | ειπαν] ειπα s   ειπον b–fiprᵃw   ειπεν tᵃᵗ   ειπεν αυτω
την υδριαν εχουσα Chr | om επι των ωμων 𝕰 | των ωμων] τον   m | το] οτι m | προσταγμα] πραγμα bdj(mg)n*pquw𝕬𝕭 ρημα
ωμον dhi*lp +αυτης Sacfmoxc₂𝕬𝕭 Chr | om και 2°—(46) εαυτης   ⟨20⟩ 𝕰 Chr 2/3 | ου—ουν et nos non possumus 𝕬 | δυνησομαι
m | om και 2°—υδρευσατο Chr | ειπα δε] και ειπα bw𝕭^lw | Chr 1/3 | ουν] post σοι s   om bdpw𝕭^lw Phil-arm Chr 2/3 | σοι]
ειπον adp | με 2°] +μικρον υδωρ bfiprtw   +υδωρ μικρον d   post αντειπειν cfhii   om gj𝕬𝕰 Phil-arm Chr 1/3 | αντειπειν]
46 σπευσας bf | καθειλεν] καθηκε Chr-ed | υδριαν] +αυτης   ⟨ειπειν 31⟩   dare 𝕭 | κακον καλω] κακω καλον mᵃᵗ   καλον κακω
Mht𝕭 Chr ⟨+ απο των ωμων 32⟩ | επι—αυτης] post εαυτης Mht   dm* | κακον η καλον filq(καλω)r Chr 1/3 | καλον η κακον 𝕰 Chr 1/3
𝕭   om U₄(uid)cdegj(txt)np𝕬𝕰 Chr   om επι τον βραχιονα DSab   om η   om καλω Chr 1/3
floqs(txt)uv(txt)wxc₂ | om αφ εαυτης 𝕰 Chr | αφ] εφ ac | ειπεν]   51 ρεβεκκα] pr η c | om ενωπιον σου 𝕰 Chr 1/3 | εναντιον
+μοι Chr | +μοι αφ εαυτης m | πιε] +και Chr | om και 3°—   Dbdfiprs(txt)vw | λαβων] +αυτην f | αποτρεχε] απελθε fir |
ποτιω 𝕰^c | om σου d | om και 4°—επoτισεν 𝕭𝕰^fp | om μου egj   εσται mnp Chr | τω υιω του κυριου] τω υιω 𝕭 Chr 1/3 | του
47 επηρωτησα Me–jqrtu | και ειπα] και ειπον d–gijopr   υιου fimr𝕰^cf | καθαπερ Chr 1/3 | κυριος] +ο θς dpt
om 𝕭^p | θυγατηρ τινος D^silMhlqs–vy | ει θυγατηρ acefgijmno   52 om τον 1°—αβρααμ 𝕰 | om τον αβρααμ n | τον 2° A
⟨θυγατερ⟩prxc₂ | om ει d | om αναγγειλον μοι Dacdhl–qs–v–   D(uid)Ma*vc₂] τω w   om x   τω D^silaᵃᵗ rell | τουτων] αυτων
xc₂𝕭 | η δε] και n𝕰 | εφη] ειπεν bcdfilmnpistv(txt)wy | φα-   a–egjopqs(txt)u–xc₂𝕬 | ⟨+ και 18⟩ | επι την γην] post
θουηλ n | εγω ειμι y | om εγω D^silMacfhilmoq–vxc₂ | om υιου   κυριω 𝕭 Chr ⟨την γην⟩ την πηγην 31   om 18) | κυριω Acjmuy
bw | ναχωρ] ⟨ναχωρ 32⟩   αχωρ d | αυτω] αυτον fn   om 𝕰^p | c₂] pr τω D(+D^sil)M rell Chr Thdt   om 𝕰
μελχω p | περιεθηκα] επεθηκα j   dedit 𝕭 | om αυτη 𝕬 | ενωτια]   53 ο παις] uir 𝕰^cf   om n𝕰^p Chr | αργυρα και χρυσα] χρυσα
↲ επι μυκτηρας αυτης aco[[επι]] +τους]xc₂ | +επι τα ωτα αυτης   και αργυρα 𝕰^fp Chr   aurea et uasa argentea 𝕬𝕰^c | χρυσα] pr
m𝕬𝕰^c | +επι τον βραχιονα αυτης qu | om τα 2° c₂ | επι Achl   σκευη Dacxc₂ | om και ιματισμον εδωκεν 𝕰^fp | εδωκεν 1°] pr
mny] εις fir | περι D^silM rell   και b | ⟨δεδωκε 31⟩ | ρεβεκκα] κ 2° sup ras oᵃ   pr τη bhw Chr
48 κυριω ADh*mquy] non liquet c | pr τω Mh^b rell Chr | ρεβεκκαν dg   ρεβεκκας m | ⟨εδωκεν 2°⟩ δεδωκε 83⟩ | τω αδελφω]
om κυριον fhir 𝕰^cf Chr | om του κυριου μου 1° 𝕰^cf | ος] ως c   τοις αδελφοις acoxc₂𝕬   patri 𝕰 | ⟨om αυτης 1° 108⟩ | και τη
οτι Chr | ευοδωσεν] οδηγησεν h | μοι ADlny Chr] non liquet   μητρι αυτης] om eg   om αυτης Mbdfilnprwx𝕬
cd   με M rell | om εν οδω αληθειας Chr | λαβειν] pr του fir | 54 ⟨και επιον⟩ post οντες 107⟩ | αυτος] pr και fiqru | οι 1°
του 2° σου c | αυτου] +εις γυναικα f   —οντες] οι μετ αυτου ανδρες t   om οι ανδρες 𝕰   om οι 1° fsv |
49 om υμεις 𝕰 Chr | ελεον dp | om απαγγειλατε μοι 1°   ανδρες] post οντες f | οντες] εκει c₂   om n Chr | αναστας] +ο
Chr | ει δε—μοι 2°] om ADdmopqx*   om απαγγ μοι beghjn   παις bw | πρωι] pr τω abcfirwx(τω wx) Chr 2/3 | ειπεν] +ο παις
w𝕰 | απαγγειλατε 2°] απαγγειλητε xᵃ   αναγγειλατε fi | om   dpt | εκπεμψατε] τε 𝕰 | με] post f | ινα απελθω] post μου b
μοι 2° Phil-arm | ινα] και Chr   om n𝕰 | επιστρεψω] υποστρεψω   ⟨ινα επανελθω 32⟩   om n | προς] εις f
dp   αποστρεψω fir | εις 1°] pr η fir𝕰   om h | δεξιαν] pr την s   55 ειπον cdfimprᵃ | οι αδελφοι] frater 𝕰 | αυτης] post
δεξια DMbe–lnrwyaᵗ Chr | ⟨η και 108⟩ | εις αριστεραν] εις   μητηρ E   om Chr | μητηρ] +αυτης acmoxc₂𝕭 | η παρθενος]

47 ενωτια] α᾽ επι μυκτηρας αυτης M   50 ου—καλω] ο συρος ου δυνησομεθα ειπειν η καλον η κακον jc₂

61

XXIV 55 ΓΕΝΕΣΙΣ

A Μεινάτω ἡ παρθένος μεθ' ἡμῶν ἡμέρας ὡσεὶ δέκα, καὶ μετὰ ταῦτα ἀπελεύσεται. ⁵⁶ ὁ δὲ εἶπεν 56
πρὸς αὐτούς Μὴ κατέχετέ με, καὶ Κύριος εὐόδωσεν τὴν ὁδόν μου· ἐκπέμψατέ με ἵνα ἀπέλθω πρὸς
τὸν κύριόν μου ⁵⁷ οἱ δὲ εἶπαν Καλέσωμεν τὴν παῖδα καὶ ἐπερωτήσωμεν τὸ στόμα αὐτῆς. ⁵⁸ καὶ ⁵⁷
ἐκάλεσαν Ῥεβέκκαν καὶ εἶπαν αὐτῇ Πορεύσῃ μετὰ τοῦ ἀνθρώπου τούτου; καὶ εἶπεν Πορεύσομαι. 58
⁵⁹ καὶ ἐξέπεμψαν Ῥεβέκκαν τὴν ἀδελφὴν αὐτῶν καὶ τὰ ὑπάρχοντα αὐτῆς, καὶ τὸν παῖδα τὸν 59
Ἀβραὰμ καὶ τοὺς μετ' αὐτοῦ. ⁶⁰ καὶ εὐλόγησαν Ῥεβέκκαν τὴν ἀδελφὴν αὐτῶν καὶ εἶπαν αὐτῇ 60
Ἀδελφὴ ἡμῶν εἶ· γίνου εἰς χιλιάδας μυριάδων, καὶ κληρονομησάτω τὸ σπέρμα σου τὰς πόλεις
τῶν ὑπεναντίων. ⁶¹ Ἀναστᾶσα δὲ Ῥεβέκκα καὶ αἱ ἄβραι αὐτῆς ἐπέβησαν ἐπὶ τὰς καμή- 61
λους, καὶ ἐπορεύθησαν μετὰ τοῦ ἀνθρώπου· καὶ ἀναλαβὼν ὁ παῖς τὴν Ῥεβέκκαν ἀπῆλθεν.
⁶² Ἰσαὰκ δὲ ἐπορεύετο διὰ τῆς ἐρήμου κατὰ τὸ φρέαρ τῆς ὁράσεως· αὐτὸς δὲ κατῴκει ἐν τῇ γῇ τῇ 62
πρὸς λίβα. ⁶³ καὶ ἐξῆλθεν Ἰσαὰκ ἀδολεσχῆσαι εἰς τὸ πεδίον τὸ πρὸς δείλης, καὶ ἀναβλέψας τοῖς 63
ὀφθαλμοῖς ἴδεν καμήλους ἐρχομένας. ⁶⁴ καὶ ἀναβλέψασα Ῥεβέκκα τοῖς ὀφθαλμοῖς ἴδεν τὸν 64
Ἰσαὰκ καὶ κατεπήδησεν ἀπὸ τῆς καμήλου, ⁶⁵ καὶ εἶπεν τῷ παιδί Τίς ἐστιν ὁ ἄνθρωπος ἐκεῖνος ὁ 65
πορευόμενος ἐν τῷ πεδίῳ εἰς συνάντησιν ἡμῖν; εἶπεν δὲ ὁ παῖς Οὗτός ἐστιν ὁ κύριός μου· ἡ δὲ
λαβοῦσα τὸ θέριστρον περιεβάλετο ⁶⁶ καὶ διηγήσατο ὁ παῖς τῷ Ἰσαὰκ πάντα τὰ ῥήματα ἃ 66
ἐποίησεν. ⁶⁷ εἰσῆλθεν δὲ Ἰσαὰκ εἰς τὸν οἶκον τῆς μητρὸς αὐτοῦ καὶ ἔλαβεν τὴν Ῥεβέκκαν, καὶ 67
¶ w ἐγένετο αὐτοῦ γυνή, καὶ ἠγάπησεν αὐτήν· καὶ παρεκλήθη Ἰσαὰκ περὶ Σάρρας τῆς μητρὸς αὐτοῦ.¶

56 ευωδωσεν D^sil 60 ηυλογησαν E | χειλια[δας] D | και 3°—των υ rescr A^d
61 αναστα A* (αναστασα A¹) | μετα του ανθρωπου] μετ αυτου A*^uid (μετα του α[υ]ου) A^a) 63 παιδιον A
64 ειδεν D^sil 65 πεδιω] παιδιω A 67 της μητρος 1°] της μ sup ras A^a

DEMa-jl-yc₂𝔄𝔅𝔈

post ημων E | ⟨μεθ ημων⟩ παρ ημιν 73) | ημερας ωσει] ωσει
ημερας r Chr ½ ημερας ως m · ως ημερας cf1 · tanquam dies 𝔄
om ωσει 𝔅𝔈 | μετα ταυτα] μετ αντα D. μετα τουτο bsw | απε-
λευσεσθε dfps(txt)tv Chr
  56 ο δε ειπεν] ειπεν δε f1r ⟨om ειπεν 14⟩ | om προς αυτους
𝔅^p | ⟨αυτους⟩ pr τους 18) | και] οτι 𝔄 Thdt ½ · om 𝔅 +γαρ
Eacgjmnos(mg)xy^bc₂ | κυριος pr o fj · ⟨ο θ̅ς̅ ο θ̅ς̅ 16⟩ +enim
𝔅^p | ευοδωσεν] ευοδωσει f. ευοδωκεν h Thdt ½ | μου 1°] αυτου
εν εμοι qu | εκπεμψατε] απολυσατε ⟨20⟩ Chr ½ | απελθων s |
⟨προς⟩ +αυτον 31⟩
  57 οι δε ειπαν] ειπαν δε bnw ειπον δε dp et dicunt
fratres eius 𝔄 | ειπον cfimr^at | καλεσομεν cdgsv | επερωτη-
σωμεν ADty | ερωτησομεν cgpv ερωτησωμεν EM rell Chr |
αυτης το στομα qu
  58 ρεβεκκαν] pr την a-dmoptwxc₂· pr την αδελφην αυτων
f1r ρεβεκκα n την παιδα h | ⟨το στομα ρεβεκκας 71⟩. om
Chr +την αδελφην αυτων l | ειπον cdfio*(uid)prsv^a† | om
τουτου Chr | και 3° AE] η δε D(+D^sil)EM omn 𝔄𝔅 Chr
  59 ρεβεκκαν] pr την bw· ρεβεκκα n om o | την αδελφην
αυτων] pr και g* την αδελφην ex corr g^a? om 𝔈 Chr ½ |
⟨αυτων⟩ αυτου 18) | om και 2°—(60) αυτων ft | τα υπαρχοντα]
pr παντα h | αυτης] αυτη m +et nutricem eius 𝔄-codd 𝔈^c |
τον 2° ADMlr*] om d𝔅 τον του hs του Er^a rell Chr | αυτου]
αυτου g αυτων cj +οντας ilr
  60 om και 1° w | την αδελφην αυτων] sub - M om qux𝔄
Chr | ειπον cdfpr^a(uid)t | αυτη] αυτην c om y | ει] συ m · ει
συ f1r om 𝔄 | γενου ⟨20⟩ Chr | χιλιαδας μυριαδων] myriadas
𝔅^p | χιλιας mn | κληρονομησατω] κληρονομησω w(uid) κληρο-
νομησει hl | υπεναντιων] εναντιων x* +tuorum 𝔄𝔅𝔈^p
  61 αναστασα δε] και αναστασα ⟨78⟩ Chr | ρεβεκκα] +απηλ-

θεν D(+D) | και αναλαβων] αναλαβων δε E | ο παις] uir 𝔈 |
απηλθεν] +εκειθεν v(mg)
  62 ⟨ισαακ δε⟩ ο δε ισαακ 20) | επορευετο] επορευθη f1 διε-
πορευετο q ⟨εξηει 20⟩ om 𝔄-ed | om δια της ερημου m | κατα
—ορασεως] om c om της ορασεως 𝔈 | αυτος δε κατωκει] et
fuerunt habitantes 𝔈. om αυτος δε 𝔄 | αυτο b | ⟨om δε 2°
108) | εν] προς h𝔅^lw(uid) | om γη s | τη 2°] της cs(uid). om
Eabdlmp𝔄(uid) | λιβα] λιβαν fl(uid)ms· septentrionem 𝔈
  63 και εξηλθεν] εξηλθε δε bw𝔅^p | εις το πεδιον] εν τω
πεδιω bw | το προς δειλης] προς το δειλινον l· om Chr ½ | το 2°]
τα ac· om Ebc₂ | προ g | τοις οφθαλμοις] om 𝔈 +αυτου qu
𝔄𝔅 | καμηλους] pr τας ⟨20⟩ Chr. +decem 𝔄 | ερχομενας] ερχο-
μενους n ⟨επανερχομενας 20⟩
  64 και 1°] η δε ρεβεκκα p | αναβλεψας bgjn | ρεβεκκα] post
οφθαλμοις f1r𝔄𝔅. και αυτη p | om τοις οφθαλμοις o𝔈
  65 τω παιδι] τω παιδιω d · ⟨το παιδιον 107⟩ | τις] τι dp |
om εστιν 1° Phil | om o 1° m | εκεινος] ουτος Phil om d𝔄(uid) |
προπορευομενος st | εν τω πεδιω E Phil | απαντησιν c₂ |
ημων Ebd-gijnp(uid)rc₂ Chr | ειπεν δε] και ειπεν p | o παις]
uir 𝔈 om p | om ουτος—(66) παις d | ουτος—μου] ο κυριος
μου ισαακ εστιν p | αυτος m | om εστιν 2° bw Phil | μου]
+Isaac 𝔅^lw | om η δε—περιεβαλετο p | περιεβαλετο] περιε-
βαλλετο fgm Chr ⅓ ⟨επεβαλετο 16⟩
  66 και διηγησατο] ειπε δε p | α εποιησεν] pr ταυτα egj
s(mg) οσα εποιησεν c ταυτα E
  67 om δε 𝔅^p | της μητρος αυτου 1°] pi σαρρας achj(mg)
m(σαρας)os(mg)v(mg sub ※)xc₂𝔄𝔅 +σαρρας t | ρεβεκκαν] ρε-
βεκκα dopt γυναικα ns | om και 2°—γυνη n | αυτου 2°] αυτω
f𝔅 Or-lat Chr | γυνη] εις γυναικα Chr ⅓ | ⟨om και ηγαπησεν
αυτην 25⟩ | om ισαακ 2° Chr ½ | σαρρας] σαρας m om 𝔈 Cyr

  59 τα υπαρχοντα] α' την τιθηνον M α' την τιτθην jsvc₂(om την sv). σ' τροφον Mjs(sine nom)vc₂(pr την jc₂)
  61 αι αβραι] α' παιδισκαι σ' κορασια Mjs(sine nom)v: παιδισκαι και κορασια c₂
  63 αδολεσχησαι—πεδιον] α' ομιλησαι εν χωρα c₂ σ' λαλησαι εν τω αγρω jsc₂(sine nom js)
  67 εισηλθεν—αυτου 1°] α' εισηγαγεν αυτην εις την σκηνην σαρρας της μ̅ρ̅ς αυτου c₂ | παρεκληθη] σ' παρηγορηθη Mv:
παοηγορησεν j(uid)s· α' παρηγορηθη c₂

ΓΕΝΕΣΙΣ

XXV 1/2 ¹Προσθέμενος δὲ Ἀβραὰμ ἔλαβεν γυναῖκα ᾗ ὄνομα Χεττούρα. ²ἔτεκεν δὲ αὐτῷ τὸν Ζεβρὰν A
3 καὶ τὸν Ἰεξὰν καὶ τὸν Μαδαὶμ καὶ τὸν Μαδιὰμ καὶ τὸν Ἰεσβὸκ καὶ τὸν Σωέ· ³Ἰεξὰν δὲ
  ἐγέννησεν τὸν Σαβὰν καὶ τὸν Θαιμὰν καὶ τὸν Δαιδάν· υἱοὶ δὲ Δαιδὰν ἐγένοντο Ῥαγουὴλ καὶ
4 Ναβδεὴλ καὶ Ἀσουρὶμ καὶ Λατουσιεὶμ καὶ Λωμείμ· ⁴υἱοὶ δὲ Μαδιὰμ Γεφὰρ καὶ Ἄφερ καὶ
5 Ἐνὼχ καὶ Ἀβιρὰ καὶ Θεργαμά. οὗτοι πάντες ἦσαν υἱοὶ Χεττούρας. §⁵ἔδωκεν δὲ Ἀβραὰμ § 𝕮ᵐ
6 πάντα τὰ ὑπάρχοντα αὐτοῦ Ἰσαὰκ τῷ υἱῷ αὐτοῦ· §⁶καὶ τοῖς υἱοῖς τῶν παλλακῶν αὐτοῦ ἔδωκεν § w
  Ἀβραὰμ δόματα, καὶ ἐξαπέστειλεν αὐτοὺς ἀπὸ Ἰσαὰκ τοῦ υἱοῦ αὐτοῦ ἔτι ζῶντος αὐτοῦ πρὸς
7 ἀνατολὰς εἰς γῆν ἀνατολῶν. ⁷ταῦτα δὲ τὰ ἔτη ἡμερῶν ζωῆς Ἀβραὰμ ὅσα ἔζησεν, ἑκατὸν ἑβδο-
8 μήκοντα πέντε ἔτη. ⁸καὶ ἐκλείπων ἀπέθανεν Ἀβραὰμ ἐν γήρει καλῷ πρεσβύτης καὶ πλήρης
9 ἡμερῶν, καὶ προσετέθη πρὸς τὸν λαὸν αὐτοῦ. ⁹καὶ ἔθαψαν αὐτὸν Ἰσαὰκ καὶ Ἰσμαὴλ οἱ δύο
  υἱοὶ αὐτοῦ εἰς τὸ σπήλαιον τὸ διπλοῦν, εἰς τὸν ἀγρὸν Ἐφρὼν τοῦ Σάαρ τοῦ Χετταίου, ὅ ἐστιν

XXV 1 προσθεμενος] σθε sup ras Aᵃ   2 ζεβραν A*] ζεμβραμ A¹ | ιεξαν] post ε ras (1) A¹ | μαδαιμ]
μαδαι A¹   3 ιεξαν] ξ sup ras Aᵃ   6 δοματα E   9 χετγαιου E

DEMa-jl-v(w)xyc₂𝕬𝕭(𝕮ᵐ)𝕰

XXV 1–5 om w
1 om δε E | χεττουραν t
2 ετεκεν δε] ελαβε δε και ετεκε b. και ετεκεν dnp om δε
𝕭ᵖ | om αυτω b𝕰 | ζεβραν A*fl] ζεμραν x𝕬(uid). ζεμβραμ
A'cdo𝕭ᵖ: ζομβραν Dˢᵘˡ ζεμβρα ir𝕭ˡʷ: ζεμβρανης Jos. ζεμβραν
M rell Or-gr Zamram Or-lat: Lebda Anon² om και 1° p |
ιεξαν] ιεκσαν h*qtx: ιεκξαν y ιεκταν Ebefgijrs(mg)𝕬-ed ⟨εκταν
71⟩. ιεξαν dmp𝕭¹ | ιεσβοκ n Bauz Anon² | και τον μαδαιμ]
om f. om και p | μαδαιμ A*] μαδαι A¹ μαδαμ clmy· μανδαν
dp μαλαν nqu. μαδαιμ DEM(uid) rell 𝕭ᵖ Or-lat: Adan 𝕭ˡʷ
Iectan Anon² | και τον μαδιαν] om 𝕰ᶠᵖ | μαδιαν v Or-lat 𝕬
μαδαιμ e· μαδαιμ gj(sup ras uid): Mazian
Anon² | om και 4° p | ιεσβοκ] ιεσβουκ D. ιεσβωκ cdfl Or-gr
ιεσβαυκ gj(uid) ιεσβακε e ιεσβοη hb¹(uid)· ιεσβουν n. ιεσοκ E
ιεσβωχ ⟨20⟩ Or-lat ⟨ιεσβωη 79⟩ ιεσβορ 121· ιεσβαμ 31· ιεουβεκ
71⟩ Esboc 𝕬-ed: Ieboc Anon² | σωνε] σωνε c σωιε dp Or-gr:
σωε f¹ σωγε n σουε ⟨14 16 18 25 31 73 78 83 130⟩ Or-lat
σοβε b. σους j(uid) σωυεχ n𝕭ᵖ Zoue 𝕭ᵖ Coseri Anon²
3 ιεξαν] ιεκσαν hqtx ιεκταν Ebefgijrs(mg)𝕬 Anon². ιεξαν
dmp𝕭¹ | σαβαν] σαβα Ecqux𝕬 σαβακ fir· σαβαθ t ραβαν
m σαλωτ dp· βαν b. σαβακινης Jos Sabat 𝕭 Abaudus
Anon² | και τον θαιμαν] om bmo Jos om και p | θαιμαν]
θεμαν Ecdl*n θεμαιν fi θαιμαιν r. θαλμαν ahb°. ⟨θανμαν 71⟩·
Temnan Anon² | δαιδαν 1°] δαδαν f Anon² δαδαν chb¹mvxc₂
𝕬: δαδα b. δαιδαιθο η daιμαν degj δεμαν p δαν b λαδαν qu
μαδιαμ E | om δε 2° l | δαιδαν 2°] δεδαν f Anon². δαδαν acm
svxc₂𝕬 δαιδαμ D(δαιδα D) δαιμαν degj δεμαν p. δαν b
λαδαν qu ⟨γαιμαν 31 83⟩ | om εγενοντο n | om ραγουηλ—και 4°
o Jos | ραγουηλ] ρογουηλ t. ραβουηλ m ρασου(ηλ) D ⟨ραγουες
83⟩ Rakouel 𝕭ᵖ | om και 3° dnp | ναβδεηλ] λ ras(uid)E
ναβδαιλ x: ναυδεηλ df ναβλεηλ qu ναιδαιηλ c. ναδε η
⟨ναυβδεηλ 128⟩ αναβδεηλ n ναγδαια α αναβδαινα c. αδεηλ
b ⟨βδεηλ 108⟩ Nabdel Anon² Ebdeel 𝕭ˡʷ Abdeel 𝕭ᵖ | om
και 4° dp | ασουριμ Ay] ασουριειμ dflmops*𝕬. ασσουριμ t·
ασσοριειμ n ασσουριηλ E ασσουριειμ D(ασο ριειμ D)Msᵃᵗ
rell Or-gr Assourim 𝕭 Assur Anon² | και λατουσιειμ] om
⟨76⟩ 𝕰 om και dp | λατουσιειμ] λατουσιμ t λατουσιειμ l
⟨λατουσιειμ 71⟩ λατουσιειμ dp: λατουσιειμ ir. λατουρηην Dⁿᵃ¹
λατουριην n* λαττουσιειμ bfh Ladusiim 𝕭ᵖ Latisin Anon² |
λωμειμ Ajmv] λωμειν D(ειν Dᵇ)EMhoy λωμιν c₂: λωμημ
g λωμεμ x λωμιδ t λωμιμ dp λωμειμ bl. λιωμειν c.
λεωμειμ s(uid). λωμειμ ⟨79⟩ 𝕬: λωμημ e. ⟨λαομειμ 20⟩·

λωειμ f λωωειν ir*· λωωειν rᵃ. ⟨λουμειμ 71⟩ ωμειν n· αθωμειμ
qu· αθωμιν a Athouim 𝕭ˡʷ Lomon Anon²
4 υιοι δε] και υιοι n | μαδιαμ] Mazias Anon² |ᵍ⟨γεφαρ
γαιφαρ DEcjtv γεφα n γεφαρα v ταιφα x και γεφα h(mg)·
Cephar Anon² | om και 1° d | αφερ] ε sup ras Dᵇ αεφιρ bqu·
αμερ f ναφερ l | om και 2° dp | ενωχ] αινωχ a ενουχ c:
ενωκ p Anoch 𝕭ˡʷ Enodi Anon² | και αβιρα] ⟨om 71⟩· om
και dp | αβιρα] αβειρα Maoc₂. αβηρα l αβιδα bhmqsuvx𝕬𝕭ᵖ
Or-gr ⟨αβηδα 30⟩ αβιδρα ej. non liquet g· αβια E εβιδας Jos
⟨αδιβα 108 αμιδα 121⟩ Abidda 𝕭ˡʷ | θεργαμα AMlny | [θ]ερ-
γαμ[α] D(ρταμα rescr Dᵇ) σεργαμα egj ⟨σελγαμα 14⟩ αραγα
E* εαραγα Eᵃ σαγαρα ε θεβαραγα | ⟨εθαραγα 76 αραγ-
ραγα 30⟩ ραγα c ελραια c χαριαγαυ fir θασα dp· γερμα
31⟩ ελδας Jos ελραγα ahoqsuvxc₂𝕭 Edraga 𝕬 Ezrasa
Anon² | ουτοι παντες] παντες ουτοι DEMaceghjoqtuxc₂𝕬 και
παντες ουτοι b παντες δε ουτοι m· +ουτοι d | υιοι 2°] pr οι
M𝕭 εκ της f ⟨om χεττουρας 83⟩
5 om δε s | om παντα 𝕭ᵖ | αυτου 1°] αυτω mu | ισαακ]
pr τω egm. post αυτου 2° fir | τω υιω] του υιου d
6 και 1°—αυτου 2°] pr εδωκεν δε fir om 𝕰ᶠᵖ | αυτου 1°]
του αβρααμ t Abraham 𝕭 +οσαι του αβρααμ acx(τω)c₂𝕬 |
om εδωκεν—δοματα f | εδωκεν αβρααμ] post δοματα x* | εδωκεν]
om ir +δε ac | αβρααμ] pr ras (2) ο post δοματα egj om
aᵃ¹𝕭 | δοματα] ⟨βρωματα 107⟩ om ir | ⟨om αυτου 2° 107⟩ |
⟨om ετι ζωντος αυτου 76⟩ | ετι] e πο | αυτου ζωντος acmoxc₂𝕬
εις γην] εν γη c | γην] pr δλp𝕭
7 ⟨om τα 31⟩ | ημερων ζωης] της ζωης των ημερων fim(om
των)r | ημερων] των ημερων της blw· om 𝕭𝕮 | om οσα—(8)
αβρααμ gw | οσα] ⟨οσας 16.130⟩ as n | εκατον—πεντε] post ετη
p | εβδομηκοντα] quadraginta 𝕰ᶠ triginta 𝕰ᵖ | om πεντε E |
om ετη 2° cefm
8 εκλιπων bdflmptvx𝕭𝕮(uid) | απεθανεν] post αβρααμ
x𝕬 | om αβρααμ n | πρεσβυτης] πρεσβυτερος dgjps(txt)vxy.
⟨om 71⟩ | om και 2° m𝕭ᵖ | om και προσετεθη—αυτου 𝕭ˡʷ ·
τον λαον] τους πατερας D(πα ας)Ens(mg)· τους περατας
j(mg)
9 εθαψεν hm*(uid) | ⟨om ισαακ—αυτου 128⟩ | οι δυο] post
αυτου 78 | οι] ο r*· om c*c₂ | om δυο Dˢᵘˡa-dhil-prwxc₂𝕬𝕮𝕰 |
υιοι] ε 2° ex corr(uid)r | εις τον σπηλαιον m | εφρων] pr
του fir: χεβρων το eg· ⟨χεβρω 14⟩. +το | ⟨+του 78⟩ | το 1°
—χετταιου] του χετταιου υιον σααρ v(mg)c₂ | του σααρ n𝕮
του 1°] pr υιου fir: filii 𝕭 | +του Ml | υιον acjmoqsuv(txt)x |

XXV 8 γηρει καλω] α' σ' πολια αγαθη Mjs(α' σ' θ')v(om σ')

XXV 9 ΓΕΝΕΣΙΣ

A ἀπέναντι Μαμβρή, ¹⁰τὸν ἀγρὸν καὶ τὸ σπήλαιον ὃ ἐκτήσατο Ἀβραὰμ παρὰ τῶν υἱῶν Χέτ· ἐκεῖ 10
ἔθαψαν Ἀβραὰμ καὶ Σάρραν τὴν γυναῖκα αὐτοῦ. ¹¹ἐγένετο δὲ μετὰ τὸ ἀποθανεῖν Ἀβραὰμ 11
εὐλόγησεν ὁ θεὸς τὸν Ἰσαὰκ τὸν υἱὸν αὐτοῦ· καὶ κατῴκησεν Ἰσαὰκ παρὰ τὸ φρέαρ τῆς ὁρά-
¶ w𝕮ᵐ σεως.¶ ¹²Αὗται δὲ αἱ γενέσεις Ἰσμαὴλ τοῦ υἱοῦ Ἀβραάμ, ὃν ἔτεκεν Ἀγὰρ ἡ παιδίσκη 12
Σάρρας τῷ Ἀβραάμ. ¹³καὶ ταῦτα τὰ ὀνόματα τῶν υἱῶν Ἰσμαὴλ κατ᾽ ὄνομα τῶν γενεῶν αὐτοῦ· 13
πρωτότοκος Ἰσμαὴλ Ναβαιώθ, καὶ Κηδὰρ καὶ Ναβδεὴλ καὶ Μασσὰμ ¹⁴καὶ Μασμὰ καὶ Ἰδουμὰ 14
καὶ Μασσὴ ¹⁵καὶ Χοδδὰν καὶ Θαιμὰν καὶ Ἰετοὺρ καὶ Ναφὲς καὶ Κέδμα ¹⁶οὗτοί εἰσιν οἱ υἱοὶ ¹⁵₁₆
Ἰσμαήλ, καὶ ταῦτα τὰ ὀνόματα αὐτῶν ἐν ταῖς σκηναῖς αὐτῶν καὶ ἐν ταῖς ἐπαύλεσιν αὐτῶν·
δώδεκα ἄρχοντες κατὰ ἔθνος αὐτῶν. ¹⁷καὶ ταῦτα τὰ ἔτη τῆς ζωῆς Ἰσμαήλ, ἑκατὸν τριάκοντα 17
ἑπτὰ ἔτη· καὶ ἐκλείπων ἀπέθανεν καὶ προσετέθη πρὸς τὸ γένος αὐτοῦ ¹⁸κατῴκησεν δὲ ἀπὸ 18
Εὐειλὰτ ἕως Σουήλ, ἥ ἐστιν κατὰ πρόσωπον Αἰγύπτου ἕως ἐλθεῖν πρὸς Ἀσσυρίους· κατὰ
§ w πρόσωπον πάντων τῶν ἀδελφῶν αὐτοῦ κατῴκησεν. §¹⁹Καὶ αὗται αἱ γενέσεις Ἰσαὰκ τοῦ 19
§ Δ₃ υἱοῦ Ἀβραάμ· Ἀβραὰμ ἐγέννησεν §τὸν Ἰσαάκ. ²⁰ἦν δὲ Ἰσαὰκ ἐτῶν τεσσεράκοντα ὅτε ἔλαβεν 20
τὴν Ῥεβέκκαν θυγατέρα Βαθουὴλ τοῦ Σύρου ἐκ τῆς Μεσοποταμίας, ἀδελφὴν Λαβὰν τοῦ Σύρου,

    11 ηυλογησεν E   16 ταισκηναις E   20 του συρου εκ της μεσοπο sup ras Aᵃ¹

*D*EM(Δ₃)ab(+*b*)c–jl–v(w)xyc₂𝕬𝕭(𝕮ᵐ)𝕰

om o—(10) σπηλαιον p | o] os EMbd–gijnoqru–y | κατεναντι f i mr | μαμβρη] μαμβρι oᵃ. μαυμβρι c: *Mamre* 𝕭ᵖ. *Mabre* 𝕮(uid)
  10 τον αγρον και] pr εις fm · των αγρων εις 1 | o] ον aegjos vx | εκτησαντο b | αβρααμ 1°] +και σαρραν την γυναικα αυτου f | παρα των υιων χετ] om E · om παρα f | χετ] pr του *D*ˢⁱˡMb ejopqs–vxc₂ | ⟨om εκει—αυτου 83⟩ | εκει] pr et 𝕰 | και c | om και σαρραν—(11) αυτου d | σαραν m
  11 αβρααμ] pr τον p | ο θεος τον] om a : om τον bchil–prt wc₂ | ο θεος] *Dominus* Or-lat | ισαακ 1°] ισαιακ c post αυτου c₂ | om τον 2° *D*ˢⁱˡEMegquy | αυτου] +και κατωκησεν ισαακ τον υ̅ν̅ αυτου t* | om ισαακ τον *Or*-lat
  12—18 om b(*b*=Holmes 108)w
  12 om δε Et𝕭ᵖ | γενεσεις] γενεαι qu | ισμαηλ] post αβρααμ 1° n | om του eg | om υιου c | ον ετεκεν—αβρααμ 2°] bis scr g | ον] οτε t(οτι t*uid) | ετεκεν] εγεννησεν rᵃ | αγαρ—αβρααμ] *et Agar famula Sarae* 𝕰 | αγαρ] +η αιγυπτια a*b*cefgjmoxc₂𝕬 | om η E | σαρρας] σαρρα dp om m
  13 ισμαηλ 1°] +και τα ονοματα των γενεων αυτου b | om κατ—αυτου 𝕰 | κατ ονομα] κατα το ονομα dfpt ᵹ τα ονοματα E κατα τα ονοματα hir𝕬𝕭 | αυτου] αυτων fhⁱaʳc₂𝕭 om o | ισμαηλ 2°] αυτου p𝕰 | +και μασσαν b(μασαν b*) | ναβαιωθ] ναβεωθ a*b*c₂ Anon² ναβαωθ c ναβαιωτ dp αναβαιωθ l ναβαιωδ qu ναβαωδ n ⟨ναβωθ 71⟩ ναβαιων m ναιβεωρ E *Anabeoth* 𝕭ʷ + *Malelelet* 𝕭ʷ | *Accedar* Anon² | om και 3° dp | ναβδεηλ] ναβδαιηλ *D*y β sup ras oᵃ ναβεηλ am ναδδεηλ n αβδεηλ gqux 𝕬𝕭 αβδελος Jos αβδιηλ ej ⟨αυδιηλ 79 128⟩ κηδαρ c₂ *Nabdel* Anon² | και μασσαμ] om b* | om και dfp | μασσαμ AMy Or-gr(uid) | μασαμ lm μασαν bᵃ¹. μασομ diˢp ⟨μασων 79 μασμαμ 14⟩ | μαβσαν hsv μαβεαν l | μασσαν *D* rell *Absan* 𝕭 *Aga* Anon² μεμσαμ r μεμψαν fiᵃ | μασσαν *D* rell *Absan* 𝕭 *Aga* Anon²
  14 και 1°—(15) ναφες] μασση θεμαν ναφες μασμαν ιδουμα χολδαμ ιετουρ dp · και μανασση και θαιμαν και ναφες και βασμαν και ιδουμα και χολδαβ και ιετουρ fi [[μασση | μασμαν]] | μασμα] μασμαν *D*Eabcghj*(uid)ortc₂ Or-gr Anon² μασμαμ Mej𝕬 ⟨μασσαμ 25⟩ μασεμαλ qu βασμαμ και μασβαμ m *Asman* 𝕭 | ιδουμα] ιδουμαν E ιδουμα qu ⟨ιδουμαμ 18⟩ ινδουμα ο δουμα Or-gr ⟨τον δουμα 31⟩ | μασση] μαση cl𝕬 μανασση *D*n
  15 om και 1°—θαιμαν 𝕭ˡʷ | χοδδαν] χοδδαδ EMvx Or-gr χοδαδ acoc₂. χορδαδ e. χολδαδ *b*jlnt𝕬𝕭ᵖ χαλδαδ g χαλδα *D*: χολδαν r · χολλαδ qu χοσδαλ m χοαδ s *Chodan* Anon² |

θαιμαν] θεμαν bcnor θημαν *D*(θημ·)Eeghqtu𝕭ᵖ θημων j. θαμαν s θεμα x𝕬 οιμαν m *Themam* Anon² | ιετουρ] ιεττουρ *D*Es(mg)t𝕭 ⟨ιετουζ 107⟩· θητουρ bgj· ⟨θετορ 83⟩ *Iechur* Anon² | ναφες] ναφεις b. ναφας ο ναφεθ *D*n *Aphes* 𝕭ˡʷ *Nafer* Anon² | ⟨om και 5° 71⟩ | κεδμα] καιδμα n ⟨κιδμα 32⟩ κεδμαν *D*ego κεδεμα b κεδεμ h κελμα qu *Cedmar* Anon² *Ketma et Choldat* 𝕭ˡʷ
  16 om οι EMadeglpqrs(txt)uv | και ταυτα] *secundum* 𝕭 | om αυτων 1° r | σκηναις] αυλαις x | επαυλεσιν] *b*𝕬𝕰(uid) | om αυτων 2° d | om και 2° fp | επαυλεσιν] επαλεξειοιν a σκηναις bx 𝕬𝕰(uid) | αρχοντες] +*eorum* 𝕬 | κατα] και ο | εθνος] ⟨pr το 107⟩ εθνη *D*ˢⁱˡEMa*b*cqux𝕬𝕭 τα εθνη eghjlmos(mg)v(mg) γενος n ⟨παντα τα εθνη 83⟩
  17 om τα n | ετη 1°] εθνη *D* +ημερων Edeghjlptv(mg) | om της *D*Ehlnqs–v. | ισμαηλ] +οσα εζησεν j(mg)s(mg)v(mg) | εκατον—επτα] post ετη 2° r om επτα 𝕰ᵖ ρζ´ m | τριακοντα] *uiginti* 𝕭 | επτα ετη] ⟨om 31⟩ om ετη fmn | εκλιπων Mcdfl moptvᵃ¹x𝕭 | προς] οις m𝕬 | το γενος] τους π̅ρ̅ας̅ En
  18 κατωκ δε] και κατωκ. E om δε m | ευειλατ] ευιλατ EM*b*d–jnprtc₂(+ras 2 litt) εβιλατ l ευηλατ mqu ευειλα x ευιλα y 𝕬-ed On *Ebilath* Anon² *Eula* 𝕬-codd | σουηλ A] σουρ *D*ˢⁱˡEM omn 𝕬𝕭 Or-gr On Anon² | κατα προσωπον αιγυπτου] *in Ægypto* 𝕰 | προς] εις r | ασσυριους] pr τους E𝕭 ασυριους flo𝕬. ασυρριους n αρσυριους c | *Assyr iam* Anon² + αβρααμ εγεννησε *b** | παντων] pr παντων των της αιγυπτου και απο προσωπου qu post αυτου t | αδελφων] εχθρων o | αυτου] αυτων *b**
  19 και αυται] αυται δε *D*EMeghjqsuvx𝕭ᵖ Chr Cyr om και 𝕭ˡʷ ⟨+δε 30⟩ | om του eghj | om αβρααμ 2°—ισαακ 2° 𝕰 | αβρααμ 2°] om b | +δε n 𝕭ᵇ
  20 ισαακ] ισσαακ Δ₃ om f | ετων τεσσερακ] τεσσερακ ετων *D*Δ₃(uid)acf¹oxc₂ +αυτου eg ετων με´ m | ελαβεν] ⟨ελαβον 18⟩ +γυναικα m | την ρεβεκκαν] ρεβεκκαν την Chr ½ · om την d Chr ½ · ⟨γυναικα 79 την γυναικα αυτου ρεβεκκαν 71⟩ | ρεβεκκα ms | ⟨om θυγατερα—συρου 1° 71⟩ | βαθουηλ] pr του m | συρου 1°] [μεσο]ποταμιτου Δ₃ | εκ της—εαυτω] pr *qui erat* 𝕬 | om E om εκ—συρου 2° bqw | της] γης l | μεσοποταμιας] +της συριας mo*𝕭ˡʷ +συριας acfgjoᵃ¹xc₂ +*Syriae* 𝕬𝕰ᶜ 𝕾-ap-Barh | αδελφην] αδελφη n +δε dpt Chr | λαβαν] λαβα l | του συρου 2°] [του] μεσοποταμ[ιτου] Δ₃ om Chr | ⟨om εαυτω γυναικα 71⟩ | εαυτω] pr *cepit* 𝕭. αυτω r | γυναικα] pr εις EΔ₃aceghjmoqs(mg) tuxc₂ Chr

64

21 ἑαυτῷ γυναῖκα. ²¹ἐδεῖτο δὲ Ἰσαὰκ Κυρίου περὶ Ῥεβέκκας τῆς γυναικὸς αὐτοῦ, ὅτι στεῖρα ἦν· A
22 ἐπήκουσεν δὲ αὐτοῦ ὁ θεός, καὶ ἔλαβεν ἐν γαστρὶ Ῥεβέκκα ἡ γυνὴ αὐτοῦ ²²ἐσκίρτων δὲ¶ τὰ ¶ Δ_3
παιδία ἐν αὐτῇ· εἶπεν δέ Εἰ οὕτως μοι μέλλει γίνεσθαι, ἵνα τί μοι τοῦτο; ἐπορεύθη δὲ
23 πυθέσθαι παρὰ Κυρίου. ²³καὶ εἶπεν Κύριος αὐτῇ
Δύο ἔθνη ἐν τῇ γαστρί σού εἰσιν,
καὶ δύο λαοὶ ἐκ τῆς κοιλίας σου διασταλήσονται·
καὶ λαὸς λαοῦ ὑπερέξει,
καὶ ὁ μείζων δουλεύσει τῷ ἐλάσσονι.
24 ²⁴καὶ ἐπληρώθησαν αἱ ἡμέραι τοῦ τεκεῖν αὐτήν· καὶ τῇδε ἦν δίδυμα ἐν τῇ γαστρὶ αὐτῆς.
25 ²⁵ἐξῆλθεν δὲ ὁ υἱὸς ὁ πρωτότοκος πυρράκης, ὅλος ὡσεὶ δορὰ δασύς· ἐπωνόμασεν δὲ τὸ ὄνομα
26 αὐτοῦ Ἠσαύ. ²⁶καὶ μετὰ τοῦτο ἐξῆλθεν ὁ ἀδελφὸς αὐτοῦ, καὶ ἡ χεὶρ αὐτοῦ ἐπειλημμένη τῆς
πτέρνης Ἠσαύ· καὶ ἐκάλεσεν τὸ ὄνομα αὐτοῦ Ἰακώβ. Ἰσαὰκ δὲ ἦν ἐτῶν ἑξήκοντα ὅτε ἐγέννη-
27 σεν αὐτοὺς Ῥεβέκκα. §²⁷ηὐξήθησαν δὲ οἱ νεανίσκοι· καὶ ἦν Ἠσαὺ ἄνθρωπος εἰδὼς κυνηγεῖν, § L
28 ἄγροικος· Ἰακὼβ δὲ ἦν ἄνθρωπος ἄπλαστος, οἰκῶν οἰκίαν ²⁸ἠγάπησεν δὲ Ἰσαὰκ τὸν Ἠσαύ,
29 ὅτι ἡ θήρα αὐτοῦ βρῶσις αὐτῷ· Ῥεβέκκα δὲ ἠγάπα τὸν Ἰακώβ ²⁹Ἥψησεν δὲ Ἰακὼβ
30 ἕψεμα· ἦλθεν δὲ Ἠσαὺ ἐκ τοῦ πεδίου ἐκλείπων. ³⁰καὶ εἶπεν Ἠσαὺ τῷ Ἰακώβ Γεῦσόν με ἀπὸ
τοῦ ἑψέματος τοῦ πυρροῦ τούτου, ὅτι ἐκλείπω ἐγώ· διὰ τοῦτο ἐκλήθη τὸ ὄνομα αὐτοῦ Ἐδώμ.
31 32 ³¹εἶπεν δὲ Ἰακὼβ τῷ Ἠσαύ Ἀπόδου μοι σήμερον τὰ πρωτοτοκεῖά σου ἐμοί. ³²εἶπεν δὲ

21 εδεετο D^{sil} | εγγαστρι A 24 του] bis scr E 25 επονομασεν E 26 επιλημμενη AE
27 αβλαστος A 29 παιδιου A 30 πυρου E | τουτο] το A 31 πρωτοτοκια AD^{sil}E

*D*E(L)M(Δ_3)a–jl–yc_2𝔄𝔅𝔈

21 κυριου] κω̅ n: ⟨κν̅ 31⟩ om bcdfmw Barn Chr | ρεβεκκας] post αυτου 1° dfip. om Δ_3 | αυτου 1°] +του κυ̅ bw | ⟨οτι στειρα ην] ητις στειρα 128⟩ | ην στειρα Ebw | επηκ. δε] και επηκ. Chr. και υπ[ηκου]σεν Δ_3 | επηκουσεν] υπηκουσε dp εισηκουσεν qs(mg) u | om δε 2° f$𝔅^{p(*)}$ | αυτου ο θεος] αυτου κ[ς̅] Δ_3 κς̅ αυτου f | αυτου 2°] αυτω EMcegjl–os(mg)x | ελαβεν] post γαστρι y συνελαβε bw | εν γαστρι] post ρεβεκκα bw om Δ_3 | ρεβεκκα—αυτου 3°] om n Or-lat. om η γυνη αυτου $𝔅^{p}$ | ρεβεκκα] pr η t ρεβεκα s

22 εσκιρτουν Δ_3 | παιδια] παιδαρια Chr-codd | ει—τουτο] bis scr c_2 | ουτως] *hoc* 𝔅 | μοι 1°] post μελλει v· om dp | μελει fm | γινεσθαι] γενεσθαι Emnqu Cyr $\frac{1}{2}$· γενεσθαι παρα κυ̅ b | τουτο] το ζην Chr $\frac{1}{2}$ | om δε 3° $a^{a?}c_2$ | πυθεσθαι] pr του l πειθεσθαι dp πιθεσθαι n· προθεσθαι 1^{a}r | κυριου] +του θυ̅ fir $𝔈^{fp}$

23 κυριος] post αυτη l Or-lat 𝔄: +ο θς̅ fir$𝔈^{fp}$ | αυτη] προς αυτην Barn. om c_2 | δυο 1°] pr ιδου dfipt | εν—εισιν] *concepisti* 𝔅 om Cyr $\frac{2}{3}$ | εν—σου 1°] post εισιν f Phil-arm 𝔄𝔈 | εισιν] εστιν acdim(uid)noprxc_2 Phil-gr-ed Chr om Barn | om και δυο—ελασσονι c_2 | εκ της κοιλιας] εν τη κοιλια v Barn Chr | διασταλησονται] ⟨διαναστησονται 16⟩ om Barn | λαος λαου] pr ο Cyr $\frac{1}{4}$ post υπερεξει Barn | υπερεξει] υπαρξει b | και 4°—ελασσονι] bis scr g | ⟨ο] το 18⟩

24 ημεραι] +αυτης acmoxc_2𝔄(uid)𝔅 Or-lat Phil-lat | om τηδε 𝔄𝔅𝔈 Or-lat | γαστρι] κοιλια D^{sil}EMabce–ij(mg)lmoqr s(mg)tuv(mg)wxc_2 Cyr

25 om δε 1° x* | ο υιος] om Thdt ⟨om ο 71 83⟩ +αυτης El𝔅𝔈 | πρωτοτοκος] πρωτος m Thdt | πυρρακης] πυρρακος c πυρακιος bw· πυρρος Thdt | ολος] pr *et* Or-lat. ολως cd | ωσει] pr και bw Cyr $\frac{1}{2}$ Phil-lat | δορα] om m *flos rosae* 𝔈 | om δασυς $𝔈^{p}$ | επωνομασεν] επεκαλεσε Cyr | om δε 2° dfgm𝔅

26 τουτο] τουτον Mfi𝔈(uid) τουτων s· ταυτα *D*g Chr | εξηλθεν] +και m | ⟨om αυτου 1° 30⟩ | επειλ.] επιλελειμμενη g· επιλελισμενη n | ησαυ] αυτου ec_2 ⟨του αδελφου αυτου 71 +του αδ αυτου 30⟩ | και εκαλεσεν] εκαλεσε δε l· και επωνομασε $1^{a?}$r 𝔅(uid) | ετων] post εξηκοντα acoxc_2 | εγεννησεν A Chr $\frac{1}{2}$] ετεκεν D^{sil}(D^{uid})EM omn 𝔅 Chr $\frac{1}{2}$ Cyr | αυτους] αυτοις c αυτω dp *hos illi* 𝔅 | ρεβεκκα] pr η dp

27 ηυξηθησαν] ηυξυνθησαν f ηυξινθησαν n. ηυξησαν e | ανθρωπος ειδως] pr ο b om dp om ανθρωπος Phil | κυνηγειν] κυνηγος bdp | αγροικος—ην 2°] ο δε αγροικος ην Chr | om ην 2° D^{sil}ELMacdegj–npqs–vxc_2𝔄 Phil $\frac{1}{2}$ | ανθρωπος απλαστος] απλαστος αν̅ος dglp Phil $\frac{1}{3}$ om ανθρωπος no Phil $\frac{2}{3}$ ανηρ απλαστος Cyr $\frac{4}{8}$ cod $\frac{1}{8}$ απλαστος ανηρ Cyr $\frac{1}{8}$ ed $\frac{1}{8}$ | απλαστος] *non uagus* 𝔖-ap-Barh | οικιαν] εν οικια q(οικιαν q*) Cyr-ed $\frac{1}{7}$

28 ηγαπησεν δε] ηγαπα ο Cyr $\frac{1}{2}$ | ισακ L | η θηρα] εθηρα L om η sv | αυτου] αυτω L | βρωσις] pr *erat* Phil-arm βρωσεις n βρωσιν L +*est* 𝔄-cod +ην ⟨20⟩ 𝔄-ed Chr· ⟨εις βρωσιν ην 32⟩ | αυτω] αυτου c_2 Phil-arm. om L +ην fir *eius erat* 𝔅 | ρεβεκα g | om δε 2° ⟨130⟩ $𝔅^{w}$ | ⟨ηγαπησε 31⟩ | om τον 2° m

29 ιαακωβ t | εψεμα] +φακου bw | εκλειπων] εκλιπων Lf Chr om 𝔈

30 και ειπεν] ειπεν δε bw | om ησαυ c_2 | om τω h | ακωβ c | γευσον με] *gustemus* Phil-lat | με] μοι hjmn | απο] εκ bw | εψεματος] +σου bw𝔈 +*huius* 𝔅 | του πυρρου τουτου] om 𝔈 om του πυρρου Phil-lat Hil | ⟨πυρρου] πυρος 71⟩ | εκλιπω Lf | om εγω—εδωμ L | εγω A Cyr] om D^{sil}(D^{uid})EM omn 𝔄(uid)𝔅𝔈 Phil-arm-lat Hil

31 αποδου] αποδος egjln$^{a?}$t αποδους E | om μοι Macfoxc_2 $𝔈^{p}$ Phil-lat Cyr-ed | om σημερον 𝔈 | σου] μου n. om Cyr-cod | om εμοι *D*(D^{uid})blw𝔄𝔅$𝔈^{cf}$ Phil-arm

32 ειπεν δε] pr και v και ειπεν EMeghjlqstu$𝔅^{w}$ Cyr om

22 εσκιρτων] α′ συνεθλασθησαν υιοι M σ′ διεπαλαιον Mjsv. α′ και σ′ *certantes* 𝔖-ap-Barh
23 υπερεξει] σ′ υπερισχυσει Mjsv(sine nom js) 25 δασυς] σ′ τετριχωμενος Mj(sine nom)sv
27 απλαστος] α′ θ′ απλους σ′ αμωμος Mjsvc_2(om θ′ jc_2: om σ′ s)
29 εκλειπων] θ′ πεινων M 30 εκλειπω] πεινω s 31 αποδου] α′ πωλησον M

XXV 32 ΓΕΝΕΣΙΣ

A Ἠσαύ Ἰδοὺ ἐγὼ πορεύομαι τελευτᾶν, καὶ ἵνα τί μοι ταῦτα τὰ πρωτοτοκεῖα; ³³καὶ εἶπεν αὐτῷ 33
¶ y Ἰακὼβ Ὄμοσόν μοι σήμερον. καὶ ὤμοσεν αὐτῷ· ἀπέδοτο¶ δὲ Ἠσαῦ τὰ πρωτοτοκεῖα τῷ
Ἰακώβ. ³⁴Ἰακὼβ δὲ ἔδωκεν τῷ Ἠσαῦ ἄρτον καὶ ἕψεμα φακοῦ· καὶ ἔφαγεν καὶ ἔπιεν, καὶ 34
¶ L ἀναστὰς ᾤχετο· καὶ ἐφαύλισεν Ἠσαῦ τὰ πρωτοτοκεῖα.¶

XXVI ¹Ἐγένετο δὲ λιμὸς ἐπὶ τῆς γῆς, χωρὶς τοῦ λιμοῦ τοῦ πρότερον ὃς ἐγενήθη ἐν τῷ χρόνῳ τοῦ 1
Ἀβραάμ· ἐπορεύθη δὲ Ἰσαὰκ πρὸς Ἀβιμέλεχ βασιλέα Φυλιστιεὶμ εἰς Γέραρα. ²ὤφθη δὲ αὐτῷ 2
Κύριος καὶ εἶπεν Μὴ καταβῇς εἰς Αἴγυπτον· κατοίκησον δὲ ἐν τῇ γῇ ᾗ ἄν σοι εἴπω. ³καὶ παροί- 3
§ Δ₃ κει ἐν τῇ γῇ §ταύτῃ καὶ ἔσομαι μετὰ σοῦ καὶ εὐλογήσω σε· σοὶ γὰρ καὶ τῷ σπέρματί σου δώσω
πᾶσαν τὴν γῆν ταύτην, καὶ στήσω τὸν ὅρκον μου ὃν ὤμοσα Ἀβραὰμ τῷ πατρί σου. ⁴καὶ 4
πληθυνῶ τὸ σπέρμα σου ὡς τοὺς ἀστέρας τοῦ οὐρανοῦ, καὶ δώσω τῷ σπέρματί σου πᾶσαν
¶ Δ₃ τὴν γῆν ταύτην, καὶ ἐνευλογηθήσονται ἐν τῷ σπέρματί σου πάντα τὰ ἔθνη τῆς γῆς·¶ ⁵ἀνθ᾿ ὧν 5
ὑπήκουσεν Ἀβραὰμ ὁ πατήρ σου τῆς ἐμῆς φωνῆς, καὶ ἐφύλαξεν τὰ προστάγματά μου καὶ τὰς
§ L ἐντολάς μου καὶ τὰ δικαιώματά μου καὶ τὰ νόμιμά μου §⁶καὶ κατῴκησεν Ἰσαὰκ ἐν Γεράροις. 6
⁷ἐπηρώτησαν δὲ οἱ ἄνδρες τοῦ τόπου περὶ Ῥεβέκκας τῆς γυναικὸς αὐτοῦ, καὶ εἶπεν ὅτι Ἀδελφή 7
μού ἐστιν· ἐφοβήθη γὰρ εἰπεῖν ὅτι Γυνή μού ἐστιν, μή ποτε ἀποκτείνωσιν αὐτὸν οἱ ἄνδρες τοῦ
τόπου περὶ Ῥεβέκκας, ὅτι ὡραία τῇ ὄψει ἦν. ⁸ἐγένετο δὲ πολυχρόνιος ἐκεῖ· παρακύψας δὲ 8

32 πρωτοτοκια DE
34 πρωτοτοκια D: πρωτοκια E

33 ωμοσον E | πρωτοτοκια DE
XXVI 3 πασαν την γην sup ras A¹

DE(L)M(Δ₃)a–jl–x(y)c₂𝕬𝕭𝕰

δε 𝕭ᵖ | ησαν] +τω ιακωβ Ll | om ιδου E | πορευομαι τελευταν] morior 𝕰 Hil | πορευομαι] πορευσομαι o. pergam Phil-lat | τελευτησαι D | om και L𝕭 | ταυτα] post πρωτοτοκεια fɪrsv Phil-lat

33 om αυτω 1° m | σημερον] om h +te rediturum mihi primogenita tua 𝕰 (om tua 𝕰ᵖ) | ⟨απεδοτο δε⟩ και απεδοτο 73 | απεδοτο] απε .. y | om δε egj | τα πρωτοτοκεια] post ιακωβ 2° ɪr𝕰 | +αυτου a–dlptwx𝕬𝕭ʷ | τω ιακωβ] om bw om τω L

34 om τω egj | και 2°—ωχετο] et cepit et abiit et edit et bibit 𝕰ᵖ | om και εφαγεν και επιεν L | απωχετο bw | om και 5°—πρωτοτοκεια 𝕰 | και εφαυλισεν] post ησαυ L ⟨+αυτα 30⟩ | om ησαυ 2° g | πρωτοτοκεια] +αυτου bw 𝕬-codd 𝕭ʷ Phil-lat² Cyr-ed

XXVI 1 εγεν δε] και εγεν. f om δε w | λοιμος n | λιμου λοιμου n εμους | του 2° to s | προτερου DEflno | εγενηθη A] εγενετο DˢⁱˡEM omn Chr | εν τω χρονω] εν τω καιρω egj ⟨επι τω καιρω 16.130 επι 77⟩ | του 3°] τω DEMa*(uid)eh*(uid)jloqs–w om c₂ | επορ δε] και επορ bw om δε m | ισακ m* | αβιμελεχ] αβιμελεκ o αβιμεχ t | ⟨om βασιλεα 78⟩ | φυλ εις γεραρα] γεραρων εις φιλιστιειμ n | φιλιστιειμ dfilop | γεραρα] γερανα o* γεγερα w ⟨γερρα 128⟩

2 κυριος] pr o bn o θς EMl Chr +o θς fɪr𝕰ᵖ | ειπεν] +et 𝕭𝕰 Or-lat | ⟨μη⟩ μηκετι 71 | om δε 2° ⟨79⟩ 𝕭ˡʷ | γη] om g +ταυτα E*(ras E¹ᵗᵃᵗ) | om η αν—⟨3⟩ γη egj | ⟨om η—ειπω 14⟩ | η] ην Ex Phil-gr | εαν qu | ειπω σοι m𝕬

3 om και 1°—ταυτη D | παροικησει d | om ταυτη 𝕭ᵖ Phil-arm | και 2°] εγω γαρ Chr | εσομαι] ιδο 𝕰 | ⟨μετα⟩ κατα 31 | om και ευλογησω σε 𝕭ʷ | σοι] σε p | om γαρ g𝕭 | τω σπερματι τη σπορα w | δωσω—σου 3°] ⟨om πασαν⟩ w | πασαν την γην] πασας τας [γας] Δ₃ | πασαν post ταυτην dp om Ebcefjnosvwc₂𝕰 Chr Tyc | ταυτην] ταυτας Δ₃ om qu | στησω] .ω Δ₃ | om μου Δ₃(uid) | om ον ωμοσα Eus | αβρααμ] pr τω qu om Phil-arm-lat | σου 3°] +και τω σπερματι σου l

4 το σπερμα] το σπερματι w την σπο[ραν] Δ₃ | ⟨τους αστερας⟩ τα αστρα 108⟩ | δωσω] +σοι και degjptc₂ Phil-gr Tyc | τω σπερματι 1°] τη σπο[ρα] Δ₃ | om πασαν—σου 3° Tyc | πασαν—ταυτην] πασας τας γας [τα]υτας Δ₃ om πασαν egj· +και στησω τον ορκον μου ον ωμοσα αβρααμ τω πρι σου και πληθυνω το σπερμα σου ως τους αστερας του ουνου και δωσω σοι και τω σπερματι σου την γην ταυτην g | ευλογηθησονται Just | τω σπερματι 2°] [τ]η σπορα Δ₃ nomine Phil-lat² | om παντα Δ₃*(uid) | εθνη] περατα E

5 επηκουσεν de*f Phil-gr-codd | αβρααμ] αβραμ r om Phil-arm-lat | om ο πατηρ σου egj𝕰 Or-gr | της εμης φωνης] της φωνης μου l om Phil-arm-lat | τα προσταγματα] pr παντα blw το προσταγμα f τας εντολας dp Eus | και τας εντ μου] και τα προσταγματα μου dp Eus om egj𝕰 Or-gr Chr | τα δικαιωματα] pr παντα | τους νομους Phil-codd | om μου 3° d | και τα νομιμα μου] και τας κρισεις Phil-codd om ⟨31⟩ Phil-lat | τα νομιμα] pr παντα bw τα νομηματα M om τα d

6 ⟨om totum comma 31⟩ | και κατωκησεν AMln] κατωκησεν δε D(+Dˢⁱˡ)L rell 𝕭 Chr παρωκησεν δε E· [et] habitauit peregrinatione Phil-arm | ισακ L

7 επηρωτησαν δε] και επηρωτησαν bfirw επηρωτησεν δε t om δε 𝕭ᵖ | om οι—τοπου 1° 𝕰ᶠᵖ | του τοπου 1°] της πολεως b | περι 1°] pr Isaac 𝕰 | ρεβεκκας 1°] pr της ⟨31⟩ Chr· post αυτου m | οτι 1° A] om DˢⁱˡELM omn 𝕬𝕰 Chr | αδελφη—ποτε] sup ras 1ª | γαρ] δε dp | om ειπειν—εστιν 2° Chr | om οτι 2° D(uid)LMacdegj–qs–vxc₂ | γυνη] γυναικα dp | αποκτεινωσιν] ⟨αποκτενωσιν 20⟩ αποκτηνουσιν c* | om οι ανδρες 2°—⟨8⟩ εκει L | του τοπου 2°] ου πορ sup ras 1ª της πολεως f | ρεβεκκας 2°] ρεβεκας gs +της γυναικος αυτου d–gijlprst𝕭𝕰 | ην ωραια τη οψει bw | ην τη οψει Edfiprsv𝕬𝕰ᶠᵖ

8 πολυχρονιος εκει] εκει πολυχ. fɪr𝕬𝕭 · εκει πολυν χρονον ⟨32⟩ | παρακυψας δε] pr παρακυψας d* και παρακ qu | om δε 2° E | αβιμελεχ] αβιμελεκ L om dop𝕰 | om ο A*aegjnc₂ |

34 εψεμα φακου] αποτριμμα φακης s | εφαυλισεν—πρωτοτ] α' εξουδενωσεν ησαυ την πρωτοτοκιαν M | εφαυλισεν] σ' εξουδενωσεν v

ΓΕΝΕΣΙΣ XXVI 20

Ἀβιμέλεχ ὁ βασιλεὺς Γεράρων διὰ τῆς θυρίδος ἴδεν τὸν Ἰσαὰκ παίζοντα μετὰ Ῥεβέκκας τῆς
9 γυναικὸς αὐτοῦ. ⁹ἐκάλεσεν δὲ Ἀβιμέλεχ τὸν Ἰσαὰκ καὶ εἶπεν αὐτῷ Ἆρα γε γυνή σού ἐστιν· τί
ὅτι εἶπας Ἀδελφή μού ἐστιν; εἶπεν δὲ αὐτῷ Ἰσαάκ Εἶπα γάρ Μή ποτε †ἀποθάνω† δι' αὐτήν.
10 ¹⁰εἶπεν δὲ αὐτῷ Ἀβιμέλεχ Τί τοῦτο ἐποίησας ἡμῖν; μικροῦ ἐκοιμήθη τις τοῦ γένους μου μετὰ
11 τῆς γυναικός σου, καὶ ἐπήγαγες ἐφ' ἡμᾶς ἄγνοιαν. ¹¹συνέταξεν δὲ Ἀβιμέλεχ παντὶ τῷ λαῷ
αὐτοῦ λέγων Πᾶς ὁ ἁπτόμενος τοῦ ἀνθρώπου τούτου ἢ τῆς γυναικὸς αὐτοῦ θανάτου ἔνοχος ἔσται.¶ L
12 ¹²ἔσπειρεν δὲ Ἰσαὰκ ἐν τῇ γῇ ἐκείνῃ, καὶ εὗρεν ἐν τῷ ἐνιαυτῷ ἐκείνῳ ἑκατοστεύουσαν κριθήν·
13 εὐλόγησεν δὲ αὐτὸν Κύριος. ¹³καὶ ὑψώθη ὁ ἄνθρωπος, καὶ προβαίνων μείζων ἐγίνετο ἕως οὗ
14 μέγας ἐγίνετο σφόδρα· ¹⁴ἐγένετο δὲ †αὐτῷ† κτήνη προβάτων καὶ κτήνη βοῶν καὶ γεώργια πολλά.
15 ἐζήλωσαν δὲ αὐτὸν οἱ Φυλιστιείμ· ¹⁵καὶ πάντα τὰ φρέατα ἃ ὤρυξαν οἱ παῖδες τοῦ πατρὸς αὐτοῦ
16 ἐν τῷ χρόνῳ τοῦ πατρὸς αὐτοῦ, ἐνέφραξαν αὐτὰ οἱ Φυλιστιεὶμ καὶ ἔπλησαν αὐτὰ γῆς. ¹⁶εἶπεν
17 δὲ Ἀβιμέλεχ πρὸς Ἰσαάκ Ἄπελθε ἀφ' ἡμῶν, ὅτι δυνατώτερος ἡμῶν ἐγένου σφόδρα ¹⁷καὶ
18 ἀπῆλθεν ἐκεῖθεν Ἰσαὰκ καὶ κατέλυσεν ἐν τῇ φάραγγι Γεράρων, καὶ κατῴκησεν ἐκεῖ ¹⁸καὶ πάλιν
Ἰσαὰκ ὤρυξεν τὰ φρέατα τοῦ ὕδατος ἃ ὤρυξαν οἱ παῖδες Ἀβραὰμ τοῦ πατρὸς αὐτοῦ καὶ ἐνέ-
φραξαν αὐτὰ οἱ Φυλιστιεὶμ μετὰ τὸ ἀποθανεῖν Ἀβραὰμ τὸν πατέρα αὐτοῦ· καὶ ἐπωνόμασεν
19 αὐτοῖς ὀνόματα κατὰ τὰ ὀνόματα ἃ ὠνόμασεν Ἀβραὰμ ὁ πατὴρ αὐτοῦ. ¹⁹ὤρυξαν δὲ οἱ παῖδες
20 Ἰσαὰκ ἐν τῇ φάραγγι Γεράρων, καὶ εὗρον ἐκεῖ φρέαρ ὕδατος ζῶντος. ²⁰καὶ ἐμαχέσαντο οἱ ποιμένες
Γεράρων μετὰ τῶν ποιμένων Ἰσαάκ, φάσκοντες αὐτῶν εἶναι τὸ ὕδωρ· καὶ ἐκάλεσεν τὸ ὄνομα τοῦ

---

8 om ο A*(hab A¹) | πεζοντα E   9 αποθανη A   10 τουτο E^b] του E*
11 θανατου ενοχος εσται sup ras circ 40 litt A^a   12 ηυλογησεν DE   13 μειζον E
14 αυτω] αυτη A   18 επονομασεν E   20 ποιμαινες, ποιμαινων A

DE(L)Ma–jl–xc₂𝔄𝔅𝔈

γεραρων] φυλιστιειμ acj(mg)mos(mg)xc₂𝔄 | om Lbirw𝔈 | δια
της θυριδος] om egj | om της ο | om τον L*flr | ισαακ L |
⟨παιζοντα] συνουσιαζοντα 32⟩ | ρεβεκας g
   9 εκαλεσεν δε] και εκαλ f | om δε d | αβιμελεκ L | ⟨om τον
31⟩ | ισαακ 1°] ισαακ L | om γε fm | αυτω 1°] erat 𝔄 | τι οτι]
ινα τι l | om τι L | om οτι egj | et quare 𝔄 et 𝔈 | ειπες
m ειπες οτι dp | +οτι ELegjt𝔄 | om αυτω 2° Legjm𝔈 | ισαακ
2°] ισακ L | +προς αβιμελεχ m | ειπα] ειπον dilpr^a ειπω f |
om ποτε Dh | αυτην] αυτης n
   10 om totum comma L | om αυτω Ecdegjp𝔈^p | πεποιηκας
l | om ημιν Chr | εκοιμηθη] pr και c | post τις bw | του γενους
μου] pr εκ bw | om E | επηγαγες] +αν D^sil Macegijmn(uid)oq–
vxc₂ Chr | εφ ημας] super me 𝔅^wp𝔈 ⟨+αν 25⟩ | αγνοιαν]
αγνοια m ⟨αμαρτιαν 20⟩
   11 αβιμελεχ] rex 𝔈^c | om 𝔈^fp | om παντι Chr | om αυτου
1° s | ⟨om λεγων 25⟩ | ο απτομενος] ο αψαμενος L(οψαμενος L*)
bnw | om η–αυτου 2° E | η] και bdpw𝔅^w | θανατω LMcqs–vx
   12 εν τω–εκεινω] post κριθην Chr om E ⟨om εκεινω 18⟩ |
⟨κριθην] pr την 25⟩ | om δε 2° γαρ Chr | κς αυτων l | κυριος] pr ο
Mcdegnp ο θεος Chr +ο θς fir𝔈^fp
   13 ⟨om και 1°–ανθρωπος 25⟩ | υψωθη] ηυξηθη E | και 2°–
εγινετο 2°] et crescebat et crescebat 𝔈^f crescebat 𝔈^p et creuit
𝔈^c | και 2°] +επορευετο και a· +επορευετο cmoxc₂ | προσβαινων
x | μειζων] pr και cmoxc₂ | εγινετο 1°] εγενετο Ebd–jmnpqrtu |
om εως–εγινετο 2° dm Or-gr⅓ | ⟨ου] +δε 31⟩ | ⟨μεγας] μεγαλη
128⟩ | εγινετο 2° Ac] εγενετο D^sil EM rell 𝔄𝔅𝔈 Phil-arm-lat Or
Chr Thd-syr(uid) | σφοδρα] om m· +σφοδρα Or-gr-lat⅔
   14 κτηνη 1°–βοων] boues et oues Thd-syr om προβατων
και κτηνη nsc₂· om κτηνη 2° t𝔄. om και d | και 2°] ικανα l |
⟨πολλα] παμπολλα 32⟩ | αυτον] αυτω cegj | φυλιστιειμ Mdfgiln
pquw𝔅

   15 om και 1°–φυλιστιειμ g | om a h* | παιδες] +του
αβρααμ του ισαακ m | του πατρος αυτου 1°] αβρααμ s(mg)𝔈·
om Chr   om του πατρος DEh1*lqu𝔄𝔅 ⟨+αβρααμ 30⟩ | om
εν–αυτου 2° bfjm Phil-arm-lat | χρονω] +αβρααμ acdopxc₂𝔄.
⟨+της παροικιας 32⟩ | om αυτα 1° er*𝔄 | om οι φυλιστιειμ b
Chr   φιλιστιειμ dfiln–quv𝔅 | επλησαν] ενεπλησαν afhinor
Chr ⟨επληρωσαν 71⟩ | om αυτα 2° Chr
   16 ⟨προς] τω 25⟩ | ισακ n | ⟨απελθε] εξελθε 32⟩ | om ημων
2° f𝔈^p Phil-lat¹ | om σφοδρα Phil-lat²
   17 ισαακ εκειθεν Dblw | om ισαακ c₂ Chr | κατελυσεν]
κατωκησεν E Chr   deuerterunt 𝔈^p | om τη l | om και κατω-
κησεν εκει E Chr | κατωκησεν] κατεσκηνωσεν qu
   18 ωρυξεν] +εκει efgi^aⁱjr | om του υδατος Or-
lat | αβρααμ 1°] post αυτου 1° ⟨30 76⟩ 𝔈 | om c Chr | om και
ενεφραξαν–αυτου 2° D | ⟨εφραξαν 73 128⟩ | om αυτα f | φυλι-
στιειμ] φυλιστειειμ u(uid)   φιλιστιειμ Mbdfilnopv𝔅^lw | om
αβρααμ 2° h | om τον πατερα αυτου n̄ | ⟨om τον 83⟩ | επωνο-
μασεν] ⟨επωνομασαν 79⟩ επεθηκεν Chr   posuit 𝔄 Or-lat½ | om
ονοματα 1°–ωνομασεν c₂ | om κατα τα ονοματα DdpE | κατα]
και qu | ωνομασεν Abnquw] επωνομασεν DEMe–jmo*r   ενο-
μασεν αυτοις aclo^astvx   posuerat Or-lat½ +αυτοις dp𝔄-ed
𝔅𝔈 +αυτα ⟨30⟩ 𝔄-codd | αβρααμ 3°] ρααμ sup ras 1^a · om
Ebdhlnpqs*t–w𝔅 Or-lat½ | om ο πατηρ αυτου 𝔈 | αυτου 3°]
+ονοματα c₂
   19 ωρυξαν δε An𝔅] και ωρυξαν D(και ω .)EM rell Or-gr
Chr | om εν–γεραρων Chr | τη] τω c | ευρον] ευραν Esv·
ευρεν Ddr Or-lat | om εκει ht𝔈 Chr
   20 διεμαχεσαντο ⟨32⟩ Thdt(uid) | ισαακ] pr του EMtv |
αυτων] αυτω ο | το υδωρ] puteum 𝔄-ed | εκαλεσεν] εκαλεσαν
bf*quwxc₂ | επωνομασεν h𝔅(nominauerunt 𝔅^w) | το ονομα–
εκεινου] το ον. αυτου l ⟨φρεατα 16⟩ | φρεατος] τοπου bfw:

XXVI 10 αγνοιαν] α'σ' πλημμελημα M(sine nom)jsv   20 εμαχεσαντο] α' εδικασαντο Mjsv(sine nom js)

XXVI 20   ΓΕΝΕΣΙΣ

A φρέατος ἐκείνου Ἀδικία· ἠδίκησαν γὰρ αὐτόν. ²¹ἀπάρας δὲ Ἰσαὰκ ἐκεῖθεν ὤρυξεν φρέαρ ἕτερον· 21
ἐκρίνοντο δὲ καὶ περὶ ἐκείνου, καὶ ἐπωνόμασεν τὸ ὄνομα αὐτοῦ Ἐχθρία. ²²ἀπάρας δὲ ἐκεῖθεν 22
ὤρυξεν φρέαρ ἕτερον, καὶ οὐκ ἐμαχέσαντο περὶ αὐτοῦ· καὶ ἐπωνόμασεν τὸ ὄνομα αὐτοῦ Εὐρυχωρία,
λέγων Διότι νῦν ἐπλάτυνεν Κύριος ἡμῖν καὶ ηὔξησεν ἡμᾶς ἐπὶ τῆς γῆς. ²³ἀνέβη δὲ ἐκεῖθεν ἐπὶ 23
τὸ φρέαρ τοῦ ὅρκου ²⁴καὶ ὤφθη αὐτῷ Κύριος ἐν τῇ νυκτὶ ἐκείνῃ, καὶ εἶπεν Ἐγώ εἰμι ὁ θεὸς 24
Ἀβραὰμ τοῦ πατρός σου· μὴ φοβοῦ· μετὰ σοῦ γάρ εἰμι, καὶ εὐλογήσω σε καὶ πληθυνῶ τὸ
σπέρμα σου διὰ Ἀβραὰμ τὸν πατέρα σου. ²⁵καὶ ᾠκοδόμησεν ἐκεῖ θυσιαστήριον καὶ ἐπεκαλέσατο 25
τὸ ὄνομα Κυρίου, καὶ ἔπηξεν ἐκεῖ τὴν σκηνὴν αὐτοῦ· ὤρυξαν δὲ ἐκεῖ οἱ παῖδες Ἰσαὰκ φρέαρ.
²⁶καὶ Ἀβιμέλεχ ἐπορεύθη πρὸς αὐτὸν ἀπὸ Γεράρων, καὶ Ὀχοζὰθ ὁ νυμφαγωγὸς αὐτοῦ καὶ Φικὸλ 26
ὁ ἀρχιστράτηγος τῆς δυνάμεως αὐτοῦ. ²⁷καὶ εἶπεν αὐτοῖς Ἰσαάκ Ἵνα τί ἤλθατε πρός με; ὑμεῖς 27
δὲ ἐμισήσατέ με καὶ ἀπεστείλατέ με ἀφ' ὑμῶν. ²⁸καὶ εἶπαν Ἰδόντες ἑωράκαμεν ὅτι ἦν Κύριος 28
μετὰ σοῦ, καὶ εἴπαμεν Γενέσθω ἀρὰ ἀνὰ μέσον ἡμῶν καὶ ἀνὰ μέσον σοῦ, καὶ διαθησόμεθα μετὰ
σοῦ διαθήκην ²⁹μὴ ποιήσειν μεθ' ἡμῶν κακόν, καθότι ἡμεῖς σε οὐκ ἐβδελυξάμεθα, καὶ ὃν τρόπον 29
ἐχρήμεθά σοι καλῶς καὶ ἐξαπεστείλαμέν σε μετ' εἰρήνης· καὶ νῦν σὺ εὐλογητὸς ὑπὸ Κυρίου.
³⁰καὶ ἐποίησεν αὐτοῖς δοχήν, καὶ ἔφαγον καὶ ἔπιον. ³¹καὶ ἀναστάντες τὸ πρωὶ ὤμοσαν ἄνθρωπος 30 31

21 εκχθρια A   22 εμαχησαντο E   24 δια] δι E
27 εμεισησατε A   29 ποιησιν E | κακον A*(uid)] κακα Aᵃ | εκβδελυξαμεθα A

DEMa–jl–xc₂𝕬𝕭𝔈

+τοπου Chr-ed | om εκεινου DˢⁱˡEMac(uid)e–hjmnoqrsuvxc₂ 𝕬𝕭 Or-lat Chr | αδικια] αδικιαν acoc₂ αδοκια g φρεαρ αδικιας l𝔈ᶜᶠ | αυτον] +οι ποιμενες l
21 απαραντες m | ισαακ] post εκειθεν ilr𝕭𝔈 om Macfmn oqs(txt)u–x₂𝕬 Chr | ωρυξαν m | om εκρινοντο—(22) ετερον Em | εκρινοντο] pr και n εκρινον l | om και 1° 1* | 〈εκεινου〉 τουτου 32〉 | και επων.] επων δε acnoxc₂ | το ονομα αυτου] αυτο Chr | αυτου] του τοπου εκεινου bf | εχθρια] εχθρα 1st Phil εχθραν Chr½
22 om δε l | ωρυξαν s | και ουκ εμαχεσαντο] εκρινοντο δε και 73〉 | και επων] επων δε dfipx | ευρυχωριαν cmx | νυν] κ̅σ̅ ac c₂ om o | κυριος] pr o egj post ημιν 𝕬𝔈 om αcc | +o θ̅σ̅ f1ᵃʳ | ημιν] ημων f | της γης] την γην n om γης (spat 2 litt relict) g
23 ανεβη δε] et migrauit 𝔈 και επορευθη και ανεβη Eus | εκειθεν] (pr εκει 18) ανωθεν Chr om l Eus
24 αυτω] post κυριος Eus | κυριος] pr o p o θ̅σ̅ flr Angelus Dei 𝔈ᵖ | ειπεν] ειπεῖ 𝔈ᶠ | +αυτω filr𝕭𝔈 | εγω] pr ecce 𝔈 | o θεος] pr κ̅σ̅ c₂ | om αβρααμ 1° 𝕬𝔈ᶠᵖ Phil-lat | μη φοβου] post ειμι 2° n | om γαρ 𝕭ʷ𝔈 | ευλογησω] 〈ευλογησα 16〉 ηυλογηκα DEMacdeghjopqs–vxc₂𝕭ʷᵖ Phil-lat | om αβρααμ 2° Phil-lat | τον πατερα] του π̅ρ̅σ̅ cl | σου 4°] +μη φοβου μετα σου γαρ ειμι και ευλογησω σε και πληθυνω το σπερμα σου δι αβρααμ τον π̅ρ̅α̅ σου l
25 θυσιαστηριον] +τω κ̅ω̅ Edfipst𝔈ᶜ | +κ̅ω̅ lrc₂ +Domino Deo suo 𝔈ᵖ | επεκαλεσατο] επεκαλεσεν q 〈επεκαλεσαντο 18〉 εκαλεσε c· επωνομασε dps(txt)v(txt) +εκει Eir𝕬-ed | το ονομα] επι τω ονοματι l 〈εν τω ονοματι 32〉 | κυριου] +του θ̅υ̅ fir𝔈 | εκει 2°] om m εν τη φαραγγι γεραρων M(mg) | αυτου] +εν τη φαραγγι γεραρων l | ωρυξαν δε] και ωρυξαν Chr om δε g | εκει 3°] post ισαακ x𝕬 post φρεαρ c | φρεαρ] pr εκει l pr εν τη φαραγγι γεραρων Edeghjpstvc₂ (om τη egj)· +εν τη φαραγγι γεραρων bw. 〈+εν φαραγγι γεραρων 32〉. +εν τω φρεατι γεραρων f1ᵃʳ
26 〈om προς αυτον 25〉 | γεραρων] +ipse 𝕭ʷ οχοζαθ] οχοζατ a οχοζαδ l. χοζατ dp οχοζαχ D 〈αυτου 1°〕 +ονομα παντων 108〉 | om και φικολ—αυτου 2° f | φικολ ADaʷ] φιχωλ c𝕬. φιχοχ o. φιλοχ dpc₂ φιλοχος Jos φιλωχ l φιλολ u

φιλ egj ο φιλωχ m φιχολ EMabᵇ¹ rell· Pichol 𝕭 | om o 2° dc₂ | 〈στρατηγος 14〉 | om της δυναμεως c₂ Chr(uid)
27 om αυτοις s𝔈 | ισαακ] pr o e | ηλθετε Ma–ghᵇ¹ⁱjq–uw c₂ | ημεις n | δε] δη l γαρ 〈32〉 Or-lat 𝕬 | om με 2° am | απεστειλατε] εξαπεστειλατε DˢⁱˡEMabcefgi–morwxc₂ etectstis Or-lat | om με 3° dgj*pc₂𝕬 Chr | ημων gl
28 και 1°] οι δε qu | ειπαν] ειπον adopr* dixit 𝔈ᶠ. +αυτω bfilrw𝔈 | ιδοντες] +σε egjloqsuvxc₂ | εωρακαμεν] εωρωμεν aotx· ορωμεν lc₂(ωρ) | ειδομεν m | ην] post κυριος bciw ει n. est Or-lat om dp Chr | κυριος] pr o cm Deus 𝕭ᵖ +Deus 𝔈ᶜᶠ | om και 2°—σου 3° w | ειπαμεν] ειπομεν acdm*(uid)otxc₂. ειπωμεν bp | γενεσθω ἄρα] γενεσθαι αραν Chr | αρα] ορκος s(mg) c₂(mg) om c | ημων] pr αλληλων και ανα μεσον cx𝕬(om και). υμων l σου b𝔈 | μει 𝕭ᵖ | και ανα μεσον σου] om c₂ om ανα μεσον o Or-lat½ | σου 2°] ημων b𝔈 | διαθησομεθα] διαθησωμεθα o διαθωμεθα f | διαθησομεθα o διαθησομαι E | διαθηκην μετα σου acmoxc₂ 𝕭 Chr
29 ποιησειν] ποιησαι bw ποιησι n ποιησεις fo· 〈ποιησης 79〉 ποιη m | 〈μεθ〉 καθ 32〉 | κακον] ρι μηδεν E κακα Aᵃ | 〈καθοτι〉 καθως 32〉 | ημεις—εβδελυξ] pr και dpt𝕬(uid) ουκ εβδελυξ σε ημεις bw | υμεις 1 | σε ουκ εβδελυξ] ουκ εβδελυξ σε Chr nihil peccauimus tibi 𝕬 om σε oc₂ | εβδελυξαμεθα] εβδελυξομεθα m εβδελυσσομεθα dp | εχρημεθα A] εχρησαμεθα DˢⁱˡEM omn 𝕬𝔈(uid) Chr | και 2°] +nunc 𝕭ᵖ | σε 2°] σοι fmw | και νυν—κυριου] bis scr(om συ)c₂ om 𝕭ᵖ. om νυν a | συ ευλογητος] pr εση ej· συ ευλογημενος dpt Chr½ ευλογημενος συ bw𝔈 Chr½ 〈ευλογημενος ει συ 18〉 〈εση ευλογητος συ 25〉 εση ευλογητος g | om συ c₂ Phil-lat | κυριου] θ̅υ̅ egj | +του θ̅ι̅ firs(mg)𝕭
30 〈αυτοις〉 αυτους 14 16.25 130〉 | δοχην] conuiuium magnum Or-lat· iuramentum 𝔈ᶠᵖ | και επιον] om dp· +και εκοιμηθησαν f
31 om και 1°—αυτου 1° dp | εξαναστα̅ντες f1 | το] τω E* 〈το Eᵃ〉bcfgqrt*(uid)uc₂ Chr | ωμοσεν Ebefgijlrtwc₂𝕭 Chr | ανθρωπος] ἄνοι m εκαστος bjᵇʷ Chr | τω] προς τον 〈20〉 Chr |

20 αδικια—αυτον] α' συκοφαντιαν εσυκοφαντησαν γαρ αυτον jsv(sine nom js. om αυτον v) | αδικια] α' συκοφαντια σ' εσυκοφαν-
τησαν M   26 ο νυμφαγωγος] α' ο συνετερος M

68

ΓΕΝΕΣΙΣ XXVII 6

τῷ πλησίον αὐτοῦ· καὶ ἐξαπέστειλεν αὐτοὺς Ἰσαάκ, καὶ ἀπῴχοντο ἀπ' αὐτοῦ μετὰ σωτηρίας. ³²ἐγένετο δὲ ἐν τῇ ἡμέρᾳ ἐκείνῃ καὶ παραγενόμενοι οἱ παῖδες Ἰσαὰκ ἀπήγγειλαν αὐτῷ περὶ τοῦ φρέατος οὗ ὤρυξαν, καὶ εἶπαν Οὐχ εὕρομεν ὕδωρ. ³³καὶ ἐκάλεσεν τὸ ὄνομα αὐτοῦ Ὅρκος· §διὰ § 𝕷ʳ τοῦτο ἐκάλεσεν τὸ ὄνομα τῇ πόλει Φρέαρ ὅρκου, ἕως τῆς σήμερον ἡμέρας.

³⁴Ἦν δὲ Ἡσαῦ ἐτῶν τεσσεράκοντα καὶ ἔλαβεν γυναῖκα Ἰουδίν, θυγατέρα Βεὴρ τοῦ Χετταίου, καὶ τὴν Μασεμμάθ, θυγατέρα Αἰλὼμ τοῦ Εὐαίου· ³⁵καὶ ἦσαν ἐρίζουσαι τῷ Ἰσαὰκ καὶ τῇ Ῥεβέκκᾳ.

§¹Ἐγένετο δὲ μετὰ τὸ γηρᾶσαι †Ἰσαὰκ† καὶ ἠμβλύνθησαν οἱ ὀφθαλμοὶ αὐτοῦ τοῦ ὁρᾶν, καὶ XXVII ἐκάλεσεν Ἡσαῦ τὸν υἱὸν αὐτοῦ τὸν πρεσβύτερον καὶ εἶπεν αὐτῷ Υἱέ μου. καὶ εἶπεν αὐτῷ Ἰδοὺ § d₂ ἐγώ. ²καὶ εἶπεν Ἰδοὺ γεγήρακα, καὶ οὐ γινώσκω τὴν ἡμέραν τῆς τελευτῆς μου· ³νῦν οὖν λάβε τὸ σκεῦος, τήν τε φαρέτραν καὶ τὸ τόξον, καὶ ἔξελθε εἰς τὸ πεδίον καὶ θήρευσόν μοι θήραν· ⁴καὶ ποίησόν μοι ἐδέσματα ὡς φιλῶ ἐγώ, καὶ ἔνεγκόν μοι ἵνα φάγω· ὅπως εὐλογήσῃ σε ἡ ψυχή μου πρὸ τοῦ ἀποθανεῖν με. ⁵Ῥεβέκκα δὲ ἤκουσεν λαλοῦντος Ἰσαὰκ πρὸς Ἡσαῦ τὸν υἱὸν αὐτοῦ· ⁶ἐπορεύθη δὲ Ἡσαῦ εἰς τὸ πεδίον θηρεῦσαι θήραν τῷ πατρὶ αὐτοῦ. ⁶Ῥεβέκκα δὲ εἶπεν πρὸς

---

34 χετγαιου E   35 αιριζουσαι A   XXVII 1 ισακ A
3 σκευος sup ras A^{b?}(τοξον A*^{uid}) | παιδιον AE   5 παιδιον A

DEMa–jl–xc₂(d₂)𝔄𝔅𝔈(𝕷ʳ)

αυτου 1°] αυτων m. om bw | αυτους] αυτοις m | ⟨απωχοντο απερχονται 79· +δε 32⟩ | απ—σωτηριας] om m om απ αυτου 𝔈 | απ] μετ c₂ | ⟨μετα σωτηριας εν ειρηνη 20⟩

32 παραγενομενοι—αυτω] απηγγειλαν ισαακ οι παιδες αυτου d | παραγενομενοι] παραγεναμενοι En παρεγενοντο f1^{a}ʳ | απηγγειλαν] πρ και f1^{a}ʳ | om αυτω n | φρεατος] +του ονομα s | και ειπαν] quod 𝔄 | ειπαν—υδωρ] non inuenerunt aquam in eo 𝔈 (om non 𝔈^c) | ειπαν] ειπον dfpt^{a?} +αυτω abmowxc₂ ειπον αυτω c | om ουχ f𝔄-codd

33 ⟨εκαλεσεν 1°⟩ εκαλεσαν 79⟩ | το ονομα αυτου ADn αυτω adfl*pqu αυτο EMI^{a?} rell 𝔄𝔅𝔈 Phil Chr αυτον Cyr | ορκος] ορκον Chr Cyr ⟨οικος 107⟩ copia 𝔄-codd Bersabech 𝔈^c | εκαλεσεν 2°—πολει] nomen est ciuitatis illius 𝕷 | εκαλεσεν το 2°] εκαλεσαν το f𝔅 εκλήθη το 1*c. om acmox𝔄 om το D^{sil}Meghjqsuv | το 2°—πολει] ⟨τη πολει ονομα 79⟩ τη πολει ⟨78⟩ 𝔈 | τη πολει] +εκεινη bwc₂𝔄 του τοπου εκεινου dp | φρεαρ ορκου] iuramentum 𝔈^{fp} Bersabech 𝔈^c | ορκου] pr του f1r | της] την f | σημερον ημερας] ημ της σημ. aco om ημερας f Cyr-ed

34 ην δε] pr et 𝕷 | ησαυ] ισαακ n | τεσσαρακ ετων acdm orsvxc₂𝔅 | γυναικα] γυναικας dpxc₂ om Chr. +η ονομα sv𝔈 ιουδιν Adpt] pr την bw Ch ⟨ιουδειμ⟩ ιουδειν DEMgjqrsuv ιουδην e Iudim 𝔅^w ιουδιθ mnc₂ ιουδειβ aco. ιουδηθ hlx Iudith 𝔄 Phil-lat. αδδαν f αδαν sup ras (6) 1^{a} | θυγατερα 1° AD^{sil}bw Chr] pr την EM rell om 𝔄-cod | βεηρ] βαιηρ Megj βεηρει x ⟨βηρι 0⟩ Beiher 𝕷 βηρην dp βενα a βεηλ orc₂ 𝔅^w. βαιηλ Ec Chr ⟨βεωτ 83⟩(uid) | αιλωμ 1^{a} αλων f ελωμ bw. ⟨ελαμ 108⟩. Heber Anon² | του χετταιου] του ευαιου bw Caethei 𝕷 | om και 2°—ευαιου 𝔈^{fp} | om την c₂ | μασεμμαθ AEh*r^{b?}] μασεμμα g ⟨μασεμμαν 18⟩. μασεμαθ j(mg)r*w𝔄-codd. μασεμαμ e. μασεμα ⟨71⟩ 𝔄-ed μασσεμα j(txt)n μασεθαμ b βασεμμαθ Mcloqs–vc₂. βασεμαθ x𝔅^{wp(b)} Chr. Basemat Anon² ⟨βασεμαθ 14.77⟩. βασεμαεθ m Bassemat 𝕷 βασεμαθ a βεσεμαθ h²𝔅^{lp(*)} βασεναμαθ D(uid) Barhanath Phil-lat². Barhatnath Phil-lat². ασεματ dp ελιβεμα f1^{a} | θυγατερα 2°] pr την 71 | αιλωμ AEgjx] ελωμ er Chr. αιδωμ D. εδωμ h

αιλων Ma*chstvc₂ ελων a^{b?}dlmopqu𝕷· Helon Anon². ⟨ελαμ 79 εδων 16⟩ βεωρ b βαιωρ w: ανα θυγατερα σεβεγων f1^{a?} (θυγατηρ) | του ευαιου] του σευαιου l Euchei 𝕷. του χετταιου E(χετγ)bwx om του D^{sil}

35 εριζουσαι] +heae duae 𝕷 | τη] την cm | ρεβεκκαν c
XXVII 1 μετα το] εν τω bw | ⟨ισακ⟩] pr τον adegjnpc₂d₂ Chr Cyr-ed | om και 1° blmw𝕷 Thdt | ημβλυνθησαν] ημβλυθησαν bw ημβλυνθησαν mo ημβλυωπησαν D(ηβλ)E(ηνβλ)ilr αυτου οι οφθαλμοι d | του οραν] του μη οραν Ddmpw. et nihil uidebat 𝕷. ⟨om 25 om του 107⟩ | om και 2° 𝔄𝔅 | εκαλεσεν] +ισαακ acegjmpr𝔈^c | ησαυ] post αυτου 2° d. om acegjmpr | πρεσβυτερον] πρωτοτοκον Cyr | om και 3°—εγω 𝔈 | om αυτω 1° bw𝔅¹ | om μου—(2) ειπεν E | om μου bdhprtwd₂𝕷 | om και 4°—εγω gi𝔅^w(hab ωδε 1^{a}) | ⟨om και—ειπεν αυτω 2° 14⟩ | και 4°] ο δε f𝔄-ed𝕷 | αυτω 2° A𝔄] προς αυτον acoxc₂ om D^{sil}M rell 𝔅^{lp}𝕷 Cyr | ⟨om εγω 18⟩

2 και ειπεν] et is dicit et 𝔄 | ειπεν δε αυτω dfiptd₂. +αυτω DMehj–nqsu𝔅^{lp}𝔈𝕷 | ιδου] pr ισαακ dfimptd₂𝕷 | +εγω d–gij prstvd₂𝔄𝔅^w Ath Chr Cyr-ed | om και 2° ⟨31⟩ 𝔅^{lp} | γινωσκω οιδα Cyr-ed | ⟨την—τελευτης⟩ την τελευτην 30⟩

3 ⟨ουν⟩ +υιε 37⟩ | το σκευος A] ⟨τα σκευη 32⟩. om Phil-lat^r +σου D^{sil}EM omn 𝔄𝔅𝕷 Phil-arm-lat² Chr Cyr | την—τοξον] arcum et pharetram 𝔄 | om τε ο | το 2°] του q | τοξον] +σου E𝔅 | om και 2°—θηραν g | εξηλθεν s | ⟨εις το πεδιον⟩ pr εις αγραν 32 εις θηραν 20⟩ | θηρασον m

4 εγω φιλω sv𝔄 | om εγω 𝔈 Phil-arm-lat | ενεγκον AE1^{a?}r] ηνεγκε c ενεγκε D^{sil}M1* rell Phil Chr Cyr rell bw𝔄𝕷 | ⟨ευλογηση σε⟩ post μου 83⟩ | ευλογησει DEbdimnprw𝔄 | προ του Am] πριν η bdi*(uid)opwd₂ Chr πριν D^{sil}EM1a? rell Cyr

5 ρεβεκα g | ηκουσεν] ηκουε qu ⟨εξηκουσε 20⟩ ut audiuit 𝕷 | λαλουντος ισαακ] ισαακ λαλουντος egjx. ⟨ισαακ λαλουντος αυτου 14⟩ | om ησαυ 1° 𝔄 | ⟨om δε 2° 108⟩ | θηραν] θηραμα q

6 ειπεν δε ρεβεκκα 𝔄E Chr | ρεβεκκα δε] και ρεβεκκα bw. om δε g*. +ηκουσε λαλουντος ταυτα και d | ⟨om προς 1° 18*⟩ |

---

31 μετα σωτηριας] οἱ λ μετ ειρηνης M ἐν ειρηνη s   32 ευρομεν] οἱ λ ευρωμεν M
33 ορκος] α' πλησμονη M   35 εριζουσαι] ο συρ. ουκ ευαρεστουσαι jc₂ : ο συρ. και ο εβρ. παροργιζουσαι j
XXVII 1 ημβλυνθησαν] α' [η]μαυρωθησαν ησθενησαν M

XXVII 6 ΓΕΝΕΣΙΣ

A †Ἰακὼβ† τὸν υἱὸν αὐτῆς τὸν ἐλάσσω ῎Ιδε ἐγὼ ἤκουσα τοῦ πατρός σου λαλοῦντος πρὸς Ἠσαῦ τὸν ἀδελφόν σου λέγοντος 7῎Ενεγκόν μοι θήραν καὶ ποίησόν μοι ἐδέσματα, ἵνα φαγὼν εὐλογήσω σε 7
¶ D ἐναντίον Κυρίου¶ πρὸ τοῦ ἀποθανεῖν με. 8νῦν οὖν, υἱέ, ἄκουσόν μου καθὰ ἐγὼ ἐντέλλομαί σοι· 8 9καὶ πορευθεὶς εἰς τὰ πρόβατα λάβε μοι ἐκεῖθεν δύο ἐρίφους ἀπαλοὺς καὶ καλούς, καὶ ποιήσω 9 αὐτοὺς ἐδέσματα τῷ πατρί σου ὡς φιλεῖ· 10καὶ εἰσοίσεις τῷ πατρί σου καὶ φάγεται, ὅπως 10 εὐλογήσῃ σε ὁ πατήρ σου πρὸ τοῦ ἀποθανεῖν αὐτόν. 11εἶπεν δὲ Ἰακὼβ πρὸς Ῥεβέκκαν τὴν 11 μητέρα αὐτοῦ ῎Εστιν Ἠσαῦ ὁ ἀδελφός μου ἀνὴρ δασύς, ἐγὼ δὲ ἀνὴρ λεῖος· 12μή ποτε ψηλαφήσῃ 12 με ὁ πατήρ μου, καὶ ἔσομαι ἐναντίον αὐτοῦ ὡς καταφρονῶν, καὶ ἐπάξω ἐπ' ἐμαυτὸν κατάραν καὶ οὐκ εὐλογίαν. 13εἶπεν δὲ αὐτῷ ἡ μήτηρ Ἐπ' ἐμὲ ἡ κατάρα σου, τέκνον· μόνον ὑπάκουσον τῆς 13 φωνῆς μου, καὶ πορευθεὶς ἔνεγκαί μοι. 14πορευθεὶς δὲ ἔλαβεν καὶ ἤνεγκεν τῇ μητρί, καὶ ἐποίησεν 14 ἡ μήτηρ αὐτοῦ ἐδέσματα καθὰ ἐφίλει ὁ πατὴρ αὐτοῦ. 15καὶ λαβοῦσα Ῥεβέκκα τὴν στολὴν 15
§ k Ἠσαῦ τοῦ υἱοῦ αὐτῆς τοῦ πρεσβυτέρου §τὴν καλήν, ἣ ἦν παρ' αὐτῇ ἐν τῷ οἴκῳ, καὶ ἐνέδυσεν Ἰακὼβ τὸν υἱὸν αὐτῆς τὸν νεώτερον· 16καὶ τὰ δέρματα τῶν ἐρίφων περιέθηκεν ἐπὶ τοὺς βραχίονας 16 αὐτοῦ καὶ ἐπὶ τὰ γυμνὰ τοῦ τραχήλου αὐτοῦ· 17καὶ ἔδωκεν τὰ ἐδέσματα καὶ τοὺς ἄρτους οὓς 17 ἐποίησεν εἰς τὰς χεῖρας †Ἰακὼβ† τοῦ υἱοῦ αὐτῆς. 18καὶ εἰσήνεγκεν τῷ πατρὶ αὐτοῦ· εἶπεν δέ 18 Πάτερ μου· ὁ δὲ εἶπεν Ἰδοὺ ἐγώ· ††τίς εἶ σύ, τέκνον; 19καὶ εἶπεν Ἰακὼβ ὁ υἱὸς αὐτοῦ τῷ πατρὶ 19

6 ιακωβ] ισαακ A   9 αιριφους A   11 λιος AE   17 ιακωβ] ρεβεκκας A   18 τις] pr o δε ειπεν A

(D)EMa-j(k)l-xc₂d₂𝕬𝕭𝕰𝕷ʳ

om ιακωβ Chr | υιον αυτης τον] bis scr w* | om αυτης E | τον ελασσω] τω ελασσω g · τον νεωτερον bdf1*mps(txt)vwd₂ · om aoxc₂𝕬 Phil-arm-lat | ιδε] pr λεγουσα acoxc₂𝕬 ηδε Mhqrsu οιδε 1 ιδου cefg1oc₂] om Phil-lat | om εγω Phil-arm-lat | του—λαλουντος] λαλουντος του πρς σου bdfimnptd₂ λαλουντος ισαακ του πρς σου w ⟨λαλουντος⟩ λεγοντος 32⟩ | om ησαυ 𝕬 | om τον αδελφον σου dpd₂ | τον 3°] bis scr m | λεγοντος] pr και Chr ⟨και ειπεν 32⟩ | om fn𝕰

7 ενεγκον] ενεγκε Mac-fh1*j-npv(?ex corr)xc₂d₂ Chr · θηρευσον bw | ⟨om μοι 1° 16⟩ | om θηραν—μοι 2° n | εδεσμα r | ινα] και a-dmops(txt)v-d₂𝕰𝕷 | φαγων] φαγω και f1*𝕬𝕭ʳᵖ | om 𝕰 | ευλογησω σε] ευλογηση σε η ψυχη μου f | om εναντιον κυριου 1* ⟨ενωπιον 128⟩ | κυριου] +του θυ f1*r | om προ—με bw | προ του πριν h | om αποθανειν df1*mpsvc₂d₂

8 υιε] τεκνον 1 +μου cmqu𝕬𝕭 | ακουε Chr ed | μου] μοι E | καθα—σοι] της φωνης l | καθα] καθως w και c | σοι εγω εντελλομαι Chr | om εγω w𝕭𝕰 | εντελλομαι σοι Aac(εντελωμαι)moxc₂𝕬] σοι εντελλομαι EMfᵃ(εντελωμαι f*) rell 𝕷(uid)

9 και 1°—(11) εγω δε] ualde mutila in 𝕷 | εις τα προβατα] in agrum 𝕬 | om μοι g | om εκειθεν 𝕰 | εριφους] +caprarum Phil-arm | απαλους και καλους] bono[s et tene]ros 𝕷 | απαλους] primogenitos 𝕰ᶠᵖ om 𝕰ᶜ +τε egj | και καλους] om 1 | om και 𝕭𝕰 | ποιησω] ποιησον f𝕰ᵖ fac cito Phil-lat. +εγω m | om αυτους blmw | om ως—(10) σου 1° dmpc₂

10 οπως ευλογηση] et benedicet 𝕰 | ευλογησει Eabdinpqr uw | ο πατηρ σου] η ψυχη αυτου f om 𝕭ʷ𝕰 | αυτον αποθανειν svw | αυτον] ⟨με 107⟩: om bdmpd₂

11 om προς—αυτου d · ρεβεκκαν] ρεβεκκα d₂ · om Chr εστιν] ecce 𝕰 Phil-arm · om 𝕭ʷ | ησαυ] post μου cf1𝕬𝕰ᵖ Chr · om bdempwd₂ | ανηρ 1°] ανος E | om ανηρ 2° egj𝕬 Phil-lat

12 μη ποτε] pr et 𝕰 . +ουν w | ψηλαφησει dnprsv | om μου di*pqsuvd₂ Phil-lat Chr | επαξω] εισενεγκω l: adducat Phil-lat | επ εμαυτω] επ εμαυτο c₂ om επ bdtw. εμαυτω ει*lmnp Chr επ αυτον Ef*s ⟨επ αυτου 79⟩

13 ειπεν—(15) αυτης 2°] ualde mutila in 𝕷 | αυτω] post μητηρ m om cf | η μητηρ] αυτου n +αυτου acfiᵃoprxc₂𝕬𝕭𝕷 (uid) | η καταρα σου] maledictio ista 𝕬 Phil-latᴵ om σου Phil-arm | υπακουσον] επακουσον Ebfl-qstxd₂ Thdt: ακουσον d | της φωνης] post μου lqu om b𝕰 | ενεγκαι AEhlnoc₂] ενεγκον 1ᵃʳr. ενεγκε M1* rell Chr | μοι] +ησαυ s

14 πορευθεις δε] [et a]biit Iacob 𝕷 ⟨om δε 83⟩ | τη μητρι] ⟨την μρα 14 130*⟩ +αυτου Mac-gi-ptxc₂d₂𝕬𝕭𝕷(uid) Chr | εποιη c | om η μητηρ αυτου p𝕬𝕰 Chr | η μητηρ] ημας s | καθα] καθως d-gjp | εφιλει] amat 𝕷

15 ρεβεκκα] pr ⟨20⟩ Chr +mater eius 𝕭 | om ησαυ o𝕬 Chr | αυτης 1°] αυτου dp | παρ αυτη] πα bis scr d₂ · παρ αυτης c1*(uid)n om 𝕭 | εν τω οικω] ⟨εν τη οικια 73⟩ om 𝕰 +eius 𝕭 | om και 2° EMbd-1jaᵃ¹kln-qtuwd₂𝕬𝕭ʳᵖ Chr | ενεδυσεν] +αυτην bwT-A (αυτον cod) | om ιακωβ c | τω υιω αυτης τω νεωτερω l

16 εριφων] αιγων M(mg). +των αιγων ackxc₂ | περιεθηκεν] εθηκεν egj ligauit 𝕭 | om επι 1°—και 2° egj | επι 1°] περι bdfimprsvwd₂ Chr | επι 2°] περι brw | τα γυμνα του τραχηλου] nudam ceruicem 𝕷 ceruicem 𝕰 Phil-arm

17 εδωκεν] ⟨δεδωκε 16⟩ +και s | τους αρτους και τα εδεσματα 𝕭ʷ | om εδεσματα d₂* | ιακωβ—αυτης] αυτου E

18 ηνεγκε fv | ειπεν δε και ειπεν bdf1*(om και 1ᵃ¹)mpwd₂· +ad patrem suum 𝕷 | μου Aacfoxc₂𝕬𝕭] om EM rell 𝕷 Cyr | om ο δε—ιδου d₂* | ο δε ειπεν] και ειπεν 1* et dixit ei pater eius 𝕰 | om ιδου εγω 1ᵇ¹ⁿʳ | τις ει συ] pr o δε ειπεν A: pr και ειπεν hm𝕬 pr et dixit Isac 𝕷 quid est 𝕭

19 και ειπεν] ειπε δε n | ο υιος αυτου A] om EM omn 𝕬𝕭 𝕰𝕷 Chr Cyr | τω πατρι αυτου] om 𝕰 om αυτου hikqrtu𝕬

6 ιδε—λεγοντος] α' ιδου ηκουσα του πρς σου λαλουντος προς ησαυ τον αδελφον σου τω λεγειν σ' ηκουσα του πρς σου λαλουντος προς ησαυ τον αδελφον σου λεγοντος θ' ιδου εγω ηκουσα του πρς σου λαλουντος προς ησαυ τον αδελφον σου λεγοντα v | ιδε] α'θ' ιδου s

12 καταφρονων] α' καταμωκωμενος σ' καταπαιζων Mc₂. ο συμμαχος το καταφρονων αντι του καταπαιζων ο δε ακυλας καταμωκωμενος]

15 την στολην] α' τα ιματια M   16 γυμνα] α'σ' λεια M

70

αὐτοῦ Ἐγὼ Ἠσαὺ ὁ πρωτότοκός σου, ἐποίησα καθὰ ἐλάλησάς μοι· ἀναστὰς κάθισον καὶ φάγε A
20 τῆς θήρας μου, ὅπως εὐλογήσῃ με ἡ ψυχή σου. [20]εἶπεν δὲ Ἰσαακ τῷ υἱῷ αὐτοῦ Τί τοῦτο ὃ ταχὺ
21 εὗρες, ὦ τέκνον; ὁ δὲ εἶπεν Ὃ παρέδωκεν Κύριος ὁ θεὸς ἐναντίον μου. [21]εἶπεν δὲ Ἰσαακ τῷ
22 Ἰακώβ Ἔγγισόν μοι καὶ ψηλαφήσω σε, τέκνον, εἰ σὺ εἶ ὁ υἱός μου Ἠσαὺ ἢ οὔ. [22]ἤγγισεν δὲ
Ἰακὼβ πρὸς Ἰσαακ τὸν πατέρα αὐτοῦ, καὶ ἐψηλάφησεν αὐτόν· καὶ εἶπεν Ἡ φωνὴ φωνὴ Ἰακώβ,
23 αἱ δὲ χεῖρες χεῖρες Ἠσαύ [23]καὶ οὐκ ἐπέγνω αὐτόν· ἦσαν γὰρ αἱ χεῖρες αὐτοῦ ὡς αἱ χεῖρες
24 Ἠσαὺ τοῦ ἀδελφοῦ αὐτοῦ δασεῖαι· καὶ ηὐλόγησεν αὐτόν. [24]καὶ εἶπεν Σὺ εἶ ὁ υἱός μου Ἠσαύ;
25 ὁ δὲ εἶπεν Ἐγώ. [25]καὶ εἶπεν Προσάγαγέ μοι καὶ φάγομαι ἀπὸ τῆς θήρας σου, τέκνον, ὅπως
εὐλογήσῃ σε ἡ ψυχή μου. καὶ προσήνεγκεν αὐτῷ, καὶ ἔφαγεν· §καὶ εἰσήνεγκεν αὐτῷ οἶνον, καὶ § D
26 27 ἔπιεν [26]καὶ εἶπεν αὐτῷ Ἰσαακ ὁ πατὴρ αὐτοῦ Ἔγγισόν μοι καὶ φίλησόν με, τέκνον. [27]καὶ
ἐγγίσας ἐφίλησεν αὐτόν· καὶ ὠσφράνθη τὴν ὀσμὴν τῶν ἱματίων αὐτοῦ, καὶ ηὐλόγησεν αὐτὸν καὶ
εἶπεν

Ἰδοὺ ὀσμὴ τοῦ υἱοῦ μου
ὡς ὀσμὴ ἀγροῦ πλήρους ὃν ηὐλόγησεν Κύριος.
28 [28]καὶ δῴη σοι ὁ θεὸς ἀπὸ τῆς δρόσου τοῦ οὐρανοῦ ἄνωθεν,
καὶ ἀπὸ τῆς πιότητος τῆς γῆς,
καὶ πλῆθος σίτου καὶ οἴνου.
29 [29]καὶ δουλευσάτωσάν σοι ἔθνη,
καὶ προσκυνήσουσίν σοι ἄρχοντες·

19 μου] μ sup ras A[1] 22 ηγγεισεν A | εψηλαφησεν] ψηλ sup ras (4) A[1]
23 χειρες 2°] χειραις A | ησαυ] sup ras (6) A[a] 26 εγγεισον A 27 ευλογησεν E

(*D*)EMa–xc$_2$d$_2$𝔄𝔅𝔈𝔏^r

Cyr | εγω] om a. +ειμι cfln𝔄𝔅𝔈𝔏 Phil-arm-lat[1] Chr Thdt | πρωτοτοκος σου] υιος σου ο πρωτοτοκος Chr +υιος fn Or-gr | εποιησα] post μοι Cyr (πεποιηκα cod) πεποιηκα EMabceghjlo q–xc$_2$ ⟨και πεποιηκα 32⟩· πεποιηκα σοι ⟨20⟩ Chr | καθως bw | ελαλησας] post μοι c λελαληκας bw Chr ενετειλω l | μοι] με m | αναστας καθισον] αναστηθι T-A | αναστας] +δε r | om και 2° x𝔅𝔏 | της θηρας μου] pr απο n𝔅 T-A pr εκ ⟨20⟩ Chr om dmpd$_2$ | οπως] ινα T-A +*ibi* 𝔏 | ευλογησει dinprsv

20 om τω υιω αυτου ⟨107⟩ Chr | του υιου E | ο 1°] ⟨ω 71 ως 32⟩ οτι Eefgiln𝔄 Phil-gr-codd $\frac{1}{3}$ Chr om a Phil-gr-cod $\frac{1}{3}$ | ταχυ ευρες] εταχυνας ln | ταχυ] *tam cito* 𝔏 Phil-lat | om ω mns 𝔄𝔅𝔈 Phil-gr $\frac{1}{3}$ | ⟨ο δε ειπεν] ειπεν δε 73⟩ | ο δε] και Edi*mps(txt) vd$_2$· *qui* 𝔏 | ο 3°] ⟨οτι 61⟩ *sicut* 𝔄 | παρεδωκεν] +μοι l𝔈 | om κυριος f𝔅^{lp} Or-gr | ο θεος] om Phil-gr-codd $\frac{1}{3}$-arm-lat. +σου EMabeghi*jknoqs–xc$_2$𝔈𝔏 Phil-gr-codd $\frac{1}{3}$ Or-gr Chr | εναντιον μου] *in manus meas* Phil-arm | εναντιου b | εμου Eabi*owd$_2$

21 om τω ιακωβ 𝔈^{cf} Chr | μοι] με b om 𝔄 Phil-lat[2] | και ψηλαφησω] και φιλησω n *ut palpem* 𝔏 | σε] σοι fm | ει 1°] η no | om ει 2° bflm | ο υιος μου] post ησαυ l om 𝔈 | ⟨ησαυ] pr ο 31⟩ | om η ου fi$^{a?}$r Phil-lat

22 ⟨ηγγισεν δε] και ηγγισεν 32 om δε 31⟩ | ισαακ] ησαυ b* | om και εψηλαφησεν αυτον 𝔈^{fp} | ⟨περιεψηλαφησεν 32⟩ | ⟨αυτον] αυτω 79⟩ | ειπεν] +*Isaac* 𝔈^{fp} | η Ahoquv] ει μεν t +μεν EM rell 𝔅𝔈𝔏 Phil-lat Or-gr Chr Cyr Hil | om φωνη 2° mps* | χειρες δε qu | χειρες 2°] ⟨pr ως 32⟩ χειρας f om mp𝔈

23 εγνω c | ησαν γαρ] *et erant autem* 𝔏 | γαρ] δε l | αυτου 1°] ησαυ r· +δασειαι ⟨73⟩ 𝔈 Phil-arm | om χειρες 2° 𝔅 Phil-arm | om ησαυ nr | om του αδελφου αυτου 𝔈 | om δασειαι ⟨73⟩ 𝔈 Phil-arm-lat | ηυλογησεν] επηρωτισεν k | αυτον 2°] +*Isaac* 𝔈

24 συ] pr ει diprtd$_2$ Phil-lat Chr post ει m | ⟨ει] +δε 61⟩ | om ο δε—εγω 𝔈 | ο δε] και c𝔅^{w}𝔏 om 𝔅^{lp} | ειπεν 2°] *respondit ei* 𝔏 | εγω] +ειμι ⟨30⟩ 𝔄𝔅𝔏

25 και ειπεν] ⟨ειπε δε ισαακ 25. om 18⟩ | και 1°] ο δε c | ειπεν] +*ei* 𝔈𝔏 ⟨+εγγισον μοι 30⟩ | και φαγομαι] και φαγωμαι cnq post σου 𝔏 και φαγω d: om 𝔈 | om απο M | om της l | οπως—μου] *ut benedicam tibi fili mi* 𝔅^w | οπως A] και dmn pd$_2$ ινα EM rell Chr +*edam et* 𝔈^c | ευλογησει dmnprd$_2$ | ⟨om σε 30⟩ | om και 3°—επιεν 𝔈^{fp} | προσηνεγκεν] προσηγαγεν acdfiklmorsvxc$_2$ | αυτω και εφαγεν] τω πατρι τα εδεσματα Chr | αυτω 1°] αυτον cm ⟨αυτο 107⟩ | om και εφαγεν—αυτω 2° g | εισηνεγκεν] ⟨προσηνεγκεν 79⟩ εισηγαγεν r | αυτω 2°] αυτου p om Chr

26 om αυτω d | om ισαακ—αυτου Chr | ισαακ] post αυτου bw | ο πατηρ αυτου] τω υιω αυτου d om E𝔈 | μοι] με f om 𝔄𝔈 | και φιλησον με] post τεκνον E | φιλησον] φιλησω egj. ⟨ψηλαφησω 71⟩ | με] μοι bdmnpsw σε ej | ⟨om τεκνον 25⟩

27 ωσφρανθην t | της οσμης f Or-gr Cyr-ed | om και ηυλογησεν αυτον n𝔈 | ειπεν] +αυτω Cyr | οσμη 1°] +των ιματιων 𝔅 T-A | om ως 𝔈^{fp} | αγρου πληρους] πληρης αγρου m | πληρους] πληρης D(+*D*)Edinoprwc$_2$*(uid) T-A πληρεις kx | κυριος] pr ο Or-gr $\frac{2}{3}$ *Deus* Phil-lat Iren Cyp-cod Hil $\frac{1}{2}$ +*Deus* 𝔏

28 και 1°] om l Iren *et dixit ei* 𝔈 | δωσει brw 𝔅 Phil-lat[2] Chr $\frac{1}{3}$ | ο θεος] pr $\overline{κς}$ en Phil-arm $\overline{κς}$ f*i*m Or-lat Cyr Chr $\frac{2}{3}$ T-A Hil $\frac{1}{2}$ $\overline{κθς}$ l | απο 1°] εκ Chr $\frac{1}{3}$ | ανωθεν Aefgijr𝔏 T-A Hil $\frac{1}{2}$] om DEM rell 𝔄𝔅𝔈 Phil Or Chr Cyr Iren Cyp Hil $\frac{1}{2}$ Vulg | απο 2°] εκ Chr $\frac{1}{3}$ om Tract | om και 3°—οινου c$_2$ | om και 3° bw 𝔏 Phil-lat[1] Cyr Iren Cyp Hil Vulg | πληθους ld$_2$ | και οινου] *uini et olei in domo tua* Tract *uini et olei* 𝔏 Cyp

29 δουλευσατωσαν] *seruient* Phil-lat Cyp Hil | εθνη] *populi* 𝔅$^{lp(mg)}$ | προσκυνησουσιν 1°] προσηνησουσι d προσκυνησατωσαν DEeghjlqtu𝔅𝔈(uid)𝔏 Chr Cyr Iren-ed | σοι 2°] σε dmnp |

27 αγρου] α' χωρας M : ο συρος αρουρης c$_2$

A καὶ γίνου κύριος τοῦ ἀδελφοῦ σου,
καὶ προσκυνήσουσίν σε οἱ υἱοὶ τοῦ πατρός σου.
ὁ καταρώμενός σε ἐπικατάρατος,
ὁ δὲ εὐλογῶν σε εὐλογημένος.

[30]Καὶ ἐγένετο μετὰ τὸ παύσασθαι Ἰσαὰκ εὐλογοῦντα τὸν Ἰακὼβ τὸν υἱὸν αὐτοῦ, καὶ ἐγένετο 30
ὡς ἐξῆλθεν Ἰακὼβ ἀπὸ προσώπου Ἰσαὰκ τοῦ πατρὸς αὐτοῦ, καὶ Ἠσαὺ ὁ ἀδελφὸς αὐτοῦ ἦλθεν
ἀπὸ τῆς θήρας αὐτοῦ. [31]καὶ ἐποίησεν καὶ αὐτὸς ἐδέσματα καὶ προσήνεγκεν τῷ πατρὶ αὐτοῦ· καὶ 31
εἶπεν τῷ πατρὶ αὐτοῦ Ἀναστήτω ὁ πατήρ μου καὶ φαγέτω τῆς θήρας τοῦ υἱοῦ αὐτοῦ, ὅπως
εὐλογήσει με ἡ ψυχή σου. [32]καὶ εἶπεν αὐτῷ Ἰσαὰκ ὁ πατὴρ αὐτοῦ Τίς εἶ σύ; ὁ δὲ εἶπεν Ἐγώ 32
§ U_4 εἰμι ὁ § υἱός σου ὁ πρωτότοκος Ἠσαύ [33]ἐξέστη δὲ Ἰσαὰκ ἔκστασιν μεγάλην σφόδρα καὶ εἶπεν 33
¶ U_4 Τίς οὖν ὁ θηρεύσας μοι θήραν καὶ εἰσενέγκας¶ μοι, καὶ ἔφαγον ἀπὸ πάντων πρὸ τοῦ σε εἰσελθεῖν,
καὶ ηὐλόγησα αὐτόν; καὶ εὐλογημένος ἔστω [34]ἐγένετο δὲ ἡνίκα ἤκουσεν Ἠσαὺ τὰ ῥήματα Ἰσαὰκ 34
τοῦ πατρὸς αὐτοῦ, ἀνεβόησεν Ἠσαὺ φωνὴν μεγάλην καὶ πικρὰν σφόδρα, καὶ εἶπεν Εὐλόγησον δὴ
κἀμέ, πάτερ. [35]εἶπεν δὲ αὐτῷ Ἐλθὼν ὁ ἀδελφός σου μετὰ δόλου ἔλαβεν τὴν εὐλογίαν σου. 35
[36]καὶ εἶπεν Δικαίως ἐκλήθη τὸ ὄνομα αὐτοῦ Ἰακώβ· ἐπτέρνικεν γάρ με ἤδη δεύτερον τοῦτο· τά 36
τε πρωτοτοκεῖά μου εἴληφεν, καὶ νῦν εἴληφεν τὴν εὐλογίαν μου. καὶ εἶπεν Ἠσαὺ τῷ πατρὶ

31 ευλογησει] η sup ras A[a] 33 εισηνεγκας A | πατων *D* | ευλογησα *D*[sil]
34 σφοδραν *D* | πατερ] π̄ε̄ρ (ε sup ras A[a?])A 36 πρωτοτοκια *D*[sil]E

*D*EM(U_4)a–x$c_2$$d_2$𝕬𝕭𝕰𝕷[r]

αρχοντες] bis scr l: +και βασιλεις m | γινου κυριος] *dominus eris* Tract | γινου] γινη g *eris* Cyp | του αδελφου] των αδελφων Cyr-ed ⅓ Vulg *fratri* 𝕬 | προσκυνησουσιν 2°] προσκυνησατωσαν 𝕰(uid) Chr ½ | σε 1° Aacdhpsv] σοι *D*[sil]EM rell Chr Cyr T-A | om οι b–egi*k*p$c_2$$d_2$ T-A | ο 1°—ευλογημενος] *qui benedicet tibi benedictus sit et qui maledicet tibi maledictus* 𝕰(+*sit* 𝕰[cp]) | ο 1°] pr και 𝕷 T-A Cyp Hil | επικαταρατος] pr *erit* Cyp +εσται n𝕬𝕷 Phil-lat Iren Hil | ο δε] και ο ln𝕷𝕾-ap-Barh Phil-lat Cyr-ed ⅔ T-A Iren Hil | om σε 3° j Phil-arm Cyp-cod | ευλογημενος] pr *erit* Cyp-codd. ευλογητος c_2. +*erit* 𝕷 Iren Cyp-ed Hil

30 ισαακ 1°] pr τον egjmp Chr | ευλογων p | om τον ιακωβ ds | τον 1° ADMcflpq] om E rell Chr | τον 2°—ιακωβ 2°] μετα το εξελθειν p | om τον 2° Dl | και εγενετο ως] om f om και εγεν 𝕬 om εγεν ως 𝕰 | ως] οσον Eacdeg* h*(uid)jknqsuvc_2 Phil-gr οτε h[b](uid) +αν td_2 | om ιακωβ 2° Chr | om προσωπου m | ισαακ του πατρος] *Esau filii* 𝕭[p(*)] om p om ισαακ ⟨30⟩ Phil-arm-lat | om αυτου 2° Phil-arm-lat | om και 3° x Phil-arm-lat | ησαυ] pr ιδου 𝕭[lw] Chr | ο αδελφος αυτου] om 𝕰 ⟨om αυτου 61⟩ | απο 2°—αυτου 4°] om E om αυτου *D*[sil]Mbdeghi*j–mpqs–wd_2𝕬𝕭𝕰[cf]𝕷 Chr

31 om αυτου 1° Lh Phil-arm-lat | τω πατρι αυτου 2°] om bdefi[a?]mnprwd_2𝕰𝕷 Chr om αυτου *D*[sil]EMghi*jklqs–v | om μου s | φαγεται p | της θηρας ADEMklqrsuv Chr] pr απο rell | του υιου αυτου] *filii tui* 𝕭[w] | οπως ευλογησει] *et benedicat* 𝕷 | ευλογησει Aacdnpr] ευλογηση DEM rell Chr | σου] *eius* 𝕭[lp]

32 om αυτω m | ισαακ—αυτου] om 𝕰[fp]. *Isaac* 𝕰[c] | ισαακ] post αυτου f | πατηρ] om b(spat 3 litt relict) | συ τις ει T-A ½ | συ] +τεκνον T-A ½ | ο δε ειπεν] *respondit ei* 𝕷· *et dixit ei Esau* 𝕰 | ο υιος—ησαυ] ησαυ ο πρωτοτοκος T-A | ο υιος—πρωτοτοκος] post ησαυ 𝕷: ⟨ο πρωτοτοκος σου ο υ̅ς̅ 78⟩ ο πρωτ υ̅ς̅ σου c· ο πρωτ. σου υ̅ς̅ egjmr | υιος—(33) εισενεγκας] ualde mutila in U_4

33 εκστασει μεγαλη fi[a]r𝕷(uid) | σφοδρα] pr εως ac om w Phil-gr | om ειπεν m | τις ουν] pr και t: ⟨τι ουν 18⟩: τις ην m: και τις εστιν dpd_2· ⟨τις εστιν 31⟩ *ille autem quis erat* 𝕬 (*est* codd) | ο—μοι 2°] *qui apportauit mihi quod uenatus erat* 𝕰 | ο θηρευσας] ο θηρας b *uenatus est* 𝕭𝕷 | μοι 1°] με l om m | εισενεγκας] εισενεγκων dmpd_2 ενεγκων Phil-gr εισηνεγκε fn𝕭 *intulit* 𝕷 | μοι 2°] om mw𝕬-ed𝕭[lp]· +θηραν E | om και 3° cdp𝕭[lp] | om απο—εισελθειν 𝕰 | απο παντων] *et ab omnibus aepulis* 𝕷 | προ—εισελθειν] *priusquam tu uenires* 𝕬𝕷 Phil-lat (*antequam*) | σε εισελθειν Aknr] εισελθειν σε qu ελθειν σε dfmpsvd_2 σε ελθειν *D*EM rell Phil-gr Chr | και ηυλογησα] pr και εφαγον m και ευλογηκα c_2 Chr ⅓ | και 5°—εστω] *ut benedictus sit* 𝕷 | και 5°] bis scr f | εστω] εσται bfl–owxd_2𝕭 Phil-gr ½ codd ½-lat Chr ⅓ codd ⅓

34 ηνικα] ως *DE* | τα ρηματα ησαυ egj | ισαακ—αυτου] ταυτα m | ισαακ] post αυτου c om Efnt𝕭[lp]𝕰 | ανεβοησεν] pr και Eai[a]knortxc_2𝕷 και εβοησε bw om g | ησαυ 2° A] om *D*[sil]EM omn 𝕬𝕭𝕰𝕷 Phil-arm-lat | φωνην—πικραν] φωνη μεγαλη και πικρα Efilnr𝕷 Phil-lat φωνη μεγαλη dp | και πικραν σφοδρα] σφοδρα και πικραν ⟨20⟩ Chr om g* om σφοδρα d | και ειπεν] +τω π̄ρ̄ι αυτου *D*acegi*jkloxc$_2$𝕬𝕭[lp] | om ευλογησον—(36) ειπεν 1° b

35 ειπεν δε] και ειπεν egj *dixit igitur* 𝕭[lp] *et respondit* 𝕷 | αυτω] +*di*[*cens*] 𝕷 | ελθων] post σου 1° 𝕷 | ελαβεν] ειληφεν mn | om σου 2° x

36 και 1°] *et is* 𝕬 | ειπεν 1°] +ησαυ dfhkmptd_2𝕭𝕰 Chr | επεκληθη dptd_2 Chr Thdt ½ | επτερνισεν *DE*(-νης-)efgjort Chr-ed ½ Cyr | γαρ] post με E Phil-gr Thdt ½: ⟨om 108⟩ | με] μοι s om 𝕷 | ηδη—τουτο] τουτο ηδη δευτερον Cyr: *et ecce iterum hodie* 𝕰· *iam bis* 𝕷· *bis iam* Phil-lat[1] | ηδη] *ecce* Phil-arm: om 𝕭 | om τουτο bw Phil gr | τα τε] τοτε τα Phil-gr: +γαρ f𝕷 | om μου 1° v Phil-lat | ειληφεν 1°] ειληφει Chr | νυν] pr *ecce* 𝕰[cf]· om Thdt ½· +ιδου ⟨37⟩ 𝕭 | ειληφεν 2°] ελαβε bw Cyr Thdt ½: post μου 2° f 𝕰: om Thdt ½ | την ευλογιαν] pr και ck𝕭(uid) | om μου 2° Phil-lat[1] | και ειπεν 2°] ειπεν δε 1a[?](uid)r𝕭 | ησαυ—αυτου 2°] *ei Esau* 𝕰 | ουχ] pr μητι acoxc_2𝕬 | υπελειπου qu] υπελιπου M(mg)c_2 Chr· υπελιπω *D*eg: υπολειπω Ed: υπεληφθη n. υπολελειπτο

33 εξεστη] α'σ' εξεπλαγη Mj(sine nom)v 35 μετα δολου] α' δι ενεδρας Mjsv(om δι js) σ' εν επιθεσει Mjsv 𝕾-ap-Barh

37 αὐτοῦ Οὐχ ὑπελείπου μοι εὐλογίαν, πάτερ; 37ἀποκριθεὶς δὲ Ἰσαὰκ εἶπεν τῷ Ἠσαύ Εἰ κύριον A
αὐτὸν ἐποίησά σου, καὶ πάντας τοὺς ἀδελφοὺς αὐτοῦ ἐποίησα αὐτοῦ οἰκέτας, σίτῳ καὶ οἴνῳ
38 ἐστήρισα αὐτόν· σοὶ δὲ τί ποιήσω, τέκνον; 38εἶπεν δὲ Ἠσαὺ πρὸς Ἰσαὰκ τὸν πατέρα αὐτοῦ
39 Μὴ εὐλογία μία σοί ἐστιν, πάτερ; εὐλόγησον δὴ κἀμέ, πάτερ. 39ἀποκριθεὶς δὲ Ἰσαὰκ ὁ πατὴρ
αὐτοῦ εἶπεν αὐτῷ

Ἰδοὺ ἀπὸ τῆς πιότητος τῆς γῆς ἔσται ἡ κατοίκησίς σου,
καὶ ἀπὸ τῆς δρόσου τοῦ οὐρανοῦ ἄνωθεν·
40 40καὶ ἐπὶ τῇ μαχαίρῃ σου ζήσῃ,
καὶ τῷ ἀδελφῷ σου δουλεύσεις.
ἔσται δὲ ἡνίκα ἐὰν καθέλῃς
καὶ §ἐκλύσεις τὸν ζυγὸν αὐτοῦ ἀπὸ τοῦ τραχήλου σου. § U4

41 41Καὶ ἐνεκότει Ἠσαὺ τῷ Ἰακὼβ περὶ τῆς εὐλογίας ἧς εὐλόγησεν αὐτὸν ὁ πατὴρ αὐτοῦ·¶ ¶ U4d2
εἶπεν δὲ Ἠσαὺ ἐν τῇ διανοίᾳ αὐτοῦ Ἐγγισάτωσαν αἱ ἡμέραι τοῦ πένθους τοῦ πατρός μου, ἵνα
42 ἀποκτείνω Ἰακὼβ τὸν ἀδελφόν μου. 42ἀπηγγέλη δὲ Ῥεβέκκᾳ τὰ ῥήματα Ἠσαὺ τοῦ υἱοῦ αὐτῆς
τοῦ πρεσβυτέρου· καὶ πέμψασα ἐκάλεσεν Ἰακὼβ τὸν υἱὸν αὐτῆς τὸν νεώτερον καὶ εἶπεν αὐτῷ
43 Ἰδοὺ Ἠσαὺ ὁ ἀδελφός σου ἀπειλεῖ σοι τοῦ ἀποκτεῖναί σε. 43νῦν οὖν, τέκνον, ἄκουσόν μου τῆς
φωνῆς, καὶ ἀναστὰς ἀπόδραθι εἰς τὴν Μεσοποταμίαν πρὸς Λαβὰν τὸν ἀδελφόν μου εἰς Χαρράν·

36 υπελειπω A 37 αυτου 2°] ου sup ras Aᵃ 40 δουλευσης E
41 ηυλογησεν *D*E | αυτου 2°] υ 2° sup ras Aᵃ | αποκτινω E

*D*EM(U4)a–xc2(d2)𝔄𝔅𝔈𝔏ʳ

bjᵇw υπολελειπται f υπελειπω AM(txt)j* rell *reliquisti* 𝔄𝔅𝔈 𝔏 *dereliquisti* Phil-lat *mansit* Phil-arm | μοι] σοι fn. +*etiam mihi* 𝔅 | ευλογια bfnw Phil-arm | om πατερ Phil-arm-lat¹

37 om δε 1° c2𝔅ʷ | ισαακ] +ο πηρ αυτου n | ειπεν] pr και ⟨18⟩ 𝔏 | τω ησαυ] αυτω ⟨30⟩ Chr αυτω ησαυ w*. om n | ει] η ο ιδου Ath om k𝔈 | κυριον—σου] *dnm tuum feci eum* 𝔏 Phil-arm | εποιησα 1°] πεποιηκα Mkqu | σου] σοι n𝔄𝔅(uid) Phil-lat | αυτου 1°] σου f𝔄-ed om dp | εποιησα 2°] πεποιηκα *D*ˢⁱˡEaceghjkoqs(-κας)tuvxc2 om bw Chr | αυτου 2°] αυτω f𝔄 𝔅(uid) Hil αυτους g· om bw Phil-arm-lat Chr | σιτω και οινω] *areis et arboribus* Phil-arm | εστηρισα] εστερησα bn. εστηριξα *D*ˢⁱˡd Chr εστερεωσα l· ⟨ετηρισα 130. ετηρησα 16⟩ ουχ υστερησα m | αυτον 2°] αυτω m | om δε 2° 𝔄 Phil-lat

38 om προς—αυτου d | ισαακ A*D*Mfhilnr𝔈] om E rell 𝔄𝔅𝔏 Or-gr Chr | μια] post σοι Phil-gr. om m· +μονη *D*(Dᵘⁱᵈ) | σοι] post εστιν Ex𝔄𝔏 Phil-arm-lat Cyr (εσται ed) μοι m | εσται Phil-gr-codd-omn | ⟨om πατερ 1° 37 73⟩ | ευλογησον δη καμε] om 𝔈 om δη 𝔄 Phil | πατερ 2° A] om Cyr-ed: πēρ κατανυχθεντος δε ισαακ m πēρ κατανυχθεντος δε ισαακ ανεβοησεν φωνην ησαυ και εκλαυσεν D(+*D*ˢⁱˡ)EM rell 𝔄𝔅𝔏 Phil-arm-lat Or-gr Chr ⟦om πēρ deptxc2d2 Phil-arm-lat | κατανυχθ δε] και κατανυχθ l𝔅. κατανυγεντος δε n om δε g* *cunctan em* 𝔏 | ισαακ] pr του e ισαυ Eᵃ? | φωνην] φωνη bcntvwd2 Phil-lat² Or-gr Chr. *uocem suam* 𝔄 φωνη μεγαλη Efilqrsu𝔅ʷ𝔏 Phil-arm-lat¹ om c2𝔅ˡᵖ | om ησαυ E⟧. *et tum clamauit Esau et fleuit* 𝔈

39 αποκριθεις—αυτω] *et dixit Isaac* 𝔈 | αποκρ. δε ισαακ] om m om ισαακ 𝔏 | om ο πατηρ αυτου d𝔅 | om ιδου 𝔈ᵖ | απο 1°—ανωθεν] *a rore caeli desuper et a rore terrae* (+*subtus* 𝔈ᵖ) *sit uictus tuus* 𝔈 | απο της πιοτητος] *a potu* 𝔏 | om εσται f1ᵃ? | της 3°] του c

40 om και 1° egj | om τη Phil | om σου 1° Phil-lat | δε] om r*: *ergo* Phil-lat | αν a–gjmpwd2 | καθελης] αθε sup ras a: θελης Eqw𝔈(+*te submitte et* 𝔈ᵖ) ⟨και θελης 71⟩ | και εκλυσεις] ⟨εληυσης 71⟩ om Thdt Hil | om και 3° 𝔈ᶜᶠ | εκλυσεις—(41) αυτου 1°] ualde mutila in U4 | εκλυσεις Afkmn Phil-lat¹ Chr] ελκυσης bl εκλυσης *D*ˢⁱˡEM rell 𝔏 Phil-gr-lat² Cyr | τον ζυγον αυτου] *iugum tuum* 𝔅ʷ Phil-lat² om αυτου dpc2 Phil-gr-arm 𝔈ᵖ | om του Cyr⅓

41 και ενεκοτει ησαυ] *te submitte* 𝔈ᶠᵖ | ενεκοτει] *minatus est autem* 𝔏 | τω ιακωβ] ⟨τω αδελφω αυτου ιακωβ 76⟩ *fratri suo* 𝔏 om τω egjm | περι—ης] *propter benedictiones quas* 𝔄-ed | ης] ην m | αυτον] ⟨pr ισαακ 37⟩ ισαακ m om b𝔈ᵖ. +ισαακ degjpd2 | αυτου 1°] +αυτον m | ειπεν δε] και ειπεν l | αυτου 2°] sub ※ M𝔄 om Eegjksv Phil-arm-lat² Chr Cyr | εγγισουσι Chr¼ | του πενθους] του παθους dj(mg)ps(mg) Phil-gr-codd Hipp-ap-Hier *mortis* 𝔅𝔏 om Thdt½ | του πατρος] εν τη διανοια f | ινα αποκτεινω] ινα αποκτενω 1*o. και αποκτενω f𝔏 Phil-arm Hipp-ap-Hier Chr-ed¼· και ανελω Chr¼ codd¼ και τοτε φονευσω Chr¼ | ιακωβ 2°] post μου 2° l(pr τον)𝔏 om Chr¼ Thdt½

42 απηγγελη] απηγγελθη Cyr. απηγγειλεν Ekmnp | ρεβεκκα] pr η k pr τη c2 Cyr ρεβεκα s* om m | τα ρηματα] pr κατα n | ησαυ 1°] post αυτης 1° r om ⟨73⟩ 𝔈𝔏 | υιου] αδελφου b* | αυτης 1°] αυτου m* | om του 2°—αυτης 2° g | εκαλεσεν] *nuntiauit* 𝔅ˡᵖ | ιακωβ] post νεωτερον 𝔄 post αυτης 2° f1 om Edejmp Chr | αυτης 2°] +τον ιακωβ dp | om ιδου e𝔈ᵖ | αδελφος σου] υιος μου m | απειλει] απειλειται Ebirw *irascitur* 𝔅 | om σοι 𝔄 Phil-codd-omn½ Or-lat | om του 3° Phil Chr | αποκτειναι] θανατωσαι n | σε] σοι bp

43 om τεκνον Chr | μου 1°] μοι t*(uid) post φωνης acmoxc2 𝔄𝔏 Phil½ | αναστας] αποστας Phil-gr-codd⅓ ⟨om 76⟩ | αποδραθι] αποδρα mo αποδρασον c. πορευθητι f1ᵃʳ𝔄(uid)𝔅 *proficiscere* 𝔏 | εις την Μεσοποταμιαν] om Eacmos(txt)v(txt)xc2 Phil Or-lat Chr om την Mdp | λαβαν] post μου 2° Chr | εις χαρραν] εις χαραν cfglsw Phil-lat¹ *in Charra* 𝔏

37 σοι—τεκνον] σοι προς ταυτα τι ποιησω υιε μου M | σοι] προς ταυτα j. προστατει s
40 εσται—αυτου] σ' εσται δε οταν καμφθης εκλυσεις τον ζυγον αυτου M | εσται—καθελης] εσται δε εαν καμφθης α' και εσται καθα καταβιβασεις jsv(om α' js) **42** απειλει σοι] διανοειται κατα σου js

XXVII 44 ΓΕΝΕΣΙΣ

A ⁴⁴καὶ οἴκησον μετ' αὐτοῦ ἡμέρας τινάς, ⁴⁵ἕως τοῦ ἀποστρέψαι τὸν θυμὸν καὶ τὴν ὀργὴν τοῦ
ἀδελφοῦ σου ἀπὸ σοῦ, καὶ ἐπιλάθηται ἃ πεποίηκας αὐτῷ, καὶ ἀποστείλασα μεταπέμψομαί σε
ἐκεῖθεν· μή ποτε ἀτεκνωθῶ ἀπὸ τῶν δύο ὑμῶν ἐν ἡμέρᾳ μιᾷ.

⁴⁶Εἶπεν δὲ Ῥεβέκκα πρὸς Ἰσαάκ Προσώχθικα τῇ ζωῇ μου διὰ τὰς θυγατέρας τῶν υἱῶν
Χέτ· εἰ λήμψεται Ἰακὼβ γυναῖκα ἀπὸ τῶν θυγατέρων τῆς γῆς ταύτης, ἵνα τί μοι ζῆν; ¹προσ-
καλεσάμενος δὲ Ἰσαὰκ τὸν Ἰακὼβ εὐλόγησεν αὐτόν, καὶ ἐνετείλατο αὐτῷ λέγων Οὐ λήμψῃ
γυναῖκα ἐκ τῶν θυγατέρων Χανάαν· ²ἀναστὰς ἀπόδραθι εἰς τὴν Μεσοποταμίαν Συρίας εἰς τὸν
οἶκον Βαθουὴλ τοῦ πατρὸς τῆς μητρός σου, καὶ λάβε σεαυτῷ ἐκεῖθεν γυναῖκα ἐκ τῶν θυγατέρων
Λαβὰν τοῦ ἀδελφοῦ τῆς μητρός σου ³ὁ δὲ θεός μου εὐλογήσαι σε καὶ αὐξήσαι σε καὶ πληθύναι
σε, καὶ ἔσῃ εἰς συναγωγὰς ἐθνῶν· ⁴καὶ δῴη σοι τὴν εὐλογίαν Ἀβραὰμ τοῦ πατρός σου, σοὶ καὶ
§ 𝕮ᵐ τῷ σπέρματί σου μετὰ σέ, κληρονομῆσαι τὴν γῆν τῆς παροικήσεώς σου, §ἣν δέδωκεν ὁ θεὸς τῷ
Ἀβραάμ. ⁵καὶ ἀπέστειλεν Ἰσαὰκ τὸν Ἰακώβ, καὶ ἐπορεύθη εἰς τὴν Μεσοποταμίαν πρὸς Λαβὰν
τὸν υἱὸν Βαθουὴλ τοῦ Σύρου, ἀδελφὸν δὲ Ῥεβέκκας τῆς μητρὸς Ἰακὼβ καὶ Ἡσαύ. ⁶ἴδεν δὲ
Ἡσαῦ ὅτι εὐλόγησεν Ἰσαὰκ τὸν Ἰακὼβ καὶ ἀπῴχετο εἰς τὴν Μεσοποταμίαν Συρίας λαβεῖν
ἑαυτῷ γυναῖκα, ἐν τῷ εὐλογεῖν αὐτόν, καὶ ἐνετείλατο αὐτῷ λέγων Οὐ λήμψῃ γυναῖκα ἀπὸ τῶν
θυγατέρων Χανάαν· ⁷καὶ ἤκουσεν Ἰακὼβ τοῦ πατρὸς καὶ τῆς μητρὸς ἑαυτοῦ, καὶ ἐπορεύθη εἰς
τὴν Μεσοποταμίαν. ⁸καὶ ἴδεν Ἡσαῦ ὅτι πονηραί εἰσιν αἱ θυγατέρες Χανάαν ἐναντίον Ἰσαὰκ

46 προσοχθεικα A   XXVIII 1 ηυλογησεν E   6 ηυλογησεν DE | αποχετο E

DEMa-xc₂𝕬𝕭(𝕮ᵐ)𝕰𝕷ʳ

44 οικησον μετ αυτου] ποιησον εκει Phil-codd ⅓. om μετ αυτου 𝕰ᵖ | τινας] πολλας x𝕬

45 του αποστρεψαι] oτου αποστρεψω Phil-cod ½ | του 1°] ου n | om τον θυμον και 𝕰 Phil-cod ½ Or-lat | om απο σου em 𝕰 Phil ½ Cyr | επιλαθηται] επιλαθητω c επιλαθεσθαι f | a] pr παντα 1𝕭ᵖ: o m | αυτω] αυτου a*(uid) | om αποστειλασα 𝕭 μεταπεμψωμαι Ecfnr | ποτε] πως ⟨32⟩ Chr ½ | ατεκνωθω] αποτεκνωθω D(απο ω, sed ατεκνωθω D)bdfpw post a ras (1) o κενωθω E +και 1r | απο 2°] εκ t Chr ½ ed ½ | ημων De*gi | εν ημερα μια] εν μια ημερα fl𝕷 Cyr-ed. εις ημεραν μιαν E: om b𝕭ʷ

46 om προς ισαακ m | προς] τω Ef | προσωχθικα] προσωχθισα DMaegh(-θεισα)ιlrᵃtc₂ Chr Cyr-cod προσωχθησα Ecfkno r* destinaui 𝕷 | τη ζωη] τη ψυχη 𝕷 Thdt | των υιων χετ] Heth Phil-latʳ Chettaeorum Phil-arm. των χαναναιων Thdt Chanaan 𝕰 | χετ] των χετταιων fir: om s(spat relict) | ει] +autem 𝕭ʷ𝕰 | λημψεται] ληψομαι bw | γυναικας cv ωδε d om E· +ωδε p | απο των θυγ] pr απο των υιων χετ τοιαυτας o pr απο των θυγατερων χετ τοιαυτας acmx· pr a ※ filiabus Chet 𝕬 om των θυγ Phil-lat | της γης ταυτης] αυτων f · Chettaeorum Phil-arm | ινα] pr et 𝕬-codd | ζην] pr τo bw Chr Cyr-ed

XXVIII **1** δε] +ιακωβ r* | τον] τω c | ιακωβ] +filium suum 𝕰ᶠᵖ | αυτον] τον ιακωβ b | αυτω] αυτον m om Ed | γυναικα] θυγατερα m | εκ] απο DEacdfhιoprx Chr | θυγατερων] υιων x. om m +της γης ταυτης c | χαναν] των χαναναιων bcw𝕬(uid)𝕭𝕷 Chr + εις γυναικα m

2 αναστας] pr αλλ ⟨20⟩ Chr pr sed 𝕬𝕷. +δε t | αποδραθι] αποδρα f · πορευου ⟨20⟩ Chr · uade 𝕬𝕭𝕷 | om συριας DˢᶦˡEM beghjlqs-w𝕭𝕰𝕷 Phil Chr Cyr | βαθουηλ] βαθουηλ Phil-gr-codd ½. om Chr | του πατρος] ad fratrem 𝕰ᶠᵖ. om bw Phil ½ cod ½ | σεαυτω] post εκειθεν k𝕬𝕷 Phil-gr ½ · σεαυτου E | εκειθεν] post γυναικα cht Cyr om Ebfw𝕰 Phil-arm-lat | εκ] pr και 18) | om λαβαν Chr | om του 2° Phil ½ | σου 2°] +et accipe tibi inde uxorem 𝕷

3 ευλογησαι] ευλογησει 1𝕭 αυξησαι r: eat (ibit 𝕰ᶠ) tecum et augeat (augebit 𝕰ᶠ) 𝕰 | σε 1°] +τεκνον b | om και αυξησαι

σε bowc₂𝕭 | αυξησαι] αυξησει 1 αυξανησαι n ευλογησαι r𝕰ᶜ: benedicet 𝕰ᶠ · πληθυναι E | om και πληθυναι σε M | πληθυναι] πληθυνει 1𝕭𝕰ᶠ Ath αυξησαι E | εση] sit 𝕰ᶠ | συναγωγας] συναγωγην ⟨79⟩ Chr αγωγας fm

4 δωη] δωσει bcw𝕭𝕰ᶠ | om την 1° b | αβρααμ—σου 1° A𝕰 Cyr-ed] του π̄ρ̄ς μου αβρααμ e𝕷: του π̄ρ̄ς αβρααμ dp · αβρααμ του π̄ρ̄ς μου DˢᶦˡEM rell 𝕬𝕭 Ath Chr Cyr-cod | om σοι 2° 𝕭𝕷 | κληρονομησαι] +σε acx𝕬 | om της παροικησεως σου E | ⟨παροικεσιας 20⟩ | δεδωκεν A] εδωκεν DˢᶦˡEM omn Chr Cyr | o θεος] pr κ̄ς Ef om B

5 ιακωβ] +filium suum 𝕰 | om και επορευθη 𝕰 | και 2°] +αναστας ιακωβ dkptc₂ | om την egj | μεσοποταμιαν] +συριας Eacdhi*j(mg)k-ps(mg)txc₂𝕬𝕭𝕰 | om προς—(6) συριας d | προς] pr ut acciperet 𝕰ᵖ | om τον 2° bnw | om του συρου 𝕰ᵖ om αδελφον—ησαυ e | αδελφου Mgk𝕬-codd | om δε Eabcghj knqu-c₂ | ρεβεκας g | om της—ησαυ 𝕰 | της] και m | ιακωβ 2°] ιακωβου b | om και ησαυ c₂

6 ιδεν] ιδων fιps(txt)vc₂𝕬𝕭𝕰. ⟨ειπεν 71.73⟩ | ⟨om δε 76⟩ | ισαακ] pater eius 𝕰 om w | om τον nw | om και 1° c₂ | απωχετο] pr αναστας j(mg)ls(mg). pr quia 𝕷 απο+ras (4) b | εις—γυναικα 1°] εκειθεν egj | εις] bis scr m | συριας] pr της bw εαυτω] αυτω Dm om 𝕰 | γυναικα 1° A] εκειθεν γυναικας x +εκειθεν Dˢᶦˡ⟨θεν⟩Ebiqtuw𝕭𝕮𝕰: pr εκειθεν M rell 𝕬𝕷 | om εν—γυναικα 2° c₂ | εν—αυτον 𝕰ᵖ] εν] pr και Mdfhιlpst𝕬 | om ευλογειν] ευλογησαι c | om και 2° Mdfit𝕬𝕭ᵖ | om αυτω 𝕬 | γυναικα 2°—θυγατερων] θυγατερα n | γυναικα 2°] +tibi 𝕭ʷ𝕮: +inde 𝕰ᶠᵖ | απο] εκ bw | om των x | χανααν] των χαναναιων Dˢᶦˡb𝕬(uid)𝕭ᶦᵖ𝕷 των χανανεων σαυτω γυναικα n

7 om totum comma p | και 1°] eo quod 𝕷 | ηκουσεν] εισηκουσεν Phil-ed: υπηκουσεν Phil-codd | της μ̄ρ̄ς και του π̄ρ̄ς Phil-gr-codd | πατρος] +αυτου DEιmr𝕭𝕮𝕷 | εαυτου A] om r Phil-lat· αυτου DˢᶦˡEM rell 𝕬𝕷 | om την abcw | μεσοποταμιαν Abnw𝕭𝕮𝕰𝕷 Phil] +συριας DˢᶦˡEM rell 𝕬 ⟨+της συριας 32⟩

8 και ιδεν] ⟨ιδων δε 31⟩ uidens Phil-lat: et ubi uidit 𝕰. et tunc postquam uidit 𝕷 και γνους j(mg)s(mg) | χανααν] των χαναναιων n𝕬(uid)𝕭ᶦᵖ𝕷 | ⟨εναντιον] απο προσωπου 71⟩ | ισαακ] post αυτου 𝕰: ησαυ E*(ησαακ Eᵃ?) | αυτου] sup ras (2) 1ᵃ

46 προσωχθικα] α´ εσικχανα σ´ ενεκακησα js(om σ´)v

ΓΕΝΕΣΙΣ XXVIII 17

9 τοῦ πατρὸς αὐτοῦ, ⁹καὶ ἐπορεύθη Ἠσαὺ πρὸς Ἰσμαήλ, καὶ ἔλαβεν τὴν Μαελὲθ θυγατέρα A
Ἰσμαὴλ τοῦ υἱοῦ Ἀβραάμ, ἀδελφὴν Ναβαιώθ, πρὸς ταῖς γυναιξὶν αὐτοῦ γυναῖκα.
10 §¹⁰Καὶ ἐξῆλθεν Ἰακὼβ ἀπὸ τοῦ φρέατος τοῦ ὅρκου, καὶ ἐπορεύθη εἰς Χαρράν. ¹¹καὶ ἀπήν- § d₂
11 τησεν τόπῳ καὶ ἐκοιμήθη ἐκεῖ· ἔδυ γὰρ ὁ ἥλιος· καὶ ἔλαβεν ἀπὸ τῶν λίθων τοῦ τόπου καὶ
12 ἐπέθηκεν πρὸς κεφαλῆς αὐτοῦ, καὶ ἐκοιμήθη ἐν τῷ τόπῳ ἐκείνῳ. ¹²καὶ ἐνυπνιάσθη· καὶ ἰδοὺ
κλῖμαξ ἐστηριγμένη ἐν τῇ γῇ, ἧς ἡ κεφαλὴ ἀφικνεῖτο εἰς τὸν οὐρανόν, καὶ οἱ ἄγγελοι τοῦ θεοῦ
13 ἀνέβαινον καὶ κατέβαινον ἐπ' αὐτῆς. ¹³ὁ δὲ κύριος ἐπεστήρικτο ἐπ' αὐτῆς καὶ εἶπεν Ἐγὼ ὁ θεὸς
Ἀβραὰμ τοῦ πατρός σου καὶ ὁ θεὸς Ἰσαάκ· μὴ φοβοῦ· ἡ γῆ ἐφ' ἧς σὺ καθεύδεις ἐπ' αὐτῆς, σοὶ
14 δώσω αὐτὴν καὶ τῷ σπέρματί σου. ¹⁴καὶ ἔσται τὸ σπέρμα σου ὡς ἡ ἄμμος τῆς θαλάσσης, καὶ
πλατυνθήσεται ἐπὶ θάλασσαν καὶ ἐπὶ λίβα καὶ ἐπὶ βορρᾶν καὶ ἐπ' ἀνατολάς·¶ καὶ ἐνευλογη- ¶ D
15 θήσονται ἐν σοὶ πᾶσαι αἱ φυλαὶ τῆς γῆς καὶ ἐν τῷ σπέρματί σου. ¹⁵καὶ ἰδοὺ ἐγὼ μετὰ σοῦ,
διαφυλάσσων σε ἐν τῇ ὁδῷ πάσῃ οὗ ἐὰν πορευθῇς, καὶ ἀποστρέψω σε εἰς τὴν γῆν ταύτην· ὅτι
16 οὐ μή σε ἐγκαταλείπω ἕως τοῦ ποιῆσαί με πάντα ὅσα ἐλάλησά σοι. §¹⁶καὶ ἐξηγέρθη Ἰακὼβ § D
17 ἀπὸ τοῦ ὕπνου αὐτοῦ καὶ εἶπεν ὅτι Ἔστιν Κύριος ἐν τῷ τόπῳ τούτῳ, ἐγὼ δὲ οὐκ ᾔδειν. ¹⁷καὶ

12 ηνυπνιασθη DE | [αφι]κνι[το] D(uid) · αφηκνειτο E   13 σοι] συ E | τω] το E   14 λιβαν A   16 ιδειν E

A ἐφοβήθη καὶ εἶπεν Ὡς φοβερὸς ὁ τόπος οὗτος· οὐκ ἔστιν τοῦτο ἀλλ' ἢ οἶκος θεοῦ, καὶ αὕτη
¶ d_2 ἡ πύλη τοῦ οὐρανοῦ.¶ 18 καὶ ἀνέστη Ἰακὼβ τὸ πρωὶ καὶ ἔλαβεν τὸν λίθον ὃν ἔθηκεν ἐκεῖ πρὸς 18
κεφαλῆς αὐτοῦ καὶ ἔστησεν αὐτὸν στήλην, καὶ ἐπέχεεν ἔλαιον ἐπὶ τὸ ἄκρον αὐτῆς. 19 καὶ ἐκά- 19
λεσεν Ἰακὼβ τὸ ὄνομα τοῦ τόπου ἐκείνου Οἶκος θεοῦ· καὶ Οὐλαμμαὺς ἦν ὄνομα τῇ πόλει τὸ
πρότερον. 20 καὶ ηὔξατο Ἰακὼβ εὐχὴν λέγων Ἐὰν ᾖ Κύριος ὁ θεὸς μετ' ἐμοῦ καὶ διαφυλάξῃ με 20
ἐν τῇ ὁδῷ ταύτῃ ᾗ ἐγὼ πορεύομαι καὶ δῷ μοι ἄρτον φαγεῖν καὶ ἱμάτιον περιβαλέσθαι, 21 καὶ 21
ἀποστρέψῃ με μετὰ σωτηρίας εἰς τὸν οἶκον τοῦ πατρός μου, καὶ ἔσται μοι Κύριος εἰς θεόν, 22 καὶ 22
ὁ λίθος οὗτος, ὃν ἔστησα στήλην, ἔσται μοι οἶκος θεοῦ· καὶ πάντων ὧν ἐάν μοι δῷς, δεκάτην
ἀποδεκατώσω αὐτά σοι.

1 Καὶ ἐξάρας Ἰακὼβ τοὺς πόδας ἐπορεύθη εἰς γῆν ἀνατολῶν πρὸς Λαβὰν τὸν υἱὸν Βαθουὴλ 1 XXIX
τοῦ Σύρου, ἀδελφὸν δὲ Ῥεβέκκας μητρὸς Ἰακὼβ καὶ Ἠσαῦ. 2 καὶ ὁρᾷ, καὶ ἰδοὺ φρέαρ ἐν τῷ 2
πεδίῳ. ἦσαν δὲ ἐκεῖ τρία ποίμνια προβάτων ἀναπαυόμενα ἐπὶ τὸ αὐτό· ἐκ γὰρ τοῦ φρέατος
ἐκείνου ἐπότιζον τὰ ποίμνια· λίθος δὲ ἦν μέγας ἐπὶ τῷ στόματι τοῦ φρέατος. 3 καὶ συνήγοντο 3
ἐκεῖ πάντα τὰ ποίμνια, καὶ ἀπεκύλιον τὸν λίθον ἀπὸ τοῦ στόματος τοῦ φρέατος, καὶ ἐπότιζον τὰ
πρόβατα, καὶ ἀπεκαθίστων τὸν λίθον ἐπὶ τὸ στόμα τοῦ φρέατος εἰς τὸν τόπον αὐτοῦ. 4 εἶπεν δὲ 4
αὐτοῖς Ἰακώβ Ἀδελφοί, πόθεν ἐστὲ ὑμεῖς; οἱ δὲ εἶπαν Ἐκ Χαρράν ἐσμεν. 5 εἶπεν δὲ αὐτοῖς 5

18 [ελ]εον D   20 φα[γ]ιν D(uid)   22 αποδεκατωσοι A
XXIX 2 παιδιω A   4 εσται A | εκ] εχ A

*D*EMa–xc_2(d_2)𝕬𝕭$𝕮^m$𝕰$𝕷^r$

17 *και* 1°—*ειπεν*] bis scr b | *εφοβηθην* mt | *ο τοπος ουτος*] *uisio haec* 𝕬-codd | *τουτο*] *locus hic* 𝕮 | om *η* 1° fhn | *θεου*] pr *του* clx Chr $\frac{1}{3}$ | om *η* 2° g

18 ⟨om *και* 1°—*πρωι* 25⟩ | *και ανεστη*] *surrexit autem* 𝕮𝕷 | om *το πρωι* Chr | *το* 1°] *τω* bcfghjnqrt^{a}uc_2 Just | *ον*] o n | *εθηκεν* AEr𝕬(uid)𝕰(uid)𝕷] *επεθηκεν* dep. *υπεθηκεν* D^{sil}M rell Just Eus Cyr Thdt *ειχε* Chr | *εκει*] *sibi* 𝕷· om Ef$i^{a?}$nr𝕬𝕰 Eus Chr | *προς*] *επι της* m | *κεφαλης*] *κεφαλην* bw Chr ⟨*την κεφαλην* 20⟩ | ⟨*αυτον*] *αυτω* 79⟩ | *ελαιον*] pr *το* Just | *το* 2°] *τον* q | *αυτης*] *αυτου* di*pt Just

19 om *ιακωβ* Ebquw 𝕰𝕷 Cyr-ed | om *εκεινου* Just | *οικος*] *οικον* m *nomen* 𝕷 | *ουλαμμαυς* A] *ουλαμμαου* a. *λαμμαους* b· *ουαλαμ* egj(txt)· *ουλαους* o w. *ουλαμλουζ* j(mg)c_2^b. *ουλαμμαους* DE*Mc_2* rell Just On. ⟨*ουλαμμαουζ* 20⟩ *ουλαμαους* ⟨74⟩ 𝕭· *ουλαμβανους* $E^{a?}$. ⟨*ου λαμβανουσιν* 71⟩· *Ulanmaus* 𝕷 *Oulamous* 𝕮 *Ulmaus* 𝕬-ed *Aulomaus* 𝕬-codd. *Luza* 𝕬-codd | *ην*] *η* n· *est* 𝕭 | *πολει*] +*εκεινη* c𝕬 | om *προτερον* c_2^b

20 *ηυξατο*] *επηυξατο* c_2 *uocauit* 𝕷 +*εκει* h | *ιακωβ*] pr *ο* e | *ευχην*] +*τω* $\overline{κω}$ dfp | ⟨om *εαν* 14 18⟩ | *η* 1°] *ει* hs· ⟨*εστε* 18⟩ | ⟨om *κυριος ο θεος* 18⟩ | *ο θεος*] *Deus meus* 𝕷 Or-lat om Egj $𝕰^{cp}$ | ⟨om *και* 2° 16 83⟩ | *διαφυλαξη*] *διαφυλαξει* dklnptc_2 *φυλαξη* bw Chr | om *εγω* f𝕰 | *πορευομαι*] *πορευσομαι* b𝕮: +*εν αυτη* DMegijnr | ⟨om *και* 3°—*περιβαλεσθαι* 16⟩ | *δω*] post *μοι* Thdt *δωη* EMbcfhilmnrstvw Or-gr $\frac{1}{2}$ Chr $\frac{2}{10}$ *δωση* Chr $\frac{1}{10}$· ⟨*δωσει* 130^b⟩ | *ιματιον*] pr *dederit mihi* 𝕷 | *περιβαλεσθαι*] *περιβαλλεσθαι* f: *ενδυσασθαι* E

21 *αποστρεψη—μου*] *αποκαταστησει με μετ ειρηνης* Thdt | *αποστρεψη—σωτηριας*] *μετα σ̄ρ̄ιας αποστρεψη με* E(-*ψει*)fir | ⟨*αποστρεψη με*] *αποστρεψομαι* 108⟩ | *αποστρεψη*] *αποστρεψει* dknpc_2 *επιστρεψη* j(mg)s(mg)t· *επιστρεψει* l | om *με* dp | om *μετα σωτηριας* $𝕰^p$ | *μοι*] post *κυριος* Dacehjkmoqs–vxc_2 Phil Or-gr Chr. om g𝕷 Spec

22 om *ουτος* 𝕬(uid) Thdt Spec | *εστησα*] *εστηλα* t. +*εγω* c | om *στηλην* 𝕰 Thdt Spec | *οικος* $\overline{θυ}$ *εσται μοι* fi | om *μοι* 1° l | *οικος*] *εις οικον* Thdt | *εαν*] *αν* Edmp | *δως*] pr *Domine* Or-lat *δω* ⟨31⟩ $𝕰^{fp}$. *dederit Dominus* Spec *dederit D̄n̄s D̄s̄* 𝕷 | *δεκατην—σοι*] *dabo tibi decimas* 𝕬 | *δεκατην*] +*απο παντων* l | *αποδεκατωσω*] *αποδεκατω* t· +*σοι* i* | *αυτα*] post *σοι* Or-gr $\frac{1}{2}$ Thdt: *αυτας* fj. *αυτω* p: *ex illa* 𝕷 Spec. om l Phil Or-lat | om *σοι* dp

XXIX **1** *τους ποδας*] *pedem* 𝕷· +*αυτου* acmoxc_2𝕬𝕭𝕮 | *επορευθη*] *et abiit* 𝕷: *ire* 𝕬 | *γην*] pr *την* m𝕭 | *λαβαν*] +ras (6) b | om *τον* cfht | *υιον*] *του* E: *εκ* bw | *βαιθουηλ* d | *αδελφου* o | om *δε* Eabckov–c_2 | *ρεβεκας* g* | *μητρος*] pr *της* *D*E Maf$i^{a?}$jlrsvc_2 | ⟨*ιακωβ και ησαυ*] *αυτου* 31⟩

2 *και ορα*] *et uidit* 𝕬𝕭· *uidit* 𝕮𝕷. om dp | *ησαν δε*] *και ησαν* n Cyr-ed· om *δε* $𝕭^w$ | *τρια*] *δυο* egj | *επι το αυτο* A] *υπ αυτου* l *επ αυτου* D^{sil}M rell 𝕬𝕭𝕮𝕰𝕷 Cyr om E | *εκ—εκεινου*] *et e puteo illo* 𝕬 | *γαρ*] *autem* 𝕷 om f | *εποτιζοντο* E𝕷 | *ποιμνια* 2°] *προβατα* hns(mg)v(mg)𝕬$𝕭^w$𝕮 | om *λιθος*—(3) *ποιμνια* dp | om *δε* 2° t | *ην*] post *μεγας* f𝕬 +*εις* egj: +*εκει* n | *τω στοματι*] *το στομα* f *του στοματος* *D*hi | *φρεατος* 2°] +*του υδατος* k

3 *συνηγαγοντο* El | *τα ποιμνια παντα εκει* l | *παντα τα ποιμνια*] *παντες οι ποιμενες* ir𝕭𝕮𝕰𝕷 om *παντα* c +*και οι ποιμενες* bfhktw | *και* 2°] +*οι ποιμενες* dp(+*και*)c_2 | om *τον* 1° Or-gr | om *απο* f | om *του* 1° w | *φρεατος* 1°] +*εκεινου* d. +*και συνηγοντο* Or-gr | *τα προβατα*] pr *παντα* m *τα ποιμνια* r | *απεκαθιστων*] pr *παλιν* bw𝕷(uid) *αποκαθιστων* Eabckpqtuwxc_2· *απεκαθιστουν* fn | *τον λιθον* 2°] *eum* 𝕷 | *επι—φρεατος* 2°] post *αυτου* o | *επι*] *εις* u | *το στομα*] *τω στοματι* *D*Mbclw: *του στοματος* dinprsv | *στομα του φρεατος*] *του φρεατος στοματι* f | om *εις—αυτου* 𝕰 | om *τον* 3° c

4 om *δε* 1° r$𝕭^{lp}$ | *αυτοις ιακωβ*] ⟨*ιακωβ αυτοις* 30 31⟩: *προς αυτους ιακωβ* eg *ιακωβ προς αυτους* j | *ποθεν αδελφοι* p | *ημεις* g | ⟨om *οι δε ειπαν* 77⟩ | *ειπαν*] *ειπον* cdfimpr*stc_2 | *χαρραν*] *ρ* 2° ex corr c. *χαραν* df*ls* *χαρρας* E | om *εσμεν* bhw𝕭

5 *ειπεν δε*] *ο δε ειπεν* Cyr-ed | *αυτοις*] +*ιακωβ* E | om

19 *οικος θεου*] α' *βαιθηλ* Mjs(sine nom): σ' *λουζ* js | *ουλαμμαυς—πολει*] α' α' *προτερον λουζ ονομα τη πολει εβρ. ουλα λουζ σεμ αειρ* j | *ουλαμμαυς*] α' σ' *λουζα* M
21 *μετα σωτηριας*] α' σ' *εν ειρηνη* Mjs(sine nom js)
22 *δεκατην—σοι*] α' *δεκατη αποδεκατωσω αυτο σοι* v σ' *δεκατην δεκατωσω σοι* θ' *δεκατην αυτα αποδεκατωσω* js(sine nom)v

ΓΕΝΕΣΙΣ XXIX 16

6 Γινώσκετε Λαβὰν τὸν υἱὸν Ναχώρ; οἱ δὲ εἶπαν Γινώσκομεν. ⁶εἶπεν δὲ αὐτοῖς Ὑγιαίνει; οἱ δὲ A
  εἶπαν Ὑγιαίνει. ἔτι αὐτοῦ λαλοῦντος καὶ ἰδοὺ Ῥαχὴλ ἡ θυγάτηρ αὐτοῦ ἤρχετο μετὰ τῶν προ-
7 βάτων τοῦ πατρὸς αὐτῆς· αὐτὴ γὰρ ἔβοσκεν τὰ πρόβατα τοῦ πατρὸς αὐτῆς. ⁷καὶ εἶπεν Ἰακώβ
  Ἔτι ἐστὶν ἡμέρα πολλή, οὔπω ὥρα συναχθῆναι τὰ κτήνη· ποτίσαντες τὰ πρόβατα ἀπελθόντες
8 βόσκετε. ⁸οἱ δὲ εἶπαν Οὐ δυνησόμεθα ἕως τοῦ συναχθῆναι πάντας τοὺς ποιμένας, καὶ ἀποκυ-
9 λίσωσι τὸν λίθον ἀπὸ τοῦ στόματος τοῦ φρέατος, καὶ ποτιοῦμεν τὰ πρόβατα. ⁹ἔτι αὐτοῦ
  λαλοῦντος αὐτοῖς καὶ Ῥαχὴλ ἡ θυγάτηρ Λαβὰν ἤρχετο μετὰ τῶν προβάτων τοῦ πατρὸς αὐτῆς·
10 αὐτὴ γὰρ ἔβοσκεν τὰ πρόβατα τοῦ πατρὸς αὐτῆς. ¹⁰ἐγένετο δὲ ὡς ἴδεν Ἰακὼβ τὴν Ῥαχὴλ
   θυγατέρα¶ Λαβὰν ἀδελφοῦ τῆς μητρὸς αὐτοῦ, καὶ προσελθὼν Ἰακὼβ ἀπεκύλισεν τὸν λίθον ἀπὸ ¶ D
   τοῦ στόματος τοῦ φρέατος, καὶ ἐπότισεν τὰ πρόβατα Λαβὰν τοῦ ἀδελφοῦ τῆς μητρὸς αὐτοῦ.
11 ¹¹καὶ ἐφίλησεν Ἰακὼβ τὴν Ῥαχήλ, καὶ βοήσας τῇ φωνῇ αὐτοῦ ἔκλαυσεν. ¹²καὶ ἀνήγγειλεν τῇ
12 Ῥαχὴλ ὅτι ἀδελφὸς τοῦ πατρὸς αὐτῆς ἐστίν, καὶ ὅτι υἱὸς Ῥεβέκκας ἐστίν. §καὶ δραμοῦσα § D
13 ἀπήγγειλεν τῷ πατρὶ αὐτῆς¶ κατὰ τὰ ῥήματα ταῦτα. ¹³καὶ ἐγένετο ὡς ἤκουσεν Λαβὰν τὸ ὄνομα ¶ D
   Ἰακὼβ τοῦ υἱοῦ τῆς ἀδελφῆς αὐτοῦ, ἔδραμεν εἰς συνάντησιν αὐτοῦ, καὶ περιλαβὼν αὐτὸν ἐφί-
   λησεν, καὶ εἰσήγαγεν αὐτὸν εἰς τὸν οἶκον αὐτοῦ· καὶ διηγήσατο τῷ Λαβὰν πάντας τοὺς λόγους
14 τούτους. ¹⁴καὶ εἶπεν αὐτῷ Λαβὰν Ἐκ τῶν ὀστῶν μου καὶ ἐκ τῆς σαρκός μου εἶ σύ· καὶ ἦν μετ'
15 αὐτοῦ §μῆνα ἡμερῶν. ¹⁵εἶπεν δὲ Λαβὰν τῷ Ἰακώβ Ὅτι γὰρ ἀδελφός μου εἶ, οὐ δουλεύσεις μοι § D
16 δωρεάν· ἀπάγγειλόν μοι τίς ὁ μισθός σου ἐστίν. ¹⁶τῷ δὲ Λαβὰν ἦσαν δύο θυγατέρες· ὄνομα τῇ

7 βοσκεται AE   8 αποκυλισωσιν DE   10 αδελφου 1°] φου sup ras (7 uel 8) A¹ᵗᵇ⁺ | απεκυλησεν E
13 υιου της sup ras A¹   14 οστεων E

(D)EMa-xc₂𝕬𝕭𝕮ᵐ𝕰𝕷ʳ

γινωσκετε—(6) αυτοις s | γινωσκετε] ει υγιαινει m | τον υιον] ο υιος m | ναχωρ] νααχωρ k   βαθουηλ 1* | om οι δε—(6) οι δε m | ειπαν] ειπον cdfiprtc₂
  6 ειπεν δε] ο δε ειπεν Cyr-ed | υγιαινει 1°] pr ει akx | om οι—υγιαινει 2° gc₂ | ειπαν] ειπον cdfiprt | om ετι—αυτης 2° w | ετι αυτου λαλουντος AEfilr] om Dˢⁱˡ M rell 𝕬𝕰𝕮𝕷 Cyr et dum ita colloquuntur 𝕰ᶠᵖ: +εις 18 | και—προβατων] om D om και f𝕭𝕮𝕰ᶠᵖ | ραχηλ jlm | om η θυγατηρ αυτου 𝕰ᶠᵖ | om του πατρος αυτης 1° DˢⁱˡMaceghjkmnoqsuv𝕬 Cyr | αυτη—αυτης 2° A𝕮 | om DˢⁱˡEM omn 𝕬𝕭𝕰𝕷 Cyr
  7 ειπεν] +αυτοις bw𝕰𝕷 | om ιακωβ 𝕰𝕷 | εστιν ημερα πολλη] superest de die multum 𝕷 est hora 𝕮 om 𝕰 | ουπω pr και c₂ nec est 𝕷 | ωρα pr εστιν egj𝕬𝕭 pr η m· om b | συναχθηναι pr του m (+ραχηλ 32) | κτηνη] ποιμνια bw | ποτισαντες] ποτισατε Cyr-ed⅓ +itaque 𝕷 | τα προβατα απελθοντες (om 71): om 𝕰 | προβατα] κτηνη E | απελθοντες] pr και 𝕬 Cyr-ed⅓
  8 οι δε ειπαν] οι δε ειπον cdfiprc₂ ειπαν δε D om gm | δυναμεθα bmw𝕬𝕮𝕷 | εως του συναχθ] nisi conuenirent 𝕰𝕷 | του 1° ου al | om και 1° l | αποκυλισωσι] αποκυλισουσι bemqu w Cyr-ed   αποκυλισωμεν dp: αποκυλισμεν f   αποκλισαι l | απο] εκ k | του στοματος] της θυρας n. om bw | om του φρεατος E | ποτισωμεν g | τα προβατα] αυτα Cyr-ed. om τα g
  9 ετι—και] et dum ita colloquuntur 𝕰 | ετι] +autem 𝕭ˡᵖ | και] ecce 𝕬𝕭𝕮𝕷 +ιδου DˢⁱˡEbⁱᵃkrtw | ραχηλ blmnos | η θυγατηρ λαβαν] om efgj𝕰 om η blmwc₂ | του πατρος αυτης 1°] pr Laban 𝕬-codd om p | om αυτη—αυτης 2° Eʳ*𝕭ʷ𝕰 | τα προβατα—αυτης 2°] αυτα n
  10 την—αυτην p | την] post ραχηλ Or-gr· om bw | ραχηλ] ραχηλ lns   om g | θυγατερα—ιακωβ 2°] pr την qu: om E | αδελφου 1°—αυτου 1°] pr του hilr Or-gr· om n | της μητρος αυτου 1°] Rachel ex corr 𝕰ᵖ: +και τα προβατα λαβαν του αδελφου της μητρος αυτου Macfjkoqs(mg)uvx𝕬(pr ※)𝕭 Or-gr [τα προβατα] το ποιμνιον f | om του Macfo] | om και 1°—αυτου 2° 𝕰ᶜᶠ⁽*⁾ᵖ | και 1°] om mp𝕭ˡᵖ𝕰ᶠ⁽ᵇ⁾ Or-gr. +τα

προβατα αυτου d𝕷: +τα προβατα n𝕮 | προσελθων] προσηλθεν v𝕰ᶠ⁽ᵇ⁾ | ιακωβ 2°] αυτος Or-gr· om npv𝕭ʷ𝕰ᶠ⁽ᵇ⁾ Cyr | απεκυλισεν] pr και v: υπεκυλισε l | om του στοματος 𝕰ᶠ⁽ᵇ⁾ | τα—αυτου 2°] et oues eius 𝕰ᶠ⁽ᵇ⁾
  11 κατεφιλησεν egjv | την] τη c | ραχηλ ls | και 2°—εκλαυσεν] et fleuit cum uoce magna 𝕷 | αναβοησας fx
  12 ανηγγειλεν] απηγγειλεν bdeghj*jlnpqsuvw Cyr ⟨ανηγγελη 20⟩. ελεγεν c | τη ραχηλ] pr ιακωβ acefgj-oxc₂𝕬   αυτη ιακωβ E | τη] την dp | ραχηλ ls | om οτι 1°—και 2° d | οτι 1°] o m | αδελφος] αδελφης m   αδελφη p. αδελφιδος 1   αδελφιδους xᵃᶜCyr-ed 𝕰. om rᵇ⁽ᵘⁱᵈ⁾ | om του πατρος E | αυτης 1°] αυτος bl | om εστιν 1° n Cyr | και 2°—ταυτα ⟨om 31⟩· om οτι 𝕬 | ρεβεκας fg* | εστιν 2°] +αδελφης του πρς αυτης d· om 𝕬 | και 3°] η δε Efⁱᵃ⁺r | δραμουσα] +η παις n𝕮𝕷 +Rachel 𝕰 | απηγγειλεν DEacfⁱᵃkmrx ⟨om 76⟩ | κατα] παντα n· om ⟨16 84⟩ 𝕰 | τα ρηματα] ρημα o
  13 και εγενετο A] +δε m· εγενετο δε EM rell 𝕭𝕮𝕷 Cyr ⟨om ιακωβ 30⟩ | υιου] +Rebeccae 𝕰 | εδραμεν] pr et 𝕷 | αυτου 2°] αυτω EMacᵃeghjʲ*kloq-c₂𝕷 Cyr-cod | om και περιλ—τους o | αυτον 1°] post εφιλησεν Ec₂𝕬 ⟨αυτω 108⟩ | εφιλησεν] κατεφιλησεν egj· +αυτον acmnx𝕭𝕮 | En και διηγησατο] +ιακωβ v   dixit autem iterum Iacob 𝕭 (om iterum 𝕭ˡᵖ) | τω] αυτω bw   om Edegjmx*c₂ | τουτους] αυτου bgw𝕷. +ous ειπεν τη ραχηλ M(mg)
  14 αυτω λαβαν] λαβαν προς ιακωβ f𝕰 | και 2°—μου 2°] post συ 𝕷 | της σαρκος] [τ]ων [σαρκ]ων M(mg) των σαρκων j(mg) mnos(mg)𝕬 Chr Cyr-ed | om μου 2° Cyr-ed½ | μηνα ημερων] dies et menses 𝕷. +κατα παντας τους λογους τουτους f
  15 και ειπεν] ειπεν DEacdfmoprxc₂· om δε Cyr | τω m | οτι] pr μη j(mg) | γαρ] γε f1ᵃ⁺ om ει*𝕬𝕭𝕰𝕷 | αδελφος μου] αδελφου l | ει] +συ dfmpt𝕬 Chr | δουλευσεις] laborabis 𝕭ˡᵖ. +δε f | μοι 1°] με cs ⟨μου 25⟩ | om απαγγειλον μοι 𝕰ᶠ | απαγγειλον] αναγγειλον fnr: dic ergo 𝕷 | τις] τι bdp | σου ο μισθος brw | εστιν] εσται r. ⟨om 31⟩
  16 τω δε] pr ※ 𝕬   om δε 𝕭ˡᵖ | ησαν] post θυγατερες bmw

XXIX 16

Α μείζονι Λεία, καὶ ὄνομα τῇ νεωτέρᾳ Ῥαχήλ. ¹⁷οἱ δὲ ὀφθαλμοὶ Λείας ἀσθενεῖς· Ῥαχὴλ δὲ ἦν
καλὴ τῷ εἴδει καὶ ὡραία τῇ ὄψει. ¹⁸ἠγάπησεν δὲ Ἰακὼβ τὴν Ῥαχήλ, καὶ εἶπεν Δουλεύσω σοι
ἑπτὰ ἔτη περὶ Ῥαχὴλ τῆς θυγατρός σου τῆς νεωτέρας. ¹⁹εἶπεν δὲ αὐτῷ Λαβάν Βέλτιον δοῦναί
¶ 𝕮ᵐ με αὐτὴν σοὶ ἢ δοῦναί με αὐτὴν ἀνδρὶ ἑτέρῳ·¶ οἴκησον μετ' ἐμοῦ. §²⁰καὶ ἐδούλευσεν Ἰακὼβ
§ 𝕮ᵖ περὶ Ῥαχὴλ ἑπτὰ ἔτη. ²¹εἶπεν δὲ Ἰακὼβ τῷ Λαβάν Ἀπόδος μοι τὴν γυναῖκά μου, πεπλήρωνται
γὰρ αἱ ἡμέραι μου, ὅπως εἰσέλθω πρὸς αὐτήν. ²²συνήγαγεν δὲ Λαβὰν πάντας τοὺς ἄνδρας
¶ 𝕮ᵖ τοῦ τόπου καὶ ἐποίησεν γάμον.¶ ²³καὶ ἐγένετο ἑσπέρα, καὶ λαβὼν Λείαν τὴν θυγατέρα αὐτοῦ
εἰσήγαγεν αὐτὴν πρὸς Ἰακώβ, καὶ εἰσῆλθεν πρὸς αὐτὴν Ἰακώβ. ²⁴ἔδωκεν δὲ Λαβὰν Ζέλφαν
§ 𝕮ᵃ Λείᾳ §τῇ θυγατρὶ αὐτοῦ τὴν παιδίσκην αὐτοῦ αὐτῇ παιδίσκην. ²⁵ἐγένετο δὲ πρωί, καὶ ἰδοὺ ἦν
§ 𝕮ᶜ Λεία· εἶπεν δὲ Ἰακὼβ Λαβάν Τί τοῦτο ἐποίησάς μοι; οὐ §περὶ Ῥαχὴλ ἐδούλευσα σοί;¶ καὶ ἵνα
¶ 𝕮ᵖ τί παρελογίσω με; ²⁶εἶπεν δὲ Λαβάν Οὐκ ἔστιν οὕτως ἐν τῷ τόπῳ ἡμῶν, δοῦναι τὴν νεωτέραν
πρὶν ἢ τὴν πρεσβυτέραν· ²⁷συντέλεσον οὖν τὰ ἕβδομα ταύτης, καὶ δώσω σοι καὶ ταύτην ἀντὶ
τῆς ἐργασίας ἧς ἐργᾷ παρ' ἐμοὶ ἔτι ἑπτὰ ἔτη ἕτερα. ²⁸ἐποίησεν δὲ Ἰακὼβ οὕτως, καὶ ἀνεπλή-
ρωσεν τὰ ἕβδομα ταύτης· καὶ ἔδωκεν Λαβὰν Ῥαχὴλ τὴν θυγατέρα αὐτοῦ αὐτῷ γυναῖκα.

---

16 λια AE   17 λιας E (fere ubique) | ιδει A   25 ινα τι] ιτι D | με] μαι E   26 η] ι E

DEMa-xc₂𝔄𝔅(𝕮ᶜᵐᵖ)𝔈𝕷ʳ

𝕷· om αx | om δυο 1* | λεια] λειαν ds*. Liae 𝕷 | om ονομα 2° n𝔈 | νεωτερα] δευτερα a–doprwc₂· ετερα l Cyr-ed ½ ⟨ελασσονι 20⟩ | ραχιηλ ls

17 οι—ασθενεις] η δε λεια ην ασθενης d⟦λεια ην⟧λιαν⟧p: Lia autem erat caeca 𝔅(uid) | ραχηλ δε] η δε ραχηλ r | ραχηλ 1 | om 2° w | om ην Eabcmorwxc₂𝔈 | καλη] post ειδει E· ωραια m | ωραια καλη m | τη οψει] σφοδρα Cyr¼· + σφοδρα EMbd-lpqs(mg)t–w𝔅𝕮 Cyr ¾ Thdt

18 om δε k𝕮 | ιακ την ραχ] την ραχ ο ιακωβ bw(τη) | την] τη c | ραχηλ 1°] ραχιηλ 1 | ειπεν] + et 𝕮· + Iacob Laban E | om σοι d | περι] υπερ D | ραχηλ 2°] ραχιηλ ls

19 ⟨ειπεν δε⟩ και ειπε 77⟩ | om αυτω Dbegjwx*𝕷 Cyr-cod | λαβαν] + ad Iacob 𝕷 | βελτιον] + μοι t | δουναι με αυτην 1°] post σοι bw𝔄(om με) | με δουναι αυτην EL | με 1°] μοι cdenp: om l𝔅 | om σοι—αυτην 2° h | με 2°] μοι dnp. om 𝔄𝔅𝕷 | αυτην 2°] αυτη m | ετερω ανδρι EL | οικησον] + δε b· + ουν dfιaᵃprt𝔈 | om μετ εμου

20 και εδουλ.] εδουλ. δε Er | ιακωβ] ⟨pr αυτω 30⟩· αυτω s | ραχηλ ⟨pr της 108⟩· ραχιηλ ls*(uid) | επτα ετη A] ετη επτα και ησαν εναντιον αυτου ως ημεραι ολιγαι παρα το αγαπαν αυτον αυτην D(+ D + Dˢⁱˡ)EM omn 𝔄𝔅𝕮𝔈𝕷 Chr Cyr ⟦επτα ετη Edhln p–sx𝔅𝕮𝔈 | ενωπιον fι* Chr½ | οσημεραι e | ως] ωσει E Chr½ Cyr-ed | παρα το] παρα του n· om το k: δια το 1: του m | αυτην] sup ras χ uid)⟧

21 τω] προς Ea-dfikmoprswxc₂ | αποδος] παραδος egj δος b Cyr-ed: da 𝔄𝕮 δος δη ⟨20⟩ 𝔈 | om μοι EMacehjklnoqruvx c₂ Cyr-hier-ed Cyr-cod | πεπληρωνται—αυτην] ut ingrediar ad eam quia finiit dies eius 𝔈 | πεπληρωται s | om γαρ w𝔄 | om μου 2° Ebdpw𝔄𝔅ʷ𝕮𝕷 | προς] εις g*

22 om παντας 𝔅 | του τοπου] domus suae 𝔈ᵖ: + εκεινου fιaʳ𝔅𝕮𝕷 | γαμον] pr των ⟨20⟩ Chr

23 και 1°] ως δε Efr𝔈 | εσπερα εγενετο E | om και 2° Ef ιaᵃʳ𝔄𝔅𝔈 | λαβων Abg*w𝕷] ⟨pr λαβαν 32⟩ + λαβα o: + λαβαν DEMgaᵃ rell 𝔄𝔅𝔈 Chr Cyr | λειαν] post αυτου n· ⟨om 73⟩ | εισηγαγεν] pr et 𝕷: ηγαγεν n | om αυτην 1° bw𝔄𝔈ᵖ | ιακωβ 1°] (pr τον 20) αυτον dp | om και 3°—ιακωβ 2° dnp𝔈𝕷 | προς αυτην] post ιακωβ 2° E· αυτη προς m | ιακωβ 2°] pr o eg

24 εδωκεν δε] δεδωκεν δε Cyr-cod· και εδωκε mp· om δε v | ζελφαν—αυτου 1°] τη θυγατρι αυτου λια ζελφαν E𝔈 | ζελφαν] post αυτου 1° Mbdfιklprw𝕮𝕷 | post λεια egj | λεια—παιδισκην 2°] ancillam suam famulam filiae suae Liae 𝔄 | λεια—αυτου 1°] post αυτου 2° Dachmoxc₂𝔅 Cyr: om t | λεια] post αυτου 1° n· λειαν dfpv | τη θυγ] την θυγατερα gps | om την παιδ. αυτου en𝔈ᵖ | αυτου αυτη παιδισκην] om q om αυτου 𝔈 | αυτη] post παιδισκην 2° n om Dacmosuxc₂ Cyr

25 ⟨πρωι⟩ pr το 108⟩ | om ην 1*𝔈 | ειπεν] +pro Rachel 𝕷 | ειπεν δε] και ειπεν egj | ιακωβ] post λαβαν m | λαβαν A] pr προς τω b pr ad 𝕷: pr τω DˢⁱˡEM rell Cyr | τι 1°] τινος ενεκεν Chr | μοι εποιησας fιk Chr | om μοι 𝔄 | ραχηλ] pr της Chr· ραχιηλ lm | σοι] pr παρα DˢⁱˡMaeghι*kloquvxc₂ Cyr. παρα σου s | om και 2° dp𝔄𝔅𝔈 | ινα τι⟩ (om 14) om ινα 1: +τουτο t | παρελογισω με] dirisisti me 𝕷: mutauisti uerbum tuum 𝔅 | με] μοι h: om dp

26 ειπεν δε] ⟨και 18⟩: om δε ac | ⟨λαβαν⟩ pr ιακωβ 18⟩ | εστιν] εσται E | om ουτως m𝔅ˡᵖ | ⟨om τω 78⟩ | ημων] τουτο bhmow𝔅ˡᵖ𝕮 Chr | την 1°—η] om n. om η bgpw | την πρεσβυτεραν] της πρεσβυτερας bw + εσχατως τη νεοτερα n

27 ουν—ταυτης] et huic septem annos 𝔈 | ουν] δη s om 𝕮: +και f | τα—δωσω] et huius septem annos hanc dabo 𝕷 | τα—ταυτης] και ταυτης τα εβδομα Chr: septem etiam annos pro ea 𝔄 | δωσω] δωσι x om και g*𝔄-cod | αντι] απο bw | (om της 79) | ης] ην m | εργα] εργασει D Chr εργαζου x: ειργασω Elm: operatus fueris 𝕷 | παρα μοι s* | ετι—ετερα] om n: om ετι Ebdfhlmpwc₂𝔅𝕮𝔈(uid) Cyr-ed | επτα ετη] ετη επτα Ebdfpwc₂: post ετερα c: om ετη t | ετερα ετη x* | om ετερα Chr

28 ⟨om εποιησεν—ουτως 25⟩ | om ιακωβ Cyr-cod | ανεπληρωσεν] ενεπληρωσεν d: επληρωσε fm | τα εβδομα ταυτης] septem etiam annos pro ea 𝔄· et etiam septem annos eius 𝔈(om eius 𝔈ᵖ⁽ᵇ⁾) | τα εβδομα] annos alios 𝕷 | ταυτης] αυτης blwc₂ | εδωκεν] +αυτω DMabdι*km–qs–c₂𝔄𝕷 Cyr. +αυτην c | om ραχηλ—(29) βαλλαν n | ραχηλ—γυναικα] Iacob Rachel 𝔈 | ραχηλ] post αυτου r: ραχιηλ ls*(uid) | την θυγατερα] τη θυγατρι j | αυτω] ουτω c: om ⟨79⟩ 𝔄𝕷 | γυναικι dp

---

XXIX 17 ασθενεις] α' σ' απαλοι M   22 γαμον] α' σ' ποτον js
25 παρελογισω με] α' επεθου μοι M· σ' ενηδρευσας με Mj(sine nom)s

ΓΕΝΕΣΙΣ XXX 4

29 ²⁹ἔδωκεν δὲ Λαβὰν 'Ραχὴλ τῇ θυγατρὶ αὐτοῦ¶ Βάλλαν τὴν παιδίσκην αὐτοῦ αὐτῇ παιδίσκην. A
30 ³⁰καὶ εἰσῆλθεν πρὸς 'Ραχήλ· ἠγάπησεν δὲ 'Ραχὴλ μᾶλλον ἢ Λείαν· καὶ ἐδούλευσεν αὐτῷ ἑπτὰ ¶ D
31 ἔτη ἕτερα.   ³¹Ἰδὼν δὲ Κύριος ὁ θεὸς ὅτι μισεῖται Λεία, ἤνοιξεν τὴν μήτραν αὐτῆς· 'Ραχὴλ
32 δὲ ἦν στεῖρα. ³²καὶ συνέλαβεν Λεία καὶ ἔτεκεν υἱὸν τῷ Ἰακώβ· ἐκάλεσεν δὲ τὸ ὄνομα αὐτοῦ
33 'Ρουβὴν λέγουσα Διότι εἶδέν μου Κύριος τὴν ταπείνωσιν· νῦν ἀγαπήσει με ὁ ἀνήρ μου. ³³καὶ
    συνέλαβεν πάλιν Λεία καὶ ἔτεκεν υἱὸν δεύτερον τῷ Ἰακώβ, καὶ εἶπεν ὅτι Ἤκουσεν Κύριος ὅτι
34 μισοῦμαι, καὶ προσέδωκέν μοι καὶ τοῦτον· καὶ ἐκάλεσεν τὸ ὄνομα αὐτοῦ Συμεών. §³⁴καὶ συνέ- § D
    λαβεν ἔτι καὶ ἔτεκεν υἱόν, καὶ εἶπεν Ἐν τῷ νῦν καιρῷ πρὸς ἐμοῦ ἔσται ὁ ἀνήρ μου, τέτοκα γὰρ
35 αὐτῷ τρεῖς υἱούς· διὰ τοῦτο ἐκλήθη τὸ ὄνομα αὐτοῦ Λευί. ³⁵καὶ συλλαβοῦσα ἔτι ἔτεκεν υἱόν,
    καὶ εἶπεν Νῦν ἔτι §τοῦτο ἐξομολογήσομαι Κυρίῳ· διὰ τοῦτο ἐκάλεσεν τὸ ὄνομα αὐτοῦ Ἰουδά. § ℭᵐ
    καὶ ἔστη τοῦ τίκτειν.

XXX 1 ¹Ἰδοῦσα δὲ 'Ραχὴλ ὅτι οὐ τέτοκεν τῷ Ἰακώβ, καὶ ἐζήλωσεν 'Ραχὴλ τὴν ἀδελφὴν αὐτῆς, καὶ
2 εἶπεν τῷ Ἰακώβ Δός μοι τέκνα· εἰ δὲ μή, τελευτήσω ἐγώ. ²ἐθυμώθη δὲ Ἰακὼβ τῇ 'Ραχὴλ καὶ
3 εἶπεν αὐτῇ Μὴ ἀντὶ τοῦ θεοῦ ἐγώ εἰμι, ὃς ἐστέρησέν σε καρπὸν κοιλίας; ³εἶπεν δὲ 'Ραχὴλ τῷ
  Ἰακώβ Ἰδοὺ ἡ παιδίσκη μου Βάλλα, εἴσελθε πρὸς αὐτήν· καὶ τέξεται ἐπὶ τῶν γονάτων μου,
4 ἵνα τεκνοποιήσωμαι κἀγὼ ἐξ αὐτῆς. ⁴καὶ ἔδωκεν αὐτῷ Βάλλαν τὴν παιδίσκην αὐτῆς αὐτῷ

31 μισειτε A   32 ιδεν E   33 μεισουμαι A

(D)EMa-xc₂𝔄𝔅ℭᶜ⁽ᵐ⁾𝔈𝔏ʳ

29 om εδωκεν—αυτου 1° E | εδωκεν δε] και εδωκε fi𝔅ʷ Cyr-cod +αυτη k | om λαβαν 𝔈 | ραχηλ pr τη m   ραχηλ 1 τη θυγατρι αυτου] την θυγατερα αυτου bdw· om p𝔈 | βαλλαν] pr και E: βαλαν dlop· λαβαν g | om την παιδισκην αυτου 𝔈 | om αυτου αυτη παιδισκην qu | αυτη] ⟨αυτην 16 130⟩. om 𝔄𝔏

30 εισηλθεν] +ιακωβ dfp𝔈𝔏 | ραχηλ 1° ⟨pr αυτην 108⟩. ραχιηλ 1   αυτην ιακωβ E | om δε t ℭ | ραχηλ 2°] ραχιηλ 1 eam 𝔈 | η λιαν μαλλον l | και 2°—ετερα] om Efp. om αυτω 𝔈ᵖ | επτα] pr adhuc 𝔏 | post ετη m   om l | ετερα] om a. +propter eam 𝔈

31 om o θεος abcmowxc₂𝔄𝔈𝔏 Phil | μισειται λεια] μισει την λειαν 31(om την) 71) | λειαν do* | την μητραν] post αυτης Thdt | αυτης] +et concepit 𝔏 | ραχηλ 1

32 και 1°—ετεκεν] et repleto tempore peperit Lia 𝔏 | και συνελ.] συνελ. δε ⟨78⟩ 𝔅ʷℭ | λειαν s   υιον τω ιακ.] τω ιακ. υ̅ν̅ Elr   om τω ιακωβ 𝔈 | τω] τον n* | εκαλ. δε και εκαλ. brw𝔅𝔏· (om δε 30) | ρουβην] ρουβειν c₂   ρουβιν tvx· ρουβημ k· ρουβειμ ep. ρουβιμ dfgijl | διοτι] οτι ⟨20⟩ Chr | μου 1°] post ταπεινωσιν bw𝔄𝔏: om Edp | κυριος] +o θ̅ς̅ 1ᵃlr | ταπεινωσιν] +μου και εδωκε μοι υιον dp(om και). +και εδωκεν μοι υ̅ν̅ EMeg-lqrtuv𝔅ℭ. +εδωκε μοι f | om νυν—με 1* | νυν] ⟨ουν 71⟩ | αγαπησει abc(-σαι c*)df1ᵃ¹kmoprwxc₂· me diligit 𝔏

33 om παλιν ⟨84⟩ 𝔅ʷ | om λεια 𝔈ᵖ | τετοκεν 1 | υιον δευτερον] δευτερον υιον d𝔄. post ιακωβ 1 | δευτερον] post ιακωβ egj   ετερον r𝔏 | οτι 1°] o m | ηκουσεν κυριος] εισηκουσεν κ̅ς̅ t. κ̅ς̅ ειδεν v: +o θ̅ς̅ fir | om και 4° n𝔅ᵖ𝔈𝔏 | προσεδωκεν] προσεθηκεν Eflnv   adauxit 𝔏 | om και 5° 𝔄𝔈 | και εκαλ.] εκαλ. δε Ea-dfikmprwxc₂

34 ⟨om και 1°—καιρω 18⟩ | συνελαβεν] συλλαβουσα Dacmo xc₂ | ετι] om Ea𝔄ᵃ-ed +Lia 𝔅 | και ετεκεν] κεν 1*: και ετερον Chr-ed. om και Dacmoxc₂𝔅ᵈᵖ | υιον] +altum Iacob ℭ | εν τω νυν καιρω] hoc tempore 𝔅ʷℭ +προσθηκε μοι ο θ̅ς̅ και n | καιρου q | προς εμου εσται] προσκειται προς με E. reuertetur ad me ℭ | προς] μετ m(txt) | εμου] εμε f | εσται] εσται 1𝔈(uid)

τετοκα] ετεκον Eabdfikmoprwx ετεκε cc₂ | om αυτω 𝔈ᵖ | υιους τρεις fir | δια τουτο ⟨pr και 79⟩ και 𝔈 Chr +enim 𝔏 | εκληθη A] εκαλεσεν Dˢⁱˡ EM omn 𝔄𝔅ℭ𝔈𝔏 Chr | αυτου] αυτω Chr | λευιν Et

35 ετι 1°] και f   om Eacdegjms: +Lia 𝔅 | υιον] +ετι f | ετι τουτο] επι τουτο tc₂· in hoc 𝔅ˡʷᵖ⁽ᵇ⁾ hoc 𝔅ᵖ⁽*⁾ℭᶜ | τουτο 1°] τουτω cm. του n   om Edgpv | εξομολογησομαι Ebgn | κυριω] pr τω Ddfimnp Chr. +τω θ̅ω̅ Eiℭ𝔈 | δια τουτο] et 𝔄𝔈ᵖ | om αυτου f | ιουδα] ιουδαν Mabdegjpqs-wc₂ T-A. Iudas 𝔅ℭ | om και 3°—τικτειν 𝔈ᶠᵖ | τεκειν blw

XXX 1 om δε 1° fg𝔅ᵖ⁽*⁾ | ραχηλ 1°] ραχιηλ d𝑎¹ | τετοκεν] τικτει m*𝔈ᶠᵖ   pareret filium uiro suo 𝔏 +υ̅ν̅ 1ᵃʳ𝔄ℭ | om και 1° Edfikrv𝔄𝔅𝔈𝔏 Chr | ραχηλ 2°] pr λειαν ej   ραχηλ dl   om fprv𝔅ʷ𝔈𝔏 Chr | την αδελφην] pr λειαν dfiklps^{mg}(λεια)v ℭ𝔈: ⟨η αδελφη 14 16.77 130⟩ | αυτης] +Liam 𝔏 | om τω ιακωβ 2° E | δος] pr η Eus | τεκνα] τεκνον Ebltw𝔈𝔏. +ex te ℭᶜ | μη] μηγε ot Thdt | τελευτησω εγω] αποθνησκω εγω Chr½. ego morior 𝔏   om εγω ℭ𝔈   αποθανουμαι Chr¼ Thdt   morior 𝔄. αποκτεινον με Eus

2 εθυμωθη δε] ⟨και εθυμωθη 79⟩ θυμωθεις δε quv | om τη ραχηλ Dp | τη] την j | ραχιηλ 1 | om και quv𝔅 | αυτη] τη ραχηλ D(+D). om E | αντι του θεου] θεος Chr½ | του ADn] om EM rell Phil Eus Chr½ Thdt | θεου] θεω g +σοι Eus Thdt | ειμι εγω fn𝔄𝔈 Eus Thdt½ | om ειμι 𝔅ℭ Chr½ | εστερησεν σε] sterilem fecit 𝔏 | σε] με g   om 𝔄 | καρπον] καρπω e Chr½· καρπου ⟨32⟩ Chr½ | κοιλιας] +σου ⟨20⟩ 𝔄𝔅ℭ𝔈𝔏

3 ραχηλ τω ιακωβ] αυτω ραχηλ a𝔈   αυτω dmp | ραχιηλ 1 | τω] προς cfikorxc₂. om n | ιακωβ] +τω ανδρι αυτης n | βαλλα] βαλα l. Ballam ℭᶜ | ⟨pr προς 79⟩ | om και—μου 2° c₂ | τεξεται] τεξομι o* | ινα A ℭ | om Dˢⁱˡ EM omn 𝔄𝔅𝔈𝔏 Cyr τεκνοποιησωμαι Agnqr*st] τεκνοποιηθησομαι b   τεκνοποιησω f   τεκνοποιησομαι Dˢⁱˡ EMrᵃ rell 𝔅𝔏 Cyr | καγω] και εγω Dakm owxc₂   εγω 1* | om b𝔅ˡᵖ𝔏

4 om αυτω 1° bew𝔅 | βαλλαν] βαλαν dlp   Bellam 𝔏 | om την παιδισκην αυτης 𝔈 | αυτης] αυτον m | αυτω γυναικα]

34 προς εμου εσται] α' προσκειται προς με M(sine nom)s

ΓΕΝΕΣΙΣ

A γυναῖκα, καὶ εἰσῆλθεν πρὸς αὐτὴν Ἰακώβ· ⁵καὶ συνέλαβεν Βάλλα ἡ παιδίσκη Ῥαχὴλ καὶ 5
ἔτεκεν τῷ Ἰακὼβ υἱόν. ⁶καὶ εἶπεν Ῥαχὴλ Ἔκρινέν μοι ὁ θεὸς καὶ ἐπήκουσεν τῆς φωνῆς μου καὶ 6
ἔδωκέν μοι υἱόν· διὰ τοῦτο ἐκάλεσεν τὸ ὄνομα αὐτοῦ Δάν. ⁷καὶ συνέλαβεν ἔτι Βάλλα ἡ παι- 7
δίσκη Ῥαχὴλ καὶ ἔτεκεν υἱὸν δεύτερον τῷ Ἰακώβ. ⁸καὶ εἶπεν Ῥαχὴλ Συνεβάλετό μοι ὁ θεός, 8
καὶ συνανεστράφην τῇ ἀδελφῇ μου καὶ ἠδυνάσθην· καὶ ἐκάλεσεν τὸ ὄνομα αὐτοῦ Νεφθαλεί.
⁹Ἴδεν δὲ Λεία ὅτι ἔστη τοῦ τίκτειν, καὶ ἔλαβεν Ζέλφαν τὴν παιδίσκην αὐτῆς καὶ ἔδωκεν αὐτὴν 9
τῷ Ἰακὼβ γυναῖκα ¹⁰εἰσῆλθεν δὲ πρὸς αὐτὴν Ἰακώβ· καὶ συνέλαβεν Ζέλφα ἡ παιδίσκη Λείας 10
¶ ℭᶜ καὶ ἔτεκεν τῷ Ἰακὼβ υἱόν. ¹¹καὶ εἶπεν¶ Λεία Ἐν τύχῃ· καὶ ἐπωνόμασεν τὸ ὄνομα αὐτοῦ Γάδ. 11
¹²καὶ συνέλαβεν ἔτι Ζέλφα ἡ παιδίσκη Λείας καὶ ἔτεκεν ἔτι τῷ Ἰακὼβ υἱὸν δεύτερον. ¹³καὶ ¹²/¹³
εἶπεν Λεία Μακαρία ἐγώ, ὅτι μακαρίζουσίν με πᾶσαι αἱ γυναῖκες· καὶ ἐκάλεσεν τὸ ὄνομα αὐτοῦ
Ἀσήρ ¹⁴ἐπορεύθη δὲ Ῥουβὴν ἐν ἡμέραις θερισμοῦ πυρῶν καὶ εὗρεν μῆλα μανδραγόρου ἐν τῷ 14
ἀγρῷ, καὶ ἤνεγκεν αὐτὰ πρὸς Λείαν τὴν μητέρα αὐτοῦ· εἶπεν δὲ Ῥαχὴλ τῇ Λείᾳ Δός μοι τῶν
μανδραγορῶν τοῦ υἱοῦ σου ¹⁵εἶπεν δὲ Λεία Οὐχ ἱκανόν σοι ὅτι ἔλαβες τὸν ἄνδρα μου; μὴ καὶ 15
τοὺς †μανδραγόρας† τοῦ υἱοῦ μου λήμψῃ; εἶπεν δὲ Ῥαχὴλ Οὐχ οὕτως· κοιμηθήτω μετὰ σοῦ
τὴν νύκτα ταύτην ἀντὶ τῶν μανδραγορῶν τοῦ υἱοῦ σου. ¹⁶εἰσῆλθεν δὲ Ἰακὼβ ἐξ ἀγροῦ ἑσπέρας, 16

XXX 6 τουτο] του E   8 συνεβαλετο A* (συνεβ A¹)   9 ειδεν Dˢⁱˡ
11 τυχη] ιυχη A(uid) | επονομασεν E* (επων. Eᵃ)   15 μανδραγορας] μανδραγορους A

DEMa-xc₂𝔄𝔅ℭ⁽ᶜ⁾ᵐ𝔈𝔏ʳ

γυναικα αυτω n   *in mulierem* 𝔏. om d. om αυτω ms𝔄ℭ |
και εισηλθεν] εισηλθεν δε Eabcefgijkmorwxc₂ℭᶜ𝔏 | προς αυτην
ιακωβ] ιακωβ προς αυτην n𝔈: *Iacob ad Ballam ancillam
suam* 𝔏
5 συνελαβεν] συλλαβουσα a | βαλλα] βαλα dlp· βαλλαν bw |
om η παιδισκη ραχηλ 𝔈 | ραχηλ] ραχιηλ l: αυτης nc₂ | om
και 2°—(7) ετεκεν m | om και 2° a𝔅ˡᵖ | τω ιακωβ] post υιον dps
𝔄𝔅ℭ𝔈𝔏 ⟨om τω 18⟩
6 ραχηλ l | εκρινεν] κριναι n | ⟨μοι 1°⟩ με 30⟩ | ο θεος] pr
Dominus ℭ· κ̄ς̄ E | επηκουσεν] υπηκουσε Chr · ⟨εισηκουσε 25⟩
7 om ετι 𝔅ʷ | βαλλα—ραχηλ] post ετεκεν acoxc₂ | βαλλα]
βαλα dlp   *Ballam* 𝔏 | ραχηλ] αυτης l· ⟨om 16⟩ | υιον—ιακωβ]
om ⟨16⟩ Chr   om υιον ℭ
8 ραχηλ] ραχιηλ l· om Ebwℭ𝔈 | συνεβαλετο μοι] *adiuuit
me* 𝔄. *suscepit me* 𝔅ℭ𝔈𝔏, συνεβαλετο Aʳh] συναντελαβετο
aegjptx Chr   συναντιλαβοιτο d   συνελαβετο DEM rell ⟨αντε-
λαβετο 20⟩ | μοι] με p   μου egjt Chr | ο θεος] pr *Dominus*
ℭ | και 2°] *quod* 𝔄 | συνανεστραφην] συνανεστραφη g· συνε-
στραφην cdi*quv: συνεστραφη ms(mg): *conparauit me* 𝔏(*con-
parauit* 𝔏*) | και 3°] pr και ειπον d | ηδυνηθην dfp | ⟨και 4°⟩
δια τουτο 71⟩ | νεφθαλει ADˢⁱˡrsx] νεφθαλιμ int𝔄𝔅: *Nepthalim*
𝔏   νεφθαλιμ b. νεφθαλεμ E   νεφθαλειν k· νεφθαλειμ M rell
ℭ(*Ephth-* ℭᶜ) Chr
9 ιδεν] ιδουσα f1r𝔄𝔅𝔈 Chr | ⟨om δε 18⟩ | εστη] εστι dpc₂·*
εστιν f   επεστη bw | του τικτειν] pr του τεκειν m   του τεκειν
s(txt) | om και 1° f𝔄𝔅𝔈 | ζελφαν] δελφαν l. om bw | αυτην]
αυτη f. om 𝔄𝔈 | γυναικα] pr εις c𝔏 Chr
10 om εισηλθεν—ιακωβ 1° DEabcl-oqs(txt)uwxc₂𝔄ℭ𝔈𝔏
Chr | εισηλθεν δε] και εισηλθεν fpr. om δε gs(mg)𝔅ʷ | προς
αυτην d𝔅ˡᵖ | ιακωβ 1°] pr o gk. om p | και συνελαβεν]
συνελαβεν δε Ebdoswxc₂𝔏   και ετεκε a   ετεκε δε cm |
ζελφα—λειας p   δελφα l | om η παιδισκη λειας 𝔈 | και ετεκεν]
post ιακωβ 2° 𝔈   om acmo   +ετι g   +υιον δευτερον 1* | om
τω—(12) ετεκεν s | τω ιακωβ] post υιον 𝔄𝔅ℭ𝔏 | υιον] om 1*.
+δευτερον g

11—13 plurima periere in ℭᵐ
11 λιαν d | om εν—(13) λεια g | εν τυχη A(ιυχη uid)DˢⁱˡE
M(txt)lqu𝔅ℭ(uid)] ευτυχη r   εντυχηκα cx   ευτυχηκα M(mg)
rell Thdt   τετυχηκα ⟨20⟩ Chr   *impetraui* 𝔏. *ad me fortuna
mea* 𝔄· *felix fui ego etiam* 𝔈 | το ονομα αυτου] αυτον n | δαδ m
12 συνελαβεν] ετεκε acmo | om ετι 1° DEMacefhj-orx𝔄 |
δελφα l | om η παιδισκη λειας 𝔈 | om και ετεκεν ετι acmo |
ετι 2°] *iterum* 𝔏 | ⟨εν τω τικτειν 16⟩ | om Ebdfilnpqt-wc₂𝔄-ed
𝔈 | τω ιακωβ] post δευτερον acikmoxc₂𝔄𝔅   post υιον ⟨16⟩ 𝔏 |
υιον δευτερον] om 𝔈. om δευτερον 𝔏
13 εγω] pr ειμι f𝔄 | +*sum* 𝔏 | +*Lia* 𝔈ᵖ | οτι] *et* 𝔈 |
μακαριουσι d-gjmpst𝔄𝔅 Phil Chr | πασαι AEf1aʳ] om DˢⁱˡM1*
rell 𝔄𝔅𝔈𝔏𝔖-ap-Barh Phil Chr | om αι f | και εκαλεσεν] εκα-
λεσεν δε Er | ασηρ] ασειρ qu   *Asser* 𝔅   +*πλουτος* Edpx 𝔄-ed
𝔅   +o εστιν πλουτος fikr 𝔄-codd ℭ   +*quod est diues* 𝔏
14 om δε 1° m𝔅(pr *et* 𝔅ʷ) | ρουβην] ρουβιν itx: ρουβημ c.
ρουβειμ ep Cyr-ed. ρουβιμ Edfgjlnq· ρουβι v | ημερα begjlmq
uvw | πυρων] pr των m | ευρων 1*k | μανδραγορου] μανδρογο-
ρους M   μανδραγορων d-gijkpt𝔄 Chr | om και 2° 1*k | ηνεγκεν]
ηνεγκαν f· ανηνεγκεν lt | προς—μητερα] τη μητρι Chr   om
λειαν 𝔈 | ειπεν δε] και ειπε Chr | ραχιηλ l | τη λεια] τη αδελφη
αυτης d   om m. om τη bfikprstw | +τη αδελφη αυτης be-kpqr
s(mg και τη)t-w𝔄ℭ Cyr
15 multa periere in ℭ | om ειπεν δε λεια b | ειπεν δε 1°]
και ειπεν dp𝔏 | λεια] λιαν d | +*ad Rachel* 𝔏 | om σοι 𝔅 | μη]
αλλα E   *nunc* 𝔏 | και—μου 2°] post λημψῃ acmoxc₂ 𝔈 | τους]
τας dp | μανδραγορους ADbchi*lnquv | ⟨om του υιον 1° 16⟩ |
ειπεν—σου 2°] *dixit autem Lia Da uirum tuum mihi hac
nocte dabo tibi mandragoras filii mei pro eo dixit autem Rachel
ei Sume eum et dedit Lia ei mala mandragoras pro Iacob* 𝔅ˡᵖ |
ειπεν δε 2°] και ειπεν d | ραχηλ] ραχιηλ ln: om d | om ουτως
𝔏 | κοιμηθητω] pr *sed* 𝔏: κοιμηθησεται f· +δη ⟨20⟩ Chr | την
νυκτα ταυτην] τη νυκτι ταυτη d: ⟨+ιακωβ 30⟩ | σου 2°] +*et
dedit ei* 𝔈
16 εισηλθεν] ηλθεν no𝔏 | om δε eq | om εξ αγρου x | εξηλ-

XXX 11 εν τυχη] α´ ηλθεν ευζωια σ´ ηλθεν γαδ M   ευζωνια ηλθεν ευζωνια ηλθεν γαρ s
15 ουτως] α´ δια τουτο M

ΓΕΝΕΣΙΣ

XXX 29

καὶ ἐξῆλθεν Λεία εἰς συνάντησιν αὐτῷ καὶ εἶπεν Πρὸς ἐμὲ εἰσελεύσῃ σήμερον· μεμίσθωμαι γάρ
17 σε ἀντὶ τῶν μανδραγορῶν τοῦ υἱοῦ μου· καὶ ἐκοιμήθη μετ' αὐτῆς τὴν νύκτα ἐκείνην. ¹⁷καὶ ἐπή-
18 κουσεν αὐτῆς ὁ θεός, καὶ συλλαβοῦσα ἔτεκεν τῷ Ἰακὼβ υἱὸν πέμπτον. ¹⁸καὶ εἶπεν Λεία Δέδωκέν
μοι ὁ θεὸς τὸν μισθόν μου ἀνθ' ὧν ἔδωκα τὴν παιδίσκην μου τῷ ἀνδρί μου· καὶ ἐκάλεσεν τὸ ὄνομα
19 αὐτοῦ Ἰσσαχάρ, ὅ ἐστιν Μισθός. ¹⁹καὶ συνέλαβεν ἔτι Λεία καὶ ἔτεκεν υἱὸν ἕκτον τῷ Ἰακώβ.
20 ²⁰καὶ εἶπεν Λεία Δεδώρηται ὁ θεός μοι δῶρον καλόν· ἐν τῷ νῦν καιρῷ αἱρετιεῖ με ὁ ἀνήρ μου,
21 τέτοκα γὰρ αὐτῷ υἱοὺς ἕξ· καὶ ἐκάλεσεν τὸ ὄνομα αὐτοῦ Ζαβουλών. ²¹καὶ μετὰ τοῦτο ἔτεκεν
22 θυγατέρα, καὶ ἐκάλεσεν τὸ ὄνομα αὐτῆς Δείνα. καὶ ἔστη τοῦ τίκτειν. ²²ἐμνήσθη δὲ ὁ θεὸς
23 Ῥαχήλ· καὶ ἐπήκουσεν αὐτῆς ὁ θεός, καὶ ἀνέῳξεν αὐτῆς τὴν μήτραν· ²³καὶ συλλαβοῦσα ἔτεκεν
24 τῷ Ἰακὼβ υἱόν. εἶπεν δὲ Ῥαχήλ Ἀφεῖλεν ὁ θεός μου τὸ ὄνειδος· ²⁴καὶ ἐκάλεσεν τὸ ὄνομα αὐτοῦ
25 Ἰωσήφ λέγουσα Προσθέτω ὁ θεός μοι υἱὸν ἕτερον. ²⁵Ἐγένετο δὲ ὡς ἔτεκεν Ῥαχὴλ τὸν
Ἰωσήφ, εἶπεν Ἰακὼβ τῷ Λαβάν Ἀπόστειλόν με ἵνα ἀπέλθω εἰς τὸν τόπον μου καὶ εἰς τὴν γῆν
26 μου. ²⁶ἀπόδος μοι τὰς γυναῖκας καὶ τὰ παιδία, περὶ ὧν δεδούλευκά σοι, ἵνα ἀπέλθω· σὺ γὰρ
27 γινώσκεις τὴν δουλίαν ἣν δεδούλευκά σοι. ²⁷εἶπεν δὲ αὐτῷ Λαβάν Εἰ εὗρον χάριν ἐναντίον σου,
28 οἰωνισάμην ἄν· εὐλόγησεν γάρ με ὁ θεὸς τῇ σῇ εἰσόδῳ. ²⁸διάστειλον §τὸν μισθόν σου πρός μέ, § Cᶜ
29 καὶ δώσω σοι. ²⁹εἶπεν δὲ αὐτῷ Ἰακώβ Σὺ γινώσκεις ἃ δεδούλευκά σοι,¶ καὶ ὅσα ἦν κτήνη σου ¶ Cᵐ

19 λια A* (λεια A¹)   20 αιρετιει ερετ[ιει] D: αιρετισει E   22 ηνεωξεν DE
23 αφηλεν E   26 δουλειαν Dˢⁱˡ

DEMa-xc₂𝔄𝔅(ℭᶜᵐ)𝔈𝔏ʳ

θεν] ηλθε dp | αυτω] αυτου c*dfgnp𝔏 ⟨αυτων 18⟩ | και ειπεν] om w. +αυτω dpℭ𝔈𝔏 | εμε] με Da-gijknopwxc₂ | ελευση nv | om γαρ c | σε] σοι c +σημερον m 𝔄-codd Chr | ⟨αντι απο 79⟩ | και εκοιμηθη] εκοιμηθη δε Efir. om και 𝔏 | τη νυκτι εκεινη dp
17 και επηκουσεν] επηκουσε δε m | εισηκουσεν ιs(mg) | αυτης ο θεος A] ο θ̅ς̅ της λειας Efıaˡlr ο θ̅ς̅ τη λια n. ο θ̅ς̅ λειας DˢⁱˡM₁* rell 𝔄𝔅𝔈 Chr Dn̅s̅ Liam 𝔏. Dominus Deus eam ℭ | om συλλαβουσα 𝔅ʷ | τετοκε c | τω ιακωβ] post πεμπτον bw𝔅ℭ· om E | om πεμπτον w
18—24 fere omnia periere in ℭ
18 δεδωκεν Abdpstw] εδωκεν DEM rell Chr | om μοι DE Macdeghm-rs(txt)tuvxc₂ | τον μισθον μου] mercedem magnam 𝔏 | μου 1°] μοι E | ων] ου DEMacdeghjmopqs-vc₂ Chr ⟨ου ουκ 107⟩ +ου n | την—μου 3°] et mandragoras filii mei 𝔈 om τω ανδρι μου m | εκαλεσεν] ωνομασε dp𝔅 | ισαχαρ dflmnp𝔅𝔏 | ο εστιν μισθος] om acoc. om ο εστιν 𝔅
19 om ετι c𝔈ᶠᵖ | εκτον] post ιακωβ 𝔈 om E
20 δεδωρηται] iudicauit 𝔈 | ο θεος μοι] μοι ο θ̅ς̅ DEMa-dfil-prstwxc₂𝔄𝔈𝔏 Chr · ⟨ο θ̅ς̅ μου 78 83⟩ | δωρον] ⟨εργον 71⟩ iudicium 𝔈 | αιρετιει] pr και m. diliget 𝔄𝔅𝔈𝔏(-git) | om ο ανηρ μου g | τετοκα] ετεκον a-dikopwxc₂ ετεκε fm(uid) | αυτω υιους εξ] ετεκεν νιον m | εκαλεσεν] εκαλεσαν abckwxc₂ | εξ] septem 𝔅ʷ | και 2°] propter hoc 𝔏 | εκαλεσεν —αυτου] το ονομα του εκτου εκαλεσα(?) f
21 om και 1° c₂ | τουτο] haec 𝔅 | δειναν tv | και 3°—τικτειν A𝔏] om DˢⁱˡEM omn 𝔄𝔅𝔈 Chr
22 om δε r* | ραχηλ Abw Thdt] pr τη nr της ραχηλ l: pr της DˢⁱˡEM rell Chr Cyr | om και 1°—θεος 2° 𝔈 | επηκουεν Cyr-cod | αυτης 1°] om 2° c. αυτη iknquv | ο θεος 2°] post θεος 2° c₂ c. pr Dn̅s̅ 𝔏 | κυριος Cyr om εν Chr | ανεωξεν] + Dn̅s̅ Ds 𝔏 | την μητραν αυτης Dacfıklmoxc₂𝔄𝔏
23 συλλαβουσα] συνελαβε και (20) 𝔄(uid) Chr | τω ιακωβ] post υιον a-dmpw𝔄𝔅𝔈 om τω Chr | ειπεν δε] και ειπεν E𝔏 | ραχηλ] ραχηλ ln: om 𝔈 | αφειλεν] +απ εμου 𝔄 Cyr-ed | ο

θεος μου] μου ο θ̅ς̅ bfikmsw Chr Thdt· μοι ο θ̅ς̅ dp | μου το ονειδος] το ονειδος μου clnv𝔄𝔏: +μου ax
24 προσθετω] προσθητω egj Thdt. προσεθετο bcdfiklprwc₂ Chr Cyr-ed: προσεθικε n | ο θεος μοι] μοι ο θ̅ς̅ DEbd-jlnprs vw𝔄𝔏 Phil Chr Cyr Thdt: ο θ̅ς̅ μου ac*mc₂. mihi Dominus Or-lat | om υιον dpw
25, 26 multa periere in ℭ
25 ⟨εγενετο—ιωσηφ⟩ τετοκε τοινυν τον ιωσηφ ραχηλ 14⟩ | ραχηλ ln | τον 1°] τω mv | ιακωβ] pr o n | om τω λαβαν c₂ | ⟨om ινα—μου 2° 79⟩ | om εις 2° 𝔅ʷ
26 αποδος] pr et 𝔄𝔈 | μοι ADEbfirv𝔈𝔏 Chr Cyr] μου m: om M rell 𝔄 | τας γυναικας AE𝔄-ed Chr] +μου DˢⁱˡM omn 𝔄-codd 𝔅𝔏 Cyr · liberos meos 𝔈 | τα παιδια] om τα c₂ +μου DˢⁱˡMbfıklw𝔄𝔅𝔏 Chr Cyr. uxores meas 𝔈 | δεδουλευκα 1°] δεδουλευκας f: εδουλευκα ο εδουλευσα Equv | σοι 1°] σου n | om ινα—σοι 2° ef Chr | ινα απελθω] et eo 𝔏 om ⟨77⟩ 𝔈 | ινα] και bdpw | δουλιαν] +μου gs | om γην g | δεδουλευκα σοι 2°] εδουλευσα σοι. E. fecit tecum (+et 𝔅ᵖ) quanta erant pecora tua ibi mecum 𝔅
27 ειπεν—λαβαν] bis scr d* | ευρον] ευρηκα l ⟨εν 25⟩ | οιωνισαμην—γαρ] auspicatus sum enim quia benedixit 𝔅(om quia)𝔏. quia noui quod benedixit 𝔈 | οιωνισαμην] οιωνησαμην bw. om (ουωνισαμην 107) | om αν amosxc₂𝔄(uid) | γαρ] post με v. om begjw | τη ση εισοδω] pr επι Dˢⁱˡ-gijprv Or-gr Chr επ ονοματι σου M(mg) in pede tuo 𝔄· propter te 𝔈 +ad me ℭ | εισοδω] οδω E
28 om totum comma dp | διαστειλον] pr και ειπεν Dacegj mno(αποστειλον)xc₂: pr και ειπεν αυτω fırℭ pr et dicit Laban 𝔄 | τον μισθον σου] pr μοι g𝔄 | μου τον μισθον E | ⟨σου⟩ μου 84⟩ | om προς με Ep𝔏 | με] σε D | om σοι EMabcegh-kmqrs u-c₂𝔄 Chr
29 αυτω ιακωβ] ιακωβ αυτω Cyr-cod. ιακωβ τω λαβαν n: om αυτω efgi*jmc₂𝔏 | om συ os | α] οσα c₂𝔄(uid): quantum 𝔏: ει E: την δουλειαν ην bw𝔅ℭ(uid)Cyr-cod | δεδουλευκα] δεδωκα Chr-codd | κτηνη σου] pr τα dp: post εμου 𝔏: om σου a

20 αιρετιει με] α' συνοικησει μοι M   24 α' β' θ' προσθετω ο θ̅ς̅ s   28 διαστειλον] α' επονομασον j: σ' ορισον Mj

XXX 29 ΓΕΝΕΣΙΣ

§ L Α μετ' ἐμοῦ. ³⁰μικρὰ γὰρ ἦν ὅσα ἦν ἐναντίον μου, καὶ ηὐξήθη εἰς πλῆθος· §καὶ ηὐλόγησέν σε 30
Κύριος ἐπὶ τῷ ποδί μου. νῦν οὖν πότε ποιήσω κἀγὼ ἐμαυτῷ οἶκον; ³¹καὶ εἶπεν αὐτῷ Λαβάν 31
Τί σοι δώσω; εἶπεν δὲ αὐτῷ Ἰακώβ Οὐ δώσεις μοι οὐθέν· ἐὰν ποιήσεις μοι τὸ ῥῆμα τοῦτο,
πάλιν ποιμανῶ τὰ πρόβατά σου καὶ φυλάξω. ³²παρελθάτω τὰ πρόβατά σου σήμερον, καὶ 32
διαχώρισον ἐκεῖθεν πᾶν πρόβατον φαιὸν ἐν τοῖς ἀρνάσιν καὶ πᾶν διάραντον καὶ λευκὸν ἐν ταῖς
αἰξίν· ἔσται μοι μισθός. ³³καὶ ἐπακούσεταί μοι ἡ δικαιοσύνη μου ἐν τῇ ἡμέρᾳ τῇ αὔριον, ὅτι 33
ἐστὶν ὁ μισθός μου ἐνώπιόν σου· πᾶν ὃ ἐὰν μὴ ᾖ ῥαντὸν καὶ διάλευκον ἐν ταῖς αἰξὶν καὶ φαιὸν ἐν
τοῖς ἀρνάσιν, κεκλεμμένον ἔσται παρ' ἐμοί. ³⁴εἶπεν δὲ αὐτῷ Λαβάν Ἔστω κατὰ τὸ ῥῆμά σου. 34
³⁵καὶ διέστειλεν ἐν τῇ ἡμέρᾳ ἐκείνῃ τοὺς τράγους τοὺς ῥαντοὺς καὶ τοὺς διαλεύκους, καὶ πάσας 35
τὰς αἶγας τὰς ῥαντὰς καὶ τὰς διαλεύκους, καὶ πᾶν ὃ ἦν λευκὸν ἐν αὐτοῖς, καὶ πᾶν ὃ ἦν φαιὸν ἐν
τοῖς ἀρνάσιν, καὶ ἔδωκεν διὰ χειρὸς τῶν υἱῶν αὐτοῦ. ³⁶καὶ ἀπέστησεν ὁδὸν τριῶν ἡμερῶν ἀνὰ 36
¶ D μέσον αὐτῶν καὶ ἀνὰ μέσον Ἰακώβ· Ἰακὼβ δὲ ἐποίμαινεν¶ τὰ πρόβατα Λαβὰν τὰ ὑπολειφθέντα.
³⁷ἔλαβεν δὲ αὐτῷ Ἰακὼβ ῥάβδον στυρακίνην χλωρὰν καὶ καρυίνην καὶ πλατάνου, καὶ ἐλέπισεν 37
αὐτὰς Ἰακὼβ λεπίσματα λευκά, περισύρων τὸ χλωρόν· ἐφαίνετο δὲ ἐπὶ †ταῖς† ῥάβδοις τὸ λευκὸν

30 ευλογησεν E | ποδί] ποδει A   ποδιω E | καγω εμαυτω οικον sup ras circ 8 litt A¹ᵃ
32 αιξαισιν E | μισθος] s sup ras Aᵃ   33 αιξεσιν E   35 τραγους] γ sup ras Aᵃ
36 απεστησεν] a sup ras A¹ | εποιμενεν E   37 ταις] τοις A

(D)E(L)Ma–xc₂𝔄𝔅ℭᶜ𝔈𝔏ʳ

30 om γαρ 𝔄 | om ην 1° e | οσα ην AEir] οσα σου ην hm · οσα υπηρχον f om k𝔄 Chr-codd om την DˢⁱˡM rell 𝔅ℭ𝔏 Cyr οσα σοι Chr-ed | μου 1°] εμου DˢⁱˡMacᵃghjklnoqs–vxc₂ ⟨ηυξηθης 71⟩ | ευλογηκεν c₂ | σε] post κυριος ao: eas 𝔈. om lmn | κυριος] ο θ̄ς̄ Eir𝔅ℭ Chr½ Cyr½ +ο θ̄ς̄ x𝔄 | επι—μου 2°] in ingressu meo ad te 𝔅ℭ | ⟨επι⟩ εν 84⟩ | ποιησωμαι l | καγω] και εγω Dadopxc₂: εγω εγω f: om L𝔏𝔅ᵖ Cyr⅓ | εμαυτω] pr εις 1   εμαυτον dk
31 αυτω λαβαν] λαβαν αυτω bw · om m | σοι δωσω] σοι δω Ldei*jklpquv   ποιησω σοι E | ειπεν δε] και ειπεν Eachmnorxc₂ Cyr-ed | om αυτω 2° egjkms Cyr-cod ⟨om ου δωσεις μοι 25⟩ | ου] και dp | μοι 1°] με cs | ουδεν DEMacdfikmoprxc₂ | εαν] +δε Chr | ποιησης DˢⁱˡEMaeh–lqrtuvxc₂ | om μοι 2° Eg𝔅ℭ𝔏 | το ρημα τουτο] uerbum meum 𝔏 | om παλιν c𝔈ᵖ⁽*⁾ | ποιμαινω ox | προβατα] pecora 𝔅ˡʷ | σου] +σημερον Cyr-ed. +σημερον παντα f | om και 2°—(32) σου x* | om και φυλαξω Chr | και 2°] ita 𝔏 | φυλαττω n
32 παρελθατω ADEh*r] pr et 𝔄𝔈 pr itaque 𝔏 παρελθα-τωσαν l παρελθετω Mhᵇ*xᵃ rell: και περιελθε L ⟨και περιελ-θετω 71⟩ | τα—σημερον] ⟨σημερον παντα τα προβατα σου 78⟩: hodie omnes oues coram te 𝔄 | τα προβατα σου] pr παντα DˢⁱˡEM abchiᵃ*oqrt–wxᵃc𝔅ℭ𝔈𝔏 Cyr post σημερον egjl | σου] iuxta te ℭ. om E +παντα L +ταυτα s +coram te 𝔅 | σημερον] om Cyr-cod +παντα fi* | om και 1° Cyr-ed | διαχωρισον] διαχωρισον quv · διαχωρησονται E: ⟨αναχωρισον 30⟩ | παν προ-βατον εκειθεν E | προβατον] post φαιον fir. om 𝔈ᵖ. +ποικιλον και περκνον ⟨περκον akm λευκον o. +και ραντον m⟩ και παν βοσ-κημα ackmoxc₂𝔄 Cyr-ed +uarium aut fuscum..omne pascens 𝔖-ap-Barh | φαιον—αιξιν⟩ cuius album uellus (albus color 𝔈ᵖ) eius et omne album (om et omne album 𝔈ᶜ) et cuius uarius color eius et genus eius 𝔈 | φαιον] ον E | εν—(33) φαιον m | διαραντον και λευκον A 𝔄-codd(uid)] maculosum in ouibus et album 𝔄 ed διαλευκον και ποικιλον 1ᵃ*(uid) διαλευκον και παν ραντον x. διαλευκον και ραντον DˢⁱˡELM1* rell 𝔅(uid)ℭ𝔏 Chr Cyr | εν ταις αιξιν | ⟨pr εν τοις αρνασι και 83⟩: +et alba 𝔅 | εσται] pr και Dᵇ𝔅𝔏 | μοι] εμοι aoc₂· μου lrt 𝔏. σοι bjw· om 𝔄-ed | μισθος] pr ο Ldpstᵃ · +και εσται μοι qu
33 om και 1°—σου 𝔈 | επακουσεται μοι] uidebitur 𝔄 | μοι] εμοι acox μου Lbdeghjlnprtw Chr Cyr | τη 2°] ταυτη dpt𝔅ˡʷ

επαυριον qs(mg)uv | εστιν] post μου 2° fik. erit 𝔏 om 𝔅 | ο μισθος μου] μοι ο μισθος p om o E | μου 2°] ⟨σου 16⟩· om a | εναντιον ELors(mg) | αν] pr και L𝔈𝔏 | ⟨ο εαν—εμοι⟩ quod non est uarium et cuius non est album genus eius tibi sit (sit tibi 𝔈ᵖ) id 𝔈 | εαν] αν LMadegklnpr–vx Dj | om μη c | η 2°] ην n | ⟨διαλευκον και ραντον 76⟩ | και 2°] η bw Cyr | και 3°] η Cyr | φαιον] φαινον f om g | τοις] ταις f | κεκλεμμενον] ⟨pr και 79⟩· κεκλεισμενον d | om παρ ⟨20⟩ 𝔄 Chr | εμοι] εμου Cyr-cod
34 ειπεν En𝔈ᵖ | εσται Dℭ
35 διεστειλεν] +λαβαν L | om εν 1° m | om τους 3° hp Chr Cyr | διαλευκους 1°] λευκους E | και 3°—διαλευκους 2°] post αυτοις 1* 𝔄-codd· om dmp𝔅ᵖ | om πασας ℭ | om και τας διαλευκους ℭ | τας 3°] τους t. om hlquv Cyr | και 5°—αυτοις] post αρνασιν bw. om Ldp𝔈𝔏 | εν 2°] επ Chr | αυτοις] αυταις kx· αυτω s | και 6°—αρνασιν] et cuius fuscus color eius 𝔈 | om παν n𝔈 | φαιον ο ην bw | om και 7° 𝔄𝔅ᵖ𝔈ᵖ | δια χειρος] δια χειρον c. per manus 𝔏 | αυτου] +και +ποιμνιον κατα μονας L(pr το)bdhkptv(ποιμαινειν)wc₂· +ποιμνιον κατα μονας και παν προβατον ποικιλον και ραντον fi[ραντον] περκον 1*: μελανον 1ᵃ]]
36 απεστησεν] απεστησαν ik Phil(uid) ανεστησεν m · διωρισεν M(mg) | ημερων τριων cfini𝔏 | ανα μεσον 1°] pr και qu | αυτων] ιακωβ E | ιακωβ 2°] αυτων E | ιακωβ δε] ο δε ιακωβ m | εποιμαινεν f*lxc₂ Chr | λαβαν] λαβα L · om m | απολειφθεντα E
37 ελαβεν δε] et accepit 𝔏 | αυτω] post ιακωβ 1° d εαυτω Mabegjkmstwxc₂ Or-gr Chr Cyr om L1𝔄ℭ. +uirgam 𝔏 | ιακωβ ραβδον] om 𝔈ᶠᵖ. om ιακωβ c | στυρακινην] λεπτοκαρ-ι(mg) | om χλωραν Em | om και καρυινην m | και πλατανου] magnam 𝔈 | ελεπισεν 1°] επιλεπισεν l· εξελεπισε Phil-cod: ελεπτυσεν p(uid) | om ιακωβ 2° p𝔏 | λεπισματα λευκα] uariae purgaturam ducens albam 𝔏 | λεπτυσματα p(uid) | λευκα] χλωρα diᵃ*p | περισυρων] pr και qu. περιευρων L: περισυρας acdkopstvxc₂ Chr: και περισυρας m | χλωρον] λευκον qu· +το επι των σκυταλων M(mg)acdklmopxc₂ [το] τοτε M(mg). om mx]] +in uirgis 𝔄 (a uirgis codd) | εφαινετο—ποικιλον] sub ÷ M. om mc₂ | εφαινετο δε] και εφαινετο L𝔏. om δε qu𝔈ᵖ | το λευκον επι ταις ραβδοις L | επι] εν Efir𝔄(uid)𝔅ℭ | τας ραβδους dp | ταις] τοις Afis | το λευκον] το χλωρον E Cyr-cod· om o* | ελεπισεν 2°] ελεπτυσε n | ποικιλον] ποικιλας L: uariae 𝔏

32 φαιον] ποικιλον js | λευκον] περκον js   35 ραντους] σ' λευκοποδας js   37 καρυινην] α' σ' αμυγδαλινην M(μυγδ-)j(sine nom)

82

ΓΕΝΕΣΙΣ XXXI 3

38 ὃ ἐλέπισεν ποικίλον.¶ ³⁸καὶ παρέθηκεν τὰς ῥάβδους ἃς ἐλέπισεν ἐν ταῖς ληνοῖς τῶν ποτιστηρίων A
τοῦ ὕδατος, ἵνα ὡς ἂν ἔλθωσιν τὰ πρόβατα πιεῖν, ἐνώπιον τῶν ῥάβδων καὶ ἐλθόντων αὐτῶν εἰς ¶L
39 τὸ πιεῖν, ἐνκισσήσωσιν ⁽³⁹⁾ τὰ πρόβατα εἰς τὰς ῥάβδους. ³⁹καὶ ἔτικτον τὰ πρόβατα διάλευκα
40 καὶ ποικίλα καὶ σποδοειδῆ ῥαντά. ⁴⁰τοὺς δὲ ἀμνοὺς διέστειλεν Ἰακώβ, καὶ ἔστησεν ἐναντίον
τῶν προβάτων κριὸν διάλευκον καὶ πᾶν ποικίλον ἐν τοῖς ἀμνοῖς· καὶ διεχώρισεν ἑαυτῷ ποίμνια
41 καθ' ἑαυτόν, καὶ οὐκ ἔμιξεν αὐτὰ εἰς τὰ πρόβατα Λαβάν. ⁴¹ἐγένετο δὲ ἐν τῷ καιρῷ ᾧ ἐνεκίσσων
τὰ πρόβατα ἐν γαστρὶ λαμβάνοντα, ἔθηκεν Ἰακὼβ τὰς ῥάβδους ἐναντίον τῶν προβάτων ἐν ταῖς
42 ληνοῖς, τοῦ ἐνκισσῆσαι αὐτὰ κατὰ τὰς ῥάβδους· ⁴²ἡνίκα γὰρ ἔτεκον τὰ πρόβατα, οὐκ ἐτίθει·
43 ἐγένετο δὲ τὰ ἄσημα τοῦ Λαβάν, τὰ δὲ ἐπίσημα τοῦ Ἰακώβ. ⁴³καὶ ἐπλούτησεν ὁ ἄνθρωπος
σφόδρα σφόδρα· καὶ ἐγένετο αὐτῷ κτήνη πολλὰ καὶ βόες καὶ παῖδες καὶ παιδίσκαι καὶ κάμηλοι
καὶ ὄνοι.

XXXI 1 ¹Ἤκουσεν δὲ Ἰακὼβ τὰ ῥήματα τῶν υἱῶν Λαβὰν λεγόντων Εἴληφεν Ἰακὼβ πάντα τὰ τοῦ
2 πατρὸς ἡμῶν, καὶ ἐκ τῶν τοῦ πατρὸς ἡμῶν πεποίηκεν πᾶσαν τὴν δόξαν ταύτην. ²καὶ εἶδεν
3 Ἰακὼβ τὸ πρόσωπον Λαβάν, καὶ ἰδοὺ οὐκ ἦν πρὸς αὐτὸν ὡς ἐχθὲς καὶ τρίτην ἡμέραν. §³εἶπεν § d₂

38 ελεπεισεν E | αυτων] αυτον E* (ω suprascr Eᵃ) | εκκισσησωσιν E   39 σποδοειδη] δη suprascr A¹·ᶜ?
41 εν 2°] ν sup ras Aᵃ | εγκισσησαι E   XXXI 1 πατρος 1°] π rescr Aᵈ | εκ των sup ras Aᵃ
2 ειδεν] ειδ sup ras (6) A¹· ιδεν E

E(L)Ma–xc₂(d₂)𝔄𝔅ℭᶜ𝔈𝔏ʳ

38 om και 1° m | τας 1°—ελεπισεν] om 𝔈ᵖ· om ας ελε-
πισεν 𝔈ᶜᶠ | ελεπτυσεν n | εν—υδατος] in alueis aquariis in quibus
adaquabantur oues 𝔏 | om εν c₂ | ταις] τοις bfmnpquvw Chr |
των ποτιστηριων] των ποτηριων ej(txt)w του ποτιστηριου l | του
υδατος] ouium 𝔅ᵖ· om ℭ: + ouium 𝔅ˡʷ | ελθωσιν] ελθη dp |
om τα προβατα 1° 𝔏 | πιειν 1°] πινειν egjn | om ενωπιον—
πιειν 2° ℭ𝔅 | ενωπιον των ραβδων] coram eis essent uirgae 𝔈 | και
2°—ενκισσησωσιν] ενκισσησωσιν ελθοντων αυτων εις το πιειν
afkmoxc₂𝔄 [ενκισσ.] pr και f· εγκισσωσιν a ενκισησουσιν m |
ελθοντων] + δε fm] | om και 2°—πιειν 2° ℭ | om και 2° EMb
deg–jln–x𝔏 Chr Cyr | ελθοντων αυτων] ubi uenerunt oues 𝔈 |
⟨om εις το 25⟩ | πιειν 2°] πινειν dkp | ενκισσησωσιν] εγκισση-
σουσι l. εγγισσωσι d. ενεκισσον 1* om c | τα προβατα 2°] pr
ενεκισσησεν km και ενεκισσον fℨ pr και ενεκισσησαν aco
(·σαν)xc₂· pr τα προβατα εις τας ραβδους και ενεκισσων Mg𝔅ˡʷ
Chr: pr τα προβατα εις τας ραβδους και ελθοντων εις το πιειν
ενεκισσων E(εκισσησαν)¹ᵃʳˢ ᵗˣᵗ⁺ᵐᵍ(om και). oues ad uirgas et ubi
uenerunt oues bibere conceperunt ℭ ad similitudinem uirgarum
et ubi uenerunt et biberunt conceperunt 𝔈ᶜᶠ om 𝔈ᵖ | τας 2°]
τους v

39 om και 1° 𝔈ᵖ | τα προβατα] om p· om τα Cyr-cod:
+ ποικιλα E | διαλευκα—ραντα] subalba et maculosa et uaria 𝔄 |
διαλευκα] pι τα c. albas 𝔏 | om και ποικιλα 𝔅ᵖ | ποικιλα—
ραντα] coloris cineres et uaria 𝔈

40 τους δε] και τους h Chr: om δε Ej | εστησεν] εθηκεν a–do
ps(txt)twc₂𝔏 Cyr-ed | εναντιον—κριον] eas coram arietibus 𝔈 |
κριον] pr et 𝔄 om c₂· + et 𝔏 | παν—αμνοις] coloris fusci 𝔈ᵖ·
coloris albi 𝔈ᶜ· om 𝔈ᶠ | παν ποικιλον] παμποικιλον efgj om
παν m | αμνοις] + λαβαν achᵇmxc₂· + του λαβαν efgj + επι
αυτω finorsc₂· αυτοις a· om 𝔈 | ποιμνιον 1r(uid)x Chr | καθ
εαυτον] καθ εαυτην l ⟨κατα μονας 32⟩: om 𝔅 | λαβαν] pr του
Cyr-ed

41 καιρω] + εκεινω dfhmnpt | ω] pr εν ⟨25⟩ Chr ως mn
ως αν dp· om f1*(uid) | ενεκισσων] ενεκισσησαν o. ενεκισσησε
acmtxc₂· εκισσησε d εγγισσησων p(γγν ex corr) | προβατα]
+τα c₂ | εθηκεν] pr και f εστησεν j(mg) + δε Eb | ενωπιον
1r | om εν ταις ληνοις Chr | ταις] τοις bfmpw | ληνοις] αρνοις
m | om του mc₂ | αυτα] αυτας m ⟨αυτω 25⟩ oues 𝔅 | om
κατα w | ⟨τας ραβδους 20⟩

42 ηνικα γαρ] et cum 𝔄E𝔏 | γαρ A] δε E*(uid)dkpt𝔅ᵖℭ
δαν EᵃM rell Chr Cyr om 𝔅ˡʷ | ετεκον τα προβατα] coepissent
oues parere 𝔏 | ετεκον AEbhimrw] ετικτεν dfkpt𝔄 Chr ετεκεν
M rell Cyr | ουκ] ουκετι m | ετεθη 1* | εγενετο δε] και ην Or-
gr | τα ασημα—ιακωβ] omnia in quibus signum Iacob et in
quibus non signum Laban 𝔈 | του 1°] pr τα n*· τω El om
m | τα δε επισημα] et notate 𝔏 | του 2°] τω El

43 ο ανθρωπος] ο ανηρ fir | Iacob 𝔈 | σφοδρα 2°] σφοδρως
⟨20⟩ Chr om fhmncℭ Cyr-ed½ | εγενοντο bhnpw Cyr-ed | om
αυτω m | και βοες] post παιδισκαι k om και E𝔏 | +et oues 𝔈ᵖ |
και παιδες] παιδες τε Cyr½ om και Mhjln–qtu𝔄–ed | παιδι-
σκαι και παιδες acmx | om και 6°—ονοι Chr | om και 6° Mdeg
hjln–qs–v𝔄 Cyr½ | ονοι] +και ημιονοι bw Cyr-ed½

XXXI 1 om τα ρηματα fir | om λαβαν e | λεγοντων] +τα
ρηματα ταυτα fir | ειληφεν] pr οτι v𝔄(uid) | + δε n* | om τα
2° Edps Cyr-cod½ | και—ημων 2°] om d𝔏(hab et uit lin). om
εκ—ημων lm | εκ των] ex omnibus 𝔅 om των Efpvx* | πε-
ποιηκεν] εποιησεν Edfipr (πεπολιτηκε 32) +εαυτω kAℭ | om
πασαν Cyr-cod | ταυτην] om egj +εκειθεν l

2 om το προσωπον n𝔈 | το] # +ras (1) b | λαβαν] pr το
aq*u. pr του bcegj–oqᵃ¹twc₂ | και ιδου] οτι EB𝔈 om ιδου
f | προς αυτον] pr facies eius 𝔈 | προσωπον αυτου j(mg)qs(mg)u:
το προσωπον αυτου v Cyr½· om Cyr-cod½ | ως] ωσει qu κάθως
Cyr½ | εχθες AEMaiors] χθες rell

38 ινα—ενκισσησωσιν] σ' οπως ερχομενων των βοσκηματων πιειν αντικρυς ωσιν των βοσκηματων και εγκισσηση ελθοντα
πιειν M

41 εν τω—ραβδους 1°] σ' παντοτε οταν ενεκισσων τα βοσκηματα πρωιμα ετιθει ιακωβ τας ραβδους Msv [om σ' sv | εκισσων
s | βοσκ. πρωιμα] προβατα s | ραβδους] +τας χλωρας v]| εν γαστρι λαμβανοντα] α' αντι του πρωιμα καταδεδεμενοις M(indice
ad (42) επισημα posito)s(sine nom)

42 ηνικα—ετιθει] σ' οποτε (αποτε js) δε ην οψιμα τα βοσκηματα ουκ ετιθει Mjsv(sine nom) | ηνικα γαρ ετεκον] α' και εν
δευτερογονοις Mjs | ασημα] α' οψιμα Mjs: σ' δευτερογονα M(pr τα)js(sine nom)

A δὲ Κύριος πρὸς Ἰακώβ Ἀποστρέφου εἰς τὴν γῆν τοῦ πατρός σου καὶ εἰς τὴν. γενεάν σου, καὶ
ἔσομαι μετὰ σοῦ. [4]ἀποστείλας δὲ Ἰακὼβ ἐκάλεσεν Ῥαχὴλ καὶ Λείαν εἰς τὸ πεδίον οὗ τὰ ποίμνια, 4
[5]καὶ εἶπεν αὐταῖς Ὁρῶ ἐγὼ τὸ πρόσωπον τοῦ πατρὸς ὑμῶν ὅτι οὐκ ἔστιν μετ' ἐμοῦ ὡς ἐχθὲς καὶ 5
τρίτην ἡμέραν· ὁ δὲ θεὸς τοῦ πατρός μου ἦν μετ' ἐμοῦ· [6]καὶ αὐταὶ δὲ οἴδατε ὅτι ἐν πάσῃ ἰσχύι 6
μου δεδούλευκα τῷ πατρὶ ὑμῶν. [7]ὁ δὲ πατὴρ ὑμῶν παρεκρούσατό με, καὶ ἤλλαξεν τὸν μισθόν 7
μου τῶν δέκα ἀμνῶν, καὶ οὐκ ἔδωκεν αὐτῷ ὁ θεὸς κακοποιῆσαί με. [8]ἐὰν οὕτως εἴπῃ Τὰ ποικίλα 8
ἔσται σου μισθός, καὶ τέξεται πάντα τὰ πρόβατα ποικίλα· ἐὰν δὲ εἴπῃ Τὰ λευκὰ ἔσται σου
§ ℭ^{m} μισθός, καὶ τέξεται πάντα τὰ πρόβατα §λευκά· [9]καὶ ἀφείλατο ὁ θεὸς πάντα τὰ κτήνη τοῦ πατρὸς 9
ὑμῶν καὶ ἔδωκέν μοι αὐτά. [10]καὶ ἐγένετο ἡνίκα ἐνεκίσσων τὰ πρόβατα, καὶ ἴδον ἐν τοῖς ὀφθαλ- 10
μοῖς ἐν τῷ ὕπνῳ, καὶ ἰδοὺ οἱ τράγοι καὶ οἱ κριοὶ ἀναβαίνοντες ἦσαν ἐπὶ τὰ πρόβατα καὶ τὰς
αἶγας διάλευκοι καὶ ποικίλοι καὶ σποδοειδεῖς ῥαντοί. [11]καὶ εἶπέν μοι ὁ ἄγγελος τοῦ θεοῦ καθ' 11
ὕπνον Ἰακὼβ Ἰακώβ. ἐγὼ δὲ εἶπα Τί ἐστιν; [12]καὶ εἶπεν Ἀνάβλεψον τοῖς ὀφθαλμοῖς σου, καὶ 12
§ D ἴδε τοὺς τράγους καὶ τοὺς κριοὺς ἀναβαίνοντας §ἐπὶ τὰ πρόβατα καὶ τὰς αἶγας διαλεύκους καὶ
ποικίλους καὶ σποδοειδεῖς ῥαντούς· ἑώρακα γὰρ ὅσα σοι Λαβὰν ποιεῖ. [13]ἐγώ εἰμι ὁ θεὸς ὁ ὀφθείς 13
¶ ℭ^{c} σοι ἐν τῷ τόπῳ ᾧ ἤλειψάς μοι ἐκεῖ στήλην καὶ ηὔξω μοι ἐκεῖ εὐχήν·¶ νῦν οὖν ἀνάστηθι καὶ

3 του πατρος] ου π̄ρ̄ς sup ras A^{I} 4 λιαν A | παιδιον A 5 το] ο sup ras A^{I}
8 ποικιλα 2°] ποικειλα E 13 ηλειψας] ηλιψα A* (ς suprascr A^{I})· ηλιψας *D* | στειλην E

(*D*)EMa–x$c_2$$d_2$𝔄𝔅(ℭ^{cm})𝔈𝔏^{r}

3 *κυριος*] + *ο θ̄ς̄* fikr𝔄ℭ𝔈^{fp} | *αποστρεφε* f(uid)i | om *εις* 1° —*και* 1° m | *την γην*] *τον οικον* d_2 | *σου* 1°] + ras (18) s | *εις την γενεαν*] *ad gentem* 𝔏 | om *και* 2°—*σου* 3° Evd_2

4 *αποστειλας—εκαλεσεν*] *et uocauit Iacob* 𝔈 | *λειαν και ραχηλ* Ebdef(*ραχην*)gijkn(*ραχιηλ*)pqruvwd_2ℭ𝔈𝔏 Phil | *ραχιηλ* l | *εις το πεδιον*] *e campo* 𝔈^{p} | *τα ποιμνια*] pr *ην* Ebcfw𝔄-ed𝔏· ⟨*το ποιμνιον* 16⟩ *τα προβατα* f: + *εποιμαινεν* Chr: + *pascebantur* ℭ· + *erant* 𝔄-codd. + *ei erant* 𝔅

5 *αυτοις* q | om *εγω* Phil | *προσωπον*] *προβατα* k* | *υμων*] *ημων* Eb*gl | *οτι*] *και ιδου* l | *μετ εμου* 1° A] *προς εμε* Edklpq ruvw$^{a?}$ Phil Cyr· *προς με* afind$_2$ Chr: *προς εμου* Mw* rell· *ad me* 𝔏: om Ath | *χθες* b–hj–npwxd_2 | *τριτην*] pr *ως* Phil-codd | *ην*] *est* 𝔅𝔏

6 om *και αυται δε* 𝔈 | om *αυται—παση* m | om *δε* p𝔄(uid) 𝔅𝔏 | *ισχυι* AEbw] pr *τη* M rell Chr Cyr | *εδουλευσα* Er | *ημων* in

7 *ο—υμων*] bis scr c_2 om *πατηρ υμων* f | *ημων* bgiw* | *παρεκρουσατο με*] *inuidit mihi* 𝔅 | *παρεκρουσατο*] *παρελογισατο* El *spreuit* 𝔏 | *με και ηλλαξεν*] om Cyr-codd· + *των αμνων μου* m | om *μου* m | *των δεκα αμνων*] *των δεκαν* m *in decim agnas ouium* 𝔏: *decies* 𝔈^{c} | *των*] *τον* c. om c_2 Cyr-cod | *αμναδων* Cyr | *και* 2°] *αλλ* f | *ου δεδωκεν* o | *αυτω ο θεος*] om 𝔏: + *του π̄ρ̄ς μου* quv· + *του* kmx

8 *εαν* 1°] pr *et* 𝔈^{p}: + *ουν* ao^{a}c_2· + *γαρ* 𝔏 Chr | *ουτως*] *ουτος* eflp. om 𝔄𝔅ℭ𝔈 | *ειπη* 1°] *ειποι* g$^{a?}$j: + *mihi* ℭ𝔈 | *τα ποικιλα εσται*] *quia uariauerit* 𝔏 | *ποικιλα* 1°] + *σου* s | *εσται* 1°] *εστω* g *sit* 𝔈 | *σου* 1°] *σοι* egjnc_2𝔅ℭ Chr | om *και* 1° 𝔄𝔈^{cp} | om *τα προβατα* 1° i$^{a?}$ | *ποικιλα* 2°—*προβατα* 2°] bis scr l(om *και*): om dp | *δε*] + *ουτως* aciorxc_2 | *τα λευκα*] pr *παντα* j(mg)s(mg)𝔅^{lp} | *εσται* 2°] *εστω* ⟨14.25 130⟩· *sit* 𝔈· om m | *σου* 2°] *σοι* egjnc_2 𝔅ℭ Chr | *μισθος* 2°] *ο μισθος σου* m | om *και* 2° l𝔄𝔈^{cf}

9 *αφειλατο*] *αφειλετο* Mefgh^{b}jqstu$c_2$$d_2$· *αφειλεν* bw Cyr $\frac{1}{3}$ | om *παντα* Chr $\frac{1}{2}$ | *κτηνη*] *κτηνη τα* d*: *κτηματα* d^{a}· om l | *ημων* lq | *δεδωκεν* a | *μοι*] post *αυτα* 𝔏 | om *αυτα* 𝔄

10 ⟨om *και* 1°—*ιδον* 18⟩ | *εγενετο*] *fiebat* 𝔄· ⟨*εγενοντο* 30⟩ | *ηνικα ενεκισσων*] *postquam conceperant* 𝔏 | *ηνικα*] *οτε* f | *ενεκισσων*] *εκισσων* d Just *ενεκισσησε* m | *τα προβατα* 1°] om 𝔅^{p}𝔈 + *εν γαστρι λαμβανοντα* EMbfhij(mg)rs(mg)tw𝔅 Just Cyr: + *in uirgas* 𝔏 | *και ιδον*] *uidebam* 𝔄𝔈 | *ιδον—οφθαλμοις*] *τοις οφθαλμοις μου ειδον αυτα* acmoxc_2 | *εν* 1° A Or-gr] om EM omn Phil Just Chr Cyr | *οφθαλμοις*] + *μου* fhlns(txt)td_2𝔄𝔏 Chr Cyr: + *αυτα* Eir Phil Just. + *μου αυτα* Mbegjkqs^{mg}(uid)uv w𝔅ℭ(uid) Or-gr | *εν τω υπνω*] *in somnis* 𝔏· *in somnio* 𝔄𝔅ℭ𝔈· om *τω* o Or-gr | *οι* 1°—*κριοι*] *arietes et hirci* 𝔈𝔏: om *οι* 1° g | *αναβαινοντες ησαν*] *ανεβαινον* Phil | ⟨*επιβαινοντες* 20⟩ | om *ησαν* boquvwc_2 Phil Just Cyr-cod | *τα* 2°—*αιγας*] *τας αιγας και τα προβατα* 𝔈^{fp} Cyr-ed: om *και τας αιγας* c_2 | om *και ποικιλοι* quv 𝔈^{c} | *ραντοι*] pr *και* 𝔈𝔏 Chr

11 om *μοι* c | *ο—θεου*] *angelus Deus* 𝔈^{f}: *Dominus Deus* 𝔈^{p}· *Deus* 𝔈^{c}: ⟨om *ο* 18⟩ | *του θεου*] *Domini* Cyp: om Chr | *καθ υπνον*] *in somnis* 𝔏 Cyp· *in somnio* 𝔅ℭ𝔈· *in uisione* 𝔄 | *υπνον*] *υπνου* p· *υπνω* n· *υπνους* Just | *ιακωβ* 2°] om acdhl–qs –vxc_2𝔄𝔈^{p}𝔏 Phil Or-gr Eus Chr Cyr Vulg + *Iacob* ℭ^{m} | *εγω δε ειπα*] *et dixi Ecce ego* 𝔈^{cp} | *εγω δε*] *et ego* 𝔏 Nov om 𝔅^{w}: om *δε* lm | *ειπα*] *ειπον* dfiprd$_2$ | *εστιν*] + *κ̄ε̄* ⟨37⟩ Just

12 *ειπεν*] + *μοι* blwℭ^{c}𝔈 Phil-codd | *αναβλεψον*] pr *και* g*: *αναβλεψας* dp. + *και* c_2 | om *τοις—και* 2° dpℭ | om *σου* Phil-codd | *ιδε*] *ειδε* ho: *ιδεν* n* | ⟨*επιβαινοντας* 20⟩ | *τα—αιγας*] *capras et oues* 𝔈^{fp}. om *τα προβατα και* Thdt | om *και* 4°—*και* 5° 𝔅^{p} | *τας αιγας*] pr *επι* l𝔄𝔏 | *διαλευκους*] pr *τας* k: *uariatos albos* Nov | *και ποικιλους*] om ⟨31⟩ 𝔈^{c} om *και* ⟨128⟩ Chr | *ραντους*] pr *et* ℭ^{c}𝔈 Nov | *εωρα* d | om *γαρ* m𝔅^{w} | *οσα*] pr *παντα* Eus | *σοι*] post *λαβαν* x Eus $\frac{1}{2}$ post *ποιει* Eus $\frac{1}{2}$ | *ποιει*] *faciebat* 𝔄-ed. *fecerit* 𝔏 Spec *fecit* Nov

13 *εγω*] + *δε* egj𝔏. + *enim* ℭ^{m} | om *ειμι* 𝔏 Eus $\frac{1}{3}$ | *ο θεος*] pr *κ̄ς̄* 𝔈 Phil-codd $\frac{1}{2}$· om Cyp-codd + *σου* quv 𝔈 Chr $\frac{1}{2}$ Thdt | *ο οφθεις σοι*] *quem uidisti* Cyp· *ο ωφθη σοι* n· + *ωφθη σοι* c | *τω* Aqsu Just Eus $\frac{1}{3}$ Chr $\frac{1}{2}$] om *D*^{sil}EM rell Phil Or-gr Eus $\frac{2}{3}$ Chr $\frac{1}{2}$ Thdt | *τοπω* Aℭ^{m}𝔈^{c} Eus $\frac{2}{3}$ Chr $\frac{1}{2}$ Cyp-cod] + *θ̄ῡ* *D*^{sil}EM omn 𝔄𝔅ℭ^{c}𝔈^{fp}𝔏 Phil Just Or-gr Eus $\frac{1}{3}$ Chr $\frac{1}{2}$ Thdt Cyp-ed Nov Spec | *ω* An] *ου* *D*^{sil}EM rell Phil Just Or-gr Eus Chr Thdt | om *μοι* 1° 𝔅^{lp} | om *εκει* 1° r𝔄𝔅𝔈𝔏 Phil Chr $\frac{1}{2}$ Cyp

XXXI 7 *παρεκρουσατο με*] *α' σ' παρελογισατο με* Mjs | *των δεκα αμνων*] *α' δεκα αριθμους σ' δεκακις αριθμω* Mc_2: *ελεγεν δε ο εβραιος οτι δεκακις ηθετησεν τας συνθηκας προς τον ιακωβ ο λαβαν δια το τα γεννωμενα επ ονοματος του ιακωβ πλειστα οσα υπαρχειν κακεινον εποφθαλμιαν αυτων οπερ εδηλωσαν αι δυο εκδοσεις* M: *ο συρος δεκακις* c_2

ΓΕΝΕΣΙΣ XXXI 25

14 ἄπελθε ἐκ τῆς γῆς ταύτης καὶ ἄπελθε εἰς τὴν γῆν τῆς γενέσεώς σου, καὶ ἔσομαι μετὰ σοῦ. ¹⁴καὶ A
ἀποκριθεῖσα Ῥαχὴλ καὶ Λεία εἶπαν αὐτῷ Μὴ ἔστιν ἡμῖν ἔτι μερὶς ἢ κληρονομία ἐν τῷ οἴκῳ τοῦ
15 πατρὸς ἡμῶν; ¹⁵οὐχ ὡς αἱ §ἀλλότριαι λελογίσμεθα αὐτῷ; πέπρακεν γὰρ ἡμᾶς, καὶ κατέφαγεν § F
16 καταβρώσει τὸ ἀργύριον ἡμῶν. ¹⁶πάντα τὸν πλοῦτον καὶ τὴν δόξαν ἣν ἀφείλατο ὁ θεὸς τοῦ πατρὸς
17 ἡμῶν, ἡμῖν ἔσται καὶ τοῖς τέκνοις ἡμῶν· νῦν οὖν ὅσα εἴρηκεν ὁ θεός σοι ποίει.¶   ¹⁷Ἀνα- ¶ d₂
18 στὰς δὲ Ἰακὼβ ἔλαβεν τὰς γυναῖκας καὶ τὰ παιδία αὐτοῦ ἐπὶ τὰς καμήλους· ¹⁸καὶ ἀπήγαγεν
πάντα τὰ ὑπάρχοντα αὐτοῦ καὶ πᾶσαν τὴν ἀποσκευὴν αὐτοῦ, ἣν περιεποιήσατο ἐν τῇ Μεσοπο-
19 ταμίᾳ, καὶ πάντα τὰ αὐτοῦ, ἀπελθεῖν πρὸς Ἰσαὰκ τὸν πατέρα αὐτοῦ εἰς γῆν Χανάαν.   ¹⁹Λαβὰν
20 δὲ ᾤχετο κεῖραι τὰ πρόβατα αὐτοῦ· ἔκλεψεν δὲ Ῥαχὴλ τὰ εἴδωλα τοῦ πατρὸς αὐτῆς. ²⁰ἔκρυψεν
21 δὲ Ἰακὼβ Λαβὰν τὸν Σύρον, τοῦ μὴ ἀναγγεῖλαι αὐτῷ ὅτι ἀποδιδράσκει· ²¹καὶ ἀπέδρα αὐτὸς καὶ
22 πάντα τὰ αὐτοῦ, καὶ διέβη τὸν ποταμόν, καὶ ὥρμησεν εἰς τὸ ὄρος Γαλαάδ.   ²²Ἀνηγγέλη
23 δὲ Λαβὰν τῷ Σύρῳ τῇ τρίτῃ ἡμέρᾳ ὅτι ἀπέδρα Ἰακώβ· ²³καὶ παραλαβὼν πάντας τοὺς ἀδελφοὺς
αὐτοῦ μεθ' ἑαυτοῦ ἐδίωξεν ὀπίσω αὐτοῦ ὁδὸν ἡμερῶν ἑπτά, καὶ κατέλαβεν αὐτὸν ἐν τῷ ὄρει
24 Γαλαάδ. ²⁴ἦλθεν δὲ ὁ θεὸς πρὸς Λαβὰν τὸν Σύρον καθ' ὕπνον τὴν νύκτα καὶ εἶπεν αὐτῷ Φύλαξαι
25 σεαυτὸν μή ποτε λαλήσῃς μετὰ Ἰακὼβ πονηρά. ²⁵καὶ κατέλαβεν Λαβὰν τὸν Ἰακώβ· §Ἰακὼβ § L

15 ημων] ημ sup ras (3) A¹   19 ιδωλα A   24 φυλαξε A

DE(FL)Ma–xc₂(d₂)𝕬𝕭𝕮ᵐ𝕰𝕷ʳ

Vulg | om μοι 2° 𝕬 Just | εκει 2°] post ευχην gj𝕷 | om bdefi
nopwd𝕬𝕰ᵖ Phil Chr Thdt Cyp | αναστηθι και απελθε] εξελθε
και αναστηθι Just | και απελθε 1°—ταυτης] om dp𝕰. om και
απελθε Phil-cod | απελθε 1° A] εξελθε DˢⁱˡEM rell 𝕬𝕷 Phil-ed
Or-gr Chr ⟨εισελθε 18⟩ proficiscere Nov | εκ—ταυτης] ex
loco hoc 𝕭ˡᵖ | γης] +σου e | ⟨απελθε 2°] εισελθε 32⟩ | γεννη-
σεως c Phil-codd Or-gr
   14 αποκριθεισαι EMabceghjklnorstvwxd₂𝕬𝕭𝕮𝕰𝕷 Cyr-cod |
ραχηλ και λεια] λεια και ραχηλ Ebd(λιαν)f(δεια)ikn(ραχιηλ)pr
vwd₂ℭ: om 𝕰 | ειπαν] ειπον Eb-gjlmoprxd₂: ειπεν n | om
αυτω d | ημιν] post μερις Cyr-ed | ετι] post μερις b | om Efmℭ
Chr Cyr | η κληρονομια] κληρονομιας bw | η] και 𝕬 Phil-codd-
omn½ | om c₂ | κληρος egj | τω οικω] τοις bw | ημων] υμων k
   15 om αι c–fi*jprtv𝕭ℭ Phil½ ed½ Chr | αλλοτριαι] αι
F(αι ras Fᵇ) αλλοτριοι Phil-codd omn½ | ⟨αλλοτριω 71⟩ | λελο-
γισμεθα αυτω] pr λογισωμεθα g: uidemur illi esse 𝕷 | ημας]
υμας p | κατεφαγεν] post καταβρωσει quv𝕷 Chr½ | καταβρωσει]
⟨pr και 79⟩ | καταβρωσιν 1: καταβρωμα d: om 𝕰 | το] pr ημας
και Chr½ | ημων] υμων f*
   16 παντα—δοξαν] pr και 𝕷 Chr | πας ο πλουτος και η δοξα
𝕬 Phil· et omnem gloriam 𝕰ᵖ· et omnis gloria 𝕰ᶜᶠ | και 1°]
ημων l | om την t | om ην—θεος 1° 𝕭ˡᵖ | αφειλετο Maᵃ¹cefg
hᵇ¹jqs-vc₂d₂ | του πατρος] pr e domo 𝕰ᶠᵖ· των πρων e | ημιν—
ημων 2°] ημεις εξομεν και τα τεκνα ημων Chr½: σοι εσονται και τοις
τεκνοις σου εις γενεας Chr½ | εστι m𝕰 | ημων 2°] ημιν t | νυν] pr et 𝕷 | om ουν v𝕬(uid) |
ειρηκεν ο θεος] pr σοι mv· post σοι bnquw𝕷 | ειρηκεν] ειπεν
fir. +σοι n* | ο θεος σοι] σοι ο θ̅σ̅ DEFMcg1–lrs(txt)x𝕬 Cyr-
cod. σοι ο θ̅σ̅ σου defps(mg)td₂ℭ Chr Cyr-ed: ο θ̅σ̅ σου ον
   17 ⟨δε ουν 16⟩ | τας 1°—παιδια] τα παιδια αυτου και τας
γυναικας acmoc₂(παιδαρια) | τας 1°] + δυο F* | γυναικας ADˢⁱˡ
h¹ | αυτου EFM rell 𝕬𝕭ℭ𝕷 Phil Chr Cyr | και] pr και ανεβιβασεν αυτα dfikprt
(αυτας dfp)𝕬𝕭ℭ Chr(αυτας) pr et inposuit 𝕷 | ⟨om τας 2° 20⟩
   18 απηγαγεν] επηγαγε dm om v | αυτου 1°] αυτω quv |
πασαν—αυτου 2°] sub ※ M· om πασαν p𝕰 Chr | om αυτου 2°
ℭ(uid) Chr | περιεποιησατο] εποιησεν Edfipqrs(txt)u: fecit 𝕬𝕭
𝕷: + κτησιν ο. +κτησιν κτησεως αυτου ην περιουσιασατο M(mg)
acj(mg)kms(mg)xc₂(περιεποιησατο jᵐᵍsᵐᵍc₂) | μεσοποταμια] +
συριας ackmos(mg)xc₂𝕬 | και 3°—αυτου 3°] om 𝕬 | om τα 2°

m | απελθειν] και απηλθε ⟨84⟩ ℭE Cyr | ισαακ] post αυτου 4°
E om f | om εις γην χανααν Chr | εις γην] εν γη ⟨14 16 77.
78 130⟩ Cyr | γην] pr την dpt 𝕭ˡᵖ. την m
   19 λαβαν δε ωχετο] bis scr i | ωχετο] επορευθη M(mg) |
εκλεψεν] εκαλυψεν E*(uid) | ραχιηλ ln
   20 εκρυψεν δε ιακωβ] ιακωβ δε εκρυψεν Er𝕰. ο δε ιακωβ
εκρυψε p | εκρυψεν] εκ .ψεν F(εκρυψεν Fᵇ): εκλεψεν Dh𝕬 |
ιακωβ l | λαβαν τον συρον] την καρδιαν λαβαν του συρου Fᵇᵃᶜ
(τω συρω)m(τη καρδια)oxc₂(τον συρον)𝕾-ap-Barh: cor Laban
socer sui 𝕬: om p | συρρον e | om του—αυτω f | του] τω w·
το Phil-cod½ | om μη pc₂ | απαγγειλαι p Phil½ | om αυτω
οτι αποδιδρασκει 𝕷 | αυτω] λαβαν p | αποδιδρασκει] απεδιδρασκε
Cyr-ed· ⟨διδρασκει 31⟩ +αυτος Fᵇ
   21 om και απεδρα a | αυτος] pr και c | παντα] post αυτου
Ebkqrsuvw Phil | και διεβη] pr και ανεστη Dcmnoxc₂𝕬 και
διεβησαν t | ωρμησαν t | om το ορος 𝕰
   22 om ανηγγελη—(23) γαλααδ g | τω συρω] τω συρρω e .
om Fᵇ¹ | τη τριτη ημερα] τη ημερα τη τριτη Dˢⁱˡbcdkmopqu–c₂·
⟨ημερα τη τριτη 30⟩· om 𝕰. ⟨om τη 128⟩. om ημερα a | ιακωβ]
pr o el
   23 παραλαβων] ⟨+ δε 14⟩· +Laban 𝕰: +τους υιους αυτου
και bw | om παντας abcmowxc₂𝕬𝕷 | αδελφους] pueros 𝕭ʷ |
μεθ εαυτου] μεθ αυτου F*: μετ αυτου Mbhs(txt)tw Cyr-ed: simul
𝕷 om dmpc₂𝕰 | εδιωξεν] pr και f: κατεδιωξεν bdptw | αυτου
2°] αυτον v. αυτω ⟨79⟩ 𝕰 | επτα ημερων ackmoc₂ | αυτον]
post ορει Cyr-cod | eos 𝕰(+ in campo 𝕰ᵖ) | γαλααδ] pr τω DF
Mcejklnquvxc₂ Cyr-codd   γαλαδ n ⟨γαλαθ 128⟩
   24 om δε gℭ | ο θεος] αγγελος quv· om b | om τον συρον
p | συρρον e | καθ υπνον] in somnio 𝕭ℭ𝕰 in uisu 𝕬𝕷 om
Chr (repugn context) | υπνου p | την νυκτα] τη νυκτι d· om
no | φυλαξον c₂ Cyr-cod ½ | σεαυτον ⟨pr σε 18⟩ σεαυτω dg*
(uid)p om bw | μη ποτε λαλησης] ne facias et 𝕰ᶜᶠ· του ου
λαλησαι Cyr-ed½ | μη ποτε] μητε m· μη πως f Cyr½ | λαλησης
—πονηρα] σκληρα λαλησης (-σας g) μετα ιακωβ egj | λαλησεις
bdhmopw | μετα ιακωβ] post πονηρα 𝕰𝕷· ⟨προς αυτον 31 83⟩ |
μετα] κατα ⟨20⟩ Cyr-ed½ Thdt: προς Ebdpqrw Cyr-ed½ |
ιακωβ] pr του ⟨20⟩ Chr½ | πονηρα] πονηρον Chr⅓. σκληρα DM
(mg)s(mg) Chr⅓ Thdt
   25 κατελαβεν λαβαν] κατελαβαν b | om ιακωβ 2°—γαλααδ

19 ειδωλα] α' μορφωματα Mjs(sine nom)   α' similitudines 𝕾-ap-Barh: θεραφειμ Fᵇ: σ' θεραφειν Mjs𝕾-ap-Barh

XXXI 25 ΓΕΝΕΣΙΣ

Α δὲ ἔπηξεν τὴν σκηνὴν αὐτοῦ ἐν τῷ ὄρει· Λαβὰν δὲ ἔστησεν τοὺς ἀδελφοὺς αὐτοῦ ἐν τῷ ὄρει Γαλαάδ. ²⁶εἶπεν δὲ Λαβὰν τῷ Ἰακώβ Τί ἐποίησας; ⁽²⁷⁾ἵνα τί κρυβῇ ἀπέδρας, καὶ ἐκλοποφό- 26 ρησάς με, ⁽²⁶⁾καὶ ἀπήγαγες τὰς θυγατέρας μου ὡς αἰχμαλώτιδας μαχαίρα; ²⁷καὶ εἰ ἀνήγγειλάς 27 μοι, ἐξαπέστειλα ἄν σε μετ᾿ εὐφροσύνης καὶ μετὰ μουσικῶν, τυμπάνων καὶ κιθάρας. ²⁸οὐκ 28 ἠξιώθην καταφιλῆσαι τὰ παιδία μου καὶ τὰς θυγατέρας μου· νῦν δὲ ἀφρόνως ἔπραξας. ²⁹καὶ 29 νῦν ἰσχύει ἡ χείρ μου κακοποιῆσαί σε· ὁ δὲ θεὸς τοῦ πατρός σου ἐχθὲς εἶπεν πρός με λέγων Φύλαξαι σεαυτὸν μή ποτε λαλήσῃς μετὰ Ἰακὼβ πονηρά. ³⁰νῦν οὖν πεπόρευσαι· ἐπιθυμίᾳ γὰρ 30 ἐπεθύμησας εἰς τὸν οἶκον τοῦ πατρός σου ἀπελθεῖν· καὶ ἵνα τί ἔκλεψας τοὺς θεούς μου; ³¹ἀπο- 31 κριθεὶς δὲ Ἰακὼβ εἶπεν τῷ Λαβάν Εἶπα γάρ Μή ποτε ἀφέλῃς τὰς θυγατέρας σου ἀπ᾿ ἐμοῦ καὶ πάντα τὰ ἐμά. ³²καὶ εἶπεν αὐτῷ Ἰακώβ Παρ᾿ ᾧ ἐὰν εὕρῃς τοὺς θεούς σου, οὐ ζήσεται ἐναντίον 32 τῶν ἀδελφῶν ἡμῶν· ἐπίγνωθι τί ἐστιν τῶν σῶν παρ᾿ ἐμοὶ καὶ λάβε. καὶ οὐκ ἐπέγνω παρ᾿ αὐτῷ § 𝕮ᶜ οὐθέν· οὐκ ᾔδει δὲ Ἰακὼβ ὅτι Ῥαχὴλ ἡ γυνὴ αὐτοῦ ἔκλεψεν αὐτούς. §³³εἰσελθὼν δὲ Λαβὰν ἠρεύ- 33 νησεν εἰς τὸν οἶκον Λείας, καὶ οὐχ εὗρεν· καὶ ἐξελθὼν ἐκ τοῦ οἴκου Λείας, ἠρεύνησεν εἰς τὸν οἶκον

29 ισχυι ADEF | φυλαξαι] φυλαξε A : φυλαξα E*(-αι E¹?)   31 ιακωβ—λαβαν sup ras Aᵇ
32 των 1°] τ sup ras (3) Aᵇ?   33 ηραυνησεν A(bis)F*(1°)

DEFLMa–xc₂𝕬𝕭𝕮⁽ᶜ⁾ᵐ𝕰𝕷ᶠ

c₂ | επηξεν] εστησε l | σκηνην] οδον της σκηνης qu ⟨οδον της σκευης 31.68⟩ | ορει 1°] +γαλααδ fhi ᵃ(γαδααδ) r Cyr-cod | om λαβαν 2°—ορει 2° g | λαβαν 2°] γαλααδ wᵃ? | αδελφους] οφθαλμους L | γαλααδ] pr τω L : om Cyr-cod
26 ειπεν δε] και ειπεν Er Chr | τι 1°] pr ινα n | εποιησας] pr τουτο ⟨20⟩ Chr½. fecit 𝕰 +τουτο dfhiᵃkprt𝕬𝕷 Chr½ | ινα —απηγαγες] clam ut aufugeres me et furareris a me 𝕰 | ινα] pr και n𝕷. om ⟨20⟩ Chr½ | om τι 2° | κρυβῃ απεδρας] απεδρας κρυφη bw | κρυβῃ] κρυφα DEFLMd–hı ᵇjlmoprs(txt)tv Chr κρυφα ackxc₂ φοραδην sᵐᵍ(uid) | απεδρας] αποδρας t απεδρασας n | εκλοποφορησας] εκλοποφορηκας t εκλοποφρονησας Los(txt)x. ⟨ελεηλατησας 20⟩ | με] μοι o· om 𝕷 | om ως j* | μαχαιρα] μαχαιρας n   και εκ μαχαιρας l   om L : +εις τι εκρυβης του αποδραναι και εκλεψας με ackmox(απεκρυβης)c₂(αποδραν)
27 ει] και n* : om L* | ανηγγειλας] αναγγειλας d απηγγειλας Lr | ⟨εξαπ. αν σε⟩ εξαπεστειλαν σοι 30⟩ | αν σε] σε αν L : σοι αν s. om αν f*¹ | μετ ευφροσυνης] in salute 𝕭ʷ : +και μετα τραγωδ Fᵇ | om και 2°—(28) επραξας L | om και 2° h𝕷 | om μετα ln𝕭𝕮 | τυμπανων] pr και Fᵇᵃ–dhᵇoptc₂𝕭𝕮𝕰𝕷 Or-gr Chr | ⟨κιθαρας⟩ χορων 71⟩
28 ουκ ηξιωθην] pr και ackmoquvx𝕬𝕭𝕰. ου κατηξιωθην bw | καταφιλησαι] φιλησαι bw Chr· καταφιλεω Phil-cod | τας θυγ. μου και τα παιδια mov E | om τα—και Chr | ⟨τα παιδια⟩ post μου 1° 30⟩ | om μου 2° Phil | νυν δε] και νυν c₂
29 νυν] ecce 𝕷 om c₂𝕭 Chr | ισχυσει egj | κακοποιησαι] pr του Dacdlmoptxc₂. pr και e· κακωσαι s(txt) | σε] σοι d | ⟨δε⟩ post θεος 14⟩ | του πατρος σου] patris mei 𝕰ᶠ : patrum nostrorum 𝕰ᵖ | εχθες] post ειπεν d(χθες)𝕆𝕰ᶜᶠ | χθες Eᵃ¹bcef hklmpwx· οψε Fᵇ. om n | om λεγων 𝕬-ed 𝕷 | φυλαξαι L bwxc₂ | σεαυτον] σεαυτω c*dps(txt)· om 𝕬(uid) | λαλησης] λαλησεις bchinoq : λαλησης g. facias 𝕰 | μετα ιακωβ] post πονηρα L𝕰 | μετα] ⟨κατα του 20⟩· προς Elr Chr | πονηρα] σκληρα D
30 ουν] +ουν 𝕷 | πεπορευσαι] pr εικε l : ⟨πεπορευσο 71⟩ πορευθητι f : πορευει n : ibas 𝕷 : πορευθεις πορευθητι Fᵇ decedens abis 𝕬 | επιθυμια γαρ] quia 𝕰 om egj | επιθυμιαν bkw | εις—σου Abw] post απελθειν DEFLM rell 𝕬𝕭𝕮𝕰𝕷 Chr Cyr | και Aı𝕬𝕰 | om DEFLM rell 𝕭𝕮𝕷 Chr Cyr | τι] +ουν k𝕮(uid) | τους] pr και n𝕮(uid)
31 απεκριθη bw | om δε b | ⟨ειπεν ιακωβ 14⟩ | ειπεν] pr και bw | τω] προς k | ειπα] pr οτι εφοβηθην Fᵇ(om οτι)La c(-θη)dejkopsxc₂𝕬𝕭ʷ ειπον dp οτι εφοβηθην m𝕮 | om γαρ 𝕬𝕭(uid) | αφελη Labcd(-λει)qsuc₂ Chr | σου] μου r*
32 και 1°—ημων] pr και επιγνωθι τι εστιν εμοι των σων και λαβε και ουκ επεγνω παρ αυτω ουθεν m : post ουθεν DELbdfı kprstw𝕭𝕮𝕰𝕷 | om και 1°—ιακωβ 1° Fᵇ𝕰ᶜ | και ειπεν] ειπεν δε Er𝕭 | αυτω 1° 𝕬𝕭𝕮 | om DEFLM omn 𝕬𝕰𝕷 | παρ ω] παρ ον qu. μεθ ου acoxc₂ | εαν] αν bdmpqs–w. om acoxc₂ | ευρης—σου] ευρεθωσιν οι θεοι σου bw𝕭𝕷ᵖ(uid). ευρεθωσιν Chr½ : ευρης] ευροις ⟨20⟩ Chr½ : ευρησης k : ευρησεις acmoxc₂ | ⟨om σου 79⟩ | ζησεται] uiuat 𝕷 Or-lat | εναντιον] pr et ecce 𝕰ᶜ· pr et ecce audiam te 𝕰ᶜ. ⟨ενωπιον 128⟩ : κατεναντιον D(+D) : κατεναντι ackmoxc₂ | αδελφων] οφθαλμων fıᵃʳ | ημων] υμων m eıus 𝕭𝕮 | επιγνωθι] pr et nunc 𝕰. γνωθι a : sume 𝕮-ed. +ουν bw(bis scr ουν τι)𝕬𝕷 | τι] pr ει dt𝕰𝕷 Or-lat½ Chr | om εστιν 𝕬 | των σων] post εμοι quv | om παρ εμοι 𝕮 | εμοι] εμου o | ημιν egj | και 3°—ουθεν] pr et intrauit Laban 𝕰ᶠᵖ : om Fᵇ¹𝕰ᶜ· om και 𝕷 | παρ 3°] pr τι n· om E | αυτω 2° αυτω ı*ⁿˢ. αυτον p | ουδεν Ebdfıᵃ¹knprwx | δε] γαρ ⟨76.78⟩ 𝕭¹ᵖ𝕮 𝕷 | om οτι—(33) λειας 2° dp | ραχιηλ ln | om η γυνη αυτου 𝕰 | εκλεψεν] εκρυψεν mo | om αυτους 𝕰
33 εισελθων] εισηλθεν n𝕰 | om λαβαν h | ηρευνησεν 1°—λειας 1°] εις τον οικον λειας και ηρευνησεν n𝕭(om και). om ηρευνησεν m𝕰. om εις ELbkrw𝕮𝕷 Chr | om εις τον οικον 2° b | λειας 1°] ιακωβ Dacmoxc₂𝕬𝕰. +scrutatus est domum Iacob 𝕮ᶜ | om και ουχ ευρεν 1° ace*moxc₂𝕬 | και 2°—ευρεν 𝕰] pr ※𝕬· om fln Chr | εξελθων—ηρευνησεν 2°] dixit de domum Liae et scrutauit 𝕷: om Dacmoxc₂.𝕬· om εξελθων—λειας Letv | εξελθων] εξηλθεν FMg–kqsu | om εκ—λειας 2° 𝕰 | om λειας 2° —οικον 2° 𝕮ᶜ | ηρευνησεν 2°—παιδισκων] pr και FᵃM(και ηρευν. —παιδισκων sub ※)dg–kpqsu· om F* | ηρευνησεν 2°] εισηλθεν E𝕰 | om εις 2° FᵃLMdegıjkpqruvw𝕮ᵐ𝕷 | ιακωβ] λειας D(+D)

26 ινα—εκλοποφορησας] εις τι εκρυβης του αποδραναι και εκλεψας με M
33 εις 1°—οικον 2°] εις την σκηνην του ιακωβ και εις την σκηνην Fᵇ | τω οικω] ταις σκηναις Fᵇ | εισηλθεν] pr και εξηλθεν απο της σκηνης της λιας Fᵇ | τον οικον 3°] την σκηνην Fᵇ

ΓΕΝΕΣΙΣ XXXI 41

Ἰακὼβ καὶ ἐν τῷ οἴκῳ τῶν δύο παιδισκῶν, καὶ οὐχ εὗρεν· εἰσῆλθεν δὲ καὶ εἰς τὸν οἶκον Ῥαχήλ. A
34 ³⁴Ῥαχὴλ δὲ ἔλαβεν τὰ εἴδωλα καὶ ἐνέβαλεν αὐτὰ εἰς τὰ σάγματα τῆς καμήλου καὶ ἐπεκάθισεν
35 αὐτοῖς.¶ ³⁵καὶ εἶπεν τῷ πατρὶ αὐτῆς Μὴ βαρέως φέρε, κύριε· οὐ δύναμαι ἀναστῆναι ἐνώπιόν ¶ L
σου, ὅτι τὰ κατ' ἐθισμὸν τῶν γυναικίων μού ἐστιν. ἠρεύνησεν δὲ Λαβὰν ἐν ὅλῳ τῷ οἴκῳ, καὶ οὐχ
36 εὗρεν τὰ εἴδωλα.¶ ³⁶ὠργίσθη δὲ Ἰακὼβ καὶ ἐμαχέσατο τῷ Λαβάν· ἀποκριθεὶς δὲ Ἰακὼβ εἶπεν ¶ D
37 τῷ Λαβὰν Τί τὸ ἀδίκημά μου καὶ τί τὸ ἁμάρτημά μου, ὅτι κατεδίωξας ὀπίσω μου; ³⁷καὶ ὅτι
ἠρεύνησας¶ πάντα τὰ σκεύη τοῦ οἴκου μου, τί εὗρες ἀπὸ πάντων τῶν σκευῶν τοῦ οἴκου σου; θὲς ¶ F
ὧδε ἐναντίον τῶν ἀδελφῶν σου καὶ τῶν ἀδελφῶν μου, καὶ ἐλεγξάτωσαν ἀνὰ μέσον τῶν δύο ἡμῶν.
38 §³⁸ταῦτά μοι εἴκοσι ἔτη ἐγώ εἰμι μετὰ σοῦ· τὰ πρόβατά σου καὶ αἱ αἶγές σου οὐκ ἠτεκνώθησαν· § D
39 κριοὺς τῶν προβάτων σου οὐ κατέφαγον· ³⁹θηριάλωτον οὐκ ἀνενήνοχά σοι, ἐγὼ ἀπετίννυον ἀπ'
40 ἐμαυτοῦ, κλέμματα ἡμέρας καὶ κλέμματα τῆς νυκτός ⁴⁰ἐγενόμην τῆς ἡμέρας συγκαιόμενος τῷ
41 καύσωνι καὶ παγετῷ τῆς νυκτός, καὶ ἀφίστατο ὁ ὕπνος μου ἀπὸ τῶν ὀφθαλμῶν μου. ⁴¹ταῦτά
μοι εἴκοσι ἔτη ἐγώ εἰμι ἐν τῇ οἰκίᾳ σου· ἐδούλευσά σοι δέκα καὶ τέσσερα ἔτη ἀντὶ τῶν δύο θυγα-
τέρων σου καὶ ἓξ ἔτη ἐν τοῖς προβάτοις σου, καὶ παρελογίσω¶ τὸν μισθόν μου δέκα ἀμνάσιν. ¶ D

34 επεκαθεισεν AF   35 δυναμε E*(-μαι Eᵃᵘⁱᵈ) | τα 1°] α sup ras Aᵇ? | κατ] τ sup ras Aᵇ? | ηραυνησεν F*
37 θέσω δὲ E   40 συνκαιομενος E   41 τεσσαρα E | δυο θυγα sup ras (4) Aᵇ? (om δυο A*ᵘⁱᵈ)

(D)E(FL)Ma-xc₂𝔄𝔅ℭᶜᵐ𝔈𝔏ʳ

acmoxc₂𝔄𝔈ᶜ | και 3°] +ουχ ευρεν 𝔈· + ουχ ευρε και degijk prt ℭᵐ | εν τω οικω] εις τον οικον Dacmosxc₂· domum ℭᵐ· domos 𝔏· εισηλθεν εις τον οικον e. explorauit (+et non inuenit 𝔈ᶜ) et intrauit domum 𝔈 | ⟨om δυο 16⟩ | παιδισκων] +illius 𝔏· ηρευνησεν Fᵃᵈⁱᵖᵗ | και ουχ ευρεν 2°] om 𝔈· om και mℭᶜ | εισηλθεν δε] pr και εξηλθεν εκ του οικου λειας D(+D)acmoxc₂𝔄 και εισηλθεν egj𝔅 | om και 5° Eaceg jmc₂𝔄𝔅ℭ𝔈(ᵘⁱᵈ)𝔏 | οικον 3°] post ραχηλ k. om F | ραχηλ 1
34 ραχιηλ 1 | ελαβεν] ελαβε b* | τα ειδωλα] +patris sui ℭᵐ𝔈 | ενεβαλεν αυτα] post καμηλου k | ενεβαλεν] εβαλεν fr ενεκρυψε n. abscondit 𝔏 | om αυτα ⟨14⟩ 𝔄 | τα σαγματα] τα ταγματα w* | το σαγμα Fᵇ? stratum 𝔏 | των καμηλων egj Chr | αυτοις] pr επανω f: επ αυτοις n(-ης n*) αυταις j +και διεψηλαφησεν λαβαν συν πασαν την σκηνην και ουχ ευρεν Fᵇᵃᶜᵏ moxc₂𝔄 [διεψ.] εψηλαφησε c ηρευνησεν Fᵇ | συν πασαν την συμπασαν την ackc₂ την συμπασαν m συν Fᵇ𝔄 | σκηνην] σκεπην kmx]]. +et palpauit ... 𝔖-ap-Barh
35 και ειπεν] ειπεν δε E | κυριε] +μου mc₂𝔅ℭ Chr | ου] pr οτι iᵇʳ𝔈𝔏. οτι f | δυνησομαι bw | ενωπιον] εμπροσθεν f | τα 1°] το egjlnqs(uid)uv | om m𝔏 Cyr-ed | κατ] κατα το n | εθισμων c | γυναικων Dadkpquv ℭ𝔏 Phil Chr Cyr-ed | μου] μοι abdkn-rt-x ℭ𝔏 Phil Chr Cyr-ed | μων D | ηρευνησεν δε] και ηρευνησεν D(+Dˢⁱˡ)acmoxc₂: om δε q𝔅ʷ | λαβαν] +ενωπιον αυτου bw | εν-οικω] om Fᵇ? | +αυτης Chr | +αυτου Cyr-ed. +eius 𝔏· +Rachel 𝔈 | om τα ειδωλα Chr
36 ⟨om ωργισθη—λαβαν 1° 71⟩ | οργισθεις p | om και 1° p𝔅ʷ | om τω 1° cdkm | αποκριθεις—λαβαν 2°] και αποκριθεις ειπε προς αυτον p και ειπεν αυτω dfn𝔈 Chr(om αυτω) dicens 𝔏. om 𝔈ᵐ | post ειπεν hk | ⟨λαβαν 2°⟩ +και ωργισθη επ αυτω 71⟩ | και 2°] η 𝔄𝔏 Chr | om τι 2° d𝔅 | ⟨om οτι—μου 3° 130⟩
37 om οτι E𝔄𝔅ℭ𝔈 | ηρευνησας] ηραυ... F*. ηρευνηκας E(ηραυν-)abckowxc₂ | του οικου 1°] τα εν τω οικω c om Eafᵃᵗk morxc₂𝔄ℭ𝔈𝔏 | ευρες] ευρηκας E | απο—σκευων] ex omnibus uasis tuis 𝔏 | ⟨om απο 18⟩ om παντων c𝔈 | om του οικου 2° bw𝔄 | σου 1°] +in domo mea 𝔄 | θες ωδε] nos pignore obstringamus 𝔈: om ωδε 𝔄 | εναντιον—μου 2°] coram fratribus nostris 𝔈 | ενωπιον a-dklmops(txt)twxc₂ | των 2°] pr παντων

dpt | σου 2°] μου acoxc₂𝔄 | των αδελφων 2°] pr εναντιον Eegj ℭ· om 𝔏 om των m | μου 2°] σου acoxc₂𝔄 | εξελεγξατωσαν a | ανα μεσον] pr ενωπιον 1· ενωπιον c₂ | ημων] ⟨υμων 16⟩ om n 𝔄-cod
38 ταυτα—ητεκνωθησαν] uiginti anni mihi dum custodio oues tuas et capras tuas et 𝔈 | ταυτα μοι] ecce ℭ· om f om μοι 𝔄𝔅 +ετι E*(ετη Eᶜ¹ᵃ?) | ετη] pr α o· +α dhp𝔏 | +hodie ℭ | om εγω 𝔄𝔅 | ειμι] ημην lc₂𝔄 | μετα] εν τη οικια l | om abceh*no | αιγες] βοαι E | om σου 3° 𝔄-ed | ητεκνωθησαν] generauerunt 𝔏 | κριους] agnos 𝔏 | om των f | ουκ εφαγον o
39 θηριαλωτον] θηριαλωτος q* . ⟨θηριαλωτους 74⟩ θηριοβρωτον begjw(θηροβρ- egj) | ανενηνοχα] ενενηνοχα c απενηνοχα fi εννηνοχα bdelpqruvwc₂ Chr Thdt ανηνοχα n ανηνεγκα m | ⟨σοι⟩ σε 16 σου 18⟩ | εγω απετιννυον] nec abscondi 𝔏 | εγω] +δε tℭ𝔈ᶜ | απ Aacj(mg)oc₂ | παρ DˢⁱˡEMj(txt) rell Chr Thdt | εμαυτου] εμαυτω D Thdt ⟨εγω 73⟩ | κλεμματα 1°] αρπαγματα της Thdt | ημερας και κλεμματα] om k om κλεμματα Thdt | της Aj Thdt] om DˢⁱˡEM rell Chr
40 εγενομην—νυκτος] in rore pernoctabam 𝔈(pr et 𝔈ᵖ). om ℭᵐ | εγενομην] εγινομην DEMaot𝔄𝔏· εγω ημην Thdt(om εγω½) | της ημερας] τη ημερα f. om bw Chr½ Thdt | καυσωνι Afh*¹j(mg)ns(mg)] καυματι DˢⁱˡEMiᵃ²j(txt)s(txt) rell 𝔅 Chr Thdt | και 1°] pr της ημερας bw Chr½ Thdt | παγετω της νυκτος] obrigescens noctu 𝔏 | παγετω] pr τω b-fⁱᵃᵏlpqs(txt)tuv c₂𝔅ʷ Chr Thdt παγετος DEa*hmors(mg)x τω w | εφιστατο p | om μου 1° Ea-gjkmowxc₂𝔄𝔅ℭ𝔈𝔏 Chr Thdt | απο—μου 2°] απ εμου Chr½ | απο] εκ Er om j Thdt½ | οφθαλμων] βλεφαρων m | om μου 2° Thdt½
41 ταυτα μοι] ecce ℭ· om μου 𝔄𝔅 | ετη 1°] +α doᵃp𝔏· +hodie ℭ | εν τη οικια] εν οικω εγω D | εγω] post ειμι dp. om f𝔄𝔅𝔈 Chr | ειμι] ημην lc₂𝔄. om fn𝔈𝔏 | εν 1°—σου 1°] tecum 𝔅 | και 1° AE] om DM omn Chr | ετη 2°] +seruiui tibi 𝔈 | om δυο bdpw𝔄𝔅 | ⟨θυγατερων⟩ post σου 2° 77⟩ | εξ ετη] εξεστιν d | εν τοις προβατοις] in greges ouium 𝔏 | εν 2°] επι dpt. ⟨om 128⟩ | προβασιν E | παρελογισω] aestimasti 𝔏 | τον μισθον μου] pr παντα dpt: me in mercede 𝔄 | με Chr½ | δεκα αμνασιν] των δεκα αμναδων 1ᵃ¹j(mg)r(αμνων)s(mg)𝔄(ᵘⁱᵈ)𝔅· decies 𝔈ᶜ | αμνασιν] αμνας fi*   αμναδας dp Chr½

41 και 3°—αμνασιν] σ' και ηλλαξας (-ξαν j) τον μισθον μου δεκακις jc₂ | δεκα αμνασιν] α' δεκακις αριθμον M. α' δεκα αριθμοις jc₂

ΓΕΝΕΣΙΣ

A ^{42}εἰ μὴ ὁ θεὸς τοῦ πατρός μου Ἀβραὰμ καὶ ὁ φόβος Ἰσαὰκ ἦν μοι, νῦν ἂν κενόν με ἐξαπέστειλας· 42 τὴν ταπείνωσίν μου καὶ τὸν κόπον τῶν χειρῶν μου ἴδεν ὁ θεός, καὶ ἤλεγξέν σε χθές. ^{43}ἀποκρι- 43 θεὶς δὲ Λαβὰν εἶπεν τῷ Ἰακώβ Αἱ θυγατέρες σου θυγατέρες μου, καὶ οἱ υἱοί σου υἱοί μου, καὶ τὰ κτήνη σου κτήνη μου, καὶ πάντα ὅσα σὺ ὁρᾷς ἐμά ἐστιν· καὶ ταῖς θυγατράσιν μου τί ποιήσω
§ D ταύταις σήμερον ἢ τοῖς τέκνοις §αὐτῶν οἷς ἔτεκον; ^{44}νῦν οὖν¶ δεῦρο διαθώμεθα διαθήκην ἐγὼ καὶ 44
¶ 𝕮^m σύ, καὶ ἔσται εἰς μαρτύριον ἀνὰ μέσον ἐμοῦ καὶ σοῦ. εἶπεν δὲ αὐτῷ Ἰακώβ Ἰδοὺ οὐθεὶς μεθ' ἡμῶν ἐστιν· ἴδε ὁ θεὸς μάρτυς ἀνὰ μέσον ἐμοῦ καὶ σοῦ. ^{45}λαβὼν δὲ Ἰακὼβ λίθον ἔστησεν αὐτὸν 45 στήλην. ^{46}εἶπεν δὲ Ἰακὼβ τοῖς ἀδελφοῖς αὐτοῦ Συλλέγετε λίθους. καὶ συνέλεξαν λίθους, καὶ 46 ἐποίησαν βουνόν· καὶ ἔφαγον καὶ ἔπιον ἐκεῖ ἐπὶ τοῦ βουνοῦ. $^{(48)}$καὶ εἶπεν αὐτῷ Λαβὰν (48a) Ὁ βουνὸς οὗτος μαρτυρεῖ ἀνὰ μέσον ἐμοῦ καὶ σοῦ σήμερον· ^{47}καὶ ἐκάλεσεν αὐτὸν Λαβὰν 47 Βουνὸς μάρτυς, Ἰακὼβ δὲ ἐκάλεσεν αὐτόν Βουνὸς μαρτυρεῖ. ^{48}εἶπεν δὲ Λαβὰν τῷ Ἰακώβ 48 (51) Ἰδοὺ ὁ βουνὸς οὗτος καὶ ἡ στήλη αὕτη ἣν ἔστησα ἀνὰ μέσον ἐμοῦ καὶ σοῦ· $^{(52)}$μαρτυρεῖ (52a) ὁ βουνὸς οὗτος, καὶ μαρτυρεῖ ἡ στήλη αὕτη. $^{(48)}$διὰ τοῦτο ἐκλήθη τὸ ὄνομα αὐτοῦ Βουνὸς (48b) μαρτυρεῖ, ^{49}καὶ Ἡ ὅρασις, ἣν εἶπεν Ἐφίδοι ὁ θεὸς ἀνὰ μέσον ἐμοῦ καὶ σοῦ, ὅτι ἀποστησόμεθα 49

43 θυγατρασιν] θυγατερες A   44 διαθωμεθα] θα sup ras (4 uel 5) A$^{\rm r}$ | συ] σου A* (o ras A$^{1?a?}$)
48 εμου και σου] μου και σου sup ras A$^{\rm b}$

(D)EMa-xc$_2$𝕬𝕭𝕮$^{c(m)}$𝕰𝕷$^{\rm r}$

42 ει] pr et 𝔄-ed 𝕷 | θεος 1°—ισαακ] φοβος του πατρος μου Chr ½: φοβος ισαακ του πατρος Cyr | om μου 1° p | αβρααμ] pr o θ̅ς̅ amo: pr θ̅ς̅ cxc$_2$ pr Deus 𝔄: + ην dp: + ην μετ εμου f𝔅 | και 1°—ισαακ] post μοι Ebegijkrw𝕰𝕷 | φοβος] θ̅ς̅ a$^{a?}$m | ισαακ] pr patris mei 𝕮^c · post μοι l | ην μοι] ην μετ εμου 𝔄(uid) Chr ½ om dfp𝔅 | αν] ουν dp | κενον με] pr με d: με κενον Efprs𝕷 Chr | εξαπεστειλας] απεστειλας dp. ⟨εξαπεστειλε 79⟩ | την—και 2°] om m𝕰 . ⟨om μου 25⟩ | τον κοπον] τον πονον abdejkop wxc$_2$ των πονων g | om ιδεν ο θεος E | οιδεν n | om ο 3° dp | ηλεγξεν] ηλλαξεν e | εχθες EMa1oqs-vc$_2$

43 αποκριθεις δε] και αποκριθεις cdp | ειπεν] pr et 𝕷 | τω αυτω n* | om σου 1° EMa-a^{1}ceghij(txt)lnoqrt-c$_2$𝕬𝕭𝕮𝕰𝕷 Phil Cyr-cod | θυγατερες 2° Phil-codd | om και 1°—μου 2° e𝔅$^{\rm p}$ om οι Ebgpqw Phil-cod Cyr-ed | om υιοι σου dn | σου 2°] μου p Cyr-cod: illarum 𝕷: om EMacghij(txt)loqrt-c$_2$𝕬𝕭𝕮𝕰𝕷 Phil | σου 2°] pr οι f: om Phil-cod | σου p | σου 3°] μου p Cyr-cod. om EMa-eg-jlnoqrt-c$_2$𝕬𝕭𝕮𝕰𝕷 Phil | om κτηνη 2° Edn Phil-codd | μου 3°] σου p | παντα οσα] παντων ων m | οσα] τα E. om f | συ] σοι bn. om 𝔅𝕷 | οραs] εχεις v: + ολα E | ταις θυγατρασιν A(-τερες)] των θυγατερων EM omn 𝔄(uid)𝔅(uid)𝕮𝕰𝕷 Phil Chr Cyr | τι] pr et nunc 𝔄. + ergo 𝕰 | ποιησω] ποιησει dp. + εγω fia$^{\rm r}$1$^{\rm r}$ | ταυταις] post αυτων 1° Cyr-cod filiabus meis 𝕰 | σημερον p | η] και fia$^{\rm r}$nrs𝕰 Cyr | om αυτων c | οις ετεκον] τοις τεχθεισιν Chr   om c$_2$ | οις] οι dp: + ego 𝔄

44 διαθωμεθα διαθηκην] διαθηκην διαθησωμεθα E | διαθωμεθα] διαθωμεν bn· διαθωμαι qu | om διαθηκην l | εγω] +τε Chr Cyr-cod | om και 2° lm | εσται] εστω ek Cyr-cod· sit 𝕰 | εις μαρτυριον] concordia 𝕰 | μαρτυριον Cyr | om ανα μεσον 2° bmw | εμου 2°] +τε Chr ½ | ειπεν—(45) στηλην] sub ÷ M | om ειπεν—σου 2° bm𝕰 Cyr-cod | om ειπεν—ιακωβ 𝔅 | ιακωβ A𝕷 | om D$^{\rm sil}$EM rell 𝔄𝕮 Chr Cyr-ed | om ιδου sc$_2$ | ουθεις] ουδεις D(-δις)Mac-gia^{1}jkprxc$_2$: ευθεις w: ⟨om 31⟩ | μεθ'] μεσον dp𝔄(uid) | υμων f*w*c$_2$*(uid) | om εστιν c$_2$ Chr | ιδε ο] ιδου ο D Macefgjorsv-c$_2$. ο δε dp𝔄 Chr: nisi 𝕷: om ιδε E

45 om λιθον—(46) ιακωβ w | λιθον] ⟨στηλην λιθου 71⟩: om Chr | ανεστησεν acmoxc$_2$ | αυτον] εαυτον c ⟨αυτην 71⟩· om 𝔄𝕰𝕷 Chr | στηλην] pr εις E(ει)c$_2$ | ⟨om 71⟩

46 ειπεν δε] και ειπεν n𝕷 | ιακωβ] λαβαν 𝕷 Cyr-cod   om ln𝔄 | συλλεγετε] συλλεξατε n· συναγαγετε dpv | λιθους 1°] +συν τον σωρον τουτον k | om και συνελεξαν λιθους t | συνε-

λεξαν] συνηγαγον dp | om λιθους 2° ⟨107⟩ 𝕷 | om και εποιησαν βουνον 𝕰$^{\rm fp}$ | εποιησεν t Chr | και επιον] post βουνου b(ειπον)w : om D$^{\rm sil}$h1*l-oqsuv𝕰^{c}𝕷 Chr Cyr | om εκει Edglpv𝔅𝕰 Chr | του βουνου] τον βουνον dfpt   +και εκαλεσεν αυτον λαβαν σωρευμα μαρτυριας και ιακωβ εκαλεσεν αυτον σωρος μαρτυς acmox𝔄[αυτον bis] αυτο m   αυτω x | σωρος] βουνος mx | +και εκαλεσεν αυτω λαβαν βουνος της μαρτυριας ιακωβ δε εκαλεσεν αυτο βουνος μαρτυς f | και ειπεν αυτω] ειπεν δε b | μαρτυρει] μαρτυς c. μαρτυς ο σου qu | σημερον] pr και l   om Chr

47 και—μαρτυρει] sub ※ M · om f | και εκαλ] εκαλ. δε Er | αυτον 1°] post λαβαν k: αυτω w   nomen etus 𝔅   om Cyr-cod | βουνος 1°] pr σωρευμα M   pr o egj𝔅   βουνον E𝕷 | μαρτυς A] μαρτυριας EMdhlmpt Cyr ⟨μαρτυριου 107⟩: της μαρτυριας D$^{\rm sil}$ rell: testimonii 𝔄𝕭𝕮𝕰𝕷 | om ιακωβ—μαρτυρει mo | ιακωβ δε εκαλεσεν] et uocauit Iacob 𝕷 | ιακωβ δε] pr και egj · και ιακωβ n* · ο δε ιακωβ bw. om δε a | αυτον 2°] αυτο c: το ονομα αυτου E | βουνος μαρτυρει] congeriem testimonii 𝕷   sicut is 𝕰 | μαρτυρει A] μαρτυρας 1*: μαρτυς D$^{\rm sil}$EM1a^1 rell 𝔄𝕭𝕮𝕾-ap-Barh Cyr

48 ειπεν—μαρτυρει 3°] sub — Mv | λαβαν τω ιακωβ] αυτω τω ιακωβ λαβαν g | ιδου] ⟨ιδε 84⟩. om al 𝔄-ed | om ο 1°—και 1° 𝕰$^{\rm fp}$ | om και 1°—αυτη 1° 𝕰^c | η στηλη 1°] lapis 𝕷 | αυτη 1°] ⟨αυτου 128⟩   om D$^{\rm sil}$EMbdeghjnpqrt-w | ην εστησα] ην εστησας Eacdf1m-pstvxc$_2$𝕮𝕷(+in signo)   om l   +σημερον b: +testis 𝕰 | om ανα μεσον—στηλη 2° b | om μαρτυρει 1°—(49) σου p | om μαρτυρει—αυτη 2° 𝕰 | μαρτυρει 1°] μαρτυρησει m𝕷: testimonium erit uobis Hil | 2°—αυτη 2° nf | om ο βουνος ουτος m · om ουτος 𝕰 | και 3°] ⟨post μαρτυρει 2° 108⟩. om ⟨14 16 18.73⟩ 𝔄 | μαρτυρει 2°] μαρτυς egjn(uid): testimonium erit Hil: om l | ⟨στηλη 2°⟩ +ην εστησα 108⟩ | ⟨om δια—μαρτυρει 3° 107⟩ | εκληθη—αυτου] nominauerunt eum 𝔅 | εκληθη] uocauerunt 𝕷 | αυτου βουνος] monticuli 𝔄 | αυτου] του τοπου bw   του τοπου εκεινου E𝕷   om D$^{\rm sil}$Machkmoquvc$_2$ | μαρτυρει 3°] μαρτυριας lm𝔅$^{\rm lp}$𝕰𝕷: μαρτυριου E · μαρτυριον d𝔄: qui testatur 𝔅$^{\rm w}$ testis 𝕮

49 και 1°] pr et dixit ei Laban 𝕰^c | η ορασις] uisionem 𝕰$^{\rm cp}$ om η E | ειπεν] ειδεν Eborw𝕷 · ειδες acx · ιδον Df1𝕮𝕰: +ο θ̅ς̅ dktc$_2$ | εφιδοι Afh*1n] επειδη b· επιδοι D$^{\rm sil}$EMh$^{\rm b}$ rell | ⟨om o 16⟩ | om απο g Chr | om τον b | ετερου] +αυτον f

ΓΕΝΕΣΙΣ   XXXII 5

50 ἕτερος ἀπὸ τοῦ ἑτέρου. ⁵⁰εἰ ταπεινώσεις τὰς θυγατέρας μου, εἰ λήμψῃ γυναῖκας ἐπὶ ταῖς A
52 b θυγατράσιν μου, ὅρα, οὐθεὶς μεθ' ἡμῶν ἐστίν. ⁵²ἐάν τε γὰρ ἐγὼ μὴ διαβῶ πρὸς σέ, μηδὲ σὺ
53 διαβῇς πρὸς μὲ τὸν βουνὸν τοῦτον καὶ τὴν στήλην ταύτην ἐπὶ κακίᾳ   ⁵³ὁ θεὸς Ἀβραὰμ καὶ
54 ὁ θεὸς Ναχὼρ κρινεῖ ἀνὰ μέσον §ἡμῶν.   §⁵⁴καὶ ὤμοσεν Ἰακὼβ κατὰ τοῦ φόβου τοῦ πατρὸς § 𝔖 § G
αὐτοῦ Ἰσαάκ.   ⁽⁵⁴⁾καὶ ἔθυσεν Ἰακὼβ θυσίαν ἐν τῷ ὄρει· καὶ ἐκάλεσεν τοὺς ἀδελφοὺς αὐτοῦ,
(XXXII) (1) 55 καὶ ἔφαγον καὶ ἔπιον, καὶ ἐκοιμήθησαν ἐν τῷ ὄρει   ⁵⁵ἀναστὰς δὲ Λαβὰν τὸ πρωὶ κατε-
φίλησεν τοὺς υἱοὺς αὐτοῦ καὶ τὰς θυγατέρας αὐτοῦ, καὶ εὐλόγησεν αὐτούς· καὶ ἀποστραφεὶς
XXXII (2) 1 Λαβὰν ἀπῆλθεν εἰς τὸν τόπον αὐτοῦ.   ¹Καὶ Ἰακὼβ ἀπῆλθεν εἰς τὴν ἑαυτοῦ ὁδόν·
§καὶ ἀναβλέψας τοῖς ὀφθαλμοῖς ἴδεν παρεμβολὴν θεοῦ παρεμβεβληκυῖαν, καὶ συνήντησαν § d₂
(3) 2 αὐτῷ οἱ ἄγγελοι τοῦ θεοῦ   ²εἶπεν δὲ Ἰακώβ, ἡνίκα ἴδεν αὐτούς, Παρεμβολὴ θεοῦ αὕτη· καὶ
ἐκάλεσεν τὸ ὄνομα τοῦ τόπου ἐκείνου Παρεμβολαί
(4) 3   ³Ἀπέστειλεν δὲ Ἰακὼβ ἀγγέλους πρὸς Ἡσαῦ τὸν ἀδελφὸν αὐτοῦ εἰς γῆν Σηεὶρ εἰς χώραν
(5) 4 Ἐδώμ, ⁴καὶ ἐνετείλατο αὐτοῖς λέγων Οὕτως ἐρεῖτε τῷ κυρίῳ μου Ἡσαῦ Οὕτως λέγει ὁ παῖς
(6) 5 σου Ἰακὼβ Μετὰ Λαβὰν παρῴκησα καὶ ἐχρόνισα ἕως τοῦ νῦν· ⁵καὶ ἐγένοντο μοι βόες καὶ
ὄνοι καὶ πρόβατα καὶ †παῖδες† καὶ παιδίσκαι· καὶ ἀπέστειλα ἀναγγεῖλαι τῷ κυρίῳ μου Ἡσαῦ,

55 ηυλογησεν E   XXXII 2 ειδεν D^{sil}
4 ουτως 2°] ουτω A*(s supraser A¹)   5 παιδες] βοες A

DE(G)Ma–xc₂(d₂)𝔄𝔅ℭ𝔈𝔏ʳ(𝔖)

50 ταπεινωσεις] ταπεινωσης kqu · (ταπεινωσαις 20) αδι-
κησεις M(mg) | ει 2°] pr aut 𝔏 η hlℭ και] | λημψη] λαβης
Ee–jlnpqs–vw*(uid) λαβοις DMbdrwᵃ Chr | γυναικας] γυναικα
lmoq–v𝔈 +alias 𝔏 | επι] προς Chr | ταις θυγατρασιν] τας
θυγατερας 1* | ταις] τας dnp | ουδεις EMdf₁aⁱlprx | εστιν]
+ ορων θς μαρτυς μεταξυ εμου και μεταξυ σου ackmoxc₂𝔄𝔅ʷ
[[ορων] pr o m | om c₂ | θς] pr ※ 𝔄 pr o o | om μεταξυ 2°
c*m𝔅ʷ | σου] + μαρτυς ο σωρος ουτος c]] + ο ορων θς μαρτυς .
Chr

52 εαν τε γαρ] pr και ειπεν λαβαν τω ιακωβ ιδου ο σωρος
ουτος και ιδου η στηλη ην εστησα μεταξυ εμου και μεταξυ σου
μαρτυς ο σωρος ουτος και μαρτυς η στηλη ackmoxc₂𝔄𝔅ʷ [[om ιδου
2° m𝔅ʷ | την–στηλη 2°] haec testatur 𝔅ʷ | εστησα] εστησας
cc₂ statuimus 𝔄 ερυθησα kmx(-ροιξ-) | εμου] σου km | σου]
εμου km | om ουτος 2°𝔄(uid) | στηλη 2°] +αυτη km]] pr και
Chr quod 𝔄 | τε γαρ]
γαρ τε d ergo 𝔏 om γαρ t*𝔅 | εγω μη διαβω] διαβω εγω η
om εγω c₂𝔈𝔏 | μη] (pr ει 18) om 𝔈ᶜ | προς σε] προς σου bb
aceruum 𝔄 +τον σωρον τουτον ac₂ +συν τον σωρον τουτον
cox +εν τω σορω τουτω m | μηδε]μητε qu uel 𝔏 · et si 𝔈ᶜ
om διαβης 𝔏 | om προς με (25) 𝔄 | εμε m | τον–ταυτην] con-
geries haec et hic lapis quem statuisti 𝔏 | om τουτον 𝔄(uid) |
om ταυτην dp (κακω 20)

53 και–ναχωρ] post κρινει 𝔏 | om ο θεος 2° d | νααχωρ k |
κρινει] (κρινη 108). κρινοι (20) Chr κριναι D^{sil}Edpqrsux iudicet
𝔈 | ημων] +θς πρς αυτων a(pr o)ckc₂𝔖 +θς πρων αυτων mx𝔄
+θς πρς ημων o ... αυτων G(sub ※ uid)

54 φοβου] θεου aᵇ | του 2°–ισαακ] post του ras (5)] ισαακ
του πρς αυτου w𝔅𝔈 ισαακ του πρς μου b | ισακ G | και εθυσεν]
εθυσεν δε Er | ιακωβ 1] post θυσιαν dp om bw Chr | θυσιαν]
post ορει 1° l | εν 1°] επι dp𝔅 | (ορει 1°] +εν ειρηνη 107) |
εκαλεσεν] επεκαλεσε] +ιακωβ l | αυτου 2°] φαγειν αρτον f
+φαγειν αρτον DM(mg)ims +του φαγειν αρτον Gackoxc₂·
edere panem 𝔄𝔖 | εφαγον] +αρτον G(sub ※)acmosxc₂𝔖 |
επιον] +οινον s | ορει 2°] +εν ειρηνη dp

55 το] τω acfhijoqc₂ Chr | τους–αυτου 2°] filias suas et
filios suos 𝔈 · filias suas et filios earum 𝔏 | om τους–και 1°
𝔄-cod | om αυτου 1° Ebdpw | (και αποστραφεις] αποστραφεις
δε 77) | αποστραφεις λαβαν απηλθεν] απηλθεν αποστραφεις
λαβαν Gacmoxc₂𝔄𝔖 απεστραφη λαβαν bw (επεστραφη λαβαν
108) απεστραφη p | τοπον] οικον 𝔅ˡᵖ Chr | αυτου 3°] εαυτου
Gaoc₂ τον εαυτου s

XXXII 1 και ιακωβ] ιακωβ δε dℭ ο δε ιακ f | απηλθεν]
ανηλθεν c₂ rediit 𝔈ᶜᶠ om nEᵖ | om εις bw𝔄 | την–οδον] την
οδον εαυτου D^{sil}(D^{uid})aos (την αυτου οδον 79) την οδον αυτου
EGbcdlmpwx𝔄 om εαυτου nEᵖ τον οικον εαυτου c₂ℭ-cod
και 2°–παρεμβεβληκυιαν] sub – 𝔖 | και αναβλεψας] αναβλεψας
δε ιακωβ f₁aⁱℭ +ιακωβ eghjkmtd₂𝔏 Or-lat Cyr | τοις οφθαλ-
μοις A] +αυτου ιακωβ nE +αυτου Ef₁aⁱr om D^{sil}GM1* rell
𝔄𝔅𝔏𝔖 Or-lat Chr Cyr | ιδεν] pr ιδου αυτος k | παρεμβ θεου]
bis scr ρ om θεου Cyr-ed | παρεμβεβληκυιαν] quae uenerat
super eum ℭ | om οι dfmp

2 ηνικα ιδεν αυτους] om n Chr om αυτους 𝔈 | παρεμβολη]
παρεμβολαι d | αυτη] αυται d | εκαλεσεν] +ιακωβ dp | εκεινου]
sub – G(uid). om Df Cyr | παρεμβολαι] παρεμβολη 1*msv
Chr½(-ην)𝔏𝔖

3 αγγελους A𝔈] pr εμπροσθεν αυτου Chr εμπροσθεν bw
+εμπροσθεν αυτου D^{sil}EGM rell 𝔄𝔅ℭ𝔏𝔖 Cyr (om αδελφον
31) | εις γην] εις την gm εν γη G*(uid) εν τη Gᵇᵗ | σηειρ]
σηιρ t σηηρ g(σειηρ gᵃⁱ) σιειρ de σιηρ fl σηρ n σκειρ m |
om εις 2° fm

4 αυτοις] (αυτους 79) αυτω t om Chr | (om μου 79) |
ουτως 2°] ουτος ch. ταδε p om nr | λεγει] dixit 𝔏 | εχρονισα]
+ibi 𝔏

5 om και 1° f | εγενοντο] εγινοντο E (εγενετον 18) | βοες–
προβατα] asini et cameli et boues 𝔈(+et oues 𝔈ᶜ) | και 2°–προ-
βατα] και προβ. και ονοι f₁𝔄𝔅ˡᵖ | om και ονοι ℭ | om και
προβατα n | om και 4° 𝔄 | αναγγειλαι] απαγγειλαι bcfhimrw
(post ησαυ bw) αγγειλαι Cyr-ed· om Chr | (om μου 79) |
ησαυ] sub – G(uid)𝔖 . om Chr | ινα–σου 2°] ut inueniam

52 σε] α' ※ συν τον σωρον τουτον M

SEPT.   89   12

A ἵνα εὕρῃ ὁ παῖς σου χάριν ἐναντίον σου. §[6]καὶ ἀνέστρεψαν οἱ ἄγγελοι πρὸς Ἰακὼβ λέγοντες 6 (7)
§ L Ἤλθομεν πρὸς τὸν ἀδελφόν σου Ἠσαύ, καὶ ἔρχεται εἰς συνάντησίν σοι, καὶ τετρακόσιοι
ἄνδρες μετ' αὐτοῦ. [7]ἐφοβεῖτο δὲ Ἰακὼβ σφόδρα, καὶ ἠπορεῖτο· καὶ διεῖλεν τὸν λαὸν τὸν 7 (8)
μετ' αὐτοῦ καὶ τοὺς βόας καὶ τὰ πρόβατα εἰς δύο παρεμβολάς. [8]καὶ εἶπεν Ἰακώβ Ἐὰν ἔλθῃ 8 (9)
Ἠσαὺ εἰς παρεμβολὴν μίαν καὶ ἐκκόψῃ αὐτήν, ἔσται ἡ παρεμβολὴ ἡ δευτέρα εἰς τὸ σῴζεσθαι.
[9]εἶπεν δὲ Ἰακώβ Ὁ θεὸς τοῦ πατρός μου Ἀβραὰμ καὶ ὁ θεὸς τοῦ πατρός μου Ἰσαάκ, Κύριε 9 (10)
ὁ εἴπας μοι Ἀπότρεχε εἰς τὴν γῆν τῆς γενέσεώς σου, καὶ εὖ σε ποιήσω· [10]ἱκανοῦσαί μοι ἀπὸ 10 (11)
πάσης δικαιοσύνης καὶ ἀπὸ πάσης ἀληθείας ἧς ἐποίησας τῷ παιδί σου· ἐν γὰρ τῇ ῥάβδῳ
¶ d_2 μου διέβην τὸν Ἰορδάνην τοῦτον,¶ νῦν δὲ γέγονα εἰς δύο παρεμβολάς. [11]ἐξελοῦ με ἐκ χειρὸς 11 (12)
τοῦ ἀδελφοῦ μου Ἠσαύ· ὅτι φοβοῦμαι ἐγὼ αὐτόν, μή ποτε ἐλθὼν πατάξῃ με καὶ μητέρα ἐπὶ
¶ 𝔖 τέκνοις.¶ [12]σὺ δὲ εἶπας Καλῶς εὖ σε ποιήσω, καὶ θήσω τὸ σπέρμα σου ὡς τὴν ἄμμον τῆς 12 (13)
θαλάσσης, ἣ οὐκ ἀριθμηθήσεται ἀπὸ τοῦ πλήθους. [13]καὶ ἐκοιμήθη ἐκεῖ τὴν νύκτα ἐκείνην. 13 (14)
καὶ ἔλαβεν ὧν ἔφερεν δῶρα καὶ ἐξαπέστειλεν Ἠσαὺ τῷ ἀδελφῷ αὐτοῦ, [14]αἶγας διακοσίας, 14 (15)
τράγους εἴκοσι, πρόβατα διακόσια, κριοὺς εἴκοσι, [15]καμήλους θηλαζούσας καὶ τὰ παιδία αὐτῶν 15 (16)

11 με 1°] μαι A*D*E 12 ευ] θυ *D* 14 διακοσια] α 2° sup ras A^1

*D*EG(L)Ma–xc_2(d_2)𝔄𝔅$ℭ^c$𝔈$𝔏^r$(𝔖)

gratiam ante te ego seruus tuus 𝔈 om ευρη f* | χαριν ο παις σου Ed_2 | χαριν] post σου 2° Chr | σου 2°] + κε dp

6 και ανεστρεψαν AD^{sil}Mflnqu] και απεστρεψαν Lbdegıȷpv wd_2 Cyr και επεστρεψαν st και υπεστρεψαν Gachkmoxc_2 απεστρεψαν δε Er | προς ιακωβ λεγοντες] λεγ προς ιακ. m *dixerunt ad Iacob* 𝔏 | προς 1°] περι f | ηλθομεν] απηλθομεν Chr *fuimus* 𝔏 | τον αδελφον σου] post ησαυ dpvd_2𝔄𝔅𝔈𝔏 | om ησαυ Chr | ερχεται] pr ιδου αυτος ELMbd–h$ı^{a?}$ȷlpqrtuw𝔅ℭ 𝔏 Cyr $\frac{1}{2}$ pr ιδου D^{sil}k𝔈 | εις συναντησιν] post σοι Cyr $\frac{1}{2}$ | σοι] σου E*(σοι E^b)Mb$c^{a?}$d–gı–npruxc_2d_2𝔖 Chr om Cyr-ed $\frac{1}{2}$

7 εφοβειτο A𝔏] εφοβηθη D^{sil}EGLM omn 𝔄𝔅𝔈𝔖 Chr Cyr | om δε L* | om σφοδρα 𝔄 Chr | και ηπορειτο] και διηπορειτο w Chr om l | επιδιειλεν L | ⟨τον 1°—αυτου] λαον αυτου 16⟩ | om τον 2° f | μετ αυτου] μεθ εαυτου D^{sil}Legȷqu Cyr (αυτου D^{sil} qu) | και τους βοας] pr και τους καμηλους k · post προβατα Gacmoxc_2𝔅𝔈𝔏𝔖 + και τας καμηλους egȷ | τους] τας r | εις δυο] pr και τας καμηλους EGM(mg)acmov(mg)xc_2𝔄$𝔈^c$𝔖[[sub ※ Gv^{mg} | τους Gox]] παρεμβολας] *partes* 𝔏

8 και ειπεν] ειπεν δε ELr | ιακωβ] sub ÷ G om m Chr | ελθη] εισελθη f om l | om ησαυ Chr | παρεμβολην μιαν] μιαν παρεμβ. Er *unam partem* 𝔏 *prima castra* 𝔄 | εκκοψη] εγκοψη E εκκοψει c κοψη td_2 Chr-ed · κοψει dnp κομψη b *abstulerit* 𝔏 | εσται] pr και Gackmoptx$c_2d_2^{a?}$𝔖 | η παρεμβ η δευτ] *pars alia* 𝔏 | om η 2° o | om εις το s

9 om totum comma L | ειπεν δε] και ειπεν d_2 | om ο θεος 1° ı* | του πατρος μου 1°] *patrum meorum Deus* $𝔈^{cf}$ + *et Deus* $𝔈^p$ | αβρααμ—ισαακ] ⟨om 77⟩ om αβρααμ—μου egȷ om και—ισαακ $𝔈^p$ om και u𝔏 om ο—μου d om του πατρος μου $𝔈^{cf}$ | ισακ G | κυριε] κς Gt Cyr-cod και c και κς μου f ο θς *D*EMı*ms συ ο θεος Chr om dp$𝔈^c$ + ο θς μου g$ı^{a?}$r + ο θς eȷkqu ℭ | ο ειπας] ο ειπων bcdfh^bık–np$w^{a?}$xc_2d_2 Chr Cyr om ο egȷ | ⟨om μοι 31⟩ | αποτρεχε] ανατρεχε E αποστρεφε f *reuertere* 𝔅𝔏 | σε ποιησω] ποιησω σε Cyr-cod. *faciam tibi* 𝔄 | σε] σοι bdfı*ln

10 om totum comma L | ικανουσαι μοι απο] *non sum dignus* 𝔄 | ικανουσαι μοι] ⟨ικανος ειμι 31 83⟩ *benefaciat igitur mihi et* 𝔈 | ικανουσαι AGh*$ı^{a?}$qrtuv] ικανουται *D*EMk𝔖 Cyr-cod · ικανουσται o ικανωσον m ικανουσθω h^bi* rell Chr Cyr-ed *satis est* 𝔏 | om και—αληθειας ı* | om απο πασης 2° 𝔄𝔈 Chr | ης] ην E · ⟨και 14 16 77 130⟩ + αν c | εποιησας] + *mihi* 𝔏 | εν γαρ] οτι εν Chr $\frac{1}{2}$ | μου] om 𝔏 + ταυτη dfh–lnpstc_2d_2 Chr $\frac{2}{4}$ Cyr-ed Thdt + ταυτην bw + ras (7) x | διεβην] διεβη ft διηλθον Chr $\frac{1}{4}$ παρηλθον Thdt ⟨επερασα 20⟩ | τουτον] τουτο m om lnsc_2d_2𝔅 Chr $\frac{2}{4}$ Cyr-ed | νυν δε] *et ecce* 𝔏 *et nunc ecce* 𝔄 και ιδου νυν Chr | νυνι D^{sil}Mb–h$ı^b$ȷlnp–w

11 om totum comma L | εξελου με] pr και dp 𝔄-codd pr συ νυν Chr $\frac{1}{8}$ pr *et nunc* 𝔄-ed + κυριε 𝔏 Chr $\frac{1}{8}$ Cyr $\frac{1}{2}$ T-A | του—ησαυ] ησαυ του αδελφου μου s $𝔈^{cf}$ Chr $\frac{2}{8}$ T-A · ησαυ εκ χειρος του αδ. μου Chr $\frac{1}{8}$ | ησαυ] pr εκ χειρος Gabcloptwxc_2𝔅ℭ 𝔖 om m Chr $\frac{1}{8}$ | οτι] pr λεγων Chr $\frac{1}{8}$ pr ιν egȷ ⟨ινα τι 73⟩. om c | εγω] post αυτον bw om Ath Chr $\frac{1}{8}$ Cyr $\frac{1}{2}$ | om ελθων Chr $\frac{1}{4}$ | παταξει npqu | με 2°] + *patrem super filios* 𝔏 | και] sub — G(uid) om 𝔄 | μητερα AG*bsvwx𝔄𝔈𝔏𝔖 Cyr-ed] πρα m πρας g(uid) μητερας *D*E$G^{b?}$M rell 𝔅ℭ(uid) Cyr-cod · ⟨πρα και μρα 71* πρας και μρας $71^{a?}$⟩ | επι] εν ı*

12 om totum comma L | δε] + μοι f$ı^{a?}$r | ειπας] + *mihi* 𝔅𝔈𝔏 | καλως] post ποιησω E om bmsw𝔄𝔅ℭ𝔈𝔏 Chr | ευ σε ποιησω] ου σιωπισω c om ευ Cyr-ed | σε] σοι 𝔈fı*n𝔄 | θησω] εσται n | το σπερμα σου] *hunc* $𝔈^{fp}$ | θαλασσης] γης o | η] και Cyr-ed | ουκ αριθμηθησεται] *numerari non potest* 𝔏 | αριθμηθ] αριθμησεται b*c εξαριθμηθησεται Chr $\frac{1}{2}$ Thdt(uid) αναριθμησεται E | απο] υπο Chr-ed | om του d | πληθους] + αυτης ⟨128⟩ 𝔅ℭ

13 εκει] + ιακωβ L | ⟨τη νυκτι εκεινη 107⟩ | εκεινην] ταυτην l | om και 2° l | ων—δωρα] pr εξ fl δωρα αφ ων εφερεν $ı^{a?}$r *dona quae ferebat* 𝔈 | εφερεν] *ferebant* 𝔏 · + εν χειρι αυτου G(sub ※)acmo(εν τη χ)quxc_2𝔄 | και εξαπεστειλεν] sub — G post ησαυ m και απεστειλεν l: om L$ı^{a?}$r𝔈𝔏 | ησαυ] post τω s | om τω αδελφω αυτου $𝔈^p$

14 διακοσιας] διακοσιους lt | τραγους] pr και ln𝔈 · + σ' c_2* | εικοσι] ι' n | προβ διακ.] pr και mn𝔈 om E | κριους εικοσι] pr και ln𝔈 om c_2

15 θηλαζουσας—αυτων] *cum pullis* 𝔈(+ *earum*)𝔏 *foetas cum pullis* 𝔄 | αυτων] αυτου o* | om βοας τεσσερακοντα bp |

XXXII 7 ηπορειτο] α' θλιβωδες αυτω M(sine nom)v : α' *uexatio fuit ei* 𝔖
9 κυριε—μοι] α' σ' κε ο ειπων προς με jv

ΓΕΝΕΣΙΣ   XXXII 24

(17) 16 τριάκοντα, βόας τεσσεράκοντα, ταύρους δέκα, ὄνους εἴκοσι, πώλους δέκα. ¹⁶καὶ ἔδωκεν διὰ A
χειρὸς τοῖς παισὶν αὐτοῦ, ποίμνιον κατὰ μόνας. εἶπεν δὲ τοῖς παισὶν αὐτοῦ Προπορεύεσθε
(18) 17 ἔμπροσθέν μου, καὶ διάστημα ποιεῖτε ἀνὰ μέσον ποίμνης καὶ ποίμνης. ¹⁷καὶ ἐνετείλατο τῷ
πρώτῳ λέγων Ἐάν σοι συναντήσῃ Ἠσαῦ ὁ ἀδελφός μου καὶ ἐρωτᾷ σε λέγων Τίνος εἶ; καὶ
(19) 18 ποῦ πορεύῃ; καὶ τίνος ταῦτα τὰ προπορευόμενά σου; ¹⁸καὶ ἐρεῖς Τοῦ παιδός σου Ἰακώβ·
(20) 19 δῶρα ἀπέσταλκεν τῷ κυρίῳ μου Ἠσαύ,¶ καὶ ἰδοὺ αὐτὸς ὀπίσω ἡμῶν. ¹⁹καὶ ἐνετείλατο τῷ ¶ L
πρώτῳ καὶ τῷ δευτέρῳ καὶ τῷ τρίτῳ καὶ πᾶσι τοῖς προπορευομένοις ὀπίσω τῶν ποιμνίων
(21) 20 τούτων λέγων Κατὰ τὸ ῥῆμα τοῦτο λαλήσατε τῷ †Ἠσαῦ† ἐν τῷ εὑρεῖν ὑμᾶς αὐτόν, ²⁰καὶ ἐρεῖτε
Ἰδοὺ ὁ παῖς σου Ἰακὼβ παραγίνεται ὀπίσω ἡμῶν. εἶπεν γάρ Ἐξιλάσομαι τὸ πρόσωπον
αὐτοῦ ἐν τοῖς δώροις τοῖς προπορευομένοις αὐτοῦ, καὶ μετὰ τοῦτο ὄψομαι τὸ πρόσωπον
(22) 21 αὐτοῦ· ἴσως γὰρ προσδέξεται τὸ πρόσωπόν μου ²¹καὶ προεπορεύοντο τὰ δῶρα κατὰ πρόσ-
(23) 22 ωπον αὐτοῦ· αὐτὸς δὲ ἐκοιμήθη τὴν νύκτα ἐκείνην ἐν τῇ παρεμβολῇ.   §²²Ἀναστὰς §L
δὲ τὴν νύκτα ἐκείνην ἔλαβεν τὰς δύο γυναῖκας καὶ τὰς δύο παιδίσκας καὶ τὰ ἕνδεκα παιδία
(24) 23 αὐτοῦ, καὶ διέβη τὴν διάβασιν τοῦ Ἰαβόκ. ²³καὶ ἔλαβεν αὐτοὺς καὶ διέβη τὸν χειμάρρουν,
(25) 24 καὶ διεβίβασεν πάντα τὰ αὐτοῦ. ²⁴ὑπελείφθη δὲ Ἰακὼβ μόνος, καὶ ἐπάλαιεν μετ᾽ αὐτοῦ

A ἄνθρωπος ἕως πρωί. 25ἴδεν δὲ ὅτι οὐ δύναται πρὸς αὐτόν, καὶ ἥψατο τοῦ πλάτους τοῦ 25 (26)
μηροῦ αὐτοῦ, καὶ ἐνάρκησεν τὸ πλάτος τοῦ μηροῦ Ἰακὼβ ἐν τῷ παλαίειν αὐτὸν μετ' αὐτοῦ·
26καὶ εἶπεν αὐτῷ Ἀπόστειλόν με· ἀνέβη γὰρ ὁ ὄρθρος. ὁ δὲ εἶπεν Οὐ μή σε ἀποστείλω, ἐὰν 26 (27)
μή εὐλογήσῃς με. 27εἶπεν δὲ αὐτῷ Τί τὸ ὄνομά σού ἐστιν; ὁ δὲ εἶπεν Ἰακώβ. 28καὶ εἶπεν 27 28 (28) (29)
αὐτῷ Οὐ κληθήσεται ἔτι τὸ ὄνομά σου Ἰακώβ, ἀλλὰ Ἰσραὴλ τὸ ὄνομά σου ἔσται· ὅτι ἐνί-
σχυσας μετὰ θεοῦ, καὶ μετὰ ἀνθρώπων δυνατός. 29ἠρώτησεν δὲ Ἰακὼβ καὶ εἶπεν Ἀνάγγειλόν 29 (30)
μοι τὸ ὄνομά σου. καὶ εἶπεν Ἵνα τί σὺ ἐρωτᾷς τὸ ὄνομά μου; καὶ ηὐλόγησεν αὐτὸν ἐκεῖ.
30καὶ ἐκάλεσεν Ἰακὼβ τὸ ὄνομα τοῦ τόπου ἐκείνου Εἶδος θεοῦ· ἴδον γὰρ θεὸν πρόσωπον 30 (31)
πρὸς πρόσωπον, καὶ ἐσώθη μου ἡ ψυχή. 31ἀνέτειλεν δὲ αὐτῷ ὁ ἥλιος ἡνίκα παρῆλθεν τὸ 31 (32)
Εἶδος τοῦ θεοῦ· αὐτὸς δὲ ἐπέσκαζεν τῷ μηρῷ αὐτοῦ. 32ἕνεκεν γὰρ τούτου οὐ μὴ φάγωσιν οἱ 32 (33)
υἱοὶ Ἰσραὴλ τὸ νεῦρον ὃ ἐνάρκησεν, ὅ ἐστιν ἐπὶ τοῦ πλάτους τοῦ μηροῦ Ἰακώβ, ἕως τῆς
¶ L ¶ *D* ἡμέρας ταύτης· ὅτι ἥψατο τοῦ πλάτους τοῦ μηροῦ Ἰακὼβ¶ τοῦ νεύρου, καὶ ἐνάρκησεν.¶
1Ἀναβλέψας δὲ Ἰακὼβ ἴδεν, καὶ ἰδοὺ Ἠσαὺ ὁ ἀδελφὸς αὐτοῦ ἐρχόμενος, αὐτὸς καὶ τετρα- 1 XXXIII

25 ειδε D^{sil} 28 αλλ E 29 ευ[λογησεν] D 30 και 1°] αι sup ras 4 litt A^a | ειδον D^{sil}
32 μηρου 1°—(xxxiii 1) μετ αυτου] in mg et sup ras (exc litt ρου ιακ 2°) A^a XXXIII 1 ειδεν E

(*D*)EG(L)Ma–xc_2𝔄𝔅$ℭ^c$𝔈$𝔏^r$

ανος μετ αυτου EGLM rell 𝔄𝔏 Just-ed Or-gr$\frac{1}{2}$ Eus$\frac{1}{2}$ Chr Cyr$\frac{5}{8}$ cod$\frac{1}{8}$ Nov: *angelus cum Iacob* Spec | om εως πρωι Chr | εως] μεχρι Clem

25 ιδεν] ειπεν tc_2* | δε] +φησιν e | του 1°—ιακωβ] *neruum interdictum* 𝔈 | του πλατους] το πλατος gnp ⟨om 128⟩ | του 1°] τουτου w | om αυτου 1°—μηρου 2° G Nov | το πλατος] pr *neruus super* 𝔅 | ιακωβ] pr αυτου g. pr του L αυτου l | αυτου 2°] αυτον bt

26 και ειπεν] ειπε δε ⟨84⟩ Cyr$\frac{1}{3}$ | om αυτω ⟨84⟩ $𝔅^w$ | αποστειλον] εξαποστειλον Cyr-codd$\frac{1}{8}$ απολυσον Chr Cyr$\frac{1}{8}$ ed$\frac{1}{8}$ | ⟨με 1°] μοι 79⟩ | om ο 1° Gi*k𝔅 | ο δε ειπεν] και ειπεν E *et Iacob dixit* 𝔏 Spec. *et dixit ei* 𝔈 +*ei* $𝔅^{lp}$ | σε αποστειλω] αποστειλω σε f𝔄 σε απολυσω n Chr Cyr$\frac{1}{7}$ σε ανω Cyr$\frac{3}{7}$ | ευλογησῃς με A𝔄 Chr$\frac{1}{2}$] με ευλογησῃς D^{sil}EGLM omn 𝔏 Just Or-gr Ath Eus Chr$\frac{1}{2}$ Cyr Nov Spec

27 ειπεν δε] *et is dixit* 𝔄 *et dixit* Nov | om αυτω egjm Nov | om τι—(28) αυτω f | το ονομα σου] post εστιν Nov *tibi nomen* 𝔏 | om το Gabcoswxc_2 Eus$\frac{1}{2}$ | σοι GMbkov–c_2 Eus$\frac{1}{2}$ | om εστιν GLbkwxℭ𝔈 Or-gr Eus | ο δε ειπεν] ειπεν δε b *et dixit ei* 𝔈 +*ei* 𝔄

28 om και ειπεν αυτω n | και ειπεν] ειπεν δε GLa–dkmortw xc_2𝔏 Just Or-gr Eus Spec ο δε ειπεν p | αυτω] sup ras $j^{a?}$ om q tuℭ-ed | ου—ιακωβ] ουκετι ιακωβ κληθ το ον. σου Gackmoc_2 Or-lat Eus$\frac{2}{10}$ | ου—σου 1°] ουκετι κληθ το ον σου x𝔄 Eus$\frac{7}{10}$ Thdt om ετι EL$𝔅^w$(uid)ℭ𝔏 Phil Just Eus$\frac{1}{10}$ Spec ου κληθ. σοι το ον. απο του νυν f ου κληθησει n | αλλα] αλλ η *D*LMcdejquv Cyr-ed$\frac{1}{2}$ om n | ισραηλ] pr εις Eus-cod$\frac{1}{10}$ | το 2°—εσται A] εσται σου το ον. EG(sub ∸)aegkoqsuℭ(uid) Phil Cyr-cod$\frac{1}{2}$ εσται ετι το ον. σου l· om Lm Or-lat om το ον σου c_2 εσται το ον σου D(+D^{sil})M rell 𝔄𝔈𝔏 Just Or-gr Eus Chr Cyr$\frac{1}{2}$ ed$\frac{1}{2}$ Thdt Nov Spec | om οτι—δυνατος b | ενισχυσας] ενισχυσε c ισχυσας Phil$\frac{1}{2}$ ed$\frac{1}{2}$· ησκησας Phil-cod$\frac{1}{2}$ | θεου] pr του Egow Just Eus$\frac{1}{10}$ codd$\frac{1}{10}$ Cyr-ed$\frac{1}{3}$ | μετα ανθρωπων] μετα ανου m *inter homines* 𝔏 | δυνατος] pr εσῃ a^bs Thdt$\frac{1}{2}$. δυνατως Phil-cod$\frac{1}{2}$ om 𝔈 +εσῃ D^{sil}Edeflmop Just Eus$\frac{1}{8}$ Chr$\frac{2}{3}$ Thdt$\frac{1}{2}$ +*esto* 𝔄 +ει n𝔅 Phil-cod$\frac{1}{2}$ Chr$\frac{1}{3}$ Nov +*factus es* 𝔏 Or-lat +*factus eris* Spec

29 om ηρωτ. δε ιακωβ 𝔈 | ηρωτ δε] επηρωτ. δε αυτον Cyr$\frac{1}{3}$ +αυτον Lerℭ𝔏 Vulg | και ειπεν 1°] *dicens* ℭ-cod om ℭ-ed · +*Iacob* $𝔈^c$ | απαγγειλον Meghjqu Cyr$\frac{1}{4}$ | μοι] με l* | το ονομα 1°] pr τι Efilrw Clem om το Cyr-ed$\frac{1}{4}$ | σου] ⟨om 18⟩: +οτι ενισχυσας G*(sub —) +*quia inualui* ℭ +εστι l | και 2°] ο δε 𝔏 Phil Spec | ειπεν 2°] +*ei* $𝔅^w$ℭ𝔈 | ινα τι] τι τουτο Thdt$\frac{1}{2}$ +τουτο D^{sil}EGLMa–eghi*jkn–qs–wxc_2𝔏 Phil Just Clem Or-gr Eus Cyr$\frac{2}{4}$ | συ] post ερωτας EMbcegi*jlqt–w Cyr$\frac{2}{4}$: *tibi* 𝔈 om DGLadkmoxc_2𝔄ℭ𝔏 Phil Just Clem Or-gr Eus Chr Cyr$\frac{1}{4}$ Thdt Spec +τουτο $fi^{a?}$r Cyr$\frac{1}{4}$ | μου] +και αυτο εστιν θαυμαστον Lcdfpxℭ[[και αυτο] *id quod* ℭ-ed]]𝔏 Cyr$\frac{1}{4}$ Thdt$\frac{1}{3}$ Spec +και τουτο εστιν θαυμαστον $h^{a?}$km Thdt$\frac{2}{3}$ +*quia mirabile est* $𝔈^c$ | και ηυλ] ευλογησε δε ℭ-cod Cyr$\frac{1}{5}$ | om εκει Chr

30 εκαλεσεν ιακωβ] αναστας ιακωβ εκαλεσεν Eus$\frac{1}{5}$ | ιακωβ] post εκεινου Eus$\frac{1}{5}$ om Lbw Eus$\frac{1}{5}$ Chr$\frac{1}{2}$ Thdt | εκεινου] εκει j om Eus$\frac{1}{5}$ | ειδος θεου] pr *Phanuel* 𝔄-cod θυ ειδος b +ειπων Eus$\frac{2}{5}$ +λεγων Eus$\frac{1}{5}$ | ⟨θεον—προσωπον 2°] θεου προσωπον 79⟩ | θεον] pr τον bw θυ egi^a Cyr$\frac{1}{10}$ *Dnm* 𝔏 om d | om προς προσωπον eg Cyr$\frac{1}{10}$ | εσωθη] εσωθεν m εχαρη Just$\frac{1}{2}$ | μου η ψυχη] η ψυχη μου Gbcfmox Just Eus$\frac{2}{4}$ Cyr-ed$\frac{1}{9}$ cod$\frac{1}{9}$ *anima mea* 𝔄𝔏 Or-lat Nov +*et facies mea* 𝔈

31 om δε 1° mℭ | αυτω] post ηλιος Phil Ath$\frac{1}{2}$ om nqu𝔈 Or-gr Cyr$\frac{1}{8}$ | om ο dm Phil-codd Eus$\frac{1}{3}$ Cyr-ed$\frac{1}{8}$ | παρηλθεν] +αυτον Cyr$\frac{1}{9}$ | επεσκαζεν] επεσκιαζεν e*(uid) | om αυτου l𝔄 Cyr$\frac{1}{3}$

32 ενεκεν γαρ τουτου] *et propter hoc* 𝔈 | γαρ A] om D^{sil}EGLM omn 𝔄𝔅ℭ𝔏 Chr | τουτου] +ras (3) i | φαγωσιν] φαγονται *D* | om οι elquw Chr | ισραηλ] ⟨pr του 14⟩ ησαυ E post νευρον l | εναρκησεν 1°] +*ei* 𝔏 | om ο εστιν $𝔅^w$ | του πλατους 1°] το πλατος bcehuw | ιακωβ 1° A] αυτου L𝔈𝔏· om D^{sil}EGM omn 𝔄𝔅ℭ Chr | om εως—μηρου 2° E | ημερας ταυτης] σημερον ημερας hr𝔏 om ταυτης G* | του 3°—εναρκησεν 2°] *neruum interdictum Iacob is neruus interdictus* 𝔈 | του πλατους 2°] post μηρου 2° k om n +του νευρου egj | ιακωβ 2°] pr ο $gj^{a?}$· αυτου l | om του νευρου egj𝔄𝔅𝔏 Chr | και] pr ο Chr ο amostvc_2ℭ𝔏 ου bcdfi^aprw. ⟨ου και 83⟩ | εναρκησεν 2°] *obstupefecit neruum eius* 𝔄 +*neruus super illum* 𝔅· +*ei* 𝔏

XXXIII **1** ιακωβ 1°] +τοις οφθαλμοις αυτου G(sub ※)Mac ef(om αυτου)gjmosxc_2𝔄$𝔈^c$ | και ιδου] ο δε s +ras (3) v· +ωδε d ⟨+δε 30⟩ | ο αδελφος αυτου] sub ÷ G | ερχομενος] om Chr:

25 εναρκησεν—μηρου] α' ενεπαγη ταρσος μηρου αυτου c_2 29 ινα τι] δια ποιαν αιτιαν Mj
30 ειδος θεου] α' προσωπον ισχυρου σ' φανουηλ Mjc_2 31 επεσκαζεν] επεχωλευεν επεκλινετο τω ποδι M. ενεκλινετο j
XXXIII 1 αναβλ.—αυτου 2°] σ' επαρας δε ιακωβ τους οφθαλμους αυτου ειδεν φανεντα ησαυ ερχομενον και μετ αυτου υ'

ΓΕΝΕΣΙΣ XXXIII 11

κόσιοι ἄνδρες μετ' αὐτοῦ· καὶ ἐπιδιεῖλεν Ἰακὼβ τὰ παιδία ἐπὶ Λείαν καὶ ἐπὶ Ῥαχὴλ καὶ τὰς A
2 δύο παιδίσκας· ²καὶ ἐποίησεν τὰς δύο παιδίσκας καὶ τοὺς υἱοὺς αὐτῶν ἐν πρώτοις, καὶ Λείαν καὶ
3 τὰ παιδία αὐτῆς ὀπίσω, καὶ Ῥαχὴλ καὶ Ἰωσὴφ ἐσχάτους ³αὐτὸς δὲ παρῆλθεν ἔμπροσθεν αὐτῶν·
4 καὶ προσεκύνησεν ἐπὶ τὴν γῆν ἑπτάκις ἕως τοῦ ἐγγίσαι τοῦ ἀδελφοῦ αὐτοῦ. ⁴καὶ προσέδραμεν
Ἠσαῦ εἰς συνάντησιν αὐτῷ, καὶ περιλαβὼν αὐτὸν ἐφίλησεν καὶ προσέπεσεν ἐπὶ τὸν τράχηλον
5 αὐτοῦ· καὶ ἔκλαυσαν ἀμφότεροι. ⁵καὶ ἀναβλέψας ἴδεν τὰς γυναῖκας καὶ τὰ παιδία, καὶ εἶπεν
6 Τί ταῦτά σοί ἐστιν; ὁ δὲ εἶπεν Τὰ παιδία οἷς ἠλέησεν ὁ θεὸς τὸν παῖδά σου. ⁶καὶ προσήγγισαν
7 αἱ παιδίσκαι καὶ τὰ παιδία αὐτῶν, καὶ προσεκύνησαν· ⁷καὶ προσήγγισεν Λεία καὶ τὰ τέκνα
αὐτῆς, καὶ προσεκύνησαν· καὶ μετὰ ταῦτα προσήγγισεν Ῥαχὴλ καὶ Ἰωσήφ, καὶ προσεκύνησαν.
8 §⁸καὶ εἶπεν Τί ταῦτά σοί ἐστιν, πᾶσαι αἱ παρεμβολαὶ αὗται αἷς ἀπήντηκα; ὁ δὲ εἶπεν Ἵνα εὕρῃ § D
9 ὁ παῖς σου χάριν ἐν ὀφθαλμοῖς σου, κύριε. ⁹εἶπεν δὲ Ἠσαῦ Ἔστιν μοι πολλά, ἀδελφέ· ἔστω
10 σοι τὰ σά. ¹⁰εἶπεν δὲ Ἰακὼβ Εἰ εὕρηκα χάριν ἐναντίον σου, δέξαι τὰ δῶρα διὰ τῶν ἐμῶν
χειρῶν· ἕνεκεν τούτου ἴδον τὸ πρόσωπόν σου ὡς ἄν τις ἴδοι πρόσωπον θεοῦ, καὶ εὐδοκήσεις με·
11 ¹¹λάβε τὰς εὐλογίας μου ἃς ἤνεγκά σοι, ὅτι ἠλέησέν με ὁ θεὸς καὶ ἔστιν μοι πάντα. καὶ ἐβιά-

6 προσηγγεισαν A   7 προσηγγεισεν A (bis)   10 ειδον D | ειδοι D(+D) | ευδοκησις AE

(D)EGMa–xc₂𝕬𝕭ℭᶜ𝕰𝕷ʳ

+εις συναντησιν αυτου iᵃr | αυτος A] om EGM omn 𝕬𝕭ℭ𝕰𝕷 Chr | τετρακοσιοι—αυτου 2°] pr οι E μετ αυτου τετρ ανδ Gacmxc₂ μετ αυτου ανδ τετρ k𝕬 om μετ αυτου ο | διειλεν Chr | ιακωβ 2°] pr ο g sub — G | om επι 2° Gackmno*xc₂ ℭ𝕷 Chr | ραχιηλ dln | τας] pr επι Mhlstv𝕬(uid)𝕭𝕰𝕷 Chr

2 και 1°—παιδισκας] om fgkmntw𝕰ᶠᵖ𝕷   om και e | εποιησεν] εθετο dpℭ Chr | υιους] pr δυο E υιων ef | αυτων] αυτου dp om Ef +εθετο b | εν πρωτοις] εμπροσθεν m | και 4°] om αυτης d | οπισω] εμπροσθεν m εν πρωτοις Chr-codd | και ραχηλ] ραχηλ δε bw | ραχηλ ln | ιωσηφ] pr τον c Chr | εσχατους] εσχατοις m· εν εσχατοις ⟨20⟩ Chr-ed

3 αυτος] Iacob 𝕰ᵖ | παρηλθεν AA(uid)] προσηλθεν r(uid)s om l   προηλθεν EGM rell 𝕷 Chr ⟨ηλθεν 14 16 77 130⟩ | ⟨επτακις⟩ +αυτον προσκυνησαι ως ενωπιον θῡ 14⟩ | εγγισαι] ηγγικε Chr. om του bw +αυτον kl +Esau ℭ | του αδελφου] τω αδελφω Ma–egh(του h*)j–nptvwc₂ Chr τον αδελφον f

4 προσεδραμεν] προεδραμεν 1ᵃ¹r𝕰 συνεδραμεν egj | om εις συναντησιν αυτω ℭ-cod | αυτω] αυτου dilmnpc₂ Chr fratri suo 𝕷 | και περιλαβων αυτον] και περιελαβεν αυτον G om 𝕭 | περιλαβων—επι] amplexus est 𝕰   om αυτον b Chr½ | εφιλησεν] sub ÷ G· κατεφιλησε f. +αυτον ln𝕭ℭ +ras (4 uel 5) c | προσεπεσεν] επεσεν bw. ⟨επεπεσεν 32 +επεσαν 20⟩ | προσεπεσεν ο | επι] εις g | αυτου] +και κατεφιλησεν αυτον GM(mg)acı*k moqsuv(mg)xc₂𝕬𝕰ᶜ ⟨+και εφιλησεν αυτον 20⟩

5 και αναβλεψας] αναβλ. δε r ℭ-ed αναβλ δε ησαν Chr +ησαν bow ℭ-codℭᶜ | om και ειπεν—παιδια 2° gw | ταυτα σοι εστιν] sunt isti 𝕷 | ο δε] και bdnpv(mg) | τα παιδια 2°] liberi mei sunt 𝕬𝕭𝕰 | οις] pr ε ους Phil-codd · a p in quibus 𝕷 | ηλεησεν] ηλεησαν c ηθελησεν c₂ ελαησεν ⟨ευλογησεν 71⟩:   +με b | ο θεος] με c | τον παιδα] τον δουλον Phil-cod των δουλων Phil-codd

6 ⟨om τα 18⟩ | παιδια A𝕷] τεκνα EGM omn (sup ras 6 litt x) Chr | και προσεκυνησαν] om ℭ-cod +et 𝕬𝕰ᵖ

7 om και 1°—προσεκυνησαν 1° n | και 1°] +μετα ταυτα

gu* | προσηγγισεν 1°] προσηγγισαν m*ο ηγγισε bw | τεκνα παιδια c | προσεκυνησαν 1°] se prostrauit 𝕰(+et 𝕰ᵖ) · +et 𝕬 | ⟨om μετα ταυτα 16.25⟩ | ταυτα] ταυτη fℭ τουτο bdkmnpwx 𝕷· ⟨τουτους 71⟩ | προσηγγισεν 2°] προσηγγισαν m | ιωσηφ και ραχηλ Gacmorsxc₂ 𝕬-ed | ραχιηλ ln | om και ιωσηφ 𝕰 | προσεκυνησαν 2°] προσεκυνησεν o𝕰(+et 𝕰ᵖ) adorauerunt eum 𝕷 +et 𝕬

8 ειπεν 1°] +et 𝕭𝕰 +ησαν f1ᵃr +et Esau ℭ-cod | om ταυτα 𝕭ℭ | σοι] post εστιν m. om w𝕬ℭ | εστιν] εσται g* | πασαι αι παρεμβολαι] omnia in comitatu 𝕷 | om πασαι ⟨31 83⟩ 𝕰ᵖ | ⟨αι παρεμβ⟩ | post αυταις 31.83⟩ | αυται] ταυτα m om Dᵘⁱᵈ (contra Dˢⁱˡ)Ebk*quc₂𝕬𝕭𝕰ᵖ𝕷 | om αις απηντηκα 𝕰ᶠᵖ | αις] as bfkpw a m | απηντηκα] απηντησα DGackmotxc₂· υπηντησα l | ο δε ειπεν] et dixit Iacob 𝕷 et dixit Iacob Esau Quod feci tibi domine 𝕰 | ινα—σου 1°] pr quae misi tibi ℭ ut inueniam 𝕰 | ο παις σου] post χαριν Gacdkm–pxc₂ om o l | om χαριν l | εν οφθαλμοις σου A] ενωπιον σου D(+D)egv εναντιον σου EGM rell Chr· ante te 𝕬𝕭ℭ𝕰𝕷 | om κυριε 𝕬𝕰 Chr

9 εστιν] εσται f | αδελφε] domine 𝕭ᵖ | τα σα] ταυτα g*

10 ειπεν δε] +αυτω D(+D)s𝕰 | ιακωβ] +μη δη G(sub ※) acxc₂𝕬 | ευρηκα] ευρον Ga–dkm–prsv(txt)wxc₂ | ενωπιον dmn p | τα δωρα] +ταυτα efgj𝕭ℭ haec munera Or-lat | δια] εκ Chr· ⟨om 30 71⟩ | εμων χειρων] χερων μου ⟨20⟩ Chr | ενεκεν τουτου] quia sic 𝕬 | ενεκεν] ενακα f(uid) | τουτου] τουτων l του g o𝕷 Or-lat +ου nc₂* ⟨+η 107⟩ | ιδον] pr οτι dp bis scr g | το προσωπον] post σου 2° Chr⅓ +ras (6 uel 7) x | αν] δαν uᵃ¹ ει dnpv Chr⅓ | ιδοι] ιδη lop Chr⅓ ειδη d ιδι t | ευδοκησεις με] glorietur 𝕷 | ευδοκησεις] pr ει m𝕰 ευδοκησης k ευδοκησις iln ευδοκησας f ευλογησεις bquwc₂

11 λαβε] pr και νυν s pr et 𝕬 ελαβε τοινυν f +και w | μου] σου gbl· has 𝕭 om Eafg* Chr +ταυτας c | ηνεγκα] ενηνοχα dlnptv(txt) Chr | με] μοι b | εστιν] εσται c | μοι] +δι αυτου Chr-ed | παντα] πολλα ns +ταυτα l | παρεβιασατο ⟨32⟩ Chr

ανδρες θ' αναβλεψας δε ιακωβ τοις οφθαλμοις αυτου ειδεν και ιδου ησαυ ερχομενος και μετ αυτου ν' ανδρες v | αναβλ—ερχομενος] σ' επαρας δε ιακωβ τους οφθαλμους αυτου ειδε φανεντα ησαυ ερχομενον j | αναβλ.—και 1°] α' και ηρεν ιακωβ οφθαλμους αυτου και ειδεν και v | αναβλ—ιακωβ 1°] α' ηρεν ιακωβ οφθαλμους j

4 το και κατεφιλησεν αυτον οπερ εστιν εβραιστι ονεσσακη εν παντι εβραικω βιβλιω περιεστικται v

5 οις ηλεησεν] α' α εχαρισατο σ' α εδωρησατο Mj(uid)v

10 και ευδοκησεις με] α' ο' θ' και ευδοκησεις με v

93

XXXIII 11 ΓΕΝΕΣΙΣ

Α σατο αὐτόν, καὶ ἔλαβεν. ¹²καὶ εἶπεν Ἀπάραντες πορευθῶμεν ἐπ' εὐθεῖαν. ¹³εἶπεν δὲ αὐτῷ Ὁ κύριός μου γινώσκει ὅτι τὰ παιδία ἁπαλώτερα, καὶ τὰ πρόβατα καὶ αἱ βόες λοχεύονται ἐπ' ἐμέ· ἐὰν οὖν καταδιώξω αὐτοὺς ἡμέραν μίαν, ἀποθανοῦνται πάντα τὰ κτήνη. ¹⁴προελθάτω ὁ κύριός μου ἔμπροσθεν τοῦ παιδός· ἐγὼ δὲ ἐνισχύσω ἐν τῇ ὁδῷ κατὰ σχολὴν τῆς πορεύσεως τῆς ἐναντίον μου καὶ κατὰ πόδα τῶν παιδαρίων, ἕως τοῦ με ἐλθεῖν πρὸς τὸν κύριόν μου εἰς Σηείρ. ¹⁵εἶπεν δὲ ¶L· Ἡσαὺ Καταλείψω μετὰ σοῦ ἀπὸ¶ τοῦ λαοῦ τοῦ μετ' ἐμοῦ. ὁ δὲ εἶπεν Ἵνα τί τοῦτο; ἱκανὸν ὅτι εὗρον χάριν ἐναντίον σου, κύριε ¹⁶ἀπέστρεψεν δὲ Ἡσαὺ ἐν τῇ ἡμέρᾳ ἐκείνῃ εἰς τὴν ὁδὸν αὐτοῦ εἰς Σηείρ. ¹⁷καὶ Ἰακὼβ ἀπαίρει εἰς Σκηνάς· καὶ ἐποίησεν αὑτῷ ἐκεῖ οἰκίας, καὶ τοῖς κτήνεσιν αὐτοῦ ἐποίησεν σκηνάς· διὰ τοῦτο ἐκάλεσεν τὸ ὄνομα τοῦ τόπου ἐκείνου Σκηναί. ¹⁸Καὶ ἦλθεν Ἰακὼβ εἰς Σαλὴμ πόλιν Σικίμων, ἥ ἐστιν ἐν γῇ Χανάαν, ὅτε ἦλθεν ἐκ τῆς Μεσοποταμίας Συρίας· καὶ παρενέβαλεν κατὰ πρόσωπον τῆς πόλεως. ¹⁹καὶ ἐκτήσατο τὴν μερίδα τοῦ ἀγροῦ, οὗ ἔστησεν ἐκεῖ τὴν σκηνὴν αὐτοῦ, παρὰ Ἐμμὼρ πατρὸς Συχὲμ ἑκατὸν ἀμνῶν· ²⁰καὶ ἔστησεν ἐκεῖ θυσιαστήριον καὶ ἐπεκαλέσατο τὸν θεὸν Ἰσραήλ.

¹Ἐξῆλθεν δὲ Δεῖνα ἡ θυγάτηρ Λείας, ἣν ἔτεκεν τῷ Ἰακώβ, καταμαθεῖν τὰς θυγατέρας τῶν ¶M ἐνχωρίων. ²καὶ ἴδεν αὐτὴν Συχὲμ ὁ υἱὸς Ἐμμὼρ ὁ Χορραῖος, ὁ ἄρχων¶ τῆς γῆς· καὶ λαβὼν XXXIV

---

14 προσελθατω A*(σ ras Aᵃ?)   15 [κα]ταλιψω D   17 εκαλεν D
XXXIV 1 καταμαθιν A | ενχωριων DˢⁱˡE   2 ειδεν Dˢⁱˡ

DEG(M)a–xc₂𝔄𝔅𝔆ᶜ𝔈(𝔏ʳ)

12 ειπεν] +ησαν f1ᵃor ℭ-cod𝔈𝔏 ⟨+αυτοις 71⟩ | απαραντες m | πορευθωμεν ADblrw] πορευσωμεθα Mfgjkmnpqsuc₂ Chr πορευσομεθα EGadehiotvx. +και πορευσομαι G(sub ※)ax· +και πορευομενοι m +et abeamus 𝔄 | επ] εις D(contra Dˢⁱˡ)bsw | ευθειαν] ευθειας df1ᵃnprc₂ ευθησαν m
13 αυτω] Iacob 𝔏 om 𝔅ʷ· +ιακωβ fo𝔅ˡᵖ𝔈 | ο κυριος μου] post γινωσκει 𝔏 | γινωσκεις ⟨16 77.128⟩ 𝔈 Chr½ | τα παιδια] post απαλωτερα bw𝔈 +μου f1ᵃ?kr𝔆 | αι] οι bfmprvw Chr½ | λοχευονται] χωλευονται dfqu(χολ- df) κυουσιν n faetum dederunt 𝔏 | επ εμε] επ εμοι n παρ εμοι egj. om 𝔄 Chr½ | ουν] αν m και αν 𝔄𝔏 Chr½ | om ουν 30⟩ | καταδιωξω] praecessero 𝔏 | αυτους] αυτας egj αυτα Madhᵇkm-qtuvxc₂ Chr½ ed½ | ημεραν μιαν] pr εις dnpt εν ημερα μια Chr½ ⟨σημερον 30⟩ +η δυο Mdfikpr𝔆𝔈 | αποθανουνται] +[εν] τη οδω D | παντα τα κτηνη] om n Chr½ om παντα 𝔈ᵖ
14 προελθατω Aᵃ?E] pr sed 𝔄 προσελθατω A*(-θατω)Gm qsuwx παρελθατω h*. παρελθετω hᵇ?: προελθετω DˢⁱˡM rell | μου 1°] του παιδος m om Gaxaᵗc₂ | του παιδος AGMh*qtu] om m. +σου DEegijlrs𝔅ʷ +αυτου hᵇ rell 𝔄𝔅𝔆𝔈𝔏 Chr | ενισχυσω—παιδαριων] secundum uim et secundum otium itineris ante me et secundum conualescentiam liberorum meorum progrediar 𝔄 | ⟨ενισχυσω εαν ισχυσω 78⟩ | κατα 1°—μου 2°] leuiter iter faciens in conspectu meo 𝔏 | πορευσεως] εκπορευσεως d. +κατε n*: +μου f1ᵃʳ | om της 2° c | μου 2°] σου lm | και—παιδαριων] et pede in pede cum pueris eo 𝔏 om dp | ποδας fkms Chr | παιδαριων] +μου f1ᵃⁿ𝔆 +σου bw | του 2°] οτου b om p | με ελθειν] ελθειν με DˢⁱˡEf1ᵃqru-x Chr om με adnp ελθω b | προς] εις mc₂ | om τον n | σηειρ] σιειρ degjn. σηιρ l σηιρ t σηηρ o*: ιειρ f
15 δε 1°] αυτω n +αυτω dp𝔆𝔈 | καταλειψω] +δη k𝔄(uid) +ergo 𝔏 | μετα σου] tibi uiros 𝔆 om 𝔈 | απο του λαου] a populo meo 𝔅ʷ | ⟨του λαου του] των ανδρων των 71⟩ | του μετ

εμου] μου w | ⟨εμου] εμε 14 16⟩ | ικανον] αρκετον c₂. +μοι s𝔅ʷ ℭ +nobis 𝔅ˡᵖ | ευρον] ευρηκα Ef1ᵃrs· ⟨ευρω 84⟩
16 ⟨υπεστρεψεν 32⟩ | ησαυ] post εκεινη Gacmoxc₂𝔄 | om εν c₂ | om εκεινη 𝔅ˡᵖ | om την c | σηειρ] σιειρ d–gjn σηιρ l. σηιρ t
17 και ιακωβ] ιακωβ δε r𝔆𝔈(uid) | σκηνας 1°] σοκοτ pᵇ? αυτω εκει] εκει εαυτω mr | αυτω] εαυτω DˢⁱˡEGMabdfikn–qstux Chr Cyr om c | εκει] post οικιας n· om Degjo𝔅𝔆-ed Chr Cyr-ed | ⟨om οικιας—σκηνας 2° 30⟩ | οικιας] σκηνας v Chr | αυτου] εαυτου Cyr | om εποιησεν σκηνας o𝔈 Chr | εποιησεν 2°] εποιησαν 1* om 𝔅 | σκηνας 2°] οικιας v(mg)· stationes 𝔄 | εκαλεσεν] ωνομασεν c₂𝔅 | το—εκεινου] τον τοπον 𝔈 Chr | εκεινου] sub ÷ G | σκηναι] σκηνας m𝔄
18 και ηλθεν] ηλθεν δε f1ᵃr𝔆 | ηλθεν 1°] εισηλθεν c | εις σαλημ πολιν] in alteram ciuitatem Anonˣ | σαλημ] σαλειμ dmn ⟨σαλειμ 107⟩ | πολιν] pr την E pr εις dp𝔈 | σικιμων] σικιμω c₂*(uid) σικιμων dfn Chr-ed σηκιμων q Chr-codd Cyr-ed | κισιμων m | om εν m | γη] τη 1* | χαναναν] +γη 1* | ηλθεν 2°] παρηλθεν Cyr-ed | om της 1° dhlnpt ⟨συριας] pr της dhlnpt ⟨om 71⟩ | παρενεβαλεν] παρενεβαλλεν f(παρεβαλλεν f*): παρενεβαλον v παρεβαλε lnaᵗ παρελαβεν n*r· induxit Anonˣ peruenit 𝔈
19 εστησεν] εκτησεν c εστιν n | om την 2° a | αυτου] εαυτου Gakx om cegj | εμμωρ] εμμορ 1m. εμορ gn𝔆 Chr εμμορον c₂ | πατρος] pr του hmtc₂ Chr pr νιων k filii ℭ-cod | om εκατον αμνων 25⟩ | αμνων] αμναδων Gkx
20 εστησεν] ωκοδομησεν f1ᵃrs𝔄ℭ | θυσιαστηριον] +Deo Anonˣ | επεκαλεσατο] ανεκαλεσατο m· +εκει ⟨76.84⟩ ℭ(uid)𝔈 | θεον] pr κν̄ h | ισραηλ] pr του t Chr⅔

XXXIV 1 εξηλθεν—ιακωβ] bis scr c₂ | om δεινα b | om τω gj | καταμαθειν] ιδειν ⟨20⟩ 𝔅𝔆𝔈 Chr
2 om ο 1° b Cyr-cod | εμμωρ] εμμορ m: εμωρ n𝔆 Chr. εμμων baᵗ(εμων b*) | χορραιος] χοορραιος M· χωρραιος h.

---

12 απαρ—ευθειαν] α' απαρωμεν και πορευθωμεν ινα συνοδευσω σοι M | πορευθ. επ ευθειαν] σ' και πορευθωμεν ινα συνοδευσω σοι πορευσομαι εις κατεναντιον σου j
13 λοχευονται] α' τικτουσι M · σ' κυουσι Mjv
17 εις σκηνας] σ' εις σοκχωθ M | σκηνας 1°] σ' σοκχθω v
XXXIV 2 ο χορραιος] α' σ' ο ευαιος Mvc₂ | εκοιμηθη] το εβραιον εστιν ουεσχαβ v

ΓΕΝΕΣΙΣ XXXIV 13

3 αὐτὴν ἐκοιμήθη μετ' αὐτῆς,¶ καὶ ἐταπείνωσεν αὐτήν. ³καὶ προσέσχεν τῇ ψυχῇ Δείνας τῆς A
θυγατρὸς Ἰακώβ, καὶ ἠγάπησεν τὴν παρθένον, καὶ ἐλάλησεν κατὰ τὴν διάνοιαν τῆς παρθένου ¶ k
4 αὐτῇ. ⁴εἶπεν δὲ Συχὲμ πρὸς Ἐμμὼρ τὸν πατέρα αὐτοῦ λέγων Λάβε μοι τὴν παιδίσκην ταύτην
5 εἰς γυναῖκα. ⁵Ἰακὼβ δὲ ἤκουσεν ὅτι ἐμίανεν ὁ υἱὸς Ἐμμὼρ Δείναν τὴν θυγατέρα αὐτοῦ· οἱ δὲ
υἱοὶ αὐτοῦ ἦσαν μετὰ τῶν κτηνῶν αὐτοῦ ἐν τῷ πεδίῳ· παρεσιώπησεν δὲ Ἰακὼβ ἕως τοῦ ἐλθεῖν
6 αὐτούς. ⁶ἐξῆλθεν δὲ Ἐμμὼρ ὁ πατὴρ Συχὲμ πρὸς Ἰακὼβ λαλῆσαι αὐτῷ. ⁷οἱ δὲ υἱοὶ Ἰακὼβ
7 ἦλθον ἐκ τοῦ πεδίου· ὡς δὲ ἤκουσαν, κατενύχθησαν οἱ ἄνδρες, καὶ λυπηρὸν ἦν αὐτοῖς σφόδρα, ὅτι
ἄσχημον ἐποίησεν Συχὲμ ἐν Ἰσραήλ, κοιμηθεὶς μετὰ τῆς θυγατρὸς Ἰακώβ· καὶ οὐχ οὕτως ἔσται.
8 ⁸καὶ ἐλάλησεν αὐτοῖς Ἐμμὼρ λέγων Συχὲμ ὁ υἱός μου προείλατο τῇ ψυχῇ τὴν θυγατέρα ὑμῶν·
9 δότε οὖν αὐτὴν αὐτῷ γυναῖκα. ⁹ἐπιγαμβρεύσατε ἡμῖν· τὰς θυγατέρας ὑμῶν δότε ἡμῖν, καὶ τὰς
10 θυγατέρας ἡμῶν λάβετε τοῖς υἱοῖς ὑμῶν. ¹⁰καὶ ἐν ἡμῖν κατοικεῖτε, καὶ ἰδοὺ ἡ γῆ πλατεῖα
11 ἐναντίον ὑμῶν· κατοικεῖτε καὶ ἐμπορεύεσθε ἐπ' αὐτῆς καὶ ἐνκτᾶσθε ἐν αὐτῇ. ¹¹εἶπεν δὲ Συχὲμ
πρὸς τὸν πατέρα αὐτῆς καὶ πρὸς τοὺς ἀδελφοὺς αὐτῆς Εὕροιμι χάριν ἐναντίον ὑμῶν, καὶ ὃ ἐὰν
12 εἴπητε ἡμῖν δώσομεν. ¹²πληθύνατε τὴν φερνὴν σφόδρα, καὶ δώσω καθότι ἂν εἴπητέ μοι, καὶ
13 δώσετέ μοι τὴν παῖδα ταύτην εἰς γυναῖκα. ¹³ἀπεκρίθησαν δὲ οἱ υἱοὶ Ἰακὼβ τῷ Συχὲμ καὶ

---

5 παιδιω AE*(πεδ E^b)   7 παιδιου AE*(πεδ. E^a)
10 πλατια E | εμπορευεσθαι A | ενκτασθε] εκτασθαι A*(ν suprascr A^1) : εγκτασθε D^sil(D^uid)
12 ειπηται A | δωσεται A

DEGa-j(k)l-xc₂𝕬𝕭𝕮^c𝕰

χοραιος c₂ (χραιος c₂*^uid) χωραιος c₂(mg) χορρες m χετταιος dlnp ευαιος 𝕰^c Cyr-ed | αρχων] αρ M | λαβων αυτην] ελαβεν αυτην και u | αυτης] +και ετεκεν qu ⟨εταπεινωσεν) εμιανεν 32⟩
3 ⟨προσεσχεν⟩ +συχεμ 128⟩ | ψυχη] +αυτου ac𝕭(uid) | om της θυγατρος ιακωβ p | ελαλησεν] ηγαπησεν l | κατα—παρθενου] post αυτη Chr | ⟨κατα⟩ post διανοιαν 107⟩ | om την 2° c₂ | της παρθενου] eius 𝕰 | αυτη] αυτην Ε αυτης admp om foc₂𝕬𝕭𝕰
4 ⟨προς εμμωρ τον⟩ ο υ̅ς εμμωρ τον προς 31⟩ | εμμωρ] εμμωρ m εμορ g Emōr 𝕮 αμμωρ Gf | om λεγων b𝕰 | om μοι l | παιδισκην] παιδα Gabcmowxc₂
5 ιακωβ 1°] pr και l | ημιανεν] +αυτην m | ο υιος εμμωρ] pr συχεμ beghjltv(mg)w𝕭𝕮 sub — G post δειναν ac post αυτου 1° r𝕰 | εμμωρ]εμμορ m εμορ x* Emōr 𝕮 | δεινα flqv* | υιοι] pr οι c₂ | ησαν—αυτου 3°] om gj | om μετα—αυτου e | αυτου 3°] αυτων p𝕰^p om bmw𝕬𝕮𝕰^f | εν τω πεδιω] εις το πεδιον egj | om δε 3° m | αυτους] +ex agro 𝕭^w +in agrum 𝕭^lp(uid)
6 εξηλθεν] εισηλθεν dnp(pr και)· uenit 𝕰 | om δε dp𝕮-cod | εμμωρ] εμμορ m. Emōr 𝕮. ερμων E | προς—αυτω⟩ ⟨προς το λαλησαι τω ιακωβ 30⟩ om προς ιακωβ D | ⟨αυτω⟩ αυτον 130⟩
7 om οι 1°—ηλθον w | υιοι] pr οι f | ιακωβ 1°] eius 𝕰 | ⟨om δε 2° 31⟩ | κατενυχθησαν] post ανδρες f(κατενυγηθ)𝕮 κατενυγησαν eghjqu Chr | om οι ανδρες 𝕰 | om σφοδρα dnp | εποιησεν] συχεμ Afir𝕭𝕮𝕰] post ισραηλ bdhnpstwxc₂ Chr. om DEG rell 𝕬 | om εν mn | (ισραηλ] ιακωβ 71⟩ | ⟨κοιμηθηναι 16⟩ | ⟨ιακωβ 2°] ι̅η̅λ̅ 71⟩ | και 2°] om acov. +ειπον d(και ειπον bis scr d*)np
8 εμμωρ αυτοις Gacefgijlm(εμμορ)oqs-vx | εμμωρ] εμμωρ 𝕮 Chr εμμων E om 𝕰^fp: +pater Sichem 𝕭 | συχεμ] Emōr 𝕮-cod: om m | προειλατο] προειλετο d-gh^bjnpqtuc₂ προσειλατο ms Chr-codd. προσειλετο c | τη ψυχη] την ψυχην bh* +αυτου acegh^bjnv(mg sub ※)c₂𝕭𝕮 | ⟨της θυγατρος 107⟩ | om ουν bw𝕮𝕰 | γυναικα] pr εις l

9 επιγαμβρευσατε] pr και efgjv(mg)𝕬𝕭^w𝕰 Chr(-σητε) επιγαμβρευσασθε Gad^i^m-qstuv(txt)x επιγαμβρευσας δε w και επιγαμβρευσθε Eb(επεγ-)i^brc₂ | ημιν 1°] υμιν dor* | om τας 1°—ημιν 2° wc₂ | υμων 1°] ημων g | om δοτε ημιν ln | ημιν 2°] αυτω d τοις υιοις ημων 1^a^r(υμων r*)𝕮 | και—ημων] ⟨post υμων r*⟩ αυτας και d om και G*pw | ημων] υμων G*pw | λαβετε] pr και Gp | υμων 2°] ημων gh* · +εις γυναικας fgbhln ptv(mg)𝕭 +εκ των θυγατερων ημων εις γυναικας d
10 ημιν] υμιν r* | κατοικειτε 1°] κατοικησατε f | om και 2°—κατοικειτε 2° f | om και 2° r𝕭^lp𝕮 | ⟨ιδου η γη⟩ η γη ιδου D(+D^sil) EGabhilm(om η)oqs-c₂𝕬𝕰 η δε γη ιδου r | om εναντιον υμων w | ⟨εναντια 18⟩ | om κατοικειτε 2°—(11) υμων g | κατοικειτε 2°] pr εν ημιν w pr et 𝕬𝕰 και κατοικειτε Gacx | εμπορευεσθε 𝕰^p | επ αυτης] επ αυτην h επ αυτη n ⟨απ αυτης 25⟩ εν αυτη Ga-dimo(om εν o*)prtwxc₂𝕬 ⟨και εν αυτη 77⟩ παντας f | om και 4°—αυτη fmnwc₂𝕰 | ενκτασθε] εκτασθε A*(-σθαι)E εγκτησασθε Gaci^a(uid)ov(txt)x εκτασθε d κτησασθε pr Chr-ed ⟨εγκαταθε 18 εγκαταθεσθε 71⟩ | εν αυτη] επ αυτη dp· επ αυτην E +et quidquid dicetis dabimus 𝕮
11 ⟨και—αυτης 2° p⟩| ⟨ειπεν δε και ειπεν f | αυτης 1°] αυτου f1* | om προς 2° dnc₂𝕭𝕮 | αυτης 2°] αυτου λεγων f +λεγων bi^a^r | om ευροιμι—δωσομεν 𝕰^cp| ευροιμι] pr ει 1^a^r ει ευρον dfnp(pr και)𝕭 | υμων] ημων o | om και 2° fp𝕭 | ο] οσα m | αν d*mtux | ειποιτε u | ημιν A] om D^silEG omn 𝕬𝕭𝕮𝕰^f Chr | δωσομεν] δωσωμεν bchilmpvw dabo 𝕰^f
12 πληθυνατε—μοι 1°] libere uertit 𝕰 pr και 1^a^r | την φερνην] post σφοδρα Gacmoxc₂𝕬 | om σφοδρα Chr | και δωσω] pr και δομα G(sub ※)acm(δομεν)x𝕬 και δομα δωσω oc₂· om f | δωσω] ποιησω E· dabimus 𝕭^lp | καθοτι] καθο Ebcvwc₂ ητι m | εαν Efhi^a^r pr | om ειπητε μοι και f | ειποιτε u | μοι 1°] ⟨με 16⟩ | om E𝕬𝕭 | δωσετε] δωσητε f | δοτε pw | om μοι 2° g | την παιδα ταυτην] αυτην w | παιδισκην nrv(mg) | om εις γυναικα p
13 απεκριθησαν δε] και απεκριθησαν dnp ⟨και απεκρ αυτοις 107⟩ om δε E*(hab E^a^mg)𝕭^lp𝕮 | om οι Ebceglc₂ | ιακωβ]

---

3 κατα την διανοιαν] α' επι καρδιαν σ' καταθυμια v
7 κατενυχθησαν] α' διεπονηθησαν v | λυπηρον] α' σ' οργιλον v | και 2°—εσται] σ' ο ουκ εδει γενεσθαι v
12 την φερνην] σ' το εδνον v

ΧΧΧΙV 13 ΓΕΝΕΣΙΣ

A ⁋x Ἐμμὼρ τῷ πατρὶ αὐτοῦ μετὰ δόλου, καὶ ἐλάλησαν αὐτοῖς, ὅτι ἐμίαναν Δείναν τὴν ἀδελφὴν αὐτῶν. ¹⁴καὶ εἶπαν αὐτοῖς Συμεὼν καὶ Λευὶ οἱ ἀδελφοὶ Δείνας⁋ υἱοὶ δὲ Λείας Οὐ δυνησόμεθα 14 ποιῆσαι τοῦτο, δοῦναι τὴν ἀδελφὴν ἡμῶν ἀνθρώπῳ ὃς ἔχει ἀκροβυστίαν· ἔστιν γὰρ ὄνειδος ἡμῖν. ¹⁵ἐν τούτῳ ὁμοιωθησόμεθα ὑμῖν καὶ κατοικήσωμεν ἐν ὑμῖν, ἐὰν γένησθε ὡς ἡμεῖς καὶ ὑμεῖς ἐν τῷ 15 περιτμηθῆναι ὑμῶν πᾶν ἀρσενικόν· ¹⁶καὶ δώσομεν τὰς θυγατέρας ἡμῶν ὑμῖν, καὶ ἀπὸ τῶν θυγα- 16 τέρων ὑμῶν λημψόμεθα †ἡμῖν† γυναῖκας, καὶ οἰκήσωμεν παρ᾽ ὑμῖν, καὶ ἐσόμεθα ὡς γένος ἕν. ¹⁷ἐὰν δὲ μὴ εἰσακούσητε ἡμῶν τοῦ περιτέμνεσθαι, λαβόντες τὰς θυγατέρας ἡμῶν ἀπελευσόμεθα. 17 ¹⁸καὶ ἤρεσαν οἱ λόγοι ἐναντίον Ἐμμὼρ καὶ ἐναντίον Συχὲμ τοῦ υἱοῦ Ἐμμώρ. ¹⁹καὶ οὐκ ἐχρό- 18 19 νισεν ὁ νεανίσκος τοῦ ποιῆσαι τὸ ῥῆμα τοῦτο· ἐνέκειτο γὰρ τῇ θυγατρὶ Ἰακώβ· αὐτὸς δὲ ἦν ἐνδοξότατος πάντων τῶν ἐν τῷ οἴκῳ τοῦ πατρὸς αὐτοῦ ²⁰ἦλθεν δὲ Ἐμμὼρ καὶ Συχὲμ ὁ υἱὸς 20 αὐτοῦ πρὸς τὴν πύλην τῆς πόλεως αὐτῶν, καὶ ἐλάλησαν πρὸς τοὺς ἄνδρας τῆς πόλεως αὐτῶν λέγοντες ²¹Οἱ ἄνθρωποι οὗτοι εἰρηνικοί εἰσιν μεθ᾽ ἡμῶν· οἰκείτωσαν ἐπὶ τῆς γῆς καὶ ἐμπορευές- 21 θωσαν αὐτήν, ἡ δὲ γῆ ἰδοὺ πλατεῖα ἐναντίον αὐτῶν· τὰς θυγατέρας αὐτῶν λημψόμεθα ἡμῖν γυναῖκας, καὶ τὰς θυγατέρας ἡμῶν δώσομεν αὐτοῖς ²²μόνον ἐν τούτῳ ὁμοιωθήσονται ἡμῖν οἱ 22 ἄνθρωποι τοῦ κατοικεῖν μεθ᾽ ἡμῶν ὥστε εἶναι λαὸν ἕνα, ἐν τῷ περιτέμνεσθαι ἡμῶν πᾶν ἀρσενικόν, καθὰ καὶ αὐτοὶ περιτέτμηνται. ²³καὶ τὰ κτήνη αὐτῶν καὶ τὰ ὑπάρχοντα καὶ τὰ τετράποδα 23

13 εμειαναν E   16 ημιν] υμιν A   21 οικητωσαν E | πλατια E | ληψομεθα E   22 περιτετετμηνται A

*D*EGa–jl–w(x)c₂𝔄𝔅ℭᶜ𝔈

+dicentes ℭ | (om τω 1°—αυτου 107) | εμμωρ] pr τω r τω εμμορ m: εμμωρ p εμωρ ℭ Chr· ερμων E. (om 25) | om μετα—αυτων d | μετα δολου] post αυτοις v: om np | om και ελαλησαν αυτοις Eᶜ | ελαλησεν fo Chr-codd | αυτοις] +μετα το μαθειν np | εμιαναν] εμιανεν l–o εμολυναν (20) Chr | δειναν] δεινα lmn· om egjx* Chr

14 και ειπαν] ειπεν δε r | ειπαν] ειπον acdfn· ειπεν mp𝔅 | αυτοις] αυτω l om d𝔄 Chr | συμεων—λειας] sub ÷ Gv | om οι ghc₂ Chr | δεινας] δει x: αυτης d | om υιοι δε λειας bdfgw𝔈 | υιοι] pr οι Ejoqsu𝔅 | om δε DEGaceh–moqrsuvc₂𝔅ℭ | ου δυνησομεθα] bis scr g | δυναμεθα d𝔄𝔅ℭ | τουτο A] pr το ρημα D(+Dˢⁱˡ)EG omn 𝔄𝔅ℭ𝔈 Chr | (δουναι—ημων) pr του 31: om 76) | ημων] υμων l* | ος εχει] (ος ουκ εχει 71) εχοντι bw: +την a | εχει ακροβυστιαν] εστιν εν ακροβυστια p εν ακροβυστια εστιν dn | εστιν] και dnp | γαρ | +τουτο f1 | ημιν] υμιν 1* | ημων hmo

15 εν τουτω] pr μονον begjv(mg)w𝔈. pr αλλ (128) 𝔄. εν τω dnp | ομοιωθ] ομοιωθησωμεθα Eh ομοιωθηναι dnp | υμιν 1°] ημιν lbᵒ* om dnp | και 1°—ημιν 2°] sub – Gv | κατοικησομεν] κατοικησομεν DˢⁱˡGac*lmq–v𝔅ℭ𝔈. οικησομεν bw οικησομεν egj οικειν dnp | υμιν] εν υμιν 1* | μετ αυτου dnp | om εαν—υμεις dnp𝔈 | γενησθε] γενησεσθε E | περιτεμνησθε v(txt) | ως—υμεις] και υμεις ως ημεις fv^txt(και υμεις sub – uid)𝔄. (υμεις ως ημεις 30) | ως] καθως Gacmorv(mg)c₂ ωσπερ t om b | και υμεις] και ημεις lᵇ𝔅ˡᵖ sub – Gv(uid) om ℭ | περιτμηθηναι] περιτεμνεσθ. .D(contra Dˢⁱˡ) | υμων] ημων d υμιν fin𝔄

16 δωσομεν bdhilnoqvw | ημων] υμων G* | υμιν 1°] pr εν f. ημιν g υμας e (και υμων 18) | υμων] ημιν b*(uid). om d | ληψομεθα ln | ημιν] υμιν Aa* | γυναικας] pr εις l. sub – G· om bw | οικησωμεν] οικησομεν D(+Dˢⁱˡ)EGacegj*jmqs–c₂𝔅ℭ𝔈 ενοικησομεν f(–ωμεν)¹ᵃ?r | παρ] εν ρ𝔅ˡᵖ | υμιν 2°] ημιν b1 | εσομεθα] εσωμεθα ln γενωμεθα u | ως] εις l. om bw𝔈

17 om μη w* | εισακουσητε] ακουσητε mn · (υπακουσητε 64(mg)) | ημων 1°] υμων g (ημιν 73) | του περιτεμνεσθαι] του περιτεμεσθαι qu · του μη περιτεμεσθαι G· του περιτμηθηναι l. και περιτεμνεσθε b om 𝔈 | την θυγατερα Eᶜ Chr | ημων 2°] υμων dlᵇ | απελευσομεθα] πορευσομεθα bw

18 και ηρεσαν] και ηρεσεν (18) 𝔄–ed. ηρεσαν δε 1ℭ | εναντιον 1°] ενωπιον v(txt) om ℭ | εμμωρ 1°] εμμορ m. εμωρ g ℭ | om και 2°—εμμωρ 2°] | om εναντιον 2° df ℭ | συχεμ] pr του eg | om του νιου εμμωρ d𝔈 | εμμωρ 2°] εμμορ m: Emōr ℭ· αυτου finop𝔅

19 (εχρονισεν) ημελλησεν 20) | om του 1° bprw | (ποιησαι) πληρωσαι 20) | om τουτο 𝔄 | αυτος δε] αυτη δε m και αυτος c₂ | δε] γαρ o +επιμ ℭ | om ην dp | ενδοξοτατος] ενδοξοτατη m ενδοξος diᵃ?pr | παντων των] παρα παντας τους r om o | αυτου] αυτης m αυτων p

20 ηλθον n𝔄Eᶜᶠ | εμμωρ] εμμορ m εμωρ g ℭ | om ο νιος αυτου 𝔈 | om οι νιοι p | om αυτου 1° 𝔅ˡᵖ𝔈ᶠᵖ | om και 2°—αυτων 2° gc₂ | (και ελαλησαν) λεγοντες 14) | ελαλησεν Gf | om αυτων 2° dn𝔅ᵇʷ | λεγοντες] λεγων r*: (om 14)

21 (om εισιν 71) | μεθ ημων] post οικειτωσαν m𝔅ℭ | οικειτωσαν] pr nunc 𝔄 · pr et Eᶜᶠ (οικισατωσαν 71) · om 𝔈ᵖ | επι της γης] in urbe nostra 𝔈ᵖ | πορευεσθωσαν] | αυτην] εν αυτη D(+D)bw𝔄𝔅 terram nostram 𝔈ᵖ | η δε γη] quod terra 𝔄 | (δε) post γη 78) | ιδου] post πλατεια dp om ncₐ𝔄 | εναντιον] pr εν χερσιν G(sub ※)acmo | ημιν] ημων n om f𝔈ᵖ | (om και 2°—αυτοις 107) | αυτοις] +γυναικας dp

22 μονον εν τουτω] εν τουτω μονον qu: (εν τουτω μονω 128): +assimilabimur eis et ℭ | ημιν] ημων l | ανθρωποι] +ουτοι bfirsw𝔅 | κατοικειν] οικειν Ga–dfim–prwc₂ · (κατοικησαι 32) | ενα] +omnes 𝔅ˡᵖ | περιτεμεσθαι 1*qu | ημων 2°] υμων h ημιν dlp𝔄 | (ημας 30) | αρσενικον] +καθα και αυτοι και νικων c* | καθαπερ r | αυτοις fn | περιτετμηνται] περιτεμνηνται dhn. περιτεμνονται fmp𝔈(uid). περιτεμηθησαν ο

23 κτηνη] υπαρχοντα Gacmoc₂𝔄 | αυτων 1°] +omnia ℭ | om και τα υπαρχοντα bnw | τα υπαρχοντα] τα κτηνη αυτων Ga(om τα)cmoc₂𝔄 τα τετραποδα DEeghjqsuv. τα τετραποδα αυτων lt𝔅Eᶜ. +αυτων dfiprℭ(+omnia) | om και 3°—αυτων 2° C τα τετραποδα] pr παντα w. om τα aocₐ αυτων Gfimorc₂ τα υπαρχοντα αυτων D(+Dˢⁱˡ)Eeghjlqst(αυτοις) uv𝔈ᶜ. παντα τα υπαρχοντα αυτων (108) 𝔅 +και τα υπαρχοντα αυτων A* | om ουχ—ημων 2° d | om ουχ f ℭ | ημιν 1°] ημιν m | εστιν firE(uid) | om μονον—ημων 2° 𝔅ᵖ(*) | μονον εν τουτω] – εν τουτω ✓ μονον G | εν τουτω] post ομοιωθωμεν ac:

96

24 αὐτῶν οὐχ ἡμῶν ἔσται; μόνον ἐν τούτῳ ὁμοιωθῶμεν αὐτοῖς, καὶ οἰκήσουσιν μεθ' ἡμῶν. [24]καὶ A
†εἰσήκουσαν† Ἐμμὼρ καὶ Συχὲμ τοῦ υἱοῦ αὐτοῦ πάντες οἱ ἐκπορευόμενοι τὴν πύλην τῆς πόλεως
25 αὐτῶν, καὶ περιετέμοντο τὴν σάρκα τῆς ἀκροβυστίας αὐτῶν πᾶς ἄρσην. [25]ἐγένετο δὲ ἐν τῇ ἡμέρᾳ
τῇ τρίτῃ ὅτε ἦσαν¶ ἐν τῷ πόνῳ, ἔλαβον οἱ δύο υἱοὶ Ἰακὼβ Συμεὼν καὶ Λευί, ἀδελφοὶ Δείνας, ¶ ℭ[c]
ἕκαστος τὴν μάχαιραν αὐτοῦ, καὶ εἰσῆλθον εἰς τὴν πόλιν ἀσφαλῶς καὶ ἀπέκτειναν πᾶν ἀρσενικόν·
26 [26]τόν τε Ἐμμὼρ καὶ τὸν Συχὲμ τὸν υἱὸν αὐτοῦ ἀπέκτειναν ἐν στόματι μαχαίρας, καὶ ἔλαβον τὴν
27 Δεινὰ ἐκ τοῦ οἴκου τοῦ Συχέμ, καὶ ἐξῆλθον. [27]οἱ δὲ υἱοὶ Ἰακὼβ εἰσῆλθον ἐπὶ τοὺς τραυματίας,
28 καὶ διήρπασαν τὴν πόλιν, ἐν ᾗ ἐμίαναν Δείναν τὴν ἀδελφὴν αὐτῶν· [28]καὶ τὰ πρόβατα αὐτῶν
καὶ τοὺς βόας αὐτῶν καὶ τοὺς ὄνους αὐτῶν, ὅσα τε ἦν ἐν τῇ πόλει καὶ ὅσα ἦν ἐν τῷ πεδίῳ,
29 ἔλαβον. [29]καὶ πάντα τὰ σώματα αὐτῶν καὶ πᾶσαν τὴν ἀποσκευὴν αὐτῶν καὶ τὰς γυναῖκας
30 αὐτῶν ᾐχμαλώτευσαν· καὶ διήρπασαν ὅσα τε ἦν ἐν τῇ πόλει καὶ ὅσα ἦν ἐν ταῖς οἰκίαις. [30]εἶπεν
δὲ Ἰακὼβ Συμεὼν καὶ Λευί Μισητόν με πεποιήκατε, ὥστε πονηρόν με εἶναι τοῖς κατοικοῦσιν τὴν
γῆν, ἔν τε τοῖς Χαναναίοις καὶ τοῖς Φερεζαίοις· ἐγὼ δὲ ὀλιγοστός εἰμι ἐν ἀριθμῷ, καὶ συναχθέντες
31 ἐπ' ἐμὲ συγκόψουσίν με, καὶ ἐκτρίβομαι ἐγὼ καὶ ὁ οἶκός μου. [31]οἱ δὲ εἶπαν Ἀλλ' ὡσεὶ πόρνῃ
χρήσωνται τῇ ἀδελφῇ ἡμῶν;

XXXV 1 §[1]Εἶπεν δὲ ὁ θεὸς πρὸς Ἰακώβ Ἀναστὰς ἀνάβηθι εἰς τὸν τόπον Βαιθήλ, καὶ οἴκει ἐκεῖ· καὶ ποί- § L
ησον ἐκεῖ θυσιαστήριον τῷ θεῷ τῷ ὀφθέντι σοι ἐν τῷ ἀποδιδράσκειν σε ἀπὸ προσώπου Ἠσαῦ τοῦ

23 αυτων 2°] ⊣ και τα υπαρχοντα αυτων A*(om A?) 28 παιδιω A 29 ηυχμαλωτευσαν E 24 εισηκουσεν A 25 λευει *D* 26 μαχαιρης E 30 μεισητον A*D* | φερεζεοις A | συνκοψουσιν *D*E

*D*EG(L)a–jl–wc_2𝔄𝔅(ℭ[c])𝔈

τουτο l ει f· om moc_2 | ομοιωθωμεν] ομοιωθησομεθα D(+*D*)· ⟨+ημεις 16⟩ | οικησουσιν μεθ ημων] οικησωμεν μετ αυτων *D* | οικησωσι f | μεθ ημων] εν ημιν aco𝔄ℭ𝔈[cf] +*et inter nos* 𝔈[p]

24 και εισηκουσαν] εισηκουσαν δε fir ℭ | εμμωρ] εμμορ cm. εμωρ r | ⟨om και 2° 31⟩ | om του E | παντες] pr και ⟨31⟩ 𝔈[p] | οι εκπορευομενοι] *qui intrabant in* 𝔈 | την πυλην] των πυλων c_2 om d | om αυτων 1° m𝔈 | περιετεμοντο] περιετεμνοντο fgjp: περιετεμον Ebw +παντες m | την 2°—αυτων 2°] sub — G | πας αρσην] πας αρσεν ch*i παν αρσην Ggp παν αρσεν Edflnopst. ⟨παν αρσενικον 71⟩ παντα τα αρσενικα m +παντες εξερχομενοι πυλην πολεως αυτου G(sub ※)acmoc_2𝔄[[εξερχ] pr οι m | αυτων mo]]

25 εγενετο δε] και εγενετο p· om δε e | om εν 1° hn[a?]o | om τω E | ελαβον] λαβοντες bw Chr | om δυο Em | υιοι] ⟨pr οι 31⟩ om p* | ιακωβ] +οι δυο m | λευις E | αδελφοι] pr οι Ga–ejmpstwc_2𝔅 | εκαστος] pr *et ceperunt* 𝔈[fp] | αυτων b | om και 2° b Chr | εις την πολιν] post ασφαλως m | om παν 𝔈[fp] | αρσενικον] +αυτων m𝔅[p]

26 τον τε] τοτε qu | εμμωρ] εμμορ m εμωρ n ερμων E | τον 2° Af] om *D*[sil]EG rell | om τον υιον αυτου 𝔈 | εν στοματι μαχαιρας] ⟨μαχαιρα 107⟩ om 𝔈 om εν rs | ⟨στοματι] pr τω 31⟩ | μαχαιρας] ρομφαιας fir | δεινα] δειναν *D*[sil](D[uid])EGabce g–loq–c_2: +*sororem suam* 𝔅𝔈 | εκ] pr *et eduxerunt eam* 𝔈 | οικου] φυτου l | om του 2° *D*cdeghj–p | om και εξηλθον 𝔈 | απηλθον egj

27 δε] om l· +λοιποι f | εισηλθον] pr και l | τους] τας e | διηρπασαν] ⟨pr διηλθον και 16⟩· αφηρπασαν qu· ⟨υφηρπασαν 128⟩ ηρπασαν cc_2 | εμιαναν] εμειναν dp | δειναν] sub ÷ G. post αυτων dp· om fmnosc_2

28 και 1°—αυτων 2°] *boues et oues* 𝔄(pr *et* codd). om m | om αυτων 1° p | om και 2°—αυτων 2° w | om και 2° d | om αυτων και 2° d | om και 3°—αυτων 3° 𝔅[lw] | om αυτων 3° d | om τε Ebl | om εν 1°—ην 2° a | εν τη πολει] *in campo* 𝔈[cf] | εν 1°] ⟨om 78⟩· +αυτη m | πολει] +*et quae erant in domibus eorum* 𝔅 | om και οσα ην d | οσα 2°] +τε s | εν τω πεδιω] *in urbe* 𝔈[cf] ⟨+παντα 25⟩

29 om παντα 𝔈 | αυτων 1°] om df +και πασαν την ιππον αυτων D(+*D*) | και 2°—αυτων 2°] post αυτων 3° 𝔈. om i* | om πασαν dc_2 | αυτων 2°] +ελαβον n | αυτων 3°] om i*w. +*omnes* 𝔅[p] | ηχμαλ] pr *et* 𝔈[fp] ηχμαλωτισαν i* | αφηρπασαν qu | οσα τε] οσαπερ p: om τε m | om εν 1° j | οσα ην] οσα τε ην Ec om d om ην 𝔄: ⟨+εν τω πεδιω ελαβον και οσα ην 16⟩

30 συμεων] pr προς qu Cyr-ed | με 1°] μοι s | τοις κατοικουσιν] pr πασι G*(sub —)abdfim–pstvwc_2𝔄𝔅𝔈 Chr $\frac{1}{3}$ Cyr $\frac{1}{4}$ pr εν Chr $\frac{1}{3}$ om c | την γην] pr πασαν G*(sub —)aegjv(mg)𝔈 πασι τη γη c: +πασαν r | om τε Ec | τοις 3°] pr εν bfinrtw Chr Cyr-ed $\frac{1}{2}$· om dl | ειμι ολιγοστος Chr $\frac{1}{4}$ | ειμι] ημιν E | om εν 2° i* | αριθμω] +βραχει v(mg) | εμε] εμοι m. +και d | εκτριβομαι A] εκτριβησομαι *D*[sil]EG omn 𝔄𝔅 Chr Cyr | εγω 2°] pr και 𝔄 Chr $\frac{1}{3}$: +τε Chr $\frac{2}{3}$ | ο οικος] pr πας m

31 οι δε] και dmnpw𝔄𝔅𝔈 | ειπον bcdfnoprc_2 | ωσει] ως dfmt | πορνη] πορνην p οι πορνοι m· αι πορναι d(uid) | χρησωνται A*D*] εχρησαντο lv(txt)𝔅𝔈 Cyr-cod $\frac{1}{4}$· εχρησατο fi[a?]r κατακεχρηνται Cyr-ed $\frac{1}{4}$ ληψονται t χρησονται EGi*v(mg) rell Chr Cyr $\frac{3}{4}$ | την αδελφην dfp

XXXV **1** θεος] κυριος Cyr $\frac{1}{3}$ | om προς Legjl Eus | αναστας] αναστηθι και m Hil $\frac{1}{2}$(uid) | αναβηθι] αναστηθι d πορευθητι 𝔈 Cyr $\frac{1}{4}$ | τον τοπον] τον οικον h: om G𝔅𝔈 | οικει] οικησον a | ποιησον] ποιησεις i*. *facies* 𝔄 +μοι h | om εκει 2° Ldnp𝔅 Eus | θυσιαστηριον] *sacrificium* Hil $\frac{1}{2}$ | τω θεω] τω κ̅ω̅ E Chr. κ̅ω̅ L Cyr $\frac{1}{4}$ | οφθεντι] φανεντι w | om εν—σου c_2 | σε αποδιδρασκειν DELhilrst Chr Cyr $\frac{2}{4}$ | om σε bquw Cyr-cod $\frac{1}{4}$ | om προσωπου L | ησαυ] post σου fi𝔈 om E Hil $\frac{1}{2}$ | om του αδελφου σου Hil $\frac{1}{2}$

24 και 3°—αρσην] α' και περιετμηθησαν πας αρσην παντες εξερχομενοι πυλην πολεως αυτου σ' και περιετεμον παν αρσενικον παντες οι προερχομενοι της πολεως αυτου ο' και περιετεμοντο πας αρσην την σαρκα της ακροβυστιας αυτων ※ παντες εξερχομενοι πυλην πολεως αυτου θ' και περιετεματο πας αρσην παντες εξερχομενοι πυλην πολεως αυτου v

25 ασφαλως] πεποιθοτως j

XXXV 1   ΓΕΝΕΣΙΣ

A ἀδελφοῦ σου. ²εἶπεν δὲ Ἰακὼβ τῷ οἴκῳ αὐτοῦ καὶ πᾶσιν τοῖς μετ' αὐτοῦ Ἄρατε τοὺς θεοὺς 2
τοὺς ἀλλοτρίους ἐκ μέσου ὑμῶν, καὶ καθαρίσασθε, καὶ ἀλλάξατε τὰς στολὰς ὑμῶν· ³καὶ ἀνα- 3
στάντες ἀναβῶμεν εἰς Βαιθήλ, καὶ ποιήσωμεν ἐκεῖ θυσιαστήριον τῷ θεῷ τῷ ἐπακούσαντί μοι ἐν
ἡμέρᾳ θλίψεως, ὃς ἦν μετ' ἐμοῦ καὶ διέσωσέν με ἐν τῇ ὁδῷ ᾗ ἐπορευόμην. ⁴καὶ ἔδωκαν τῷ 4
§ γ Ἰακὼβ τοὺς θεοὺς τοὺς §ἀλλοτρίους οἳ ἦσαν ἐν ταῖς χερσὶν αὐτῶν, καὶ τὰ ἐνώτια τὰ ἐν τοῖς ὠσὶν
§ 𝕮ᵐ αὐτῶν· καὶ §κατέκρυψεν αὐτὰ Ἰακὼβ ὑπὸ τὴν τερέβινθον τὴν ἐν Σικίμοις, καὶ ἀπώλεσεν αὐτὰ ἕως
¶ L τῆς σήμερον ἡμέρας.¶ ⁵καὶ ἐξῆρεν Ἰσραὴλ ἐκ Σικίμων· καὶ ἐγένετο φόβος θεοῦ ἐπὶ τὰς πόλεις 5
τὰς κύκλῳ αὐτῶν, καὶ οὐ κατεδίωξαν ὀπίσω τῶν υἱῶν Ἰσραήλ. ⁶ἦλθεν δὲ Ἰακὼβ εἰς Λοῦζα ἥ 6
ἐστιν ἐν γῇ Χανάαν, ἥ ἐστιν Βαιθήλ, αὐτὸς καὶ πᾶς ὁ λαὸς ὃς ἦν μετ' αὐτοῦ. ⁷καὶ ᾠκοδόμησεν 7
ἐκεῖ θυσιαστήριον, καὶ ἐκάλεσεν τὸ ὄνομα τοῦ τόπου Βαιθήλ· ἐκεῖ γὰρ ἐπεφάνη αὐτῷ ὁ θεὸς ἐν τῷ
§ L ἀποδιδράσκειν αὐτὸν ἀπὸ προσώπου Ἡσαῦ τοῦ ἀδελφοῦ αὐτοῦ. §⁸ἀπέθανεν δὲ Δεββωρὰ ἡ 8
τροφὸς Ῥεβέκκας κατώτερον Βαιθὴλ ὑπὸ τὴν βάλανον· καὶ ἐκάλεσεν Ἰακὼβ τὸ ὄνομα αὐτῆς
¶ L Βάλανος πένθους.¶ ⁹Ὤφθη δὲ ὁ θεὸς Ἰακὼβ ἔτι ἐν Λούζᾳ, ὅτε παρεγένετο ἐκ Μεσοποτα- 9
μίας τῆς Συρίας, καὶ ηὐλόγησεν αὐτὸν ὁ θεός. ¹⁰καὶ εἶπεν αὐτῷ ὁ θεὸς Τὸ ὄνομά σου οὐ κληθή- 10
§ x σεται ἔτι Ἰακώβ, ἀλλ' Ἰσραὴλ ἔσται τὸ ὄνομά σου. ¹¹εἶπεν δὲ αὐτῷ §ὁ θεός Ἐγὼ ὁ θεός σου, 11

XXXV 2 πασι E | καθαρισασθαι A   6 βεθηλ D   9 ευλογησεν Dˢⁱˡ(Duid)
10 ετι ιακωβ αλλ] sup ras Aᵃ

DEG(L)a–jl–w(xy)c₂𝔄𝔅(𝔇ᵐ)𝔈

2 τω οικω] τοις υιοις w | om και 1° 𝔈ᶠᵖ | μετ αυτου] μεθ(?) εστιν bfir | ⟨η 1°⟩ o 20⟩ | εστιν 1°] sub ÷ G | εν γη] εις γην
εαυτου D | αλλοτριους] +τους μεθ υμων D(+ Dˢⁱˡ)Ld–jnprt(ημων Just | η 2°—αυτου] om 𝔈 om η εστιν η | η 2°] o G. ου αcmo𝔇
dp)𝔄𝔅 Phil Cyr-ed ½ | εκ μεσου] ανα μεσον f | υμων] ημων αυτη E𝔄(uid) | βαιθηλ] pr εν n | om αυτος Chr | om πας Eus |
bdpr* | +τους μεθ υμων α | om και 2°—υμων 2° g Eus ½ Cyr- ος ην] ο αcmoc₂ Eus Chr. αυτου w om G om ην l𝔄 | +εκει n
cod ½ | καθαρισασθε] καθαρισεσθε E: καθαρισθητε Lbquwc₂ 7 ωκοδομησαν D | om εκει 1° n | επεκαλεσεν 1r | τοπου]
Chr ½ Cyr-ed ⅔: exuite uestes uestras 𝔈ᶠᵖ (+ et surgite ascen- οικου Eus· +εκεινου Ecdeghj–npt𝔅𝔈 Just | βαιθηλ] pr ισχυρος
damus 𝔈ᵖ) | και αλλαξατε] και αλλαξθε ⟨20⟩ Chr Cyr-cod ½: G(sub ※)αcmo𝔄(mg) | επεφανη] επεφανεν D. εφανη blw Just
et lauate 𝔈ᶜ | om o*(uid) | υμων 2°] ημων bl* Eus (post αυτω) | αυτω] αυτον d | αποδιδρασκειν αυτον] αυτον
3 om ανασταντες o | αναβωμεν] απαρωμεν egj | ποιησωμεν αποδιδρασκειν Eegj om αυτον Just. +αποδι[δρασκ]ιν D(contra
c₂ Eus ½ | θυσιαστηριον] βωμον 1* | τω θεω] τω κ͞ω E. Dˢⁱˡ) | ησαν] post αυτον f1 Just: sub ÷ G ⟨om 76⟩
κ͞ω E. +τω οφθεντι μοι εν τω αποδιδρασκειν με p | υπακουσαντι 8 om δε gny* | δεββωρα] ρεββωρα E δεββορα c· δεβωρα
D(+ D)ac | μοι] με cdhp | μου DˢⁱˡGLefgjntw Eus ½ Chr Cyr ⅔ | Leghc₂𝔄: δεβωρρα jquy δεβορρα bdflmnpw Just Chr | η o
και 3°—με] sub ÷ G | διεσωσεν] διεσωζεν Gamos. εσωσεν m | ρεβεκκας AELlqruw𝔅ᵇᵖ𝔈ᶠᵖ] +και εταφη DG(sub ※)
Ednpv Eus εσωζεν c₂ | om τη m | οδω] +παση f1ᵃʳr | η rell (ρεβεκας fg*)𝔄𝔅ʷ𝔈ᶜ Just On(uid) Chr | κατωτερον] κατω-
επορευομην] et transduxit me 𝔈 (pr et seruauit me 𝔈ᵖ). om L | τερω D(contra D) Just: ⟨κατω εις 128⟩ | την] τον c₂ | και—
η] ου t(txt) | επορευομην] επορευομην ADl*𝔅 Cyr-cod ½] επορευθην EG1ᵃ² βαλανος] et uocauerunt eam Nemus 𝔈ᶠᵖ | ιακωβ] post
rell 𝔄 Eus Chr Cyr ⅔ ed ½ αυτης w: om GLαmoc₂𝔄𝔈 | το ονομα αυτης] eam 𝔅 | αυτης
4 om και 1°—αλλοτριους 𝔈ᶠᵖ | τω] τον s. om afm Phil βαλανος] της βαλανου l | αυτης] (pr του τοπου 16. του τοπου
Cyr-cod ½ | τους θεους] omnes deos 𝔈ᶜ om g | om τους 2° j 71⟩. του τοπου εκεινου f | βαλανος πενθους] βαλανοπενθον f |
Cyr-ed ½ | οι—αυτων 1°] et omne quod fuit apud uos 𝔈 (apud βαλανος] βαλανον dp Just | πενθος ln
eos 𝔈ᶜ) | om και 2°—αυτων 2° aegj | ⟨om τα 1° 31⟩ | τα 2°— 9—15 om L
αυτων 2°] quae in auribus uestris 𝔈ᶠᵖ: om τα—ωσιν L om τα 9 om ο θεος 1° b | ιακωβ] pr τω dlnpstw Just Eus Cyr |
Efi* | κατεκρυψεν] κατεκρυψαν p: εκρυψεν Lᵃ² Eus On Chr. om ετι εν λουζα 𝔈 | ετι] pr και Eus: οντι f1ᵃ²𝔅 om 𝔇 | οντι
εκρυψαν L* | om αυτα r 𝔈ᶠᵖ | τερεμινθον GLir | om την 𝔄(uid) Chr-ed | εν λουζα] sub ÷ G | εις s επι dp | λουζη
2° 𝔄 | σικιμοις] σηκιμοις Equ Chr: σικιμοις dfn: ⟨συκαμοις hᵇ | παρεγενετο] +εκεισε qu | μεσοποταμιας] post της E | ⟨om
71⟩ | και 4°—ημερας] sub ÷ Gv. + ※ 𝔄 | απωλεσαν bw Cyr- της 30⟩ | αυτω m | ο θεος 2°] sub ÷ G om o Just
ed ½ | εως—ημερας] εκει L | σημερον ημερας] ημερας ταυτης 10 om αυτω h | om o θεος Ddfhtc₂𝔇𝔈 Chr | το ονομα σου
Cyr-cod ½ | ημερα c 1°] post κληθησεται r𝔈 post ετι y. +ιακωβ DEGaceghjlnoqtu
5 εξηρεν] εξαρας 1ᵃʳ𝔇 εξηλθεν m | ισραηλ εκ σικιμων] sub vc₂𝔄𝔅 Just | κληθησεται] uocaberis 𝔅 | ετι] post ιακωβ r· om
— G | ισραηλ 1°] ιακωβ dnp𝔅𝔇 | εκ] εν c | σικιμων] σηκιμων qu ⟨71⟩ 𝔅ʷ⁽ᵘⁱᵈ⁾𝔈 | om ιακωβ ho Just | αλλ] +η DGdefjv | om
Chr σικιμων bdfinp σικιμοις t· +και επορευθη f: +επορευθη εσται—c₂ | σου 2°] +και εκαλεσεν
1ᵃʳ𝔇 | θεου] κ͞υ dmnp Cyr | τας πολεις] τας πολεις Chr ⅓ | το ονομα αυτου ι͞η͞λ G(sub ※)αcmoc₂𝔄
τας κυκλω αυτων] τας κυκλω dnp: om 𝔈ᶠ | περικυκλω l 11 om ειπεν—θεος 1° m | ειπεν δε] και ειπεν fir | o θεος 1°]
Chr ⅓ | αυτων] αυτου ev𝔄. ⟨om 107⟩ | κατεδιωξεν c₂* pr κυριος Eus ½: om y𝔈 | om εγω o θεος G* | εγω] pr εγω ειμι
6 ηλθεν] απηλθε ⟨20⟩ Chr ειπε g | om δε f | λουζα] λουζαν θεος σος Phil. +ειμι b𝔄𝔅𝕮𝔈 | o 2°] pr Dominus 𝔈ᵖ· om m
dfhi₁ᵃ²lpr Chr ⟨λουβα 18⟩ | η 1°—χανααν] om 𝔈ᶠᵖ(uid). om η Phil-codd-omn | σου 1°] om ⟨16⟩ 𝕮 Eus ½. +ικανος G(sub ※)

XXXV 2 και καθαρισασθε] α' σ' ο' και καθαρισθητε θ' και καθαρισασθε ν

98

ΓΕΝΕΣΙΣ XXXV 22

αὐξάνου καὶ πληθύνου· καὶ ἔθνη καὶ συναγωγαὶ ἐθνῶν ἔσονται ἐκ σοῦ, καὶ βασιλεῖς ἐκ τῆς A
12 ὀσφύος σου ἐξελεύσονται. ¹²καὶ τὴν γῆν ἣν δέδωκα Ἀβραὰμ καὶ Ἰσαάκ, σοὶ δέδωκα αὐτήν· καὶ
13 τῷ σπέρματί σου μετὰ σὲ δώσω τὴν γῆν ταύτην. ¹³ἀνέβη δὲ ὁ θεὸς ἀπ' αὐτοῦ ἐκ τοῦ τόπου οὗ
14 ἐλάλησεν μετ' αὐτοῦ. ¹⁴καὶ ἔστησεν Ἰακὼβ στήλην ἐν τῷ τόπῳ ᾧ ἐλάλησεν μετ' αὐτοῦ, στήλην
15 λιθίνην· καὶ ἔσπεισεν ἐπ' αὐτὴν σπονδήν, καὶ ἐπέχεεν ἐπ' αὐτὴν ἔλαιον. ¹⁵καὶ ἐκάλεσεν Ἰακὼβ
τὸ ὄνομα τοῦ τόπου, ἐν ᾧ ἐλάλησεν μετ' αὐτοῦ ἐκεῖ ὁ θεός, Βαιθήλ.
16 §(21) ¹⁶Ἀπάρας δὲ Ἰακὼβ ἐκ Βαιθὴλ ἔπηξεν τὴν σκηνὴν αὐτοῦ ἐπέκεινα τοῦ πύργου Γάδερ. § L
(16) ἐγένετο δὲ ἡνίκα ἤγγισεν χαβράθα εἰς γῆν ἐλθεῖν Ἐφράθα, ἔτεκεν Ῥαχὴλ καὶ ἐδυστόκησεν ἐν
17 τῷ τοκετῷ. ¹⁷ἐγένετο δὲ ἐν τῷ σκληρῶς αὐτὴν τίκτειν εἶπεν αὐτῇ ἡ μαῖα Θάρσει, καὶ γὰρ οὗτός
18 ἐστιν υἱός. ¹⁸ἐγένετο δὲ ἐν τῷ ἀφιέναι αὐτὴν¶ τὴν ψυχήν, ἀπέθνησκεν γάρ, ἐκάλεσεν τὸ ὄνομα ¶ 𝔐ᵐ
19 αὐτοῦ Υἱὸς ὀδύνης μου· ὁ δὲ πατὴρ αὐτοῦ ἐκάλεσεν αὐτὸν Βενιαμείν. ¹⁹ἀπέθανεν δὲ Ῥαχήλ, καὶ
20 ἐτάφη ἐν τῇ ὁδῷ Ἐφράθα· αὕτη ἐστὶν Βηθλέεμ. ²⁰καὶ ἔστησεν Ἰακὼβ στήλην ἐπὶ τοῦ μνημείου
21 αὐτῆς· αὕτη ἐστὶν στήλη μνημείου Ῥαχὴλ ἕως τῆς σήμερον ἡμέρας.¶ ⁽²²⁾²¹ἐγένετο δὲ ἡνίκα ¶ L
κατῴκησεν Ἰσραὴλ ἐν τῇ γῇ ἐκείνῃ, ἐπορεύθη Ῥουβὴν καὶ ἐκοιμήθη μετὰ Βάλλας τῆς παλλακῆς
22 τοῦ πατρὸς αὐτοῦ· καὶ ἤκουσεν Ἰσραήλ, καὶ πονηρὸν ἐφάνη ἐναντίον αὐτοῦ. ²²*Ἦσαν

14 εσπισεν E | σποδην E   16 ηγγεισεν A | ετεχεν E
17 τικτην E*(τικτειν Eᵇ) | αυτην—θαρσει sup ras 10—12 litt Aᵃ   18 βενιαμιν E
21 επορευθη] π et εν sup ras (εν sup ras 2—3 litt) Aᶦ

DEG(L)a–jl–yc₂𝔄𝔅(𝔐ᵐ)𝔈

amx𝔄 +ικανως cc₂· +ικανουσθω ο | αυξανου] αυξανον σε c₂ | om και 1º e | πληθυνου] πληθυσμου e*(uid) πληθυνω σε c₂ | και 2º AEyc₂𝔈 Chr] om DG rell 𝔄𝔅𝔐 Eus Cyr | εθνη—σου 2º] pr εις m Eus ½: erıs ın natıones et synagogas natıonum 𝔐· om εθνη 𝔅ʷ | και συναγωγαι εθνων] om 𝔈ᵖ om εθνων nc₂ | εσονται] post εκ σου ο Eus ½· εξελευσονται Eus ½ om a | βασιλευς n | της οσφυος σου] ⟨σης οσφυος 84⟩ σου l𝔈 | εξελευσονται] εξελευσεται n εσονται s
12 δεδωκα 1º] (pr ωμοσα 71) post ισαακ Chr εδωκα EG beoswxc₂ Cyr: ωμοσα j(mg) | αβρααμ] pr τω egj Chr | om και ισαακ g | ισαακ] pr τω ej· ισακ Gm* +τω π̄ρ̄ι σου y | σοι δεδωκα αυτην] om dmo om δεδωκα ⟨71⟩ 𝔈ᵖ | δεδωκα 2º] dabo 𝔄𝔈 | και τω—ταυτην] pr σοι εσται D(+Dˢⁱˡ)G(sub —)a–dfım–prstxc₂𝔄(σν dp. ση fm). (pr και σοι εσται 31) om lv: om και 𝔈ᵖ | om μετα σε m | om δωσω—ταυτην n | δωσω] dedi 𝔅ᵖ | την γην ταυτην] αυτην f +σοι εσται h: ⟨+εις τας γενεας αυτων 31.83⟩
13 ⟨om δε 31.83⟩ απ αυτου ο θ̄σ̄ Gaoxc₂𝔄 | om απ αυτου dfnp𝔈ᵖ | αυτου 2º] +Deus 𝔈ᵖ
14 και 1º—(16) δε 2º] sup ras jᵃ | και 1º—αυτου] bis scr x | εστησεν] +εκει c Cyr | στηλην 1º] pr την w +λιθινην Chr | om εν—στηλην 2º c | ω] ⟨pr εν 20⟩. ου l | μετ αυτου] pr ο θ̄σ̄ ο αυτω ο θ̄σ̄ f +ο θ̄σ̄ bdiaⁱnprtc₂𝔅 Chr Cyr-ed | στηλην λιθινην] om 𝔈 Chr· om στηλην m | εσπεισεν] ⟨επεσπεισεν 20. εσπειρεν 31⟩ εστησεν clo επεσεν dp εποιησεν fn | αυτην 1º] αυτης Ddnp | σπονδην] ⟨σπονδον 18.31*⟩ | επ αυτην 2º] επ αυτης D(uid): om Chr
15 om ιακωβ egj𝔄 Chr | τοπου] +εκεινου cmnw | om εν—θεος n𝔈 | μετ αυτου εκει] post ο θεος egjp om μετ αυτου m | εκει] post ο θεος diorw· om cfmqu(uid)𝔅𝔐(uid) Chr Cyr-ed | ο θεος] om ⟨14.79⟩ Chr· +ιακωβ m
16 απαρας—γαδερ] sub ÷ v | απαρας] απηρεν G(απηρεν— βαιθηλ sub —)ax𝔄 | om ιακωβ Gaci*moxc₂𝔄𝔐𝔈 | om εκ βαιθηλ Chr | επηξεν—γαδερ] pr και a om Gx𝔄 | om αυτου 𝔈 | του πυργου] om 𝔈ᵖ om τον ⟨20⟩ | γαδερ] γαδηρ ⟨20⟩ αδερ m· γαεδερ t γαβερ E Gared 𝔅ᵖ Gareth 𝔅ʷ | εγενετο δε] και εγενετο Grx | ηνικα] οτε Chr | ηγγισεν Lr | χαβραθα εις γην] terrae Efrata 𝔈ᶜᶠ om 𝔈ᵖ | χαβραθα] post εις 𝔄· χαβραθα qu· γαβραθα n: χαβαθρα ey om fiaⁱ Chr | εις γην]

pr του t· post ελθειν d–gjnp𝔐 Cyr: εις την G(uid): om b Chr | ελθειν] pr του Lbdnp Cyr· του εισελθειν Chr· ıntrare ın 𝔄: om w | εφραθα] pr εις την b· pr εις Chr. ευφραθα f οφραθα c₂*· εφρανθα g: ⟨εφραθαν 84⟩ | ετεκεν ραχηλ και] η ραχηλ Chr ½ | ετικτε Cyr-ed | ραχηλ l | εδυστοκησεν] ⟨pr εν τικτειν 108⟩ το τω τικτειν bdn(+αυτην)pv(txt) | εν τω τοκετω] εν τω τοκω Chr-ed ½ om bdnp(txt). om εν L
17 εγενετο δε] και εγενετο dnp Chr ½ | om αυτην qu | ειπεν —υιος] pr και h𝔄· (om 18) | αυτη] post μαια f· αυτην c | και m | om γαρ t | ουτος] ita 𝔈ᶠᵖ· om 𝔐 | εστιν υιος A] pr σου quc₂*𝔄· σοι υιος εστιν b· pr σοι DˢⁱˡEGL rell 𝔐 Chr ½ Cyr εστι σοι υιος Chr ½: erıt tıbı filıus 𝔅𝔈
18 εγενετο δε εν] εν δε p | εν τω] ⟨αυτω 84⟩: om g* | αφιεναι αυτην] αφιεναι αυτης E om αυτην djv𝔄 | απεθνησκεν γαρ n | εκαλεσεν 1º] pr και w𝔈ᵖ Chr ½· +δε E | om το—εκαλεσεν 2º w | om υιος—αυτον c₂* | αυτου 2º] sub ※ G*(uid)· ※ τ ου ⦶ Gaⁱ. om DELbd–lnpqrtuvc₂ᵇ𝔄 Cyr | αυτον] το ονομα αυτου bdps𝔄-codd𝔅ʷ | βενιαμην bdf*hnw*
19 ραχηλ] ραχιηλ ln· ραχηρ c | εταφη] post εφραθα t | om τη Eus | εφραθα] pr του ιπποδρομου ef(-μιον)gijrv(mg)c₂ᵇ. εφραθ 1* ευφραθα l(uid): ⟨ευφρανθα 79 107⟩· εφθαρα j(mg) +του ιπποδρομου dnp | βηθλεεμ] ⟨βηθλεμ 130⟩. βηθηλε[εμ] L βαιθηλ f
20 μνημειου 1º] μνηματος denp | αυτης] ραχηλ w om l Chr | om αυτη—ραχηλ L | μνημειου 2º] pr του m | ραχηλ] ραχιηλ ln αυτης y· +ras (13) w | ⟨om της 18⟩ | σημερον ημερας] ημερας ταυτης Lbdinpr | ημερας] sub — G: ημερα cv
21 εγενετο] pr και απηρεν ῑη̄λ και επηξεν την σκηνην αυτου επεκεινα του πυργου γαδερ Gacmov(sub ※)xc₂𝔄 ⟦επηξεν την σκηνην⟧ εξεκλινεν σκεπην mc₂ | om αυτου caⁱ | γαδερ] αδερ m εδερ acc₂⟧ | ισραηλ 1º] pr Iacob 𝔅ᵖ· post εκεινν E | επορευθη] +δε p𝔈ᵖ | ρουβην] ρουβιν xaⁱ: ρουβημ bhc₂· ρουβειμ emp: ρουβιμ dfgijlnqt*(uid)x* | βαλας dopc₂ | παλλακης] παλακιδος f παιδισκης l | αυτου 1º] ⟨om 64⟩. +ιακωβ bdfinprtw𝔈 | ισραηλ 2º] ιακωβ 1* | και 3º—αυτου 2º] sub — Gv | εναντιον αυτου] pr αυτω αυτω n | ενωπιον Ga–dmoxc₂ Cyr
22 ησαν] sunt 𝔅𝔈 | om οι EGabdeghlrtc₂ Chr | ιακωβ] pr του Chr: ⟨om 83⟩

XXXV 22　　　　　　　　　　ΓΕΝΕΣΙΣ

Α δὲ οἱ υἱοὶ Ἰακὼβ δώδεκα· ²³υἱοὶ Λείας πρωτότοκος Ἰακὼβ Ῥουβήν, Συμεών, Λευείς, Ἰούδας, 23
Ἰσσαχάρ, Ζαβουλών· ²⁴υἱοὶ δὲ Ῥαχὴλ Ἰωσὴφ καὶ Βενιαμείν· ²⁵υἱοὶ δὲ Βάλλας παιδίσκης ²⁴₂₅
Ῥαχὴλ Δὰν καὶ Νεφθαλείμ· ²⁶υἱοὶ δὲ Ζέλφας παιδίσκης Λείας Γὰδ καὶ Ἀσήρ· οὗτοι οἱ υἱοὶ 26
Ἰακώβ, οἳ ἐγένοντο αὐτῷ ἐν Μεσοποταμίᾳ τῆς Συρίας.　　²⁷Ἦλθεν δὲ Ἰακὼβ πρὸς Ἰσαὰκ 27
τὸν πατέρα αὐτοῦ εἰς Μαμβρή, εἰς πόλιν τοῦ πεδίου· αὕτη ἐστὶν Χεβρὼν ἐν γῇ Χανάαν, οὗ
§ L παρῴκησεν Ἀβραὰμ καὶ Ἰσαάκ. §²⁸ἐγένοντο δὲ αἱ ἡμέραι Ἰσαὰκ ἃς ἔζησεν ἔτη ἑκατὸν ὀγδοή- 28
κοντα. ²⁹καὶ ἐκλιπὼν ἀπέθανεν καὶ προσετέθη πρὸς τὸ γένος αὐτοῦ πρεσβύτερος καὶ πλήρης 29
¶ L ἡμερῶν· καὶ ἔθαψαν αὐτὸν Ἠσαῦ καὶ Ἰακὼβ οἱ υἱοὶ αὐτοῦ.¶

¹Αὗται δὲ αἱ γενέσεις Ἠσαύ· αὐτός ἐστιν Ἐδώμ. ²Ἠσαῦ δὲ ἔλαβεν γυναῖκας ἑαυτῷ ἀπὸ ¹₂ XXXVI
§ 𝕾 τῶν θυγατέρων §τῶν Χαναναίων· τὴν Ἀδά, θυγατέρα §Ἐλὼμ τοῦ Χετταίου, καὶ τὴν Ὀλιβεμά,
§ 𝕷ʷ θυγατέρα Ἀνὰ τοῦ υἱοῦ Σεβεγὼν τοῦ Εὐαίου, ³καὶ τὴν Βασεμμάθ, θυγατέρα Ἰσμαήλ, ἀδελφὴν 3
Ναβαιώθ. ⁴ἔτεκεν δὲ Ἀδὰ τῷ Ἠσαῦ τὸν Ἐλιφάς, καὶ †Βασεμμάθ† ἔτεκεν τὸν Ῥαγουήλ, ⁵καὶ ⁴₅
Ὀλιβεμὰ ἔτεκεν τὸν Ἰεοὺς καὶ τὸν Ἰεγλὸμ καὶ τὸν Κόρε· οὗτοι υἱοὶ Ἠσαύ, οἳ ἐγένοντο αὐτῷ ἐν
γῇ Χανάαν. ⁶ἔλαβεν δὲ Ἠσαῦ τὰς γυναῖκας αὐτοῦ καὶ τοὺς υἱοὺς καὶ τὰς θυγατέρας καὶ πάντα 6

26 μεσοποταμιας E　　　　27 παιδιου AD　　　　XXXVI 1 αιδωμ D
2 ελω A*(μ suprascr A¹) | χετγαιου E　　4 βασεμμαθ] βασεμ' A

DEG(L)a–jl–yc₂𝔄𝔅𝔈(𝕷ʷ𝕾)

23 υιοι] +δε lt𝔅𝔈ᵖ | ⟨πρωτοτοκος ιακωβ ρουβην] ρουβην ο πρωτοτοκος ιακωβ 83⟩ | ιακωβ] eius E. υιος αυτου sup ras wᵃ om de | ρουβην] ρουβημ bhqc₂. ρουβειμ emp: ρουβιμ dgjlt. ρουμμ f | συμεων] pr και btc₂𝔈 | λευεις Ayᵃ*] λευις E· λευει DGvyᵃ¹: και λευι c₂𝔈 λευι rell 𝔄𝔅: Leuui Anon² | ιουδα E Anon² | ισαχαρ dfjlop𝔄𝔅 Anon² | ζαβουλων] pr και w𝔈: om aᵃ*
24 om hic totum comma fir𝔄-ed𝔈ᶠᵖ | ραχηλ] ραχιηλ l +uxoris Iacob 𝔅 | om και d | βενιαμειν m. βενιαμην bgʰhnw
25 υιοι—νεφθαλειμ] post (26) ασηρ 𝔄-codd | om δε Ef | βαλας dpc₂ | om παιδισκης ραχηλ 𝔈ᶠᵖ | παιδισκη b | ραχιηλ l δαμ b | νεφθαλειμ] νεφθαλημ nquc₂· νεφθαλει Gosvx· νεφθαλιν tᵃ¹· Nepthalyn Anon²
26 om δε Efl | ⟨παιδισκης⟩ pr της 73⟩ | γαθ m | ασηρ] ασειρ h. ασυρ g: ασηηρ 𝔅ʷ· +υιοι δε ραχηλ ιωσηφ και βενιαμιν fir𝔄𝔈ᶠᵖ | om 1° Abswc₂ | D^sil EG rell Chr | om αι 2° c₂ | om αυτω cd | ⟨εν μεσοποταμια] εκ μεσοποταμιας 78⟩ | μεσοποταμια] pr τη nry Chr· μεσοποταμιας E. μεσω ποταμιας s | της συριας] om Chr· om της acm
27 ισαακ τον πατερα] Esau fratrem 𝔅ᵖ⁽ᵗˣᵗ⁾ | ισαακ 1°] ισακ G | αυτου] +ετι ζωντος αυτου Dd–npstv𝔅· ⟨+ετι ζωντος 30.84⟩ | μαμβρη] pr πολιν d(μαυρη)f1ᵃn(μαμβρην)p(μαβρη)rs𝔈 μαμβρην c₂ | εις 2°—πεδιου] quae in campo b | om δnp. om εις Gacmoxc₂ | πολιν του πεδιου] το πεδιον f | πολιν] τοπον 1ᵃʳ ⟨+αραβα 71⟩ | πεδιου] ευαιου egj | ⟨om εστιν 78⟩ | χεβρων] μαν E | εν γη χανααν] sub ÷ G | γη] pr τη DElquy | χανααμ c₂ | ου] ην m | παρωκησεν] habitauerunt 𝔄𝔈. +εκει xy | om και ισαακ mn | ισαακ 2°] ισακ G
28 εγενετο n | om δε L | αι] pr πασαι Gacdf1ᵃnprx𝔄 | ισαακ] post εζησεν w: ισακ G | ας εζησεν] sub ÷ G om 𝔈 | εζησεν] pr και u | om ετη E | ογδοηκοντα] πεντηκοντα dp
29 εκλειπων D^sil Eacfhioqruvwyc₂ | απεθανεν ADEfmqsuy 𝔈] +ισαακ L· pr ισαακ G(※ ισακ ⸓) rell 𝔄𝔅 | το γενος] τον λαον L | πρεσβυτης n Chr | εθαψεν p | ⟨ιακωβ και ησαυ 84⟩ | οι] pr και p: om Ebdel | ⟨υιοι] αδελφοι 16⟩
XXXVI 1—43 om L
1 om δε bw𝔅jp | ησαυ αυτος εστιν] εισιν m
2 γυναικας] post εαυτω Dhy𝔈ᶜᶠ· pr τας Ga–dmnptvwx. γυναικα fl | εαυτω] αυτω Eoqu: αυτου bdnptvw. om ⟨25⟩ 𝔈ᵖ | των χαναναιων] χανααν dnp𝔈 om των y | την 1°] ονοματι f |

αδα] αδαν dh1*(αθαν 1ᵃ¹)nprtyc₂ δαν b αδδα f𝔄-ed | ελωμ] αιλωμ gy αιλαμ hᵇ. ελων ft𝔄· αιλων EGbchⁿ*nqsuvx [A]el[o]n 𝕷 αλων dp εδωμ m αιδωμ D | om του 1° G* | ολιβεμα A D^silcsvwy) ολιβεμαν gjn ολιβαιμαν Ee. Olibama 𝔄 ολιβαμαν qux ολειβαμαν G: ⟨ολεβεμα 20⟩ ελιβεμα 1*(uid) Anon². ελιβεμαν dt E[li]be[man] 𝕷 ελιβαιμαν h. ελειβαιμαν o. ελιβαμα a1ᵃ¹(uid)𝔅ʷᵖ ελιβαιμαν lprc₂· αιλιβαιμαν f Elibam 𝔅¹ ελιβα b: ρεβαμαμ m | ανα]αναν achᵇ(uid)qrtuc₂· αννανm Annei Anon². εναν b αιναν dhⁿnops Ena 𝔅 | om του 2° p | σεβεγων] pr του 1* σεβαιγων gj σεβαγων dp. σεβεγων o σεβεγω 1 ⟨βεγων 31⟩
3 om και m | βασεμμαθ] βα sup ras 1ᵇ. μασεμμαθ D(βα..D)hc₂. ⟨βεσεμμαθ 31⟩· βασεμαθ begrs*wy𝔄𝔅ᵖ* [B]asem[ath] 𝕷· ⟨μασεμμαθ 71. μασαιμαθ 79⟩ βασσεμαθ] βασεμαθα f: βασεματ dnp Anon² βασεμα 𝔅ʷ. μασεθμαθ m(σσ mg uid) +και την μαελεθ qu | ισμαηλ] [I]sm[a]l 𝕷 Helon Euuei Anon² | αδελφην] αδελφη δε c₂. +δε dp | ναβαιωθ] ναβεωθ acflmtwc₂. Nabe[oth] 𝕷: αβαιωθ qu αβεωθ g· ναβαιωρ D ναβαωτ p ναβαωβτ n ναβωτ d
4 αδα τω ησαυ] αυτω αδα bdnp | αδα] ⟨pr η 83⟩ αδαν c₂ αδδα f1ᵃ¹𝔄 | om τω ησαυ 1*w𝔈𝕷(uid) | τω] τον c₂* | ελιφας] ελιφαξ Eabdehᵇ¹lmnpstwxc₂𝔄 ελειφαξ Go ελιφαξ c: ελισαφ gj(sup ras) | om και m𝔅jp [B]asemat[h] 𝕷 βασσεμμαθ G· βασσεμαθ jy· βεσσεμαθ m βασεμματ d: βασεμμαθ p𝔅ʷ. βασιματ n: μασεθμαθ E | ραγυηλ o
5 om και 1° m | ολιβεμα] ολιβαιμαν e ολιβαμα abcmo(pr o)x𝔄 ολειβαμα G ελιβεμα 1*(uid)lt Anon² ελιβαιμα h· ελιβεμαν a𝔈 ελιβαμα 1ᵇ(uid)prc₂𝔅 αιλιβαμα f | ιεους] ιους w. ιεοις y ιεσους l· ιεσβους 𝔈 ιεουλ bdefinpt𝔅ʷ Anon² I[eh]u[l] 𝕷 ιεουλς o (o sup ras oᵃ). ισουλ c₂· ras (2) +ιουηλ και ολιβεμα ετεκεν τον ιεουλ w | ραγαυ r | om και 2° p | om του 2° g | ιεγλομ] λ sup ras 1ᵇ. ιεγλωμ egjmtwc₂: ιεγλουμ E: ιεγαωμ n | ιεγωμ dp | Ieclom Anon². εγλωμ a𝔄-ed · [Ieg]l[o]n 𝕷: ⟨ιεγνομ 31⟩ ιεγλαν l | και τον κορε] ⟨pr και τον ραγουηλ 18⟩ om b | κορε] κοραι m κορρε f Correm Anon². +ras (3) 1 | ουτοι] et [i]s[tt] 𝕷 | υιοι] pr οι bfmw𝔅 ⟨+εγενοντο 16⟩ | σαυ b | ⟨om οι 71⟩ | om γη] pr τη 1* om d
6 ελαβεν] pr et 𝕾 | υιους] +αυτου bdfhlmnprtwc₂𝔅 | και τας θυγατερας] om dp𝔈ᶠᵖ. +αυτου fn𝔄𝔅𝕷 | om και 3°—υπαρ-

100

ΓΕΝΕΣΙΣ XXXVI 15

τὰ σώματα τοῦ οἴκου αὐτοῦ καὶ πάντα τὰ ὑπάρχοντα καὶ τὰ κτήνη καὶ πάντα ὅσα ἐκτήσατο καὶ A
ὅσα περιεποιήσατο ἐν γῇ Χανάαν· καὶ ἐπορεύθη ἐκ γῆς Χανάαν ἀπὸ προσώπου Ἰακὼβ τοῦ
7 ἀδελφοῦ αὐτοῦ. ⁷ἦν γὰρ αὐτῶν τὰ ὑπάρχοντα¶ πολλὰ τοῦ οἰκεῖν ἅμα, καὶ §οὐκ ἐδύνατο ἡ γῆ τῆς ¶𝕃ʷ §𝕃ʷ
8 παροικήσεως¶ αὐτῶν φέρειν αὐτοὺς ἀπὸ τοῦ πλήθους τῶν ὑπαρχόντων αὐτῶν. ⁸ᾤκησεν δὲ ¶𝕃ʷ
9 Ἠσαῦ ἐν τῷ ὄρει Σηείρ· Ἠσαῦ αὐτός ἐστιν Ἐδώμ¶ ⁹Αὗται δὲ αἱ γενέσεις Ἠσαῦ πατρὸς ¶ w
10 Ἐδὼμ ἐν τῷ ὄρει Σηείρ. ¹⁰καὶ ταῦτα τὰ ὀνόματα τῶν υἱῶν Ἠσαύ· Ἐλιφάς, υἱὸς Ἀδὰ γυναικὸς
11 Ἠσαύ, καὶ Ῥαγουήλ, υἱὸς Βασεμμὰθ γυναικὸς Ἠσαύ ¹¹ἐγένοντο δὲ οἱ υἱοὶ Ἐλιφάς· Θαιμάν,
12 Ὠμάν, Σωφάρ, Γοθὸμ καὶ Κενέζ ¹²Θαμνὰ δὲ ἦν παλλακὴ Ἐλιφὰς τοῦ υἱοῦ Ἠσαύ, καὶ ἔτεκεν
13 τῷ Ἐλιφὰς τὸν Ἀμαλήκ· οὗτοι οἱ υἱοὶ Ἀδὰ γυναικὸς Ἠσαύ. ¹³οὗτοι δὲ υἱοὶ Ῥαγουήλ· Νάχομ,
14 Ζάρε, Σομὲ καὶ Μοζέ· οὗτοι ἦσαν υἱοὶ Μασεμμὰθ γυναικὸς Ἠσαύ. §¹⁴οὗτοι δὲ υἱοὶ Ἐλιβέμας § 𝕃ʷ
θυγατρὸς Ἀνὰ τοῦ υἱοῦ Σεβεγών, γυναικὸς Ἠσαύ· ἔτεκεν δὲ τῷ Ἠσαῦ τὸν Ἰεὺς καὶ τὸν Ἰεγλὸμ
15 καὶ τὸν Κόρε. ¹⁵οὗτοι οἱ ἡγεμόνες υἱοῦ Ἠσαύ. υἱοὶ Ἐλιφὰς πρωτοτόκου Ἠσαύ· ἡγεμὼν

---

7 om πολλα A*ᵘⁱᵈ (υπαρχοντα πολλ in mg et sup ras Aᵃ) | ηδυνατο E   12 του] τω A

DEGa–jl–v(w)xyc₂𝔄𝔅𝔈(𝕃ʷ)𝔖

χοντα f | om και 3°—αυτου 2° 1*m | om του 1° wᵃʔ | οικου]
bis scr w* | παντα 2°—κτηνη] omnia pecora sua et omnia bona
𝔈ᶜ | υπαρχοντα] +αυτου cdegjlnptw𝔅𝕃 | ⟨+αυτω 25⟩ | om
και τα κτηνη 𝔅ᵖ𝔈ᶠᵖ | τα 3° AdpΑ𝔄 | pr παντα DEG rell 𝔅ʷ𝕃𝔖 |
κτηνη] +αυτου acfo𝔅ʷ | και 6°—εκτησατο] post χανααν 1° dnp
(om παντα οσα) om και παντα E. ⟨om παντα 83⟩ | εκτησατο
εκτησαντο qu | om και οσα περιεποιησατο Ef𝔈 |
οσα 2°] pr παντα Dˢⁱˡbdegjnprstx𝕃 om l | εν γη] εν τη h εκ
γης o | om και 8°—χανααν 2° G* | και επορευθη] επορευθη δε
Gᵇacimorxc₂𝔖 om και b | +ησαν bi𝔈 | om εκ γης χανααν f |
γης] pr της bgᵇʔ της g* | χανααν 2°] χαναν g | om ιακωβ E

7 αυτων 1°—πολλα] multae res eorum 𝔄𝔈 | αυτων 1°] post
υπαρχοντα Ga–dfimoprxc₂ αυτω v* | τα υπαρχοντα] post πολλα
egj𝔈 | του οικειν αμα] και του οικειν αμα ουκ ηδυνατο f𝔈· hab
και ουκ ηδυνατο yᵇ(mg) | και—αυτους] και ουκ εχωρει αυτους η
γη της παροικησεως αυτων f. om 𝔈 | παροικησεως] ⟨παροικεσιας
20⟩. περιοικησεως m | om αυτων 2° 𝔄 Chr | απο] αμα t | αυτων
3°] αυτω c̣ αυτοις fmw ⟨αυτους 16 130⟩ om Chr

8 ωκησεν δε] κατωκησεν δε hloqtu και κατωκησεν E | σηειρ]
σιειρ defimn. σκειρ s· σεειρ h· σηηρ g· σιηρ lot σηρ w | om
ησαν 2°—(9) σηειρ cf | οτι 1°—εδωμ p | ησαν αυτος] ουτος
αυτη n | ουτος egʲaʲr εν ω | εδωμ] +κατωκει
δε ιακωβ εν τη γη ου παρωκησεν ο πηρ αυτου εν γη χανααν b

9 om αυται—(43) εδωμ 2° w | om δε c₂𝔅(hab 𝔅ᵖ⁽ᵇ⁾) | πατρος
εδωμ] pr του Ebegjnpt om d | εδεμ m | om εν—σηειρ n |
σηειρ] σιειρ deaʲ¹mpc₂*. σκειρ s· σηηρ t. σιηρ lo

10 και ταυτα τα] τα δε f | υιων] +αυτου eg | ησαυ 1°] +εισι
ταυτα f | om ελιφας—(15) ησαυ 2° 𝔅ᶠᵖ | ελιφας] ελιφας ο
ελιφαζ Eacefhᵇʔptvxc₂𝔄 ελειφαζ G ελοφας b | υιος 1°] pr ο
Eflm | αδα Atx | αδδας fiaʔ𝔄-ed αδας DEGi* rell | γυναικος
ησαυ 1°] om p· om ησαυ c₂ | και 2°—(15) ησαυ 1°] sup ras plur
litt h | και 2°—ησαυ 3°] om n. om και 𝔖 | ραγουηλ m | υιος
2°] pr ο l om f | βασεμμαθ γυναικος]. [m]at[h] ux.. 𝕃ʷ |
βασεμμαθ] μασεμμαθ oc₂· βασεματ bls*𝔄-ed𝔅ᵖ Or-lat βασ-
σεμμαθ Egj. βασσεματ amt𝔄-codd ⟨μασσαιμαθ 79⟩ βασεμμας
y· βασεματ dp𝔅ʷ | om γυναικος ησαυ c₂

11 om totum comma c₂ | εγενοντο δε]...nt aute[m] 𝕃ʷ |
οι υιοι A] post ελιφας D(+ Dˢⁱˡ) qu (om οι qu)· om οι EG omn |
ελιφας] ελιφαζ acefhᵇʔmoptx𝔄 On ελειφαζ G ελιφαθ E
θαιμαν] θεμαν E*(αι suprascr Eᵇ)bmn Themaris Anon² | ωμαν]
ωμαρ Gabcfhʔ¹aʔnrx𝔄 ομαρ dmp. Omera Anon². om 𝔅ᵖ⁽*⁾
Or-lat | σωφαρ] σοφαρ n ⟨σαφαρ 79⟩ σομαρ m. Omar 𝔅ᵖ⁽ᵐᵍ⁾
om dp: +Nomades Anon² | γοθομ] pr και x γοθωμ egj
Gotham 𝔄(-em codd) [Hebrew] 𝔖. γιθημ m γοβομ os.

χοθομ c. τοθομ l τοθωμ h ιοθομ f | om και Eadfimpr | κενεζ]
Cenes Or-lat κενετ G(uid) ενεζ D νεζ bn +και αμαληκ
ουτοι υιοι αδας γυναικος ησαυ y

12 om totum comma c₂ | θαμνα] Thamnas Or-lat θεμνα
fr αμνα dp Thamar 𝔄 Tham Anon² | om ην bd–jnpr𝔅𝔈ᶜ |
παλλακη] pr η Ebd–jnpr𝔅 | ελιφας 1°] ελιφαζ Eacefhᵇʔm–ptx
𝔄 On ελειφαζ G ελειφαδ y ελλειφας Phil-cod | om του—
ελιφας 2° m | του] ⟨post υιου 79⟩ om p | υιου] +αυτου no c |
και ετεκεν] και αυτη ετεκεν dnp Or-lat· ετεκεν δε Gacox𝔖: om
και be–l𝔅𝔈ᶜ | τω ελιφας] post αμαληκ Or-lat | ελιφας 2°] ελιφαζ
Eac–fhᵇʔnoptx𝔄 ελειφαζ G: ελιφαθ y | ⟨om του 31⟩ | om ουτοι
—ησαυ 2° y | ουτοι] pr et Or-lat. +δε Em | οι Af | om Dᵘⁱᵈ(Dˢⁱˡ)
EG rell | αδα Aqux | αδδας fiaʔr𝔄· αδας DEGi* rell | ⟨δαν 84⟩

13 om totum comma c₂ | ουτοι δε] και ουτοι p. om δε
E𝔅ᵖ | υιοι 1°] pr ου j𝔅 om Ay | ναχομ Ay] ναχ . G ναχοβ Dˢⁱˡ
Eacqux ναχωβ em𝔄 ναχεθ bhltv𝔅ʷ Nachath 𝔅ᵖ: ναχωβ s:
ναχετ dnp ναχες r ναχορ oᵃ· ναχωρ o* ναγωθ gj· μαχεθ 1.
μεχεθ f | ζαρε] pr και x και ζαρεθ ac ζαρα Chr ζορε dnp
ζαρες t | σομε] και σαμα m σομαι b· σωμαι l σομ t· σαμμα
Gacox Amma 𝔄· βοσορ egj ⟨βοσωρ 32 μοσορ 79⟩ | μοζε]
μωζαι 1 μεζα Gacmox𝔄| ουτοι 2°] sup ras (13) 1ᵃ? +δε d |
ησαν] εισιν eg𝔄𝔅 om Aly | βασεμμαθ] βασεμμαθ DˢⁱˡGefgio
qstux𝔅ᵖ⁽ᵇ⁾ ⟨βεσεμμαθ 1 μασεμαθ h ⟨μασαιμαθ 79⟩ μασσεμαθ
cvx*𝔄𝔅ʷᵖ· βασεμμαθ j βασσεμμαθ a μασσεμαθ E: βασεμμα
bm βασεματ np. βεσεματ d

14 om ουτοι—ησαν 2° g | om ουτοι—ησαν 1° y | ουτοι δε]
και ουτοι p· +ησαν Ga–fijmnortxc₂𝕃𝔖 | om υιοι qu | ελι-
βεμας] ελιβαμα h ελιβαμας afi*opc₂· ελειβαμας G ελιβαμα
x𝔅· Elibamath 𝕃 ολιβαιμας Dcjqusuv· ολιβαιμας e Olibama
𝔄 λιβεμας b ⟨ολικεμας 25⟩ εβαμον m | ανα] αν ec₂· αινα
o Ena 𝔅ʷ αιναν dnt εναν bp: Eman 𝔅ᵖ | om του p |
σεβεγων] pr του 1*· σεβαιγων j Semegon 𝔅ᵖ· σεβεων p·
Seboin 𝕃· +του εναιου x | om ετεκεν—(15) ησαυ 1° d | ετεκε δε
τω] sup ras 1ᵃ και ετεκε τω npc₂ om τω cs | τον 1°] του g |
om ιευς και τον r* | ιευς A] ιεους DEGacgjmoqsux𝔄: ιεους y
ιεουλ befᵃlnrᵃtvc₂𝔅𝕃 Anon² ιουλ 1° p | ιεγλομ] λ sup ras 1ᵇ: ιεγλωμ egj–np Ieclom Anon²·
εγλομ a: εγλωμ c₂ Eglom 𝔄-ed | om του 3° l | κορε]
m κωρες: κορρε f Correm Anon²

15 ουτοι] pr et 𝔈ᶜ𝔖 Or-lat +ησαν npt | οι Aegj] om DE
G rell | νιου Ae] νιων Dac𝔅 Or-lat νιοι EG rell 𝔄𝔈ᶜ𝔖 |
νιοι–ησαυ 2°] pr ελιφαζ (νιοι ελιφαζ d) πρωτοτοκος ησαν dp:
sub – 𝔖. οι νιοι ελιφας E· om νιοι nc₂ | ελιφας]
ελιφαζ D(contra Dˢⁱˡ)adefm–pstvxc₂𝔄 ελειφαζ G· ελιβας b
πρωτοτοκου] πρωτοτοκος Emnsc₂ +νιου f Or-lat | ηγεμων

XXXVI 15 ΓΕΝΕΣΙΣ

A Θαιμάν, ἡγεμὼν Ὠμάρ, ἡγεμὼν Σωφάρ, ἡγεμὼν Κενέζ, ¹⁶ἡγεμὼν Κόρε, ἡγεμὼν Γοθά, ἡγεμὼν 16
Ἀμαλήκ· οὗτοι ἡγεμόνες Ἐλιφὰς ἐν γῇ Ἰδουμαίᾳ, οὗτοι υἱοὶ Ἄδας. ¹⁷καὶ οὗτοι υἱοὶ Ῥαγουὴλ 17
υἱοῦ Ἡσαύ· ἡγεμὼν Νάχοθ, ἡγεμὼν Ζάρε, ἡγεμὼν Μοζέ, ἡγεμὼν Σομέ· οὗτοι ἡγεμόνες Ῥαγουὴλ
ἐν γῇ Ἐδώμ, οὗτοι υἱοὶ Μασεμμὰθ γυναικὸς Ἡσαύ. ¹⁸οὗτοι δὲ υἱοὶ Ὀλιβέμας γυναικὸς Ἡσαύ· 18
¶ G ἡγεμὼν Ἰεούλ, ἡγεμὼν Ἰεγλόμ, ἡγεμὼν Κόρε· οὗτοι ἡγεμόνες Ἐλιβέμας.¶ ¹⁹οὗτοι δὲ υἱοὶ Ἡσαύ, 19
καὶ οὗτοι οἱ ἡγεμόνες αὐτῶν· οὗτοί εἰσιν οἱ ἡγεμόνες αὐτῶν, υἱοὶ Ἐδώμ. ²⁰Οὗτοι δὲ υἱοὶ 20
Σηεὶρ τοῦ Χορραίου τοῦ κατοικοῦντος τὴν γῆν· Λωτάν, Σωβάλ, Σεβεγών, Ἀνὰ ²¹καὶ Δησὼν καὶ 21
Σάαρ καὶ Ῥεισών· οὗτοι οἱ ἡγεμόνες τοῦ Χορραίου τοῦ υἱοῦ Σηεὶρ ἐν τῇ γῇ Ἐδώμ. ²²ἐγένοντο δὲ 22
υἱοὶ Λωτὰν Χορρεὶ καὶ Αἰμάν· ἀδελφὴ δὲ Λωτὰν Θαμνά. ²³οὗτοι δὲ υἱοὶ Σωβάλ· Γωλὼν καὶ Μαν- 23

DE(G)a–jl–vxyc₂𝔄𝔅𝔈𝔏ʷ𝔖

1°—(16) κορε] om e om ηγεμων θαιμαν q | θαιμαν] θεμαν bin c₂: θαιμνα t: ⟨θεμναν 84⟩ θαμναν E. γοθομ f | om ηγεμων ωμαρ t | ωμαρ] sup ras 1ᵇ. οαρ c₂. οναρ m: Chomor Or-lat· ωμαν 𝔅ʷ· ναμαρ dp. κενεζ f· αμαληκ 1ᵃ αμαληχ r | om ηγεμων σωφαρ gj | σωφαρ] sup ras 1ᵇ. σοφαρ dlmpc₂𝔅ᵖ⁽ᵃ⁾ ωμαρ 1ᵃᵗr: θαμαν f | κενεζ] Ch[e]ne 𝔏 γοθα v. γοθομ dip γοθωμ n αμαληκ f

16 om ηγεμων κορε 𝔄-cod 𝔏 | κορε] κοραι m· ωμαρ f κενεζ diᵇ(sup ras)npv. γοθομ r | ηγεμων 2°—αμαληκ] ηγεμων ελιβανα (-βενα 1ᵃ⁾) ηγεμων ιλα (ιλλα 1ᵃ⁾) ηγεμων φινων ηγεμων μαγεδιηλ ηγεμων κορρε (κορε 1ᵃ⁾) f1ᵃ⁾ (sup ras) | γοθα] γωθα g ⟨ιωθα 71⟩ γοθομ DEG(+ ηγεμων γοθομ G*)aostxc₂· γοθωμ ce: Gothom Or-lat· Cothom 𝔏· γοθεμ 1 Gotham 𝔄.
𝔖· γογοθ m· κορε nprv· γορε d· ⟨+ηγεμων κενεζ 30⟩ | αμαληκ] αμαλειμ m· σωφαρ r | ελιφας] ελιφαζ Eac–fmn pstvxc₂𝔄 ελειφαζ G. εφφας l(uid): +πρωτοτοκου ησαυ d | γη] τη Gacdgnpx | ιδουμαια] ιδουμαιας bhi*lsty𝔅· ⟨ιουδαια 107⟩ | ουτοι 2° pr· (+δε 31 83) | υιοι] pr οι E𝔅 | αδας] αδα x: αδδας f1ᵃᵗr𝔄-ed +uxoris Esau 𝔄-codd 𝔏

17 om υιοι 1° dp | ραγουηλ] +ηγεμων ηγεμων 1 | υιου] υιοι EGbdmtuc₂· οι υιοι q υιος x. primogeniti 𝔅ʷ | ηγεμων 1°] pr duces 𝔈ᶜ· ηγεμονες m. +ηγεμων 1 | ναχοθ ADoqsux] ναχωθ beghjlty𝔄: Nachot 𝔏. ναχεθ acfirvc₂𝔅 ναχετ dp· ναχωρ E αχωθ m αχετ n | ηγεμων 2°—σομε] om 1 ⟨om ηγεμων ζαρε 79⟩ | ζαρε] ζαραι dm· [S]ara 𝔏 ζερε D· βοσορ e | ηγεμων 3°—σομε] +ηγεμων μοζε e | ηγεμων σομε] | μοζε Ay] σομε Ebgjqrsuv𝔅· σομαι Ddp ⟨σομε 20⟩. σωμαι n: Soma 𝔏 σομμε c₂· σογε f σαμμα Gamox. σαββα c: Amma 𝔄 ⟨βοσορ 79⟩ | σομε Ay] ζοβε f: μοζαι D: μωζαι m: μοζε EG rell 𝔄𝔅· ⟨βοζε 79· μωσε 20⟩ M[o]s[e] 𝔏· ⟨σωζε 25⟩ | om ουτοι 2°—εδωμ 𝔏 | ουτοι 2°] om qu· +οι E𝔅. ⟨+υιοι 16⟩ | εν γη] εν τη befgi*n υιοι dp ⟨εδωμ⟩ | εδωμ] +ζαρε σομε μοζε 1 | ουτοι 3°] ου b· δε f1ᵃᵗ𝔅 | υιοι 2°] pr οι D𝔅· om b | μασεμμαθ AD(uid)Ehi*yc₂]βασεμμαθ G(uid)ef1ᵃ⁾oq–ux· [βα]σεμα[θ] D(uid). βασεμαθ acjv𝔄𝔅ᵖ βασσεμαθ g: Basemtha 𝔅ʷ· βασεμματ n βασσεμμας b. σαβεμαθ m. βασεμαι l As[i]mmat 𝔏 σεματ dp

18 om ουτοι 1°—ησαυ Eaf1ᵃ⁾lmrc₂ | om δε n𝔅ᵖ | υιοι] pr εισιν 83 | ολιβεμας] ολιβαιμας e. ολιβεμμας D· λειβαμας G(uid) ολιβαμα x𝔄 ελιβεμας bdi*noqtᵃ⁾uv· ελιβαιμαθ h Eli[b]emat 𝔏: Elibama 𝔅· ελιβας p. ελιμας t* | γυναικος ησαυ] pr θυγατρος ανα v· om d | ηγεμων 1°—(27) ουκαν] sup ras plur litt h | ιεουλ] ιεολ dp· ιεουηλ D(contra Dˢⁱˡ)fᵃ¹*· ιουηλ f*· ισουλ s· ιεους EGacmx𝔄: ελιους o | ηγεμων 2°—+ηγεμων 1 | ιεγλομ] ιεγλων D(uid)d–giᵃ⁾jmnc₂ ιεγλον 1 | om ηγεμων κορε 1 | κορε] κοραι m. κωρε s: κορρε f | ουτοι 2°—δε q | ελιβαμας] ελιβαιμας h ελιβαμας Dao(pr υιον)pc₂ αιλιβαμας f: Elibama 𝔅· Eliba[m] 𝔏. ελιδαμας m· ολιβεμας cgjqsu. ελιβαιμας e. ολιβεμα E: ολειβαμας G: ολιβαμα x𝔄. +✳ θυγατρος ανα.... G: +θυγατρος

ανα γυναικος ησαυ D(+Dˢⁱˡ)ace–hi*jlmotxc₂𝔄𝔅𝔖(sub ※) [pr κορε l | ανα] ανας D· αναν ec₂· αιναν t Ena 𝔅ʷ: Eman 𝔅ᵖ]
19 om ουτοι 1°—ησαυ egj𝔄-ed | ουτοι δε] et hi 𝔖 | δε Ay] om DE rell 𝔄-codd 𝔅𝔈𝔏 | υιοι 1°] pr οι f· (pr εισιν 31) | om και—(23) ωμαν 𝔈ᶠᵖ | και—εδωμ] duces Edom 𝔈ᶜ | om και ⟨79⟩ 𝔏 | om ουτοι 2° p | οι 1° Ainr| om DˢⁱˡE rell | ηγεμονες 1°] pr εισιν E | om ουτοι 3°—εδωμ p | ουτοι 3°] pr και m𝔄: ilh 𝔖 | ηγεμονες αυτων 2° A] om DˢⁱˡE omn 𝔄𝔅𝔏𝔖 | υιοι 2°] pr οι Efr𝔅

20 δε] om dps𝔅ʸ εισιν h +εισιν fhiᵇ⁾r𝔅 | om υιοι hy* | σηειρ] σιειρ d–gimpc₂*. σιηρ 1 σηιρ t σειρ s· om Anon² (½) | χορραιου] χωραιου 1 χετταιου dnp𝔅ʷ Anon²(½) | του 2°—γην] qui habitabant in terra 𝔈ᶜ | την γην] Seir 𝔄-ed | σωβαλ] σοβαλ mt. Sebal 𝔄-ed Sobol 𝔅ʷ Subal Anon²· σοβαν dl: ⟨σοβαμ 31⟩ σεβαν p σωβαλι c₂· ⟨σωλβαν 25⟩ Nebal 𝔄-codd σεβεγων] pr και x: αν l αναν e Aunam Anon¹ Anor Anon² | σεμεγων Bc σεγεγων E | ανα] pr και x: αν l αναν e Aunam Anon¹ Anor Anon²
21 om και 1° p𝔄 | δησων] δεισων f: δισων egc₂: δεσων m: δαισων acox: δηεισων p διεισων p δησσων jv· ⟨δυσσων 71⟩ ·λησων bi. λησσων l | om και 2° p | σααρ Ay] ασερ acm𝔄: ασειρ dn. ασιειρ p ασαν o Anon²: Asam Anon¹ εσερ x. ασαρ DˢⁱˡE rell 𝔅𝔏 ⟨αδαρ 71⟩ | om και 3° m | ρεισων Ahipsy] ρησων aeᵃ⁾(uid)ln· ⟨ρησσων 20⟩ ρειγων d: θεισων f. δεισαν acox. ρισων DEe* rell | οι Ai] om DE rell | του Χορραιου] pr σηειρ n pr σηιρ t pr σιειρ dp ⟨pr σηιρ 76· pr σιηιρ 107⟩. Chorraeorum 𝔖 | χορραιου] ⟨pr υιου 18⟩ χωραιου 1 | om του υιου σηειρ dnpt | του υιου] filti (nom pl) 𝔈ᶜ𝔖 om υιου E | σηειρ] σιειρ ef(pr του)gi mc₂*: σιηρ 1: +του κατοικουντος y | εν τη γη] e terra 𝔄-codd. om τη Dcdlpty
22 om δε 1° g | υιοι] pr οι cfgj𝔅 | χορρει και αιμαν] Eman et Chorri Anon | χορρει] χορρι Ebghjqtuv χορρη en: Chorre 𝔅ᵖ Chorr 𝔏 χωρρει o(χωρεει o*): χωρρι lm𝔅ʷ. χωρρει d χορει s· ⟨χορι 18⟩ χωρη p: χωροι c₂ | αιμαν] εμαν bdmc₂ Emman 𝔄: 𝔖 Enam 𝔏· θαιμαν r θεμαν 1ᵃ· αιθεμαν f | αδελφη] αδελφοι lm αδελφος d· αδελφους p | om δε 2° Edp | λωταν 2°] +χωρρι και εμαν αδελφη δε m | θαμνα] θμνα f: Thamana 𝔅ʷ· Theman Anon²(½): Tham Anon²(½)
23 υιοι] pr οι f𝔅 | σωβαλ] σοβαλ dpt Sobol 𝔄: Subal Anon²· ⟨σωβαμ 31⟩· Sobad 𝔅ᵖ σοβα l: σωβαν 64: σωβλη 25⟩: σωβλαμ c₂· σογαλ m· γωλων—γαιβηλ] οδωμ t ⟨εδωμ 84⟩ | γωλων A] γολων acdnpxc₂. 𝔖: γωλωμ DEfgijoq ruy· γολωμ el γολομ v: [G]olom 𝔏 γωλαμ s: Gollam Anon²· γαλωμ ⟨79⟩ 𝔄: γωλω h𝔅· γοιων m ⟨σολωμ 77⟩· τωλαμ b | om και 1° dp | μανναχαθ Ay] μανακαθ egj μαναχεθ fi. ⟨μαναχωθ 32 μωναχαθ 20⟩ μαναχατ dp· μαναχαν n· Manachas 𝔏 μαναχα E μαναχ c₂ ναχεθ r· μαναχαθ Dˢⁱˡ rell 𝔄𝔅ʷ. Manachachat Anon¹: Macha Cath Anon²: Machath 𝔅ᵖ | om

102

ΓΕΝΕΣΙΣ XXXVI 34

24 νάχαθ καὶ Γαιβήλ, Σὼφ καὶ Ὠμάν. 24καὶ οὗτοι υἱοὶ Σεβεγών· Αἰὲ καὶ Ὠνάν· οὗτός ἐστιν ὁ
Ὠνᾶς ὃς εὗρεν τὸν Ἰαμεὶν ἐν τῇ ἐρήμῳ, ὅτε ἔνεμεν¶ τὰ ὑποζύγια Σεβεγὼν τοῦ πατρὸς αὐτοῦ. ¶ L^w
25,26 25οὗτοι δὲ υἱοὶ Ἀνά· Δησὼν· καὶ Ὀλιβεμὰ θυγάτηρ Ἀνά. 26οὗτοι δὲ υἱοὶ Δησών· Ἀμαδὰ καὶ
27 Ἀσβὰν καὶ §Ἰεθρὰν καὶ Χαρράν. 27οὗτοι δὲ υἱοὶ Σάαρ· Βαλαὰν καὶ Ζουκὰμ καὶ Ἰωυκὰμ καὶ §k
28,29 Οὐκάν. 28οὗτοι δὲ υἱοὶ Ῥεισών· Ὣς καὶ Ἀράμ. 29οὗτοι ἡγεμόνες Χορρεί· ἡγεμὼν Λωτάν,
30 ἡγεμὼν Σωβάλ, ἡγεμὼν Σεβεγών, ἡγεμὼν Ἀνά, 30ἡγεμὼν Δησών, ἡγεμὼν Σάαρ, ἡγεμὼν Ῥεισών·
31 οὗτοι ἡγεμόνες Χορρεὶ ἐν ταῖς ἡγεμονίαις αὐτῶν ἐν γῇ Ἐδώμ. 31Καὶ οὗτοι οἱ βασιλεῖς οἱ
32 βασιλεύσαντες ἐν Ἐδὼμ πρὸ τοῦ βασιλεῦσαι βασιλέα ἐν Ἰερουσαλήμ. 32καὶ ἐβασίλευσεν ἐν
33 Ἐδὼμ Βάλακ υἱὸς τοῦ Βεώρ, καὶ ὄνομα τῇ πόλει αὐτοῦ Δεννάβα. 33ἀπέθανεν δὲ Βάλακ, καὶ
34 ἐβασίλευσεν ἀντ᾽ αὐτοῦ Ἰωβὰδ υἱὸς Ζάρα ἐκ Βοσόρρας. 34ἀπέθανεν δὲ Ἰωβάβ, καὶ ἐβασίλευσεν

31 οι 1°] η E

DEa–j(k)l–vxyc₂𝔄𝔅𝔈(𝔏ʷ)𝔖

και 2° dp | γαιβηλ] γεβηλ a–dfijmnpr γεμηλ 1 γεβιηλ c₂· γαιβαλ x· γεβαλ o𝔄: γαιβη s. *Geba* Anon¹ ⟨γεδηλ 78⟩ *Ieēl* 𝔅ˡᵖ | σωφ] και σωφα f1 και σωφαν o𝔄· και σωφαν D(+Dˢⁱˡ)r· *Sofa* 𝔏: σωφαρ acquх𝔅ʷ· σοφαρ mc₂· 𐎠𐎴 𝔖 σωφαν b Anon. σωρ E: σωμ s | ωμαν] ομαν m ωμαμ D ωμα egj ωναν a*cfhilnoprv(uid)xc₂𝔄𝔅ˡᵖ𝔖 Anon. ιωναν d *Ona*[*m*] 𝔏 | ωμναν t· ⟨ομναν 76· αιμαν 71⟩

24 om και 1°—ωναν Anon¹ | και ουτοι] ουτοι δε r om και d𝔅ˡᵖ | om υιοι p | σεβεγων 1°] σεβαιγων g ⟨σεβαγων 18 σεβειγων 76⟩ ευεγων ⟨· βεγων 31⟩ ει ο αιαι bnr εαι dp· αε e *Aea* Anon¹ ναιε 𝔄· αιδι t *Aeb* 𝔏 νακαι m | ωναν] οναν m ωνα E𝔅ʷ· εναν b· αιναν c₂· αναν defⁱbnp ωμαν s *Aunam et hi filii Sebegon* 𝔏 | ουτος] ουτως c | om εστιν b | om o DEbd–hⁱᵃ¹jlmopqtu | ωνας] *Aun*[*as*] 𝔏 ανας f1ᵃ¹. αινας v(mg)c₂ νας m. ανα D(?) αινα Thdt ωναν D(?)g lqtuv(txt)𝔄𝔖· ⟨οναν 30⟩ αναν e αιναν j. εναν b. αιαναν dnp *Oman* Anon² | *fontem* 𝔄𝔖 *Laminir* Anon¹ | τον] το f | ιαμειν ADˢⁱˡEcgjr | ιαμην l Thdt εαμειν aqsu εαμιν bt𝔅 αιαμειν dnx αιαμην p αιμιν v(txt) αμην m. ιαβιν o. ιαμμειν y ⟨ιαμειμ 78⟩ ελμειν f1v(mg)c₂ | ερημω] + *Elas* Anon¹ | ⟨οτε⟩ οτι 30⟩ | ενεμεν] ευρεν b | τα υποζυγια] *oues* 𝔅ᵖ | σεβεγων 2°] σε ex corr nᵃ¹. post αυτου r σεβαιγων g ⟨σεβεγωμ 76⟩ σεβειων m. σεβων dp𝔅ʷ | om αυτου Thdt

25–30 om 𝔈ᶠᵖ

25 ανα 1°] αναν er αιναν nt. εναν bdpc₂. *Aunam* Anon¹ *Anor* Anon² | δησων] δεισων x δισων egjlm δεσων 1ᵃ δαισων abcfor. δεσωμ c₂ | om και d | ολιβεμα] ολιβαιμα eh. ολιβαμα x𝔄. ολιβαμαθ t. ολιβαμαθ cm ⟨ολιβομαθ 76⟩ ολιβα E· ⟨ολιβιαι 79⟩ ελιβεμα 10rv αιλιβεμα f ελιβαμα adnp𝔅 ελιβαμαθ b· λιβαμα c₂ *Elibathe* Anon¹ *Euibathe* Anon² | θυγατρος o | ανα 2°] αναν e ενα c₂𝔅 αιναν n εναν bdp αμαν t

26 δησων] δισων egjm. δεσων 1ᵃ¹c₂. δαισων acfor λησων 1*· *Aran* Anon¹(½) | αμαδα] αμαδαι v *Amadan* 𝔄 *Emadan* Anon αμαλα dnp αδαμα Ey αναμα l | om και 1° p | ασβαν] ασαβαν h ασβιαν r ασβα b𝔅ʷ ασβαμ v 𐎠𐎣𐎴 𝔖 εσβαν cmox 𝔄 *Asman* 𝔅ˡᵖ. ασμαμ dnp σεβαν a σεβαμ c₂ | om και 2° p | ιεθραν] ιεθραμ dnpc₂ ιθραν b. *Etheran* 𝔅ˡᵖ ⟨ιεσθραν 31 68· ιεχθραν 71: ιεφραν 78⟩ χυθραν f *Thasra* Anon¹· *Tharram* Anon² | om και χαρραν 𝔅ʷ | χαρραν] χαραν dps*· *Chorrā* Anon¹ *Corram* Anon² θαρα c₂

27 ⟨υιοι⟩ pr οι 130⟩ | σααρ Ay] ιασαρ D ασερ akoxc₂𝔄 ασσερ m· ασαρ E rell 𝔅 *Asan* Anon² | βαλααν Aacy𝔅ˡᵖ) βαλακαν x(β ex corr uid) *Ballan* 𝔄 βαλααμ qtu Anon· βαλααμ DˢⁱˡE rell. *Ballaam* 𝔅ʷ | om και 1° dp | ζουκαμ] ⟨ζωκαμ 20⟩· ζουκαν acklmoxc₂𝔄 Anon· *Zucā* Anon¹ *Zokan* 𝔅ʷ σουκαμ qu ⟨ζαμακ 31⟩ | και ιωυκαμ] om m𝔅ˡᵖ𝔈ᶜ𝔖 om

και dp𝔄 | ιωυκαμ] ιεωυκαμ D ⟨ιωκαμ 20.32. υωικαμ 79⟩ ιουκαμ b𝔅ʷ ισουκαμ l ιωυκαν ko ιωυκαν acx· ιωκαν c₂· ουκαν qu. ιωναμ 1 ιωυναν r ιωναν f *Osnican* 𝔄: *Iuscha* Anon¹ *Ioascan* Anon² | και ουκαν] sub ⸺ 𝔖· om bi*l𝔅ˡᵖ | ουκαν] ουκαμ d–h₁)jnoprtvy𝔄 ιωυκαμ qu *Iuschan* Anon¹ *Iuscā* Anon² οβειν m

28 ουτοι δε] *et hi* 𝔖 | ρεισων] ρισων egjqrtuv ρησων Ebln· ερισων c₂· ρισσων dmp | ως] os lmc₂ ους E On ωε ir Anon | αραμ] αραν D(?)acfikoprx𝔄 αρων n. *Arram* Anon²: αρραν D(?)bdmrs *Arranh* Anon¹

29 ουτοι—ηγεμων 1°] νες χορρι ουτοι ηγεμονες l | ουτοι] + δε ad–gijnpqruv𝔅ᴱᶜ | ηγεμονες ⟨pr οι 18⟩. pr υιοι f | χορρει] χορρι Eghjqs–vc₂. χορρη e· ⟨χορι 18⟩ χωρι dp χορρην b *Chorraeorum* 𝔖 | σωβαλ] σοβαλ dmpt σαβαλ v σωβαδ f1* σωβαρ E σοβλαμ c₂ σεβεγωμ l | σεβεγων] σεβαιγων gj· σεβεγωμ c₂ σαβαλ l ανα f1 δησων r | ηγεμων 4°] +ηγεμων l | ανα 4°] ανε e ενα c₂· αιναν nt εναν dp *Ania* 𝔅ˡᵖ. σερεγων r δησων f1

30 om ηγεμων 1° d | δησων] δεισων a δισων egjl δεσων p𝔅ˡᵖ δισσων m. δεσων d δεσωμ c₂ σεβεγων f1 ανα r | om ηγεμων 2° dg | σααρ ADsy] ασερ acxc₂𝔄 ασηρ dmp ασα E. ρισων r om g ασαρ rell 𝔅 | ηγεμων 3°] και d | ρεισων] ρισων Eeghjmqtuv· ρησων bln𝔅ˡᵖ· ρισσων p ⟨ρησσων 20⟩· ρισωμ c₂· ασαρ r | χορρει—αυτων] om d. om ηγεμων—ηγεμονιαις c₂ | χορρει] χωρρει x χορρι DˢⁱˡEbghjls–v χορρη q· χορει p ⟨χωρι 78⟩. *Chorraeorum* 𝔖 | γη] γη np | εδωμ] *Seir* 𝔈ᶜ

31 om και 1*𝔅ˡᵖ | οι βασιλεις] ⟨om 30⟩ om οι c₂ *Basileusantes*] βασιλευσοντες l βασιλευοντες f | om εν 1° f | εδωμ] pr γη Dacdh(+εν h*)km–qtuxc₂𝔄𝔖 | om προ—(32) εδωμ m | προ—ιερουσαλημ] *antequam regnarent filii Israhel* Anon² | βασιλευσαι] γενεσθαι y𝔅ˡᵖ om f | om βασιλεα dp | ιερουσαλημ Al] ιηλ DˢⁱˡE rell 𝔄𝔅𝔈𝔖

32 εβασιλευσαν dnp | om εν c₂ | βαλακ f1*mqsu | om υιος—(33) βαλακ n𝔈ᶠᵖ | ⟨υιος⟩ pr ο 84⟩ | om του bcdhlptc₂ | βεωρ] βαιωρ begjprx ⟨βαιων 79⟩ *Sepphor* 𝔄 +βασιλευς μωαβ dp | δενναβα] δεννεβα j *Demneba* Anon². δεναβα fc𝔅ʷ: *Dēnaba* 𝔅ˡᵖ δαναβα On: δεσναβα s δεναβαl l

33 om δε df | βαλακ] βαλαακ 1*mqs βαλεκ E· βᾱκ l | om εβασιλευσεν n | om αντ αυτου g | om αυτου—(34) αυτου dp | ιωβαδ A] ιοβαβ m. *Iobab* Anon²(½). ιωαβαβ f1· ⟨ιωβαβ 79 ιωβαθ 128⟩. ιωβακ E· ιωαβ g ιωβ a(mg) Chr Anon²(½) ιωβαβ Dˢⁱˡa(txt)yᵃ¹(βαβ y*) rell 𝔄𝔅 Thdt +ουτος εστιν ο ιωβ k(mg) Anon²(½) | om υιος—(35) αδαδ E | ζαρα] *Zare* 𝔄 βαρακ l | εκ βοσορρας] εκοσσορας a*· *Bosorras* aᵃ¹ | βοσορρας] βοσορας ei𝔄𝔅ʷ Thdt βοσσορας gjnquv𝔅ˡᵖ: βοσσωρας l βορρορας m

34—39 om 𝔈

34 ιωβαβ] ιοβαβ m: ιωβαβ 1ᵃ¹. ιωβαμ 1*· ⟨ιωβακ 31⟩ | om και—(37) σαλαμα y*(hab yᵇ in mg) | om ασομ—(35) αυτου

XXXVI 34   ΓΕΝΕΣΙΣ

Α ἀντ' αὐτοῦ Ἀσὸμ ἐκ γῆς Θεμάνων. ³⁵ἀπέθανεν δὲ Ἀσόμ, καὶ ἐβασίλευσεν ἀντ' αὐτοῦ Ἀδὰδ υἱὸς Βαράδ, ὁ ἐκκόψας Μαδιὰμ ἐν τῷ πεδίῳ Μωάβ· καὶ ὄνομα τῇ πόλει αὐτοῦ Γεθθάιμ. ³⁶ἀπέθανεν δὲ Ἀδάδ, καὶ ἐβασίλευσεν ἀντ' αὐτοῦ Σαλαμὰ ἐκ Μασέκκας. ³⁷ἀπέθανεν δὲ Σαλαμά, καὶ ἐβασίλευσεν ἀντ' αὐτοῦ Σαοὺλ ἐκ Ῥοωβὼθ τῆς παρὰ ποταμόν. ³⁸ἀπέθανεν δὲ Σαούλ, καὶ ἐβασίλευσεν ἀντ' αὐτοῦ Βαλαεννὼν υἱὸς Ἀχοβώρ. ³⁹ἀπέθανεν δὲ Βαλαεννὼν υἱὸς Ἀχοβώρ, καὶ ἐβασίλευσεν ἀντ' αὐτοῦ Ἀρὰθ υἱὸς Βαράθ· καὶ ὄνομα τῇ πόλει αὐτοῦ Φόγωρ· ὄνομα δὲ τῇ γυναικὶ αὐτοῦ Μετεβεήλ, θυγάτηρ Ματραείθ υἱοῦ Μεζοόβ. ⁴⁰ταῦτα τὰ ὀνόματα τῶν ἡγεμόνων Ἡσαῦ ἐν ταῖς φυλαῖς αὐτῶν κατὰ τόπον αὐτῶν, ἐν ταῖς χώραις αὐτῶν καὶ ἐν τοῖς ἔθνεσιν αὐτῶν· ἡγεμὼν Θαμνά, ἡγεμὼν Γωλά, ἡγεμὼν Ἰεβέρ, ⁴¹ἡγεμὼν Ἐλιβεμᾶς, ἡγεμὼν Ἡλᾶς, ἡγεμὼν Φινές,

35 παιδιω A   37 ροωβωθ Aʳ] ροωθ A*
38 om υιος—(39) βαλαεννων A*(hab Aᵐᵍ)
39 αχοβωρ] χοβωρ A* (a suprascr Aʳ) | θυγατηρ ματραειθ] ηρ μα sup ras (3) Aʳᵗ

DEa–vxyc₂𝔄𝔅𝔈𝔖

1° f | ασομ] ασσμ egilmquc₂𝔄-codd· ασσωμ j: Asor Anon² εκ γης] (pr o 83)   in terra 𝔄-ed | γης Acdp] pr της Dˢⁱˡ rell   θεμανων] θαιμανων Dˢⁱˡaceghikᵃloq–x· Theman Anon² θαιμαν dp: Thamanaeorum 𝔄-ed

35 ασομ] ασσμ egilmquc₂: ασσωμ j +εκ γης θαιμαν c*· +o εκ της γης θαιμανων quyᵇ ⟨31⟩ [[om o yᵇ | om γης 31 | θεμανων yᵇ]] | αυτου 1°] +υιος ξηρα εκ βοσορρας απεθανε δε ιωβαμ και εβασιλευσεν αντ αυτου p | αδαδ] αδαθ m. αδατ dnp· αδδα On-cod· αραδ f | βαραδ] βαραθ q βαρακ tc₂ Anon² βαδαδ ox: βαλαδ a: Arad 𝔅ʷ | [o] και 14 16.77 | εκκοψας] ενκοψας nr παταξας 1ᵃᵗ | μαδιαμ] Mazian Anon² ⟨τω πεδιω τη χωρα 20⟩ | μωαβ | γεθθαιμ] γεθθαειμ e γεθθαειμ ctx· γεττθαιμ dnp: Cetthem Anon² γεθαιμ flo γεθεμ amc₂𝔄𝔅 On-ed: γεθεα On-cod τεθθαιμ 1*

36 om δε g | αδαδ] αδατ dnp αδαμ E αδα o αδδα r: αραδ f· αγαδ m | σαλαμα A] 𝔖 Salma Anon² σελεμα m· σαδαμα hᵇ αδαμα E· σαμαλακ dpt· σαμαδα egh*, σαμαα bquyᵇ ασμαα r σαμοακ n σαμαλα D rell 𝔄𝔅 | εκ] pr o dnp. om 𝔄 | μασεκκας] βασεκκας c₂ μασεκκα qu(om ε u*) μεσεκκας v μασσεκκας a. ⟨μεσεκκας 30⟩ μασεκας dp Anon² μασσεκας ej μασρηκα(ς) On-ed· μαασρηκα(ς) On-cod ⟨σαμεεκκας 71⟩: Samaekka 𝔅(-kas 𝔅ʷ) σεκας m κας l

37 σαλαμα A] 𝔖: σαλμα E σαδαμα hᵇ· σαμαλακ dnpt· σαμαδα h*· σαμαα bquyᵇ: ασμαα r μαλακ o σαμαδα εκ μασεκκας egj ⟨16.18.73 77⟩ [[εκ] και 73 | μασσεκκας 73·77 μασεκας 16.18 μασσεκας ej]] σαμαλα D rell 𝔄𝔅 | σαουλ] σαου m· σαμουηλ 1ᵇ | εκ ροωβωθ] pro knt ex Roboth ciuitatem Anon¹: de ciuitate Roboth Anon² | ροωβωθ ⟨ροωβωθ 16⟩. ροωβωθ fi. ⟨ροβωθ 31⟩ Robooth 𝔅ᵖ Robôth 𝔅ʷ ροβωθ mc₂𝔄-codd Raboth 𝔄-ed ροωβωτ n ροβωτ dp ⟨ροωβωθ 30 73. 77. ροωβωθ 79⟩· ρωοωβωθ gj ροοθωθ e ροωθωθ r ⟨ρωβωθ 20⟩ ροωθ A*. ρογωβ l. θεβωρ E | ποταμον] ποταμων e*. ποταμιας f

38 αουλ f* | βαλαεννων] pr o c₂· ⟨βαλλαεννων 64⟩ βαλαενων Defilmp· Ballaenon 𝔄𝔅 Balaenon 𝔅ᵖ· βαλαεννων Ey ⟨βαλεεννων 71⟩ Balennon Anon²· βαλλεννων r*. βαλλενων bqu Anon¹· ⟨βαλλαων 31⟩ | αχοβωρ] αχωβωρ b· Ochobor 𝔄 αχωβαρ m: χοβωρ Dry σαχοβωρι αχοβωθ o: Agnobor Anon

39 απεθανεν—αχοβωρ] om e· om δε gl | βαλαεννων υιος αχοβωρ] και αυτος d | βαλαεννων] ⟨βαλλαεννων 64⟩ βαλαενων Dfilmp: Ballaenon 𝔄𝔅ʷ Balaemon 𝔅ᵖ. βαλαεννωρ Ey ⟨βαλεεννων 71⟩· βαλλενων bqu Anon¹· ⟨βαλλαων 31⟩ | βαλαεννων υιος αχοβωρ] pr o a· om 1ᵃᵗnprs𝔅 | αχοβωρ] αχοβορ h· Ochobor 𝔄· αχωβαρ m(ναχ- m*)· χοβωρ A*Dby σαχοβωρ 1* | om και 1° 1𝔅 | αραθ AEbhmty𝔅ᵖ] αροθ s. αραδ Dˢⁱˡegj𝔅ʷ Anon. αραμ 1: αρρατ n: αδαδ αcικονxc₂𝔄 On: αδαδ r: αρδαδ qu·

αδαλ dp· δραμ f | υιος βαραθ] pr o o· sub — 𝔖· om ⟨71⟩ Anon² | βαραθ Alty𝔅] βαρα s. φαραδ dp· βαραδ Dˢⁱˡ E rell 𝔄 Anon¹ 𝔖 | φογωρ] φωγωρ f φογορ np: φογω axA. 𝔖 | φορμωρ c₂: φοου 1ᵇ(uid)· ⟨φροαγωρ 84⟩: χοβωρ 1: ⟨χεβωρ 71⟩ | ονομα δε] και ονομα Ep𝔅 om δε b | μετεβεηλ] Metebel Anon¹· μεταβεηλ hqtuxc₂𝔄-ed𝔅ᵖ Metabel Anon²: ματεβεηλ n Matabeel 𝔅ʷ. μεηταβεηλ o μενταβεηλ a: ματεβουηλ dp ⟨μεεβεηλ 31(uid)⟩. Mesabeel 𝔄-codd· ταβεηλ c· βεβεηλ f | θυγατρι m* | ματραειθ A] ματρεθ e· Mathraith 𝔅· ματραιθ fi· ματραι h*. ματραη hᵇ. ματραδ n· Matrab Anon¹. ματρα mo· μαραιθ E: ματεθ c₂𝔄-ed: Matethr 𝔄-codd ματριδαδ dnp: ατραειθ y ματαηλ 1· ματραιθ Dˢⁱˡ rell | υιου] υιοι o· μεζοοβ AEabrvy] μεζοολ D μαιζοοβ 1kqux μεζωβ cgjm μεζωβ h Anon¹: Mezab Anon² Mazob 𝔄 Mesob 𝔅ʷ μεξοοφ dnp· ⟨μεζοωφ 76 84⟩· μεζεωφ t: μεζοοφου c₂ μεζοοκ s μαιζοολ f· μεζοζ 1: ⟨μεζεβωβ 79⟩ μεζεβωωβ e ⟨μεζεβωβ 18⟩ Ezob 𝔅ᵖ· δεζοοι o

40 ταυτα—ηγεμονων] pr και kx𝔈. hi sunt duces 𝔅ᵖ | ονοματα] σα ματα b | των ηγεμονων] pr filiorum Esau et 𝔄 ⟨των υιων 25⟩· +ουτοι ηγεμονες του χορραιου του υιου σειηρ εν τη γη εδωμ εγενοντο οι υιοι λωταν χορρι και αιμαν αδελφοι δε λωταν θαμνα ουτοι δε υιοι σωβαλ g*] ησαν] οι ησαν m | κατα τοπον] in omni loco 𝔖 | τοπον] τοπων fgx*: τοπους k𝔄𝔅: προσωπον D | αυτων 2°] +εν τοις ονομασιν αυτων qu ⟨31 128⟩ 𝔖(om τοις 31 128) om εν 2°—(43) αυτων 𝔈 | om εν 2°—και moc₂ | εθνεσιν] ονομασιν mc₂ | αυτων 4°] sub — 𝔖 +εν τοις ονομασιν αυτων ackx𝔄(pr και kx) ηγεμων θαμνα] om g om ηγεμων 1 | θαμνα] Thamana 𝔄. θαιμαν efᵃijr θεμαν f* Anon Elibamas dux Themna 𝔅ʷ· om ηγεμων 2° dl | γωλα] γολα dlp· γαλα n𝔅· Golla Anon¹ αλουα On-ed· αλλουθ On-cod θαμνα egjr θαμναν fi λωταν amxc₂𝔄𝔖 λωλαν o ιωταν c: +ηγεμων λωταν k | ηγεμων 3°] om d +ηγεμων 1 | ιεβερ A] ιεθερ DˢⁱˡEbhqsuvy: ιαθερ On ιεθεθ aclot ιεθαιθ x: ιεθαθ k𝔄𝔅ᵖ· ιεθεμ c₂· 𝔖. Iepthe Anon: ιεθοομ n· εθοομ dp ιεσλεθ m Theth 𝔅ʷ. φινων fir· φεινων gj φηνων e

41 ηγεμων ελιβεμας] om f𝔅ʷ om ηγεμων 1 | ελιβεμας] ελιβαιμας h ελιβεμαν n ελιβαμας c₂𝔅ᵖ. ελειβαμας D(uid): ελιβαμαν dp Elimas Anon². Telimas Anon¹ ολιβεμας os. ολιβαμας acm On-apᵣhier ολιβαμα kx· Olibamasa 𝔄 γωλα gijr γολα e | ηγεμων 2°] om d. +ηγεμων 1 | ηλας] ηλιας nptc₂ ιλας v ηλας d. ηλα acoxA οιλα m ηλαθ On: Alas 𝔅ᵖ: Malas 𝔅ʷ κενεζ fgijr κεναζ e | om ηγεμων 3° dl | φινες A] φινων Ebchlqtuvyc₂𝔅 On Anon²: Pynon Anon¹· φεινων Dadkpx: φηνων mn𝔄: φηνων o: φειλων s: ιεθερ egjr: ιεθεθ fi

104

ΓΕΝΕΣΙΣ XXXVII 7

⁴²⁄₄₃ ⁴²ἡγεμὼν Κενέζ, ἡγεμὼν Θαιμάν, ἡγεμὼν Μαζάρ, ⁴³ἡγεμὼν Μετοδιήλ, ἡγεμὼν Ζαφωεί· οὗτοι A ἡγεμόνες Ἐδὼμ ἐν ταῖς κατῳκοδομημέναις ἐν τῇ γῇ τῆς κτήσεως αὐτῶν. οὗτος Ἠσαὺ πατὴρ Ἐδώμ.

XXXVII ¹⁄₂ §¹Κατῴκει δὲ Ἰακὼβ ἐν τῇ γῇ οὐ παρῴκησεν ὁ πατὴρ αὐτοῦ, ἐν γῇ Χανάαν. ²αὗται δὲ αἱ § Lw γενέσεις Ἰακώβ. Ἰωσὴφ δέκα ἑπτὰ ἐτῶν ἦν ποιμαίνων μετὰ τῶν ἀδελφῶν αὐτοῦ τὰ πρόβατα, ὢν νέος, μετὰ τῶν υἱῶν Βάλλας καὶ μετὰ τῶν υἱῶν Ζέλφας τῶν γυναικῶν τοῦ πατρὸς αὐτοῦ·
3 κατήνεγκαν δὲ Ἰωσὴφ ψόγον πονηρὸν πρὸς Ἰσραὴλ τὸν πατέρα αὐτῶν. ³Ἰακὼβ δὲ ἠγάπα τὸν Ἰωσὴφ παρὰ πάντας τοὺς §υἱοὺς αὐτοῦ, ὅτι υἱὸς γήρους ἦν αὐτῷ· ἐποίησεν δὲ αὐτῷ χιτῶνα § Δ₄
4 ποικίλον. ⁴ἰδόντες δὲ οἱ ἀδελφοὶ αὐτοῦ ὅτι αὐτὸν ἐφίλει ὁ πατὴρ αὐτοῦ ἐκ πάντων τῶν υἱῶν¶ ¶ Δ₄
5 αὐτοῦ, ἐμίσησαν αὐτόν, καὶ οὐκ ἐδύναντο λαλεῖν αὐτῷ οὐδὲν εἰρηνικόν. ⁵ἐνυπνιασθεὶς δὲ Ἰωσὴφ
6 ἐνύπνιον ἀπήγγειλεν αὐτὸ τοῖς ἀδελφοῖς αὐτοῦ, ⁶καὶ εἶπεν αὐτοῖς Ἀκούσατε τοῦ ἐνυπνίου τούτου
7 οὗ ἐνυπνιάσθην. ⁷ᾤμην ὑμᾶς δεσμεύειν δράγματα ἐν μέσῳ τῷ πεδίῳ· καὶ §ἀνέστη τὸ ἐμὸν § L ͬ

XXXVII 3 ηγαπα] ηγα A   4 ειδοντες A | εμεισησαν D | ηδυναντο D^sil E
6 ηνυπνιασθην D   7 δραγματα 1°] δραχματα ADE | εμμεσω A | παιδιω A

DE(LΔ₄)a–v(w)xyc₂𝕬𝕭𝕰(𝕷 ͬ)𝕾

42 ηγεμων 1°] +ηγεμων l | κενεζ] καινεζ m· κενες bty κεναξ On· κενεζης qu Genez Anon² Cenethz Anon¹ μαζαρ ef gı ͣ¹jr. μαζερ l* | om ηγεμων θαιμαν c₂ | om ηγεμων 2° dl | θαιμαν] θεμαν Ebcdnp. θημαν k Themna Anon. ܬܝܡܢ 𝕾 ελιβεμας r· ελιβεμα e ελεβεμα j: ελιβενας fı ελιβελα g | ηγεμων 3°] om p +ηγεμων l | μαζαρ] μαζερ q Anon¹ μασαρ On-cod(uid) μαβσαρ x On-ed Nazar 𝕭 ͫ ͬ Azar 𝕭 ͫ ͮ: μετεδιηλ e· μεγεδιηλ fgij μαγεδιηλ r
43 om ηγεμων 1° dl | μετοδιηλ A] incert D μεγοδιηλ y μεγεδιηλ hqtuc₂ μαγεδιηλ abcklovx On Anon Magedel 𝕬 Negediel 𝕭 ͫ ͬ γεμεδιηλ n. εγεδιηλ d ιγεδιηλ p· μαλελιηλ E Maltel 𝕭 ͫ ͮ. μαγαδιειθ m· μαγεδι s ηλας r: ιλας egj ηιλα fı(uid) | ηγεμων 2°] om df +ηγεμων l | ζαφωει A] ζωφαει y ζωφαειμ gij On ζαφοειμ m ܙܦܘܝ 𝕾 ζαιφωειμ k. ζεφωειμ n· ζοφωειμ dp ζανφωειμ f ζαφνειμ ηγεμων l ζαφων bt ζαφοειν c₂: ζαφοιν e ζαφωειν DE rell Zaphain 𝕭 Zaboin 𝕬 Eram Fazoin Anon (-zon Anon²) | ηγεμονες] pr οι y𝕭 | εδωμ 1°] αυδωμ n | ⟨εν⟩ ταις πολεσιν 76⟩ | κατωκοδομημεναις] κατωκοδομησασιν o +αυτων k𝕭𝕾 | om εν 2° n | om της o | κτησεως] κτισεως bfhjmoxc₂*· κατοικησεως Ednp | ουτος] pr et 𝕬𝕰 ουτοι f· αυτος egj +ot | πατηρ] pr o m | παρ p

XXXVII 1 κατωκει] κατωκησε egj𝕭𝕰 παρωκησε 1 ͣ ͣ ͤ Chr | ου—χανααν] αυτου l | ου] η fmr ην 1 ͣ(uid) | om ο πατηρ αυτου N
2 om δε 1° b𝕭 ͬ (*) | ιωσηφ 1°] +δε fqu𝕭 ͫ 𝕰 | δεκα—ην] επτα και δεκα ετων ην Phil-codd ετων δεκα επτα αν aosc₂ ετων επτα και δεκα ετων c ετων ην ιζ' m ην ετων ιζ' f | επτα] pr και Equ Cyr½ | ετων] post ην r Cyr½ | ην ποιμαινων] εποιμενε n γεγονως ποιμαινων ην Cyr-ed½ +δε Phil-codd | μετα 1°—αυτου 1°] post προβατα l𝕾 om m | των αδελφων αυτου L Phil | προβατα] +του πρς αυτου Dbe-krsw𝕭𝕰 ⟨+του πρς αυτου 79⟩ | ων νεος] νεος ων Cyr-ed· om n | μετα 2°—ζελφας] pr μετα των υιων λιας και d(om και)ny συν υιοις βελλας και υιοις ζεαφας Phil-codd βαλλας] βαλας dc₂*· λειας βαλας p | om μετα των υιων 2° p | om των 4° L Phil-codd | γυναικων] παλλακων v(mg) | om του Phil-ed | αυτου 2°] αυτων c₂ | κατηνεγκαν] κατηνεγκεν La*df 1*kmnptx𝕾 Cyr-ed½ ⟨απηνεγκαν 20⟩· επηνεγκαν Chr-ed½ |

ferebant 𝕬 | ιωσηφ 2°] pr κατα 1ª ͬ post πονηρον dnp𝕬𝕭 ιακωβ h | ισραηλ—αυτων] τον πρα αυτου ιηλ r𝕰 ͬ ͬ | ισραηλ] post αυτων 𝕰 ͨ ιακωβ ly· om 𝕾 | αυτων] αυτου Lbdf1ᵃkopy𝕭 Cyr½
3 ιακωβ] ιηλ Dacxc₂𝕬𝕾 | ηγαπησεν L | υιους] .ιους Δ₄ αδελφους DEy | υιος γηρους] pr o h .σοφων Δ₄ | ην αυτω] ⟨εν αυτω 107⟩ etus erat 𝕬𝕭 | εποιησεν δε] ...εποιησεν Δ₄ | αυτω 2°] αυτον m
4 δε] om Δ₄d +αυτου D(+D)L | om αυτου 1° LΔ₄(uid) Chr½ | αυτου 1°—αυτου 3°] ο πηρ αυτον περισσοτερον των αλλων φιλει p | αυτου 1°—πατηρ] ο πατηρ αυτον φιλει Chr⅓ Cyr | αυτου εφιλει] φιλει αυτον dA om αυτον e | εφιλει—αυτου 2°] ο πατηρ αυτου φιλει Chr⅓ | εφιλει ο πατηρ] φιλει ο πηρ abckmoy𝕾 ο πηρ φιλει D^sil(D^uid)ELe–jlnq–w(εφιλει 1ª ͬ) Or-gr Chr⅓ | εφιλει] ηγα Δ₄. amat 𝕭 | αυτου 2° A𝕭 Chr⅔| αυτων Δ₄acm𝕰 ͨ ͬ om D^sil EL rell 𝕬𝕾 Or-gr Chr⅔ Cyr | εκ—υιων] παρα παντας τους υιους h 𝕬(uid)𝕭(uid) υπερ τους αλλους υιους Chr⅓ ex omnibus fratribus 𝕰 ͬ ͬ | om των υιων αυτου 𝕰 ͨ | ⟨αυτου 3°⟩ αυτον 79⟩ | ⟨εξηλωσαν 71⟩ | αυτου] +οι αδελφοι Ldhlnp +οι αδελφοι αυτου D(+D)bfjkrstw𝕭𝕰 ͬ ͬ ουκ—ουδεν] ουκ ηδυναντο λαλειν αυτω Chr⅔| λαλειν] post αυτω Lb⟨αυτο⟩cfhikn λαλησαι l λαβειν m | αυτω] αυτον m* | ουθεν D(+D)Laklm oswc | ειρηνικον] επινικιον m
5 ενυπνιασθεις] ενυπνιασθει n ενυπνιασθη s | δε] ουν f | απηγγειλεν] pr και s𝕭 ͫ ͮ ανηγγειλεν l | αυτω E*(o suprascr E ͮ)bfjn om D(contra D)acegjkmqs–vxc₂𝕬𝕰𝕾 Chr | αυτου] +και προσεθηκαν ετι μισειν αυτον acmoxc₂𝕬𝕾(sub ※) | [ετι] του c₂ | om d]
6 om αυτοις h | ακουσατε] ακουσα m· +δη ek +μου ⟨20⟩ Chr-ed | του—ου] το ενυπνιον τουτο ο c₂ | τουτου] pr μου k𝕭 μου f om dpy𝕬 | ου ενυπνιασθην] ου ενυπνιασαμην Lbdnpw om Chr
7 ωμην—πεδιω] ecce eramus in campo ⟨medio campi 𝕭 ͬ ͬ⟩ ligantes manipulos 𝕭 | ωμην—δραγματα 1°] uidebam manipulos uestros 𝕰 | ωμην] οιομην n ͫ uidebam 𝕾 +εγω t | υμας ημας fıkmn–x𝕬 Phil-ed Chr-codd Cyr-ed om c₂ | δεσμευειν] post δραγματα 1° f𝕬 δεσμειν c₂ | om μεσω Do𝕬 | του πεδιου Ecdfılmnprwc | και ανεστη] ....rexit 𝕷 ανεστη δε Phil |

XXXVII 2 κατηνεγκαν—πονηρον] σ' et ferebat Ioseph calumniam malam super eos 𝕾 | κατηνεγκαν] α' ο συρος και ο εβραιος κατηνεγκεν jc₂(om α'): α' κατηνεγκεν σ' και εφερεν v
3 ποικιλον] α' στραγαλων σ' χειριδωτον η καρπωτον v

A δράγμα καὶ ὠρθώθη· περιστραφέντα δὲ τὰ δράγματα ὑμῶν προσεκύνησαν τὸ ἐμὸν δράγμα
8 εἶπαν δὲ αὐτῷ οἱ ἀδελφοί Μὴ βασιλεύων βασιλεύσεις ἐφ' ἡμᾶς, ἢ κυριεύων κυριεύσεις ἡμῶν; 8
καὶ προσέθεντο ἔτι μισεῖν αὐτὸν ἕνεκεν τῶν ἐνυπνίων αὐτοῦ καὶ ἕνεκεν τῶν ῥημάτων αὐτοῦ.
§ Δ4 9 Ἴδεν δὲ ἐνύπνιον ἕτερον, καὶ διηγήσατο αὐτὸ τῷ πατρὶ αὐτοῦ καὶ τοῖς ἀδελφοῖς αὐτοῦ, καὶ εἶπεν 9
¶ Δ4 Ἰδοὺ ἐνυπνιάσθην ἐνύπνιον ἕτερον· ὥσπερ ὁ ἥλιος καὶ ἡ σελήνη καὶ ἕνδεκα¶ ἀστέρες προσεκύνουν
με. 10 καὶ ἐπετίμησεν αὐτῷ ὁ πατὴρ αὐτοῦ καὶ εἶπεν Τί τὸ ἐνύπνιον τοῦτο ὃ ἐνυπνιάσθης; ἆρά 10
γε ἐλθόντες ἐλευσόμεθα ἐγώ τε καὶ ἡ μήτηρ σου καὶ οἱ ἀδελφοί σου προσκυνῆσαί σοι ἐπὶ τὴν γῆν;
11 ἐζήλωσαν δὲ αὐτὸν οἱ ἀδελφοὶ αὐτοῦ· ὁ δὲ πατὴρ αὐτοῦ διετήρησεν τὸ ῥῆμα. 12 Ἐπο- 11 12
ρεύθησαν δὲ οἱ ἀδελφοὶ αὐτοῦ βόσκειν τὰ πρόβατα τοῦ πατρὸς αὐτῶν εἰς Συχέμ. 13 καὶ εἶπεν 13
Ἰσραὴλ πρὸς Ἰωσήφ Οὐχ οἱ ἀδελφοί σου ποιμαίνουσιν ἐν Συχέμ; δεῦρο ἀποστείλω σε πρὸς
αὐτούς. εἶπεν δὲ αὐτῷ Ἰδού ἐγώ. 14 εἶπεν δὲ αὐτῷ Ἰσραήλ Πορευθεὶς ἴδε εἰ ὑγιαίνουσιν οἱ 14
ἀδελφοί σου καὶ τὰ πρόβατα, †καὶ† ἀνάγγειλόν μοι. καὶ ἀπέστειλεν αὐτὸν ἐκ τῆς κοιλάδος τῆς
Χεβρών· καὶ ἦλθεν εἰς Συχέμ. 15 καὶ εὗρεν αὐτὸν ἄνθρωπος πλανώμενον ἐν τῷ πεδίῳ· ἠρώτησεν 15
δὲ αὐτὸν ὁ ἄνθρωπος λέγων Τί ζητεῖς; 16 ὁ δὲ εἶπεν Τοὺς ἀδελφούς μου ζητῶ· ἀπάγγειλόν μοι 16
ποῦ βόσκουσιν. 17 εἶπεν δὲ αὐτῷ ὁ ἄνθρωπος Ἀπήρκασιν ἐντεῦθεν· ἤκουσα γὰρ αὐτῶν λεγόντων 17

7 δραγμα 1°] δραχμα ADE | δραγματα 2°] δραγχματα A δραχματα DE | δραγμα 2°] δραγχμα A: δραχμα D
9 ειδε[ν] D^{sil} 10 επετειμησεν A
14 και 2°] ει A 15 πλανομενον E*(-νωμ- E^b) | παιδιω AE*(πεδ- E^a)

D EL(Δ4)a–yc₂ 𝔄𝔅𝔈𝔏ʳ𝔖

ανωρθωθη dfi$^{a?}$jlnprtw Chr | περιστραφεντα δε] και περιστραφεντα ackmopxc₂𝔏 om δε d𝔅^{lp} | δραγματα υμων] υμων δραγματα mr υμετερα δραγματα Chr½ | προσεκυνησεν b | το εμον δραγμα 2°] τω εμω δραγματι Cyr-ed

8 ειπον a–dfim–pc₂ | om αυτω l | οι αδελφοι] om y𝔈 +αυτου D^{sil}Eabce–hi^{a}kmqrsuw𝔄𝔅𝔏𝔖 | om βασιλευων dp | βασιλευσης f–ikorsx$^{a?}$c₂ Phil-cod-unic Chr-ed | om εφ f*g*h | ημας] υμας p* ημων ahilmortx ημιν Phil | κυριευσεις] κυριευσης f–ikx$^{a?}$ Phil-cod-unic Chr-ed κυριευεις E | ημων] ημιν l ημας f εφ ημας c | προσεθετο n | ετι] pr το e om m𝔅 Phil ⟨+το 18⟩ | ενεκεν 1°] ενεκα Phil | om των 1°—ενεκεν 2° m | του ενυπνιου p𝔈 | αυτου 1°] αυτων b | om και 2°—αυτου 2° Lf x*𝔄-cod | ενεκεν 2°] ενεκα Phil om p𝔅^{lp} Chr | ρηματων] λογων E | αυτου 2°] τουτων m

9 ιδεν] ειπε bk. ενυπνιασθη Δ4 | δε] +και d | ενυπνιον 1°] post ετερον 1° fikrw𝔄𝔏 | om και 1°—ετερον 2° p | διηγησατο] απηγγειλεν w | αυτο] αυτω cdhn*y om Ej𝔄 Phil | τω—και 2°] — patri suo ⸓ ÷ et ⸓ 𝔖 om Δ4(uid)𝔅^w | om αυτου 1° Phil | om και 2°—αυτου 2° m𝔈 | αυτου 2°] om Cyr-cod +et patri suo 𝔅^w | om ιδου—ετερον 2° Phil | ενυπνιασθην Aefgjmy] pr ego 𝔅^w ενυπνιασθεις ενυπνιασαμην i ενυπνιασαμην D^{sil}E rell Cyr(post ενυπνιον 2° l Cyr-cod) uidebam 𝔄. om L | ενυπνιον ετερον 2°] aliud somnium 𝔏 | ωσπερ] ωμην οτι περ f και ιδου Δ4 et ita somnium eius 𝔈 +ecce 𝔅 | om ο f* Phil-cod-unic½ | om η Chr | ενδεκα] pr οι m ε .... Δ4 οι L Or-gr | με] μοι ln Or-gr Chr

10 και 1°] pr και διηγησατο αυτο τω π̄ρ̄ι αυτου και τοις αδελφοις αυτου acmxc₂𝔖(sub ※) | αυτω] αυτον flx· om c | om αυτου Phil | ειπεν A𝔄𝔅^{lp} Phil] +αυτον k +αυτω D^{sil}EL rell 𝔅^{w}𝔈𝔏𝔖 Chr Cyr | τουτο το ενυπνιον jv | τουτο] om c₂𝔄 Phil½ +fili mi 𝔅 | om ο 2° Phil½ | ενυπνιασθης] ενυπνιασθει c. +τεκνον fi$^{a?}$r | om ελθοντες p𝔈 Phil½ Chr½ | om τε fikms xc₂ Phil | om σου 1° Phil⅔ | om σου 2° Phil⅓ Chr½ | προσκυνησουσιν b | σοι] σε mpt Phil⅓

11 om δε 1° g | αυτον] post αυτου 1° m om Lr* Chr | om οι r* | om αυτου 1° Phil | om ο—αυτου 2° y* | αυτου 2°] eorum 𝔈^{fp} om dfikm–pwc₂𝔄𝔏 Phil Chr | διετηρησεν] διετηρει E𝔄𝔅 Cyr notauit sibi 𝔏

12 ⟨om totum comma 31⟩ | ⟨βοσκειν] pr του 18⟩ | προβατα] +αυτων v(mg) | om του πατρος 𝔈^{fp} | εις] εν dp

13 ισραηλ προς ιωσηφ] προς ιωσηφ ο π̄η̄ρ αυτου e | προς 1°] τω or | ουχ] ουχι degnpu Cyr-ed(+γαρ) ουκ ιδου l𝔅^{lp} Chr½ Cyr-cod(+γαρ) ιδου Phil½ om 𝔈^p | om οι n | ποιμαινουσιν] προσμενουσιν dp βοσκουσιν Chr½ om 𝔈 | εν] εις D^{sil}ELabc e–kqrsuvyc₂ Chr | σιχεμ Cyr-ed | δευρο] +και a· +ουν Phil½ | αποστειλω] αποστελω degjnpy Cyr-ed αποστελλω f | ειπεν δε] ο δε ειπεν Phil και ειπεν ht Cyr et respondit 𝔏 | om αυτω—(14) δε mw | αυτω] ιωσηφ df om h𝔏 Phil +ιωσηφ nop𝔅^w

14 ειπεν δε] και ειπεν hk | αυτω] προς αυτον m. om egj | ισραηλ] sub — 𝔖 ⟨ο π̄η̄ρ 71⟩ om c𝔈𝔏 Phil Chr | πορευθεις] +δη k | om ει cejw | σου] σοι t om n | και 2°] ει A om cd j$^{a?}$𝔅^{lp} | αναγγειλον] pr ελθων m απαγγειλον Dbdknopv(txt) x | μοι] +ρημα acmxc₂𝔄(uid)𝔖(sub ※) +το ρημα v(mg) | και απεστ] απεστ δε a | αυτον] αυτους f | om της 2° dp | χεβρων] χεβρω v χεφρων w χεμβρων j χελβων L | ηλθον c₂* | συχεμ] Sych 𝔏

15 αυτον 1°] post ανθρωπος 1° Phil-ed½ αυτω f | εν τω πεδιω] εν τη οδω y Phil⅓ τη οδω w | ηρωτησεν δε] και ηρωτησεν egj Phil½ και επηρωτησεν v(mg)w et interrogauit 𝔏 om δε h | om ο ανθρωπος 𝔈 Phil½ | om λεγων bwc₂𝔏 Phil | τι ζητεις] quid quaereret 𝔏

16 ο δε ειπεν] et dixit ei Ioseph 𝔈 +αυτω Lir | τους—(17) δε] om f· om τους—ζητω 𝔈 | ζητω] pr εγω Phil½ | αναγγειλον D(+D)La-dhikm–prsvwxc₂ Phil Chr | μοι] +δη k | βοσκουσιν] +fratres mei 𝔈

17 om δε Phil-cod½ | αυτω] post ανθρωπος Phil-cod½: om s | ⟨om ο 31⟩ | απηρκασιν] απηρηκασιν l απηρασιν i*(uid)m: απηραν i^a | ηκουσα γαρ] et audiui 𝔄𝔈(+autem) | γαρ] autem

7 περιστραφεντα δε] α' και ιδου εκυκλωσα σ' και ωσανι περιεκυκλωσαν v
14 ει—προβατα] α'σ' την ειρηνην των αδελφων σου και την ειρηνην των βοσκηματων σου j(sine nom)v𝔖[[σου 2°] eorum]] α' την ειρηνην των αδελφων σου και των βοσκηματων c₂

Πορευθῶμεν εἰς Δωθάειμ. καὶ ἐπορεύθη Ἰωσὴφ κατόπισθεν τῶν ἀδελφῶν αὐτοῦ, καὶ εὗρεν A
18 †αὐτοὺς† εἰς Δωθάειμ. ¹⁸πρόιδον δὲ αὐτὸν μακρόθεν πρὸ τοῦ ἐγγίσαι αὐτὸν πρὸς αὐτούς· καὶ
19 ἐπορεύοντο ἀποκτεῖναι αὐτόν. ¹⁹εἶπαν δὲ ἕκαστος¶ πρὸς τὸν ἀδελφὸν αὐτοῦ Ἰδοὺ ὁ ἐνυπνια- ¶ L
20 στὴς ἐκεῖνος ἔρχεται· ²⁰νῦν οὖν δεῦτε ἀποκτείνωμεν αὐτόν, καὶ ῥίψομεν αὐτὸν εἰς ἕνα τῶν λάκκων,
21 καὶ ἐροῦμεν Θηρίον πονηρὸν κατέφαγεν αὐτόν· καὶ ὀψόμεθα τί ἔστιν τὰ ἐνύπνια αὐτοῦ. ²¹ἀκού-
σας δὲ Ῥουβὴν ἐξείλατο αὐτὸν ἐκ τῶν χειρῶν αὐτῶν, καὶ εἶπεν Οὐ πατάξομεν αὐτὸν εἰς ψυχήν.
22 ²²εἶπεν δὲ αὐτοῖς Ῥουβήν Μὴ ἐκχέητε αἷμα· ἐμβάλετε δὲ αὐτὸν εἰς ἕνα τῶν λάκκων τῶν ἐν τῇ
ἐρήμῳ, χεῖρα δὲ μὴ ἐπενέγκητε αὐτῷ· ὅπως ἐξέληται αὐτὸν ἐκ τῶν χειρῶν αὐτῶν καὶ ἀποδῷ
23 αὐτὸν τῷ πατρὶ αὐτοῦ. ²³ἐγένετο δὲ ἡνίκα ἦλθεν Ἰωσὴφ πρὸς τοὺς ἀδελφοὺς αὐτοῦ, ἐξέδυσαν
24 τὸν Ἰωσὴφ τὸν χιτῶνα τὸν ποικίλον τὸν περὶ αὐτόν, ²⁴καὶ λαβόντες αὐτὸν ἔρριψαν εἰς τὸν
25 λάκκον· ὁ δὲ λάκκος ἐκεῖνος ὕδωρ οὐκ εἶχεν. ²⁵ἐκάθισαν δὲ φαγεῖν ἄρτον· καὶ ἀναβλέψαντες
τοῖς ὀφθαλμοῖς ἴδον, καὶ ἰδοὺ ὁδοιπόροι Ἰσμαηλεῖται ἤρχοντο ἐκ Γαλαάδ, καὶ οἱ κάμηλοι αὐτῶν
26 ἔγεμον θυμιαμάτων καὶ ῥιτίνης καὶ στακτῆς· ἐπορεύοντο δὲ καταγαγεῖν εἰς Αἴγυπτον. ²⁶εἶπεν
δὲ Ἰούδας πρὸς τοὺς ἀδελφοὺς αὐτοῦ Τί χρήσιμον ἐὰν ἀποκτείνωμεν τὸν ἀδελφὸν ἡμῶν καὶ

17 αδελφων—αυτους] om και ευρεν αυτους A^{*uid}(φων αυτου και in mg, ευρε sup ras A^{b}, αυτου loco αυτους A)
18 προειδον DE | αυτον 1°] αυτῶ E 22 εκχεηται A | εξελητε D 23 χιτονα E
25 εκαθεισαν A | ισμαηλιται *D*^{sil}(D^{uid})E 26 αδελφων E*(-ον E^{a})

*D*E(L)a–yc_2𝔄𝔅𝔈𝔏^{r}𝔖

𝔏 | πορευθωμεν] πορευσωμεθα m *ibimus* 𝔈 | δωθαειμ 1°] δωθαιμ t δωθαημ n· δοθαειμ Lepwc_2· δοθαιμ Cyr· δοθαημ d· δωθαειν k δωθαιν Phil⅓ *Dothain* 𝔏. δωθασιμ qu· δωθαμα l: θωδαειμ m. δομεθαειμ Chr-ed | om και 1°—δωθαειμ 2° E | ιωσηφ] pr ο f: + εις δωθαειν k | κατοπισθεν] κατοπισω i· κατοπιν Phil οπισθεν egj. οπισω f | εις 2°] εν Labdfik–npqs–xc_2 𝔅(uid) Phil om 𝔏 | δωθαειμ 2°] δωθαιμ t δοθαειμ Lepwc_2 δοθαημ d δωθαειν k δωθαιν Phil· *Dothain* 𝔏 δωθασιμ qu θωδαειμ m

18 om totum comma d | προιδοντες fy𝔅 | δε] γαρ p ⟨om 31⟩ | αυτον 1°] + *fratres* 𝔄𝔅(+ *eius*) | μακροθεν] pr απο a | om αυτον 2° *D*ELeghjlqsu | om προς αυτους Chr | om και f𝔅 | επορευοντο A] επονηρευσαντο egjnops𝔄𝔅𝔈 επονηρευοντο D(+ *D*^{sil})EL rell 𝔏𝔖 Chr | αποκτειναι Aquy Chr½] pr του *D*^{sil}EL rell Chr½

19 ειπαν] ειπον dnp: ειπεν abcfiklmorwc_2𝔅 Chr | ⟨τον αδελφον αυτου] αλληλους 107⟩ | αδελφον] πλησιον egj | ιδου] ιδε Cyr½ | ενυπνιασθεις dfgp(-θης)qt | εκεινος] om m𝔄. + που w

20 om νυν ουν s𝔄𝔈 Chr¾ | δευρο c_2 | αποκτεινομεν bo | ριψομεν Ac^{a}d] ριψωμεν DEc* rell 𝔅𝔈𝔏 Chr Cyr | om αυτον 2° ⟨31⟩ 𝔄 | εις] εφ Cyr | των λακκων] λακκον f𝔏· + τουτων l𝔅𝔈 | ερουμεν] ειπωμεν Chr½ *dicamus* 𝔈 | om πονηρον l | ⟨εφαγεν 14 16.130⟩ | οψομεθα] οψωμεθα ai*lnty Chr¼ ιδωμεν Chr¾ *uideamus* 𝔈 γνωσομεθα fi^{b}r𝔅^{lp} | εστιν Ay𝔈(uid)] εσται DE rell 𝔄𝔏𝔖 Chr Cyr *facient* 𝔅

21 ρουβην] ρουβιν tx$^{a?}$ ρουβημ hkq: ρουβειμ emp Chr Cyr-ed ρουβιμ dfgijln | εξειλατο] εξειλετο egh^{b}jnqtuc_2 εξελετο c | εκ των χειρων] ⟨εκ της χειρος 107⟩ εκ χειρος p· *e manu* 𝔈^{cf} | και ειπεν] λεγων Cyr: om n | ου] ει p | παταξομεν] παταξωμεν bfghnvy𝔅^{lp}𝔏 Chr παταξομεθα l· *occideritis* 𝔈 | εις ψυχην] εν ψυχη n

22 ειπεν—ρουβην] *et* 𝔈. om d Chr | αυτοις] αυτω p· om n | ρουβην] ρουβιν tx$^{a?}$ ρουβημ hkq ρουβειμ emp Cyr-ed: ρουβιμ fgijln | εκχεητε] εκχεετε cdfmpquw(-ται cdf) | αιμα] om p: + *eius* 𝔅𝔏𝔈^{cf} | εμβαλετε δε] αλλα εμβαλετε ⟨128⟩ Chr½ | εμβαλετε] εμβαλετο t εμβαλατε dh*n εμβαλλετε fm Chr Cyr-ed· εμβαλλατε *D*(?) | om δε 2° *D*^{sil}Edegjklnpqstuv(txt)xc_2𝔅𝔈𝔖 Chr½ Cyr | ενα των λακκων Ay] + τουτων D(?)bfirw𝔅^{lp}𝔈 Cyr-ed τον λακκον τουτον *D*(?)E rell 𝔅^{w}(om τουτον)𝔏𝔖 Chr Cyr-cod· *cisternam unam* 𝔄 | των 2° AD(?)biry𝔅^{lp}𝔈 Cyr-ed] om cfl–ow𝔄 τον *D*(?)E rell 𝔅^{w}𝔏𝔖 Chr Cyr-cod | om εν τη ερημω n | επενεγκητε] ενεγκητε mp· ενεγκετε d ⟨ενεγκατε 107⟩ *inferamus* 𝔅 | οπως] ⟨pr εζητει γαρ 31 83⟩ pr ειπε δε ουτως Cyr-ed pr *hoc autem dixit* 𝔅 pr *et ita dicebat Robel* 𝔈^{c}. pr *et* 𝔈^{fp} | εξεληται] εξελειται Ebclnt εξειλατο p | αυτον 2°] + *cupiuit* 𝔈^{p} | εκ των χειρων] *e manu* 𝔈 | και] ελεγεν δε ταυτα οπως k + ειπεν ταυτα οπως m | αυτου] αυτων dp𝔖 + *dicebat hoc* 𝔈^{p}

23 εγενετο δε ηνικα] ηνικα δε d | ⟨προς] εις 79⟩ | τον ιωσηφ] pr αυτον g αυτον nv(mg)𝔈 om 𝔄 om τον *D*^{sil}abdi*mowxc_2 | χιτωνα τον ποικιλον] ποικιλον χιτωνα p | χιτωνα] + αυτου Dacfk moxc_2𝔄𝔖(sub ※) | τον περι αυτον] *ab eo* 𝔄 om fn Chr | αυτον] αυτω d

24 om και λαβοντες e𝔅^{lp} | αυτον ερριψαν] ερριψαν αυτον e𝔄𝔅^{lp} om αυτον k + αυτον lqtu𝔅^{w}𝔖 | εκεινος Adnpy Cyr-cod] om l + κενος k. κενος D(+ *D*^{sil})E rell 𝔄𝔏(+ *erat*)𝔖 Clem Cyr-ed· ην κενος ⟨20⟩ 𝔅 Chr *nouus* 𝔈 | ειχεν] εχων kquw Chr

25 φαγειν] pr του Chr | αρτους v(mg)𝔏(uid) | και αναβλεψαντες] αναβλεψαντες δε m | ιδον και] ορωσι και w om 𝔅^{lp} om και 𝔈 | οδοιποροι—γαλααδ] *mercator aliquis ueniebat e Galaad Ismaelites is* 𝔈^{fp} | ισμαηλειται] ισμαλιται w + εμποροι dfi$^{b?}$npt Thdt(uid) | ηρχοντο] ηλθον o | εκ] εν fnc_2 | ⟨γαλααδ] pr της γης 31 pr γης 20 γαλαδα 79⟩ | οι Afioy] om g* αι DEg$^{a?}$ rell | ⟨εγεμον] βριθουσαι 20⟩ | om και 4° dp𝔄 | ριτ και στακ] *styracis et resinae* 𝔄 | ριτινης] ρητινης *D*^{sil}abcefhilrstvwyc_2 ρειτινης k ⟨κηριν 130^{b}⟩ | στακτης] στακτη E ⟨πιαγαριν 130^{b}⟩ | επορευοντο] εκπορευοντο n επορευετο o | καταγαγειν] καταγειν Eb ⟨απαγαγειν 18⟩ *euntes* 𝔅^{lp}(uid) *et descendebant* 𝔈

26 χρησιμον] ⟨το κερδος 32 οτι 18⟩ | αποκτεινομεν bikm x$^{a?}$ | om και—αυτου 2° f | κρυψομεν bdkmsx$^{a?}c_2$

18 επορευοντο] α′ σ′ εδολιευσαντο j(sine nom)𝔖 α′ σ′ εδολιευοντο v 25 θυμιαματων] α′ στυρακος jv
26 τι χρησιμον] α′ τι πλεονεκτημα αλλοι δε τι κερδος j α′ τι πλεονεκτημα σ′ τι κερδος vc_2 α′ σ′ *quid lucrum* 𝔖 | χρησιμον] το πλεονεκτημα αλλος δε το κερδος c

XXXVII 26   ΓΕΝΕΣΙΣ

Α κρύψωμεν τὸ αἷμα αὐτοῦ; ²⁷δεῦτε ἀποδώμεθα αὐτὸν τοῖς Ἰσμαηλίταις τούτοις, αἱ δὲ χεῖρες ἡμῶν 27
§ 𝕷ᵛ μὴ ἔστωσαν ἐπ' αὐτόν, ὅτι ἀδελφὸς ἡμῶν καὶ σὰρξ ἡμῶν ἐστίν. §ἤκουσαν δὲ οἱ ἀδελφοὶ αὐτοῦ.
²⁸καὶ παρεπορεύοντο οἱ ἄνθρωποι οἱ Μαδιηναῖοι οἱ ἔμποροι, καὶ ἐξείλκυσαν καὶ ἀνεβίβασαν τὸν 28
Ἰωσὴφ ἐκ τοῦ λάκκου· καὶ ἀπέδοντο τὸν Ἰωσὴφ τοῖς Ἰσμαηλίταις εἴκοσι χρυσῶν· καὶ κατή-
γαγον τὸν Ἰωσὴφ εἰς Αἴγυπτον. ²⁹ἀνέστρεψεν δὲ Ῥουβὴν ἐπὶ τὸν λάκκον, καὶ οὐχ ὁρᾷ τὸν 29
Ἰωσὴφ ἐν τῷ λάκκῳ· καὶ διέρρηξεν τὰ ἱμάτια αὐτοῦ. ³⁰καὶ ἀνέστρεψεν πρὸς τοὺς ἀδελφοὺς 30
¶ D αὐτοῦ καὶ εἶπεν Τὸ παιδάριον¶ οὐκ ἔστιν· ἐγὼ δὲ ποῦ πορεύομαι ἔτι; ³¹λαβόντες δὲ τὸν χιτῶνα 31
τοῦ Ἰωσὴφ ἔσφαξαν ἔριφον αἰγῶν καὶ ἐμόλυναν τὸν χιτῶνα αἵματι ³²καὶ ἀπέστειλαν τὸν 32
χιτῶνα τὸν ποικίλον καὶ εἰσήνεγκαν τῷ πατρὶ αὐτῶν, καὶ εἶπαν Τοῦτον εὕρομεν· ἐπίγνωθι εἰ
¶ 𝕷ᵛ χιτὼν τοῦ υἱοῦ σού ἐστιν ἢ οὔ. ³³καὶ ἐπέγνω αὐτὸν καὶ εἶπεν Χιτὼν τοῦ υἱοῦ μού ἐστιν·¶ θηρίον 33
πονηρὸν κατέφαγεν αὐτόν, θηρίον ἥρπασεν τὸν Ἰωσήφ. ³⁴διέρρηξεν δὲ Ἰακὼβ τὰ ἱμάτια αὐτοῦ, 34
§ 𝕷ᵛ καὶ ἐπέθετο σάκκον ἐπὶ τὴν ὀσφὺν αὐτοῦ, καὶ ἐπένθει τὸν υἱὸν αὐτοῦ ἡμέρας τινάς. §³⁵συνήχ- 35
θησαν δὲ πάντες οἱ υἱοὶ αὐτοῦ καὶ αἱ θυγατέρες, καὶ ἦλθον παρακαλέσαι αὐτόν· καὶ οὐκ ἤθελεν
¶ 𝕷ᵛ παρακαλεῖσθαι, λέγων¶ ὅτι Καταβήσομαι πρὸς τὸν υἱόν μου πενθῶν εἰς ᾅδου· καὶ ἔκλαυσεν
αὐτὸν ὁ πατὴρ αὐτοῦ. ³⁶οἱ δὲ Μαδιηναῖοι ἀπέδοντο τὸν Ἰωσὴφ εἰς Αἴγυπτον τῷ Πετρεφῇ τῷ 36
σπάδοντι Φαραὼ ἀρχιμαγείρῳ
¹Ἐγένετο δὲ ἐν τῷ καιρῷ ἐκείνῳ κατέβη Ἰούδας ἀπὸ τῶν ἀδελφῶν αὐτοῦ, καὶ ἀφίκετο ἕως 1 XXXVIII

32 ει] η E   34 επενθη E   36 αρχιμαγηρω E   XXXVIII 1 αφεικετο A

(D)Ea–yc₂𝔄𝔅𝔈𝕷ʳ⁽ᵛ⁾𝔖

27 δευρο c₂ | αποδωμεθα] αποδωμεν dia†(-δομ-)ry αποδω-
σωμεν m | αυτον 1°] Ioseph 𝕷 | om τουτοις 𝔄𝔅 | ⟨επ αυτον⟩
επι τουτον 25⟩ | αδελφος] pr o Chr | om ημων 2° Db1l𝔄𝕷 |
om και σαρξ ημων 𝔈ᵖ | ηκουσαν δε] ⟨επηκουσαν δε 32⟩: et
obaudierunt 𝕷ʳ ..adquieuerunt 𝕷ᵛ +αυτου DA𝔅𝔈𝔖
28 παρεπορευοντο] ηλθον m | ⟨om οι 1° 77⟩ | ανθρωποι–
εμποροι] ισμαηλιται E𝔈(+uendiderunt eum ad eos 𝔈ᶠᵖ) | μαδιη-
ναιοι] μαδιηναιοι b–egj(txt)lc₂𝔅· μαδηναιοι mpy. Madianei 𝕷ʳ
ισμαδιηαι n   ισμαηλιται j(mg)v(mg)𝕷ᵛ | om οι 3° dhi*lp | εξειλ-
κυσαν] ειλκυσαν o   declinauerunt 𝔖   +fratres eius 𝔈 | και
ανεβιβασαν] et eiecerunt 𝕷ʳ om 𝕷ᵛ | τον ιωσηφ 1°] αυτον f𝔈
Chr | εκ] απο ⟨20⟩ Chr | και απεδοντο] και απεδοτο f· απε-
δοντο δε 1 | τον ιωσηφ 2°] αυτον fnp𝕷ᵛ Chr   +εκ του λακκου
u* | ⟨om τοις ισμαηλιταις 14⟩ | εικοσι] τριακοντα uᵇ· decem 𝔈ᶠᵖ |
χρυσιων ar*(uid) | κατηγαγον] ⟨απηγαγον 71⟩· duxerunt 𝕷ᵛ·
dederunt 𝔅ʷ𝕷ʳ | τον ιωσηφ 3°] αυτον h
29 ανεστρεψεν] ανεστρεφεν m ⟨ανεδραμε 32⟩ | ρουβην] ρουβιμ
xᵃ?   ρουβημ hkq· ρουβειμ emp Chr Cyr-ed   ρουβιμ dfgijlntᵃ
(ρουβι t*) | επι τον λακκον] εν τω λακκω dmp | επι] εις oc₂ |
ορα] uidit 𝔅𝕷𝔖(txt)   ευρεν lx𝔄𝔈𝕷ᵛ𝔖(mg) | τον ιωσηφ] αυτον
d𝔈ᶠᵖ | om εν τω λακκω 𝔈 Chr | διερρηξαν p*
30 ανεστρεψεν] απεστρεψεν dlmnpc₂· επεστρεψεν abcikoqr
sux Or-gr   υπεστρεψεν Df | ειπεν] ειπον egj | παι-
διον k | ειπεν] +εν τω λακκω Ebefgjkorw𝔈   +ibi 𝔄 | om που
1 | πορευομαι] πορευσομαι abdejmoptvwc₂𝔄(uid)𝔅 Or-gr Chr
Cyr   πορευσωμαι cgn   πεπορευμαι E· εισπορευομαι s   εισπο-
ρευσομαι i𝕷 | om ετι 𝔄𝔅𝕷
31 om δε s* | του] τω E   τον orv: om adc₂ | αιγων] αυτων
o* | ⟨εμολυναν⟩ εβαψαν 32⟩ | χιτωνα 2°] +του ιωσηφ s | om
αιματι–(32) χιτωνα b | αιματι As] pr εν τω dfi*npr𝔄(uid)· pr
τω E1* rell 𝔅 Chr
32 και 1°–ποικιλον] om E𝔈   om και–χιτωνα p | και
εισηνεγκαν] και εισηνεγκε dp   om fn | αυτων] αυτω c₂*   αυτου

dpw𝔈ᵖ⁽*⁾ | ειπαν] ειπον Ecjmno· ειπε dp𝔈ᵖ | ευρομεν] ευρον
cᵃ(ex corr). +εν τω πεδιω f1ᵇr | ει] o 1: +o tw | om εστιν bk |
om η–(33) εστιν f
33 και επεγνω] επεγνω δε w | om αυτον 1° 𝕷ʳ | ⟨χιτων⟩ pr
o 16⟩ | ⟨πονηρον⟩ pr το 83⟩ | θηριον 2°] +πονηρον dkmnpt𝔅ʷ·
τον ιωσηφ] αυτον mn
34 διερρηξεν δε] και διερρηξεν y𝕷 | ιακωβ] post αυτου 1°
fn𝔈   om 𝔄 Chr½ | επεθετο] επεθηκε dgp· περιεθετο ⟨32⟩ Chr-
codd½   περιεβαλλετο Chr-ed½ | επι αυτου 2°–αυτου 3° rc₂ | επεν-
θησεν f𝔈 | τον υιον αυτου] τον ιωσηφ ad· eum 𝕷· +ιωσηφ m |
τινας A] πολλας E omn 𝔄𝔅𝔈𝕷𝔖 Chr
35 παντες οι] οι παντες b   om Chr½   om παντες m𝔈   om
οι elnc₂ | ⟨υιοι⟩ +οι 30⟩ | αι θυγατερες] pr πασαι acmosxc₂
𝔄(pr ※)𝔖(sub ※)· filia 𝕷ᵛ   om αι y: +αυτου Ef1ᵃmrs𝔄𝔅
Chr½ | και ηλθον παρακαλεσαι] consolati sunt 𝔅ʷ· om και
ηλθον ⟨71⟩ 𝕷ʳ Chr· om και 1𝔅ʲᵖ | ⟨παρακαλεσαι⟩ παρηγορησαι
20⟩ | ηθελεν] ηθελον p   ηθελησεν xy𝔅𝔈𝕷 Chr½ | παρακαλεισθαι]
παρακαλεσαι αυτον w*   παρακαλεσασθαι wᵃ   παρακληθηναι ace
fgjkm(+αυτων)xy Chr⅔ Cyr   om Chr½ | om λεγων m | om οτι
Chr⅓ | καταβησομαι] descendo Or-lat | προς–μου] post πενθων
o𝔄 | πενθων] post αδου 𝔖   om b | εις] εως b | αδην cdknpxc₂
36 μαδιηναιοι] μαδιηναιοι bcegj(txt)𝔅 · μαδηναιοι my   Madi-
anei 𝕷· ισμαηλιται j(mg)nvc₂(mg)𝔅   ισμαηλιται εμποροι dp𝔖
(mg) +εμποροι t | ⟨om τον ιωσηφ 25⟩ | om εις αιγυπτον ⟨16⟩
Phil Chr | om τω πετρεφη Phil | om τω 1° Eabcfi*kmoxc₂
Chr | πετρεφη A] ⟨πεττεφρη 16⟩· πεντεφρη cᵃhᵇ?i̇ₐ†lmquy
πεντεφρι dnp· πετεφρη Ec*h*i₁* rell 𝔅𝕷 Jos Or-gr Chr
Petaphre 𝔄 | σπαδοντι φαραω αρχιμαγειρω] αρχιμαγηρω τω
σπαδοντι φαραω c· αρχιμαγειρω του φαραω 𝔈 Chr | σπαδοντι]
επαδοντι dp   σπενδοντι 1   σπαροντι Ε   αδοντι n· ευνουχω
j(mg)c₂(mg) | φαραω] post αρχιμαγειρω 𝔄𝔅𝔖 | αρχιμαγειρω]
pr et 𝔖   pr τω np· τω αρχιμαγω d   αρχοντι μαγειρων egj
XXXVIII 1 εως] ως c₂ Cyr-codd   om 𝔄𝔅𝔈 Cyr-ed |

27 ηκουσαν] σ' επεισθησαν jv. α' επεισθησαν c₂
31 λαβοντες—ιωσηφ] α' και ελαβον τον χιτωνα ιωσηφ σ' λαβοντες τον χιτωνα του ιωσηφ ο' λαβοντες δε τον χιτωνα του
ιωσηφ θ' και ελαβον τον χιτωνα ιωσηφ v

ΓΕΝΕΣΙΣ XXXVIII 13

2 πρὸς ἄνθρωπόν τινα Ὀδολλαμίτην ᾧ ὄνομα Εἰράς ²καὶ ἴδεν ἐκεῖ Ἰούδας θυγατέρα ἀνθρώπου A
3 Χαναναίου ᾗ ὄνομα Σαύα· καὶ ἔλαβεν αὐτὴν καὶ εἰσῆλθεν πρὸς αὐτήν ³καὶ συλλαβοῦσα ἔτεκεν
4 υἱόν, καὶ ἐκάλεσεν τὸ ὄνομα αὐτοῦ Ἤρ. ⁴καὶ συλλαβοῦσα ἔτι ἔτεκεν υἱόν, καὶ ἐκάλεσεν τὸ ὄνομα
5 αὐτοῦ Αὐνάν. ⁵καὶ προσθεῖσα ἔτι ἔτεκεν υἱόν, καὶ ἐκάλεσεν τὸ ὄνομα αὐτοῦ Σηλώμ· αὕτη δὲ ἦν
6 ἐν Χασβὶ ἡνίκα ἔτεκεν αὐτούς. §⁶καὶ ἔλαβεν Ἰούδας γυναῖκα Ἤρ τῷ πρωτοτόκῳ αὐτοῦ, ᾗ ὄνομα § D𝔏ᵛ
7 Θαμάρ. ⁷ἐγένετο δὲ Ἤρ πρωτότοκος Ἰούδα πονηρὸς ἐναντίον Κυρίου, καὶ ἀπέκτεινεν αὐτὸν ὁ
8 θεός. ⁸εἶπεν δὲ Ἰούδας τῷ Αὐνάν Εἴσελθε πρὸς τὴν γυναῖκα τοῦ ἀδελφοῦ σου καὶ γάμβρευσαι
9 αὐτήν, καὶ ἀνάστησον σπέρμα τῷ ἀδελφῷ σου. ⁹γνοὺς δὲ Αὐνὰν ὅτι οὐκ αὐτῷ ἔσται τὸ σπέρμα,
ἐγίνετο, ὅταν εἰσήρχετο πρὸς τὴν γυναῖκα τοῦ ἀδελφοῦ αὐτοῦ, ἐξέχεεν ἐπὶ τὴν γῆν τοῦ μὴ δοῦναι
10 σπέρμα τῷ ἀδελφῷ αὐτοῦ ¹⁰πονηρὸν δὲ ἐφάνη τὸ ῥῆμα ἐναντίον τοῦ θεοῦ ὅτι ἐποίησεν τοῦτο,
11 καὶ ἐθανάτωσεν καὶ τοῦτον. ¹¹εἶπεν δὲ Ἰούδας Θαμὰρ τῇ νύμφῃ αὐτοῦ Κάθου χήρα ἐν τῷ οἴκῳ
τοῦ πατρός σου¶ ἕως μέγας γένηται Σηλὼμ ὁ υἱός μου· εἶπεν γάρ Μή ποτε ἀποθάνῃ καὶ οὗτος ¶ 𝔏ᵛ
12 ὥσπερ οἱ ἀδελφοὶ αὐτοῦ. ἀπελθοῦσα δὲ Θαμὰρ ἐκάθητο ἐν τῷ οἴκῳ τοῦ πατρὸς αὐτῆς. ¹²ἐπληθύνθησαν δὲ αἱ ἡμέραι καὶ ἀπέθανεν Σαύα ἡ γυνὴ Ἰούδα· καὶ παρακληθεὶς Ἰούδας ἀνέβη ἐπὶ
τοὺς κείροντας τὰ πρόβατα αὐτοῦ, αὐτὸς καὶ Εἰρὰς ὁ ποιμὴν αὐτοῦ ὁ Ὀδολλαμείτης, εἰς †Θαμνά†.
13 ¹³καὶ ἀπηγγέλη Θαμὰρ τῇ νύμφῃ αὐτοῦ λέγοντες Ἰδοὺ ὁ πενθερός σου ἀνέβη εἰς Θαμνὰ κεῖραι

1 τινα οδολλαμιτην sup ras Aᵃ | ιρας E 9 εγεινετο D(+D) 11 ηρα A*(χηρα A¹)
12 ιουδας] ιουδα A*(s suprascr A¹) | κιροντας E | ιρας E | οδολλαμιτης DˢⁱˡE | θαιμνα A

(D)Ea–yc₂𝔄𝔅𝔈𝔏ʳ⁽ᵛ⁾𝔖

ανθρωπον] ανδρα Cyr-ed om 𝔄𝔈 | τινα] τον m | οδολλαμιτην]
οδολλαβητην d οδολαμιτην egjquy𝔅 Cyr-ed οδολαμμειτην c₂
αωδολαμιτην m | ηρας alm
2 εκει ιουδας] ιουδας εκει e om 𝔈 | ανθρωπου] post χαναναιου Em (σαυα] ex corr 1aⁱ. σαβα dfn*p Cyr-ed σαββα m·
Sauua 𝔏 σαυνα E: σαια l | αυτην 1°] +sibi uxorem 𝔄 | om
και 3°—αυτην 2° l ⟨προς⟩ εις 20⟩
3 ⟨συλλαβουσα⟩ +ετι 79⟩ | om και 2°—(4) υιον ns𝔈𝔓𝔏* | ⟨το ονομα αυτου⟩ αυτον 83⟩ | ηρ] ειρ p*
4 συλλαβουσα ετι] παλιν συλλαβουσα m iterum concipit et
𝔏 συλλαβ. παλιν f Cyr-ed · om ετι Edi*jpw | υιον] pr ετερον
d +δευτερον E om εκαλεσεν—(5) και 2° h* | αυναν] αναν c:
⟨αυναυν 130⟩ Onam Or-lat ⟨σηλωμ 18⟩
5 προσθεισα ετι] iterum concipiens et 𝔏 | ετι] post ετεκεν
m· om bcdfps | om υιον και hᵇ(uid) | ⟨υιον⟩ +τριτον 31
+ετερον 83⟩ | σηλωμ] σιλωμ bflm On-cod σηλων dkv σιλων
np· σιλωαμ w ⟨αυναν 18⟩ | αυτη] αυτος m | om δε E | χασβι]
χασβη d-gi¹²lpwc₂ χασβε 1* Chasbin 𝔏 χαζβι c χαζβει
o(ει ex corr oᵃ) χαζβη m ⟨γασβη 128⟩ χαζει a χαβασβη
n | ηνικα ετεκεν] ηνικα δε ετικτεν c₂ ηνικεν k | αυτους] +την εν
χασβη c₂
6 ιουδας] post γυναικα 𝔏ᵛ om E | ηρ] pr filio suo 𝔈· ειρ
Phil· εν p | om τω f* | πρωτοτοκω αυτου] υιω αυτου τω πρωτοτοκω ⟨14.16 77.130⟩ 𝔏 | πρωτοτοκω] +υιω m | θαμαρ] θαμα n
θαμας f Chamar 𝔏ʳ Hamar 𝔏ᵛ
7 ηρ] ειρ Phil om c | πρωτοτοκος] pr o degjknpst ⟨+υιος
18⟩ | πονηρος] εφανη πονηρον c₂ | εναντιον] εναντι Ednpr
Phil ½· ενωπιον ackmoxc₂ | θεος] κς v
8 ⟨om δε 14⟩ | τω 1°] προς egj | αυναν] αναν b αανναν n
+filio eius 𝔅ʷ | προς] εις d | om σου 1° l | γαμβρευσαι] γαμβρευσον D(+D)myc₂ επιγαμβρευσαι bef(-βρισε)gi²jnprstvx ·
επιγαμβρευσον cd nubes 𝔏ʳ | αυτην] αυτη af· αυτω o | αναστησον
9 αυναν] Aunon 𝔏ᵛ· ⟨αυνα 16 130⟩ αυναν Phil-codd ⅔ | om
ουκ y | αυτω εσται] est ei 𝔄𝔈 | αυτω] αυτου bw𝔏ᵛ | +om τον
Phil-codd ½ | εγινετο] pr et 𝔏ʳ· εγενετο a–dfik–prvxc₂𝔅𝔏𝔖

Or-gr om 𝔈 Phil +δε ci*𝔏 | οταν] οτε r* | εισηρχετο]
εισηλθεν abcfikmorvxc₂𝔈𝔏 Phil· εισεπορευετο hlt | την 1°] pr
αυτην m | γυναικα] post αυτου 1° m | om αυτου 1° ⟨25⟩ Phil |
εξεχεεν] εξεχει τουτο Phil. +το σπερμα ⟨32⟩ 𝔄ᶜ ⟨om μη 25⟩ |
τω αδελφω] του αδελφου f | αυτου 2°] σου ρ
10 πονηρον dnp𝔈 | το ρημα Aqu] om DˢⁱˡE rell 𝔄𝔏𝔖·
⟨τουτο 25⟩ et is 𝔈(om et 𝔈ᵖ) | εναντιον του θεου] ante D̄n̄m̄
𝔏ʳ in conspectu Domini 𝔏ᵛ | ενωπιον dnopv | του θεου] pr κ̄ῡ
dnp | οτι εποιησεν τουτο] opus quod fecit 𝔄 om t | και τουτον]
και αυτον w𝔄(uid)· αυτον o θ̄ς̄ f𝔏ᵛ
11 τη νυμφη αυτου] ⟨την νυμφην αυτου 130⟩ om 𝔅ʷ·
+μετα το αποθανειν τους δυο υιους αυτου D(+D)fi²aʳ | καθου]
esto 𝔏 | εως] +αν 𝔏 ⟨+ου 79⟩ | σηλωμ—μου] filius meus
Selon 𝔏 | σηλωμ] σιλωμ bilnw · σηλων dp· σηλων m | μου] mou
f | ⟨ειπεν 2°⟩ ειπον 71⟩ | γαρ] δε b𝔏 ⟨+εν τη διανοια αυτου
31 83⟩ | om ποτε h* | ουτος] ουτως c | ωσπερ] καθως c· ως και
f· +και DˢⁱˡEbdgi²ᵃ¹jklnopstvwxc₂ Cyr-cod | οι αδελφοι] frater
𝔏 | απελθ—εκαθητο] fuit autem Thamar sedens 𝔅ⁱᵖ | ανελθουσα m om δε 2° g | εν 2°] επι m
12 επληθυνθησαν] flo επλησθησαν egj replettι sunt 𝔈𝔏 | om δε f | om αι np | σαυα] pr θυγατηρ ειρας
k pr θυγατηρ ηρ m pr θυγατηρ acx𝔄𝔖(sub ※): σαβα dfop
σαυνα e. σαια l Auna 𝔏 | om η m | ιουδας] pr o e | ανεβη]
iuit 𝔄 | επι—προβατα] in tonsuram ouium 𝔄 | επι] προς
Eegj𝔏(uid)𝔖 | τους κειροντας] τους κειραντας k τον κηραι f |
om αυτου 1° n | om προβατα egj | και 3°] +κατεβη egh\ᵇj |
ηρας bdlnp | om αυτου 2° ep | οδολλαμιτης] +ωδαλλαμιτης
οδολαμιτης aempuy(uid)c₂𝔅 οδαλλαμιτης g οδαλαμιτης j:
οδολατρης d | θαμνα] δαμνα f θαμναν o θαμναι d. θαμα hᵇⁱ
θαμναθα l ⟨+κηραι τα προβατα αυτου 107⟩ +μετ αυτου egh\ᵇj·
⟨+μεθ αυτου 79 83⟩
13 ανηγγελη fi²aʳ | τη νυμφη αυτου] sub — 𝔖 | λεγοντες] sub
÷ 𝔖 λεγοντων hᵇ | ανεβη AEbegjvwy𝔅ⁱᵖ] απηβαινει n: αναβαινει Dˢⁱˡ rell 𝔄𝔅ʷ(uid)𝔈𝔖 Cyr | om εις θαμνα Cyr-cod |
θαμναν h θαμναθα l | om κειραι—(14) θαμνα f | αυτου
2°] ⟨+αυτος και ηρας ο ποιμην αυτου ο οδολαμνητης εις θαμνα

XXXVIII 9 εξεχεεν] α' σ' corrumpebat 𝔖

109

XXXVIII 13　　　　　　　　ΓΕΝΕΣΙΣ

A τὰ πρόβατα αὐτοῦ. ¹⁴καὶ περιελομένη τὰ ἱμάτια τῆς χηρεύσεως ἀφ᾽ ἑαυτῆς περιεβάλετο θερίστρῳ 14
καὶ ἐκαλλωπίσατο, καὶ ἐκάθισεν πρὸς ταῖς πύλαις Αἰνάν, ἥ ἐστιν ἐν παρόδῳ Θαμνά· ἴδεν γὰρ
ὅτι μέγας γέγονεν Σηλώμ ὁ υἱὸς αὐτοῦ, αὐτὸς δὲ οὐκ ἔδωκεν αὐτὴν αὐτῷ γυναῖκα. ¹⁵καὶ ἰδὼν 15
αὐτὴν Ἰούδας ἔδοξεν αὐτὴν πόρνην εἶναι· κατεκαλύψατο γὰρ τὸ πρόσωπον αὐτῆς, καὶ οὐκ
ἐπέγνω αὐτήν. ¹⁶ἐξέκλινεν δὲ πρὸς αὐτὴν τὴν ὁδὸν καὶ εἶπεν αὐτῇ Ἔασόν με εἰσελθεῖν πρὸς †σέ†· 16
οὐ γὰρ ἔγνω ὅτι ἡ νύμφη αὐτοῦ ἐστίν. ἡ δὲ εἶπεν Τί μοι δώσεις ἐὰν εἰσέλθῃς πρός μέ; ¹⁷ὁ δὲ 17
εἶπεν Ἐγώ σοι ἀποστέλλω ἔριφον αἰγῶν ἐκ τῶν προβάτων. ἡ δὲ εἶπεν Ἐὰν δῷς ἀρραβῶνα ἕως
τοῦ ἀποστεῖλαί σε. ¹⁸ὁ δὲ εἶπεν Τίνα τὸν ἀρραβῶνά σοι δώσω; ἡ δὲ εἶπεν Τὸν δακτύλιόν σου 18
καὶ τὸν ὁρμίσκον καὶ τὴν ῥάβδον τὴν ἐν τῇ χειρί σου. καὶ ἔδωκεν αὐτῇ, καὶ εἰσῆλθεν πρὸς
αὐτήν· καὶ ἐν γαστρὶ ἔλαβεν ἐξ αὐτοῦ. ¹⁹καὶ ἀναστᾶσα ἀπῆλθεν, καὶ †περιείλατο† τὸ θέριστρον 19
ἀφ᾽ ἑαυτῆς, καὶ ἐνεδύσατο τὰ ἱμάτια τῆς χηρεύσεως αὐτῆς††. ²⁰ἀπέστειλεν δὲ Ἰούδας τὸν ἔριφον 20
ἐξ αἰγῶν ἐν χειρὶ τοῦ ποιμένος αὐτοῦ τοῦ Ὀδολλαμείτου, κομίσασθαι τὸν ἀρραβῶνα παρὰ τῆς
γυναικός· καὶ οὐχ εὗρεν αὐτήν. ²¹ἐπηρώτησεν δὲ τοὺς ἄνδρας τοὺς ἐπὶ τοῦ τόπου Ποῦ ἔστιν ἡ 21

---

14 εκαλλοπισατο E | εκαθεισαν A | ειδεν D　　　　16 εξεκλεινεν A | σε] με A | δωσις E
17 αιριφον A | αρραβῶ E　　　　18 δοσω E | εγγαστρι A
19 αναστας A*(α suprascr A¹) | περιειλατο] περιεβαλετο A | θεριστρον E | χειρευσεως E | αυτης] +αφ εαυτης A
20 αιριφον A | ποιμαινος A | οδολλαμειτου] οδολλαμιτου D　　οδολλαμητου E | κωμησασθαι E

DEa–yc₂𝕬𝕭𝕰𝕷𝕾

107) +αυτος και ειρας ο ποιμην αυτου degjp(ηρας dp). ⟨+αυτος και ειρας 73 77⟩

14 αφελομενη 1r | της χηρευσεως] χηρειας 32 · +αυτης acdegijkmnorxc₂𝕬𝕭𝕾 Chr | αφ εαυτης] ⟨απ αυτης 128⟩ om cdnr*(uid)𝕰(uid) Chr | περιεβαλετο] (pr και 32) περιεβαλλε bdmo Cyr ⟨περιεβαλε 20⟩ περιελαβετο g | θεριστρω Aach*k vx Cyr-codd] pr τω 1　το θεριστρον Ebr*　αρκαδικην rᵇ　θεριστρον Dˢᵘˡhᵇ rell Chr Cyr-ed | εκαλλωπισατο] εκαλλωπισεν w*(uid) | surrexit 𝕰ᶠᵖ | και εκαθισεν] και εκαθητο Cyr　om bw | προς ταις πυλαις] ad portam 𝕬𝕭𝕷 | ταις πυλαις] της πυλης v　τας πυλας bc: ταις θυραις mr | om αιναν—θαμνα Chr | αιναν] εναν bdnoprw αυναν 1 αιμαν hᵇ¹.　αυναν n　αυνα Cyr-cod　αιναικ y⁻　σαιναν s　μναν l　Asnan 𝕷　om 𝕰 | om η εστιν 𝕬𝕰 | εστιν] εστηκεν c | om εν cj | θαμνα] θαμναν abcmow𝕷　θαμναθα lt*　θαμνααθα t*(uid) | γεγονεν] εγενετο bw | σηλωμ] pi o egj　post αυτου Cyr-ed　σιλωμ bᵃ²lm n*wc₂　σηλων dp　σιλων nᵃ¹ | om ο υιος αυτου DˢᵘˡEa–d¹km-qsuwxc₂𝕬𝕭𝕾 Chr | εδωκεν] εδιδου f𝕬　uoluit dare 𝕰 | αυτην αυτω] αυτω αυτην acox 𝕬-codd | αυτω] εαυτω d

15 om αυτην 1° s𝕰ᵖ | κατεκαλυψατο] ⟨pr και 31⟩ κατεκαλυψε cd | αυτης] εαυτης D | om 1*𝕰ᵖ | και 2°—αυτην 3°] sub ÷ 𝕾.　om m | εγνω fiyc₂

16 εξεκλινεν] εξετεινεν r | ⟨δε 1°⟩ γαρ 128⟩ | προς αυτην] post οδον 𝕾　προς αυτη l | την οδον] om f𝕷　+αυτου ⟨20⟩ 𝕭 | αυτη] αυτης o　om 𝕬 Phil | εισελθειν] ελθειν dsp.　εισελθω c₂* | συγγενεσθαι n | om ου—εστιν 𝕰 | ου γαρ εγνω] και ουκ επεγνω E.　ου γαρ εγν sup ras 1ᵃ | om η 1° Ebhilnrstw | νυμφη] γαμβρη 1ᵃrᵇ | om η δε—με 2° j | η δε ειπεν] et dixit ei 𝕰　om t* +et 𝕭 | μοι] post δωσεις Dackmoxc₂𝕬𝕾 | εισελθῃς] ελθης n

17 o δε] o sup ras jᵃ　οι δε l　και d𝕬𝕰 | ειπεν 1°] +et 𝕭𝕰 | om εγω 𝕭 | σοι] post αποστελλω 𝕬(mittam)𝕰𝕾 | αποστελλω]

αποστελω abd–gi*jlmprᵃ¹tv–y𝕬𝕭𝕷 | αιγων] pr εξ m · de capris 𝕷　ποιμνιων v(mg) · om d | ⟨om των 25⟩ | προβατων] ποιμνιων nc₂𝕷. +μου DˢᵘˡEbfhirstw𝕬 | η δε ειπεν] et dixit ei 𝕰. +et 𝕭ᵖ | εαν δως] da mihi 𝕰 | δως] (post σε 78: δωσω 79) +μοι b𝕭ʷ | om εως—σε 𝕭ᵖ | εως] ως r | ου m | αποστειλαι] pr ελθειν και f | σε] σοι bd　+αυτο f

18 o δε ειπεν] et dixit ei 𝕰　om g. +et 𝕭ʷ | τινα] τι l | τον αρραβωνα] post σοι o | om τον 1° fl | σοι] post δωσω rv(txt) 𝕬　σε l | δωσω] δω Dckloquv(mg)x | η δε] και dp𝕬–ed𝕰 | τον δακτυλιον] το δακτυλιον gl | το δακτυλιον f | σου 1°] σοι m | om και 1° r | τον ορμισκον] torquem tuum 𝕾 | ομ και εδωκεν αυτη 𝕬 | αυτη] αυτης cqs　αυτα f. +ταυτα l𝕷 | ⟨om και 5°—αυτου 71⟩ | ⟨ελαβεν⟩ συνελαβεν 20⟩ | ομ εξ αυτου 𝕰

19 om και αναστασα απηλθεν ⟨71⟩ 𝕬-cod | αναστας A*E1* lostvc₂* 𝕷 | απηλθεν] abiit homo 𝕷 | περιειλατο] περιειλετο ehᵇj mpqtuc₂　περιειλε g　αφειλατο 1r　αφειλετο fn. illa abstulit 𝕷 +ornatum suum qui erat super eam et 𝕭 | το—εαυτης] uestimenta sua 𝕰　om το jm | θεριστρον] +αυτης Dˢᵘˡabcmoswxc₂ 𝕬𝕭𝕾 | ενεδυσατο] επεδυσατο m　εδυσατο o | χηρευσεως] χαιρωσυνης 1* | αυτης] αυτης f　αφ εαυτης E　om 𝕭ʷ𝕷　+αφ εαυτης A

20 om δε w | om τον 1°—αιγων o | τον 1°] την d　om c | εριφον εξ αιγων] post οδολλαμειτου c: om εξ αιγων Phil | εξ] εκ των D　των dnpt𝕬 | χειρι] pr τη n | αυτου] αυτου του οδολλ | om o om αυτου Phil. ⟨om του 31.83⟩ | οδολλαμειτου] αδολλαμιτου bh · οδολαμιτου aegjmpuy 𝕭(-λομ- 𝕭ᵖ) Phil-cod　δολαμιτου q · οδολαμμιτου c₂

21 om δε f | om τους 2° acmnoxc₂𝕬𝕭𝕰𝕾 | επι 1° A] om acmoxc₂𝕬𝕭𝕰𝕾. εκ DE rell 𝕷 Phil | του τοπου] loci illius 𝕭 | που] pr και ειπεν αυτοις D(+D)ackmosxc₂𝕬𝕾(sub ※)　pr και ειπε l𝕰ᶜᶠ　om 1* | εστιν] erat 𝕷 | γεναμενη k | εν—οδου]

---

14 θεριστρω] σπαθαρισκον j　σ´ σπαθαρικω v | αυτος—γυναικα] α´ και αυτη ουκ εδοθη αυτω εις γυναικα σ´ η δε ουκ εδοθη αυτω εις γυναικα o´ θ´ αυτος δε ουκ εδωκεν αυτω αυτην εις γυναικα v
18 τον 2°—ορμισκον] α´ την σφραγιδα σου και στρεπτον σου j(sine nom)v　α´ την σφραγιδα σου και τον στρεπτον (και τον στρεπτον sup ras) σου το οὐνῖον c₂ | ορμισκον] σ´ quod ad collum (=περι τραχηλον) 𝕾
21 η πορνη] α´ η ενδιηλλαγμενη jv

ΓΕΝΕΣΙΣ   XXXIX 2

22 πόρνη ἡ γενομένη ἐν Αἰνὰν ἐπὶ τῆς ὁδοῦ; καὶ εἶπαν Οὐκ ἦν ἐνταῦθα πόρνη ²²καὶ ἀπεστράφη A
πρὸς Ἰούδαν καὶ εἶπεν Οὐχ εὗρον,¶ καὶ οἱ ἄνθρωποι οἱ ἐκ τοῦ τόπου λέγουσιν μὴ εἶναι ἐνταῦθα ¶ L^r
23 πόρνην. ²³εἶπεν δὲ Ἰούδας Ἐχέτω αὐτά, ἀλλὰ μή ποτε καταγελασθῶμεν· ἐγὼ μὲν ἀπέσταλκα
24 τὸν ἔριφον τοῦτον, σὺ δὲ οὐχ εὕρηκας. ²⁴ἐγένετο δὲ μετὰ τρίμηνον ἀπηγγέλη τῷ §Ἰούδᾳ λέγοντες § M
Ἐκπεπόρνευκεν Θαμὰρ ἡ νύμφη σου, καὶ ἰδοὺ ἐν γαστρὶ ἔχει ἐκ πορνείας. εἶπεν δὲ Ἰούδας
25 Ἐξαγάγετε αὐτὴν καὶ κατακαυθήτω. ²⁵αὐτὴ δὲ ἀγομένη ἀπέστειλεν πρὸς τὸν πενθερὸν αὐτῆς
λέγουσα Ἐκ τοῦ ἀνθρώπου τίνος ταῦτά ἐστιν ἐγὼ ἐν γαστρὶ ἔχω· καὶ εἶπεν Ἐπίγνωθι τίνος ὁ
26 δακτύλιος καὶ ὁ ὁρμίσκος καὶ ἡ ῥάβδος αὕτη. ²⁶ἐπέγνω δὲ Ἰούδας καὶ εἶπεν Δεδικαίωται Θαμὰρ
ἢ ἐγώ, οὗ εἵνεκεν οὐκ ἔδωκα αὐτὴν Σηλὼμ τῷ υἱῷ μου· καὶ οὐ προσέθετο ἔτι τοῦ γνῶναι αὐτήν.
27 ²⁷ἐγένετο δὲ ἡνίκα ἔτεκεν καὶ τῇδε ἦν δίδυμα ἐν τῇ κοιλίᾳ αὐτῆς. ²⁸ἐγένετο δὲ ἐν τῷ τίκτειν
28 αὐτὴν ὁ εἷς προεξήνεγκεν τὴν χεῖρα· λαβοῦσα δὲ ἡ μαῖα ἔδησεν ἐπὶ τὴν χεῖρα αὐτοῦ κόκκινον
29 λέγουσα Οὗτος ἐξελεύσεται πρότερος. ²⁹ὡς δὲ ἐπισυνήγαγεν τὴν χεῖρα, καὶ εὐθὺς ἐξῆλθεν ὁ
ἀδελφὸς αὐτοῦ. ἡ δὲ εἶπεν Τί διεκόπη διὰ σὲ φραγμός; καὶ ἐκάλεσεν τὸ ὄνομα αὐτοῦ Φάρες
30 ³⁰καὶ μετὰ τοῦτο ἐξῆλθεν ὁ ἀδελφὸς αὐτοῦ, ἐφ' ᾧ ἦν ἐπὶ τὴν χεῖρα αὐτοῦ τὸ κόκκινον· καὶ ἐκά-
λεσεν τὸ ὄνομα αὐτοῦ Ζάρα

XXXIX 1 ¹Ἰωσὴφ δὲ κατήχθη εἰς Αἴγυπτον· καὶ ἐκτήσατο αὐτὸν Πετεφρῆς ὁ εὐνοῦχος Φαραὼ ὁ
2 ἀρχιμάγειρος, ἀνὴρ Αἰγύπτιος, ἐκ χειρῶν Ἰσμαηλειτῶν, οἳ κατήγαγον αὐτὸν ἐκεῖ. ²καὶ ἦν

23 καταγελασθωμεν] με sup ras A¹ | αιριφον A | ευρικας E 24 εγγαστρι A | πορνιας E
25 εγγαστρι A | επιγνωθη E 26 ου 2°] om A*(suprascr A^c) | προσεθετο E
30 τουτο A*] ν suprascr A¹ XXXIX 1 ισμαηλιτων D^{sil}

DE(M)a-yc₂𝔄𝔅𝔈(𝔏^r)𝔖

super uiam Enan 𝔅 | εν αιναν] ad Ina 𝔏 | om E | αιναν]
εναν bpw | αιναμ h^{b†}. αυναν fm | μναν l | και] οι δε fⁱr |
ειπαν] ειπον cdfmnp | ειπεν o | ην] sup ras(3 uel 4)j^b est
𝔅E | ηλθεν d | πορνη] om f | +η επιλεγομενη qu
22 απεστραφη] ⟨απεστραφην 16⟩· ανεστραφη m | επεστραφη
Dt ⟨επεστρεψεν 30⟩ | ιουδαν] ιουδα bmw | ανθρωποι—τοπου]
εκ του τοπου αυ̂οι f | ανθρωποι] ανδρες degjnp | om οι 2° bmw
𝔄𝔅𝔈 | om εκ qu𝔄𝔅𝔈 | του τοπου] loci illius 𝔅^w | ενταυθα
AEahlrtv(mg)y] ωδε D^{sil}v(txt) rell Phil
23 ⟨ειπεν δε⟩ και ειπεν 73⟩ | om αλλα 𝔈^p | μη ποτε] μηπω
n· om ποτε m | καταγελασθωμεν] irridear 𝔅^{lp} ⟨καταγνω-
σθωμεν 20⟩ | om εγω—ευρηκας f | εγω μεν] om s ⟨om μεν
31⟩ +γαρ Eacdnpt | απεσταλκα] απεστειλα ms | τουτον]
caprarum 𝔅. om m𝔄(uid)𝔈 | ευρηκας] ευρες dnp +αυτην
⟨31⟩ 𝔅
24 δε 1°] γαρ dp | απηγγελη] pr και h· ανηγγελη D^{sil}Ea
c(uid)ikm(αναγ-)orxc₂. απαγγελλει p αναγγελουσι f | τω
d ⟨τω⟩ του E· om Daci*kmoxc₂ | λεγοντες] λεγοντα m om
d ⟨+οτι 31 83⟩ | θαμαρ] post σου 𝔄 | ιδου] +και p | ⟨om
ειπεν δε ιουδας 16⟩ | om δε 2° c₂ | και κατακαυθητω] ut com-
buratur 𝔄-codd | κατακαυθ̄] κατακαμφθητω dp. καυθητω l
25 αυτης δε αγομενης b|lrw(απαγ- 1^ar) | αγομενη] απαγο-
μενη Dfs: om D^{sil} | om δε του ανθρωπου f | τινος 1°] pr
ει p. ουτινος Maefgjlmsty^{a†}c₂ Phil Chr Cyr-ed | ταυτα] haec
pignora 𝔄 ⟨om 107⟩ | εστιν] εισιν m | εγω] pr α α^b | εχω
εξ εκεινου Phil om ε𝔈 | ⟨εν γαστρι⟩ post εχω 79⟩ | om εχω d |
om ειπεν a | επιγνωθι] +ταυτα f1^{a†}kr | τινος 2°] +εστιν f1^{a†}𝔄
𝔅 | om ο δακτυλιος και 𝔈 | δακτυλιος] ορμισκος f1 | om ο 2° n |
ορμισκος] δακτυλιος f1(δακτυλος 1*) | om αυτη 𝔄(uid)
26 ⟨επεγνω δε ιουδας⟩ και επεγν ιουδ 14 om 71⟩ | θαμαρ]
αυτη dnp𝔄 Chr om x*𝔅^w | εινεκα f | ουκ εδωκα] ου δεδωκα
dhnstv Thdt. ουκ εδωκεν f | σηλωμ] post μου 𝔄 σιλωμ blmw

c₂ σηλων jps: σιλων n | προεθετο m | om του Cyr
27 om totum comma a | om ηνικα—αυτης f | ετεκεν] +
ετικτεν DEM rell 𝔄𝔅𝔖 Eus Chr Cyr | και τηδε] om p𝔅 | om
τηδε 𝔄𝔈 | om τη el | κοιλια A] γαστρι DEM rell Eus Chr Cyr
28 εγενετο δε] και d om δε p | προεξηνεγκεν] προσεξη-
νεγκε u ⟨προεξηγαγε 14 16 130⟩ | χειρα 1°] +αυτου Ebd-hjkl
nptw𝔄𝔅 Cyr | λαβουσα—αυτου] bis scr g | εδησεν] pr et 𝔖
εδησαν w | επι—αυτου] post κοκκινον E𝔄𝔅(uid)𝔈 | κοκκινον]
pr το egj | λεγουσα] +οτι f1^{a†}r | ουτος] αυτος ⟨20⟩ Chr | προ-
εξελευσεται r Eus | προτερος] προτερον degjnpu Chr | πρωτον q
29 ως δε] ωδε g | ⟨επισυνηγαγεν⟩ επεισυναγε 14.16 130⟩ |
χειρα] +αυτου m𝔅𝔖(uid) | om και 1° DMackmosxc₂𝔄𝔅𝔈𝔖
Eus Cyr | ευθυς] ευθεως bw om 𝔈 Chr | om ο—(30) εξηλθεν
𝔈^{fp} | η δε] και ⟨16⟩ 𝔈^c | ⟨τι διεκοπη⟩ επηδη εκοπη 16^b⟩ | διεκοπη]
διακοπτει d | ⟨φραγμος⟩ pr ο 20⟩ | om και 2°—φαρες m |
⟨εκαλεσαν 107⟩
30 om και 1° Cyr-ed | μετα τουτο] μετ αυτον lt | τουτο]
τουτον A¹EMfhquwy Chr ταυτα ⟨25⟩ 𝔅^w | ο αδελφος] pr και
d | εφ ω] εχων f1^{a†}r | ω] ον egjlmy | ην] ligatum est 𝔅 om
Eus | επι—κοκκινον] το κοκκ. επι της χειρος αυτου dp om το
Eus | επι] εν E1* Cyr | την χειρα Act] της χειρος dnp Chr τη
χειρι D^{sil}EM rell Cyr | και εκαλ] εκαλ δε c | ζαρα] ζαραν s.
ζαρε 1a[†]r +τον δε ετερον φαρες m^b(mg)
XXXIX 1 κατηνεχθη qu | πετεφρης] πετεφρις b Peta-
phres 𝔄 ⟨πεττεφρης 16⟩ πεντεφρης ei^amqu πεντεφρις dnp
πετεφρη ht𝔅: πεττεφρη 1*(uid). πεντεφρη ly om Chr | ο 1°—
αρχιμαγειρος] ο αρχιμαγηρος φαραω sup ras pl litt E^b(+ pos E*)
Chr(-γειρ-) | φαραω] post αρχιμαγειρω 𝔖 | om ο 2° DMabce-
hi*jlmosw-c₂ | om ανηρ αιγυπτιος Chr | ανηρ] ο p | αιγυπτιων
d | χειρος DMa-dfhik-prtvwzc₂𝔈^c𝔖 Chr | ισμαηλειτων] pr των
acfi^{a†}orc₂𝔄 | ισμαηλ λεγων E | om οι—(2) ανηρ f | ⟨οι⟩ +και
14⟩ | εκει] +in Aegyptum 𝔅^w

22 απεστραφη] α΄ απεστρεψεν jv(sine nom) | μη—πορνην] α΄ ουκ ην εν τουτω διηλλαγμενη jv
23 μη ποτε καταγ] α΄ σ΄ ne fiamus contempti 𝔖 | καταγελασθωμεν] α΄ σ΄ γενωμεθα εις εξουδενωσιν jv
25 πενθερον] εκυρον M κυριον j | α΄ θ΄(?) κυρον v | ορμισκος] σ΄ το περι τραχηλον M(-λιον) j(sine nom)v𝔖
29 τι—φραγμος] α΄ τι διεκοψας επι σε διακοπην j

III

ΓΕΝΕΣΙΣ

A Κύριος μετὰ Ἰωσήφ, καὶ ἦν ἀνὴρ ἐπιτυγχάνων καὶ ἐγένετο ἐν τῷ οἴκῳ παρὰ τῷ κυρίῳ τῷ Αἰγυπτίῳ. ³ᾔδει δὲ ὁ κύριος αὐτοῦ ὅτι Κύριος μετ' αὐτοῦ, καὶ ὅσα ἂν ποιῇ Κύριος εὐοδοῖ ἐν ταῖς χερσὶν αὐτοῦ. ⁴καὶ εὗρεν Ἰωσὴφ χάριν ἐναντίον τοῦ κυρίου αὐτοῦ, εὐηρέστει δὲ αὐτῷ· καὶ κατέστησεν αὐτὸν ἐπὶ τοῦ οἴκου αὐτοῦ, καὶ πάντα ὅσα ἦν αὐτῷ ἔδωκεν διὰ χειρὸς Ἰωσήφ. ⁵ἐγένετο δὲ μετὰ τὸ κατασταθῆναι αὐτὸν ἐπὶ τοῦ οἴκου αὐτοῦ καὶ ἐπὶ πάντα ὅσα ἦν αὐτῷ, καὶ ηὐλόγησεν Κύριος τὸν οἶκον τοῦ Αἰγυπτίου διὰ Ἰωσήφ· καὶ ἐγενήθη εὐλογία Κυρίου ἐπὶ πᾶσιν τοῖς ὑπάρχουσιν αὐτῷ ἐν τῷ οἴκῳ καὶ ἐν τῷ ἀγρῷ. ⁶καὶ ἐπέστρεψεν πάντα ὅσα ἦν αὐτῷ εἰς χεῖρας
§ Cᶜ Ἰωσήφ, καὶ οὐκ ᾔδει τῶν καθ' ἑαυτὸν οὐδὲν πλὴν τοῦ ἄρτου οὗ §ἤσθιεν αὐτός. καὶ ἦν Ἰωσὴφ καλὸς τῷ εἴδει καὶ ὡραῖος τῇ ὄψει σφόδρα. ⁷καὶ ἐγένετο μετὰ τὰ ῥήματα ταῦτα καὶ ἐπέβαλεν ἡ γυνὴ τοῦ κυρίου αὐτοῦ τοὺς ὀφθαλμοὺς αὐτῆς ἐπὶ Ἰωσήφ, καὶ εἶπεν Κοιμήθητι μετ' ἐμοῦ. ⁸ὁ δὲ οὐκ ἤθελεν, εἶπεν δὲ τῇ γυναικὶ τοῦ κυρίου αὐτοῦ Εἰ ὁ κύριός μου οὐ γινώσκει δι' ἐμὲ οὐδὲν ἐν τῷ οἴκῳ αὐτοῦ, καὶ πάντα ὅσα ἐστὶν αὐτῷ ἔδωκεν εἰς τὰς χεῖράς μου, ⁹καὶ οὐχ ὑπερέχει ἐν τῇ οἰκίᾳ
§ L αὐτοῦ οὐθὲν ἐμοῦ, οὐδὲ ὑπεξῄρηται §ἀπ' ἐμοῦ οὐδὲν πλὴν σοῦ, διὰ τὸ σὲ γυναῖκα αὐτοῦ εἶναι· καὶ πῶς ποιήσω τὸ ῥῆμα τὸ πονηρὸν τοῦτο καὶ ἁμαρτήσομαι ἐναντίον τοῦ θεοῦ; ¹⁰ἡνίκα δὲ ἐλάλει

3 ποιει E   4 ευηρεστη E
5 ευλογη[σεν] D | om εγενηθη A*(hab A¹ᵐᵍ) | ευλογεια D | πασι DˢⁱˡE
9 ουχ] ουκ E | υπεξηρηται] υπεξειρηται AE | υφεξηρηται D | τουτο] τουτον E

DE(L)Ma–yc₂𝔄𝔅(ℭᶜ)𝔈𝔖

2 μετα ιωσηφ] μετ αυτου l | εγενετο—αιγυπτιω] praepositus (conuersus 𝔈ᵖ) est super domum domini sui 𝔈 | εγενοντο g* | παρα τω κυριω] domini sui 𝔄 αυτου c₂· om τω E + αυτου D(+ Dˢⁱˡ)abckmoswx𝔅𝔖(sub ※) | τω αιγυπτιω] των αιγυπτιων f: in Aegypto 𝔄

3 ηδει δε] ubi cognouit 𝔄: et ubi uidit 𝔈 | ηδει] pr ουκ km ειδεν l ειπε f | κυριος 2°] pr ην km𝔈 pr o ef o θεος Phil(uid): (o θ̄ς ην 107) + ην bquw Chr + εστι f𝔅 | om μετ—κυριος 3° m | αυτου 2°] +εστι egj𝔄(uid) | om και—αυτου 3° b | οσα] pr οτι παντα k pr παντα achosxc₂𝔄𝔈𝔖 Chr o dnp | αν ποιη] εποιει n | εαν DEdefᵃghi𝔞¹jklo-ruwxy | ευοδοι] ευοδων m. ⟨κατευοδοι 25⟩ | εν—αυτου 3°] sub ※ 𝔖: om κυ(txt) Thdt

4 ιωσηφ 1°] post χαριν bw: ιωσηφ s | ενωπιον D | om ευηρεστει δε αυτω m Chr | ευηρ. δε] και ευηρ qu quod gratus erat 𝔄𝔈 | ευηρεστησεν Ddfgsc₂𝔅 | κατεστησεν] παρεστησεν m εστησεν c₂ | του οικου] τον οικον egj της οικιας Eacdhk–ptv (txt)xc₂ | om αυτου 2° admnpv(txt)xc₂ | ⟨παντα⟩ pr επι 18⟩ | αυτω 2°] pr εν egj ⟨pr επ 107⟩ om c₂ +επι του οικου αυτου dnp | εδωκεν—(5) αυτου] bis scr n | δεδωκεν mpc₂ | δια χειρος] per manus 𝔖 | δια] παρα 1* | ιωσηφ 2°] ιωσηφ c₂𝔅(txt)

5 εν τω f* | κατασταθηναι] καταστηναι x*c₂* καταστηναι t· καταστησαι ⟨31 83 84⟩ 𝔅𝔖 | του οικου] τον οικον dp | και 1°—αυτω 1°] om p𝔈 om και y | επι παντα] επι πασιν j(mg) om επι m𝔅 | om και 2°—(6) ιωσηφ 1° 𝔅ᵖ | και ηυλογησεν κυριος] εις χειρας ιωσηφ g: om και fmoy𝔈 | κυριος] pr o c₂ | om του 2° dlp | εγενηθη] εγενετο f1r | ⟨ευλογια⟩ pr 79⟩ | κυριου] pr παρα dp | επι 3° Anv(mg)𝔄] εν DˢⁱˡEMv(txt) rell 𝔅𝔖 | om πασιν bw | αυτω 2°] αυτου D1*nc₂ | επι 4°] pr και c₂ | οικω] + αυτου m𝔅 | αγρω] + αυτου Dabckoswc₂

6 επετρεψεν DˢⁱˡMacdfghjotuwᵃ¹yc₂𝔄 Chr | αυτω] pr εν 1* | εις χειρας] εις τας χειρας d𝔅: δια χειρος o Chr: in manum 𝔈 | ιωσηφ 1°] + ειναι qu | των—ουδεν] omne quodcumque erat in domo sua 𝔄· om των καθ εαυτον Chr | καθ εαυτον Aw(-ων w*)y] καθ εαυτου b κατ αυτον D(?)EMacfirv: καθ αυτον Dˢⁱˡ(?) rell | ουθεν 1*v | ησθιεν—σφοδρα] mutila in ℭ | ησθιεν]

post αυτος amoxc₂𝔖 | om αυτος Dn𝔄𝔅𝔈 Chr | καλως q | om σφοδρα Chr¼

7 και εγενετο] εγενετο δε m | om τα ρηματα Chr | om ταυτα qu | om και 2° fmp𝔅𝔈 | επεβαλεν] επεβλεψεν dnp | κυριου] ἀν̄υ c | τους οφθαλμους] ⟨τοις οφθαλμοις 107⟩ οφθαλμον Cyr-cod om τους t | ιωσηφ] pr τον ⟨20 32⟩ Chr | ειπεν] + αυτω f¹ᵃ¹mlr(-πη r* uid)𝔄𝔅ℭ𝔈

8 ηθελησεν arx𝔄𝔅ℭ𝔈 Cyr-cod | τη—αυτου 1°] αυτη d𝔈 τη γυναικι] η γυνη Eρ(τη) | αυτου 1°] sub ※ 𝔖 | ει] ιδου Chr¼ | ου—ουδεν] δι εμε ουδεν γινωσκει Eus | δι εμε] post αυτου 2° h𝔄 post ουδεν dk(-θεν)np Thdt: ⟨δι εμου 18⟩· om Em𝔈 Chr¼ | ουδεν] ουθεν Dikmorsc₂: om b | εν] pr των EMegjlmo𝔈 Eus-ed Chr | ⟨om και—αυτω 78⟩ | και] αλλα ⟨31 83⟩ Chr⅔ | παντα οσα] quod 𝔅 | om οσα εστιν αυτω 𝔄 | εστιν] ην Efm: υπαρχη c | αυτω] pr εν ⟨68⟩ Eus-ed αυτου Thdt εν τω οικω αυτου eg j | δεδωκεν Mdfilpqstu Eus-ed Chr Cyr-cod Thdt | εις τας χειρας] εν τη χειρι Chr¼ codd⅓· in manum 𝔈. om τας l Chr-ed⅓ | μου 2°] αυτου εμοι m

9 υπερεχει] υπαρχει DMbjqrsuw𝔈(uid) Thdt + ουθεν a: + ουδεν mx + aliquid 𝔖. + ουθεν των ο | αυτου 1° AEcy ℭ 𝔖] αυτη nx*(uid)· ταυτα w om op𝔄𝔈ᵖ ταυτη DMxᵃ rell 𝔅 𝔈ᶜᶠ Chr Cyr Thdt | ουθεν—ουδεν] quod non fuit commissum mihi 𝔈 | ουθεν] ουδεν degjn om abmopwxc₂𝔖 Thdt | εμου 1°] pr εκτος qu εμοι cs om bopw Thdt | ουδε] η p | υπεξηρηται] υπεξαιρειται br(-ρητ-)w Chr½ Thdt απεξηρηται pc₂ | απ εμου ουδεν] ουθεν εμου f1r Thdt(-θεν) | απ εμου] post ουδεν dknpv om g | ουδε] ουθεν Els | om δια—ειναι d | αυτου γυναικα r | ειναι αυτου f | om και 2° fc₂𝔅ᵖ | om πως E | το 2°—τουτο] uerbum hoc malum et magnum 𝔄: malum hoc magnum 𝔖 (pr uerbum mg) | om το ρημα d𝔈ᵖ Chr¼ | ρημα το πονηρον] πονηρον ρημα ο πονηρον ρημα το μεγα acxc₂ Eus +το μεγα m | το πονηρον] post τουτο f1n | και 3°—θεου] om 𝔈· om και Thdt | αμαρτησομαι] αμαρτησω nt αμαρτηκως εσομαι Thdt | εναντιον] εναντι f1 ενωπιον Chr⅔ Cyr-cod | θεου] κ̄ῡ m

10 ηνικα δε] εγενετο δε ηνικα a𝔅(om δε 𝔅ᵖ): και εγενετο

XXXIX 2 επιτυγχανων] α' κατευθυνομενος σ' ευοδουμενος Mjv(κατευοδ-)𝔖   7 επεβαλεν] α' ηρεν M
9 ουδε υπεξηρηται] neque reliquit neque subtrahit siue subtractum (ﬞﬡﬠﬔﬓ) 𝔖 | το 2°—τουτο] α' την κακιαν την μεγαλην ταυτην M

ΓΕΝΕΣΙΣ XXXIX 20

Ἰωσὴφ ἡμέραν ἐξ ἡμέρας, καὶ οὐχ ὑπήκουεν αὐτῇ καθεύδειν μετ' αὐτῆς τοῦ συγγενέσθαι αὐτῇ A
11 ¹¹ἐγένετο δὲ τοιαύτη τις ἡμέρα· εἰσῆλθεν Ἰωσὴφ εἰς τὴν οἰκίαν τοῦ ποιεῖν τὰ ἔργα αὐτοῦ, καὶ
12 οὐθεὶς ἦν ἐν τῇ οἰκίᾳ ἔσω· ¹²καὶ ἐπεσπάσατο αὐτὸν τῶν ἱματίων αὐτοῦ λέγουσα Κοιμήθητι μετ'
13 ἐμοῦ· καὶ καταλείπων τὰ ἱμάτια αὐτοῦ ἔφυγεν καὶ ἐξῆλθεν ἔξω   ¹³καὶ ἐγένετο ὡς εἶδεν ὅτι
14 κατέλειπεν τὰ ἱμάτια αὐτοῦ ἐν ταῖς χερσὶν αὐτῆς καὶ ἔφυγεν καὶ ἐξῆλθεν ἔξω, ¹⁴καὶ ἐκάλεσεν
τοὺς ὄντας ἐν τῇ οἰκίᾳ καὶ εἶπεν αὐτοῖς λέγουσα Ἴδετε, εἰσήγαγεν ἡμῖν παῖδα Ἑβραῖον ἐμπαίζειν
15 ἡμῖν· εἰσῆλθεν πρὸς μὲ λέγων Κοιμήθητι μετ' ἐμοῦ· καὶ ἐβόησα φωνῇ μεγάλῃ. ¹⁵ἐν δὲ τῷ
ἀκοῦσαι αὐτὸν ὅτι ὕψωσα τὴν φωνήν μου καὶ ἐβόησα, καταλείπων τὰ ἱμάτια αὐτοῦ παρ' ἐμοὶ
16 ἔφυγεν καὶ ἐξῆλθεν ἔξω.   ¹⁶καὶ καταλιμπάνει τὰ ἱμάτια παρ' ἑαυτῇ ἕως ἦλθεν ὁ κύριος εἰς τὸν
17 οἶκον αὐτοῦ. ¹⁷καὶ ἐλάλησεν αὐτῷ κατὰ τὰ ῥήματα ταῦτα λέγουσα Εἰσῆλθεν πρὸς μὲ ὁ παῖς ὁ
18 Ἑβραῖος, ὃν εἰσήγαγες πρὸς ἡμᾶς, ἐμπαῖξαί μοι, καὶ εἶπέν μοι Κοιμήθητι μετ' ἐμοῦ. ¹⁸ὡς δὲ
ἤκουσεν ὅτι ὕψωσα τὴν φωνήν μου καὶ ἐβόησα, κατέλειπεν τὰ ἱμάτια αὐτοῦ παρ' ἐμοὶ καὶ ἔφυγεν¶ L
19 καὶ ἐξῆλθεν ἔξω.   ¹⁹ἐγένετο δὲ ὡς ἤκουσεν ὁ κύριος τὰ ῥήματα τῆς γυναικὸς αὐτοῦ, ὅσα ἐλάλησεν
20 πρὸς αὐτὸν λέγουσα Οὕτως ἐποίησέν μοι ὁ παῖς σου, καὶ ἐθυμώθη ὀργῇ. ²⁰καὶ ἔλαβεν ὁ κύριος

10 ιοσηφ E*(ιωσηφ Eᵇ)   13 ιδεν D   14 ειδετε AD | εμπεξειν E
16 καταλειμπανει E   17 εμπεξαι A   18 φωνη E

DE(L)Ma-yc₂𝕬𝕭𝕮𝕰𝕾

ηνικα ckmoxc₂𝕬𝕾(και εγενετο sub ※) et 𝕰 | ελαλησε j | ιωσηφ A1] pr τω DELM rell Cyr om Chr | ημεραν] ημερα c | om και egj𝕭ˡᵖ | υπηκουεν D(contra Dˢⁱˡ)LMacdegj-rtuxc₂𝕭𝕮𝕰ᵖ Chr | αυτη 1°] αυτην c αυτης Eo Chr· om 𝕬 | καθευδειν μετ αυτης] pr του f. om n | καθευδειν] κοιμηθηναι p | μεθ εαυτης 𝕰 | om του συγγενεσθαι αυτη p𝕮 | του] και f𝕰· neque 𝕬 | αυτη 2°] αυτην o αυτου d om 𝕬
11 εγενηθη acdı*km-pxc₂ | om δε fknpyc₂ Cyr-cod | τοιαυτη τις ημερα] μια των ημερων fp(pr εν) in uno die 𝕰 | τοιαυτη τις] τις τοιαυτη km· τη αυτη a ταυτα ο | τις ημερα] ημερα τις x της ημερας dn(τις) τις ωρα 1ᵃʳ om τις c₂. +τις c | ημερα] +ras (2) a | εισηλθεν] pr και befgjpwyc₂ Cyr-ed ingressus 𝕬 | ⟨την οικιαν⟩ τον οικον 79) | om Ay| om DELM rell Phil Cyr ποιησαι f1ᵃʳ | ουδεις ac-gjkm-prxc₂ Cyr-ed | ην] post οικια 81 om Lk | εν Acfnyc₂𝕭𝕰 Cyr-cod] pr των DELM rell 𝕬𝕮𝕾 Cyr-ed | τη οικια] τω οικω m
12 και επεσπασατο] κακεινη μηδενα ιδουσα αλλ η τον ιωσηφ εκρατησεν m om και Ldnp𝕬 | επεσπασατο—αυτου 1°] apprehendit uestes eius nudauit eum tis 𝕭 | εξεπασατο c₂ | αυτου] αυτων g* αυτου fj. om 𝕬𝕮𝕰𝕾 | των ιματιων αυτου] uestem eius 𝕰 om E | αυτου 1° Amy𝕬𝕾] om DˢⁱˡLM rell Cyr | ⟨κοιμηθητι μετ εμου⟩ κοιμηθησομαι μετα σου 108) | ⟨om και 2°—εξω 83⟩ | και 2°] κακεινος m ο δε (20 31) 𝕬(uid) | καταλειπων AEhknory] καταλιπων DˢⁱˡLM rell 𝕭 Phil Cyr κατελιπε ⟨14 78⟩ 𝕾(uid) | αυτου 2°] sub ※ 𝕾 om ELbdhkptvwyc₂ Phil | εφυγεν A] pr εν ταις χερσιν αυτης και r𝕬 pr εν ταις χερσιν αυτης Dˢⁱˡ(Dᵘⁱᵈ)ELM rell (om εν m)𝕭𝕮𝕰𝕾 Phil Cyr
13 και 1°—εξω] sub — v𝕾 om ⟨71⟩ Cyr-cod | και εγενετο] εγενετο δε acdfikmnorᵃ(sup ras)xc₂𝕾 om και ⟨20⟩ 𝕭ˡᵖ. om εγενετο p𝕰 | κατελειπεν] pr reliquit eam et exuit et 𝕰ᵖ pr exiit et 𝕰ᶜᶠ. κατελιπεν DLad-gjlpqstuxyc₂𝕬𝕭𝕮𝕰𝕾 καταλιπων bw Cyr-ed | om αυτου 1*npvc₂ | εν—αυτης] in manu eius 𝕰 om c | om και 2°—εξω dn𝕰 | εφυγεν] ⟨om 16. 77 130⟩. om και bepw𝕭ʷ Cyr-ed | και εξηλθεν εξω] om k om και εξω p
14 και εκαλ] εκαλ δε k om Ddfkmnpqx𝕬𝕭𝕰 Cyr | om οντας m Cyr-cod | ⟨οικια⟩ +ως ειδεν οτι κατελιπε τα ιματια αυτου 71⟩ | και ειπεν αυτοις] om 𝕮 om αυτοις 𝕬 | om λεγουσα

fmn𝕬𝕭𝕰 | ιδετε—ημιν 1°] quid adtulistis super me (om super me 𝕰ᵖ) uidete quoa fecit super me 𝕰 | ιδε mw | εισηγαγεν] ηγαγεν a(ηγα sup ras aᵃ)cmoxc₂𝕾(txt) | om ημιν 1° 𝕮 Cyr-cod | om παιδα l | εμπαιξαι j(mg)n | ημιν 2°] μοι j(mg)nc₂𝕰 | εισηλθεν] pr και e +γαρ k | om λεγων dnp𝕭ʷ | κοιμηθητι μετ εμοι] κοιμηθησομαι μετα σου bw | κοιμηθητι] καθευδειν dnp | ⟨om και 3°—μεγαλη 71⟩ | εβοησα] pr ego 𝕬 | ⟨φωνη μεγαλη⟩ μεγαλη φωνη 84 φωνην μεγαλην 32⟩
15 om αυτον fm | ⟨οτε 84⟩ | om μου 1* | om και εβοησα y | om καταλειπων—εμοι L | καταλειπων] κατελιπων D(+Dˢⁱˡ)Mabd-gijlmpqs-xc₂ Cyr· reliquit 𝕬𝕭𝕮𝕰𝕾 | εφυγεν] pr και L𝕬𝕰𝕾 | om και εξηλθεν 𝕮𝕰
16 καταλιμπανει] κατελειπει dp reliquit 𝕰ᶠᵖ𝕾· posuit 𝕬 𝕭𝕮𝕰ᶜ | ιματια] +αυτου Efm𝕭ˡᵖ𝕰(uid) | εαυτη] αυτη fnpc₂ εαυτης 1*ᵒ αυτης d | εως] ως L ως δε m | εισηλθεν ⟨79⟩ 𝕭ʷ𝕮 | κυριος] +αυτου Edegjknpt𝕭𝕮𝕰(uid)𝕾(uid). +ιωσηφ D | εις αυτου] εν τω οικω αυτου f om egj𝕭ʷ𝕮. om εις x* | ⟨αυτου⟩ αυτης 84⟩
17 om και 1° m𝕭ˡᵖ | αυτον m | om κατα—ταυτα r* | ταυτα] αυτου 1*(uid) | ο παις] puer meus Tract om n· +σου l𝕭𝕰 | εισηγαγες] ηνεγκας Chr⅔ | πρὸς ημας El | εμπαιξειν Lfl Chr⅜ coddˢ/ₗ | μοι 1°] με Chr-coddˢ/ₗ f𝕭ˡᵖ ημιν 𝕰ᶠᵖ Chr⅘ | om και ειπεν μοι y* | και ειπεν] ειπεν δε r dixit enim Tract | om μοι 2° Lbcew | κοιμηθητι μετ εμου Ac₂𝕬𝕭 Tract] κοιμηθησομαι μετα σου D(+Dˢⁱˡ)ELM rell (-σωμαι ny)𝕮𝕰𝕾(και ειπεν—σου sub —) +∞ et clamaui uoce magna ⨯ 𝕾
18 ηκουσεν] ηκουσα την φωνην n* | om μου efgj | κατελειπεν] κατελιπεν DMad-gijlpqs-vxc₂𝕬𝕭𝕮𝕰𝕾 καταλειπον c καταλιπων Lbw | om αυτου Lh1*kquy | om και 2° Lbcw𝕭 | om και εξηλθεν 𝕰 | om εξω bw
19 κυριος Af] +αυτου Dˢⁱˡ(Dᵘⁱᵈ)EM rell 𝕬𝕭𝕮𝕰(uid)𝕾 | τα ρηματα] om n· +ταυτα dfp𝕮 | om της γυναικος αυτου dp | οσα—σου] om fp om οσα—αυτον 1𝕰ᵖ | λεγουσα] λεγουσης 1 +η γυνη αυτου d | ουτως] +και ουτως m | om και Efkmnp𝕬𝕭ˡᵖ𝕰 | οργη] +αυτου k
20 και ελαβεν 𝕬𝕭𝕮] om f και λαβων DEM rell 𝕾 | om

17 εμπαιξαι μοι] καταγνωναι μοι M
20 και 1°—ιωσηφ] a' και ελαβεν κ̅ς̅ ιωσηφ αυτον σ' ελαβεν ο κ̅ς̅ αυτου τον ιωσηφ ο' και λαβων ο κ̅ς̅ ιωσηφ v

XXXIX 20 ΓΕΝΕΣΙΣ

A ᾿Ιωσὴφ καὶ ἐνέβαλεν αὐτὸν εἰς τὸ ὀχύρωμα, εἰς τὸν τόπον ἐν ᾧ οἱ δεσμῶται τοῦ βασιλέως κατέ-
χονται ἐκεῖ ἐν τῷ ὀχυρώματι. ²¹καὶ ἦν Κύριος μετὰ ᾿Ιωσὴφ καὶ κατέχεεν αὐτοῦ ἔλεος, καὶ 21
ἔδωκεν αὐτῷ χάριν ἐναντίον τοῦ ἀρχιδεσμοφύλακος. ²²καὶ ἔδωκεν ὁ ἀρχιδεσμοφύλαξ τὸ δεσμω- 22
τήριον διὰ χειρὸς ᾿Ιωσὴφ καὶ πάντας τοὺς ἀπηγμένους ὅσοι ἐν τῷ δεσμωτηρίῳ, καὶ πάντα ὅσα
ποιοῦσιν ἐκεῖ. ²³οὐκ ἦν ὁ ἀρχιδεσμοφύλαξ γινώσκων δι' αὐτὸν οὐθέν· πάντα γὰρ ἦν διὰ χειρὸς 23
᾿Ιωσήφ, διὰ τὸ τὸν κύριον μετ' αὐτοῦ εἶναι· καὶ ὅσα αὐτὸς ἐποίει, Κύριος εὐοδοῖ ἐν ταῖς χερσὶν
αὐτοῦ

¹᾿Εγένετο δὲ μετὰ τὰ ῥήματα ταῦτα ἥμαρτεν ὁ ἀρχιοινοχόος τοῦ βασιλέως Αἰγύπτου καὶ ὁ 1 XL
ἀρχισιτοποιὸς τῷ κυρίῳ αὐτῶν βασιλεῖ Αἰγύπτου. ²καὶ ὠργίσθη Φαραω ἐπὶ τοῖς δυσὶν εὐνούχοις 2
§ Δ₅ αὐτοῦ, ἐπὶ τῷ ἀρχιοινοχόῳ καὶ ἐπὶ τῷ ἀρχισιτοποιῷ· ³καὶ ἔθετο αὐτοὺς ἐν §φυλακῇ παρὰ τῷ 3
ἀρχιδεσμοφύλακι εἰς τὸ δεσμωτήριον, εἰς τὸν τόπον οὗ ᾿Ιωσὴφ ἀπῆκτο ἐκεῖ ⁴καὶ συνέστησεν ὁ 4
¶ Δ₅ ἀρχιδεσμώτης τῷ ᾿Ιωσὴφ αὐτούς, καὶ παρέστη¶ αὐτοῖς· ἦσαν δὲ ἡμέρας ἐν τῇ φυλακῇ. ⁵καὶ ἴδον 5
ἀμφότεροι ἐνύπνιον, ἑκάτερος ἐνύπνιον ἐν μιᾷ νυκτί, ὅρασις τοῦ ἐνυπνίου αὐτοῦ, ὁ ἀρχιοινοχόος
καὶ ὁ ἀρχισιτοποιὸς οἳ ἦσαν τῷ βασιλεῖ Αἰγύπτου, οἱ ὄντες ἐν τῷ δεσμωτηρίῳ. ⁶εἰσῆλθεν δὲ 6

XL 3 αρχιδεσμοφυλακει A 5 ειδον *D*ˢⁱˡ(*D*ᵘⁱᵈ)

*D*EM(Δ₅)a-yc₂𝕬𝕭ℭ𝕰𝕾

ο κυριος dp𝕰 | ιωσηφ] pr τον dmp αυτον ⟨107⟩ 𝕭ˡᵖ +*eum*
𝕭ʷℭ | και 2° Af] om DEM rell 𝕭𝕾 | ενεβαλεν] ενεβαλλεν w
επεβαλεν l | ⟨om αυτον 107⟩ | ⟨om το 20 79⟩ | εις 2°—ω] pr
και f: οπου 𝕰 Chr | εν ω] ου f1𝕬𝕾 | κατεχονται] κατεχοντο w .
κατειχοντο Ef𝕬 | κατερχονται d · *erant* 𝕭 | om εκει—οχυρω-
ματι cfn Chr
  21 ιωσηφ] +και ην ανηρ επιτυγχανων Thdt | αυτου] αυτω
cklm Thdt | ελεος] ελεον Thdt | ελαιον dnp | χαριν αυτω εδωκεν
c₂ | om εδωκεν αυτω Thdt | χαριν αυτω akx | om αρχιδεσμο-
φυλακος—(22) ο g | δεσμοφυλακος Efln Thdt
  22 και 1°—(23) ιωσηφ] libere uertit 𝕰 | εδωκεν] κατεστησεν
k | om ο αρχιδεσμοφυλαξ ⟨71⟩ 𝕰 | om τους n | απηγμενους]
απαγομενους qu καθειργμενους m εγκεκλεισμενους D + *D*(-κλισ-)
Ehlnrst συγκεκλεισμενους f(συνεκλ- uid)ı *clausos* ℭ𝕾(mg) *in-
iectos* 𝕭 | om k | οσοι] οσα ο om bf1ª²kmrwc₂ℭ | εκει] +αυτος
ην ποιων Mabckmoswxc₂𝕬𝕾(sub ※)
  23 ουκ] pr και ms𝕬𝕾 Chr | ην 1°] ηδει lr | αρχιδεσμοφυλαξ
Any Chr | +εν τω δεσμωτηριω m 𝕰 | +του δεσμωτηριου D(+*D*ˢⁱˡ)
EM rell 𝕬𝕾 | γινωσκων—ουθεν] φυλαξ f | δι αυτον] δι αυτων
ımp om Chr½ | ουθεν] ουδεν bdglmnpx *eos* 𝕭 | om το Dg*
c₂ | om τον Mah*ı*ªnopvxy | κυριον] κ̅ς̅ x | μετ αυτου] post
ειναι f𝕬 | ⟨δι αυτου 30⟩ | οσα] pr παντα l | om f +αν egj | om
αυτος d𝕭ℭ𝕰 | ποιει ⟨30⟩ ℭ | κυριος] pr ο egj post ευοδοι d𝕰
και κ̅ς̅ ο θ̅ς̅ f1(om και) και b | ευοδων Mabce-knqt-wc₂𝕬ℭ𝕾
Chr Thdt | εν—αυτου 2°] sub — 𝕾 om ταις qru
  XL 1 ημαρτεν] *peccauerunt* 𝕰 | του βασιλεως] post αιγυπτου
1° f om του mc₂ | om ο 2° n | κυριω] κ̅υ̅ m | αυτων] αυτω c₂*
αυτου m | βασιλει] pr τω Dacdnptx
  2 ωργισθεις c₂ | φαραω] ο βασιλευς 1* om egj𝕰 | om επι
1° Ddnp | om αυτου dnp𝕭 Phıl | επι 2°—αρχισιτοποιω] pr
και c𝕬 om E𝕰 | επι 2°] om d𝕭ʷ +τε npt | om επι 3° d𝕭
  3 hoc comma libere uertit 𝕰 | φυλακη] pr τη bcf1ªlrtw𝕭
κη Δ₅ | om παρα τω αρχιδεσμοφυλακι b1ªquw | τω αρχιδ]
του αρχιμαγειρου m | αρχιδ] δεσμοφυλακι D(+*D*)Megjksv
αρχιμαγειρω Δ₅acdnopxc₂𝕬𝕭𝕾 Phıl-codd-omn | εις το δεσμω-
τηριον] εν τω δεσμωτηριω f· om l ℭ(uid) | εις τον τοπον] om

fm om τον n +εν τω οχυρωματι dnp(pr τον) | ου] οπου D:
εν ω f | ιωσηφ απηκτο εκει] pr ο bmwx *Ioseph erat* 𝕬 ην
ιωσηφ Ef𝕰 | απηκτο] απηρκτο n απειρκτο m ⟨απηνεχθη 108
mg⟩. κατωκει l | εκει] om 𝕭: +εν τω οχυρωματι j(mg)
  4 om totum comma 𝕰 | συνεστησεν] κατεστησεν m | ο—
αυτους] αυτους ο αρχιδεσμωτης ιωσηφ dnp: *eos princeps-carni-
ficum* (=ο αρχιμαγειρος) *Ioseph* 𝕬 | αρχιδεσμωτης] αρχιδεσ-
μοφυλαξ Mj(mg)v(mg)y𝕾(uid) | +αυτου f | τω ιωσηφ αυτους]
αυτους τω ιωσηφ Chr-ed ιωσηφ αυτους kmx. αυτους ιωσηφ 1*·
προς ιωσηφ αυτους f αυτους προς ιωσηφ 1ªᵃʳ· αυτοις τον ιωσηφ
Chr-codd ⟨om αυτους 30 107⟩ | ισηφ g | αυτους] +*dedit eos
in manum eius* 𝕭 | και παρεστη αυτοις] pr *attendebat iis* 𝕭ˡᵖ.
⟨και παρεστησαν αυτους αυτω 31 83⟩. *erat super eos* ℭ om
D(*D*ᵘⁱᵈ)f𝕭ʷ | παρεστησεν E | ⟨αυτοις⟩ αυτους 14 16 130⟩ | δε]
⟨γαρ εκει 71⟩ +εκει dnp | ημερας] ημεραι c +πολλας ℭ Chr
+πλειους knv(mg) +πλεισυς dp | φυλακη] +πλειους egj
  5 αμφοτεροι ενυπνιον] ενυπνιον αμφοτεροι afımnorxc₂𝕬𝕰𝕾
αμφοτεροι ενυπνια ⟨14 16 77 130⟩ Chr½ ενυπνια αμφοτεροι ckℭ
⟨ενυπνιον οι αμφοτεροι 30⟩ om αμφοτεροι Edp | εκατερος—
αυτου] *in una nocte unusquisque ex iis uiderunt somnium
suum* 𝕰 | εκατερος ενυπνιον bdhlpqsuw𝕭ˡᵖ Chr | εκατερος]
εκατερος 1* εκατερoı egj εκαστος mn | ενυπνιον] om m.
+αυτου k +*eius uidit* 𝕭ʷ | μια] post νυκτι acfımorxc₂𝕾 |
νυκτι] φυλα[κη] D(contra *D*ˢⁱˡ) | om ορασις—δεσμωτηριω dm
ορασις—αυτου] *quod uidit in somnio suo* ℭ · om p Chr | ορασις]
pr η δε qu | εν ων αι ορασεις bw | om του ενυπνιου f1ªᵃʳ | αυτου]
αυτων bwy𝕭ˡᵖ om Dacf1ª²koqruxc₂𝕬𝕾(uid) | ο 1°—αρχισιτο-
ποιος] ο τε αρχισιτοποιος και ο αρχιοινοχοος p του αρχιοινοχοου
και του αρχισιτοποιου D(+*D*ˢⁱˡ)acf1ªᵃʳkoqruxc₂𝕬𝕾[om του 2° qu
⟨⳩⟩ (=του οινοχοου) 𝕾ᵐᵍ]] ⟨του αρχισιτοποιου και του
αρχιοινοχοου 76⟩ | ο 1°] +τε Chr | οινοχοος bw | σιτοποιος
bw | om oι 1°—δεσμωτηριω p | oι 1°—βασιλει] *regis* 𝕭𝕰. om
oι b | τω 1°] pr εν r | οι 2°—δεσμωτηριω] om f: om οι bw𝕬
⟨οντες⟩ ανδρες 31⟩ | εν τω δεσμωτηριω] εν (επι 78) τοις δεσμω-
τηριοις egj ⟨78⟩. +ην αυτη qu
  6 ηλθεν y | om δε g*qu | προς—ιωσηφ Aℭ] ιωσηφ τω

---

20 και 2°—οχυρωμα] α' και εδωκεν αυτον προς οικον του δεσμωτηριου M | εις το οχυρωμα] εις το δεσμωτηριον M
22 απηγμενους] εγκεκλεισμενους Mjv: δεδεμενους j
XL 3 απηκτο] α' δεδεμενος Δ₅ 4 συνεστησεν] σ' παρεθ[ε]το Δ₅ | παρεστη] α' ελειτουργει M: σ' ελιτουργει Δ₅
5 ο 1°—αρχισιτοποιος] α' ο ποτιστης και ο πεσων M α' ο ποτιστης σου και ο παις σου j(om σου 1°)v

7 πρὸς αὐτοὺς τὸ πρωὶ Ἰωσήφ, καὶ ἴδεν αὐτοὺς καὶ ἦσαν §τεταραγμένοι. 7 καὶ ἠρώτα τοὺς εὐνού- A
χους Φαραώ, οἳ ἦσαν μετ᾽ αὐτοῦ ἐν τῇ φυλακῇ παρὰ τῷ κυρίῳ αὐτοῦ, λέγων Τί ὅτι τὰ πρόσωπα § Δ_5
8 ὑμῶν σκυθρωπὰ σήμερον;¶ 8 οἱ δὲ εἶπαν αὐτῷ Ἐνύπνιον ἴδομεν, καὶ ὁ συγκρίνων αὐτὸ οὐκ ἔστιν. ¶ Δ_5
9 εἶπεν δὲ αὐτοῖς Ἰωσήφ Οὐχὶ διὰ τοῦ θεοῦ ἡ διασάφησις αὐτῶν ἐστίν; διηγήσασθε οὖν μοι 9 καὶ
διηγήσατο ὁ ἀρχιοινοχόος τὸ ἐνύπνιον αὐτοῦ τῷ Ἰωσήφ¶ καὶ εἶπεν Ἐν τῷ ὕπνῳ μου ἦν ἄμπελος ¶ $ℭ^c$
10 ἐναντίον μου· 10 ἐν δὲ τῇ ἀμπέλῳ τρεῖς πυθμένες, καὶ αὐτὴ θάλλουσα ἀνενηνοχυῖα βλαστούς·
11 πέπειροι οἱ βότρυες σταφυλῆς. 11 καὶ τὸ ποτήριον Φαραὼ ἐν τῇ χειρί μου· καὶ ἔλαβον τὴν
σταφυλὴν καὶ ἐξέθλιψα αὐτὴν εἰς τὸ ποτήριον, καὶ ἔδωκα τὸ ποτήριον εἰς τὰς χεῖρας Φαραώ.
12 13 12 καὶ εἶπεν αὐτῷ Ἰωσήφ Τοῦτο §ἡ σύγκρισις αὐτοῦ οἱ τρεῖς πυθμένες τρεῖς ἡμέραι εἰσίν· 13 ἔτι § $𝔏^w$
τρεῖς ἡμέραι καὶ μνησθήσεται Φαραὼ τῆς ἀρχῆς σου καὶ ἀποκαταστήσει σε ἐπὶ τὴν ἀρχιοινοχοίαν
σου, καὶ δώσεις τὸ ποτήριον Φαραὼ εἰς τὴν χεῖρα αὐτοῦ κατὰ τὴν ἀρχήν σου τὴν προτέραν, ὡς
14 ἤσθα οἰνοχοῶν. 14 ἀλλὰ μνήσθητί μου διὰ σεαυτοῦ ὅταν εὖ σοι γένηται, καὶ ποιήσεις ἐν ἐμοὶ
15 ἔλεος, καὶ μνησθήσῃ περὶ ἐμοῦ Φαραώ, καὶ ἐξάξεις με §ἐκ τοῦ ὀχυρώματος τούτου· 15 ὅτι κλοπῇ § L
ἐκλάπην ἐκ γῆς Ἑβραίων· καὶ ὧδε οὐκ ἐποίησα οὐδέν, ἀλλ᾽ ἐνέβαλόν με εἰς τὸν λάκκον τοῦτον.

6 ειδεν D^{sil}(D^{uid}) 8 ειδομεν DE | διασαφησεις A | διηγησασθαι A
10 πυ[θμ]εναις D | ανενηχυια E | πεπιροι A 12 ησιν E*(εισιν E^b)
13 σε] σαι A | αρχιονοχοιαν A | πρωτεραν E 15 αλλα D

*D*E(L)M(Δ_5)a–yc_2𝔄𝔅($ℭ^c$)𝔈($𝔏^w$)𝔖

πρωι προς αυτους fr· ιωσηφ προς αυτους τω πρωι E(το E^a)i𝔅· προς αυτους τω πρωι c προς αυτους ιωσηφ πρωι bw προς αυτους ιωσηφ τω πρωι ajnquc_2 προς αυτους ιωσηφ το πρωι D^{sil}(D^{uid})M rell *ad eos Ioseph mane* 𝔄𝔖· om το πρωι ⟨25⟩ 𝔈 | αυτους 2°] αυτον i*(uid) | ⟨τεταραγμενοι] σκυθρωποι 20⟩

7 ηρωτησε dnp𝔄𝔈 | τους—αυτου 2°] αυτους f αυτοις m· *eos Ioseph* 𝔈 | om εν—αυτου 2° bsw | om παρα—λεγων p | του κυριου D(+*D*)$i^{a?}$r | αυτου 2°] αυτων $i^{a?}$r$𝔅^{lp}$ℭ | om τι l | om οτι acoc_2 Chr½ | σκυθρωπα τα προσωπα υμων 𝔄𝔈𝔖 Chr | ⟨ημων 18⟩

8 ειπαν] ειπον DEacdfm–prsc_2 | om αυτω bw | ⟨ενυπνια 107⟩ | ⟨διακρινων 20⟩ | αυτο ουκ εστιν Abfpwy𝔖] ουκ εστιν αυτω cdg*nq ουκ εστιν αυτο DEM$g^{a?}$ rell Chr | αυτοις] post ιωσηφ Elt: om degj | ουχι] ου t | του θεου] τον θν̄ f om του a | αυτων] αυτου Ebefjo om mw | om εστιν 2° Chr⅔ | διηγησασθε] απαγγειλατε Thdt | ουν] post μοι ⟨128⟩ 𝔖(uid) om 𝔄

9 om τω ιωσηφ dp | ειπεν] +αυτω k𝔈 +αυτω ουτως bw | εν—ην] *uidebatur mihi in uisione mea* 𝔄 *uidebam in somnio meo* 𝔈 | υπνω] ενυπνιω d𝔅 | αμπελος ην E | om εναντιον—(10) αυτη f

10 εν δε] ην δε M και εν c_2 +τω b | τη] τω quw | τρεις—σταφυλης] *germinauerunt* (+*tres* $𝔈^c$) *palmites eius* (om *eius* $𝔈^c$) *et extulit* (*extulerunt* $𝔈^c$) *racemos* (*tres racemos* $𝔈^p$)𝔈 | τρεις πυθμενες] γ′ βλαστους i^b(mg) | πυθμενες—σταφυλης] *palmites uirides ualde et habebat tres racemos maturos racemos uuarum* 𝔄 | θαλλουσα] η θαλασσα e +ην km𝔖 | ανενηνοχυια] ενενηνοχυια r ενηνοχυια adfmnp ενεσχηκυια l | βλαστους] pr τρεις e | πεπειροι οι βοτρυες] pr και qu πεπειρους βοτρυας bfimrw | πεπειροι] περι ην Phil-cod-unic½ | om οι v Phil | βοτρυες] +αυτης acoc_2 | σταφυλης] pr της DEkmqstuy om o +τρεις f. +ην Phil-cod-unic½

11 ⟨ποτηριον 1°] +μου 79⟩ | φαραω 1°—ποτηριον 2°] bis scr r | ⟨om την 25⟩ | εξεθλιψαν q*(uid) | om αυτην m𝔄 | ποτηριον 2°] +φαραω acdeg(φαρω g*)jm–px𝔄(pr ※)𝔈𝔖(sub ※) | και 4°—φαραω 2°] *et porrexi ei* 𝔈 om g | και 4°—εις 2°] sup ras i^a om και—ποτηριον fhlw𝔅 | εδωκαν q*(uid) | το ποτηριον 3°] αυτο d | τας χειρας] την χειρα EMbcehjw$𝔅^{lp}$ om τας *D*(contra D)i*np

12 και ειπεν] ειπεν δε v(mg) om και ⟨31⟩ $𝔅^w$ | om αυτω efm𝔖 | om τουτο m | η συγκρισις] *..terpraetatio* 𝔏 | αυτου] *somnii* 𝔏 | ⟨οι] pr ουτοι 25⟩ | πυθμενες] βοτρυες f𝔈

13 ετι] +γαρ m | αρχης] αρχιοινοχοιας Chr | αποκαταστησει σε] αποκαταστησεις s επικαταστησει σε bl καταστησει σε dm | επι—σου 2°] *super uinum in officio tuo* 𝔏 om Chr½ | επι] εις Chr½ | την αρχιοινοχοιαν] τη αρχιοινοχοια m την αρχην της οινοχοιας egj | δωσει m | om το fn | om φαραω 2° Dhy𝔏 | την χειρα] τας χειρας fi*(om τας)𝔄𝔅 ⟨om την 76⟩ | αυτου] σου m𝔈 φαραω Dy𝔏 | κατα] pr και mqu | την προτεραν σου ac(σοι)moxc_2𝔄𝔖 | προτερον v | om ως ησθα οινοχοων c_2 | οινοχοων] *super uinum* 𝔏

14 αλλα μνησθητι] αλλ αναμνησθητι ⟨20⟩ Chr¼ | om μνησθητι μου $𝔈^p$ | om δια σεαυτου 𝔄$𝔈^{cf}$ Chr¼ Thdt | γενηται σοι EMeghjlqtuy𝔄𝔖 | om και 1° $𝔈^p$ | ποιησης El | εν εμοι] επ εμε Efi^anprv(txt)𝔈 Chr⅓ ed⅓ εις εμε d Chr⅓ codd⅓ μετ εμου bi*mw *mihi* 𝔄 | ελεον dnpv | μνησθηση] μνησθεις b μνησθητι Chr²⁄₄ *memor sis* 𝔏 | φαραω περι εμου fir𝔈 | om εμου E | φαραω] pr προς DMbdegjkmnpw$y^{b?}$𝔅(uid)𝔏 Chr pr *coram* 𝔄𝔖 | εξαξεις] εξαξης clpc_2 *educas* 𝔏

15 κλοπης g | εκλαπη t | εκ γης] *in terra* 𝔄-codd | εβραιων] εβραιου l* αιγυπτου n | ουκ—ουδεν] ουδεν κακον εποιησα 𝔏 Thdt½ om ουκ Dc_2 | ου πεποιηκα o | ουδεν] pr κακον fi^ar ουθεν bw +κακον 𝔅 Thdt½ | αλλ] και dnptv𝔄𝔏 Chr²⁄₀ Thdt | ενεβαλον] ενεβαλλον bdem Chr⅖ *immisit* 𝔏 | τον λακκον] *carcerem* $𝔅^w$$𝔈^{cf}$ *domum carceris* $𝔈^p$ | τον bis scr b | λακκον τουτον] οικον του λακκου τουτου bdfi*knptv(txt)w𝔄𝔏 Chr⅙ τοπον του λακκου τουτου i^ar λακκον του οικου τουτου Thdt½ λακκον του οχυρωματος τουτου Thdt½ | om τουτον m𝔈

6 τεταραγμενοι] α′ εμβρασσομενοι M$\Delta_5$jv σ′ σκυθρωποι M$\Delta_5$jv𝔖
7 παρα τω] α′ σ′ εν τω ο[ι]κω του Δ_5 | σκυθρωπα] α′ κακα σ′ πονηρα Δ_5
8 συγκρινων] α′ επιλυομενος σ′ διακρινων M· α′(?) σ′ *soluens* 𝔖 | διασαφησις] α′ επιλυσις Mj(sine nom)v𝔖 σ′ διακρισις Mv𝔖
9 ην αμπελος εναντιον] εν τω ιουδ ην κλη̄μ εναν̄τ i^b
10 πυθμενες] α′ σ′ κληματιδες M(om σ′)jv𝔖 | θαλλουσα] α′ σ′ βλαστωσα Mj(sine nom)v𝔖(uid)

ΓΕΝΕΣΙΣ
XL 16

A ¹⁶καὶ ἴδεν ὁ ἀρχισιτοποιὸς ὅτι ὀρθῶς συνέκρινεν, καὶ εἶπεν τῷ Ἰωσήφ Κἀγὼ ἴδον ἐνύπνιον, καὶ 16
ᾤμην τρία κανᾶ χονδριτῶν αἴρειν ἐπὶ τῆς κεφαλῆς μου· ¹⁷ἐν δὲ τῷ κανῷ τῷ ἐπάνω ἀπὸ πάντων 17
τῶν γενημάτων ὧν ὁ βασιλεὺς Φαραὼ ἐσθίει, ἔργον σιτοποιοῦ· καὶ τὰ πετεινὰ τοῦ οὐρανοῦ
¶ ⳼ κατήσθιεν αὐτὰ ἀπὸ τοῦ κανοῦ τοῦ ἐπάνω τῆς κεφαλῆς μου.¶ ¹⁸ἀποκριθεὶς δὲ Ἰωσὴφ εἶπεν αὐτῷ 18
Αὕτη ἡ σύγκρισις αὐτοῦ. τὰ τρία κανᾶ τρεῖς ἡμέραι εἰσίν· ¹⁹ἔτι τριῶν ἡμερῶν ἀφελεῖ Φαραὼ 19
τὴν κεφαλήν σου ἀπὸ σοῦ, καὶ κρεμάσει σε ἐπὶ ξύλου, καὶ φάγεται τὰ ὄρνεα τοῦ οὐρανοῦ τὰς
σάρκας σου ἀπὸ σοῦ ²⁰ἐγένετο δὲ ἐν τῇ ἡμέρᾳ τῇ τρίτῃ ἡμέρα γενέσεως ἦν Φαραώ, καὶ ἐποίει 20
πότον πᾶσι τοῖς παισὶν αὐτοῦ· καὶ ἐμνήσθη τῆς ἀρχῆς τοῦ ἀρχιοινοχόου καὶ τῆς ἀρχῆς τοῦ
¶ 𝕃ʷ ἀρχισιτοποιοῦ ἐν μέσῳ τῶν παίδων αὐτοῦ. ²¹καὶ ἀπεκατέστησεν¶ τὸν ἀρχιοινοχόον ἐπὶ τὴν 21
ἀρχὴν αὐτοῦ, καὶ ἔδωκεν τὸ ποτήριον εἰς τὴν χεῖρα Φαραώ· ²²τὸν δὲ ἀρχισιτοποιὸν ἐκρέμασεν, 22
καθὰ συνέκρινεν αὐτοῖς Ἰωσήφ. ²³οὐκ ἐμνήσθη δὲ ὁ ἀρχιοινοχόος τοῦ Ἰωσήφ, ἀλλὰ ἐπελάθετο 23
αὐτοῦ.

§ 𝕃ᵛ §¹Ἐγένετο δὲ μετὰ δύο ἔτη ἡμερῶν Φαραὼ ἴδεν ἐνύπνιον. ᾤετο ἑστάναι ἐπὶ τοῦ ποταμοῦ· 1 XLI
¶ L ²καὶ ἰδοὺ ὥσπερ ἐκ τοῦ ποταμοῦ¶ ἀνέβαινον ἑπτὰ βόες καλαὶ τῷ εἴδει καὶ ἐκλεκταὶ ταῖς σαρξίν, 2
καὶ ἐβόσκοντο ἐν τῷ ἄχει· ³ἄλλαι δὲ ἑπτὰ βόες ἀνέβαινον μετὰ ταύτας ἐκ τοῦ ποταμοῦ αἰσχραὶ 3
τῷ εἴδει καὶ λεπταὶ ταῖς σαρξίν, καὶ ἐνέμοντο αἱ βόες παρὰ τὸ χεῖλος τοῦ ποταμοῦ ἐν τῷ ἄχει·

---

16 ειδεν Dˢⁱˡ   18 συγκρισεις A | τρις A
20 om ημερα 2° A*(hab Aᶜ ᵐᵍ) | εποιου A | πασιν D | εμμεσω AE   23 αλλ DˢⁱˡE
XLI 2 ανεβαινον] αναβαινον A   ανεβεννον E   3 ανεβενοῖ E

DE(L)Ma–yc₂𝔸𝔹𝔼(𝕃ᵛʷ⳼)

16 και ιδεν] et ubi uidit 𝔄(om et)𝔅ˡᵖ𝔈 | συνεκρινεν] εκρινε
l | om και 2° (30) 𝔸𝔹𝔈ᶜᶠ | και εγω dfinr | ιδον] uidebam 𝔄 |
ενυπνιον και ωμην] ita in somnio meo uidebam 𝔈ᶜᶠ in somnio
meo 𝔈ᵖ | ενυπνιον] in somnio 𝔄⳼ om f | om και 3° Dbdlnp
w𝔄–ed𝔅𝕃 | ωμην] ενομιζον M(mg) uidi ecce 𝔅 | κανα] κοφινας
ανα n | χονδριτων αιρειν] ha et olera 𝔏 | ⟨χονδριτης 107⟩ |
αιρειν] post μου n tollebam 𝔅 αγειν με m +με acoc₂ om
⟨14 16 77.130⟩ 𝔈 | την κεφαλην a | της] γης c₂
17 εν–κανω] in quib canistris 𝔏 | επανω 1°] +της κεφαλης
μου o | om απο παντων f* | των γενηματων A] om των y των
γενων bde(om των)fgijknprtwc₂𝔈𝕃 των γενεων hᵇ om DEL
Mh* rell 𝔸𝔹⳼ | ων] ω l(uid) | ο–εσθιει] edebat rex Pharao 𝔄
edit Pharao rex Aegypti 𝔈 | ο βασιλευς] om b ⟨om o 84 128⟩ |
φαραω βασιλευς m | φαραω] post εσθιει bw om oy | εργω bw
σιτοποιου] pistorum 𝔄 | του ουρανου] om DELMaeghi*jloqsuv
c₂𝔸𝔹𝔼𝕃⳼ +ras ⟨23⟩ c | κατησθιεν] κατησθιον
defi*jnp | του επανω] του επι Edi*knp𝔅(uid) om bw
18 ιωσηφ] pr o a ⟨+ουτως 71⟩ | αυτω] αυτοις s om L |
αυτη–αυτου] ⟨om 71.77⟩: om αυτη c | κρισις w | om τα Ef
19 ετι] pr και c₂ | τριων ημερων] τρεις ημεραι m Chr
+και Dˢⁱˡbikrsw𝔅ʷ𝕃 | αφελει] αφελειται D(–τε)biw αφειλεται
f αφαιρει Chr αφαιρεισ l | φαραω] pr ο βασιλευς n post
σου 1° r om σου 1° g | κρεμασει σε] κρεμασεις c₂* κρεμασ-
θεις y ⟨κρεμασθησεις 31⟩ om σε d | ⟨ξυλου⟩ pr του 31⟩ | om
και 2°–σου 4° g | φαγονται E(pr παν E*)bfhirw | τα ορνεα]
post σου 3° m τα πετεινα Eo ⟨om τα 128⟩ | om του ουρανου
m | om σου 3° e | ⟨σου 4°⟩ +αυτη η συγκρισις αυτου 77⟩
20 om εν 1° ego | ημερα 2°] punctis notaut pᵃ†. post
γενεσεως bw | γενεσεως] post ην k γενεας l | ην] post φαραω f
om cg𝔈 | και εποιει] και εποιησεν Efhi*v(mg)x*(uid)𝔅𝕃(uid) |
εποιησεν l𝔈 | ποιων l | ποτον] τοπον f | παισιν] εν τω οικω l
om t | om της αρχης 1° b | του αρχιοινοχοου] του οινοχοου

E(ονοχ–)d(om του)mnqu eius qui a uen[is] 𝔏 | om της αρχης
2° Ed | σιτοποιου dqu | εν μεσω] ανα μεσον m | om αυτου 2° E⳼
21 om και 1°–αυτου f | ⟨επι εις 76⟩ | ⟨om και 2°–φαραω
71 107⟩ | om το n | ⟨ποτηριον⟩ +αυτου 30⟩ | εις–φαραω] φαραω
επι χειρας c | τας χειρας efgj𝔄 | φαραω] αυτου dp
22 σιτοποιον m | εκρεμασεν] +επι ξυλου E𝔄𝔈 | καθως fn |
συνεκρινεν] συνεταξεν Eⁱ* | αυτοις] αυτω L𝔄–codd 𝔈 om 𝔄–ed
𝔅
23 om ουκ–ιωσηφ g | ουκ εμνησθη δε] ⟨pr και 31⟩· και ουκ
εμνησθη b | του] τω E | om αυτου 𝔅
XLI 1 μετα] τα s | om ετη n | om ημερων Lfm𝔈 | ειδεν
φαραω p𝔄𝔈 | ιδεν] post ενυπνιον m ιδειν n | ᾠετο εσταναι]
ecce stabat 𝔅 | ωετο] ωστε dnp· ωs m ενομιζεν M(mg) |
εσταναι] se esse 𝔏 | επι] in ripa 𝔄 ⟨ad ripam codd⟩ +του
χειλους fij(mg)rv(mg) ⟨+το χεια 30⟩ | του ποταμου] του
ποταμου +τω ειδει jᵐᵍ(uid)
2 εκ] επι Ecmqu ⟨απο 73⟩ | καλοι f | τω ειδει] τη οψει
DM(mg)dfinprv(txt) ⟨οψει 107⟩ | εκλεκτοι f | ταις] τοις d |
εβοσκοντο] ενεμοντο Ebdnpw | εν] επι 1* | τω αχει] ⟨τη οχθη
31 83⟩ λιβαδι fiᵃ†(–ιν) | αχει] αγχει c ελει k
3 αλλαι–βοες 1°] και ιδου επτα βοες ετεραι E et ecce aliae
septem boues 𝔄–codd | αλλοι f | βοες επτα bfiw | μετα ταυτας]
post ποταμου 1° n μετα ταυτα 1*s μετ αυτας bhklmw𝔄(uid)
𝔈(uid) οπισω αυτων E om fiᵃ†r | om εκ του ποταμου 𝔈ᶠᵖ |
εκ] απο m | αισχραι] αισχροι f πονηραι E +δε d | τω ειδει]
τη ορασει c | λεπται ταις] λεπταις c₂ | λεπται] λεπτοι f λεπραι
d | σαρξιν] +οιας ουκ ειδον τοιαυτας εν ολη τη γη αιγυπτου
αισχροτερας Edf | ⟨ενεμοντο⟩ εβοσκοντο
30⟩ | αι βοες A] om ny𝔅ʷ παρα τας ⟨τους m⟩ βοας DM rell
𝔸𝔹𝔼𝕃 ⟨παρα τας βοας τας καλας τω ειδει και εκλεκτας 25⟩ |
om παρα–(4) βοας eg] | παρα–ποταμου 2°] secus ora fluminum
𝔏 ad riuum 𝔅ˡᵖ | εν τω αχει Ay] om DM rell 𝔸𝔹𝔼𝕃

---

16 τρια κανα χονδριτων] α′ τρεις κοφινοι γυρεως Mcjvc₂⳼(–νους cc₂)· σ′ τρια κανα βαινα Mc(και pro σ′)jvc₂ | κανα] κανισκια M
XLI 2 εκλεκται ταις σαρξιν] α′ στερεωμα σαρκι σ′ παχειαι σαρκι M α′ στερεμνιαι(–ιοι j) κρεατι(–εει j) σ′ και παχειαι
σαρξιν j(sine nom)v | εν τω αχει α′ σ′ εν τω ελει Mc(om σ′)j(sine nom)vc₂

ΓΕΝΕΣΙΣ XLI 14

4 ⁴καὶ §κατέφαγον αἱ ἑπτὰ βόες αἱ αἰσχραὶ καὶ λεπταὶ ταῖς σαρξὶν τὰς ἑπτὰ βόας τὰς καλὰς τῷ A
5 εἴδει καὶ τὰς ἐκλεκτάς.¶ ἠγέρθη δὲ Φαραώ. ⁵καὶ ἐνυπνιάσθη¶ τὸ δεύτερον. §καὶ ἰδοὺ ἑπτὰ § 𝕷ʷ
6 στάχυες ἀνέβαινον ἐν πυθμένι ἑνί, ἐκλεκτοὶ καὶ καλοί· ⁶ἄλλοι δὲ¶ ἑπτὰ στάχυες λεπτοὶ καὶ ἀνε- ¶ 𝕷ʷ ¶ 𝕷ᵛ
7 μόφθοροι ἀνεφύοντο μετ' αὐτούς· ⁷καὶ κατέπιον οἱ ἑπτὰ στάχυες οἱ λεπτοὶ καὶ ἀνεμόφθοροι τοὺς § 𝕷ʷ
8 ἑπτὰ στάχυας τοὺς ἐκλεκτοὺς καὶ τοὺς πλήρεις. ἠγέρθη δὲ Φαραώ, καὶ ἦν ἐνύπνιον. ⁸ἐγένετο ¶ 𝕷ʷ
   δὲ πρωὶ καὶ ἐταράχθη ἡ ψυχὴ αὐτοῦ, καὶ ἀποστείλας ἐκάλεσεν πάντας τοὺς ἐξηγητὰς Αἰγύπτου
   καὶ πάντας τοὺς σοφοὺς αὐτῆς· καὶ διηγήσατο αὐτοῖς Φαραὼ τὸ ἐνύπνιον, καὶ οὐκ ἦν ὁ ἀπαγ-
9 γέλλων αὐτὸ τῷ Φαραώ. ⁹καὶ ἐλάλησεν ὁ ἀρχιοινοχόος πρὸς Φαραὼ λέγων Τὴν ἁμαρτίαν μου
10 ἀναμιμνήσκω σήμερον. ¹⁰Φαραὼ ὠργίσθη τοῖς παισὶν αὐτοῦ, καὶ ἔθετο ἡμᾶς ἐν φυλακῇ ἐν τῷ
11 οἴκῳ τοῦ ἀρχιδεσμοφύλακος, ἐμέ τε καὶ τὸν ἀρχισιτοποιόν· ¹¹καὶ ἴδομεν ἐνύπνιον ἐν νυκτὶ μιᾷ,
12 ἐγὼ καὶ αὐτός· ἕκαστος κατὰ τὸ αὑτοῦ ἐνύπνιον ἴδομεν. ¹²ἦν δὲ ἐκεῖ μεθ' ἡμῶν νεανίσκος παῖς
13 Ἑβραῖος τοῦ ἀρχιμαγείρου, καὶ διηγησάμεθα αὐτῷ, καὶ συνέκρινεν ἡμῖν. ¹³ἐγενήθη δὲ καθὼς
   συνέκρινεν ἡμῖν οὕτως καὶ συνέβη, ἐμέ τε ἀποκατασταθῆναι ἐπὶ τὴν ἀρχήν μου, ἐκεῖνον δὲ
14 κρεμασθῆναι. ¹⁴Ἀποστείλας δὲ Φαραὼ ἐκάλεσεν τὸν Ἰωσήφ, καὶ §ἐξήγαγεν αὐτὸν ἐκ τοῦ § 𝕷ᵛ

4 εσχραι ADE | ιδει A   5 ην[υ]πνιασ[θη] D | ανεβεννον E
7 ηγηρθη E   11 ιδομεν 1°] ειδομεν D | εκαστος Aᶜᵐᵍ | αυτου Aᶜ] αυτο A* | ιδομεν 2°] ειδομεν DE

DEMa-yc₂𝕬𝕭𝕰(𝕷ᵛʷ)

4 κατεφαγον] erunt 𝕷ʷ εφαγον d· κατεπιον 1ᵃʳ or | om αι 1°—σαρξιν df | om βοες ⟨25⟩ 𝕷ʷ | αισχραι] +τω ειδει 1ᵃʳnpt 𝕭ˡᵖ𝕰(uid) +τη ορασει Dacmxc₂. +uisu 𝕬 | ταις σαρξιν] om v om ταις q* | ταις 1°] τους f alias 𝕷ʷ | om επτα 2° 𝕰𝕷ᵛ | τας καλας] pr ras (7) t pr ras πρωτας ⟨25⟩ 𝕭ʷ τους καλους f | ⟨om τω ειδει 25⟩ | om τας 3° D(contra Dˢⁱˡ)cdflc₂ | εκλεκτας (-τους f)] +ταις σαρξιν rtc₂𝕭 +ταις σαρξι και ου διαδηλοι εγενοντο οτι εισηλθον εις τας κοιλιας αυτων EMd−gijknopv(mg) ⟨18 25 31 32 83⟩ [[ταις σαρξι] ταις θριξιν n εισηλθον δε εις τας κοιλιας αυτων 25 om EMgi*jov(mg) 18 32(?) | ου διαδηλοι] ιδου αδηλοι 31 83 om k | διαδηλον f1 | εγενετο f | οτι] ετι 18 | εισηλθον] εισηλθεν o om εμε 18]] +carnibus et ecce...uam con. a .u in .um intrauerunt in 𝕷ʷ.

5 και 1°] pr και υπνωσεν ackmoxc₂𝕰ᶜ pr et rursus dormiuit 𝕬𝕭ˡᵖ𝕷(om et) | ενυπνιασθη] uidit 𝕷 | om το 1 | om ανεβαινον—(6) σταχυες d | εν] εκ b | πυθμενι] ⟨post ενι 32⟩. βλαστω 1ᵃʳ +εν βλαστω f | om ενι c₂ | εκλεκτοι και καλοι] bonae [et electae] 𝕷

6 αλλοι δε επτα] et ecce septem alii 𝕬𝕭(om alii 𝕭ˡ) | αλλοι δε] και αλλοι o και ιδου abcnpwxc₂𝕰 et n 𝕷 | σταχυες επτα r | σταχυες] +ανεβαινον l | om ανεφυοντο—(7) ανεμοφθοροι d | ανεφυοντο] pr και o𝕰ᶠ εφυοντο c₂ | μετ αυτους] μετα τουτους D(+D)

7 κατεπιον] κατεπινον gj𝕬 κατεφαγον np κατησθιον m | om οι επτα σταχυες 𝕬-codd | οι 2°—ανεμοφθοροι] om egj om και ανεμοφθοροι nqsuv𝕬-codd ανεμοφοροι o* | τους 1°—πληρεις] om 𝕰ᶠᵖ om τους επτα σταχυας egj | εκλεκτους] pr καλους και 1ᵃʳr | ⟨om τους 3° 76⟩ | πληρεις] probatos 𝕭 | και ην ενυπνιον εκ του υπνου m om pc₂ | ην] pr ecce 𝕭ʷ | ενυπνιον] ⸓ αυτω hᵇ

8 om εγενετο δε πρωι c₂ | εγενετο δε] και εγενετο p Chr ⟨om δε 31⟩ | πρωι] pr το n | ⟨και εταραχθη] εταραχθη δε 107⟩ | αποστειλας] ανασταs 71 | om παντας 1° bwc₂𝕭ʷ | αιγυπτου] pr της ⟨20⟩ Chr | σοφους] σοφιστας dnprv(txt)w | om αυτης 𝕬 | διηγησατο] +αυτο l | αυτοις] post φαραω 1° acox om y𝕬 | om φαραω 1° f𝕰ᶠᵖ | ενυπνιον] +αυτου Dacefgijkmorsxc₂𝕬𝕭ˡᵖ Or-

gr | απαγγελλων] απαγγελων Mceko· ⟨απαγγελω 31⟩ αναγγελλων dnp αναγελλων l | αυτο] αυτω a*cdnpt sominium 𝕬 | om τω φαραω fn

9 προς φαραω] post λεγων b .τω φαραω fs. om 𝕰ᵖ | ⟨της αμαρτιας 32⟩ | om μου bw

10 φαραω] post ωργισθη 𝕬 | ωργισθη] ην οργισθη w +προς E | εθεντο d | εν 1°—αρχιδεσμοφυλακος] in domo custodiae 𝕰 | φυλακη] pr τη dnopv(mg)𝕭 | ⟨om εν 2° 16⟩ | αρχιδεσμοφυλακος Afi(δεσμοφυλακος sup ras 1ᵇ)ry] αρχιμαγου d αρχιμαγειρου DEM rell 𝕬𝕭

11 ενυπνιον 1°] pr εκαστος D(+D) pr εκατερος efgjrv(mg) ⟨pr αμφοτεροι 79⟩ pr αμφοτεροι hos𝕬: +αμφοτεροι EMdklnpqtu 𝕰ᶜᶠ +simul 𝕭ʷ | εν νυκτι μια] εν μια νυκτι n om 𝕰 | εγω] +τε D(+D)Ea-gⁱjknoprtwc₂. ⟨+γε 73⟩ | αυτος] ο αρχισιτοποιος bw ⟨αρχισιτοποιος 108⟩ | om εκαστος—ιδομεν 2° f εκαστος] pr et 𝕬-ed om A*y | αυτου] post ενυπνιον 2° Dackm osxc₂𝕬 αυτο A*y εαυτου egⁱᵃjrtv

12 ⟨om δε 31⟩ | εκει] post ημων k om d𝕰 | νεανισκος] om c₂· τις m | εβραιος παις dnpv | εβραιος] +δουλος acegjmo sxc₂𝕬 | om του g* | διηγησαμεθα] αφηγησαμεθα qu ⟨εφηγησαμεθα 31⟩ | αυτω] +ενυπνιον egj | ⟨+το ενυπνιον 25(om το 25*) 73⟩ | +uisiones nostras 𝕭 | συνεκρινεν] επεκρινεν dp διεκρινεν o. +αυτος m | ημιν] +τα ενυπνια ημων ανδρι κατα το ενυπνιον αυτου επελυσεν acegjlmoxc₂𝕬 [[ανδρι] pr ※ 𝕬 | om το x | αυτου] ημων c₂]]

13 εγενηθη] εγεννηθη lᵃ¹ εγενετο fiᵃʳ | ⟨om δε 1° 128⟩ | καθως] pr και u καθα dnp συνεκρινεν] εκρινεν v*: συνεταξε n | και ουτως m𝕰 | ⟨om εμε—κρεμασθηναι 31⟩ | τε] το n | κατασταθηναι bdk | επι] εις Eac-gjnopt | αρχην] αρχιοινοχοιαν l τιμην f | om μου Eachkmoqsuvxc₂𝕬 | δε 2°] τε c₂

14 αποστειλας—αυτον 1°] et misit Pharaon et uocauerunt Ioseph et eduxerunt eum 𝕰ᶜᶠ. et misit Pharaon et eduxerunt Ioseph 𝕰ᵖ | αποστειλας] απεστειλε m𝕭ʷ | εκαλεσεν] pr και m𝕭ʷ | εξηγαγεν αυτον] eductus est 𝕷 | εξηγαγεν] εξηγαγον D(+D)EMacdhio−suvxaᵃ¹𝕬𝕾-ap-Barh εξηγον n. εξαγαγων f

5 εν πυθμενι] α′ σ′ εν καλαμω Mj(uid)(om α′)v | εκλεκτοι] σ′ πληρεις v
6 ανεμοφθοροι] α′ εφθαρμενοι καυσωνι Mj(uid) 𝕾-ap-Barh
8 εταραχθη] α′ κατεπτυρη v· κατεπαρη j(uid) | εξηγητας κ.τ.λ ακυ λεγει κουφιαστας και μαγους σοφους c | εξηγητας] α′ κρυφιαστας σ′ μαγους j(uid)v | ο απαγγελλων] α′ ο επιλυομενος j(uid)v
14 και 1°—οχυρωματος] σ′ και δρομω ηγαγον αυτον εκ του λακκου α′ κατετροχισαν αυτον απο του λακκου c₂ | εξηγαγεν] δρομω ηγαγον Mjv

ΓΕΝΕΣΙΣ XLI 14

A ὀχυρώματος· καὶ ἐξύρησαν αὐτὸν καὶ ἤλλαξαν τὴν στολὴν αὐτοῦ, καὶ ἦλθεν πρὸς Φαραώ. ¹⁵εἶπεν δὲ Φαραὼ τῷ Ἰωσήφ Ἐνύπνιον ἑώρακα, καὶ ὁ συγκρίνων αὐτὸ οὐκ ἔστιν· ἐγὼ δὲ ἀκήκοα περὶ σοῦ λεγόντων, ἀκούσαντά σε ἐνύπνια συγκρῖναι αὐτά. ¹⁶ἀποκριθεὶς δὲ Ἰωσὴφ τῷ Φαραὼ εἶπεν Ἄνευ τοῦ θεοῦ οὐκ ἀποκριθήσεται τὸ σωτήριον Φαραώ. ¹⁷ἐλάλησεν δὲ Φαραὼ τῷ Ἰωσὴφ λέγων Ἐν τῷ ὕπνῳ μου ᾤμην ἑστάναι ἐπὶ τὸ χεῖλος τοῦ ποταμοῦ· ¹⁸καὶ ὥσπερ ἐκ τοῦ ποταμοῦ ἀνέβαινον ἑπτὰ βόες καλαὶ τῷ εἴδει καὶ ἐκλεκταὶ ταῖς σαρξίν, καὶ ἐνέμοντο ἐν τῷ ἄχει· ¹⁹καὶ ἰδοὺ ἑπτὰ βόες ἕτεραι ἀνέβαινον ὀπίσω αὐτῶν ἐκ τοῦ ποταμοῦ πονηραὶ καὶ αἰσχραὶ τῷ εἴδει καὶ λεπταὶ ταῖς σαρξίν, καὶ ἐνέμοντο ἐν τῷ ἄχει· οἵας οὐκ εἶδον τοιαύτας ἐν ὅλῃ Αἰγύπτῳ αἰσχροτέρας. ²⁰καὶ κατέφαγον αἱ ἑπτὰ βόες αἱ αἰσχραὶ καὶ λεπταὶ τὰς ἑπτὰ βόας τὰς πρώτας τὰς
¶ 𝕷ᵛ καλὰς καὶ ἐκλεκτάς, ²¹καὶ εἰσῆλθον εἰς τὰς κοιλίας αὐτῶν·¶ καὶ οὐ διάδηλοι ἐγένοντο ὅτι εἰσῆλ-
§ L θον εἰς τὰς κοιλίας αὐτῶν, §καὶ αἱ ὄψεις αὐτῶν αἰσχραὶ καθὰ καὶ τὴν ἀρχήν. ἐξεγερθεὶς δὲ ἐκοιμήθην. ²²καὶ ἴδον πάλιν ἐν τῷ ὕπνῳ μου, καὶ ὥσπερ ἑπτὰ στάχυες ἀνέβαινον ἐν πυθμένι ἑνὶ πλήρεις καὶ καλοί· ²³ἄλλοι δὲ ἑπτὰ στάχυες λεπτοὶ καὶ ἀνεμόφθοροι ἀνεφύοντο ἐχόμενοι αὐτῶν· ²⁴καὶ κατέπιον οἱ ἑπτὰ στάχυες οἱ λεπτοὶ καὶ ἀνεμόφθοροι τοὺς ἑπτὰ στάχυας τοὺς καλοὺς καὶ

---

15 εωρακα] εορα D(D^uid) 18 ανεβεννον E | ιδει A
19 ανεβεννον E | εσχραι A | και 4°—αχει om A* (asterisc adscr A^a†mg)   20 εσχραι E
21 κοιλιας 1°] κοιλιασας D(contra D^sil) | αισχρα A   22 ειδον D

DE(L)Ma-yc₂𝕬𝕭𝕰(𝕷ᵛ)

om εκ bw | om και 2° f𝕷 | εξυρησαν] εξυρισαν aceilnr εξυρησεν dp εξυρισεν m | αυτον 2°] Ioseph 𝕷 | om και 3°—αυτου 1* | ηλλαξε m | την στολην αυτου] (pr αυτον 79) αυτον στολην f | εισηλθεν cl Chr | φαραω 2°] φαω d

15 τω] προς bfquw προς τον Chr | εωρακα] ιδον s | συγκρινας dp | αυτο Abdnpvwy𝕷| post εστιν D^silEM rell (αυτω g*) Chr | (εσται 107) | εγω δε ακ] ακηκοα δε p𝕰ᶜ Chr½ | ακηκοα] ηκουσα f₁ᵃʳ | om ακουσαντα σε p | ακουσαντας] με σε 1 | ενυπνια] somnium 𝕬 | συγκριναι] pr και f συγκρινειν dnp Chr (διακριναι 71: συγκρινειν επισταμενον 107) | om αυτα np𝕬𝕰

16 τω φαραω] post ειπεν bdfinprvw𝕬𝕭𝕷 | om 𝕰ᵖ om τω m* | αποκριθησεται—φαραω 2°] potero interpretari id 𝕰 | το σωτηριον] τω σωτηρι n | το ενυπνιον a^b | φαραω 2°] pr τω cknv. pr του Chr

17 ελαλησεν] ειπε p | om τω ιωσηφ np | om λεγων p | εν—μου] in uisione mea 𝕬𝕭 | υπνω] ενυπνιω dlp𝕰𝕷 | ωμην εσταναι] ecce stabam 𝕭 somniaui quasi stabam 𝕷 | επι Ay𝕭ʷ Phil ½ | περι dp | προς ο | παρα D^silEM rell 𝕭ᵖ Phil ½ Or-gr iuxta 𝕷

18 και 1°] (om 31) +ιδου d—gijknp | om ωσπερ egj𝕰 | βοες επτα Phil | καλαι—σαρξιν] εκλεκται (-τοι dfp) ταις σαρξιν και καλαι (-λοι f) τω ειδει a–dfikm–prwxc₂𝕬𝕰𝕷 Phil | καλοι M | εν τω αχει] (εν τη οχθη 31) iuxta ripam fluminis 𝕷 om εν c* | αγχει c

19 επτα βοες εται] ετεραι επτα βοες bf(–ροι)iw𝕬𝕰(om επτα 𝕰ᶠᵖ)𝕷 Phil | ετεροι βοες επτα dnp | ετεραι af | αυτων] αυτου p | πονηροι και αισχροι f | (πονηραι) +σφοδρα 128) | ειδει] +σφοδρα D(+D)ackmosxc₂𝕬 | (om και 3°—σαρξιν 14 16.77 130) | λεπται f | και 4°—αχει A^a†mg] om A*D(+D^sil)EM omn 𝕬𝕭𝕰𝕷 Phil | οιας—τοιαυτας] tales quales numquam uidi 𝕷 | οιας] οιες m   οιους f. as Phil | τοιαυτας] τοιαυταις εσχροτερες m (αισχροτερας 107)· om f | αιγυπτω A] pr τη mc₂ Phil pr γη

Ddnpry𝕬𝕭𝕰· Aegyptio 𝕷 | τη γη αιγυπτου Eefgjl γη αιγυπτου M rell | αισχροτερας] αισχροτερους f   om m

20 (om και 1° 79) | κατεφαγον] κατεπιον f₁ᵃʳ | αι 1°] οι f (om 83) | om επτα 1°—και 2° 𝕰 | επτα 1°] λεπται m. om ak xc₂ Phil | οι εσχροι f | λεπται και αισχραι D(+D)acdiknprsxc₂ 𝕬𝕷 Phil | om και λεπται fm | om τας επτα βοας f | τας πρωτας] (post καλας 31 83) om dnp𝕰𝕷 Phil | τους πρωτους f   om Eblr | καλας και εκλεκτας] pingues et bonas 𝕰   om και εκλεκτας Ef | εκλεκτας] pr τας Ddhikprty

21 και εισηλθον] και ηλθον n εισηλθον δε egj om και (73) 𝕭ᵖ𝕷 | τας κοιλιας 1°] uentrem 𝕬𝕭𝕰 | και 2°—αυτων 2°] et non uidebantur 𝕬 om befi*lm𝕭ᵖ Phil-cod-unic | εγενετο k | εισηλθον 2°] εισηθοσαν dp | τας κοιλιας 2°] uentrem 𝕭ʷ𝕰 | και αι δε f | αι οψεις αυτων] post αισχραι c₂ | αυτων] αισχραι των αισχρων t | καθα] καθαπερ f₁ᵃʳ. καθ ην c₂ | αρχην] +ειπον Phil | εγερθεις bowc₂ | om δε (31) 𝕭ˡ | εκοιμηθην] pr iterum 𝕬 +iterum adhuc 𝕭ʷ +iterum 𝕰

22 παλιν] post μου n τι αλλο a om 𝕰 | εν τω υπνω] in somnio 𝕬𝕭𝕰 εν τω οικω y | om μου acegjmquvx𝕬𝕭𝕰ᶠ | και 2°] om n𝕬𝕰 ecce 𝕭ˡᵖ(uid) | (+ιδου 31.83) | ως Phil | ανεβαινον—(23) σταχυες 𝕰 | εν] εκ b | πληρεις] probati 𝕭 | om και 3° dflmpy | καλοι] καλαι blqw κακοι p(uid)

23 αλλοι] pr και m ετεροι egj | σταχυες] +κατεφθαρμενοι acmxc₂𝕬(pr ※) | λεπται f | ανεμοφοροι L | ανεφυοντο] εφυοντο ELMhoquvc₂ ανηρχοντο egj ανεβησαν l ανερχομενοι εφυοντο f | om εχομενοι αυτων c₂ | εχομενοι] (ερχομενοι 79) | πλησιον M(mg) | om αυτων Phil

24 om και 1° p | κατεπιον—ανεμοφθοροι] post πληρεις c₂ | κατεπιοι b | om οι επτα σταχυες 𝕰 | om οι 2°—ανεμοφθοροι Phil | λεπται d | ανεμοφοροι] +ανεβησαν l* | om τους επτα σταχυας 𝕰ᶠᵖ Phil | τους 2°—πληρεις] plenos et bonos 𝕰 | om

---

16 ανευ του θεου] σ′ ουκ εγω αλλ ο θεος Mv𝕾-ap-Barh (+pacem, pro ܚܝܐ leg ܚܝܠ) | το σωτηριον] την ειρηνην Mv
18 εν τω αχει] εν τω ελει kc₂
22 εν πυθμενι ενι] α′ σ′ εκ καλαμω ενι Mcvc₂(sine nom cc₂)

ΓΕΝΕΣΙΣ   XLI 36

25 τοὺς πλήρεις. εἶπα οὖν τοῖς ἐξηγηταῖς, καὶ οὐκ ἦν ὁ ἀπαγγέλλων μοι. ²⁵καὶ εἶπεν Ἰωσὴφ τῷ
26 Φαραώ Τὸ ἐνύπνιον Φαραὼ ἕν ἐστιν· ὅσα ὁ θεὸς ποιεῖ ἔδειξεν τῷ Φαραώ. ²⁶αἱ ἑπτὰ βόες αἱ
καλαὶ ἑπτὰ ἔτη ἐστίν, καὶ οἱ ἑπτὰ στάχυες οἱ καλοὶ ἑπτὰ ἔτη ἐστίν· τὸ ἐνύπνιον Φαραὼ ἕν ἐστιν.
27 ²⁷καὶ αἱ ἑπτὰ βόες αἱ λεπταὶ αἱ ἀναβαίνουσαι ὀπίσω αὐτῶν ἑπτὰ ἔτη ἐστίν, καὶ οἱ ἑπτὰ στάχυες
28 οἱ λεπτοὶ καὶ ἀνεμόφθοροι· ἔσονται ἑπτὰ ἔτη λιμοῦ. ²⁸τὸ δὲ ῥῆμα ὃ εἴρηκα Φαραώ· ὅσα ὁ θεὸς
29/30 ποιεῖ ἔδειξεν τῷ Φαραώ. ²⁹ἰδοὺ ἑπτὰ ἔτη ἔρχεται εὐθηνία πολλὴ ἐν πάσῃ γῇ Αἰγύπτῳ· ³⁰ἥξει
δὲ ἑπτὰ ἔτη λιμοῦ μετὰ ταῦτα, καὶ ἐπιλησθήσονται τῆς πλησμονῆς ἐν ὅλῃ τῇ γῇ Αἰγύπτῳ, καὶ
31 ἀναλώσει ὁ λιμὸς τὴν γῆν. ³¹καὶ οὐκ ἐπιγνωσθήσεται ἡ εὐθηνία ἐπὶ τῆς γῆς ἀπὸ τοῦ λιμοῦ τοῦ
32 ἐσομένου μετὰ ταῦτα, ἰσχυρὸς γὰρ ἔσται σφόδρα ³²περὶ δὲ τοῦ δευτερῶσαι τὸ ἐνύπνιον Φαραὼ
33 δίς, ὅτι ἀληθὲς ἔσται τὸ ῥῆμα τὸ παρὰ τοῦ θεοῦ, καὶ ταχυνεῖ ὁ θεὸς¶ τοῦ ποιῆσαι αὐτό ³³νῦν ¶ L
34 οὖν σκέψαι ἄνθρωπον φρόνιμον καὶ συνετόν, καὶ κατάστησον αὐτὸν ἐπὶ τῆς γῆς Αἰγύπτου· ³⁴καὶ
ποιησάτω Φαραὼ καὶ καταστησάτω τοπάρχας ἐπὶ τῆς γῆς, καὶ ἀποπεμπτωσάτωσαν πάντα τὰ
35 γενήματα τῆς γῆς Αἰγύπτου τῶν ἑπτὰ ἐτῶν τῆς εὐθηνίας, ³⁵καὶ συναγαγέτωσαν πάντα τὰ βρώ-
ματα τῶν ἑπτὰ ἐτῶν τῶν ἐρχομένων τῶν καλῶν τούτων· καὶ συναχθήτω ὁ σῖτος ὑπὸ χεῖρα
36 Φαραώ, βρώματα ἐν ταῖς πόλεσιν συναχθήτω. ³⁶καὶ ἔσται τὰ βρώματα πεφυλαγμένα τῇ
γῇ εἰς τὰ ἑπτὰ ἔτη τοῦ λιμοῦ †ἃ† ἔσονται ἐν γῇ Αἰγύπτῳ, καὶ οὐκ ἐκτριβήσεται ἡ γῆ ἐν τῷ

24 πληρης D(contra D^sil)   27 ετη 1°] εστη A | εσονται A^c mg   36 om a A

DE(L)Ma-yc₂𝕬𝕭𝕰

τους 3° D(contra D^sil)mnc₂ | πληρεις] probatos 𝕭 | ειπα ουν] ειπον ουν Mdmnpv. et narraui 𝕬𝕰 ειπεν δε L +uisionem meam 𝕭 | τοις] pr ras (2) w pr εν b pr πασι dknp ταις f | εξηγηταις] +αιγυπτου f₁^a𝕭^lp | απαγγελλων] απαγγελων dnt απαγγελομενος f επαγγελλων s επαγγελων lp αναγγελλων L₁*kx αναγγελων o | μοι] +αυτο f₁^a𝕵rs𝕭 ⟨+τουτο 31⟩
25 om τω φαραω 1° f Chr | om το—φαραω 3° e | om φαραω 2° mc₂ | om εν—φαραω 3° f | ποιησει c₂𝕭 | τω 2°] σοι M · om g
26 αι 1°] οι f | αι καλαι] οι καλοι f | εστιν 1°] εισιν efgjko | om και—εστιν 2° rc₂ | om οι καλοι k | εστιν 2°] εισι efgj | το—εστιν 3°] pr και m om Ep | εν] bis scr D om d
27 αι 1°] οι f om c*ens | οι λεπτοι αι αναβαινοντες f | αι λεπται] bis scr g post αυτων dnp turpes et macrae 𝕬 om e +και αι κακαι cxc₂ +και αισχραι km +turpes et malae 𝕭 | om αι 3° c* | εστιν] εισιν n · +επτα ετη εστιν D(+D)EMbdef(εισι)g-jlpsv(mg)wc₂𝕭𝕰 | εσονται] (pr και 31 83) pr et 𝕰^cf εσται m𝕬 (uid) om A* +δε en | om επτα 4° n | λιμου] λοιμου n λιμος Eaegj*jkmov(txt)c₂𝕬
28 om ρημα—φαραω 1° p | ρημα] +μου dn | om ο 1° n | ειρηκας gm | φαραω 1°] om f +hoc est 𝕬 | om οσα—φαραω 2° m | ποιει ο θ͞ς p𝕰 | ποιησει ⟨31⟩ 𝕭 | εδειξεν] εδειξα f επεδειχθη l | om τω φαραω | τω] σοι δια ρηματος μου p om egj
29 ιδου] pr αι επτα βοες αι καλαι L | ερχεται] post πολλη E · ερχονται Ddnpt | om πολλη L | om παση E | γη] pr τη efgjlo | αιγυπτου LMb—jm—quwx
30 εξει L | δε] +τω φαραω ιδου επτα ετη ερχεται ευθηνια ηξει δε w | λιμου] λοιμου n λιμος aefgjc₂ | om μετα ταυτα f | επιλησθησονται Amsy] επιλησονται D(+D^sil)ELM rell | πλησμονης] πλησμοσυνης της εσομενης L +της εσομενης Efilqrtuv(mg)𝕭 +της γενομενης dhnp ⟨+της γεγενημενης 20 +μετα ταυτα 73⟩ +της μετα ταυτα εσομενης egj | om ολη E𝕭 | τη γη Aij] om quv𝕭 om τη DELM rell | αιγυπτου Ldf-1^alnopc₂ | λιμος] λοιμος n | ⟨την⟩ pr επι 16⟩

31 om και—γης E | ουκ επιγνωσθησεται] ⟨ουκ επιγνωσεται 25⟩ επι[αι]σθησεται L | om επι της γης y𝕬 | επι] ετη o om l | om απο—ταυτα f | απο] a facie 𝕬 | λοιμου n | του εσομενου] bis scr L
32 om δε w𝕭 | του 1°] το gs | φαραω] (pr του 79) om Lbw | δις οτι] διοτι Lf om δις bw𝕭(uid) | αληθεια y | εσται] εστιν Eimqu𝕬-ed𝕰(uid) om L | ρημα] ορομα 1^a^r | το παρα] ⟨τουτο παρα 71⟩· του οραματος εκ f om L om το aci^a^tlnorc₂ 𝕬𝕭𝕰 | om του 2° bef | ταχυνει] pr οτι Chr ου βραδυνει L | του 3°] τουτο efgm ⟨om 128⟩ | αυτω c
33 ουν] om c₂ +ιδε x𝕬 | σκεψαι] σκεψατω φαραω ac₂ +φαραω km. +τω φαραω cx | συνετον και φρονιμον b | συνετον] +Pharaoni 𝕬 | οm καταστησον—(34) και 2° c₂ | καταστησεις qu𝕬(uid) | επι] +ολης dfinoptx𝕰 | om της DEMabcfhik-oqsu-x | om γης dpr
34 om και 1°—γης 1° m𝕰p | και 1°] pr ομοιως f | om ποιησατω—καταστησατω | φαραω] post τοπαρχας 𝕬 | τοπαρχας] ⟨pr κατα τοπους 20⟩ τοπαρχους f promptuaria 𝕰^cf | επι της γης] επι την γην dp om f | αποπεμπτωσατωσαν] αποπεμπετωσαν Ey συναγετωσαν f recondant 𝕰 | om παντα h1*x𝕬𝕭𝕾-ap Barh | γεννηματα c₂ | της γης αιγυπτου] ⟨post ευθηνιας 73⟩ om 𝕭^w om της c₂ om γης E | om των—ευθηνιας f | ετων] +των a | om της ευθηνιας E | της 3°] bis scr m
35 συναγαγετωσαν] συναγετωσαν 1^a^p om f | βρωματα 1°] γεννηματα M(mg)j(mg)v(mg)c₂ | των 2°—τουτων] abundantiae 𝕰 | των ερχομενων] pr της ευθηνειας k𝕭 post τουτων c post καλων Dalosxc₂𝕬 | om των καλων k | om τουτων 𝕬(uid) | om o h | χειρα] ⟨pr την 20⟩ χειρι n χειρας l | βρωματα 2°] pr και ⟨20 83⟩ 𝕬 | ταις] τοις f | συναχθητω 2° ADMbhlmwy] φυλαχθησαν c φυλαχθητω E rell 𝕬𝕭 et custodiatur 𝕰
36 εσται] εστω knt𝕰^cf(uid) | τα βρωματα] om egj om τα E +τα bquvx𝕰(uid) | τη γη] pr εν qu | της γης f | om ετη e* | λοιμου n | ⟨α εσονται⟩ αι εσονται 64 ο εσεται 73⟩ | εν 1°] τη E +τη aegjloc₂ | γη αιγυπτω] om γη ai x* γη αιγυπτου

24 τοις εξηγηταις] α′ προς τους κρυφιαστας σ′ μαγους j⟨om α′⟩v | εξηγηταις] α′ κρυφιασταις σ′ μαγοις M𝕾-ap-Barh θ′ σοφισταις M   31 ισχυρος] α′ σ′ βαρυς Mj(sine nom)v
32 αληθες—ρημα] α′ ετοιμον το ρημα σ′ βεβαιος ο λογος Mj(sine nom)v   34 τοπαρχας] σ′ επισκοπους Mj(sine nom)v
36 πεφυλαγμενα] α′ εις παραθηκην σ′ εις ενθηκην Mjv | εκτριβησεται] α′ ολεθρευθησεται M

119

XLI 36　　　　　　　　　　　ΓΕΝΕΣΙΣ

A λιμῷ　　　³⁷Ἤρεσεν δὲ τὰ ῥήματα ἐναντίον Φαραὼ καὶ ἐναντίον πάντων τῶν παίδων αὐτοῦ· 37
³⁸καὶ εἶπεν Φαραὼ πᾶσιν τοῖς παισὶν αὐτοῦ Μὴ εὑρήσομεν ἄνθρωπον τοιοῦτον ὃς ἔχει πνεῦμα θεοῦ 38
ἐν αὐτῷ; ³⁹εἶπεν δὲ Φαραὼ τῷ Ἰωσήφ Ἐπειδὴ ἔδειξεν ὁ θεός σοι πάντα ταῦτα, οὐκ ἔστιν ἄνθρωπος 39
φρονιμώτερός σου καὶ συνετώτερος. ⁴⁰σὺ ἔσῃ ἐπὶ τῷ οἴκῳ μου, καὶ ἐπὶ τῷ στόματί σου ὑπακού- 40
¶ D σεται πᾶς ὁ λαός μου· πλὴν τὸν θρόνον ὑπερέξω σου ἐγώ. ⁴¹εἶπεν δὲ Φαραὼ τῷ Ἰωσήφ¶ Ἰδοὺ 41
καθίστημί σε σήμερον ἐπὶ πάσης γῆς Αἰγύπτου. ⁴²καὶ περιελόμενος Φαραὼ τὸν δακτύλιον ἀπὸ 42
§ 𝕮ᵐ τῆς χειρὸς αὐτοῦ περιέθηκεν αὐτὸν ἐπὶ τὴν χεῖρα §Ἰωσήφ, καὶ ἐνέδυσεν αὐτὸν στολὴν βυσσίνην,
καὶ περιέθηκεν κλοιὸν χρυσοῦν περὶ τὸν τράχηλον αὐτοῦ· ⁴³καὶ ἀνεβίβασεν αὐτὸν ἐπὶ τὸ ἅρμα 43
τὸ δεύτερον τῶν αὐτοῦ, καὶ ἐκήρυξεν ἔμπροσθεν αὐτοῦ κῆρυξ· καὶ κατέστησεν αὐτὸν ἐφ᾽ ὅλης τῆς
γῆς Αἰγύπτου. ⁴⁴εἶπεν δὲ Φαραὼ τῷ Ἰωσήφ Ἐγὼ Φαραώ· ἄνευ σοῦ οὐκ ἐξαρεῖ οὐθεὶς τὴν χεῖρα 44
αὐτοῦ ἐπὶ πάσῃ γῇ Αἰγύπτου. ⁴⁵καὶ ἐκάλεσεν Φαραὼ τὸ ὄνομα Ἰωσήφ Ψονθομφανήχ· καὶ ἔδωκεν 45
¶ 𝕮ᵐ § D αὐτῷ τὴν Ἀσεννὲθ θυγατέρα Πετρεφῆ ἱερέως †Ἡλίου† πόλεως αὐτῷ εἰς γυναῖκα.¶ §⁴⁶Ἰω- 46
σὴφ δὲ ἦν ἐτῶν τριάκοντα ὅτε ἔστη ἐναντίον Φαραὼ βασιλέως Αἰγύπτου. ἐξῆλθεν δὲ Ἰωσὴφ ἐκ

36 λειμω A　　　　39 συνετοτερος E　　　43 ανεβηβασεν E | αυτον 1°] αυτο A*(ν suprascr A¹ᵃ¹)
44 σου] ξου E　　　　　　　　　　　　　45 το ονομα ιωσηφ Aᵃ¹ᵐᵍ | ηλιου] ιου A*: ιλιον A¹

(D)EMa–yc₂𝕬𝕭(𝕮ᵐ)𝕰

DEMace–lnosuwc₂ om ουκ dp | τριβησεται cf* | εν τω λιμω]
⟨εκ του λιμου 31⟩ απο του λιμου Ehtv(mg) | λοιμω n
37 ηρεσεν] ηρετισε l | τα ρηματα] om τα D*(suprascr D¹¹)
το ρημα Edeghjqu𝕭ˡᵖ +ταυτα f¹ᵃʳ𝕰 | om εναντιον 1° h* |
φαραω—αυτου] του θῡ f | om φαραω και εναντιον m | om εναν-
τιον dp | παντων p | παντος 1* | om Dlpsyc₂ ⟨παιδων⟩ θερα-
ποντων 64 mg)
38 om πασιν f¹ᵃ¹ Hip Chr | μη] pr ου f. pr αρα Hip |
ευρησομεν] ευρησωμεν dfilnvy ευρομεν E | ανθρωπον] post τοι-
ουτον Phil. ανδρα Hip | os εχει] εν ω εστιν Hip | θεου] θειον
Phil | εν αυτω] εν εαυτω Maehjoqt–y𝕬 Phil–ed Or–gr Chr επ
αυτου Hip
39 ειπεν δε φαραω] και ειπεν f Chr om δε t* | σοι ο θς
Eb–gijmnptvwx𝕬 Chr | ταυτα παντα Efgimntc₂𝕬𝕰 | ουκ] pr
και c₂𝕰 | εστιν ανθρωπος] εχει αυτον m | φρονιμωτερος] φρονι-
μωτερον m ⟨φρονημος 25⟩ | σου Amn𝕰(uid) Chr] om f post
συνετωτερος DEM rell 𝕬𝕭(uid) | και συνετωτερος] om m ⌐ σου
n𝕰(uid) +επι της γης f
40 σου] +ουν 1 Chr | +δε qu | επι 1°] εν qu | του οικου
DMacdjl–ps | om επι 2°—σου 1° 𝕭ʷ | στοματι] ρηματι egj |
επακουσεται cs Chr | πας] παις f | om μου 2° 𝕰 Chr | τον θρονον]
του θρονου l in throno 𝕾–ap–Barh ⟨τον χρονον 84⟩ του θρονου
μου f +μου 1ᵃʳ𝕭(+solum) | σου 2°] post εγω 𝕬 σοι f
41 ειπεν—καθιστημι] καθιστημι γαρ f | ⟨ειπεν—ιωσηφ⟩ και
107⟩ | καθιστημι constituit 𝕬 | σε] σοι d | σημερον] ego 𝕰 |
πασης γης] παντων γην Chr om πασης 𝕰 | γης αιγυπτου] pr
της Ει–lrt της αιγυπτου w της χειρος της ημετερας f
42 om περιελομενος—αυτου 1° f | τον δακτυλιον] το δακτυ-
λιον bl τον δακτυλον 1* την δακτυλην c +αυτου d𝕬𝕭 | om
απο oc₂ | om αυτου 1° d | αυτου 1°—περιεθηκεν 2°] και m |
αυτου 1°] ⟨αυτω 30⟩ δακτυλιον f. om bnq𝕬𝕰 | επι—ιωσηφ]
τω ιωσηφ επι την χειρα dp | επι την χειρα] post ιωσηφ 1. om
n | ιωσηφ] pr τω nv· om f | ενεδυσαν l | χρυσον mn | περι
αυτου 2°] super eum 𝕭 | περι] επι ac–gj–psxc₂

43 ⟨om αυτον 1° 25⟩ | δευτερον] δευτερω c δευτερευον diln
prtv(txt) Chr–ed δευτερειον Phil | om των αυτου 𝕭 | των] ⟨το
18⟩ om d*ef1*lntv(txt)𝕬 Chr | αυτου 1°] ⟨εαυτου 18⟩. αυτω
fi* | εκηρυσσεν egj𝕬 Or–gr | εμπροσθεν—κηρυξ] ο κηρυξ εμ-
προσθεν αυτου f𝕰 | κηρυξ] εν f | και 3°—αιγυπτου f | om
ολης 𝕬 | της γης At] om γης adejnp Chr· om της EM rell
44 φαραω 1°] pr ras (1) r | τω] προς bow | ισφφ g | εγω
φαραω] pr ecce 𝕬· om ⟨107⟩ Chr | ανευ—εξαρει] ουκ αξαρει ανευ
σου f | ουκ εξαρει ουθεις] ουδεις εξαρη (–ρει codd) Chr | ουκ εξαρει]
bis scr c: ουκ εξαιρει l | ουθεις] θει sup ras jᵃ: ουδεις c*dfknpx:
ουθη m | αυτου] ⟨om 73⟩· +και (η k) τον ποδα αυτου ackmoxc₂
𝕬 | παση γη] πασης γης esfgiqu Chr–codd. πασης της γης j |
γη] pr τη Edt
45 και εκαλ] εκαλ δε j(mg) | φαραω] post ονομα j(mg)
φαω w* | om c | το ονομα ιωσηφ] om A* | om το ονομα 𝕬–cod |
ιωσηφ] pr του abjᵐᵍ(uid)mwxc₂ pr τω s | ψονθομφανηχ AMc
fhiqrtuv Or–gr] ψονθωμφανηχ dp ψονθομφανηχ y𝕭ˡᵖ(ex corr
𝕭ᵖ) ψονθωμφανηχ l𝕭ʷ ψονθομφανηκ E ψονθωμφανηκ egjo
wc₂ ψομθομφανηκ as: Psomphtomphanec O¹–lat· ψομθομ-
φανη x𝕬 ψονθομφανηχ ⟨32⟩ Chr–codd ψομθομφανη Chr–ed
⟨ψονθουμφανηχ 79⟩· ψομθοφανηχ b Psothomphanēth 𝕮 ψο-
μθομφαμνεχ Thdt ψονθονφανιηλ m ψονθοφανηκ ο εστιν σηρ
κοσμου n. +η εστιν αιγυπτια λεξις ερμηνευομενη ο των κρυφιων
γνωστης k | ⟨om την 20⟩ | ασεννεθ] ασενεθ Eacegjkᵃ¹lmqu Phil
Or–gr· ⟨ασηνεθ 31⟩ Asaneth 𝕬 Asnēth 𝕮 ασσενεθ bw ασενε-
νεθ n ασενετ p. ασεννεκ On· ασεννεχ y. ασυνεθ ⟨ασεννεχ⟩
γυναικα | πετρεφη Ay] πετεφρι bn πεντεφρη defilmn(–ρι)pqu
Phil–codd: πετεφρη EM rell 𝕭𝕮 Phil–ed Or–gr On Chr ⟨πε–
τεφρη 16⟩. Petaphre 𝕬 | ηλιου] pr ων 1ᵃ ιλιου A¹ar*· Ōn 𝕭 |
om αυτω 2° fl𝕾–ap–Barh | om εις γυναικα f | εις Alo Chr] om
EM rell 𝕾–ap–Barh Or–gr | γυναικα] +αυτου l +και εξηλθεν
ιωσηφ επι γην αιγυπτου acoxc₂· +et exiit Ioseph a facie Pharao 𝕬
46 τριακοντα ετων cfimoxc₂ Chr | om βασιλεως αιγυπτου
a Chr | om εξηλθεν—αιγυπτου 2° d | εκ] απο Dbcfilnpw Chr |

40 υπερεξω] μειζων εσομαι j　　　　42 κλοιον] α´ σ´ τον μανιακην Mj(sine nom)vc₂(om τον jc₂)
43 κηρυξ] α´ γονατιζειν(–ζει M)Mv. το εβραικον εστιν αβρηχ M(indice ad ⟨45⟩ ψονθομφανηχ posito)
44 εξαρει] α´ υψωσει M
45 ψονθομφανηχ] α´ σαφαμφανη σ´ σαφαθφανη jc₂. ο συρος ο ειδως τα κρυπτα cc₂. ο συρος σαφαθφανη εχει 1 φιλων
⟨ο φιλον c⟩ κρυπτων ευρετης (+η ουειροκριτης c)cc₂

120

ΓΕΝΕΣΙΣ XLI 57

47 προσώπου Φαραώ, καὶ διῆλθεν πᾶσαν γῆν Αἰγύπτου ⁴⁷καὶ ἐποίησεν ἡ γῆ ἐν τοῖς ἑπτὰ ἔτεσιν A
48 τῆς εὐθηνίας δράγματα· ⁴⁸καὶ συνήγαγεν πάντα τὰ βρώματα τῶν ἑπτὰ ἐτῶν ἐν οἷς ἦν ἡ εὐθηνία
ἐν γῇ Αἰγύπτου, καὶ ἔθηκεν τὰ βρώματα ἐν ταῖς πόλεσιν· βρώματα τῶν πεδίων τῆς πόλεως
49 τῶν κύκλῳ αὐτῆς *Ὢν ἔθηκεν ἐν αὐτῇ. ⁴⁹καὶ συνήγαγεν Ἰωσὴφ σῖτον ὡσεὶ τὴν ἄμμον τῆς
50 θαλάσσης πολὺν σφόδρα, ἕως οὐκ ἠδύνατο ἀριθμῆσαι, οὐ γὰρ ἦν ἀριθμός.¶ ⁵⁰τῷ δὲ Ἰωσὴφ ¶ D
ἐγένοντο υἱοὶ δύο πρὸ τοῦ ἐλθεῖν τὰ ἑπτὰ ἔτη τοῦ λιμοῦ, οὓς ἔτεκεν αὐτῷ Ἀσεννὲθ θυγάτηρ
51 Πετρεφῆ ἱερέως †Ἡλίου⁺ πόλεως. ⁵¹ἐκάλεσεν δὲ Ἰωσὴφ τὸ ὄνομα τοῦ πρωτοτόκου Μαννασσῆ
λέγων Ὅτι ἐπιλαθέσθαι με ἐποίησεν ὁ θεὸς πάντων τῶν πόνων μου καὶ πάντων τῶν τοῦ πατρός
52 μου· ⁵²τὸ δὲ ὄνομα τοῦ δευτέρου ἐκάλεσεν Ἐφράιμ, Ὅτι ὕψωσέν με ὁ θεὸς ἐν γῇ ταπεινώσεώς
53 μου §⁵³Παρῆλθον δὲ τὰ ἑπτὰ ἔτη τῆς εὐθηνίας ἃ ἐγένετο ἐν γῇ Αἰγύπτῳ, ⁵⁴καὶ § 𝕮ᵐ
54 ἤρξαντο τὰ ἑπτὰ ἔτη τοῦ λιμοῦ ἔρχεσθαι, καθὰ εἶπεν Ἰωσήφ καὶ ἐγένετο λιμὸς ἐν πάσῃ τῇ
55 γῇ· ἐν δὲ πάσῃ γῇ Αἰγύπτου οὐκ ἦσαν ἄρτοι. ⁵⁵καὶ ἐπείνασεν πᾶσα ἡ γῆ Αἰγύπτου, ἐκέκραξεν
δὲ πᾶς ὁ λαὸς πρὸς Φαραὼ περὶ ἄρτων· εἶπεν δὲ Φαραὼ πᾶσι τοῖς Αἰγυπτίοις Πορεύεσθε
56 πρὸς Ἰωσήφ, καὶ ὃ ἐὰν εἴπῃ ὑμῖν¶ ποιήσατε. §⁵⁶καὶ ὁ λιμὸς ἦν ἐπὶ προσώπου πάσης τῆς ¶ 𝕮ᵐ § D
57 γῆς· ἀνέῳξεν δὲ Ἰωσὴφ πάντας τοὺς σιτοβολῶνας, καὶ ἐπώλει πᾶσι τοῖς Αἰγυπτίοις. ⁵⁷καὶ

47 δραχματα DE 48 ευθηνεια A | παιδιων AE 49 εδυνατο D 50 ιλιου A
51 λεγων Aᶜᵐᵍ] om A* | επελαθεσθαι A 53 ευθηνειας A 54 λιμος—αιγυπτου in mg et sup ras Aʳ
55 επινασεν A | πορευεσθαι A 56 σειτοβολωνας A

(D)EMa-yc₂𝕬𝕭(𝕮ᵐ)𝕰

και διηλθεν] bis scr g ⟨και ηλθε 18 30⟩ | πασα γη f | γην αιγυπτου] pr την Et. γην αιγυπτον ı* την αιγυπτον egjoxᵃ: αιγυπτον D(+D)Mabclmnpsvwx*c₂ Aegyptum 𝕬
47 και] pr et uenerunt septem anni abundantiae in omni terra Aegypti 𝕭 | η] pr πασα t | ευθηνιας] +αυτης n | δραγματα] pr τα egj ⟨om 16⟩ +και εξηλθεν ιωσηφ απο προσωπου φαραω και διηλθεν πασαν αιγυπτον d
48 hoc comma libere uertit 𝕰 | ⟨om και 1°—βρωματα 1° 71⟩ | παντα] συμπαντα k om c₂ | om τα 1° s | βρωματα 1°] αρωματα g | ⟨om των 1° 16⟩ | om επτα dp | om ην acx | om η D(contra Dˢⁱˡ)bdegjswc₂ ευθηνια] +δραγματα k | γη] pr πασα dhnpt pr τη l*q ⟨pr παση τη 76.84⟩ τη u· om e | αιγυπτω Ebegjq r*uw | εθηκεν 1°] εθετο E | om τα 2° 1*1 | om εν 3°—βρωματα 3° mc₂ | εν ταις πολεσιν] εις τας πολεις E | om βρωματα 3°—πολεως f | πολεως] +των πεδιων a ⟨αυτης⟩ αυτων 18ᵃ?] ων Afıᵃ?ry] om DˢⁱˡEM₁* rell 𝕬𝕭𝕰 | εθηκεν 2°] pr και ⟨16⟩ 𝕬 om c₂ | om εν 4° Ecoqu
49 σιτον] +πολυν ı* | ωσει] ει ex corr ıᵃ ως D(Dᵘⁱᵈ)bdlp w Chr | την] του x | om c | πολυν σφοδρα] om πολυν c εως] ⟨ως 71⟩· ος bw | ηδυναντο Mcefᵃgı-ln-suxyc₂𝕭𝕰 | αριθμησαι] αριθμειν f. αριθμηθηναι bw Phil(uid) | ου] ουδε b | αριθμος] ⟨pr o 25⟩ +ιbι 𝕭
50 δυο υιοι bhx | του 2°] της E | λοιμου n | ους] o x ασεννεθ] ασσεννεθ w ασενεθ ac-gjkloqu Cyr ασινεθ m ⟨ασυνεθ 31⟩ Asaneth 𝕬 ασσενεθ b ασενετ p ασυνετ n | om θυγατηρ—πολεως 𝕭𝕰 | θυγατηρ] pr ras (3) r pr η begw | πετρεφη Acᵃ*y] πετεφρει b πεντεφρι efilmqu πεντεφρι dnp πετεφρη EMcᵃ rell 𝕭 Cyr Petaphre 𝕬 | ιερεως ηλιου πολεως] ⟨om 107⟩ om ιερεως E | ηλιου] ιλιου Aa On 𝕭 | om πολεως 𝕭ʷ
51 om ιωσηφ abw𝕰 Chr | του πρωτοτοκου] του πρωτου b Chr αυτου d. +αυτου hpt𝕭 +αυτων n | μαννασση Ajn] μαναση eᶜ𝕬 μανασση EM rell 𝕭 Or-gr Chr Cyr-cod ⟨μανασση 18⟩· μανασσης ⟨20⟩ Cyr-ed(uid) | om λεγων A*EMabcegı*j lmoqrsuvwc₂𝕭 Or-gr Chr | μεı] μοι f post εποιησεν aegjkxc₂𝕭 Or-gr | εποιησεν] πεποιηκεν v: +με m | om θεος n | παντων

1°] συμπαντων k | om πονων—των 2° m | πονων] λυπων M (mg)𝕭(uid) κακων k | om παντων 2° 𝕭 Chr ⅔ | των 2°] om f. +πονων ⟨31⟩ 𝕬 | om του 2° M
52 το δε] και το vᵐᵍ(uid) Chr | εφραιμ (-αιν n)] +λεγων df₁ᵃ?knptxc₂𝕬𝕰 | υψωσεν Amy] ηυλογησεν l ηυξησεν EM rell 𝕬𝕭𝕰 Or-gr Chr | εν γη] εν τη γη Or-gr⅓· εκ της bw | ταπεινωσεως] pr της Or-gr⅓
53 παρηλθον δε] cum transissent 𝕮 | παρηλθον] παρηλθωσαν f₁ παρηλθεν acdklοprstxc₂ | om τα a | εγενετο Admop vwy] εγενοντο EM rell | γη] pr τη qu terra tota 𝕮 | αιγυπτου acfk-pswx
54 ηρξατο Macegijoqrsuvwc₂ | om του c𝕭 | λοιμου gn | om ερχεσθαι bw | καθα] καθως lms και c | και εγενετο] εγενετο δε E | λιμος] pr α𝕭 λοιμος gn | εν ı°] επι c | γη ı°] + Aegyptiorum 𝕬-codd | om εν 2°—⟨55⟩ γη 𝕰 | εν 2°—γη 2°] quod in omni terra 𝕬 om cf𝕭lp | γη 2°] pr τη Eo𝕭ʷ τη ı* om ew | αιγυπτω Ebegh*ı*jvw | ουκ] pr ου f. non liquet c om abdı*m-qtuw*xc₂ | ησαν] ⟨ην 30⟩ om b
55 om η ds | εκεκραξεν δε] εκεκραξαν δε et κεκραξεν δε ks. εκραξεν δε rw ⟨εκραξαν δε 84⟩ και εκεκραξεν dοpx και εκεκραξεν n et clamauerunt 𝕰ᵖ om δε b*fm | πας AEbmwy𝕬𝕰] om M rell 𝕭𝕮 | αρτων] pr των f ⟨αρτου 79⟩ | ειπεν δε] και ειπε egj | φαραω 2°—αιγυπτιοις] eis 𝕰 | om πασι ı* Chr | προπορευεσθε m | om και 2° 𝕭𝕰ᶠ | αν Mqtu | ειπη] λεγει E | ημιν g | ποιησατε] pr et 𝕰ᶠ pr τουτο Ek
56 και ο λιμος] fames enim 𝕭ˡᵖ | και ο] o δε efgijv(mg)𝕭ʷ 𝕰 | λοιμος n | om ην f* | επι προσωπου πασης της γης 𝕰 | om ην f* | επι προσωπου πασης της faciem 𝕰 | προσωπου] προσωπον D(+D)Ebdpv(mg) om f | πασης της γης] της γης απασης f | ιωσηφ] pr τω c₂ | ⟨παντας τους σιτοβολωνας⟩ παντα τα σιτοδοχεια 20⟩ | παντας] συμπαντας k: om Chr | σιτοβολωνας] σιτοβολους n. σιτωνας f | και 2°—αιγυπτιοις] sub — v | επωλευσε d | om πασι egjqu Chr | ⟨τους αιγυπτιους 14⟩ | αιγυπτιοις] +και ενισχυσεν ο λιμος εν γη αιγυπτου ackmoxc₂ ⟦και οτι k | γη] pr ολη k pr πασι o | αιγυπτον c⟧ +et praeualuit fames in omnem terram Aegyptiorum 𝕬

49 ουκ ηδυνατο] α′ σ′ ουκ επαυσατο M. α′ σ′ επαυσαντο v

XLI 57 ΓΕΝΕΣΙΣ

A πᾶσαι αἱ χῶραι ἦλθον εἰς Αἴγυπτον ἀγοράζειν πρὸς Ἰωσήφ· ἐπεκράτησεν γὰρ ὁ λιμὸς ἐν πάσῃ τῇ γῇ.

¹Ἰδὼν δὲ Ἰακὼβ ὅτι ἐστὶν πρᾶσις ἐν Αἰγύπτῳ εἶπεν τοῖς υἱοῖς αὐτοῦ Ἵνα τί ῥᾳθυμεῖτε; 1 XLII
§ ℭᵐ ²ἰδοὺ §ἀκήκοα ὅτι ἐστὶν σῖτος ἐν Αἰγύπτῳ· κατάβητε ἐκεῖ καὶ πρίασθε ἡμῖν μικρὰ βρώματα, ἵνα 2
ζῶμεν καὶ μὴ ἀποθάνωμεν. ³κατέβησαν δὲ οἱ ἀδελφοὶ Ἰωσὴφ οἱ δέκα πρίασθαι σῖτον ἐξ Αἰγύπ- 3
του. ⁴τὸν δὲ Βενιαμεὶν τὸν ἀδελφὸν Ἰωσὴφ οὐκ ἀπέστειλεν μετὰ τῶν ἀδελφῶν αὐτοῦ· εἶπεν γάρ 4
¶ ℭᵐ Μή ποτε συμβῇ αὐτῷ μαλακία. ⁵ἦλθον δὲ οἱ υἱοὶ Ἰσραὴλ ἀγοράζειν¶ μετὰ τῶν ἐρχομένων· ἦν 5
γὰρ ὁ λιμὸς ἐν γῇ Χανάαν. ⁶Ἰωσὴφ δὲ ἦν ἄρχων τῆς γῆς, οὗτος ἐπώλει παντὶ τῷ λαῷ τῆς γῆς· 6
ἐλθόντες δὲ οἱ ἀδελφοὶ Ἰωσὴφ προσεκύνησαν αὐτῷ ἐπὶ πρόσωπον ἐπὶ τὴν γῆν. ⁷ἰδὼν δὲ Ἰωσὴφ 7
τοὺς ἀδελφοὺς αὐτοῦ ἐπέγνω, καὶ ἠλλοτριοῦτο ἀπ' αὐτῶν καὶ ἐλάλησεν αὐτοῖς σκληρὰ καὶ εἶπεν
αὐτοῖς Πόθεν ἥκατε; οἱ δὲ εἶπαν Ἐκ γῆς Χανάαν ἀγοράσαι βρώματα. ⁸ἐπέγνω δὲ Ἰωσὴφ τοὺς 8
ἀδελφοὺς αὐτοῦ, αὐτοὶ δὲ οὐκ ἐπέγνωσαν αὐτόν. ⁹καὶ ἐμνήσθη Ἰωσὴφ τῶν ἐνυπνίων ὧν ἴδεν 9
αὐτός. καὶ εἶπεν αὐτοῖς Κατάσκοποί ἐστε, κατανοῆσαι τὰ ἴχνη τῆς χώρας ἥκατε. ¹⁰οἱ δὲ εἶπαν 10
Οὐχί, κύριε· οἱ παῖδές σου ἤλθομεν πριάσασθαι βρώματα· ¹¹πάντες ἐσμὲν υἱοὶ ἑνὸς ἀνθρώπου· 11
εἰρηνικοί ἐσμεν, οὐκ εἰσὶν οἱ παῖδές σου κατάσκοποι. ¹²εἶπεν δὲ αὐτοῖς Οὐχί, ἀλλὰ τὰ ἴχνη τῆς 12
γῆς ἤλθατε ἰδεῖν. ¹³οἱ δὲ εἶπαν Δώδεκά ἐσμεν οἱ παῖδές σου ἀδελφοὶ ἐν γῇ Χανάαν· καὶ ἰδοὺ ὁ 13

XLII 1 πρασεις A | ραθυμειται D   3 πριασθε E
7 αυτων] αυτον E*(ω suprascr Eᵇ?)   9 ειδεν D(contra D)E | εσται AE*(εστε Eᵃ°) | ιχνει E

DEMa–yc₂𝔄𝔅(ℭᵐ)𝔈

57 χωραι] +quae uicinae sunt Aegypto 𝔅ˡᵖ | ηλθον] εισηλθον egj   ανηλθον r | προς ιωσηφ αγοραζειν εις αιγυπτον c | εις] προς m | αγοραζειν] post ιωσηφ 𝔖-ap-Barh +σιτον ⟨20⟩ 𝔈(+propter famem 𝔈ᵖ) Chr | προς ιωσηφ] ad Ioseph 𝔄𝔅 om Chr | om επεκρατησεν—γη k | επεκρατει 𝔄 Chr | γαρ] δε dlnps | λοιμος n | +και] επι πασαν την γην 𝔅

XLII 1 ιακωβ] ⟨pr και 79⟩ κωβ sup ras aᵃ | ⟨om οτι–αιγυπτω 25⟩ | εστιν] post πρασις c₂ | εσται l: om a | πρασις] pr σιτου qu triticum 𝔄-codd +σιτου dkmnpt𝔅 Or-lat Chr | εν αιγυπτω] in terra Aegyptiorum 𝔄 | ειπεν] pr και v(mg) +ιακωβ acegijstxc₂𝔄𝔅 | τοις υιοις] προς τους υιους r τοις παισιν Chr | αθυμειτε w

2 ιδου] pr και ειπεν ackmxc₂ | ακηκοα] audio 𝔄 Or-lat | εστιν] εστη c om f | σιτος] pr βρωματα και b. ⟨πρασις 71⟩ | αιγυπτω] pr γη d. γη αιγυπτου pt | εκει] igitur 𝔈 in Aegyptum 𝔅ˡᵖ om Chr | και πριασθε] πριασθαι Chr | πριασθε] πριασασθε bdw αγορασατε f1ᵃʳ | ημιν] υμιν d · om f +εκειθεν acmoquc₂ | μικρα βρωματα] om 𝔈 +εκειθεν x | ζωμεν] ζησωμεν D(+Dˢⁱˡ)bw | και μη αποθανωμεν 1𝔈ᵖ

3 δε] +in Aegyptum 𝔅ʷ | ιωσηφ] post δεκα f ⟨om 16⟩ | οι δεκα] om a Or-lat om οι cmquv +eius fratres 𝔅 | πριασθαι] πριασασθαι bcdfio*(uid)pr(-σεσθαι r*uid)w | εξ αιγυπτου] in Aegyptum (s in Aegypto) 𝔄-ed𝔈ᶠᵖ

4 βενιαμην bfgnowc₂ | απεστειλεν] +ιακωβ Daclmosxc₂ 𝔄(pr ※) | μετα—αυτου] μετ αυτων f om αυτου 𝔄 | γαρ] δε s | συμβη] pr αυτω n | μαλακια] κινδυνος n +εν τη οδω El𝔅ʷ

5 om totum comma y | δε] ουν f | οm η δε EMbdeghlpc₂ | ισραηλ] pr του di*pv(mg) ιακωβ lo | αγοραζειν—ερχομενων] ad Ioseph 𝔈 | αγοραζειν Abcmovwx𝔄] pr εις αιγυπτον DEM rell 𝔅ℭ +σιτον f1ᵃʳℭ | ο] pr και egj · οm d | λιμος] λοιμος n +και df1ᵃ?ptxc₂ | γη] pr τη dnop · τη ej. +omni 𝔅ʷ

6 om ιωσηφ 1°—γης 2° f | αρχων] pr o Edhinpstw +πασης kr | om της 1° r | γης 1°] αιγυπτου egj𝔈 Or-gr | ουτος] pr et 𝔅: et is 𝔄ᶜᶠ ουτως cg | om τω λαω r* | om της γης 2° bdnw |

ελθοντες] ηλθον bmw | αδελφοι ιωσηφ] υιοι ιηλ bw | ⟨ιωσηφ 2°⟩ αυτου 16⟩ | προσεκυνησαν] pr και bmw adorabant 𝔄 · ceciderunt 𝔅 | αυτω] αυτον q · om s𝔄𝔅 | om επι προσωπον df | ⟨επι 1°⟩ εις 14 16 77 130⟩ | προσωπον bw | επι 2° bmw | την γην] της γης abi*owxc₂· +adorauerunt eum 𝔈

7 επεγνω] +αυτους Dkl𝔅 | απηλλοτριουτο o | om αυτοις 2° 𝔄 Chr | ηκατε] ηκετε dnpc₂ · εστε f | ειπαν] ειπον acdfmpxc₂ | γης] της 1* Chr | χανααν] +ελθειν Chr

8 επεγνω—αυτου] ⟨om 71⟩ · om δε m𝔅ˡᵖ | επεγνωσαν] εγνωσαν Efmn | ⟨αυτον⟩ τον ιωσηφ 71⟩

9 ενυπνιων] +αυτου EMeghjlnptv(mg)𝔄𝔅ʷ | ιδεν] ειπεν 1* somniauit 𝔈 | om αυτος 𝔄𝔈 | om αυτοις d Chi | κατανοησαι] pr και 𝔄𝔈 Chr και κατασκοπησαι d κατασκοπησαι pr. και bw | ⟨om τα 79⟩ | χωρας] γης D(+D)Eegi*j. πολεως v | ηκατε] ηκετε nc₂ +ιδειν bw

10 οι δε ειπαν] et dixerunt ei 𝔈 | ειπαν] ειπον acdfmopxc₂ ειπον προς αυτον k | ουχι] ου egj | οι 2°—ηλθομεν] αλλα ηλθομεν οι παιδες σου f | ηλθομεν] ηλθαμεν y ηλθον 1*n𝔈 | πριασασθαι Adf1oq] πριασθαι DE(-σθε)M rell Chr

11 παντες] pr nos (+enim 𝔅ʷ)𝔅 pr et 𝔈 απαντες egj +γαρ qu | εσμεν υιοι] nos filii sumus 𝔄 | ενος] post ανθρωπου a | ειρηνικοι εσμεν] pr ημεις υιοι ενος ανδρος εσμεν c. pr ημεις εσμεν kx pr ημεις mc₂, ημεις εσμεν ειρηνικοι a εσμεν ειρηνικοι o. om 𝔈 | ουκ] pr et 𝔄𝔈 | εισιν] εσμεν a𝔅 | σου] σοι t

12 om ειπεν δε αυτοις E | γης] χωρας ns𝔄-codd | ηλθατε] ηλθετε Ma–egh[ᵇ]jnpqtuwc₂ | ηκατε v | ιδειν] μαθειν egj cognoscere 𝔈

13 ειπαν] ειπον acdfnopc₂ +ει 𝔅𝔈 | δωδεκα] δεδωκα w | εσμεν—αδελφοι] fratres sumus serui tui filii uiri unius 𝔄 | εσμεν] ημεν k | οι παιδες σου] post αδελφοι np𝔅 | αδελφοι] post χανααν l: om d. et fratres nos 𝔈(om et 𝔈ᵖ) +ημεις υιοι ενος ανδρος mxc₂· +ημεις υιοι ενος aου k +ημεις ενος ανδρος υιοι c. +υιοι ενος ανδρος ao | om εν γη χανααν Chr | γη] τη t. om

XLII 4 μαλακια] α' συμπτωμα σ' κινδυνος M(om α')jv 𝔖-ap-Barh   7 ηλλοτριουτο] απεξενουτο M
9 κατασκοποι] α' εφοδευται Mjv 𝔖-ap-Barh | τα—χωρας] α' σ' τα κρυπτα της χωρας M | τα ιχνη] α' σ' τα κρυπτα jv(om α')
11 ειρηνικοι] α' ορθοι σ' απλοι Mjv

ΓΕΝΕΣΙΣ   XLII 24

14 νεώτερος μετὰ τοῦ πατρὸς ἡμῶν σήμερον, ὁ δὲ ἕτερος οὐχ ὑπάρχει. ¹⁴εἶπεν δὲ αὐτοῖς Ἰωσήφ A
15 Τοῦτό ἐστιν ὃ εἴρηκα ὑμῖν λέγων §ὅτι κατάσκοποί ἐστε· ¹⁵ἐν τούτῳ φανεῖσθε· νὴ τὴν ὑγίαν §F
16 Φαραώ, οὐ μὴ ἐξέλθητε ἐντεῦθεν ἐὰν μὴ ὁ ἀδελφὸς ὑμῶν ὁ νεώτερος ἔλθῃ ὧδε ¹⁶ἀποστείλατε ἐξ
   ὑμῶν ἕνα, καὶ λάβετε τὸν ἀδελφὸν ὑμῶν· ὑμεῖς δὲ ἀπάχθητε ἕως τοῦ φανερὰ γενέσθαι τὰ ῥήματα
17 ὑμῶν, εἰ ἀληθεύετε ἢ οὔ· εἰ δὲ μή, νὴ τὴν ὑγίαν Φαραώ, εἰ μὴν κατάσκοποί ἐστε. ¹⁷καὶ ἔθετο
18 αὐτοὺς ἐν φυλακῇ ἡμέρας τρεῖς· ¹⁸εἶπεν δὲ αὐτοῖς τῇ ἡμέρᾳ τῇ τρίτῃ Τοῦτο ποιήσατε, καὶ
19 ζήσεσθε· τὸν θεὸν γὰρ ἐγὼ φοβοῦμαι. ¹⁹εἰ εἰρηνικοί ἐστε, ἀδελφὸς ὑμῶν εἷς κατασχεθήτω ἐν τῇ
20 φυλακῇ· αὐτοὶ δὲ βαδίσατε καὶ ἀπαγάγετε τὸν ἀγορασμὸν τῆς σιτοδοσίας ὑμῶν, ²⁰καὶ τὸν ἀδελφὸν
   ὑμῶν τὸν νεώτερον καταγάγετε πρός μέ, καὶ πιστευθήσονται τὰ ῥήματα ὑμῶν· εἰ δὲ μή, ἀποθα-
21 νεῖσθε. ἐποίησαν δὲ οὕτως. ²¹καὶ εἶπεν ἕκαστος πρὸς τὸν ἀδελφὸν αὐτοῦ Ναί, ἐν ἁμαρτίᾳ γάρ
   ἐσμεν περὶ τοῦ ἀδελφοῦ ἡμῶν, ὅτι ὑπερίδομεν τὴν θλίψιν §τῆς ψυχῆς αὐτοῦ ὅτε κατεδέετο ἡμῶν §L
22 καὶ οὐκ εἰσηκούσαμεν αὐτοῦ·¶ ἕνεκεν τούτου ἐπῆλθεν ἐφ' ἡμᾶς ἡ θλῖψις αὕτη. ²²ἀποκριθεὶς δὲ ¶F
   Ῥουβὴν εἶπεν αὐτοῖς Οὐκ ἐλάλησα ὑμῖν λέγων Μὴ ἀδικήσητε τὸ παιδάριον; καὶ οὐκ εἰσηκού-
23 σατέ μου· καὶ ἰδοὺ τὸ αἷμα αὐτοῦ ἐκζητεῖται. ²³αὐτοὶ δὲ οὐκ ᾔδεισαν ὅτι ἀκούει Ἰωσήφ, ὁ γὰρ
24 ἑρμηνευτὴς ἀνὰ μέσον αὐτῶν ἦν·¶ ²⁴ἀποστραφεὶς δὲ ἀπ' αὐτῶν ἔκλαυσεν Ἰωσήφ. καὶ πάλιν ¶D

14 ο] το A | εσται A   15 υγειαν E   16 αληθευεται E | υγιαν] υγειαν E   υγειαν D^sil
18 ζησεσθαι D   19 ει] η AE | αγορασμων E*   20 [απο]θανεισθαι D
21 υπερειδομεν DEF | την] τη A*(ν suprascr A^(1?c^1) | οτε A^1] οτι A*
22 αδικησηται E | εκζητειται] εκζιτιται A* (εκζιτειται A^1)

(D)E(FL)Ma-yc₂𝕬𝕭𝕰

E | om και t𝕭^lp | ιδου] est unus 𝕰 | om 𝕬 | νεωτερος] μικροτερος h +ημων μενει k +ημων degi*jnp | μετα—ημων] apud patrem suum 𝕬 | om ημων 1* | om σημερον ⟨32⟩ 𝕰 Chr
14 αυτοις ιωσηφ] Ioseph fratribus suis 𝕭^w om αυτοις dp +λεγων f | τουτο] ιωσηφ c | υμιν] ημιν d | om 𝕬-ed | om λεγων 𝕬𝕰 Chr | om οτι ⟨76⟩ 𝕰^cf
15 εν] pr et 𝕬𝕰 | φανεισθε] φαινεισθε 1^a^1r · φαινησθε d φαινεσθε fm φανησεσθε E | νη] μα DEF*M(mg)bceghjklrstv wyc₂ | εντευθεν] εκειθεν 1* | εαν μη] ει μη y | εως ου Chr | ο 1°—νεωτερος] post ελθη acdfikm-pxc₂𝕬 | ημων ο | ωδε] προς με f
16 αποστειλατε—υμων 2°] pr nunc 𝕬 · om 𝕰^fp | εξ υμων] post ενα dnpv𝕬𝕭𝕰^c Chr εξ ημων ο | λαβετε] λαβετω F^b?ack loxc₂ αγαγετε t Chr αγαγετω F^c?(uid)dnp ⟨απαγαγετε 76⟩ adducat 𝕬𝕰^c | αδελφον] post υμων 2° m | υμων 2°] ημων go*s ⟨om 77⟩ | ⟨om υμεις δε απαχθητε 18⟩ | δε 1°] και f | απαχθητε] post a 2° ras (1) x αναχθητε qu. επαχθητε m. απαχθηθεσεσθαι n. αποκληθητε F^b retinebunt uos 𝕭 | του] ου F^b?a. om Ee | φανερα] φα..ε*(uid) φανερων k | τα ρηματα] το ρημα k | ει 1°] η ο | om δε 2° 1* | om μη n | νη] μα EM(mg) hlr^bs | ει μην AFMlnxc₂ | ημιν hy^b(ex corr) υμεις lm. λεγω υμιν r^b(sup ras) om Ecfk𝕭(uid) | η μην D rell. nısı 𝕬
17 εθετο] εθηκεν b | φυλακη] pr τη d𝕭 Chr | τρεις ημερας acmoxc₂
18 αυτοις] αυτους e +ιωσηφ D(+D) F^bamosxc₂𝕬𝕭^lp | ημερα τη τριτη] τριτη ημερα cc₂ | τουτο] pr ιωσηφ c | ποιησατε] ποιησετε E(-ται)d | ζησεσθε] ζησασθε e · σωζεσθε E | γαρ θ̄ν̄ DEMflmtv Chr | om γαρ e* | εγω] εν ω h
19 om ει fn | αδελφος υμων εις] ενα αδελφον υμων n · unus fratrum uestrorum 𝕭 | αδελφος] pr o s · αδελφοι a | υμων εις] εις εξ υμων a𝕬𝕰 | υμων 1°] ημων y* | εις] post κατασχεθητω D.

om s | κατασχεθητω] καταχθητω mt. κατασχω n | ⟨om εν 18⟩ | αυτοι] υμεις a | βαδισατε και] βαδιζετε και ο βαδισαντες f1 om 𝕬 | απαγαγετε—υμων 2°] sumite frumentum quod emistis 𝕭 | απαγαγετε] απαγετε s Chr. αγορασατε Ea
20 υμων 1°] ημων g | ⟨om τον νεωτερον 31⟩ | καταγαγετε A] ⟨απαγαγετε 76⟩ · αγαγετε D^sil(-ται D)EFM omn 𝕬𝕭𝕰 Chr | πιστευθησονται] πιστηθησονται r · πιστευθησεται F^b?acdfikm-psx c₂ Chr | εποιησεν o
21 και ειπεν] ειπεν δε f1 | ειπεν] ειπαν Emorv(mg)x ειπον abcw dicunt 𝕬-codd collocuti sunt 𝕰 | αδελφον] πλησιον d | ⟨ναι και 71⟩ | ⟨εν⟩ pr οντως 83   ου 31⟩ | αμαρτια] αμαρτιαις EFMabdegjlnptw Or Chr½ Thdt. peccatis nostris 𝕭 | om γαρ d𝕭^w𝕰 Chr½-ed½ | υπεριδομεν] υπεριδομεν r. παρειδομεν bw | την—αυτου 2°] αυτου την θλιψιν Chr⅓ | om της ψυχης s𝕰 | οτε] οτι A*L | ⟨εδεετο 32⟩ | ημων 2°] υμων a*b*l | εισηκουσαμεν] ηκουσαμεν dfı*lmp. +της φωνης y | ενεκεν] +γαρ Chr½ +ουν Chr½ | εφ ημας] εφ ημιν m. ημας s ημιν Chr½ | η θλιψις] pr πασα Edhıklnpt𝕭 Chr½ Thdt
22 ρουβην] ρουβην E ρουβιν tx^a^1. ρουβημ c^ahkx* Or-gr ρουβειμ emp Chr ρουβιμ adfgıjln | αυτοις] ⟨προς αυτους 128⟩ +λεγων w | om ουκ ελαλησα υμιν | ελαλησα] ειπον Chr⅓ | υμιν] ημιν p | λεγων] εγω L om bl𝕰 Chr⅓ | αδικησητε] αδικησεται L αδικηση st | om και 1°—μου eg] | ηκουσατε 1*lot om και 2° fı𝕭𝕰^cf | om το 2° Or-gr½ | om αυτου f | εκζητειται] εκζητειτε DEcp· ζητειτε g εκδικειται e
23 ⟨ηδεισαν⟩ εγνωσαν 71⟩ | ακουει] ουκ t | ιωσηφ] pr ο w. om t | γαρ] δε L | ερμηνευς DELcdfıkmnpsxc₂ Chr(uid) | αυτων] αμφοτερων dnp | ην] εστιν n.
24 αποστραφεις] αποκριθεις d | απ αυτων εκλαυσεν] post ιωσηφ af𝕰 | om απ αυτων 1° ls | εκλαυσεν] post ιωσηφ lmns 𝕭 | ιωσηφ] pr o Lko^axc₂ pr ras (1) 1 | προσηλθεν] απηλθεν L

---

15 φανεισθε] α' σ' δοκιμασθησεσθε Mjv | νη—φαραω] α' ζη φαραω Mjv ζη ο φαραω F^b
16 απαχθητε] α' σ' δεθησεσθε M(δοθ-)jv | νη—φαραω] ζη ο φα[ραω] F^b
21 ναι εν αμαρτια] α' και μαλιστα εν πλημμελια Mvc₂(om και Mv +εσμεν c₂) | ναι] σ' και μαλα η οντως Mv

XLII 24   ΓΕΝΕΣΙΣ

Α προσῆλθεν πρὸς αὐτοὺς καὶ εἶπεν αὐτοῖς· καὶ ἔλαβεν τὸν Συμεὼν ἀπ' αὐτῶν, καὶ ἔδησεν αὐτὸν
ἐναντίον αὐτῶν. 25ἐνετείλατο δὲ Ἰωσὴφ ἐμπλῆσαι τὰ ἄγγια αὐτῶν σίτου, καὶ ἀποδοῦναι τὸ 25
¶ L ἀργύριον ἑκάστου¶ εἰς τὸν σάκκον αὐτοῦ, καὶ δοῦναι αὐτοῖς ἐπισιτισμὸν εἰς τὴν ὁδόν. καὶ ἐγενήθη
§ L αὐτοῖς οὕτως. 26καὶ ἐπιθέντες τὸν σῖτον ἐπὶ τοὺς ὄνους αὐτῶν ἀπῆλθον ἐκεῖθεν. 27λύσας δὲ §εἰς 26/27
τὸν μάρσιππον αὐτοῦ, δοῦναι χορτάσματα τοῖς ὄνοις αὐτοῦ οὗ κατέλυσαν, ἴδεν τὸν δεσμὸν τοῦ
ἀργυρίου αὐτοῦ, καὶ ἦν ἐπάνω τοῦ στόματος τοῦ μαρσίππου· 28καὶ εἶπεν τοῖς ἀδελφοῖς αὐτοῦ 28
Ἀπεδόθη μοι τὸ ἀργύριον, καὶ ἰδοὺ τοῦτο ἐν τῷ μαρσίππῳ μου. καὶ ἐξέστη ἡ καρδία αὐτῶν, καὶ
§ F § D §ἐταράχθησαν πρὸς §ἀλλήλους λέγοντες Τί τοῦτο ἐποίησεν ὁ θεὸς ἡμῖν; 29ἦλθον δὲ πρὸς Ἰακὼβ 29
τὸν πατέρα αὐτῶν εἰς γῆν Χανάαν, καὶ ἀπήγγειλαν αὐτῷ πάντα τὰ συμβεβηκότα αὐτοῖς λέγοντες
30Λελάληκεν ὁ ἄνθρωπος ὁ κύριος τῆς γῆς πρὸς ἡμᾶς σκληρά, καὶ ἔθετο ἡμᾶς ἐν φυλακῇ ὡς κατα- 30
¶ E § a₂ σκοπεύοντας τὴν γῆν.¶ §31εἴπαμεν δὲ αὐτῷ Εἰρηνικοί ἐσμεν, οὐκ ἐσμὲν κατάσκοποι· 32δώδεκα 31/32
ἀδελφοί ἐσμεν, υἱοὶ τοῦ πατρὸς ἡμῶν· ὁ εἷς οὐχ ὑπάρχει, ὁ δὲ μικρότερος μετὰ τοῦ πατρὸς ἡμῶν
σήμερον εἰς γῆν Χανάαν. 33εἶπεν δὲ ἡμῖν ὁ ἄνθρωπος ὁ κύριος τῆς γῆς Ἐν τούτῳ γνωσόμεθα ὅτι 33
εἰρηνικοί ἐστε· ἀδελφὸν ἕνα ἄφετε ὧδε μετ' ἐμοῦ, τὸν δὲ ἀγορασμὸν τῆς σιτοδοσίας ὑμῶν λα-
βόντες ἀπέλθατε· 34καὶ ἀγάγετε πρός με τὸν ἀδελφὸν ὑμῶν τὸν νεώτερον, καὶ γνώσομαι ὅτι οὐ 34

27 δεσμων E*   32 δωδεκα] δωκα F*

(DEFL)Ma-y(a₂)c₂𝔄𝔅𝔈

reuersus est 𝔅 om l | ⟨προς⟩ επ 30) | και ειπεν αυτοις] om d ⟨+καθως προτερον 14 16.77 130): +*unus uestrum relinquetur hic sicut dixi (dictum est* 𝔅ʷ) *uobis fratrem uestrum minorem ducite uobiscum in hoc enim apparebitis quia uos pacifici uos non exploratores* 𝔅 | τον συμεων] bis Chr | τον συμεων 2°] post αυτων 2° ackmoxc₂𝔄 | τον αυτων 2° 𝔈 Chr | εδησεν] εδωκεν bw | om αυτον 𝔄 | ⟨ενωπιον 128⟩ αυτων 3°] παντων Chr
  25 om ιωσηφ t | πλησαι 1* | ⟨om και 1° 31⟩ | το αργυριον εκαστου] ⟨εκαστου το αργ 30⟩ εκαστω το αργ. bdfilnpw | εκαστου] εκαστω Laeghjkorstxc₂ Chr αυτων εκαστω quE | τον σακκον] *os sacci* 𝔅ʷᵖ⁽ᵃ⁾ | om αυτου biˣʷ | ⟨αυτοις 1°⟩ αυτοις 2° | ⟨εις την πλησμονην 31⟩ | ⟨εις την επισιτισμον⟩ +εις πλησμονην qu | ⟨+πλησμονην 31⟩ | ⟨εις την οδον⟩ εν τη οδω 76⟩ | και 3°—ουτως] om q · *et fecerunt omnia sic* 𝔈 | εγενηθη] εγεννηθη l εγενετο cdnp | om αυτοις 2° c𝔅
  26 επιθεντες—αυτων] ⟨[Armenian text] (? *tollentes unusquisque asino*) 𝔄 | επιθεντες] επιθεντος b | επιτιθεντες 1* | τον—ονους] τοις ονοις Chr | τον σιτον ⟨τους σιτους 71.107⟩ · +αυτων acmosxc₂ | επι] εις yc₂ | ονους] ωμους dmp | απηλθον] pr και c | om εκειθεν f Or-lat Chr
  27 λυσας] ελυσε a | εις] +εξ αυτων 𝔅 Chr | τον μαρσιππον] το μαρσιππιον f | δουναι] pr του Et pr ωστε Chr εισδουναι L | χορτασματα] χορτασμα f ⟨om 83⟩ | τοις ονοις] *iumento* 𝔄 | αυτου 2°] αυτων Lf1*𝔈 om abmovwc₂ | ου κατελυσαν] ⚹ *in deuersorio* 𝔄. om r | ιδεν] pr και Labckowx𝔄-ed ειδον c₂ | αυτου 3°] αυτων y | και] *quod* 𝔄 | επανω του στοματος] *in ore* 𝔄 | μαρσιππου] μαρσιππιου f. *sacci sui* 𝔄𝔅ʷ
  28 αδελφοις] post αυτου f | απεδοθη—αργυριον] απεδοντο αργυριον μου a | μοι το αργυριον] *argentum meum mihi* 𝔅 | μοι] post αργυριον ksxc₂: om mo | αργυριον] +μου bcm | om τουτο 1° 𝔈 | καρδια] διανοια egj𝔄(uid) | προς] εις Chr | τουτο 2°] +ο aegjltv(mg)𝔄 | ο θ̄ς εποιησεν D | ο θεος] post ημιν FᵇLcdnpx 𝔄 Chr | om ημιν f
  29 ηλθον δε] pr και ην επανω του στοματος του μαρσιππου d: ⟨και ηλθον 128⟩ | ⟨om εις γην χανααν 128⟩ | εις γην] εν γη

D(?)m· εις την γην ο | απηγγειλαν] απηγγειλον m ανηγγειλαν F*vc₂ | τα συμβεβηκοτα Adhlp] οσα συμβεβηκε n. τα συμβαντα DˢⁱˡEFLM rell
  30 λελαληκεν] ελαλησεν s· +κ̄ε l | ο 1°—γης] post ημας 1° dn(om ο ανθ.)p𝔈 | ο ανθρωπος] ο ανηρ Fᵇ | εν φυλακη] εις φυλακην af | κατασκοπευοντας] κατασκοπευσαντας Lo. κατασκοπουντας dnp | ⟨την γην⟩ τη γη 18⟩
  31 ειπομεν Fᵇacdkmnpxc₂ | ειρηνικοι] pr οτι ⟨20⟩ Chr | εσμεν 1°] ⟨+οι παιδες σου 128⟩ · +κ̄ε k. *et* 𝔄𝔈
  32 αδελφοι] post εσμεν acmosxc₂𝔈 Chr om bw | υιοι—ημων 1°] pr οι ba₂𝔅 om Chr om υιοι a | του πατρος ημων 1°] *patris unius* 𝔄-ed *unius uiri* 𝔈 · +ποτε a₂ | ο εις] pr και a₂ 𝔈 και ο μεν εις Chr | ουχ υπαρχει] αφανης γεγονεν a₂ | μικροτερος] μικρος F*Legi*jkmquvx ετερος y | μετα—ημων 2°] post σημερον acfkmoxc₂𝔄 | ημων 2°] +εστιν n +υπαρχει a₂ | om σημερον dnpa₂𝔈 Chr | om εις γην χανααν Chr | εις γην A] εστιν εν γη (τη 1*)fir. om c₂· εν γη DˢⁱˡF(uid)LM rell 𝔄𝔅 | χανααν] +εστιν y
  33 ημιν] ⟨post ανθρωπος 31⟩ υμιν laʔ om bfw | ο 1°—γης] om Chr om ο ανθρωπος f ⟨+προς ημας 14 16 77⟩ | εν] pr οτι a | τουτω] τουτο m-q | γνωσομεθα Aa] γνωσομαι υμιν m γνωσομαι DˢⁱˡFLM rell 𝔄𝔅 *cognoscemini* 𝔈 φανεισθε ⟨20⟩ Chr | οτι] ⟨ει 14 16.130⟩ +ει j | αδελφον ενα] *et unum e fratribus uestris* 𝔄ᶜᶠ *et unum e uobis* 𝔈ᵖ | αδελφον] pr και τον fna₂𝔄 αδελφων υμων ⟨84⟩ 𝔅 +υμων ον φατε φερετε και a₂ +υμων DFᵇadfia¹m-ptx ⟨+ημων 107⟩ | ενα] pr τον f. om n +υμων ενα c* +εξ υμων a₂ · υμων cᵃʔkqsuc₂𝔄 | αφετε] post ωδε Fᵇ αφητε f𝔄(post εμου) αφεται n | om ωδε sa₂ | τον—υμων] *frumentum autem quod emistis domus uestrae* 𝔅 | σιτοδοσιας Aafklnsa₂c₂𝔈] pr του οικου dp σιτοδοσιας του οικου x. +του οικου DˢⁱˡFLM rell 𝔄𝔅 | απελθατε FᵇMafgaʔhᵇjqtuwc₂
  34 αγαγετε προς με] post νεωτερον | αναγαγετε r | προς με] post νεωτερον DLa-dfikm-pwxc₂. post υμων 1° 𝔈. om s Chr | υμων 1°] ημων o* | τον νεωτερον] om 𝔈 +προς με Fᵇ +ωδε s ⟨οτι ου⟩ μη οτι 18⟩ | οτι 1°] *si* 𝔈ᵖ | ου κατασκοποι

25 επισιτισμον] τροφας Mv
27 τον μαρσιππον] τον σακκον Mv(om τον) | μαρσιππον] α' θυλακον σ' σακκον cjc₂ | μαρσιππου] α' θυλακου M
28 απεδοθη μοι] α' απεστραφη μοι Mv   30 εθετο .. εν φυλακη] σ' ελογισατο Mv

124

κατάσκοποί ἐστε, ἀλλ' ὅτι εἰρηνικοί ἐστε· καὶ τὸν ἀδελφὸν ὑμῶν ἀποδώσω ὑμῖν, καὶ τῇ γῇ ἐμπο- A
35 ρεύεσθε. [35]ἐγένετο δὲ ἐν τῷ κατακενοῦν αὐτοὺς τοὺς σάκκους αὐτῶν, καὶ ἦν ἑκάστου ὁ δεσμὸς
τοῦ ἀργυρίου ἐν τῷ σάκκῳ αὐτῶν· καὶ ἴδον τοὺς δεσμοὺς τοῦ ἀργυρίου αὐτῶν αὐτοὶ καὶ ὁ πατὴρ
36 αὐτῶν, καὶ ἐφοβήθησαν. [36]εἶπεν δὲ αὐτοῖς Ἰακὼβ ὁ πατὴρ αὐτῶν §Ἐμὲ ἠτεκνώσατε· Ἰωσὴφ § 𝔏^r
37 οὐκ ἔστιν, Συμεὼν οὐκ ἔστιν, καὶ τὸν Βενιαμεὶν λήμψεσθε· ἐπ' ἐμὲ ἐγένετο πάντα ταῦτα. [37]εἶπεν
δὲ Ῥουβὴν τῷ πατρὶ αὐτοῦ λέγων Τοὺς δύο υἱούς μου ἀπόκτεινον, ἐὰν μὴ ἀγάγω αὐτὸν πρὸς σέ·
38 δὸς αὐτὸν εἰς τὴν χεῖρά μου, κἀγὼ ἀνάξω αὐτὸν πρὸς σέ. [38]ὁ δὲ εἶπεν Οὐ καταβήσεται ὁ υἱός
μου μεθ' ὑμῶν· ὅτι ὁ ἀδελφὸς αὐτοῦ ἀπέθανεν, καὶ αὐτὸς μόνος καταλέλειπται· καὶ συμβήσεται
αὐτὸν μαλακισθῆναι ἐν τῇ ὁδῷ ᾗ ἂν πορεύεσθε, καὶ κατάξετέ μου τὸ γῆρας μετὰ λύπης εἰς
ᾅδου.
XLIII 1 2 §[1]Ὁ δὲ λιμὸς ἐνίσχυσεν ἐπὶ τῆς γῆς. §[2]ἐγένετο δὲ ἡνίκα συνετέλεσαν καταφαγεῖν τὸν σῖτον § 𝔖 § ℭ^m
ὃν ἤνεγκαν ἐξ Αἰγύπτου, καὶ εἶπεν αὐτοῖς ὁ πατὴρ αὐτῶν Πάλιν πορευθέντες πρίασθε ἡμῖν μικρὰ
3 βρώματα. [3]εἶπεν δὲ αὐτῷ Ἰούδας λέγων Διαμαρτυρίᾳ διαμεμαρτύρηται ἡμῖν ὁ ἄνθρωπος λέγων
4 Οὐκ ὄψεσθε τὸ πρόσωπόν μου ἐὰν μὴ ὁ ἀδελφὸς ὑμῶν ὁ νεώτερος καταβῇ πρὸς μέ. [4]εἰ μὲν οὖν
5 ἀποστέλλεις τὸν ἀδελφὸν ἡμῶν μεθ' ἡμῶν, καταβησόμεθα καὶ ἀγοράσωμέν σοι βρώματα· [5]εἰ δὲ

35 κατακαινουν A | ειδον D(+D^{sil})F
36 λημψεσθαι A
38 πορευεσθαι A | καταξεται *D*
XLIII 3 οψεσθαι A

*D*FLMa–ya$_2$c$_2$𝔄𝔅(ℭ^m)𝔈(𝔏^{r}𝔖)

εστε] ουκ εστε κατασκοποι bdnpw𝔄 Chr· ειρηνικοι εστε ⟨76⟩ 𝔈^{cf}: om ου F*(suprascr F^1) | αλλ—εστε 2°] και ουκ εστε κατασκοποι ⟨76⟩ 𝔈^{cf}: om ma$_2$𝔈^p | om οτι 2° bnw𝔄𝔅 | om εστε 2° n | τον αδελφον υμων 2°] *hunc quoque fratrem* 𝔄 | αδελφον 2°] bis scr L | om και 4°—εμπορευεσθε f | ⟨και 4°] εν 31⟩ | τη γη] pr εν F^{b}dnpt την γην o: τιμη quy$^{a?}$ +υμων cn | εμπορευεσθε] ενπορευσεσθαι o𝔅𝔈(uid) πορευεσθε d

35 αυτους] post αυτων 1° m. om *D*v | αυτων 1°] εαυτων L | om και 1°—αυτων 2° e | om ην fm | ⟨εκαστου—αργυριου 1°] το αργυριον 71⟩ | εκαστου] post δεσμος b om w | αργυριου 1°] +αυτου qu | ⟨σακκω] μαρσιππω 71⟩ | αυτων 2°] αυτου adfmnpt 𝔅 | ιδον] ιδοντες bkwa$_2$𝔄𝔈 ⟨+τους σακκους και 16⟩ | om αυτοι—αυτων 4° mc$_2$ | και εφοβηθησαν] om f. om και bkw𝔄 𝔅^{lp} +*ualde* 𝔄

36 om δε fo𝔅 | αυτοις] post αυτων m: προς αυτους bfw | ιακωβ—αυτων] om f· om ο πατηρ αυτων 𝔈: ⟨+και ειπεν 71⟩ | συμεων] pr *et* 𝔈 | βενιαμειν] βενιαμην bgn^{a}ow*(uid) Chr ½ βενιαμιμ Chr-ed ½ +μου L | επ εμε] κατ εμου M(mg)· απ εμου l | εγενετο] εγενοντο cegja$_2$ Phil-codd ½ Chr ⅓ γεγονε Chr ⅓ | παντα A*D*Mhkmvxy𝔈^{cf}𝔏 Phil-ed ½] post ταυτα FL rell 𝔄𝔈^p Phil ½-codd ½ Chr

37 om δε f | ρουβην] ρουβειν x$^{a?}$a$_2$. ρουβιν r^a. ρουβημ chk· ρουβειμ empx* Chr. ρουβιμ adfgijlnt | αυτου] αυτων bquw | om λεγων hi*m𝔈𝔏 Chr | om δυο y Or-lat ½ | υιους μου] μου υιους f^a υιους μη m om μου f* | αποκτεινον] απεκτεινον p· αποκτεινης m | αγαγω] αναγαγω egj | αυτον προς σε] προς σε τον βενιαμιν d Or-lat om αυτον p | δος—σε 2°] om abfgnw | δος] +μοι k𝔈^{cf}𝔏 | τας χειρας i*𝔄-codd𝔅^{lp} Chr | καγω] και εγω dip και m | αναξω αυτον] αξω αυτον *D*chir𝔄(uid) Chr αυτον αξω ej

38 om ο δε ειπεν f | ου καταβησεται] ουκ αναβησεται c$_2$𝔅^w *non ibit* 𝔅^{lp} | καταλελειπται] +*mihi ex uxore mea* 𝔅· +*matri suae* 𝔈^p | και 2°—μαλακισθηναι] *ne infirmitas apprehendat eum* 𝔅: *ne contingat ei infirmitas* 𝔏 | αυτον] post μαλακισθηναι bdfinpw: αυτω alt𝔄(uid) | om η αν πορευεσθε f Chr ½ | η] pr εν Chr ½. ου F^b. υιε dp | αν] εαν FLMbdegijln(εν n*)pqt–wa$_2$· δ αν c$_2$ | πορευεσθε] πορευησθε D^{sil}FMabd(ras 1 lit post η)egh^b i*jklo–suwa$_2$c$_2$ Chr ½ πορευσησθε i$^{a?}$t: *ibitis* 𝔅𝔏 | om και 3° do*p𝔈^p | καταξετε] καταξητε Mfi* καταξατε s. ηξεται gj. ⟨ηξει 20⟩ | μου 2°] sup ras r^a· post γηρας acegjkmovxa$_2$c$_2$𝔄𝔏 Chr $\frac{4}{6}$ | om το r | μετα λυπης] pr *et* 𝔈^p μετ οδυνης ⟨16⟩ Chr $\frac{1}{6}$ | αδην a Chr $\frac{2}{6}$

XLIII **1** ο δε λιμος] *autem* 𝔖 | λοιμος n | ενισχυεν bfty 𝔄 | επι της γης] επ αυτοις f

2 εγενετο δε ηνικα] ηνικα δε p𝔈 | καταφαγειν] φαγειν cdno pc$_2$ φαγηναι a +τον αρτον και f | εξ αιγυπτου] *e terra Aegypti* 𝔄(*Aegyptiorum*)ℭ | om και Lfin𝔄𝔅𝔏 | ο] pr ιακωβ DF^{b}dfhilnptv(mg)𝔅 | αυτων] +ιακωβ k | παλιν πορευθεντες] απελθοντες παλιν Chr *ite iterum* 𝔈 om παλιν a$_2$𝔅^{lp} | πορευθεντες] πορευεσθε F*Mk· απελθοντες s | πριασθε] πριασθαι k. πριασασθε bdfilo*(uid)prw: αγορασατε D(+*D*) κομισατε Chr | ημιν] υμιν p om 𝔄 | μικρα] post βρωματα f. om a$_2$ | βρωματα] +*ne moriamur* 𝔅^w

3 αυτω] προς αυτον m: *eis* 𝔏 | ιουδας] pr ο l | om λεγων 1° Dmn𝔈 Chr | διαμαρτυρια] μαρτυρια m: *per testimonia* 𝔏 | διαμεμαρτυρηται] μεμαρτυρηται l διεμαρτυρατο D(+*D*)F^{b}bcdfi^a km–prswxc$_2$ Chr | ημιν] post λεγων 2° dnp(υμιν)· ημας ⟨20⟩ Chr-ed | ο ανθρωπος] post λεγων 2° bw. ο ανηρ F^b· +ο κυριος e ⟨+της γης 77⟩ +ο κυριος της γης Mfgijkrya$_2$⟨31(+αιγυπτου)⟩ 𝔈 | λεγων 2°] pr ημιν k ⟨+οτι 20⟩ | μου το προσωπον fi | εαν—με] *nisi aduenerit frater uester iunior uobiscum* 𝔈^{cf}. *nisi adtuleritis fratrem uestrum iuniorem uobiscum* 𝔈^p | αδελφος—νεωτερος] νεωτερος υμων αδελφος Chr | υμων] ημων g ημιν f συμεων s | om ο 3°—(4) ημων 1° w | ο νεωτερος] sub ÷ 𝔖 | καταβη προς με A] ελθη μεθ υμων mℭ ⟨μεθ υμων ελθη 31.83 μεθ υμων ηκη 32⟩· *uobiscum uenerit* 𝔏· η μεθ υμων Lbnp(ην)v μεθ υμων η D^{sil}FM rell (ημων c$_2$) 𝔄𝔅𝔖 Chr

4, 5 om a$_2$

4 ει—(5) πορευσομεθα] post (7) αυτου d | om ουν *D* | αποστελλεις] αποστελλης hkt. αποστελεις dn𝔅ℭ: αποστειλεις al | ημων 1°] υμων l. +τον νεωτερον f𝔅^w | om μεθ ημων *D*m Chr | καταβησομεθα και αγορασωμεν] *discendimus et emimus* 𝔏 | καταβησωμεθα hln | αγορασομεν D^{sil}Macefjkmqsuxyc$_2$𝔅 Chr | σοι] ημιν m𝔅. om dnp𝔄 | βρωματα] *paucas escas* 𝔅^{lp}

35 ο δεσμος] ο κομβος F^b | δεσμους] κομβους F^b
37 αποκτεινον] θανατωσεις F^b
38 μαλακισθηναι] αρρωστησαι M
XLIII 2 σιτον] σιταρκισμον F^b

ΓΕΝΕΣΙΣ XLIII 5

A μὴ ἀποστέλλεις τὸν ἀδελφὸν¶ ἡμῶν μεθ' ἡμῶν, οὐ πορευσόμεθα· ὁ γὰρ ἄνθρωπος εἶπεν ἡμῖν
¶k λέγων Οὐκ ὄψεσθέ μου τὸ πρόσωπον ἐὰν μὴ ὁ ἀδελφὸς ὑμῶν ὁ νεώτερος μεθ' ὑμῶν ᾖ. ⁶εἶπεν δὲ 6
Ἰσραὴλ Τί ἐκακοποιήσατέ μοι, ἀναγγείλαντες τῷ ἀνθρώπῳ εἰ ἔστιν ὑμῖν ἀδελφός; ⁷οἱ δὲ εἶπαν 7
Ἐρωτῶν ἐπηρώτησεν ἡμᾶς ὁ ἄνθρωπος καὶ τὴν γενεὰν ἡμῶν, λέγων Εἰ ἔτι ὁ πατὴρ ὑμῶν ζῇ; εἰ
ἔστιν ὑμῖν ἀδελφός; καὶ ἀπηγγείλαμεν αὐτῷ κατὰ τὴν ἐπερώτησιν αὐτοῦ. μὴ ᾔδειμεν εἰ ἐρεῖ
ἡμῖν Ἀγάγετε τὸν ἀδελφὸν ὑμῶν; ⁸εἶπεν δὲ Ἰούδας πρὸς Ἰσραὴλ τὸν πατέρα αὐτοῦ Ἀπόστειλον 8
τὸ παιδάριον μετ' ἐμοῦ, καὶ ἀναστάντες πορευσόμεθα, ἵνα ζῶμεν καὶ μὴ ἀποθάνωμεν καὶ ἡμεῖς καὶ
σὺ καὶ ἡ ἀποσκευὴ ἡμῶν. ⁹ἐγὼ δὲ ἐκδέχομαι αὐτόν, ἐκ χειρός μου ζήτησον αὐτόν· ἐὰν μὴ ἀγάγω 9
αὐτὸν πρὸς σὲ καὶ στήσω αὐτὸν ἐναντίον σου, ἡμαρτηκὼς ἔσομαι πρὸς σὲ πάσας τὰς ἡμέρας.
¹⁰εἰ μὴ γὰρ ἐβραδύναμεν, ἤδη ἂν ὑπεστρέψαμεν δίς. ¹¹εἶπεν δὲ αὐτοῖς Ἰσραὴλ ὁ πατὴρ αὐτῶν 10/11
Εἰ οὕτως ἐστίν, τοῦτο ποιήσατε· λάβετε ἀπὸ τῶν καρπῶν τῆς γῆς ἐν τοῖς ἀγγίοις ὑμῶν, καὶ κατα-
γάγετε τῷ ἀνθρώπῳ δῶρα, τῆς ῥιτίνης καὶ τοῦ μέλιτος, θυμίαμα καὶ στακτὴν καὶ τερέμινθον καὶ
κάρυα ¹²καὶ τὸ ἀργύριον δισσὸν λάβετε ἐν ταῖς χερσὶν ὑμῶν· τὸ ἀργύριον τὸ ἀποστραφὲν ἐν 12
¶𝕮ᵐ τοῖς μαρσίπποις ὑμῶν ἀποστρέψατε μεθ' ὑμῶν·¶ μή ποτε ἀγνόημά ἐστιν. ¹³καὶ τὸν ἀδελφὸν 13
ὑμῶν λάβετε, καὶ ἀναστάντες κατάβητε πρὸς τὸν ἄνθρωπον. ¹⁴ὁ δὲ θεός μου δῴη ὑμῖν χάριν 14

---

5 οψεσθαι A   6 μοι A^{cmg}] om A*   7 ειδειμεν D   11 ισραηλ] om A* (ισλ A^{c†mg})

*D*FLMa-j(k)l-ya₂c₂𝕬𝕭(𝕮ᵐ)𝕰𝕷ʳ𝕾

5 αποστελλεις] αποστελλης hıkr: αποστελεις l(-λης)op: mıttes 𝕬-codd 𝕭𝕮. αποστειλης d | τον—ημων 2°] sub ÷ M𝕾. om ın Chr | αδελφον] a .. k | ημων 1°] υμων l | om μεθ ημων djmo p𝕷 | om o 1°—η df | ανθρωπος] ανηρ Fᵇ | ⟨λεγων ημιν 30⟩ | om λεγων acmc₂𝕰 Chr | ουκ] pr οτι ⟨20⟩ Chr | μου] post προσωπον abcm-psvwxc₂𝕬𝕷 | με † | μη] +η bn(eı)w | υμων 1°] ημων m | ο νεωτερος] sub — M(uıd)v𝕾 om s | μεθ υμων η] η μεθ υμων Chr uenerıt uobıscum 𝕷· προσ . n | υμων 2°] ημων c*m w* | η] ηκη m. ⟨καταβη 32⟩· om bw

6 εκακοποιησατε μοι] με εκακοποιησατε Chr½ | μοι A^{cmg}] om A*F*x· με *D*^{sıl}F^bLM rell Chr | αναγγειλαντες] απαγγειλαντες *D*FMej Chr απαγγελλοντες m ⟨εξαγγειλαντες 32⟩ | ανθρωπω] ανδρι Fᵇ | ει] οτι Lbfstwa₂𝕬(uid)𝕭𝕮𝕰𝕷𝕾(mg) Chr½ ⟨om 83 107⟩ | υμιν] pr εν egj ημιν b(uid)cfw

7, 8 mutıla ın 𝕷

7 om οι—αδελφος Lj | οι δε ειπαν] ειπαν δε y. et dıxerunt ei 𝕰 | ειπον Fᵃ¹a-dmnpwc₂ | ⟨ερωτων—αδελφος⟩ αυτος ηρωτησεν ημιν 14 16(ημας) 77 130 | ερωτων] επερωτων o om Chr | ηρωτησεν lr | ημας] ημιν fm | ανθρωπος] ανηρ Fᵇ | και 1°—ημων] quod gen[us] nostrum 𝕷 om f Chr· om και 𝕭 | την γενεαν] την γενεσιν m την συγγενειαν y· ınterrogauıt de genere 𝕮 | ημων] υμων p: ⟨ημιν 107⟩ | λεγων] et 𝕬· om Chr | ει ετι ει οτι m | υμων 1°] ημων bdılo* | ει 2°] pr και Fᵇbd npvw𝕬𝕮𝕰𝕷(uid)𝕾 Chr. pr η ⟨84⟩ 𝕭: η 1* | εστιν] pr εν eg· ημιν bd | απηγγειλαμεν] ανηγγειλαμεν blwc₂ | απηγγιλαν L | om κατα—αυτου Chr | ερωτησιν acdn | αυτου A𝕬𝕮(uid)𝕰 ταυτην D(+*D*^{sıl})FLM omn 𝕭𝕾 | om μη—υμων 2° da₂ | ηδειμεν] οιδαμεν f. ειδομεν s ιδητε p | ει 3°] οτι Fabcefgi^ajmnrtw xyc₂𝕬(uid)𝕭𝕮𝕰𝕾 Chr qu. 𝕷: τι L om p | ημιν] υμιν lp | αγαγετε] pr οτι cx: αγαγε n· αναγαγετε c₂ | υμων 2°] ημων bot +ad me 𝕭: +paruum 𝕮

8 δε] +παλιν Chr | om ισραηλ 𝕰 Chr | ⟨μετ εμου⟩ μεθ ημων 14 16.77.130 | πορευσομεθα] πορευσωμεθα dgılnpya₂: πορευθωμεν m: eamus 𝕰 | om ινα ζωμεν egj𝕭ʷ | om και μη αποθανωμεν 1 | υμεις lw | συ] σοι L | om και 5°—ημων n | η αποσκευη] pr πασα F^{b?}l. lıberı 𝕰ᶜ | υμων c*s

9 om δε bcw𝕬 | εκδεχομαι] δεχομαι ⟨20⟩ Chr. εγγυωμαι n | εκ—αυτον 2°] παρα σου Chr | εκ χειρος μου] e manıbus meıs 𝕬𝕮𝕾 | αναγω g | om προς σε 1° dfA-ed𝕭ʷ𝕾 Chr | om αυτον 4° 𝕬 Chr | ενωπιον cdp | εσομαι] post σε 2° 𝕾 | προς σε 2°] in patrem meum 𝕭ʷ. om 𝕬 | προς 2° Ahmy] εις *D*FLM rell 𝕷𝕾 Or-lat Chr | om πασας m | ημερας] +της ζωης μου fi^ar𝕮

10—12 mutıla ın 𝕷

10 om totum comma m | ει μη γαρ] et sı non 𝕰 | ει] +δε a₂ | om γαρ 𝕭ʷ | εβραδυναμεν] εμελλησαμεν Phıl-codd | ηδη] παλαι 1*c₂: ecce ıam autem 𝕾 | υπεστρεψαμεν] perıit u sed superest spır asp ın F επεστρεψαμεν dop: απεστρεψαμεν L1* ανεστρεψαμεν προς σε bw | om δις Phıl-codd-omn

11 αυτοις] ⟨post ισραηλ 79 αυτω 128⟩ om j𝕮 | ⟨αυτων⟩ αυτου 128 | ⟨εστιν⟩ εχει 73 | τουτο] ουτω n | απο των καρπων τον καρπον b: a fructu 𝕬 | καταγαγετε] καταγετε Or-gr: απαγαγετε fi^{a?}r: portate 𝕬 | της 2°] +τε F^{b?}l | ριτινης AFMdeg* jm-pa₂c₂] ρητινης DLg^{a?} rell | ⟨om και 2° 31⟩ | στακτην και θυμιαμα F^{b?} | θυμιαμα] pr και fio𝕬𝕮𝕰 pr θεριακῆ 1^a: λαδ[ανον] Fᵇ ⟨στειρακα 71⟩· +τε Lqu Or-gr: +στυρακα c | στακτην] λαδανον 1^a | om και 4° L | τερεμινθον AD1*l*1°oquv] τερμινθον F*· τερεβινθον F^{b?}LM1^al^{a?} rell 𝕭𝕮𝕰(uıd) | ⟨καρυον 71⟩

12 δισσον] διπλουν M(mg)o | εν ταις χερσιν] εις τας χειρας abcmwxc₂ | υμων 1°] ημων g | το 2°—⟨13⟩ λαβετε] pr και abc wc₂𝕬-codd𝕾. om m om το αργυριον n𝕰 | αποστρεψατε—⟨13⟩ υμων] om c. om αποστρεψατε μεθ υμων a₂ | αποστρεψατε] αποστρεψετε x. sumetıs 𝕮 | μεθ] αφ L | υμων 3°] ημων dl

13 υμων] om L. +uobıscum 𝕭 | om και αναστραντες καταβητε bw | ανθρωπον] ανδρα F^{bmg}

14 δωη] ⟨δωοι 32⟩: δω e Chr¼ ed¼ | δωσει ⟨20⟩ 𝕭𝕰ᶠ| ημιν

---

5 πορευσομεθα] καταβησομ[εν] Fᵇ   8 η αποσκευη] α' σ' τα νηπια Fᵇ(sıne nom)M(om σ' τα)𝕾
9 εκδεχομαι] αντιφωνουμαι Fᵇ. α' σ' εγγυωμαι M(om σ')𝕾(a' dubıum)
11 θυμιαμα] α' σ' στυρακα M(sıne σ' et ındıce ad ριτινης posıto)𝕾 | καρυα] αμυγδαλα Fᵇ: εν τω ιουδ αμυγδαλα 1
12 εν τοις μαρσιπποις] εν τοις διβο... Fᵇ
14 ο—μου] ο δε ισχυρος ικανος Fᵇ | αποστειλαι] σ' mıttat uobıscum 𝕾

ΓΕΝΕΣΙΣ XLIII 21

ἐναντίον τοῦ ἀνθρώπου, καὶ ἀποστεῖλαι τὸν ἀδελφὸν ὑμῶν τὸν ἕνα καὶ τὸν Βενιαμείν· ἐγὼ μὲν A
15 γὰρ καθὰ ἠτέκνωμαι ἠτέκνωμαι.   ¹⁵Λαβόντες δὲ οἱ ἄνδρες τὰ δῶρα ταῦτα, καὶ τὸ ἀργύριον
διπλοῦν ἔλαβον ἐν ταῖς χερσὶν αὐτῶν, καὶ τὸν Βενιαμείν· καὶ ἀναστάντες κατέβησαν εἰς Αἴγυπ-
16 τον, καὶ ἔστησαν §ἐναντίον Ἰωσήφ. ¹⁶ἴδεν δὲ Ἰωσὴφ αὐτοὺς καὶ τὸν Βενιαμεὶν τὸν ἀδελφὸν   § b₂
αὐτοῦ τὸν ὁμομήτριον, καὶ §ἐνετείλατο τῷ ἐπὶ τῆς οἰκίας αὐτοῦ εἰσαγαγεῖν τοὺς ἀνθρώπους εἰς § 𝕮ᵐ
τὴν οἰκίαν Καὶ σφάξον θύματα καὶ ἑτοίμασον· μετ' ἐμοῦ γὰρ φάγονται οἱ ἄνθρωποι ἄρτους τὴν
17 μεσημβρίαν. ¹⁷ἐποίησεν δὲ ὁ ἄνθρωπος καθὰ εἶπεν Ἰωσήφ, καὶ εἰσήγαγεν τοὺς ἀνθρώπους εἰς
18 τὴν οἰκίαν Ἰωσήφ. ¹⁸ἰδόντες δὲ οἱ ἄνθρωποι ὅτι εἰσηνέχθησαν εἰς τὸν οἶκον Ἰωσὴφ εἶπαν Διὰ
τὸ ἀργύριον τὸ ἀποστραφὲν ἐν τοῖς μαρσίπποις ἡμῶν τὴν ἀρχὴν ἡμεῖς εἰσαγόμεθα, τοῦ συκο-
19 φαντῆσαι ἡμᾶς καὶ ἐπιθέσθαι ἡμῖν, τοῦ λαβεῖν ἡμᾶς εἰς παῖδας καὶ τοὺς ὄνους ἡμῶν. ¹⁹προσ-
ελθόντες δὲ πρὸς τὸν ἄνθρωπον τὸν ἐπὶ τοῦ οἴκου Ἰωσὴφ ἐλάλησαν αὐτῷ ἐν τῷ πυλῶνι τοῦ οἴκου
20 ²⁰λέγοντες Δεόμεθα, κύριε· κατέβημεν τὴν ἀρχὴν πρίασθαι βρώματα· ²¹καὶ ἐγένετο ἡνίκα
21 ἤλθομεν εἰς τὸ καταλῦσαι καὶ ἠνοίξαμεν τοὺς μαρσίππους ἡμῶν, καὶ τόδε τὸ ἀργύριον ἑκάστου ἐν
τῷ μαρσίππῳ αὐτοῦ. τὸ ἀργύριον ἡμῶν ἐν σταθμῷ ἀπεστρέψαμεν νῦν ἐν τοῖς μαρσίπποις ἡμῶν,

16 ειδεν F | αυτους] αυτου sup ras Aᵃ   20 πριασθε A   21 μαρσιππους sup ras A¹

DFLMa–jl–ya₂(b₂)c₂𝕬𝕭(𝕮ᵐ)𝕰𝕷𝖗𝕾

g | om χαριν d | ενωπιον Chr⅓ | του ανθρωπου] τω ανω d · του ανδρος Fᵇᵐᵍ | και 1°] του Chr⅓ om dnpa₂𝕭ᴵᵖ | αποστειλαι] αποστειλει Fᵇᴵ   αποστειλαι v Chr-codd⅓· αποστελει m𝕭   αποστειλω a: απο-
στελει L   εξαποστειλαι t | τον 1°] pr υμιν ac
x𝕰𝕾: pr uobiscum 𝕬   bis scr L* | υμων] ημων 1. om L
+ μεθ υμων f𝕭 | τον 2°—βενιαμειν] om f om τον ενα 𝕭𝕰 | ενα] ετερον Fᵇ𝕬 | om και 2° 1ᵃ ʳ | βενιαμην o Chr⅓ | om εγω
—(15) βενιαμειν p | εγω μεν γαρ] sed ego 𝕬 om μεν bf Chr
om γαρ x* | om καθα ητεκνωμαι d | καθα] ⟨κατα 83⟩ καθο D
καθαπερ bw | ητεκνωμαι 1°] opare 1 | om ητεκνωμαι 2° fjsᵃᵗʷ𝕷
15 om de e | ανδρες] ανοι di*nota₂ | om ταυτα 𝕬 Chr | το
αργυριον διπλουν] διπλουν το αργυριον c διπλουν αργυριον amx
c₂   om το 1* | ελαβον—αυτων] om df Chr· om ελαβον 𝕬 |
αυτων] αυτον u · ⟨αυτοις 107⟩ | ⟨om τον 31 83⟩ | βενιαμην o
om και 3° df𝕬𝕭ᴵᵖ Chr | om αναστοντες ⟨107⟩ Chr | om και
4°—ιωσηφ t
16 ιδεν—ομομητριον] et uidit Ioseph Beniam cum iis 𝕰ᶜ
om 𝕰ᶠᵖ | ιδεν δε] ιδων δε o𝕬 | ⟨και ειδεν 30 107⟩ | αυτους ιωσηφ
dmnpsy𝕬𝕭𝕷 Chr(o ιωσηφ) | αυτους] τους αδελφους αυτου D |
⟨om και 1° 77⟩ | om τον 1° Ldfimnp | βενιαμειν] post ομομη-
τριον n βενιαμην o βενιαμειμ w +και αναστοντες g* | τον
αδελφον αυτου] sub — 𝕾 | om τον ομομητριον Lacmqsuwb₂
𝕬𝕷𝕾 Chr | ομομητρων 1ᵃʳ | om και 2° o𝕬 | ενετειλατο Afi¹
ry] ειπεν Chr | DˢⁱˡFLM1* rell 𝕬𝕭𝕮(uid)𝕰(+Ioseph 𝕰ᵖ)𝕷𝕾 Chr | τῳ] +ανω d +ανω n | αυτου 2°] +ιωσηφ Fᵇ | λεγων f | εισαγαγειν
A] εισαγαγετε b₂*(uid)   εισαγαγε DˢⁱˡFLMb₂ªʳ rell 𝕬𝕭𝕮𝕰𝕷𝕾
Chr | ανθρωπους] ανδρας Fᵇᵐᵍ +τουτους egj𝕭𝕮𝕰 | om εις την
οικιαν f | θυματα] cocta 𝕭ᴵᵖ⁽ᵗˣᵗ⁾. uitulos 𝕭ʷᵖ⁽ᵐᵍ⁾ | και ετοιμασον]
om Chr +οπως φαγωσι f | om γαρ φαγονται f | φαγωνται
agj | οι ανθρωποι] post αρτους 1𝕷 οι ανδρες Fᵇᵐᵍ. om mn
+ουτοι DLMbefgjs𝕬𝕭𝕮𝕰𝕷 | αρτους] sub — 𝕾. αρτον s𝕭 om
f 𝕬-ed Chr | την μεσημβριαν] την μεσημεριαν g τη μεσημβρια
e ⟨μεσημβριας 18⟩ om f Chr
17 ανθρωπος] ανηρ Fᵇᵐᵍ | ειπεν] συνεταξεν αυτω f +αυτω
Fᵇdnpt𝕭𝕮𝕰𝕷 | ιωσηφ 1°] pr o p | om και—ιωσηφ 2° 𝕭 |
εισηγαγεν] εισηνεγκεν D +o ανηρ Fᵇᵐᵍacmxb₂c₂𝕾(sub ⁕) |
τους ανθρωπους] τους ανδρας Fᵇ: αυτους m | την οικιαν Aegjln]

τον οικον DˢⁱˡFLM rell | ιωσηφ 2°] pr τον DF*LM₁*rv: pr του
Fᵇ¹befiaptw · om n
18 ιδοντες—ιωσηφ] ⟨pr και 31⟩. om f | οι ανθρωποι] οι
ανδρες DˢⁱˡFLMe₁ªjloq-v · om Chr | εισηνεχθησαν ADb₁ᵃrw]
εισηλθοσαν L   συνηχθησαν l   εισηχθησαν FM₁* rell Chr | ⟨τον
οικον⟩ την οικιαν 76⟩ | ιωσηφ] pr του 1* pr του Dˢⁱˡbnw Chr |
ειπαν] pr και Fᵇ ειπον Fᵇ¹cdmnpvc₂ om L +δε f | om δια
f | ⟨om εν 16*⟩ | om ημων 1° egjo Or-gr | om την αρχην f |
om ημεις t 𝕬-ed | εισαγομεθα] εισαγαγομεθα 1   αγομεθα a₂
ηγαγομεθα m του 1°—ημιν] pr προʳ om n | ⟨συκοφαντησαι⟩
κυκλωσαι 128 mg⟩ | και | επιθεσθαι] πεισθεσθαι c₂
ημιν του λαβειν o | ημιν⟩ ⟨ημας 31 77⟩. om em | του 2°] pr et
𝕬𝕰 ⟨το 16⟩ | λαβειν] βαλειν dn(βαλε)p facere 𝕭 | ημας 2°—
ημων 2°] τους ονους ημων και ημας εις παιδας m om ημας—και
𝕰 | om εις 2° b* | παιδας] ⁊ ημας τε Chr-ed ⟨+και τους αν-
θρωπους 18⟩ | τους] του L
19 προς—τον 2°] τω ανω τω f | ανθρωπον] ανδρα Fᵇᵐᵍ | om
επι L | του οικου fr | ιωσηφ] pr τον DˢⁱˡFMaefijmoqtuvxa₂ | αυτω] αυτου cj | om 𝕬 | om του οικου 2° 𝕬
20 κατεβημεν] pr καταβαντες Fᵇ | την] τη L | πριασασθαι
dfiy | βρωμα f
21 και εγενετο AyL] εγενετο δε DˢⁱˡFLM rell 𝕭ʷ𝕮𝕾 | om
ηνικα d | εις το] του A om aegjr | om και 2° d𝕭𝕰ᵖ | om
ημων 1° d | και τοδε] τοτε fL και ευρομεν ⟨128⟩ 𝕭𝕰(om και
𝕭ʷ𝕰ᶜᶠ) om τοδε D(uid)L𝕬𝕮 ⟨+ην τ⟩ om τω 2° gj
na₂ | αργυριον 1°] +ημων af | om εκαστου—αργυριον 2° c₂ |
εκαστου—αυτου] uniuscuiusque nostrum in saccis nostris 𝕷 |
εκαστω aob₂ | ⟨εν τω μαρσιππω⟩ τοις μαρσιπποις 16⟩ | μαρ-
σιππω] στοματι μαρσιπου Fᵇ | αυτου] αυτων b ημων ⟨16⟩
𝕬-codd 𝕰 ευρομεν m. +ευρομεν yᵇ | το 3°—απεστρεψαμεν] pr
και νυν δισσον yᵇ: pr nunc 𝕬 inuenimus et retulimus ea 𝕷 |
το αργυριον ημων] του αργυριον ημων b και αργυριον m |
το 3°] και L | ημων 2°] υμων xᵃ om o𝕬 | +ενταυθα ej |
σταθμω] post νυν h om lm | απεστρεψαμεν] pr και m +αυτο
μεθ ημων(υμ– o*)o | νυν] pr και f. et ecce 𝕬 | εν 2°—ημων 3°]
in manu nostra 𝕬 | τοις μαρσιπποις A] ταις χερσιν DˢⁱˡFLM
omn(om ταις 1*)𝕭𝕮𝕰(uid)𝕷𝕾 | ημων 3°] υμων f

16 επι] επανω c₂ | θυματα] σφαγια Fᵇ
17 και—ιωσηφ 2°] α′ και εισηγαγεν ο ανηρ συν τους ανδρας οικονδε ιωσηφ σ′ και εισηγαγεν τους ανους εις την οικιαν ιωσηφ
ο′ και εισηγαγεν ο ανηρ τους ανους εις τον οικον ιωσηφ θ′ και εισηγαγεν ο ανος τους ανδρας εις τον οικον ιωσηφ v
18 ιδοντες δε] και εφοβηθησαν Fᵇ   21 τους μαρσιππους] τα θυλα[κια] Fᵇ

127

XLIII 22 ΓΕΝΕΣΙΣ

A ²²καὶ ἀργύριον ἕτερον ἠνέγκαμεν μεθ' ἑαυτῶν ἀγοράσαι βρώματα· οὐκ οἴδαμεν τίς ἐνέβαλεν τὸ 22
¶ L ἀργύριον εἰς τοὺς μαρσίππους ἡμῶν.¶ ²³εἶπεν δὲ αὐτοῖς ὁ ἄνθρωπος Ἵλεως ὑμῖν, μὴ φοβεῖσθε· ὁ 23
θεὸς ὑμῶν καὶ ὁ θεὸς τῶν πατέρων ὑμῶν ἔδωκεν ὑμῖν θησαυροὺς ἐν τοῖς μαρσίπποις ὑμῶν· τὸ δὲ
ἀργύριον ὑμῶν εὐδοκιμοῦν ἀπέχω. καὶ ἐξήγαγεν πρὸς αὐτοὺς Συμεών· ²⁴καὶ ἤνεγκεν ὕδωρ νίψαι 24
τοὺς πόδας αὐτῶν, καὶ ἤνεγκεν χορτάσματα τοῖς ὄνοις αὐτῶν. ²⁵ἡτοίμασαν δὲ τὰ δῶρα ἕως τοῦ 25
ἐλθεῖν Ἰωσὴφ μεσημβρίᾳ· ἤκουσαν γὰρ ὅτι ἐκεῖ μέλλει ἀριστᾶν. ²⁶εἰσῆλθεν δὲ Ἰωσὴφ εἰς τὴν 26
§ d₂ οἰκίαν, καὶ §προσήνεγκαν αὐτῷ τὰ δῶρα ἃ εἶχον ἐν ταῖς χερσὶν αὐτῶν εἰς τὸν οἶκον, καὶ προσεκύ-
νησαν αὐτῷ ἐπὶ πρόσωπον ἐπὶ τὴν γῆν. ²⁷ἠρώτησεν δὲ αὐτοὺς Πῶς ἔχετε; καὶ εἶπεν αὐτοῖς Εἰ 27
¶ 𝕮ᵐ ὑγιαίνει ὁ πατὴρ ὑμῶν ὁ πρεσβύτερος ὃν εἴπατε; ἔτι ζῇ;¶ ²⁸οἱ δὲ εἶπαν Ὑγιαίνει ὁ παῖς σου ὁ 28
πατὴρ ἡμῶν, ἔτι ζῇ. καὶ εἶπεν Εὐλογητὸς ὁ ἄνθρωπος ἐκεῖνος τῷ θεῷ. καὶ κύψαντες προσεκύ-
νησαν. ²⁹ἀναβλέψας δὲ τοῖς ὀφθαλμοῖς Ἰωσὴφ ἴδεν Βενιαμεὶν τὸν ἀδελφὸν αὐτοῦ τὸν ὁμομή- 29
τριον, καὶ εἶπεν αὐτοῖς Οὗτός ἐστιν ὁ ἀδελφὸς ὑμῶν ὁ νεώτερος, ὃν εἴπατε πρὸς μὲ ἀγαγεῖν; καὶ
εἶπεν Ὁ θεὸς ἐλεήσαι σε, τέκνον. ³⁰ἐταράχθη δὲ Ἰωσήφ, συνεστρέφετο γὰρ τὰ ἔντερα αὐτοῦ ἐπὶ 30

23 φοβεισθαι A   25 αρισταν] αν sup ras (5) Aᵃ
27 ζη sup ras Aᵃ   29 ειδεν F | νεωτερος] νεω sup ras (4) Aᵃ

DF(L)Ma–jl–ya₂b₂c₂(d₂)𝕬𝕭(𝕮ᵐ)𝕰𝕷𝕾

22 και] pr και αυτο f · pr αλλα o· om m | ετερον αργυριον
f𝕷(uid) | μεθ εαυτων] post βρωματα acxb₂c₂: ⟨μετ αυτων 31⟩
μεθ ημων fo: εν χειρι ημων Fᵇ: om m | βρωματα] +ημιν mB
ουκ] ου γαρ m𝕷: et non 𝕬𝕰 | ενεβαλεν] ενεβαλλε a: εβαλε m:
+ημιν F*hlostv· ⟨+υμιν 30⟩ +ημιν μετα χειρας qu | αργυριον
2°] +ημων acmsx(υμ- xᵃ)b₂c₂𝕾: +ημιν egj𝕭ʷ | εν τοις μαρ-
σιπποις cegj]
   23 ο ανθρωπος Abfiwy𝕭𝕮𝕰] om DˢⁱˡFM rell 𝕬𝕷𝕾 Or-gr
Chr | ιλεως υμιν] ειρηνη υμιν n: pax uobiscum 𝕬 | υμιν 1°]
ημιν dg | μη—υμιν 2°] om f om μη φοβεισθε Fᵇ?(hab Fᶜ?)
φοβησθε e | υμων 1°] pr μεθ j ημων 0 | om των 2° ⟨18⟩ 𝕬 |
των πατερων] του πατρος Chr-ed | υμων 2°] ημων e*(uid)o* |
εδωκεν] posuit 𝕬 | υμιν 2°] ημιν 1. om r | εις τους μαρσιπποις
ayb₂ | υμων 3°] ημων u | το δε] το γαρ 𝕷 Chr · και το qu   om
δε c₂ | υμων 4°] ημων qu | ⟨απεχω ευδοκιμουν 83⟩ | απεχω]
επεχω a*(uid)   κατεχω m | εξηγαγεν] εξηνεγκεν F(+ο ανηρ
Fᵇ?ᵘⁱᵈ) | om προς αυτους ⟨30⟩ Chr | συμεων A] τον συμεωνα
na₂c₂ Chr · τον DˢⁱˡFM rell Or-gr
   24 και 1°] pr και εισηγαγεν ο ανηρ τους ανδρας εις τον οικον
ιωσηφ acmxb₂𝕬𝕾(sub ※) [[εισηνεγκεν cx | ο ανηρ] ιωσηφ a | αν-
δρας] ανο͞υς m𝕬(uid) | εις τον οικον] ܗܢܐ ܓܒܪܐ (=οικονδε)
𝕾 | ιωσηφ] αυτου a]] | ηνεγκεν 1°] ηνεγκαν DF*dhi*l–qr*(uid)
suvxa₂𝕬𝕭𝕻𝕷 Spec· ⟨ηγαγεν 84⟩ · +ο ανηρ τους ανδρας εις οικον
ιωσηφ και εδ.   Fᵇ?ᵐᵍ | νιψαι] νιψασθαι abdv(mg)w: et laua-
uerunt 𝕭(om et) Spec | αυτων 1°] αυτω n   om 𝕷 Spec-ed | om
και 2°—αυτων 2° a | ηνεγκεν 2° Ar(ε 2° ex corr rᵃ)] εδωκαν hi*
mov𝕷   εδωκεν DˢⁱˡFM1aʔ rell 𝕬𝕭𝕮𝕰𝕾 Chr (post χορτασματα)
   25 ητοιμασαν δε] ητοιμασεν δε r   et ii parauerunt 𝕬 | ⟨om
τα 16⟩ | ⟨om του 31⟩ | ελθειν] εισελθειν DFMilmoqrtuvxa₂𝕰ᶜᶠ
𝕷: ⟨+εις την οικιαν 31. +εις 83⟩ | ιωσηφ—(26) ιωσηφ] pr τον
bnw: om a | om μεσημβρια—(26) ιωσηφ b₂ | μεσημβρια AD
μεσημβριας FM rell | om ηκουσαν γαρ o | γαρ] δε qu | μελλει
εκει n | αρισταν] αριστειν f · +cum illis 𝕭ˡʷ

26 την οικιαν] τον οικον o | εισηνεγκαν dnpd₂ | αυτω 1°]
τω ιωσηφ r(mg): οι αδελφοι αυτου h | τω ιωσηφ οι αδελφοι αυτου
d₂· +τω ιωσηφ οι αδελφοι αυτου s | om τα egj | ειχον—και 2°]
mutila in F | ειχον] ην 𝕭𝕮 | αυτων amxb₂c₂𝕾 | εις τον
οικον] om no   +et ceciderunt super faciem suam super terram
𝕭(om et 𝕭ˡᵖ) | αυτω 2°] αυτου b | επι 1°—γην] επι την γην
επι προσωπον αυτων o: om 𝕭 | επι προσωπον] post γην et sub
— 𝕾 ⟨επι προσωπου 84⟩   super faciem suam 𝕬𝕮: om 𝕷 Chr
   27 om δε c | αυτους] ⟨αυτοις 77⟩ Ioseph 𝕷· +ιωσηφ D·
+et dicit 𝕬 | om και αυτοις hy | om αυτοις bw | om ει
DMabe–hjlnoqrsuwa₂c₂d₂𝕭 | ημων lo | πρεσβυτης F(–τ s)Mbgj
lquwc₂ Chr | ειπατε] ειπα e· +προς με bw. +mihi 𝕰𝕷 | ετι
⟨pr οτι 20⟩: οτι bfow. om g | ζην Fᵃ?Mdegj–npquxa₂c₂d₂𝕬
𝕭(uid)𝕮(uid)𝕰ᶠᵖ𝕷𝕾
   28 om οι δε ειπαν m | ειπαν] ειπον Fᵇa–dfnpwb₂c₂d₂ | ο
παις σου] post ημων o   om 𝕰ᵖ | υμων c*e*(uid) | ετι ζη] pr
και ⟨84⟩ 𝕰.   om fa₂dₐaᵗ Chr | και 1°—θεω] και ειπεν sub ÷ et
ευλογητος—θεω sub – 𝕾 | ευλογημενος M(mg)bdegh
1*jlnptv(mg)wa₂ | ⟨εκεινος ο αν͞ος 14⟩ | θεω] κω͞ t | προσεκυνη-
σαν] +αυτω DˢⁱˡMabcefgijmqrsuv(mg)wxb₂c₂𝕬𝕭𝕰𝕷𝕾(sub –)
+αυτον 1
   29 αναβλεψας δε] και αναβλεψας d | τοις οφθαλμοις ιωσηφ]
ιωσηφ τοις αδελφοις αυτου a₂ | τοις οφθαλμοις] pr ιωσηφ g   post
ιωσηφ 1· +αυτου ac–gijmn(τους οφθαλμους n*)prxb₂𝕬𝕭𝕷𝕾 |
om ιωσηφ a–dfi*mnpwxb₂c₂d₂𝕬𝕰𝕻𝕷𝕾 | βενιαμειν] βενιαμην bʰ
om aob₂ | ομομητριον] +τον βενιαμιν ab₂ | και εξηπει κλαυσαι
n | om και ειπεν αυτοις e | αυτοις A𝕰] om DˢⁱˡFM omn 𝕬𝕭𝕷
𝕾 Chr | εστιν AD?ˢⁱˡy] om FM rell Chr | ημων 1 | ον—θεος]
mutila in F | προς με] mihi 𝕷 | αγαγειν] αναγαγειν 1· om
𝕷𝕾 · +και ειπαν ουτος a₂ · +et dixerunt ei Ita 𝕰 | ειπεν 2°]
+αυτω ιωσηφ a₂𝕰 | ελεησαι] post σε os𝕷. +σε Fᵇ.
(post σε)𝕭: ελεησει dnpva₂𝕰 · ελεησει 1: ευλογησαι 1 | om σε F*m
   30 συνεστρεφετο γαρ] και συνεστρεφετο fna₂d₂𝕬 | συνε-
τρεφετο s | εντερα] εντος r(mg)· ενδον dp   εγκατα bfmw.

23 ιλεως υμιν] α' σ' ειρηνη υμιν Fᵇ(sine nom)Mv𝕾 | ευδοκιμουν απεχω] ηλθε προς με Fᵇ   το εβραικον εστι[ν] βα ηλαι M
25 μελλει αρισταν] α' σ' edent panem 𝕾   27 ετι ζη] α' ει ετι αυτος ζη σ' ει ετι ζη v
29 τον ομομητριον] υιον μρ͞ς αυτου Fᵇ
30 εταραχθη δε] και εταχυνεν Fᵇ | τα εντερα αυτου] α' σ' τα σπλαγχνα αυτου Fᵇ(sine nom)Mc₂𝕾 (ܪܚܡܘܗܝ ܟܝܬ
ܕܝܠܗ)

128

ΓΕΝΕΣΙΣ

31 τῷ ἀδελφῷ αὐτοῦ, καὶ ἐζήτει κλαῦσαι· εἰσελθὼν δὲ εἰς τὸ ταμιεῖον ἔκλαυσεν ἐκεῖ. ³¹καὶ νιψά- A
32 μενος τὸ πρόσωπον ἐξελθὼν ἐνεκρατεύσατο,¶ καὶ εἶπεν Παράθετε ἄρτους   ³²καὶ παρέθηκαν αὐτῷ ¶ d₂
μόνῳ, καὶ αὐτοῖς καθ' ἑαυτούς, καὶ τοῖς Αἰγυπτίοις τοῖς συνδειπνοῦσιν μετ' αὐτοῦ καθ' ἑαυτούς·
οὐ γὰρ ἐδύναντο οἱ Αἰγύπτιοι συνεσθίειν μετὰ τῶν Ἑβραίων ἄρτους, βδέλυγμα γάρ ἐστιν τοῖς
33 Αἰγυπτίοις πᾶς ποιμὴν προβάτων.   ³³ἐκάθισαν δὲ ἐναντίον αὐτοῦ, ὁ πρωτότοκος κατὰ τὰ πρε-
σβεῖα αὐτοῦ καὶ ὁ νεώτερος κατὰ τὴν νεότητα αὐτοῦ· ἐξίσταντο δὲ οἱ ἄνθρωποι ἕκαστος πρὸς τὸν
34 ἀδελφὸν αὐτοῦ.   ³⁴ἦραν δὲ μερίδα παρ' αὐτοῦ πρὸς αὐτούς· ἐμεγαλύνθη δὲ ἡ μερὶς Βενιαμεὶν
παρὰ τὰς μερίδας πάντων πενταπλασίως πρὸς τὰς ἐκείνων. ἔπιον δὲ καὶ ἐμεθύσθησαν μετ'
αὐτοῦ.

XLIV 1   ¹Καὶ ἐνετείλατο Ἰωσὴφ τῷ ὄντι ἐπὶ τῆς οἰκίας αὐτοῦ λέγων Πλήσατε τοὺς μαρσίππους
τῶν ἀνθρώπων βρωμάτων ὅσα ἐὰν δύνωνται ἆραι, καὶ ἐμβάλατε ἑκάστου τὸ ἀργύριον ἐπὶ τοῦ
2 στόματος τοῦ μαρσίππου αὐτοῦ· ²καὶ τὸ κόνδυ μου τὸ ἀργυροῦν ἐμβάλατε εἰς τὸν μάρσιππον τοῦ
3 νεωτέρου, καὶ τὴν τιμὴν τοῦ σίτου αὐτοῦ. ἐγενήθη δὲ κατὰ τὸ ῥῆμα Ἰωσὴφ καθὼς εἶπεν. ³τὸ
4 πρωὶ διέφαυσεν καὶ οἱ ἄνθρωποι ἀπεστάλησαν, αὐτοὶ § καὶ οἱ ὄνοι αὐτῶν.   ⁴ἐξελθόντων δὲ αὐτῶν § k
τὴν πόλιν οὐκ ἀπέσχον μακράν, καὶ Ἰωσὴφ εἶπεν τῷ ἐπὶ τῆς οἰκίας αὐτοῦ λέγων Ἀναστὰς ἐπι-
δίωξον ὀπίσω τῶν ἀνθρώπων, καὶ καταλήμψῃ αὐτοὺς καὶ ἐρεῖς αὐτοῖς Τί ὅτι ἀνταπεδώκατέ μοι

---

30 και εζητει κλαυσαι] sup ras circ 34 litt Aᵃ | ταμει[ον] D   33 εκαθεισαν AF*
XLIV 1 οικειας A | εμβαλαται A   2 το αργυρουν] τοργυρουν A

DFMa–j(k)l–ya₂b₂c₂(d₂)𝔄𝔅𝔈𝔏𝔖

σπλαγχνα egjntv(txt)yd₂ Chr | om επι—αυτου 2° y𝔈 | om δε 2° g | το ταμειον] τομειον l: +αυτου bdw𝔅𝔏 | om εκει bfirw 𝔅𝔈𝔏

31 προσωπον] +αυτου Fᵇdegjmnptd₂𝔄𝔅𝔏 | εξελθων] εισελθων f Chr ½ εξηλθε και m𝔅ʷ. om wd₂𝔏. ⟨+εκειθεν 79⟩ | εκρατευσατο q* | παραθες p | αρτον Fᵇ?

32 παρεθηκεν p | και αυτοις] και αυτους b: κακεινοις Chr. et posuerunt eis 𝔅ˡᵖ | και αυτοις και 𝔅ʷ και 3°—εαυτους 2° bfa₂ | και 3°] posuerunt 𝔅ˡᵖ ⟨om τοις 2° 83⟩ | δειπνουσιν ⟨18⟩ 𝔈ᶠᵖ | μετ αυτου] μετ αυτον l αυτω egj· om ⟨25⟩ 𝔈ᶠᵖ | ⟨εαυτους 2°⟩ αυτους 31⟩ | ου γαρ] ουδε γαρ Chr και γαρ ου d | δυνανται d | συνεσθιειν] post εβραιων af⟨εσθιειν⟩b₂ ⟨εσθιειν 76⟩ | αρτους μετα των εβραιων ⟨30⟩ 𝔄𝔈 | αρτους] αυτους q αρτον Fᵇ?. om 𝔏 Chr | εστιν] post αιγυπτιοις 2° f1 erant 𝔄. om l* | οι αιγυπτιοι 2°] αυτοις D | πας ποιμην προβατων] συνεσθιειν μετα των εβραιων αρτους cn   om DˢⁱˡFMahmqst uv(txt)wxb₂c₂𝔄𝔖 Chr

33 εκαθισαν Dgi*ms𝔄𝔈𝔖 Chr | δε 1°] γαρ m   om l | εναντιον αυτου] post αυτου 2° D | ενωπιον dnp | πρωτοτοκος] πρωτος Chr | τα πρεσβεια] ⟨την πρεσβειαν 30⟩   om τα c₂ | δε 2°] enim 𝔏 | οι ανθρωποι] οι ανδρες Fᵇᵐᵍa   om ⟨25⟩ 𝔈

34 ηρεν Fᵇ𝔅ᵖ⁽ᵇ⁾ | μεριδα Aegjt] μεριδας D(+Dˢⁱˡ)FM rell 𝔄𝔅𝔏𝔖 Chr   portionem suam 𝔈 | παρ] pr ras 19 litt c | αυτους] εαυτους Fᵇa–dhi*m–qu–xb₂c₂𝔄𝔏 | δε 2°] γαρ h | βενιαμειν] βενιαμην o. βενιαμειμ w𝔅ʷ | ⟨παρα—αυτου 2°⟩ παρ αυτων (uid) 31⟩ | παρα—εκεινων] in quinquiplo prae illorum partes 𝔏 | παντων] +αυτων Fᵇ | ⟨επταπλασιως 16⟩ | προς τας εκεινας] sub 𝔖   om amob–c₂ | om επιον—αυτου 2° d | επιον δε] et biberunt 𝔏   om μετ αυτου n

XLIV 1 ιωσηφ] pr o fqux   om mnc₂ | om οντι bw | πλησατε] πλησον Fᵇ𝔈 Chr | των ανθρωπων] pr αυτων f   +τουτου egj𝔅𝔈 | βρωματων] βρωματα c. σιτου egj𝔅𝔏(uid). om ⟨31⟩ 𝔈 |

οσα] οσον ef⟨οσων fᵃ⟩gj𝔅𝔏 | εαν δυνωνται] possunt 𝔏 | αν c–gi jl–pstvxc₂ | δυνωνται αραι] αρωσι egj | δυνωνται] δυνανται adiᵃ lnprsxa₂c₂ Chr· δυναται f. δυνηθωσιν bw | εμβαλατε ADh*y a₂] εμβαλλετε fmw· εμβαλεις egj· εμβαλετε FMhᵇ rell · inice 𝔈 | εκαστου] post αργυριον acdm–pxb₂𝔄 | om το b₂ | επι– αυτου 2°] εις τον μαρσιππον αυτου Chr. in saccis eorum 𝔈 | το στομα m | του μαρσιππου] saccorum 𝔏 | αυτου 2° Afhltv(mg) 𝔄𝔅] αυτων om DˢⁱˡFM rell 𝔏

2 το 1°] τον c | μου] post αργυρουν 1*   om Chr | το 2°] τον c | εμβαλατε ADh*ya₂] εμβαλλετε fmw· εμβαλε dp𝔈 Chr εμβαλεις egj· εμβαλετε FMhᵇ rell | τον] το dgmp | μαρσιππον m | om και 2°—αυτου c | om αυτου F | εγενηθη δε] εγενετο δε bw   et fecit 𝔈 | κατα–ειπεν] sicut dixit (praecepit 𝔈ᵖ) et Ioseph 𝔈 | τα ρηματα o | ιωσηφ καθως ειπεν] pr του abw. quod dixit Ioseph 𝔅   του ιωσηφ f | ειπεν] προειπεν l. ⟨+αυτοις 16⟩

3 το] pr και m. pr et 𝔄𝔈ᶜᵖ𝔏 | τω cjh   +δε Fᵇdnpt𝔅 | πρωι] +δε c₂ | διεφαυσεν] ⟨διεφαυσκε 32⟩· διεφωσκεν c₂· εφαυσεν M   εφωσεν n | ανθρωποι] ανδρες Fᵇᵐᵍdnpv(txt) | απεσταλησαν] εξαπεσταλησαν FMeghjltva₂ ⟨εξεσταλησαν 76⟩ ⟨om αυτοι— αυτων 83⟩ | αυτοι] pr οι a: om 𝔏 | ονοι] αῦοι j | om αυτων s

4 εξελθοντων δε αυτων] pr et 𝔏   αυτ δε εξελ. acmosxb₂c₂ 𝔖 | ⟨την⟩ pr εις 25⟩ | ουκ] ου και f𝔄 | απεσχον] απειχον 𝔖   επεσχον m· απεχοντων f | om και 1° f𝔄𝔅 | ιωσηφ] pr o f post ειπεν aob𝔄𝔈𝔏 | om λεγων DˢⁱˡF*M(txt)abcefgi–mors v(txt)wxb₂c₂𝔄𝔈𝔏𝔖 Chr | επιδιωξον] επιωξον w   διωξον b ⟨καταδιωξον 25 32⟩ | οπισω των ανθρωπων] post illos homines 𝔖 | οπισω] οπισθε a   +αυτων c | των ανθρωπων] των ανδρων Fᵇᵐᵍ ⟨αυτων ⟨18⟩ Chr   +τουτων cdnpv(mg)c₂𝔅ʷ𝔈 | om και καταλημψη αυτους Chr | καταλημψη] καταμεμψη qu | αυτοις] αυτους bp*   om 𝔄-ed Chr | τι οτι] quid 𝔖 | απεδωκατε acdkm–pxb₂c₂ | μοι Aya₂𝔈] om DˢⁱˡFM rell 𝔄𝔅𝔏

---

30 ταμιειον] κελλα[ριον] Fᵇ   κοιτωνα M
32 ου—εβραιων] οτι οι αιγυπτιοι εβδελυσσοντο συνεσθιειν τοις εβραιοις b₂
33 τα πρεσβεια] την πρωτοτοκιαν Fᵇj   XLIV 1 μαρσιππους] θυλα[κια] Fᵇ
2 κονδυ.. αργυρουν] ξεστ[ην] καυκ[ιον] αργ[υρουν] Fᵇ | κονδυ] α' σκυφος σ' φιαλην Mjv(σκυφον)c₂ 𝔖-ap-Barh   ποτηριον M

A πονηρὰ ἀντὶ καλῶν; ἵνα τί ἐκλέψατέ μου τὸ κόνδυ τὸ ἀργυροῦν; ⁵οὐ τοῦτό ἐστιν ἐν ᾧ πίνει ὁ ⁵
κύριός μου; αὐτὸς δὲ οἰωνισμῷ οἰωνίζεται ἐν αὐτῷ· πονηρὰ συντετέλεσθε ἃ πεποιήκατε. ⁶εὑρὼν ⁶
δὲ αὐτοὺς εἶπεν αὐτοῖς κατὰ τὰ ῥήματα ταῦτα ⁷οἱ δὲ εἶπον αὐτῷ Ἵνα τί λαλεῖ ὁ κύριος κατὰ τὰ ⁷
ῥήματα ταῦτα; μὴ γένοιτο τοῖς παισίν σου ποιῆσαι τὸ ῥῆμα τοῦτο. ⁸εἰ τὸ μὲν ἀργύριον ὃ εὕρα- ⁸
μεν ἐν τοῖς μαρσίπποις ἡμῶν ἀπεστρέψαμεν πρὸς σὲ ἐκ γῆς Χανάαν, πῶς ἂν κλέψαιμεν ἐκ τοῦ
οἴκου τοῦ κυρίου σου ἀργύριον ἢ χρυσίον; ⁹παρ' ᾧ ἂν εὑρεθῇ τὸ κόνδυ τῶν παίδων σου, ἀποθνή- ⁹
σκέτω· καὶ ἡμεῖς δὲ ἐσόμεθα παῖδες τῷ κυρίῳ ἡμῶν. ¹⁰ὁ δὲ εἶπεν Καὶ νῦν ὡς λέγετε, οὕτως ἔσται· ὁ ¹⁰
ἄνθρωπος παρ' ᾧ ἂν εὑρεθῇ τὸ κόνδυ, αὐτὸς ἔσται μου παῖς, ὑμεῖς δὲ ἔσεσθε καθαροί ¹¹καὶ ἔσπευ- ¹¹
σαν καὶ καθεῖλαν ἕκαστος τὸν μάρσιππον αὐτοῦ ἐπὶ τὴν γῆν, καὶ ἤνοιξεν ἕκαστος τὸν μάρσιππον
αὐτοῦ. ¹²ἤρεύνα δὲ ἀπὸ τοῦ πρεσβυτέρου ἀρξάμενος ἕως ἦλθεν ἐπὶ τὸν νεώτερον, καὶ εὗρεν τὸ ¹²
κόνδυ ἐν τῷ μαρσίππῳ τῷ Βενιαμείν. ¹³καὶ διέρρηξαν τὰ ἱμάτια αὐτῶν, καὶ ἐπέθηκαν ἕκαστος ¹³
τὸν μάρσιππον αὐτοῦ ἐπὶ τὸν ὄνον αὐτοῦ, καὶ ἐπέστρεψαν εἰς τὴν πόλιν. ¹⁴εἰσῆλθεν δὲ Ἰούδας ¹⁴
καὶ οἱ ἀδελφοὶ αὐτοῦ πρὸς Ἰωσήφ, ἔτι αὐτοῦ ὄντος ἐκεῖ· καὶ ἔπεσον ἐναντίον αὐτοῦ ἐπὶ τὴν γῆν.

5 συντετελεσθαι A   6 ταυτα—(7) τουτο a οι δε—τουτο sup ras circ 110 litt Aᵃ
7 κυριος] κs F*(υριο suprascr F¹)   8 χρυσιν F*   10 εσεσθαι AD
12 ηραυνα AF*   13 αυτων] αυτων|των F*

DFMa-ya₂b₂c₂𝔄𝔅𝔈𝔏𝔖

Chr | πονηρον l | καλων] ⟨καλου 107⟩ αγαθων ls | ινα—αργυ-
ρουν] sub ⸔ : om τι k | μου] μοι jl𝔏 με τ om Fa₂𝔄𝔅ᵇᵖ |
⟨om το κονδυ 31⟩ | το 1° 2°] του c

5 ου τουτο εστιν] ⟨εν τουτο εστιν 79⟩ om 𝔅𝔈 | εστιν] erat
𝔄· om D | εν ω] o m | πινει] bibebat 𝔄 | ο κυριος μου] βασι-
λευς 𝔅ʷ Hip | om αυτος—αυτω 𝔈 | δε] enim 𝔏 | om οιωνισμω
Chr | οιωνιζεται] diuinabatur 𝔄 | om εν 2°—πεποιηκατε f | ⟨εν
αυτω] επ αυτοις 79⟩ | εν 2°] επ beg₁. παρ n | αυτω] εαυτω ka₂
αυτη o | om πονηρα—πεποιηκατε c₂ | πονηρα] pr nunc 𝔄-ed :
pr nunc 𝔄-codd. πονηρον c + enim 𝔅ʷ | συντετελεσθε] pr nunc
𝔄(-σθαι)DFkqsux] συντετελεσθαι c(mg)dlmpvy𝔖 Chr συντε-
λεσθαι n: συντετελεσατε aegj· συντελεσασθε Mc(txt) rell : con-
summantes 𝔏

6 om δε j | ⟨αυτους⟩ +ο αϊος 31.83⟩ | αυτοις] om ⟨25⟩ 𝔄 |
τα] το c₂*

7 οι δε—ταυτα] om bg. om ειπον—ταυτα m | ειπαν DˢⁱˡF*
Mefh-lq-vxy | om αυτω ew | λαλει] λαλεις ME | λαλει s
λεγει ej | ο κυριος] post ταυτα f. +μου DFᵇ¹. +και συ α
+noster nobiscum 𝔅 | om ταυτα l | γενηται p | τοις] pr εν e |
ποιησαι—τουτο] ⟨κατα τα ρηματα ταυτα ποιησαι 16⟩· om ποιησαι
g | το ρημα τουτο] ⟨κατα τα ρηματα ταυτα 14.30⟩ om το ρημα
d | το Al𝔅ᵇᵖ𝔈𝔏] pr κατα DˢⁱˡFM rell 𝔄𝔅ʷ𝔖 Chr

8 ει—αργυριον] quia si argentum 𝔄 : si propter pecuniam
𝔏 | μεν το d | ⟨om μεν 76⟩ | αργυριον 1°] +ημων n | om α q
ευραμεν Ahisya₂] ευρον f: ευρομεν DˢⁱˡFM rell | ημων] om egj |
+initio 𝔏 | απεστρεψαμεν—χαναaν] pr και α ⟨om 76⟩ |
προς σε] post χαναaν m | σε] υμας D𝔄 | γης] της 1* |
χαναaν] χαναν F*w: χανανααν f | αν κλεψαιμεν] ergo furati
sumus 𝔏 | αν] δ αν F¹¹bcdikm-pvwxc₂𝔈𝔖 | κλεψαιμεν] εκλε-
ψαμεν Fa₂ | ⟨εκκλεψαμεν 18⟩ | σου] ημων f𝔅 | αργυριον η
χρυσιον] το αργυριον a₂ poculum argenteum uel aureum 𝔈

9 παρ] (pr ο ανθρωπος 77). pr et nunc 𝔄𝔈(om et 𝔈ᶜᶠ) | αν
ευρεθη] ergo inuentum fuerit 𝔏 | αν] εαν DFaeghjksvxa₂b₂·
om f | ευρεθη] ευρης beg₁*jquw𝔈 ⟨ευροις 83· ευρη 31⟩ | κονδυ]
+argenteum 𝔅 | των] pr απο f | παιδων] δουλων m | om και
fi𝔅 | om δε Fbnop𝔏 | εσομεθα] εσωμεθα cdn. simus 𝔈 |

παιδες] ⟨δουλοι 20⟩ post ημων abc(υμων)dfikm-pvwxb₂c₂𝔄𝔏 |
τω κυριω ημων] domino tuo 𝔈 | ημων] υμων l

10 om ο δε ειπεν 𝔏 | om και ⟨128⟩ 𝔄𝔅 | om νυν k𝔄𝔅ᵇᵖ |
ως—εσται 1°] sit sicut dicitis 𝔅𝔈 | λεγεται cf*ᴵⁿᵒˢᵗʷ | εσται 1°]
εστε a₂ | ο ανθρωπος πα sup ras 1ᵃ | ο ανθρωπος] ο ανηρ Fᵇᵐᵍ :
om abfkmowxb₂c₂𝔄𝔈𝔏𝔖 Chr· om ο v | αν] εαν DMaeghjk
lnxa₂b₂· om s | ευρεθη] sub ⸔ | κονδυ] +μου ab₂ | αυτος
ουτος Chr· om abci*kmowxb₂c₂𝔄𝔈𝔏𝔖 | μου] μοι l𝔅ᵇᵖ𝔖. om
𝔅ʷ | παις] +μονος ⟨20⟩ Chr | εσεσθε καθαροι] απολυθησεσθε
Chr

11 εσπευσαν και] σπευσαντες b𝔏(uid) | om και 2°—γην
𝔅ʷ | καθειλαν] καθειλον FᵇMdekn-qstuxc₂ καθειλεν ab𝔅ᵇᵖ
εκαστος 1°—αυτου 1°] onus unusquisque 𝔄 | επι—αυτου 2°] om
egjmna₂· ⟨om επι την γην 20⟩ | και 3°—αυτου 2°] om ab₂𝔏 :
et coeperunt aperire 𝔈 | ηνοιξεν] ηνοιξαν FMhloq-vxyc₂𝔄𝔖 :
+αυτον p | om τον μαρσιππον αυτου p

12 ηρευνα δε] ηρευνησε δε bw𝔄. om 𝔈· om δ g | αρξαμενος δε f et scrut-
nauit homo 𝔏. om 𝔈· om δ g | απο του πρεσβυτερου] post
αρξαμενος 𝔄𝔏 | αρξαμενος] ηρευνα f om a₂𝔈 | ηλθεν] ηλθον bv.
om n𝔈 | επι] εις dp om n | τον νεωτερον] τω νεω j | +συντε-
λεσας M(mg)ackmxb₂c₂𝔄𝔖(sub ※) | ⟨και⟩ +συντελεσας 31⟩ |
ευρεν] inuenerunt 𝔅ʷ | το] τον ca₂ | τω 2° AFMgiqsvxy] om
cdc₂· του Dˢⁱˡ rell (v sup ras b₂)𝔖 | βενιαμειν] βενιαμην o
βενιαμην n· βενιαμειμ n

13 και διερρηξαν] διερρηξαν δε c₂ : και διερρηξεν lrs | ιματια]
pr εκαστος fl +εκαστος r | om αυτων—μαρσιππον f | αυτων]
αυτου l +εκαστος y | επεθηκεν 1*kmy 𝔅 | εκαστος—αυτου 2°]
παλιν τους μαρσιππους αυτων Chr | τον μαρσ. αυτου] onus suum
𝔄 om mx𝔏𝔖 | om αυτου 1° co | τον 2°] την d | επεστρεψαν]
υπεστρεψαν D(+D)dfhinopta₂. απεστρεψαν Fᵃ¹c₂ | εις] επι c₂
προς s

14 εισηλθεν δε] και εισελθων Chr | ιουδας] +εκει m | αυτου
1°] +εις την πολιν 1* | om προς ιωσηφ oc₂ | ιωσηφ] pr τον
Chr | om ετι—εκει n Chr | ετι] post αυτου 2° bciwx𝔖· om
dpt | αυτου 2°] post οντος ky om fc₂ | om και 2° Chr | επεσον]
επεσαν acfikmorsxb₂: περιεπεσαν n. επεσον y𝔄

4 το κονδυ] α' scyphum (𝒟𝒪𝒟) σ' phialam 𝔖
5 οιωνισμω οιωνιζεται] μαντεια μαντευεται Fᵇ | αυτος—αυτω] το δε σαμαρειτικον και αυτος πειρασμω πειραζει εν αυτω c₂ |
πονηρα συντετελεσθε] κακα εποιησατε j   10 παις] δουλος Fᵇ   11 ηνοιξεν] ελυσαν M

ΓΕΝΕΣΙΣ XLIV 25

15 ¹⁵εἶπεν δὲ αὐτοῖς Ἰωσήφ Τί τὸ πρᾶγμα τοῦτο ἐποιήσατε; οὐκ οἴδατε ὅτι οἰωνισμῷ οἰωνιεῖται A
16 ἄνθρωπος οἷος ἐγώ; ¹⁶εἶπεν δὲ Ἰούδας Τί ἀντεροῦμεν τῷ κυρίῳ ἢ τί λαλήσωμεν ἢ τί δικαιω-
θῶμεν; ὁ δὲ θεὸς εὗρεν τὴν ἀδικίαν τῶν παίδων σου· ἰδού ἐσμεν οἰκέται τῷ κυρίῳ ἡμῶν, καὶ
17 ἡμεῖς καὶ παρ' ᾧ εὑρέθη τὸ κόνδυ. ¹⁷εἶπεν δὲ Ἰωσήφ Μή μοι γένοιτο ποιῆσαι τὸ ῥῆμα τοῦτο· ὁ
ἄνθρωπος παρ' ᾧ εὑρέθη τὸ κόνδυ, αὐτὸς ἔσται μου παῖς· ὑμεῖς δὲ ἀνάβητε μετὰ σωτηρίας πρὸς
18 τὸν πατέρα ὑμῶν. ¹⁸Ἐγγίσας δὲ αὐτῷ Ἰούδας εἶπεν Δέομαι, κύριε· λαλησάτω ὁ παῖς
19 σου ῥῆμα ἐναντίον σου, καὶ μὴ θυμωθῇς τῷ παιδί σου, ὅτι σὺ εἶ μετὰ Φαραώ. ¹⁹κύριε, σὺ ἠρώ-
20 τησας τοὺς παῖδάς σου λέγων Εἰ ἔχετε πατέρα ἢ ἀδελφόν; ²⁰καὶ εἴπαμεν τῷ κυρίῳ Ἔστιν ἡμῖν
πατὴρ πρεσβύτερος, καὶ παιδίον νεώτερον γήρως αὐτῷ, καὶ ὁ ἀδελφὸς αὐτοῦ ἀπέθανεν, αὐτὸς δὲ
21 μόνος ὑπελείφθη τῷ πατρὶ αὐτοῦ, ὁ δὲ πατὴρ αὐτὸν ἠγάπησεν. ²¹εἶπας δὲ τοῖς παισίν σου ὅτι
22 Καταγάγετε αὐτὸν πρὸς μέ, καὶ ἐπιμελοῦμαι αὐτοῦ. ²²καὶ εἴπαμεν τῷ κυρίῳ Οὐ δυνήσεται τὸ
23 παιδίον καταλιπεῖν τὸν πατέρα· ἐὰν δὲ καταλείπῃ τὸν πατέρα, ἀποθανεῖται. ²³σὺ δὲ εἶπας τοῖς
παισίν σου Ἐὰν μὴ καταβῇ ὁ ἀδελφὸς ὑμῶν ὁ νεώτερος μεθ' ὑμῶν, οὐ προσθήσεσθε ἔτι ἰδεῖν τὸ
24 πρόσωπόν μου. ²⁴ἐγένετο δὲ ἡνίκα ἀνέβημεν πρὸς τὸν παῖδά σου πατέρα δὲ ἡμῶν, ἀπηγγείλαμεν
25 αὐτῷ τὰ ῥήματα τοῦ κυρίου. ²⁵εἶπεν δὲ ἡμῖν ὁ πατὴρ ἡμῶν Βαδίσατε πάλιν, ἀγοράσατε ἡμῖν

ΓΕΝΕΣΙΣ

Α μικρὰ βρώματα. ²⁶ἡμεῖς δὲ εἴπαμεν Οὐ δυνησόμεθα καταβῆναι· ἀλλ' εἰ μὲν ὁ ἀδελφὸς ἡμῶν ὁ 26
νεώτερος καταβαίνει μεθ' ἡμῶν, καταβησόμεθα· οὐ γὰρ δυνησόμεθα ἰδεῖν τὸ πρόσωπον τοῦ
ἀνθρώπου, τοῦ ἀδελφοῦ τοῦ νεωτέρου μὴ ὄντος μεθ' ἡμῶν. ²⁷εἶπεν δὲ ὁ παῖς σου ὁ πατήρ ἡμῶν 27
πρὸς ἡμᾶς Ὑμεῖς γινώσκετε ὅτι δύο ἔτεκέν μοι ἡ γυνή. ²⁸καὶ ἐξῆλθεν ὁ εἷς ἀπ' ἐμοῦ, καὶ εἴπατε 28
Θηριόβρωτος γέγονεν, καὶ οὐκ ἴδον αὐτὸν ἔτι. ²⁹ἐὰν οὖν λάβητε καὶ τοῦτον ἐκ προσώπου μου καὶ 29
συμβῇ αὐτῷ μαλακία ἐν τῇ ὁδῷ, καὶ κατάξετέ μου τὸ γῆρας μετὰ λύπης εἰς ᾅδου. ³⁰νῦν οὖν ἐὰν 30
εἰσπορεύομαι πρὸς τὸν παῖδά σου πατέρα δὲ ἡμῶν, καὶ τὸ παιδάριον μὴ ᾖ μεθ' ἡμῶν, ἡ δὲ ψυχὴ
αὐτοῦ ἐκκρέμαται ἐκ τῆς τούτου ψυχῆς· ³¹καὶ ἔσται ἐν τῷ ἰδεῖν αὐτὸν μὴ ὂν τὸ παιδάριον μεθ' 31
ἡμῶν, τελευτήσει, καὶ κατάξουσιν οἱ παῖδές σου τὸ γῆρας τοῦ παιδός σου πατρὸς δὲ ἡμῶν μετ'
ὀδύνης εἰς ᾅδου. ³²ὁ γὰρ παῖς σου ἐκδέδεκται τὸ παιδίον παρὰ τοῦ πατρὸς λέγων Ἐὰν μὴ ἀγάγω 32
αὐτὸν πρὸς σὲ καὶ στήσω αὐτὸν ἐναντίον σου, ἡμαρτηκὼς ἔσομαι πρὸς τὸν πατέρα πάσας τὰς
ἡμέρας. ³³νῦν οὖν παραμενῶ σοι παῖς ἀντὶ τοῦ παιδίου, οἰκέτης τοῦ κυρίου· τὸ δὲ παιδίον ἀνα- 33
βήτω μετὰ τῶν ἀδελφῶν. ³⁴πῶς γὰρ ἀναβήσομαι πρὸς τὸν πατέρα, τοῦ παιδίου μὴ ὄντος μεθ' 34
ἡμῶν; ἵνα μὴ ἴδω τὰ κακὰ ἃ εὑρήσει τὸν πατέρα μου.

26 κατα|ταβαινει F* 28 ειδον F 31 εστε A

ΓΕΝΕΣΙΣ

XLV 1 §¹Καὶ οὐκ ἠδύνατο Ἰωσὴφ ἀνέχεσθαι πάντων τῶν παρεστηκότων αὐτῷ, ἀλλ᾽ εἶπεν Ἐξαπο- A
στείλατε πάντας ἀπ᾽ ἐμοῦ· καὶ οὐ παριστήκει οὐδεὶς ἔτι τῷ Ἰωσὴφ ἡνίκα ἀνεγνωρίζετο Ἰωσὴφ §d₂
2 τοῖς ἀδελφοῖς αὐτοῦ. ²καὶ ἀφῆκεν φωνὴν μετὰ κλαυθμοῦ· ἤκουσαν δὲ πάντες οἱ Αἰγύπτιοι, καὶ
3 ἀκουστὸν ἐγένετο εἰς τὸν οἶκον Φαραώ. ³εἶπεν δὲ Ἰωσὴφ πρὸς τοὺς ἀδελφοὺς αὐτοῦ Ἐγώ εἰμι
Ἰωσὴφ ὁ ἀδελφὸς ὑμῶν, ὃν ἀπέδοσθε εἰς Αἴγυπτον· ἔτι ὁ πατήρ μου ζῇ; καὶ οὐκ ἐδύναντο οἱ
4 ἀδελφοὶ ἀποκριθῆναι αὐτῷ· ἐταράχθησαν γάρ ⁴καὶ εἶπεν Ἐγώ εἰμι Ἰωσὴφ ὁ ἀδελφὸς ὑμῶν, ὃν
5 ἀπέδοσθε εἰς Αἴγυπτον. ⁵νῦν οὖν μὴ λυπεῖσθε μηδὲ σκληρὸν ὑμῖν φανήτω ὅτι ἀπέδοσθέ με ὧδε·
6 εἰς γὰρ ζωὴν ἀπέστειλέν με ὁ θεὸς ἔμπροσθεν ὑμῶν ⁶τοῦτο γὰρ δεύτερον ἔτος λιμὸς ἐπὶ τῆς
7 γῆς, καὶ ἔτι λοιπὰ πέντε ἔτη ἐν οἷς οὐκ ἔσται ἀροτρίασις οὐδὲ ἄμητος· ⁷ἀπέστειλεν γάρ με ὁ θεὸς
ἔμπροσθεν ὑμῶν, ὑπολείπεσθαι ὑμῶν κατάλειμμα ἐπὶ τῆς γῆς, καὶ ἐκθρέψαι ὑμῶν κατάλειψιν
8 μεγάλην. ⁸νῦν οὖν οὐχ ὑμεῖς με ἀπεστάλκατε ὧδε, ἀλλ᾽ ἢ ὁ θεός· καὶ ἐποίησέν με ὡς πατέρα
9 Φαραὼ καὶ κύριον παντὸς τοῦ οἴκου αὐτοῦ καὶ ἄρχοντα πάσης γῆς Αἰγύπτου. ⁹σπεύσαντες οὖν
ἀνάβητε πρὸς τὸν πατέρα μου καὶ εἴπατε αὐτῷ Τάδε λέγει ὁ υἱός σου Ἰωσὴφ Ἐποίησέν με ὁ
10 θεὸς κύριον πάσης γῆς Αἰγύπτου· κατάβηθι οὖν πρὸς μὲ καὶ μὴ μείνῃς· ¹⁰καὶ κατοικήσεις ἐν γῇ
Γέσεμ Ἀραβίας καὶ ἔσῃ ἐγγύς μου σὺ καὶ οἱ υἱοί σου καὶ οἱ υἱοὶ τῶν υἱῶν σου, τὰ πρόβατά σου
11 καὶ αἱ βόες σου καὶ ὅσα σοί ἐκεῖ· ¹¹καὶ ἐκθρέψω σε ἐκεῖ, ἔτι γὰρ πέντε ἔτη λιμός· ἵνα μὴ

XLV 1 παρειστηκει F   2 κλαθμου A   3 o 1°—γαρ] sup ras circ 80 litt A^b¹ | ηδυναντο F
5 λυπεισθαι A   7 καταλιψιν AF*   8 αλλα D^sil F   10 αραβειας F*

ΓΕΝΕΣΙΣ

Α ἐκτριβῆς σὺ καὶ οἱ υἱοί σου καὶ πάντα τὰ ὑπάρχοντά σου. ¹²ἰδοὺ οἱ ὀφθαλμοὶ ὑμῶν βλέπουσιν 12
καὶ οἱ ὀφθαλμοὶ Βενιαμεὶν τοῦ ἀδελφοῦ μου ὅτι τὸ στόμα μου τὸ λαλοῦν πρὸς ὑμᾶς. ¹³ἀπαγγεί- 13
λατε οὖν τῷ πατρί μου πᾶσαν τὴν δόξαν μου τὴν ἐν Αἰγύπτῳ καὶ ὅσα ἴδετε, καὶ ταχύναντες
καταγάγετε τὸν πατέρα μου ὧδε. ¹⁴καὶ ἐπιπεσὼν ἐπὶ τὸν τράχηλον Βενιαμεὶν τοῦ ἀδελφοῦ 14
αὐτοῦ ἐπέπεσεν ἐπ' αὐτῷ, καὶ Βενιαμεὶν ἔκλαυσεν ἐπὶ τῷ τραχήλῳ αὐτοῦ. ¹⁵καὶ καταφιλήσας 15
πάντας τοὺς ἀδελφοὺς αὐτοῦ ἔκλαυσεν ἐπ' αὐτοῖς, καὶ μετὰ ταῦτα ἐλάλησαν οἱ ἀδελφοὶ αὐτοῦ
πρὸς αὐτόν. ¹⁶Καὶ διεβοήθη ἡ φωνὴ εἰς τὸν οἶκον Φαραὼ λέγοντες Ἥκασιν οἱ ἀδελφοὶ 16
¶ d₂ Ἰωσήφ· ἐχάρη δὲ Φαραὼ καὶ ἡ θεραπεία αὐτοῦ.¶ ¹⁷εἶπεν δὲ Φαραὼ πρὸς Ἰωσήφ Εἰπὸν τοῖς 17
ἀδελφοῖς σου Τοῦτο ποιήσατε· γεμίσατε τὰ πόρια ὑμῶν καὶ ἀπέλθατε εἰς γῆν Χανάαν, ¹⁸καὶ 18
παραλαβόντες τὸν πατέρα ὑμῶν καὶ τὰ ὑπάρχοντα †ὑμῶν† ἥκετε πρὸς μέ· καὶ δώσω ὑμῖν πάντων
τῶν ἀγαθῶν Αἰγύπτου, καὶ φάγεσθε τὸν μυελὸν τῆς γῆς ¹⁹σὺ δὲ ἔντειλαι ταῦτα, λαβεῖν αὐτοῖς 19
ἁμάξας ἐκ γῆς Αἰγύπτου τοῖς παιδίοις ὑμῶν καὶ ταῖς γυναιξίν, καὶ ἀναλαβόντες τὸν πατέρα ὑμῶν
παραγίνεσθε· ²⁰καὶ μὴ φείσησθε τοῖς ὀφθαλμοῖς ὑμῶν τῶν σκευῶν, τὰ γὰρ πάντα ἀγαθὰ Αἰ- 20
γύπτου ὑμῖν ἔσται ²¹ἐποίησαν δὲ οὕτως οἱ υἱοὶ Ἰσραήλ· ἔδωκεν δὲ Ἰωσὴφ αὐτοῖς ἁμάξας κατὰ 21
τὰ εἰρημένα ὑπὸ Φαραὼ τοῦ βασιλέως, καὶ ἔδωκεν αὐτοῖς ἐπισιτισμὸν εἰς τὴν ὁδόν· ²²καὶ πᾶσιν 22

17 πορεια DF   18 υμων 2°] ημων A | φαγεσθαι A
19 εντειλε D | παραγινεσθε] παραγεινεσθε D: παραγεινεσθαι A   20 φισησθε F*

DFMa-ya₂b₂c₂(d₂)𝔄𝔅𝔈𝔏ʳ𝔖

f | om και 2°—σου 1° 𝔈 | om οι belnwd₂ | σου 1°] +και ο
οικος σου dhlnopt𝔅 | σου 2°] σοι e*(uid)lmnqud₂𝔖(uid)
    12 ιδου] pr και a𝔈 | οι οφθαλμοι 1°] ο αδελφος μου m |
om υμων—οφθαλμοι 2° e | βενιαμειν] post μου 2° acgo(-μην)x
b₂c₂𝔖 βενιαμην nd₂*: βενιαμειμ w | om του αδελφου μου |
μου 1°] σου f +uident 𝔄 | οτι—υμας] om b: om οτι m om το
1° nyd₂· om μου ey· +ταυτα dhpt
    13 αναγγειλατε d₂ | om ουν 𝔅 Chr | πασαν] pr συν x συμ-
πασαν k. om c₂ | δοξαν] τιμην D εξουσιαν m honorem 𝔏 |
οσα] pr παντα x | ιδετε] ιδατε c. (οιδατε 31(-ετε) 76 83). uidetis
𝔄-ed𝔏 | (ταχυναντες σπευσαντες 32) | τον πατερα μου] post
ωδε v· αυτον Chr | ωδε] προς με f. om (30) Chr
    14 επιπεσων] ετι πεσων ο (+ιωσηφ 76) | βενιαμειν 1°] pr
του r Chr· post αυτου 1° x· βενιαμην no. βενιαμειμ w | om
του—βενιαμειν 2° ce | om του αδελφου αυτου w Chr | αυτου 1°]
+materni 𝔅ʷ | επεπεσεν A] εκλαυσεν D^{sil}FM rell 𝔄𝔅𝔈𝔏𝔖
Chr | om επ—εκλαυσεν c₂ | επ αυτω] επ αυτου j. om αυτου n.
πικρως m: om axb₂𝔄𝔖 Chr | om και 2°—αυτου 2° 𝔅 |
εκλαυσε και βενιαμειν m | βενιαμειν 2°] βενιαμην f*no. βενια-
μειμ w
    15 om και 1°—αυτοις f | καταφιλησας] κατεφιλησε Chr |
om παντας b𝔅ʷ | εκλαυσεν] pr ras (3) o: pr και ⟨20⟩ Chr |
αυτοις] αυτους F^{bi}bc(uid)egjlv(mg)d₂ | ελαλησαν] λελαληκασιν
qu +προς αυτον bc | om αυτου 2° 1*w | om αυτου c
    16 η φωνη] post φαραω 1° m. ⟨η φημη 32⟩ +αυτων l | εις
επι bw | φαραω 1°] φαρω f | om λεγοντες—φαραω 2° w | λε-
γοντες] ⟨λεγοντων 32⟩ dicentis 𝔏 ⟨οτι 16⟩. om egj | η θερα-
πεια] pr πασα Fbw𝔈: ⟨οι παιδες 20⟩ | αυτου] +πασα t
    17 ειπεν δε] και ειπε egj | προς] τω fhiᵃʳr | ειπον] ειπε km |
σου] αυτου Chr-ed. +οτι comb₂ | τουτο ποιησατε m𝔈 |
πορια] φορια bnwc₂ Chr φορτια dpt πυρεια Cyr-ed. onera
𝔄𝔖 | υμων] +σιτον Faᵗᵐᵍ(sed abrasum)bdfhi(partim ext lin)n
⟨ημων⟩oprtwy𝔅ʷ𝔏𝔖 Chr | και] ext lin 1 | απελθετε Megh^bj

nᵃqt-wc₂ | om εις γην χανααν Chr | γην] pr την m: την i*
    18 αναλαβοντες Chr | υμων 1°] ⟨ημων 18⟩· om bw Phil |
om και 2°—υμων 2° e Chr | τα] pr παντα dnpt𝔈 | om υπαρ-
χοντα n | ηκετε] ηκατε bcdfilptwya, αγαγετε Chr-codd | om
των ab₂ | αιγυπτου] pr γης kx ⟨της γης 25⟩ | των μυελων
Phil-codd-omn | om της Phil-codd-omn | της γης] Aegypti 𝔅
    19 συ δε] et 𝔄 | ⟨εντειλον 16⟩ | ταυτα λαβειν] post αυτοις
𝔖 | λαβειν αυτοις] accipiant sibi 𝔏· dabis capere 𝔄 | αυτοις]
αυτους abdegi*jkmptyb₂ Chr Cyr-ed εαυτοις a₂ | αμαξας] post
αιγυπτου acdmopxb₂c₂𝔄𝔖· αμαξαι b₂*𝔖 om t | εκ γης
αιγυπτου] ex Aegypto 𝔏: om c₂ Chr ⟨γης⟩ της ra₂ | τοις] pr
et 𝔏 | παιδιοκοις c₂ | υμων 1°] ημων n*· suis 𝔈𝔏. om 𝔄 Chr |
ταις γυναιξιν] uxoribus suis 𝔈𝔏. +υμων D^{sil}𝔄𝔅 | υμων 2°]
ημων e eorum 𝔈ᶜᵖ | παραγινεσθε] παραγενεσθε adpty. ad-
ducite 𝔄: adducant eum 𝔈
    20 και—σκευων] om dp | μη—οφθαλμοις] τοις οφθ. υμων
μη φεισασθαι c: ne parcant oculi 𝔄 | μη φεισησθε] post οφθαλ-
μοις aox(σεσθε)b₂c₂𝔖. μη φεισεσθαι g*: μη φοβεισθαι n | om
τοις οφθαλμοις m | υμων των σκευων A] των αποσκευων υμων bw·
om των σκευων st +uestrorum 𝔄𝔅 των σκευων υμων D^{sil}FM
rell ⟨ημων 1*⟩ 𝔏𝔖 Or-gr Chr Cyr | παντα γαρ τα Chr | παντα]
post αγαθα acmoxb₂c₂𝔄𝔖: +τα fa₂ | om αγαθα n | αιγυπτου]
pr της γης n𝔄-ed𝔏 | υμιν] ημιν l: υμων k𝔄-codd Or-gr
    21 om δ—d-gl | εδωκεν δε] και εδωκεν abcfimowxb₂c₂𝔏𝔖
ιως αυτ. αμαξας AFMegjmqru] pr αυτοις d. αυτοις αμ ιωσ
fi𝔈ᶜᶠ. om αυτοις c₂ αυτοις ιωσ αμ. D rell 𝔄𝔏𝔖 | κατα τα]
και τα a | τα—φαραω] τας εντολας Chr | τα ειρημενα] το ειρη-
μενον f. quod dictum est et 𝔏(om est 𝔏*) | υπο] περι a:
αυτω m. om cl | του βασιλεως AMcrwxya₂ Chr] sub—𝔖. om
Damb₂c₂· om του b βασιλεως αιγυπτου Fjlostv: +αιγυπτου
rell 𝔅𝔈𝔏 | ⟨om εδωκεν αυτοις 71⟩ | αυτοις 2°] ⟨αυτους 16⟩.
αυτω d om c₂ | εις την οδον] εν τη οδω p εις τον οικον a
    22 πασιν] +μεν Chr | εδωκεν 1°] bis scr l +εις ανδρα

11 εκτριβης] α' αναλωθης M | και 2°—σου 1°] και ο οικος σου F^bM
16 διεβοηθη] ηκουσθη F^b | η θεραπεια] α' δουλοι M
17 τα πορια υμων] α' σ' iumenta uestra (ܠܒܘܫܟܘܢ) 𝔖 | τα πορια] τα θυλακ[ια] F¹: τα υποζυγια F^b   21 επισιτισμον] δαπανην F^b
18 τον μυελον] α το στεαρ F^b(sine nom)M(om το)

ΓΕΝΕΣΙΣ XLVI 3

ἔδωκεν δισσὰς στολάς, καὶ τῷ Βενιαμεὶν ἔδωκεν τριακοσίους χρυσοῦς καὶ πέντε ἀλλασσούσας A
23 στολάς· ²³καὶ τῷ πατρὶ αὐτοῦ ἀπέστειλεν κατὰ τὰ αὐτά, καὶ δέκα ὄνους αἴροντας ἀπὸ πάντων τῶν
24 ἀγαθῶν Αἰγύπτου, ††καὶ δέκα ἡμιόνους αἰρούσας ἄρτους τῷ πατρὶ αὐτοῦ εἰς ὁδόν. ²⁴ἐξαπέστειλεν
25 δὲ τοὺς ἀδελφοὺς αὐτοῦ καὶ ἐπορεύθησαν· καὶ εἶπεν αὐτοῖς Μὴ ὀργίζεσθε ἐν τῇ ὁδῷ. ²⁵καὶ ἀνέ-
26 βησαν ἐξ Αἰγύπτου, καὶ ἦλθον εἰς γῆν Χανάαν πρὸς Ἰακὼβ τὸν πατέρα αὐτῶν, ²⁶καὶ ἀνήγγειλαν
αὐτῷ λέγοντες ὅτι Ὁ υἱός σου Ἰωσὴφ ζῇ, καὶ οὗτος ἄρχει πάσης τῆς γῆς Αἰγύπτου. καὶ ἐξέστη
27 ἡ διάνοια Ἰακώβ, οὐ γὰρ ἐπίστευσεν αὐτοῖς ²⁷†ἐλάλησαν† δὲ αὐτῷ πάντα τὰ ῥηθέντα ὑπὸ
Ἰωσὴφ ὅσα εἶπεν αὐτοῖς· ἰδὼν δὲ τὰς ἀμάξας ἃς ἀπέστειλεν Ἰωσὴφ ὥστε ἀναλαβεῖν αὐτόν,
28 ἀνεζωπύρησεν τὸ πνεῦμα Ἰακὼβ τοῦ πατρὸς αὐτῶν. ²⁸εἶπεν δὲ Ἰσραὴλ Μέγα μοί ἐστιν εἰ ἔτι
ὁ υἱός μου Ἰωσὴφ ζῇ· πορευθεὶς ὄψομαι αὐτὸν πρὸ τοῦ ἀποθανεῖν με.
XLVI 1 §¹Ἀπάρας δὲ Ἰσραήλ, αὐτὸς καὶ πάντα τὰ αὐτοῦ, ἦλθον ἐπὶ τὸ φρέαρ τοῦ ὅρκου, καὶ ἔθυσεν § d₂
2 ἐκεῖ θυσίαν τῷ θεῷ τοῦ πατρὸς αὐτοῦ Ἰσαάκ. ²εἶπεν δὲ ὁ θεὸς Ἰσραὴλ ἐν ὁράματι τῆς νυκτὸς
3 εἴπας Ἰακὼβ Ἰακώβ. ὁ δὲ εἶπεν Τί ἐστιν; ³λέγων Ἐγώ εἰμι ὁ θεὸς τῶν πατέρων σου· μὴ

23 και 2°—απο sup ras Aᵃ | αιγυπτου] +αιροντας A 24 οργιζεσθαι A 27 ελαλησεν A | ανεζωπυρισεν AF

DFMa-ya₂b₂c₂(d₂)𝕬𝕭𝕰𝕷ʳ𝕾

F^bmg | om δισσας F^b† | στολας 1°] +ιματιων F^b | και τω A] τω
δε D^silFM omn 𝕭𝕰^cf𝕷𝕾 Chr | βενιαμειν] βενιαμην no βενια-
μειμ w | om εδωκεν 2° n | τριακοσιους] διακοσιους c₂𝕰^f𝕾(mg)
quingentos 𝕬-codd | αλλασσουσας An] εξαλλασσουσας D^silF(uid)
M rell Chr om 𝕷
23 και 1°—απεστειλεν mutila in F | απεστειλεν] post και
2° 𝕰^cf· εξαπεστειλε eg₃ (om 31 83) | κατα τα αυτα] αυ int lin
1^a†. κατα ταυτα bfw𝕭𝕾(uid) ομοιως Chr om τα r* | αιρουσας
αιρουσας fır | απο παντων] απαντων o· om παντων ⟨76⟩ 𝕾(txt)
Chr | αιγυπτου] pr εκ γης m | ⟨om δεκα 2° 76⟩ | αιρουσας]
αιροντας v(mg) Chr | αρτους] αρτον εις τροφην m +και τροφην
acovxb₂c₂𝕬(pr ※)𝕾(sub ※) | τω πατρι αυτου 2°] post οδον bfik
nsvw𝕷 (om αυτου bw) | αυτου 2°] αυτων t | εις οδον] om m.
⟨om εις 30⟩ | οδον] pr την Mdfinpt Chr
24 ⟨εξαπ. δε⟩ και εξαπ. 107 | δε] ιωσηφ d om c· +ιωσηφ
F^bM(mg)eghjklnoptv(mg)𝕭𝕷 | ⟨τοις αδελφοις 128⟩ | om αυτου
w | om και επορευθησαν a₂𝕰 | και ειπεν] λεγων a₂ | ⟨οργι-
ζεσθε⟩ θορυβεισθε 32⟩ | εν τη οδω] εις την οδον f κατα την
οδον m
25 εξ] e terra 𝕭^lp | ηλθον] ηλθαν v(mg) ηλθοσαν dklmstx
a₂ | εις γην χανααν] post αυτων bw om εις v* | γην] pr την dp
26 απηγγειλαν FMbı*jknv(txt)wxy(uid) om οτι no𝕭
𝕰𝕷 | o—ζη] ζη ιωσηφ Phil· om o Chr | o υιος σου] post
ιωσηφ o𝕭𝕰 Or-lat¼ | σου] αυτου v(mg) | ιωσηφ] pr o g Chr |
ουτος Aeg] αυτος D^silFMy(uid) rell 𝕬(uid)𝕭𝕰𝕷𝕾 Or-lat Chr
om Phil | om πασης h | της γης Aefhoy| om mqru Phil-codd
om γης ıw*a₂ Chr-ed. om της D^silFMw^a rell Phil-ed Chr-
codd | ⟨εξανεστη 14⟩ | η AF*Mfhiorsvy𝕰𝕷 | τη D^silF^b rell
𝕬𝕭𝕾 Phil Chr | διανοια—(27) δε 1°] mutila in F | ιακωβ] pr
ο qu etus 𝕰𝕷. om amxc₂𝕾 Phil | επιστευεν Mcklmv𝕬𝕭 |
αυτους gn*(uid)
27 om ελαλησαν—αυτοις eg | ελαλησεν Abp* | om αυτω
afn | παντα] pr συν x συμπαντα k. ⟨κατα τα ρηματα 76⟩ |
τα—αυτοις] quae dixit Ioseph 𝕬· uerba quae Ioseph dixit eis
et ut uidit Iacob omnia uerba quae Ioseph dixit eis 𝕷 |
ρηθεντα] pr ρηματα ταυτα τα 1* : pr ρηματα τα qua₂ ρηματα

dpty𝕭(uid)· ⟨ρηματα τα λαληθεντα 128⟩. +αυτοις DE | ⟨υπο—
αυτοις] οσα ειπεν αυτοις ιωσηφ 71⟩ | υπο] παρα 𝕭(uid) Chr. om
dpty | ιωσηφ 1°] pr του ⟨20⟩ Chr ισηφ l | οσα ειπεν αυτοις]
pr και fc₂𝕰 Chr om n | οσα] a D | ιδων δε] και ιδων ⟨71⟩ 𝕷 |
τας αμαξας] Iacob omnia uehicula 𝕷 | ωστε αναλαβειν αυτον]
ut adducerent eum 𝕷 om 𝕰 om ωστε a₂ | αναλαβειν] ⟨λαβειν
14.76⟩. αναγαγειν o | αυτον] αυτους d· +ras (6—7) o | ανεζω-
πυρησεν] pr et 𝕰^f ανεξωπυρησε fı^a†r(-ισεν) reaccendıt Or-lat |
τω πνευματι fs | ιακωβ—αυτων] om f om του πατρος αυτων
⟨71⟩ Or-lat | του πατρος] ο π̅η̅ρ s | αυτων] αυτου a*
28 ειπεν δε] και ειπεν fya₂ Or-lat | ισραηλ] ιακωβ hta₂𝕰
om f Chr | μεγα] μεγαλα Chr μερος Phil-cod | μοι] post εστιν
𝕬𝕰𝕾 | om ει cf | ετι] οτι cm· om Or-lat¼ | ιωσηφ ο υιος
μου D^sil(D^uid)FMacdegjklopqs-va₂b₂𝕭^w𝕰𝕾 Or-lat¼ Chr | om
ιωσηφ c₂ | πορευθεις | +δε mp. +itaque 𝕷 | οψομαι n | με
αποθανειν abcfinowb₂c₂
XLVI 1 ⟨απαρας⟩ επαρας 31 : αναστας 64⟩ | ισραηλ] ιακωβ
F^bh | αυτος—αυτου 1°] pr και c. ipse cum omnibus suis 𝕷 |
cum omni supellectile sua 𝕰· om αυτος και m | αυτος] sup ras
a₂. om begjnwyb₂ Phil-codd | ηλθον Afı^a†krb₂𝕰^f] ηλθεν D^sil
FMı* rell 𝕬𝕭𝕰^cp𝕷𝕾 Phil | επι] εις egj | εθυσεν] pr ευθυς a₂·
εθυσιαν r*. εθυσιασε 31⟩ | εκει A] om D^silFM omn 𝕬𝕭𝕰𝕷𝕾
Phil Chr | θυσιαν] θυσιας F^b uictimas 𝕷 ⟨om 31⟩ | τω—
πατρος] patrı 𝕭^w
2 δε 1°] +et 𝕰^fp | ισραηλ] pr τω F^bbdgjnptwyd₂𝕰^c(uid)
Chr pr προς DMakosvxb₂c₂𝕬(uid)𝕾· ad Istrahel 𝕷 τω
ιακωβ m | εν οραματι] post νυκτος 𝕷 | om της DFMchılmox*
b₂ | ειπας] ειπεν lqu και ειπεν F^b. λεγων Dbknxyd₂ om
ad-gh^b†]mpa₂𝕭^lp𝕰^c𝕷 Chr | ιακωβ 2°] sup ras 𝕰^p om c₂ | om
o 2°—εστιν] Chr | ο δε ειπεν] et dixit 𝕰. et respondıt Iacob 𝕷 |
τι εστιν] quis es 𝕬 | ιδου εγω F^bmga₂
3 λεγων] ⟨pr ο δε ειπε 16⟩ και λεγει k και ειπεν F^bdnpt
y𝕷 ειπεν δε x dixit 𝕭 (+autem et 𝕭^w) και λεγει αυτω f
ο δε λεγει αυτω q και ειπεν αυτω D(+D^sil)d₂· et dixit et 𝕰
om a₂ Chr | om ειμι F* | των πατερων] του π̅ρ̅ς f𝕰^f | κατα-
βηναι] pr του κυ̅(mg)

22 αλλασσουσας] διαφορους ο συρος πεντε ζυγας στολων c₂
23 ημιονους] οναδας F^b | αρτους] σιτον και αρτους και τροφην F^b
24 μη—οδω] α' ne tumultuemini in uia 𝕾 | μη οργιζεσθε] α' μη κλονεισθε Mv. σ' μη μαχεσθε M
26 εξεστη] α' εξενηψεν Mv𝕾· σ' ελειποψυχησεν M𝕾· σ' ελιποθυμησεν v
27 ανεζωπυρησεν] ανεξησεν F^b   XLVI 1 το—ορκου] σ' Bersabee (ܒܪܫܒܥ) 𝕾
3 ο θεος] ισχυρος F^b

XLVI 3   ΓΕΝΕΣΙΣ

A φοβοῦ καταβῆναι εἰς Αἴγυπτον, εἰς γὰρ ἔθνος μέγα ποιήσω σε ἐκεῖ· ⁴καὶ ἐγὼ καταβήσομαι μετὰ 4
σοῦ εἰς Αἴγυπτον, καὶ ἐγὼ ἀναβιβάσω σε εἰς τέλος· καὶ Ἰωσὴφ ἐπιβαλεῖ τὰς χεῖρας ††ἐπὶ τοὺς
ὀφθαλμούς σου. ⁵ἀνέστη δὲ Ἰακὼβ ἀπὸ τοῦ φρέατος τοῦ ὅρκου, καὶ ἀνέλαβον οἱ υἱοὶ Ἰσραὴλ 5
τὸν πατέρα αὐτῶν καὶ τὴν ἀποσκευὴν καὶ τὰς γυναῖκας αὐτῶν ἐπὶ τὰς ἁμάξας ἃς ἀπέστειλεν
¶ F Ἰωσὴφ ἆραι αὐτόν· ⁶καὶ ἀναλαβόντες τὰ ὑπάρχοντα αὐτῶν καὶ πᾶσαν τὴν κτῆσιν¶ ἣν ἐκτή- 6
σαντο ἐκ γῆς Χανάαν, καὶ εἰσῆλθεν Ἰακὼβ εἰς Αἴγυπτον, καὶ πᾶν τὸ σπέρμα αὐτοῦ μετ' αὐτοῦ,
⁷υἱοὶ καὶ οἱ υἱοὶ τῶν υἱῶν αὐτοῦ μετ' αὐτοῦ, θυγατέρες καὶ θυγατέρες τῶν υἱῶν αὐτοῦ μετ' αὐτοῦ· 7
¶ d₂ καὶ πᾶν τὸ σπέρμα αὐτοῦ ἤγαγεν εἰς Αἴγυπτον ¶

⁸Ταῦτα δὲ τὰ ὀνόματα τῶν υἱῶν Ἰσραὴλ τῶν εἰσελθόντων εἰς Αἴγυπτον. Ἰακὼβ καὶ οἱ 8
υἱοὶ αὐτοῦ· πρωτότοκος Ἰακὼβ Ῥουβήν. ⁹υἱοὶ δὲ Ῥουβήν· Ἐνὼχ καὶ Φαλλούδ, Ἀσρὼν καὶ 9
Χαρμί. ¹⁰υἱοὶ δὲ Συμεών· Ἰεμουὴλ καὶ Ἰαμεὶν καὶ Ἀωδ καὶ Ἰαχεὶμ καὶ Σάαρ καὶ Σαμουὴλ υἱὸς 10
τῆς Χανανίτιδος. ¹¹υἱοὶ δὲ Λευί· Γηρσών, Κααθ καὶ Μεραρεί. ¹²υἱοὶ δὲ Ἰούδα· Ἢρ καὶ Αὐνὰν 11
12

XLVI 4 χειρας] +σου A   10 αχειμ A* (ι suprascr A¹)   11 λευει D | μεραρι Dˢⁱˡ

D(F)Ma–ya₂b₂c₂(d₂)𝔄𝔅𝔈𝔏𝔖

4 και εγω 1°] καγω ackmosxb₂c₂ om και nd₂𝔄𝔏 Chr ½ ·
om εγω Or-lat Chr ½ | καταβησωμαι cn | om μετα σου b |
εις αιγυπτον Chr ½ | om και 2°—τελος f | και εγω 2°] καγω ack
osb₂c₂ Chr om εγω l Phil | αναβιβασω σε] πορευθησομαι μετα
σου εις αιγυπτον και εγω πορευθησομαι d: πορευθησομαι pt ero
tecum 𝔈 | αναβιβασω] αναβιβω DF*Mbvw· perducam 𝔏 | om
σε x | om και 3° dp | ιωσηφ] +filius tuus 𝔏 | om επιβαλει
τας χειρας v(txt) | επιβαλει] επιβαλλει f· επιβαλειται m: mittit
𝔏 | τας χειρας] manum 𝔏 : +σου A +αυτου Ma–d(εαυτου c)
hk–qtuxb₂c₂𝔄𝔅𝔖(sub ※) Or-lat Chr ½

5 ανεστη] απεστη m ανεβη k | ανελαβον] ανελαβοντο y
accipientes 𝔏. +αυτου p | om οι ef*hl Or-gr | ισραηλ—αυτων
1°] αυτου p | ισραηλ] pr ιακωβ ιklnswd₂𝔈ᶜᶠ𝔏 · ιακωβ be–hjm
𝔅ʷ. +ιακωβ Fᵇᵐᵍacdtxc₂𝔄𝔅ᵖ(pro NEM leg N)𝔖(Israel mg) |
αυτων 1°] εαυτων ej. ⟨+ιακωβ 84⟩ | την αποσκευην] supellectilem
suam secum 𝔈: +αυτων f𝔅(+omnem 𝔅ʷ) | om και 3°—
αυτων 2° 𝔅ʷ | τας γυναικας ⟨τα υπαρχοντα 76⟩: pecora 𝔈ᵖ |
επι] pr imposuerunt 𝔈 pr et imposuerunt 𝔈 | ωσηφ] φαραω
acb₂c₂𝔄𝔖(txt) | αραι αυτον] αραι αυτους ⟨128⟩ 𝔈 om f +και τα
κτηνη αυτων και κατεβησαν εις αιγυπτον egj

6 αναλαβοντες] ανελαβον FMrya₂ ανελαβοσαν v(mg) ανε-
λαβεν a₂ | αυτων] και την αποσκευην αυτων πασαν p | πασαν—
ην] omnia quae 𝔅 | πασαν την κτησιν] την κτησιν αυτων πασαν
p | om πασαν l | κτησιν] κτη.. F· αποσκευην bl(+αυτων)w.
+αυτων degjnstd₂𝔖 Chr | εκτησατο dw | εκ γης χαναα
egj | εκ γης Adp | εν γη DˢⁱˡM rell 𝔄𝔅(uid)𝔈𝔏𝔖 | χαναα]
+profecti sunt 𝔏 | om και 3° DˢⁱˡMd–moqstuxb₂c₂𝔄𝔅𝔖 | εισηλ-
θεν Aeᵃ²g¹*ʲmvwya₂b₂𝔈𝔏 Or-gr] ηλθον fps Chr εισηλθον Dˢⁱˡ
Me*(uid)ιᵃ° rell 𝔄𝔅𝔖 | ιακωβ Aya₂𝔈] post αιγυπτον DˢⁱˡM
rell 𝔄𝔅𝔖 Or-gr· om 𝔏 Chr | om παν nd₂ | μετ αυτου] om
fc₂ · ⟨+ηγαγεν εις αιγυπτον 107⟩

7 υιοι 1°—υιων 1°] οι υιοι a | υιοι 1°] pr οι DMckmovc₂𝔅
+αυτου Dcfmosxb₂c₂𝔄𝔅𝔖(sub ※)· +αμα αυτου k | οm και
οι υιοι | om οι Mdeg*lnprtwxb₂d₂ | αυτου μετ αυτου 1°] cum
eo ipsius 𝔏 | om μετ αυτου 1° Mabdmntvwd₂𝔅ʷ𝔈 | om θυγα-
τερες 1°—αυτου 4° l | θυγατερες 1°] pr και αι acoᶜᶠ. pr αι kx
c₂𝔅ʷ. om m. +αυτου Dackoxb₂c₂𝔄𝔅ᵖ𝔖(sub ※) | om και
θυγατερες f | θυγατερες 2°] pr αι Macgjkmovxa₂c₂𝔅 | ⟨om και
2° 73 78⟩ | om 2° Ac₂𝔖(txt)] +θυγατερων n· θυγατερων Dˢⁱˡ
M rell 𝔄𝔅𝔈𝔏𝔖(mg) Or-gr] αυτων mr | μετ αυτου
2° Ahya₂b₂𝔅ʷ𝔈ᶜᶠ] om DˢⁱˡM rell 𝔄𝔅ᵖ𝔈𝔏𝔖 Or-gr(uid) | om
και 3°—αιγυπτον 𝔈 | om παν b₂ | om αυτου 5°—(8) ονοματα

f | om ηγαγεν εις αιγυπτον ⟨107⟩ 𝔏 | ηγαγεν] ⟨post αιγυπτον
128: εισηγαγεν 25⟩· om n +συν αυτω k

8 om δε bnwc₂𝔅 | om των υιων ισραηλ ο | εισελθοντων]
εισπορευομενων M(mg)dhi*lnpt*(-ευμ-): εισπεπορευμενων tᵃ πε-
πορευμενων v(mg) διασωθοντων f | αιγυπτον] +ων τα ονοματα
αμα ιακωβ τω πρι αυτων f · +αμα ιακωβ τω πρι αυτων M(mg)bd
hilnoptvwyᵃc₂𝔅 | ιακωβ 1°—αυτου] pr αμα k: ⟨ουτοι δε εισιν
υιοι αυτου 31 83⟩: om dnp𝔈· om ιακωβ ο ⟨om και—αυτου
107⟩ om οι behlqu | πρωτοτοκος] ⟨pr ο 31⟩ πρωτοτοκοι h |
ιακωβ 2°] pr του f ⟨αυτου 107⟩ | ρουβην] ρουβιν jtx ρουβημ hk
Or-gr ρουβειμ aᵃ¹ep ρουβι a*dfgilmn

9 υιοι δε ρουβην] pr οι ⟨16 130⟩ 𝔅 om f | om δε d | ρουβην]
ρουβιν jtx ρουβημ hk ρουβειμ aᵃ¹ep ρουβιμ a*dgilm(pr τω)n |
ενωχ—χαρμι] quatuor 𝔈 | ενωχ] εγωχ g*(uid)· Enech 𝔅ʷ
Enos Anon² | φαλλουδ Ary] φαλλου bwa₂. φαλους jmpt Jos-
ed: Palus Anon² φαλλους DM rell 𝔄𝔅ᵖ𝔏 Jos-codd. Phalach
𝔅ʷ | ασρων] pr et 𝔏𝔖 ασρωμ abcehmnsva₂b₂𝔅. ααρων f
αερωμ l: ⟨εσρων 76⟩: Esrōm 𝔅ᵖ: Sarson 𝔄 | χαρμι] χαρμη q.
⟨χαρμ 18 · εσραμ 71⟩ Carmin Anon² μαρχει x

10 om δε f | ιεμουηλ—χανανιτιδος] quinque 𝔈ᶠᵖ · sex 𝔈ᶜ |
ιεμουηλ] εμουηλ lm Iamuel 𝔄𝔏 Anon² | om και 1° p | ιαμειν]
ιαμιμ m ιανειν s · ιεμιν v αμιν ⟨71⟩ 𝔅ʷ | om και 2° p | αωδ]
ιαωθ 𝔖 αωθ f1 Anon² αωρ b₂· αωλ r αδωδ ac₂ ιαωδ de
ghjtv(txt)yᵃ ιαωθ lo ιαωθ v(mg)𝔅ʷ · ⟨ιωωθ 30⟩: ιαωβ p·
Iaōl 𝔅ᵖ. Iao 𝔏: χωθ k ανεωθ bw. πουθνοσος Jos Iamiil 𝔅¹ |
om και 3°—σααρ r* | om και 3° dp | ιαχειμ A¹agya₂𝔏 Anon²
ιαχειν DMcfh–moqsuvx𝔄𝔅(-χιν Mhlm𝔅) ιαχινος Jos αχειμ
A*ᵉ αχειμ rᵃb₂ · αχιν bdnptwc₂. ⟨ισχυν 128⟩ | om και 4° dp |
σααρ] σααλ D · Sara Anon² ασααρ egj𝔏 ασαρ b₂ ⟨αβααρ
79⟩ σοαρος Jos Sōchar 𝔅ʷ | σαμουηλ A] σαουλ DˢⁱˡM omn
𝔄𝔅𝔏 ⟨σαου 31⟩ σαουλος Jos-cod σααρος Jos-ed Salamiel
Anon² υιος] pr ο l υιοις c₂ ο εκ dnptv(txt)

11 om dma₂ | γηρσων—μεραρει] tres 𝔈 | γηρσων] γηρ-
σωμ ka₂ γερσων ln γεδσων bhiaᵖtvw𝔅¹ γεθσων ⟨30⟩ 𝔄-ed
Getson 𝔏 Gedso 𝔅ʷ· Tedson 𝔅ᵖ Gesson Anon² γεσων codd-
ap-Or · γεδεων dfi* | κααθ] pr και Dabcfikmswx𝔄𝔏𝔖. κααθ
egj. καλθ qu. καθ x* Anon² Etaath 𝔅ʷ | μεραρει] Meraru
Anon² μαραρει a μαραιρος Jos-ed

12 υιοι 1°] υιος c₂ | om δε 1° da₂𝔅ʷ | ηρ 1°—ζαρι] quin-
que 𝔈 | om και 1° dp | αυναν 1°] αυναν f𝔅ᵖ | om και 2° dp𝔅
σηλωμ] ܫܝܠܘܢ 𝔖 σιλωμ bl(ι ex corr)pw ⟨σιλωαμ 84⟩

5 απο—ορκου] σ' a Bersabee 𝔖

ΓΕΝΕΣΙΣ

XLVI 20

καὶ Σηλώμ ¶ καὶ Φάρες καὶ Ζάρα· ἀπέθανεν δὲ Ἢρ καὶ Αὐνὰν ἐν γῇ Χανάαν· ἐγένοντο δὲ υἱοὶ
13 Φάρες Ἀσρὼμ καὶ Ἰεμουήλ. ¹³υἱοὶ δὲ Ἰσσαχάρ· Θωλὰ καὶ Φουὰ καὶ Ἰασοὺφ καὶ Ζαμβράμ. ¶
14, 15 ¹⁴υἱοὶ δὲ Ζαβουλών· Σέρεδ καὶ Ἀσρὼν καὶ Ἀλοήλ. §¹⁵οὗτοι υἱοὶ Λείας, οὓς ἔτεκεν τῷ Ἰακὼβ §
ἐν Μεσοποταμίᾳ τῆς Συρίας, καὶ Δείναν τὴν θυγατέρα αὐτοῦ· πᾶσαι αἱ ψυχαί, υἱοὶ καὶ αἱ
16 θυγατέρες, τριάκοντα τρεῖς. ¹⁶υἱοὶ δὲ Γάδ· Σαφὼν καὶ Ἀγγεὶς καὶ Σαυνὶς καὶ Θασοβὰν καὶ
17 Ἀηδὶς καὶ Ἀροηδὶς καὶ Ἀροηλεῖς. ¹⁷υἱοὶ δὲ Ἀσήρ· Ἰεμνὰ καὶ Ἰεσσαὶ καὶ Ἰεοὺλ καὶ Βαριὰ καὶ
18 Σάαρ ἀδελφὴ αὐτῶν. υἱοὶ δὲ Βαριά· Χόβωρ καὶ Μελχιήλ. ¹⁸οὗτοι υἱοὶ Ζέλφας, ἣν ἔδωκεν
19 Λαβὰν Λείᾳ τῇ θυγατρὶ αὐτοῦ, ἣ ἔτεκεν τούτους τῷ Ἰακώβ, δέκα ἓξ ψυχάς. ¶ §¹⁹υἱοὶ δὲ Ῥαχὴλ ¶
20 γυναικὸς Ἰακώβ· Ἰωσὴφ καὶ Βενιαμείν. ²⁰ἐγένοντο δὲ υἱοὶ Ἰωσὴφ ἐν γῇ Αἰγύπτῳ, οὓς ἔτεκεν §
αὐτῷ Ἀσεννὲθ θυγάτηρ Πετρεφῆ ἱερέως †Ἡλίου† πόλεως, τὸν Μαννασσῆ καὶ τὸν Ἐφράιμ. ἐγέ-

16 σαυνεις D
18 λα|βαν λια in mg et sup ras A¹

17 βαρεια (bis) D | μελχειηλ D
20 ιλιου A

XLVI 20   ΓΕΝΕΣΙΣ

Α νοντο δὲ υἱοὶ Μαννασσή, οὓς ἔτεκεν αὐτῷ ἡ παλλακὴ ἡ Σύρα, τὸν Μαχείρ· Μαχεὶρ δὲ ἐγέννησεν τὸν Γαλαάδ. υἱοὶ δὲ Ἐφράιμ ἀδελφοῦ Μαννασσή· Σουτάλααμ καὶ Τάαμ. υἱοὶ δὲ Σουτάλααμ· Ἐδέμ. ²¹υἱοὶ δὲ Βενιαμείν· Βάλα καὶ Χόβωρ καὶ Ἀσβήλ. ἐγένοντο δὲ υἱοὶ Βαλὰ Γηρὰ καὶ Νοεμὰν καὶ Ἀγχεὶς καὶ Ῥὼς καὶ Μαμφεὶν καὶ Ὀφιμίν· Γηρὰ δὲ ἐγέννησεν τὸν Ἄραδ. ²²οὗτοι υἱοὶ Ῥαχὴλ οὓς ἐγέννησεν Ἰακώβ· πᾶσαι ψυχαὶ δέκα ὀκτώ. ²³υἱοὶ δὲ †Δάν†· Ἀσόμ. ²⁴καὶ υἱοὶ Νεφθαλί· Ἀσιὴλ καὶ Γωυνὶ καὶ Ἰσσαὰρ καὶ Συλλήμ. ²⁵οὗτοι υἱοὶ Βάλλας, ἣν ἔδωκεν Λαβὰν Ῥαχὴλ τῇ θυγατρὶ αὐτοῦ, ἣ ἔτεκεν τούτους τῷ Ἰακώβ· πᾶσαι ψυχαὶ ἑπτά. ²⁶πᾶσαι δὲ ψυχαὶ αἱ εἰσελθοῦσαι μετὰ Ἰακὼβ εἰς Αἴγυπτον, οἱ ἐξελθόντες ἐκ τῶν μηρῶν αὐτοῦ, χωρὶς τῶν γυναικῶν υἱῶν Ἰακώβ, πᾶσαι ψυχαὶ ἑξήκοντα ἕξ. ²⁷υἱοὶ δὲ Ἰωσὴφ οἱ γενόμενοι αὐτῷ ἐν

23 δαν] δαιδαν A   24 ασειηλ D | γωυνει D
25 η] ην A*   26 εξελθοντες A¹] εξλθοντες A*

138

ΓΕΝΕΣΙΣ XLVII 3

γῇ Αἰγύπτῳ ψυχαὶ ἐννέα   πᾶσαι ψυχαὶ οἴκου Ἰακὼβ αἱ εἰσελθοῦσαι εἰς Αἴγυπτον ἑβδομή- (A) (B)
κοντα πέντε.
28 ²⁸Τὸν δὲ Ἰούδαν ἀπέστειλεν ἔμπροσθεν αὐτῶν πρὸς Ἰωσὴφ συναντῆσαι αὐτῷ καθ' Ἡρώων
29 §πόλιν εἰς γῆν Ῥαμεσσή. ²⁹ζεύξας δὲ Ἰωσὴφ τὰ ἅρματα αὐτοῦ ἀνέβη εἰς συνάντησιν Ἰσραὴλ § B
τῷ πατρὶ αὐτοῦ καθ' Ἡρώων πόλιν· καὶ ὀφθεὶς αὐτῷ ἐπέπεσεν ἐπὶ τὸν τράχηλον αὐτοῦ, καὶ
30 ἔκλαυσεν κλαυθμῷ πίονι. ³⁰καὶ εἶπεν Ἰσραὴλ πρὸς §Ἰωσήφ Ἀποθανοῦμαι ἀπὸ τοῦ νῦν, ἐπειδὴ §𝕷ᵛ
31 ἑώρακα τὸ πρόσωπόν σου· ἔτι γὰρ σὺ ζῇς.¶ ³¹εἶπεν δὲ Ἰωσὴφ πρὸς τοὺς ἀδελφοὺς αὐτοῦ Ἀναβὰς ¶ 𝕷ᵛ
ἀπαγγελῶ τῷ Φαραὼ καὶ ἐρῶ αὐτῷ Οἱ ἀδελφοί μου καὶ ὁ οἶκος τοῦ πατρός μου, οἳ ἦσαν ἐν γῇ
32 Χανάαν, ἥκασιν πρὸς μέ· ³²οἱ δὲ ἄνδρες εἰσὶν ποιμένες· ἄνδρες γὰρ κτηνοτρόφοι ἦσαν· καὶ τὰ
33 κτήνη καὶ τοὺς βόας καὶ πάντα τὰ αὐτῶν ἀγιόχασιν. ³³ἐὰν οὖν καλέσῃ ὑμᾶς Φαραὼ καὶ εἴπῃ
34 ὑμῖν Τί τὸ ἔργον ὑμῶν ἐστίν; ³⁴ἐρεῖτε Ἄνδρες κτηνοτρόφοι ἐσμὲν οἱ παῖδές σου ἐκ παιδὸς ἕως
τοῦ νῦν, καὶ ἡμεῖς καὶ οἱ πατέρες ἡμῶν· ἵνα κατοικήσητε ἐν γῇ Γέσεμ Ἀραβίᾳ· βδέλυγμα γάρ
ἐστιν Αἰγυπτίων πᾶς ποιμὴν προβάτων.
XLVII 1 ¹Ἐλθὼν δὲ Ἰωσὴφ ἀπήγγειλεν τῷ Φαραὼ λέγων Ὁ πατὴρ καὶ οἱ ἀδελφοὶ καὶ τὰ κτήνη καὶ
2 οἱ βόες αὐτῶν καὶ πάντα τὰ αὐτῶν ἦλθον ἐκ γῆς Χανάαν, καὶ ἰδού εἰσιν ἐν γῇ Γέσεμ. ²ἀπὸ δὲ
3 τῶν ἀδελφῶν παρέλαβεν πέντε ἄνδρας καὶ ἔστησεν αὐτοὺς ἐναντίον Φαραώ.¶ ³καὶ εἶπεν Φαραὼ ¶ ℭᵐ

29 ζευξας] εν sup ras B¹ᵃ⁺ | πιονι] πλειονι Bᵃᵇ   30 σου Bᵃᵇ | συ B*   32 ποιμαινες A | αγιοχασιν Bᵃᵇ

ADMa-yb₂c₂𝕬𝕭(ℭᵐ)𝕰𝕷ʳ⁽ᵛ⁾𝕾

139   18—2

XLVII 3 ΓΕΝΕΣΙΣ

B τοῖς ἀδελφοῖς Ἰωσήφ Τί τὸ ἔργον ὑμῶν; οἱ δὲ εἶπαν τῷ Φαραώ Ποιμένες προβάτων οἱ παῖδές σου, καὶ ἡμεῖς καὶ οἱ πατέρες ἡμῶν. ⁴εἶπαν δὲ τῷ Φαραώ Παροικεῖν ἐν τῇ γῇ ἥκαμεν· οὐ γάρ 4 ἐστιν νομὴ τοῖς κτήνεσιν τῶν παίδων σου, ἐνίσχυσεν γὰρ ὁ λιμὸς ἐν γῇ Χανάαν· νῦν οὖν κατοικήσομεν ἐν γῇ Γέσεμ. ⁵εἶπεν δὲ Φαραὼ τῷ Ἰωσήφ ⁽⁶⁾Κατοικείτωσαν ἐν γῇ Γέσεμ· εἰ δὲ ἐπίστῃ 5 ὅτι εἰσὶν ἐν αὐτοῖς ἄνδρες δυνατοί, κατάστησον αὐτοὺς ἄρχοντας τῶν ἐμῶν κτηνῶν. ἦλθον δὲ εἰς Αἴγυπτον πρὸς Ἰωσήφ Ἰακὼβ καὶ οἱ υἱοὶ αὐτοῦ· καὶ ἤκουσεν Φαραὼ βασιλεὺς Αἰγύπτου. ⁽⁵⁾καὶ εἶπεν Φαραὼ πρὸς Ἰωσήφ λέγων Ὁ πατήρ σου καὶ οἱ ἀδελφοί σου ἥκασι πρὸς σέ· ⁶ἰδοὺ 6 ἡ γῆ Αἰγύπτου ἐναντίον σού ἐστιν· ἐν τῇ βελτίστῃ γῇ κατοίκισον τὸν πατέρα σου καὶ τοὺς ἀδελφούς σου. ⁷εἰσήγαγεν δὲ Ἰωσήφ Ἰακὼβ τὸν πατέρα αὐτοῦ καὶ ἔστησεν αὐτὸν ἐναντίον 7 Φαραώ· καὶ εὐλόγησεν Ἰακὼβ τὸν Φαραώ. ⁸εἶπεν δὲ Φαραὼ τῷ Ἰακώβ Πόσα ἔτη ἡμερῶν τῆς 8 ζωῆς σου; ⁹καὶ εἶπεν Ἰακὼβ τῷ Φαραώ Αἱ ἡμέραι τῶν ἐτῶν τῆς ζωῆς μου ἃς παροικῶ ἑκατὸν 9 τριάκοντα ἔτη· μικραὶ καὶ πονηραὶ γεγόνασιν αἱ ἡμέραι τῶν ἐτῶν τῆς ζωῆς μου· οὐκ ἀφίκοντο εἰς τὰς ἡμέρας τῶν ἐτῶν τῆς ζωῆς τῶν πατέρων μου, ἃς ἡμέρας παρῴκησαν. ¹⁰καὶ εὐλογήσας 10 Ἰακὼβ τὸν Φαραὼ ἐξῆλθεν ἀπ' αὐτοῦ. ¹¹καὶ κατῴκισεν Ἰωσὴφ τὸν πατέρα καὶ τοὺς ἀδελφοὺς 11

XLVII 3 ποιμαινες A   5 κατοικειτωσαν B^{ab}] κατοικιτωσαν B* | ηκασιν A   6 κατοικησον A
9 μεικραι B*(μικ- B^b) | αφεικοντο D   11 κατωκησεν A

A*D*Ma-yb₂c₂𝕬𝕭𝕰𝕷'𝕾

+est 𝕷𝕾 | υμων] pr εστιν k𝕬 · +εστιν cf1r𝕭 | οι δε] et 𝕰 | ειπαν] ειπον a-fm-quc₂ | om τω φαραω dfho | ποιμενες] +εσμεν dnpt𝕭 | προβατων] κτηνων f +sunt 𝕬 +sumus 𝕷 +nos 𝕰 | ⟨παιδες⟩ δουλοι 14⟩ | σου] +εσμεν f1a† · +εκ παιδος εως του νυν egj Or-gr ⟨+εως του νυν 20⟩ | om και 2°—ημων Or-gr | ημεις] υμεις al* | πατερες] παιδες a | ημων] υμων a · +εκ παιδος εως του νυν M(mg)dh₁a†j(mg)npqrtuv(mg)yb₂𝕭(uid) · +εκ παιδοθεν εως του νυν A · +εκ νεοτητος εως του νυν o · +εως του νυν l · +αχρι του νυν f

4 ειπαν δε] ειπον δε acdenopc₂ · ειπαν δε i* · και ειπαν bw | om τω 1°jn Or-gr | παροικειν—ηκαμεν] adscendimus in terram (pro ⲉⲡⲓϣⲱⲓ leg ⲉϥϣⲱⲡⲓ) 𝕭. fac nos habitare in terra in quam uenimus 𝕰 | κατοικειν n | εν 1°—ηκαμεν] uenimus in terra hac 𝕬 | om τη lb₂ | γη 1°] +γεσεμ b₂ · +η f | ηκαμεν] ηκομεν ahmorvxc₂ · ηκωμεν cn · εισιομεν k | εστιν] est at 𝕬 | νομη] ημιν c | ⟨τοις⟩ pr εν 30⟩ | ενισχυσεν] ενισχυεν c₂ · ισχυσεν n | λοιμος n | γη 2°] pr τη hv | κατοικησομεν B] κατοικησωμεν Aa-dflnpwy Chr. +οι παιδες σου ADM omn 𝕬𝕭𝕾 Or-gr. ⟨κατοικουμεν οι παιδες σου 31⟩ fac habitare (+nos 𝕰p) seruos tuos 𝕰 morabuntur pueri tui 𝕷 | γεσσεμ Mf1oqt

5 om ειπεν 1°—γεσεμ dfl | ειπεν 1°] pr ※ 𝕾 | om τω ιωσηφ Chr | ιωσηφ] pr κ𝕬 · λεγων egj +λεγων ο π̅ρ̅ σου και οι αδελφοι σου ηκασιν προς σε ιδου η γη αιγυπτου εναντιον σου εστιν εν τη βελτιστη γη κατοικισον τον π̅ρ̅α σου και τους αδελφους σου a*ckmoquxc₂𝕬𝕰𝕾 [λεγων] quia 𝕰 · om c₂ | ο π̅η̅ρ̅] οι π̅ρ̅ες m | om σου 2° oa† | ηκασιν] εληλυθασιν kmc₂ | σε] +εν γη αιγυπτου o | om ιδου c₂ | om αιγυπτου o | εναντιον] ενωπιον c · εις προσωπον c₂ | τη βελτιστη γη] αγαθω τοπω c₂ · om γη m𝕰^{fp} | κατοικισον] καθισον mc₂ · καθισαι b | τους αδελφους] οι αδελφοι k | σου 4°] +✓ 𝕾] | om κατοικειτωσαν—γεσεμ 𝕰 | κατοικειτωσαν] pr et 𝕬 · κατοικησατωσαν imnp Chrcodd | om εν γη γεσεμ Chr | γεσεμ Mx | ει] η c · ειπε j | om επιστη οτι f | επιστη] επιστης qu · επιστησαι gj · επιστασαι ekl · επιστασε D · εφησθασε m | εν αυτοις] post δυνατοι c · om d | om ανδρες Or-gr | om των b | εμων κτηνων] ημων κτηνων rt · ημων ημιν dp𝕷 | om ηλθον] ηλθαν m · ηλθεν jqu𝕬𝕰𝕾(txt) | ηλθον—αιγυπτου sub ÷ Mv | ηλθον] ηλθαν m · ηλθεν jqu | εισηλθον w · εισηλθε b | om προς ιωσηφ 1° acfoc₂ | om ιακωβ—αυτου 𝕷 | om οι 1° cdln* | om και 2°—(6) σου 3° k | om

και 2°—αιγυπτου c₂ | φαραω 2°] pr ο ο · om l | om βασιλευς αιγυπτου p | και 3°—(6) σου 3°] sub ※ Mv om qsu | φαραω 3°] om np ⟨+βασιλευς αιγυπτου 25⟩ ⟨om προς ιωσηφ 2° 30⟩ | προς 2°] τω DMa-eghjl-ptvwbc₂𝕾(mg) | λεγων—(6) σου 3°] αγαγε αυτους προς με m · pater tuus 𝕾(mg) · om c(spat 5 litt relict)oc₂ | λεγων] om lpv · ⟨+οτι 79⟩ | ⟨πατηρ⟩ παις 16⟩ | σου 2°] om v · +et pecora eorum 𝕭 | ηκασι] ηκουσιν ny(uid) · εληλυθασιν v | σε] με a

6 om totum comma b₂ | ιδου] pr et 𝕷 · om bvw | η] +δε bw | εναντιον σου] εις προσωπον σου v · coram eis 𝕭 | εν—σου 3°] habitent pater tuus et fratres tui in terra bona 𝕭 | τη βελτιστη γη] αγαθωτατω της γης v · om γη dp | κατοικισον καταστησον b · καθισον v | τον—σου 3°] αυτους n

7 εισηγαγεν δε] και εισηγαγεν k | om ιακωβ 1° befgj𝕰 | αυτου] αυτω m · om ⟨18⟩ 𝕬 | om και 2°—φαραω 2° cfnqsu | τον 2°] τω p | φαραω 2°] +ειπεν δε ιακωβ τω φαραω b

8 ειπεν—ιακωβ] και ειπεν αυτω φαραω p | ποσα ετη ημερων] ποσαι ημεραι ετων b₂ · quot dies 𝕰 | om ετη f* | ημερων] pr των ⟨20⟩ Chr · om v | om της Abb₂c₂

9 om και 1° 𝕷 | ιακωβ τω φαραω] om p* · om τω φαραω d | των ετων 1°] post ζωης 1° 𝕬 · om τωv b · om των b | om των n | της ζωης μου 1°] sub ÷ 𝕾 · om της b | om ας 1°—μου 2° m*p* | ας 1°] a · ex ουκ αφι g^a | παροικω] peregrinatus sum 𝕬 · uixi 𝕰 | εκατον—ετη] ετη εκατον τριακοντα d𝕷 · post γεγονασιν m^a · τριακοντα και εκατον ετη k · om Phil | ⟨μικραι⟩ πικραι 79⟩ | πονηραι] magni 𝕷 | om αι 2°—παρωκησαν f | om αι 2°—μου 2° Phil Chr‡ | αι 2°] ⟨om ετων 2°⟩ anni 𝕭 · ⟨om της ζωης 2°⟩ uitae meae et annorum 𝕰 · om l Ath Chr‡ Thdt · om των ετων Or-lat | om ουκ αφικοντο—⟨25⟩ Phil | των 3°] ημερας 2°] om l* · om των ετων της ζωης ⟨18⟩ 𝕰 Phil Ath Chr‡ Thdt | των ετων 3°] post ζωης 3° v · om elb^{m}c₂ | της ζωης 3°] των ετων D · ⟨om 71.76⟩ | ημερας 2° (as ημ.?)] ημεραι ας D | om ημερας 2° bw𝕭𝕰 Phil | παρωκησαν] παρωκησα bclmswc₂*ᵇ · uixerunt 𝕰

10 τον] τω t

11 και κατωκισεν ιωσηφ] Ioseph autem deduxit 𝕷 | πατερα] +αυτου D^{sil}a-df1a†l-prstwxb₂c₂𝕬𝕭𝕷𝕾(sub ※) Chr | αυτου]

XLVII 5 ηλθον κ.τ.λ.] haec inuenta sunt in codice alio, in traditione autem Septuaginta non 𝕾

ΓΕΝΕΣΙΣ XLVII 18

αὐτοῦ καὶ ἔδωκεν αὐτοῖς κατάσχεσιν ἐν γῇ Αἰγύπτου, ἐν τῇ βελτίστῃ γῇ, ἐν γῇ Ῥαμεσσή, καθὰ B
12 προσέταξεν Φαραώ. ¹²καὶ ἐσιτομέτρει Ἰωσὴφ τῷ πατρὶ αὐτοῦ καὶ τοῖς ἀδελφοῖς καὶ παντὶ τῷ
οἴκῳ τοῦ πατρὸς αὐτοῦ σῖτον κατὰ σῶμα
13 ¹³Σῖτος δὲ οὐκ ἦν ἐν πάσῃ τῇ γῇ, ἐνίσχυσεν γὰρ ὁ λιμὸς σφόδρα· ἐξέλιπεν δὲ ἡ γῆ Αἰγύπτου
14 καὶ ἡ γῆ Χανάαν ἀπὸ τοῦ λιμοῦ ¹⁴συνήγαγεν δὲ Ἰωσὴφ πᾶν τὸ ἀργύριον τὸ εὑρεθὲν ἐν γῇ
Αἰγύπτου καὶ ἐν γῇ Χανάαν τοῦ σίτου ὃ ἠγόραζον, καὶ ἐσιτομέτρει αὐτοῖς· καὶ εἰσήνεγκεν Ἰωσὴφ
15 πᾶν τὸ ἀργύριον εἰς τὸν οἶκον Φαραώ. ¹⁵καὶ ἐξέλιπεν τὸ ἀργύριον πᾶν ἐκ γῆς Αἰγύπτου καὶ
ἐκ γῆς Χανάαν· ἦλθον δὲ πάντες οἱ Αἰγύπτιοι πρὸς Ἰωσὴφ λέγοντες Δὸς ἡμῖν ἄρτους· καὶ ἵνα
16 τί ἀποθνήσκομεν ἐναντίον σου; ἐκλέλοιπεν γὰρ τὸ ἀργύριον ἡμῶν. ¹⁶εἶπεν δὲ αὐτοῖς Ἰωσὴφ
Φέρετε¶ τὰ κτήνη ὑμῶν, καὶ δώσω ὑμῖν ἄρτους ἀντὶ τῶν κτηνῶν ὑμῶν, §εἰ ἐκλέλοιπεν τὸ ἀργύριον ¶ 𝔖
17 ὑμῶν. ¹⁷ἤγαγον δὲ τὰ κτήνη πρὸς Ἰωσήφ, καὶ ἔδωκεν αὐτοῖς Ἰωσὴφ ἄρτους ἀντὶ τῶν ἵππων § F
καὶ ἀντὶ τῶν προβάτων καὶ ἀντὶ τῶν βοῶν καὶ ἀντὶ τῶν ὄνων· καὶ ἐξέθρεψεν αὐτοὺς ἐν ἄρτοις
18 ἀντὶ πάντων τῶν κτηνῶν αὐτῶν ἐν τῷ ἐνιαυτῷ ἐκείνῳ. ¹⁸ἐξῆλθεν δὲ τὸ ἔτος ἐκεῖνο, καὶ ἦλθαν
πρὸς αὐτὸν ἐν τῷ ἔτει τῷ δευτέρῳ καὶ εἶπαν αὐτῷ Μή ποτε ἐκτριβῶμεν ἀπὸ τοῦ κυρίου ἡμῶν· εἰ
γὰρ ἐκλέλοιπεν τὸ ἀργύριον ἡμῶν καὶ τὰ ὑπάρχοντα καὶ τὰ κτήνη πρὸς σὲ τὸν κύριον, καὶ οὐχ

12 εσιτομετρι A   18 ουχ B^ab] ουκ B*

AD(F)Ma-yb₂c₂𝕬𝕭𝕰𝕷ʳ(𝕾)

+εις γην γεσεμ bw ⟨+εν γη γεσεμ 71⟩ +εν γη εδεμ j(hab et mg)v(mg) | αυτοις] αυτους mp | κατασχειν Chr-codd | γη 1°] ⟨pr τη 71. τη 31⟩. om egjc₂ | αιγυπτου Bb*fnw] αιγυπτω A D^sil Mb^a rell Chr | om τη bw | om γη 2° ob₂ | εν γη ραμεσση Gesem 𝕷 | om D | γη 3°] pr τη bw | ραμεσση] ραμεση abl n(-σι)opwx*: Ramesa 𝕬 Ramasse 𝕭 | καθαπερ hv(mg) | προσεταξεν] προσεταξε c: συνεταξεν αυτω f1^aʳr +αυτω D +εις 𝕰

12 και εσιτομετρει] admensus est autem 𝕷 | σιτομετρει l | om ιωσηφ p | τω πατρι τοις αδελφοις hm | αυτου 1° Bf-imq𝕭 𝕷𝕾(uid) om ADM rell 𝕬 Chr | τοις αδελφοις Bg1] pr πασι v(mg). τω πρι_ | τω πρι αυτου m ⟨τους αδελφους αυτου 31⟩ +αυτου ADM rell 𝕬𝕭𝕷𝕾 Chr | παντι τω οικω ⟨πασι του οικου 73 mg⟩ | πασι τοις εκ του οικου j(mg)kv(mg) | παντι] παν b | om τω 2° r | σιτον] σιτου bw. ⟨σιτων 18⟩ | σωμα] σωματα bqu𝕷𝕾 · os 𝕬

13 σιτος δε ουκ ην] και ουκ ην σιτος p𝕰 | om ενισχ.— σφοδρα l | λιμος] λοιμος n. +επι της γης o +super totam terram 𝕭 | εξελιπεν] εξελειπεν ADMc^a(-λητ-)hkmnoryb₂*(uid) εξελιπον a ⟨αιγυπτω 77⟩ | απο] +προσωπου k | λοιμου n

14 συνεισηγαγε degj | παν 1°] post αργυριον 1° n. απαν Chr συμπαν k | το 2°—αιγυπτου] των τε εν αιγυπτω Chr | γη 1°] τη 1* · om 𝕭 | αιγυπτου Bbfknoquw] αιγυπτω ADM rell 𝕭 | και 1°] pr και εισηγαγεν αυτο εις τον οικον φαραω p | εν γη 2°] της γης p. των τε εν τη Chr | του σιτου] του σιτον abnv(mg)wy. pi υπο f. το αργυριον p ex frumento 𝕷 | o B] ου AD^sil M omn | ηγοραζον] pr αυτοι k ηγοραζε ⟨79⟩ 𝕬 | και εσιτομετρει αυτοις] sub — 𝕾 om 𝕰 | αυτοις] αυτους m(uid) | om και 3°—φαραω p | εισηνεγκεν] εισηγαγεν brw Chr | om ιωσηφ 2° bw Chr | παν το αργυριον 2°] απαν Chr. +το ευρεθεν εν γη αιγυπτω και εν γη χανααν g | om εις—⟨15⟩ παν l

15 ⟨om και 1°—παν 64⟩ | εξελειπεν ADMchkmnr*sv*(uid) | το αργυριον παν B] om παν Aafkmx-c₂𝕬𝔈𝕻𝕷𝕾. παν το αργυριον D^sil M rell 𝕰cf λοιπον το αργ. Chr. | εκ γης 1°] pr ωστε

αναλωθηναι egj · εκ της 1*: εκ της γης f in terra 𝕬-codd terrae 𝕰 | om και 2°—χανααν l | εκ γης 2°] εκ της γης f in terra 𝕬-codd terrae 𝕰 | om οι αιγυπτιοι S* | και 3°—αποθνησκομεν] ne moriamur 𝕰. om και 𝕾 | αποθνησκομεν fns𝕷 | εκλελοιπεν] εξελιπε ⟨20⟩ Chr | om ημων DMacdh klopqs-vxb₂c₂𝕬𝕭𝕾 Chr

16 om αυτοις n | om ιωσηφ dp | φερετε] +ημιν p^a(υμιν p*) | υμων 1°] ημων gp* | om και—υμων 2° mc₂ | υμιν ημιν g | αρτους] αρτον q | αντι—υμων 2°] αντ αυτων p om n om ει—αργυριον F^b? | υμων 3° Bf] ημων A om DFM rell 𝕬𝕭𝕷

17 ⟨ηγαγε 31⟩ | κτηνη] +αυτων F^bf1^aʳr𝕭 Or-gr | om προς ιωσηφ Chr | ιωσηφ 1°] pr τον bw | om και 1°—ιωσηφ 2° j | om ιωσηφ 2° np𝕰 Chr | αρτους] αρτον F^b? panem 𝕷 | om Chr | om των 1°—αντι 2° 𝕰 | om και 2°—προβατων c₂ | om αντι των 2° p | προβατων] βοων n | om και 3°—βοων s | αντι των 3°] om p om αντι d𝕰 | βοων] προβατων n | αντι των 4°] om p om αντι Chr | εθρεψεν bfw | αυτους] αυτοις hp αυτοις ιωσηφ a +ιωσηφ ckmob₂ αυτους] om ⟨76⟩ Chr om εν b | om παντων flm𝕭 Chr | om αυτων f | εν 2°—εκεινο] om Chr om εν f | τω ενιαυτω] post εκεινω o

18 om εξηλθεν—εκεινο b | εξηλθεν] εξηλθον c₂ · διηλθεν F^bn | ⟨δε⟩ τοινυν 71⟩ | ετος εκες A | και ηλθαν] ηλθον δε Chr | ηλθαν B1*] ηλθον AD^silFM1^aʳ rell | προς αυτον] ad Ioseph 𝕬 om εν 1* | εν] και Chr om mv(txt) | ενιαυτω dhlnptv(mg)y | και ειπαν αυτω b₂ | ειπον F^b?ac-fmnpc₂ | αυτω] αυτο h^b? | om 𝕷 | απο] υπο c | κυριου ημων] λιμου | om ει—κυριον 𝕭lp | ει—ημων 2°] si argentum erat defecit 𝕬 | ει γαρ] quia 𝕰 | το αργυριον ημων B𝕭w] ⟨το ημων αργυριον 108⟩ τα παιδαρια F* | om ημων ADF^bM omn 𝕷 | και 3°—κτηνη] et si pecora et res 𝕬 | om και τα κτηνη m | om και 4° t* | τα κτηνη] pr παντα F^bdf1^aʳnpt. +ημων b | προς 2°—κυριον] om F*. ante dominum nostrum 𝕷 | σε] om b₂ +sunt 𝕬 κυριον] +ημων M(mg)bcegjk Chr | om και 5° kwx | ουχι

12 σιτον κατα σωμα] α΄ τροφην κατα λογον του οχλου M
14 και 3°—φαραω] και εισεκομισεν ιωσηφ το του σιτου απαν αργυριον και χρημα προς φαραω s
18 μη—ημων 1°] ου μη διαψευσθωμεν τω κω ημων F^b | ει γαρ εκλελοιπεν] ιδου τετελειωται F^b

141

Β ὑπολείπεται ἡμῖν ἐναντίον τοῦ κυρίου ἀλλ' ἢ τὸ ἴδιον σῶμα καὶ ἡ γῆ ἡμῶν. ¹⁹ἵνα μὴ ἀπο- 19
θάνωμεν ἐναντίον σου καὶ ἡ γῆ ἐρημωθῇ, κτῆσαι ἡμᾶς καὶ τὴν γῆν ἡμῶν ἀντὶ ἄρτων, καὶ ἐσόμεθα
ἡμεῖς καὶ ἡ γῆ ἡμῶν παῖδες Φαραώ· δὸς σπέρμα ἵνα σπείρωμεν καὶ μὴ ἀποθάνωμεν, καὶ ἡ γῆ
ἐρημωθήσεται. ²⁰καὶ ἐκτήσατο Ἰωσὴφ πᾶσαν τὴν γῆν τῶν Αἰγυπτίων τῷ Φαραώ· ἀπέδοντο 20
γὰρ οἱ Αἰγύπτιοι τὴν γῆν αὐτῶν τῷ Φαραώ, ἐπεκράτησεν γὰρ αὐτῶν ὁ λιμός· καὶ ἐγένετο ἡ γῆ
Φαραώ, ²¹καὶ τὸν λαὸν κατεδουλώσατο αὐτῷ εἰς παῖδας, ἀπ' ἄκρων ὁρίων Αἰγύπτου ἕως τῶν 21
ἄκρων, ²²χωρὶς τῆς γῆς τῶν ἱερέων μόνον· οὐκ ἐκτήσατο ταύτην Ἰωσήφ· ἐν δόσει γὰρ ἔδωκεν 22
δόμα τοῖς ἱερεῦσιν Φαραώ, καὶ ἤσθιον τὴν δόσιν ἣν ἔδωκεν αὐτοῖς Φαραώ· διὰ τοῦτο οὐκ ἀπέ-
¶ D δοντο τὴν γῆν αὐτῶν.¶ ²³εἶπεν δὲ Ἰωσὴφ πᾶσι τοῖς Αἰγυπτίοις Ἰδοὺ κέκτημαι ὑμᾶς καὶ τὴν 23
§ a₂ γῆν ὑμῶν σήμερον τῷ Φαραώ, λάβετε αὑτοῖς §σπέρμα καὶ σπείρατε τὴν γῆν· ²⁴καὶ ἔσται τὰ 24
§ 𝕮ᵐ γενήματα αὐτῆς, δώσετε τὸ πέμπτον μέρος τῷ Φαραώ· τὰ δὲ §τέσσερα μέρη ἔσται ὑμῖν αὐτοῖς
εἰς σπέρμα τῇ γῇ καὶ εἰς βρῶσιν ὑμῖν καὶ πᾶσιν τοῖς οἴκοις ὑμῶν. ²⁵καὶ εἶπαν Σέσωκας ἡμᾶς, 25
εὕρομεν χάριν ἐναντίον τοῦ κυρίου ἡμῶν, καὶ ἐσόμεθα παῖδες Φαραώ. ²⁶καὶ ἔθετο αὐτοῖς Ἰωσὴφ 26

18 υπολιπετα B
21 απ] απο D
23 την γην 1°] γην|γην B*ᵘⁱᵈ(την|γην B¹ᵃ¹)

19 ινα 1°] +ουν Bᵃᵇ | σπειρωμεν] +και ζωμεν Bᵃᵇᵐᵍ
22 δοσει Bᵃᵇ] δοσι B* | ιερευσι F
24 δωσεται A | πεμπτος A | τεσσαρα Bᵃᵇ | πασι F

A(D)FMa–y(a₂)b₂c₂𝕬𝕭(𝕮ᵐ)𝕰𝕷ʳ

A(uid) | υπολειπεται Aaegι*(-τε)jsy Or-gr (repugnante contextu)] υπολιπετα B υπολελειπται DˢⁱˡFM1ᵃ¹ rell 𝕬(uid)𝕰𝕷 Chr | om ημιν Aew | εναντιον του κυριου] ⟨εναντιον σου 71⟩: ante te dm̄n nostrum 𝕷: coram te domine 𝕰ᶜᶠ. domine coram te 𝕰ᵖ | κυριου 2° Bx𝕬] +ημων ADˢⁱˡFM rell 𝕭 Or-gr | αλλ] pr ουδεν b. om Or-gr Chr | ημων 3°] ημιν l
19 ινα μη αποθανωμεν] μη ουν αποθ n. ⟨μη αποθ ουν 78⟩ | ινα 1° B*] +ουν BᵃᵇADˢⁱˡFM rell 𝕬𝕭𝕰𝕷 Or-gr Chr | και η γη 1°] pr και γε ημεις αυτοι ack(om γε)mxb₂c₂ | pr et nos 𝕬 | +ημων abegjkmn𝕬-codd | ερημωθη Bbdfiw𝕷 Or-gr] pr μη n 𝕰(uid): ερημωθησεται ADFM rell | κτησαι—φαραω] post ερημωθησεται d | ⟨την γην] τη γη 30· τα κτηνη 76⟩ | αντι εναντι m | αρτων] pr των n Chr. αρτου Fᵇ | εσομεθα] εσωμεθα clns*: simus 𝕰 | ημεις] pr και abeghjlpvw Chr | φαραω] pr τω begjq uw Chr | δος] pr και k𝕰ᶜᶠ δω n +ημιν begjw𝕭𝕰 | σπερματα AD(+D)y | om ινα σπειρωμεν Fᵇᵗ | σπειρωμεν B*] om egj | +και ζησωμεν ADFᵇfhlmpqtu +και ζησωμεν dk : +και ζωμεν BᵃᵇᵐᵍF*M rell Chr +et uiuamus 𝕬𝕭𝕷 · +ut uiuamus 𝕰 | om και 5° egj | ⟨γη 3°] +ημων 18⟩ | ερημωθησεται BA*] pr ουκ A¹D(+Dˢⁱˡ)FM omn 𝕬𝕰(uid) Chr. non deseratur 𝕷
20 ιωσηφ] pr ο qu | om πασαν 𝕰𝕷 | την γην 1°] post αιγυπτιων m | των—φαραω 2°] om 𝕰ᵖ | om των bel | τω 1°—φαραω 2°] et reddidit Pharaoni omnem terram eorum 𝕰ᶜᶠ | τω 1°] αυτω m* · om degjc₂ | επεδοντο l | γαρ 1°] δε l | οι αιγυπτιοι] post αυτων 1° c₂ | +ανδρες k | την 2°] pr πασαν y | αυτων 1°] αυτω b : om y | φαραω 2°] ιωσηφ f | om επεκρατησεν—φαραω 3° em | αυτων 2°] 𝐣ωσηφ n* | αυτων s αυτους f om y | λοιμος n | η γη] terra eorum 𝕷 | φαραω 3° BDbg*wc₂] pr τω AFMgᵃ¹ rell Chr
21, 22 libere uertit 𝕰
21 κατεδουλωσατο] λω sup ras aᵃ¹: κατεδουλωσαντο e | αυτω] αυτων A. εαυτω abkmowxb₂c₂ om jy | εις παιδας] εις περας m· ⟨om 71⟩ | απ ακρων οριων] ab initio finis 𝕷 | ⟨ακρων 1°] ακρου 128⟩ | om οριων—ακρων 2° m | οριων] ορεως dp. ωραιων t: ορων a | ⟨αιγυπτου] αιγυπτιων 25⟩ | εως] pr και Fᵇ cfiknswxc₂ | om των F*egj Chr | ακρων 2°] αυτων l. +eius 𝕬𝕷 Or-lat

22 χωρις] post γης bw | μονον] μονων bcef*gjlq: μονης dm npt | ουκ εκτησατο ταυτην Bbfiw] ουκ εκτ. αυτην v𝕭: ταυτην ουκ εκτ Fᵇdegjknpt: quia non acquisiuit eos 𝕬 om ταυτην A DF*M rell 𝕷 | ιωσηφ] +αυτη M(mg) | +τω φαραω f | εδωκεν 1°] δεδωκεν ny | δομα] δοματα AMbdefh1ᵃ¹kmprtx𝕬(uid) Chr-codd (βρωματα ed) : om c₂ | ⟨ιερευσιν] pr τοτε 18⟩ | φαραω 1°] pr παρα k | και—φαραω 2°] sub ※ M · om και | ησθιον—ην] manducauerunt quod 𝕷 | εδωκεν 2°] δεδωκεν r | φαραω 2°] ιωσηφ n* | δια τουτο ⟨pr και 84⟩ : +enim 𝕷(int lin) | απεδωτο n*
23 πασι] post αιγυπτιοις n: om bdegjlw Chr | κεκτημαι] κεκτητε b | ημας l | και 1°—υμων] post σημερον acm(τη γη)ox b₂c₂𝕬𝕭 | ⟨τω 2°—om τω begjc₂ | λαβετε 𝕬 | αυτοις Bdi*mopstu*] αυτοι y. εαυτοις AFMiᵃ¹uᵃ rell Chr : om 𝕰ᵖ | σπερματα AFᵇabceghjmnpstya₂𝕬 Chr | σπειρετε w | την γην 2°] αυτην b₂· εαυτοις M
24 εσται 1°—αυτης] pr εαν dhpt Chr (γεννηθη pro εσται codd) · pr αν n quod natum fuerit ex eo 𝕷· om 𝕭· om εσται c₂𝕰 | γεννηματα fgjl Chr | αυτης] της γης h | om δωσετε—αυτοις g | δωσετε] pr και bdfsklqtuw𝕬· dote Chr-ed | om το s | om τω Aely | εσται 2°] post υμιν 1° M | υμιν 1°] ημιν l | αυτοις] και αυτη m | εις σπερμα] pr και s: post γη acklmxc₂ · εις σπερματα Aquy: σπερματα n: om εις bgw | τη γη] ⟨pr εν 18· της γης 32⟩: om b₂ | om εις 2° ⟨84⟩ 𝕭 | υμιν 2°] ημιν l: υμων cemp: +και εις βρωσιν τοις νηπιοις υμων M(mg) | om πασιν 𝕰ᵖ | οικοις BFbhnwa₂] pr εν τοις AM rell (οικιας c) 𝕬 𝕭𝕮𝕰(uid)𝕷 Chr | υμων] ημων l. υμιν c: +και εις βρωσιν τοις νηπιοις υμων acegjkmxb₂c₂𝕬
25 ειταν] ειπον Fᵇᵗdmnc₂: +et 𝕮𝕰 | σεσωκας] sanasti 𝕷: +γαρ b | ευρομεν] pr et 𝕰: ευρωμεν n: ευραμεν Ay: ⟨ευρηκαμεν 20⟩· +enim 𝕭 | εναντιον—ημων] coram te domine 𝕮 | εναντιον] ⟨ενωπιον 14⟩· +σου ⟨18⟩ 𝕷 | om του l | ημων] υμων k | εσομεθα] εσωμεθα clnsw· +⟨οι παιδες σου 16 (σου ex corr)⟩ | παιδες φαραω] αυτου οικεται n | φαραω Begjkr] pr εν τω l: pr τω AFM rell Chr: Pharaonis 𝕷
26 και] τουτο δε Chr | αυτοις] αυτους di*n*pt𝕷 | ιωσηφ] post προσταγμα 𝕬 Chr ⟨om 31.73⟩ | εις προσταγμα] το προσ-

19 κτησαι] αγορασον Fᵇ   21 αναπογραφους εποιησεν (?=κατεδουλωσατο)c₂
22 εν—ιερευσιν] α′ οτι ακριβασμος τοις ιερευσιν Mc₂[[οτι ακριβ.] ακριβ. γαρ]] σ′ συνταξις γαρ ην τοις ιερευσιν Mc₂: σαμ. και γαρ μερις ην τοις ιερευσιν c₂

ΓΕΝΕΣΙΣ

εἰς πρόσταγμα ἕως τῆς ἡμέρας ταύτης ἐπὶ γῆν Αἰγύπτου τῷ Φαραὼ ἀποπεμπτοῦν, χωρὶς τῆς γῆς B
27 τῶν ἱερέων μόνον· οὐκ ἦν τῷ Φαραώ. ²⁷κατῴκησεν δὲ Ἰσραὴλ ἐν γῇ¶ Αἰγύπτῳ ἐπὶ τῆς γῆς ¶ 𝕮ᵐ
Γέσεμ· καὶ ἐκληρονόμησαν ἐπ' αὐτῆς, καὶ ἐπληθύνθησαν σφόδρα.

28 ²⁸Ἐπέζησεν δὲ Ἰακὼβ ἐν γῇ Αἰγύπτῳ ἔτη δέκα ἑπτά· ἐγένοντο δὲ αἱ ἡμέραι Ἰακὼβ ἐνιαυ-
29 τῶν τῆς ζωῆς αὐτοῦ ἑκατὸν τεσσεράκοντα ἑπτὰ ἔτη. §²⁹ἤγγισαν δὲ αἱ ἡμέραι Ἰσραὴλ ἀποθανεῖν, § 𝕮ᵐ
καὶ ἐκάλεσεν τὸν υἱὸν αὐτοῦ Ἰωσὴφ καὶ εἶπεν αὐτῷ Εἰ εὕρηκα χάριν ἐναντίον σου, ὑπόθες τὴν
χεῖρά σου ὑπὸ τὸν μηρόν μου, καὶ ποιήσεις ἐπ' ἐμὲ ἐλεημοσύνην καὶ ἀλήθειαν τοῦ μή με θάψαι
30 ἐν Αἰγύπτῳ· ³⁰ἀλλὰ κοιμηθήσομαι μετὰ τῶν πατέρων μου, καὶ ἀρεῖς με ἐξ Αἰγύπτου καὶ θάψεις
31 με ἐν τῷ τάφῳ αὐτῶν. ὁ δὲ εἶπεν Ἐγὼ ποιήσω κατὰ τὸ ῥῆμά σου. ³¹εἶπεν δέ Ὄμοσόν μοι.
XLVIII 1 καὶ ὤμοσεν αὐτῷ·¶ καὶ προσεκύνησεν Ἰσραὴλ ἐπὶ τὸ ἄκρον τῆς ῥάβδου αὐτοῦ. §¹Ἐγένετο ¶ 𝕮ᵐ
δὲ μετὰ τὰ ῥήματα ταῦτα ἀπηγγέλη τῷ Ἰωσὴφ ὅτι Ὁ πατήρ σου ἐνοχλεῖται· καὶ ἀναλαβὼν § D𝕮ᶜ
2 τοὺς δύο υἱοὺς αὐτοῦ, τὸν Μανασσῆ καὶ τὸν Ἐφράιμ, ἦλθεν πρὸς Ἰακώβ. ²ἀπηγγέλη δὲ τῷ
Ἰακὼβ λέγοντες Ἰδοὺ ὁ υἱός σου Ἰωσὴφ ἔρχεται πρὸς σέ· καὶ ἐνισχύσας Ἰσραὴλ ἐκάθισεν ἐπὶ

27 om της Bᵃᵇ | και 2°] pr και ηυξηθησαν Bᵃᵇᵐᵍ
29 ηγγεισαν A | ελαιημοσυνην A

28 επτα 1°] +ετη B*(om ετη Bᵃᵇ) | τεσσαρακοντα Bᵃᵇ
XLVIII 2 εκαθεισεν AF

A(D)FMa-ya₂b₂c₂𝕬𝕭(𝕮ᶜᵐ)𝔈𝕷ʳ

ταγμα Chr | εν προσταγματι h. om εις g𝕬𝕭𝕮 | επι γην] εν γη n𝕮(uid) in terra 𝕬𝔈𝕷· εκ της γης j | γην B] pr την bw της γης kr* | γης AFMrᵃ¹ rell | τω φαραω αποπεμπτουν] αποπεμπτουν τω φ AFMdeghjlnoprtvya₂(αποπεμπτουσι la₂) | αποπεμπουσι d· αποπεμπτουσι pt)𝕬𝕭𝔈 Chr· τω. φ. αποπεμπτου b· ⟨αποπεμπτουν την γην τω φαραω 128⟩. om τω φαραω qu | +δε τω φαραω k | ⟨αποπεμπουσων 18⟩ | χωρις–φαραω 2°] mutila in 𝕮 | χωρις της γης] της γης χωρις c · praeter terras 𝕷 | om της γης l | μονον] μονων Abcdfgky μονης Chr | om ουκ–φαραω 2° p | τω φαραω 2°] Pharaonis 𝕷

27 ισραηλ ιακωβ dh Chr | εν–γεσεμ] επι γεσεμ εν αιγυπτω w. om εν γη αιγυπτω A-cod. in Gesem 𝔈(Sekem 𝔈ᵖ) | om γη AFMeghiᵃ¹jpqruvya₂𝔅 Or-lat Chr | αιγυπτου akmox c₂*(uid) | επι–γεσεμ] επι γης γεσεμ sup ras 1ᵃ | επι της γης] in terra 𝕬𝔅𝕷 Or-lat | της γης B*FMdjpva₂] om γης fw | om της Bᵃᵇ rell | γεσεμ] γεσσεμ Mkvx Gessen Or-lat | εκληρονομησαν BFbfilswy] εκληρονομηθησαν AM rell | επ αυτης] επ αυτοις cfm | υπ αυτης dr | in ea 𝕬𝕷 | και επληθυνθησαν B*] και ηυξηθησαν Bᵃᵇᵐᵍ AFM rell 𝕬𝕭𝔈𝕷 Chr | σφοδρα] +οι δωδεκα f +ιβ' a¹

28 εξησε m | ιακωβ 1°] ιηλ v(mg) | om εν γη αιγυπτω Chr | εν γη] επι 1* | γη] pr τη m. τη k. om aoa₂b₂c₂𝔅 | αιγυπτου fmqu | ετη 1° Bdfmnv𝕷 | post δεκα επτα AFM rell (δεκα και επτα x) Chr | δεκα επτα] επτα και δεκα f: +ετη B* | εγενοντο δε] εγενετο δε m και εγενοντο AFMdeghjkn–rtuvya₂𝔅𝕷 Chr | αι–αυτου] pr πασαι ⟨25⟩ 𝕷 anni uitae Iacob 𝔈 | ιακωβ 2°] om s. as εξησε f | ενιαυτων–αυτου] των τ sup ras a ⟨ζωης ενιαυτων αυτου 76⟩. om f Chr | ενιαυτων] τον ενιαυτον m | om της Fcy | εκατον–ετη] ετη ρμζ dfm om ετη 𝕷 | επτα 2°] octo 𝔈ᶠᵖ. sex 𝕷

29 ηγγισαν δε] και ηγγισαν f. ηγγισεν δε x*(uid) | om αι t* | ⟨ισραηλ αποθανειν] του αποθανειν ιηλ 76⟩ | ισραηλ] pr του m. om df | αποθανειν B] pr του AFM rell Chr +αυτον a₂ 𝔅𝕮 | τον υιον αυτου] post ιωσηφ hna₂b₂𝔅 | ιωσηφ] pr τον flv

Chr. om 𝔈ᶠᵖ | ⟨om και ειπεν αυτω 107⟩ | ευρηκα] ευρον s ⟨ευρηκαμεν 18⟩ | υποθες] επιθες m· θες l | υπο τον μηρον] υπο των μηρων dnpq(-ρον) επι τον μηρον m· επι των μηρων c super carnem 𝔈ᶠᵖ super manum 𝔈ᶜ | ποιησεις] ποιησης in Chr· fac 𝔅 | επ εμε] μετ εμου eg | μετ εμε 𝕷· mecum 𝔅 | ελεημοσυνην] pr ελεος και m | με] post θαψαι Abdhklpstvw𝕷 | θαψει b₂ | εν αιγυπτω] in terra Aegypti 𝕷 | αιγυπτω] pr γη ry𝔅· γη αιγυπτου l

30 κοιμηθησομαι] κοιμηθισωμαι n | ut dormiam 𝔈 | om και 1°–αιγυπτου 𝕷 | αρεις] αρης h: εξαρεις f₁ tollent 𝔄 | θαψεις] θαψη 1· sepelient 𝔄 | με 2°] +μετα των πρων μου bw αυτων/ patrum meorum 𝔈 | δε ειπεν] et dixit illi Ioseph 𝔈𝕷 | εγω] immo 𝔈 om 𝔅𝕮(uid) Chr½

31 om ειπεν–αυτω m | ειπεν δε] ο δε ειπεν n και ειπεν αυτω bw et dixit ei 𝔈𝕷(+ Istrahel) +αυτω eghj +ιακωβ l | αυτω] τω. c | om και προσεκυνησεν ισραηλ 𝕷 | προσεκυνησεν] +αυτω dt | επι–αυτου] super caput lecti sui 𝔈ᶜ

XLVIII 1 ταυτα B𝕬𝔅𝔈ᶜᶠ | +και AD^(sil)FM omn 𝔈ᵖ𝕷 Cyr | απηγγελη] ανηγγελη AD(+ D)FMdhiᵃ¹k(ν part sup ras)lnp-v y-c₂ Cyr απηγγελθη bw αναγγελουσι f dixerunt 𝔈(+ fratres eius 𝔈ᶜ) | om τω eg₁ | ιωσηφ] + λεγοντες v(mg)𝔅 | om οτι 𝔈 | ο] pr Iacob 𝔄 | σου] αυτου D𝕷 Cyr-ed noster 𝔈 | ενοχλειται] +αρρωστεια n | αναλαβων] παραλαβων M(mg). λαβων ⟨20⟩ Chr cepit Ioseph 𝔈 +Ioseph 𝔄 | αυτου] +μετ αυτου A M(mg)ckmxc₂· +μεθ εαυτου DFᵇaf1ᵃ¹rsb₂ · ✶ secum 𝔄 | om τον 1° c₂ | μανασση] μαννασση Aⁿ· μανασσην q μανασσην eb₂ Phil | ηλθεν προς ιακωβ] punctis notauit Fᵃ² (restaurauit Fᵇ) om 𝔈 | ηλθεν] pr et 𝔄-codd ηλθον Mn | ιακωβ] pr τον πρα αυτου m patrem suum 𝕮-cod eum 𝕮-ed 𝕷 | +τον πρα αυτου ka₂

2 απηγγελη δε] et nuntiauerunt 𝕷 | απηγγελη] ανηγγελη a₂c₂. απηγγειλαν m dixerunt 𝔈 | τω ιακωβ] ακωβ m | λεγοντες] λεγοντος j(mg) λεγοντων c₂. om 𝕮-ed 𝔈 | ιδου] οτι a₂ om 𝕮-ed | om o n | om υιος σου x | om ιωσηφ l𝔅𝕷 | ισραηλ]

26 εις προσταγμα] εις τυπον Fᵇ 27 εκληρονομησαν] κατεσχεθησαν c₂
31 και 2°–αυτου] α' και προσεκυνησεν ιηλ επι κεφαλην της κλινης σ' και προσεκυνησεν ιηλ επι το ακρον της κλινης θ' ως οι ο' v | επι–αυτου] α' επι το ακρον της κλινης σ' επι κεφαλης της κλινης c₂ το ιουδαικον επι προσκεφα[λαιον] της κλινης αυτου Fᵇ· ο ιουδας λεγει ουκ επι του ακρου της ραβδου αλλ επι το προσκεφαλαιον της κλινης αυτου c | επι–ραβδου] επι κεφαλην της κλινης αλλος επι το ακρον της κλινης j
XLVIII 1 ενοχλειται] α' αρρωστει Fᵇ(sine nom)Mjv: σ' νοσει Mj(sine nom)v

143

Β τὴν κλίνην. ³καὶ §εἶπεν Ἰακὼβ τῷ Ἰωσήφ Ὤφθη μοι ὁ θεός μου¶ ἐν Λοῦζα ἐν γῇ Χανάαν, καὶ 3
¶z εὐλόγησέν με ⁴καὶ εἶπέν μοι Ἰδοὺ ἐγώ σε αὐξανῶ καὶ πληθυνῶ καὶ ποιήσω σε εἰς συναγωγὰς 4
§F ἐθνῶν, καὶ δώσω σοι τὴν γῆν ταύτην καὶ τῷ σπέρματί σου μετὰ σὲ εἰς κατάσχεσιν αἰώνιον. ⁵νῦν 5
οὖν οἱ δύο υἱοί σου οἱ γενόμενοί σοι ἐν Αἰγύπτῳ πρὸ τοῦ με ἐλθεῖν εἰς Αἴγυπτον πρὸς σὲ ἐμοί
εἰσιν, Ἐφράιμ καὶ Μανασσῆ, ὡς Ῥουβὴν καὶ Συμεὼν ἔσονταί μοι· ⁶τὰ δὲ ἔκγονα ἃ δ' ἂν 6
γεννήσῃς μετὰ ταῦτα ἔσονται ἐπὶ τῷ ὀνόματι τῶν ἀδελφῶν αὐτῶν, κληθήσονται ἐπὶ τοῖς ἐκείνων
κλήροις. ⁷ἐγὼ δὲ ἡνίκα ἠρχόμην ἐκ Μεσοποταμίας τῆς Συρίας, ἀπέθανεν Ῥαχὴλ ἡ μήτηρ σου ἐν 7
γῇ Χανάαν, ἐγγίζοντός μου κατὰ τὸν ἱππόδρομον χαβραθὰ τῆς γῆς τοῦ ἐλθεῖν Ἐφράθα· καὶ
κατώρυξα αὐτὴν ἐν τῇ ὁδῷ τοῦ ἱπποδρόμου· αὕτη ἐστὶν Βεθλέεμ. ⁸ἰδὼν δὲ Ἰσραὴλ τοὺς υἱοὺς 8
Ἰωσὴφ εἶπεν Τίνες σοι οὗτοι; ⁹εἶπεν δὲ Ἰωσὴφ τῷ πατρὶ αὐτοῦ Υἱοί μού εἰσιν οὓς ἔδωκέν μοι ὁ 9
θεὸς ἐνταῦθα. καὶ εἶπεν Ἰακώβ Προσάγαγέ μοι αὐτοὺς ἵνα εὐλογήσω αὐτούς. ¹⁰οἱ δὲ ὀφθαλμοὶ 10
Ἰσραὴλ ἐβαρυώπησαν ἀπὸ τοῦ γήρους, καὶ οὐκ ἠδύνατο βλέπειν· καὶ ἤγγισεν αὐτοὺς πρὸς
αὐτόν, καὶ ἐφίλησεν αὐτοὺς καὶ περιέλαβεν αὐτούς. ¹¹καὶ εἶπεν Ἰσραὴλ πρὸς Ἰωσήφ Ἰδοὺ τοῦ 11
προσώπου σου οὐκ ἐστερήθην, καὶ ἰδοὺ ἔδειξέν μοι ὁ θεὸς καὶ τὸ σπέρμα σου. ¹²καὶ ἐξήγαγεν 12

144

Ἰωσὴφ αὐτοὺς ἀπὸ τῶν γονάτων αὐτοῦ, καὶ προσεκύνησαν αὐτῷ ἐπὶ πρόσωπον ἐπὶ τῆς γῆς. B
13 [13]λαβὼν δὲ Ἰωσὴφ τοὺς δύο υἱοὺς αὐτοῦ, τόν τε §Ἐφράιμ ἐν τῇ δεξιᾷ, ἐξ ἀριστερῶν δὲ Ἰσραήλ, § 𝕷^v
14 τὸν δὲ Μανασσὴ ἐξ ἀριστερῶν, ἐκ δεξιῶν δὲ Ἰσραήλ, ἤγγισεν αὐτοὺς αὐτῷ. [14]ἐκτείνας δὲ Ἰσραὴλ
τὴν χεῖρα τὴν δεξιὰν ἐπέβαλεν ἐπὶ τὴν κεφαλὴν Ἐφράιμ, οὗτος δὲ ἦν ὁ νεώτερος, καὶ τὴν ἀρι-
15 στερὰν¶ ἐπὶ τὴν κεφαλὴν Μανασσή, ἐναλλὰξ τὰς χεῖρας. [15]καὶ ηὐλόγησεν αὐτοὺς καὶ εἶπεν ¶ 𝕷^v
Ὁ θεὸς ᾧ εὐηρέστησαν οἱ πατέρες μου ἐναντίον αὐτοῦ Ἀβραὰμ καὶ Ἰσαάκ, ὁ κύριος ὁ τρέφων με
16 ἐκ νεότητος ἕως τῆς ἡμέρας ταύτης, [16]ὁ ἄγγελος §ὁ ῥυόμενός με ἐκ πάντων τῶν κακῶν, εὐλογήσαι § L
τὰ παιδία ταῦτα· καὶ ἐπικληθήσεται τὸ ὄνομά μου ἐν αὐτοῖς καὶ τὸ ὄνομα τῶν πατέρων μου
17 Ἀβραὰμ καὶ Ἰσαάκ· καὶ πληθυνθείησαν εἰς πλῆθος πολὺ ἐπὶ τῆς γῆς. [17]ἰδὼν δὲ Ἰωσὴφ ὅτι
ἐπέβαλεν ὁ πατὴρ τὴν δεξιὰν αὐτοῦ ἐπὶ τὴν κεφαλὴν Ἐφράιμ, βαρὺ αὐτῷ κατεφάνη· καὶ ἀντε-
λάβετο Ἰωσὴφ τῆς χειρὸς τοῦ πατρὸς αὐτοῦ ἀφελεῖν αὐτὴν ἀπὸ τῆς κεφαλῆς Ἐφράιμ ἐπὶ τὴν
18 κεφαλὴν Μανασσή. [18]εἶπεν δὲ Ἰωσὴφ τῷ πατρὶ αὐτοῦ Οὐχ οὕτως, πάτερ· οὗτος γὰρ ὁ πρωτό-

13 ηγγεισεν A 15 ευλογησεν *D*^{sil}
17 του] αου B*(του B^r) 18 ουχ B^{ab}] ουκ B*

A*D*(L)Ma–c$_2$𝕬𝕭𝕮^{c}𝕰𝕷$^{r(v)}$

12 *ιωσηφ* Bfin] om s post *αυτους* A^b*D*^{sil}Mc(uid) rell 𝕬𝕷 Chr Cyr | *απο*] *εκ* qu | *αυτου*] *ιηλ* bw | *προσεκυνησεν* x*c$_2$ 𝕰 | *αυτω*] *αυτον* bw(+*αυτον*)· om 𝕷 | *επι προσωπον*] *επι προσωπου* bw ⟨*απο προσωπου* 18⟩ *super faciem suam* 𝕬𝕭𝕮-cod om a𝕮-ed | om *επι* 2° bw | *την γην* *D*Mc–hjlmnpst Cyr-cod

13 *λαβων δε*] *και λαβων* bw | *ιωσηφ*] pr *ο* Cyr-cod | om *δυο* Cyr | om *αυτου* 𝕷 | *τον τε—ισραηλ* 1°] pr *posuit* 𝕮-ed *posuit Ephrem ad sinistram Israel* 𝕭^{lp}. om 𝕭^w | *τον τε εφραιμ*] *et stare fecit Ephrem* 𝕰 | *τον τε*] *τοτε* q | *τε*] *μεν* bw: om nvz | om *εν* 1* | *δεξια*] +*manu sua* 𝕮-cod. +*αυτου* fi$^{a?}$r𝕮-ed 𝕷^r | *εξ αριστερων δε*] *και εξ αριστερων* m: *ut esset ad sinistram* 𝕷. om *εξ* ⟨14.16.130⟩ 𝕮 | *ισραηλ* 1°] pr *του* l: pr *τω* fm om k𝕮: +*ηγγισεν αυτους αυτω* e*· +*ηγγισεν αυτους* g* | *δε* 3°] post *μανασση* c Cyr. *τε* *D*s. om kma$_2$𝕮-cod | *μανασση*] *μαναση* m *μαννασση* An. *μανασσην* degjpqu +*δε* c +*stare fecit* 𝕰 | ⟨*εξ* 2°—*δεξιων*] *εν τη δεξια εξ αριστερων* 78⟩ | *εξ αριστερων* 2° B] *τη αριστερα* *D*· *ad sinistram* 𝕷^r: om km 𝕭 *εν τη αριστερα* AM rell Cyr | om *εκ—ισραηλ* 2° m | *εκ δεξιων δε*] *ut esset ad dextram* 𝕷. om 𝕮 | *εκ δεξιων*] *εν δεξια* c$_2$ | om *δε* 4° drsa$_2$𝕭 | *ισραηλ* 2°] pr *του* dl· ⟨pr *τον* 107⟩. +*μαννασση* y | om *ηγγισεν αυτους αυτω* 𝕮-ed | *ηγγισεν*] pr *και* bnw𝕷: +*τε* y | *αυτω*] pr *προς* r

14 *την χειρα την δεξιαν*] *την δεξιαν χειρα* *D*ackosxb$_2$c$_2$· *manum suam dextram* 𝕭𝕮 *dextram manum suam* 𝕬 | *επεβαλεν—κεφαλην* 1°] *inposuit capud* 𝕷^r | *επεβαλεν*] *ενεβαλεν* l *επεθηκεν* fi$^{a?}$r Phil(uid) Barn | *επι* 1°] *εις* n |• *ουτος—νεωτερος*] *iunioris fratris* 𝕷^v· om 𝕭 | *ουτος δε ην*] *qui est* 𝕮-ed | *ουτος*] *αυτος* a$_2$𝕰(uid) | ⟨om *δε* 2° 76⟩ | ⟨om *ην* 68⟩ | *ο νεωτερος*] *ο ν* int lin r^a | om *ο* g | *και*] *ad* 𝕷^r | *την αριστεραν*] pr *posuit* 𝕮-ed: +*eius imposuit* 𝕭· +*posuit* 𝕰. +*eius* 𝕮 | *μανασση*] *μανασση* m: *μαννασση* A. +*hic enim est primogenitus* 𝕮-ed. +*ο προτοτοκος* c | om *εναλλαξ τας χειρας* c | *εναλλαξ*] *εναλλαξας* *D*Mabdfhi^{a}kloprstwb$_2$c$_2^{b?}$(uid)𝕭(uid)𝕮(uid) Phil(uid) Chr Cyr(-*ξων* cod). *αναλλαξας* n: *εξαλλαξας* x· *immutans* 𝕷 *et mutauit* 𝕬 𝕰(+*Esrael* 𝕰^p) | *χειρας*] +*οτι μανασση ο πρωτοτοκος* amoxb$_2$c$_2$ 𝕬⟦*μανασση*] *μανασσης* b$_2$ *μανασης* m. +*ην* c$_2$𝕬⟧· +*οτι μεν ει συ ο πρωτοτοκος* d

15 om *και* 1° nqu | *ηυλογησεν*] *ευλογησας* k | *και ειπεν*] om 𝕮-cod om *και* k +*illis* 𝕷 | *θεος*] +*μου* a$_2$𝕮-ed | *ω*] ex corr h$^{b?}$ | ⟨*ευηρεστησαν*] +*αυτω* 20⟩ | *εναντιον αυτου*] *ενωπιον αυτου* AMd–jlpqrtuvyza$_2$ Phil $\frac{1}{2}$ Chr Cyr om m Phil$\frac{1}{2}$: om *αυτου* 𝕷 | om *ο* 2° Phil-cod $\frac{1}{4}$ | *κυριος* B] *θς* ADM omn 𝕬𝕭𝕮 𝕷 Phil Or-gr Ath Chr Cyr Nov Hil | om *με* e* Phil-cod $\frac{1}{4}$ | *νεοτητος*] +*μου* *D*abdfhiklmn*pr–uwxa$_2$c$_2$𝕬𝕭𝕮𝕷 Or-gr Ath Chr Cyr Nov Hil | om *εως—ταυτης* Phil $\frac{3}{4}$ Hil

16 *ο αγγελος*] pr *και* 𝕰𝕷 Phil-cod $\frac{1}{3}$ Cyr $\frac{1}{2}$ Hil: +*ο τρεφων με και* Chr$\frac{1}{6}$ | *ο ρυομενος*] *ο ρυσαμενος* bfi$^{a?}$r𝕬𝕮-ed(uid) Ath$\frac{1}{4}$ Thdt$\frac{1}{2}$ *qui liberauit* 𝕷 Nov | *με*] +*εκ νεοτητος μου* Chr$\frac{1}{6}$ | om *των* 1° b Phil-cod$\frac{2}{3}$ | *κακων*] +*μου* bdlptw𝕷 Ath$\frac{2}{4}$ Cyr$\frac{1}{2}$ | *ευλογησαι*] *α* sup ras e$^{a?}$ *ευλογησει* ⟨20⟩ Ath-codd$\frac{1}{2}$ Chr: *ευλογηση* L *ευλογησον* fhl: *benedices* 𝕮-ed | ⟨*ταυτα τα παιδια* 79⟩ | *επικληθησεται*] *επικληθη* 1^a. *inuocetur* 𝕷 | *το* 1°—*αυτοις* B𝕭 𝕰^c] *nomen meum super eos* 𝕮-ed𝕰^f. *εν αυτοις* L· *επ αυτοις* l𝕰^p· *εν αυτοις το ονομα μου* A*D*^{sil}M rell 𝕬𝕷 Chr ⟦*εν*] *επ* bi*w 𝕷 om j*qu | *αυτοις*] *αυτης* w *αυτους* 1*⟧ | om *και* 2° Ll | *των πατερων μου*] om 𝕰^p om *μου* L | ⟨om *αβρααμ και ισαακ* 30⟩ | *αβραμ* e | *πληθυνθειησαν*] *multiplicetur* 𝕷. *benedicantur* 𝕬: +*et erunt* 𝕮-cod

17 *ο πατηρ*] pr *manum suam* 𝕰. post *δεξιαν* p. om r· +*αυτου* AD(+*D*^{sil})Lachk–oqstuxya$_2$b$_2$c$_2$𝕭𝕮𝕷 Cyp | *την δεξιαν αυτου*] pr *την χειρα* ALMhlnpqrtuv(mg)ya$_2$𝕭𝕮 Cyp(+*αυτου* ra$_2$) pr *επι* b* post *εφραιμ* 1° c$_2$: om *την δεξιαν* d: om *αυτου* lra$_2$𝕰 Cyp: +*χειρα* fi$^{a?}$ | om *την κεφαλην* 1° 𝕮-cod | *βαρυ*] pr *και* y | *αυτω*] post *κατεφανη* 𝕬: ⟨*αυτο* 25⟩ | *εφανη* L fc$_2$ | *επελαβετο* L | *της χειρος*] post *πατρος* l | ⟨om *του πατρος αυτου* 18*⟩ | *αφελειν*] *αφεασιν* l | *αυτην*] *αυτης* l. om d | *απο*] *επι* b *εκ* l | *εφραιμ* 2°] pr *του* c$_2$· +*και θεισθαι αυτην* n. +*imposuit eam* 𝕭𝕮-ed +*ponere eam* 𝕮-cod | *μανασση*] *μανασση* m *μαννασση* Ay

18 *ειπεν δε*] *και ειπεν* f | *ιωσηφ—αυτου* 1°] *τω πρι αυτου ο ιωσηφ* f | *τω πατρι*] *ad patrem* Cyp | om *αυτου* 1° 1*w | *ουτως*] *ουτος* ejna$_2$. *sicut* 𝕷 | *ουτος*] *ουτως* c | *γαρ*] *εστιν* a$_2$ Cyp: om c$_2$ +*εστιν* 𝕬𝕭𝕮 Thdt | *πρωτοτοκος*] *πρεσβυτερος* bw Thdt *primitiuus meus* Cyp· +*est* 𝕷 | *επιθες*] *θες* egj· *μεταθες* Barn:

14 *εναλλαξ*] *αντιστρεψας η επιστημονως* M α′ *επιστημονως* vz(sine nom)
15 *εκ νεοτητος*] σ′ *αφ ου ειμι* M
16 *ο ρυομενος*] α′ *ο αγχιστευων* Mv *ο αγχιστευς* j
17 *βαρυ αυτω κατεφανη*] α′ *εκακωθη* σ′ *αηδες αυτω* Mjvzc$_2$ ⟦*αειδες* v | *αυτω*] *αυτου* v om z⟧

B τοκος, ἐπίθες τὴν δεξιὰν ἐπὶ τὴν κεφαλὴν αὐτοῦ. [19]καὶ οὐκ ἠθέλησεν, ἀλλὰ εἶπεν Οἶδα, τέκνον, 19
οἶδα· καὶ οὗτος ἔσται εἰς λαόν, καὶ οὗτος ὑψωθήσεται· ἀλλὰ ὁ ἀδελφὸς αὐτοῦ ὁ νεώτερος μείζων
¶ ℭ^c § 𝔏^v αὐτοῦ ἔσται, καὶ τὸ σπέρμα αὐτοῦ ἔσται εἰς πλῆθος ἐθνῶν.¶ §[20]καὶ εὐλόγησεν αὐτοὺς ἐν τῇ ἡμέρᾳ 20
ἐκείνῃ λέγων Ἐν ὑμῖν εὐλογηθήσεται Ἰσραὴλ λέγοντες Ποιήσαι σε ὁ θεὸς ὡς Ἐφράιμ καὶ ὡς
Μανασσή· καὶ ἔθηκεν τὸν Ἐφράιμ ἔμπροσθεν τοῦ Μανασσή. [21]εἶπεν δὲ Ἰσραὴλ τῷ Ἰωσήφ 21
§ F Ἰδοὺ ἐγὼ ἀποθνήσκω, καὶ ἔσται ὁ θεὸς μεθ' ὑμῶν καὶ ἀποστρέψει ὑμᾶς εἰς τὴν γῆν §τῶν πατέρων
ὑμῶν· [22]ἐγὼ δὲ δίδωμί σοι σίκιμα ἐξαίρετον ὑπὲρ τοὺς ἀδελφούς σου, ἣν ἔλαβον ἐκ χειρὸς Ἀμορ- 22
ραίων ἐν μαχαίρᾳ μου καὶ τόξῳ.
§ d$_2$ §[1]Ἐκάλεσεν δὲ Ἰακὼβ τοὺς υἱοὺς αὐτοῦ καὶ εἶπεν αὐτοῖς Συνάχθητε, ἵνα ἀναγγείλω ὑμῖν τί 1 XLIX
ἀπαντήσει ὑμῖν ἐπ' ἐσχάτων τῶν ἡμερῶν.

[2]συνάχθητε καὶ ἀκούσατέ μου, υἱοὶ Ἰακώβ· 2
¶ d$_2$ ἀκούσατε Ἰσραήλ, ἀκούσατε τοῦ πατρὸς ὑμῶν.¶

¶ L [3]Ῥουβὴν πρωτότοκός μου, σὺ ἰσχύς μου καὶ ἀρχὴ τέκνων μου·¶ 3
σκληρὸς φέρεσθαι καὶ σκληρὸς αὐθάδης.

19 αλλα 1°] αλλ AD^{sil} | αλλα 2°] αλλ D^{sil} 20 ηυλογησεν A 22 δωμι *D* | μαχαιρη A*D*

A*D*(FL)Ma–c$_2$(d$_2$)𝔄𝔅(ℭ^c)𝔈𝔏$^{r(v)}$

+αυτου f | *την δεξιαν*] pr *την χειρα σου* fi$^{a?}$n𝔅ℭ𝔈 pr *την χειρα* Ldhi*lptvz. pr *σου* Barn· *dextram manum tuam* 𝔄-ed | *δεξιαν* Bfiln] *χειρα σου* r. +*σου* AD^{sil}LMd^a(sup ras) rell 𝔄-codd 𝔏 Chr Cyp

19 *και* 1°] *ille autem* Cyp | *ηθελησεν*] +*ο πη̄ρ αυτου* M(mg) acmvxzb$_2$c$_2$𝔄ℭ-ed (sub ※ M^{mg}z) | *αλλα ειπεν*] *et dixit* Cyp· *dicens* ℭ-ed | *οιδα* 2°] *et ego* ℭ-ed. om Chr½ | *και ουτος*] *hic enim* 𝔅 | *και* 2°] pr ÷ z | *ουτος* 1°] *αυτος* *D*bw: *ουτως* cmq* | ⟨om *εσται* 1° 16.30.73.77⟩ | om *εις λαον και* m | *λαον*] *populum magnum* ℭ | *ουτος* 2°] ⟨*αυτος* 76⟩ om bwℭ | *υψωθησεται*] *magnus erit* 𝔈 | *μειζων αυτου*] post *εσται* 2° 𝔄 | *μειζον* 1 | *αυτου* 2°] post *εσται* 2° a$_2$𝔏: om g | *εσται* 2°] *εστι* dl | om *και* 4°—*εσται* 3° fc$_2$ | *εσται* 3°] post *εθνων* bw𝔈 om egjtvza$_2$ 𝔏 | om *εις* 2° v(txt)

20 ⟨om *και* 1° 16⟩ | *ημιν* d | *ευλογηθησεται*] *ευλογηθη* i*. *ενευλογηθησεται* j | *ισραηλ*] pr *πας* b–egjvwz ⟨*ιακωβ* 71⟩ | *λεγοντες*] *λεγοντος* f. *λεγοντων* h | *ποιησαι*] *ποιηση* Chr-codd½: *faciet* 𝔏^v | *σε*] *σοι* x𝔅. om c | *εφραιμ* 1°] pr *τον* c$_2$ | om *ως* 2° cdfjl*pvzb$_2$c$_2$𝔄-ed𝔈𝔏 Chr | *μανασση* 1°] *μαναση* m· *μαννασση* Ay *μανασσην* Legj | om *και* 3°—*μανασση* 2° ab$_2$𝔈𝔏 | *τον*] *τω* m | *εμπροσθεν του*] *ως* a$_2$ | *του*] *τω* m om bdw | *μανασση* 2°] *μαναση* m: *μαννασση* Ay +*εν τη ευλογια* egj

21 *τω*] *προς* b | *ιδου*] post *εγω* 𝔄. om c | om *εγω* x | *εσται*] post *θεος* x𝔄 | *θεος*] +*μου* s | *υμων* 1°] *ημων* dma$_2$ | *αποστρεψει*] *αποστρεψη* g. *αναξει* M(mg)j(mg)lnv(mg)z(mg) | *υμας* Babwxb$_2$c$_2$𝔈 Thdt] *ημας* dg: +*εκ της γης ταυτης* A*D*i +*ο θ̄ς* m· +*ο θ̄ς εκ της γης ταυτης* M(sub ÷)dgz(sub ÷)a$_2$(om *ταυτης*) rell 𝔅 Chr | om *την* c | *υμων* 2°] *ημων* bcdfgjl Thdt *μων* m. *μου* a$_2$ Chr-ed: ⟨+*εκ της γης ταυτης* 73⟩

22 *εγω δε*] *et ecce* 𝔈^f· +*ecce* 𝔏 | *δεδωκα* x𝔄 | *σικημα* bdfikmopwy | *εξαιρετον*] +*πολιν* fi$^{a?}$r | *υπερ*] *παρα* L | *εκ χειρος*] *de manibus* 𝔄𝔅𝔏. ⟨*εκ γης* 71⟩ | *αμορραιων*] pr *των* akmoxb$_2$c$_2$ 𝔅: *αμοραιων* p: *αμμοραιων* L *αμμορραιων* dh. +*υπερ τους αδελφους σου* n | *μαχαιρα*] pr *τη* m | om *μου* z* | *τοξον* c*(uid)m

XLIX **1** *εκαλεσεν δε*] *και εκαλεσεν* ⟨107⟩ Chr Tract | *ιακωβ*] post *αυτου* Chr Tract | ⟨*τους υιους αυτου*] *αδελφους* 71⟩ | *αυτου*] *αυτων* l*(uid) | om *και* 𝔏^v | *αυτοις* Bfilnr𝔈𝔏 Tract] om A*D*F LM rell 𝔄𝔅 Or Eus Chr Cyr | *συναχθητε*] *αθροισθητε* M(mg). *συλλεγητε* Phil-codd. *δευτε* Or-gr½: *accedite* 𝔏^r Tract: *conuenite et congregamini* 𝔏^v: *conuenite ad me filii Iacob* Or-lat⅓ | *ινα*] *και* 𝔈 Eus¼: om A-Z | *αναγγειλω*] ⟨pr *εγω* 31.83⟩: *αναγγελω* na$_2$ Phil-codd Eus¼: *αναγγελλω* Phil-codd: *απαγγειλω* *D*Lbclsv(mg)wb$_2$c$_2$ Phil-ed Or-gr½ Eus¼ Cyr Thdt. ⟨*απαγγελω* 76⟩. *επαγγειλω* Eus¼: ⟨*προαναγγειλω* 20⟩: *αγγελω* e | om *υμιν* 1° Phil | om *τι*—*υμιν* 2° m | *απαντησει*] *απαντηση* Phil-codd-aliq· *απαντησεται* Lacdi*pstxc$_2$d$_2$ Phil-ed Eus¾ (post *υμιν*¼) Chr Thdt. *απαντησηται* fn. *υπαντησεται* o: *occurrat* 𝔏 Tract: *αποβησεται* Or-gr½ *συμβησεται* Eus¼· *εσται* ⟨18⟩ Or-gr½-lat⅓ | *υμιν* 2°] *υμας* l· om Or-gr½-lat⅓ A-Z· +*post hoc* 𝔏^v | *εσχατων*] *εσχατω* F* Phil-ed: *εσχατου* bd–gjovwza$_2$ Eus¾ Cyr A-Z

2 *συναχθητε*—*ισραηλ*] *et conuenerunt et uenerunt filii Iacob et dixit iis* 𝔈(+*Audite eum* 𝔈^c) | *συναχθητε* BD^{sil}j(mg)qsuv(mg)yz(mg) A-Z] *αθροισθητε* AFLMa(-*ησεται* a*uid)j(txt)v(txt)z(txt) rell Or-gr Eus Chr Cyr | *και ακουσατε μου*] *ινα αναγγειλω υμιν* A-Z: om Or-lat | *ακουσατε* 1°] *αθροισθητε* y | om *μου*—*ακουσατε* 2° Chr | *μου* BD^{sil}fi*s] om AFLMi$^{a?}$ rell 𝔄𝔅𝔏 Or-gr Eus Cyr Tract | *υιοι ιακωβ ακουσατε*] pr *οι* c(mg)oa$_2$𝔅 om d$_2$*: ⟨om *υιοι* 107⟩ | *ιακωβ*] *ιη̄λ* w | *ακουσατε* 2°—*υμων*] pr *et* Or-lat· om *D* | om *ακουσατε* 2° n | om *ισραηλ* qu | *ακουσατε* 3° Bi*] om AFLMi$^{a?}$ rell 𝔄𝔅𝔏 Or Eus Chr Cyr A-Z Tract | *του*] pr *περι* qu | *υμων*] *ημων* gl*n: +*audite eum* 𝔈^p

3—7 om d$_2$

3 *ρουβην*] *ρουβιν* irx· *ρουβημ* kq Ath½· *ρουβειμ* p Chr⅓ Cyr⅔: *ρουβιμ* d–gjlmnt Or-gr Chr⅔ Cyr⅓ | *πρωτοτοκος*] pr *ο* a$_2$ Chr⅓ | om *μου* 1° 𝔏^v Chr⅓ Tract | *συ ισχυς μου*] sub ÷ v(uid)z: om n | *συ*] *et* 𝔏^v om Laefgjmc$_2$ Or-lat½ Chr. +*ει* i* Cyr-cod⅓ | om *και* 1° egj | *τεκνων*] pr *των* fi$^{a?}$r | *σκληρος* 1°—*αυθαδης*] *duritia iuisti et duritia audacia* 𝔄 | *σκληρος* 1°] pr *et* 𝔅: *σκληρως* kquc$_2$ Chr⅓ | *φερεσθαι*] *in conuersatione* 𝔏 Or-lat Tract· *φαινεσθαι* e. ⟨*ως φαινεσθαι* 18⟩ | *και* 2°] bis scr e: post *σκληρος* 2° 𝔏𝔖-ap-Barh Or-lat Tract· om n | *σκληρος* 2°] *σκληρως* ⟨31(*κλ*-) 64⟩ Chr⅓ om dp· +*και* e

22 *σικιμα εξαιρετον*] α' *ωμον ενα* Mv

XLIX 3 *αρχη τεκνων μου*] α' *και κεφαλαιον λυπης μου* M | *τεκνων μου*] *ανδριας μου* F^b | *σκληρος* 1°—*αυθαδης*] *περισσοτερα τιμη και περισσοτερον κρατος* F^b

4 ⁴ἐξύβρισας ὡς ὕδωρ, μὴ ἐκζέσῃς· B
ἀνέβης γὰρ ἐπὶ τὴν κοίτην τοῦ πατρός σου·
τότε ἐμίανας τὴν στρωμνὴν οὗ ἀνέβης.

5 ⁵Συμεὼν καὶ Λευὶ ἀδελφοί·
συνετέλεσαν ἀδικίαν ἐξ αἱρέσεως αὐτῶν.
6 ⁶εἰς βουλὴν αὐτῶν μὴ ἔλθοι ἡ ψυχή μου,
καὶ ἐπὶ τῇ συστάσει αὐτῶν μὴ ἐρίσαι τὰ ἥπατά μου·
ὅτι ἐν τῷ θυμῷ αὐτῶν ἀπέκτειναν ἀνθρώπους,
καὶ ἐν τῇ ἐπιθυμίᾳ αὐτῶν ἐνευροκόπησαν ταῦρον.
7 ⁷ἐπικατάρατος ὁ θυμὸς αὐτῶν ὅτι αὐθάδης,
καὶ ἡ μῆνις αὐτῶν ὅτι ἐσκληρύνθη·
διαμεριῶ αὐτοὺς ἐν Ἰακώβ,
καὶ διασπερῶ αὐτοὺς ἐν Ἰσραήλ.

8 §⁸Ἰούδα, σὲ αἰνέσαισαν οἱ ἀδελφοί σου· § d_2
αἱ χεῖρές σου ἐπὶ νώτου τῶν ἐχθρῶν σου·
προσκυνήσουσίν σοι οἱ υἱοὶ τοῦ πατρός σου.
9 ⁹σκύμνος λέοντος, Ἰούδα·
ἐκ βλαστοῦ, υἱέ μου, ἀνέβης·
ἀναπεσὼν ἐκοιμήθης ὡς λέων καὶ ὡς σκύμνος·
τίς ἐγερεῖ αὐτόν;

XLIX 5 λευει *D*] ερεσεως B^*(αιρ- B^{ab})A 6 συστασει B^{ab}] συστασι B^*
8 αινεσαισαν B^{ab}] αινεσεσαν B^*

A*D*FMa–c_2(d_2)𝔄𝔅𝔈$𝔏^{rv}$

4 εξυβρισας] *exabundanti* $𝔏^r$ | μη εκζεσης] *non excandescas* $𝔏^r$ Tract· *ebulliens* 𝔅 om c_2^*($\frac{1}{2}$) | εκζεσης] ζ sup ras A^a ⟨επιζεσης 20⟩. ζεσης $F^{b?}$(uid) | γαρ] *autem* $𝔏^r$ | την κοιτην] της κοιτης Hip: om την bfrwc_2($\frac{1}{2}$) Cyr$\frac{1}{2}$ | om του Cyr$\frac{1}{2}$ | τοτε] οτε az: *tu* Or-lat | εμιανας] εμινας m ⟨εμολυνας 20⟩ | ου ανεβης] pr ras (1) A· του πρς σου a_2 | ανεβης 2° sup ras $A^{a?}$

5 λευη qu | αδελφοι] pr σοι a_2 om Chr | om εξ αιρεσεως αυτων Cyr-cod$\frac{1}{8}$

6 ελθοι] ελθη dfgjlmnp. εισελθοι s Cyr$\frac{1}{8}$ cod$\frac{1}{8}$ εισελθη c Cyr$\frac{1}{8}$ | μου 1°] +*super eos* $𝔏^r$ | επι—ερισαι] *inuoluat mendatione eorum non certantur* $𝔏^v$ | επι τη συστασει] *super audaciam* Tract$\frac{2}{3}$ | om τη 1° t | στασει y | μη ερισαι] ⲙⲡⲟⲩϯⲙⲁϯ (? *non conuenient*) 𝔅 | ερισαι τα ηπατα] *consentiat mens* 𝔄 | ερισαι] ερεισαι bdeg$i^{a?}$o–uwx$z^*$$a_2$$c_2$ 𝔖-ap-Barh Hip-ed Or-lat Cyr: ερησαι f· ερειση l Chr· ερισεται c ερεισεται jm Hip-codd. αιρησεται k | τα ηπατα] η δοξα k om τα m Hip-codd | οτι] *qui* $𝔏^v$ | om τω qu | ανθρωπους] ανδρας $F^{b mg}$ αυτους m | εν 2°] επι g^* | om τη 2° F^*(suprascr F^1) | ταυρον] *tauros* 𝔄. *urbes* 𝔈

7 αυθαδης] αυθαδεις o· *inuidati* $𝔏^v$ | οτι εσκληρυνθη] om c_2^*𝔈 om οτι a_2 | εσκληρυνθησαν bd^*w | διαμεριω] *diuiserunt* 𝔄-cod | εν 1°] επι a | διασπερω] διασκορπιω A | om αυτους 2° Tract

8 σε αινεσαισαν] ηνεσαν σε $𝔈^{fp}$ Just | αινεσαισαν] αισαν sup ras $z^{a?}$: αινεσαν fi^*s Cyr-hier-cod αινεσειαν Cyr-hier-ed Thdt ⟨αινεσαιεν 20⟩· αινεσατωσαν n Hip-codd· αινεσουσιν lm𝔅$𝔏^v$ Or-lat$\frac{1}{2}$ Cyr-hier-cod Cyr$\frac{1}{5}$ ed$\frac{1}{5}$ Cyp-ed Vg *conlaudant* $𝔏^r$ *laudant* Cyp-codd | αι χειρες σου] *manus tua* 𝔄-ed om σου Hip-codd$\frac{1}{2}$ | επι] κατα Eus$\frac{1}{5}$ | νωτου] νωτον f. νωτων m ⟨νωτα 79⟩· τ[ω] νωτω F | προσκυνησουσιν—σου 4°] om f Or-gr-codd-omn$\frac{1}{2}$-lat$\frac{1}{2}$ Eus$\frac{1}{5}$ | προσκυνησουσιν] pr και b_2 Chr Cyr$\frac{1}{2}$ T-A: *adorent* $𝔈^c$ Or-lat (pr *et*). προσκυνησωσι Hip-cod | σοι] σε AF^*(οι suprascr $F^{1?a?}$)Mbdh$i^{a?}$$l^{a?}$prt–wyz$a_2$ Just Hip-ed Eus$\frac{1}{4}$ | om οι 2° Feghjlnsc_2 Or-gr$\frac{1}{2}$ | του πατρος] *fratris* $𝔏^v$

9 ιουδα] ιουδας *D*𝔅 | βλαστου] + μου ⟨78 107⟩ Thdt$\frac{1}{2}$: +*ascendisti* 𝔄 | υιε μου] μου υιε Eus$\frac{1}{10}$ (μοι cod) *filius meus* $𝔏^r$ Hil Tract: *mihi fili* Cyp-codd. *mihi filius* Cyp-cod· *eius* Or-lat$\frac{1}{2}$. om υιε Cyp-codd | μοι F^*r$𝔏^v$ | ανεβης] *adscendit* Or-lat$\frac{1}{2}$ εγεννηθης Hip-cod$\frac{1}{2}$ om Hil +*mihi* $𝔅^w$: +ras (3) $𝔅^p$ | αναπεσων εκοιμηθης] καμψας κατεκλιθης Or-gr$\frac{1}{2}$. ανακλιθεις ανεπαυσατο Thdt | εκοιμηθη bn$x^{a?}$ Just Eus$\frac{1}{11}$ Cyr-hier-ed Chr$\frac{3}{8}$ | και—αυτον] *resurrexisti ut catulus leonis* Tract$\frac{1}{6}$ | ως 2°] ωσει f | σκυμνος 2°] +λεοντος c_2𝔄𝔅𝔈(uid)$𝔏^r$ Or-lat Eus$\frac{2}{10}$ Chr$\frac{3}{8}$ Thdt$\frac{1}{4}$ Cyp Hil Tract. +λεοντι m | εγερει] ε 2° ex corr $h^{a?}$. εγειρει l𝔄-ed εγυρει c

4 εξυβρισας] εθαμβηθης F^b | εκζεσης] περισσευθης F^b

5 αδελφοι] ομογνωμ[ονες] F^b | συνετελεσαν—αιρεσεως] α′ σκευη αδικιας ανασκαφε M

6 μη 2°—μου 2°] α′ μη μονηθητω δοξα (μου) M μη μονωθη η δοξα μου F^b(int lin) | ενευρ. ταυρον] α′ σ′ εξεριζωσαν τειχος Mvz· εξερισωσαν τειχος j | ενευρ.] εξεριζωσαν F^b **7** αυθαδης] δυνατος F^b

8 ιουδα—σου 3°] ο εβραιος ιουδα σοι εξομολογησονται οι αδελφοι σου αι χειρες σου επι τα μεταφρενα των εχθρων σου c_2 | σε αινεσαισαν] α′ σοι εξομολογησασθωσαν Mc_2

9 εκ βλαστου] απο αρπαγματος F^b | αναπεσων] εγονατισας F^b | εγερει] α αναστησει M

B 10 οὐκ ἐκλείψει ἄρχων ἐξ Ἰούδα, 10
καὶ ἡγούμενος ἐκ τῶν μηρῶν αὐτοῦ,
ἕως ἂν ἔλθῃ τὰ ἀποκείμενα αὐτῷ,
καὶ αὐτὸς προσδοκία ἐθνῶν.
11 δεσμεύων πρὸς ἄμπελον τὸν πῶλον αὐτοῦ, 11
καὶ τῇ ἕλικι τὸν πῶλον τῆς ὄνου αὐτοῦ·
πλυνεῖ ἐν οἴνῳ τὴν στολὴν αὐτοῦ,
καὶ ἐν αἵματι σταφυλῆς τὴν περιβολὴν αὐτοῦ.
12 χαροποιοὶ οἱ ὀφθαλμοὶ αὐτοῦ ὑπὲρ οἶνον, 12
¶ d_2 καὶ λευκοὶ οἱ ὀδόντες αὐτοῦ ἢ γάλα.¶

13 Ζαβουλὼν παράλιος κατοικήσει, 13
καὶ αὐτὸς παρ' ὅρμον πλοίων,
καὶ παρατενεῖ ἕως Σιδῶνος.

14 Ἰσσαχὰρ τὸ καλὸν ἐπεθύμησεν, 14
ἀναπαυόμενος ἀνὰ μέσον τῶν κλήρων·
15 καὶ ἰδὼν τὴν ἀνάπαυσιν ὅτι καλή, 15
καὶ τὴν γῆν ὅτι πίων,
ὑπέθηκεν τὸν ὦμον αὐτοῦ εἰς τὸ πονεῖν,
καὶ ἐγενήθη ἀνὴρ γεωργός.

10 εκλιψει B*(-λειψ- B$^{a?b}$)A*D*F* | 11 ελικι] ελικει B*(-κι B^{b})A· ελικη *D*
13 σιδονος B^{a} | 15 πονιν A | εγενη F*

A*D*FMa–c_2(d_2)𝔄𝔅𝔈𝔏^{rv}

10 ρχων εξ ιουδα sup ras A^{a} | εξ ιουδα] *in Iuda* Iren | και 1°] ουδε km𝔄𝔅𝔏^{r}𝔖-ap-Barh Just$\frac{1}{4}$ Hip$\frac{1}{2}$ ed$\frac{1}{2}$ Or-gr$\frac{3}{7}$-lat Eus$\frac{9}{12}$ Cyr-hier Chr Jul-ap-Cyr Thdt$\frac{1}{13}$ Iren Nov Hil Tract | εκ—αυτου] εξ ισραηλ Or-gr$\frac{1}{7}$ | αυτου] σου Thdt$\frac{1}{13}$ | αν] ου f Chr$\frac{1}{7}$ Thdt$\frac{1}{13}$ A-Z: om Jul-ap-Cyr T-A | ελθοι gi | τα αποκειμενα αυτω] τα αποκειμενα αυτων a_2 το αποκειμενον αυτου ο αποκειται m. ω τα αποκειμενα Or-gr$\frac{3}{12}$: *is cuius sunt praeparata* 𝔄: *cui reposita erant* Or-lat$\frac{1}{4}$· ο αποκειται αυτω c_2: *semen quod ei repositum est* Tract: ο αποκειται dfgpxz(txt)d_2 Just-codd$\frac{3}{8}$ Or-gr$\frac{1}{12}$ Eus$\frac{1}{17}$ Chr$\frac{1}{7}$ ed$\frac{2}{7}$ Thdt$\frac{1}{13}$ A-Z T-A· ω αποκειται ejlntv(txt)b_2^{b}𝔏 Just$\frac{2}{8}$ ed$\frac{2}{8}$ Hip Or-gr$\frac{4}{12}$-lat$\frac{2}{4}$ codd-ap-Or-lat$\frac{1}{4}$ Eus$\frac{8}{17}$ Cyr-hier Chr$\frac{4}{7}$ codd$\frac{2}{7}$ Cyr$\frac{3}{8}$ ed$\frac{1}{8}$ codd$\frac{2}{8}$ Thdt$\frac{11}{13}$ Iren Nov αποκειται $i^{a?}$. *semen cui repositum est* Hil. ⲡϫⲉ ⲫⲏⲉⲧⲉⲥⲭⲏ ⲛⲁϥ (? = ω αποκειται) 𝔅 | αυτος] pr ω n ουτος Chr-codd$\frac{1}{5}$ *ipsum est* Hil: + εσται 𝔏 Just Hip$\frac{1}{2}$ Or-lat Eus$\frac{4}{11}$ Ath$\frac{1}{3}$ Cyr-bis Nov + *est* 𝔄 Iren Cyp | εθνων] + εστι l

11 τον πωλον 1°] τον ονον c_2 Hip-codd$\frac{1}{3}$ Thdt$\frac{1}{4}$ την ονον Hip$\frac{1}{3}$ ed$\frac{1}{3}$ Ath T-A om o* | om και 1°—αυτου 2° Just$\frac{2}{4}$ | τη ελικι] pr εν Hip$\frac{1}{2}$ ed$\frac{1}{2}$: *cilicio* 𝔏^{v}· *ad cilicium* Cyp Tract· *ad praesepium* 𝔏^{r} + της αμπελου g^{b} Thdt$\frac{2}{4}$ T-A | τον 2°—ονου] *asinam* Or-lat | τον πωλον 2°] το υποζυγιον Eus | om αυτου 2° af$i^{a?}$orvxz$a_2$$c_2$𝔄 Just$\frac{1}{2}$ Ath Iren | πλυνιει a_2 | εν 1°—αυτου 4°] εν αιματι σταφυλης την στολην αυτου Just$\frac{1}{8}$: την στολην αυτου εν αιματι σταφυλης Just$\frac{2}{8}$ | εν οινω] post αυτου 3° Nov | αυτου 3°] + χαροποιοι οι οφθαλμοι m* | την περιβολην] το περιβολαιον egj· *anabolium* 𝔏: *anaboladium* Tract | om αυτου 4° c_2

12 χαροποιοι] χαροποι gjk$^{a?}$psx$b_2$$^{a?}$ Just Clem Hip-codd Chr$\frac{1}{3}$ Cyr: *formidolosi* Cyp: *fulgentes* 𝔏 Tract | υπερ οινον B] απο οινου A*D*FM omn 𝔄𝔅(uid)𝔏 Just Hip (pr ως cod$\frac{1}{2}$) Or-lat Eus Chr$\frac{2}{3}$ Cyr Thdt T-A Iren Cyp Tract. ως οινος Chr$\frac{1}{3}$: ⟨απο αιγου 83⟩ | om λευκοι l | om αυτου 2° *D*F* | η γαλα] *a lacte* Tract | η] ως f𝔈𝔏^{v} Just Hip-cod$\frac{1}{3}$ Ath Iren-codd | γαλα] γαλακτος Hip-cod$\frac{1}{3}$

13 ζαβουλον cs | παραλιος] + θαλασσων ackmx$b_2$$c_2$: *ad littora maris* 𝔄-ed. *ad littus marium* 𝔄-codd | παροικησει *D* | παρ ορμον πλοιων] *erit praesidium nauium* 𝔏^{r}: *presidium nauium erit* 𝔏^{v} | παρ ορμον] *portus* 𝔄 | ορμων cdi*mn | πλοιων] πλοιον f* Cyr-ed$\frac{1}{2}$· και πλοιον l | παρατενει] παρατεινει v: παρατενιει b_2: ⟨παρεκτενει 20⟩. *extendit* 𝔏^{r} | σιδωνος] σιδονος B^{a}fi: *Sydonia* 𝔏^{r}

14 ισαχαρ F*(ισσ- F^{1})de*flmpt$b_2$$^{a?}$𝔄𝔅𝔏^{r} Phil-codd Cyr-ed | το καλον] *bos* 𝔏^{v} | το] τον g | αναπαυομενος] ⟨ινα παυομενος 31⟩: om m | ανα μεσον] ανα μεσω k: εν μεσω A(εμμ-)d ny ⟨om ανα 25⟩

15 om την αναπαυσιν f | οτι καλη] *quae bona est* 𝔏^{v} | και την γην bis scr c | πιον c | επεθηκεν k | om αυτου Phil Or-gr | πονειν] ποιειν ela_2 πονου k* | εγενηθη] εγεννηθη fgkl: εγενετο bnsw Phil Chr | ⟨γεωργος] + γης 30.71⟩

10 τα αποκ. αυτω] ο αποκειται F^{b}: ω αποκειται ο εστιν M | και 2°—εθνων] α' και αυτω ο υστημα λαων M
11 και τη ελικι] και εις καλικαρπον F^{b}
12 χαροποιοι] α' κατακοροι Mvz(sine nom): αλλος φησιν κατακοροι θερμοι διαπυροι φοβεροι j
13 παρατενει] α' μηρος αυτου M
14 το καλον επεθυμησεν] ονος σγκαριζων F^{b}. α' ονος οστωδης M | των κληρων] των λιβαδων F^{b}
15 και 3°—γεωργος] σαμ. και εστιν γεωργος υπηρετειν j | ανηρ γεωργος] α' εις φορον δουλευων M. ανος φησιν φορον δουλευων j | ανηρ] ανος v

ΓΕΝΕΣΙΣ   XLIX 23

16   ¹⁶Δὰν κρινεῖ τὸν ἑαυτοῦ λαόν,   B
        ὡσεὶ καὶ μία φυλὴ ἐν Ἰσραήλ.
17   ¹⁷καὶ γενηθήτω Δὰν ὄφις ἐφ᾽ ὁδοῦ,
        ἐνκαθήμενος ἐπὶ τρίβου·
        δάκνων πτέρναν ἵππου,
        καὶ πεσεῖται ὁ ἱππεὺς εἰς τὰ ὀπίσω·
18   ¹⁸τὴν σωτηρίαν περιμένων Κυρίου.
19   ¹⁹Γάδ, πειρατήριον πειρατεύσει αὐτόν·
        αὐτὸς δὲ πειρατεύσει αὐτῶν κατὰ πόδας.
20   ²⁰Ἀσήρ, πίων αὐτοῦ ὁ ἄρτος,
        καὶ αὐτὸς δώσει τρυφὴν ἄρχουσιν.
21   ²¹Νεφθαλεί, στέλεχος ἀνειμένον,
        ἐπιδιδοὺς ἐν τῷ γενήματι κάλλος.
22   ²²Υἱὸς ηὐξημένος Ἰωσήφ,
        υἱὸς ηὐξημένος μου ζηλωτός·
        υἱός μου νεώτατος·
        πρὸς μὲ ἀνάστρεψον.
23   ²³εἰς ὃν διαβουλευόμενοι ἐλοιδόρουν,
        καὶ ἐνεῖχον αὐτῷ κύριοι τοξευμάτων·

16 κρινει] κρεινει B. κρινι A   17 εφ] επ A | εγκαθημενος BᵃᵇADˢⁱˡF | πεσειτε B*(-ται Bᵃᵇ)
19 πιρατευσει (2°) A   20 αρχουσι (+ras 1 litt) F   22 νεωτος (νε sup ras 3 litt Aᵃ) A   23 ενιχον A

                                                                 ADFMa-c₂𝔄𝔅𝔈𝔏ʳᵛ

16 δαν] +και αυτος T-A | τον εαυτου λαον] τον αυτου λαον M : τον λαον αυτου AFb–eghjlp–uwya₂b₂𝔄 Cyr· plebem suam 𝔏 om εαυτου T-A½ | ως j | om και μια 𝔅 | om και x𝔄𝔅𝔈𝔏 | μια φυλη] υλη ex corr fᵃ: μιαν φυλην ⟨128⟩ Hip-ed T-A½: ex una tribu 𝔏ᵛ. unus uir 𝔄 | εν—(17) δαν mutila in F | om εν Phil | ισραηλ] pr τω T-A½· pr τη T-A½
17 om και 1° 𝔈ᶜᶠ | γενηθητω] γεννηθητω Hip codd½ εγεννηθη τω Abdopqtuvxza₂ ⟨76.107⟩ [[εγεννηθη 76 | το 107]] 𝔈 γενεσθω Phil | εσται 𝔅T-A | οφις] pr ως 𝔏ʳ Cyr½ post οδου Hip½ | εφ—τριβου] insidiator in uia 𝔄 | εφ οδου] εφ οδω Cyr-ed½: εν οδω Cyr½· επι την γην Hip-codd½· om l𝔈 | καθημενος fja₂ Phil¼ Hip½ Cyr½ | επι τριβου] επι τριβον fm in semitas 𝔏ʳ. om ⟨76⟩ Hip½ | δακνων] pr και b +και a₂ | πτερνας Fᵇ | ιππου] ιπον αυτου fiᵃ¹ | και 2°—ιππευς] iaciens equitem 𝔄 | ο ιππευς] equus 𝔏ᵛ | οπισω] οπισθια DFMacdegh jklpqstuv(mg)xz(mg)a₂b₂c₂(uid) Chr Cyr
18 την—κυριου] in salutem tuam sustinui te Domine Iren | την] pr et 𝔄 | σωτηριαν] +περιαν F*: +σου Fᵇ | περιμενων] post κυριου T-A | κυριου] pr παρα Cyr-ed · a Dño 𝔏 παρα του θεου Phil½(uid)
19 πειρατηριον πειρατευσει αυτον] praedans exibit 𝔄 | πειρατηριον] ⟨bis scr 71⟩: πειρατηριος n | om αυτον Cyr½ | om αυτος—αυτων dlo*pc₂ | αυτος δε] pr και nt Thdt · και αυτος Fy Cyr½ | πειρατευσει 2°] πειρατευων m | αυτων] αυτον Fabce ghb¹ijmntwxz Cyr½ cod½ Thdt αυτω fqu Cyr-ed½ αυτου k* (uid): eos 𝔏 | ποδας] +eorum 𝔏ʳ

20 ασηρ] ⟨ασειρ 25⟩ Asser 𝔅: αηρ k | πιων] ω ex corr laᵗ· πιον cxaᵗ | αυτου] post αρτος acmxc₂𝔄𝔏 | om ο zc₂ | om και αυτος ο | αυτος] pr ουκ l | δωσει] διαδωσει Aa¹ᵃ¹orc₂ διασωσει f: διδωσι cs: διαδιδωσιν D | τρυφην B] τροφην ADFM omn 𝔄𝔅𝔈𝔏 Hip Chr Cyr | ⟨αρχουσιν⟩ +και διασωσει τροφην 79⟩
21 νεφθαλει BDF(-λι)Mrsv(txt)xza₂b₂*] νεφθαλιμ hᵇⁱᵗ𝔅: Nephthalim 𝔄 Nepthalim 𝔏ʳ Neptalim 𝔏ᵛ νεφθαλειν Cyr-cod νεφθαν h* νεφθαλειμ Av(mg)b₂ᵃ rell Chr Cyr-ed Thdt | στελεχος ανειμενον] codex defectus 𝔏ʳ arbor repromissionis quod ex defectus 𝔏ᵛ | ανειμενον lmaᵗ | επιδιδους—καλλος] augens frugibus induens frugibus pulchritudinem 𝔄 | επιδιδους] επιδους dma₂ Hip-cod. ⟨αναδιδους 20⟩ | om εν Cyr | γενηματι] γεννηματι AMfmnx*yaᵗ Hip-ed Chr Thdt · αυτου dfhb₁ᵃᵗprt | καλος a*cdlt*
22 υιος ηυξημενος 1°] ras 13 litt (... ηυξημενος) r: filius meus crescens 𝔏ʳ om Fᵇᵗdfmp Chr +μου M(mg)v(mg)z(mg) 𝔏ᵛ: +μοι n | ιωσηφ—μου 1°] om l | om υιος—μου n𝔏ᵛ | υιος 2° bis scr c | ηυξημενος μου] meus crescens 𝔏ʳ | μου 1° BFᵇᵇw] post ζηλωτος y𝔅(uid) μοι diᵃᵗptc₂. om ADF*M1* rell 𝔄 Chr Cyr | ζηλωτος] ζηλωτης d*a₂𝔈(uid) Hip-cod Cyr-ed · +υιος ηυξημενος Chr · om μου 2° 𝔅 · νεωτερος abcfhi aᵗkmnrwxyc₂𝔏 Chr | om με m | αναστρεφων dc₂½(-ον)𝔈
23 εις ον διαβουλευομενοι mutila in F | εις] +οδον f | διαβουλευομενοι d | ελοιδορουν] ελοιδορουντο o +και διεδικασαντο acxb₂c₂(½). +και εδικασαντο kc₂(½) +και εδικαζοντο m𝔄 | om και n | αυτω] αυτων c · αυτον n* | κυριοις n*

17 ενκαθημενος] συρομενος Fᵇ   18 περιμενων κυριου] υπεμεινα κε Fᵇ
19 πειρατηριον πειρατευσει] φοσσατον φοσσατευ[σει] Fᵇ(int lin) · α´ ευζωνος ευζωνηει σ´ λοχος M | πειρατηριον] α´ ευζωνος σ´ λεχος jvz(sine nom) | πειρατευσει 2°—ποδας] φοσσατευσει υστερον Fᵇ(int lin). ευζωνισθησεται πτερναν M
20 τρυφην] α´ τρυφας M   21 στελεχος—καλλος] α´ ελαφος απεσταλμενος ο διδους καλλονην M
23 εις—τοξευματων] το σαμ. και εμισησαν αυτον κατοχοι μεριδων και διεμεινεν εν βαθει τοξον αυτων jc₂ [[μεριδα c₂ | τοξον αυτων] τοξευματων j]]

B ²⁴καὶ συνετρίβη μετὰ κράτους τὰ τόξα αὐτῶν, 24
καὶ ἐξελύθη τὰ νεῦρα βραχιόνων χειρὸς αὐτῶν,
διὰ χεῖρα δυνάστου Ἰακώβ·
ἐκεῖθεν ὁ κατισχύσας Ἰσραήλ·
(25) παρὰ θεοῦ τοῦ πατρός σου.
²⁵καὶ ἐβοήθησέν σοι ὁ θεὸς ὁ ἐμός, 25
καὶ εὐλόγησέν σε εὐλογίαν οὐρανοῦ ἄνωθεν,
καὶ εὐλογίαν γῆς ἐχούσης πάντα·
ἕνεκεν εὐλογίας μαστῶν καὶ μήτρας,
26 εὐλογίας πατρός σου καὶ μητρός σου· 26
ὑπερίσχυσεν ἐπ' εὐλογίαις ὀρέων μονίμων,
καὶ ἐπ' εὐλογίαις θεινῶν ἀενάων·
ἔσονται ἐπὶ κεφαλὴν Ἰωσήφ,
καὶ ἐπὶ κορυφῆς ὧν ἡγήσατο ἀδελφῶν.
²⁷Βενιαμεὶν λύκος ἅρπαξ· 27
τὸ πρωινὸν ἔδεται ἔτι,
καὶ εἰς τὸ ἑσπέρας δίδωσιν τροφήν.
§ L §²⁸Πάντες οὗτοι υἱοὶ Ἰακὼβ δώδεκα, καὶ ταῦτα ἐλάλησεν αὐτοῖς ὁ πατὴρ αὐτῶν· καὶ εὐλόγη- 28
§ ℭ^{m} σεν αὐτοὺς ὁ πατήρ, ἕκαστον κατὰ τὴν εὐλογίαν αὐτοῦ εὐλόγησεν αὐτούς. §²⁹καὶ εἶπεν αὐτοῖς 29

25 ηυλογησεν F | ειvεκεν D^{sil}F
27 προινον F* | ετει A
26 ευλογιας] [ευλο]γει[ας] D^{uid} | θινων B^{b}AF
28 αυτοις] αυτουs F*(uid) | ηυλογησεν (bis) AF

ADF(L)Ma–c$_2$𝔄𝔅(ℭ^{m})𝔈𝔏^{rv}

24 ⟨om και 1°—αυτων 1° 30⟩ | συνετριβη] συντριβη w· συνετριβησαν Hip-codd | μετα κρατους] post αυτων 1° a$_2$𝔈: ⟨κατα κρατος 20⟩ | κρατους] pr του m | τοξα] τοξευματα F | om και 2° n | εξελυθη] εξεχυθη r | om τα 2° F$^{b?}$ Cyr½ Thdt | βραχιονων] om f +αυτων c | χειρος Bbow] και χειρων c· om f1*l𝔄𝔏^{v} Cyr½ *manū* 𝔏^{r} χειρων ADFM1^{b} rell 𝔅𝔈𝔖-ap-Barh Chr Cyr½ Thdt | αυτων 2°] αυτον n*. αυτου m | χειρα] χειρος D(+D) | δυνατου Thdt | om εκειθεν—σου p | om ο 1*m Chr-ed | κατισχυσας] κατισχυσουν d. κατοικησας g: +σε Ay | ισραηλ] ιακωβ A | θεου] pr του Adt | σου] αυτου n*𝔏^{v}
25 om και 1° n* | εβοηθησεν] εβοησεν a$_2$ | ⟨σοι] σε 73⟩ | ⟨σε] δε 18⟩ | ⟨ευλογιαν ουρανου] απο ουνου ευλογιαν 14⟩ | ουρανου] pr απο egj: ουνιον f1$^{a?}$r: ⟨απ ανου 79⟩ | om ανωθεν και ευλογιαν k | ευλογιαν 2°] pr ευλογησεν f | γης] pr της A𝔅^{l}. της n | εχουσης] *habentē* 𝔏^{r} | παντα] pr τα 1 | ενεκεν ευλογιας ... (26) ευλογιας] *propter benedictiones benedictiones* 𝔄 | ενεκεν ευλογιας] *propter benedictionem terrae habentem omnia propter benedictionem* 𝔏^{r} | ενεκεν] ενεκα bw ηνεγκεν l | om και 4° A | ⟨μητραν 71⟩
26 ευλογιας] ευλογιαν ka$_2$c$_2$: *benedictiones* (*-nis* 𝔏^{v})𝔏 | om και μητρος σου m | υπερισχυσεν] υπερισχυσαν F^{b}: υπερισχυσας bf1$^{a?}$nov(txt)wz(txt) Cyr Thdt: ⟨ενισχυσεν 79⟩ και ενισχυσεν e· *quae praeualuerunt* 𝔄 | επ ευλογιαις 1°] *super benedictionem* 𝔏^{r} | επ 1°] εν c$_2$: υπερ bd-g1$^{a?}$jnptw Hip Thdt om amb$_2$ | ευλογιαις 1°] ευλογιας bejs*(uid)wx Hip Thdt· ευλογια n ευλογιαν adf1$^{a?}$ptv(txt)z(txt) | ορεων] ορνεων bw: om Anqu | μονιμων] *singularium* 𝔏^{v} | om και 2°—θεινων D | επ ευλογιαις 2°] επι ευλογιας dpt: επιθυμιαις Chr: επιθυμιας f1$^{a?}$nv(txt) z(txt)𝔏 Hip-cod Thdt: ⟨επι θυσιαις 71⟩ | θεινων] pr βου k: οινων s. εθνων y· βουνων ab$_2$c$_2$𝔅: *fontium* 𝔖-ap-Barh: *uallium* 𝔏^{v}: *desiderantiū* 𝔏^{r} | αεναων BAchi*os] om b. αιωνιων D(+D)FM(txt)1$^{a?}$ rell Hip Chr Cyr Thdt | εσονται] pr αι dpt Cyr-ed· pr και n. εσωνται cn | κεφαλην] pr την Dz Chr: κεφαλης AF$^{b?}$abmnowxc$_2$ Thdt: της κεφαλης v | om και επι κορυφης n | επι κορυφης] *super capita* 𝔄-ed𝔏^{r}: om κορυφης 𝔄-cod | κορυφης] κορυφην F*fklmquyz(+σου qu) | ων ηγησατο αδελφων] *quo praefuit fratrum* 𝔏^{v} | ηγησατο] ηγαπησατο f1*: ηγωνισατο l | αδελφων] pr των f: +αυτου c$_2$
27 βενιαμειν] βενιαμιν (ante ν ras 1 lit) l: βενιαμην n· βενιαμειμ w | λυκος] αυτος h* | το πρωινον] το πρωι Cyr-cod¼ (uid): πρωι Cyr¼ | εδεται] *comedit* Or-lat | ετι] post και 𝔏^{v}· πραιδαν F^{b}· om qu𝔈 Or-lat Chr Cyr¼ Thdt | om εις m Cyr¾ cod¼ | om το 2° Cyr¼ | διδωσιν B1* Hip] διαδωσι F$^{b?}$fh διαδιδωσιν F*kvz· *diuidit* 𝔏^{v} Hil(uid) ⟨διαδω 31⟩: δωσει ⟨73. 84⟩ Cyr-cod¼ *dabit* 𝔅𝔏^{r} Or-lat: διασωσει e(mg)a$_2$ Chr-ed Cyr-ed¼. διαδωσει ADMe(txt)1$^{a?}$ rell 𝔄 Chr-codd Cyr¾-ed¼-cod¼ Thdt
28 ουτοι] οι A· +οι oa$_2$𝔅 | υιοι] post ιακωβ c$_2$: φυλαι ac m𝔄-codd 𝔏^{r} | δωδεκα] pr φυλαι Ldf1^{b}jknprtvzc$_2$𝔄-ed. δεδωκα w. +φυλαι o | ταυτα] +α akoxb$_2$c$_2$𝔄 | ελαλησεν] post αυτοις Ary | αυτοις] αυτος k· ιακωβ c· ⟨om 84⟩ | om και 2°—πατηρ 2° 𝔈^{p} | om αυτους 1° Chr | om ο πατηρ 2°—αυτους 2° bfnw | ο πατηρ 2° B] κατα την ευλογιαν αυτου a$_2$. +αυτων o: om A D^{sil}FLM rell 𝔄𝔅𝔈^{c}𝔏 Or-lat Chr | κατα] pr και l | om την a | αυτου] αυτων cv(mg): om 𝔅 | ευλογησεν αυτους 2°] pr ην vz𝔅 Chr. om dp
29 και ειπεν αυτοις] pr και ενετειλατο αυτοις M^{mg}(indice ad (28) αυτους 1° posito)acmxb$_2$c$_2$𝔄: *dixit autem Iacob* ℭ |

24 παρα θεου] παρα ισχυρου F^{b}
25 ο θεος] ο ικ[ανος] F^{b} | γης κ.τ.λ.] αβυσσου υποκατω F^{b}
26 επ ευλογιαις 2° κ.τ.λ.] επιθυμιαις υψηλων και επηρμενων M | θεινων] βουνων F^{b}
27 διδωσιν τροφην] μερι[σει] λαφυρον F^{b}: α' μερισει λαφυρα Mvz: α' διαμεριει λαφυρα jc$_2$· σ' μεριει σκυλα Mjvzc$_2$(μερισει vz)

ΓΕΝΕΣΙΣ

Ἐγὼ προστίθεμαι πρὸς τὸν ἐμὸν λαόν· θάψατέ με μετὰ τῶν πατέρων μου ἐν τῷ σπηλαίῳ ὅ B
30 ἐστιν ἐν τῷ ἀγρῷ Ἐφρὼν τοῦ Χετταίου, ³⁰ἐν τῷ σπηλαίῳ τῷ διπλῷ τῷ ἀπέναντι Μαμβρῆ ἐν γῇ
Χανάαν, ὃ ἐκτήσατο Ἀβραὰμ τὸ σπήλαιον¶ παρὰ Ἐφρὼν τοῦ Χετταίου ἐν κτήσει μνημείου. ¶ 𝕮ᵐ
31 ³¹ἐκεῖ ἔθαψαν Ἀβραὰμ καὶ Σάρραν τὴν γυναῖκα αὐτοῦ· ἐκεῖ ἔθαψαν Ἰσαὰκ καὶ Ῥεβέκκαν τὴν
32 γυναῖκα αὐτοῦ· ἐκεῖ ἔθαψαν Λείαν, ³²ἐν κτήσει τοῦ ἀγροῦ καὶ τοῦ σπηλαίου τοῦ ὄντος ἐν αὐτῷ
33 παρὰ τῶν υἱῶν Χέτ.   §³³Καὶ κατέπαυσεν Ἰακὼβ ἐπιτάσσων τοῖς υἱοῖς αὐτοῦ, καὶ ἐξάρας § d₂
L 1 τοὺς πόδας αὐτοῦ ἐπὶ τὴν κλίνην ἐξέλιπεν καὶ προσετέθη πρὸς τὸν λαὸν αὐτοῦ. ¹καὶ ἐπιπεσὼν
 2 Ἰωσὴφ ἐπὶ τὸ πρόσωπον τοῦ πατρὸς αὐτοῦ ἔκλαυσεν αὐτὸν καὶ ἐφίλησεν αὐτόν. ²καὶ προσ-
 έταξεν Ἰωσὴφ τοῖς παισὶν αὐτοῦ τοῖς ἐνταφιασταῖς ἐνταφιάσαι τὸν πατέρα αὐτοῦ· καὶ ἐνετα-
 3 φίασαν οἱ ἐνταφιασταί¶ τὸν Ἰσραήλ. ³καὶ ἐπλήρωσεν αὐτοὺς τεσσεράκοντα ἡμέρας· οὕτως ¶ D § 𝕮ᵐ
 γὰρ καταριθμοῦνται αἱ ἡμέραι τῆς ταφῆς· καὶ ἐπένθησεν αὐτὸν Αἴγυπτος ἑβδομήκοντα
 4 ἡμέρας.   ⁴Ἐπειδὴ δὲ παρῆλθον αἱ ἡμέραι τοῦ πένθους, ἐλάλησεν Ἰωσὴφ πρὸς τοὺς δυνάστας
 Φαραὼ λέγων Εἰ εὗρον χάριν¶ ἐναντίον ὑμῶν, λαλήσατε περὶ ἐμοῦ εἰς τὰ ὦτα Φαραὼ λέγοντες ¶ L

---

29 με] μετα F* 30 κτησι B*(-ει Bᵃᵇ) | μνημιου F*
31 εθαψαν 3°] εθραψαν F | λιαν A 33 κλεινην B*(κλιν- Bᵇ)
L 3 τεσσαρακοντα Bᵃᵇ | ουτω A(uid)

A(D)F(L)Ma-c₂(d₂)𝕬𝕭(𝕮ᵐ)𝕰𝕷ʳᵛ

αυτοις] αυτους e: om mn: +εντειλαμενος k | εγω] pr ιδου bw𝕰: ⟨+ειμι 76⟩ | προστιθεμαι] προτιθεμαι f. προστιθεμεν A: ⟨προστιθημι 30⟩: om L | προς] pr και c | εμον λαον] λαον μου bw. λαον τον εμον m | θαψατε] pr et 𝕰. θαψετε FMcglpyza₂ Chr (pr και) Thdt½: θαψαιτε t | ⟨των πατερων⟩ τον π̄ρ̄α 107⟩ | σπηλαιω] +τω διπλω LM(mg)dfnptvz(sub ※ vz) | om o—(30) σπηλαιω be | ο] ος L | om εν 2°—(30) διπλω f | εν τω αγρω] post εφρων am c₂ | εφρων] ⟨post χετταιου 18⟩. εφρωμ qu. εφρεμ L. ⟨εφραιμ 71⟩

30 εν 1°—διπλω] pr in monimento 𝕮: ⟨om 30⟩ | σπηλαιω] +ο εν χωρα cx(ω)𝕬(pr ※) | τω διπλω] ο εστιν εν αγρω Fᵇ | τω 3°] ο εστιν Liᵃ²ⁿ om fi*m𝕬𝕮(uid) | μαμβρη] μαμβρε Fᵇ. μαμβρι dn: μαβρη s*. μαμφρη c*. ⟨γη Bbegi*jpwa₂⟩ τη χωρα b₂. pr τη ADFLMiᵃ¹z(pr ※) rell | χανααν] των χαναναιων Dacmsb₂c₂*𝕮(uid) | ο] ος Fᵇ | εκτησατο αβρααμ] om o—χετταιου m | το σπηλαιον] post χετταιου egj τον αγρον Fᵇ: om ⟨18 32⟩ 𝕬-ed 𝕰𝕷ᵛ om το f | παρα—χετταιου] pr το κῡ om p | εφρων] εφρωμ qu: εφραιμ d | εν κτησει] ⟨pr και 18⟩ εις κτησιν egj

31 εκει 1°] pr ου c₂ | om αβρααμ—εθαψαν 2° 𝕰ᶠᵖ | αβρααμ] pr τον Fᵇ·ᵐᵍk | σαρραν] σαραν m: σαρρα c₂ | om την γυναικα αυτου 1° j | εκει 2° BLacmnxyb₂c₂𝕬] και z*: pr και ADFM rell 𝕰ᶜ𝕷 Thdt | om ισαακ—εθαψαν 3° faᵃ | ισαακ] pr τον ⟨om και ρεβεκκαν την 83⟩ | ρεβεκκαν] ρεβεκαν cg*m: ρεββεκαν e | εκει 3° BLaci*𝕬] pr και ADFMiᵃ rell 𝕰𝕷 Thdt | εθαψαν 3°] εθαψεν m𝕭ʷ | λειαν] pr την Fᵇ·ᵐᵍk Thdt½ · δειναν 1*

32 εν κτησει] in septionem 𝕷ʳ | κτησει BADˢⁱˡF*cdrc₂. pr κτη 1: pr τη Fᵇ·ᵃLMz(pr ÷) rell 𝕭 | αγρου] αργυριου f | και του σπηλαιου] in speleum w 𝕬. om Lf | του οντος—υιων] om bw: ⟨om του 83⟩ · om οντος εν αυτω n | παρα] ⟨pr ο εκτησατο αβρααμ 18⟩ · pr quod emptum est 𝕷: pr του dkpt · pr τω f · pr το 1 | χετ] ⟨pr του 79 · του χετταιου 25⟩. χετταιου h: +εκτησατο αβρααμ j(mg)z(mg)

33 ⟨και κατεπαυσεν⟩ και κατεπαυεν 108 · κατεπαυσε δε 76⟩ | om ιακωβ Chr | om επιτασσων—εξαρας f | επιτασσων] ad-monens 𝕷ʳ | τοις υιοις] τους υιους bc · omnibus filiis 𝕷ᵛ | τοις] τους n* | εξαρας] +ιακωβ ADFMcdeghiᵃ¹jklp(επαρας)q-vyza₂𝕭 Chr | ⟨τους—κλινην⟩ επι της κλινης τους ποδας 78⟩ | τους ποδας αυτου] post κλινην egj(om αυτου gj) | αυτου 2° Benya₂c₂𝕬𝕭 Chr] om ADFLM rell 𝕷 Thdt | επι την κλινην] επι της κλινης f · in lectum suum 𝕬-codd | εξελιπεν] εξελειπεν ADFchkmnr sya₂ εξελειψεν ο | προς] επι c · in 𝕬-codd | ⟨τον λαον⟩ τους π̄ρ̄ας 37⟩

L 1 επι] κατα Labcknwxb₂c₂d₂ | ante 𝕰ᶜ | το προσωπον Biᵃ¹oa₂] τον τραχηλον Aegjm · ⟨τραχηλον 14⟩ om το DˢⁱˡF(uid) LM1* rell Chr | om του πατρος mx* | εκλαυσεν] +πικρως j(mg)qu | αυτον 1° BDˢⁱˡLbnwd₂𝕬𝕷] επ αυτω Fdeghjlopqrtuvz Chr · pr επ AM rell · super eum 𝕭𝕰: ⟨om 71⟩ | om και εφιλησεν αυτον a𝕰 | κατεφιλησεν Lcfimnd₂ Chr

2 ⟨om εν 1° 78⟩ | om ιωσηφ b₂ | om τοις παισιν αυτου bw | παισιν] υιοις 𝕭ʷ | τοις ενταφιασταις] ⟨pr και 71⟩: om f | ενταφιασαι] pr του f · ⟨ενταφιαζειν 20⟩ | τον πατερα αυτου] αυτον f | αυτου 2°] ιωσηφ j(mg) · om a₂ | om και 2°—ισραηλ bw | τον ισραηλ] ⟨pr τον π̄ρ̄α ιωσηφ 71 · τον π̄ρ̄α αυτου 18⟩. om τον L +π̄ρ̄α ιωσηφ nv(mg) +τον π̄ρ̄α αυτου f

3 ualde mutila in 𝕮 | επληρωσεν—ημερας] repleti sunt eius dies quadraginta 𝕬-codd 𝕷 (XL dies): plorauerunt eum dies quadraginta 𝕬-ed | επληρωσεν Bkz𝕰𝕰ᶠ] επληρωσαν AFLM rell 𝕭𝕮(uid)𝕰ᶜᶠ | αυτους B] eis 𝕰ᶠᵖ · ⟨αυτον 16⟩. αυτω dhlmpta₂b₂ 𝕰ᶜ: αυτου AFLM rell 𝕭 | τεσσερακοντα] pr το πενθος f · post ημερας 1° d | om ουτως—ημερας 2° bw | καταριθμουνται] denumerabantur 𝕬𝕷ᵛ | επενθησαν M𝕰 | om αυτον d₂𝕰ᶠᵖ | αιγυπτος] οι αιγυπτιοι ⟨18⟩ 𝕰(uid) | εβδομηκοντα ημερας] τεσσαρακοντα ημερας b₂. ⟨ημερας εκατοντα 16⟩

4 επειδη δε] και L | επει FMcegjkmqrsuvz–c₂ | δε] γαρ bdp om Aoy | παρηλθον] παρηλθοναν m. παρηλθοσαν acj(mg) korv(mg)c₂ | ⟨ηλθον 18⟩ | ⟨προς εις 31.83⟩ | δυναστας] αρχοντας x | ευρον] δη ευρων k | ενωπιον f | ημων o | περι εμου BA1*y b₂𝕭𝕮(uid)𝕰] om FMiᵃ¹ rell 𝕬𝕷 | εις τα ωτα] εις τον οικον b · προς b₂𝕬𝕰 | λεγοντος c₂*

---

33 εξαρας] α´ συνελεξεν Mv. σ´ συναγαγων Mbν
L 2 τοις 2°—ενταφιασται] τοις ιατροις του αρωματισαι τον π̄ρ̄α αυτου και αρωματισαν οι ιατροι Fᵇ
3 της ταφης] των αρωματων Fᵇ. α´ των αρωματιζομενων Mvzc₂(sine nom zc₂)

ΓΕΝΕΣΙΣ

B 5 ⁵Ὁ πατήρ με ὥρκισεν λέγων Ἐν τῷ μνημείῳ ᾧ ὥρυξα ἐμαυτῷ ἐν γῇ Χανάαν, ἐκεῖ με θάψεις. 5 νῦν οὖν ἀναβὰς θάψω τὸν πατέρα μου, καὶ ἀπελεύσομαι. ⁶καὶ εἶπεν Φαραώ Ἀνάβηθι, θάψον 6
§ D τὸν πατέρα σου καθάπερ ὥρκισέν σε. §⁷καὶ ἀνέβη Ἰωσὴφ θάψαι τὸν πατέρα αὐτοῦ· καὶ 7 συνανέβησαν μετ' αὐτοῦ πάντες οἱ παῖδες Φαραὼ καὶ οἱ πρεσβύτεροι τοῦ οἴκου αὐτοῦ, καὶ πάντες οἱ πρεσβύτεροι τῆς γῆς Αἰγύπτου, ⁸καὶ πᾶσα ἡ πανοικία Ἰωσὴφ καὶ οἱ ἀδελφοὶ αὐτοῦ καὶ 8 πᾶσα ἡ οἰκία ἡ πατρικὴ αὐτοῦ καὶ ἡ συγγενία αὐτοῦ· καὶ τὰ πρόβατα καὶ τοὺς βόας ὑπελίποντο ἐν γῇ Γέσεμ. ⁹καὶ συνανέβησαν μετ' αὐτοῦ καὶ ἅρματα καὶ ἱππεῖς, καὶ ἐγένετο ἡ παρεμβολὴ μεγάλη 9 σφόδρα. ¹⁰καὶ παρεγένοντο εἰς ἅλωνα Ἀτάδ, ὅ ἐστιν πέραν τοῦ Ἰορδάνου, καὶ ἐκόψαντο αὐτὸν 10 κοπετὸν μέγαν καὶ ἰσχυρὸν σφόδρα· καὶ ἐποίησαν τὸ πένθος τῷ πατρὶ αὐτοῦ ἑπτὰ ἡμέρας. ¹¹καὶ 11 ἴδον οἱ κάτοικοι τῆς γῆς Χανάαν τὸ πένθος ἐν ἅλωνι Ἀτάδ καὶ εἶπαν Πένθος μέγα τοῦτό ἐστιν τοῖς Αἰγυπτίοις· διὰ τοῦτο ἐκάλεσεν τὸ ὄνομα αὐτοῦ Πένθος Αἰγύπτου, ὅ ἐστιν πέραν τοῦ Ἰορδάνου. ¹²καὶ ἐποίησαν αὐτῷ οὕτως οἱ υἱοὶ αὐτοῦ, καὶ ἔθαψαν αὐτὸν ἐκεῖ. ¹³καὶ ἀνέ- 12/13

5 μνημιω F*
11 ειδον D^(sil)F | αταδ B^a] ταδ B*^(uid)

8 πανοικεια A | συγγενεια B^(ab)
13 αυτον 1°] +εκει B*(om B^(a?b))

A(D)FMa–d₂𝔄𝔅ℭ^m𝔈𝔏^(rv)

5 ο—ωρκισεν] ωρκισεν με ο πατηρ μου Chr | ο] pr οτι j(mg) v(mg) ⟨οτι 31⟩ | πατηρ B₁*] +μου AFM₁^(a?) rell 𝔄𝔅ℭ𝔏 | με ωρκισεν B₁*] ωρκισεν μοι s. ωρκισεν με AFM₁^(a?) rell 𝔄𝔅𝔏: ⟨ωρκωσε με 20⟩ | λεγων] pr προ του τελευτησαι Abkyb₂ ⟨31 37.83⟩ 𝔈 [[τελευτησαι] τελευτησασθαι 37: +αυτον 31.83]]: om ej: +προ του τελευτησαι αυτον f₁^(a?) r: +ιδου εγω ειμι αποθνησκω M^(mg) (indice ad λεγων in commate 4 posito) ak(-σκων)ο. +ιδου εγω αποθνησκω c(-σκων)mxc₂𝔄 | εν 1°] pr sepeli me ℭ(uid). +δε m | ω] ο ld₂ ωρυξα] ⟨κατωρυξα 76⟩· effoderunt 𝔅^(p(*))(uid). +εγω dnptd₂ 𝔄(uid) | εαυτω c₂ | εν 2°—θαψεις] εκει με θαψον εν γη χανααν b₂ | γη] pr τη 18⟩ | om εκει με θαψεις ℭ | θαψεις] θαψης dfh ipy: θαψον c₂𝔈 | αναβας θαψω] ascendam ut (et 𝔏^v) saepellam 𝔏 | συναναβας ⟨20⟩ Chr | και—(6) θαψον periere in f₁^(a?)r: ⟨+ απελευσομαι B⟩ επελευσομαι AF*hrv(mg)wa₂b₂ · απελευσομαι mqux. επανελευσομαι c: επανελευσομαι F^(b?)Mv(txt) rell Chr: reuertar 𝔅𝔈𝔏: ueniam 𝔄· +προς σε f

6 και ειπεν] pr και ειπεν φαραω pt· pr και ειπεν τουτο τω φαραω d. pr και ειπεν φαραω οι δυνασται n: ⟨pr ειπεν ουν τω φαραω κατα τα ειρημενα υπο του ιωσηφ 31.83 (υπερ)⟩: ειπεν δε ps𝔏^v | φαραω Βασι*mwxc₂d₂𝔄ℭ𝔏^v] pr ετ 𝔈· +ιωσηφ ο· +προς ιωσηφ d. + τω ιωσηφ AFM₁^(a?) rell 𝔅. +ad Ioseph 𝔏^v | θαψον] pr et 𝔈𝔏^v. ⟨θαψαι 16⟩ | καθαπερ] pr και ο· καθοτι egj: καθως m | ωρκισεν] ⟨ωρκωσε 84⟩. ωκισε d | ⟨σε⟩ με 18⟩

7 συνανεβησαν] ανεβησαν g | παντες 1°] pr αρματα και ιππεις και n | om και 3°—αυτου 3° l𝔈 | οι πρεσβυτεροι 1°] omnes seniores 𝔏 | του οικου] του λαου b₂: om g | om και αυτου 3° c₂ | και 4°—αιγυπτου] post ⟨8⟩ ιωσηφ 𝔏^r. ⟨om 107⟩ | παντες οι πρεσ sup ras y^a | παντες ⟨2⟩ post πρεσβυτεροι 2° d₂: om n𝔈^p | της γης Bf₁kwb₂] πασης γης n. om gs. om γης AF(uid)adprsd₂*𝔈𝔏^v Phil om της DMd₂^(a?) rell

8 πανοικια] παροικια efh^(b?)lwc₂ | ιωσηφ] pr αυτου Phil: αυτου f: η πρικη αυτου b₂ | om και 2°—αυτου 1° ℭ | om και 3°—αυτου 2° b₂ | ⟨om η 2° 128⟩ | οικια η πατρικη] πρικη ουσια p | οικια] πανοικια aa₂ | κατοικια cx | η πατρικη] post αυτου 2° bfind₂ · του πρς l | η συγγενια Bwb₂𝔈] την συγγενειαν AD F(-νιαν F*)M rell 𝔄𝔏^v Chr cognationes 𝔏^v cognationem omnem 𝔅(uid) | αυτου 3° B₁*lwb₂ℭ𝔏^r] om ADFM₁^(a?) rell 𝔄𝔏^v Chr | και τα προβατα] post βοας Chr. om b₂: om και 𝔅^(p(b)) | και τα] τα δε j(mg)w𝔈^(cf)(uid): om και 𝔅^(p(b)) | om και τους βοας n | υπελιποντο Bbdegjlsx𝔄𝔅ℭ𝔈𝔏] υπελειποντο AD

FM rell Chr-codd: υπελειπετο Chr-ed: ⟨απελειποντο 84⟩ | γη] pr τη qu | γεσεμ] γεσσεμ Mk: Gessen 𝔏^v

9 om και 1°—ιππεις n | συνανεβησαν] ascendere fecit 𝔈^(cp) | ⟨αυτους 18⟩ | om και 2° DFabcd*fhiklowzb₂c₂d₂𝔅ℭ𝔈𝔏 Chr | αρμα f | ιππος f | εγενετο] εγενηθη c₂: facti sunt 𝔄 | η—(10) παρεγενοντο] bis scr g· om η c₂ | om μεγαλη b

10 παρεγενοντο] παρεγενετο A₁^(a?)rv(mg)y𝔈^f: ⟨εγενοντο 128⟩· εγενετο b₂ | εις B𝔏] εφ AD(επ)FM omn 𝔅ℭ: ad 𝔏^v | ωνα αταδ sup ras 1^a | αλωνα] αλωνι bcdfpxb₂: αλων mo*w | αταδ] αταδ b₂. αταρ Dn· Atae 𝔏^r: Adad 𝔅. Agad ℭ: Adat 𝔏^v. βαταδ m | ο] os ac₂: η 1*klnod₂ | ιορδανου] βουνου o | om και 2°—(11) ιορδανου g | και εκοψαντο] εκοψαντο δε f | om αυτον f₁^a md₂ | κοπετον] pr και f₁^(a?)rv(mg)z(mg)𝔄ℭ𝔏^r· ⟨+ εκει 30⟩ | μεγα ehi^(a?)ka₂ | om σφοδρα do | εποιησαν] Bacfvzb₂𝔈 εποιησεν AD^(sil)FM rell 𝔄𝔅ℭ𝔏 Chr | το πενθος] post αυτου Da csxc₂𝔄 (om το ac). magnum luctum ℭ om το mwa₂ | αυτου] αυτων b₂𝔈 | ημερας επτα fm𝔏^v

11 ειδοσαν b₂ | κατοικουντες hwb₂ Chr | της γης] pr ※ z: γην w: om hmnb₂ Chr om της d₁*ltc₂: om γης f ℭ𝔏 | χανααν] αιγυπτου Cn· | το πενθος] pr ⁒: om το c₂ | om εν αλωνι αταδ d | εν] εφ cn· ⟨επι τη 20⟩ | αλων nw | αταδ] αταδ z(txt)b₂. ατατ D𝔏^r: Adad 𝔅 Agad ℭ: Adat 𝔏^v: ταδ B*^(uid) | ειπον F^(b?)cd₁*kmnpwc₂d₂ | πενθος 2°—αιγυπτιοις] itane luctus Aegypti magnus 𝔈 | μεγα πενθος n | τουτο μεγα ejw | τουτο 1°] post εστιν 1° ADFMabdfhilmprstvyza₂d₂𝔏^r. τουτον n: om 𝔄𝔏^v Chr | om εστιν 1° n | εκαλεσεν] εκαλεσαν DMdefjkmptwxa₂𝔅 ℭ^(cf)𝔏^v. εκαλεσεν 1· εκληθη F | αυτου Βaxc₂𝔄𝔈] post κ του τοπου εκεινου AFbfilmrwyb₂d₂𝔅ℭ𝔏: του τοπου DM rell Chr | ⟨om ο εστιν 68⟩

12 αυτω] post ουτως d: αυτο f | αυτου n*· sibi 𝔏^v | om ουτως 𝔅^(p(*)) | ⟨om οι υιοι 37⟩ | om οι lmna₂*· | ⟨om υιοι 14⟩ | αυτου] ιηλ Acdfinptv(txt)z(txt)d₂𝔄· ⟨+ εν γη χανααν 18⟩· + καθως ενετειλατο αυτοις ADFMa–qstuv(mg)w–d₂𝔄𝔅 [[καθα y | αυτοις] om F*· +αυτοις πασιν h. +και ηραν αυτον acmoxc₂𝔄]] · ⟨+ καθως ενετειλατο υιοις αυτου 37⟩ | και 2°—εκει] pr ÷ z· om AD^(sil)FMbe–lqsuwya₂b₂𝔅𝔈^(cp) | αυτον] ⟨post εκει 37⟩· om m | εκει] +καθως ενετειλατο αυτοις r ℭ𝔏^v

13 om totum comma p | om και 1°—αυτον 2° 𝔏^r | και ανελαβον αυτον] pr και ηραν αυτον j^(mg)v^(mg)z₂^(mg) (sub ※ v^(mg)z₂^(mg)): ⟨παραλαβοντες αυτον καθως ενετειλατο αυτοις 18⟩ | ανελαβον

9 και ιππεις] και φαρια F^b
10 αταδ] ραμνου F^b
11 αταδ] του ραμνου F^b

ΓΕΝΕΣΙΣ

λαβον αὐτὸν οἱ υἱοὶ αὐτοῦ εἰς γῆν Χανάαν, καὶ ἔθαψαν αὐτὸν εἰς τὸ σπήλαιον τὸ διπλοῦν, B
ὃ ἐκτήσατο Ἀβραὰμ τὸ σπήλαιον ἐν κτήσει μνημείου παρὰ Ἐφρὼν τοῦ Χετταίου, κατέναντι
Μαμβρή.¶
¶ D

14 ¹⁴Καὶ ἀπέστρεψεν Ἰωσὴφ εἰς Αἴγυπτον, αὐτὸς καὶ οἱ ἀδελφοὶ¶ αὐτοῦ καὶ οἱ συναναβάντες ¶ F
15 θάψαι τὸν πατέρα αὐτοῦ. ¹⁵ἰδόντες δὲ οἱ ἀδελφοὶ Ἰωσὴφ ὅτι τέθνηκεν ὁ πατὴρ αὐτῶν εἶπαν Μή
ποτε μνησικακήσῃ ἡμῖν Ἰωσήφ, καὶ ἀνταπόδομα ἀνταποδῷ ἡμῖν πάντα τὰ κακὰ ἃ ἐνεδειξάμεθα
16 αὐτῷ. ¹⁶καὶ παρεγένοντο πρὸς Ἰωσὴφ λέγοντες Ὁ πατήρ σου ὥρκισεν πρὸ τοῦ τελευτῆσαι αὐτὸν
17 λέγων ¹⁷Οὕτως § εἴπατε Ἰωσήφ Ἄφες αὐτοῖς τὴν ἀδικίαν καὶ τὴν ἁμαρτίαν αὐτῶν, ὅτι πονηρά σοι § $
ἐνεδείξαντο· καὶ νῦν δέξαι τὴν ἀδικίαν τῶν θεραπόντων τοῦ θεοῦ τοῦ πατρός σου. καὶ ἔκλαυσεν
18 Ἰωσὴφ λαλούντων αὐτῶν πρὸς αὐτόν. ¹⁸καὶ ἐλθόντες πρὸς αὐτὸν εἶπαν Οἵδε ἡμεῖς οἰκέται.
19 ¹⁹καὶ εἶπεν αὐτοῖς Ἰωσήφ Μὴ φοβεῖσθε, τοῦ γὰρ θεοῦ ἐγώ εἰμι· ²⁰ὑμεῖς ἐβουλεύσασθε κατ' ἐμοῦ
20 εἰς πονηρά, ὁ δὲ θεὸς ἐβουλεύσατο περὶ ἐμοῦ εἰς ἀγαθά, ὅπως ἂν γενηθῇ ὡς σήμερον, ἵνα τραφῇ
21 λαὸς πολύς ²¹εἶπεν δὲ αὐτοῖς Μὴ φοβεῖσθε· ἐγὼ διαθρέψω ὑμᾶς καὶ τὰς οἰκίας ὑμῶν. καὶ
παρεκάλεσεν αὐτοὺς καὶ ἐλάλησεν αὐτῶν εἰς τὴν καρδίαν.

13 μνημιου F*   15 αυτω] εις αυτον Bᶜ   17 ενεδιξαντο A

A(DF)Ma-d₂𝔄𝔅ℭᵐ𝔈𝔏ʳᵛ($)

ανελαβοσαν acoc₂   απελαβον l | om αυτον 1° fn | οι υιοι αυτου] om ehoc₂𝔅𝔈ᵖ om οι l | εις γην] εις την Fᵇ⁺M*₁* εις την γην Dacfmoc₂ εν γη egj𝔄-ed | ⟨και 2° pr και ελαβον αυτον 16⟩ | om αυτον 2° ⟨16⟩ 𝔄 | om το 3°—μαμβρη a₂ | το σπηλαιον 2°] post μνημειου 1 om defmnwc₂d₂𝔄𝔈𝔏ᵛ | om παρα—μαμβρη d | απεναντι w | μαμβρη] μαμβρι n* · μαμβρε Fᵇ · Mabre ℭ
14 απεστρεψεν Begjnovz] υπεστρεψεν fhiᵃ⁺r Chr ανεστρεψεν ld₂ επεστρεψεν AFM₁* rell | ⟨εις αιγυπτον ιωσηφ 16⟩ | εις] επ F*(uid)Fᵇ | αιγυπτον] γην αιγυπτου k | οι 1°—αυτου 2°] omnes qui cum eo qui ascenderunt una sepelire patrem suum et fratres eius (eorum 𝔈ᵖ) 𝔈 | αδελ F | οι 2°—αυτου 2° periere in ℭ | οι συναναβαντες] pr παντες Mabcmoqsuxc₂𝔄𝔅 οι sup ras 2ᵃ. παντες οι συναναβαινοντες μετ αυτου k + παντες Aiprv z𝔏 | μετ αυτου acmosc₂𝔄(uid)𝔅 Chr | om θαψαι—αυτου 2° Chr | αυτου 2°] ⟨+ παντες 84⟩ + μετα το θαψαι τον πρα αυτου M(mg)a⟨αυτων⟩c₁*kl(pr και)ovxz(pr ⁎)c₂d₂𝔅
15 ιδοντες δε] και ιδοντες wb₂ om δε l | ιωσηφ 1°] αυτου kmE | ειπαν] ⟨pr και 30⟩. ειπον cd₁*m-pvwzᵃ⁺(uid)c₂d₂ | μνησικακησει bdglopvy | ημιν 1°] υμιν d | ιωσηφ 2°] ημιν g | οτι τεθνηκεν ο πηρ ημων k | και—κακα periere in ℭ | ανταποδομα] post ανταποδω Chr post ημιν 2° finvxzd₂𝔄𝔈 | ανταποδω] ανταποδωσει b ανταποδωσει eiᵃjrswa₂𝔅₂ ανταποδωσοι g ανταποδωση f(uid) | ημιν 2°] υμιν c | παντων των κακων mn | om παντα f𝔅𝔈ᵖ | om τα κακα egj | α] ων mn. οσα egj om w | ενεδειξαμεθα] pr αν j εδειξαμεθα n | αυτω] pr εν m εις αυτον · Bᶜ · om 𝔅ᵖ⁽*⁾ ⟨+ κακα 32⟩
16 παρεγενοντο Backmowxb₂c₂𝔄ℭ(uid)𝔈𝔏 Spec παρεγεναμενοι lqu παραγενομενοι AM rell Chr | ιωσηφ] αυτον m Chr | λεγοντες Backmowxb₂c₂𝔄(uid)ℭ(uid)𝔈(uid)𝔏 Spec ειπον bdf 1*npd₂ Chr ειπαν AM₁ᵃ⁺ rell 𝔅 | ο πατηρ σου] pater noster 𝔅ℭ(uid) | ωρκισεν] ωρκωσε ⟨20 32⟩ Chr-ed + σε dfknpstw𝔏ᵛ · + me 𝔈ᵖ + nos 𝔄𝔅ℭᶜᶠ𝔏ʳ Spec
17 om ουτως 𝔏 Chr Spec | ιωσηφ 1°] pr τω egmw ad Ioseph 𝔏ʳ | την αδικιαν αυτοις kmsx | om την αδικιαν και egj | αδικιαν 1°] αμαρτιαν αυτων aco. + αυτων c₂𝔅ℭ(uid) | και 1°—σου mu-

tila in ℭ | om και την αμαρτιαν Ay | αμαρτιαν] αδικιαν aco | om αυτων 1° b Spec | om οτι—των c₂ | οτι] qui 𝔏ᵛ | πονηρα] πολλα w | σοι] post ενεδειξαντο ac⟨σαι⟩kmosx 𝔄$ om qu Chr | την αδικιαν και νυν δεξαι qu | και νυν] nunc ergo 𝔏ʳ | om των θεραποντων d₂ | om του θεου df*jmnpty*𝔏ᵛ Spec | και 3°—⟨18⟩ οικεται periere in ℭ | ⟨και εκλαυσεν⟩ εκλαυσεν δε 18⟩ | προς αυτον] ταυτα p: om m
18 και] καιγε k | om ελθοντες προς αυτον db₂d₂ | ελθοντες] λθοντ sup ras 1ᵃ εξελθοντες l | προς αυτον] sub — $ · fratres eius 𝔈ᵖ om Chr + καιγε αδελφοι αυτου και επεσαν εις προσωπον αυτου M(mg)ackmxc₂𝔄$(sub ※ Mᵐᵍ$) [om καιγε km𝔄 | αδελφοι] pr οι akmc₂𝔄 | om και akmc₂𝔄 | επεσαν] επεσον amc₂ ενεπεσαν c | εις] pr και Mᵐᵍ επι cmc₂$(uid) | αυτου 2°] αυτων m Mᵐᵍ]] | ειπαν] pr και akxc₂𝔄 om ειπον AMbegjln-rtuvd₂ ειπον παλιν αυτω d + et 𝔅𝔈 | οιδε ημεις] nos autem 𝔏ʳ | om 𝔅 | οιδε] ειδε n ιδε cdehi*k*lmpsxc₂𝔄𝔈𝔏ᵛ Chr Spec ηδη a₂ | om f$ | οικεται Bm] pr σου εσομεθα fiᵃ⁺r ⟨pr σου 71⟩ pr σοι AM₁* rell 𝔈$ Chr ικεται kᵃ⁺ famuli (domestici 𝔏ʳ) tui sumus 𝔄𝔏 Spec seruiemus tibi 𝔅
19 ιωσηφ αυτοις vz𝔅 | om ιωσηφ A | θεου γαρ blnswxa₂ | εγω Bx𝔏ᵛ | om εγω ειμι AM rell 𝔏ʳ$ Chr Spec
20 κατ] περι ny | om εις 1° bdfg*mw𝔅ℭ(uid)𝔈 Chr Spec | πονηρα] κακα b₂ | δε θεος] θς δε gj | ⟨θς μου 76⟩ | εβουλευσατο εβουλευσαντο n | περι εμου] ⟨κατ εμου 30.37*⟩ in me 𝔏ʳ | om εις 2° 𝔅𝔈 Spec | αγαθον o𝔏ᵛ | οπως—ως] sicut factum est quidem 𝔄 | om αν Meghjc₂ | γενηθη] γενηθων m γενεσθε l𝔅 γενηται B₁ᵃ⁺b₂*] | ως] om 𝔈𝔏ᵛ | η d₂ | ινα] και fiᵃ⁺r | τραφη Biᵃ⁺b₂] διατραφειτε k διατραφη AM₁ᵃ⁺ rell Chr | πολυς] + uobis 𝔅
21 ειπεν δε αυτοις] νυν ουν f | ειπεν δε Bi] και ειπεν AM rell 𝔅𝔏$ Chr Spec | φοβησθαι c | τας οικιας] τους οικους c· ⟨τας γυναικας 30⟩ | παρεκαλεσεν] επαρεκαλεσεν m uocauit 𝔈. rogauit 𝔏ʳ Spec | ελαλησεν] + καταθυμια αυτοις k | αυτων] post καρδιαν bkmw𝔄𝔏$ Spec αυτοις f₁*nod₂ℭ | την καρδιαν] ⟨τας καρδιας 128*⟩ · + eorum ℭ

13 το διπλουν] αγρον του διπλου Fᵇ | το σπηλαιον 2°] τον αγρον Fᵇ   16 λεγων] σ' παρακαλων M
17 αφες—αδικιαν] α' αρον δη αθεσιαν αδελφων σου M | αυτων 1°] fratribus tuis $ | πονηρα σοι ενεδειξαντο] α' κακια ημιψαντο σε M | δεξαι] α' αρον δη b$
19 του—ειμι] α' οτι μη αντι θυ εγω Mj(½)z$(om οτι): α' οτι μη θς εγω j(½)c₂(om οτι)   σ' μη γαρ αντι θυ εγω ειμι Mb j(om ειμι ½)zc₂(om ειμι)$. σαμ. μη φοβεισθε και γαρ φοβουμενος θυ ειμι jc₂   21 διαθρεψω] α' διοικησω M

ΓΕΝΕΣΙΣ

B §22Καὶ κατῴκησεν Ἰωσὴφ ἐν Αἰγύπτῳ, αὐτὸς καὶ οἱ ἀδελφοὶ αὐτοῦ καὶ πᾶσα ἡ πανοικία 22
§ D τοῦ πατρὸς αὐτοῦ· καὶ ἔζησεν Ἰωσὴφ ἔτη ἑκατὸν δέκα. 23καὶ εἶδεν Ἰωσὴφ Ἐφράιμ παιδία ἕως 23
τρίτης γενεᾶς· καὶ υἱοὶ Μαχεὶρ τοῦ υἱοῦ Μανασσῆ ἐτέχθησαν ἐπὶ μηρῶν Ἰωσήφ. 24καὶ εἶπεν 24
Ἰωσὴφ τοῖς ἀδελφοῖς αὐτοῦ λέγων Ἐγὼ ἀποθνήσκω· ἐπισκοπῇ δὲ ἐπισκέψεται ὑμᾶς ὁ θεός, καὶ
ἀνάξει ὑμᾶς ἐκ τῆς γῆς ταύτης εἰς τὴν γῆν ἣν ὤμοσεν ὁ θεὸς τοῖς πατράσιν ἡμῶν, Ἀβραὰμ καὶ
Ἰσαὰκ καὶ Ἰακώβ. 25καὶ ὥρκισεν Ἰωσὴφ τοὺς υἱοὺς Ἰσραὴλ λέγων Ἐν τῇ ἐπισκοπῇ ᾗ ἐπι- 25
σκέψεται ὑμᾶς ὁ θεὸς καὶ συνανοίσετε τὰ ὀστᾶ μου ἐντεῦθεν μεθ᾽ ὑμῶν. 26καὶ ἐτελεύτησεν 26
¶ D𝕮m𝕷rv Ἰωσὴφ ἐτῶν ἑκατὸν δέκα· καὶ ἔθαψαν αὐτὸν καὶ ἔθηκαν ἐν τῇ σορῷ ἐν Αἰγύπτῳ.¶

23 ιδεν A D   25 συνανοισεται BA   26 ετελευσεν D^b

A(D)Ma–d$_2$𝕬𝕭𝕮m𝕰𝕷rv𝕾

22 και κατωκησεν] κατωκησε δε f ind$_2$𝕮 | εν αιγυπτω] εν γη αιγυπτω c$_2$ εις αιγυπτον A | και 2°—αυτου 1°] sub — z𝕾 om bw | om και 3°—αυτου 2° 𝕰^p | πασα] post αυτου 2° bw | πανοικια] παροικια fc$_2$ Chr οικια bhwd$_2$: ⟨πατρια 20⟩ | om του πατρος t*c$_2$ | αυτου 2°] αυτων xb$_2$ | om ετη g
23 ιωσηφ 1°] ισηφ g* | εφραιμ] post παιδια f inyd$_2$𝕬𝕰 om a$_2$ Chr +και μανασση c$_2$ | παιδια] pr τα ⟨107⟩ 𝕭^{lp} ⟨παιδα 83 παιδος 79⟩ | τριτης] pr της a$_2$ | om και 2° D* | υιοι] pr οι D*acimoquxyc$_2$𝕭 | μαχειρ] μαχηρ ek*lp ⟨μεχρι 31⟩ | του υιου] και υιοι b$_2$ om του bw om υιου a | μανασση] μαναση m μαννασση Ay | ετεχθησαν] pro οι o𝕰 | μηρων] pr των b$_2$𝕭^1 μηρον gm 𝕷^v(uid)
24 ειπεν—αδελφοις] εκαλεσεν ιωσηφ τους αδελφους v(txt) z(txt) | om λεγων Admc$_2$𝕷^v | εγω] pr ιδου b1$^{a †}$nrw𝕷 ιδου fk +ecce 𝕬 | επισκοπη δε] et 𝕰^{cf}(+ubi 𝕰^p)𝕷^v | ⟨δε⟩ γαρ 31⟩ | ο θ͞ς επισκεψεται υμας k𝕰^c | επισκεψηται fmnz | υμας ο θεος] ο θ͞ς υμας AD^{sil}Mahlop^{a}qs–vxyzc$_2$𝕾 Chr½ · ο θ͞ς ημας dp* | υμας 1°] ημας g | ⟨om και 2° 30⟩ | αναξει] ει sup ras z^a αναξη c ⟨εξαξει 16 130⟩ educet 𝕬𝕰𝕷 | υμας 2°] +ο θ͞ς m | εις την γην] pr και εισαξει υμας d$_2$*𝕰^c om f𝕰^p om την D | ην] ης f | ωμοσεν] ειπεν b$_2$ | ο θεος 2°] post ημων d$_2$ ⟨κ͞ς 31⟩ · om αι*kmna$_2$𝕷^v

τοις πατρασιν ημων] pr dare 𝕬𝕮 (+eam) sub — 𝕾 om A | υμων dknz*(uid)𝕭 | αβρααμ] pr τω 1*nptd$_2$ Thdt | om και 3° cg𝕬 | ιαβωβ f
25 ωρκισεν—επισκεψεται] οψεται m | τοις υιοις p | ισραηλ] αυτου y𝕮 | εν—η] in uisitatione sua 𝕷 (om sua 𝕷^v) | η] ει c | επισκεψηται D^{sil}bcnz𝕬–codd | υμας] post θεος AD^{sil}Mcdhlmo p(ημας p*)qs–vx–c$_2$ · ημας g: ⟨om 31⟩ | om και 2° kc$_2$𝕭𝕰 | συνανοισετε] ⟨συνανοισατε 76 συναναβιβασατε 64 mg⟩ συναξηται f colligetis 𝕷^r· tolletis 𝕷^v
26 hoc comma rec man adscr D | ετων BAfma$_2$c$_2$𝕬𝕰 Chr] pr ων D^{b}M rell 𝕭𝕮𝕷𝕾 | και εθηκαν Bab1*kowc$_2$𝕬–codd 𝕷^v | και εταφη f om D^{b}ya$_2$d$_2$ +αυτον AM1$^{a †}$ rell 𝕬–ed𝕭𝕮𝕷r𝕾 | ⟨εν αιγυπτω⟩ αιγυπτω 16⟩

Subscr γενεσις Mabiq ⟨+και τελος αυτης q^b⟩ rux γενεσις α' h γενεσις κοσμου Ay ⟨+τελος⟩ γενεσις κατα τους εβδομηκοντα Bc$_2$ γενεσις στιχοι δτη' vz. τελος της γενεσεως fs τελος γενεσις βιβλιον α' n τελος του πρωτου βιβλιου της γενεσεως συγγραφης παρα του θεοπτου μωυσεως c γενεσεως στιχοι ,δυ' τελος της α' βιβλου g ετελειωθη η γενεσις στιχοι δτη' j ετελειωθη συν θ͞ω το πρωτον βιβλιον της παλαιας τουτ εστιν η γενεσις a$_2$· εχει το βιβλιον της γενεσεως στιχους δτη' w

26 εθαψαν] α' ηρωματισαν M | σορω] α' γλωσσοκομω M

CORRECTIONS AND ADDITIONS IN THE NOTES ON GENESIS.

[N B   Through an unfortunate oversight we omitted to take into account the quotations in Eusebius, *Eclogae Propheticae*, until two-thirds of Genesis were printed. To this cause are due most of the corrections given below]

Notes on
Gen I 3, 9, Reference should have been made to the quotation in Long *De Sublim* ix 9 εἶπεν ὁ θεός γενέσθω φῶς, καὶ ἐγένετο· γενέσθω γῆ, καὶ ἐγένετο.
    12, l. 4, *omit* '63'
2. 13, l 2, *read* 'γαιων ej On'.
4. 16, l 4, *read* 'ναιν m On-cod'
5. 1, l. 1, *for* 'Phil-cod-omn $\frac{1}{6}$' *read* 'Phil-codd-omn $\frac{1}{6}$'
11. 7, l 5, *after* 'Or-gr-cod $\frac{1}{6}$' *add* 'Eus'
    l. 6, *after* 'Or-gr $\frac{2}{6}$' *add* 'Eus'
12 1, ll 8, 9, *for* 'Eus' (both times) *read* 'Eus $\frac{1}{2}$'
    2, l. 3, *for* 'Eus $\frac{1}{2}$' *read* 'Eus $\frac{1}{3}$'.
15 1, l 4, *after* '𝔄-ed' *add* 'Eus'
    7, l. 4, *after* 'Phil-arm ' *add* 'κυριος Eus '
16. 7, l 1, *after* 'Phil' *add* 'Eus'.
    10, l 4, *after* 'rell' *add* 'Eus'.
    11, l. 3, *after* 'Chr |' *add* 'εχεις] εξεις Eus |'.
    13, l. 1, *after* 'Phil-arm' *add* 'Eus'
    l 3, *after* 'Phil $\frac{1}{2}$' *add* 'Eus $\frac{2}{6}$'.
17 1, l 6, *for* 'Eus-ed' *read* 'Eus $\frac{1}{2}$-ed $\frac{1}{2}$'
    l. 10, *for* 'Eus' *read* 'Eus $\frac{2}{3}$'
18. 1, l 1, *for* 'Eus $\frac{1}{4}$' *read* 'Eus $\frac{1}{4}$ αυτω κυριος Eus $\frac{1}{4}$'
    l 2, *for* 'Eus $\frac{1}{4}$' *read* 'Eus $\frac{1}{4}$'.
    l 3, *for* 'Eus $\frac{2}{5}$' *read* 'Eus $\frac{2}{5}$'.
    l 4, *omit* 'Eus'.
    l 7, *after* 'x' *add* 'Eus $\frac{1}{4}$'.
    2, l 8, *for* 'Eus' *read* 'Eus $\frac{1}{3}$'.
    3, l. 2, *after* 'Phil-codd' *add* 'Eus'.
    4, l. 3, *after* '𝔅ᵖ' *add* 'Eus'.
    l 4, *after* 'Or-gr' *add* 'Eus'
    16, l. 3, *for* '⟨επεβλεψαν 20⟩' *read* 'επεβλεψαν ⟨20⟩ Eus'.
    17, l 3, *for* '$\frac{2}{3}$' *read* '$\frac{2}{5}$'
    18, l. 2, *for* '$\frac{1}{4}$' *read* '$\frac{1}{5}$'.
    l 3, *for* 'ευλογηθησονται lm' *read* 'ενευλογηθησονται] ενευλογηθησεται Eus $\frac{1}{2}$ ευλογηθησονται lm'.
    19, l 5, *after* 'djmp' *add* 'Eus $\frac{1}{4}$'.
    l. 6, *after* 'Eus' *add* '$\frac{3}{4}$'.
    20, l 2, *after* 'Eus' *add* '$\frac{1}{2}$'.
    l. 4, *after* 'Eus' *add* '$\frac{1}{2}$'.
    24, l. 10, *after* 'Eus' *add* '$\frac{1}{2}$'

18 25, l 2, *after* 'Eus' *add* '$\frac{1}{2}$'.
    l. 4, *for* '$\frac{1}{2}$' *read* '$\frac{1}{5}$'.
19 1, l 1, *after* 'ανηλθον E' *add* ' απηλθον Eus $\frac{1}{7}$ εισηλθον Eus $\frac{1}{7}$'
    15, l 1, *for* 'fhrt' *read* 'fhirt'.
    19, l 2, *after* 'x' *add* 'Eus'.
    23, l. 2, *after* 'Eus' *add* '$\frac{1}{2}$'.
    24, l 1, *for* '$\frac{5}{10}$' *read* '$\frac{7}{10}$'
    l. 2, *for* '$\frac{1}{10}$' *read* '$\frac{1}{10}$'
    l. 4, *for* '$\frac{2}{5}$' *read* '$\frac{2}{7}$'.
    l. 6, *for* '$\frac{1}{5}$' *read* '$\frac{1}{7}$'
    l 7, *for* '$\frac{1}{10}$' *read* '$\frac{1}{8}$'
21 17, l 5, *before* 'Chr' *add* 'Eus'
    18, l 5, *after* 'Cyr-ed |' *add* 'om μεγα Eus |'
    l. 6, *before* 'Chr-ed' *add* 'Eus'.
27 29, l 7, *after* 'rell' *add* 'Eus'
    l. 8, *before* 'T-A' *add* 'Eus $\frac{1}{2}$'
28 10, l 1, *after* 𝔅 *add* 'Eus(+o)'.
    17, l 3, *after* 'clx' *add* 'Eus'.
30 22, l 4, *after* 'ανεωξεν]' *add* '+o θ̅ς̅ l '
31. 3, l 2, *after* 'd₂ |' *add* 'των πατερων Eus |'.
    13, l 1, *for* '$\frac{1}{3}$' *read* '$\frac{1}{4}$'.
    l 4, *for* '$\frac{1}{3}$' '$\frac{2}{3}$' *read* '$\frac{1}{4}$' '$\frac{3}{4}$'.
    l 5, *for* '$\frac{2}{3}$' *read* '$\frac{2}{4}$'.
    l 6, *for* '$\frac{1}{3}$' *read* '$\frac{2}{4}$'.
    l. 13, *after* 'Or-gr' *add* 'Eus'.
32 6, l 8, *omit* 𝔖
36. 23, l. 11, *for* 'ijmn' *read* 'i–n', *and omit* 'γεμηλ l '
    31, l. 2, *omit* 'βασιλευσοντες l'
37 2, l 13, *for* 'Chr-ed $\frac{1}{2}$' *read* 'Chr-ed $\frac{1}{3}$'.
38. 1, l 1, *before* 'εως' *add* 'εφικετο l |'
41 35, l 1, *for* '1ᵃʲp' *read* '1ᵃʲlp'
42. 5, ll 4, 5, *for* 'λοιμος n' *read* 'λοιμος και n'.
    9, l. 5, *for* 'nc₂' *read* 'mnc₂'
    16, ll 6, 7, *for* 'απαχθηθησεσθαι' *read* 'απαχθη δεθησεσθαι'.
    36, l 5, *for* 'cegja₂' *read* 'cegjla₂'.
44. l. 7, *for* 'fmw' *read* 'fmnw'.
    12, l 1, *after* 'ηρευνα δε]' *add* 'ερευνα δε m'
45. 15, l 3, *for* 'egjlv' *read* 'egjlnv'.
    22, l 5, *after* '𝔄-codd |' *add* 'χρυσιους m |'
46. 20, l 24, *for* 'ουταλααμ l' *read* 'ουταλααμ lm'.
    21, l. 1, *after* '𝔈ᵖ |' *add* 'βενιαμην n |'.

www.ingramcontent.com/pod-product-compliance
Lightning Source LLC
Chambersburg PA
CBHW080815190426
43197CB00041B/2808